# 2023
# 中国 500 强企业发展报告

中国企业联合会
中国企业家协会 编

企业管理出版社
ENTERPRISE MANAGEMENT PUBLISHING HOUSE

图书在版编目（CIP）数据

2023 中国 500 强企业发展报告 / 中国企业联合会，中国企业家协会编．
—— 北京：企业管理出版社，2023.9
ISBN 978 – 7 – 5164 – 2881 – 8

Ⅰ．①2… Ⅱ．①中… ②中… Ⅲ．①企业发展 – 研究报告 – 中国 – 2023 Ⅳ．①F279.2

中国国家版本馆 CIP 数据核字（2023）第 158849 号

| | |
|---|---|
| 书　　名：| 2023 中国 500 强企业发展报告 |
| 书　　号：| ISBN 978 – 7 – 5164 – 2881 – 8 |
| 作　　者：| 中国企业联合会　中国企业家协会 |
| 责任编辑：| 尤　颖　田　天　徐金凤　宋可力　黄　爽　李雪松 |
| 出版发行：| 企业管理出版社 |
| 经　　销：| 新华书店 |
| 地　　址：| 北京市海淀区紫竹院南路 17 号　　邮　编：100048 |
| 网　　址：| http://www.emph.cn　　电子信箱：emph001@163.com |
| 电　　话：| 编辑部（010）68701638　　发行部（010）68701816 |
| 印　　刷：| 北京联兴盛业印刷股份有限公司 |
| 版　　次：| 2023 年 9 月第 1 版 |
| 印　　次：| 2023 年 9 月第 1 次印刷 |
| 开　　本：| 880mm×1230mm　　1/16 |
| 印　　张：| 36.25 印张 |
| 字　　数：| 873 千字 |
| 定　　价：| 300.00 元 |

版权所有　翻印必究・印装有误　负责调换

# 2023 中国 500 强企业发展报告

主　编：王忠禹

副主编：朱宏任　王基铭　李建明

# 目 录

## 第一章 2023中国企业500强分析报告 ........................................ 1
- 一、2023中国企业500强的规模特征 ........................................ 1
- 二、2023中国企业500强的效益特征 ........................................ 6
- 三、2023中国企业500强的所有制格局和发展特征 .......................... 10
- 四、2023中国企业500强的行业特征 ....................................... 12
- 五、2023中国企业500强的总部地区分布特征 ............................... 21
- 六、2023中国企业500强的创新特征 ....................................... 24
- 七、2023中国企业500强的国际化特征 ..................................... 30
- 八、2023中国企业500强的兼并重组活动 ................................... 33
- 九、2023中国企业500强的其他相关分析 ................................... 37
- 十、当前中国大企业复苏发展面临的主要问题 .............................. 40
- 十一、新形势下推动大企业高质量发展的对策建议 ........................... 46

## 第二章 2023中国制造业企业500强分析报告 .................................. 52
- 一、2023中国制造业企业500强规模特征分析 ............................... 53
- 二、2023中国制造业企业500强利税状况分析 ............................... 57
- 三、2023中国制造业企业500强创新投入与产出分析 ......................... 60
- 四、2023中国制造业企业500强企业所有制比较分析 ......................... 64
- 五、2023中国制造业企业500强行业指标比较分析 ........................... 67
- 六、2023中国制造业企业500强区域分布特征分析 ........................... 70
- 七、2023中国制造业企业500强国际化经营分析 ............................. 73
- 八、现阶段中国制造业企业发展面临形势分析 .............................. 78
- 九、新形势下促进制造业大企业高质量发展的建议 ........................... 83

## 第三章　2023 中国服务业企业 500 强分析报告 ...... 87
　　一、2023 中国服务业企业 500 强规模特征分析 ...... 88
　　二、2023 中国服务业企业 500 强的经济效益情况分析 ...... 91
　　三、2023 中国服务业企业 500 强的行业分布情况分析 ...... 95
　　四、2023 中国服务业企业 500 强的并购情况分析 ...... 98
　　五、2023 中国服务业企业 500 强地域分布情况分析 ...... 100
　　六、2023 中国服务业企业 500 强所有制分布情况分析 ...... 101
　　七、当前服务业大企业发展面临的主要问题和挑战 ...... 104
　　八、促进服务业大企业高质量发展的若干建议 ...... 106

## 第四章　2023 中国跨国公司 100 大及跨国指数分析报告 ...... 110
　　一、2022 年我国企业国际化稳步推进 ...... 110
　　二、2023 中国跨国公司 100 大及跨国指数 ...... 111
　　三、2023 世界跨国公司 100 大及跨国指数 ...... 127
　　四、我国跨国公司存在的不足 ...... 131
　　五、不断提高企业国际化经营水平 ...... 133

## 第五章　2023 中国大企业创新 100 强分析报告 ...... 137
　　一、2023 中国大企业创新 100 强评价指标、方法和结果 ...... 137
　　二、2023 中国大企业创新 100 强主要分析结论 ...... 143
　　三、加快提高企业创新能力的建议 ...... 148

## 第六章　2023 中国战略性新兴产业领军企业 100 强分析报告 ...... 153
　　一、2023 中国战略性新兴产业领军企业 100 强基本情况 ...... 154
　　二、战略性新兴业务对企业经营发展贡献分析 ...... 167
　　三、我国企业发展战新业务面临的挑战与机遇 ...... 170
　　四、促进我国战略性新兴产业相关企业发展的建议 ...... 172

## 第七章　2023 中外 500 强企业对比分析报告 ...... 175
　　一、2023 世界 500 强最新格局及中外上榜企业发展对比 ...... 175
　　二、2023 世界、美国、中国 500 强总体发展态势比较 ...... 195
　　三、以中国式现代化引领加快建设世界一流企业 ...... 213

## 第八章　2023中国500强与世界500强行业领先企业主要经济指标对比 …… 216

- 表8-1　2023中国500强与世界500强财产与意外保险（股份）业领先企业对比 ………… 217
- 表8-2　2023中国500强与世界500强采矿、原油生产业领先企业对比 ……………… 217
- 表8-3　2023中国500强与世界500强车辆与零部件业领先企业对比 ………………… 217
- 表8-4　2023中国500强与世界500强船务业领先企业对比 …………………………… 218
- 表8-5　2023中国500强与世界500强电信业领先企业对比 …………………………… 218
- 表8-6　2023中国500强与世界500强电子、电气设备业领先企业对比 ……………… 218
- 表8-7　2023中国500强与世界500强多元化金融业领先企业对比 …………………… 219
- 表8-8　2023中国500强与世界500强工程与建筑业领先企业对比 …………………… 219
- 表8-9　2023中国500强与世界500强工业机械业领先企业对比 ……………………… 219
- 表8-10　2023中国500强与世界500强公用设施业领先企业对比 …………………… 220
- 表8-11　2023中国500强与世界500强航天与防务业领先企业对比 ………………… 220
- 表8-12　2023中国500强与世界500强互联网服务和零售业领先企业对比 ………… 220
- 表8-13　2023中国500强与世界500强化学品业领先企业对比 ……………………… 221
- 表8-14　2023中国500强与世界500强计算机、办公设备业领先企业对比 ………… 221
- 表8-15　2023中国500强与世界500强建材、玻璃业领先企业对比 ………………… 221
- 表8-16　2023中国500强与世界500强金属产品业领先企业对比 …………………… 222
- 表8-17　2023中国500强与世界500强炼油业领先企业对比 ………………………… 222
- 表8-18　2023中国500强与世界500强贸易业领先企业对比 ………………………… 222
- 表8-19　2023中国500强与世界500强能源业领先企业对比 ………………………… 223
- 表8-20　2023中国500强与世界500强保健品批发业领先企业对比 ………………… 223
- 表8-21　2023中国500强与世界500强人寿与健康保险（股份）业领先企业对比 …… 223
- 表8-22　2023中国500强与世界500强人寿与健康保险（互助）业领先企业对比 …… 224
- 表8-23　2023中国500强与世界500强食品生产业领先企业对比 …………………… 224
- 表8-24　2023中国500强与世界500强网络、通信设备业领先企业对比 …………… 224
- 表8-25　2023中国500强与世界500强商业银行储蓄业领先企业对比 ……………… 225
- 表8-26　2023中国500强与世界500强邮件、包裹及货物包装运输业领先企业对比 … 225
- 表8-27　2023中国500强与世界500强运输及物流业领先企业对比 ………………… 225
- 表8-28　2023中国500强与世界500强制药业领先企业对比 ………………………… 226

## 第九章　2023中国企业500强 …… 227

- 表9-1　2023中国企业500强 ……………………………………………………………… 228
- 表9-2　2023中国企业500强重新上榜和新上榜名单 …………………………………… 243
- 表9-3　2023中国企业500强各行业企业分布 …………………………………………… 245

| 表 9-4 | 2023 中国企业 500 强各地区分布 | 255 |
| --- | --- | --- |
| 表 9-5 | 2023 中国企业 500 强净利润排序前 100 名企业 | 264 |
| 表 9-6 | 2023 中国企业 500 强资产排序前 100 名企业 | 265 |
| 表 9-7 | 2023 中国企业 500 强从业人数排序前 100 名企业 | 266 |
| 表 9-8 | 2023 中国企业 500 强研发费用排序前 100 名企业 | 267 |
| 表 9-9 | 2023 中国企业 500 强研发强度排序前 100 名企业 | 268 |
| 表 9-10 | 2023 中国企业 500 强净资产利润率排序前 100 名企业 | 269 |
| 表 9-11 | 2023 中国企业 500 强资产利润率排序前 100 名企业 | 270 |
| 表 9-12 | 2023 中国企业 500 强收入利润率排序前 100 名企业 | 271 |
| 表 9-13 | 2023 中国企业 500 强人均营业收入排序前 100 名企业 | 272 |
| 表 9-14 | 2023 中国企业 500 强人均净利润排序前 100 名企业 | 273 |
| 表 9-15 | 2023 中国企业 500 强人均资产排序前 100 名企业 | 274 |
| 表 9-16 | 2023 中国企业 500 强收入增长率排序前 100 名企业 | 275 |
| 表 9-17 | 2023 中国企业 500 强净利润增长率排序前 100 名企业 | 276 |
| 表 9-18 | 2023 中国企业 500 强资产增长率排序前 100 名企业 | 277 |
| 表 9-19 | 2023 中国企业 500 强研发费用增长率排序前 100 名企业 | 278 |

## 第十章　2023 中国制造业企业 500 强　279

| 表 10-1 | 2023 中国制造业企业 500 强 | 280 |
| --- | --- | --- |
| 表 10-2 | 2023 中国制造业企业 500 强各行业企业分布 | 296 |
| 表 10-3 | 2023 中国制造业企业 500 强各地区分布 | 306 |
| 表 10-4 | 2023 中国制造业企业 500 强净利润排序前 100 名企业 | 315 |
| 表 10-5 | 2023 中国制造业企业 500 强资产排序前 100 名企业 | 316 |
| 表 10-6 | 2023 中国制造业企业 500 强从业人数排序前 100 名企业 | 317 |
| 表 10-7 | 2023 中国制造业企业 500 强研发费用排序前 100 名企业 | 318 |
| 表 10-8 | 2023 中国制造业企业 500 强研发强度排序前 100 名企业 | 319 |
| 表 10-9 | 2023 中国制造业企业 500 强净资产利润率排序前 100 名企业 | 320 |
| 表 10-10 | 2023 中国制造业企业 500 强资产利润率排序前 100 名企业 | 321 |
| 表 10-11 | 2023 中国制造业企业 500 强收入利润率排序前 100 名企业 | 322 |
| 表 10-12 | 2023 中国制造业企业 500 强人均营业收入排序前 100 名企业 | 323 |
| 表 10-13 | 2023 中国制造业企业 500 强人均净利润排序前 100 名企业 | 324 |
| 表 10-14 | 2023 中国制造业企业 500 强人均资产排序前 100 名企业 | 325 |
| 表 10-15 | 2023 中国制造业企业 500 强收入增长率排序前 100 名企业 | 326 |
| 表 10-16 | 2023 中国制造业企业 500 强净利润增长率排序前 100 名企业 | 327 |

| 表 10-17 | 2023中国制造业企业500强资产增长率排序前100名企业 | 328 |
| 表 10-18 | 2023中国制造业企业500强研发费用增长率排序前100名企业 | 329 |
| 表 10-19 | 2023中国制造业企业500强行业平均净利润 | 330 |
| 表 10-20 | 2023中国制造业企业500强行业平均营业收入 | 331 |
| 表 10-21 | 2023中国制造业企业500强行业平均资产 | 332 |
| 表 10-22 | 2023中国制造业企业500强行业平均纳税总额 | 333 |
| 表 10-23 | 2023中国制造业企业500强行业平均研发费用 | 334 |
| 表 10-24 | 2023中国制造业企业500强行业人均净利润 | 335 |
| 表 10-25 | 2023中国制造业企业500强行业人均营业收入 | 336 |
| 表 10-26 | 2023中国制造业企业500强行业人均资产 | 337 |
| 表 10-27 | 2023中国制造业企业500强行业人均纳税额 | 338 |
| 表 10-28 | 2023中国制造业企业500强行业人均研发费用 | 339 |
| 表 10-29 | 2023中国制造业企业500强行业平均资产利润率 | 340 |

## 第十一章 2023中国服务业企业500强 ………… 341

| 表 11-1 | 2023中国服务业企业500强 | 342 |
| 表 11-2 | 2023中国服务业企业500强各行业企业分布 | 358 |
| 表 11-3 | 2023中国服务业企业500强各地区分布 | 368 |
| 表 11-4 | 2023中国服务业企业500强净利润排序前100名企业 | 377 |
| 表 11-5 | 2023中国服务业企业500强资产排序前100名企业 | 378 |
| 表 11-6 | 2023中国服务业企业500强从业人数排序前100名企业 | 379 |
| 表 11-7 | 2023中国服务业企业500强研发费用排序前100名企业 | 380 |
| 表 11-8 | 2023中国服务业企业500强研发强度排序前100名企业 | 381 |
| 表 11-9 | 2023中国服务业企业500强净资产利润率排序前100名企业 | 382 |
| 表 11-10 | 2023中国服务业企业500强资产利润率排序前100名企业 | 383 |
| 表 11-11 | 2023中国服务业企业500强收入利润率排序前100名企业 | 384 |
| 表 11-12 | 2023中国服务业企业500强人均营业收入排序前100名企业 | 385 |
| 表 11-13 | 2023中国服务业企业500强人均净利润排序前100名企业 | 386 |
| 表 11-14 | 2023中国服务业企业500强人均资产排序前100名企业 | 387 |
| 表 11-15 | 2023中国服务业企业500强收入增长率排序前100名企业 | 388 |
| 表 11-16 | 2023中国服务业企业500强净利润增长率排序前100名企业 | 389 |
| 表 11-17 | 2023中国服务业企业500强资产增长率排序前100名企业 | 390 |
| 表 11-18 | 2023中国服务业企业500强研发费用增长率排序前100名企业 | 391 |
| 表 11-19 | 2023中国服务业企业500强行业平均净利润 | 392 |

| 表 11-20 | 2023 中国服务业企业 500 强行业平均营业收入 | 393 |
| --- | --- | --- |
| 表 11-21 | 2023 中国服务业企业 500 强行业平均资产 | 394 |
| 表 11-22 | 2023 中国服务业企业 500 强行业平均纳税总额 | 395 |
| 表 11-23 | 2023 中国服务业企业 500 强行业平均研发费用 | 396 |
| 表 11-24 | 2023 中国服务业企业 500 强行业人均净利润 | 397 |
| 表 11-25 | 2023 中国服务业企业 500 强行业人均营业收入 | 398 |
| 表 11-26 | 2023 中国服务业企业 500 强行业人均资产 | 399 |
| 表 11-27 | 2023 中国服务业企业 500 强行业人均纳税额 | 400 |
| 表 11-28 | 2023 中国服务业企业 500 强行业人均研发费用 | 401 |
| 表 11-29 | 2023 中国服务业企业 500 强行业平均资产利润率 | 402 |

## 第十二章　2023 中国企业 1000 家 ... 403

| 表 12-1 | 2023 中国企业 1000 家第 501 名至 1000 名名单 | 404 |
| --- | --- | --- |

## 第十三章　2023 中国部分地区企业 100 强数据 ... 419

| 表 13-1 | 2023 天津市企业 100 强 | 420 |
| --- | --- | --- |
| 表 13-2 | 2023 上海市企业 100 强 | 421 |
| 表 13-3 | 2023 重庆市企业 100 强 | 422 |
| 表 13-4 | 2023 山东省企业 100 强 | 423 |
| 表 13-5 | 2023 浙江省企业 100 强 | 424 |
| 表 13-6 | 2023 湖南省企业 100 强 | 425 |
| 表 13-7 | 2023 广东省企业 100 强 | 426 |
| 表 13-8 | 2023 广西企业 100 强 | 427 |

## 第十四章　2023 世界企业 500 强 ... 428

| 表 14-1 | 2023 世界企业 500 强 | 429 |
| --- | --- | --- |

## 第十五章　中国 500 强企业按照行业分类名单 ... 446

| 表 15-1 | 中国 500 强企业按照行业分类 | 447 |
| --- | --- | --- |

## 后　记 ... 485

# The Development Report on 2023 China Top 500 Enterprises Contents

**Chapter I : Analysis of 2023 China Top 500 Enterprises**

    Scale Features of 2023 China Top 500 Enterprises
    Performance Features of 2023 China Top 500 Enterprises
    Ownership and Development Features of 2023 China Top 500 Enterprises
    Industry Characteristics of 2023 China Top 500 Enterprises
    Regional Distribution of Headquarters of 2023 China Top 500 Enterprises
    Innovative Features of 2023 China Top 500 Enterprises
    Internationalization Features of 2023 China Top 500 Enterprises
    Mergers and Acquisitions of 2023 China Top 500 Enterprises
    Other Relevant Analysis of 2023 China Top 500 Enterprises
    Major Problems Facing the Recovery and Development of Chinese Large Enterprises at Present
    Suggestions for Promoting High – Quality Development of Large Enterprises Under the New Situation

**Chapter II : Analysis of 2023 China Top 500 Manufacturing Enterprises**

    Scale Features of 2023 China Top 500 Manufacturing Enterprises
    Analysis of Profit and Tax of 2023 China Top 500 Manufacturing Enterprises
    Analysis of Innovative Input and Output of 2023 China Top 500 Manufacturing Enterprises
    Comparative Analysis of Ownership Features of 2023 China Top 500 Manufacturing Enterprises
    Comparative Analysis of Industry Indexes of 2023 China Top 500 Manufacturing Enterprises
    Regional Distribution of 2023 China Top 500 Manufacturing Enterprises
    Internationalization Features of 2023 China Top 500 Manufacturing Enterprises

Current Situation Facing the Development of Chinese Manufacturing Enterprises

Suggestions for Promoting High – Quality Development of Chinese Large Manufacturing Enterprises Under New Conditions

## Chapter III: Analysis of 2023 China Top 500 Service Enterprises

Scale Features of 2023 China Top 500 Service Enterprises

Performance Features of 2023 China Top 500 Service Enterprises

Industry Distribution of 2023 China Top 500 Service Enterprises

Mergers and Acquisitions of 2023 China Top 500 Service Enterprises

Regional Distribution Features of 2023 China Top 500 Service Enterprises

Ownership Features of 2023 China Top 500 Service Enterprises

Major Opportunities and Challenges Facing Service Enterprises at Present

Suggestions for Promoting High – Quality Development of Large Service Enterprises

## Chapter IV: Analysis of 2023 China Top 100 Transnational Enterprises and Their Transnationality Index

Internationalization of China's Enterprises to Advance Steadily by 2022

2023 China Top 100 Transnational Enterprises and Their Transnationality Index

2023 World Top 100 Transnational Enterprises and Their Transnationality Index

The Main Deficiencies of Chinese Transnational Enterprises

Continuously Improving the Level of Enterprise Internationalization Management

## Chapter V: Analysis of 2023 China Top 100 Innovative Enterprises

Index, Approach and Outcome of Evaluation of 2023 China Top 100 Innovative Enterprises

Key Findings of the 2023 China Top 100 Innovative Enterprises

Recommendations for Accelerating the Improvement of Enterprise Innovation Capacity

## Chapter VI: Analysis of 2023 China Top 100 Enterprises in Strategic Emerging Sector

Basic Information of 2023 China Top 100 Champion Enterprises in Strategic Emerging Sector

Contribution of Strategic Emerging Businesses to the Business Development of Enterprises

Opportunities and Challenges for Chinese Enterprises to Develop Strategic Emerging Sector

Suggestions on Promoting Large Enterprises to Develop Strategic Emerging Sector

**Chapter VII: Comparative Analysis of Domestic and Foreign Top 500 Enterprises**

New Pattern of 2023 World Top 500 Enterprises and Comparison of Chinese and Foreign Shortlisted Enterprises

Comparison of the Overall Development Trend of the Top 500 Enterprises in China, America and the World

Accelerating the Construction of World – Class Enterprises Through a Chinese Path to Modernization

**Chapter VIII: Comparison of Major Economic Indicators of Sectoral Leading Enterprises Between Global Top 500 and China Top 500 in 2023**

**Chapter IX: Data of 2023 China Top 500 Enterprises**

**Chapter X: Data of 2023 China Top 500 Manufacturing Enterprises**

**Chapter XI: Data of 2023 China Top 500 Service Enterprises**

**Chapter XII: Data of 2023 China Top 1000 Enterprises**

**Chapter XIII: Data of 2023 China Top 100 Regional Enterprises**

**Chapter XIV: Data of 2023 World Top 500 Enterprises**

**Chapter XV: Data of 2023 China Top 500 Enterprises by Industry**

**Postscript**

# 第一章
# 2023 中国企业 500 强分析报告

2023 中国企业 500 强是由中国企业联合会、中国企业家协会连续第 22 年向社会公开发布的"中国企业 500 强"排行榜。2022 年,是党和国家历史上极为重要的一年,也是极不平凡的一年。面对复杂多变的国际环境和新冠疫情等超预期因素冲击,党中央、国务院统筹国内、国际两个大局,统筹疫情防控和经济社会发展,加大宏观调控力度,我国经济运行总体平稳、发展质量稳步提升。国内生产总值达到 121.02 万亿元,同比增长 3.0%,按全年平均汇率约为 18 万亿美元,人均 GDP 为 12741 美元,经济社会发展基础持续巩固。2023 年,是全面贯彻落实党的二十大精神的开局之年,是以中国式现代化擘画发展新蓝图的起始之年,中国经济长期向好发展的基本面没有改变,一系列积极因素正在加快积累。但也要看到,经济复苏增长的基础尚不稳固,产业升级处于关键时期,面临的不确定、不稳定因素增多。中国大企业需要立足中国式现代化全局谋划自身发展,全力应对来自国际、国内的各种困难与挑战,积极投身于现代化产业体系建设,坚持高质量发展方向,着力提高核心竞争力,努力实现质的有效提升和量的合理增长,在中国式现代化建设中发挥更大作用。

## 一、2023 中国企业 500 强的规模特征

2023 中国企业 500 强营业收入继续保持增长态势,合计实现营业收入 108.36 万亿元,比上年 500 强增加了 5.74%,增速明显回落到中低速区间,500 强企业营业收入与 GDP 相对比值稳中微降。入围门槛连续 21 年提高,2023 中国企业 500 强入围门槛提升至 469.98 亿元。500 强企业的资产总额保持中速增长,净资产与归属母公司净资产增速均慢于总资产增速。千亿俱乐部持续扩容,成员增至 254 家;千亿企业占全部 500 强营业收入的比重逐年相应提高,平均营业收入稳定增长。2023 中国企业 500 强员工数量有所增加,对社会就业的贡献度反弹提升。

**1. 入围门槛持续提升,门槛增幅明显回落**

入围门槛实现 21 连升。2023 中国企业 500 强的入围门槛为 469.98 亿元,比上年中国企业 500 强入围门槛提高了 23.73 亿元;自 2002 中国企业 500 强以来,企业入围门槛一直都保持提

升态势，目前已经实现了连续 21 年提升。从入围门槛增幅值看，21 年来总体处于波动之中。不过从增幅值看，与上年 500 强相比，2023 中国企业 500 强入围门槛增幅值出现大幅回落。详见图 1-1。

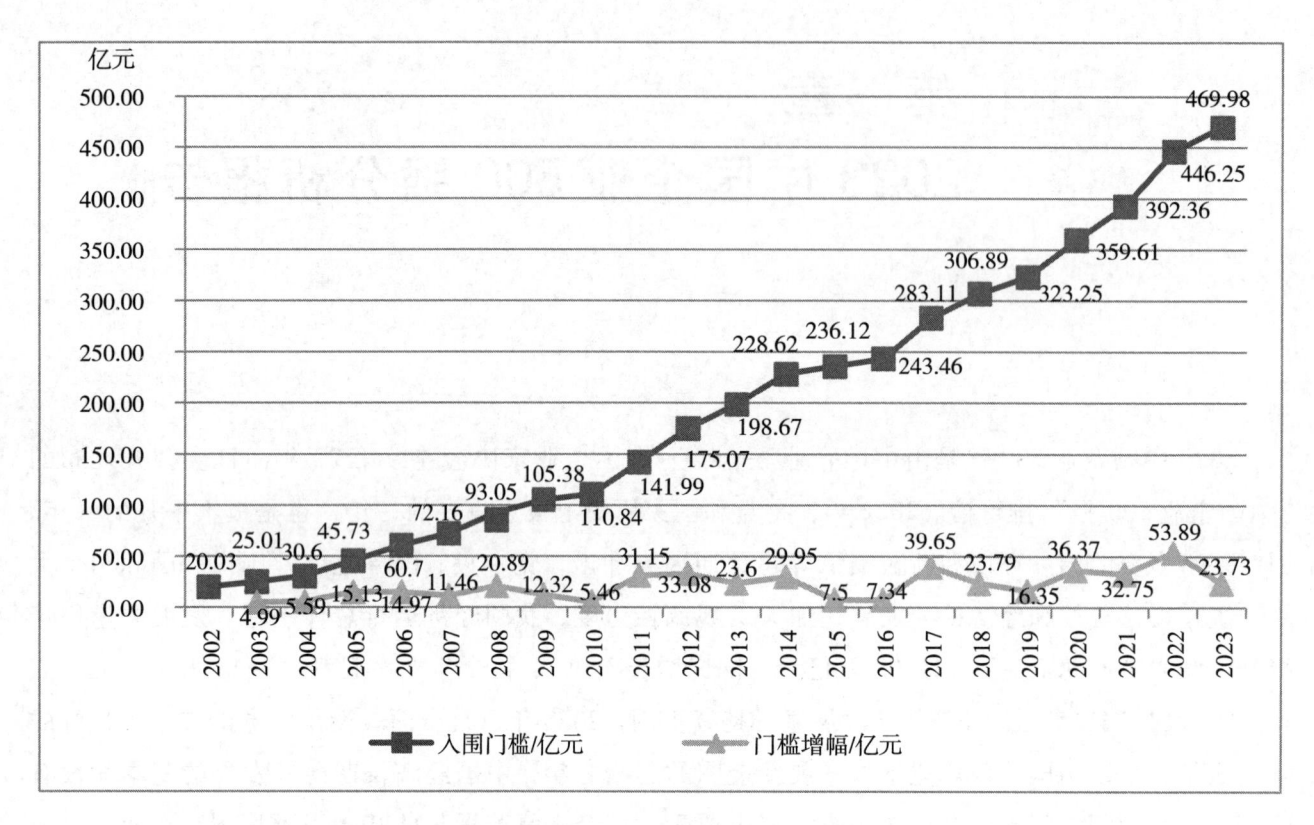

图 1-1  中国企业 500 强入围门槛及其变动趋势

**2. 营业收入增速明显回落，GDP 相对比值微幅下降**

中国企业 500 强营业收入总额中速增长。2023 中国企业 500 强共实现营业收入 108.36 万亿元，与上年 500 强相比，营业收入增加了 5.88 万亿元，增长了 5.74%；与上年 500 强相比，营业收入增速明显回落，总体上回落到了中速增长态势。2023 中国企业 500 强营业收入增速，是 21 年来中国企业 500 强营业收入增速的第四低值，这一增速仅仅稍好于 2015、2016 和 2021 中国企业 500 强营业收入增速。详见图 1-2。

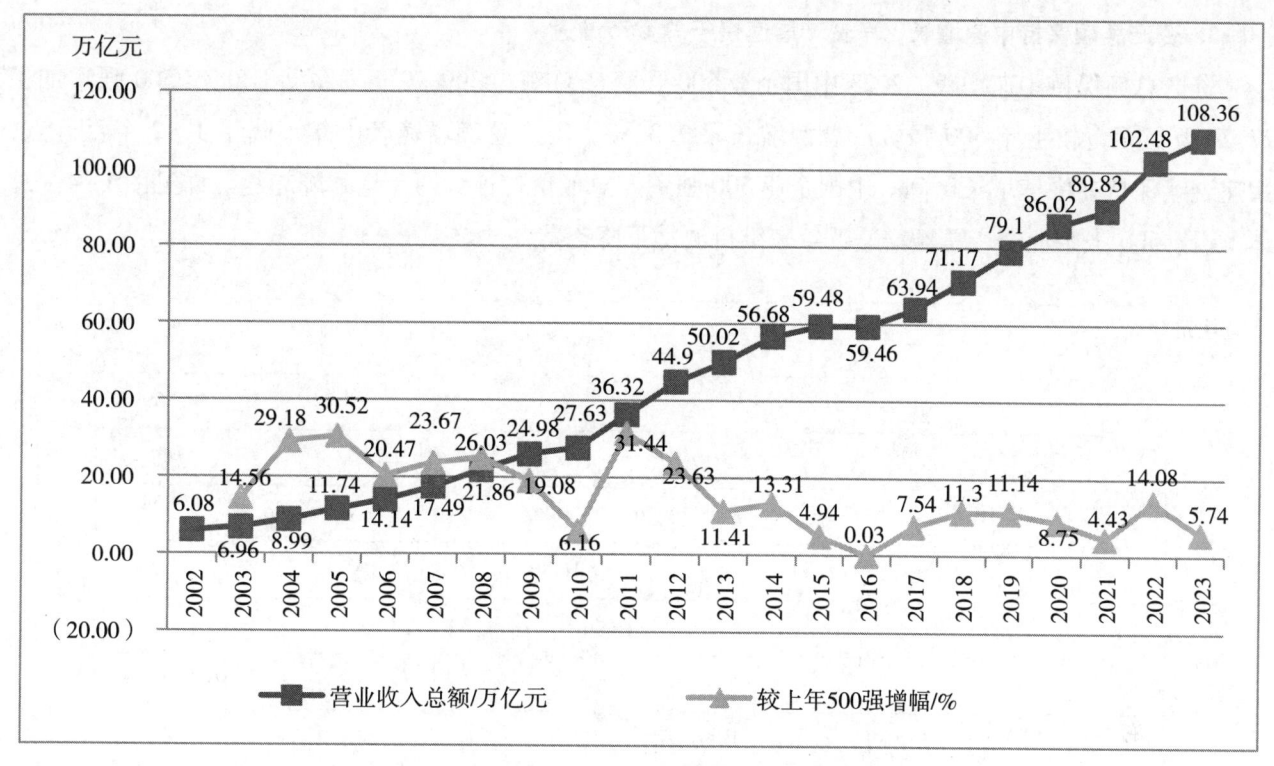

图 1-2　中国企业 500 强营业收入总额与增速变化趋势

中国企业 500 强对经济增长的贡献总体上趋于稳定。2023 中国企业 500 强营业收入总额，相当于 2022 年全国 GDP 总额 121.02 万亿元的 89.54%，与上年 500 强相比，相对值微幅下降了 0.07 个百分点。总体上看，中国企业 500 强营业收入总额与当年全国 GDP 总额的相对比值，近 5 年来基本上保持了稳中有升的良好态势，中国企业 500 强对稳定经济大盘发挥着重大作用。详见图 1-3。

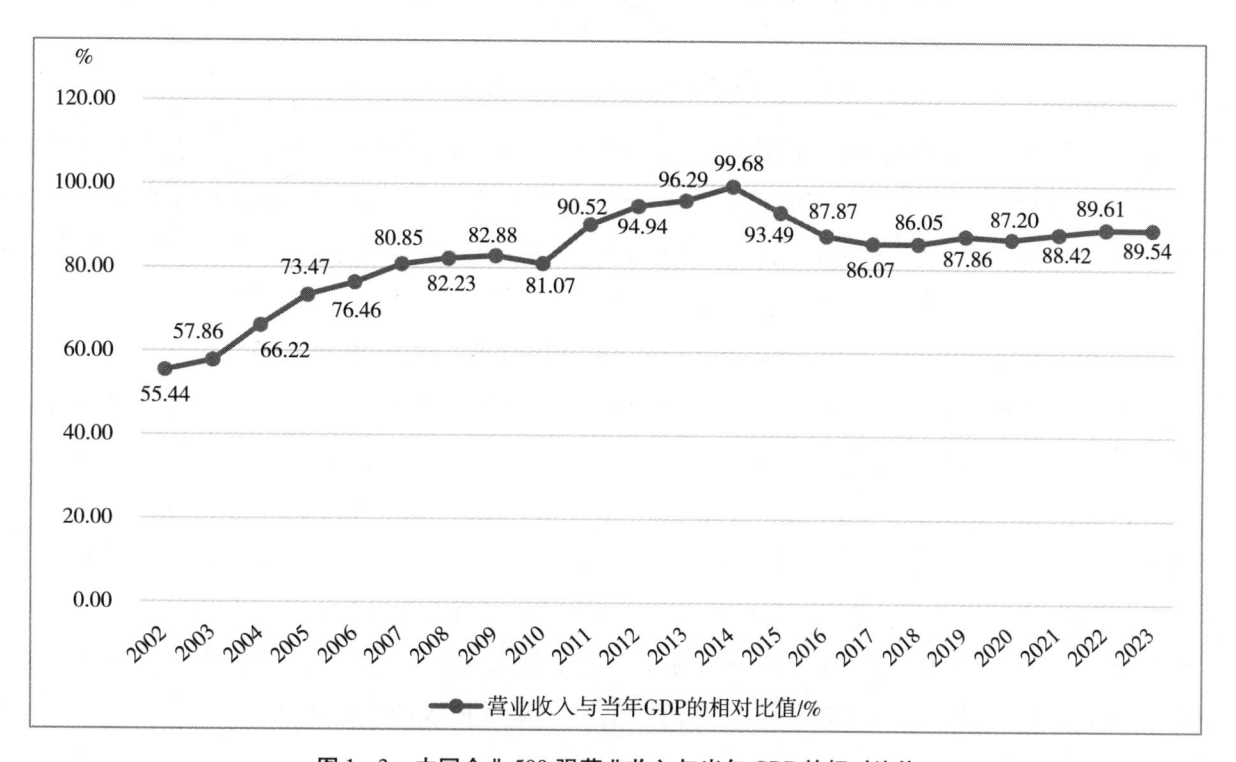

图 1-3　中国企业 500 强营业收入与当年 GDP 的相对比值

## 3. 资产总额保持中速增长，净资产增速慢于总资产增速

资产总额保持中速增长。2023 中国企业 500 强资产总额为 399.77 万亿元，比上年 500 强增加了 27.24 万亿元，较上年 500 强资产总额增长了 7.31%，资产总额增速较上年下降了 1.12 个百分点，增速继续保持在中速增长区间。中国企业 500 强资产总额增速连续两年呈下降趋势。详见图 1-4。总体上看，500 强企业资产总额增速近年来维持波动下降态势。

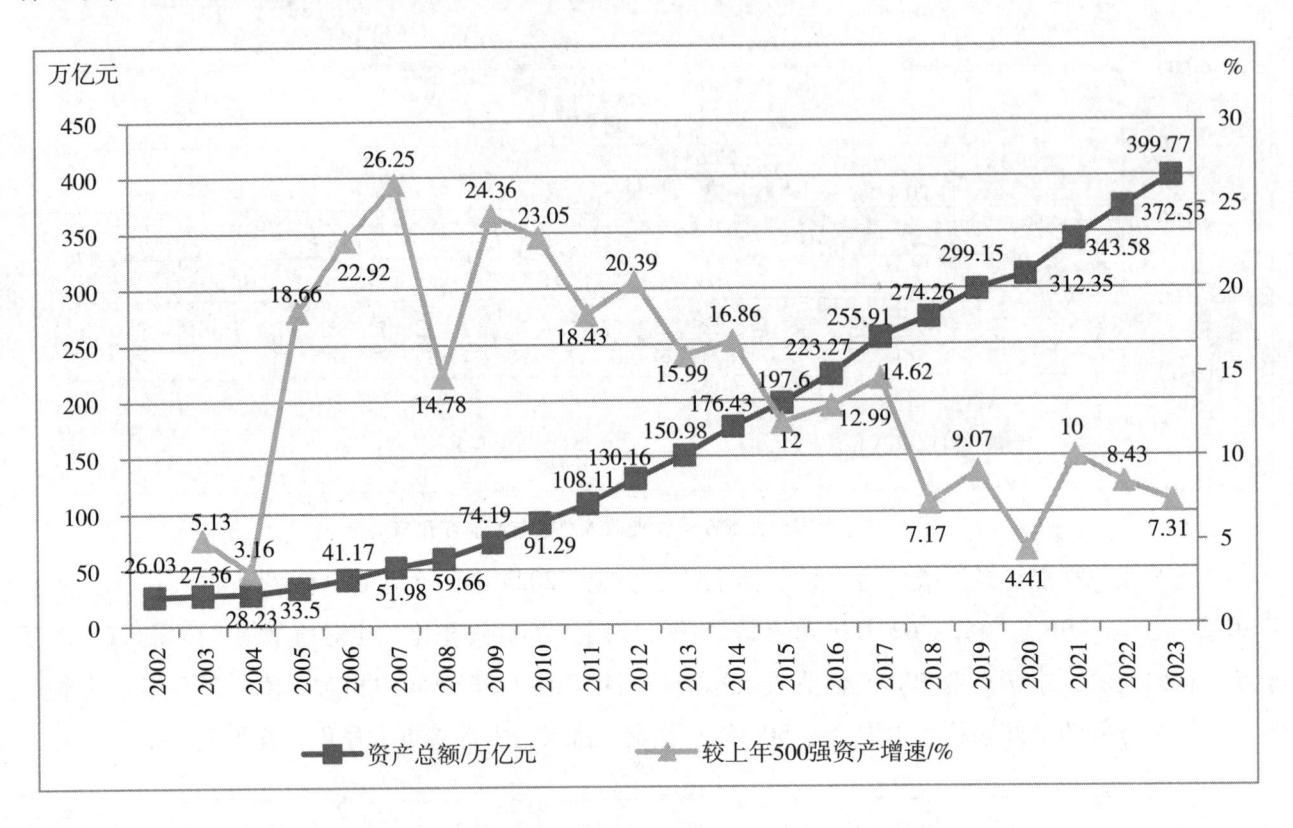

图 1-4 中国企业 500 强资产总额及其增速变化趋势

无论是净资产，还是归属母公司净资产，增速均慢于资产总额增速。2023 中国企业 500 强的净资产总额为 64.34 万亿元，比上年 500 强的净资产总额增加了 1.23 万亿元，增速为 1.95%，比资产总额增速慢 5.36 个百分点，其中归属母公司的净资产总额为 52.74 万亿元，比上年 500 强增加了 3.35 万亿元，增速为 6.78%，比资产总额增速慢 0.53 个百分点。

## 4. 千亿俱乐部持续扩容，京东集团成为第一家万亿级网络平台和商业零售企业

千亿俱乐部企业数量持续增加。2023 中国企业 500 强中，营业收入超过 1000 亿元的企业有 254 家，比上年 500 强的 244 家增加了 10 家；与上年 500 强相比，千亿俱乐部新增成员数明显减少，尽管仍然保持增加态势，但扩容势头有所放缓。254 家千亿俱乐部成员中，有 16 家企业的营业收入超过了万亿元门槛，万亿级企业持续增加，其中国家电网、中国石油、中国石化营业收入都超过了 3 万亿元，中国建筑的营业收入超过了 2 万亿元。另外 12 家万亿级的企业中，有 4 家银行、2 家保险公司、2 家铁路工程建筑企业、2 家石油化工企业、1 家钢铁企业和 1 家网络平台企业。京东集团成为全国第一家营业收入过万亿的网络平台企业，也是第一家万亿级的商业零售企业。万亿级企业中，民营企业数量增至 2 家。

千亿俱乐部营业收入占比持续提升，平均营业收入稳定增长。2023中国企业500强千亿俱乐部254家企业的营业收入为92.44万亿元，占全部500强营业收入的85.31%；千亿俱乐部在500强营业收入中的占比，随着成员数量的增加而相应提高。254家千亿企业的平均营业收入为3639.48亿元，比上年500强千亿企业的平均营业收入增加了103.56亿元，增幅为2.93%。详见表1-1。千亿俱乐部企业营业收入占比和企业平均营业收入继续保持增长，但增速均有所放缓。

表1-1 千亿俱乐部企业主要指标比较

|  | 千亿企业数量/家 | 千亿俱乐部营收/万亿元 | 500强营收/万亿元 | 千亿俱乐部占比/% | 千亿俱乐部企均营收/亿元 |
| --- | --- | --- | --- | --- | --- |
| 2020 | 217 | 69.78 | 86.02 | 81.12 | 3215.72 |
| 2021 | 222 | 73.23 | 89.83 | 81.52 | 3298.72 |
| 2022 | 244 | 86.28 | 102.48 | 84.19 | 3535.92 |
| 2023 | 254 | 92.44 | 108.36 | 85.31 | 3639.48 |

5. 员工总数增加，就业贡献度反弹提升

中国企业500强员工数量小幅增加。2023中国企业500强的员工总数为3281.53万人，比上年500强员工数量增加38.18万人，增幅为1.18%。中国企业500强这一大企业群体员工总数在经历上年的下降后出现小幅反弹，但与前几年的高点相比仍有一定幅度的减少，这也在一定程度上反映出，近年来中国企业500强这一大企业群体呈现出去劳动密集型的趋势。详见图1-5。同口径亦保持增长态势。从同口径比较看，2023中国企业500强的员工数量比企业上一年员工数量增加了62.72万人，同比增长了1.95%；这一同口径增速，快于上年500强员工的相对增速。

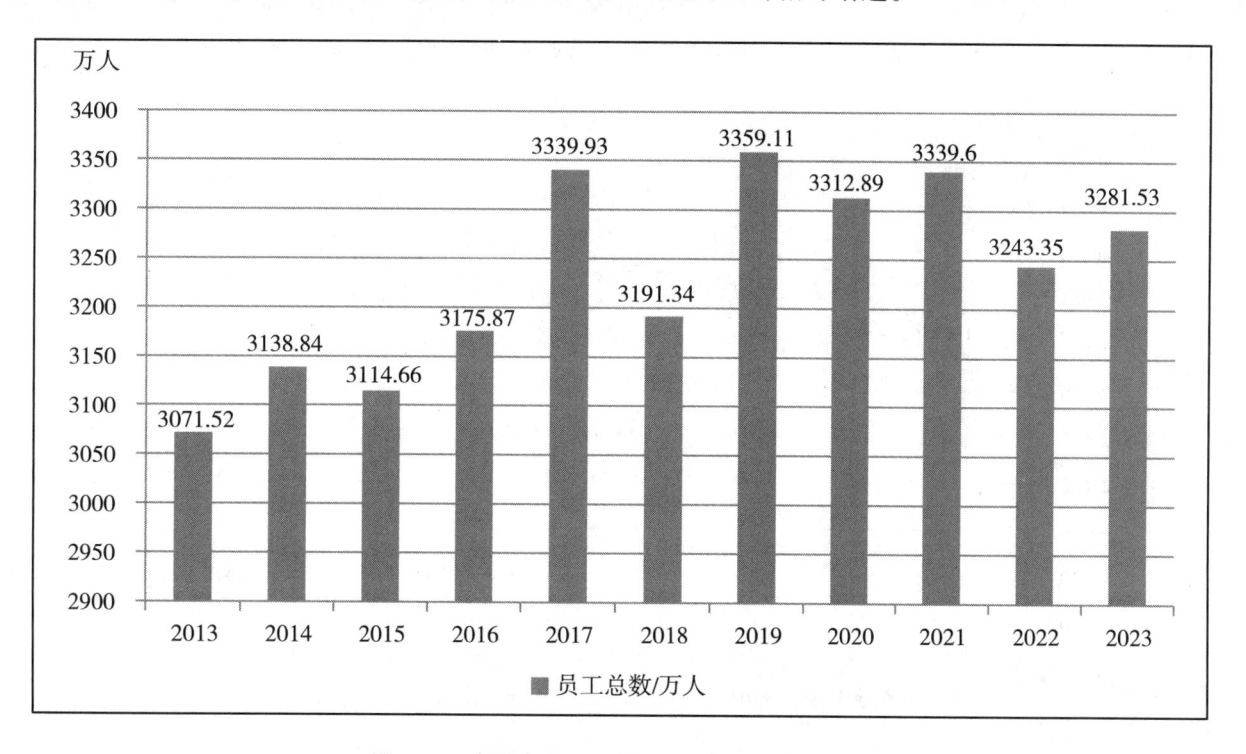

图1-5 中国企业500强员工总数及其变化趋势

中国企业500强的就业贡献度反弹增加。2022年全国城镇就业人口为45931万人，历年来首次出现负增长，比2021年减少842万人。中国企业500强是一个拥有众多子分公司的庞大企业群体，有23341家分公司、20807家控股公司和85813家参股子公司，吸纳了数量巨大的就业人口，是促进社会就业的中坚力量。2023中国企业500强员工总数占当年全国城镇就业人口的7.14%，与上年相比增加了0.21个百分点。中国企业500强的社会就业贡献在经历三年下降后迎来反弹。

## 二、2023中国企业500强的效益特征

2023中国企业500强共实现利润总额55856.64亿元，实现归属母公司的净利润（下文简称净利润）42938.90亿元，利润总额、净利润分别比上年500强减少了7.28%、3.80%。中国企业500强利润总额与净利润回落，净利润增速由正转负。2023中国企业500强收入利润率、资产利润率、净资产利润率均下降，盈利能力降至新低。43家企业发生亏损，亏损面扩大，但亏损额有所下降，航空运输业亏损严重。企业利润变化幅度存在显著差异，利润下滑企业大幅增至258家。其他行业整体盈利改善，制造业、服务业收入利润率与净资产利润率均下降，非银企业收入利润率显著低于商业银行。

### 1. 利润与净利润回落，净利润增速由正转负

中国企业500强利润总额与净利润双双回落。2023中国企业500强共实现利润总额55856.64亿元，比上年500强减少了7.28%；实现归属母公司的净利润42938.90亿元，比上年500强减少了3.80%，增速比上年500强快速回落了13.43个百分点。详见图1-6。但与2021中国企业500强相比，2023中国企业500强的净利润仍有所增加，增幅为5.47%。从历年趋势看，这是中国企业500强净利润增速第四次出现负增长，前三次负增长分别出现在2004、2005和2009中国企业500强。

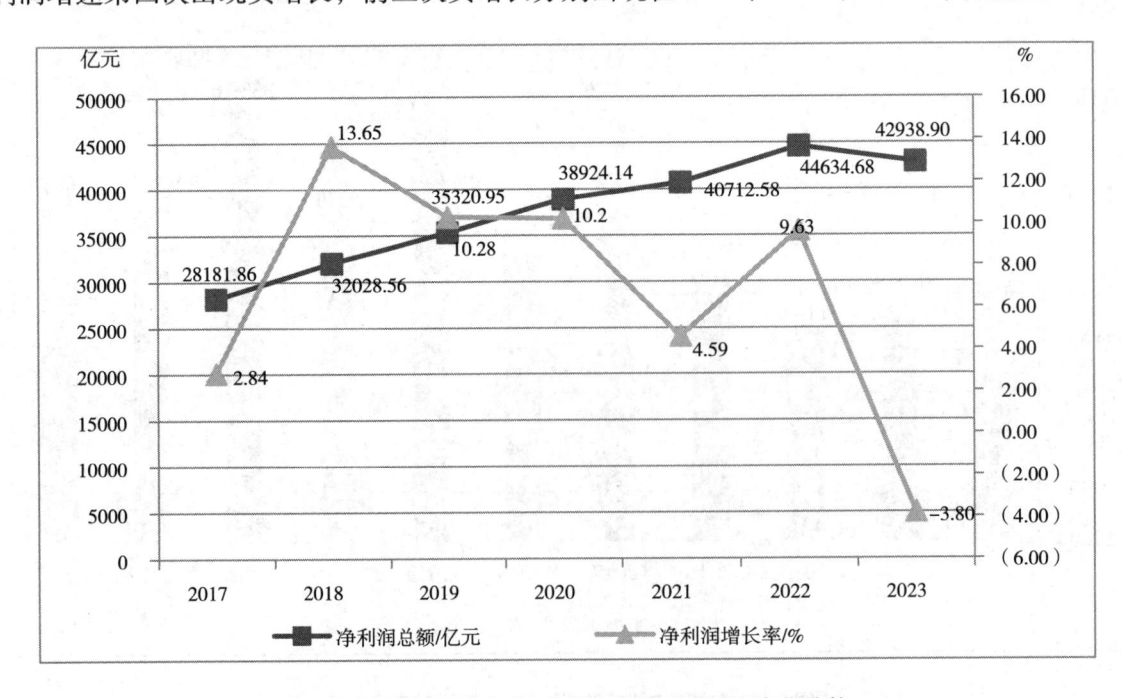

图1-6 中国企业500强净利润总额及增长率变化趋势

## 2. 利润率指标均有所下降，盈利能力降至新低

2023中国企业500强收入利润率、资产利润率、净资产利润率均有不同程度下滑。2023中国企业500强的收入利润率为3.96%，比上年500强收入利润率下降了0.40个百分点；资产利润率为1.07%，比上年500强资产利润率下降了0.13个百分点；净资产利润率为8.14%，比上年500强净资产利润率下降了0.90个百分点。详见图1-7。从长期趋势看，三项利润率指标均为10多年来的最低值。

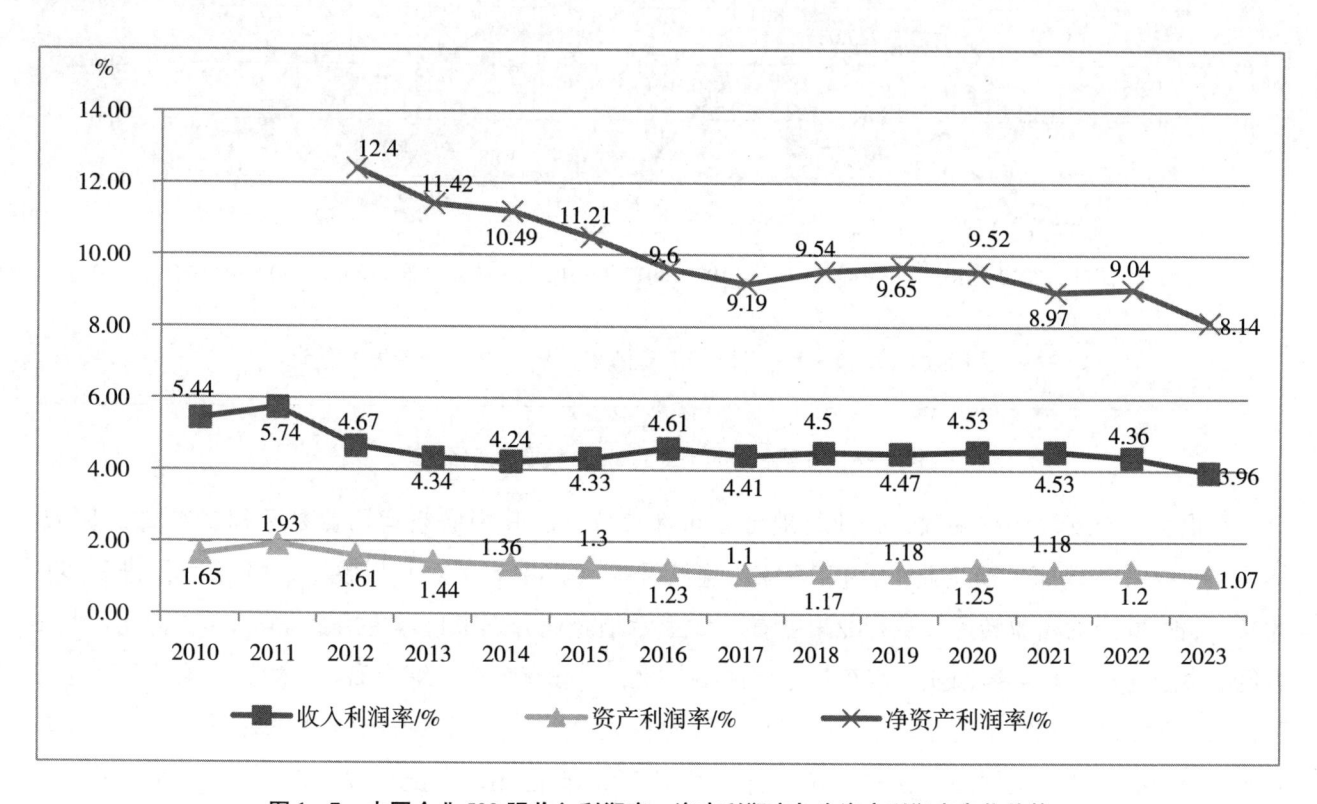

图1-7 中国企业500强收入利润率、资产利润率与净资产利润率变化趋势

## 3. 企业亏损面扩大亏损额减少，航空运输业亏损严重

2023中国企业500强的亏损面再次扩大，但企业亏损总额略有减少，企业平均亏损额大幅下降。2023中国企业500强中，有43家企业发生亏损，比上年500强多了10家，亏损面为8.60%，亏损面连续3年提升，创下近7年来的新高。43家亏损企业合计发生1457.71亿元亏损，与上年500强33家企业的1591.71亿元亏损相比，略有减少；平均亏损额从48.23亿元，大幅下降至33.90亿元。企业亏损额大致相当于2023中国企业500强净利润总额42938.90亿元的3.40%，低于上年500强的3.57%。详见图1-8。

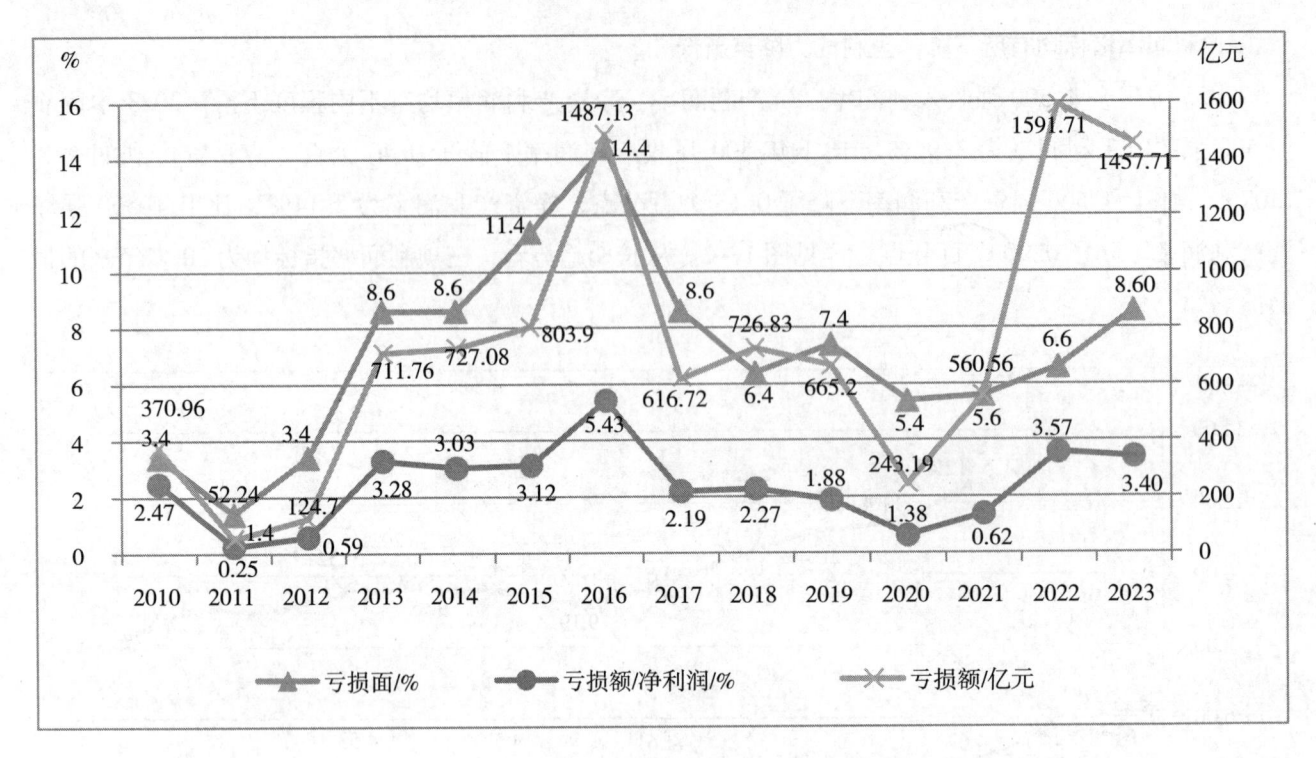

图 1-8　中国企业 500 强亏损面与亏损额变化趋势

亏损企业连续亏损占多数，行业与地区分布都较分散，其中航空运输业是亏损最严重的领域。从亏损企业看，43 家亏损企业中，有 17 家为连续亏损（其中有 4 家亏损收窄，13 家亏损进一步扩大），其他 26 家为由盈转亏。从行业角度看，43 家亏损企业分别来自黑色冶金业等 24 个行业，其中黑色冶金业 5 家，航空运输业、汽车及零配件制造业、一般有色业、综合商贸业均为 3 家。从亏损额看，亏损最多的是航空运输业，中国国际航空股份有限公司、中国南方航空集团有限公司、中国东方航空集团有限公司位居亏损额前三位，合计亏损 760.16 亿元，占全部亏损额的 52.15%。从地区看，43 家亏损企业来自 20 个省（区、市），同样较为分散，其中北京最多，有 6 家，江苏有 5 家，广东有 4 家，福建、广西、河南、山东、上海各有 3 家。

**4. 净利润增速两极分化，盈利下滑企业明显增加**

2023 中国企业 500 强的利润增速差异巨大，盈利下滑企业的数量较上年 500 强明显增加。在 2023 中国企业 500 强中，有 1 家企业的净利润增长超过 10 倍，增长了 12.21 倍；净利润增长 1 倍以上的企业，有 31 家。与此同时，也有 26 家企业的利润下滑超过了 100%，其中净利润下滑最快的企业降幅为 1675.44%。2023 中国企业 500 强中盈利减少的企业为 258 家，比上年 500 强大幅增加了 107 家，企业盈利下滑数量创下了自 2012 中国企业 500 强以来的最高值。详见图 1-9。

图 1-9  中国企业 500 强净利润负增长企业数波动态势

**5. 其他行业整体盈利改善，非银企业收入利润率显著低于商业银行**

其他行业的整体盈利水平明显改善，制造业和服务业盈利水平下滑。2023 中国企业 500 强中服务业企业的收入利润率为 6.51%，高于制造业企业的 2.20% 和其他行业企业的 2.66%；服务业企业的净资产利润率为 8.15%，低于制造业企业的 8.56%，高于其他行业企业的 7.50%。与上年 500 强相比，制造业的收入利润率、净资产利润率分别下降了 0.69 个百分点、2.41 个百分点；服务业的收入利润率、净资产利润率分别下降了 0.37 个百分点、1.01 个百分点；其他行业的收入利润率、净资产利润率分别提高了 0.67 个百分点、1.92 个百分点。详见图 1-10。

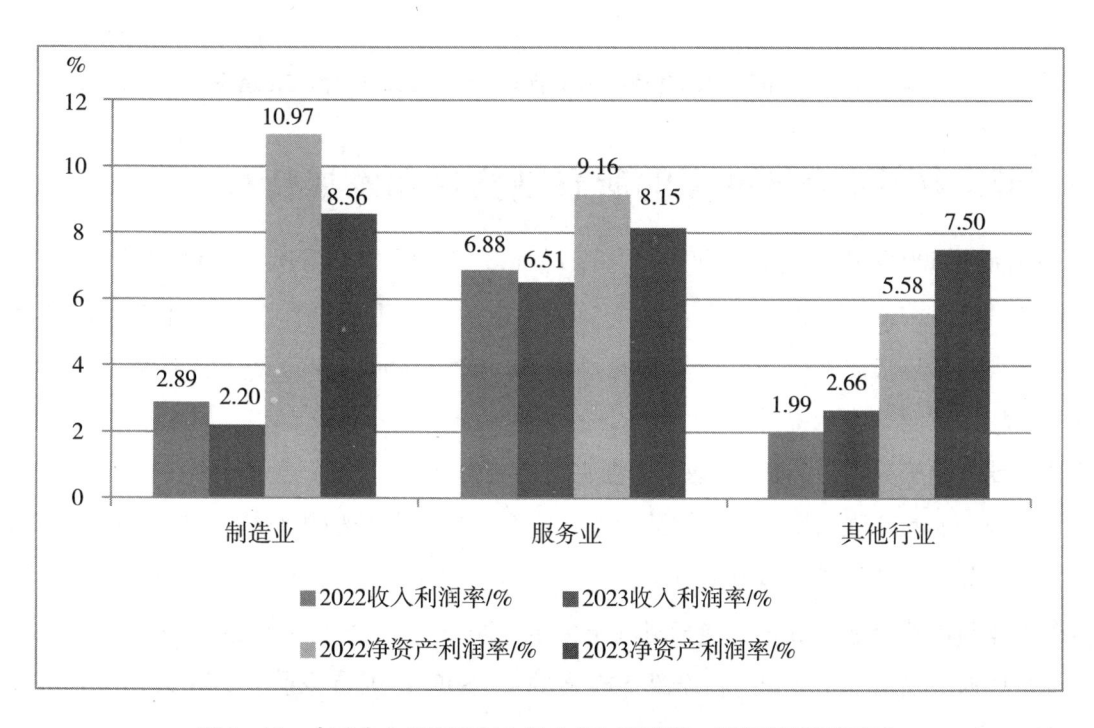

图 1-10  中国企业 500 强三大行业收入利润率、净资产利润率变化

非银企业收入利润率下滑，显著低于商业银行。2023 中国企业 500 强中，非银企业的收入利润率、净资产利润率分别为 2.56%、7.21%，与上年 500 强相比，分别下降了 0.43 个百分点、1.21 个百分点，盈利水平持续下滑。与商业银行相比，非银企业的盈利水平显著偏低。2023 中国企业 500 强中非银企业的收入利润率、净资产利润率分别比商业银行低 7.52 个百分点和 13.87 个百分点，差距十分显著，而且有进一步扩大的趋势。详见图 1-11。

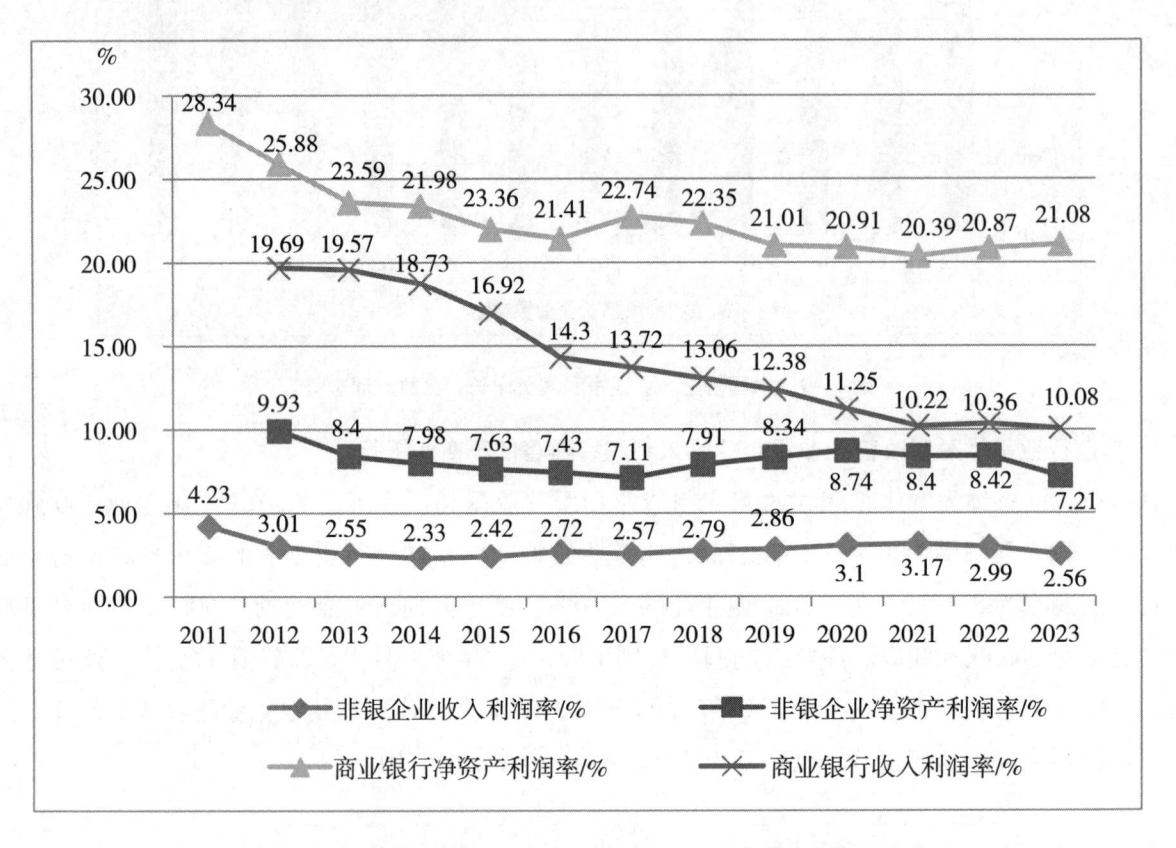

图 1-11  中国企业 500 强商业银行与非银企业盈利指标变化趋势

## 三、2023 中国企业 500 强的所有制格局和发展特征

2023 中国企业 500 强中，民营企业数量小幅增加 2 家，总体上看所有制结构基本上较为稳定。在主要指标的占比上，依然是以国有企业为主，国有企业在各主要指标上的占比都超过了其数量上的占比。受宏观经营环境影响，国有企业收入利润率、资产利润率和净资产利润率均下滑，但人均营业收入与人均净利润均有所提升。

**1. 所有制结构趋于稳定，主要指标国有企业占比仍然突出**

近两年中国企业 500 强的所有制结构波动幅度收窄，所有制结构相对趋于稳定。长期以来，中国企业 500 强中民营企业的数量总体保持着增长趋势，但近年来随着二者上榜数量的逐渐接近，500 强企业中国有企业与民营企业的数量结构相对趋于稳定。2023 中国企业 500 强中，民营企业数量为 244 家，比上年 500 强小幅增加了 2 家，占全部 500 强的 48.80%；国有企业为 256 家，占全部 500 强的 51.20%。详见图 1-12。

图 1-12 中国企业 500 强入围企业所有制结构变化趋势

国有企业在收入、资产等主要指标上，仍占突出地位。2023 中国企业 500 强中，256 家国有企业营业收入为 74.87 万亿元，占全部 500 强营业收入的 69.10%；净利润为 30520.81 亿元，占全部 500 强的 71.08%；资产、归母净资产（归属母公司净资产，下同）分别为 335.23 万亿元、40.55 万亿元，分别占全部 500 强的 83.86%、76.89%；员工总数 2342.00 万人，占全部 500 强的 71.37%。详见图 1-13。国有企业在上述指标中的占比，明显都高于其数量占比，表明国有企业在规模体量上，总体上大于民营企业。

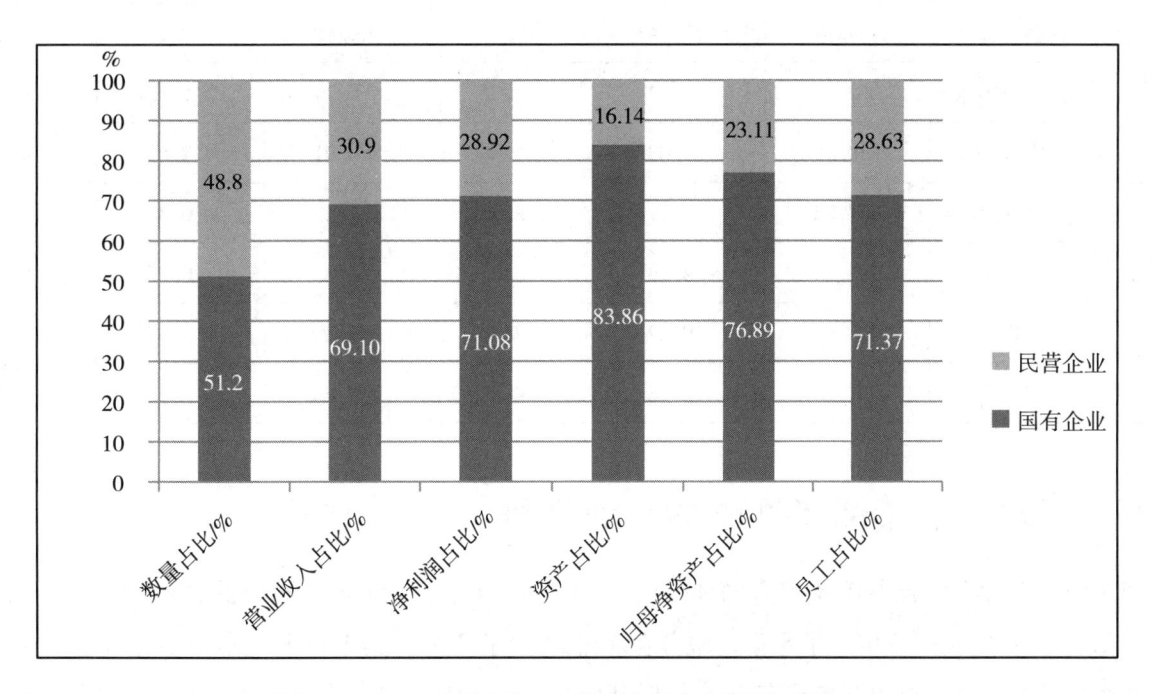

图 1-13 2023 中国企业 500 强国企民企主要指标分布占比

## 2. 国有企业人均指标改善，利润率指标下滑

2023 中国企业 500 强中国有企业的人均指标有不同程度提升。2023 中国企业 500 强中，金融央企、非金融央企、地方国企数量分别为 11 家、61 家、184 家；非金融央企减少 4 家，金融央企减少 2 家，地方国企增加 4 家。国有企业人均营业收入为 319.70 万元，比上年 500 强提高了 20.10 万元；人均净利润为 13.03 万元，比上年 500 强提高 0.38 万元。非金融央企的人均营业收入、人均净利润分别提高了 23.45 万元、0.58 万元；金融央企的人均营业收入、人均净利润分别提高了 4.95 万元、3.38 万元；地方国企的人均营业收入提高了 19.65 万元，人均净利润下降了 0.73 万元。其中，金融央企的人均净利润提高最多，非金融央企的人均营业收入提高最快。详见表 1-2。

2023 中国企业 500 强中国有企业的利润率指标均有不同程度下滑。国有企业收入利润率、资产利润率、净资产利润率分别为 4.08%、0.91%、7.53%，分别比上年 500 强中国有企业下降 0.14 个百分点、0.05 个百分点、0.35 个百分点，三项利润率指标都有不同程度下滑。其中，非金融央企的收入利润率下降了 0.01 个百分点，资产利润率、净资产利润率分别提高了 0.02 个百分点、0.10 个百分点；金融央企的收入利润率提高了 0.88 个百分点，资产利润率、净资产利润率分别下降了 0.03 个百分点、0.08 个百分点；地方国企的收入利润率、资产利润率、净资产利润率分别下降了 0.35 个百分点、0.12 个百分点、1.25 个百分点。国有企业利润率指标的下滑，主要是受到地方国企的影响。详见表 1-2。

表 1-2  国有企业主要指标变化

| | | 人均营业收入/万元 | 人均净利润/万元 | 收入利润率/% | 资产利润率/% | 净资产利润率/% | 资产周转率/(次/年) |
|---|---|---|---|---|---|---|---|
| 2023 中国企业 500 强 | 非金融央企 | 298.17 | 7.95 | 2.67 | 1.31 | 6.42 | 0.49 |
| | 金融央企 | 297.19 | 47.94 | 16.13 | 0.80 | 10.17 | 0.05 |
| | 地方国企 | 362.81 | 8.54 | 2.35 | 0.77 | 5.92 | 0.33 |
| | 国有企业 | 319.70 | 13.03 | 4.08 | 0.91 | 7.53 | 0.22 |
| 2022 中国企业 500 强 | 非金融央企 | 274.72 | 7.37 | 2.68 | 1.29 | 6.32 | 0.48 |
| | 金融央企 | 292.24 | 44.56 | 15.25 | 0.83 | 10.25 | 0.05 |
| | 地方国企 | 343.16 | 9.27 | 2.70 | 0.89 | 7.17 | 0.33 |
| | 国有企业 | 299.60 | 12.65 | 4.22 | 0.96 | 7.88 | 0.23 |

# 四、2023 中国企业 500 强的行业特征

2023 中国企业 500 强共涉及到 73 个行业。其中制造业企业 264 家，服务业企业 164 家，其他行业企业 72 家；制造业企业增加了 8 家，服务业企业减少了 7 家，其他行业企业减少了 1 家。在主要指标占比上，服务业、制造业各有高低。商业银行收入利润率领先，铁路运输业在人均营业收入与

人均净利润上居首位。金融业在二级细分行业中占据突出地位，在5个主要指标中排名位居二级行业之首，在净利润中的占比反弹上升。计算机、通信设备及其他电子设备制造业在研发费用投入总额、有效专利总量、有效发明专利上领先。多个行业企业入围数量发生较大变化，不同行业之间在收入增速、利润增速之间存在显著差异。金融企业盈利水平明显高于非金融企业，二者之间盈利水平差距有所扩大。汽车行业入围企业数量增加，但对营业收入的贡献有所下降，盈利指标全面提升，净利润贡献增加。房地产业对中国企业500强的收入贡献、净利润贡献持续减少，盈利能力持续下滑。

**1. 制造业企业数量持续反弹增加，三大类企业主要指标占比各有高低**

中国企业500强中制造业企业数量连续三年反弹增加。从长期趋势看，中国企业500强中的制造业企业数量在经历过一段时间的波动减少后，自2020中国企业500强以来，开始逐年反弹增加。2023中国企业500强中，制造业企业数量为264家，比上年500强增加了8家，与2020中国企业500强相比增加了26家。与此同时，服务业企业减少了7家，连续第三年减少；其他行业企业减少了1家，连续第四年减少。详见图1-14。

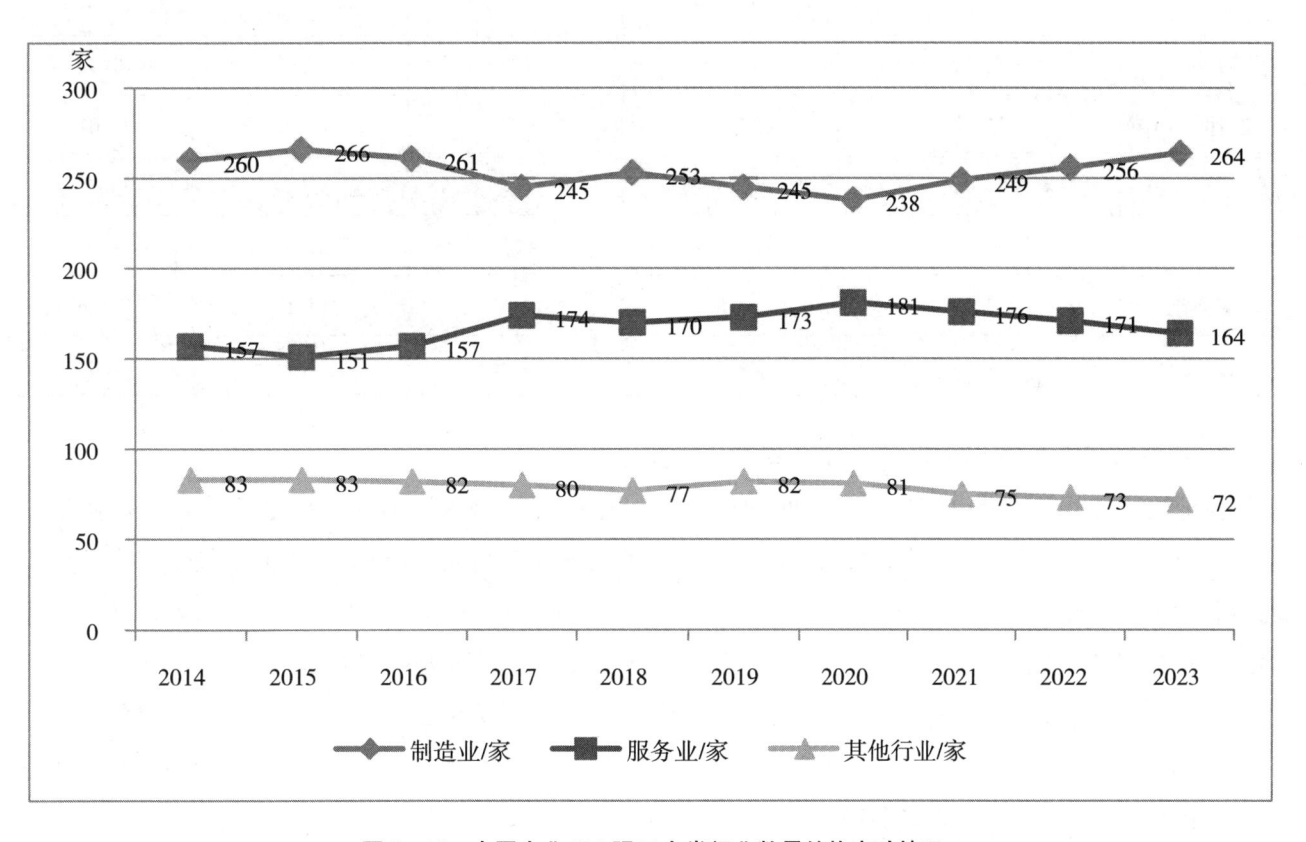

**图1-14 中国企业500强三大类行业数量结构变动情况**

在主要指标上，制造业、服务业占比各有高低。2023中国企业500强中，服务业在归母净利润、资产总额、归母净资产、员工人数、并购或重组企业数、分公司数、参股公司数、全资和控股子公司数的指标上占比居于首位；尤其是在资产总额指标上，服务业占到全部500强资产总额的78.42%；此外，服务业分别占归母净利润、归母净资产的63.66%、63.62%，服务业明显处于优势地位。制造业则在营业收入、国际标准数、研发费用、拥有专利项数、发明专利项数、总标准数、国内标准数的指标上占比居于首位；特别是在拥有专利项数、发明专利项数上处于绝对优势，分别占全部500强的65.22%、76.77%，同时，制造业的研发费用占全部500强研发费用的58.73%；在国际标准数、总标准数、国内标准数三项标准上，制造业也明显占优势，分别占全部500强的62.76%、60.01%、59.37%。详见表1-3。

表1-3  2023中国企业500强三大类企业主要指标占比

| | 营业收入/% | 归母净利润/% | 资产总额/% | 归母净资产/% | 员工人数/% |
| --- | --- | --- | --- | --- | --- |
| 制造业 | 40.90 | 22.69 | 11.51 | 21.58 | 37.43 |
| 服务业 | 38.74 | 63.66 | 78.42 | 63.62 | 38.27 |
| 其他行业 | 20.36 | 13.65 | 10.07 | 14.80 | 24.30 |
| | 并购或重组企业数/% | 分公司数/% | 国际标准数/% | 研发费用/% | 参股公司数/% |
| 制造业 | 22.03 | 20.62 | 62.76 | 58.73 | 37.07 |
| 服务业 | 42.67 | 44.99 | 31.89 | 17.70 | 39.92 |
| 其他行业 | 35.30 | 34.39 | 5.35 | 23.57 | 23.01 |
| | 全资和控股子公司数/% | 拥有专利项数/% | 发明专利项数/% | 总标准数/% | 国内标准数/% |
| 制造业 | 36.79 | 65.22 | 76.77 | 60.01 | 59.37 |
| 服务业 | 42.16 | 13.52 | 12.67 | 18.17 | 17.56 |
| 其他行业 | 21.05 | 21.26 | 10.56 | 21.83 | 23.06 |

**2. 商业银行收入利润率领先，铁路运输业人均指标占优**

商业银行收入利润率为21.08%，处于行业第一位；人均净利润为80.56万元，处于行业第二位。酒类企业经营绩效表现依旧突出，在收入利润率、净资产利润率指标上均处于前列，并且在人均净利润上也处于领先水平。2023中国企业500强中，酒类企业的收入利润率为11.73%，处于行业第二位；净资产利润率为23.56%，处于行业第二位；人均净利润为47.77万元，处于行业第三位。生活消费品商贸业则在资产利润率居于第一位，资产利润率为9.62%。铁路运输业的人均营业收入为5296.53万元，排名行业榜首；人均净利润为162.80万元，也处于第一位。资产周转率方面，服务业明显具有优势，前三行业都是服务业，其中人力资源服务业居于榜首，资产周转率为7.79次/年。详见表1-4。

表 1-4  2023 中国企业 500 强主要经营绩效指标前五行业

| 三级行业 | 收入利润率/% | 三级行业 | 资产利润率/% | 三级行业 | 净资产利润率/% |
| --- | --- | --- | --- | --- | --- |
| 商业银行 | 21.08 | 生活消费品商贸 | 9.62 | 园区地产 | 41.86 |
| 酒类 | 11.73 | 软件和信息技术(IT) | 8.54 | 酒类 | 23.56 |
| 医疗设备制造 | 8.67 | 服装及其他纺织品 | 6.24 | 生活消费品商贸 | 19.23 |
| 互联网服务 | 7.84 | 轮胎及橡胶制品 | 6.03 | 家用电器制造 | 19.14 |
| 饮料 | 6.83 | 饮料 | 5.92 | 风能、太阳能设备制造 | 18.93 |
| 三级行业 | 资产周转率/（次/年） | 三级行业 | 人均营业收入/万元 | 三级行业 | 人均净利润/万元 |
| 人力资源服务 | 7.79 | 铁路运输 | 5296.53 | 铁路运输 | 162.80 |
| 生产资料商贸 | 3.97 | 人力资源服务 | 2833.36 | 商业银行 | 80.56 |
| 能源矿产商贸 | 3.31 | 能源矿产商贸 | 2402.22 | 酒类 | 47.77 |
| 金属制品加工 | 2.41 | 生产资料商贸 | 2377.83 | 生活消费品商贸 | 45.61 |
| 轮胎及橡胶制品 | 2.09 | 金属品商贸 | 2013.36 | 软件和信息技术(IT) | 41.09 |

**3. 二级细分行业金融业优势最为突出，净利润占比反弹上升**

金融业在二级细分行业中占据突出地位，在 5 个主要指标中排名位居二级行业之首，在归母净利润中的占比反弹上升。2023 中国企业 500 强共涉及 26 个二级行业，金属产品类企业最多，有 85 家；其次分别是化学品制造、批发贸易、金融业、机械设备、房屋建筑，分别有企业 52 家、33 家、32 家、30 家、26 家。尽管金融业企业只有 32 家，仅占全部 500 强数量的 6.40%，但却在营业收入、归母净利润、资产总额、归母净资产、员工人数共 5 个指标的绝对贡献中排名第一，尤其是在资产总额上，金融业占 61.81%；在归母净利润上，金融业也占据了 47.05%，尽管这一占比与前几年 500 强相比已经明显下降，但与上年 500 强相比，却反弹上升了 2.63 个百分点。详见表 1-5。

计算机、通信设备及其他电子设备制造业同样在多个指标上领先，与上年 500 强相比，各指标贡献度以上升为主；在研发费用投入总额的贡献中占据行业榜首，贡献了 2023 中国企业 500 强研发费用的 16.75%；贡献了 2023 中国企业 500 强专利项数的 16.79%；贡献了 2023 中国企业 500 强发明专利项数的 30.47%；国际标准制定上同样贡献突出，共贡献了 2023 中国企业 500 强参与国际标准制定总量的 38.82%，高居行业榜首。机械设备业在总标准数、国内标准数上占据行业排行榜首位，分别贡献了 2023 中国企业 500 强总标准数、国内标准数的 12.75%、13.51%。详见表 1-5。

表1-5 2023中国企业500强主要指标行业贡献排名前三行业

| 营业收入/% | | 归母净利润/% | | 资产总额/% | | 归母净资产/% | |
|---|---|---|---|---|---|---|---|
| 金融业 | 12.60 | 金融业 | 47.05 | 金融业 | 61.81 | 金融业 | 37.80 |
| 金属产品 | 11.62 | 电信及互联网信息服务 | 8.70 | 邮政和物流 | 4.05 | 电信及互联网信息服务 | 8.17 |
| 化学品制造 | 9.26 | 采矿业 | 8.03 | 采矿业 | 3.41 | 采矿业 | 7.86 |
| 缴纳税款/% | | 研发费用/% | | 员工人数/% | | 并购或重组企业数/% | |
| 采矿业 | 25.22 | 计算机、通信设备及其他电子设备制造 | 16.75 | 金融业 | 12.86 | 公用事业服务 | 16.72 |
| 化学品制造 | 12.86 | 金属产品 | 10.11 | 采矿业 | 10.42 | 电力生产 | 15.04 |
| 金融业 | 11.26 | 电信及互联网信息服务 | 9.80 | 金属产品 | 7.02 | 批发贸易 | 11.90 |
| 全资和控股子公司数/% | | 参股公司数/% | | 分公司数/% | | 拥有专利项数/% | |
| 房地产 | 10.66 | 金属产品 | 9.16 | 邮政和物流 | 13.23 | 计算机、通信设备及其他电子设备制造 | 16.79 |
| 金属产品 | 8.53 | 房地产 | 8.73 | 房屋建筑 | 13.05 | 消费品生产 | 15.59 |
| 公用事业服务 | 7.91 | 土木工程建筑 | 6.99 | 土木工程建筑 | 12.89 | 公用事业服务 | 9.20 |
| 发明专利项数/% | | 总标准数/% | | 国内标准数/% | | 国际标准数/% | |
| 计算机、通信设备及其他电子设备制造 | 30.47 | 机械设备 | 12.75 | 机械设备 | 13.51 | 计算机、通信设备及其他电子设备制造 | 38.82 |
| 消费品生产 | 15.44 | 计算机、通信设备及其他电子设备制造 | 9.88 | 金属产品 | 9.49 | 电信及互联网信息服务 | 19.05 |
| 公用事业服务 | 8.27 | 金属产品 | 9.34 | 防务 | 9.04 | 公用事业服务 | 10.48 |

**4. 行业入围数量有增有减，收入、利润增速差异显著**

多个行业企业入围数量发生较大变化。在全部73个行业中，与上年相比，新增了医疗设备制造业，退出了文化娱乐业和教育服务业；其他72个行业中，19个行业入围数增加，20个行业入围数减少。入围企业增加最多的是一般有色业和公路运输业，均新增4家入围企业；煤炭采掘及采选业、化学原料及化学品制造业、化学纤维制造业、综合商贸业、多元化投资业各增加3家，电力电气设备制造业、通信设备制造业、能源矿产商贸业各新增2家。物流及供应链业入围企业减少最多，减少了5家，黑色冶金业、房屋建筑业、住宅地产业均减少了4家，综合制造业、保险业、多元化金融业、综合服务业各减少了 2 家。详见表 1-6。

表 1-6 2023 中国企业 500 强三级行业入围企业数量变化

| 三级行业 | 变化量/家 | 三级行业 | 变化量/家 |
| --- | --- | --- | --- |
| 一般有色 | 4 | 物流及供应链 | -5 |
| 公路运输 | 4 | 黑色冶金 | -4 |
| 煤炭采掘及采选业 | 3 | 房屋建筑 | -4 |
| 化学原料及化学品制造 | 3 | 住宅地产 | -4 |
| 化学纤维制造 | 3 | 综合制造业 | -2 |
| 综合商贸 | 3 | 保险业 | -2 |
| 多元化投资 | 3 | 多元化金融 | -2 |
| 电力电气设备制造 | 2 | 综合服务业 | -2 |
| 通信设备制造 | 2 | 纺织印染 | -1 |
| 能源矿产商贸 | 2 | 药品制造 | -1 |

不同行业之间在收入增速、利润增速之间存在显著差异。73 个行业中，只有机电商贸业、连锁超市及百货业、通信设备制造业、轨道交通设备及零部件制造业收入同比下降，其他 69 个行业收入都同比增加；其中风能、太阳能设备制造业收入增长最快，增加了 55.54%；动力和储能电池业收入增长了 50.32%，港口服务业收入增长了 25.35%；总体上看，收入增幅居于前十的行业以制造业为主。在净利润增长方面，33 个行业净利润有不同程度增加，其中旅游与餐饮业实现了减亏；40 个行业净利润不同程度减少；农副食品业、机电商贸业、连锁超市及百货业净利润连续两年大幅下滑；电力生产业净利润增长最快，大幅增长了 492.82%。详见表 1-7。

表 1-7 2023 中国企业 500 强行业收入、净利润增长前十排名

| 三级行业 | 收入增速/% | 三级行业 | 净利润增速/% |
| --- | --- | --- | --- |
| 风能、太阳能设备制造 | 55.54 | 电力生产 | 492.82 |
| 动力和储能电池 | 50.32 | 航空运输 | 208.32 |
| 港口服务 | 25.35 | 电线电缆制造 | 116.00 |
| 计算机及办公设备 | 24.73 | 石油、天然气开采及生产业 | 109.65 |
| 石油、天然气开采及生产业 | 23.64 | 动力和储能电池 | 90.63 |
| 化学纤维制造 | 19.58 | 煤炭采掘及采选业 | 59.23 |
| 电网 | 18.79 | 风能、太阳能设备制造 | 57.22 |
| 软件和信息技术（IT） | 18.40 | 轮胎及橡胶制品 | 55.94 |
| 纺织印染 | 18.16 | 能源矿产商贸 | 36.57 |
| 农副食品 | 18.08 | 生活消费品商贸 | 34.56 |

## 5. 金融企业盈利水平明显高于非金融企业，非金融企业增收减利

金融企业的收入利润率、净资产利润率、人均净利润均高于非金融企业，其中商业银行表现好于金融企业整体水平。2023中国企业500强中，有33家金融企业，其中商业银行为21家；金融企业的收入利润率、净资产利润率分别为14.80%、10.13%，均明显高于467家非金融企业的2.40%、6.93%。尤其是其中的21家商业银行，其收入利润率为21.08%，更是显著高于非金融企业。在人均净利润方面，非金融企业的人均净利润仅有7.95万元，金融企业的人均净利润为47.88万元，商业银行的人均净利润更是高达80.56万元。显然，金融企业的盈利水平明显高于非金融企业。从增速看，非金融企业营业收入增速明显快于金融企业，2023中国企业500强中，非金融企业的营业收入增长了9.00%，快于金融企业的3.50%；但净利润增速却呈相反走势，金融企业净利润增长了4.61%，而非金融企业却下降了9.12%。金融企业净利润增长快于营业收入增长，而非金融企业则增收不增利。详见图1-15。

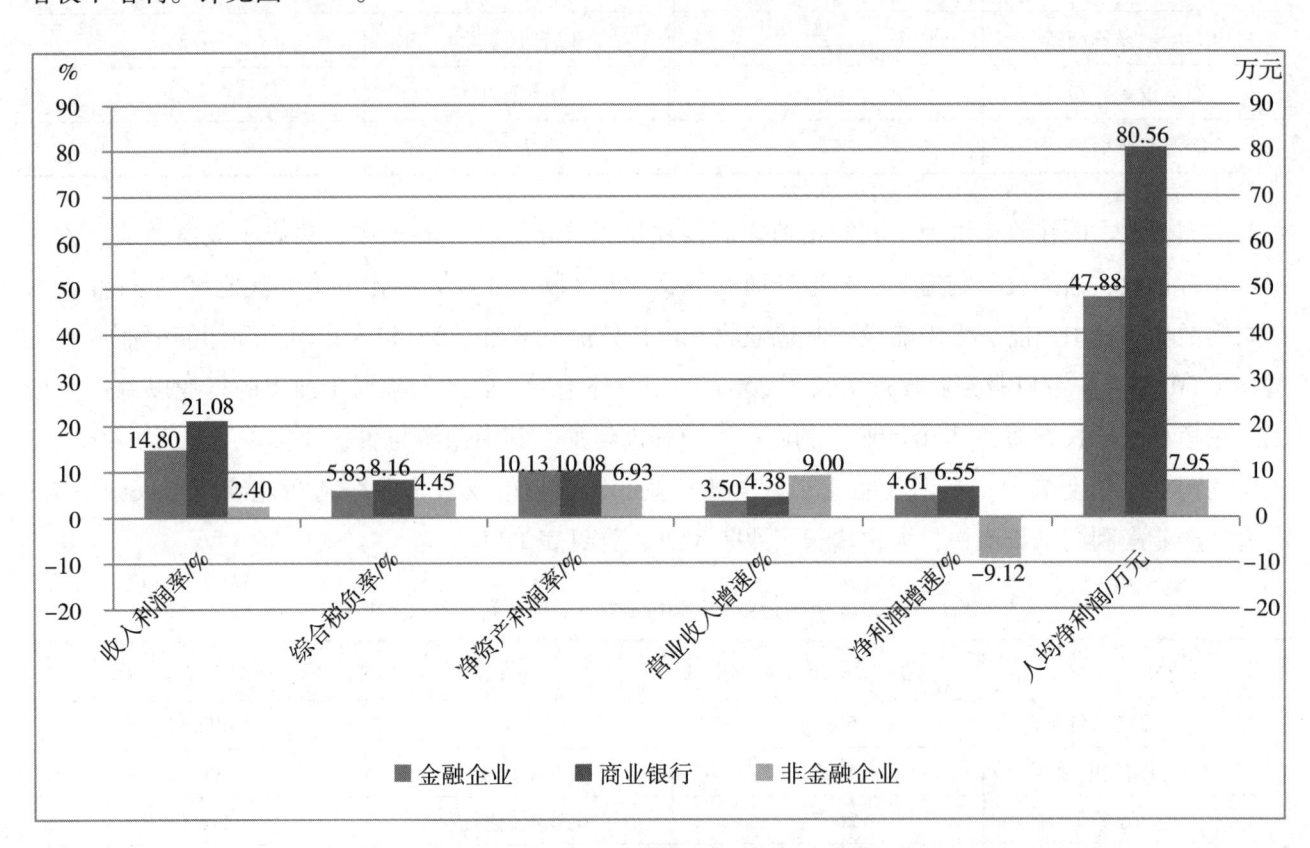

图1-15 2023中国企业500强金融与非金融企业盈利水平比较

## 6. 汽车行业营业收入占比持续下降，利润率指标全面好转

汽车行业入围企业的营业收入占比持续下降。2023中国企业500强中，有16家汽车企业入围，比上年500强减少2家。从汽车企业对全部500强的贡献看，16家汽车企业贡献了2023中国企业500强营业收入的4.14%，贡献度比上年500强下降了0.48个百分点，呈连续下降态势；贡献了全部500强净利润的2.23%，比上年500强提高了0.28个百分点，经历连续多年下降后迎来反弹。详见图1-16。

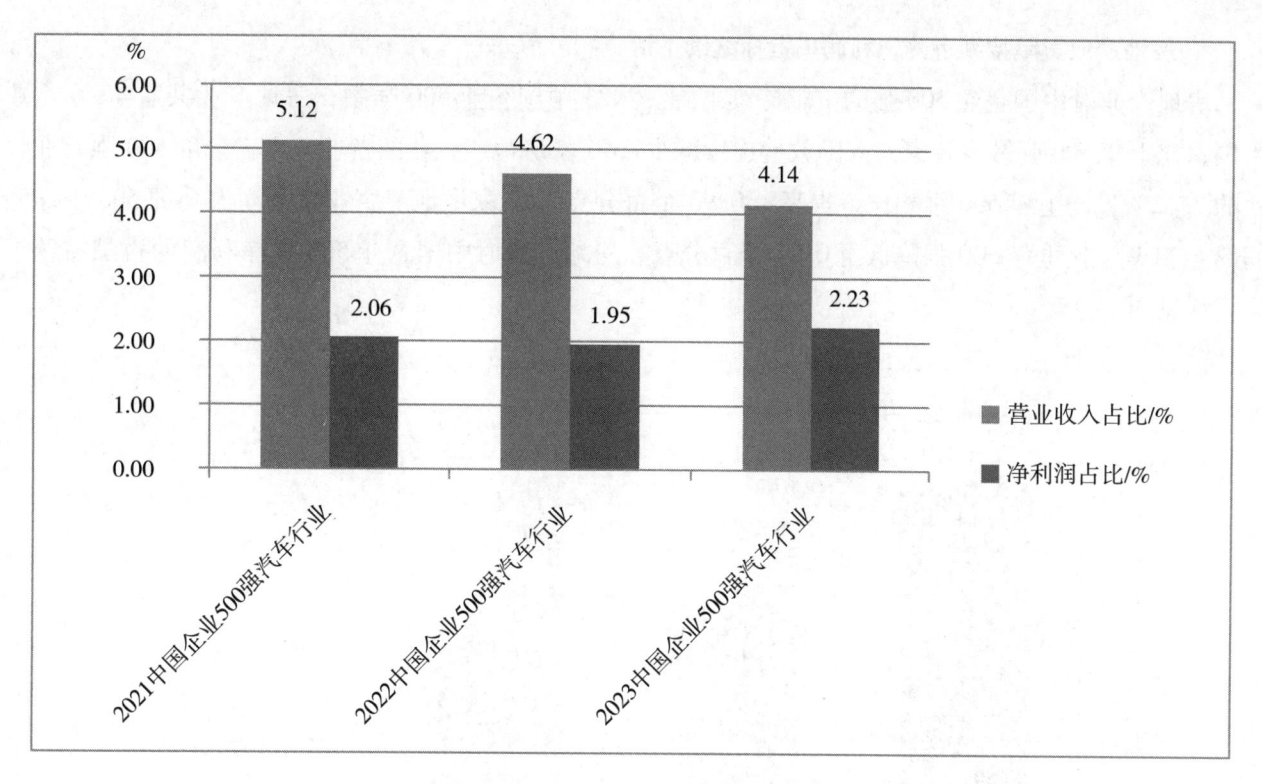

图 1-16　2021—2023 中国企业 500 强中汽车行业营业收入与净利润占比变化

汽车行业盈利指标全面好转。2023 中国企业 500 强中，16 家汽车企业的收入利润率为 2.13%，比上年 500 强提高了 0.30 个百分点；资产利润率为 1.92%，比上年 500 强提高了 0.17 个百分点；净资产利润率为 8.02%，比上年 500 强汽车企业提高了 0.21 个百分点。汽车企业的人均营业收入为 266.49 万元，人均净利润为 5.68 万元，与上年 500 强相比，均有所下降。汽车企业的营业收入增速从上年 500 强中的 4.17% 降至 2023 中国企业 500 强的 1.98%，净利润增长率则从上年 500 强的 3.73% 大幅提升至 2023 中国企业 500 强的 11.85%。从综合税负率看，2023 中国企业 500 强中 16 家汽车企业的综合税负率从 6.78% 提升至 7.59%，行业整体税负压力有所增加。详见表 1-8。

表 1-8　中国企业 500 强中汽车行业主要利润率指标及其他指标变化趋势

| 汽车行业主要指标 | 收入利润率/% | 资产利润率/% | 净资产利润率/% | 人均营业收入/万元 | 人均净利润/万元 | 综合税负率/% | 营业收入增长率/% | 净利润增长率/% |
|---|---|---|---|---|---|---|---|---|
| 2017 | 2.88 | 3.3 | 13.62 | 332.14 | 9.57 | 10.21 | 13.67 | 16.28 |
| 2018 | 2.78 | 3.03 | 13.11 | 359.26 | 9.99 | 9.92 | 13.51 | 9.96 |
| 2019 | 2.54 | 2.76 | 12.33 | 288.88 | 7.34 | 9.08 | 7.93 | -1.35 |
| 2020 | 1.99 | 2.01 | 9.3 | 300.42 | 5.98 | 7.06 | 0.54 | -17.81 |
| 2021 | 1.82 | 1.77 | 8.24 | 324.86 | 5.92 | 6.69 | 3.87 | -2.85 |
| 2022 | 1.83 | 1.75 | 7.81 | 323.02 | 5.92 | 6.78 | 4.17 | 3.73 |
| 2023 | 2.13 | 1.92 | 8.02 | 266.49 | 5.68 | 7.59 | 1.98 | 11.85 |

**7. 房地产业贡献持续下降，利润率指标继续下滑**

房地产业对中国企业500强的贡献持续下降。2023中国企业500强中，房地产业共有40家企业入围，比上年500强减少8家，入围数量连续减少。40家房地产企业的营业收入占全部500强营业收入的7.62%，与上年500强相比，提高了0.93个百分点。40家房地产企业净利润占全部500强净利润的4.71%，比上年500强降低了0.21个百分点，房地产业对中国企业500强净利润的贡献持续下降。详见图1-17。

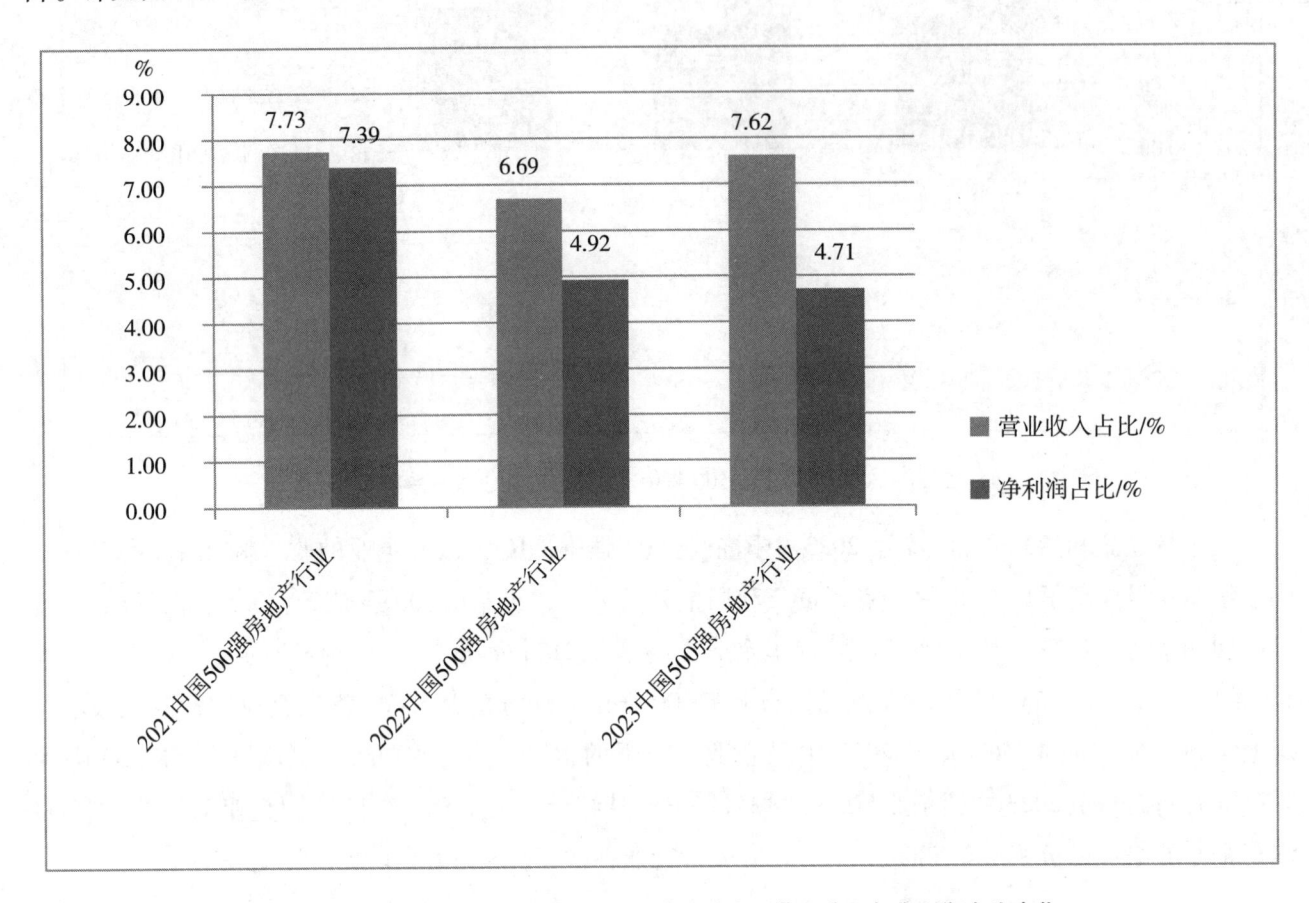

图1-17  2021—2023中国企业500强中房地产业营业收入与净利润占比变化

房地产业利润率指标连续下降。2023中国企业500强中，房地产业的收入利润率为2.45%，比上年500强下降了0.75个百分点；资产利润率为1.11%，比上年500强下降了0.21个百分点；净资产利润率为7.40%，比上年500强下降了2.11个百分点。房地产业的3项利润率指标都呈下降走势，其中收入利润率2连降，资产利润率5连降，净资产利润率5连降。从增速看，房地产企业处于增收减利状态，营业收入增长了5.10%，但净利润却大幅下降了24.93%。详见表1-9。

表1-9 中国企业500强中房地产行业主要利润率指标及其他指标变化趋势

| 房地产 | 收入利润率/% | 资产利润率/% | 净资产利润率/% | 人均营收/万元 | 人均净利润/万元 | 综合税负率/% | 营收增长率/% | 净利润增长率/% |
|---|---|---|---|---|---|---|---|---|
| 2017 | 3.18 | 1.68 | 12.34 | 179.30 | 5.70 | 6.45 | 11.07 | 1.19 |
| 2018 | 4.56 | 2.18 | 14.94 | 201.71 | 9.20 | 6.11 | 15.54 | 37.17 |
| 2019 | 3.97 | 1.84 | 14.84 | 233.46 | 9.28 | 6.11 | 18.13 | 23.53 |
| 2020 | 4.03 | 1.80 | 13.61 | 275.90 | 11.11 | 5.77 | 19.19 | 10.42 |
| 2021 | 4.34 | 1.63 | 13.00 | 255.090 | 11.06 | 6.78 | 5.93 | -0.16 |
| 2022 | 3.20 | 1.32 | 9.51 | 261.94 | 8.39 | 3.78 | 20.60 | -13.34 |
| 2023 | 2.45 | 1.11 | 7.40 | 334.68 | 8.19 | 3.25 | 5.10 | -24.93 |

## 五、2023中国企业500强的总部地区分布特征

2023中国企业500强中，西藏、海南继续没有企业入围，其他29个省（区、市）都有企业入围。总体上看，各地区入围企业数量更趋分散化，头部区域与尾部区域之间差异有所缩小。中部与西部地区入围企业持续增加，东部与东北地区入围企业持续减少。浙江新增7家入围企业，北京减少8家，分别为新增与减少最多地区。东部与西部地区的利润率高于其他地区，东北地区经营情况整体恶化。由于大量央企总部聚集北京，北京入围企业中有企业占绝大多数，而东部沿海地区则以民营企业为主。

### 1. 橄榄型结构更加突出，广东净增加企业最多

中国企业500强的省级区域梯次分布更加趋向于橄榄型。2023中国企业500强中，第一梯队（北京地区）的企业有80家，比上年500强减少8家；第二梯队（入围企业数量在40家以上的省级区域），包括广东、山东、江苏和浙江，共有204家企业入围，比上年500强增加了5家；第三梯队（入围企业数量在10~39家的省级区域），包括上海、河北、四川、重庆、福建、安徽，共有148家企业入围，比上年500强增加了14家；第四梯队（入围企业数量在9家及以下的省级区域），包括河南等17个省级区域，共有68家企业入围，比上年500强减少了11家。详见图1-18。随着两端的连续减少和中间的连续增加，中国企业500强区域分布的橄榄型结构更加突出。

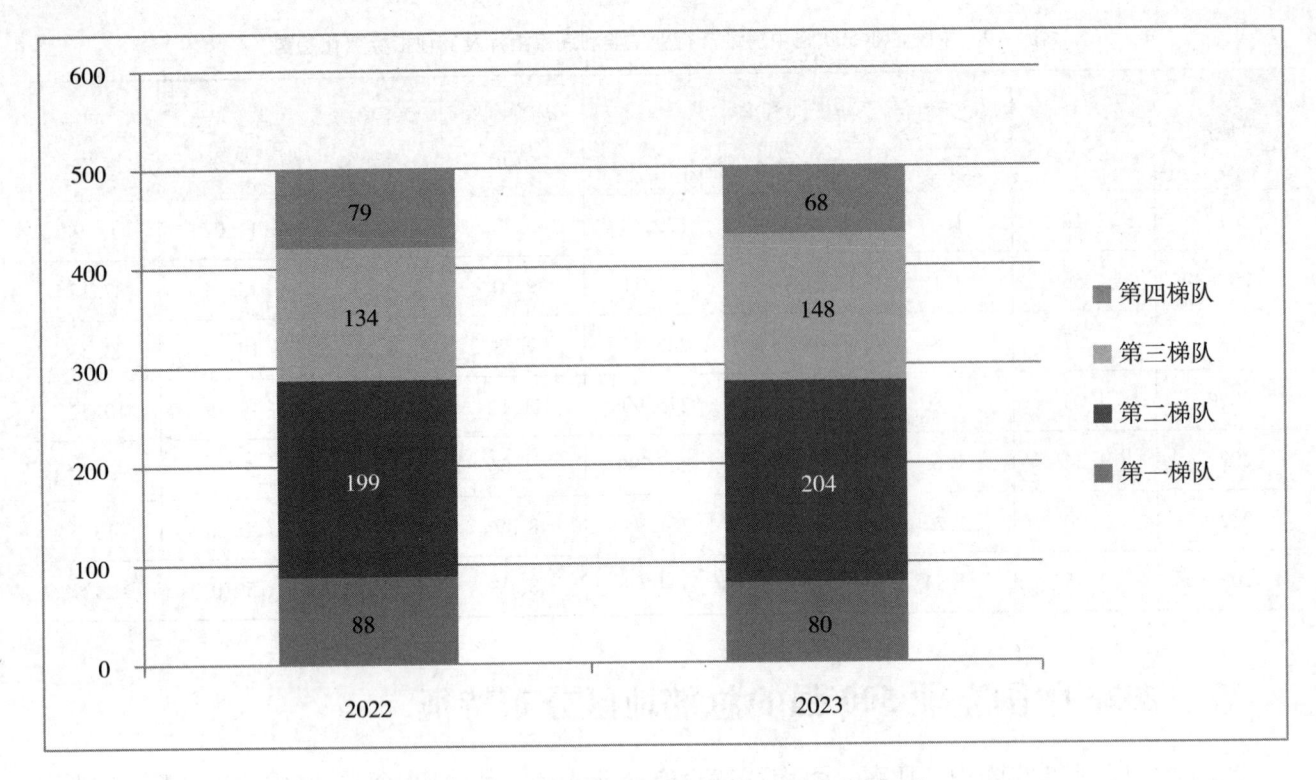

图1-18 中国企业500强各梯队入围企业数量分布

多个省（区、市）入围企业数量均有不同程度变化，浙江入围企业数量增加最多，北京减少最多。2023中国企业500强分布在29个省（区、市），海南、西藏依然没有企业入围中国企业500强。浙江共有53家企业入围2023中国企业500强，比上年500强净增加7家，是入围企业增加最多的省级区域；其次是福建，增加了4家；再次是山东，增加了3家。北京入围企业减少最多，减少了8家；其次是广东，减少了3家；再次是江苏，减少了2家。从近年变动趋势看，北京、河北、湖南入围企业数量连续减少，浙江、山东、福建连续增加。

**2. 中西部地区企业数量持续增加，东部地区与东北地区略降**

中西部地区入围企业数量持续增加，东部地区与东北地区入围企业数量减少。2023中国企业500强中，来自东部地区的企业为365家，减少1家，连续2年减少；中部地区入围企业为56家，增加1家，连续2年增加；西部地区入围企业为74家，增加1家，连续2年增加；东北地区入围企业为5家，减少1家，连续2年减少。总体上看，中西部地区入围企业数量有所增加，东部与东北地区入围企业数量则相应减少。详见图1-19。

[图表：中国企业500强四大区域入围企业数量变化柱状图]

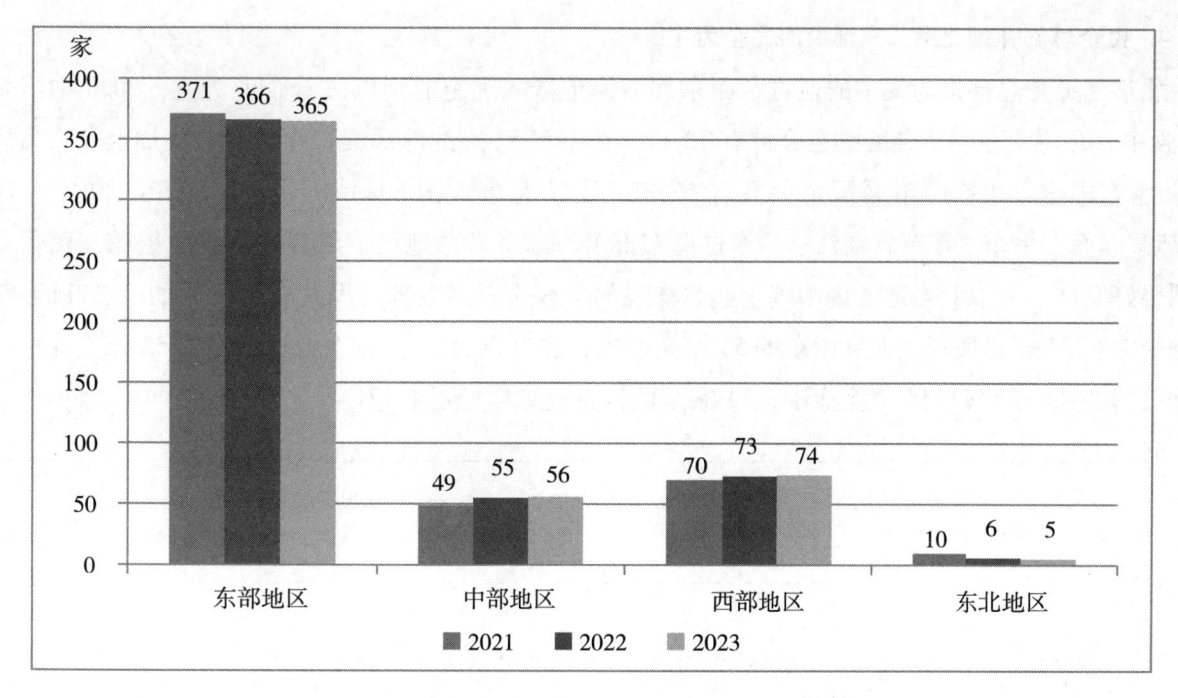

东部地区：371（2021）、366（2022）、365（2023）
中部地区：49（2021）、55（2022）、56（2023）
西部地区：70（2021）、73（2022）、74（2023）
东北地区：10（2021）、6（2022）、5（2023）

图 1-19　中国企业 500 强四大区域入围企业数量变化

### 3. 东部地区收入利润稳定增长，东北地区指标明显下降

东部地区的收入与净利润率保持稳定增长，好于其他地区。2023 中国企业 500 强中东部地区企业营业收入增长 10.57%、净利润增长 4.91%；中部地区、西部地区营业收入分别增长 9.10%、10.09%，但净利润均为负增长；东北地区收入与净利润则均为负增长。从利润率看，东部地区和西部地区较好，收入利润率分别为 2.72%、2.69%，净资产利润率分别为 7.48%、7.19%；中部地区相对较差，收入利润率为 1.43%，净资产利润率为 4.67%。中部、西部地区的研发投入保持较高增速，分别为 23.14%、20.56%，远高于东部地区的 12.70%。详见图 1-20。

[图表：四大区域入围企业主要指标比较]

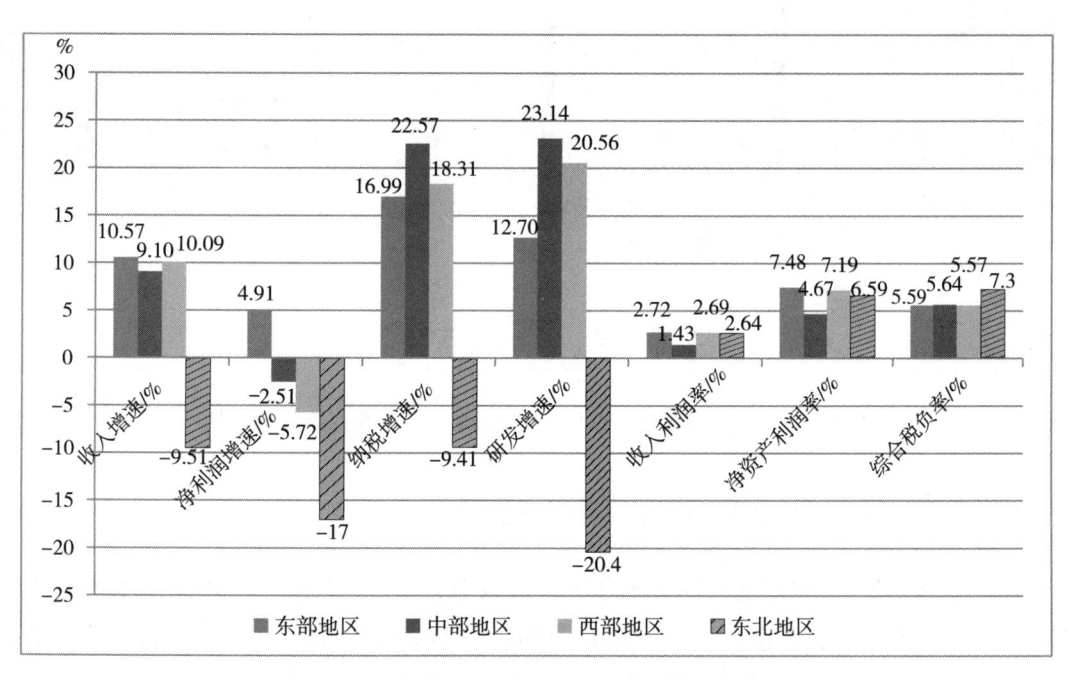

收入增速/%：东部10.57、中部9.10、西部10.09、东北-9.51
净利润增速/%：东部4.91、中部-2.51、西部-5.72、东北-17
纳税增速/%：东部16.99、中部22.57、西部18.31、东北-9.41
研发增速/%：东部12.70、中部23.14、西部20.56、东北-20.4
收入利润率/%：东部2.72、中部1.43、西部2.69、东北2.64
净资产利润率/%：东部7.48、中部4.67、西部7.19、东北6.59
综合税负率/%：东部5.59、中部5.64、西部5.57、东北7.3

图 1-20　四大区域入围企业主要指标比较

### 4. 央企总部扎堆北京，东部沿海民企为主

北京是央企总部最为集中的地方，而东部沿海地区入围企业则以民营企业为主。2023中国企业500强中，金融央企与非金融央企合计有72家，其中有57家的总部集聚在北京，再加上北京市属的10家地方国企，央企、市属国企一共有67家，占了北京入围2023中国企业500强80家企业的83.75%。而在山东、江苏、浙江、广东这些东部沿海经济发达地区，民营经济高度繁荣，民营企业得到很好发展，所以其当地入围中国企业500强的企业中，多数都是民营企业。例如，江苏的42家企业中，有33家是民营企业；山东的53家企业中，也有36家是民营企业；浙江的53家企业中，43家是民营企业；广东的56家企业中，33家是民营企业。详见图1-21。

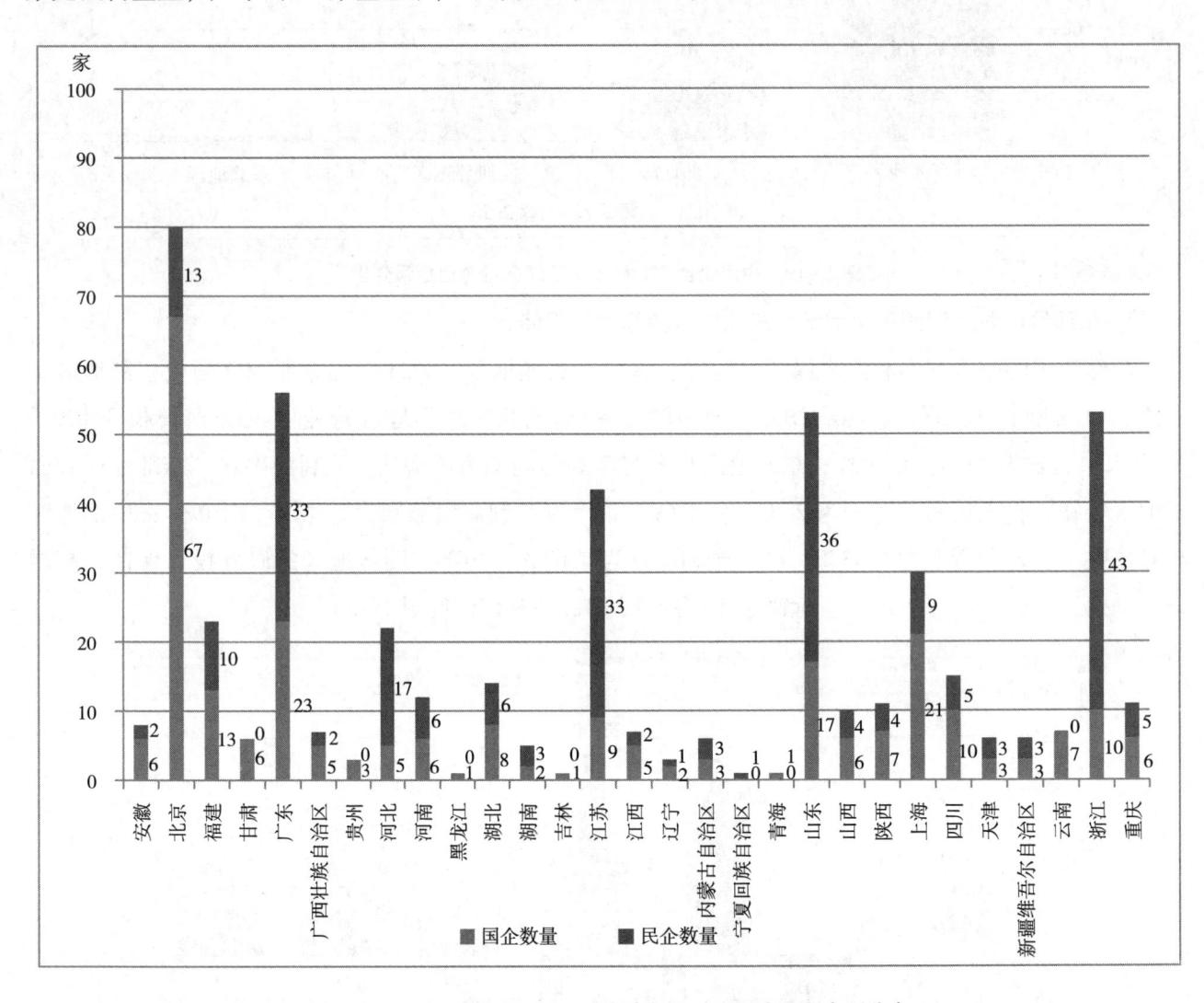

图1-21 2023中国企业500强各省级区域入围企业所有制分布

## 六、2023中国企业500强的创新特征

中国企业500强研发投入保持持续增加态势，研发强度也相应创下1.85%的新高。研发投入强度在5%以上的企业数量增加3家，超过半数企业的研发强度同比都有所提升。制造业企业研发强度持续高于服务业，但平均研发强度有所下降。民营企业研发强度持续高于国有企业，二者差距有所

扩大。通信设备制造业在研发强度、人均研发费用的行业排名中，都高居首位。广东企业在区域研发强度排名中位居榜首，明显领先于其他地区。中国企业 500 强的专利与发明专利数量持续增加，参与国际标准制定更为积极。

**1. 研发投入持续增加，研发强度创新高**

中国企业 500 强研发投入保持持续增加态势。2023 中国企业 500 强共投入研发费用 15786.88 亿元，比上年 500 强增加了 1312.21 亿元，增幅为 9.07%；但与自身同口径相比，研发投入同比大幅增长了 12.28%。企均研发投入为 35.80 亿元，比上年 500 强企均研发投入 33.57 亿元增长了 6.64%。详见图 1-22。

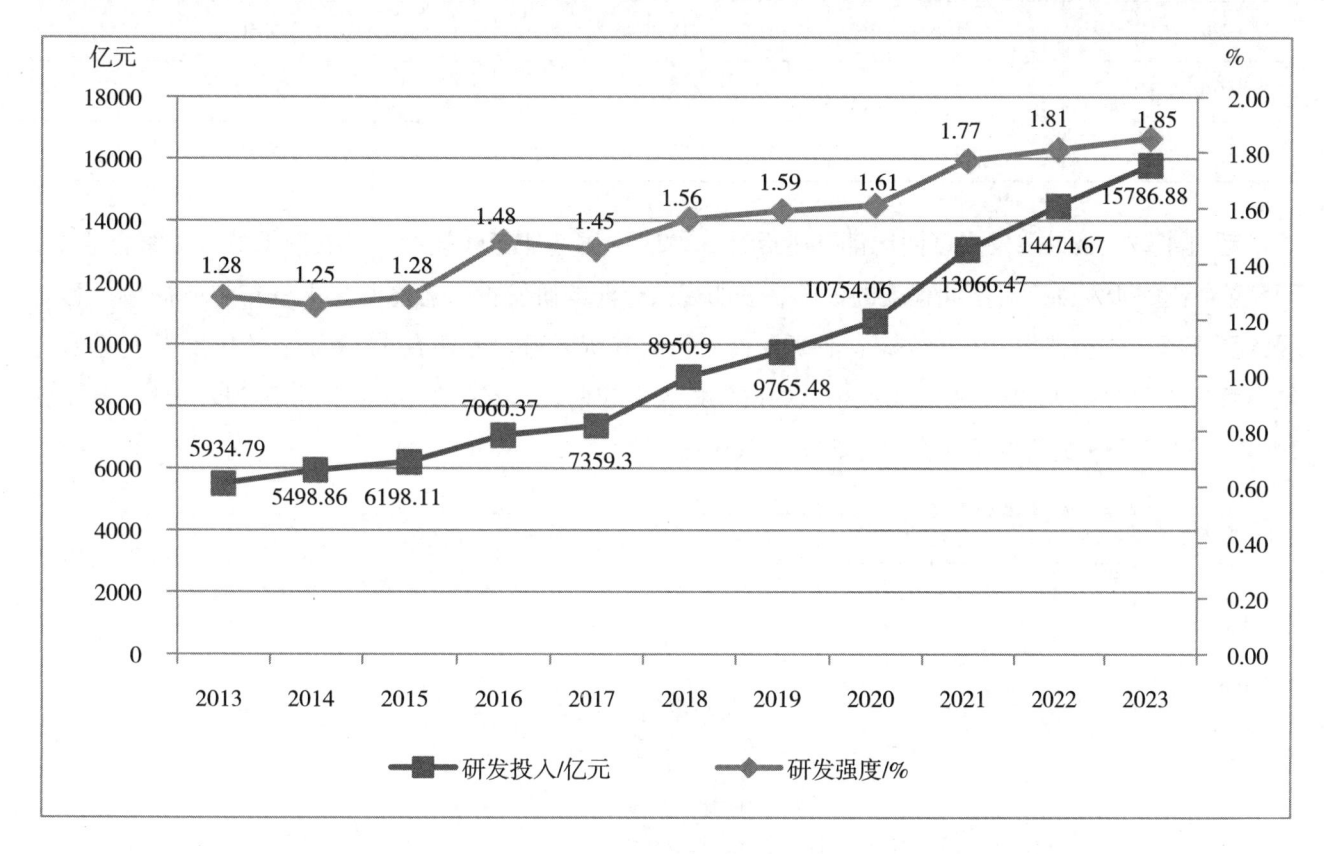

图 1-22　中国企业 500 强研发投入与研发强度变化趋势

中国企业 500 强的平均研发强度呈持续提升态势，并创下新高。2023 中国企业 500 强研发投入总额占其营业收入的 1.85%。与上年 500 强相比，企业平均研发强度继续提高了 0.04 个百分点，这已经是中国企业 500 强平均研发强度连续第 6 年提高。详见图 1-22。总体上看，2013—2023 中国企业 500 强的研发投入强度保持提升态势，并创下了 1.85% 的新高。

**2. 2%~5% 是研发投入关键区间，多数企业研发强度提升**

2%~5% 是中国企业 500 强研发投入的关键区间。2023 中国企业 500 强中，有 6 家企业的研发强度超过了 10%，比上年 500 强增加 1 家；合计投入研发费用 2479.25 亿元，占全部研发投入的 15.70%。有 18 家企业研发强度位于 5%~10%，比上年 500 强增加 2 家；合计投入研发费用 1942.63 亿元，占全部研发投入的 12.31%。有 106 家企业研发强度位于 2%~5%，比上年 500 强增加 1 家；

合计投入研发费用 7183.24 亿元，占全部研发投入的 45.30%。有 311 家企业研发强度位于 2% 以下，合计投入研发费用 4181.77 亿元，占全部研发投入的 26.49%。显然，2%~5% 区间的企业已经成为 500 强企业研发创新的关键投入力量。详见表 1-10。

表 1-10　2023 中国企业 500 强研发投入强度区间分布

|  | 企业数量/家 | 研发投入/亿元 | 研发投入占比/% |
| --- | --- | --- | --- |
| 10% 以上 | 6 | 2479.25 | 15.70 |
| 5%~10% | 18 | 1942.63 | 12.31 |
| 2%~5% | 106 | 7183.24 | 45.50 |
| 2% 以下 | 311 | 4181.77 | 26.49 |
| 合计 | 441 | 15786.89 | 100.00 |

超过半数企业的研发强度同比都有所提升。2023 中国企业 500 强中，在有数据的 441 家企业中，255 家企业的研发强度有不同程度的提升，表明多数企业的研发投入意愿都比上一年有所提高，愿意投入更多资金进行研发。有 153 家企业研发投入强度有所下降。另外有 33 家企业的研发强度总体上维持稳定。详见图 1-23。有 344 家企业的研发投入实现增长，其中 27 家企业的研发投入增长超过了 100%，38 家企业的研发投入增速在 50%~100%。

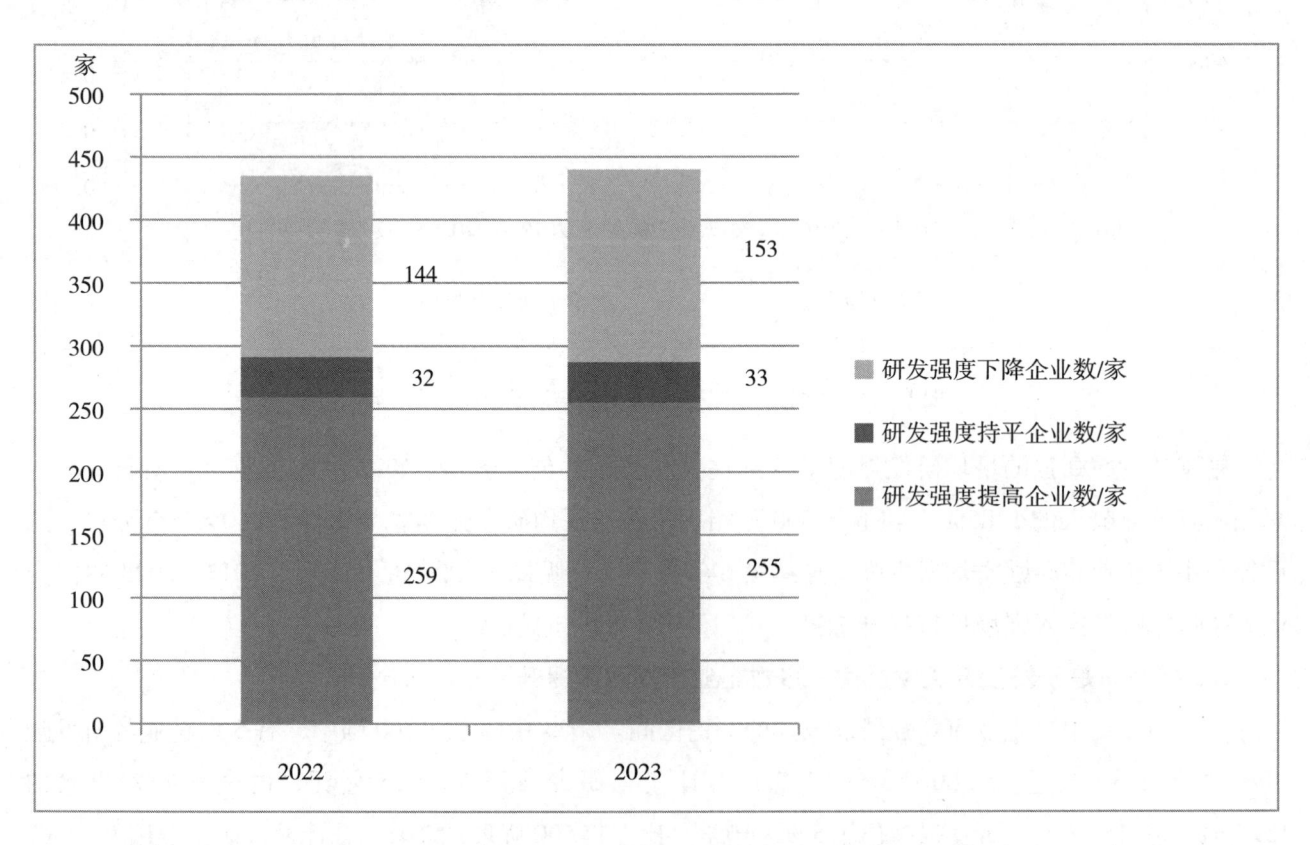

图 1-23　中国企业 500 强研发强度升降情况

### 3. 制造业研发强度有所下降，民营企业研发强度持续高于国有企业

制造业企业研发强度高于服务业，但有所降低。2023中国企业500强中制造业企业的平均研发强度为2.30%，比上年500强下降了0.04个百分点；服务业企业平均研发强度为1.15%，比上年500强提高了0.10个百分点。制造业企业平均研发强度高于服务业企业，但这一差距在2023中国企业500强中有所收窄。详见图1-24。

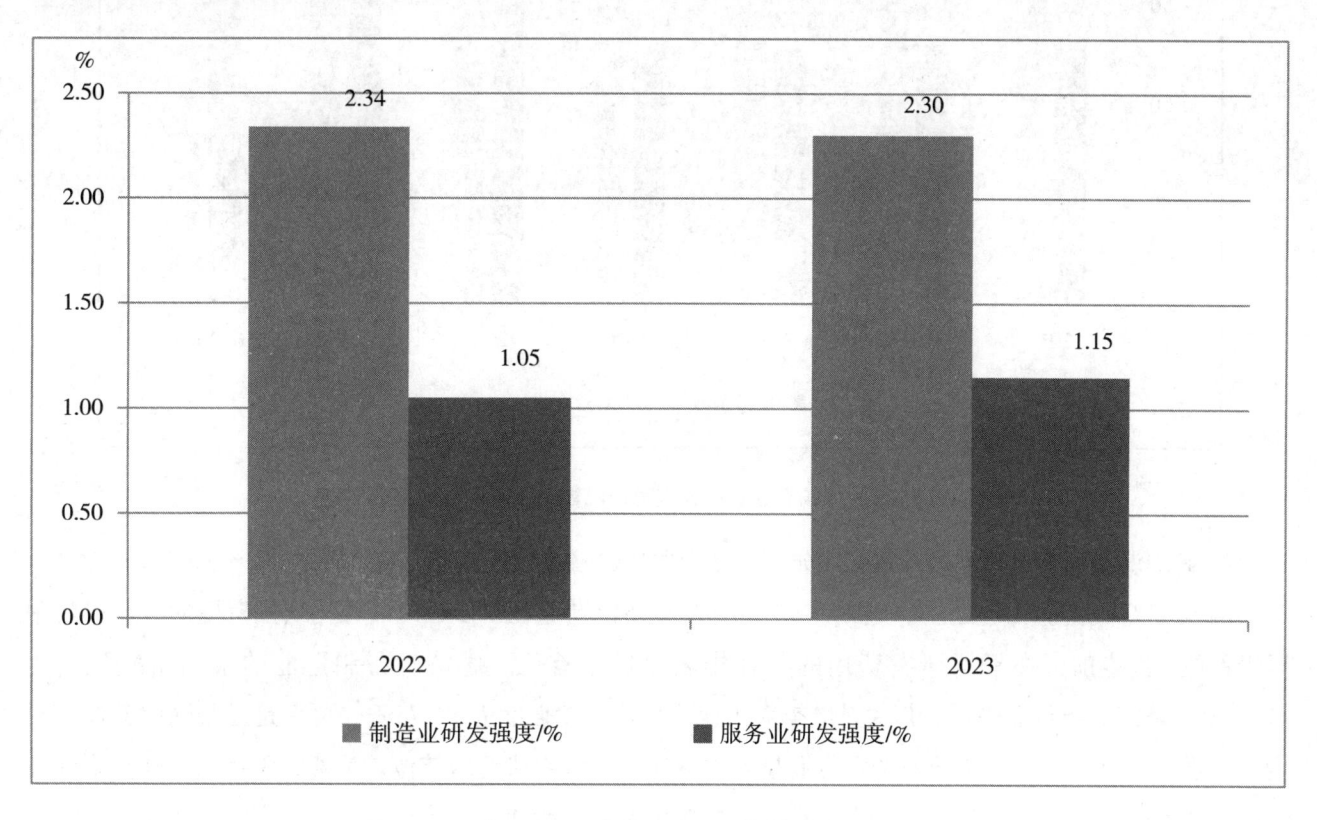

图1-24 中国企业500强制造业、服务业研发强度变化

民营企业研发强度持续高于国有企业。2023中国企业500强中，民营企业研发费用投入为5939.41亿元，平均研发强度为2.33%；与上年500强相比，提高了0.02个百分点。国有企业研发费用投入为8535.37亿元，平均研发强度为1.56%；与上年500强相比，下降了0.01个百分点。一升一降，国有企业与民营企业之间研发强度差距有所扩大。详见图1-25。

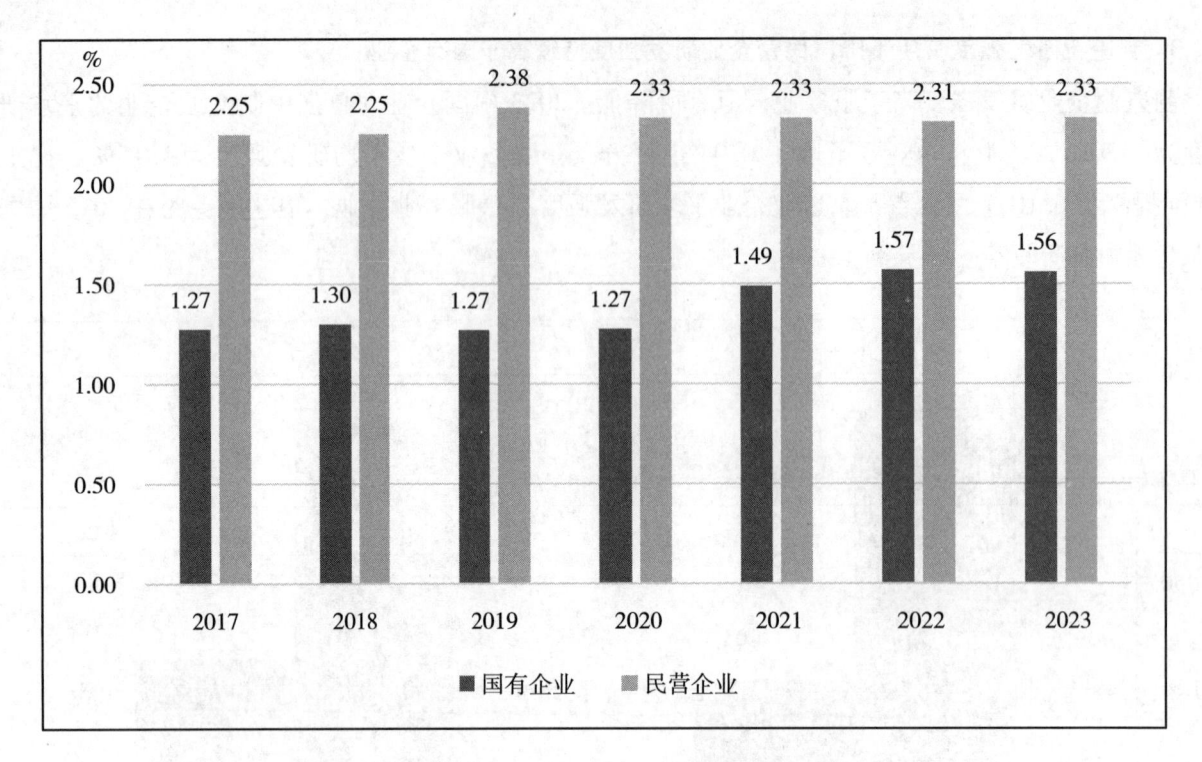

图 1-25　中国企业 500 强国有、民营企业研发强度变化

**4. 高端装备制造业研发力度持续领先，广东企业研发强度整体领先**

高端装备制造业在研发上持续保持领先。通信设备制造业在研发强度、人均研发费用的行业排名中居于首位，航空航天在平均研发费用的行业排名上居于首位。通信设备制造业的平均研发强度为 14.24%，持续居于行业榜首。其次是航空航天业，平均研发强度为 12.78%。再次是互联网服务业，平均研发强度为 6.32%。人均研发费用行业排名中，通信设备制造业居首位，为 43.93 万元；其次是软件和信息技术（IT）业，为 29.62 万元；再次是航空航天业，为 22.74 万元。企业平均研发费用排名中，航空航天业居首位，平均研发费用为 321.24 亿元；其次是通信设备制造业，平均研发费用为 243.71 亿元；再次是兵器制造业，平均研发费用为 226.35 亿元。显然，从研发强度、人均研发费用、平均研发费用排名前五的行业看，主要是高端设备制造行业，以及现代服务业。详见表 1-11。

表 1-11　2023 中国企业 500 强中行业研发排序前五

| 三级行业 | 研发强度/% | 三级行业 | 人均研发费用/万元 | 三级行业 | 平均研发费用/亿元 |
| --- | --- | --- | --- | --- | --- |
| 通信设备制造 | 14.24 | 通信设备制造 | 43.93 | 航空航天 | 321.24 |
| 航空航天 | 12.78 | 软件和信息技术（IT） | 29.62 | 通信设备制造 | 243.71 |
| 互联网服务 | 6.32 | 航空航天 | 22.74 | 兵器制造 | 226.35 |
| 半导体、集成电路及面板制造 | 5.84 | 互联网服务 | 17.77 | 电信服务 | 202.67 |
| 轨道交通设备及零部件制造 | 5.80 | 工程机械及零部件 | 14.87 | 互联网服务 | 193.03 |

广东企业在区域研发强度排名中位居榜首，明显领先于其他地区。对比上年500强，广东企业的平均研发强度也提高了0.30个百分点。2023中国企业500强中，广东企业平均研发强度为3.71%，明显高于其他地区企业的平均研发强度。但在人均研发费用上，湖南企业居于首位，人均研发费用为15.88万元。在企业平均研发费用上，吉林占据了榜首。不过这一地位并不可靠，因为吉林仅有1家企业入围，单一企业的研发数据，并不具备典型的代表性。详见表1-12。

表1-12  2023中国企业500强中地区研发排序前五

| 地区 | 研发强度/% | 地区 | 人均研发费用/万元 | 地区 | 平均研发费用/亿元 |
| --- | --- | --- | --- | --- | --- |
| 广东 | 3.71 | 湖南 | 15.88 | 吉林 | 148.14 |
| 湖南 | 3.46 | 吉林 | 11.98 | 北京 | 106.06 |
| 辽宁 | 2.52 | 广东 | 10.49 | 辽宁 | 64.26 |
| 吉林 | 2.51 | 浙江 | 10.42 | 广东 | 64.08 |
| 安徽 | 2.00 | 山东 | 7.95 | 湖南 | 44.10 |

5. 专利与发明专利继续保持增长，国际标准数量恢复增长

中国企业500强的专利与发明专利数量持续增加。2023中国企业500强共拥有专利总数188.53万件；拥有专利数量比上年500强增加了21.73万件，增长了13.03%。其中拥有申报发明专利74.34万件，比上年500强增长了10.48%，发明专利数量连续5年持续增长。2023中国企业500强中发明专利占全部专利的39.43%，占比比上年500强下降了0.91个百分点。详见图1-26。

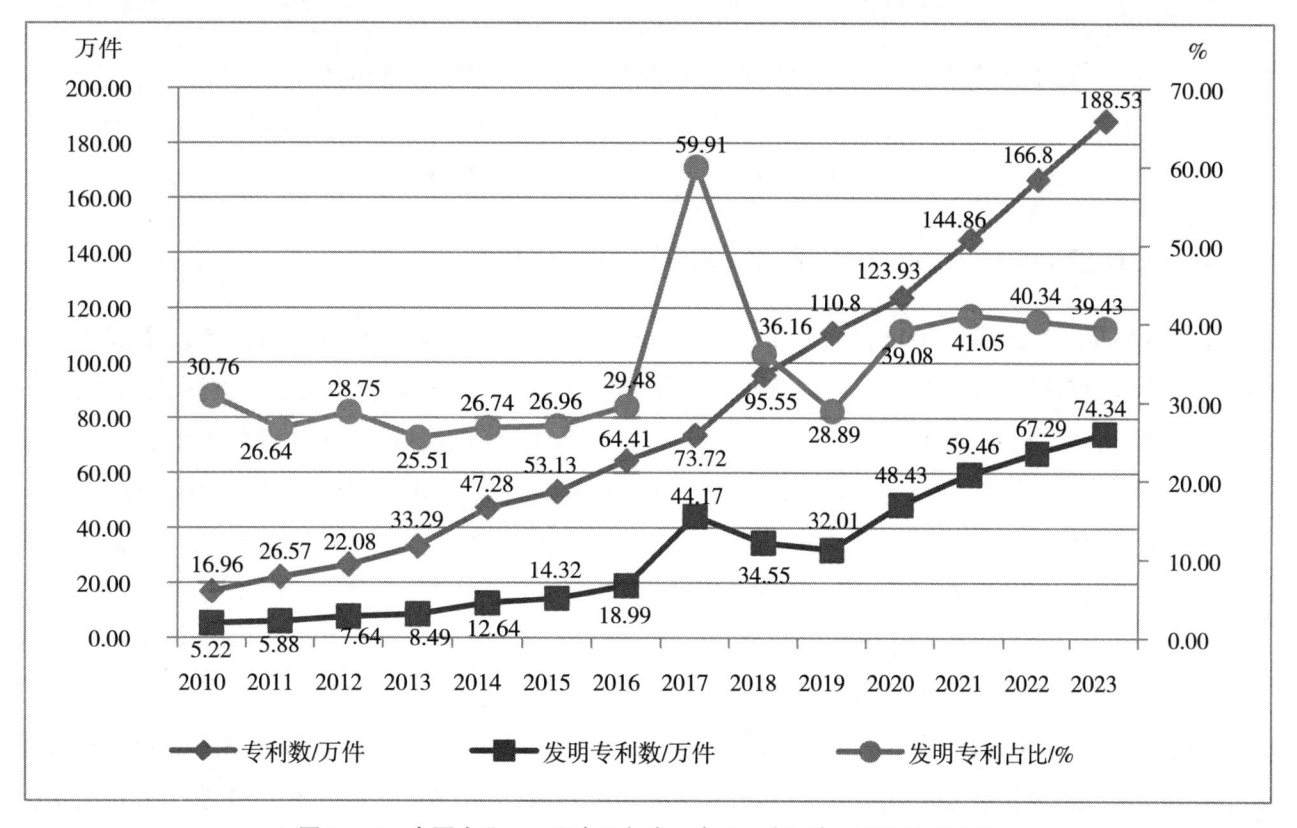

图1-26  中国企业500强专利与发明专利、发明专利占比变动态势

参与国际标准制定活跃度提升。2023 中国企业 500 强中共申报参与标准制定 75110 项，较上年 500 强申报数增加 171 项，企业申报参与标准制定数据实现了 4 连升。在参与国际标准制定上，企业共申报参与了 4992 项国际标准制定，这一数据比上年 500 强增加了 1221 项。详见图 1-27。这在一定程度上表明，我国企业积极参与国际标准制定，活跃度提升，话语权增强。

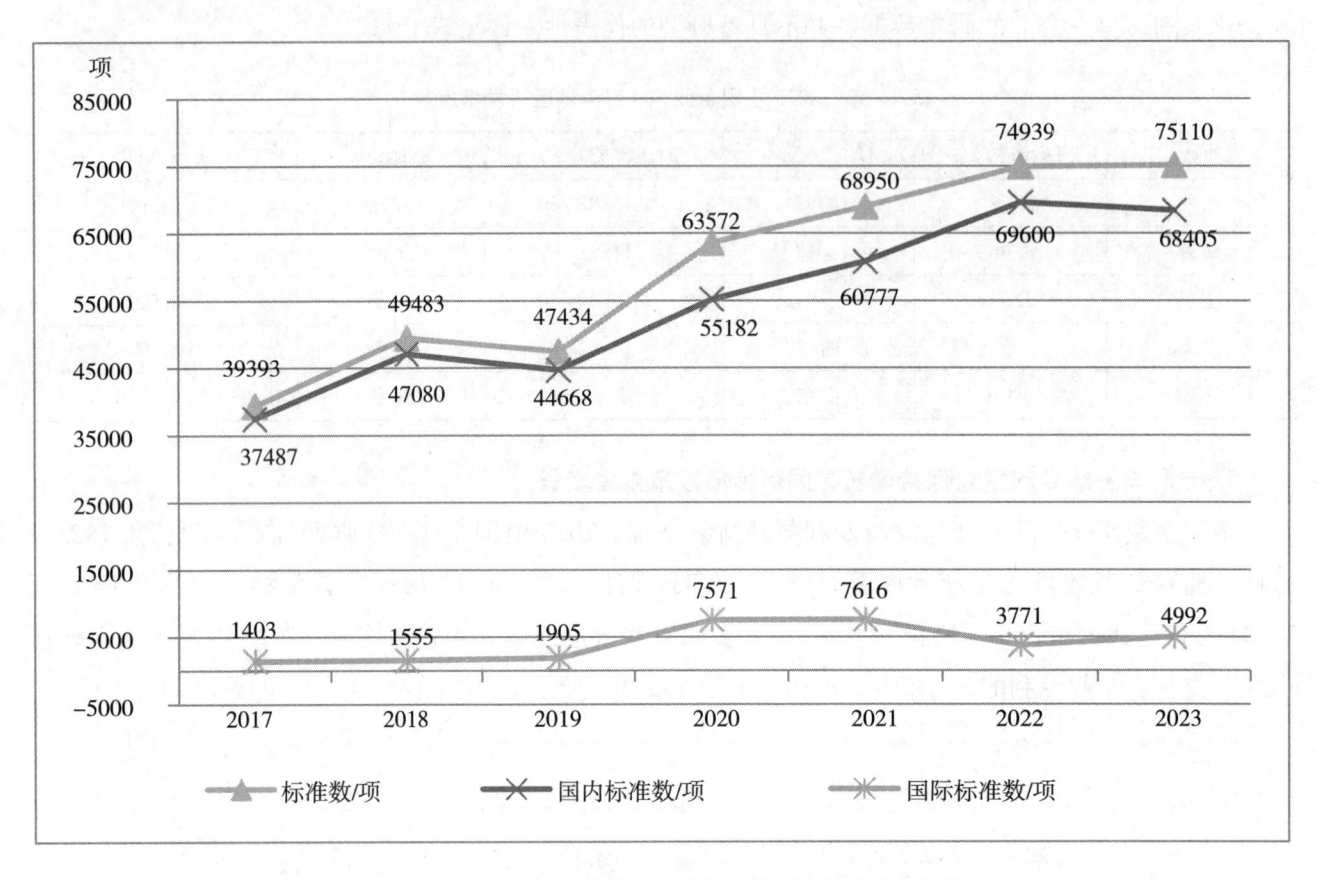

图 1-27　中国企业 500 强企业参与标准制定情况变动趋势

## 七、2023 中国企业 500 强的国际化特征

2023 中国企业 500 强的跨国指数为 11.68%，比上年 500 强提高了 0.40 个百分点。中国大企业国际化经营能力有待提升，国际化经营企业的收入利润率、净资产利润率均低于非国际化经营企业，人均净利润、企均净利润也低于非国际化经营企业。从分类比较看，国际化经营能力所有制各有高低，国有企业中，非国际化企业盈利能力好于国际化企业，民营企业则相反；制造业服务业则均是非国际化企业占优。在地区层面，区域企业国际化比率与经济发展水平并无必然联系，但总体上看东部沿海地区的国际化比率更高一些，中西部地区有不少区域企业对国际化经营仍缺乏积极性。

**1. 国际化经营持续活跃，海外收入占比拉动指数上扬**

中国企业 500 强的跨国指数持续提升，海外收入是拉动指数上扬的关键力量。2023 中国企业 500 强的跨国指数为 11.68%，与上年 500 强相比，指数提高了 0.40 个百分点，呈持续提升态势。尽管受疫情影响，全球国际化经营活动有所受阻，但中国企业 500 强的国际化经营逆势推进。从分项指数看，海外收入占比为 15.84%，比上年 500 强提高了 1.39 个百分点；海外资产占比为 12.18%，比上

年500强下降了0.16个百分点；海外人员占比为7.01%，比上年500强下降了0.04个百分点。详见表1-13。显然，海外收入是三项指标中唯一上涨的指标，是拉动跨国指数持续上涨的关键动力。

表1-13 2023中国企业500强国际化经营情况

|  | 2022年指标值/% | 2023年指标值/% |
| --- | --- | --- |
| 跨国指数 | 11.28 | 11.68 |
| 其中：海外资产占比 | 12.34 | 12.18 |
| 海外收入占比 | 14.45 | 15.84 |
| 海外人员占比 | 7.05 | 7.01 |

**2. 国际化经营企业的盈利能力不如非国际化企业，但平均企业规模大于非国际化企业**

国际化企业的盈利能力持续低于非国际化经营企业，这一局面已经延续多年。2023中国企业500强中的国际化经营企业，其收入利润率、净资产利润率均低于非国际化经营企业，人均净利润、企均净利润也低于非国际化经营企业。2023中国企业500强中，国际化经营企业的收入利润率为3.10%，低于非国际化经营企业2.48个百分点；净资产利润率为7.90%，低于非国际化经营企业0.51个百分点；人均净利润为10.84万元，比非国际化经营企业低5.86万元；企均净利润为82.87亿元，比非国际化经营企业低6.39亿元。详见图1-28。

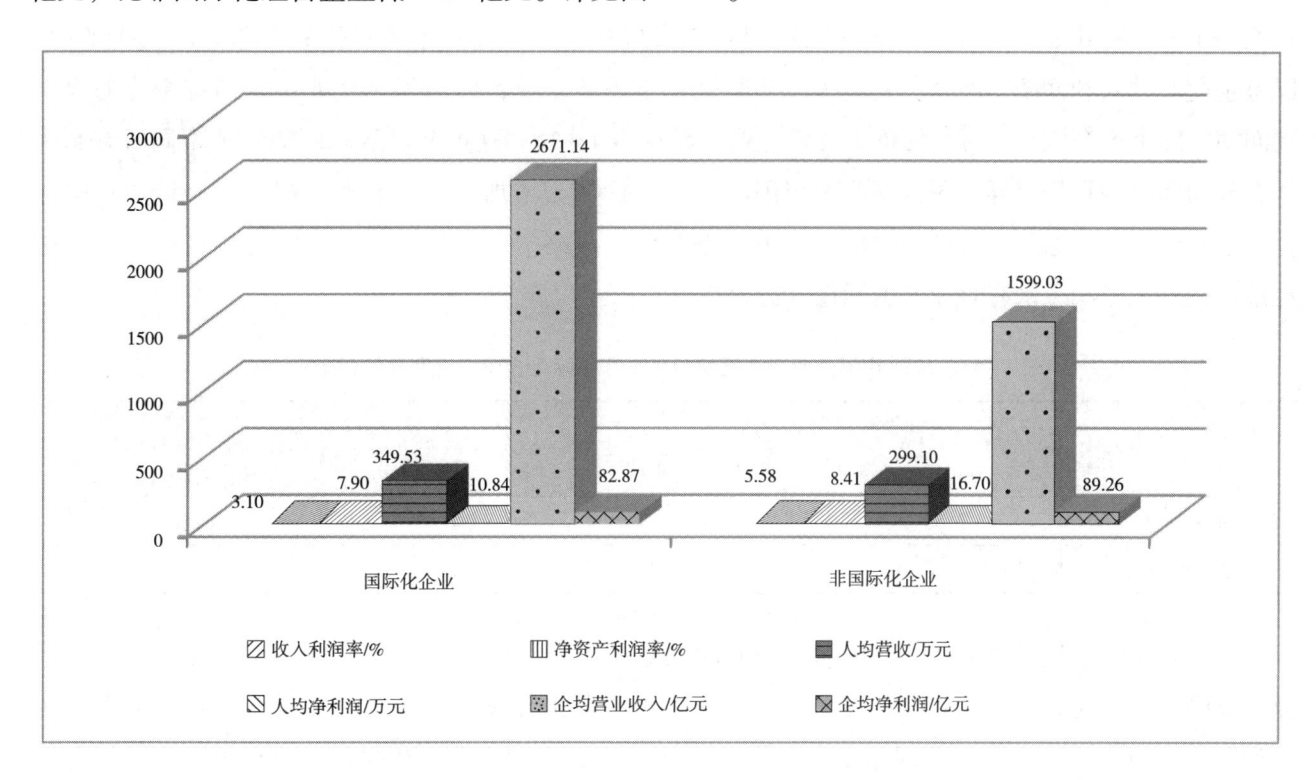

图1-28 2023中国企业500强国际化与非国际化企业比较

规模越大的企业，越倾向于国际化，这一格局依然没有改变。2023中国企业500强中，国际化经营企业的平均营业收入为2671.14亿元，远高于非国际化经营企业的1599.03亿元。详见图1-28。表1-14的区间分布显示，在五等分区间中，前两个区间企业国际化比例明显高于后三个区间；前

100 强企业中有 65 家企业参与了国际化经营，占全部国际化经营企业的 24.53%；排名 101~200 的企业中，有 72 家企业参与了国际化经营，占全部国际化经营企业的 27.17%。

表 1-14  2023 中国企业 500 强中国际化经营企业排名区间分布

| 区间分布/排名 | 国际化企业数/家 | 分布比率/% | 累计占比/% |
| --- | --- | --- | --- |
| 1~100 | 65 | 24.53 | 24.53 |
| 101~200 | 72 | 27.17 | 51.70 |
| 201~300 | 56 | 21.13 | 72.83 |
| 301~400 | 36 | 13.58 | 86.42 |
| 401~500 | 36 | 13.58 | 100.00 |

### 3. 民营企业的国际化经营能力较好，制造业服务业均是非国际化企业占优

国有企业中，非国际化企业盈利能力好于国际化企业，民营企业则相反。2023 中国企业 500 强的国有企业中，非国际化企业的收入利润率为 7.60%，高于国际化企业的 2.75%；净资产利润率为 8.57%，高于国际化企业的 6.68%；无论是收入利润率还是净资产利润率，都是非国际化企业好于国际化企业。民营企业中，非国际化企业的收入利润率为 3.16%，低于国际化企业的 4.28%；净资产利润率为 7.97%，低于国际化企业的 12.97%；无论是收入利润率还是净资产利润率，都是国际化企业好于非国际化企业，与国有企业正好相反。从国有企业与民营企业对比看，非国际化企业中，国有企业的收入利润率、净资产利润率，都明显好于民营企业；但国际化企业中，国有企业的收入利润率、净资产利润率，都大幅低于民营企业。详见表 1-15。这可能也从侧面印证了不同所有制企业参与国际化的目标差异：民营企业参与国际化，目标在于增加收入与利润，提升盈利能力；国有企业参与国际化，除了考虑经济目标外，还承担着推动战略资源、战略能力国际化布局的责任，这在很大程度上影响了国有企业的国际化效益表现。

表 1-15  2023 中国企业 500 强国际化与非国际化企业的所有制差异比较

| | 收入利润率/% | | 净资产利润率/% | |
| --- | --- | --- | --- | --- |
| | 非国际化企业 | 国际化企业 | 非国际化企业 | 国际化企业 |
| 国有企业 | 7.60 | 2.75 | 8.57 | 6.68 |
| 民营企业 | 3.16 | 4.28 | 7.97 | 12.97 |

无论是制造业还是服务业，非国际化企业的效益均好于国际化企业。2023 中国企业 500 强制造业企业中，国际化企业平均收入利润率为 2.00%，低于非国际化企业的 2.63%；国际化企业平均净资产利润率为 8.31%，低于非国际化企业的 9.00%。2023 中国企业 500 强服务业企业中，国际化企业平均收入利润率为 4.98%，低于非国际化企业的 8.19%；国际化企业平均净资产利润率为 7.69%，低于非国际化企业的 8.48%。详见表 1-16。

表 1-16　2023 中国企业 500 强国际化与非国际化企业行业差异比较

| | 收入利润率/% | | 净资产利润率/% | |
|---|---|---|---|---|
| | 非国际化企业 | 国际化企业 | 非国际化企业 | 国际化企业 |
| 制造业 | 2.63 | 2.00 | 9.00 | 8.31 |
| 服务业 | 8.19 | 4.98 | 8.48 | 7.69 |

**4. 企业国际化经营与区域经济发展水平并无必然联系**

企业是否参与国际化经营，与其总部所在地所属区域的经济发展水平之间并无必然联系，但总体上看，中西部地区与东北地区企业的国际化参与程度更低一些。入围企业数量比较多的东部的浙江、广东、江苏、上海、北京，入围企业数量都在 30 家以上，企业参与国际化经营的比例也都在 50% 以上。详见图 1-29。

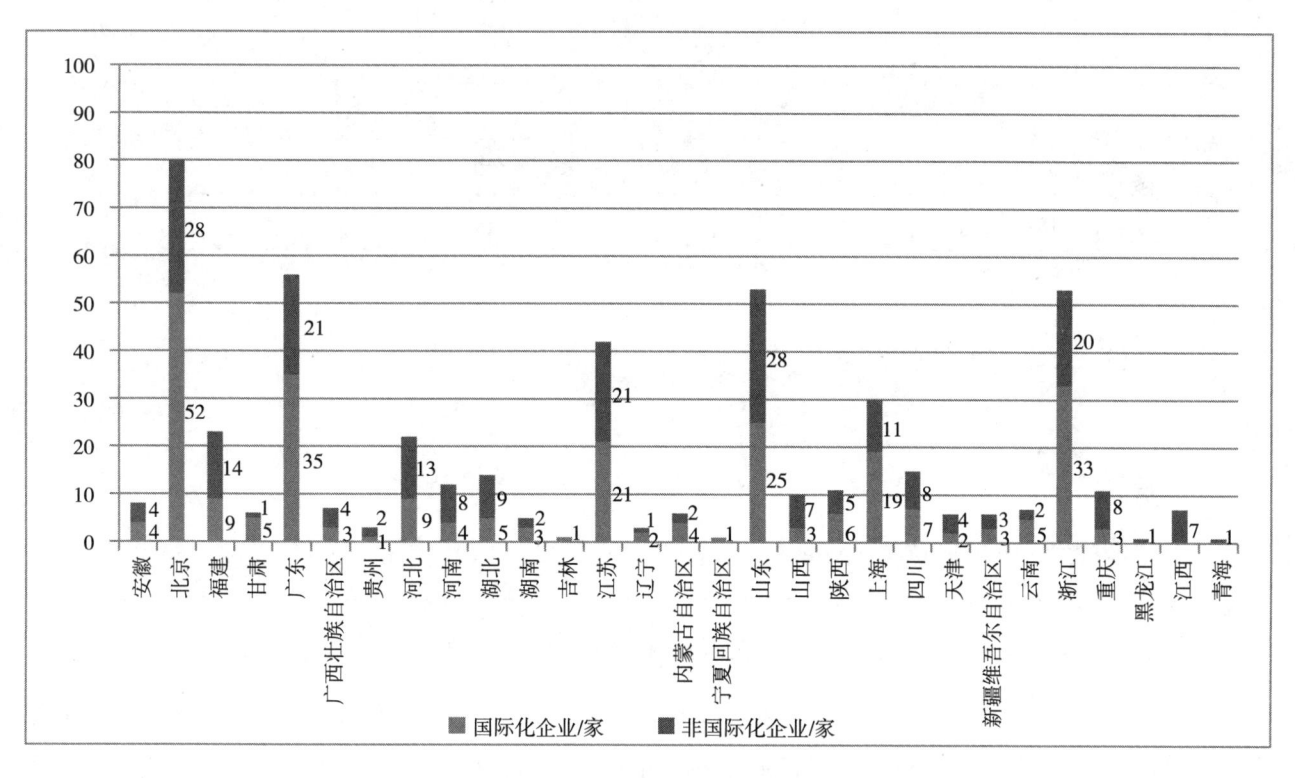

图 1-29　2023 中国企业 500 强区域企业国际化经营情况

## 八、2023 中国企业 500 强的兼并重组活动

2023 中国企业 500 强的并购重组活跃度下降，共有 142 家企业参与了并购重组，比上年 500 强减少了 2 家；共实施了 1017 次并购重组，比上年 500 强减少了 543 次。国有企业是并购重组的关键力量，101 家国有企业完成了 851 次并购重组；其他行业平均并购重组次数显著高于服务业和制造业，北京、广东企业并购重组较为活跃。参与并购的 142 家企业，收入利润率低于非并购企业，但净资产利润率高于非并购企业。

**1. 并购重组活跃度回落，国企是并购参与关键力量**

中国企业 500 强的并购重组活跃度下降。2023 中国企业 500 强中，有 142 家企业参与了并购重组，比上年 500 强减少了 2 家；共完成 1017 次的并购重组，比上年 500 强减少了 543 次。从企业平均并购次数看，2023 中国企业 500 强中 142 家并购主体的平均并购次数为 7.16 次，比上年 500 强的企业平均并购次数少了 3.67 次。详见图 1-30。

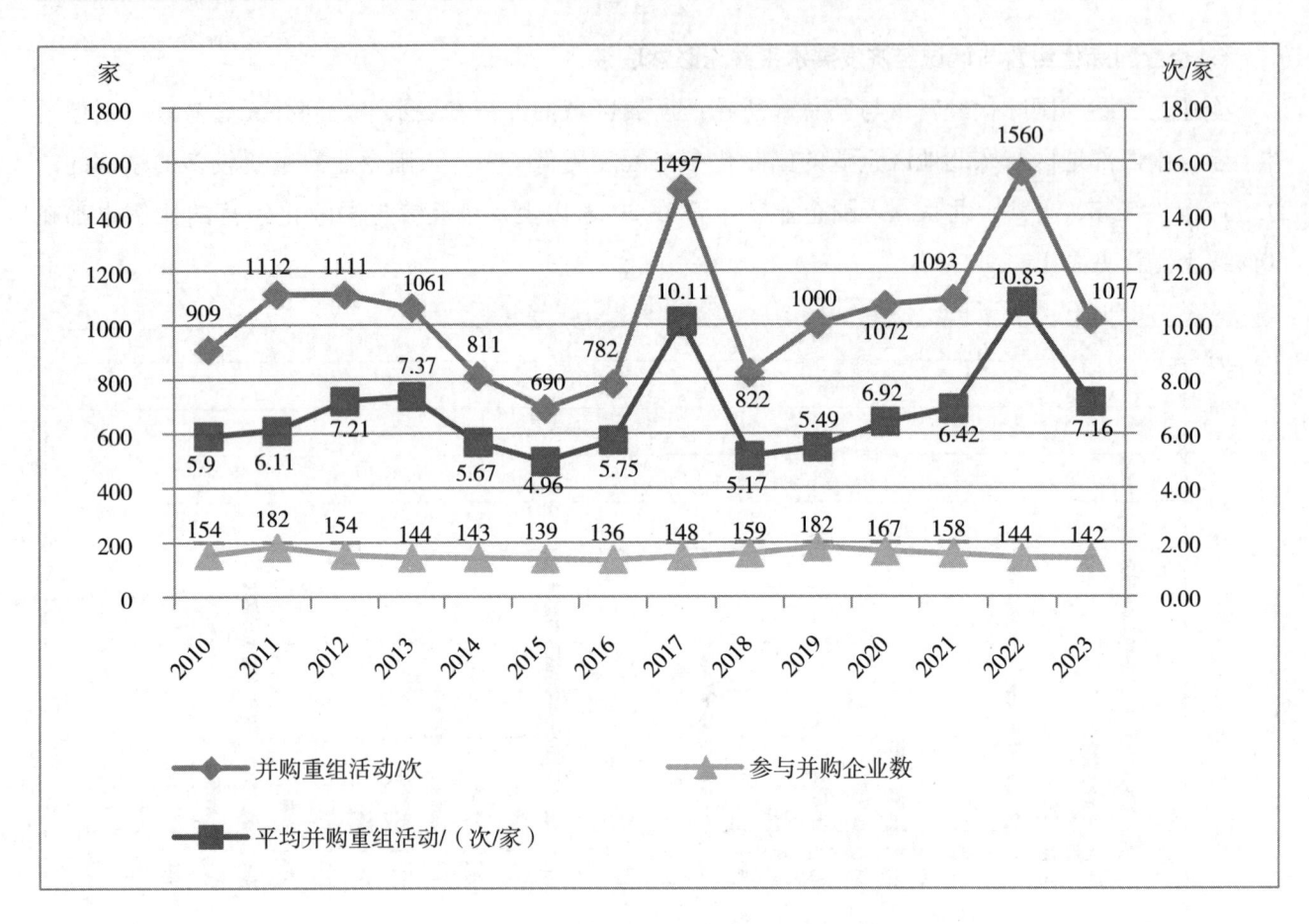

图 1-30　中国企业 500 强并购重组变化趋势

国有企业是实施并购重组的关键力量。2023 中国企业 500 强中，有 101 家国有企业参与了并购重组，占全部国有企业的 39.45%，国有企业参与并购重组的比例高于民营企业 22.65 个百分点；尤其是地方国企，并购参与率达到了 45.65%，高出民营企业 28.85 个百分点。从实施并购次数看，国有企业共实施了 851 次并购重组，占全部并购重组次数的 83.68%，也明显高于国有企业在 2023 中国企业 500 强中的数量占比。从企业平均并购次数看，国有企业为 8.43 次，高于民营企业的 4.05 次，其中非金融央企的平均并购次数更是多达 14.65 次。详见表 1-17。

表 1-17　2023 中国企业 500 强不同所有制企业并购参与情况

|  | 并购参与企业数/家 | 并购次数/次 | 平均并购次数/次 | 并购参与率/% |
| --- | --- | --- | --- | --- |
| 国有企业 | 101 | 851 | 8.43 | 39.45 |
| 其中：非金融央企 | 17 | 249 | 14.65 | 27.87 |
| 地方国企 | 84 | 602 | 7.17 | 45.65 |
| 民营企业 | 41 | 166 | 4.05 | 16.80 |

**2. 其他行业并购重组最为积极，北京、广东企业并购重组较为活跃**

其他行业企业更倾向于实施并购重组。与往年服务业并购重组最为活跃所不同的是，2023 中国企业 500 强中，其他行业企业参与并购重组最为活跃。2023 中国企业 500 强中，有 53 家服务业企业参与了并购重组，完成了 434 次并购重组，远多于 59 家制造业企业的 224 次和 30 家其他行业企业的 359 次。详见图 1-31。但从平均并购次数看，其他行业企业的平均并购次数为 11.97 次，远高于服务业企业的 8.19 次和制造业企业的 3.80 次。

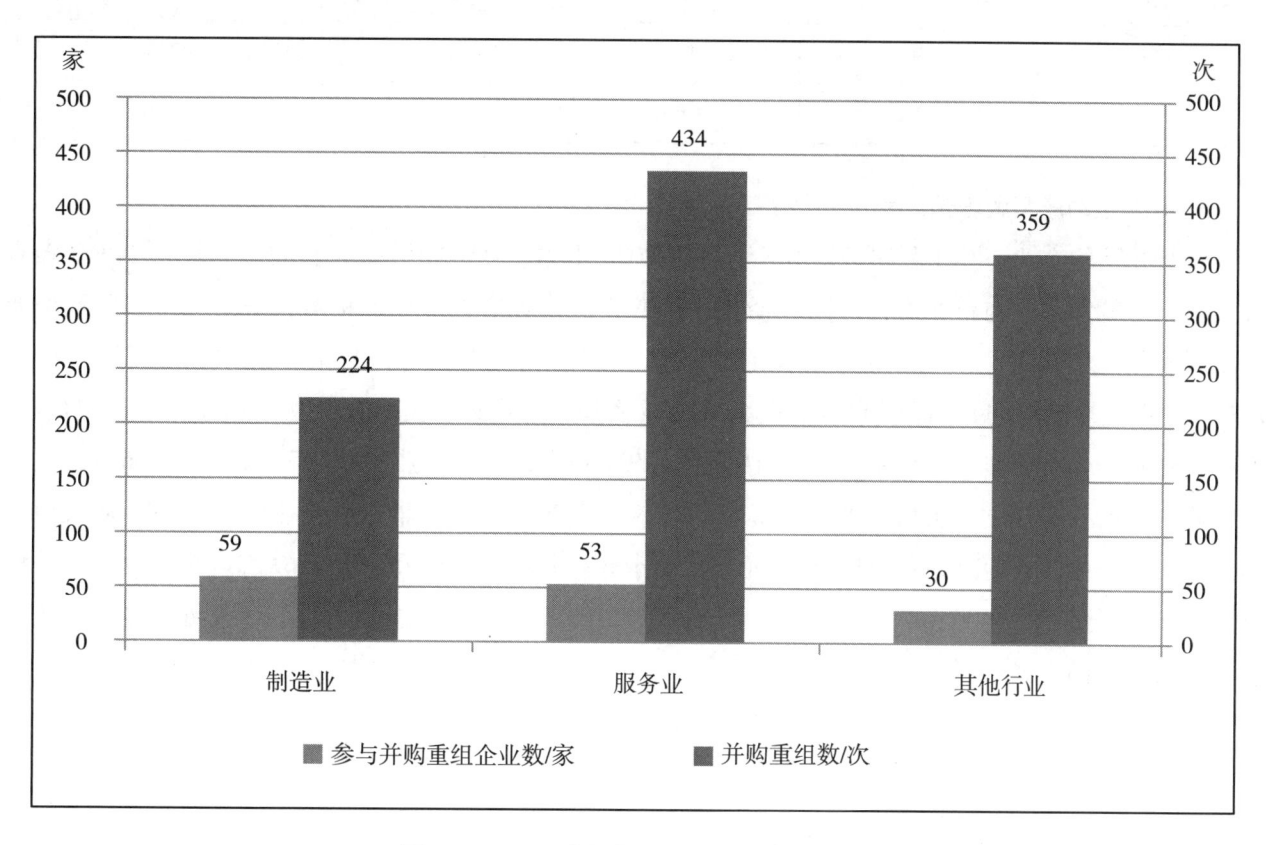

图 1-31　2023 中国企业 500 强并购重组比较

北京和广东地区的企业，在并购重组上相对较为活跃。2023 中国企业 500 强中，并购参与度地区排名如表 1-18 所示。在表中，排名居前的地区是贵州，但由于贵州实际入围企业数量有限，缺乏代表性。在入围企业数量较多的地区中，北京和广东排在并购参与度地区排行榜前列，并购重组相对较为活跃；其中北京有 21 家企业参与了并购重组，并购参与度为 55.26%；广东有 22 家企业参与了并购重组，并购参与度为 55.00%；四川、上海均有 7 家企业参与了并购重组，并购参与度均为 50.00%。

表 1-18　2023 中国企业 500 强并购重组活跃地区

| 地区 | 参与并购数/家 | 并购企业数/家 | 入围企业数/家 | 并购参与度/% |
| --- | --- | --- | --- | --- |
| 贵州 | 2 | 2 | 3 | 66.67 |
| 北京 | 21 | 309 | 38 | 55.26 |
| 广东 | 22 | 181 | 40 | 55.00 |
| 四川 | 7 | 27 | 14 | 50.00 |
| 上海 | 7 | 31 | 14 | 50.00 |
| 江西 | 3 | 54 | 6 | 50.00 |
| 湖北 | 5 | 37 | 11 | 45.45 |
| 重庆 | 5 | 35 | 11 | 45.45 |
| 福建 | 9 | 117 | 21 | 42.86 |
| 河南 | 3 | 6 | 7 | 42.86 |

**3. 并购推动净利润增长，利润率指标各有高低**

参与并购的企业，其净利润保持增长。尽管 2023 中国企业 500 强的净利润总额较上年 500 强有所下降，但就参与并购企业而言，同口径相比，继续保持着增长态势；从增长率看，参与并购企业的净利润同比增长了 7.24%。但非并购企业的净利润出现较大下滑，与上年度相比，同比降低了 7.74%。并购企业与非并购企业的盈利能力并无显著差异，并购企业的收入利润率低于非并购企业，但净资产利润率高于非并购企业。2023 中国企业 500 强中，并购企业的收入利润率为 2.36%，低于非并购企业的 2.74%；但并购企业的净资产利润率为 7.70%，高于非并购企业的 7.23%。从人均指标看，并购企业的人均净利润为 9.38 万元，稍高于非并购企业的 9.15 万元。从综合税负率看，并购企业的综合税负率为 5.17%，略低于非并购企业的 5.23%，与往年并购企业综合税负明显低于非并购企业截然不同。详见图 1-32。

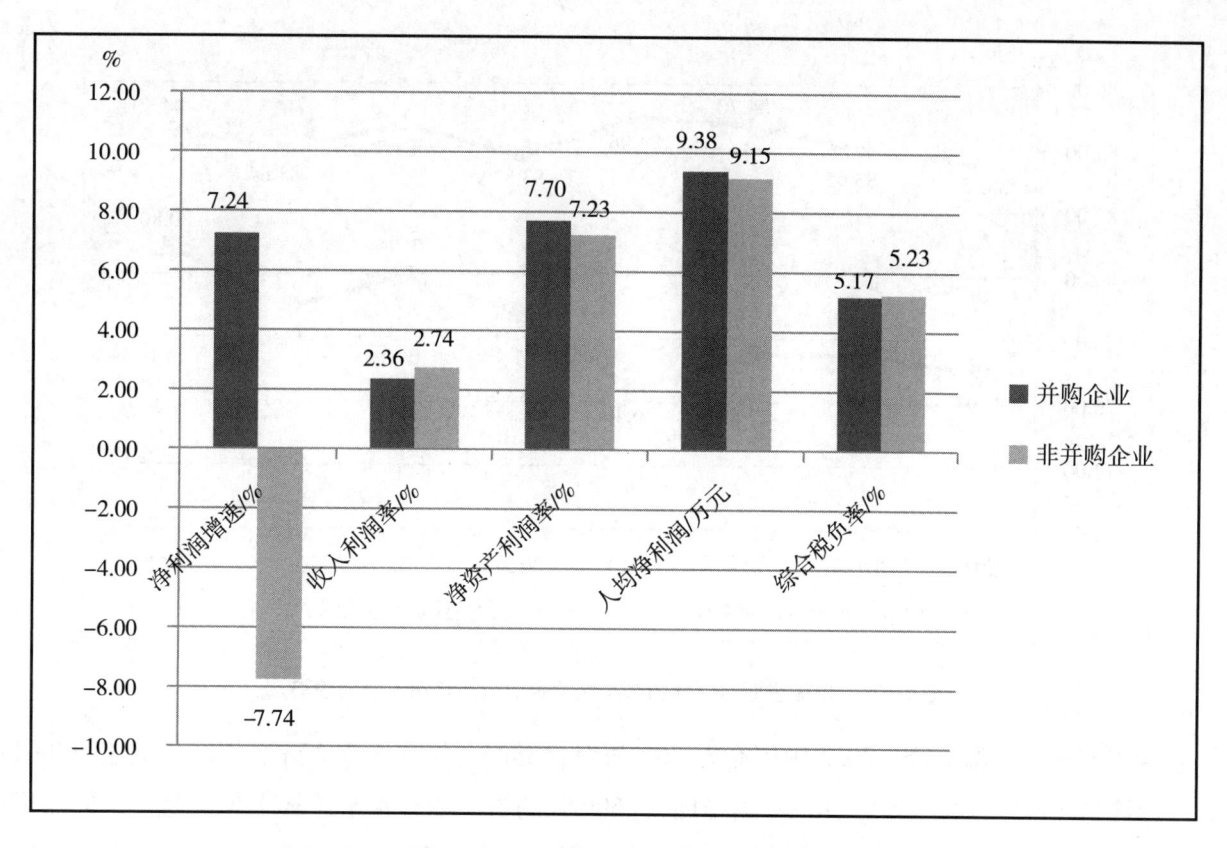

图 1-32　2023 中国企业 500 强并购企业与非并购企业盈利与税负比较

## 九、2023 中国企业 500 强的其他相关分析

2023 中国企业 500 强的资产负债率由降转升，资产周转率小幅下降。企业资本劳动比持续提高，技术水平的提升推动大企业由劳动密集向资本密集转变。人均营业收入持续增长，人均净利润下降。企业换榜率上升，新进企业营业收入高速增长，但新进企业与连续上榜企业盈利水平基本相近。新进上榜企业主要来自东部沿海地区；连续上榜企业的排名变化明显，部分企业的排名变动较大。

**1. 资产负债率升高，资产周转率小幅下降**

企业资产负债率有一定上升。2023 中国企业 500 强的资产负债率为 82.51%，与上年 500 强相比，提高了 0.44 个百分点。其中国有企业资产负债率为 84.50%，提高了 0.66 个百分点；民营企业资产负债率为 80.80%，提高了 1.87 个百分点。详见图 1-33。

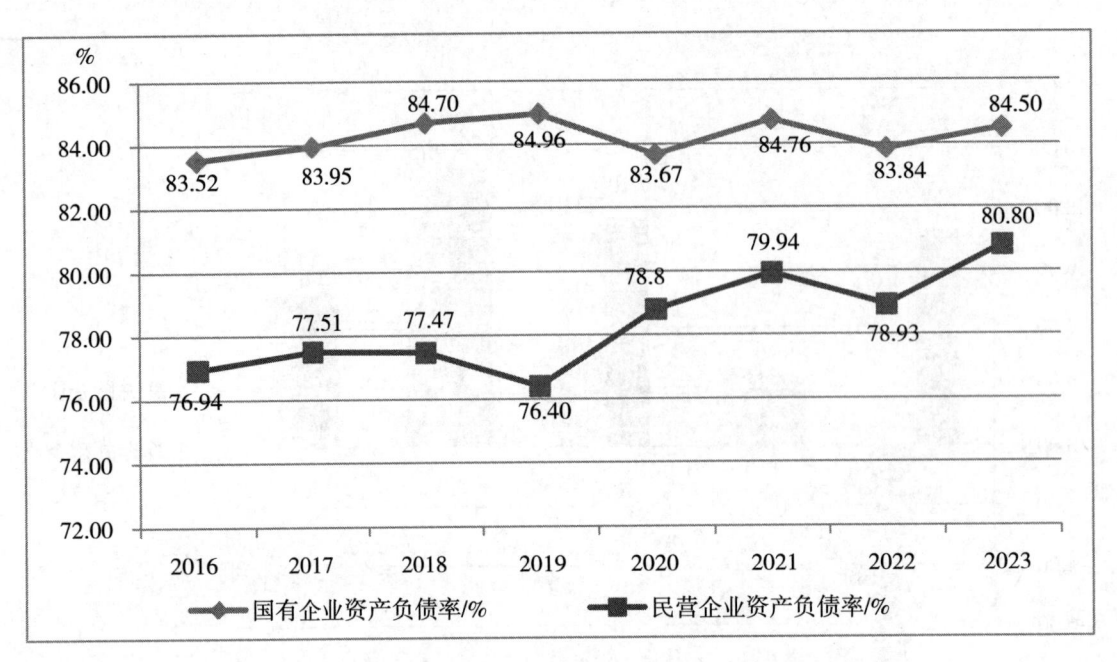

图 1-33 中国企业 500 强国有与民营企业资产负债率变动趋势

企业资产周转小幅下降。2023 中国企业 500 强综合资产周转率为 0.27 次/年，与上年 500 强相比，小幅降低了 0.01 次；近两三年来，中国企业 500 强的资产周转水平总体上保持稳定，但与更早时间相比资产周转率有所下降。其中非银企业的资产周转率为 0.52 次/年，明显高于总体水平。国有企业资产周转率为 0.22 次/年，比上年 500 强国有企业下降了 0.01 次；民营企业资产周转率为 0.52 次/年，比上年 500 强民营企业下降了 0.01 次。详见表 1-19。

表 1-19 中国企业 500 强资产周转率变化

|  | 总体资产周转率/（次/年） | 非银企业资产周转率/（次/年） | 国有企业资产周转率/（次/年） | 民营企业资产周转率/（次/年） |
| --- | --- | --- | --- | --- |
| 2007 | 0.34 | 0.34 | 0.31 | 0.28 |
| 2008 | 0.37 | 0.37 | 0.32 | 1.46 |
| 2009 | 0.35 | 0.35 | 0.32 | 0.34 |
| 2010 | 0.30 | 0.30 | 0.28 | 0.59 |
| 2011 | 0.34 | 0.34 | 0.31 | 0.61 |
| 2012 | 0.34 | 0.34 | 0.31 | 0.61 |
| 2013 | 0.33 | 0.33 | 0.30 | 0.68 |
| 2014 | 0.32 | 0.32 | 0.28 | 0.73 |
| 2015 | 0.30 | 0.30 | 0.26 | 0.66 |
| 2016 | 0.27 | 0.27 | 0.23 | 0.62 |
| 2017 | 0.25 | 0.51 | 0.21 | 0.51 |
| 2018 | 0.26 | 0.52 | 0.21 | 0.59 |
| 2019 | 0.26 | 0.51 | 0.22 | 0.58 |
| 2020 | 0.28 | 0.50 | 0.23 | 0.50 |
| 2021 | 0.26 | 0.48 | 0.21 | 0.50 |
| 2022 | 0.28 | 0.51 | 0.23 | 0.53 |
| 2023 | 0.27 | 0.52 | 0.22 | 0.52 |

## 2. 资本劳动比连续提升，人均营业收入持续增长

企业资本与劳动的比率持续提高。2023中国企业500强的人均资本投入（资产/员工数）为1218.23万元，比上年500强提高了69.63万元；其中非银企业的人均资本投入为624.47万元，比上年500强提高了13.77万元。详见图1-34。无论是总体资本劳动比，还是非银企业的资本劳动比，从2008中国500强到2023中国500强都呈稳定提升态势。从总体资本劳动比与非银企业资本劳动比的变动趋势看，总体资本劳动比的提升，关键动力应该还是来自银行业。

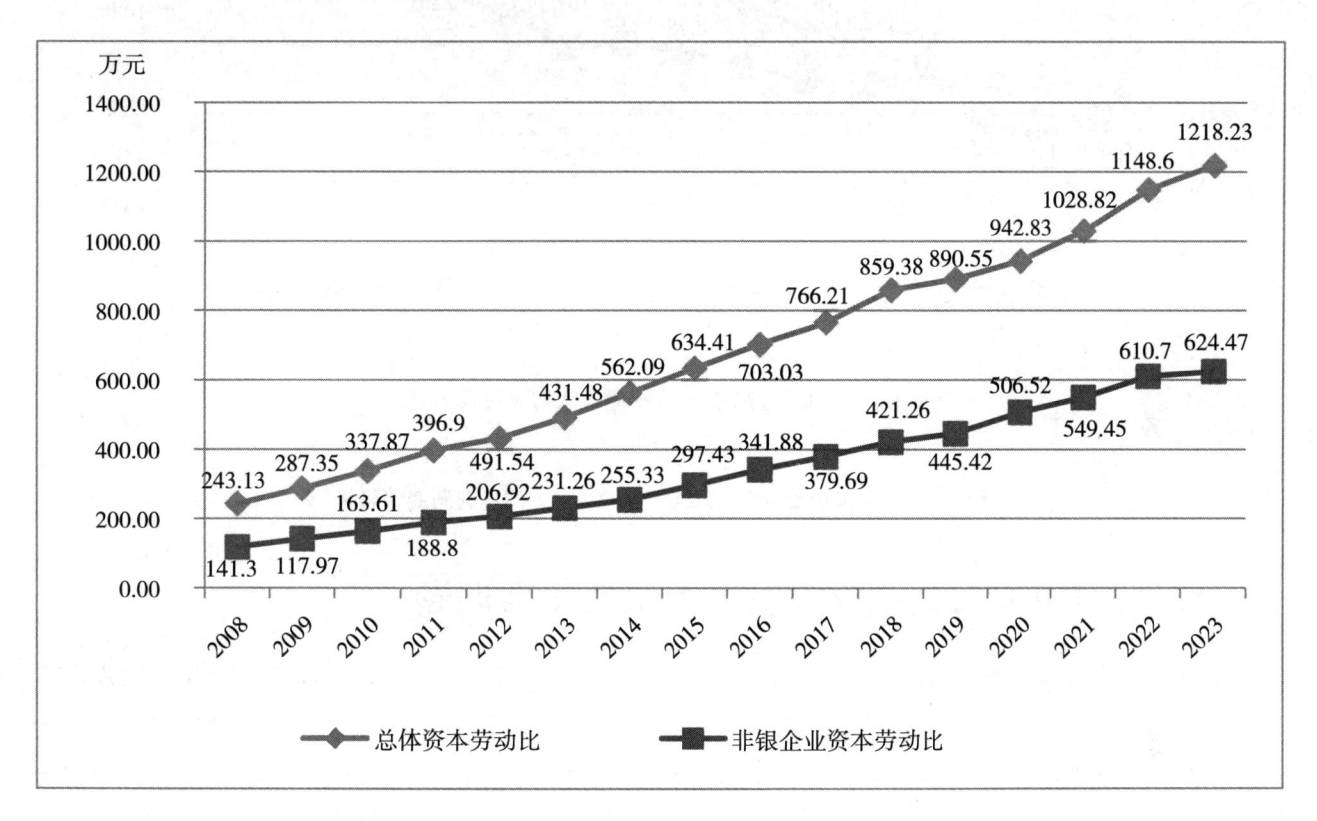

图1-34 中国企业500强总体与非银企业资本劳动比变动趋势

中国企业500强人均营业收入持续增长。2023中国企业500强的人均营业收入为330.22万元，比上年500强增加了14.26万元；人均净利润为13.09万元，比上年500强下降了0.67万元。详见图1-35。中国企业500强人均营业收入持续增长，但人均净利润6年来首次下降。

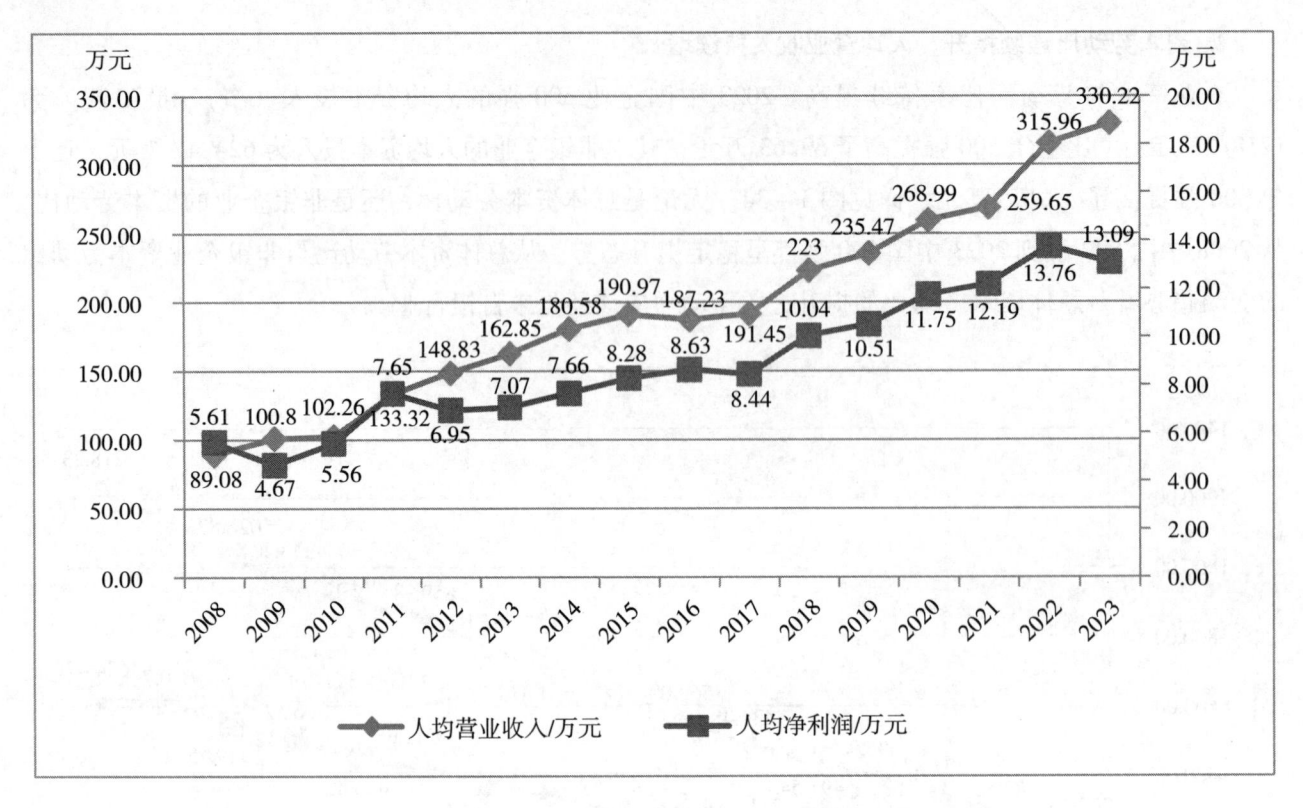

图 1-35  中国企业 500 强人均营业收入、人均净利润变动趋势

## 十、当前中国大企业复苏发展面临的主要问题

2023 年是企业复苏振兴之年，所面临的是前所未有的国际国内复杂环境，以及遭受疫情连续三年严重冲击后的较为脆弱的复苏基础。从这一复杂困局中实现复苏十分不易，企业前进的步伐必定十分艰难，但这都难以阻挡中国大企业踏上复苏振兴之路。不过也必须看到，当前大企业在复苏发展进程中，确实面临不少突出问题，需要应对多重严峻挑战。只有克服解决这些问题，大企业的复苏之路才能走得更快更好更稳。

**1. 经济持续复苏面临较大压力**

2022 年，中小企业生产经营面临很大困难，为保障企业正常经营秩序、减轻企业负担，国家和地方政府和部门相继出台了《关于促进服务业领域困难行业恢复发展的若干政策》《关于促进工业经济平稳增长的若干政策》《关于进一步实施小微企业"六税两费"减免政策的公告》等惠企纾困政策措施。2023 年，企业发展压力未见明显缓解，中共中央、国务院印发了《关于促进民营经济发展壮大的意见》，有关部委也出台了新的减轻企业负担、优化营商环境、激发企业活力的政策举措。相关政策举措的落地实施，在促进经济复苏振兴上取得了一定成效。但企业发展的实际表明，惠企政策的积极效应已经有所减弱。2022 年下半年以来，经济复苏显得步履艰难，动能不足，增速不如市场预期。2022 年，GDP 增速为 3%，离年初政府工作报告中所提出的国内生产总值增长 5.5% 左右的目标有较大差距。2023 年上半年，国内生产总值比去年同期增长 5.5%，其中一季度同比增长 4.5%，二季度同比增长 6.3%；但经济修复呈现前快后慢走势，二季度 GDP 季调后环比增速 0.8%，显著低于一季度的 2.2%。从主要指标看，经济持续复苏的压力有所加大。固定资产投资累计同比增速逐月下行至 6 月的 3.8%，基建投资、制造业投资累计同比走弱，房地产投资降幅扩大；民间投资更是滑入连续负增长，与新冠疫情前的 2019 年同期相比，民间投资减少 5.17 万亿元。详见图 1-36。社会消费品零售总额上半年同比增长 8.2%，显著低于疫情前，其中 6 月更是较前值大幅回落 9.6 个百分点至 3.1%。PPI 指数 6 月加快下滑，制造业 PMI 指数持续在收缩区间运行，6 月份的非制造业 PMI 也较前期下降 1.3 个百分点。

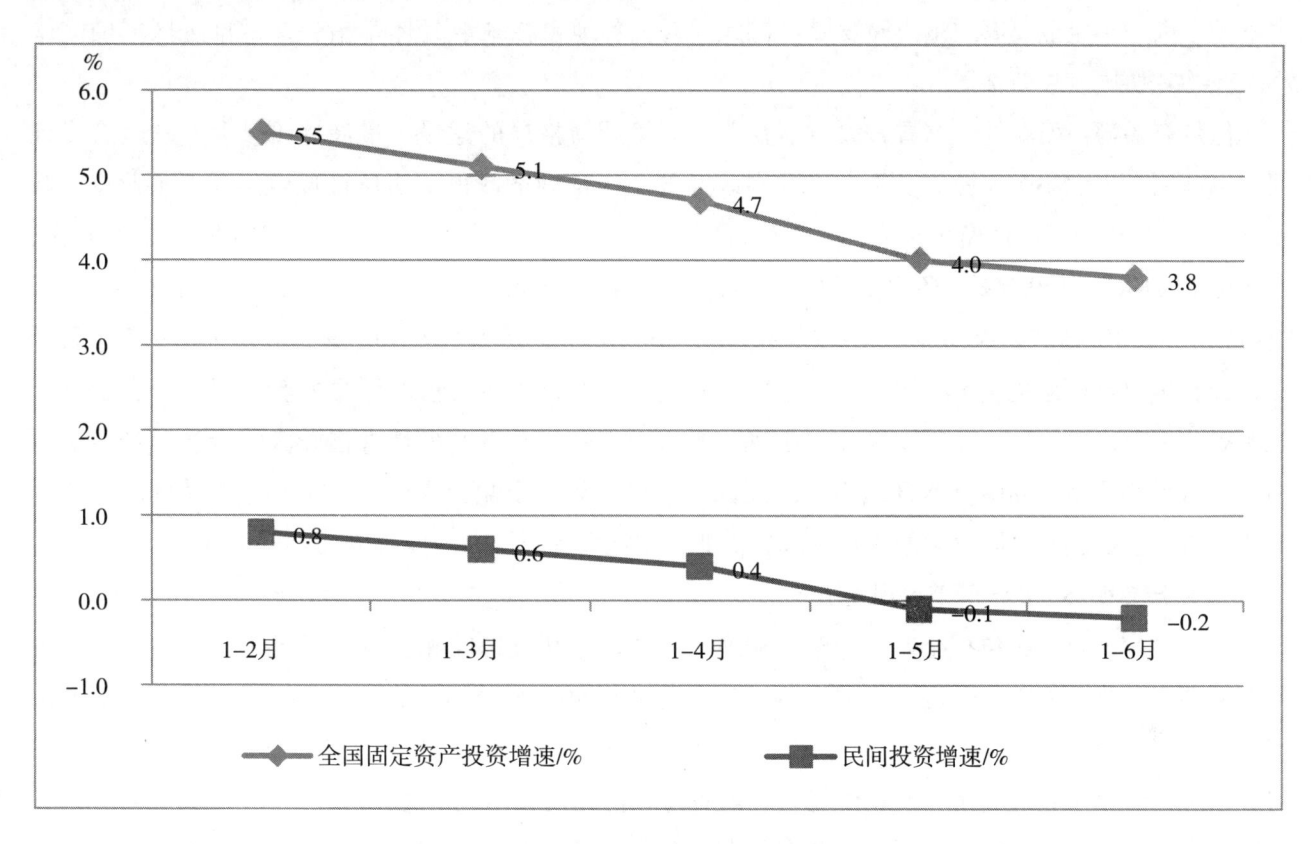

图 1-36　2023 年以来固定资产投资增速变化情况

国际环境中的不确定性因素更是有增无减，对中国经济复苏构成严峻挑战。一方面，中美关系虽有调整，偶尔也会释放出一些助推改善的积极信号，但总体上看中美两国滑入经济、科技全面脱钩的风险依旧高企；中美贸易关系在缓慢弱化，双方都在着手布局减少对对方的经济依赖；与此同时，美国屡次以商务部实体清单、财政部制裁名单、总统法令等手段打压中国科技企业发展，2023 年 2 月 10 日美国商务部将 6 家中国军工企业列入实体清单，3 月 2 日又将 28 家中国内地机构列入实体清单，6 月 12 日再次将 31 家中国内地机构添加到实体清单。另一方面，引致世界经济政治动荡不安的因素并未消除；已经持续一年多、深刻影响全球产业链供应链的俄乌冲突看不到结束的迹象，冲突升级的风险甚至有所提升；无论是发达经济体，还是新兴经济体，增长依然疲弱，复苏前景都不乐观，面临多重下行风险，国际货币基金组织（IMF）7 月 25 日发布的《世界经济展望报告》预计世界经济增速将从 2022 年的 3.5% 降至 2023 年的 3.0%，预计 2024 年世界经济增速为 3.0%，显然并不看好全球经济复苏前景。

## 2. 大中小企业协同发展格局建设推进局部受阻

2022年5月19日，为贯彻落实党中央、国务院决策部署，国务院国资委出台了《关于中央企业助力中小企业纾困解难促进协同发展有关事项的通知》，提出支持中小企业健康发展，着力构建大中小企业相互依存、相互促进、共同发展良好生态。2022年9月13日，工业和信息化部印发《促进中小企业特色产业集群发展暂行办法》，提出发挥龙头企业带头作用，促进大中小企业协同发展。2023年7月3日，《经济日报》发文指出，从产业结构看，现代化产业体系表现为一二三次产业，以及上中下游、大中小企业要高质量协同发展。与此同时，各地也在采取具体举措，探索推进区域内大中小企业构建协同发展新格局。

但从有关部门发布的数据看，大中小企业协同发展新格局的建设，进展并不顺利。缺乏有力证据可以证明，大中小企业协同发展新格局在政府部门的推动下取得了实质性成效。规上工业企业数据显示，5月份，不同规模企业中，大企业利润下降了16.8%，中小企业利润下降了8.1%。6月份，大企业PMI指数为50.3%，环比提升0.3个百分点，由收缩萎靡转变为景气扩张状态；中型企业PMI指数则由47.6%提高到48.9%，也有明显改善；小型企业PMI指数为46.4%，环比下降1.5个百分点，经营情况继续恶化。不少调研报告也指出，上半年大企业经营情况明显好转，但中小企业则仍处于艰难复苏之中。这一非预期局面的出现，既有中小企业自身受疫情冲击较大难以快速恢复的原因，也有大企业在困局中复苏自顾不暇的原因。这也从另一个侧面表明，大中小企业协同发展格局的建设，当前面临着非同寻常的困难挑战，需要付出更大的努力，需要各方面共同推进。

## 3. 生产自循环的部分环节出现梗阻

社会再生产过程，包括生产、分配、交换、消费四个相互影响相互制约的环节。其中任何一个环节的梗阻，都将阻碍社会再生产的实现。生产是社会再生产循环的起点，在再生产循环中有着决定性作用，因此，承担生产职能的企业，无疑是社会再生产的起点和关键点。企业不断生产产品，将产品提供给市场，通过销售实现价值、回收资金，然后将资金再次投入生产过程，实现简单或扩大再生产，形成生产的良性循环。但去年以来，企业生产自循环的部分环节，受新冠疫情等因素影响出现梗阻，一定程度上影响了社会再生产的循环。

企业生产自循环的梗阻主要体现在两个方面：一是应收账款回收时间延长，二是存货增加且周转不畅。在中国商业生态中，债务问题普遍存在，三角债更是被称为中国经济的毒瘤。三角债问题的恶化曾经反复多次影响了中国企业的发展，国家层面也多次下大力气，在全国范围清理过债务问题，尤其是集中力量对三角债进行了清理整顿。2020年7月，国务院通过了《保障中小企业款项支付条例》，为中小企业顺利回收账款提供了新的政策支持，此后多次开展了中小企业账款清欠督察，在缓解中小企业账款拖欠上发挥了重要作用，取得了较好成效。但受持续多年的新冠疫情影响，账款拖欠现象，尤其是中小企业的账款拖欠有所反弹。2022年，机械行业上市公司平均应收账款周转天数为125.50天，同比增加13.97天；2023年一季度，机械行业平均应收账款周转天数为183.63天，同比继续增加23.31天。规上工业企业方面，4月末应收账款平均回收期为63.1天，同比增加了6.4天。存货方面数据也不容乐观。2022年机械行业上市公司存货周转天数为210.52天，同比增加21.00天；2023年一季度存货周转天数为308.82天，同比增加了30.21天。详见图1-37。规模以上工业企业方面，4月末产成品存货周转天数为20.8天，同比增加了1.3天。

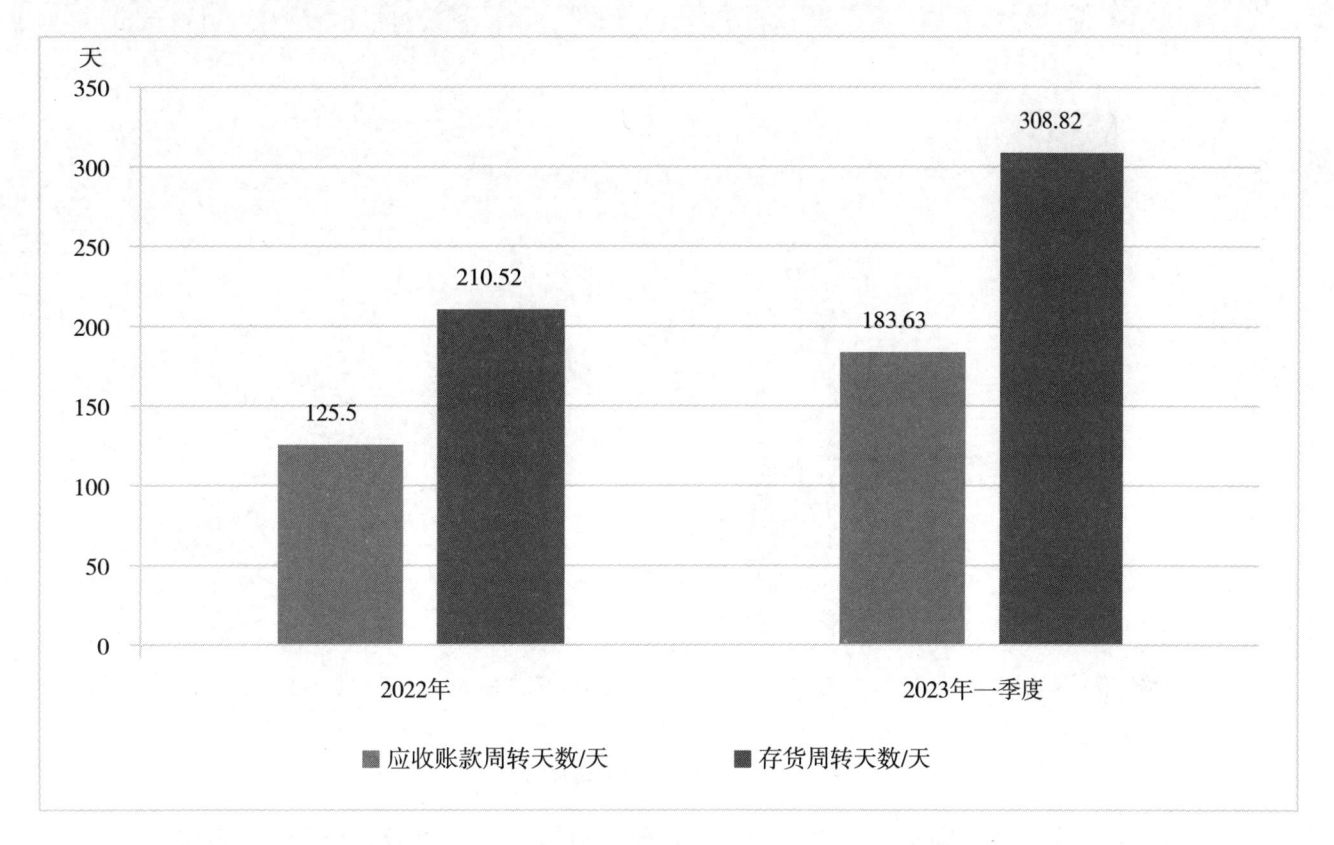

图1-37 机械行业上市公司应收账款和存货周转情况

**4. 创新投入与盈利增长传导机制运行不畅**

创新既是增强竞争优势的关键，是推动核心竞争力提升和核心功能增强的坚实基础，更是增加新创价值的重要来源。企业创新能力越强，产品的竞争优势也就越突出，相应也就能够获得更多的超额利润以提升盈利水平。从主要国家工业增加值率看，中国与美国、德国之间存在显著差距，这也客观反映了中国制造业与美、德工业之间的技术创新能力之间的差异。据报道，中国工业的增加值率不足30%，而美国、德国工业增加值率在40%以上。据《社会科学前沿》2020年发表的文献《全球价值链框架下中国贸易结构的变化与特征》测算，中国总增加值出口中占比最大的电器及光学设备行业，其增加值率远低于美国、日本等发达国家，仍处于全球价值链的低端环节。据国务院发展研究中心调研报告披露，全球电子产业中，美国（第一梯队）增加值率为67%，韩、日、德、英、法（第二梯队）增加值率平均值为42%，菲律宾、巴西、墨西哥、意大利、俄罗斯、西班牙、印度尼西亚和泰国（第三梯队）等在全球平均水平上下（约为33%），中国的增加值率约22%左右，仅仅处于全球第四梯队。详见图1-38。

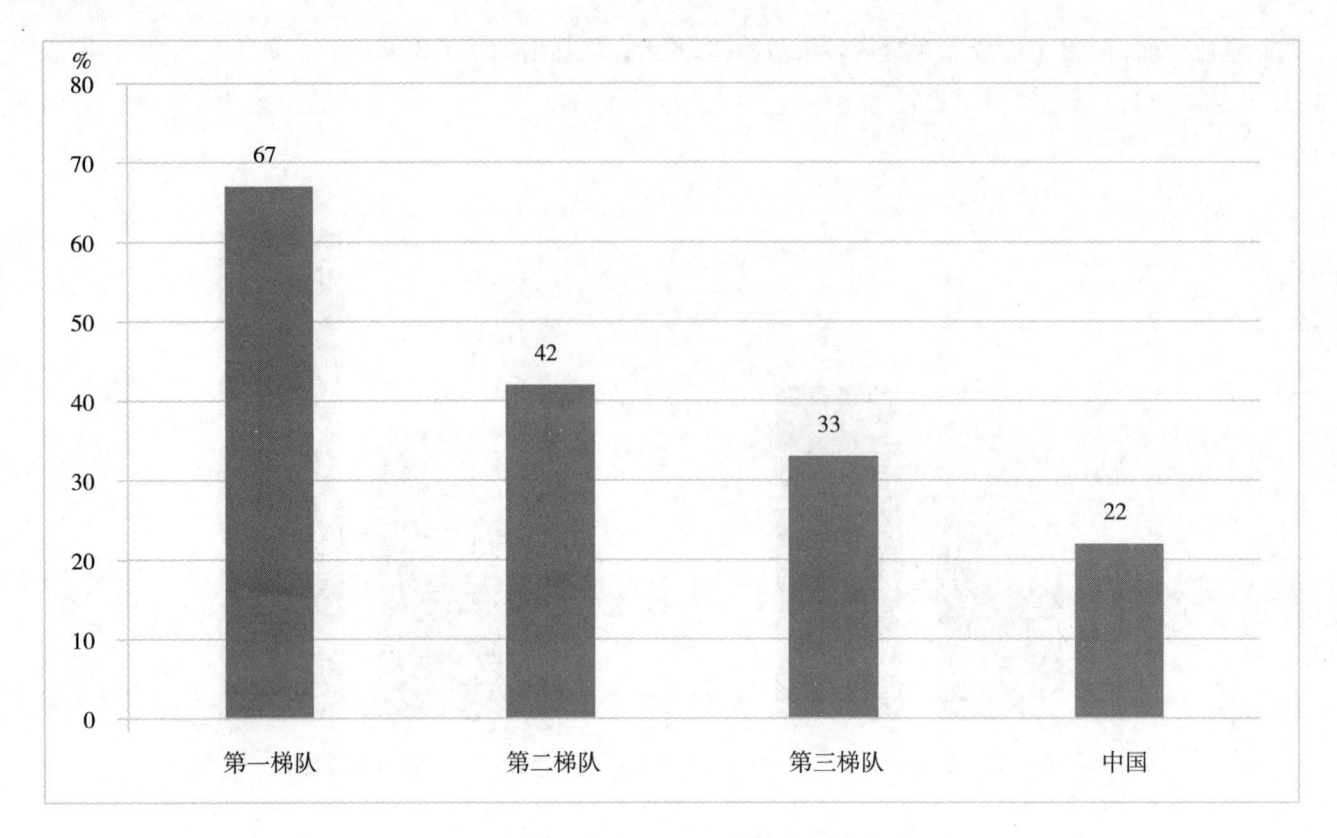

图1-38　全球电子产业增加值率

近年来，受国家政策激励和自发驱动，中国企业的整体创新意识显著增强，对创新更为重视，也持续加大了创新投入。全国企业研发投入费用从2012年的7842.2亿元，增长到了2022年的两万多亿元，10年增长了1.55倍，企业已经成为全国科技投入的关键主体。从中国企业500强的情况看，研发投入从2012年的5115.84亿元，增长到了2023年的15786.88亿元；研发强度从2012年的1.33%，提升到了2023年的1.85%。与此同时，科技创新产出也实现了快速增长，重大创新成果时有报道，企业专利拥有量大幅增加，专利质量也有所改善。令人遗憾的是，无论是研发投入的增长，还是专利产出的增长，都没能有效转化成企业盈利增长的直接驱动力。这有可能是由于我国企业整体上都处于集中大规模研发投入的早期阶段，但更有可能是由于传导机制运行不畅。企业创新投入与盈利增长之间，存在"研发投入—创新产出—产品化—价值实现"这一特殊传导机制，任一环节出现问题，都会阻碍创新投入盈利增长之间正向效果的传导；国内商业生态中显然还存在阻碍这一传导机制正常发挥作用的因素，导致创新投入的盈利增长效果明显低于预期。

**5. 对外竞争优势仍存但隐忧难掩**

对外贸易既有总量隐忧，也有结构隐忧。2023年上半年，全国货物进出口20.1万亿元，增长2.1%；其中出口11.46万亿元，同比增长3.7%。2012年以来，我国货物出口增速反复经历大起大落，呈现出一定的周期性变化趋势。从10余年的情况看，2023年上半年的货物出口增速仅好于受突发疫情冲击的2020年上半年和2014—2016年的上半年。详见图1-39。从变化趋势上看，当前出口贸易存在滑入类似于2014—2016年出口增长疲软困局的一定风险。从出口贸易的市场结构看，我国与新兴市场的贸易好于对欧美贸易，海关数据显示，2023年上半年，我国主要贸易出口伙伴前十位为东盟、欧盟、美国、拉丁美洲、非洲、日本、韩国、越南、印度、俄罗斯；非洲和东盟分别以23.7%和8.6%的同比增速领先，拉美以6.0%的同比增速位列第三，欧盟与上年持平，美国市场同比减少12%（按美元计下降17.9%），欧美市场的不佳表现需高度重视。从分月数据看，5月与6月，出口同比增速均为负值，下半年的出口贸易形势不容乐观。从所有制结构看，民营企业上半年货物出口同比增长10.5%，明显好于国有企业的4.8%。

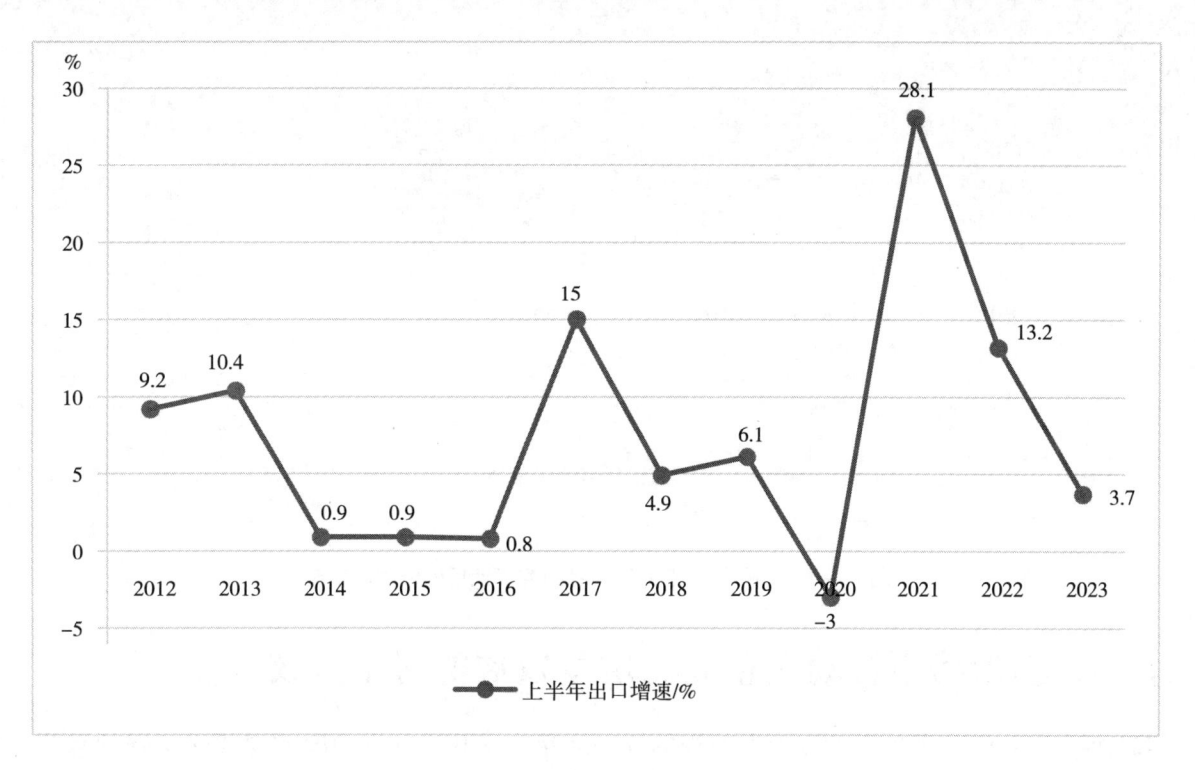

图1-39 2012年以来上半年货物出口同比增速

外资增量同比减少，外资存量恐有流失。2023年以来，尽管我国加大了吸引外资工作力度，全力开展"投资中国年"系列活动。但实际利用外资情况并不是很理想；上半年新设外商投资企业2.4万家，增长35.7%，但实际使用外资为7036.5亿元，下降2.7%。从折合美元数据看，2023年1至5月，全国实际使用外资金额5748.1亿元人民币，同比增长0.1%，折合843.5亿美元，下降5.6%。上半年实际利用外资折合美元数据，下降幅度与1—5月相比，应有所扩大。11年来，虽然我国实际利用外资金额频繁经历涨跌，也出现过负增长情况，但2023年的负增长显然超过了2012年和2020年，上半年实际利用外资增速创下了11年来的新低。详见图1-40。这其中有2021年、2022年上半年实际利用外资金额同比大幅增长导致基数大幅提高的因素，但这种增速的大起大落，也需要引起重视。现实的隐忧是，尽管我国加大了招商引资力度，但并没有在实际利用外资金额上获得相应的增长。与此同时，外资存量可能也在发生着值得担忧的变化。一方面，不时有媒体报道外资向东南亚国家转移；另一方面，2023年上半年外商投资企业的进出口额均出现较大幅度的同比下滑：外商投资企业上半年的货物出口同比大幅下降8.3%，进口更是同比大幅下降了9.0%。外商投资企业进出口额的大幅下滑，即使不能用来说明外资存量的转移，至少也一定程度表明了外商投资企业生产经营活动的收缩。

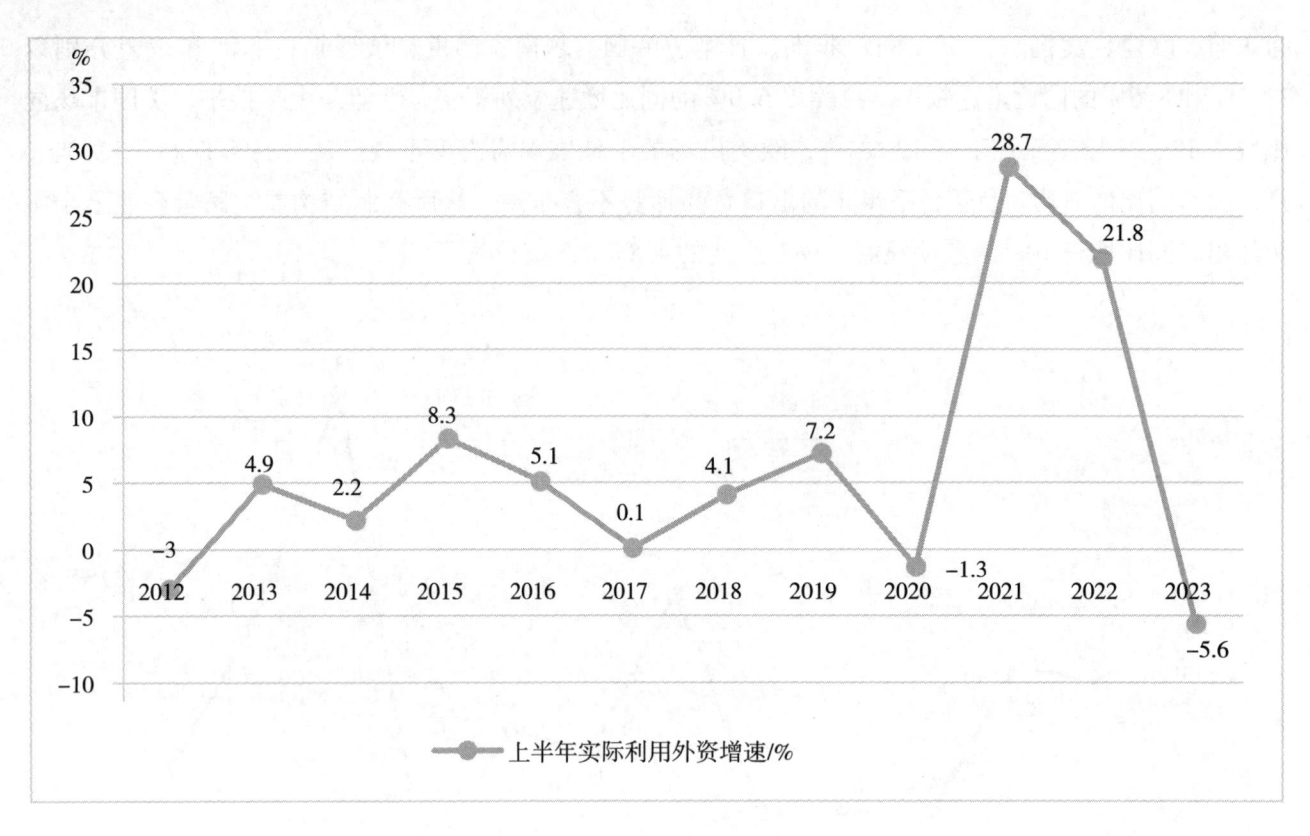

图1-40　2012年以来上半年我国实际使用外资同比增速

## 十一、新形势下推动大企业高质量发展的对策建议

2023年是全面贯彻落实党的二十大精神的开局之年，是扎实推进中国式现代化实践的重要一年。党的二十大报告提出，要以中国式现代化全面推进中华民族伟大复兴；高质量发展是全面建设社会主义现代化国家的首要任务，是中国式现代化的本质要求。大企业是推动经济社会持续健康发展、全面建设社会主义现代化国家的重要力量，应当通过自身发展积极为中国式现代化建设赋能助力。大企业应积极参与现代化产业体系建设，不断提高核心竞争力和价值创造能力，奋力构建协同发展格局，加快发展战略性新兴产业，坚定绿色低碳转型发展。

**1. 积极参与中国特色现代产业体系建设**

现代化产业体系是近年来党中央在经济现代化层面提出的工作重点和战略目标。在2023年5月5日召开的二十届中央财经委员会第一次会议上，强调要"推进产业智能化、绿色化、融合化，建设具有完整性、先进性、安全性的现代化产业体系"，这是对现代化产业体系内涵的深刻概括。

现代化产业体系是现代化经济体系的重要组成部分，是推进中国式现代化、建设社会主义现代化强国的基础，是构建新发展格局的有力支撑，是有效应对新一轮国际产业竞争的战略选择，是应对各种风险、统筹安全与发展的基本要求，是实现高质量发展和第二个百年奋斗目标的重大举措。党的十八大以来，我国基本形成了规模大、体系全、竞争力较强的产业体系。实体经济茁壮成长，建成了世界上最完整的工业体系，拥有41个工业大类、207个工业中类、666个工业小类，是全世界唯一拥有联合国产业分类中全部工业门类的国家；制造业增加值从2012年的16.98万亿元增长到

2022年的33.5万亿元，约占全球的30%，制造业增加值占全球制造业比重连续13年位居世界首位。产业结构实现质的提升，技术密集型行业跃居主导地位，形成了新能源汽车、高铁、电力装备、船舶、工程机械、通信设备等一批优势产业。供给体系质量显著提升，工业产品供给的数量、质量和档次都有了全面提升，制造业产品质量合格率已经连续7年达93%以上，质量竞争力逐步增强。企业竞争力持续增强，一批大企业发展成全球行业领军企业，世界500强中的中国企业已经增加到142家。

党的二十大以来，各地区各部门大力推动短板产业补链、优势产业延链、传统产业升链、新兴产业建链，自主可控、安全可靠、竞争力强的现代化产业体系建设取得新进展。但我国产业"大而不强""全而不优"的问题依然存在，重点领域和关键环节还存在不少瓶颈短板，产业发展还不平衡不充分的问题并没有得到全面解决。这些问题的解决，既需要政府的引导与支持，更离不开广大企业的努力。尤其是大企业，应以贯彻落实国家重大战略为使命担当，积极参与中国特色现代化产业体系建设。一是聚焦发展实体经济：实体经济是建设现代化产业体系的重要支撑，实体经济领域企业要围绕主业做优做强，金融机构要加大对实体经济支持力度；要保持制造业比重基本稳定，推进制造业产业结构高级化，依托先进制造业发展现代服务业，培育优质生产性服务业。二是加快"卡脖子"环节的突破：要全面梳理企业面临的技术"卡脖子"痛点堵点，围绕"卡脖子"环节加大研发投入力度，开展研发合作，引进高端创新人才，优化创新机制，尽快取得一批重大创新成果，夯实现代化产业体系建设技术基础。三是增强产业链韧性，提升产业链安全：在全球市场深化产业链整合，实现生产能力、供应能力、科研资源的全球化布局，弥补产业链断点堵点，补强产业链弱项，降低产业链断链风险；加强对产业关键技术和产业链关键节点的掌控，争做全球产业链"链长""链主"，提升全球产业发展影响力、话语权。四是深化与现代先进信息技术融合：传统产业要运用新一代数字技术推进企业数字化改造，开展多场景、多层次数字应用，实现生产方式创新、分工合作模式迭代以及全要素生产率提升；加快数字技术与传感、仿生、人工智能、量子通信等新兴技术的有机结合和广泛应用，发展以数据应用为核心的数字化新产业；大力发展以数字化场景应用为依托的智慧产业、智慧城市、智慧生活等新业态，以及以数字技术为支撑的新模式。

**2. 持续提高核心竞争力**

党的十九大提出，要建成一批具有全球竞争力的世界一流企业；党的二十大再次强调要加快建设世界一流企业。对中国大企业来说，当前阶段一个十分重要的任务，就是按照党中央的部署，以"产品卓越、品牌卓著、创新领先、治理现代"为导向，加快建设世界一流企业。党的十九大以来，在政府发力推动和企业积极行动的共同作用下，已经有不少优秀企业基本具备了建成世界一流企业的良好基础和条件，譬如中央企业中的国家电网、中国建筑、中国宝武等，民营企业中的华为、深圳大疆等。他们在全球市场中占据了领先的市场份额，掌握了关键技术，对全球产业发展具有重要影响力、话语权，拥有难以复制的核心竞争力。在全球一些重要榜单上，如《财富》世界500强、BrandZ最具价值全球品牌排行榜、全球最具创新力公司、全球研发投入2500强，中国企业近年来的表现都可圈可点，这都从侧面反映了中国企业核心竞争力的提升，见证了中国企业建设世界一流企业的积极进展。

世界一流企业是处于全球同行前列的企业，拥有全球领先的核心竞争力，无疑是世界一流企业的一个重要标志。要建成世界一流企业，必须持续创新、完善管理、突出特色、强化优势，不断提升核心竞争力，进而掌控和强化全球行业发展引领力、控制力。一是坚持差异化发展，彰显差异化优势：大企业应坚持实施差异化发展战略，提供在品质、功能等方面不易模仿的差异化产品与服务，建立与强化差异化竞争优势。二是加大基础研发投入，力争取得更多原创性技术突破：大企业有责任有能力在基础研究领域有更大作为，应围绕基础研究自立自强主动调整研发投入结构，完善投入机制，优化考核激励，加大投入力度，聚集研发力量，提升企业原始创新能力，加快实现原创性技术的重大突破。三是打造独特商业模式，开辟竞争无人区：商业模式创新是增强企业核心竞争力的重要路径，大企业应深化推进商业模式创新，打造独具特色的新商业模式，回避竞争红海，进入竞争无人区。四是积极参与国际标准制定，构筑国际竞争围栏：大企业应将规模优势转化为产业影响力、控制力优势，加强前沿专利布局，掌握国际标准必要专利，积极参与国际标准化组织活动，主导或参与国际标准制定，通过将核心关键技术转化为国际标准，来构筑国际竞争围栏，强化国际竞争优势。

### 3. 着力提升价值创造力改善企业盈利能力

价值创造力是企业为经济社会发展创造价值、贡献力量的能力，是企业整体价值创造和具体价值创造活动的统一，是产品供给力、品牌影响力、科技创新力、企业治理力综合作用下的经济效果。企业盈利从本质上说，就是企业新创价值的一部分。因此，企业的价值创造力越强，其所能为股东与社会创造的经济价值也就越多，相应的，企业所能实现的盈利也就越多。改善企业盈利能力，缩小与欧美国家企业盈利能力差距，真正转型高质量发展，夯实建设世界一流企业的经济基础，关键就在于加快提升企业的价值创造力，创造更多新增价值。

企业价值创造力的提升，是一个复杂的系统工程，涉及企业的各个方面。单一因素的改变，可能会带来价值创造力的直接提升，但也可能只是为价值创造力的提升创造了可能条件，还需要其他方面协同推进，才能有效促进价值创造力的提升。一是全面、全力推进创新：大企业是创新的主力军、先锋队与探路人，既要大力推进技术创新与产品创新，也要积极开展管理创新与商业模式创新，要以创新所建立的技术、产品、管理与模式优势及创新带来的效率改善，来增强核心竞争力，从而实现更多超额利润。二是加强品牌建设：大企业是开展国际知名品牌建设的主阵营，既要有精益求精的精神力求产出优质产品，也要有妇孺皆知、人见人爱的执着塑造知名品牌，要不断加大品牌建设投入，全力做好品牌宣传推广与维护，以品牌影响力增强顾客黏性与忠诚度，持续攫取品牌溢价。三是提升人力资源质量：大企业是汇聚优秀人力资源的国家队，所有的价值创造与价值实现活动，最根本的动力在于人；企业员工整体素质和能力，从根本上决定了企业价值创造力与价值实现能力；企业要强化人才意识，重视人才作用，加强人才培养与开发，激发与挖掘人才潜能，真正将人才当作推动企业发展和价值创造力提升的第一资源。四是优化产业与产品结构：多元化产业布局和多样化产品线是大企业的突出特征，要推进企业产业与产品梳理，开展产业与产品价值创造力分析，明确企业业务与产品线价值创造力高低排序，在此基础上开展产业结构与产品结构调整，坚决退出低价值创造力的非主营必要业务，淘汰低价值创造力的产品线，将有限资源资产调整配置到高价值创造力领域与环节。

此外，从价值创造到价值实现，还涉及一个市场参与的过程，只有通过市场完成销售，才能真正将新增价值转化为盈利；也就是说，市场的有效性在很大程度上影响了价值创造到盈利增长的实现。所以在提升价值创造力的同时，必须加快社会主义市场体系建设，促进市场发育成熟、有序运行，确保社会再生产循环顺利实现。

**4. 打造协同发展新格局促进中小企业健康发展**

当今经济的发展，更加强调系统性、协同性、融合性，注重加强产业生态建设。在五大新发展理念中也突出强调了协同发展，着眼于解决发展的不平衡问题。虽然协同发展理念强调的是正确处理发展中城乡关系、区域关系、经济与社会关系等重大关系，但其中显然也包含着大中小企业之间的关系、各类所有制企业之间的关系。国务院国资委、工业和信息化部，则有针对性地强调了推进大中小企业协同发展的重要性，提出要构建大中小企业协同发展的新格局。全体人民共同富裕目标的实现，也对大中小企业的协同发展有着必然要求。尽管协同发展新格局的建设在实践中确实出现了一些问题，但这并不会削弱大中小企业协同发展格局建设的意义，相反，这更加凸显了加快建设这一协同发展新格局的重要性和艰巨性。

当前中小企业发展所面临的现实困难，既有中小企业自身的问题，也有大中小企业之间协同发展关系未能有效得以确立的问题。要解决当前中小企业发展所面临的突出困难，更好促进中小企业持续健康发展，需要加快推进大中小企业协同发展新格局建设，为中小企业的发展创造良好生态环境。需要指出的是，大企业所拥有的规模、资源、技术与市场等优势，客观上使其在大中小企业协同发展新格局建设中居于主导地位；因此，大企业参与建设的意愿，以及实际付诸行动的程度，基本上决定了大中小企业协同发展新格局建设的实际结果。不过也不能因此而否定中小企业积极配合建设行动的重要性，大中小企业协同发展新格局的建设，既需要龙头大企业的牵头参与，也需要所有中小企业的积极主动配合，二者缺一不可。

龙头大企业牵头推进大中小企业协同发展新格局建设，可以从如下几个方面着手：一是强化协同意识：大企业要坚决贯彻协同发展理念，形成协同发展共识，发起协同发展倡议，落实协同发展行动，搭建协同发展机制，全力推进大中小企业协同发展新格局建设。二是提升引领力：大企业要真正落实完成牵头建设大中小企业协同发展新格局的任务，必须切实加强自身能力建设，包括技术创新能力、治理与管理能力、价值创造能力等，全面提升产业发展引领力，形成对中小企业的强大辐射力。三是加快协同发展网络与平台建设：大中小企业协同发展格局需要依赖网络与平台来维系与运行，应加快产业互联网建设，为大企业实现跨企业、跨领域、跨产业的广泛互联互通创造条件；应加快创新平台建设，强化大中小企业创新连接纽带，以协同创新促进协同发展。四是加强产业链供应链合作：充分利用龙头企业的优势，密切产业链上下游联系，构建集研发、生产、流通、管理和服务于一体，全产业链大中小企业密切分工合作的网络化运营新模式，形成大中小企业协同共赢新格局。

**5. 调结构促升级，大力发展战略性新兴产业**

无论是消费需求的变化，还是产业自身的演进，都对供给端的调结构促升级提出了新要求。一

方面，经济发展推动了居民收入的持续增长，消费能力明显增强，对中高端产品的需求日益增加，新的消费需求不断涌现，从消费端为产业升级创造了机会，提供了空间。另一方面，新技术的出现，新工具的发明，以及新方法的使用，都在推动产业朝着转型升级的方向演进；一些传统低端产业在不断消失，先进新兴产业诞生并发展壮大；价值链产业链的低端环节日益减少，向中高端环节的跃进不断发生。

企业调结构促升级的自发行为持续发生，国务院及相关部委、各级地方政府也都出台了一系列政策举措，甚至提出了具体的政策目标，以引导企业不断调整优化产业结构，推进产业升级。近年来，企业调结构促升级取得了显著成效：三新经济新登记注册数量持续保持快速增长，高新技术产业的投资增速明显快于整体投资增速，新经济的增加值增速领先于全国GDP增速，升级消费的增长明显快于全社会零售总额的增长。在企业调结构促升级的助力下，中国产业在全球的整体地位与竞争力有了较大改善，部分产业甚至在全球建立起了强有力的竞争优势。

技术和产品创新是企业调结构促升级的关键动力，并购重组成为企业调结构促升级的主要手段，战略性新兴产业是企业调结构促升级的重点方向。尤其是国有企业，各级国资委都在积极引导国有企业加快投资布局战略性新兴产业。2023年5月24日，国务院国资委召开中央企业加快发展战略性新兴产业部署会议，明确要求在产业布局优化、关键核心技术攻关、形成良好产业生态和完善体制机制这四个方面不断取得新的实质性突破，提出将积极研究出台支持中央企业战略性新兴产业发展一揽子政策，要力争推动中央企业战略性新兴产业布局比重提高2个百分点以上；7月5日国务院国资委召开国有企业经济运行圆桌会议第一次会议，再次强调要大力发展战略性新兴产业，要聚焦新一代移动通信、人工智能、生物技术、新材料等15个重点产业领域方向。当前阶段，大企业加快发展战略性新兴产业，应当做好如下几个方面的工作。一是全面梳理把握战略性新兴产业发展态势：深入了解国际国内战略性新兴产业发展情况及各国主要优势领域、各国及主要企业核心关键技术与专利的研发布局情况、主要产品及国际市场占有率。二是确定企业发展战略性新兴产业的机会与空间：分析国际国内主要竞争对手及关键潜在竞争对手技术、产品与市场地位，明确企业自身的特殊优势，确定企业差异化定位进入的机会与发展空间。三是全力突破战略性新兴产业关键核心技术：明确企业所涉足领域的技术短板，把握技术、工艺、原材料等卡脖子情况以及对企业持续发展的影响，部署实施关键核心技术攻关突破行动。四是积极推进并购重组：在全球寻找优质并购标的，借助并购重组快速做大，提升市场份额，增强产业发展影响力，以先发成长优势推动做优做强。无论是关键核心技术的突破，还是资源整合下的规模快速扩张，都有可能推动我国企业在战略性新兴产业领域实现全球赶超。

**6. 加快转型，推进绿色低碳发展**

实现人与自然的和谐，企业必须走绿色低碳发展道路。"双碳"目标的实现，也需要企业在发展中持续减少碳排放。实际上，在五大新发展理念的指引下，绿色低碳一直都是企业近年来所追求的重要目标之一。能源企业持续推进能源革命，不断增加风力发电、太阳能发电等绿色低碳新能源的供应；企业也在加快减碳技术研发，借助新技术应用来减少能源消耗和碳排放；政府也在强力推动高能耗高排放产业的有序退出，从源头上降低碳排放强度，减少碳排放总额。近十年来，在政府与企业的共同努力下，我国碳排放强度下降超过了 1/3，绿色低碳发展取得突出成效。初步核算数据显示，2022 年全国万元 GDP 的二氧化碳排放比 2021 年下降 0.8%，万元 GDP 的能耗比 2021 年下降 0.1%，双双继续保持下降态势。

绿色生活方式正加快形成。绿色生活方式，就是按自然、环保、节俭、健康的方式生活；绿色生活方式的选择，意味着生态理性的回归，以及对绿色消费理念的认同。加快形成绿色生活方式，是贯彻新发展理念、促进人与自然和谐共生、推动高质量发展、实现碳达峰碳中和目标的共同要求，也是党的十九大和十九届五中全会做出的具体改革部署之一。《中共中央国务院关于加快推进生态文明建设的意见》也指出，要倡导勤俭节约、绿色低碳、文明健康的生活方式和消费模式。2023 年上半年，绿色消费增长迅速，新能源乘用车销售量同比增长 37.3%，限额以上单位低能耗家用电器和音像器材类零售额同比增速超过 20%，均大幅高于同期社会消费品零售总额增速。

绿色生活方式的牵引和绿色低碳发展政策的推动，正在加快企业向绿色低碳发展转型的步伐。大企业应走在绿色低碳转型的前列，做绿色低碳发展的垂范。一是调整企业产业、产品结构，突出绿色低碳要求：要坚决清理退出高能耗高排放的产业与产品，保留并发展壮大低能耗低排放的绿色产业与绿色产品。二是大力开展绿色低碳技术攻关：要瞄准绿色低碳方向，加大研发投入，开展技术攻关，尽快在关键减碳技术领域取得重大突破，推出绿色低碳创新产品。三是积极发展循环经济：利用循环工艺与技术，完善企业内部资源循环利用体系，构筑"资源—产品—废弃物—再生资源"闭环，推进可再生资源的回收再利用，提高可再生资源利用比重。四是加快发展绿色金融：金融机构要深化绿色金融产品创新，丰富完善多层次绿色金融产品体系，加大对企业绿色低碳发展的金融支持力度，提高绿色贷款占比，引导企业加快转型绿色低碳发展。

# 第二章
# 2023 中国制造业企业 500 强分析报告

2023 中国制造业企业 500 强是中国企业联合会、中国企业家协会连续第 19 次向社会发布的中国制造业最大 500 家企业年度排行榜。总体上看，2022 年，尽管面临着俄乌冲突激化、中美博弈加剧、全球经济增速放缓及国内需求收缩等多重挑战，中国制造业企业认真落实"疫情要防住、经济要稳住、发展要安全"的要求，努力应对超预期冲击，在总体上保持平稳发展的同时多个方面继续取得积极进展。2023 中国制造业企业 500 强营业收入和资产规模保持较好增长趋势，但增速有所放缓，在多重因素的冲击下，企业利润水平有所下降，净利润出现较大幅度下滑。受此影响，企业经营绩效显著下滑，收入利润率和净资产利润率均不及此前水平。在此形势下，中国制造业 500 强企业积极应变，主动求变，大力推动技术创新，增加研发投入，企业创新产出水平实现了较大幅度增长，先进制造业企业和战略性新兴行业企业发展步伐加快，效益水平相对提升。同时，制造业企业海外营业收入和资产规模也呈现积极增长态势，海外营业收入增速虽与上一年相比有所减缓，但仍快于总营收增速，制造业企业海外产业布局脚步加快，海外资产规模进一步扩张，增幅显著。分地区看，东部地区企业仍为 500 强企业的中流砥柱，浙江、山东两省入围企业数量并列第一，西部地区企业营收和净利润占比相对提升，北京仍为利润贡献率最高的城市。综合来看，2022 年，我国制造业大企业面对多重发展困难与挑战，深入推进企业结构调整和转型升级，发展韧性进一步增强，"压舱石"作用进一步彰显。当前，企业发展面临的内外部环境依然严峻复杂，全球市场竞争加剧，不确定、不稳定因素进一步增加；内需恢复缓慢，国内需求不足；地产调整周期仍在延续，上下游行业传导效应显著等因素的存在都为企业未来发展增加了不确定性，但同时实体经济与数字经济的融合化程度不断加深，制造业集群化发展加速提质，社会创新氛围不断增强，企业创新主体地位日益彰显，现代化产业体系建设逐步走上正轨等也为企业未来发展带来了更多机遇。党的二十大提出，要坚持以推动高质量发展为主题，把实施扩大内需战略同深化供给侧结构性改革有机结合起来，增强国内大循环内生动力和可靠性，提升国际循环质量和水平，加快建设现代化经济体系，推动经济实现质的有效提升和量的合理增长。面向未来，企业要发挥敢做敢闯、敢为人先的企业家精神，加快建设世界一流企业；积极响应国家重大战略，加快企业向智能化、高端化、绿色化发展；下好创新先手棋，推动企业管理创新和技术创新双轮驱动；加快转型升级，塑造企业发展新动能、新优势；推动完善产业协作体系，引领带动大中小企业协同高效发展；加快推进实体经济与数字经济相融合，发挥数字化要素支撑作用；完善企业引才用才育才体系，夯实企业人才基础。同时，政府和社会各界也要与企业共同发力，形成推动企业发展的整体合力，共同打造有利于企业发展的良好环境，推动企业的长期可持续发展。

## 一、2023中国制造业企业500强规模特征分析

2023中国制造业企业500强总体营业收入规模和营业收入增速仍保持增长态势，入围企业营业收入实现中高速增长，入围门槛再创新高。资产负债率相对稳定，人均营业收入增速加快，展现了制造业大企业积极利用我国制造业规模大、体系全、韧性强的重要优势，在危机中育新机，于变局中开新局，为我国工业经济的高质量发展贡献了重要力量。此外，企业并购重组活跃度有所下降。

**1. 营业收入规模稳步增长**

2023中国制造业500强营业收入延续2016年（指榜单发布年份，下同）以来的持续增长态势，总体营业收入高达51.06万亿元，突破50万亿元大关，同比增长8.38%。总体来看，2023中国制造业500强营业收入总规模达到新高峰，总体增速仍然保持在中高水平，这表明，2022年，在疫情冲击、全球经济整体下滑等多重挑战下，中国制造业企业顶住了压力，营业收入规模保持增长。但是需要注意的是，相比而言，2023中国制造业500强营业收入增速有所下降，这一方面是因为2022中国制造业500强营业收入规模较大，基数更高，另一方面也表明2022年疫情带来的供应链阻滞、内需收缩以及世界经济增长放缓等因素的确影响了制造业企业的整体发展。详见图2-1。

图2-1　2013—2023中国制造业企业500强营业收入及增速变化

入围门槛持续攀升。"十三五"以来，中国制造业企业 500 强入围门槛始终呈现上升态势，从 2016 年的 65.4 亿元不断增长至 2020 年的 100.70 亿元，2021 年、2022 年连续突破 110 亿元、140 亿元，2023 年达到新高峰 165.50 亿元，较上年提高了 17.72 亿元，增长了 11.99%，较 2016 年增长了 100 亿元，增幅为 153.06%。中国制造业企业 500 强入围门槛的进一步跃升，一定程度上表明 2022 年中国制造业大企业保生产、固根基、强韧性的各项举措有力有效，为中国制造业大企业在逆势下仍保持规模持续增长打下了扎实基础。详见图 2-2。

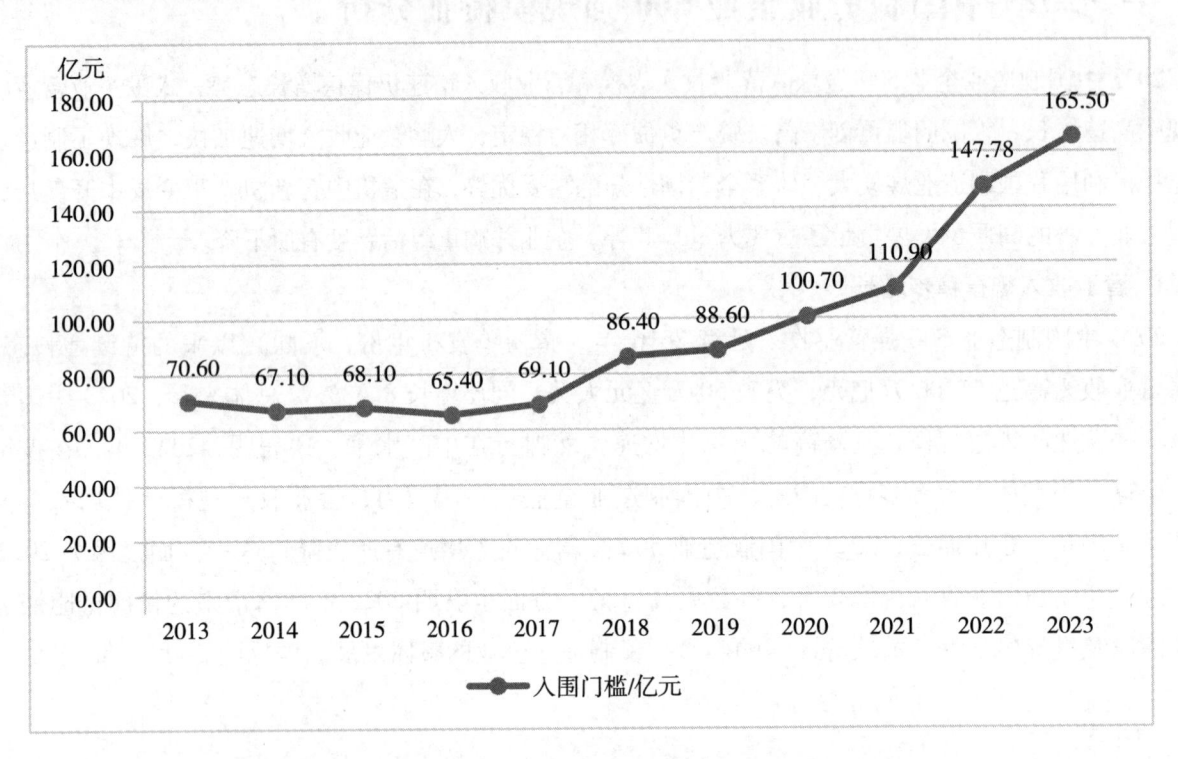

图 2-2　2013—2023 中国制造业企业 500 强入围门槛变化

人均营业收入增速有所下滑。2016 年以来，中国制造业 500 强人均营业收入总体保持波动上涨态势，2016 年人均营业收入为 202.27 万元，2023 年增长至 344.20 万元，增长了 70.17%，较上年增长了 7.67 万元，增幅为 2.28%，相比上年增幅大幅下滑，波动态势显著。这表明在营业收入规模持续增长的情况下，企业的员工规模也在继续扩大，制造业企业就业蓄水池的作用显著。详见图 2-3。

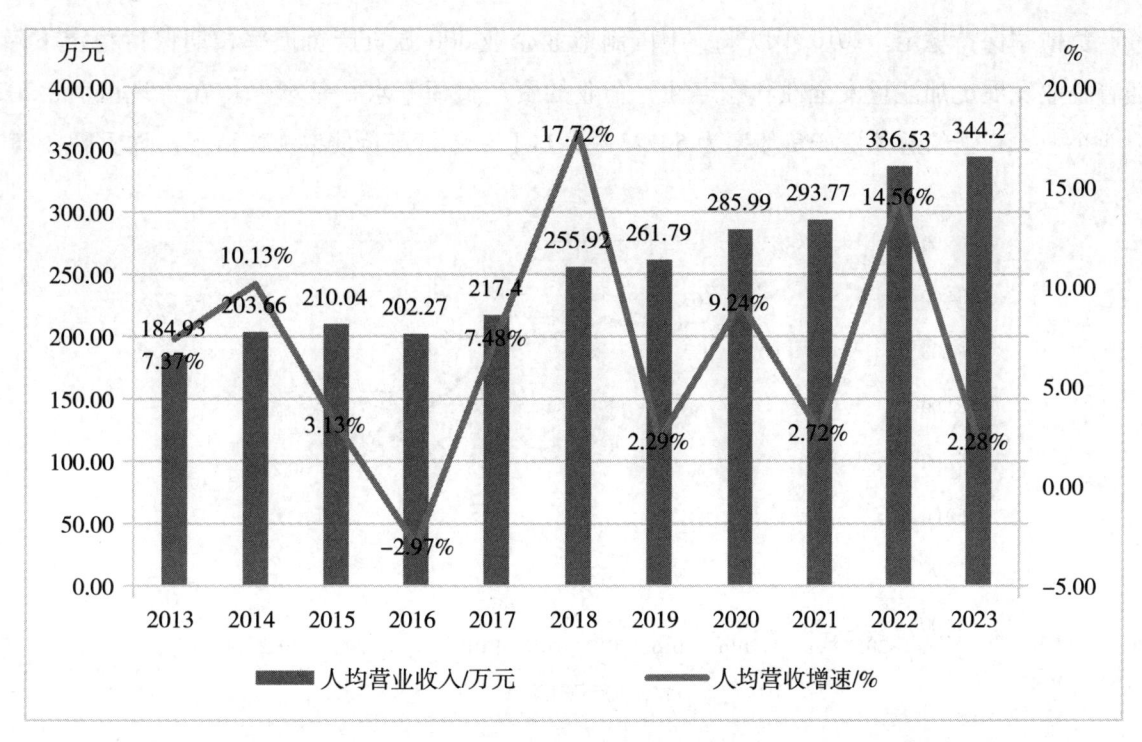

图 2-3 2013—2023 中国制造业企业 500 强人均营业收入及增速变化

## 2. 企业资产规模持续增长

资产规模仍保持稳定增长态势，增速再次加快。2016 年以来，中国制造业企业 500 强总资产规模持续稳定增长，自 2021 年突破 40 万亿元，达到 44.33 万亿元以来，2023 年达到 53.02 万亿元，时隔一年再上 50 万亿元新台阶。与此同时，尽管受 2022 年疫情以及中美博弈等多方面因素叠加影响，制造业企业面临的不确定性因素增加，企业投资布局更为谨慎，但制造业 500 强企业资产增速较上一年再次提升，为 11.27%，实现较高水平增长。详见图 2-4。

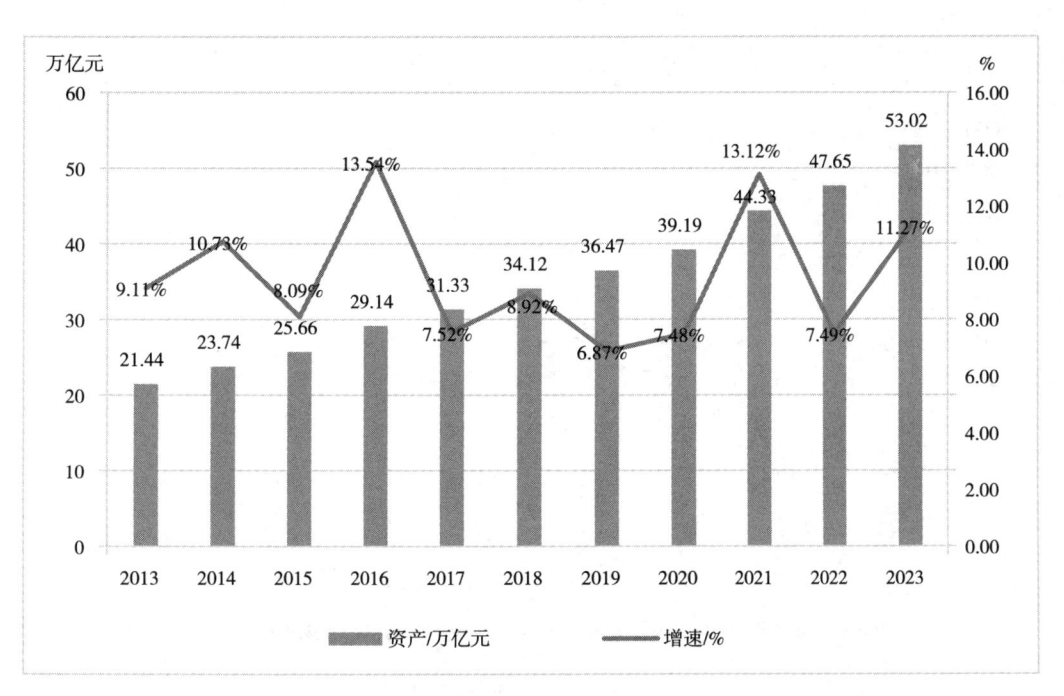

图 2-4 2013—2023 中国制造业企业 500 强资产及资产增速变化情况

资产负债率保持稳定。2016年以来，中国制造业企业500强资产负债率长期保持稳定下降的态势，随着企业发展更加注重安全性和稳定性，企业的资产负债率水平基本保持在合理区间，2023中国制造业企业500强的总体资产负债率为60.23%，与上一年资产负债率大体持平。详见图2-5。

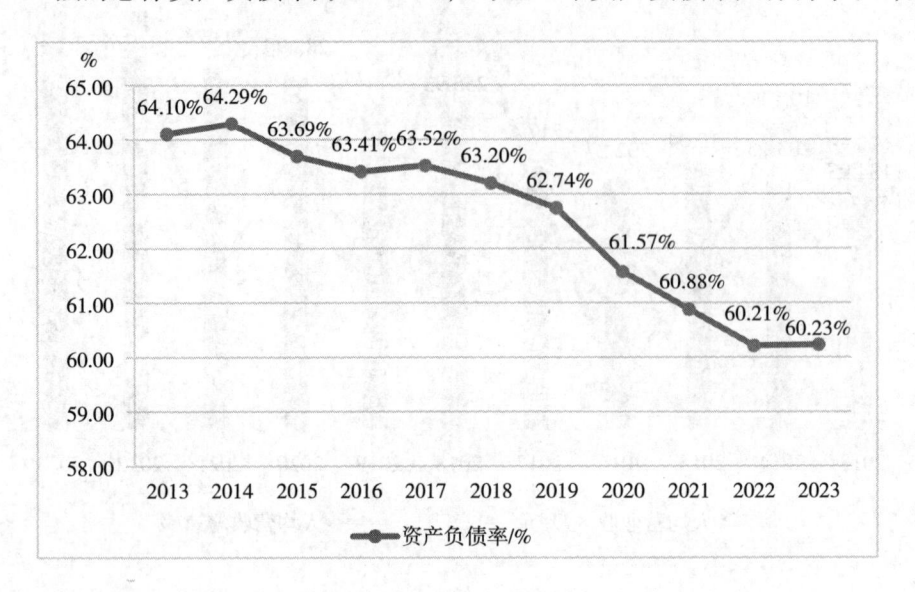

图 2-5　2013—2023 中国制造业企业 500 强资产负债率变化情况

### 3. 企业并购重组步伐放缓

并购重组次数和参与并购重组企业数量双双下降。2023中国制造业企业500强在2022年共有104家企业参与并购重组，较上一年略有下降。同时，并购重组次数出现了较大幅度的缩减，从上年的462次下降到了357次，减少了105次，降幅达到22.73%，从这一数据看，制造业大企业并购重组的步伐较前两年有所放缓。详见图2-6。其中，并购重组达到5次及以上的有23家，达到10次及以上的有9家，最多达到22次，其次是17次。

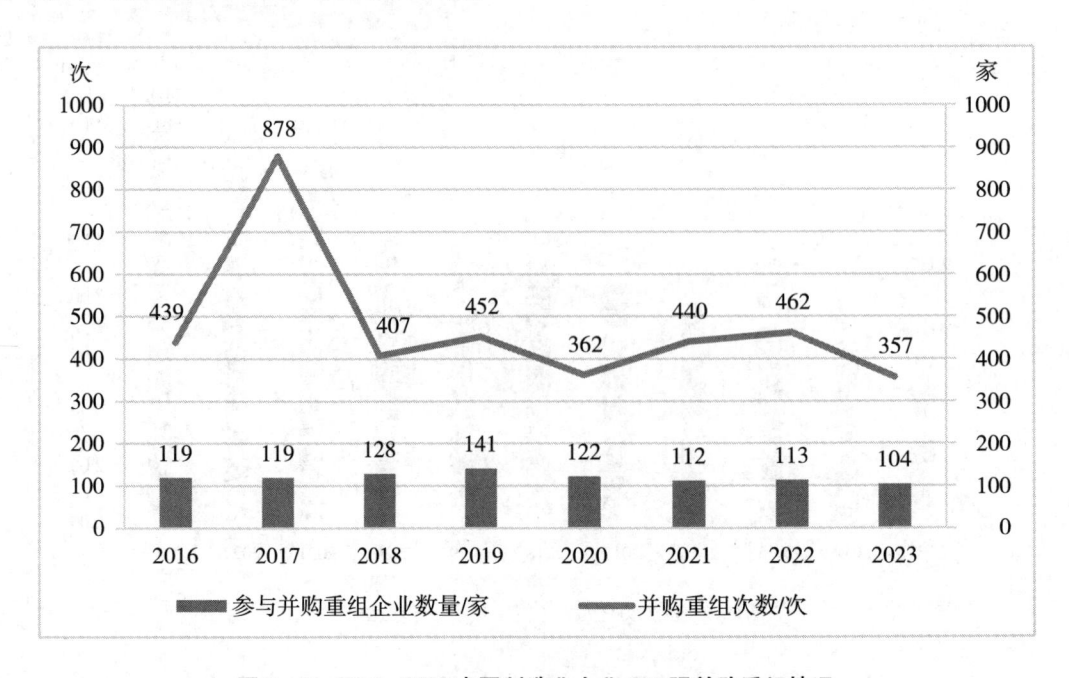

图 2-6　2016—2023 中国制造业企业 500 强并购重组情况

## 二、2023中国制造业企业500强利税状况分析

2023中国制造业企业500强利税整体状态相对下滑，在净利润规模、增速、净资产利润率、营业收入利润率等方面都出现了不同程度的下降，同时企业纳税总额有所增加。资产周转基本保持稳定，制造业企业生产经营效率相对稳定。同时，2023中国制造业企业500强中，亏损企业数量出现较大幅度增加，亏损面扩大，亏损企业的行业分布也更为分散，共涉及林林总总17个行业领域。在企业综合税负方面，2023中国制造业500强企业纳税总额出现较大幅度的增加，所占营业收入比重也出现了小幅增长，这在一定程度上与2022年全国总体税收总额上涨的趋势相对应。

**1. 净利润较大幅度下滑**

2023中国制造业企业500强归属母公司股东净利润出现自2020年以来的首次下滑，为12677.03亿元，与上一年度相比减少了2006.12亿元，降幅相对较大，下降了13.66%。2016年以来，中国制造业企业500强归属母公司股东净利润基本保持稳定增长态势，从2016年的5691.03亿元增长到2022年的14683.15亿元，增幅达到158%。但是2022年受疫情导致的产业链供应链受阻、原材料成本上涨、国际国内需求下滑等因素的影响，2023中国制造业企业500强归属母公司股东净利润规模首次出现大幅度下滑。详见图2-7。

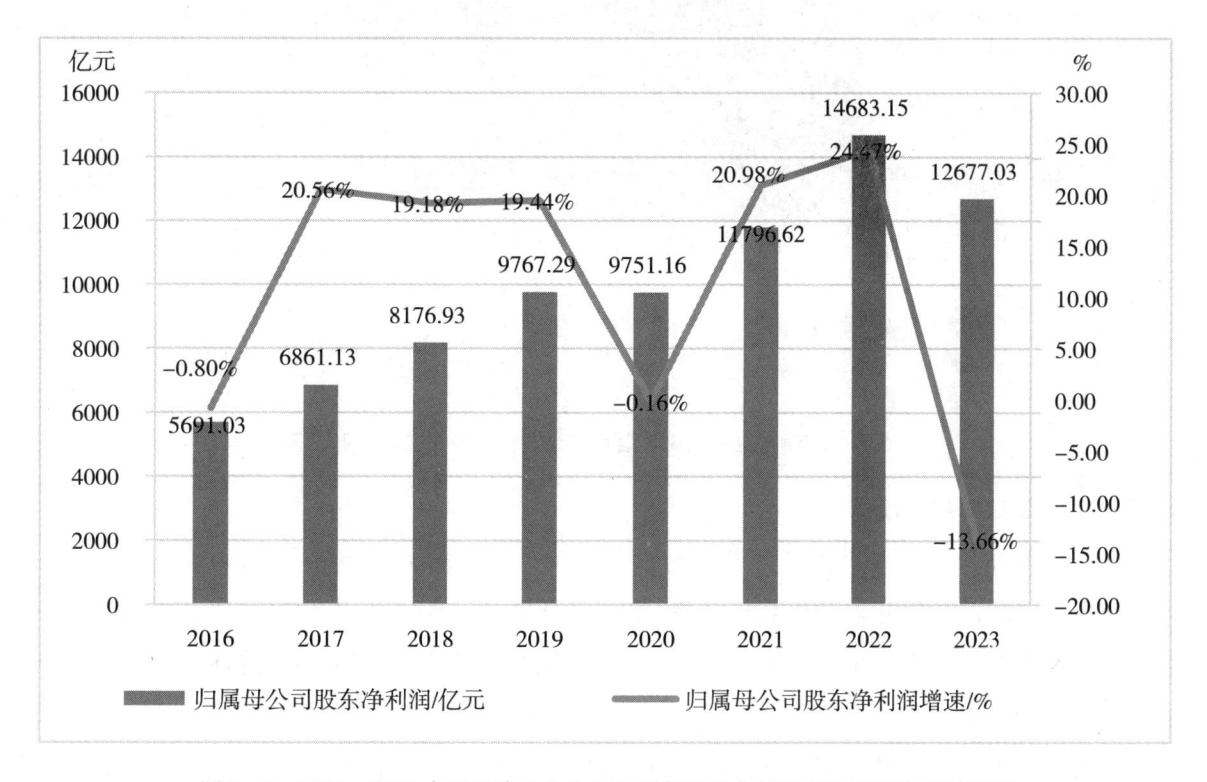

图2-7 2016—2023中国制造业企业500强归属母公司股东净利润规模及增速

企业亏损面持续扩大，亏损深度略有升高，亏损企业分布涉及行业面较广。2023中国制造业企业500强中有50家企业发生亏损，亏损面为10%，较往年出现较大幅度的扩大。在亏损深度（亏损额/净利润总额）上，2023中国制造业企业500强的亏损深度为5.65%，亏损深度略有升高，较上年

的5.21%升高了0.44个百分点。从亏损企业主要分布行业来看，50家亏损企业中，亏损企业较为集中的行业分别是黑色冶金（8家企业，占亏损企业的16%）、汽车及零配件制造（8家企业，占比16%）、石化及炼焦（5家企业，占比10%）、造纸及包装（4家企业，占比8%）、一般有色（4家企业，占比8%），五类行业亏损企业共29家，约占亏损企业的六成。其他如半导体、集成电路及面板制造、工业机械及设备制造、农副食品、综合制造业、化学纤维制造等也是亏损较为集中的行业，共涉及17个行业。可以看到，2023中国制造业企业500强亏损企业呈现三方面特点：一是涉及范围更广，无论是矿产冶炼、农副食品还是电子产品制造，都有亏损企业存在；二是亏损行业集中在产能过剩行业和断链风险较高的行业，例如黑色冶金和汽车及零配件制造业；三是国有企业和民营企业均出现了亏损，50家亏损企业中，国有企业22家，民营企业28家。详见图2-8。

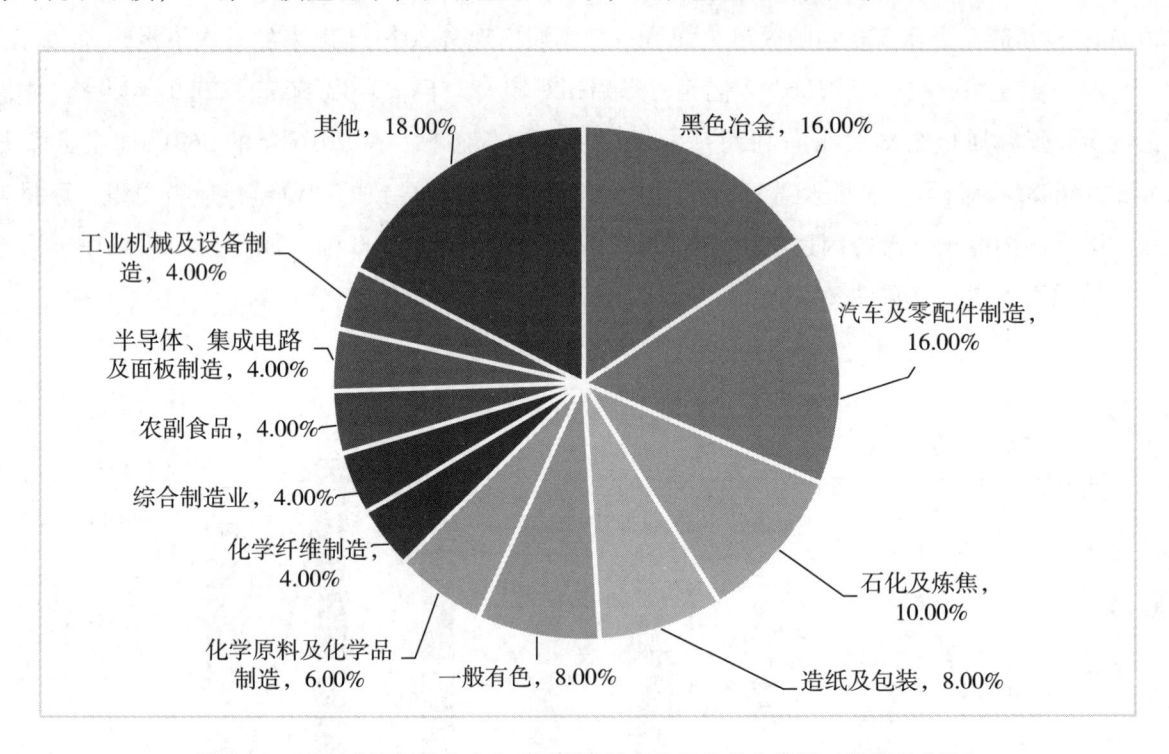

图2-8 2023中国制造业企业500强亏损企业行业分布情况（数量及占比）

**2. 企业经营绩效明显下滑**

净资产利润率和营业收入利润率双双出现下滑，净资产利润率降幅显著。2016年以来，中国制造业500强企业的经营绩效基本保持上升趋势，净资产利润率和营业收入利润率从2016年的7.59%、2.15%增长到上年的11.20%和3.12%。2022年，尤其是上半年的疫情影响，叠加中美博弈加剧、俄乌战争等多方面因素，导致企业生产经营成本出现不同幅度上涨，净利润出现较大幅度下跌，企业增收不增利现象显著，2023中国制造业企业500强经营绩效出现明显下滑，净资产利润率和营业收入利润率分别下滑至9.09%和2.48%，低于疫情前水平。详见图2-9。

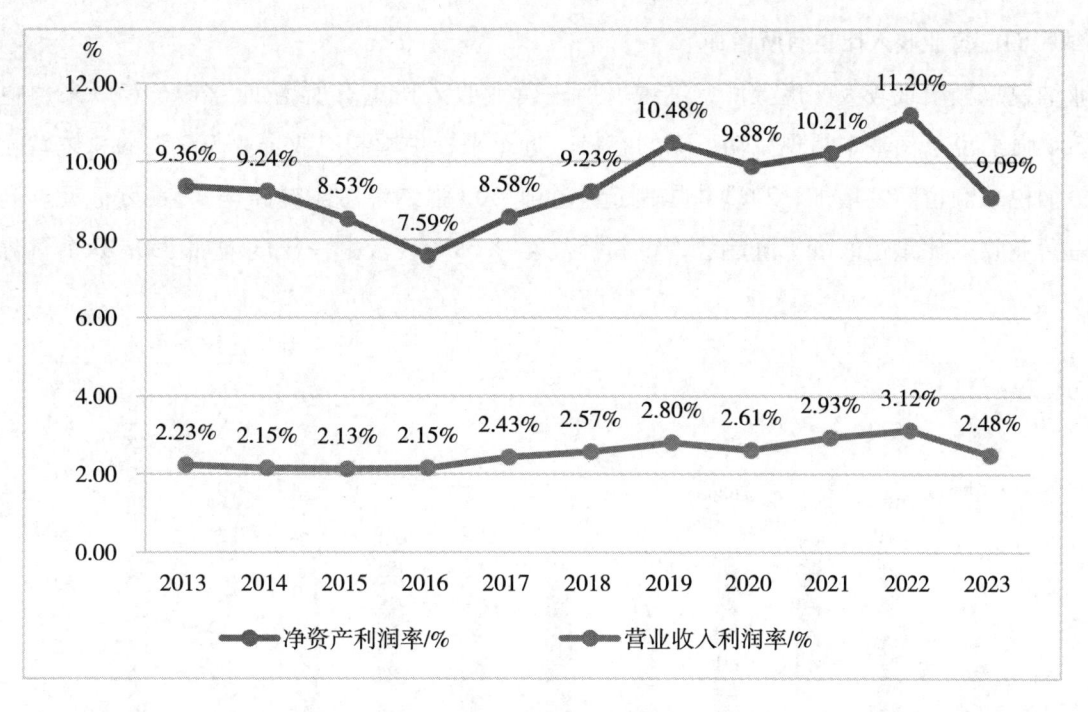

图 2-9  2013—2023 中国制造业企业 500 强净资产利润率及营业收入利润率变化

资产周转率保持稳定。2016 年以来，中国制造业企业 500 强资产周转率基本保持在 0.9~1 这个区间，2022 年，中国制造业企业 500 强的资产周转率出现较大幅度的上升，达到 0.99 次/年，企业资产周转速度进一步加快，相对而言生产经营效率有所上升。2023 中国制造业 500 强的资产周转率基本保持稳定，从上年的 0.99 略有下降至 0.96。说明 2022 年中国制造业大企业积极作为，主动应对风险挑战，提升企业生产经营效率，这在 2022 年的经济大环境下殊为不易，显示出中国制造业企业的发展韧性。详见图 2-10。

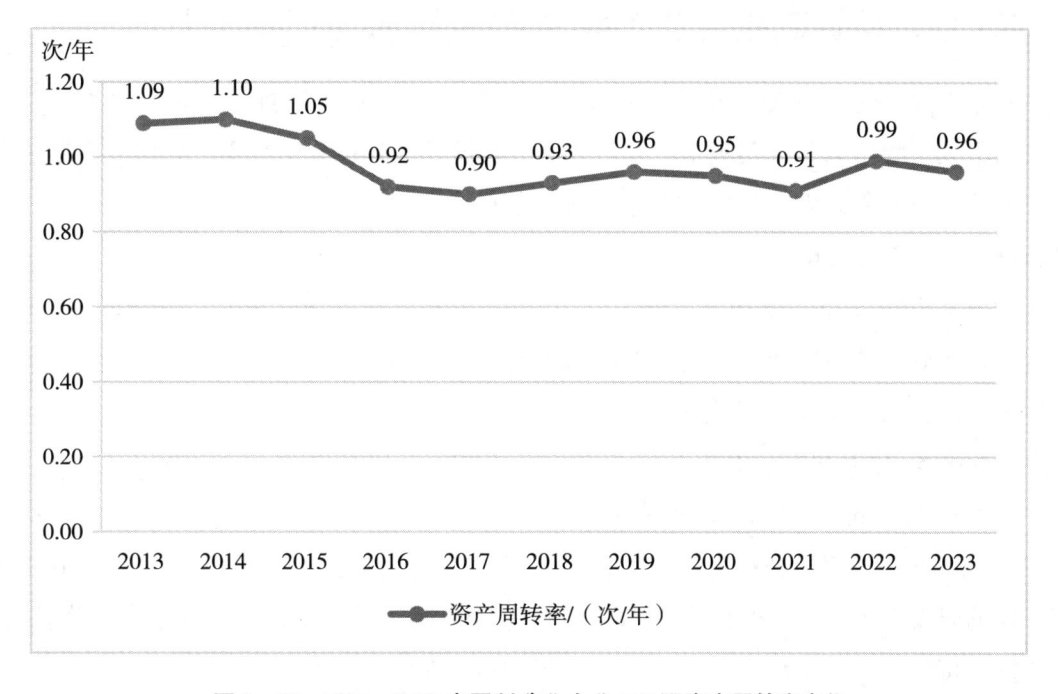

图 2-10  2013—2023 中国制造业企业 500 强资产周转率变化

### 3. 纳税额占营业收入比重有所增加

企业纳税总额出现较大幅度上涨，纳税额所占营业收入比重有所增加。2016年以来，中国制造业企业500强纳税总额基本呈现波动下降的态势。近年来，中国制造业企业500强的总体营收规模不断扩大，纳税总额也随之增加，2023中国制造业企业500强纳税总额提高至2.24万亿元。同时，纳税额所占营业收入比重也改变下降趋势，重新提高至4.39%，较上一年度增加了0.40个百分点。详见图2-11。

图2-11 2013—2023中国制造业企业500强纳税总额及纳税额占营业收入比重变化

## 三、2023中国制造业企业500强创新投入与产出分析

2023中国制造业企业500强研发投入持续上涨，研发强度基本保持稳定。与之相适应，企业创新成果产出水平较大幅度增长，实现了"量""质"双提升。其中，民营企业总体专利数量占比高于国有企业，但从平均水平来看，与国有企业之间尚存在一定的差距。

### 1. 企业研发投入平稳增长

企业研发投入继续保持平稳增长，研发强度略有下降，研发费用增速大幅减缓。2016年以来，中国制造业企业500强的研发费用规模始终保持不断扩大的态势，2022中国制造业企业500强中485家企业共计投入研发费用10557.55亿元，突破1万亿元大关。2023年入围企业研发费用继续保持增长态势，从10557.55亿元增长至10962.15亿元。与之相对，研发强度（研发费用占企业营业收入比重）出现小幅度微调，从上年的2.37%下降至2.33%，主要原因在于，与制造业企业500强的总体营业收入相比，研发投入规模虽然也在扩大，但其扩大的速度不及营收规模的增速，2023中国制造业企业500强的研发投入总体增速仅为3.83%，较上年增速下降了14.98个百分点，降幅相对较大，从而导致研发强度降低。详见图2-12。

图 2-12 2013—2023 中国制造业企业 500 强研发费用及研发强度变化

从企业研发投入增速来看，2023 中国制造业企业 500 强中，无论是国有企业还是民营企业，研发费用投入增速都出现了较大幅度的下滑，平均研发投入增速降幅显著。2016 年以来，民营企业的平均研发投入增速基本高于国有企业，2021 年、2022 年连续两年国有企业平均研发投入大幅增长，增速超越民营企业。2023 中国制造企业 500 强中，国有企业的平均研发投入相较前两年有所减少，增速转为负数。而民营企业的平均研发投入则仍保持较高增速，达到 12.31%，为近五年的次高值。详见图 2-13。

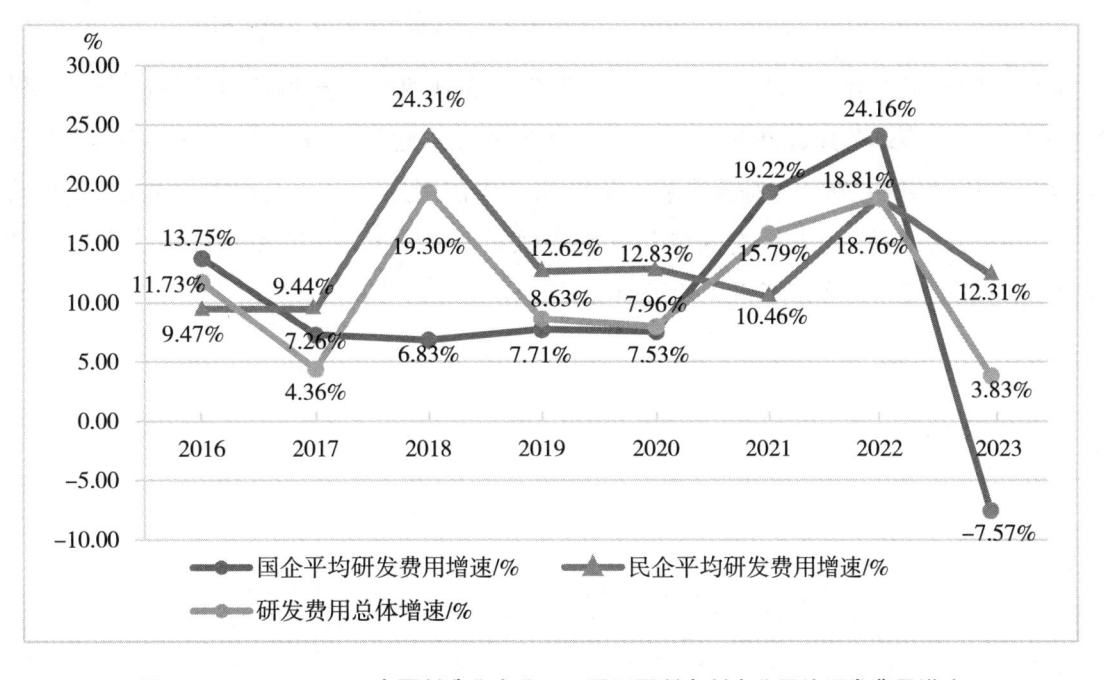

图 2-13 2016—2023 中国制造业企业 500 强不同所有制企业平均研发费用增速

## 2. 企业创新产出水平较大幅度增长

企业拥有的专利数、发明专利数双双实现较大幅度增长。2016年以来，中国制造业企业500强持有专利数量持续增加，从2016年的497457项增长至1438380项，增加940923项，增长了189.15%，较2022年增加了133930项，增长了10.27%。其中发明专利达644124项，较上年总体增加了69225项，增幅为12.04%。详见图2-14。

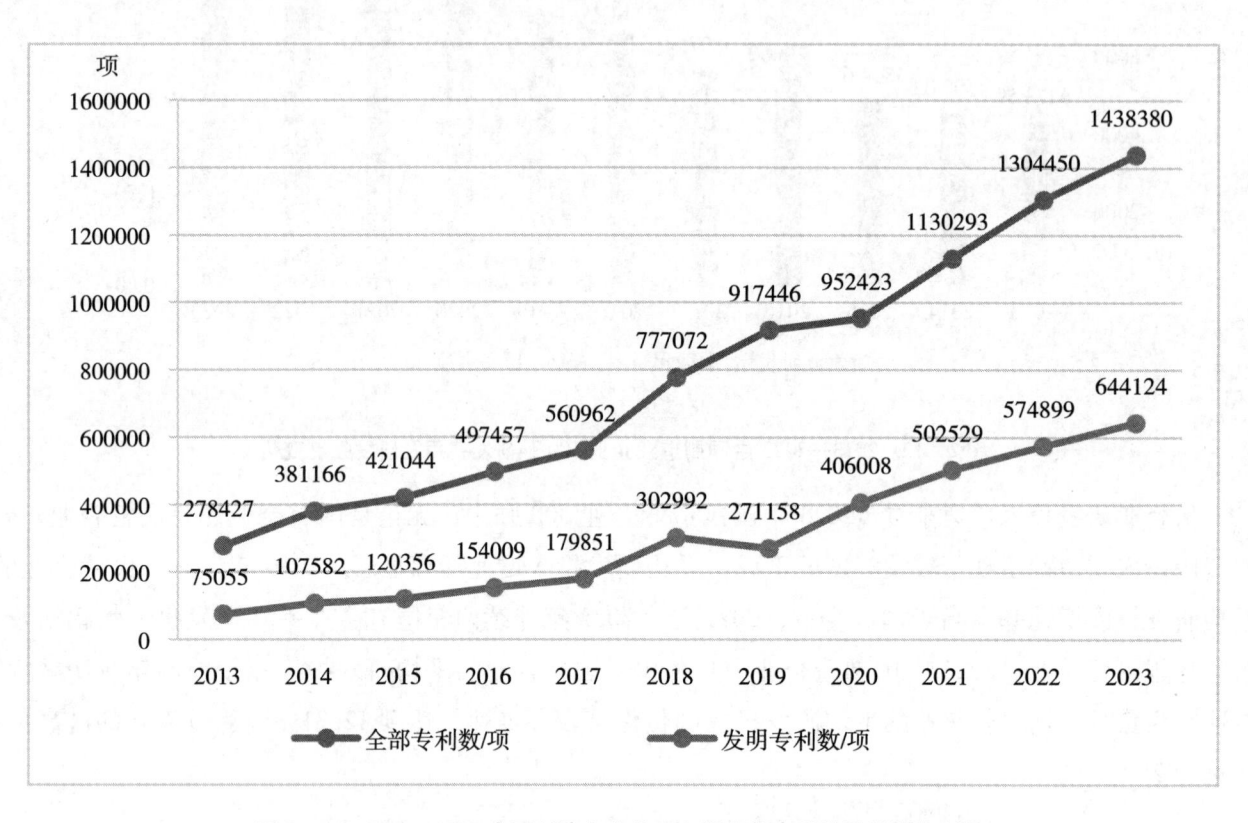

图2-14 2012—2023中国制造业企业500强全部专利数及发明专利数

专利质量持续稳定提升。2016年以来，中国制造业企业500强发明专利数量占全部专利数量比重总体呈稳定提升态势，尤其是2020年以来，发明专利比重超过40%，2021年达到44.46%，2023年再创新高，占比达到44.78%。综合来看，近年来，中国制造业大企业在创新道路上的步履不停，创新成果也日益显现，不仅企业持有的专利总数实现了稳定增长，发明专利规模也在不断扩大，且增速超过专利总数的增速，实现了占比的不断提升。详见图2-15。

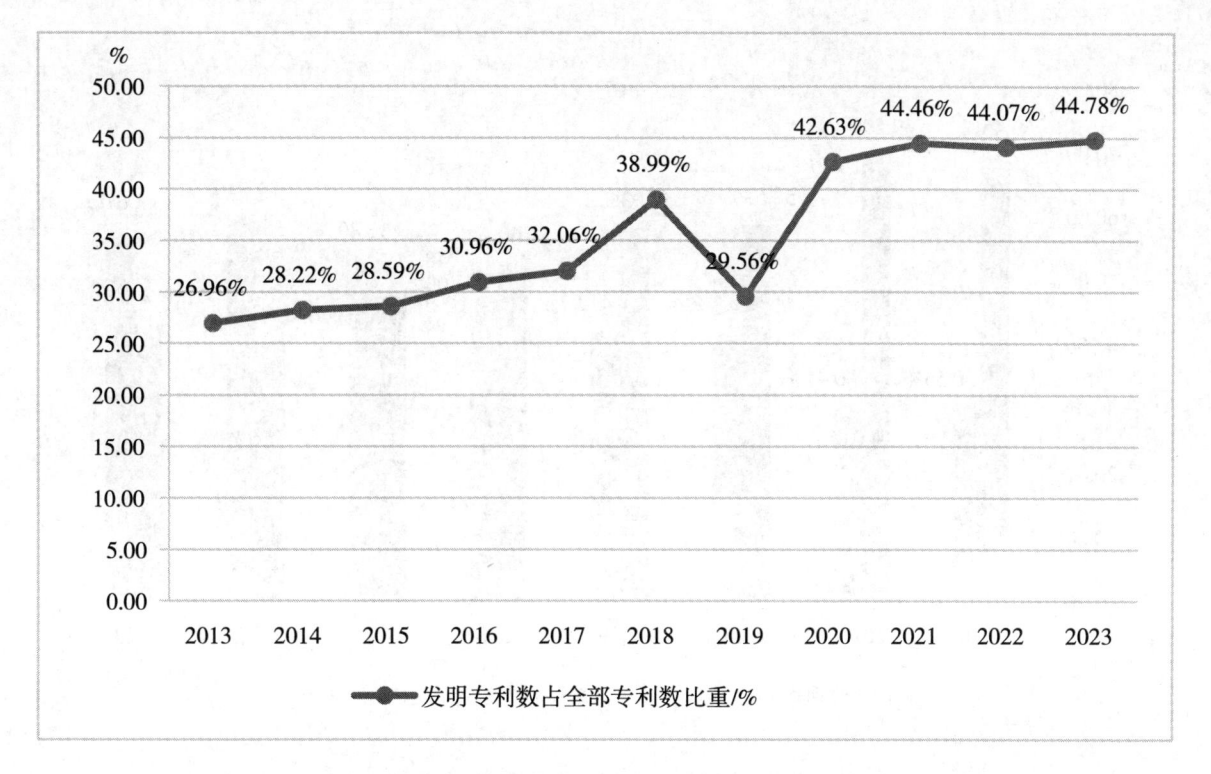

图 2-15　2013—2023 中国制造业企业 500 强发明专利数占全部专利数比重

民营企业研发投入总额持续稳定增长，创新成果产出保持稳定。2016 年以来，民营企业专利数量实现了稳定增长，2023 年总体持有专利总数增长到 1438380 项，其中民企持有专利数量比重为 56.91%。但从企业持有专利数量的平均值看，民营企业与国有企业之间尚存在一定差距。2022 中国制造业企业 500 强中民营企业平均持有专利 2291 项，2023 年减少为 2261 项，国有企业平均持有专利则从上年的 4189 项增加到 4492 项，民营企业与国有企业之间的差距不断拉大。2016—2023 中国制造 500 强不同所有制企业专利数占比变化，详见图 2-16。这一方面反映了民营企业对科技创新更加重视，研发投入不断增长，促使企业创新产出水平实现了较大幅度的提升，但另一方面也显示出，与国有企业相比，民营企业的总体专利数量虽然更高，但是企业之间的创新水平参差不齐，企业与企业之间的差距相对较大，落后的企业需要奋起直追，不断巩固和提高自身的创新水平和综合实力。

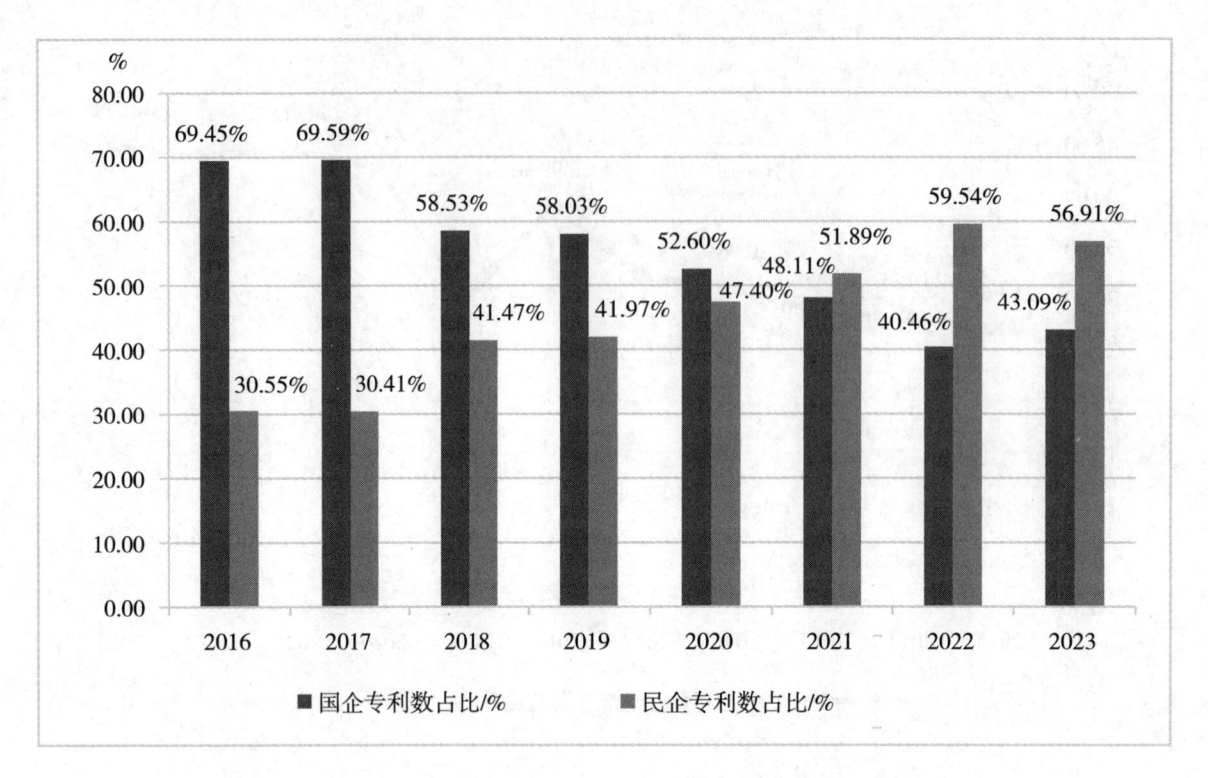

图 2-16 2016—2023 中国制造业 500 强不同所有制企业专利数占比变化

## 四、2023 中国制造业企业 500 强企业所有制比较分析

2023 中国制造业企业 500 强中，国有企业和民营企业入围数量基本保持稳定，千亿级企业俱乐部规模扩大，其中千亿级民营企业数量出现大幅增长。就企业盈利情况而言，2023 中国制造业企业 500 强中的国有企业和民营企业的盈利情况均有所下滑，其中，民营企业受到的冲击更大，下滑幅度更大，需要政府、社会、企业多方合力为企业恢复发展提供良好环境。

1. **民营企业在制造业企业 500 强中占比保持稳定**

民营企业数量比重与上年持平。2023 中国制造业企业 500 强中共入围 362 家民营企业，与上年民营企业数量一致。2016 年以来，中国制造业 500 强企业中的民营企业数量大幅提高，从 2016 年的 317 家增加到 362 家，增加了 45 家。民企数量占比由 2016 年的 63.4% 上升至 72.4%，增加了 9 个百分点。入围的民营企业数量相对多于国有企业数量，约为国有企业数量的 2.62 倍。详见图 2-17。此外，2023 中国制造业企业 500 强中共有 125 家企业入围千亿级企业俱乐部，较上年增加了 10 家。其中民营企业 69 家，较上年增加了 12 家，增长幅度较大，国有企业 56 家，较上年减少了 2 家，民营企业数量首次超过国有企业数量，一定程度上表明 2023 年度民营企业发展实力进一步壮大，已经成为中国大企业队伍中极为重要的组成部分。详见图 2-18。

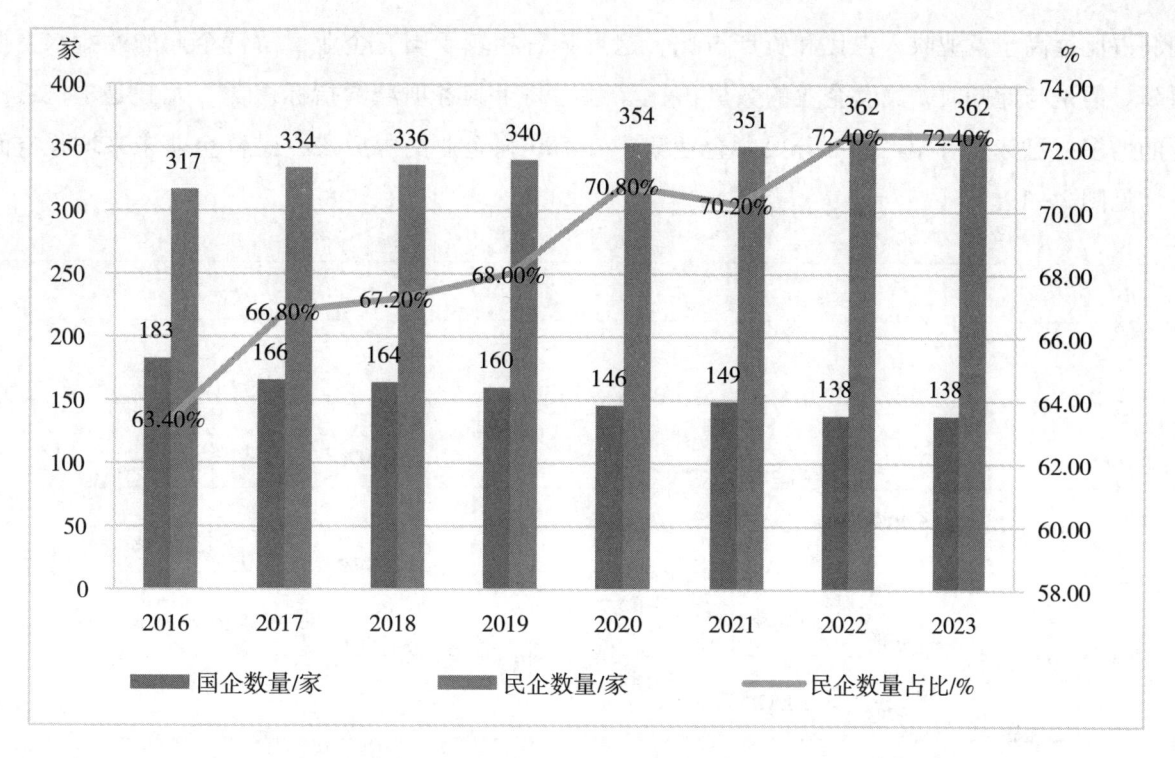

图 2-17　2016—2023 中国制造业企业 500 强民营企业、国有企业数量变化

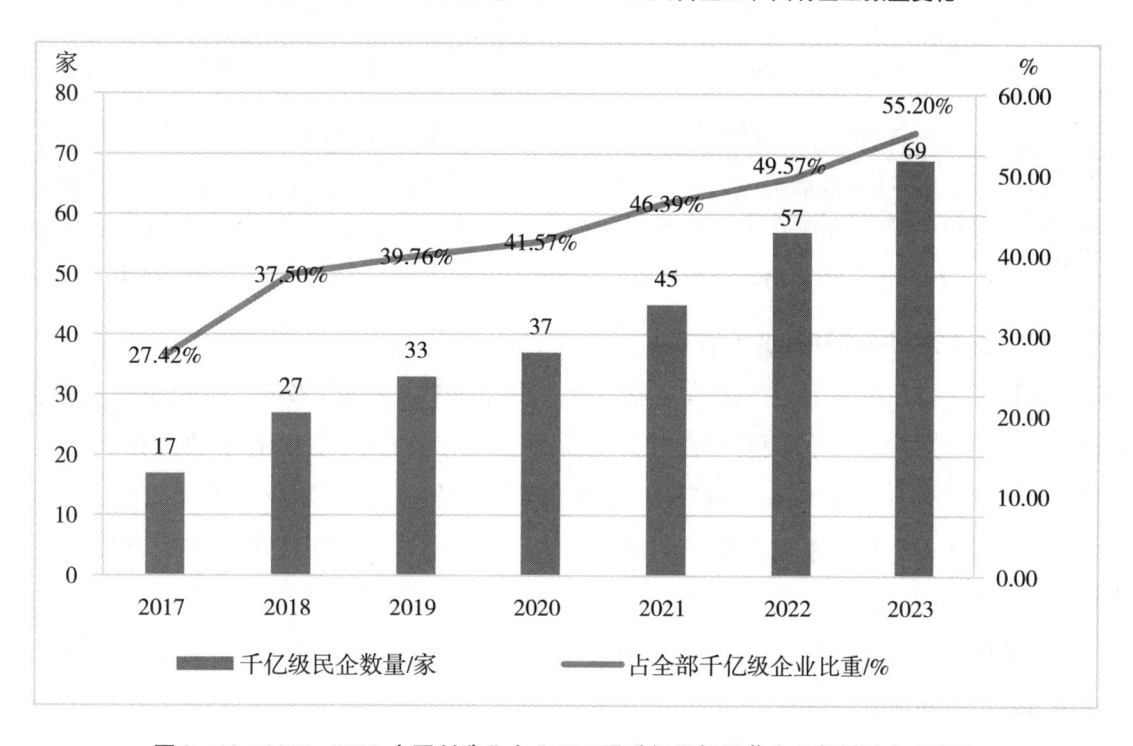

图 2-18　2017—2023 中国制造业企业 500 强千亿元级民营企业数量及占比变化

数量增长的同时，民营企业的营业收入、净利润、资产占比也在随之提升。2016 年以来，制造业民营企业在数量增长的同时，其营业收入、净利润、资产等各项占比也有所提升，相比于 2016 年，2023 年各项占比均提升了 10%～20% 不等。民营企业在 2023 中国制造业企业 500 强中的营业收入占比、净利润占比和资产占比分别为 52.77%、61.06% 和 44.32%，从以上三项数据来看，民营企业的

净利润占比远高于营业收入占比和资产占比，这意味着相较于国有企业，民营企业的效益水平要相对更高。但是与此同时，民营企业的数量占比又远远高于其各项经营指标占比，尤其是千亿级民营企业的增多，意味着有相当一部分民营企业集中在500强企业的中后段，民营企业未来增长空间巨大。详见图2－19。

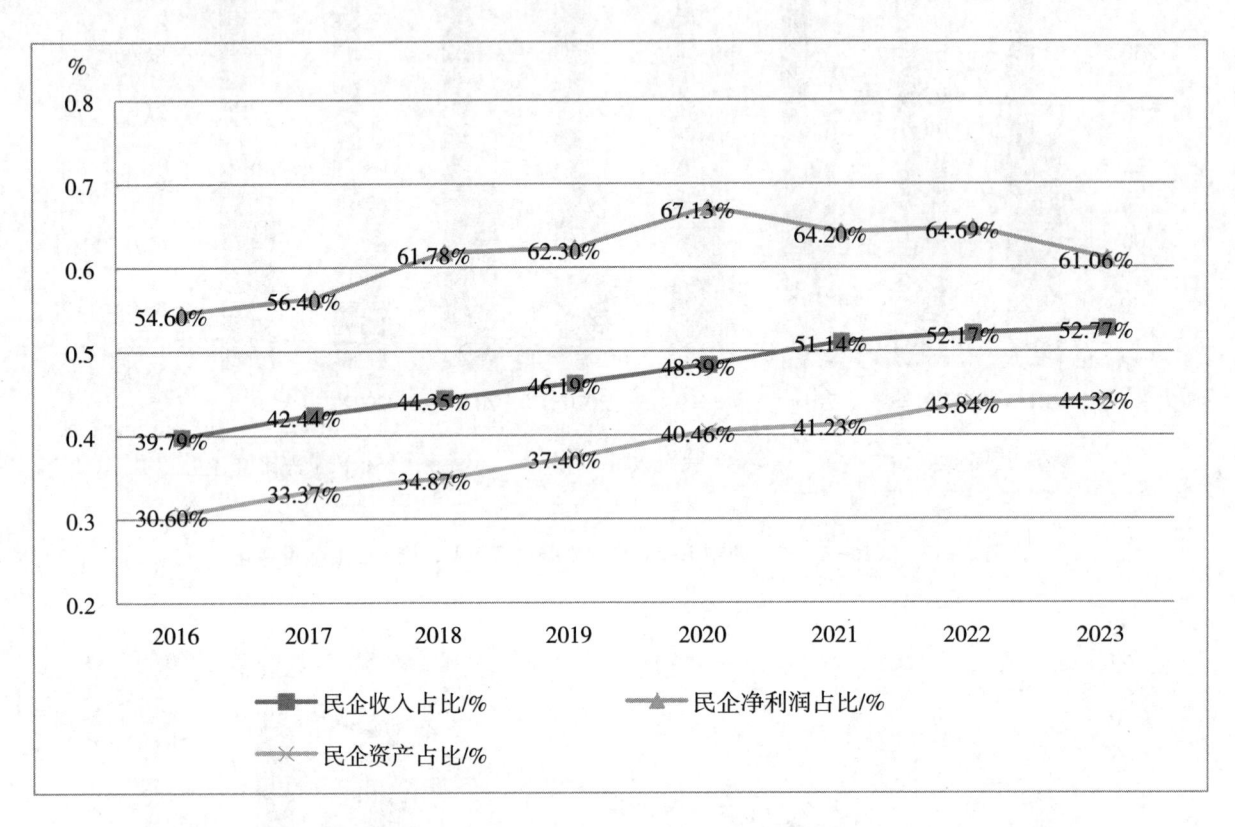

图2－19　2016—2023民营企业营业收入、资产及利润占中国制造业企业500强比重变化

### 2. 国有民营企业盈利率不同程度下滑

国有企业利润率指标小幅下滑，民营企业盈利情况较大幅度降低。2023中国制造业企业500强中民营企业的收入利润率和资产利润率均出现明显下跌。其中，民营企业的总体收入利润率为2.87%，较上年减少了1个百分点。资产利润率为3.29%，较上年减少了1.26个百分点。国有企业的营业收入利润率和资产利润率也出现了下滑，但与民营企业相比，则相对稳定。2023中国制造业企业500强中国有企业的收入利润率为2.05%，较上年下降了0.25个百分点，资产利润率为1.67%，下降了0.27个百分点，下降幅度相对较低。这也说明，与国有企业相比，民营企业在2022年受到的负向冲击更为显著，企业经营效益下滑得更快，幅度更大，这不仅需要企业积极主动作为，加快技术创新和转型升级的步伐，寻找新的企业发展增长点，也需要政府和社会给予企业一定的政策扶持和成长空间，为企业的恢复发展创造良好环境。详见图2－20。

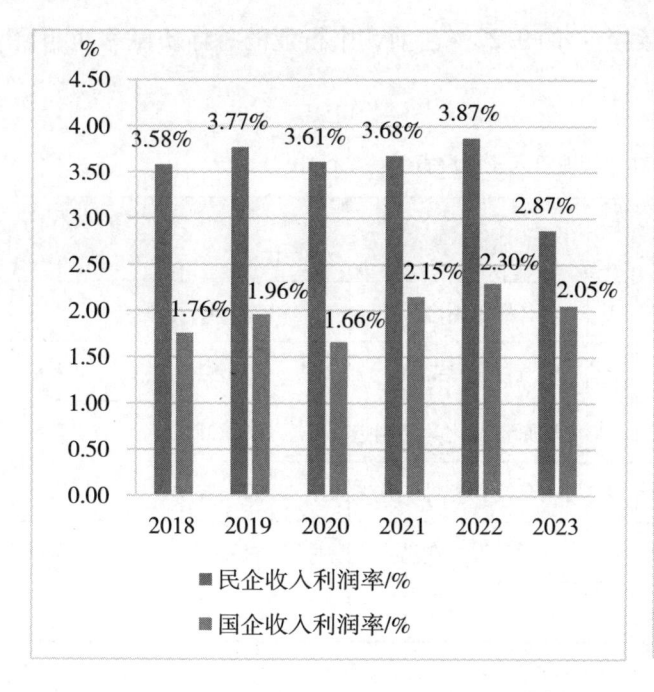

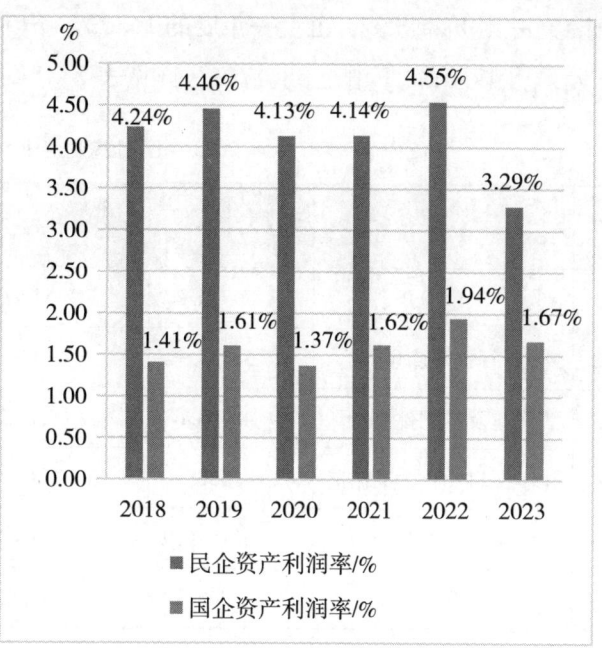

图 2-20　2018—2023 中国制造业企业 500 强民企、国企营业收入利润率及资产利润率对比

## 五、2023 中国制造业企业 500 强行业指标比较分析

从总体行业营业收入和行业利润来看，2023 中国制造业企业 500 强中，重化工行业延续往年势头，依然为诸多行业中入围企业最多、营收和利润总规模最大的行业，其中行业营业收入总规模前 5 位中，重化工行业占据 4 席，分别为：黑色冶金、石化及炼焦、一般有色、化学原料及化学品制造。行业规模净利润总额前 5 位中，重化工行业占据 3 席。与往年不同的是，黑色冶金行业的总营收和总利润占比相较往年均出现较大幅度下降。但是从行业平均指标来看，重化工行业则略逊一筹，航空航天、兵器制造等先进制造业行业企业表现更佳，特别需要注意的是，纺织印染行业企业在平均指标上的表现尤为亮眼。

**1. 重化工行业为制造业 500 强的重要组成部分**

重化工行业企业入围数量最多，且是制造业 500 强企业总体营业收入的最大贡献者。2023 中国制造业企业 500 强中，入围企业最多的五个行业分别是：黑色冶金（66 家）、化学原料及化学品制造（46 家）、石化及炼焦（39 家）、一般有色（36 家）和汽车及零配件制造（29 家），其中有 4 个行业为重化工行业。在行业营业收入方面与此相似，2023 中国制造业企业 500 强中，黑色冶金、石化及炼焦、汽车及零配件制造、化学原料及化学品加工、一般有色包揽前 5 位，与上年排位基本一致。同时，5 个行业对制造业营业收入的贡献率较上年略有调整，加总贡献率为 52.52%，较上年占比略有下降，但贡献率仍超 1/2。

行业利润方面，重化工行业的占比仍相对最高。2023 中国制造业企业 500 强中行业归母净利润规模最大的 5 个行业分别为：黑色冶金、石化及炼焦、化学原料及化学品制造、汽车及零配件制造、通信设备制造。其中，黑色冶金、石化及炼焦和通信设备制造 3 个行业的净利润贡献率有所降低，黑色冶金占比下降最多，由上一年度的 16.02% 下降到今年的 9.22%。前 5 个行业的总体贡献率也下降较大，从 49.01% 下滑至 38.17%。详见表 2-1。

表 2-1 2023 中国制造业企业 500 强营业收入及利润贡献前 5 行业

| 排名 | 行业 | 营业收入/亿元 | 营业收入占比/% | 排名 | 行业 | 归母净利润/亿元 | 归母净利润占比/% |
|---|---|---|---|---|---|---|---|
| 1 | 黑色冶金 | 79740.37 | 15.62 | 1 | 黑色冶金 | 1168.49 | 9.22 |
| 2 | 石化及炼焦 | 58554.10 | 11.47 | 2 | 石化及炼焦 | 993.87 | 7.84 |
| 3 | 汽车及零配件制造 | 48086.68 | 9.42 | 3 | 化学原料及化学品制造 | 963.01 | 7.60 |
| 4 | 化学原料及化学品制造 | 43586.56 | 8.54 | 4 | 汽车及零配件制造 | 908.17 | 7.16 |
| 5 | 一般有色 | 38161.29 | 7.47 | 5 | 通信设备制造 | 805.08 | 6.35 |
|  | 合计 | 268129 | 52.52 |  | 合计 | 4838.62 | 38.17 |

**2. 先进制造业行业平均指标表现更为亮眼**

从行业内各企业平均指标来看，兵器制造、航空航天等部分先进制造业的表现更佳。在行业平均营业收入指标方面，兵器制造、航空航天、轨道交通设备及零部件制造、船舶制造、汽车及零配件制造占据前 5 位，与上年排位基本一致。其中，纺织印染行业企业的平均收入则由上一年度的 1013.16 亿元增长到 1524.93 亿元，位居第 7 位。在行业平均利润指标方面，航空航天、船舶制造、医疗设备制造、兵器制造、酒类分列前五位。受 2022 年新冠疫情影响，医疗设备制造业的平均利润水平再次升高。值得注意的是，动力和储能电池和风能、太阳能设备制造行业企业的平均利润水平有所提升，位居第 7 位、第 10 位。这与 2022 年欧洲能源危机，各国纷纷寻求开辟新能源，加大新能源投入，我国光伏行业出口额大幅上涨有直接关系。在行业平均研发费用指标方面，航空航天、兵器制造、通信设备制造、轨道交通设备及零部件制造四个行业遥遥领先，平均研发费用均在 100 亿元以上，与其他行业差距较大。详见表 2-2。纺织印染、汽车及零配件制造两大行业分列第 5 位、第 6 位，平均研发费用从上年的 28.97 亿元、48.15 亿元增长到 51.55 亿元、50.78 亿元，反映了近年来我国传统制造业企业积极谋求转型升级，不断加大研发投入，努力向高端化、智能化、绿色化方向寻求创新突破的决心。

从行业效益指标来看，2023 中国制造业企业 500 强中，医疗设备制造行业企业的效益水平重回榜首，这与 2022 年新冠疫情息息相关，饮料和其他建材制造两大行业的收入利润率也处于相对较高水平。详见表 2-3。综合来看，2023 中国制造业企业 500 强中，无论是平均营业收入还是收入利润率、净资产利润率，医疗设备制造行业均高居榜首，远超其他行业，饮料和其他建材制造两个行业也均处于前 5 名。而诸如在平均水平上占据高位的航空航天、兵器制造、轨道交通及零部件制造业等需要长期投入的行业，净利润虽然处于较高水平，但是由于资产投入、研发投入相较于其他行业也更高，因此其效益水平并不显著，应从战略高度和长远价值等多方面看待。其他如风能、太阳能设备制造、动力和储能电池、药品制造等行业利润率水平也有一定提升，反映了新能源行业、医药行

业等战略新兴行业正逐渐成为我国制造业发展新的增长极。

表2-2 2023中国制造业企业500强平均营业收入、净利润及研发费用排名前5行业

| 排名 | 行业名称 | 行业平均营业收入/亿元 | 排名 | 行业名称 | 行业平均净利润/亿元 | 排名 | 行业名称 | 行业平均研发费用/亿元 |
|---|---|---|---|---|---|---|---|---|
| 1 | 兵器制造 | 4241.82 | 1 | 航空航天 | 155.47 | 1 | 航空航天 | 321.24 |
| 2 | 航空航天 | 3666.28 | 2 | 船舶制造 | 116.92 | 2 | 兵器制造 | 226.35 |
| 3 | 轨道交通设备及零部件制造 | 2333.98 | 3 | 医疗设备制造 | 102.49 | 3 | 通信设备制造 | 135.70 |
| 4 | 船舶制造 | 2002.84 | 4 | 兵器制造 | 94.28 | 4 | 轨道交通设备及零部件制造 | 135.35 |
| 5 | 汽车及零配件制造 | 1658.16 | 5 | 酒类 | 84.43 | 5 | 纺织印染 | 51.55 |

表2-3 2023中国制造业企业500强平均营业收入利润率、资产利润率排名前5行业

| 排名 | 行业名称 | 行业平均营业收入利润率/% | 排名 | 行业名称 | 行业平均资产利润率/% |
|---|---|---|---|---|---|
| 1 | 医疗设备制造 | 26.32 | 1 | 医疗设备制造 | 20.54 |
| 2 | 酒类 | 12.41 | 2 | 饮料 | 8.06 |
| 3 | 饮料 | 9.33 | 3 | 摩托车及零配件制造 | 6.63 |
| 4 | 其他建材制造 | 7.16 | 4 | 服装及其他纺织品 | 6.23 |
| 5 | 风能、太阳能设备制造 | 6.22 | 5 | 其他建材制造 | 5.78 |

**3. 战略性新兴产业发展步伐加快**

从行业内各企业平均营业收入、利润和资产增长情况来看，动力和储能电池、风能、太阳能设备制造、医疗设备等战略性新兴产业的发展步伐加快。从行业平均营业收入增长率看，动力和储能电池、风能、太阳能设备制造、医疗设备制造、计算机及办公设备、化学纤维制造五大行业增长最快，其中，前三位的增长率达到了45%以上，分别为59.72%、49.42%、45.54%，表明随着近年来我国对能源安全、节能减排、医疗卫生等领域的日益重视和支持，相关行业企业也逐渐成长起来，并逐步迈入发展快车道，成为我国大企业中不可或缺的重要组成部分。从行业平均利润增长率看，前五位中，除了在营业收入增长率中表现出色的医疗设备制造、动力和储能电池及风能、太阳能设备制造三个行业之外，摩托车及零配件制造和电线电缆制造两个行业的平均利润增长率也相对较高，其中，医疗设备制造业的净利润增长率达到286.2%。从平均资产增长率看，动力和储能电池以及风能、太阳能设备制造、医疗设备制造仍然占据前三位，其后是贵金属和饮料行业，表明当前我国战略性新兴产业发展壮大的同时，传统产业也在不断转型升级，有序扩大产业布局，传统产业和战新产业双轮驱动的现代化产业体系正在不断探索实践中。详见表2-4。

表 2-4　2023 中国制造业企业 500 强平均营业收入、利润及资产增长率排名前 5 行业

| 排名 | 行业名称 | 行业平均营业收入增长率/% | 排名 | 行业名称 | 行业平均利润增长率/% | 排名 | 行业名称 | 行业平均资产增长率/% |
|---|---|---|---|---|---|---|---|---|
| 1 | 动力和储能电池 | 59.72 | 1 | 医疗设备制造 | 286.20 | 1 | 动力和储能电池 | 81.61 |
| 2 | 风能、太阳能设备制造 | 49.42 | 2 | 动力和储能电池 | 96.63 | 2 | 风能、太阳能设备制造 | 32.63 |
| 3 | 医疗设备制造 | 45.54 | 3 | 摩托车及零配件制造 | 68.84 | 3 | 医疗设备制造 | 31.19 |
| 4 | 计算机及办公设备 | 19.88 | 4 | 风能、太阳能设备制造 | 52.39 | 4 | 贵金属 | 24.16 |
| 5 | 化学纤维制造 | 18.66 | 5 | 电线电缆制造 | 42.65 | 5 | 饮料 | 23.64 |

# 六、2023 中国制造业企业 500 强区域分布特征分析

从区域分布状况来看，2023 中国制造业企业 500 强在各地区的数量分布基本保持稳定，东部地区作为长期以来中国制造业企业 500 强的重要"产出地"，仍有 361 家企业入围。而中部、西部、东北三个地区企业数量虽有小幅变动，但影响较小。与此对应，在营业收入和净利润贡献度方面，东部地区作为中流砥柱，其贡献率超过数量占比。从经营效益来看，中部地区企业的总体经营效益不仅与东部地区企业相距甚远，与西部地区企业和东北地区企业也存在一定差距。从各省市入围的 500 强企业数量来看，浙江、山东、江苏、广东四省仍高居前列，浙江、山东两省入围企业数量旗鼓相当。从总体营业收入角度看，北京由于中央企业总部云集的特殊地位，营业收入始终远超其他省市，其后则是在企业数量上占据优势的浙江、广东、山东和江苏四省。

**1. 东部地区入围企业数量基本稳定**

东部地区与中西部地区入围企业数量差距基本保持稳定。2023 中国制造业企业 500 强在东部、中部、西部和东北地区的分布延续以往的不均衡态势，东部地区入围企业数量与上一年基本持平，共 361 家。中部地区、西部地区和东北地区分别有 70 家、60 家和 9 家企业入围，其中，西部地区入围企业数量增加 5 家，中部地区和东北地区企业数量略有减少，与上一年度相比，入围数量分布基本保持稳定。详见图 2-21。

从各个地区企业贡献看，与东部地区企业数量相对应最多，东部地区总体营业收入、净利润占 500 强企业总体营业收入、净利润的比重分别达到了 78.74% 和 76.83%。而中部、西部和东北地区的营业收入和净利润所占比例分别为 9.82%、8.94%、2.50% 和 8.07%、12.36%、2.74%。东部地区的相关占比在远高于其他地区企业占比的同时，也高于东部地区的企业数量占比，这意味着相比于其他地区，东部地区企业的平均营业收入和平均净利润水平均相对更高，规模更大。需要注意的是，中部地区的营业收入占比为 9.82%，但是净利润占比仅有 8.07%，而西部地区的营业收入占比为 8.94%，净利润占比却达到 12.36%，两者相差较大，这表明中部地区企业的经营效益有所下滑，不仅与东部地区相距甚远，与西部地区和东北地区企业的经营效益也存在一定的差距。详见表 2-5。

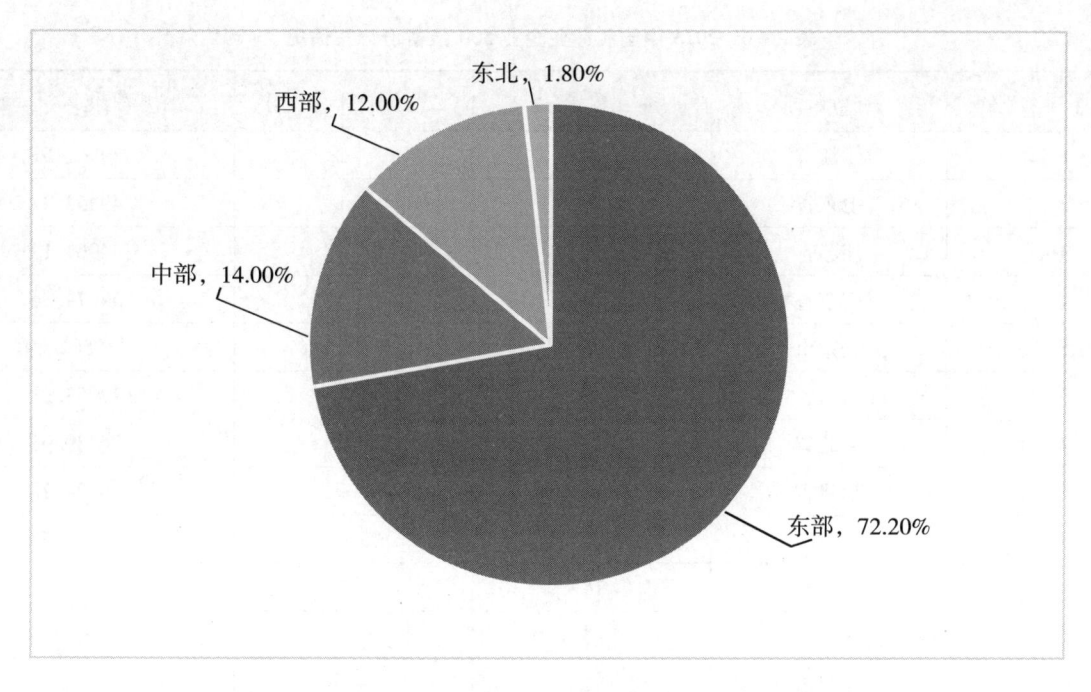

图 2-21　2023 中国制造业企业 500 强数量地区分布情况

表 2-5　2023 中国制造业企业 500 强营业收入及净利润地区分布情况

| 地区 | 营业收入/万亿元 | 营业收入所占比重/% | 同比上年/百分点 | 净利润/亿元 | 净利润所占比重/% | 同比上年/百分点 |
| --- | --- | --- | --- | --- | --- | --- |
| 东部 | 40.21 | 78.74 | ↑0.79 | 9738.7 | 76.83 | ↓2.01 |
| 中部 | 5.03 | 9.82 | ↓0.85 | 1021.59 | 8.07 | ↑0.93 |
| 西部 | 4.51 | 8.94 | ↑0.71 | 1557.46 | 12.36 | ↑1.32 |
| 东北 | 1.29 | 2.50 | ↓0.54 | 348.46 | 2.74 | ↓0.23 |

注：同比上年变化部分，"↑"代表同比增长，"↓"代表同比减少。

## 2. 浙江、山东两省入围企业数量并列第一

浙江、山东、江苏、广东四地仍牢牢占据数量四强，浙江、山东两省均有 76 家企业入围。稍逊一筹的江苏和广东两省企业入围数量分别为 56 家和 49 家。四省与其他省市差距较大。其中，广东入围企业增加了 4 家，由原本的 45 家增加到 49 家。拥有制造业 500 强企业超过 20 家的省份仍为 9 个省市。从营业收入来看，北京入围企业的营业收入力压浙江、山东、江苏、广东四省，共贡献了 11.55 万亿元，突破 10 万亿元大关，在制造业 500 强企业中的贡献率超 1/5。此外，2023 年共有 10 个省市 500 强总体营业收入规模突破 1 万亿元。在入围企业数量变动方面，除前文所提的广东增加 4 家企业之外，其余各省入围企业数量变动较小。详见表 2-6。

表2-6 2023中国制造业企业500强省份分布情况

| 数量排名 | 省市名称 | 企业数量/家 | 数量同比上年变化 | 营业收入/亿元 |
| --- | --- | --- | --- | --- |
| 1 | 浙江省 | 76 | ↓2 | 59961.51 |
| 2 | 山东省 | 76 | ↑1 | 49453.32 |
| 3 | 江苏省 | 56 | ↓2 | 44969.17 |
| 4 | 广东省 | 49 | ↑4 | 54674.36 |
| 5 | 北京市 | 26 | ↑1 | 115502.89 |
| 6 | 河南省 | 25 | ↑1 | 12058.23 |
| 7 | 河北省 | 23 | ↓3 | 24439.93 |
| 8 | 福建省 | 22 | — | 15394.22 |
| 9 | 上海市 | 21 | — | 33004.77 |
| 10 | 四川省 | 14 | ↑2 | 13102.91 |
| 11 | 安徽省 | 13 | ↓3 | 8985.97 |
| 12 | 天津市 | 12 | — | 4710.19 |
| 13 | 重庆市 | 11 | — | 4539.13 |
| 14 | 广西壮族自治区 | 10 | — | 4395.85 |
| 15 | 湖北省 | 9 | — | 8368.15 |
| 16 | 江西省 | 8 | ↓1 | 9586.48 |
| 17 | 湖南省 | 8 | ↑1 | 5824.89 |
| 18 | 山西省 | 7 | ↓1 | 5309.23 |
| 19 | 辽宁省 | 5 | ↑1 | 6096.57 |
| 20 | 新疆维吾尔自治区 | 4 | — | 4581.81 |
| 21 | 内蒙古自治区 | 4 | ↑1 | 4031.24 |
| 22 | 陕西省 | 4 | — | 3859.66 |
| 23 | 贵州省 | 4 | ↑1 | 2331.28 |
| 24 | 甘肃省 | 3 | — | 5410.13 |
| 25 | 云南省 | 3 | ↑1 | 1818.37 |
| 26 | 吉林省 | 2 | ↓1 | 6097.70 |
| 27 | 青海省 | 2 | — | 859.00 |
| 28 | 黑龙江省 | 2 | ↓1 | 657.50 |
| 29 | 宁夏回族自治区 | 1 | — | 619.70 |
| 30 | 海南省 | 0 | — | 0 |
| 31 | 西藏自治区 | 0 | — | 0 |

注：同比上年变化部分，"↑"代表同比增长，"↓"代表同比减少，"—"代表与上年持平。

## 七、2023 中国制造业企业 500 强国际化经营分析

2023 中国制造业企业 500 强海外市场较上年有所扩大，这与 2022 年我国进出口贸易强劲密切相关。从海外营业收入来看，相比于 2020 年，2022 年我国外贸进出口总额达到 39.1 万亿元，制造业外贸出口量相比同期出现了较大幅度的上涨，从而导致企业海外营业收入大幅上涨。同时，全球产业体系的加速重组、"一带一路"倡议的加速推进都促使我国制造业企业纷纷探索海外布局，优化产业链布局结构，导致 500 强海外资产规模出现大幅上涨，海外资产占总资产的比例小幅提升。

**1. 海外营业收入保持快速增长**

海外营业收入规模增速显著。2022 年在新冠疫情、欧洲能源危机等诸多因素影响下，我国制造业凭借产业门类齐全、产业体系完整、产业链配套能力强等诸多优势，贸易量实现逆势增长，海外营业收入延续了上一年度的高速增长态势，2023 中国制造业企业 500 强海外营业收入总额再创新高，317 家企业海外营业收入总额为 7.2 万亿元，相比上一年度总体增加 1.16 万亿元，增速为 19.21%，增长速度远超 500 强总体营业收入。详见图 2-22。在中国制造业企业 500 强海外营业收入的绝对值实现了大幅提升的同时，海外营业收入占全部营业收入的比重也一反下滑趋势，重新回升至 18.43%，仅次于 2020 年的 19.35%。详见图 2-23。这在一定程度上反映了 2022 年制造业海外订单量较前两年实现了较大幅度的增长，海外收入规模的扩大带动了营业收入总体规模的增长。

在制造业各行业中，海外营业收入占全部营业收入比例最大的 5 个行业是：石化及炼焦、黑色冶金、汽车及零配件制造、一般有色、化学原料及化学品制造，所占比重分别为 16.05%、10.69%、9.14%、8.24% 和 8.23%。详见表 2-7。基本集中于重化工行业，除黑色冶金外，其他各行业的海外收入占比均有所下调。相对海外收入所占比重较低的 5 个行业分别是电线电缆制造、摩托车及零配件制造、其他建材制造、酒类、物料搬运设备制造，虽然这 5 个行业的海外收入占比相对较低，但相比往年占比最低的行业已经有了一定上升。可以看到，当前我国制造业 500 强企业出口产品种类相比往年发生了较大变化，半导体、集成电路及面板制造、医疗设备制造，以及兵器制造的出口情况在转好，同时酒类利润率相对更高的产品虽然仍以国内市场为主，但是与往年相比已经迈出了"走出去"的步伐。

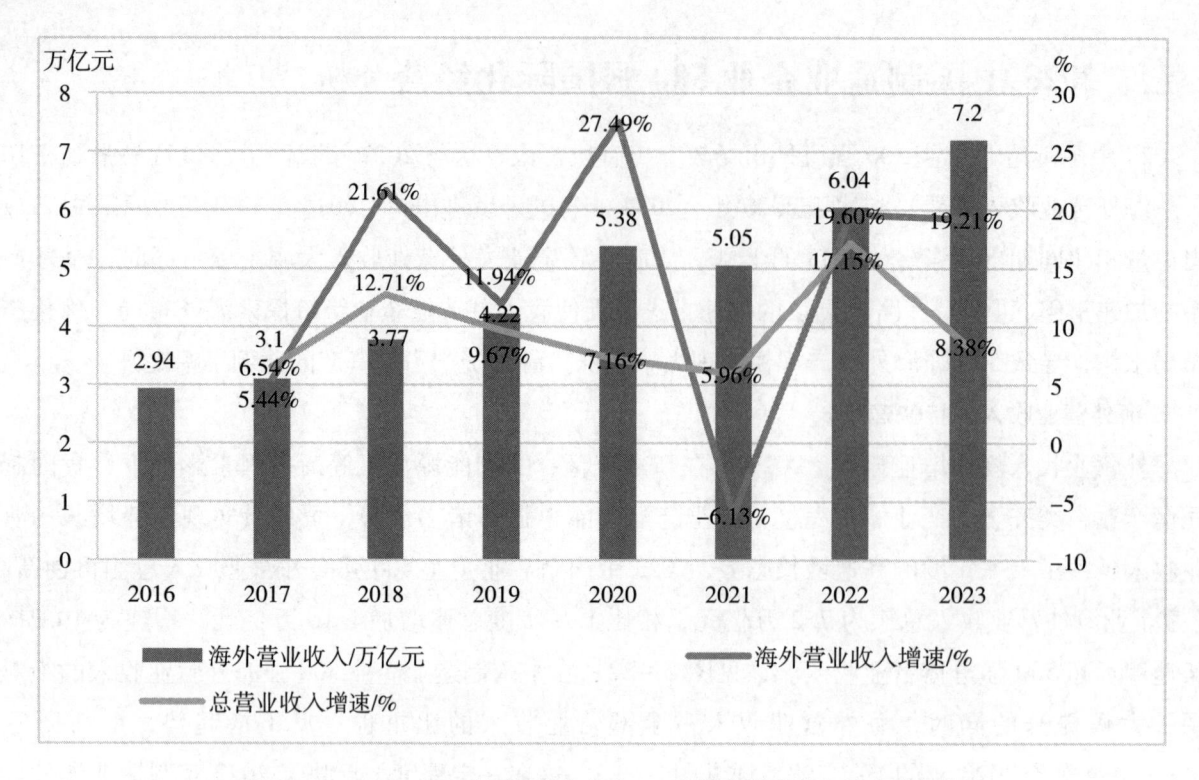

图 2-22 2016—2023中国制造业企业 500 强海外营业收入及增速变化

图 2-23 2016—2023中国制造业企业 500 强海外营业收入占全部营业收入的比例

表2-7 2023中国制造业企业500强海外收入占全部收入比例排名前5行业

| 排名 | 行业 | 海外收入占全部收入比例/% |
|---|---|---|
| 1 | 石化及炼焦 | 16.05 |
| 2 | 黑色冶金 | 10.69 |
| 3 | 汽车及零配件制造 | 9.14 |
| 4 | 一般有色 | 8.24 |
| 5 | 化学原料及化学品制造 | 8.23 |

**2. 海外资产增速进一步加快**

2023中国制造业企业500强的海外资产规模进一步扩大，增速再次加快。在2023中国制造业企业500强中272家企业海外资产规模共计6.89万亿元，较上年增长了1.65万亿元，增速达到31.49%，明显快于上一年度9.62%的增速水平。海外资产占比总体呈现出波动上涨的态势，从2022年的15.27%提高到17.81%，占比扩大了2.54个百分点。详见图2-24、图2-25。从平均海外资产指标看，2022中国制造业企业500强海外平均资产规模虽然实现了正向增长，但增长规模相对较小，2023中国制造业企业500强海外平均资产规模进一步扩大，从上年的190.6亿元增长到253.18亿元，增速大幅提高至32.83%，快于上一年度31.16个百分点。详见图2-26。究其成因，一是新冠疫情突袭而至后，全球产业链、供应链都受到了前所未有的冲击，使企业对于产业链、供应链韧性与安全的重视程度不断上升，大型企业或通过投资设厂或通过海外并购等方式完善产业链布局，通过产业链备份减轻不确定性因素对于产业链、供应链的冲击，从而保障企业生产经营的正常进行。二是受中美博弈、国内制造业转型升级等因素的影响，部分制造业产业链向越南、泰国等东南亚国家迁移，以降低生产成本及美国加征关税。三是随着"一带一路"倡议的持续推进，中国大企业"走出去"的步伐加快，在推动产品"走出去"、品牌"走出去"的同时，也通过属地化生产、海外设厂的多种方式加快海外资产布局，进一步增强产品和品牌的国际竞争力。在多方因素的综合作用下，500强企业的海外资产占比和增速都实现了大幅度的提高。

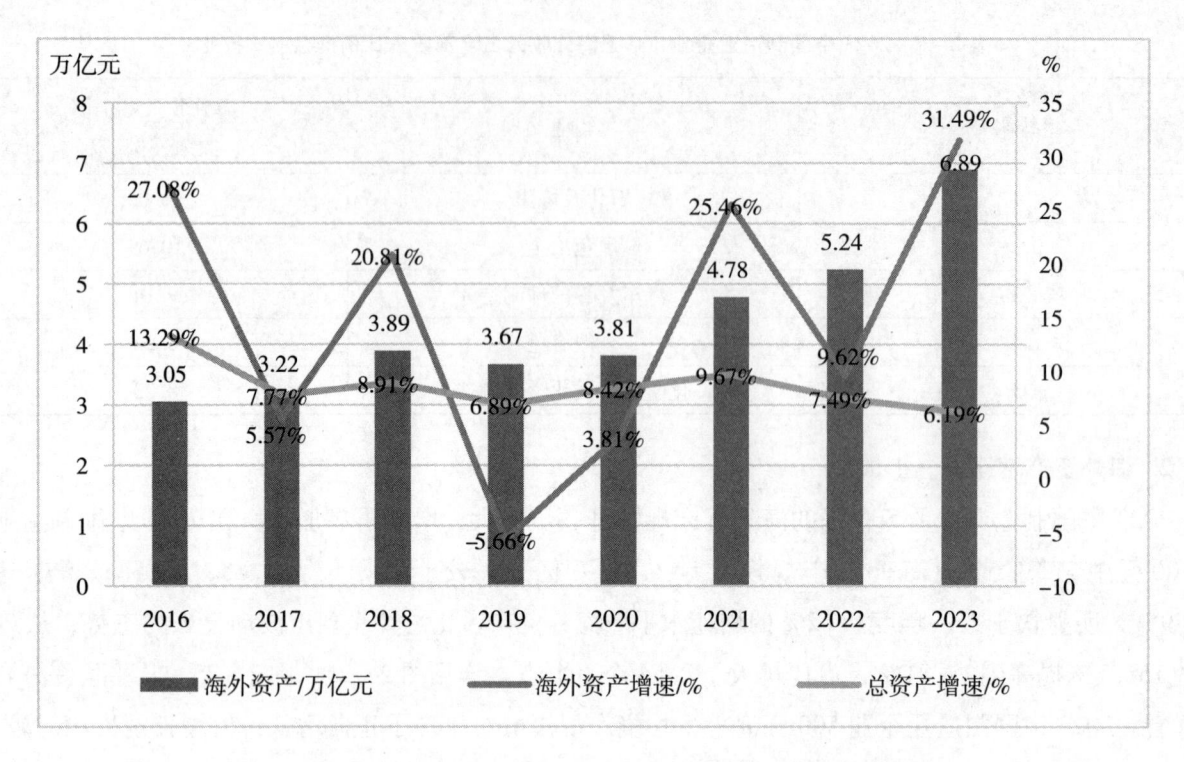

图 2-24　2016—2023 中国制造业企业 500 强海外资产规模及增速变化

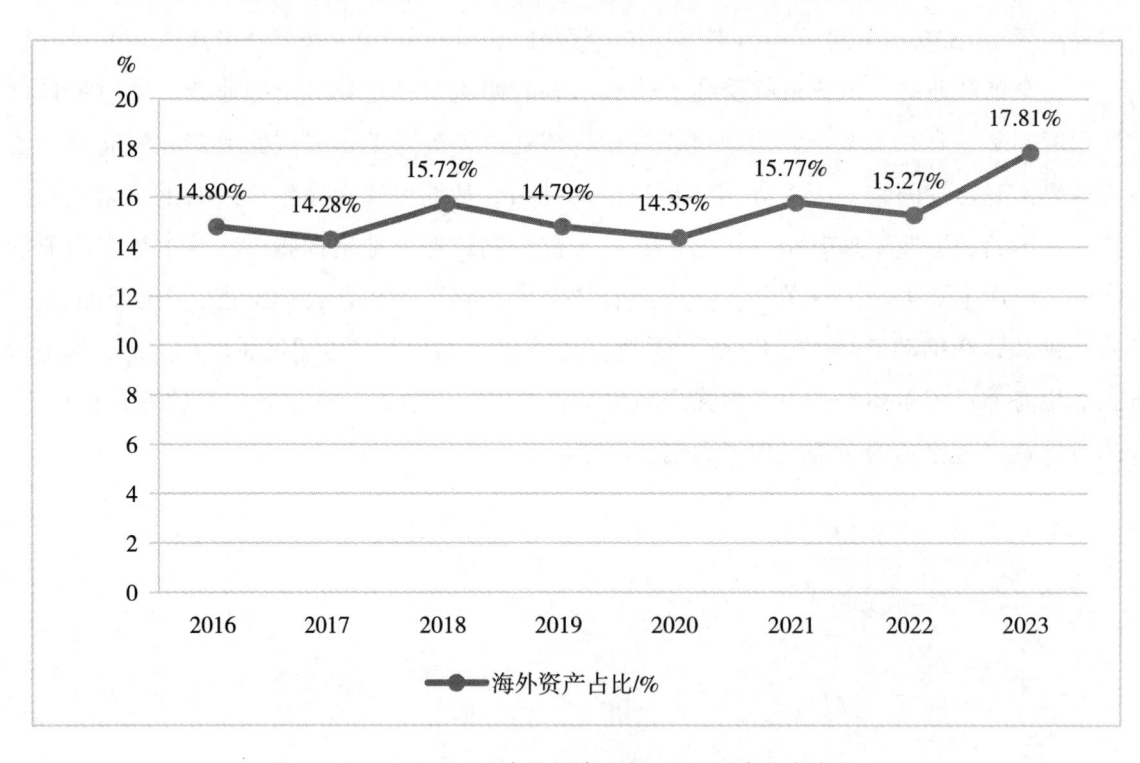

图 2-25　2016—2023 中国制造业企业 500 强海外资产占比

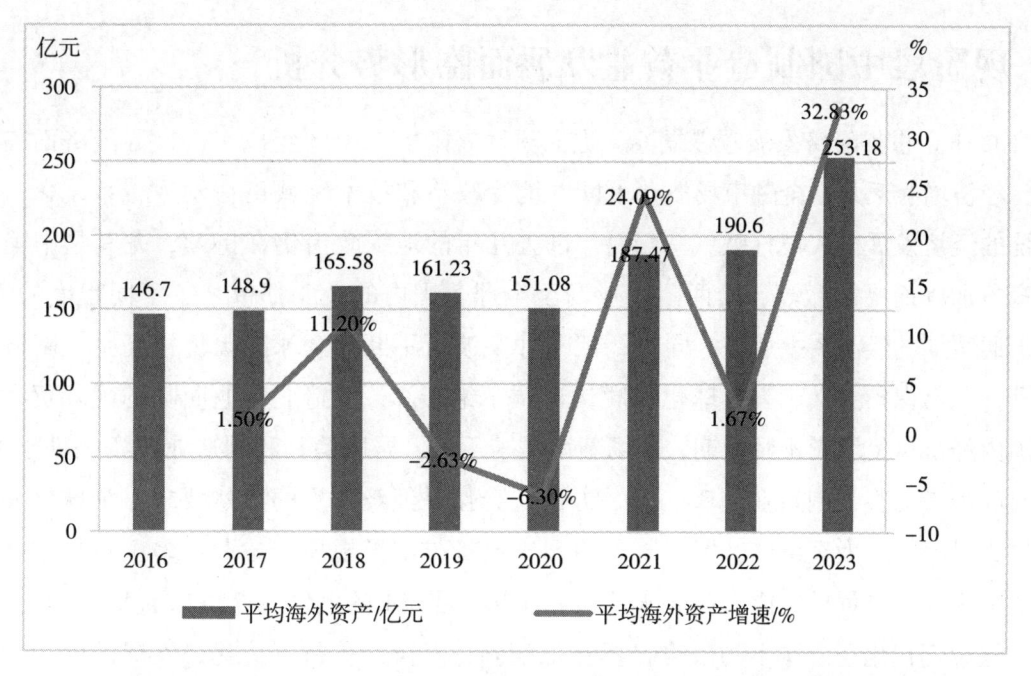

图 2-26  2016—2023 中国制造业企业 500 强平均海外资产规模及增速变化

**3. 海外员工人数较快增长**

2023 中国制造业企业 500 强的员工总数出现较快增长，为 1483.56 万人，较上年人数增长 9.21%。海外员工占比保持增长趋势，占比较上一年度略有上升，增长了 0.46 个百分点，可以看到，海外员工的增长速度要快于员工总数的增长速度。详见图 2-27。原因在于，一方面，随着 500 强企业海外资产规模的不断扩大，海外生产经营机构的数量也在不断增多，雇用的海外员工数量也随之增长；另一方面，中高端制造业、新兴产业等方兴未艾，使中国制造业企业对高端人才的需求和吸引力水平也在不断上升，企业人才队伍不断壮大，人才结构不断调整。

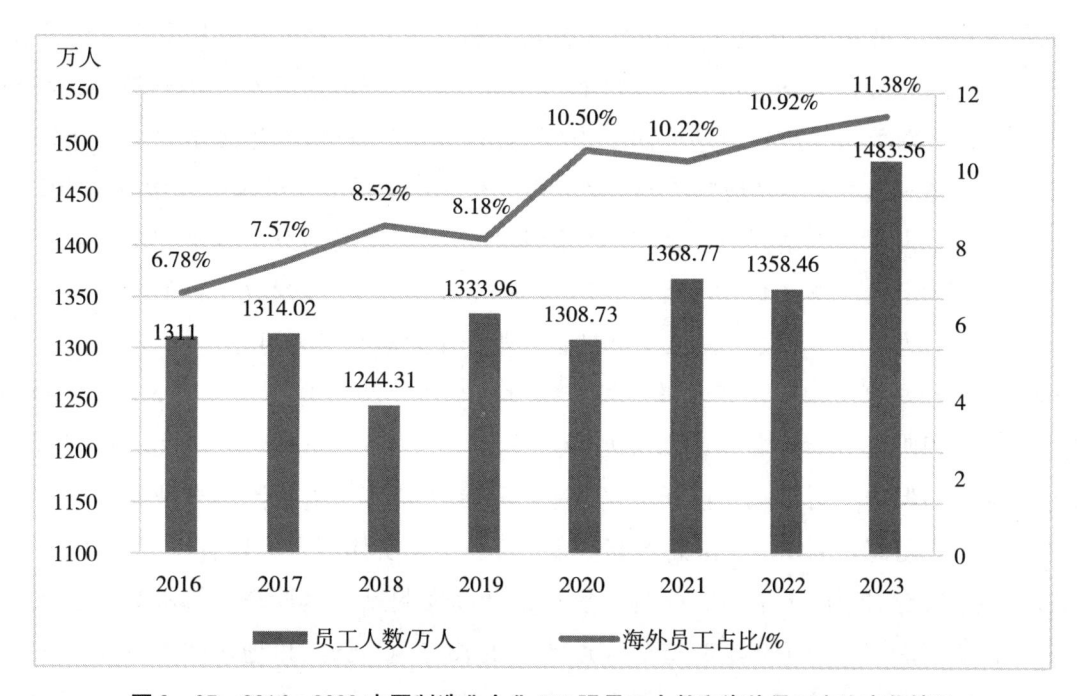

图 2-27  2016—2023 中国制造业企业 500 强员工人数和海外员工占比变化情况

# 八、现阶段中国制造业企业发展面临形势分析

2023年以来，世界经济发展缓慢复苏，进入新发展阶段。2023年以来，世界经济面临诸多新旧风险挑战，经济增长乏力，金融市场波动不断，地缘政治和技术领域正在发生着系统化、结构性的变革，传统的经济发展模式被打破。一方面，过去几年的地缘政治仍在持续，尤其是中美贸易摩擦随着两国竞争加剧而更加激烈，给两国企业乃至全球范围内的企业都带来了不同程度的负面影响，使本应处于回暖期的经济雪上加霜。同时，俄乌冲突波折不断，全球能源价格高企，制造业成本压力不断攀升。贸易保护主义、去全球化和脱钩论调不绝于耳，制造业企业面临的国际贸易风险也有所加大。国内经济恢复增长不及预期，市场新增需求不足，居民消费和制造业投资仍处于相对低谷，难以在短时间内带动整个制造业回暖。另一方面，合作是经济发展的必然要求，全球化大势不可逆转。我国作为世界第二大经济体，拥有庞大的人口数量与市场规模，与世界多国贸易往来密切，是全球140个国家的主要贸易伙伴，在全球经济中有着举足轻重的地位。党的二十大召开以来，关于高质量发展和建设现代化经济体系的战略目标更加清晰，经济结构持续优化，发展的内生动力正在累积，回稳复苏趋势显现。国内经济运行中的向好因素不断增多，装备制造业和高技术制造业等新动能行业回暖迹象明显，制造业结构调整升级、走向高质量发展的道路不断明确。

**1. 全球市场竞争加剧，我国制造业企业发展面临更大不确定性**

当前，世界百年未有之大变局加速演进，新一轮科技革命和产业变革深入发展，国际力量对比有较大调整，我国发展面临新的战略机遇。2023年以来，逆全球化思潮抬头，单边主义、保护主义明显上升，世界经济复苏乏力，局部冲突和动荡频发，全球性问题加剧，世界进入新的动荡变革期。复杂多变的外部环境对中国对外经贸合作影响较大，尤其是我国制造业企业，更是面临着巨大挑战。

一是全球货物贸易量大幅减少，国际市场衰退预期导致外贸需求不足。2023年以来，全球货物贸易增长量低于过去十几年的平均水平。世界贸易组织预计，2023年全球货物贸易量将增长1.7%，明显低于过去12年2.6%的平均水平。从全球看，主要发达经济体通胀水平仍然较高，高利率、高通胀增加了企业的经营负担，持续加息抑制了投资和消费需求，进口额连续数月同比下降，国际制造业增长乏力，全球制造业采购经理指数连续数月低于荣枯线。同时，韩国、越南等地2023年第一、第二季度的出口量都出现了明显下降，这使部分国家对于国际市场的衰退预期仍然存在，后续发展依然存在较大的不确定性。受以上多重因素的影响，国际市场占较大营收比重的制造业企业面临较大的国际市场变化压力，订单下降、需求不足是制造业企业面临的普遍问题。

二是全球贸易壁垒有所增加，产业链、供应链挑战加剧。2023年以来，在地缘政治冲突升级、供应链挑战加剧、通胀压力持续攀升等多重因素的叠加冲击之下，全球增长乏力，以美国为首的一些国家持续采取贸易保护主义措施，包括提高关税、限制进口等，给我国制造业企业的产品出口和对外投资带来了巨大阻碍。例如，美国商务部宣布将部分中国实体列入出口管制"实体清单"；欧盟委员会发布公告，决定对原产于中国的电解二氧化锰产品发起反倾销调查；日本政府正式出台半导体制造设备出口管制措施等。尤其是制造业高度集中的长三角、珠三角地区受此冲击较大，给制造业企业特别是民营企业的生产经营带来较大不利影响。同时，我国的对外贸易结构也在发生调整，

近年来，我国与欧美等发达经济体的贸易量处于下降态势，虽然在"一带一路"、RECP（区域全面经济伙伴关系协定）的带动之下，我国与东南亚及"一带一路"沿线国家的贸易在有序推进，但尚且无法完全抵消欧美日贸易量的缩减及出口产品结构的变化。

三是大国竞争加剧，制造业"回岸""友岸"形势加剧。在乌克兰危机、地缘政治动荡、大国竞争加剧的背景下，全球跨国公司力求确保供应链安全，并提高供应链的韧性。因此，在国际投资和生产布局方面，会更为注重绩效与安全的平衡，且安全的重要性逐渐凸显。尤其是部分西方跨国公司出于降低不确定性风险的考虑，试图降低对中国的依赖，在此过程中，采取"回岸"和"友岸"举措。一方面将制造业能力转回本国或本地区，实现制造业企业"回岸"；另一方面，将制造能力转移到所谓的"友好国家"，即将产业链、供应链上下游企业迁移到"友岸"。近年来，一些跨国企业开始将生产制造环节转移至印度、越南等成本更低的国家。自2021年起越南开始积极吸引国外投资者进入当地建立代工厂。苹果公司已经连续在印度、越南等地建立多家手机加工厂。2022年，英特尔、耐克等公司也加大了对上述两国的投资力度。

可以看到，当前我国对外贸易和投资企业发展面临着外部形势的诸多困难，尤其是过去几年，受新冠疫情及全球政治经济变动的影响，产业链、供应链发生巨大变化，国际贸易摩擦、产能过剩、技术壁垒、地区竞争等因素的存在将导致我国企业发展面临着更多的不确定性。

**2. 内需恢复缓慢，国内需求不足仍是突出问题**

在国民经济循环中，消费是最终需求，是连接生产、流通、分配的关键环节。当前，国内需求不足仍然是突出矛盾。从宏观上看，需求不足主要表现为需求恢复明显滞后于供给恢复，造成部分产业供大于求，企业去库存压力增大。在微观层面，在三年新冠疫情的冲击下，居民和企业受损严重，居民消费更趋谨慎，企业投资意愿和风险偏好下降。根据国家统计局公布的数据显示，2023年以来，我国国民经济运行延续了恢复向好的态势，特别是一些领域，如消费、出口、服务业都表现出了较强的活力；另一方面，有一些领域的数据可能没有达到市场预期，也反映了我国经济回升的内生动力不够强，内需还不够足。

第一，当前内需恢复相对缓慢。自2023年4月开始，当月制造业PMI指数（采购经理指数）连续三个月处于50%以下的收缩区间，6月制造业PMI指数中的新订单指数为48.6%，比5月上升0.3个百分点，趋于回稳，但仍然处于明显偏低状态。主要原因在于新冠疫情疤痕效应仍在，且自疫情转段后居民收入增长仍处于相对缓慢态势，叠加楼市转弱等因素的影响，导致居民消费能力和消费信心双不足。

第二，内需恢复呈现不平衡态势。以2023年6月PMI指数为例，制造业PMI为49%，低于50%，其中，新订单指数为48.6%，比5月上升0.3个百分点，趋于回稳，但仍然处于明显偏低状态。同期，服务业PMI指数为52.8%，连续5个月位于比较高的景气区间。这表明新冠疫情冲击消退后，各类服务行业景气度仍处于低位反弹过程中。其中，服务业新动能发展更为向好，电信广播电视及卫星传输服务、互联网软件及信息技术服务等行业商务活动指数均位于60.0%以上高位景气区间。建筑业PMI为55.7%，同样位于高位景气区间，表明在一段时间内基建投资将保持较快增长水平。

第三，内需不足与就业压力相互影响。内需的恢复离不开消费者收入的稳定增长，而消费者收入的稳定增长离不开稳定的就业。就2023年6月的数据来看，各行业从业人员指数均在收缩区间继续下降，其中制造业从业人员指数继续环比下滑0.2个百分点至48.2%，在非制造业中，建筑业和服务业从业人员指数分别环比下降1.3和1.6个百分点至47.2%和46.7%，表明企业用工景气水平仍在回落。需求决定供给，但同时供给也将影响需求，内需不足导致企业生产经营效益不佳、投资增速放缓，进而影响招工就业，而就业压力的增大又将反向影响国内需求，造成循环性的需求低迷。

与此同时，2023年7月24日召开的中共中央政治局会议指出，要积极扩大国内需求，发挥消费拉动经济增长的基础性作用，通过增加居民收入扩大消费，通过终端需求带动有效供给，把实施扩大内需战略同深化供给侧结构性改革有机结合起来。要提振汽车、电子产品、家居等大宗消费，推动体育休闲、文化旅游等服务消费。这次会议对于扩大国内需求提出的政策新要求，对于推动实现扩大消费、增加就业、提高收入，以及形成扩大消费和有效供给的良性互动具有积极意义。

**3. 地产调整周期仍在延续，上下游产业传导效应显著**

房地产链条长、涉及面广，是国民经济支柱产业。2022年中央经济工作会议提出，要确保房地产市场平稳发展，扎实做好保交楼、保民生、保稳定各项工作，并强调"推动房地产业向新发展模式平稳过渡"，说明建立并完善地产新发展模式是2023年地产领域工作的重中之重。我国房地产占GDP的比重仍然较大，属于举足轻重的行业。据统计，房地产的相关贷款占银行信贷的40%，房地产的相关收入占地方综合财力的50%，居民财富60%在住房上，可以说房地产"牵一发而动全身"，房地产市场的平稳发展对于上下游产业的平稳发展具有重要作用，但是目前来看当前我国房地产市场仍处于调整期。

第一，中央对房地产工作做出了明确部署。2022年中央经济工作会议在着力扩大国内需求方面，提到"支持住房改善、新能源汽车、养老服务等消费"；在有效防范化解重大经济金融风险方面，提到"要坚持房子是用来住的、不是用来炒的定位，推动房地产业向新发展模式平稳过渡"等内容。2023年7月24日中央政治局会议提出"适时调整优化房地产政策，因城施策用好政策工具箱，更好满足居民刚性和改善性住房需求，促进房地产市场平稳健康发展"。这说明中央认识到当前我国房地产市场供求关系发生重大变化的新形势，并陆续提出各项举措力图稳定房地产市场。

第二，居民购房预期相对下降，中长期购房需求仍在。2021年以来房地产开发企业陆续由于资金链吃紧、新冠疫情影响等原因导致期房烂尾对购房者信心造成了负向冲击。同时，房地产市场下行趋势叠加疫情造成的居民预防性储蓄增加、对自身收入安全性信心不足等问题导致居民选择持币观望。中国人民银行2023年4月3日公布的《2023年第一季度城镇储户问卷调查报告》显示，问及未来三个月准备增加支出的项目时，17.5%的居民选择购房，近六年居民购房意愿总体保持下降态势。但是，与此同时，随着城镇化水平的稳步提升、居住条件的改善及住房消费升级等因素的影响逐渐扩大，以及未来经济恢复增长所带来的居民住房消费增长，都将带动居民中长期住房消费需求的提升，我国中长期的新增购房需求仍然较大。

第三，房地产业作为国民经济的支柱产业，行业规模大、社会影响面广、上下游产业链关联行业众多。目前房地产市场仍处于调整期，不仅对地产开发企业的经营有较大的负面影响，同时也将对房地产上下游产业链产生持续性的冲击，企业经营的稳定性将面临较大挑战，需要主动调整，加快转型，寻找新应用场景和新发展赛道。

### 4. 实体经济与数字技术融合逐步加深，数智化成为制造业发展新引擎

当前，大数据、人工智能、云计算、物联网、区块链等数智化技术的发展，已经成为推动经济发展的新力量，不仅创造了大量新的商业模式，也催生了供给端和需求端的变革，为制造业的复苏赋予了新机遇和新图景。党的二十大做出推进新型工业化的重大战略部署，强调加快建设制造强国、网络强国和数字中国，促进数字经济和实体经济深度融合。2023年7月24日，习近平总书记主持召开的中共中央政治局会议进一步部署："加快培育壮大战略性新兴产业、打造更多支柱产业""要推动数字经济与先进制造业、现代服务业深度融合"，为推动两化融合和数字化转型工作指明了方向、提供了根本遵循。

一是在数字化、智能化的全球浪潮下，在各方推动下，我国信息化和工业化两化融合逐渐走深走实，制造业数字化转型步伐加快，已经有相当一部分企业实现了较大程度的数字化。截至2022年年底，全国工业企业关键工序数控化率和数字化研发设计工具普及率分别达到58.6%和77.0%。基本形成综合型、特色型、专业型的多层次工业互联网平台体系，重点平台连接设备超过8100万台（套），覆盖国民经济45个行业大类，平台化设计、数字化管理、智能化制造、网络化协同、个性化定制、服务化延伸等新模式、新业态蓬勃发展。

二是顶层设计逐渐完善，数字化基础设施建设步伐加快。近年来，各省市加快打造数字化转型升级方案，推动本省市制造业向数字化、智能化发展。如北京市提出"建设全球数字经济标杆城市，实现全方位、全角度、全链条、全要素数字化转型，打造有国际竞争力的数字产业集群"；上海市将实施智能工厂领航计划，打造20家标杆性智能工厂、200家示范性智能工厂，实施"工赋上海"行动计划，打造30个行业性工业互联网平台，梯度培育40家"工赋链主"企业。广东省则提出了"加快粤港澳大湾区国际科技创新中心和综合性国家科学中心建设"。四川省则提出"到2025年，建成具有全国影响力的数字经济科技创新中心和数字化转型赋能引领区，高水平建成国家数字经济创新发展试验区，初步建成全国数字经济发展新高地"的目标，重点发展集成电路、新型显示、智能终端、打造中国"存储谷"等核心产业。

三是部分制造企业的自动化、智能化水平仍处于较低水平，企业制造成本相对较高。在数智化时代，制造业企业面临的商业环境发生了巨大的变化，无论是用户需求、产业体系甚至是产业政策都发生了改变。但是部分传统产业和传统企业的数字化转型水平仍有待提高，地区数字化进程差异较大，中、西部地区及东北地区，相较于东部地区数字化投入水平相对较低，数字化产业建设相对滞后。

### 5. 企业创新能力持续提升，现代化产业体系建设逐步迈入正轨

自主创新是开辟发展新领域新赛道、塑造发展新动能新优势的根本依靠，建设具有完整性、先进性、安全性的现代化产业体系是建设制造强国、实现高质量发展的内在要求。

加快实现科技自立自强，不仅是推动国家工业体系实现高质量发展的必由之路，更是企业实现高质量发展的必经之路。党的二十大提出，要坚持创新在我国现代化建设中的核心地位，加快实施

创新驱动发展战略，强化企业科技创新主体地位，发挥科技型骨干企业的引领支撑作用。企业是国家创新体系的主体，是科技创新活动的主要组织者和参与者，要更好承担起创新的主体重任。在科技创新特别是应用研究和技术开发方面，企业正成为越来越重要的出题人、答卷人和阅卷人。近年来，在国家相关政策的激励下，企业创新的热情日益高涨，越来越多的企业成为研发投入的主体、项目组织的主体和科技成果转化的主体。比如，在2021年国家重点研发计划立项的860多个项目中，企业牵头或参与的有680余项，占比高达79%。企业已成为科技创新特别是技术创新的主力军，有能力与高等院校和科研机构一起，在顶层设计和宏观决策中共同出题、建言献策。

产业体系的质量决定了经济发展的质量。加快建设以实体经济为支撑的现代化产业体系，关系我们在未来发展和国际竞争中赢得战略主动。建设现代化产业体系，需要保持并增强产业体系完备和配套能力强的优势，既要不断巩固传统领域优势，也要加快补齐短板，着力构建一批新的增长引擎，不断提高产业体系的完整性和先进性。我国传统产业体量大，在制造业中占比超过80%。传统产业是现代化产业体系的基底，传统产业的改造升级直接关乎现代化产业体系建设全局。截至2023年上半年，各地建设数字化车间和智能工厂近8000个，智能制造新场景、新方案、新模式不断涌现，数字技术赋能效果明显。战略性新兴产业是新兴科技和新兴产业的深度融合，既代表科技创新的方向，也代表产业发展的方向。2023年上半年，中国电动载人汽车、锂电池、太阳能电池"新三样"产品合计出口增长61.6%，拉动中国出口整体增长1.8个百分点；装备制造业增加值同比增长6.5%，对全部规模以上工业增长的贡献率达到53.9%。以传统产业改造升级和战略性新兴产业加速发展为两翼，一系列举措的出台和落实正推动经济加快提质增效，我国现代化产业体系建设正逐步迈入正轨。

**6. 制造业集群化发展日益加速提质，优势产业领先地位更加巩固**

制造业集群发展是产业分工深化和集聚发展的高级形式，先进制造业集群加快发展，不仅是培育发展制造业优质企业的必然要求，也是打造自主可控、安全可靠、竞争力强的现代化产业体系的内在需要。在当前严峻复杂的形势下，制造业企业不仅应加大自身的科技创新力度，练好内功，还要合纵连横，形成产业集聚效应。

自2022年以来，在中央政府的引领下，多地出台了推动制造业高质量发展新举措，将培育壮大制造业产业集群、提升产业链韧性作为重要发力点。2023年年初，《浙江省"415X"先进制造业集群建设行动方案（2023—2027年）》发布，提出打造新一代信息技术、绿色石化与新材料等4个世界级先进产业群，集成电路、数字安防与网络通信等15个省级特色产业集群和一批高成长性"新星"产业群。上海提出"企业成长行动"，将聚焦优质企业梯度培育梯次体系，打造具有全球竞争力的本土制造业企业。江苏基于本地区制造业的发展优势，加快梯次培育战略性新兴产业融合集群，推动新型电力和新能源装备、生物医药等国家级产业集群加快迈向世界级，着力打造一批"拆不散、搬不走、压不垮"的产业集群。

当前及未来一段时间，制造业集群建设和提质增效的步伐将越来越快，将在稳定工业经济发展、提高制造业核心竞争力、推动制造业高质量发展等多方面发挥更为重要的作用，也将成为集群内大中小企业融通发展的广阔沃土。

# 九、新形势下促进制造业大企业高质量发展的建议

党的二十大报告强调,坚持把发展经济的着力点放在实体经济上,推进新型工业化,加快建设制造强国、质量强国、航天强国、交通强国、网络强国、数字中国。制造业是工业的躯干、经济的基础、民生的保障,制造业的高质量发展是我国构建现代化产业体系的关键一环。自2020年以来,随着"疫情要防住、经济要稳住、发展要安全"的重要要求不断得到落实,我国制造业总体上呈现出稳中有进的态势。结构调整和转型升级深入推进,制造业高端化、智能化、绿色化发展步伐加快,产业发展韧性进一步增强。同时也要看到,我国制造业高质量发展还面临着一系列重要关卡,制造业企业要持续恢复并实现稳定增长,需要顺应发展阶段、发展条件和发展格局的新变化,以高端化、智能化、绿色化为方向,加快结构体系转型升级、创新管理技术路径、优化企业发展模式,加速培育新动能、塑造新优势,持续提升和不断增强生产效率和价值创造能力,提升企业的核心竞争力。

**1. 下好创新先手棋,以创新点燃企业发展活力**

抓创新就是抓发展,谋创新就是谋未来。在激烈的国际竞争中,我们要开辟发展新领域新赛道、塑造发展新动能新优势,从根本上说,还是要依靠科技创新。创新是发展的第一动力,发展动力决定了发展的速度、效能、可持续性。在当前经济社会形势下,不仅经济社会发展越来越依赖于理论、制度、科技、文化等领域的创新,企业的发展能力和竞争优势也越来越体现在创新能力上。全球产业结构调整和新一轮科技革命带来的不仅是挑战,也是通过创新改变现有竞争格局的机遇。可以说,谁走好了科技创新这步先手棋,谁就能占领先机、赢得优势。因此,企业要多措并举抓住机遇、迎接挑战。

一是发挥好科技创新的主体地位。企业是经济活动的主要参与者、技术进步的主要推动者。企业最具有创新的愿望,也最具有创新的紧迫感。同时,企业对市场需求反应最灵敏,对消费趋势把握最及时。因此,企业要将国家战略、产业发展重要需求与企业自身发展定位相结合,加大基础研究投入力度,强化自主创新,合理降低"拿来主义"技术所占比例。有效利用和整合高校、科研院所开放的创新资源,实现内部资源和外部资源的内外联动,激发企业创新活力。

二是龙头企业要积极参与推动形成以企业为主体、产学研高效协同深度融合的创新体系。党的二十大强调,要加强以企业主导的产学研深度融合,强化目标导向,提高科技成果转化和产业化水平。一直以来,产学研在科技创新工作中都发挥着十分重要的作用,要构建产学研高校协同融合的创新体系,就要发挥好企业的桥梁作用,通过企业,推动科技研究面向市场需求,推动科技创新成果转化为实际创新产品,这是加快科技成果向现实生产力转化的关键所在。企业要积极联合高校、科研院所等组建创新联合体,以企业为支点打通产学研、上下游,完成科学研究、实验开发、推广应用三级跳,打造关键技术自主创新的"核心圈",构筑技术和产业的"朋友圈",形成带动广泛的"辐射圈",推动创新链、产业链、资金链、人才链深度融合。

三是打造协同互助的创新生态圈,推动大中小微企业各展所长。尺有所短,寸有所长,企业规模不同,其创新能力也存在差别。相比于小微企业,大中型企业往往拥有更为雄厚的研发实力和科研支撑,这也奠定了龙头大企业在整个创新生态圈中的核心地位,但是部分小微企业作为"小而美"

的代表，如单项冠军、专精特新企业，通常能够在自身所在的细分领域精耕细作、精益求精，拥有独特优势。因此，大中型企业要积极营造有利于科技型中小微企业成长的良好环境，与小微型企业加强创新合作，实现有机对接，强强联手，形成协同、高效、融合、顺畅的创新生态，形成协同创新的合力，推动创新链、产业链、资金链、人才链深度融合。

**2. 完善产业协作体系，构建深度融合型协同发展集群**

产业集群是产业分工深化在地理空间上的表现形态，已经成为国家和区域经济高质量发展的重要支撑和产业国际竞争力的重要影响因素。党的二十大报告指出，"坚持把发展经济的着力点放在实体经济上""推动战略性新兴产业融合集群发展"。发展先进制造业集群，是推动产业迈向中高端、提升产业链供应链韧性和安全水平的重要抓手，有利于形成协同创新、人才集聚、降本增效等规模效应和竞争优势。企业要积极立足于自身所在区域的资源禀赋和产业基础，加强企业间、产业间分工合作，强化创新链和产业链跨区域协同，在推动构建区域产业集群的同时，更好发挥集群对企业的促进作用。

一方面，大企业作为市场主体的"领头羊"，要积极发挥引领作用，在按照自身战略目标制定技术创新和产业发展时间表、路线图的同时，争取在突破重要基础产品、关键核心技术和跨行业跨领域关键共性技术方面发挥更大作用。积极牵头组建创新联合体，承担国家科技项目。发挥大企业应用场景丰富、业务范围广、规模大的优势，与专精特新企业实现有机合作，加快推动创新产品的开发与市场推广。同时，联合上下游配套企业开展协同研发、设计、制造，构建集群创新平台和专利池，带动整个产业链、供应链的提档升级。

另一方面，大中小企业要积极携手并进。要建设世界级产业集群，真正发挥集群对企业的促进作用，从链主企业、龙头企业，到作为产业链关键环节的专精特新企业，各条产业链上的骨干企业都要不断壮大。大企业可通过定向扶持、内部孵化、技术分享、数据联通、订单保障等多种方式，加快创新型中小微企业的孵化成长，同时通过利用中小微企业的孵化成长，延长大企业供应链、创新链、价值链。

**3. 着力加快转型升级，塑造企业发展新动能**

在全球经济增长放缓、国内需求恢复不足及房地产市场下行等多重因素影响下，对制造业企业尤其是地产行业上下游企业都产生了不同程度的冲击。对于上下游企业来说，除了等待经济修复与企稳，要保证企业的稳定发展，主动调整、加快转型势在必行，必须顺应当前绿色低碳、数字化转型的大趋势，为企业发展寻找新的增长点。

一是加强技术改造。技术改造是提升企业核心竞争力和工业供给质量的重要途径，也是扩大工业有效投资、推动制造业高质量发展的关键抓手。当前我国传统产业整体向规模化、高端化发展，但是部分企业仍存在装备、工艺和技术落后的状况，严重制约了企业的进一步发展。要实现高质量发展，打造现代化产业体系，需要传统产业和新兴产业双轮驱动，企业要通过采用新技术、新工艺、新材料和新设备等方式，提升企业的装备水平和技术水平，加快实现新旧动能转换，不断为企业发展蓄势赋能。

二是推动绿色发展。绿色发展是实现经济高质量发展的必然要求，党的二十大报告提出：

"推动经济社会发展绿色化、低碳化是实现高质量发展的关键环节。"2023年4月,习近平总书记再次强调,当前和今后一个时期,绿色发展是我国发展的重大战略。在"碳达峰、碳中和"的政策引导下,绿色转型已然成为企业未来发展的重要方向。企业要以改善节能减排、推动绿色发展为目标引领,以创建"绿色工厂"为抓手,构建"绿色制造体系",坚持减碳、减污、增长多方面目标协同推进,通过技术创新,实现产品全生命周期的绿色化,增强产品竞争力。

三是打造差异化优势。随着消费理念、消费方式、消费场景的变化,消费者面临的消费选择更加多样化,对于产品的差异化也提出了更高的诉求。不论是面对消费者的终端制造业企业,还是面对下游企业的上中游企业,打造属于自身的差异化优势都是增强核心竞争力的关键途径。企业要锚定市场诉求,结合自身已有优势和可调动整合的资源优势,为消费者和上中游企业提供满足其个性化需求的产品和服务,从而获取竞争优势。

**4. 持续推进实体经济与数字经济相融合,发挥数字化要素的支撑作用**

党的二十大报告提出,要加快发展数字经济,促进数字经济和实体经济深度融合,打造具有国际竞争力的数字产业集群。数字经济具有泛在连接、实时交互等特点,能够通过互联网、移动互联网、物联网将基础设施、生产要素、各类企业和机构、产品、用户等紧密联系在一起,通过云计算、大数据、人工智能等数字技术可以实现海量的数据处理和交互,推动企业生产经营突破原有限制,适应个性化、易变性的市场需求。因此,企业要主动拥抱和积极融入数字时代,强化数字基础设施支撑,推进数据资源开放共享、创新应用,推动数字经济与实体经济深度融合。

一是加快建设工业互联网新型基础设施。依托"大企业建,中小企业用"的模式,建设一批面向重点区域、重点产业链、产业集群的新型基础设施,龙头企业要联合产业体系中的中小企业建设一批行业分中心。建设健全标准、算力、数据、安全和应用"五大体系",培育一批重点行业的特色平台。

二是加快建设中小企业数字化应用体系,建设企业医院和产业"大脑",构建所在产业的大数据系统,重点面向中小企业提供核心能力的诊断,打造面向中小企业的工业软件服务平台。相比于中小企业,龙头企业有实力、有能力根据已有的技术底座和产业结构构建智能化服务平台,能够聚焦中小企业数字化转型的共性需求,为中小企业提供工业软件服务,提升工业软件产品和服务能力。通过引导中小企业应用云化工业软件,不仅能够分摊大企业自身代码开发的成本,而且能够降低中小企业自主开发代码的成本,降低数字化转型的门槛。

三是强化数字化转型产品和服务供需的对接,推动龙头企业和产业链上下游企业开放应用场景,建立需求清单,明确攻关方向和任务目标。同时,引导工业互联网数字化转型服务商围绕需求清单,研发产品和服务,加速优质解决方案的推广。

**5. 完善企业引才、用才、育才体系,夯实企业人才基础**

功以才成,业由才广。教育、科技、人才是全面建设社会主义现代化国家的基础性、战略性支撑。要突破关键核心技术、抢占未来竞争制高点,必须要靠一流人才,必须打造一支沉得下心、屏得住气、脚踏实地搞科研的人才队伍。当前,我国部分行业,尤其是高科技行业企业仍面临顶尖科技人才、卓越工程师、新兴产业和前沿领域人才不足的困境,同时,企业内人才的年龄结构、层次结构、专业结构断层现象显著。在此种形势下，企业要加快建设储备人才队伍，用好、用活各类人才。

首先，企业要构建更加完善的人才管理机制，健全薪酬待遇等激励机制，重视人才尤其是稀缺人才、科技人才和中青年人才的管理，加大引才、育才、聚才力度，给予研发人才一定范围的技术路线决定权，坚定落实容错机制，坚决打破科研道路上各种不必要的束缚，激发科研人才的创新活力。

其次，深化人才发展体制机制改革，完善人才战略布局。既要重视对研究型人才的培养，加大基础研究物资和人员投入，培养一批具备专业知识的研究型人才，培育一批顶尖人才和团队，为企业未来创新发展储备科研力量，也要加强对实践型和技术型人才的培养，积极贯彻落实《关于全面推行中国特色企业新型学徒制 加强技能人才培养的指导意见》的相关要求，培养一批门类齐全、技艺精湛的高技能技术型人才，同时，企业还要培育和引进管理型人才，建立起一支管理型人才队伍，以推动企业乃至行业的运转。要坚持各方面人才一起抓，打造一支规模宏大、结构合理、素质优良的人才队伍。

最后，与高校院所联合建立实验室，共同研发企业发展中所需的关键技术，并进行成果转化，加强企业对人才的吸引力，促进科技人才向企业合理流动。

**6. 形成发展合力，持续优化企业营商环境**

营商环境就是生产力，优化营商环境就是解放生产力、提升竞争力。想要实现经济的高质量发展，不仅需要企业完善自身管理体制，通过增加研发投入推动创新，更需要社会各界在有效引导和规范企业行为，形成合理的市场竞争秩序的同时，构建良好的营商环境来鼓励企业进行技术创新和业态模式创新，形成经济社会发展的强大合力。

第一，优化企业营商环境。良好的营商环境是促进企业发展壮大的重要制度保障，党的二十大提出构建高水平社会主义市场经济体制，"完善产权保护、市场准入、公平竞争、社会信用等市场经济基础制度，优化营商环境"是其中一项重要举措。因此，要持续深化"放管服"改革，打破各种不利于构建公平竞争市场环境的"卷帘门""玻璃门""旋转门"。构建亲清政商关系，在研究制定减税降费、普惠金融、研发支持等惠企政策的同时也要推动政策的落实落地。简化审批流程、优化审批方式，强化事中事后综合监管，为企业发展释放更多改革红利，促进企业蓬勃发展。

第二，弘扬优秀企业家精神，更好发挥企业家作用。企业家是经济活动的重要主体，也是企业发展的掌舵人。党的十八大以来，以习近平同志为核心的党中央高度重视企业家群体和企业家精神在国家发展中的重要作用。在企业家座谈会上，强调弘扬企业家精神，推动企业发挥更大作用、实现更大发展，为经济发展积蓄基本力量。在民营企业座谈会上，勉励民营企业家弘扬企业家精神，做爱国敬业、守法经营、创业创新、回报社会的典范。党的二十大再次强调，要"优化民营企业发展环境，依法保护民营企业产权和企业家权益，促进民营经济发展壮大"。因此，要充分调动广大企业家的积极性、主动性、创造性，鼓励企业家勇于创新、实干担当，打造更多具有全球竞争力的世界一流企业，不断推动经济社会高质量发展。要通过对优秀企业家先进事迹和突出贡献进行表彰宣传等方式，引导社会公众正确认识企业家对我国经济社会高质量发展的重要作用，在全社会营造尊重企业家价值、鼓励企业家发展的良好社会舆论氛围。

# 第三章
# 2023中国服务业企业500强分析报告

中国企业联合会、中国企业家协会自2005年开始向社会发布中国服务业企业500强榜单及分析报告。2023年是中国企业联合会，中国企业家协会连续第十九次发布这一榜单，反映了我国服务业大企业在2022年所取得的成绩和存在的问题。

2022年是我国经济社会发展极不平凡的一年。面对复杂严峻的外部环境，党中央、国务院应对超预期因素的冲击，保持了经济社会大局稳定。我国服务业企业迎难而上、砥砺前行，规模保持恢复性增长态势，发展质量稳步提升，在畅通经济循环、服务新发展格局、建设现代化产业体系中发挥了重要作用。2023中国服务业企业500强总体规模保持稳定，具有较好的活力和韧性，营业收入总额与上年基本持平，为48.31万亿元；入围门槛继续提高13.23%，达到78.23亿元；资产总额扩张了10.42%，达到343.74万亿元。在严峻的外部冲击下，服务业500强企业的净利润首次出现负增长，收入利润率和资产收益率走低，不同行业的获利水平分化明显，向少数行业、少数企业集中。与此同时，服务业500强的行业结构持续优化，互联网及信息技术服务、金融业、物流及供应链等现代服务业企业发展日新月异，入围数量大幅攀升至157家；地域结构朝均衡发展，广东入围数量继续保持优势，北京、上海、江苏、浙江、福建等地齐头并进，这对于发挥服务业在经济发展中的支撑作用有积极影响。

2023年以来，国民经济持续恢复、总体回升向好。2023年上半年，我国GDP同比增长5.5%，明显快于世界上的主要发达经济体。服务业延续恢复向好态势，增加值同比增长6.4%，对经济增长的贡献率达66.1%，现代服务业发展活力不断释放，高技术服务业固定资产投资同比大幅增长13.9%，远高出全部服务业的平均水平。不容忽视的是，当前外部环境仍旧复杂严峻，服务需求不足和服务的有效供给不足相互掣肘，倒逼企业承压转型。同时服务业企业效益效率不高等问题凸显，竞争格局小散乱现象犹在，优质企业创建不充分，整体竞争力有待提升。党的二十大报告提出，要构建优质高效的服务业新体系，推动现代服务业同先进制造业、现代农业深度融合。以服务业500强为代表的服务业大企业要发挥主引擎作用，增强发展信心，充分利用我国经济发展中的韧性和潜力，着力改善当前市场疲软中的被动局面，抓住数字化机遇，推动产业创新融合发展，不断提升价值创

造能力，在质的有效提升、量的合理增长中努力迈向世界一流企业，不断推动产业链和产业生态健康有序发展，在服务新发展格局和现代化产业体系中发挥更大作用。

## 一、2023 中国服务业企业 500 强规模特征分析

2022 年，中国服务业企业 500 强总体规模保持稳定，具有较好的活力和韧性。经过多年发展积淀，中国服务业企业 500 强已经成为涵盖 42 个行业类别，从业人员接近 1500 万人，营业收入总额接近 50 万亿元，拥有子公司 6 万家、控股公司 1.7 万家、分公司 1.5 万家的大企业群体。它们服务民生福祉，畅通物流、商流、信息流和资金流，是服务业产业发展的中流砥柱，也是服务新发展格局、建设现代化产业体系的重要黏合剂和支撑力量。

### 1. 总体规模保持稳定，活力和韧性较好

2023 中国服务业企业 500 强实现营业收入总额 48.31 万亿元，与 2022 中国服务业 500 强企业（以下简称上年）相比，微增 0.33%。受到新冠疫情的影响，2021—2023 中国服务业企业 500 强营业收入总额三年增长 16.89%，年均增长率为 5.34%，保持了较好的增长韧性。详见图 3-1。2023 中国服务业企业 500 强的员工总数为 1497.5 万元，较上年下降 1.54%。

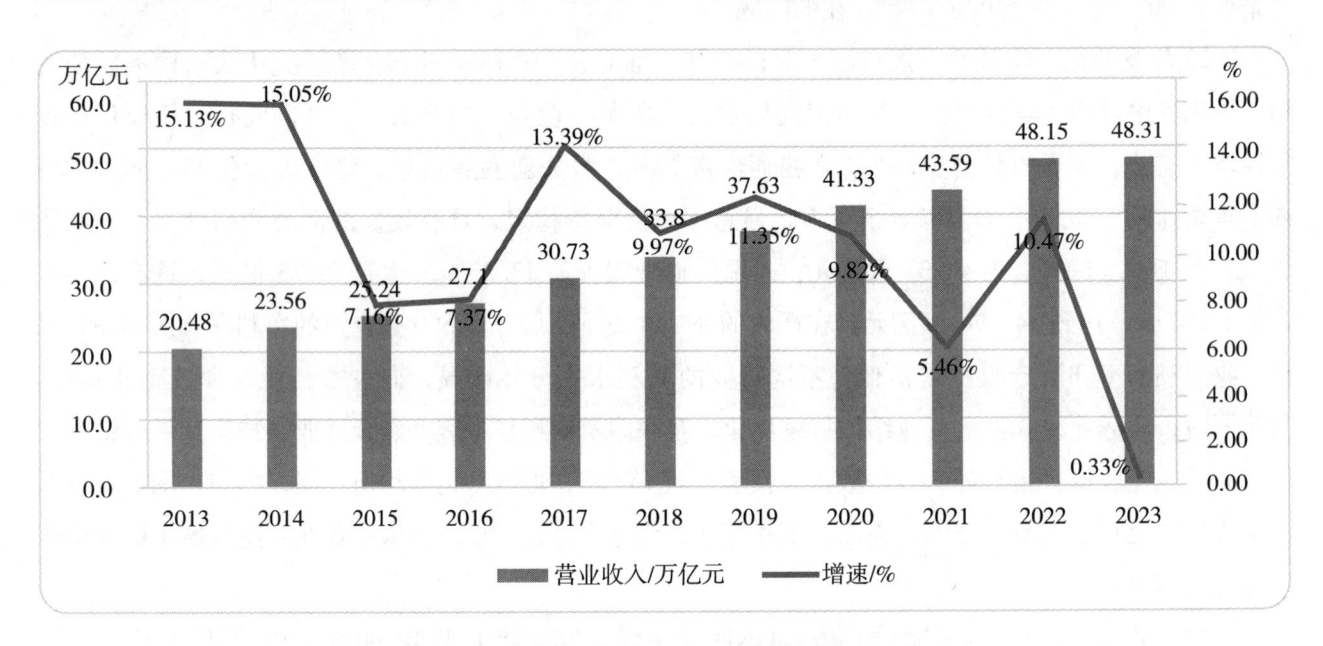

图 3-1 2013—2023 中国服务业企业 500 强营业收入及增速

2023 中国服务业企业 500 强的入围门槛继续明显提高，为 78.23 亿元，较上年的 69.09 亿元提高 13.23%。资产总额达到 343.74 万亿元，与上年相比增长 6.57%，与自身同比增长 10.42%。详见图 3-2、图 3-3。所有者权益总额 43.44 万亿元，与上年（42.55 万亿元）相比微增 2.09%，与自身同比增长 7.44%。

可以初步判断的是，尽管受到外部冲击，服务业企业 500 强群体还是保持了较好的活力和韧性。一方面，入围门槛持续提高，服务业大企业群体营业收入保持了稳定增长。另一方面，资产总额的增速快于营业收入，也快于所有者权益总额增速，而且资产总额与自身同比的增速，快于与上年服

务业 500 强企业同比的增速，说明服务业 500 强企业呈现出积极扩张的态势。其扩张既得益于严峻的市场环境加速了企业的优胜劣汰和并购重组，也得益于服务业 500 强企业坚定信心、实现自身的持续成长和精进。

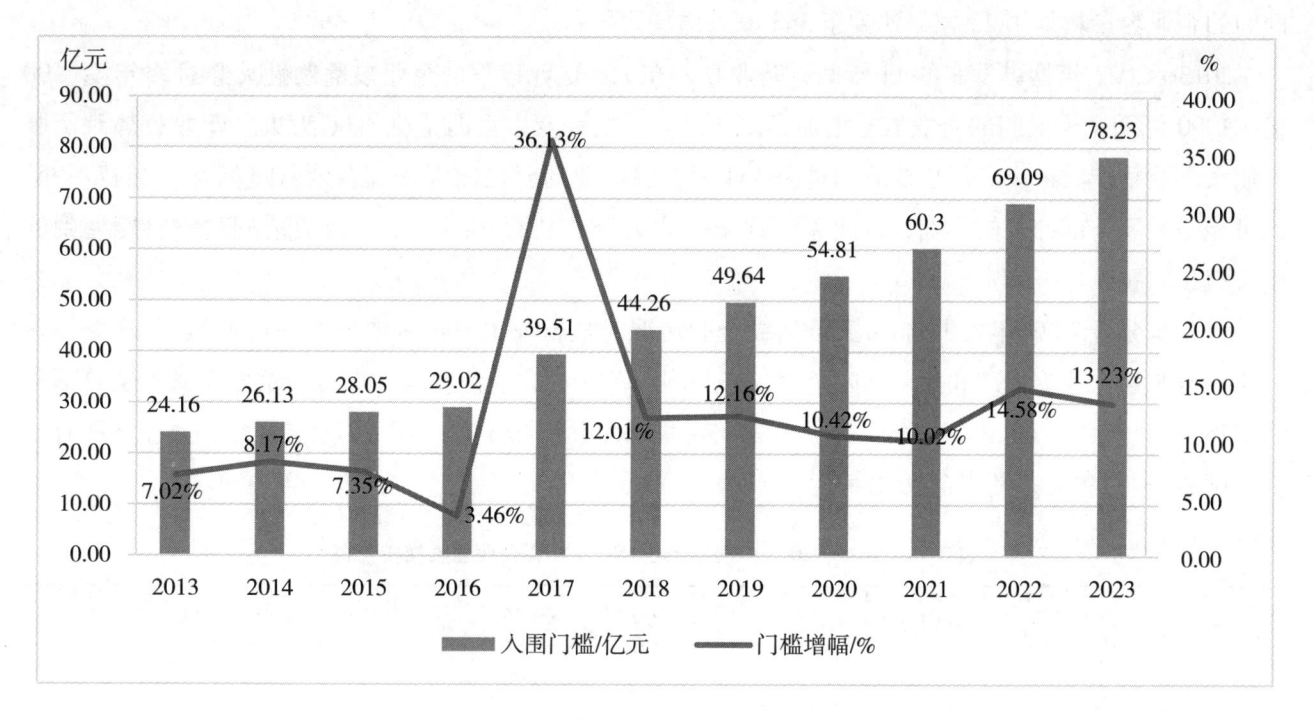

图 3-2　2013—2023 中国服务业企业 500 强入围门槛及增速

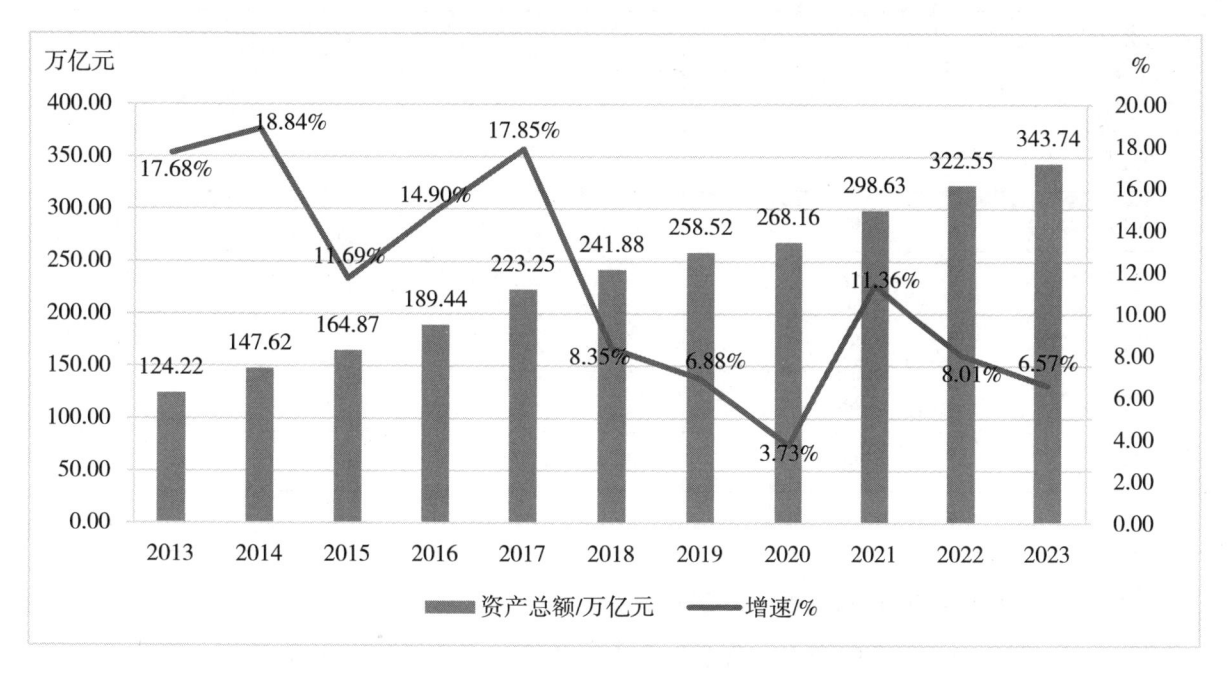

图 3-3　2013—2023 中国服务业企业 500 强资产总额及增速

**2. 千亿级以上企业数量保持稳定，腰部企业不断聚集**

在 2023 中国服务业企业 500 强中，营业收入达到万亿元及以上的企业数量为 8 家，分别是国家电网、工商银行、建设银行、农业银行、中国平安、中国银行、京东集团和中国人寿，比上年增加 1

家，中国银行和京东集团首次进入万亿级俱乐部。

营业收入达到千亿元及以上的企业数量为 87 家，比上年减少 1 家。与此同时，营业收入在 100 亿元以下规模区间的企业数量进一步减少为 50 家，比上年数量减少了 22 家。100 亿～1000 亿元规模区间的企业数量增加了 23 家，达到了 363 家。详见表 3－1。

2013—2023 年榜单发布的 11 年间，营业收入在 100 亿元以下的企业数量大幅减少了 230 家，100 亿～1000 亿元规模区间的企业数量增加了 189 家，千亿元及以上的企业数量增加了 41 家，体现了服务业大企业整体的进步。但也要看到过去 4 年间，服务业的千亿级俱乐部企业数量基本上维持不变，既可能是受到外部冲击的影响，也应关注到服务业大企业从百亿级向千亿级迈进的过程可能遇到的增长瓶颈问题。

进一步分析 2023 年入围的 87 家千亿级企业情况，从行业上看，主要分布在商业银行 13 家、多元化投资 8 家、住宅地产 8 家、保险 7 家，互联网服务、综合能源供应和综合商贸各 5 家；从总部所在城市看，北京 29 家、杭州 9 家、上海 9 家、深圳 9 家、广州 6 家、厦门 3 家和武汉 3 家。从所有制看，国有企业 59 家，民营企业 28 家。

表 3－1　2013—2023 中国服务业企业 500 强企业营收规模分布

|  | 超过 1000 亿元/家 | 100 亿～1000 亿元/家 | 100 亿元以下/家 |
| --- | --- | --- | --- |
| 2013 | 46 | 174 | 280 |
| 2014 | 48 | 188 | 264 |
| 2015 | 53 | 190 | 256 |
| 2016 | 59 | 213 | 228 |
| 2017 | 65 | 247 | 187 |
| 2018 | 68 | 284 | 148 |
| 2019 | 76 | 284 | 140 |
| 2020 | 87 | 297 | 116 |
| 2021 | 88 | 315 | 97 |
| 2022 | 88 | 340 | 72 |
| 2023 | 87 | 363 | 50 |

**3. IT 服务、物流及供应链服务的重要性提升**

在 2023 中国服务业企业 500 强中，营业收入占比最高的前十个行业分别是商业银行、电网、互联网服务、保险业、住宅地产、物流及供应链、多元化投资、多元化金融、综合商贸和电信服务，合计贡献营业收入 70.83%。详见表 3－2。营业收入增长最快的 50 家企业涉及 20 个行业，其中化工医药商贸 5 家、软件和信息技术服务（IT 服务）5 家、住宅地产 5 家、综合商贸 5 家、多元化投资 4 家、能源矿产商贸 3 家、物流及供应链 3 家。综合来看，软件和信息技术服务、物流及供应链、多元化投资、住宅地产和综合商贸对服务业500强中的规模增长起到重要支撑作用。

表3-2 2023中国服务业企业500强中营业收入占比最高的10个行业

| 序号 | 行业名称 | 公司数量/家 | 营业收入占比/% |
|---|---|---|---|
| 1 | 商业银行 | 47 | 17.94 |
| 2 | 电网 | 3 | 9.19 |
| 3 | 互联网服务 | 21 | 6.57 |
| 4 | 保险业 | 11 | 6.29 |
| 5 | 住宅地产 | 33 | 6.06 |
| 6 | 物流及供应链 | 38 | 5.55 |
| 7 | 多元化投资 | 39 | 5.45 |
| 8 | 多元化金融 | 8 | 5.25 |
| 9 | 综合商贸 | 39 | 4.64 |
| 10 | 电信服务 | 3 | 3.89 |

其中，软件和信息技术服务、物流及供应链服务等现代服务业在这几年实现了快速发展，在2023中国服务业企业500强中，22家软件和信息技术服务服务企业的营业收入较上年平均增长了21.18%，38家物流及供应链服务企业的营业收入较上年平均增长了14.28%，软件和信息技术服务、物流及供应链服务等推动服务业的行业结构进一步优化，在服务业500强中的重要性不断凸显。

## 二、2023中国服务业企业500强的经济效益情况分析

2023中国服务业企业500强的经济效益下降明显，不同行业在走低中出现显著分化，获利能力向少数行业、少数企业集中。

**1. 净利润近十年来首次出现负增长，朝少数行业集中**

2023中国服务业企业500强实现净利润（指归属母公司净利润，下同）总额为2.89万亿元，较上年下降8.25%，与自身同比下降5.96%，出现了近十年来的首次负增长。这和新冠疫情的影响直接相关。详见图3-4。

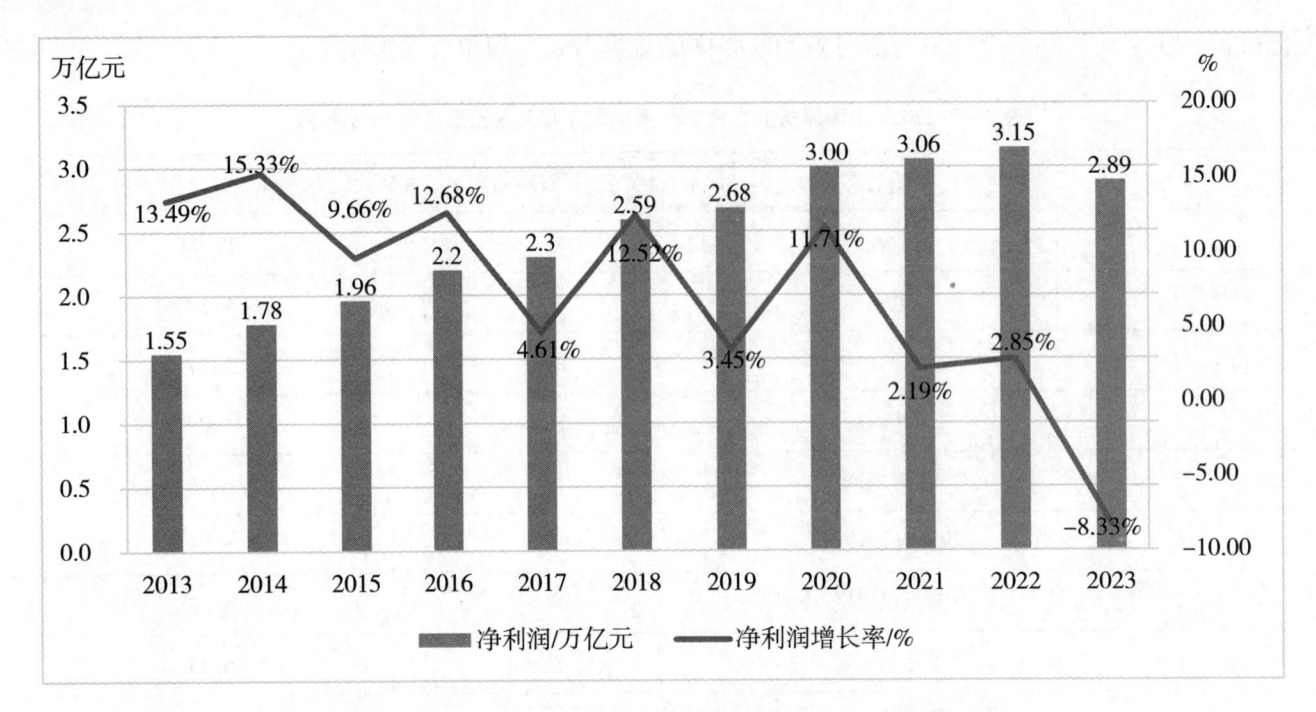

图 3-4 2013—2023 中国服务业企业 500 强净利润总额及增长情况

从具体分布看，净利润水平在 100 亿元以上、10 亿~100 亿元之间、0~10 亿元之间的企业数量分别为 38 家、127 家和 276 家，相比上年分别减少 5 家、8 家和 10 家，同时，亏损企业为 59 家，相比上年增加 24 家。可见，各个段位的企业所获得的净利润水平相比上年都出现恶化。详见表 3-3。

表 3-3 2023 中国服务业企业 500 强净利润分布情况

| 净利润 | 2023 | 2022 | 变化 |
| --- | --- | --- | --- |
| 100 亿元以上/家 | 38 | 43 | -5 |
| 10~100 亿元之间/家 | 127 | 135 | -8 |
| 0~10 亿元之间/家 | 276 | 286 | -10 |
| 亏损/家 | 59 | 35 | 24 |
| 合计 | 500 | 499 | — |

从不同行业来看，商业银行、互联网服务、多元化金融、保险和电信服务这五个行业的净利润总额最高，合计为 2.45 万亿元，对服务业 500 强总体净利润的贡献达到 84.73%。和上年净利润贡献位居前五的行业相比，净利润进一步集中，贡献率提高了 6.2 个百分点。其中，47 家商业银行所获得的净利润总额约为排名第二的 21 家互联网服务企业的 8 倍，相比上年 6 倍的差距进一步拉大。另外，在这五大行业中，前三位行业与上年一致，保险业位居第四，住宅地产退出前五名，位居第七，电信服务进入前五。详见图 3-5。

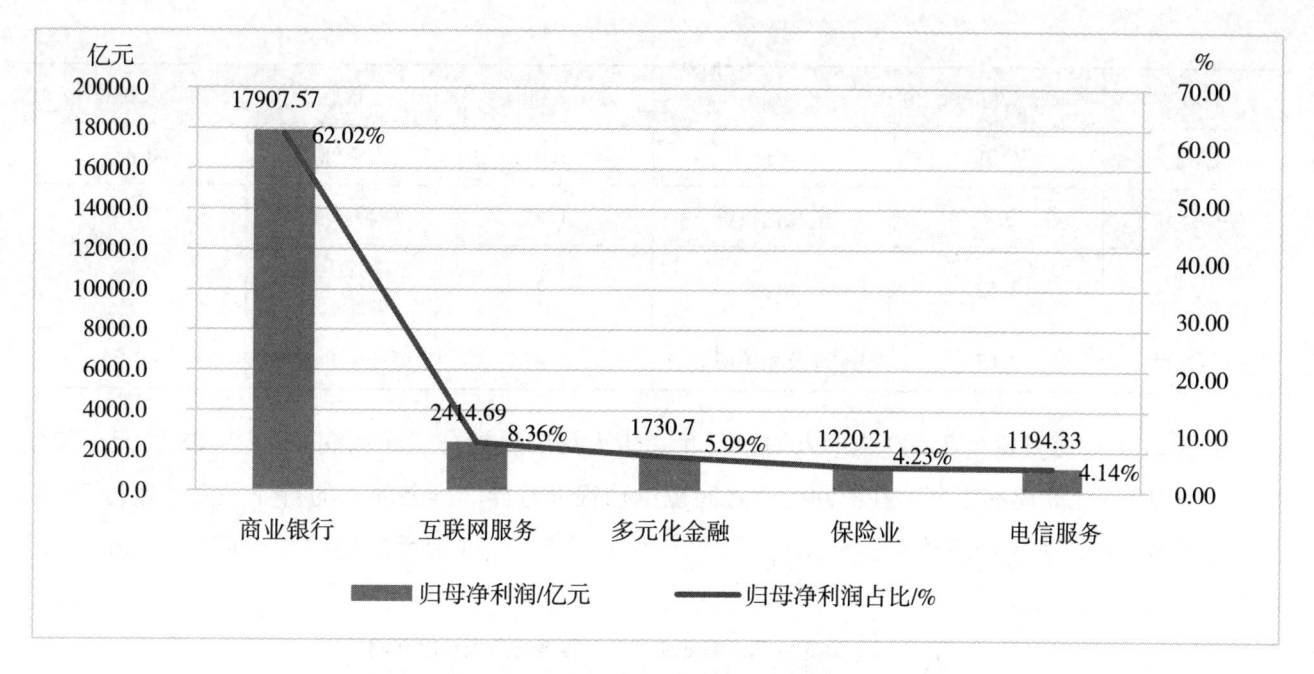

图 3-5　2023 中国服务业企业 500 强归母净利润前五位行业

**2. 效益水平行业间差异显著**

2023 中国服务业企业 500 强的平均收入利润率（指归属母公司收入净利润率）为 5.97%，相比上年（6.55%）水平下降 0.58 个百分点。不同行业企业间差异较大，证券业、商业银行的平均收入利润率分别为 27.72% 和 20.66%，大幅领先其他行业个位数的收益水平，呈现断层式分布。行业平均收入利润率低于服务业 500 强平均水平（5.97%）的行业多达 36 个。详见表 3-4。

表 3-4　2023 中国服务业企业 500 强各行业收入利润率

| 行业 | 平均收入利润率/% | 行业 | 平均收入利润率/% | 行业 | 平均收入利润率/% |
| --- | --- | --- | --- | --- | --- |
| 证券业 | 27.72 | 综合服务业 | 2.38 | 国际经济合作（工程承包） | 1.45 |
| 商业银行 | 20.66 | 广播电视服务 | 2.26 | 能源矿产商贸 | 1.21 |
| 互联网服务 | 7.61 | 科技研发、规划设计 | 2.12 | 机电商贸 | 1.12 |
| 多元化金融 | 6.82 | 基金、信托及其他金融服务 | 1.88 | 文化娱乐 | 1.11 |
| 水上运输 | 6.69 | 水务 | 1.88 | 物流及供应链 | 1.04 |
| 园区地产 | 6.68 | 连锁超市及百货 | 1.83 | 生产资料商贸 | 0.65 |
| 电信服务 | 6.35 | 医药及医疗器材零售 | 1.78 | 综合商贸 | 0.64 |
| 港口服务 | 4.93 | 农产品及食品批发 | 1.75 | 化工医药商贸 | 0.63 |
| 邮政 | 4.55 | 公路运输 | 1.74 | 金属品商贸 | 0.54 |
| 生活消费品商贸 | 4.43 | 家电及电子产品零售 | 1.73 | 汽车摩托车零售 | 0.53 |

续表

| 行业 | 平均收入利润率/% | 行业 | 平均收入利润率/% | 行业 | 平均收入利润率/% |
| --- | --- | --- | --- | --- | --- |
| 保险业 | 4.01 | 住宅地产 | 1.68 | 人力资源服务 | 0.48 |
| 铁路运输 | 3.7 | 多元化投资 | 1.51 | 旅游和餐饮 | 0.14 |
| 软件和信息技术（IT） | 3.52 | 电网 | 1.49 | 医疗卫生健康服务 | 0 |
| 综合能源供应 | 2.67 | 航空港及相关服务业 | 1.47 | 商务中介服务 | -0.35 |

在2023中国服务业企业500强中人均净利润（指人均归属母公司净利润）为19.28万元，相比上年（20.71万元）略有下降，在不同行业之间也出现很大差异。排名前五的行业是商业银行78.87万元、证券业46.44万元、园区地产38.71万元、水上运输37.84万元、能源矿产商贸32.07万元。详见表3-5。

表3-5 2023中国服务业企业500强各行业人均净利润

| 行业 | 人均净利润/万元 | 行业 | 人均净利润/万元 | 行业 | 人均净利润/万元 |
| --- | --- | --- | --- | --- | --- |
| 商业银行 | 78.87 | 电信服务 | 10.84 | 医药及医疗器材零售 | 4.34 |
| 证券业 | 46.44 | 软件和信息技术（IT） | 10.77 | 基金、信托及其他金融服务 | 3.86 |
| 园区地产 | 38.71 | 保险业 | 9.54 | 化工医药商贸 | 3.67 |
| 水上运输 | 37.84 | 综合能源供应 | 9.42 | 水务 | 3.61 |
| 能源矿产商贸 | 32.07 | 物流及供应链 | 8.09 | 国际经济合作（工程承包） | 3.27 |
| 家电及电子产品零售 | 22.95 | 住宅地产 | 7.2 | 机电商贸 | 2.4 |
| 互联网服务 | 21.11 | 综合服务业 | 6.73 | 航空港及相关服务业 | 2.37 |
| 多元化金融 | 20.75 | 铁路运输 | 6.35 | 文化娱乐 | 1.86 |
| 生活消费品商贸 | 19.11 | 科技研发、规划设计 | 6.17 | 连锁超市及百货 | 1.86 |
| 金属品商贸 | 15.32 | 多元化投资 | 5.35 | 汽车摩托车零售 | 1.63 |
| 人力资源服务 | 13.34 | 电网 | 5.12 | 广播电视服务 | 1.52 |
| 生产资料商贸 | 12.74 | 公路运输 | 4.89 | 旅游和餐饮 | 0.41 |
| 农产品及食品批发 | 11.86 | 综合商贸 | 4.59 | 医疗卫生健康服务 | 0 |
| 港口服务 | 11.53 | 邮政 | 4.48 | 商务中介服务 | -3.14 |

**3. 资产利用水平持续走低**

近年来，中国服务业企业500强的资产利用水平持续走低，2023中国服务业企业500强的平均总资产利润率为0.84%，平均净资产利润率为7.35%，总资产周转率为0.1406次/年，较上年均出现不同程度的下降。详见表3-6。

表3-6 2013—2023中国服务业企业500强资产利用情况

| 年度 | 总资产利润率/% | 平均净资产利润率/% | 总资产周转率/（次/年） |
| --- | --- | --- | --- |
| 2013 | 1.25 | 12.94 | 0.1654 |
| 2014 | 1.21 | 12.93 | 0.1596 |
| 2015 | 1.19 | 12.05 | 0.1532 |
| 2016 | 1.16 | 11.2 | 0.1431 |
| 2017 | 1.04 | 10.35 | 0.1383 |
| 2018 | 1.07 | 10.47 | 0.1395 |
| 2019 | 1.04 | 9.89 | 0.1456 |
| 2020 | 1.12 | 9.77 | 0.1541 |
| 2021 | 1.03 | 8.84 | 0.146 |
| 2022 | 0.98 | 8.45 | 0.1493 |
| 2023 | 0.84 | 7.35 | 0.1406 |

## 三、2023中国服务业企业500强的行业分布情况分析

服务业涉及行业众多，中国服务业企业500强行业分布亦是如此，既有商超百货、餐饮旅游等提升民生福祉的消费性服务业，也有与产业端相关的研发设计、专业咨询、金融、物流仓储、供应分销、信息服务等影响经济运行效率和发展质量的生产性服务。中国服务业的高质量发展依赖于消费性服务业和生产性服务业大企业的提质增效，更依赖于这些服务业大企业走向现代化、融合化和智能化。

**1. 行业格局不断优化，现代服务持续崛起**

中国服务业企业500强的行业入围数量不断分化，伴随着传统的批发贸易、零售、交通运输等行业入围数量的连续走低，互联网及信息技术服务、金融业、物流及供应链等现代服务业企业日新月异，服务业整体产业结构持续优化。互联网及IT服务、金融业、物流及供应链的入围企业数量从2013中国服务业企业500强中的81家攀升至2023中国服务业企业500强中的154家，占比也由16.20%增加至30.80%。这些行业既是未来服务业发展的重要方向，也是提升人们生活品质、推动产业升级发展的重要支撑。详见图3-6。

2023中国服务业企业500强共分布在42个小类行业领域、12个中类行业领域。其中小类行业内企业数量排名前十位的行业包括商业银行47家、综合商贸39家、多元化投资39家、物流及供应链39家、住宅地产33家、软件和信息技术（IT服务）22家、互联网服务21家、金属品商贸19家、公

路运输18家和综合服务业18家。和上年相比，住宅地产大幅减少11家，软件和信息技术（IT服务）增加8家。

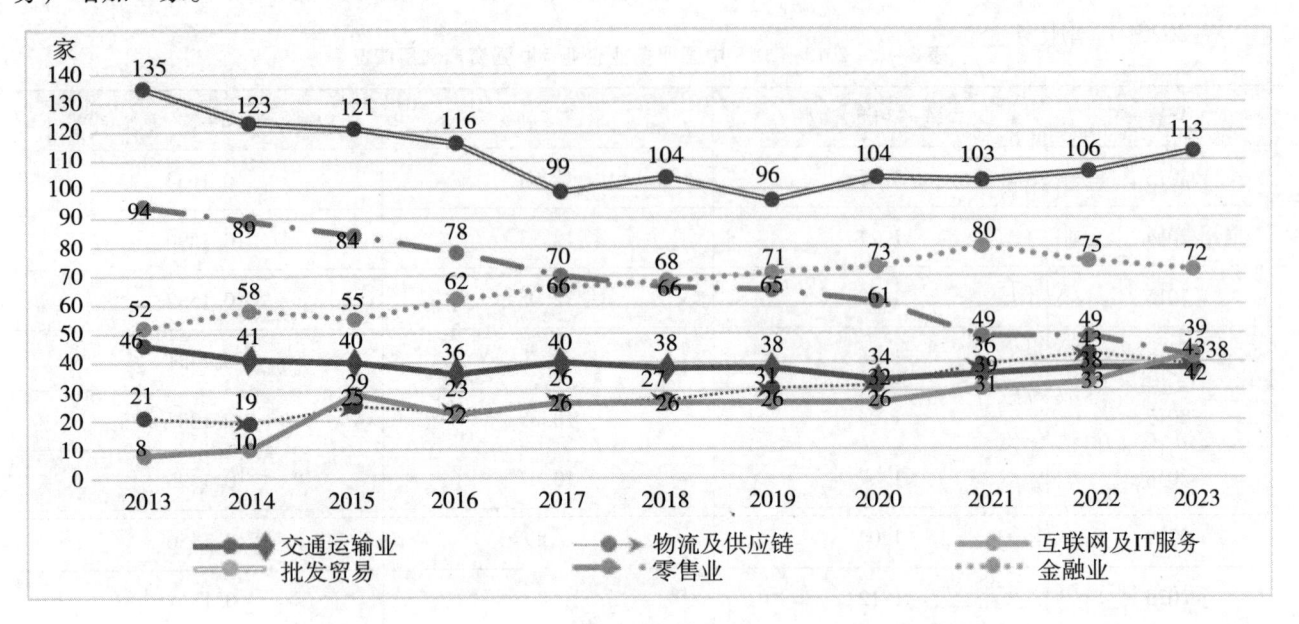

图3-6 2013—2023中国服务业企业500强部分行业入围数量

**2. 物流及供应链企业稳定增长，努力服务新发展格局**

因考虑到中国邮政集团中邮储银行占比较大，相关行业特性和物流供应链行业存在差异。因此，在具体报告的分析中，将中国邮政集团单独列为邮政，不计入物流及供应链企业。

在2023中国服务业企业500强中，物流及供应链服务企业入围38家，比上年减少4家，和2021年榜单中的入围数量齐平。物流及供应链服务行业已经稳居中国服务业500强的前三位。其中，国有企业10家、民营企业28家。地域排在前列的有广东10家、江苏5家、上海5家、福建4家和浙江3家，和上年情况基本一致。按照营业收入，排在前5位的分别为厦门建发、厦门象屿、顺丰控股、传化集团和河北物流。

整体来说，物流及供应链企业实现营业收入总额2.68万亿元，占服务业500强的比重为5.55%，资产总额为1.78万亿元，占服务业500强的比重为0.52%，都小于企业数量的占比（7.6%）。物流及供应链企业的规模水平距离服务业500强的平均水平还有差距。物流及供应链服务行业具有极强的规模效应和网络效应，当前这些企业的发展规模相对较小，在一定程度上会影响企业的服务能力和竞争能力。从变化上看，相关企业保持了稳定增长和明显扩张的积极态势，38家物流及供应链企业的平均营业收入为705.16亿元，较上年增长3.56%；平均资产总额为467.08亿元，较上年增长15.27%。

物流供应链服务企业在规模上稳定增长的同时，经营模式也在积极创新。一方面，利用新一代信息技术，大力发展智慧物流，通过数字化技术实现供应链各个环节间的无缝连接，提高供应链各环节的可视化、透明度和协调性。另一方面，深入嵌入制造业的生产、采购和分销环节，提供通关、仓储、配送、资金结算、信息管理等一站式服务，同时为下游司机提供全方位的增值服务，更有效锁定物流运力，推动供应链的优化升级。

### 3. 互联网及IT服务企业数量攀升，推动产业智能化不断深入

在2023中国服务业企业500强中，作为数字产业化方阵的主力军，互联网服务企业和信息技术服务（IT）企业分别入围21家和22家，合计43家，相比上年大幅增加10家，其中信息技术服务（IT服务）企业增加8家。在互联网服务入围企业中，按照营业收入排在前5位的分别为京东、阿里巴巴、腾讯、美团和百度。在软件和信息技术（IT服务）企业中，按照营业收入排在前5位的分别为神州数码、云账户、网易、汇通达和通鼎集团。这10家企业中有9家企业在2023年榜单中的名次都实现了提升。从所有制看，在这43家企业中，有民营企业41家、国有企业2家。

近几年，互联网及IT服务企业数量攀升。在2021—2023年榜单中大幅增加了17家。两类企业不断交叉融合，成为数字产业化的重要力量。这些企业将互联网深度应用于零售、社交、外卖、交通运输等行业的整合发展中，并在人工智能、云计算、网络安全、物联网、音视频技术等领域不断增强实力，尝试在更广泛的产业中提供信息技术服务，对居民个人的数字化体验，对产业、城市的数字化转型都提供了重要支撑。

值得一提的是，互联网及IT服务企业是服务业500强企业创新的主要力量。在研发费用投入前10名的行业中，互联网服务排名第一，贡献了26.55%的研发费用；IT服务排名第五，贡献了8.11%的研发费用，二者合计占比34.66%。从研发强度看，2023中国服务业500强中研发强度排名前5位的企业全部为互联网及IT服务企业，分别为携程41.59%、世纪华通16.34%、网易15.59%、福建网龙15.56%和美团9.43%；研发强度排名前10位的企业中有9家是互联网及IT服务企业。

互联网及IT服务企业在数量增长和发展潜力上都呈现出良好势头。当前，围绕企业转型和产业升级的数字化服务正如火如荼地展开，已经入场的互联网和信息技术服务企业将迎来更大的发展空间，也被赋予更大期待。这不仅关乎服务业结构的优化，还是现代化产业体系建设的重要动力。

### 4. 现代金融不断进步，服务好实体经济备受期待

在2023中国服务业企业500强中，金融业入围72家，分别为商业银行47家、保险业11家、证券业3家、基金信托3家和多元化金融8家。

首先，商业银行一直都是服务业企业500强中的庞大存在，在2023中国服务业企业500强中，商业银行入围数量由上年的45家增长到47家，营业收入、净利润、资产和从业人数分别为8.67万亿元、1.79万亿元、219.09万亿元和227.01万人，和上年入围的商业银行相比都有不同程度的增长，在服务业500强中的占比全面提高，其中净利润的贡献达到近8年来的最高水平。商业银行的营业收入、净利润、资产和从业人员在服务业500强中的占比在多年出现下降趋势后，2023年的榜单出现了逆转。商业银行如何服务好实体经济，不同行业之间如何实现获利水平的均衡，受到各个方面多年关注，在当前实体经济发展承压的背景下将更加受到重视。详见表3-7。

其次，非银金融业入围25家。近年来非银金融不断进步，在优化金融业的内部结构的同时，也在服务居民理财和企业融资需求中不断探索商业银行之外的多种方式。特别是保险业值得一提，其入围中国服务业企业500强数量11家，企业的平均营业收入、平均净利润水平、从业人员等均位居42个小类行业的前10位。此外，这11家企业中有7家入围了2023世界500强，保险业的头部企业

规模实力不俗。但同时也要看到我国保险业的发展仍处于成长初期。一方面，在国民经济中保险的密度和深度均不足，同时保险的品种有待丰富，管理和服务能力不足导致消费和保险之间还存在较大的心理距离。另一方面，在保险投资领域，险资数量庞大，投资期限较长，追求长期价值，且资金使用成本相对较低，是难得的直接融资渠道，如何服务好实体经济发展，支撑现代化产业体系建设备受期待。

表3-7　2013—2023中国服务业企业500强中银行业各项指标占比

| 年度 | 企业个数占比/% | 营业收入占比/% | 净利润占比/% | 资产占比/% | 从业人数占比/% |
| --- | --- | --- | --- | --- | --- |
| 2013 | 7.8 | 21.68 | 67.55 | 71.27 | 16.64 |
| 2014 | 8.6 | 22.94 | 70.95 | 72.35 | 17.94 |
| 2015 | 8.22 | 24.36 | 67.69 | 71.25 | 17.5 |
| 2016 | 9 | 23.84 | 61.5 | 69.34 | 16.55 |
| 2017 | 8.62 | 20.48 | 60.25 | 66.27 | 14 |
| 2018 | 9 | 19.4 | 56.41 | 65.59 | 14.51 |
| 2019 | 7.8 | 19.1 | 56.1 | 63.52 | 13.07 |
| 2020 | 8.2 | 17.37 | 49.62 | 60.39 | 12.97 |
| 2021 | 9.2 | 17.31 | 49.21 | 60.65 | 13.4 |
| 2022 | 9 | 17.15 | 53.74 | 61.14 | 14.73 |
| 2023 | 9.4 | 17.94 | 62.01 | 63.74 | 15.16 |

## 四、2023中国服务业企业500强的并购情况分析

尽管外部环境严峻，2023中国服务业企业500强依然保持活力十足，有124家企业发生了748次并购。发起并购企业主体数量较上年有所回升，但发生并购的次数则出现了五年来的最低水平，单个企业平均并购次数为6.03次，也是近五年来的最低水平。其中，并购企业数超过20家的共计有7家，较上年减少6家。这7家企业分别是：厦门国贸96家、北京首创53家、南昌市政50家、浙江省农发集团35家、广东粤海24家、重庆新鸥鹏21家和珠海华发20家。详见表3-8。

表3-8　2013—2023中国服务业企业500强并购情况

| 年度 | 企业数量/家 | 重组并购个数 |
| --- | --- | --- |
| 2013 | 87 | 358 |
| 2014 | 117 | 587 |
| 2015 | 100 | 519 |

续表

| 年度 | 企业数量/家 | 重组并购个数 |
| --- | --- | --- |
| 2016 | 115 | 634 |
| 2017 | 121 | 906 |
| 2018 | 136 | 695 |
| 2019 | 144 | 1056 |
| 2020 | 135 | 992 |
| 2021 | 125 | 1025 |
| 2022 | 116 | 1183 |
| 2023 | 124 | 748 |

在参与并购的124家企业主体中，有国有企业87家，民营企业37家，和上年基本一致，国有企业依然是并购的主力；主要行业分布是多元化投资19家、综合能源供应12家、物流及供应链10家；主要地域分布是广东21家、浙江17家和福建13家。其中，多元化投资和综合能源供应大都有地方投融资平台功能，近几年这些企业正处于并购的高峰期，并形成了一批综合性和专业性地方公共服务企业。此外，物流及供应链服务企业受到行业整体处于上升周期的影响，也是近几年并购的主力。在地区中，广东和浙江是服务业发展大省，福建服务业快速崛起，相关企业参与并购整合的活跃度有所提升。详见表3-9。

表3-9　2023中国服务业企业500强并购的部分行业和地区分布

| 行业 | 主体数量/家 | 省份 | 主体数量/家 |
| --- | --- | --- | --- |
| 多元化投资 | 19 | 广东省 | 21 |
| 综合能源供应 | 12 | 浙江省 | 17 |
| 物流及供应链 | 10 | 福建省 | 13 |
| 住宅地产 | 9 | 山东省 | 11 |
| 公路运输 | 7 | 河北省 | 7 |
| 港口服务 | 6 | 北京市 | 6 |
| 医药及医疗器材零售 | 6 | 湖北省 | 6 |
| 化工医药商贸 | 5 | 上海市 | 6 |
| 农产品及食品批发 | 5 | 江苏省 | 5 |
| 软件和信息技术（IT） | 5 | 重庆市 | 5 |
| 综合商贸 | 5 | 安徽省 | 4 |
| 水务 | 4 | 湖南省 | 4 |
| 综合服务业 | 4 | 四川省 | 4 |
| 多元化金融 | 2 | 河南省 | 3 |

续表

| 行业 | 主体数量/家 | 省份 | 主体数量/家 |
|---|---|---|---|
| 互联网服务 | 2 | 江西省 | 3 |
| 连锁超市及百货 | 2 | 陕西省 | 3 |
| 人力资源服务 | 2 | 广西壮族自治区 | 2 |
| 商业银行 | 2 | 黑龙江省 | 1 |
| 生活消费品商贸 | 2 | 山西省 | 1 |
| 文化娱乐 | 2 | 天津市 | 1 |
| 园区地产 | 2 | 云南省 | 1 |

## 五、2023 中国服务业企业 500 强地域分布情况分析

2023 中国服务业企业 500 强企业分布在全国 26 个省（自治区、直辖市）中，宁夏、西藏、海南、吉林、青海 5 个地区没有企业入围。

### 1. 广东保持领先，北上苏浙闽齐头并进

在 2023 中国服务业企业 500 强中，入围企业总部在少数区域的特征依然显著，但地区格局已经发生较大变化。江苏、浙江、福建奋起直追，北京、上海、广东传统三强地位被打破，除了广东依旧保持领先，北京、上海、江苏、浙江和福建呈现出齐头并进的态势。详见表 3-10。

从入围数量看，广东 80 家，在第一梯队独占鳌头。其次是浙江 52 家、上海 47 家、江苏 42 家、北京 41 家、福建 41 家，位列第二梯队，前两个梯队合计数量 303 家，占比 60.6%，其中福建服务业大企业快速发展，从 2019 年的 24 家增长到 41 家，增加了 17 家，从第三梯队跃升至第二梯队。山东、河北也保持了比较好的发展态势，入围数量分别为 27 家和 23 家，处于第三梯队。此外，还有天津 17 家、湖北 17 家、重庆 17 家、湖南 15 家、安徽 13 家、广西 13 家和河南 11 家。

表 3-10  2019—2023 中国服务业企业 500 强部分地区入围分布

| 年度 | 北京/家 | 上海/家 | 广东/家 | 江苏/家 | 浙江/家 | 福建/家 |
|---|---|---|---|---|---|---|
| 2019 | 60 | 53 | 99 | 44 | 46 | 24 |
| 2020 | 55 | 47 | 91 | 44 | 47 | 31 |
| 2021 | 53 | 49 | 73 | 52 | 47 | 32 |
| 2022 | 50 | 38 | 75 | 53 | 49 | 40 |
| 2023 | 41 | 47 | 80 | 42 | 52 | 41 |

从企业规模看，北京地区入围企业保持了绝对的优势，企业平均营业收入为 4876.83 亿元，远高于第二位的甘肃（1500.50 亿元）。入围数量位居第一的广东，企业平均营业收入为 990.43 亿元，仅为北京的 1/5 左右，排在第四位。上海的入围企业平均营业收入为 901.14 亿元，排在第五位。福建、浙江和江苏分别排在第六位、第七位和第十四位。北京、上海、广东传统服务三强的优势不容忽视，

江苏、浙江、福建要在保持入围企业数量的优势的同时，在成长规模上进一步发力，形成一批数量和质量俱佳的服务业领头企业。详见图3-7。

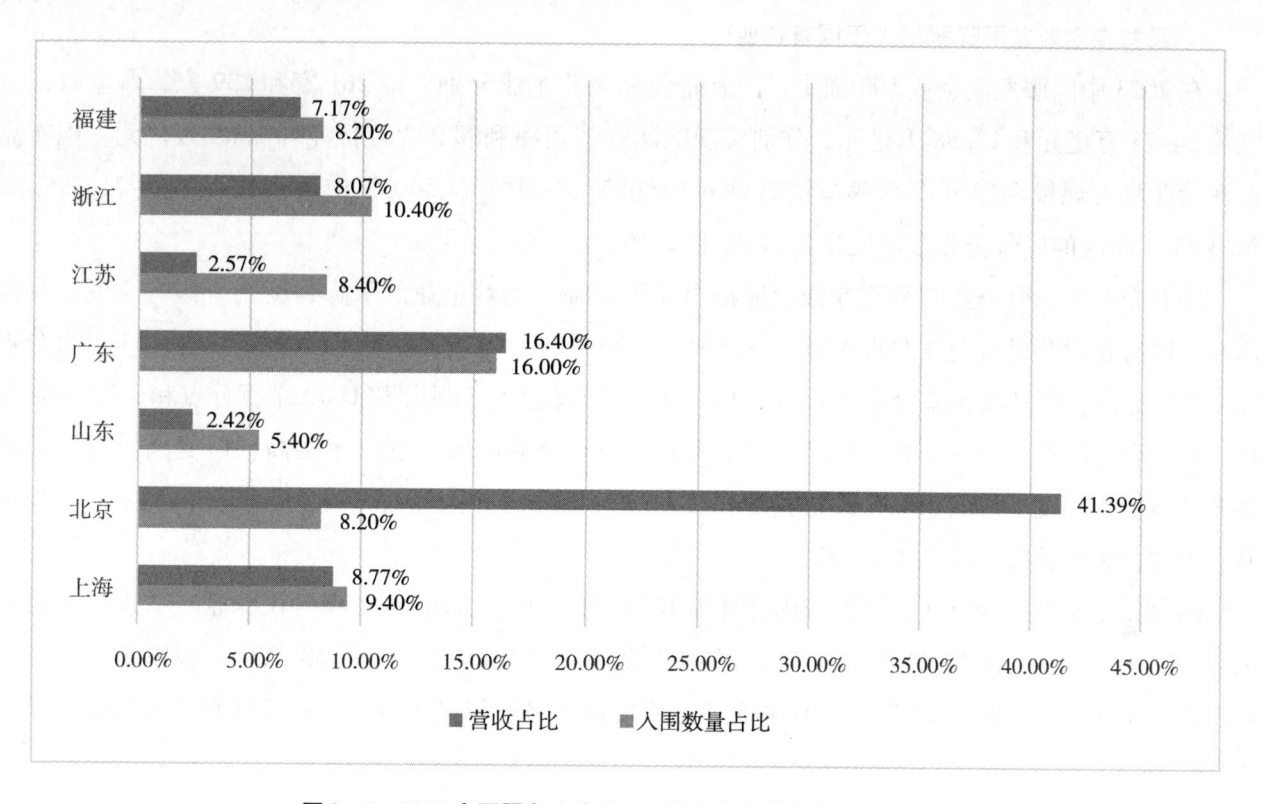

图3-7 2023中国服务业企业500强北上广苏浙鲁闽地区比较

福建 营收占比 7.17% 入围数量占比 8.20%
浙江 营收占比 8.07% 入围数量占比 10.40%
江苏 营收占比 2.57% 入围数量占比 8.40%
广东 营收占比 16.40% 入围数量占比 16.00%
山东 营收占比 2.42% 入围数量占比 5.40%
北京 营收占比 41.39% 入围数量占比 8.20%
上海 营收占比 8.77% 入围数量占比 9.40%

### 2. 中部入围数量增加，东北部持续减少

按照东部、中部、西部和东北部四大板块来看，相比上年，中部地区入围数量保持增加，东北部依旧在下降，仅入围3家，其中吉林地区没有企业入围。在2020—2023中国服务业企业500强中，东部地区从372家企业入围减少到370家企业，中部地区从58家企业入围增加到69家企业，西部地区从65家企业入围减少到58家，东北地区从5家企业入围减少到3家。详见表3-11。

表3-11 2020—2023中国服务业企业500强地区分布

单位：家

| 地域 | 2020 | 2021 | 2022 | 2023 |
| --- | --- | --- | --- | --- |
| 东部 | 372 | 370 | 365 | 370 |
| 中部 | 58 | 59 | 65 | 69 |
| 西部 | 65 | 62 | 65 | 58 |
| 东北 | 5 | 9 | 5 | 3 |

## 六、2023中国服务业企业500强所有制分布情况分析

在2023中国服务业企业500强中，民营企业入围数量继上年首次出现下降后再次减少，为239

家，低于国有企业入围数量261家。这也是在2020年、2021年榜单中短暂超过国有企业的入围数量两年后，被国有企业第二次反超。

**1. 民营企业效益下降程度大于国有企业**

在2023中国服务业企业500强中，国有企业和民营企业分别入围261家和239家，营业收入分别为34.73万亿元和13.58万亿元，分别实现归属母公司净利润2.2万亿元和0.68万亿元。国有企业在营业收入规模和净利润总额方面有绝对的优势，在服务业500强中的占比分别为71.89%和76.33%，相应的民营企业占比仅为28.11%和23.67%。

国有企业和民营企业的经营效益指标都出现了下降，民营企业的下降程度大于国有企业。具体而言，国有企业和民营企业的收入利润率分别为6.33%和5.01%，相较上年分别下降0.43个百分点和1个百分点；资产收益率分别为1.11%和1.70%，相较上年分别下降0.13个百分点和0.73个百分点。从二者比较看，民营企业的资产收益率更高，国有企业的收入利润率更高，但受到民营企业的经济效益更大幅度下滑的影响，民营企业在资产收益率方面的优势在减弱，在收入利润率方面与国有企业的差距在拉大。详见表3-12。

从创新水平看，国有企业研发费用合计为1627.48亿元，占比49.12%，民营企业研发费用合计为1685.53亿元，占比50.88%。国有企业的专利数量为270820项，占比88.72%，民营企业的专利数量为34443项，占比为11.28%。民营企业的研发投入略微超过国有企业，专利水平大幅低于国有企业。

表3-12 2019—2023中国服务业企业500强不同所有制企业比较

| 年度 | 所有制 | 数量/家 | 营业收入/万亿元 | 净利润/万亿元 | 收入利润率/% | 资产收益率/% |
|---|---|---|---|---|---|---|
| 2019 | 国有 | 253 | 26.37 | 2 | 7.58 | 1.12 |
|  | 民营 | 247 | 11.27 | 0.68 | 6.10 | 3.22 |
| 2020 | 国有 | 243 | 28.05 | 2.03 | 7.23 | 1.31 |
|  | 民营 | 257 | 13.28 | 0.97 | 7.30 | 3.35 |
| 2021 | 国有 | 242 | 28.9 | 2.01 | 6.95 | 1.23 |
|  | 民营 | 258 | 14.69 | 1.05 | 7.17 | 3.73 |
| 2022 | 国有 | 257 | 34.33 | 2.32 | 6.76 | 1.24 |
|  | 民营 | 243 | 13.83 | 0.83 | 6.01 | 2.43 |
| 2023 | 国有 | 261 | 34.73 | 2.2 | 6.33 | 1.11 |
|  | 民营 | 239 | 13.58 | 0.68 | 5.01 | 1.70 |

**2. 国有企业、民营企业分布具有明显的行业属性**

在2023中国服务业企业500强中，国有企业和民营企业依旧在不同行业中具有各自明显的优势。就入围数量而言，国有企业在公共服务领域具有绝对优势，民营企业在电信、交通等公共基础设施之上提供的新兴服务更具活力；国有企业在政策性或者自然垄断属性较高的行业上更具优势，民营企业在准入门槛较低或者市场开放程度较高的行业更具有竞争力。详见表3-13。

表 3-13 2023 中国服务业企业 500 强所有制 & 行业分布比较

| | 总数/家 | 国有/家 | 民营/家 | 国有—民营/家 |
|---|---|---|---|---|
| 电网 | 3 | 3 | 0 | 3 |
| 水务 | 7 | 7 | 0 | 7 |
| 综合能源供应 | 17 | 13 | 4 | 9 |
| 铁路运输 | 3 | 3 | 0 | 3 |
| 公路运输 | 18 | 18 | 0 | 18 |
| 水上运输 | 1 | 1 | 0 | 1 |
| 港口服务 | 10 | 9 | 1 | 8 |
| 航空运输 | 5 | 4 | 1 | 3 |
| 航空港及相关服务业 | 1 | 1 | 0 | 1 |
| 邮政 | 1 | 1 | 0 | 1 |
| 物流及供应链 | 38 | 10 | 28 | -18 |
| 电信服务 | 3 | 3 | 0 | 3 |
| 广播电视服务 | 1 | 1 | 0 | 1 |
| 软件和信息技术（IT） | 22 | 2 | 20 | -18 |
| 互联网服务 | 21 | 0 | 21 | -21 |
| 能源矿产商贸 | 8 | 4 | 4 | 0 |
| 化工医药商贸 | 17 | 4 | 13 | -9 |
| 机电商贸 | 2 | 1 | 1 | 0 |
| 生活消费品商贸 | 5 | 2 | 3 | -1 |
| 农产品及食品批发 | 17 | 8 | 9 | -1 |
| 生产资料商贸 | 6 | 4 | 2 | 2 |
| 金属品商贸 | 19 | 3 | 16 | -13 |
| 综合商贸 | 39 | 18 | 21 | -3 |
| 连锁超市及百货 | 15 | 5 | 10 | -5 |
| 汽车摩托车零售 | 15 | 1 | 14 | -13 |
| 家电及电子产品零售 | 2 | 0 | 2 | -2 |
| 医药及医疗器材零售 | 10 | 2 | 8 | -6 |

续表

|  | 总数/家 | 国有/家 | 民营/家 | 国有—民营/家 |
|---|---|---|---|---|
| 商业银行 | 47 | 38 | 9 | 29 |
| 保险业 | 11 | 7 | 4 | 3 |
| 证券业 | 3 | 2 | 1 | 1 |
| 基金、信托及其他金融服务 | 3 | 2 | 1 | 1 |
| 多元化金融 | 8 | 7 | 1 | 6 |
| 住宅地产 | 33 | 13 | 20 | −7 |
| 商业地产 | 8 | 2 | 6 | −4 |
| 园区地产 | 4 | 2 | 2 | 0 |
| 多元化投资 | 39 | 33 | 6 | 27 |
| 商务中介服务 | 1 | 0 | 1 | −1 |
| 人力资源服务 | 4 | 2 | 2 | 0 |
| 科技研发、规划设计 | 1 | 1 | 0 | 1 |
| 国际经济合作（工程承包） | 1 | 1 | 0 | 1 |
| 旅游和餐饮 | 4 | 3 | 1 | 2 |
| 文化娱乐 | 8 | 8 | 0 | 8 |
| 医疗卫生健康服务 | 1 | 1 | 0 | 1 |
| 综合服务业 | 18 | 11 | 7 | 4 |

## 七、当前服务业大企业发展面临的主要问题和挑战

我国服务业的发展取得了长足进步，对国民经济增长的贡献度不断提高。2023年上半年，服务业增加值达到33.19万亿元，占GDP的比重达到56%。但也要看到，服务业大企业仍旧面临不少问题和挑战。一方面，外部环境仍旧复杂严峻，国内需求不足给企业经营带来不小的压力，部分企业出现经营困难。另一方面，随着服务供给总量不断创新高，服务供给结构性不足、服务业企业效益效率不高等问题凸显，同时服务业的竞争格局小和散乱现象犹在，创建优质企业的条件并不充分，整体竞争力有待提升。

**1. 供需两端相互制约，倒逼企业承压转型**

当前，外部环境复杂严峻，工业企业经营整体压力较大，对B端服务需求引致不足，研发设计、流通服务、金融服务、商务咨询、广告营销等服务的需求空间明显压缩。与此同时，这些服务业态多年来发展的不充分，对制造业企业在国际化经营中的服务不足，对制造业转型升级支撑不足的问

题也逐渐凸显出来，甚至成为产业升级被"卡脖子"的根源之一。B端服务业态在需求端受抑，在供给端有效服务不足，从而出现供需相互掣肘的局面。

实际上，B端服务业的发展具有一定的"被动性"，总体上滞后于制造业，是社会分工和产业发展到一定阶段所引致出来的产物。中国制造获得了长足发展，但其粗放的发展方式并没有给本土服务带来太多的发展空间和有效锤炼提升的机会。一大部分B端服务的发展长期以来面临"有没有"和"好不好"的双重困境。当前，制造业企业转型迫在眉睫，现代服务尤其是围绕产业数字化带来的信息技术服务需求被视为制造业提质增效的重要抓手，相关服务业态的发展被赋予重要期待。然而，诸多新兴、现代服务发端于消费，产业端尽管加速发展，但成熟尚需时日，比如物流服务中To C端的快递业发展成熟，To B端的物流仓储还存在短板弱项；数字经济的发展正处于消费互联日趋成熟、产业互联探索发展的阶段。制造业和服务业企业需要携手合作，共同探索、推动现代服务业态的发展壮大，产业数字化和数字产业化需要深度耦合和协同创造，方能打破服务供需两端相互制约的局面。

在消费端，服务业经济延续恢复向好态势，接触型、聚集型等消费服务增长显著。但也要看到，当前消费服务业在品质化、个性化和高端化等方面距离消费升级过程中人们的期待还有很大进步空间。在社会零售品消费总额持续增长的背景下，消费的边际增长动能将更多转向教育、医疗、康养、娱乐、理财等"非必需消费品"领域，原有的功能性需求也将更加完善，向便捷性、舒适度、品质和多样化升级。着眼今后一个时期，此类消费服务需求将随着需求侧"元气"恢复而加快释放，对供给侧的服务业企业将提出更高、更新的要求。

总体上看，服务业态存在有效供给不足，主要是结构性不足的症结，在制造业转型升级和人们消费升级的迫切期待中更加凸显。服务业大企业面临着逆市突围，在困境中提升发展质量的考验，也承担着增强服务能力，尽快推进供需两端相互促进，形成良性互助循环的责任。

**2. 经营效益分化持续，价值增值整体有待提高**

过去几年，受到外部多重因素冲击的影响，服务业大企业的经济效益效率总体持续走低。相比2019年，在2023中国服务业企业500强净利润总额、平均收入利润率和平均净资产利润率分别下降了3.67个百分点、1.28个百分点和2.43个百分点。在这样的背景下，服务业内部各个行业的经营效益出现更大差异，在2023中国服务业企业500强中行业净利润排名前五的行业合计贡献了84.73%的净利润，其他39个行业的净利润占比仅为15.27%。相比上年前五大行业净利润占比78.53%的情况，服务业500强的获利水平进一步集中。不同行业在服务业整体效益走低中分化更加突出。

造成这一现象的原因除了受到严峻复杂的外部环境的影响，还要看到服务业企业自身的价值创造能力，价值增值水平亟待提高。其背后有三方面的原因值得关注。一是服务业大企业发展模式长期较为粗放，专业化运作、规模化组织和网络化服务能力不足，尤其在面向B端的服务中更加突出。制造业生产流程和分工网络更为复杂，产品的异质性程度更高，需要解决各类数据、物质、资金在线上和线下的流动，格式、标准、流程更为复杂，同时还需要对所服务的产业领域有足够的认知和把握。这并非在朝夕之间能够完成。二是追求风口，在核心服务能力的打造上专注度不足。在过去多年中国经济的迅猛发展中，很多企业都是"摊大饼"的发展方式，在互联网、金融和房地产等风口领域多元化布局，快速做大，但在专业化、品质化服务能力建设上缺乏足够的战略定力。三是在商业模式的构建中对客户的真实需求关注不够。明晰客户需求在企业成长中至关重要，这决定了铁路公司做的是铁路生意还是运输生意，贸易公司的定位是商品集散还是管理商品流通。显然后者才是对客户真实诉求的回应，才能在铁路式微、批发业式微的情况下，还能以其他运输方式、以更高级的供应链管理服务来更满足客户需求，并在这个过程中构建以客户需求为逻辑起点的持续创造价值的能力。

**3. 竞争格局头短尾长，创建优质企业的条件不充分**

当前，加快建设世界一流企业已经成为我国的一项国家战略，中央深改委第二十四次会议审议通过了《关于加快建设世界一流企业的指导意见》，对服务业大企业发展指明了方向，也提出更高要求。我国服务业的市场竞争格局中尚存在诸多矛盾和不平衡问题，头部企业少和尾部企业多并存，低技能行业企业多和高技术行业企业少并存等现象突出，对世界一流企业建设支撑不足。

一是不少服务行业的头部企业尚没有形成巨头优势与尾部企业小和散乱现象突出并存，行业整体的竞争力偏弱。随着我国经济整体向前发展，服务业也实现了长足发展，但头部优势企业发展并不充分，集成性的服务供给能力，以及规模化、网络化的服务资源配置能力面临较大短板。同时大量中小企业服务规范、服务水准不足，距离成长为行业内的"专精特新"企业还有一定差距。以物流行业为例，2022年社会物流总费用为17.8万亿元，与GDP的比率为14.7%。这既说明了我国物流成本偏高，给企业经营成本造成一定压力，同时也显示出物流企业发展具有广阔的市场空间。实际上，我国面向企业端（To B）物流服务企业市场集中度较低，国内头部企业规模仅为国外头部企业的1/3或者1/4左右，仓库、干线、车辆等物流基础设施，物流数据、信息资源大部分都散落在中小物流商中，物流服务行业中缺乏规模经济，企业间协作水平较低，头部企业和尾部企业在各自领域的服务能力都有待提高。

二是以餐饮、外卖、居民服务等为代表的低技能、劳动密集型服务行业进入过剩与以信息技术服务、科研服务为代表的知识资本、技术资本和人力资本高密度的现代服务行业进入不足并存，服务业整体发展存在结构失衡问题，服务业内部不同行业的利润水平、生存状态和发展质量出现较大差异。在此情况下，不少服务业态存在低水平重复建设、同质化竞争和资源闲置问题，在外部冲击中抗风险能力较低；也有不少对高品质生活、制造高质量发展、畅通经济循环等起到支撑作用的服务业态亟待大力发展。这些问题的背后有高端产业人才不足、创新体系不完备、服务意识和服务能力不足等现实困境，也有部分服务领域还需要进一步加大改革力度，加大对内开放力度，降低准入门槛等迫切需求。

# 八、促进服务业大企业高质量发展的若干建议

服务业大企业要发挥龙头引领作用，增强发展信心，牢牢把握我国经济发展中的韧性和潜力，着力改善当前市场疲软中的被动局面，抓住数字化机遇，推动产业创新融合发展，不断提升价值创造能力，提高发展质量，努力迈向世界一流企业，不断推动产业链和产业生态健康有序发展，在服务新发展格局和现代化产业体系中不断发挥更大作用。

**1. 知难而进，增强发展信心**

一是要知难而进，积极主动作为。当前，外部环境依旧复杂严峻，服务业企业经营发展面临不少困难挑战，企业经营恢复将经历一个波浪式发展、曲折式前进的过程。企业要对此有客观清醒的认知，更要善于化危为机，积极主动作为，大力弘扬优秀企业家精神，牢牢把握发展的主动权。

二是要把握大势，增强发展信心。我国经济具有巨大的发展韧性和潜力，长期向好的基本面没有改变。十四亿多人口消费潜力巨大，大健康、医养、文旅等很多领域的市场还远远没有饱和，传统企业改造升级和新兴产业发展中的生产性服务需求还没有形成产业规模，服务业企业需要牢牢把握人民对美好生活的向往这一国家发展愿景，保持战略定力，不断创造需求、满足需求，增强发展的信心和底气。

三是要服务大局，争创世界一流。坚持以党的二十大精神为指引，在建设现代化产业体系和服务新发展格局中努力发挥服务业黏合剂和牵引力的作用，以高质量的服务供给推动不同产业融合发展，促进消费市场发展，不断提高核心竞争力，增强核心功能，提高发展质量，努力创建"产品卓越、品牌卓著、创新领先、治理现代"的世界一流企业，在中国式现代化进程中做出更大成绩。

**2. 着力创新融合发展，努力扩大服务市场规模**

服务业大企业应抓住当前现代化产业体系建设中的融合趋势，在服务型制造业和制造服务业的朝气蓬勃发展中不断提高积极性和主动性；以"数字+"和城市高质量发展作为重要融合手段，不断创新服务场景，努力扩大服务市场规模，积极改善市场疲软中的被动局面，在社会化大生产、大协作体系中不断增强竞争能力。

一是要推动生产性服务业和先进制造的融合。努力识别制造业转型升级过程中对生产性服务的迫切需求，主动融入制造业高端化、智能化、绿色化发展进程，深化业务关联、链条延伸、技术渗透，在推动制造业企业的质量效益、创新能力、资源配置效率等方面发挥作用。以服务制造业高质量发展为导向，推动生产性服务业向专业化和价值链高端延伸，不断提升生产性服务的水平和能力，拓展生产性服务的发展空间。

二是要推动数字经济与现代服务业的融合。在产业数字化和数字产业化的发展中寻求企业增长的一席之地，尤其是要重视传统产业在改造升级中带来的数字化需求，发展智能服务系统解决方案，增强数字化和服务化的协同能力，提升企业在新的服务需求和服务模式中的创新力。同时善于发挥数字经济在服务业和制造业融合过程中的作用，增强融合效果。

三是要着力促进服务业态与城市功能融合和空间整合，在城市高质量发展和人民对美好生活的向往中发挥好服务支撑和带动作用。一方面紧紧围绕城市发展，要看到中心城市对服务的聚集性需求，更要看到卫星城市乃至城镇乡村中的服务疏解需求，在消费服务、市政服务、流通服务中挖掘潜力。另一方面要利用好服务业态时空消费的同步性特征，利用文旅、商超等业态带动城市空间发展。同时要善于发挥总部效应，提升对数字经济等新兴服务的人才、资本、技术等各类要素的聚集力，发挥服务业大企业对城市新兴服务产业发展的引领作用。

**3. 提升价值创造能力，增强服务供给质量**

价值创造是企业组织存在的理由，也是经营发展和市场竞争力的核心主题，更是服务国家战略、夯实高质量发展、创建世界一流企业的根基。服务业大企业要把握好服务业发展中"为人服务，为产业服务"的本质要求，扎实开展价值创造行动，提升价值创造能力，提升效益效率，增强服务的供给质量。

一是要围绕核心客户，布局、整合核心资源，提升核心服务能力。经济社会发展日新月异，无论是消费端还是产业端都对服务供给的品质、时效、个性、安全、智能、绿色等提出了更高的要求。服务业大企业要着眼客户需求，投入关键服务要素，实施内外部专业化整合，建立服务体系，提升协同服务、增值服务的专业化能力。同时能够持续建立和积累行业技能，推动建立行业标准，全面提升产品服务品质。

二是大力弘扬企业家精神，着力提升科技创新、管理创新和模式创新能力。以数字经济大发展为契机，重视技术进步对服务业发展的引领作用，推进市场分析、客户开发、业务设计、运营管控流程再造，梳理价值创造环节，挖掘企业价值创造点，形成价值创造体系。以精益管理理念为抓手，推动服务标准化和个性化的统一，明确服务管理标准，强化关键环节和重点要素管控，建立健全服务管理体系，提升客户对服务的感知力，提升服务质量和服务效益。在合规尽责的前提下，鼓励探索性和创新性服务项目，积极响应客户需求，强化业态创新。

三是建立彰显企业特色的价值创造文化，形成全员创造价值的共识。一方面建立以价值创造为逻辑的绩效考核体系，发挥考核指挥棒作用，推动员工全力参与到价值创造行动中。另一方面挖掘企业内部价值创造的典型示范，学习同行业价值创造的典型经验，剖析价值创造模式和特色，形成可复制推广的经典价值创造范式。

**4. 持续开展对标对表，提升服务绩效水平**

对标管理是一个有目的的学习过程，也是一个激发创新的管理工具，通过以一流企业作为标杆，学习他人的先进经验来改善自身的不足，从而赶超标杆，不断追求更高的绩效水平。对标管理的核心要义在于对比标杆找差距、对比表格抓落实，从发展目标和过程控制两方面为企业管理提供整体解决思路。鉴于对标数据的不易得性和企业间经营的差异性，服务业企业可以从以下两个方面着手开展对标工作。

一方面做到三个结合。一是整体和分类相结合。中国服务业大企业大多是多元化经营，各个业务板块之间差异较大，往往难以找到精准的对标对象。企业要通过整体对标，为集团公司建设世界一流企业明晰战略定位、确定发展路径；同时通过分类对标，为将各专业公司打造成为细分领域龙头企业和单项冠军提供行动指引。二是定量和定性相结合，企业要通过定量对标，精准分析差距，为效益效率提升确立清晰的刻度和要求；同时通过定性对标，进行专题分析，确定关键管理要项，为改进提升寻找有价值的启发和借鉴。三是要过程和对标相结合，企业既要通过结果性的财务指标对标对表，发现差距，明确优化目标，同时要进行过程对标，研究对标对象的发展思路和商业模式，知其然，更要知其所以然，从而厘清企业发展过程中的关键要素、节点和方法等。

另一方面以核心指标为牵引，形成指标管理体系。在对标对表过程中，企业往往面临财务、市场、运营、组织等方方面面、复杂多样的指标数据。对标管理难度大，各个板块和各个职能容易各自为战，偏重短期绩效目标，出现"公地悲剧"，导致企业发展后劲不足。总部层面需要根据企业实际，以全员劳动生产率等指标为牵引，以安全、速度、价格等基本服务要求为基础，结合业务特色和价值创造逻辑，坚持质量第一和效益优先、坚持考核与激励紧密结合等原则，形成世界一流的管理提升指标体系，推动企业发展从数量型、规模型向质量型、效益效率型转变，从注重短期绩效向注重长期价值转变，从单一价值视角向整体价值理念转变。

**5. 发挥龙头引领作用，共建健康有序生态**

服务业大企业既是市场主体，以提升市场竞争力和效益效率为己任，也是产业发展和经济发展的领导者，要有推动产业链和产业生态健康有序发展的担当，有在建设现代化产业体系、构建新发展格局中发挥产业控制、科技创新、安全支撑作用的使命，尤其是在当前外部环境复杂严峻，国家经济发展面临不少困难挑战的情况下，服务业大企业更要有舍我其谁的使命感，切实发挥龙头引领作用，带动中小企业共建产业生态。

一是做好产业组织者和赋能者，带动上下游中小企业在技术攻关、生产验证、标准制定等方面加强合作，推动产业链条和生态网络的融通创新、有效衔接和协同运转。聚焦提高要素配置效率，推动物流、资金流、信息流和商流的协同，增强服务的管道作用和流通功能，畅通经济循环；聚焦提高产业创新力，加快发展研发设计、工业设计、商务咨询、检验检测认证等服务，提升生产性服务的专业化水平，推动农业和制造业的转型升级；聚焦增强全产业链优势，发挥大企业的资源整合优势，深入产业客户的经营活动，提高现代物流、采购分销、生产控制、运营管理、售后服务等环节的价值创造水平，有力支撑产业链供应链补链、固链、强链。

二是做好发展表率，发挥领头羊作用，带动产业健康有序发展。过去几年，在连续的外部冲击中，部分房地产、金融服务业企业过分追求风口、盲目扩张等风控意识不足问题，一些消费服务业态中的同质化竞争、低水平重复建设等服务品质不足问题不断暴露出来。鉴于此，大企业要勇于发挥示范引领作用，切实以高质量发展为首要任务，以持续成长为追求，遵循商业常识，在发展能力和存续时间两个维度上同时取得胜利。在这个过程中，要努力摒弃短视，提升核心能力，增强发展后劲；要奋力抵御危机，应对不确定性，以创新、改革、优化蓄力能量，增强发展韧性；还要跳出路径依赖，顺应新技术、新革命、新赛道，合理布局新的增长曲线，实现企业成长的接续有力，增强发展的稳定性和确定性。

# 第四章
# 2023 中国跨国公司 100 大及跨国指数分析报告

为深入贯彻落实习近平新时代中国特色社会主义思想和党的二十大精神，推动我国大型跨国公司发展，提高国际化经营水平，加快建设世界一流企业，同时为社会各界提供我国大企业跨国经营水平及其相关信息，中国企业联合会、中国企业家协会连续12年推出"中国跨国公司100大及跨国指数分析报告"。

"中国100大跨国公司及跨国指数"是在中国企业500强、中国制造业企业500强、中国服务业企业500强的基础上，依据企业自愿申报的数据，参照联合国贸易和发展组织的标准产生的。中国100大跨国公司是由拥有海外资产、海外营业收入、海外员工的非金融企业，依据企业海外资产总额的多少排序产生的；跨国指数则按照（海外营业收入÷营业收入总额＋海外资产÷资产总额＋海外员工÷员工总数）÷3×100%计算得出。

## 一、2022 年我国企业国际化稳步推进

2022年，克服外部环境的不利影响，我国对外投资平稳发展，稳中有进，全行业对外直接投资9853.7亿元人民币，增长5.2%（折合1465亿美元，增长0.9%）。其中，对外非金融类直接投资7859.4亿元人民币，增长7.2%（折合1168.5亿美元，增长2.8%）。2022年，我国对外承包工程完成营业额10424.9亿元人民币，增长4.3%（折合1549.9亿美元，与上年基本持平）；新签合同额17021.7亿元人民币，增长2.1%（折合2530.7亿美元，下降2.1%）。截至2022年年底，我国境外中资企业数量已经达到4.6万家，分布在全球190个国家和地区，对外直接投资存量达到2.8万亿美元，境外企业中方员工超过150万人。

对"一带一路"沿线国家投资合作稳步推进。我国企业在"一带一路"沿线国家非金融类直接投资209.7亿美元，增长3.3%，占同期总额的17.9%；在沿线国家承包工程完成营业额849.4亿美元，新签合同额1296.2亿美元，分别占总额的54.8%和51.2%，为高质量共建"一带一路"做出了积极贡献。

部分行业对外投资增长较快。投向批发和零售业211亿美元，同比增长19.5%；投向制造业216

亿美元，增长17.4%；投向租赁和商务服务业387.6亿美元，增长5.8%。

地方对外投资活跃。地方企业对外投资939.2亿美元，较上年增长13.1%，占总额的80.4%。其中东部地区对外投资增长10.3%，占地方投资的81.6%，广东省、浙江省和上海市位列地方对外投资前三位。

据北京出海领航与中国机电产品进出口商会联手对100家优质中国制造企业2022年的海外业务进行的调查结果显示：2022年有55%的调研企业海外业务收入占比超过20%，更有17%的调研企业海外业务收入占比超过50%。2022年，海外业务占比超过20%的企业比例从上年的36%显著升高至55%；多数企业海外业务规模偏小，海外业绩呈现分化态势，软实力短板依旧明显；海外业务战略规划和顶层设计能力超越本地化经营能力成为决定中国企业海外业务成败的重要因素；对于已经到来的2023年，绝大多数企业持乐观态度，超过90%的企业预测2023年公司的海外业务会保持增长，30%的企业预测其海外业务将保持50%以上的高速增长；着眼于更长远的未来，调研结果充分展现了中国出海企业对于挺进海外市场的坚定信念。82%的调研企业认为公司未来3至5年海外业务占比会超过30%，而目前海外业务占比超过30%的企业仅有34%。

## 二、2023中国跨国公司100大及跨国指数

依据2023中国企业500强、2023中国制造业企业500强、2023中国服务业企业500强的海外经营数据，中国企业联合会推出了2023中国跨国公司100大及其跨国指数，中国石油天然气集团有限公司、中国中化控股有限责任公司、中国石油化工集团有限公司、华为投资控股有限公司、中国远洋海运集团有限公司、中国海洋石油集团有限公司、腾讯控股有限公司、国家电网有限公司、联想控股股份有限公司、中国交通建设集团有限公司位列前10名，中国石油天然气集团有限公司连续12年居第一位，中国中化控股有限责任公司、中国石油化工集团有限公司分别居第二、三位。详见表4－1。2023中国跨国公司100大及其跨国指数有以下主要特点。

**1. 主要国际化指标有所改善**

尽管受全球新冠疫情和逆全球化的影响，叠加全球地缘政治和经济的不稳定性，中国跨国公司积极开拓国际市场，2022年的国际化指标有所改善。2023中国跨国公司100大海外资产总额为117668亿元、海外营业收入为91099亿元，分别比上年增加9.45%、16.94%；海外员工总数为1191396人，比上年下降4.62%。2023中国跨国公司100大入围门槛为179.09亿元，比上年提高44.13亿元，提高了32.70%。

2023中国跨国公司100大的平均跨国指数为15.90%，与上年相比提高了0.31个百分点，比2011中国跨国公司100大的平均跨国指数提高4.69个百分点。2023中国跨国公司100大的海外资产占比、海外营业收入占比、海外员工占比分别为17.48%、20.79%、9.44%。与上年相比，海外资产占比、海外营业收入占比分别提高了0.42、1.14个百分点，海外员工占比下降了0.61个百分点。

表 4-1 2023 中国跨国公司 100 大及其跨国指数

| 排名 | 公司名称 | 海外资产/万元 | 企业资产/万元 | 海外营业收入/万元 | 营业收入/万元 | 海外员工/人 | 企业员工/人 | 跨国指数/% |
|---|---|---|---|---|---|---|---|---|
| 1 | 中国石油天然气集团有限公司 | 105479034 | 439505369 | 151770498 | 324915726 | 70109 | 1087049 | 25.72 |
| 2 | 中国中化控股有限责任公司 | 85812718 | 158400681 | 10830327 | 116934655 | 56500 | 223448 | 29.57 |
| 3 | 中国石油化工集团有限公司 | 70787676 | 254334578 | 94514807 | 316934342 | 33647 | 527487 | 21.34 |
| 4 | 华为投资控股有限公司 | 69416153 | 106380400 | 22278379 | 64233800 | 45000 | 205000 | 40.63 |
| 5 | 中国远洋海运集团有限公司 | 56404574 | 111425823 | 34263485 | 62680959 | 16651 | 110805 | 40.10 |
| 6 | 中国海洋石油集团有限公司 | 55257168 | 151335316 | 67421645 | 110831212 | 5741 | 81775 | 34.79 |
| 7 | 腾讯控股有限公司 | 46062798 | 157813100 | 4460376 | 55455200 | 36754 | 108436 | 23.71 |
| 8 | 国家电网有限公司 | 39016915 | 490227557 | 9049607 | 356524505 | 18995 | 969301 | 4.15 |
| 9 | 联想控股股份有限公司 | 32781715 | 68107417 | 34694929 | 48366270 | 30755 | 101587 | 50.05 |
| 10 | 中国交通建设集团有限公司 | 30292194 | 237518365 | 16092639 | 93011239 | 39618 | 221017 | 15.99 |
| 11 | 复星国际有限公司 | 26350052 | 82314606 | 6768690 | 17539342 | 13142 | 108000 | 27.59 |
| 12 | 广州越秀集团股份有限公司 | 25922539 | 90347699 | 437893 | 10602853 | 2070 | 38027 | 12.76 |
| 13 | 浙江吉利控股集团有限公司 | 22068877 | 56067708 | 18048112 | 40626870 | 46734 | 131517 | 39.77 |
| 14 | 中国铝业集团有限公司 | 22020181 | 62501951 | 8852105 | 51759778 | 2547 | 132740 | 18.08 |
| 15 | 中国建筑股份有限公司 | 18460249 | 265290331 | 10796812 | 205505207 | 31684 | 382492 | 6.83 |
| 16 | 中国电力建设集团有限公司 | 17844508 | 129507190 | 9181195 | 66608157 | 12015 | 182424 | 11.38 |
| 17 | 中国五矿集团有限公司 | 16463239 | 105634035 | 11080122 | 89830142 | 11439 | 187962 | 11.34 |
| 18 | 海尔集团公司 | 15327021 | 49719941 | 12732526 | 35062328 | 38219 | 120501 | 32.95 |
| 19 | 洛阳栾川钼业集团股份有限公司 | 14601754 | 16501921 | 10616954 | 17299085 | 7293 | 12754 | 69.01 |
| 20 | 中国广核集团有限公司 | 13970497 | 91265773 | 3424501 | 13698039 | 3389 | 44499 | 15.97 |
| 21 | 深圳市投资控股有限公司 | 13172841 | 105726821 | 2815654 | 25486226 | 8778 | 103117 | 10.67 |
| 22 | 潍柴动力股份有限公司 | 13060108 | 29366609 | 9505696 | 17515754 | 41149 | 87591 | 48.57 |
| 23 | 国家电力投资集团有限公司 | 11861841 | 158179590 | 2152344 | 36339130 | 2042 | 123401 | 5.03 |
| 24 | 美的集团股份有限公司 | 10640000 | 42255527 | 14264494 | 34570871 | 35000 | 166243 | 29.17 |
| 25 | 山东能源集团有限公司 | 10135871 | 95112301 | 22436799 | 83471545 | 4001 | 232841 | 13.08 |
| 26 | 中国华能集团有限公司 | 10123061 | 141519461 | 3849863 | 42454816 | 860 | 124588 | 5.64 |
| 27 | 中国能源建设集团有限公司 | 10030412 | 67970691 | 4678178 | 36922911 | 7548 | 116787 | 11.30 |
| 28 | 万洲国际有限公司 | 9954503 | 13828213 | 12488113 | 18891636 | 57000 | 104000 | 64.30 |
| 29 | 紫金矿业集团股份有限公司 | 9816000 | 30604414 | 6758225 | 27032900 | 23816 | 48836 | 35.28 |
| 30 | 中国铁道建筑集团有限公司 | 9287292 | 152853790 | 5407853 | 109671201 | 9889 | 342098 | 4.63 |
| 31 | 中国兵器工业集团有限公司 | 9087637 | 51973929 | 25418294 | 55622839 | 15614 | 217161 | 23.46 |
| 32 | 中国华电集团有限公司 | 8695539 | 102717210 | 1984804 | 30346738 | 2345 | 92857 | 5.84 |

续表

| 排名 | 公司名称 | 海外资产/万元 | 企业资产/万元 | 海外营业收入/万元 | 营业收入/万元 | 海外员工/人 | 企业员工/人 | 跨国指数/% |
|---|---|---|---|---|---|---|---|---|
| 33 | 中国铁路工程集团有限公司 | 8076247 | 162053670 | 5843674 | 115477604 | 9000 | 312906 | 4.31 |
| 34 | 中粮集团有限公司 | 7947957 | 69557102 | 9849354 | 74143735 | 2822 | 103537 | 9.15 |
| 35 | 上海汽车集团股份有限公司 | 7944365 | 99010738 | 8338022 | 74406288 | 26274 | 153196 | 12.13 |
| 36 | 中国移动通信集团有限公司 | 7547069 | 228796985 | 2571347 | 93903722 | 8509 | 452202 | 2.64 |
| 37 | 河钢集团有限公司 | 7430059 | 53956036 | 11829301 | 40066825 | 13095 | 99807 | 18.80 |
| 38 | 北京首都创业集团有限公司 | 7341076 | 42060022 | 235200 | 5782222 | 323 | 34159 | 7.49 |
| 39 | 江苏沙钢集团有限公司 | 7312792 | 34419262 | 3278748 | 28779934 | 925 | 45207 | 11.56 |
| 40 | 中国有色矿业集团有限公司 | 6879450 | 11537294 | 7644911 | 13949733 | 15364 | 42112 | 50.30 |
| 41 | 上海电气控股集团有限公司 | 6871009 | 39491030 | 1861419 | 15386673 | 7182 | 73319 | 13.10 |
| 42 | 中国国际海运集装箱(集团)股份有限公司 | 6686623 | 14589995 | 6866217 | 14153665 | 4745 | 51543 | 34.52 |
| 43 | 四川科伦实业集团有限公司 | 6422367 | 4035068 | 2029751 | 4525939 | 355 | 15285 | 68.78 |
| 44 | 中国电子信息产业集团有限公司 | 6372808 | 42162105 | 12400669 | 27126532 | 12406 | 184940 | 22.51 |
| 45 | 浙江恒逸集团有限公司 | 6246464 | 13486979 | 6643191 | 38566157 | 2097 | 21261 | 24.47 |
| 46 | 国家能源投资集团有限责任公司 | 6070124 | 194216366 | 1528374 | 81786458 | 637 | 313123 | 1.73 |
| 47 | 三一集团有限公司 | 5828383 | 27886019 | 3826670 | 12622682 | 2432 | 48606 | 18.74 |
| 48 | 闻泰科技股份有限公司 | 5327065 | 7668979 | 3061746 | 5807869 | 15000 | 34048 | 55.41 |
| 49 | 光明食品(集团)有限公司 | 5289891 | 28008684 | 4617125 | 13759378 | 16951 | 96639 | 23.33 |
| 50 | 山东魏桥创业集团有限公司 | 5289256 | 25732721 | 3987817 | 50398814 | 8434 | 98100 | 12.35 |
| 51 | 海信集团控股股份有限公司 | 5192919 | 17864558 | 7572127 | 18493639 | 23849 | 97838 | 31.46 |
| 52 | 青山控股集团有限公司 | 5175832 | 13890091 | 11650880 | 36802845 | 67378 | 100982 | 45.21 |
| 53 | 中国宝武钢铁集团有限公司 | 5017727 | 123984105 | 19707599 | 108770720 | 2703 | 219340 | 7.80 |
| 54 | 中国机械工业集团有限公司 | 4534222 | 35577885 | 4171673 | 34391560 | 9014 | 125370 | 10.69 |
| 55 | 万向集团公司 | 4515271 | 11474688 | 8602186 | 19046558 | 9116 | 33711 | 37.19 |
| 56 | 浙江华友钴业股份有限公司 | 4109950 | 11059241 | 3728130 | 6303378 | 9914 | 29757 | 43.21 |
| 57 | 首钢集团有限公司 | 4046416 | 51884243 | 3539687 | 24789937 | 3911 | 91165 | 8.79 |
| 58 | 中国南方电网有限责任公司 | 4031289 | 114511539 | 445491 | 76465826 | 800 | 282571 | 1.46 |
| 59 | 中国建材集团有限公司 | 4024752 | 70296223 | 2854763 | 38015811 | 6777 | 208857 | 5.49 |
| 60 | 金川集团股份有限公司 | 3815639 | 14388763 | 2111820 | 33275083 | 3274 | 28930 | 14.73 |
| 61 | 云南省投资控股集团有限公司 | 3713565 | 56866075 | 1120451 | 19619241 | 651 | 48487 | 4.53 |
| 62 | 山东如意时尚投资控股有限公司 | 3623235 | 7093999 | 3103241 | 5328397 | 10106 | 39742 | 44.91 |

续表

| 排名 | 公司名称 | 海外资产/万元 | 企业资产/万元 | 海外营业收入/万元 | 营业收入/万元 | 海外员工/人 | 企业员工/人 | 跨国指数/% |
|---|---|---|---|---|---|---|---|---|
| 63 | 中国中车集团有限公司 | 3578404 | 51193476 | 1578558 | 23339797 | 6761 | 170184 | 5.91 |
| 64 | 宁波均胜电子股份有限公司 | 3509064 | 5411209 | 3780764 | 4979335 | 39504 | 44391 | 76.59 |
| 65 | 厦门国贸控股集团有限公司 | 3390783 | 32220107 | 10479003 | 69346046 | 455 | 35647 | 8.97 |
| 66 | 中国电信集团有限公司 | 3322651 | 104664204 | 1553097 | 58634784 | 4170 | 392726 | 2.30 |
| 67 | 中国化学工程集团有限公司 | 3280569 | 23474396 | 3394665 | 17617096 | 3875 | 53697 | 13.49 |
| 68 | 宁夏天元锰业集团有限公司 | 3135269 | 13725762 | 873201 | 6197005 | 1194 | 20058 | 14.30 |
| 69 | 中国信息通信科技集团有限公司 | 3102505 | 11943301 | 1503033 | 5286746 | 1280 | 35387 | 19.34 |
| 70 | TCL实业控股股份有限公司 | 2988892 | 10372568 | 6627013 | 10608648 | 5473 | 39014 | 35.10 |
| 71 | 中国东方航空集团有限公司 | 2987109 | 37294959 | 202675 | 6597159 | 1117 | 97935 | 4.07 |
| 72 | 晶澳太阳能科技股份有限公司 | 2925346 | 7234863 | 4381703 | 7298940 | 3500 | 32591 | 37.07 |
| 73 | 中联重科股份有限公司 | 2826667 | 12355302 | 999180 | 4163149 | 2515 | 25283 | 18.94 |
| 74 | 广东省广新控股集团有限公司 | 2683613 | 12727552 | 5304177 | 23791433 | 9578 | 40613 | 22.32 |
| 75 | 云南省建设投资控股集团有限公司 | 2667560 | 78437097 | 400662 | 17159269 | 412 | 44393 | 2.22 |
| 76 | 双星集团有限责任公司 | 2605333 | 3827563 | 1855468 | 2246137 | 9913 | 16385 | 70.39 |
| 77 | 中国大唐集团有限公司 | 2587887 | 84944885 | 252046 | 25296745 | 1036 | 89210 | 1.73 |
| 78 | 北京控股集团有限公司 | 2535633 | 43005912 | 1656011 | 11910115 | 2330 | 73017 | 7.66 |
| 79 | 隆基绿能科技股份有限公司 | 2386300 | 13955559 | 4793215 | 12899811 | 8447 | 60601 | 22.73 |
| 80 | 南山集团有限公司 | 2379295 | 15380693 | 2208271 | 13062086 | 2866 | 45620 | 12.89 |
| 81 | 新疆广汇实业投资(集团)有限责任公司 | 2347000 | 25748922 | 1031584 | 20800708 | 232 | 74069 | 4.80 |
| 82 | 广东省广晟控股集团有限公司 | 2277093 | 16967682 | 4483463 | 12063704 | 5156 | 56256 | 19.92 |
| 83 | 上海德龙钢铁集团有限公司 | 2235767 | 14485850 | 1740566 | 22557196 | 8316 | 46403 | 13.69 |
| 84 | 中国通用技术(集团)控股有限责任公司 | 2204608 | 27752364 | 1445858 | 18301681 | 3121 | 89484 | 6.44 |
| 85 | 徐工集团工程机械股份有限公司 | 2193995 | 17508560 | 2783816 | 9381712 | 5413 | 27457 | 20.64 |
| 86 | 中国联合网络通信集团有限公司 | 2149184 | 68348838 | 760766 | 35615693 | 1075 | 256973 | 1.90 |
| 87 | 安徽海螺集团有限责任公司 | 2141398 | 30162811 | 1014421 | 22192212 | 4224 | 61637 | 6.17 |
| 88 | 万华化学集团股份有限公司 | 2132835 | 20084320 | 8123195 | 16556548 | 3236 | 24387 | 24.32 |
| 89 | 鞍钢集团有限公司 | 2129280 | 48100840 | 3032386 | 33661615 | 514 | 151411 | 4.59 |

续表

| 排名 | 公司名称 | 海外资产/万元 | 企业资产/万元 | 海外营业收入/万元 | 营业收入/万元 | 海外员工/人 | 企业员工/人 | 跨国指数/% |
|---|---|---|---|---|---|---|---|---|
| 90 | 新疆金风科技股份有限公司 | 2059155 | 13682238 | 428695 | 4643685 | 752 | 11200 | 10.33 |
| 91 | 铜陵有色金属集团控股有限公司 | 1981718 | 10101527 | 4874771 | 23267823 | 1734 | 21797 | 16.17 |
| 92 | 上海韦尔半导体股份有限公司 | 1954406 | 3519016 | 1638810 | 2007818 | 1226 | 4980 | 53.93 |
| 93 | 正泰集团股份有限公司 | 1950746 | 14040291 | 1572009 | 12371893 | 1973 | 41632 | 10.45 |
| 94 | 内蒙古伊利实业集团股份有限公司 | 1941557 | 13096530 | 603158 | 12317104 | 3371 | 67199 | 8.25 |
| 95 | 珠海华发集团有限公司 | 1928673 | 65040443 | 1643920 | 15763552 | 11327 | 47257 | 12.45 |
| 96 | 中伟新材料股份有限公司 | 1882668 | 5387468 | 1306384 | 3034374 | 731 | 10140 | 28.40 |
| 97 | 海亮集团有限公司 | 1877181 | 6753697 | 2559986 | 20737008 | 2623 | 25423 | 16.82 |
| 98 | 亨通集团有限公司 | 1870069 | 8947699 | 1715979 | 15599808 | 4583 | 18794 | 18.76 |
| 99 | 广东小鹏汽车科技有限公司 | 1850537 | 7149101 | 74163 | 2685512 | 336 | 17336 | 10.19 |
| 100 | 天合光能股份有限公司 | 1790943 | 8997606 | 4213833 | 8505179 | 2639 | 23077 | 26.96 |
| | 合计 | 1176680482 | 6731913993 | 910988008 | 4381192627 | 1191396 | 12616745 | 15.90 |

注1：中国中化控股有限责任公司、华为投资控股有限公司、腾讯控股有限公司的海外资产、海外营业收入和海外员工数，以及联想控股股份有限公司的海外资产来自2023世界跨国公司100大；复星国际有限公司、中粮集团有限公司、中国电子信息产业集团有限公司的海外资产、海外营业收入和海外员工数来自2022发展中国家跨国公司100大；其余数据都由企业申报。

注2：汇率折算方法是2021年为1美元=6.4476元人民币，2022年为1美元=6.7144元人民币。

2023中国跨国公司100大海外营业收入排前10位的企业分别是中国石油天然气集团有限公司、中国石油化工集团有限公司、中国海洋石油集团有限公司、联想控股股份有限公司、中国远洋海运集团有限公司、中国兵器工业集团有限公司、山东能源集团有限公司、华为投资控股有限公司、中国宝武钢铁集团有限公司、浙江吉利控股集团有限公司。山东能源集团有限公司首次进入前10位。详见表4-2。

2023中国跨国公司100大海外员工数排前10位的企业分别是中国石油天然气集团有限公司、青山控股集团有限公司、万洲国际有限公司、中国中化控股有限责任公司、浙江吉利控股集团有限公司、华为投资控股有限公司、潍柴动力股份有限公司、中国交通建设集团有限公司、宁波均胜电子股份有限公司、海尔集团公司。详见表4-3。

表4-2 2023中国跨国公司100大海外营业收入排序

| 排名 | 公司名称 | 海外资产/万元 | 海外营业收入/万元 | 海外员工/人 | 跨国指数/% |
|---|---|---|---|---|---|
| 1 | 中国石油天然气集团有限公司 | 105479034 | 151770498 | 70109 | 25.72 |
| 2 | 中国石油化工集团有限公司 | 70787676 | 94514807 | 33647 | 21.34 |
| 3 | 中国海洋石油集团有限公司 | 55257168 | 67421645 | 5741 | 34.79 |
| 4 | 联想控股股份有限公司 | 32781715 | 34694929 | 30755 | 50.05 |
| 5 | 中国远洋海运集团有限公司 | 56404574 | 34263485 | 16651 | 40.10 |
| 6 | 中国兵器工业集团有限公司 | 9087637 | 25418294 | 15614 | 23.46 |
| 7 | 山东能源集团有限公司 | 10135871 | 22436799 | 4001 | 13.08 |
| 8 | 华为投资控股有限公司 | 69416153 | 22278379 | 45000 | 40.63 |
| 9 | 中国宝武钢铁集团有限公司 | 5017727 | 19707599 | 2703 | 7.80 |
| 10 | 浙江吉利控股集团有限公司 | 22068877 | 18048112 | 46734 | 39.77 |
| 11 | 中国交通建设集团有限公司 | 30292194 | 16092639 | 39618 | 15.99 |
| 12 | 美的集团股份有限公司 | 10640000 | 14264494 | 35000 | 29.17 |
| 13 | 海尔集团公司 | 15327021 | 12732526 | 38219 | 32.95 |
| 14 | 万洲国际有限公司 | 9954503 | 12488113 | 57000 | 64.30 |
| 15 | 中国电子信息产业集团有限公司 | 6372808 | 12400669 | 12406 | 22.51 |
| 16 | 河钢集团有限公司 | 7430059 | 11829301 | 13095 | 18.80 |
| 17 | 青山控股集团有限公司 | 5175832 | 11650880 | 67378 | 45.21 |
| 18 | 中国五矿集团有限公司 | 16463239 | 11080122 | 11439 | 11.34 |
| 19 | 中国中化控股有限责任公司 | 85812718 | 10830327 | 56500 | 29.57 |
| 20 | 中国建筑股份有限公司 | 18460249 | 10796812 | 31684 | 6.83 |
| 21 | 洛阳栾川钼业集团股份有限公司 | 14601754 | 10616954 | 7293 | 69.01 |
| 22 | 厦门国贸控股集团有限公司 | 3390783 | 10479003 | 455 | 8.97 |
| 23 | 中粮集团有限公司 | 7947957 | 9849354 | 2822 | 9.15 |
| 24 | 潍柴动力股份有限公司 | 13060108 | 9505696 | 41149 | 48.57 |
| 25 | 中国电力建设集团有限公司 | 17844508 | 9181195 | 12015 | 11.38 |
| 26 | 国家电网有限公司 | 39016915 | 9049607 | 18995 | 4.15 |
| 27 | 中国铝业集团有限公司 | 22020181 | 8852105 | 2547 | 18.08 |
| 28 | 万向集团公司 | 4515271 | 8602186 | 9116 | 37.19 |
| 29 | 上海汽车集团股份有限公司 | 7944365 | 8338022 | 26274 | 12.13 |
| 30 | 万华化学集团股份有限公司 | 2132835 | 8123195 | 3236 | 24.32 |
| 31 | 中国有色矿业集团有限公司 | 6879450 | 7644911 | 15364 | 50.30 |
| 32 | 海信集团控股股份有限公司 | 5192919 | 7572127 | 23849 | 31.46 |
| 33 | 中国国际海运集装箱(集团)股份有限公司 | 6686623 | 6866217 | 4745 | 34.52 |
| 34 | 复星国际有限公司 | 26350052 | 6768690 | 13142 | 27.59 |

续表

| 排名 | 公司名称 | 海外资产/万元 | 海外营业收入/万元 | 海外员工/人 | 跨国指数/% |
|---|---|---|---|---|---|
| 35 | 紫金矿业集团股份有限公司 | 9816000 | 6758225 | 23816 | 35.28 |
| 36 | 浙江恒逸集团有限公司 | 6246464 | 6643191 | 2097 | 24.47 |
| 37 | TCL 实业控股股份有限公司 | 2988892 | 6627013 | 5473 | 35.10 |
| 38 | 中国铁路工程集团有限公司 | 8076247 | 5843674 | 9000 | 4.31 |
| 39 | 中国铁道建筑集团有限公司 | 9287292 | 5407853 | 9889 | 4.63 |
| 40 | 广东省广新控股集团有限公司 | 2683613 | 5304177 | 9578 | 22.32 |
| 41 | 铜陵有色金属集团控股有限公司 | 1981718 | 4874771 | 1734 | 16.17 |
| 42 | 隆基绿能科技股份有限公司 | 2386300 | 4793215 | 8447 | 22.73 |
| 43 | 中国能源建设集团有限公司 | 10030412 | 4678178 | 7548 | 11.30 |
| 44 | 光明食品（集团）有限公司 | 5289891 | 4617125 | 16951 | 23.33 |
| 45 | 广东省广晟控股集团有限公司 | 2277093 | 4483463 | 5156 | 19.92 |
| 46 | 腾讯控股有限公司 | 46062798 | 4460376 | 36754 | 23.71 |
| 47 | 晶澳太阳能科技股份有限公司 | 2925346 | 4381703 | 3500 | 37.07 |
| 48 | 天合光能股份有限公司 | 1790943 | 4213833 | 2639 | 26.96 |
| 49 | 中国机械工业集团有限公司 | 4534222 | 4171673 | 9014 | 10.69 |
| 50 | 山东魏桥创业集团有限公司 | 5289256 | 3987817 | 8434 | 12.35 |
| 51 | 中国华能集团有限公司 | 10123061 | 3849863 | 860 | 5.64 |
| 52 | 三一集团有限公司 | 5828383 | 3826670 | 2432 | 18.74 |
| 53 | 宁波均胜电子股份有限公司 | 3509064 | 3780764 | 39504 | 76.59 |
| 54 | 浙江华友钴业股份有限公司 | 4109950 | 3728130 | 9914 | 43.21 |
| 55 | 首钢集团有限公司 | 4046416 | 3539687 | 3911 | 8.79 |
| 56 | 中国广核集团有限公司 | 13970497 | 3424501 | 3389 | 15.97 |
| 57 | 中国化学工程集团有限公司 | 3280569 | 3394665 | 3875 | 13.49 |
| 58 | 江苏沙钢集团有限公司 | 7312792 | 3278748 | 925 | 11.56 |
| 59 | 山东如意时尚投资控股有限公司 | 3623235 | 3103241 | 10106 | 44.91 |
| 60 | 闻泰科技股份有限公司 | 5327065 | 3061746 | 15000 | 55.41 |
| 61 | 鞍钢集团有限公司 | 2129280 | 3032386 | 514 | 4.59 |
| 62 | 中国建材集团有限公司 | 4024752 | 2854763 | 6777 | 5.49 |
| 63 | 深圳市投资控股有限公司 | 13172841 | 2815654 | 8778 | 10.67 |
| 64 | 徐工集团工程机械股份有限公司 | 2193995 | 2783816 | 5413 | 20.64 |
| 65 | 中国移动通信集团有限公司 | 7547069 | 2571347 | 8509 | 2.64 |
| 66 | 海亮集团有限公司 | 1877181 | 2559986 | 2623 | 16.82 |
| 67 | 南山集团有限公司 | 2379295 | 2208271 | 2866 | 12.89 |
| 68 | 国家电力投资集团有限公司 | 11861841 | 2152344 | 2042 | 5.03 |

续表

| 排名 | 公司名称 | 海外资产/万元 | 海外营业收入/万元 | 海外员工/人 | 跨国指数/% |
|---|---|---|---|---|---|
| 69 | 金川集团股份有限公司 | 3815639 | 2111820 | 3274 | 14.73 |
| 70 | 四川科伦实业集团有限公司 | 6422367 | 2029751 | 355 | 68.78 |
| 71 | 中国华电集团有限公司 | 8695539 | 1984804 | 2345 | 5.84 |
| 72 | 上海电气控股集团有限公司 | 6871009 | 1861419 | 7182 | 13.10 |
| 73 | 双星集团有限责任公司 | 2605333 | 1855468 | 9913 | 70.39 |
| 74 | 上海德龙钢铁集团有限公司 | 2235767 | 1740566 | 8316 | 13.69 |
| 75 | 亨通集团有限公司 | 1870069 | 1715979 | 4583 | 18.76 |
| 76 | 北京控股集团有限公司 | 2535633 | 1656011 | 2330 | 7.66 |
| 77 | 珠海华发集团有限公司 | 1928673 | 1643920 | 11327 | 12.45 |
| 78 | 上海韦尔半导体股份有限公司 | 1954406 | 1638810 | 1226 | 53.93 |
| 79 | 中国中车集团有限公司 | 3578404 | 1578558 | 6761 | 5.91 |
| 80 | 正泰集团股份有限公司 | 1950746 | 1572009 | 1973 | 10.45 |
| 81 | 中国电信集团有限公司 | 3322651 | 1553097 | 4170 | 2.30 |
| 82 | 国家能源投资集团有限责任公司 | 6070124 | 1528374 | 637 | 1.73 |
| 83 | 中国信息通信科技集团有限公司 | 3102505 | 1503033 | 1280 | 19.34 |
| 84 | 中国通用技术（集团）控股有限责任公司 | 2204608 | 1445858 | 3121 | 6.44 |
| 85 | 中伟新材料股份有限公司 | 1882668 | 1306384 | 731 | 28.40 |
| 86 | 云南省投资控股集团有限公司 | 3713565 | 1120451 | 651 | 4.53 |
| 87 | 新疆广汇实业投资（集团）有限责任公司 | 2347000 | 1031584 | 232 | 4.80 |
| 88 | 安徽海螺集团有限责任公司 | 2141398 | 1014421 | 4224 | 6.17 |
| 89 | 中联重科股份有限公司 | 2826667 | 999180 | 2515 | 18.94 |
| 90 | 宁夏天元锰业集团有限公司 | 3135269 | 873201 | 1194 | 14.30 |
| 91 | 中国联合网络通信集团有限公司 | 2149184 | 760766 | 1075 | 1.90 |
| 92 | 内蒙古伊利实业集团股份有限公司 | 1941557 | 603158 | 3371 | 8.25 |
| 93 | 中国南方电网有限责任公司 | 4031289 | 445491 | 800 | 1.46 |
| 94 | 广州越秀集团股份有限公司 | 25922539 | 437893 | 2070 | 12.76 |
| 95 | 新疆金风科技股份有限公司 | 2059155 | 428695 | 752 | 10.33 |
| 96 | 云南省建设投资控股集团有限公司 | 2667560 | 400662 | 412 | 2.22 |
| 97 | 中国大唐集团有限公司 | 2587887 | 252046 | 1036 | 1.73 |
| 98 | 北京首都创业集团有限公司 | 7341076 | 235200 | 323 | 7.49 |
| 99 | 中国东方航空集团有限公司 | 2987109 | 202675 | 1117 | 4.07 |
| 100 | 广东小鹏汽车科技有限公司 | 1850537 | 74163 | 336 | 10.19 |

续表

表 4-3  2023 中国跨国公司 100 大海外员工数排序

| 排名 | 公司名称 | 海外资产/万元 | 海外营业收入/万元 | 海外员工/人 | 跨国指数/% |
|---|---|---|---|---|---|
| 1 | 中国石油天然气集团有限公司 | 105479034 | 151770498 | 70109 | 25.72 |
| 2 | 青山控股集团有限公司 | 5175832 | 11650880 | 67378 | 45.21 |
| 3 | 万洲国际有限公司 | 9954503 | 12488113 | 57000 | 64.30 |
| 4 | 中国中化控股有限责任公司 | 85812718 | 10830327 | 56500 | 29.57 |
| 5 | 浙江吉利控股集团有限公司 | 22068877 | 18048112 | 46734 | 39.77 |
| 6 | 华为投资控股有限公司 | 69416153 | 22278379 | 45000 | 40.63 |
| 7 | 潍柴动力股份有限公司 | 13060108 | 9505696 | 41149 | 48.57 |
| 8 | 中国交通建设集团有限公司 | 30292194 | 16092639 | 39618 | 15.99 |
| 9 | 宁波均胜电子股份有限公司 | 3509064 | 3780764 | 39504 | 76.59 |
| 10 | 海尔集团公司 | 15327021 | 12732526 | 38219 | 32.95 |
| 11 | 腾讯控股有限公司 | 46062798 | 4460376 | 36754 | 23.71 |
| 12 | 美的集团股份有限公司 | 10640000 | 14264494 | 35000 | 29.17 |
| 13 | 中国石油化工集团有限公司 | 70787676 | 94514807 | 33647 | 21.34 |
| 14 | 中国建筑股份有限公司 | 18460249 | 10796812 | 31684 | 6.83 |
| 15 | 联想控股股份有限公司 | 32781715 | 34694929 | 30755 | 50.05 |
| 16 | 上海汽车集团股份有限公司 | 7944365 | 8338022 | 26274 | 12.13 |
| 17 | 海信集团控股股份有限公司 | 5192919 | 7572127 | 23849 | 31.46 |
| 18 | 紫金矿业集团股份有限公司 | 9816000 | 6758225 | 23816 | 35.28 |
| 19 | 国家电网有限公司 | 39016915 | 9049607 | 18995 | 4.15 |
| 20 | 光明食品（集团）有限公司 | 5289891 | 4617125 | 16951 | 23.33 |
| 21 | 中国远洋海运集团有限公司 | 56404574 | 34263485 | 16651 | 40.10 |
| 22 | 中国兵器工业集团有限公司 | 9087637 | 25418294 | 15614 | 23.46 |
| 23 | 中国有色矿业集团有限公司 | 6879450 | 7644911 | 15364 | 50.30 |
| 24 | 闻泰科技股份有限公司 | 5327065 | 3061746 | 15000 | 55.41 |
| 25 | 复星国际有限公司 | 26350052 | 6768690 | 13142 | 27.59 |
| 26 | 河钢集团有限公司 | 7430059 | 11829301 | 13095 | 18.80 |
| 27 | 中国电子信息产业集团有限公司 | 6372808 | 12400669 | 12406 | 22.51 |
| 28 | 中国电力建设集团有限公司 | 17844508 | 9181195 | 12015 | 11.38 |
| 29 | 中国五矿集团有限公司 | 16463239 | 11080122 | 11439 | 11.34 |
| 30 | 珠海华发集团有限公司 | 1928673 | 1643920 | 11327 | 12.45 |
| 31 | 山东如意时尚投资控股有限公司 | 3623235 | 3103241 | 10106 | 44.91 |
| 32 | 浙江华友钴业股份有限公司 | 4109950 | 3728130 | 9914 | 43.21 |
| 33 | 双星集团有限责任公司 | 2605333 | 1855468 | 9913 | 70.39 |
| 34 | 中国铁道建筑集团有限公司 | 9287292 | 5407853 | 9889 | 4.63 |

续表

| 排名 | 公司名称 | 海外资产/万元 | 海外营业收入/万元 | 海外员工/人 | 跨国指数/% |
|---|---|---|---|---|---|
| 35 | 广东省广新控股集团有限公司 | 2683613 | 5304177 | 9578 | 22.32 |
| 36 | 万向集团公司 | 4515271 | 8602186 | 9116 | 37.19 |
| 37 | 中国机械工业集团有限公司 | 4534222 | 4171673 | 9014 | 10.69 |
| 38 | 中国铁路工程集团有限公司 | 8076247 | 5843674 | 9000 | 4.31 |
| 39 | 深圳市投资控股有限公司 | 13172841 | 2815654 | 8778 | 10.67 |
| 40 | 中国移动通信集团有限公司 | 7547069 | 2571347 | 8509 | 2.64 |
| 41 | 隆基绿能科技股份有限公司 | 2386300 | 4793215 | 8447 | 22.73 |
| 42 | 山东魏桥创业集团有限公司 | 5289256 | 3987817 | 8434 | 12.35 |
| 43 | 上海德龙钢铁集团有限公司 | 2235767 | 1740566 | 8316 | 13.69 |
| 44 | 中国能源建设集团有限公司 | 10030412 | 4678178 | 7548 | 11.30 |
| 45 | 洛阳栾川钼业集团股份有限公司 | 14601754 | 10616954 | 7293 | 69.01 |
| 46 | 上海电气控股集团有限公司 | 6871009 | 1861419 | 7182 | 13.10 |
| 47 | 中国建材集团有限公司 | 4024752 | 2854763 | 6777 | 5.49 |
| 48 | 中国中车集团有限公司 | 3578404 | 1578558 | 6761 | 5.91 |
| 49 | 中国海洋石油集团有限公司 | 55257168 | 67421645 | 5741 | 34.79 |
| 50 | TCL实业控股股份有限公司 | 2988892 | 6627013 | 5473 | 35.10 |
| 51 | 徐工集团工程机械股份有限公司 | 2193995 | 2783816 | 5413 | 20.64 |
| 52 | 广东省广晟控股集团有限公司 | 2277093 | 4483463 | 5156 | 19.92 |
| 53 | 中国国际海运集装箱（集团）股份有限公司 | 6686623 | 6866217 | 4745 | 34.52 |
| 54 | 亨通集团有限公司 | 1870069 | 1715979 | 4583 | 18.76 |
| 55 | 安徽海螺集团有限责任公司 | 2141398 | 1014421 | 4224 | 6.17 |
| 56 | 中国电信集团有限公司 | 3322651 | 1553097 | 4170 | 2.30 |
| 57 | 山东能源集团有限公司 | 10135871 | 22436799 | 4001 | 13.08 |
| 58 | 首钢集团有限公司 | 4046416 | 3539687 | 3911 | 8.79 |
| 59 | 中国化学工程集团有限公司 | 3280569 | 3394665 | 3875 | 13.49 |
| 60 | 晶澳太阳能科技股份有限公司 | 2925346 | 4381703 | 3500 | 37.07 |
| 61 | 中国广核集团有限公司 | 13970497 | 3424501 | 3389 | 15.97 |
| 62 | 内蒙古伊利实业集团股份有限公司 | 1941557 | 603158 | 3371 | 8.25 |
| 63 | 金川集团股份有限公司 | 3815639 | 2111820 | 3274 | 14.73 |
| 64 | 万华化学集团股份有限公司 | 2132835 | 8123195 | 3236 | 24.32 |
| 65 | 中国通用技术（集团）控股有限责任公司 | 2204608 | 1445858 | 3121 | 6.44 |
| 66 | 南山集团有限公司 | 2379295 | 2208271 | 2866 | 12.89 |
| 67 | 中粮集团有限公司 | 7947957 | 9849354 | 2822 | 9.15 |
| 68 | 中国宝武钢铁集团有限公司 | 5017727 | 19707599 | 2703 | 7.80 |

续表

| 排名 | 公司名称 | 海外资产/万元 | 海外营业收入/万元 | 海外员工/人 | 跨国指数/% |
|---|---|---|---|---|---|
| 69 | 天合光能股份有限公司 | 1790943 | 4213833 | 2639 | 26.96 |
| 70 | 海亮集团有限公司 | 1877181 | 2559986 | 2623 | 16.82 |
| 71 | 中国铝业集团有限公司 | 22020181 | 8852105 | 2547 | 18.08 |
| 72 | 中联重科股份有限公司 | 2826667 | 999180 | 2515 | 18.94 |
| 73 | 三一集团有限公司 | 5828383 | 3826670 | 2432 | 18.74 |
| 74 | 中国华电集团有限公司 | 8695539 | 1984804 | 2345 | 5.84 |
| 75 | 北京控股集团有限公司 | 2535633 | 1656011 | 2330 | 7.66 |
| 76 | 浙江恒逸集团有限公司 | 6246464 | 6643191 | 2097 | 24.47 |
| 77 | 广州越秀集团股份有限公司 | 25922539 | 437893 | 2070 | 12.76 |
| 78 | 国家电力投资集团有限公司 | 11861841 | 2152344 | 2042 | 5.03 |
| 79 | 正泰集团股份有限公司 | 1950746 | 1572009 | 1973 | 10.45 |
| 80 | 铜陵有色金属集团控股有限公司 | 1981718 | 4874771 | 1734 | 16.17 |
| 81 | 中国信息通信科技集团有限公司 | 3102505 | 1503033 | 1280 | 19.34 |
| 82 | 上海韦尔半导体股份有限公司 | 1954406 | 1638810 | 1226 | 53.93 |
| 83 | 宁夏天元锰业集团有限公司 | 3135269 | 873201 | 1194 | 14.30 |
| 84 | 中国东方航空集团有限公司 | 2987109 | 202675 | 1117 | 4.07 |
| 85 | 中国联合网络通信集团有限公司 | 2149184 | 760766 | 1075 | 1.90 |
| 86 | 中国大唐集团有限公司 | 2587887 | 252046 | 1036 | 1.73 |
| 87 | 江苏沙钢集团有限公司 | 7312792 | 3278748 | 925 | 11.56 |
| 88 | 中国华能集团有限公司 | 10123061 | 3849863 | 860 | 5.64 |
| 89 | 中国南方电网有限责任公司 | 4031289 | 445491 | 800 | 1.46 |
| 90 | 新疆金风科技股份有限公司 | 2059155 | 428695 | 752 | 10.33 |
| 91 | 中伟新材料股份有限公司 | 1882668 | 1306384 | 731 | 28.40 |
| 92 | 云南省投资控股集团有限公司 | 3713565 | 1120451 | 651 | 4.53 |
| 93 | 国家能源投资集团有限责任公司 | 6070124 | 1528374 | 637 | 1.73 |
| 94 | 鞍钢集团有限公司 | 2129280 | 3032386 | 514 | 4.59 |
| 95 | 厦门国贸控股集团有限公司 | 3390783 | 10479003 | 455 | 8.97 |
| 96 | 云南省建设投资控股集团有限公司 | 2667560 | 400662 | 412 | 2.22 |
| 97 | 四川科伦实业集团有限公司 | 6422367 | 2029751 | 355 | 68.78 |
| 98 | 广东小鹏汽车科技有限公司 | 1850537 | 74163 | 336 | 10.19 |
| 99 | 北京首都创业集团有限公司 | 7341076 | 235200 | 323 | 7.49 |
| 100 | 新疆广汇实业投资（集团）有限责任公司 | 2347000 | 1031584 | 232 | 4.80 |

### 2. 51家公司的跨国指数高于平均跨国指数

2023中国跨国公司100大按照跨国指数排序，前10名的企业分别是宁波均胜电子股份有限公司、双星集团有限责任公司、洛阳栾川钼业集团股份有限公司、四川科伦实业集团有限公司、万洲国际有限公司、闻泰科技股份有限公司、上海韦尔半导体股份有限公司、中国有色矿业集团有限公司、联想控股股份有限公司、潍柴动力股份有限公司。其中宁波均胜电子股份有限公司达到76.59%，已连续三年居首位。2023中国跨国公司100大的平均跨国指数为15.90%，共有51家公司跨国指数高于平均跨国指数。详见表4-4。

表4-4 2023中国跨国公司100大跨国指数排序

| 排名 | 公司名称 | 海外资产/万元 | 海外营业收入/万元 | 海外员工/人 | 跨国指数/% |
|---|---|---|---|---|---|
| 1 | 宁波均胜电子股份有限公司 | 3509064 | 3780764 | 39504 | 76.59 |
| 2 | 双星集团有限责任公司 | 2605333 | 1855468 | 9913 | 70.39 |
| 3 | 洛阳栾川钼业集团股份有限公司 | 14601754 | 10616954 | 7293 | 69.01 |
| 4 | 四川科伦实业集团有限公司 | 6422367 | 2029751 | 355 | 68.78 |
| 5 | 万洲国际有限公司 | 9954503 | 12488113 | 57000 | 64.30 |
| 6 | 闻泰科技股份有限公司 | 5327065 | 3061746 | 15000 | 55.41 |
| 7 | 上海韦尔半导体股份有限公司 | 1954406 | 1638810 | 1226 | 53.93 |
| 8 | 中国有色矿业集团有限公司 | 6879450 | 7644911 | 15364 | 50.30 |
| 9 | 联想控股股份有限公司 | 32781715 | 34694929 | 30755 | 50.05 |
| 10 | 潍柴动力股份有限公司 | 13060108 | 9505696 | 41149 | 48.57 |
| 11 | 青山控股集团有限公司 | 5175832 | 11650880 | 67378 | 45.21 |
| 12 | 山东如意时尚投资控股有限公司 | 3623235 | 3103241 | 10106 | 44.91 |
| 13 | 浙江华友钴业股份有限公司 | 4109950 | 3728130 | 9914 | 43.21 |
| 14 | 华为投资控股有限公司 | 69416153 | 22278379 | 45000 | 40.63 |
| 15 | 中国远洋海运集团有限公司 | 56404574 | 34263485 | 16651 | 40.10 |
| 16 | 浙江吉利控股集团有限公司 | 22068877 | 18048112 | 46734 | 39.77 |
| 17 | 万向集团公司 | 4515271 | 8602186 | 9116 | 37.19 |
| 18 | 晶澳太阳能科技股份有限公司 | 2925346 | 4381703 | 3500 | 37.07 |
| 19 | 紫金矿业集团股份有限公司 | 9816000 | 6758225 | 23816 | 35.28 |
| 20 | TCL实业控股股份有限公司 | 2988892 | 6627013 | 5473 | 35.10 |
| 21 | 中国海洋石油集团有限公司 | 55257168 | 67421645 | 5741 | 34.79 |
| 22 | 中国国际海运集装箱（集团）股份有限公司 | 6686623 | 6866217 | 4745 | 34.52 |
| 23 | 海尔集团公司 | 15327021 | 12732526 | 38219 | 32.95 |
| 24 | 海信集团控股股份有限公司 | 5192919 | 7572127 | 23849 | 31.46 |
| 25 | 中国中化控股有限责任公司 | 85812718 | 10830327 | 56500 | 29.57 |
| 26 | 美的集团股份有限公司 | 10640000 | 14264494 | 35000 | 29.17 |

续表

| 排名 | 公司名称 | 海外资产/万元 | 海外营业收入/万元 | 海外员工/人 | 跨国指数/% |
|---|---|---|---|---|---|
| 27 | 中伟新材料股份有限公司 | 1882668 | 1306384 | 731 | 28.40 |
| 28 | 复星国际有限公司 | 26350052 | 6768690 | 13142 | 27.59 |
| 29 | 天合光能股份有限公司 | 1790943 | 4213833 | 2639 | 26.96 |
| 30 | 中国石油天然气集团有限公司 | 105479034 | 151770498 | 70109 | 25.72 |
| 31 | 浙江恒逸集团有限公司 | 6246464 | 6643191 | 2097 | 24.47 |
| 32 | 万华化学集团股份有限公司 | 2132835 | 8123195 | 3236 | 24.32 |
| 33 | 腾讯控股有限公司 | 46062798 | 4460376 | 36754 | 23.71 |
| 34 | 中国兵器工业集团有限公司 | 9087637 | 25418294 | 15614 | 23.46 |
| 35 | 光明食品（集团）有限公司 | 5289891 | 4617125 | 16951 | 23.33 |
| 36 | 隆基绿能科技股份有限公司 | 2386300 | 4793215 | 8447 | 22.73 |
| 37 | 中国电子信息产业集团有限公司 | 6372808 | 12400669 | 12406 | 22.51 |
| 38 | 广东省广新控股集团有限公司 | 2683613 | 5304177 | 9578 | 22.32 |
| 39 | 中国石油化工集团有限公司 | 70787676 | 94514807 | 33647 | 21.34 |
| 40 | 徐工集团工程机械股份有限公司 | 2193995 | 2783816 | 5413 | 20.64 |
| 41 | 广东省广晟控股集团有限公司 | 2277093 | 4483463 | 5156 | 19.92 |
| 42 | 中国信息通信科技集团有限公司 | 3102505 | 1503033 | 1280 | 19.34 |
| 43 | 中联重科股份有限公司 | 2826667 | 999180 | 2515 | 18.94 |
| 44 | 河钢集团有限公司 | 7430059 | 11829301 | 13095 | 18.80 |
| 45 | 亨通集团有限公司 | 1870069 | 1715979 | 4583 | 18.76 |
| 46 | 三一集团有限公司 | 5828383 | 3826670 | 2432 | 18.74 |
| 47 | 中国铝业集团有限公司 | 22020181 | 8852105 | 2547 | 18.08 |
| 48 | 海亮集团有限公司 | 1877181 | 2559986 | 2623 | 16.82 |
| 49 | 铜陵有色金属集团控股有限公司 | 1981718 | 4874771 | 1734 | 16.17 |
| 50 | 中国交通建设集团有限公司 | 30292194 | 16092639 | 39618 | 15.99 |
| 51 | 中国广核集团有限公司 | 13970497 | 3424501 | 3389 | 15.97 |
| 52 | 金川集团股份有限公司 | 3815639 | 2111820 | 3274 | 14.73 |
| 53 | 宁夏天元锰业集团有限公司 | 3135269 | 873201 | 1194 | 14.30 |
| 54 | 上海德龙钢铁集团有限公司 | 2235767 | 1740566 | 8316 | 13.69 |
| 55 | 中国化学工程集团有限公司 | 3280569 | 3394665 | 3875 | 13.49 |
| 56 | 上海电气控股集团有限公司 | 6871009 | 1861419 | 7182 | 13.10 |
| 57 | 山东能源集团有限公司 | 10135871 | 22436799 | 4001 | 13.08 |
| 58 | 南山集团有限公司 | 2379295 | 2208271 | 2866 | 12.89 |
| 59 | 广州越秀集团股份有限公司 | 25922539 | 437893 | 2070 | 12.76 |
| 60 | 珠海华发集团有限公司 | 1928673 | 1643920 | 11327 | 12.45 |

续表

| 排名 | 公司名称 | 海外资产/万元 | 海外营业收入/万元 | 海外员工/人 | 跨国指数/% |
|---|---|---|---|---|---|
| 61 | 山东魏桥创业集团有限公司 | 5289256 | 3987817 | 8434 | 12.35 |
| 62 | 上海汽车集团股份有限公司 | 7944365 | 8338022 | 26274 | 12.13 |
| 63 | 江苏沙钢集团有限公司 | 7312792 | 3278748 | 925 | 11.56 |
| 64 | 中国电力建设集团有限公司 | 17844508 | 9181195 | 12015 | 11.38 |
| 65 | 中国五矿集团有限公司 | 16463239 | 11080122 | 11439 | 11.34 |
| 66 | 中国能源建设集团有限公司 | 10030412 | 4678178 | 7548 | 11.30 |
| 67 | 中国机械工业集团有限公司 | 4534222 | 4171673 | 9014 | 10.69 |
| 68 | 深圳市投资控股有限公司 | 13172841 | 2815654 | 8778 | 10.67 |
| 69 | 正泰集团股份有限公司 | 1950746 | 1572009 | 1973 | 10.45 |
| 70 | 新疆金风科技股份有限公司 | 2059155 | 428695 | 752 | 10.33 |
| 71 | 广东小鹏汽车科技有限公司 | 1850537 | 74163 | 336 | 10.19 |
| 72 | 中粮集团有限公司 | 7947957 | 9849354 | 2822 | 9.15 |
| 73 | 厦门国贸控股集团有限公司 | 3390783 | 10479003 | 455 | 8.97 |
| 74 | 首钢集团有限公司 | 4046416 | 3539687 | 3911 | 8.79 |
| 75 | 内蒙古伊利实业集团股份有限公司 | 1941557 | 603158 | 3371 | 8.25 |
| 76 | 中国宝武钢铁集团有限公司 | 5017727 | 19707599 | 2703 | 7.80 |
| 77 | 北京控股集团有限公司 | 2535633 | 1656011 | 2330 | 7.66 |
| 78 | 北京首都创业集团有限公司 | 7341076 | 235200 | 323 | 7.49 |
| 79 | 中国建筑股份有限公司 | 18460249 | 10796812 | 31684 | 6.83 |
| 80 | 中国通用技术（集团）控股有限责任公司 | 2204608 | 1445858 | 3121 | 6.44 |
| 81 | 安徽海螺集团有限责任公司 | 2141398 | 1014421 | 4224 | 6.17 |
| 82 | 中国中车集团有限公司 | 3578404 | 1578558 | 6761 | 5.91 |
| 83 | 中国华电集团有限公司 | 8695539 | 1984804 | 2345 | 5.84 |
| 84 | 中国华能集团有限公司 | 10123061 | 3849863 | 860 | 5.64 |
| 85 | 中国建材集团有限公司 | 4024752 | 2854763 | 6777 | 5.49 |
| 86 | 国家电力投资集团有限公司 | 11861841 | 2152344 | 2042 | 5.03 |
| 87 | 新疆广汇实业投资（集团）有限责任公司 | 2347000 | 1031584 | 232 | 4.80 |
| 88 | 中国铁道建筑集团有限公司 | 9287292 | 5407853 | 9889 | 4.63 |
| 89 | 鞍钢集团有限公司 | 2129280 | 3032386 | 514 | 4.59 |
| 90 | 云南省投资控股集团有限公司 | 3713565 | 1120451 | 651 | 4.53 |
| 91 | 中国铁路工程集团有限公司 | 8076247 | 5843674 | 9000 | 4.31 |
| 92 | 国家电网有限公司 | 39016915 | 9049607 | 18995 | 4.15 |
| 93 | 中国东方航空集团有限公司 | 2987109 | 202675 | 1117 | 4.07 |
| 94 | 中国移动通信集团有限公司 | 7547069 | 2571347 | 8509 | 2.64 |

续表

| 排名 | 公司名称 | 海外资产/万元 | 海外营业收入/万元 | 海外员工/人 | 跨国指数/% |
|---|---|---|---|---|---|
| 95 | 中国电信集团有限公司 | 3322651 | 1553097 | 4170 | 2.30 |
| 96 | 云南省建设投资控股集团有限公司 | 2667560 | 400662 | 412 | 2.22 |
| 97 | 中国联合网络通信集团有限公司 | 2149184 | 760766 | 1075 | 1.90 |
| 98 | 中国大唐集团有限公司 | 2587887 | 252046 | 1036 | 1.73 |
| 99 | 国家能源投资集团有限责任公司 | 6070124 | 1528374 | 637 | 1.73 |
| 100 | 中国南方电网有限责任公司 | 4031289 | 445491 | 800 | 1.46 |

**3. 经济发达地区占大多数，国有控股公司仍然占据明显的主导地位**

从公司总部所在地看，2023中国跨国公司100大覆盖17个省、自治区、直辖市，主要在经济发达地区，其中北京占33%，广东占13%，上海、山东各占9%，浙江占8%，江苏占4%，安徽占3%，福建、河北、河南、湖北、湖南、云南、新疆各占2%，辽宁、四川、贵州、陕西、内蒙古、甘肃、宁夏各占1%。

从公司所有制性质看，2023中国跨国公司100大中，国有及国有控股公司63家，民营公司37家，与上年保持一致。

从公司所在行业看，2023中国跨国公司100大中，有色冶炼及制品9家，黑色冶金、土木工程建筑各7家，汽车及零配件制造、电力生产各6家，多元化投资5家，家用电器制造、风能太阳能设备制造各4家，通信设备制造、化学原料及化学品制造、电信服务、综合制造业各3家，半导体集成电路及面板制造、食品、电力电气设备制造、工业和商业机械装备业、工程机械及零部件、水泥及玻璃制品、石油天然气开采及生产业、煤炭采掘及采选业、电网、纺织印染、住宅地产各2家，兵器制造、汽车摩托车零售、饮料、药品制造、水上运输、水务、石化及炼焦、轮胎及橡胶制品、金属制品加工、机电商贸、互联网服务、航空运输、贵金属、锅炉及动力装备制造、轨道交通设备及零部件制造、农产品及食品批发、综合能源供应、综合商贸各1家。

**4. 党的十八大以来我国跨国公司国际化程度和竞争力不断提升**

党的十八大以来，中国跨国公司100大的跨国指数有了明显提升。2023中国跨国公司100大的跨国指数达到15.90%，比2013中国跨国公司100大的跨国指数提升了1.92个百分点。2023中国跨国公司100大的海外资产占比、海外营业收入占比、海外员工占比分别为17.48%、20.79%、9.44%，与2013中国跨国公司100大相比，海外资产占比、海外员工占比分别提高了2.87、4.37个百分点，海外营业收入占下降了1.46个百分点。详见表4-5。

中国跨国公司100大海外资产总额、海外营业收入、海外员工总数有较大提高。2023中国跨国公司100大海外资产总额、海外营业收入、海外员工总数分别为117668亿元、91099亿元、1191396人，与2013中国跨国公司相比，分别增加162.25%、90.60%、90.86%；2023中国跨国公司100大入围门槛为179.09亿元，比2013中国跨国公司入围门槛提高164.18亿元，提高了11.01倍。详见表4-6。

中国跨国公司 100 大入围世界跨国公司 100 大、发展中国家与地区跨国公司 100 大的公司数量大幅增加。依据联合国贸发会议出版的《2023 年世界投资报告》中公布的 2023 世界跨国公司 100 大、2022 发展中国家与地区跨国公司 100 大，中国跨国公司 100 大有 9 家、42 家企业入围，与 2013 年榜单相比分别增加了 7 家、30 家；2023 中国跨国公司 100 大中分别有 7 家、23 家企业的跨国指数分别达到 2023 世界跨国公司 100 大、2022 发展中国家与地区跨国公司 100 大的平均跨国指数，达到企业数与 2013 年榜单相比分别增加了 6 家、16 家。详见表 4-7。入围 2023 世界跨国公司 100 大的中国大陆企业分别是中国石油天然气集团有限公司、中国中化控股有限责任公司、华为技术有限公司、中国石油化工集团有限公司、中国远洋海运集团有限公司、中国海洋石油集团有限公司、腾讯控股有限公司、国家电网有限公司、联想控股有限公司。

表 4-5　2013—2023 中国跨国公司 100 大平均跨国指数及相关指标

|  | 跨国指数/% | 海外资产占比/% | 海外营业收入占比/% | 海外员工占比/% |
| --- | --- | --- | --- | --- |
| 2013 | 13.98 | 14.61 | 22.25 | 5.07 |
| 2014 | 13.60 | 14.65 | 20.86 | 5.29 |
| 2015 | 13.66 | 14.32 | 20.83 | 5.84 |
| 2016 | 14.40 | 15.55 | 20.00 | 7.64 |
| 2017 | 14.85 | 16.01 | 19.54 | 8.99 |
| 2018 | 15.80 | 18.79 | 20.86 | 9.76 |
| 2019 | 15.96 | 16.96 | 20.17 | 10.74 |
| 2020 | 16.10 | 16.80 | 21.27 | 10.23 |
| 2021 | 15.07 | 16.52 | 19.10 | 9.58 |
| 2022 | 15.59 | 17.06 | 19.65 | 10.05 |
| 2023 | 15.90 | 17.48 | 20.79 | 9.44 |
| 10 年提高 | 1.92 | 2.87 | -1.46 | 4.37 |

数据来源：中国企业联合会、中国企业家协会编的 2013—2023 年《中国 500 强企业发展报告》。

表 4-6　2013—2023 中国跨国公司 100 大有关数据

|  | 海外资产总额/亿元 | 海外营业收入/亿元 | 海外员工总数/人 | 入围门槛/亿元 |
| --- | --- | --- | --- | --- |
| 2013 | 44869 | 47796 | 624209 | 14.91 |
| 2014 | 52473 | 50074 | 72392 | 21.00 |
| 2015 | 56334 | 51771 | 754731 | 26.67 |
| 2016 | 70862 | 47316 | 1011817 | 41.48 |
| 2017 | 80783 | 49012 | 1166176 | 61.47 |
| 2018 | 87331 | 59652 | 1297121 | 72.22 |
| 2019 | 95134 | 63475 | 1391971 | 98.58 |
| 2020 | 104526 | 73307 | 1310300 | 120.22 |

续表

|  | 海外资产总额/亿元 | 海外营业收入/亿元 | 海外员工总数/人 | 入围门槛/亿元 |
| --- | --- | --- | --- | --- |
| 2021 | 92179 | 61507 | 1185017 | 109.39 |
| 2022 | 107510 | 77904 | 1249095 | 134.96 |
| 2023 | 117668 | 91099 | 1191396 | 179.09 |
| 10年提高 | 162.25% | 90.60% | 90.86% | 11.01倍 |

数据来源：中国企业联合会、中国企业家协会编的2013—2023年《中国500强企业发展报告》。

表4-7 2013—2023中国大陆企业入围世界、发展中国家与地区跨国公司100大情况

|  | 入围世界跨国公司企业数/家 | 达到世界跨国公司平均跨国指数的企业数/家 | 入围发展中国家与地区跨国公司企业数/家 | 达到发展中国家与地区跨国公司平均跨国指数的企业数/家 |
| --- | --- | --- | --- | --- |
| 2013 | 2 | 1 | 12 | 7 |
| 2014 | 3 | 1 | 11 | 8 |
| 2015 | 4 | 2 | 15 | 9 |
| 2016 | 7 | 3 | 44 | 10 |
| 2017 | 6 | 1 | 43 | 14 |
| 2018 | 9 | 2 | 43 | 16 |
| 2019 | 9 | 3 | 42 | 17 |
| 2020 | 10 | 3 | 41 | 17 |
| 2021 | 10 | 4 | 41 | 18 |
| 2022 | 10 | 5 | 42 | 22 |
| 2023 | 9 | 7 | 42 | 23 |

数据来源：联合国贸发会议出版的2013—2023年《世界投资报告》。

## 三、2023世界跨国公司100大及跨国指数

联合国贸发会议出版的《2023年世界投资报告》中公布了2023世界跨国公司100大及跨国指数，丰田汽车公司、壳牌公司、道达尔公司、德国电信、大众汽车集团、英国石油公司、斯特兰蒂斯、百威英博、英美烟草公司、埃克森美孚公司荣列2023世界跨国公司100大前10名。详见表4-8。

受近年来一些国家逆全球化思潮的涌现、贸易保护主义抬头、贸易摩擦频繁暴发和全球新冠疫情的影响，2023世界跨国公司100大全球化经营出现停滞或倒退，主要指标除入围门槛指标、海外营业收入稍有提高外，其他指标出现下降。一是入围门槛稍有提高。2023世界跨国公司100大入围门槛为471亿美元，比上年提升了8亿美元。二是跨国指数小幅下降。2023世界跨国公司100大的跨国指数为51.85%，比上年下降0.6个百分点。2023世界跨国公司100大的海外资产占比、海外营业收入占比、海外员工占比分别为52.43%、57.41%、45.70%，比上年分别下降了1.38个百分点、0.18个百分点、0.25个百分点。三是海外资产、海外营业收入增长，海外员工数负增长。2023世界

跨国公司100大海外资产总额、海外营业收入总额、海外员工总数分别为10082924百万美元、7472842百万美元、9102607人，分别比上年减少93亿美元、增长10642亿美元、减少267413人。详见表4-9。

从跨国公司总部所在国家看，2023世界跨国公司100大主要分布在发达国家。美国有19家，法国12家，英国、德国、中国各11家，日本10家，瑞士5家，意大利3家，加拿大、爱尔兰、韩国、西班牙各2家，奥地利、比利时、丹麦、瑞典、卢森堡、马来西亚、荷兰、挪威、沙特阿拉伯、新加坡各1家。美国居第一位，中国与英国、德国并列居第三位。

从跨国公司所在行业看，2023世界跨国公司100大分布在以下行业：汽车及零部件业12家，电力、煤气和水11家，制药业9家，采矿采石和采油业、石油精炼及相关行业各8家，电信业6家，计算机与数据处理业、食品饮料业各5家，化学品制造业4家，电子零部件、运输和存储各3家，计算机设备、工业和商业机械、通信设备、建筑、零售贸易、批发金属和矿物、综合集团各2家，飞机制造、建材、消费电子、商务服务、电子商务、家庭用品、仪器及相关产品、金属和金属制品、纺织品、烟草、批发石油和燃料、批发贸易各1家。

表4-8  2023世界跨国公司100大及跨国指数

| 排名 | 公司名称 | 海外资产/百万美元 | 企业资产/百万美元 | 海外营业收入/百万美元 | 营业收入/百万美元 | 海外员工/人 | 企业员工/人 | 跨国指数/% |
|---|---|---|---|---|---|---|---|---|
| 1 | 丰田汽车公司 | 383413 | 557928 | 212832 | 282093 | 169964 | 375235 | 63.2 |
| 2 | 壳牌公司 | 335577 | 366226 | 273686 | 315213 | 63000 | 93000 | 65.0 |
| 3 | 道达尔公司 | 274337 | 302827 | 204763 | 258496 | 66338 | 101279 | 78.4 |
| 4 | 德国电信 | 265071 | 318462 | 93654 | 119980 | 125120 | 206759 | 73.9 |
| 5 | 大众汽车集团 | 255155 | 602359 | 241834 | 293373 | 380000 | 669000 | 60.5 |
| 6 | 英国石油公司 | 238860 | 286439 | 208521 | 245717 | 13000 | 66300 | 62.6 |
| 7 | 斯特兰蒂斯 | 179910 | 198545 | 177225 | 188687 | 129686 | 272367 | 77.4 |
| 8 | 百威英博 | 177639 | 212216 | 48758 | 56730 | 145326 | 166632 | 85.6 |
| 9 | 英美烟草公司 | 176504 | 184661 | 33773 | 34054 | 30238 | 50397 | 84.9 |
| 10 | 埃克森美孚公司 | 176225 | 369067 | 191407 | 398675 | 37200 | 62000 | 51.9 |
| 11 | 意大利国家电力公司 | 163295 | 234234 | 81734 | 142523 | 33460 | 65124 | 59.5 |
| 12 | 法国电力公司 | 162096 | 413963 | 82792 | 150742 | 33170 | 165028 | 38.1 |
| 13 | 雪佛龙公司 | 159204 | 257709 | 128355 | 235717 | 23871 | 43846 | 56.9 |
| 14 | 沃达丰集团 | 154647 | 169136 | 39627 | 48223 | 88791 | 98103 | 88.0 |
| 15 | 索尼集团 | 154218 | 240591 | 67177 | 87616 | 56500 | 113000 | 63.6 |
| 16 | 宝马股份公司 | 153784 | 263360 | 133638 | 149832 | 61475 | 149475 | 62.9 |
| 17 | 本田汽车有限公司 | 145400 | 185243 | 110077 | 128371 | 134193 | 197039 | 77.4 |
| 18 | 中国石油天然气集团公司 | 140644 | 670315 | 184916 | 411852 | 113573 | 1090345 | 25.4 |
| 19 | 长江和记控股有限公司 | 136917 | 147292 | 29121 | 33522 | 283532 | 300000 | 91.4 |

续表

| 排名 | 公司名称 | 海外资产/百万美元 | 企业资产/百万美元 | 海外营业收入/百万美元 | 营业收入/百万美元 | 海外员工/人 | 企业员工/人 | 跨国指数/% |
|---|---|---|---|---|---|---|---|---|
| 20 | 微软公司 | 131442 | 364840 | 98052 | 198270 | 99000 | 221000 | 43.4 |
| 21 | 西门子股份公司 | 129795 | 147677 | 65880 | 81137 | 225000 | 311000 | 80.5 |
| 22 | 梅赛德斯-奔驰集团 | 128010 | 277320 | 133360 | 157614 | 27690 | 168797 | 49.1 |
| 23 | 中化控股 | 127804 | 245526 | 16130 | 172327 | 56500 | 220760 | 29.0 |
| 24 | 伊比德罗拉 | 123485 | 164961 | 32537 | 56681 | 30388 | 40090 | 69.4 |
| 25 | 强生公司 | 121095 | 187378 | 46363 | 94943 | 100476 | 152700 | 59.8 |
| 26 | 埃尼集团 | 115207 | 162255 | 76090 | 139223 | 10905 | 31376 | 53.5 |
| 27 | 鸿海精密工业 | 115110 | 134508 | 221858 | 222314 | 707403 | 826608 | 90.3 |
| 28 | 莱茵集团 | 114284 | 147769 | 29049 | 40309 | 5318 | 18310 | 59.5 |
| 29 | 雀巢公司 | 114132 | 146428 | 97702 | 98863 | 266668 | 275000 | 91.2 |
| 30 | 嘉能可股份公司 | 106228 | 131810 | 171338 | 260570 | 65848 | 81706 | 75.6 |
| 31 | 华为投资控股有限公司 | 103384 | 154204 | 33180 | 95377 | 45000 | 207000 | 41.2 |
| 32 | 武田制药有限公司 | 100542 | 104806 | 26695 | 30578 | 41514 | 47100 | 90.5 |
| 33 | 力拓股份公司 | 96564 | 96744 | 55372 | 55554 | 53524 | 53726 | 99.7 |
| 34 | Alphabet Inc | 96266 | 365264 | 148022 | 282836 | 50137 | 190234 | 35.0 |
| 35 | 中国石油化工股份有限公司 | 96003 | 386619 | 106633 | 401469 | 32740 | 542286 | 19.1 |
| 36 | 法国电力公司 | 92427 | 251163 | 62636 | 98618 | 21554 | 96454 | 40.9 |
| 37 | 苹果公司 | 92115 | 352755 | 246469 | 394328 | 42825 | 164000 | 38.2 |
| 38 | 三菱公司 | 90971 | 166342 | 88604 | 163784 | 15941 | 79706 | 42.9 |
| 39 | 安赛乐米塔尔 | 90946 | 94224 | 72151 | 78384 | 93047 | 154352 | 83.0 |
| 40 | 拜耳股份公司 | 90873 | 133188 | 38149 | 53308 | 57188 | 101369 | 65.4 |
| 41 | 沙特阿美石油公司 | 89333 | 664780 | 214968 | 604366 | 9473 | 70496 | 20.8 |
| 42 | 亚马逊公司 | 88408 | 462675 | 198103 | 513983 | 215378 | 1541000 | 23.9 |
| 43 | 美敦力公司 | 88006 | 90981 | 31585 | 31686 | 91894 | 95000 | 97.7 |
| 44 | 克里斯汀·迪奥 | 87176 | 140733 | 76538 | 83194 | 159660 | 196006 | 78.5 |
| 45 | 西班牙电信公司 | 87164 | 116939 | 29511 | 42018 | 82677 | 103651 | 74.8 |
| 46 | 辉瑞公司 | 85976 | 197205 | 57857 | 100330 | 51000 | 83000 | 54.2 |
| 47 | 日本电信电话株式会社 | 84378 | 190039 | 19864 | 99736 | 154579 | 348150 | 36.2 |
| 48 | 中国远洋海运股份有限公司 | 83687 | 156073 | 45309 | 84162 | 16069 | 107551 | 40.8 |
| 49 | 罗氏集团 | 83680 | 95484 | 65541 | 66256 | 100920 | 103613 | 94.7 |
| 50 | 三井株式会社 | 82835 | 115492 | 51068 | 108621 | 33574 | 46811 | 63.5 |
| 51 | 联合利华股份公司 | 82666 | 88827 | 54431 | 67546 | 111000 | 138000 | 84.7 |
| 52 | 三星电子有限公司 | 81893 | 355846 | 196118 | 233748 | 155547 | 266673 | 55.1 |
| 53 | 诺华股份公司 | 79662 | 117606 | 49118 | 50079 | 51120 | 101703 | 72.0 |

续表

| 排名 | 公司名称 | 海外资产/百万美元 | 企业资产/百万美元 | 海外营业收入/百万美元 | 营业收入/百万美元 | 海外员工/人 | 企业员工/人 | 跨国指数/% |
|---|---|---|---|---|---|---|---|---|
| 54 | 阿斯利康 | 79232 | 95920 | 41973 | 45146 | 72200 | 82000 | 87.9 |
| 55 | 赛诺菲 | 79184 | 135156 | 45141 | 47688 | 55758 | 91573 | 71.4 |
| 56 | 林德股份公司 | 77277 | 79658 | 31410 | 33364 | 63066 | 65010 | 96.1 |
| 57 | 福特汽车公司 | 77195 | 255884 | 52576 | 158057 | 79000 | 173000 | 36.4 |
| 58 | 艾奎诺 | 76473 | 158021 | 21716 | 149004 | 2854 | 21936 | 25.3 |
| 59 | 日产汽车有限公司 | 76250 | 132144 | 59456 | 80455 | 72884 | 134111 | 62.0 |
| 60 | 中国海洋石油总公司 | 75675 | 212644 | 74157 | 126969 | 4091 | 80957 | 33.0 |
| 61 | 安桥公司 | 72213 | 132670 | 19827 | 40950 | 3426 | 11100 | 44.6 |
| 62 | 托克集团 | 70530 | 98634 | 194072 | 318476 | 8829 | 12347 | 68.0 |
| 63 | 埃尔凯普控股公司 | 69727 | 69727 | 6785 | 6785 | 210 | 641 | 77.6 |
| 64 | 国家电网 | 68792 | 114653 | 14796 | 26598 | 16878 | 29450 | 57.6 |
| 65 | 腾讯控股有限公司 | 68603 | 202402 | 6643 | 70819 | 36754 | 108436 | 25.7 |
| 66 | 空中客车公司 | 68045 | 123660 | 36249 | 61739 | 73881 | 134267 | 56.3 |
| 67 | 威立雅环境集团 | 67304 | 78183 | 35728 | 45057 | 162821 | 213684 | 80.5 |
| 68 | 思爱普 | 67080 | 76961 | 27702 | 32434 | 62962 | 111961 | 76.3 |
| 69 | 罗伯特博世有限公司 | 65780 | 106919 | 78383 | 92668 | 301878 | 421300 | 72.6 |
| 70 | Mundys Spa | 64749 | 73615 | 7046 | 8761 | 20863 | 23719 | 85.4 |
| 71 | 英美资源集团 | 63269 | 67014 | 34311 | 35747 | 59000 | 62000 | 95.2 |
| 72 | 巴斯夫股份公司 | 63115 | 90094 | 75811 | 91749 | 59778 | 111481 | 68.8 |
| 73 | 通用汽车公司 | 62116 | 264037 | 28902 | 156735 | 109000 | 167000 | 35.7 |
| 74 | 橘子电信 | 61943 | 116948 | 24116 | 45672 | 84025 | 130307 | 56.8 |
| 75 | 通用电气公司 | 61783 | 187788 | 43519 | 76556 | 114000 | 172000 | 52.0 |
| 76 | 英特尔公司 | 61209 | 182103 | 46525 | 63054 | 64631 | 131900 | 52.1 |
| 77 | 葛兰素史克公司 | 60419 | 72334 | 35253 | 36109 | 39505 | 69400 | 79.4 |
| 78 | 拉法基豪西有限公司 | 60342 | 62395 | 29737 | 30561 | 42301 | 60422 | 88.0 |
| 79 | 可口可乐公司 | 59828 | 92763 | 27591 | 43004 | 73500 | 82500 | 72.6 |
| 80 | 宝洁公司 | 58051 | 117208 | 43693 | 80187 | 78440 | 106000 | 59.3 |
| 81 | 施耐德电气 | 57723 | 62253 | 33820 | 35907 | 96884 | 162339 | 82.2 |
| 82 | 美光科技 | 57572 | 66283 | 14732 | 30758 | 36480 | 48000 | 70.3 |
| 83 | 亿滋 | 55635 | 71161 | 23181 | 31496 | 78000 | 91000 | 79.2 |
| 84 | 万喜集团 | 55086 | 119444 | 35773 | 65418 | 165284 | 265303 | 54.4 |
| 85 | 日立公司 | 54939 | 93871 | 48742 | 82614 | 188763 | 322525 | 58.7 |
| 86 | 中国国家电网公司 | 54509 | 746915 | 14356 | 460795 | 17928 | 871145 | 4.2 |
| 87 | 康卡斯特公司 | 52378 | 257275 | 24986 | 121427 | 55800 | 186000 | 23.6 |

续表

| 排名 | 公司名称 | 海外资产/百万美元 | 企业资产/百万美元 | 海外营业收入/百万美元 | 营业收入/百万美元 | 海外员工/人 | 企业员工/人 | 跨国指数/% |
|---|---|---|---|---|---|---|---|---|
| 88 | 穆勒-马士基 | 52167 | 93337 | 79002 | 79985 | 58271 | 104260 | 70.2 |
| 89 | TC能源公司 | 51948 | 84464 | 7709 | 11505 | 3724 | 7477 | 59.4 |
| 90 | 柒零壹控股集团 | 51700 | 77147 | 67619 | 89776 | 56396 | 84154 | 69.8 |
| 91 | 德国邮政 | 51694 | 72822 | 76241 | 99218 | 376076 | 600278 | 70.2 |
| 92 | IBM公司 | 50332 | 127243 | 29472 | 60530 | 173230 | 311300 | 48.0 |
| 93 | 马来西亚国家石油公司 | 49026 | 161310 | 52198 | 75650 | 7545 | 48679 | 38.3 |
| 94 | 联想控股公司 | 48823 | 98905 | 51887 | 72333 | 28202 | 102187 | 49.6 |
| 95 | 液化空气集团 | 48684 | 52814 | 27666 | 31450 | 61861 | 67109 | 90.8 |
| 96 | 雷诺汽车公司 | 48316 | 126193 | 34227 | 48740 | 67651 | 105812 | 57.5 |
| 97 | 沃尔玛公司 | 48273 | 243197 | 102604 | 611289 | 500000 | 2100000 | 20.1 |
| 98 | 韩华集团 | 48254 | 167578 | 10043 | 48166 | 16836 | 53801 | 27.0 |
| 99 | 欧姆维股份公司 | 48149 | 60185 | 49787 | 65453 | 16424 | 22308 | 76.6 |
| 100 | 沃尔沃 | 47091 | 60329 | 45510 | 46774 | 64722 | 87686 | 83.1 |
| | 合计数 | 10082924 | 19231293 | 7472842 | 13017259 | 9102607 | 19920022 | 51.84 |

数据来源：联合国贸发会议（UNCTAD）《2023年世界投资报告》。

表4-9 2016—2023世界跨国公司100大有关指标

| | 入围门槛/亿美元 | 跨国指数/% | 海外资产占比/% | 海外营业收入占比/% | 海外员工占比/% |
|---|---|---|---|---|---|
| 2016 | 351 | 61.01 | 61.96 | 64.21 | 56.87 |
| 2017 | 372 | 61.31 | 62.49 | 64.06 | 57.38 |
| 2018 | 411 | 61.91 | 62.15 | 64.93 | 58.65 |
| 2019 | 412 | 58.07 | 59.67 | 59.68 | 54.86 |
| 2020 | 435 | 55.80 | 58.30 | 59.96 | 51.13 |
| 2021 | 455 | 51.90 | 53.70 | 55.95 | 46.06 |
| 2022 | 463 | 52.45 | 53.81 | 57.59 | 45.95 |
| 2023 | 471 | 51.85 | 52.43 | 57.41 | 45.70 |

## 四、我国跨国公司存在的不足

世界一流跨国公司的一般标准包括：跨国化程度高，在品牌营销、技术创新、商业模式、管理水平、服务能力等方面在全球行业拥有领先地位，有能力高效配置和重组全球资源，具有较强的企业软实力或影响力。按照上述标准衡量，我国跨国公司与世界一流跨国公司之间还存在较大差距。

**1. 国际化水平还不高**

2023中国100大跨国公司的平均跨国指数只有15.90%，不仅远远低于2023世界100大跨国公司的平均跨国指数 51.85%，而且也大大低于 2022 发展中国家 100 大跨国公司的平均跨国指数 31.71%。2023 中国 100 大跨国公司中跨国指数在 30% 以上的企业只有 24 家，比上年增加 1 家；达到 2023 世界 100 大跨国公司平均跨国指数的企业只有 7 家，达到 2022 发展中经济体 100 大跨国公司平均跨国指数的企业只有 23 家，还有 14 家企业的跨国指数没有超过 5%。

除此之外，中国跨国公司 100 大的海外资产、海外营业收入、海外员工的比例都亟须提高，海外经营业绩也亟待提高。2023 中国 100 大跨国公司的入围门槛只有 179.09 亿元，而 2023 世界 100 大跨国公司的入围门槛高达 3161.88 亿元，2022 发展中经济体 100 大跨国公司的入围门槛也达到 584.15 亿元；2023 中国跨国公司 100 大的平均海外资产比例只有 17.48%，而 2023 世界 100 大跨国公司的平均海外资产比例高达 52.43%，2022 发展中经济体 100 大跨国公司的平均海外资产比例为 29.81%；2023 中国跨国公司 100 大的平均海外营业收入比例只有 20.79%，而 2023 世界 100 大跨国公司的平均海外营业收入比例高达 57.41%，2022 发展中经济体 100 大跨国公司的平均海外营业收入比例也为 32.60%；2023 中国跨国公司 100 大的平均海外员工比例只有 9.44%，而 2023 世界 100 大跨国公司的平均海外员工比例高达 45.70%，2022 发展中经济体 100 大跨国公司的平均海外员工比例也为 30.90%。详见表 4-10。

表 4-10 中外跨国公司 100 大有关指标

|  | 入围门槛/亿元人民币 | 海外资产比例/% | 海外营业收入比例/% | 海外员工比例/% | 跨国指数/% |
| --- | --- | --- | --- | --- | --- |
| 2023 中国 | 179.09 | 17.48 | 20.79 | 9.44 | 15.90 |
| 2022 发展中经济体 | 584.15 | 29.81 | 32.60 | 30.90 | 32.10 |
| 2023 世界 | 3161.88 | 52.43 | 57.41 | 45.70 | 52.85 |

注：汇率按照 2021 年 1 美元 = 6.4476 元人民币、2022 年 1 美元 = 6.7144 元人民币换算。

**2. 与发达国家跨国公司相比国际化水平差距较大**

2023 世界跨国公司 100 大入围企业数方面，美国最多，有 19 家，中国大陆只有 9 家，比美国少 10 家；在海外资产总额方面，美国最多，达到 15951 亿美元，中国大陆只有 7991 亿美元，只有美国的 50.10%；在海外营业收入总额方面，美国最多，达到 15524 亿美元，中国大陆只有 5332 亿美元，占美国的 34.35%；在海外员工总额方面，也是美国最多，达到 1981968 人，中国大陆只有 350857 人，占美国的 17.70%；在海外资产占比方面，英国最高，达到 88.42%，中国大陆只有 27.81%，比英国低 60.61 个百分点；在海外营业收入占比方面，英国最高，达到 87.27%，中国大陆只有 28.12%，比英国低 59.15 个百分点；在海外员工占比方面，英国最高，达到 75.58%，中国大陆只有 10.53%，比英国低 65.05 个百分点；在跨国指数方面，英国最高，达到 83.76%，中国大陆只有 22.15%，比英国低 61.61 个百分点。详见表 4-11。

表 4-11　2023 世界跨国公司 100 大中前六名国家企业跨国经营数据

| | 企业数/家 | 海外资产/亿美元 | 海外营业收入/亿美元 | 海外员工/人 | 海外资产占比/% | 海外营业收入占比/% | 海外员工占比/% | 跨国指数/% |
|---|---|---|---|---|---|---|---|---|
| 美国 | 19 | 15951 | 15524 | 1981968 | 36.07 | 51.05 | 32.89 | 40.00 |
| 法国 | 12 | 11023 | 6994 | 1048887 | 57.31 | 72.91 | 60.66 | 63.63 |
| 英国 | 11 | 14338 | 8232 | 610202 | 88.42 | 87.27 | 75.58 | 83.76 |
| 德国 | 11 | 13846 | 9937 | 1682485 | 61.90 | 82.01 | 58.63 | 67.51 |
| 日本 | 10 | 12246 | 7521 | 924306 | 65.71 | 65.20 | 52.88 | 61.26 |
| 中国大陆 | 9 | 7991 | 5332 | 350857 | 27.81 | 28.12 | 10.53 | 22.15 |

来源：联合国贸发会议（UNCTAD），《2023 年世界投资报告》。

**3. 品牌国际化方面仍然落后于发达国家**

品牌金融（Brand Finance）2022 年公布的全球最具价值品牌榜 500 强显示，中国品牌入围榜单数量为 79 家，与入围榜单数量第一的美国 201 家相比，还有较大差距；中国上榜企业品牌价值总计为 1.6 万亿美元，尚不足上榜的美国企业品牌价值（3.9 万亿美元）的一半。

## 五、不断提高企业国际化经营水平

2022 年以来，俄乌冲突等"黑天鹅"事件频发，全球地缘政治风险急剧上升，某些国家试图推动"脱钩断链"，破坏全球化进程，大国博弈愈演愈烈，宏观经济形势不容乐观，整个国际局势仿佛进入"乱纪元"。紧张而复杂的国际政治和经济局势使海外市场的高风险性超越海外业务的复杂性，成为中国企业在国际化拓展中面临的主要痛点。越是风高浪急的市场环境，越需要我国大企业看清形势、把握方向。但世界各国已经开始警惕并反对去全球化的行为。加强与世界连接的中国，正在促进与区域性组织，以及双边国家的战略性合作，"一带一路"等倡议的引领，为我国企业带来了广阔的海外合作空间。同时，随着数字经济的快速发展，我国企业数字化转型正在加速演进，企业在生产、研发、制造等价值链不同环节的数字化水平显著提高，科技赋能极大地推动着企业全球化前进的步伐，同时也催生出新的商业模式，为企业走出去提供新的机遇。为此，我国企业要加大国际化经营力度，坚持不懈地提高国际化经营水平。

**1. 着力提高高层管理者领导力**

高层管理者是否具有转型变革领导力，是新时代企业建设世界一流跨国公司的首要与核心问题。一是高层管理者的经营理念要从单一追求规模成长转向有效成长。要从机会导向，捞浮财思维转向战略导向，打造百年老店思维；要从习惯投机取巧转向培育核心能力，做产品要真材实料，致力于做好东西而不是便宜的东西；要从信奉资本与垄断的力量转向科技与消费者信赖的力量，要真正在技术、人才、管理、品牌等软实力上舍得投入，提高产品附加价值；做企业要有信仰，要回归价值观，回归客户价值，决不做假冒伪劣、不安全、不环保的产品，对得起良心，守得住法律的底线；要从凭借个人能力转向靠机制、靠制度、靠组织经营企业，提升组织整体运营效率，从而为社会提供稳定、可靠的高品质产品与服务。二是要打造适应互联网和品质发展时代的新领导力。高层领导者要统一思想意志，目标高远，使命驱动；要身体力行，坚守并践行公司核心价值观与目标追求，成为公司价值观的率先垂范者；要自我批判、自我超越，有正确的自我认知，永葆事业激情；要不安于现状，不图享乐与工作安逸舒适，具有持续奋斗精神；要有变革创新的责任担当、自我批判的品格，不回避问题，敢于批评与自我批评，面对机遇与挑战敢于拍板和决策，敢担责；要致力于培育和发展适应品质与互联网时代的新领导力，包括愿景与数字化领导力，跨界与竞合领导力，跨部门与跨团队融合创新领导力，跨文化与全球领导力等。三是要具备国际化的思维，从全球视野的角度出发来管理企业。要加强国际化战略研究，密切跟踪国际化发展趋势，定期举办国际化经营意识、理念和知识培训，加强企业国际化运作的经验交流，开阔视野，增强见识。四是要认真总结跨国公司的成长规律，积极学习其他跨国公司的优秀经验，在此基础上，确立竞争标杆，从规模实力、资源禀赋、创新机制、商业模式、经济效益、人才保障等方面全面开展对标，持续开展寻差距、找不足活动，有效弥补企业发展的短板，提高企业在全球行业中的地位。

### 2. 着力提升产业链分工地位和控制力

世界一流跨国公司区别于一般跨国公司的重要特征在于不仅仅将原来的国内业务扩展到境外，而是要在所在行业的全球价值链中拥有一定的控制能力。我国大企业要建设世界一流跨国公司，就要拥有一定的价值链控制能力，这就要求要在核心技术、核心零部件、品牌营销、重要原材料的全球资源储备和开发生产、主要销售市场的渗透和把握等方面具有较强的国际竞争力。为此，我国大企业需要大力推进企业创新活动，重点放在技术创新、商业模式创新、营销理念创新等方面，加大研发投入，培育企业核心竞争优势。以吉利汽车为例，该集团通过自主研发、跨境并购等方式掌握了包括发动机、变速箱在内的主要汽车核心技术，已经成为国内自主品牌汽车企业的行业领导者之一。除了技术创新外，商业模式创新和营销理念创新同样重要。以京东、阿里巴巴等为代表的中国电子商务企业成功创建自己的商业模式，已经发展成为全球电子商务的行业领先者。随着跨境电子商务的快速发展，中国电子商务企业的国际化步伐还将进一步加快。我国大企业还需要融入全球生态体系，打造韧性敏捷、全球协同的供应链体系，构建全球一体化运营。全球产业链的打造既可以通过新建或并购等境外直接投资的方式实现，也可以通过在东道国寻找当地供应商和合作者的方式构建。最近几年，随着中美关系的紧张、民粹主义抬头，逆全球化倾向越发明显，国际商务环境变得扑朔迷离。很多大型跨国企业在尽力维持一定的全球布局的同时，也在大力打造地区性和当地化的供应链和产业生态系统以避开地区和国家间的壁垒，减少地缘政治带来的风险。在这样的环境下，中国的很多跨国企业，特别是高科技领域受到很大冲击。因此，我国大企业必须更多以地区为导向，在东道国（特别是政治友善国家）深耕落地，要在当地建立相对独立的治理体系，雇用、支持和信赖当地的高管，与当地的客户、供应商、工会、政府和社区等主要利益相关者合作建立一个互相依赖的商业生态系统，从而实现可持续发展。

### 3. 着力建立健全经营管理机制

世界一流的跨国公司往往都在发展过程中构建和磨合了一套适合自身管理特点的国际化经营机制或制度。尽管此类机制或制度有可能会降低企业国际化经营决策的效率，却是跨国公司减少投资决策失误并使企业长期稳定运营的重要保证。换言之，我国大企业真正崛起同样离不开国际化经营机制或制度的建立与完善。海外业务有其天然的特殊性和复杂性，这要求在公司海外业务达到一定规模时，及时建设适合于海外业务的管理制度和流程，避免因制度流程不健全、不适应、不匹配导致的效率低下，损害市场竞争力。一是战略先行。在新的国际形势下，要将全球化发展作为企业可持续发展的战略选择，充分考虑外部环境的不确定性，制定清晰的海外业务战略规划和顶层设计，谋定而动。在当前的环境下，海外经营遇到困难挑战是常态，企业切不可因一时的风险而"动作变形"，匆忙调整方向或直接放弃原有战略，导致企业的努力前功尽弃。面对全球经济增速放缓和地缘政治冲突风险导致的海外市场碎片化，真正形成"一国一策"，切实找到适合各国市场的策略和打法。二是进一步提高投资决策的科学性和规范性，在企业内部建立健全投资决策会商机制，经过可行性研究、专家评估、多部门人员会商等关键步骤，从制度上减少投资失误的发生。三是加强海外运营，对全球各区域的业务实现统一管控，将并购与自建业务放在一个统一的管理平台上，实现业财一体化与数据透明化管理，以支持公司进行全球化决策。四是建立科学有效的国际化经营绩效考核机制及相应的人才晋升和流动制度，从而在强化对国际化经营效益监管的同时调动国际化管理人员的积极性。五是适应不同国家间的文化差异和本土化要求，适时修订企业行为规范，及时补充完善与国际化相适应的制度规程，修改与国际化经营不相适应的规章，理顺风险管理、企业文化、企业社会责任等制度和机制，推动管理规范化和监管常态化。六是要高度重视社会责任。以全球"企业公民"为追求，加强与投资地政府、社区、居民和非政府组织、媒体的沟通，积极参与所在地国家和地区的公益活动，构建具有企业特色的社会责任体系，增强企业的"软实力"。七是广结善缘。在当地市场要建立良好的企业形象，重视与本地生态伙伴建立牢固关系，与合作伙伴形成共赢共生关系。八是底线思维。当今复杂多变的政治经济局势，使海外业务的高风险性更加突出，要坚守底线思维，把风险防控作为海外经营的第一红线。

### 4. 着力深耕品牌建设

面对不确定的海外市场，如何提升品牌信任度，如何赢得消费者的信任，已经成为深耕品牌建设的首要问题。品牌本身是具有经济价值的无形资产。创造品牌的差异性，会给企业产品带来独特的溢价和增值，使其具有超越商业价值的跨文化影响力。而企业创造品牌影响力的过程需要与客户长期相互影响、相互磨合，这与企业自身文化、价值不可分割，并不容易获取。但只有建立了品牌影响力的企业才能完成从低附加值向高附加值的转变。全球化思考、本土化执行，特别是在产品力的表达方面，情感价值和功能价值都应该符合当地消费者的需求。此外，要通过当地的人才积累、在地的自主运营，通过本土化的用户、组织、产品和市场四个战略维度的发展，实现中国企业品牌与全球经济共赢共生。

### 5. 着力培养国际化经营人才

真正的国际化是以人为代表的，如果外国工厂的管理者都是中国人，就不是国际化的企业。持续加强海外业务人才队伍建设依旧是我国大企业的首要和长期任务。一是要加强国际化经营人才的储备。一方面，要大胆让现有企业管理人员涉足国际化业务，在实战中锻炼和培养国际化人才队伍；另一方面，大力引进境外跨国公司的优秀管理人才，提高高管团队的国际化水平。二是要建立配套机制，发挥所在国家的人才优势。特别是在企业向海外发展的初期，更需要关注外籍员工的人力资源建设。用好外籍人才，可以说是企业"走出去"的第一步，其可以帮助企业更好地适应当地环境，从而实现可持续发展。三是建立中方员工定期外派和外方员工定期赴中国培训的跨国人才交流制度，强化人才的国际接轨，同时积极在海外培养当地人才，为中国公司服务，由此建立起一个真正国际化的团队。四是要尊重海外员工的文化并促进融合。随着企业规模的扩大，经过长期培养的本地化团队也可以逐渐被委以重任。外籍员工逐步走上管理岗位，甚至影响母公司的决策，这对企业全球化而言可能更具积极的意义。虽然外籍高管的比例高并不一定意味着企业在文化融合方面优秀，但也可以在一定程度上反映企业高层对文化包容的认同，这符合全球化的发展方向。

### 6. 着力强化合规管理

一是要建立全球合规和风控，充分提升安全合规意识，融入当地法律法规的合规体系，包括财务、税务、劳务、数据、知识产权、ESG 披露等方面，保证企业的合规运营。二是按照《企业境外经营合规管理指引》等系列文件要求，根据业务性质、地域范围、监管要求等设置相应的合规管理机构，融入公司治理体系，完善合规管理制度，全面掌握关于市场准入、贸易管制、安全审查、行业监管、外汇管理、财务税收、劳工权利、环境保护、数据隐私、知识产权、反腐败、反贿赂、反垄断、反洗钱、反恐怖融资等方面的合规要求，确保经营活动全流程、全方位合规。三是要利用法律、仲裁等手段坚决抵制针对我国企业的歧视性规则，维护自身合法权益。

# 第五章
## 2023 中国大企业创新 100 强分析报告

党的二十大报告中指出："加强企业主导的产学研深度融合，强化目标导向，提高科技成果转化和产业化水平。强化企业科技创新主体地位，发挥科技型骨干企业引领支撑作用，营造有利于科技型中小微企业成长的良好环境，推动创新链产业链资金链人才链深度融合。"这些关键论述为新时代发挥企业创新主力军作用明确了方向。

为了深入贯彻落实习近平新时代中国特色社会主义思想和党的二十大精神，强化企业科技创新主体地位，加快提升企业创新能力，着力打造具有全球竞争力的世界一流企业，同时为社会各界提供我国大企业创新水平及其相关信息，中国企业联合会、中国企业家协会在清华大学技术创新研究中心的支持下自 2021 年开始推出"中国大企业创新 100 强及分析报告"。

## 一、2023 中国大企业创新 100 强评价指标、方法和结果

### 1. 中国大企业创新 100 强评价指标

依据企业数据的可获得性和专家多次研讨，我们从创新投入、创新成果和创新效益三大方面选取研发投入强度、研发费用、发明专利数、非发明专利数、收入利润率作为评价指标。中国大企业创新 100 强评价指标体系详见表 5-1。

表 5-1 中国大企业创新 100 强评价指标体系

| 一级指标 | 二级指标 | 计算公式 | 权重 |
| --- | --- | --- | --- |
| 创新投入 | 研发投入强度 | 研发费用/当年营业收入 | 0.40 |
|  | 研发费用 | — | 0.10 |
| 创新成果 | 发明专利数 | — | 0.35 |
|  | 非发明专利数 | 拥有专利数－拥有发明专利数 | 0.05 |
| 创新效益 | 收入利润率 | 当年净利润/当年营业收入 | 0.10 |

### 2. 中国大企业创新 100 强测算方法

首先，考虑到各项指标中排名第一和排名第二的企业指标数值差距大，异常值将降低评价的区

分度。故将排名第一的企业指标数值作如下转换：

$$X_{rank1,j} = X_{rank2,j} \times \frac{100}{95}$$

其次，基于转换后的数据，利用功效系数法消除量纲影响：

$$Y_{ij} = 60 + \frac{X_{ij} - \min_{1 \leq i \leq n}(x_{ij})}{\max_{1 \leq i \leq n}(x_{ij}) - \min_{1 \leq i \leq n}(x_{ij})} \times 40$$

其中 $x_{ij}$ 为各指标原始数值，$Y_{ij}$ 为经转换后的指标数值，各项指标的取值范围为 [60，100]。

最后，分别赋予研发投入强度、研发费用、发明专利数、非发明专利数和收入利润率0.40、0.10、0.35、0.05、0.10的权重，计算综合得分。

2023中国大企业创新100强是在2023中国企业500强、2023中国制造业企业500强、2023中国服务业企业500强的基础上，按照入围门槛为发明专利数100件以上、研发强度0.6%以上、营业收入200亿元以上的标准进行筛选，同时依据企业申报的研发费用、研发投入强度、拥有发明专利数、拥有专利数、收入利润率等数据，利用功效系数法计算得到各指标评价值，加权得到各企业综合评价得分值，最后按分值高低排序产生。2023中国大企业创新100强排名前10位的企业分别是华为投资控股有限公司、中兴通讯股份有限公司、美的集团股份有限公司、中国航天科工集团有限公司、江苏恒瑞医药股份有限公司、上海华虹（集团）有限公司、中国信息通信科技集团有限公司、正大天晴药业集团股份有限公司、中国石油化工集团有限公司、TCL科技集团股份有限公司。2023中国大企业创新100强详见表5-2。

表5-2 2023中国大企业创新100强

| 排名 | 企业排名 | 研发投入强度 | 研发费用 | 发明专利 | 非发明专利 | 收入利润率 | 总得分 |
|---|---|---|---|---|---|---|---|
| 1 | 华为投资控股有限公司 | 100.00 | 100.00 | 100.00 | 70.09 | 64.91 | 95.00 |
| 2 | 中兴通讯股份有限公司 | 88.84 | 76.44 | 91.25 | 93.14 | 65.12 | 86.28 |
| 3 | 美的集团股份有限公司 | 65.32 | 69.57 | 98.00 | 100.00 | 67.31 | 79.11 |
| 4 | 中国航天科工集团有限公司 | 80.74 | 84.50 | 78.83 | 70.12 | 65.23 | 78.37 |
| 5 | 江苏恒瑞医药股份有限公司 | 97.96 | 63.65 | 60.51 | 60.87 | 73.56 | 77.12 |
| 6 | 上海华虹（集团）有限公司 | 92.72 | 64.71 | 64.85 | 61.22 | 61.41 | 75.46 |
| 7 | 中国信息通信科技集团有限公司 | 83.98 | 65.85 | 72.19 | 62.21 | 62.85 | 74.84 |
| 8 | 正大天晴药业集团股份有限公司 | 88.29 | 63.00 | 60.55 | 60.95 | 76.76 | 73.53 |
| 9 | 中国石油化工集团有限公司 | 60.11 | 73.74 | 89.26 | 74.57 | 62.69 | 72.66 |
| 10 | TCL科技集团股份有限公司 | 67.91 | 66.51 | 77.70 | 63.51 | 60.37 | 70.22 |
| 11 | 上海韦尔半导体股份有限公司 | 80.15 | 61.82 | 63.14 | 60.98 | 64.65 | 69.85 |
| 12 | 浙江大华技术股份有限公司 | 80.62 | 62.88 | 61.24 | 62.41 | 65.38 | 69.63 |
| 13 | 荣耀终端有限公司 | 76.96 | 67.48 | 63.20 | 62.05 | 66.27 | 69.38 |

续表

| 排名 | 企业排名 | 研发投入强度 | 研发费用 | 发明专利 | 非发明专利 | 收入利润率 | 总得分 |
|---|---|---|---|---|---|---|---|
| 14 | 中国中车集团有限公司 | 68.95 | 70.27 | 70.31 | 72.66 | 64.99 | 69.35 |
| 15 | 中国石油天然气集团有限公司 | 61.28 | 91.18 | 72.24 | 75.33 | 65.92 | 69.27 |
| 16 | 新华三信息技术有限公司 | 74.56 | 63.35 | 66.13 | 61.72 | 66.59 | 69.05 |
| 17 | 珠海格力电器股份有限公司 | 64.77 | 64.71 | 72.07 | 87.25 | 70.45 | 69.01 |
| 18 | 中国移动通信集团有限公司 | 65.25 | 85.87 | 67.90 | 62.36 | 73.6 | 68.93 |
| 19 | 中国建筑股份有限公司 | 63.24 | 98.00 | 63.71 | 98.04 | 63.07 | 68.60 |
| 20 | 中国五矿集团有限公司 | 63.49 | 77.57 | 69.89 | 89.48 | 62.1 | 68.30 |
| 21 | 海尔集团公司 | 64.26 | 68.03 | 72.22 | 79.54 | 65.17 | 68.28 |
| 22 | 深圳市汇川技术股份有限公司 | 75.52 | 61.61 | 60.26 | 62.48 | 74.15 | 68.00 |
| 23 | 中国兵器工业集团有限公司 | 66.03 | 77.23 | 68.55 | 68.17 | 63.08 | 67.84 |
| 24 | 三一集团有限公司 | 71.65 | 67.05 | 62.54 | 72.05 | 64.49 | 67.30 |
| 25 | 浪潮集团有限公司 | 69.60 | 64.82 | 67.21 | 63.79 | 62.4 | 67.27 |
| 26 | 浙江吉利控股集团有限公司 | 68.48 | 77.07 | 63.32 | 70.05 | 61.91 | 66.95 |
| 27 | 中联重科股份有限公司 | 73.13 | 62.54 | 61.93 | 63.25 | 64.25 | 66.77 |
| 28 | 舜宇集团有限公司 | 73.42 | 62.05 | 61.14 | 62.73 | 65.89 | 66.70 |
| 29 | 中国铁路工程集团有限公司 | 63.21 | 81.14 | 64.95 | 80.60 | 62.6 | 66.42 |
| 30 | 瑞声科技控股有限公司 | 71.82 | 61.09 | 63.04 | 62.49 | 62.96 | 66.32 |
| 31 | 中国电力建设集团有限公司 | 64.84 | 77.08 | 62.95 | 81.88 | 62.11 | 65.98 |
| 32 | 中国交通建设集团有限公司 | 63.8 | 79.49 | 63.24 | 80.79 | 63.33 | 65.98 |
| 33 | 海信集团控股股份有限公司 | 64.64 | 64.50 | 66.58 | 74.62 | 64.77 | 65.82 |
| 34 | 中国铁道建筑集团有限公司 | 63.00 | 79.05 | 63.52 | 81.27 | 62.42 | 65.64 |
| 35 | TCL实业控股股份有限公司 | 65.53 | 62.97 | 66.61 | 70.59 | 62.47 | 65.60 |
| 36 | 郑州宇通企业集团 | 72.46 | 61.60 | 60.40 | 62.28 | 61.78 | 65.58 |
| 37 | 宁德时代新能源科技股份有限公司 | 67.13 | 71.78 | 61.34 | 63.49 | 68.08 | 65.48 |
| 38 | 广州视源电子科技股份有限公司 | 69.46 | 60.89 | 61.29 | 65.48 | 68.02 | 65.40 |
| 39 | 歌尔股份有限公司 | 67.57 | 63.91 | 63.87 | 70.32 | 60.96 | 65.38 |
| 40 | 新疆特变电工集团有限公司 | 67.17 | 63.61 | 60.36 | 61.99 | 79.15 | 65.37 |
| 41 | 中国宝武钢铁集团有限公司 | 61.09 | 69.48 | 69.62 | 66.53 | 61.94 | 65.27 |
| 42 | 中创新航科技集团股份有限公司 | 71.79 | 61.07 | 60.09 | 62.00 | 62.4 | 65.20 |
| 43 | 大全集团有限公司 | 62.83 | 60.65 | 60.11 | 62.11 | 98.00 | 65.14 |
| 44 | 隆基绿能科技股份有限公司 | 68.50 | 65.37 | 60.06 | 62.34 | 69.21 | 65.00 |
| 45 | 宁波均胜电子股份有限公司 | 69.45 | 62.23 | 62.33 | 61.42 | 60.61 | 64.95 |
| 46 | 青海盐湖工业股份有限公司 | 62.04 | 60.31 | 60.01 | 61.24 | 100.00 | 64.91 |
| 47 | 中国建材集团有限公司 | 63.45 | 67.30 | 64.24 | 73.54 | 65.02 | 64.77 |

续表

| 排名 | 企业排名 | 研发投入强度 | 研发费用 | 发明专利 | 非发明专利 | 收入利润率 | 总得分 |
|---|---|---|---|---|---|---|---|
| 48 | 广州天赐高新材料股份有限公司 | 65.92 | 60.59 | 60.03 | 60.89 | 82.44 | 64.72 |
| 49 | 上海汽车集团股份有限公司 | 63.25 | 73.71 | 62.80 | 75.97 | 62.67 | 64.72 |
| 50 | 鞍钢集团有限公司 | 64.76 | 68.46 | 64.44 | 64.77 | 61.65 | 64.71 |
| 51 | 深圳前海微众银行股份有限公司 | 67.73 | 62.16 | 60.19 | 60.92 | 72.79 | 64.70 |
| 52 | 广东德赛集团有限公司 | 69.17 | 61.61 | 60.48 | 63.67 | 64.13 | 64.59 |
| 53 | 国家电力投资集团有限公司 | 65.42 | 70.23 | 61.53 | 66.16 | 65.43 | 64.58 |
| 54 | 深圳市东阳光实业发展有限公司 | 68.87 | 61.23 | 61.54 | 61.01 | 62.51 | 64.51 |
| 55 | 中国华能集团有限公司 | 64.33 | 69.86 | 61.61 | 76.36 | 63.82 | 64.48 |
| 56 | 潍柴动力股份有限公司 | 66.61 | 65.82 | 61.85 | 64.71 | 62.45 | 64.35 |
| 57 | 鹏鼎控股（深圳）股份有限公司 | 66.95 | 61.18 | 60.65 | 60.94 | 71.27 | 64.30 |
| 58 | 闻泰科技股份有限公司 | 69.03 | 62.50 | 60.14 | 62.24 | 62.56 | 64.28 |
| 59 | 华勤技术股份有限公司 | 68.36 | 63.77 | 60.62 | 61.98 | 62.12 | 64.25 |
| 60 | 徐工集团工程机械股份有限公司 | 66.50 | 63.03 | 61.74 | 66.65 | 63.82 | 64.23 |
| 61 | 通富微电子股份有限公司 | 69.58 | 60.92 | 60.18 | 61.08 | 61.51 | 64.19 |
| 62 | 中国第一汽车集团有限公司 | 63.39 | 71.25 | 61.89 | 68.93 | 65.99 | 64.19 |
| 63 | 天合光能股份有限公司 | 68.33 | 63.44 | 60.17 | 61.44 | 63.34 | 64.14 |
| 64 | 奇瑞控股集团有限公司 | 65.36 | 64.12 | 62.91 | 66.20 | 62.09 | 64.09 |
| 65 | 中国海洋石油集团有限公司 | 60.73 | 67.82 | 63.14 | 64.84 | 75.19 | 63.93 |
| 66 | 龙佰集团股份有限公司 | 66.25 | 60.68 | 60.13 | 61.40 | 72.27 | 63.91 |
| 67 | 人福医药集团股份有限公司 | 66.46 | 60.64 | 60.16 | 61.18 | 71.13 | 63.88 |
| 68 | 华鲁控股集团有限公司 | 65.87 | 61.29 | 60.12 | 61.29 | 72.94 | 63.88 |
| 69 | 山东魏桥创业集团有限公司 | 65.45 | 74.30 | 60.03 | 61.26 | 61.84 | 63.87 |
| 70 | 佛山市海天调味食品股份有限公司 | 64.11 | 60.48 | 60.04 | 61.13 | 80.95 | 63.86 |
| 71 | 晶科能源控股有限公司 | 67.69 | 64.20 | 60.16 | 61.74 | 61.97 | 63.84 |
| 72 | 东风汽车集团有限公司 | 62.46 | 66.80 | 63.30 | 70.66 | 64.72 | 63.82 |
| 73 | 天津天士力大健康产业投资集团有限公司 | 65.63 | 60.81 | 60.59 | 61.00 | 72.22 | 63.81 |
| 74 | 研祥高科技控股集团有限公司 | 67.30 | 62.55 | 60.34 | 61.37 | 64.48 | 63.81 |
| 75 | 阳光电源股份有限公司 | 66.25 | 61.20 | 60.77 | 62.50 | 67.42 | 63.76 |
| 76 | 江苏长电科技股份有限公司 | 65.72 | 60.91 | 61.69 | 61.32 | 67.04 | 63.74 |
| 77 | 国家能源投资集团有限责任公司 | 60.94 | 66.53 | 63.31 | 71.38 | 69.75 | 63.73 |
| 78 | 中国广核集团有限公司 | 62.73 | 62.13 | 62.20 | 64.15 | 74.28 | 63.71 |
| 79 | 山西建设投资集团有限公司 | 66.93 | 64.70 | 60.10 | 63.92 | 62.01 | 63.68 |
| 80 | 中国华电集团有限公司 | 64.22 | 66.88 | 61.07 | 68.61 | 64.93 | 63.67 |
| 81 | 东岳氟硅科技集团有限公司 | 65.76 | 60.91 | 60.30 | 60.90 | 70.99 | 63.65 |

续表

| 排名 | 企业排名 | 研发投入强度 | 研发费用 | 发明专利 | 非发明专利 | 收入利润率 | 总得分 |
|---|---|---|---|---|---|---|---|
| 82 | 中国能源建设集团有限公司 | 63.96 | 67.95 | 61.67 | 67.77 | 62.71 | 63.62 |
| 83 | 上海建工集团股份有限公司 | 65.17 | 67.70 | 61.34 | 64.63 | 60.49 | 63.59 |
| 84 | 中国东方电气集团有限公司 | 66.12 | 61.78 | 61.17 | 62.97 | 63.98 | 63.58 |
| 85 | 深圳传音控股股份有限公司 | 66.69 | 61.50 | 60.53 | 61.83 | 64.61 | 63.56 |
| 86 | 创维集团有限公司 | 65.83 | 61.52 | 61.52 | 65.55 | 62.40 | 63.54 |
| 87 | 深圳华强集团有限公司 | 67.52 | 61.12 | 60.11 | 61.16 | 63.00 | 63.52 |
| 88 | 首钢集团有限公司 | 64.51 | 65.92 | 62.06 | 64.07 | 61.74 | 63.49 |
| 89 | 新疆金风科技股份有限公司 | 64.93 | 61.12 | 62.25 | 63.44 | 64.28 | 63.47 |
| 90 | 上海龙旗科技股份有限公司 | 67.83 | 61.06 | 60.00 | 61.21 | 61.37 | 63.44 |
| 91 | 郑州煤矿机械集团股份有限公司 | 66.42 | 60.96 | 60.01 | 61.31 | 66.97 | 63.43 |
| 92 | 金东纸业（江苏）股份有限公司 | 65.32 | 60.72 | 60.07 | 60.96 | 71.52 | 63.42 |
| 93 | 中国联塑集团控股有限公司 | 65.85 | 60.84 | 60.25 | 62.82 | 67.50 | 63.40 |
| 94 | 浙江新安化工集团股份有限公司 | 65.22 | 60.50 | 60.09 | 61.01 | 71.57 | 63.38 |
| 95 | 万华化学集团股份有限公司 | 62.64 | 62.52 | 63.25 | 60.90 | 68.55 | 63.34 |
| 96 | 北京汽车集团有限公司 | 61.95 | 65.65 | 62.46 | 74.66 | 63.79 | 63.32 |
| 97 | 泰开集团有限公司 | 66.79 | 60.61 | 60.01 | 61.53 | 64.44 | 63.30 |
| 98 | 中国重汽（香港）有限公司 | 66.30 | 61.84 | 60.22 | 63.23 | 63.54 | 63.29 |
| 99 | 中国化学工程集团有限公司 | 64.94 | 64.52 | 60.88 | 63.57 | 63.29 | 63.24 |
| 100 | 万丰奥特控股集团有限公司 | 66.12 | 61.02 | 60.05 | 62.33 | 65.51 | 63.24 |

2023中国大企业创新100强（以下简称创新百强企业）结果显示，百强企业的部分指标门槛明显上升。第100名企业拥有专利数和研发投入强度分别为2080个和4.13%，比上年分别增加了3.07和1.36倍；连续三年蝉联榜首的华为投资控股有限公司在2022年的研发投入强度高达25.14%，比上年（22.62%）高出2.52个百分点，相比于前年（15.92%）提高9.22个百分点。此外，相比于2022中国大企业创新100强，2023年共有25家新企业跻身于前100强，其中上海华虹（集团）有限公司、TCL科技集团股份有限公司进入大企业创新前20强，这些企业的创新能力在2022年得到了迅猛提升。

对于各项创新指标的绝对值而言，2023大企业创新100强相较于上年取得明显进步，2023年创新百强企业非发明专利高达78.42万件，与上年相比增加了4.34万件；平均研发投入强度为5.42%，相比于上年提升了0.53个百分点，表明中国大企业越发重视研发投入，提高企业研发投入强度仍然是我国创新活力增加、科技创新能力变强的重要保障。2022—2023中国大企业创新得分详见图5-1。

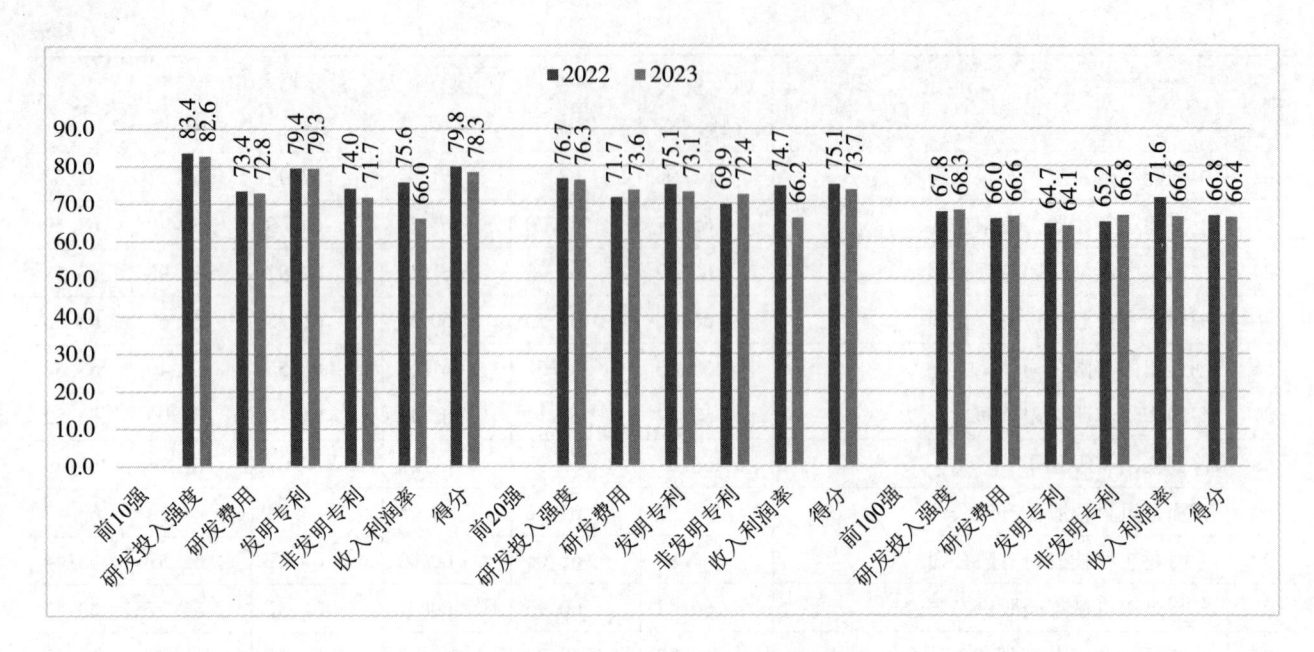

图 5-1 2022—2023 中国大企业创新得分

党的十八大以来，习近平总书记高度关注国家科技创新，将创新放置于新发展理念的首位，提出了一系列推动我国科技创新快速发展的良策。从明确"创新是引领发展的第一动力"，到实施"创新驱动发展战略"，国家始终把科技创新摆在国家发展的关键地位，在战略性、全局性的科技创新政策的指引下，中国自主创新之路越来越宽广和平坦。

党的十八大以来，我国大企业创新水平得到显著提高，从研发投入强度、研发费用、拥有专利数等评价指标来看，近十年百强企业各项指标均值上涨迅猛。研发投入强度是反映企业科技创新水平的最核心指标之一，创新百强企业的平均研发投入强度逐年攀升并在 2022 年高达 5.42%，表明企业对科技创新活动的重视程度和支持力度持续增加。从研发费用指标来看，除 2022 年稍显下降外，近十年大企业研发费用呈现快速上涨态势，从 2012 年的 0.31 万亿元上涨至 2022 年的接近 1 万亿元，翻涨了三余倍。创新 100 强大企业的平均拥有专利数在近十年进入快速上涨通道并在 2022 年超过 1.41 万个，在一定程度上反映出企业创新能力不断增强，企业科技成果转化力度得到显著提升。详见图 5-2。

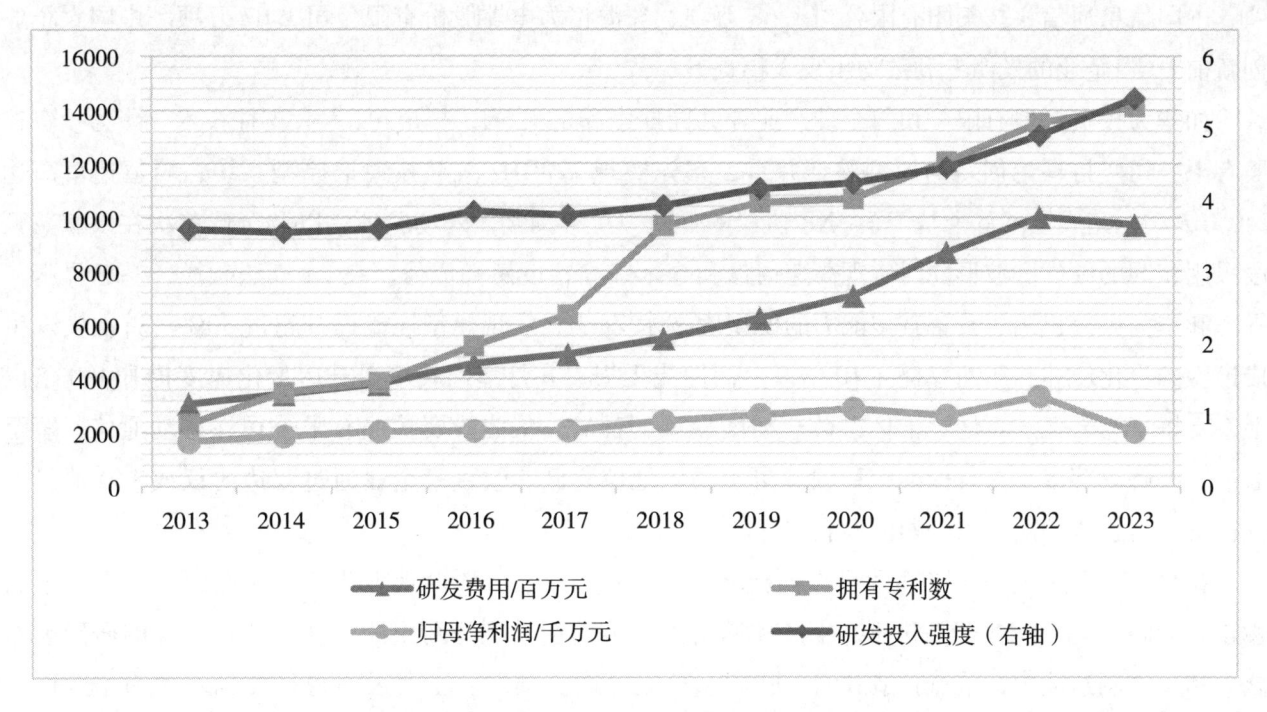

图 5-2 2013—2023 中国大企业创新 100 强评价指标均值

## 二、2023 中国大企业创新 100 强主要分析结论

1. **世界一流创新企业建设稳步进行**

2022 年，中国涌现出一系列科技创新成果，"奋斗者号"首次完成南极科考，新一代"人造太阳"装置，火星探测成功发射，中国自主设计和建造的第三代核电技术"华龙一号"，中国运载火箭"一箭 41 星"成功将 41 颗卫星送入轨道，中国自主研制的大型客机"C919"，并获得多个订单，中国航空工业在大型客机领域取得大突破，世界影响力显著提升。2022 年企业研发投入占全社会研发投入已超过 3/4，2022 年全国技术合同成交额已达到 4.8 万亿元，企业贡献了超过 80%的技术吸纳，企业已成为我国科技创新的关键动力源。华为投资控股有限公司聚焦创新引领，通过加大自主研发和创新力度等一系列举措为企业自主创新提供保障。2022 年华为的研发费用高达 1614.94 亿元，研发投入强度达到 25.14%，同时入选波士顿咨询公司评选的世界最具创新力的 50 强企业，名列第八名；新能源汽车的全球领先者比亚迪名列第九名；中石化、中石油也首次名列世界最具创新力的企业 50 强。我国企业成为世界一流创新企业的步伐正稳步进行。

2. **成果亮点纷呈，有力支撑了经济高质量发展**

创新百强企业为中国创新发展做出了突出贡献，部分创新成果已经在全球具有技术领先优势和核心竞争力。2023 中国大企业创新 100 强有效发明专利数和非发明专利数分别为 63.01 万件、78.42 万件，创新百强企业是全国有效专利的主要持有者。在创新百强企业中发明专利数居前 10 位的公司分别是华为投资控股有限公司 10.80 万项、美的集团股份有限公司 5.23 万项、中兴通讯股份有限公司 4.30 万项、中国石油化工集团有限公司 4.03 万项、中国航天科工集团有限公司 2.60 万项、TCL 科技集团股份有限公司 2.44 万项、中国石油天然气集团有限公司 1.69 万项、海尔集团公司 1.69 万项、中国信息通信科技集团有限公司1.68万项、珠海格力电器股份有限公司1.67万项。中国大企业创新前10强企业的发明专利数均出现大幅提升。

如华为投资控股有限公司与全球产业界共同探索和定义6G，提出6G六大支柱技术。华为投资控股有限公司坚持理论创新与原型验证并重，率先实现220GHz太赫兹通信原型系统，峰值速率高达240 Gbit/s。完成全球首个基于5G NR协议的低轨卫星移动接入外场验证，以及全球首次在太赫兹频段采用相同的硬件和波形同时实现高速通信和毫米级高精度感知成像。在AI算法领域，基于昇腾+昇思和华为云，提出了具备查搜能力的模型库技术ZooD，实现模型性能提升超过30%。首次实现生成模型的量化压缩，压缩率提高10倍以上而性能无损，并行蒸馏技术提升后量化速度提升100倍以上，支撑华为云亿、百亿、千亿参数全精度模型的部署。华为投资控股有限公司在移动通信、短距通信、编解码等多个主流标准专利领域居于领先地位，已有数百家企业通过双边协议或专利池付费获得了华为投资控股有限公司的专利许可。

2022年我国医药领域的企业科技创新取得突出成就。正大天晴药业集团股份有限公司（以下简称正大天晴）是一家集药品科研、生产和销售为一体的创新型医药集团企业，依托卓越的研发创新能力和生产制造能力，重点打造肿瘤、肝病、呼吸等产品集群。正大天晴将科技创新作为企业可持续发展的支撑力量，作为国内创新药物研究投入较多的药企之一，2022年企业研发投入强度达到17%以上。正大天晴以研究院为创新载体，"国家企业技术中心""国家级博士后科研工作站""江苏省新型肝病药物工程技术研究中心""江苏省抗病毒靶向药物研究重点实验室"等高层次研发平台相继建立，自主创新能力不断增强。目前，正大天晴累计申请发明专利2500多项，形成了"上市一代、储备一代、研发一代"的良性格局。

**3. 持续加大研发投入，为技术创新提供坚实保障**

2023中国大企业创新100强的总研发费用为9844.45亿元，虽然相较于2022年研发费用总额下降了169.91亿元，但近十年中国大企业的研发投入仍呈现上涨态势。值得关注的是，2023年超过半数的中国大企业增大了研发费用支出，如中国建筑股份有限公司增加了297.90亿元，华为投资控股有限公司涨幅达到188.28亿元。此外，创新百强企业的平均研发投入强度已连续七年保持稳步增长。创新百强企业2022年的平均研发投入强度为5.42%，相比于上年上涨了0.53个百分点。在2023创新百强企业中研发强度超过20%的公司有两家，分别是华为投资控股有限公司和江苏恒瑞医药股份有限公司；研发投入强度超过15%的有中兴通讯股份有限公司、上海华虹（集团）有限公司和正大天晴药业集团股份有限公司三家企业。研发投入强度攀升表明我国大企业对科技创新活动支持力度不断增强。

江苏恒瑞医药股份有限公司聚焦抗肿瘤、手术用药、自身免疫疾病、代谢性疾病、心血管疾病等领域进行创新和高品质药品研发，近年来研发投入占营业收入的比例呈逐年攀高趋势，由2012年的9.84%一路飙升至2022年的29.83%。在科技创新战略的引领下，恒瑞医药近十年来累计研发投入已超290亿元，2022年累计研发投入达到63.46亿元。

中兴通讯股份有限公司（以下简称中兴）作为国际领先的综合通信解决方案提供商，以卓越创新能力和领先通信技术而闻名，是我国最大的通信设备公司。中兴坚持市场驱动的自主创新模式，当前中兴的创新得分已经连续两年位居中国大企业创新100强榜单的次席，中兴每年投入的科研经费占销售收入的10%左右，2022年研发投入强度达到17.57%，相比于上年增长了1.15%。

上海华虹（集团）有限公司（以下简称华虹）是现代化的以集成电路芯片设计制造为核心、以提供系统集成方案为目的的企业集团公司。华虹一直遵循"开放、创新、合作，为全球客户实现芯梦想"的愿景，注重自主研发和技术创新。经过十余载的发展，华虹不仅推动了我国集成电路产业的发展，而且在芯片制造、芯片设计等领域取得了瞩目成绩。2022年华虹的研发投入强度接近20%，位居大企业创新百强榜单的第六位。

**4. 盈利水平高，有力地验证了重视企业技术创新的重大意义和投资效果**

2023创新百强企业平均销售利润率为9.24%，销售利润率超过30%的公司有3家，分别是青海盐湖工业股份有限公司、大全集团有限公司及广州天赐高新材料股份有限公司；收入利润率达20%～30%的企业共有4家，分别是佛山市海天调味食品股份有限公司28.76%、新疆特变电工集团有限公司26.29%、正大天晴药业集团股份有限公司23.02%、中国海洋石油集团有限公司20.88%。

举全省之力打造"世界级盐湖产业基地"是习近平总书记对青海工作的重大要求，是推动青海高质量发展的重大机遇。盐湖资源是青海的第一大资源，拥有全国最大的可溶钾镁盐矿床，以及钾、锂等资源储量，为青海盐湖工业股份有限公司（以下简称青海盐湖）带来成本端优势。青海盐湖各项业务有序推进，核心产品需求旺盛，产能稳步提升，4万吨年基础锂盐一体化"盐湖小镇"等项目建设有序推进。青海盐湖在卤水提锂技术上的创新和工艺优化扩大了利润空间，目前公司吸附—膜耦合提锂成套技术进一步完善，应用成熟度不断提高，"超高镁锂比盐湖卤水吸附—膜分离耦合提锂技术的开发及产业化"项目成果鉴定达到了国际领先水平。另外，青海盐湖产能扩建激发规模效益，年产两万吨碳酸锂生产线成功落地，进一步降低成本，提升盈利能力。

大全集团有限公司（以下简称大全集团）是电气、新能源、轨道交通领域的领先制造商，主要研发生产中低压成套电器设备、智能元器件、轨道交通设备、新能源硅材料等。大全集团坚持"多元化、品牌化、国际化"的发展战略，发扬"诚信、敬业、创新"的企业精神，立足自主创新，着力做大做强。2022年，光伏产品已经在全球大多数地区实现平价上网，成为应对气候变化实现可持续碳减排的有效能源解决方案。在诸多因素影响下，全球能源价格上涨，全球整体光伏产品需求保持旺盛。光伏产业其他环节扩产提速，高纯多晶硅料环节整体依然供应紧缺，造成硅料价格持续上涨。广州天赐高新材料股份有限公司（以下简称天赐材料）主营锂离子电池材料、日化材料及特种化学品两大业务板块。天赐材料作为国际一流品牌的供应商，是具有较大的影响力及行业带头示范作用的国际一流精细化工企业。天赐材料以研发和科技为先导，提供系统性解决方案，形成了研究—技术—应用的产品一体化评价体系，具有国际竞争力的精细化学品研发、生产和销售的总体能力。2022年，天赐材料实现营业收入223.17亿元，同比增长101.22%，归属于上市公司股东的净利润57.14亿元，同比增长158.77%。

**5. 进一步关注创新百强企业差异化的问题**

2023中国大企业创新10强、20强、50强和100强各项指标对比详见图5-3。从各项指标绝对数值看，10强企业在发明专利数和研发投入强度等维度均优于20强平均水平，而20强又优于100

强。2023 中国大企业创新 20 强与 10 强的差距主要在于发明专利数和研发投入强度，10 强企业的研发投入强度和发明专利数与 20 强企业差距较为明显，而研发费用、非发明专利数与销售利润率的差距相对较小。相对于所有 100 强企业而言，除销售利润率指标外，10 强企业的各项指标优势明显，但各指标的领先幅度不同。其中研发投入强度、发明专利数等指标差距显著，而销售利润率差距相对较小。100 企业与 10 强企业仍存在不小的差距，企业应借鉴优秀企业的发展模式，增大创新投入，提高创新产出，培育竞争优势。

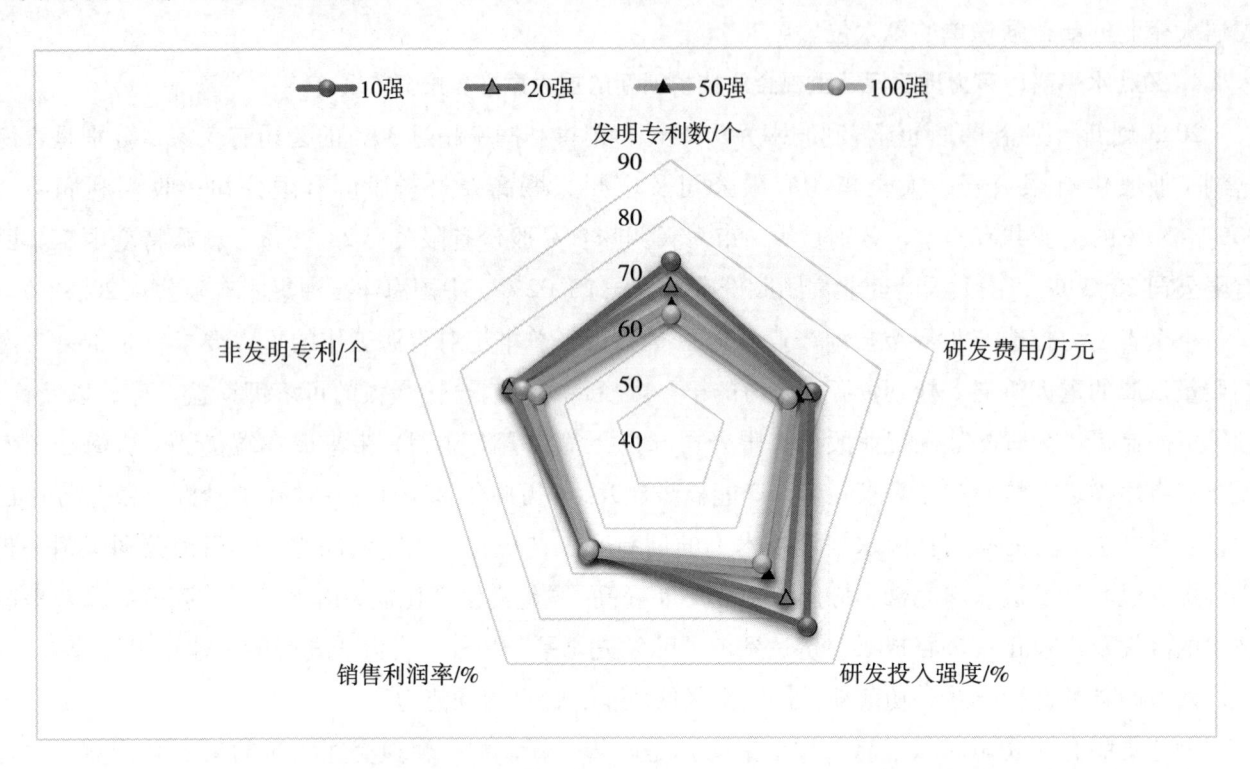

图 5-3　2023 中国大企业创新 10 强、20 强、50 强和 100 强各项指标对比

### 6. 我国企业创新区域分布不均衡、行业差异明显的趋势仍然存在

从企业总部所在地看，2023 中国大企业创新 100 强覆盖了 20 个省、自治区、直辖市，且大多集中在经济发达地区，其中北京和广东分别占 22 个席位，山东占 11 个席位，江苏占 9 个席位，浙江和上海均占 7 个席位，湖北占 4 个席位，河南占 3 个席位，新疆、湖南和安徽各占 2 个席位，天津、四川、山西、陕西、青海、福建、江西、辽宁和吉林各占 1 个席位。详见图 5-4。

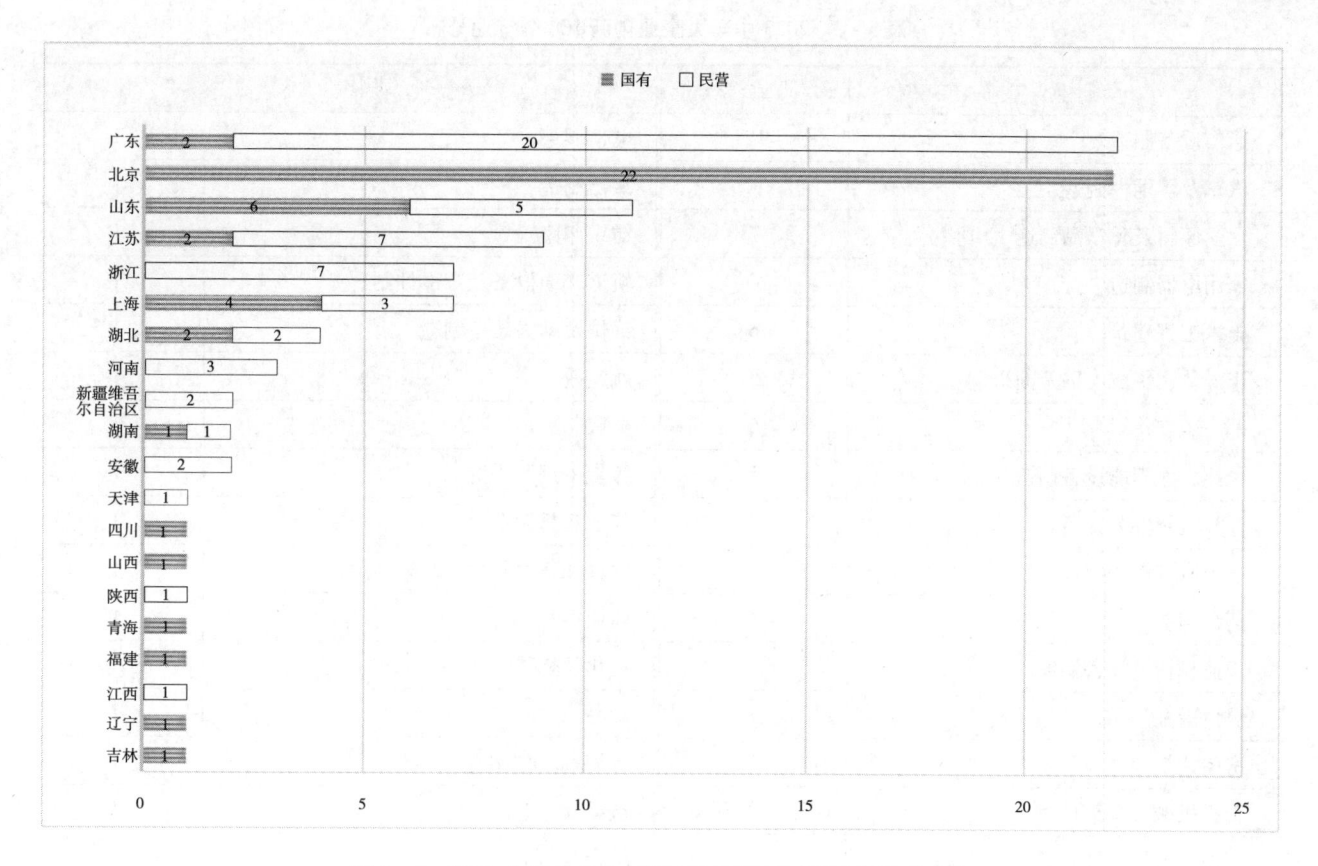

图 5-4　2023 中国大企业创新 100 强地区及所有制结构分布

创新百强企业中大多位于东部地区，尤其是北京和广东的企业占据主体地位。2023 年共有 80 家上榜企业处于东部位置，其中总部在北京、广东和山东的有 55 家。其次是中部地区入榜企业较多，共计 13 家，西部地区仅 7 家企业上榜。

从所有制结构看，我国大企业创新 100 强中民营企业的占比更高，民营企业占 56%，比国有企业占比高出 12%。地区间的结构差异十分显著，北京的国有企业占主导地位，上榜的 22 家企业均为国有企业。而与之形成鲜明对比的是广东入选榜单的企业仅有 2 家是国有企业，其余 20 家为民营企业，并且浙江入选的 7 家企业均属于民营企业，说明广东和浙江民营经济迸发了充足的创新活力。各地区应因地制宜，充分利用本地创新资源，将创新优势资源转化为经济发展优势。

从公司所在行业看，2023 中国大企业创新 100 强覆盖了 33 个行业，其中通信设备制造占比 12%，汽车及零配件制造占比 11%，化学原料及化学品制造占比 7%，家用电器制造和土木工程建筑均占比 6%，半导体、集成电路及面板制造，电力生产，风能、太阳能设备制造，以及计算机及办公设备四个行业占比各 5%，电力电气设备制造、药品制造两个行业占比各为 4%，工业机械及设备制造、黑色冶金两个行业各占比 3%，房屋建筑，工程机械及零部件，石油、天然气开采及生产，动力和储能电池四个行业各占比 2%，电信服务、兵器制造、纺织印染、轨道交通设备及零部件制造、锅炉及动力装备制造、航空航天、金属制品加工、煤炭采掘及采选业、其他建材制造、软件和信息技术（IT）、商业银行、石化及炼焦、食品、水泥及玻璃制造、造纸及包装、综合制造业 16 个行业各占比 1%。详见表 5-3。

表 5-3  2023 中国大企业创新 100 强行业分布

| 行业 | 占比/% | 行业 | 占比/% |
| --- | --- | --- | --- |
| 通信设备制造 | 12 | 电信服务 | 1 |
| 汽车及零配件制造 | 11 | 兵器制造 | 1 |
| 化学原料及化学品制造 | 7 | 纺织印染 | 1 |
| 家用电器制造 | 6 | 轨道交通设备及零部件制造 | 1 |
| 土木工程建筑 | 6 | 锅炉及动力装备制造 | 1 |
| 半导体、集成电路及面板制造 | 5 | 航空航天 | 1 |
| 电力生产 | 5 | 金属制品加工 | 1 |
| 风能、太阳能设备制造 | 5 | 煤炭采掘及采选业 | 1 |
| 计算机及办公设备 | 5 | 其他建材制造 | 1 |
| 电力电气设备制造 | 4 | 软件和信息技术（IT） | 1 |
| 药品制造 | 4 | 商业银行 | 1 |
| 工业机械及设备制造 | 3 | 石化及炼焦 | 1 |
| 黑色冶金 | 3 | 食品 | 1 |
| 房屋建筑 | 2 | 水泥及玻璃制造 | 1 |
| 工程机械及零部件 | 2 | 造纸及包装 | 1 |
| 石油、天然气开采及生产 | 2 | 综合制造业 | 1 |
| 动力和储能电池 | 2 | | |

## 三、加快提高企业创新能力的建议

当今世界经济正面临新挑战，波谲云诡的国际形势对我国企业的创新能力提出了更高要求。党的十九届五中全会提出"把科技自立自强作为国家发展的战略支撑"，只有在不断提升自身知识能力和学习能力的基础上坚持自主创新，把握创新核心环节的主动权，掌握核心技术的所有权，把发展的主动权牢牢把握在自己手中，才能形成抵御西方世界"技术霸凌"的"防护盾"，尽可能地防范和规避政治、经济、社会、军事等重要领域的重大风险，从根本上保障国家经济安全、国防安全和其他安全。为此，一方面需要政府强化大企业的创新主导地位，推动各类创新要素向大企业集聚；通过实施更大力度的普惠性创新政策，提高大企业创新研发积极性；集中力量建设关键性技术平台，推动国家产业创新中心的建设；加大创新主体合作的广度和深度，推动以大企业为创新主体、市场为导向、产学研用协同创新、大中小企业融通创新体系的进一步完善。另一方面作为创新主导地位的企业要争做科技领军企业，持续加大研发投入，构建合作创新网络，完善配套激励机制，不断提高创新能力，培育国际竞争中的优势。

**1. 争做科技领军企业，加快实现科技高水平自立自强**

面向"十四五"乃至 2035 年，我国要实现建设社会主义现代化强国目标，跻身创新型国家前列，需要培育或支持一批核心技术能力突出、集成创新能力强的科技领军企业，把科技的力量转化为经济和产业竞争优势，为塑造发展新优势、实现高水平科技自立自强、建设科技强国提供有力支撑。科技领军企业是指具有明确的科技创新战略及完善的组织体系，科技创新投入水平高，在关键共性技术、前沿引领技术和颠覆性技术方面取得明显优势，能够引领和带动产业链上下游企业、有效组织产学研力量实现融通创新发展，并在产业标准、发明专利、自主品牌等方面居于同行业领先地位的创新型企业。

科技自立自强是指一个国家在关键核心技术领域能够独立研究开发，并能实现自主可控，能研发重要装备，能建设重大工程，最终能足以支撑本国的经济社会实现高质量发展，强调在重大科技领域和关键核心技术领域能够起到引领和主导作用。"科技自立"强调了科技创新的安全性，特别是产业链、供应链的自主、安全、可控。"科技自强"则是科技创新的引领性，更加强调高水平科技创新的自主性，强调从0到1的突破，强调通过原始创新、未来技术形成战略性新兴产业和未来产业塑造经济发展的新优势。为此，创新百强企业必须把未来科技趋势的研判、核心技术的掌握和前沿引领技术、颠覆性技术的开发作为企业工作的新重点，以争做科技领军企业为重要抓手，发挥企业创新资源优势，进一步增强我国产业的自主创新能力及核心竞争力，打造原创技术策源地，履行作为国家战略科技力量实现高水平科技自立自强的使命担当。

**2. 大力推进关键核心技术攻关**

当前，整个国际环境处于"大变局"之中。一方面，全球科技创新空前密集活跃，新一轮科技革命和产业变革正在重构世界创新版图与经济结构。另一方面，单边主义、保护主义、霸权主义加剧国际社会动荡。随着有些国家或集团的单边主义、保护主义政策变本加厉，我国的科技创新正遭遇西方国家源头和应用端"双掐断"的堵截。在不少重要领域，核心关键技术还受制于西方国家，原始创新和引领能力不足。并且，西方大国对我国的打压和遏制不是偶然的，也绝不是短期的，必将伴随中国建设现代化强国的整个过程。核心关键技术受制于西方是当前我国现代化建设的薄弱之处，也是西方国家"制裁""打压"我国的"筹码"。因此，我国百强创新企业要组建高能级创新联合体，压茬推进关键核心技术攻关，为产业链、供应链安全稳定提供有力支撑，这仍然是我国企业科技创新的重要任务。面对全球新一轮科技革命与产业变革带来的重大机遇和挑战，要坚持走中国特色自主创新道路，把科技自立自强作为发展的战略支撑。国际竞争历来就是时间和速度的赛跑，谁见事早、动作快，谁就能掌控制高点和主动权。我国百强创新企业要努力突破"卡脖子"关键核心技术，着力解决一批影响和制约国家发展全局和长远利益的重大科技问题，同时，瞄准世界科技前沿和顶尖水平，敢于走前人没走过的路，把创新主动权、发展主动权牢牢掌握在自己手中，锻造"撒手锏"，练就"独门绝技"。

**3. 持续加大研发投入**

我国的全球一流创新企业数量持续增加，但与美国等发达国家相比创新能力仍存在差距，其主要制约因素还是研发投入没有跟上。欧盟委员会发布的《2022年欧盟工业研发投资记分牌》（*The 2022 EU Industrial R&D Investment Scoreboard*）对全球研发投资最多的2500家企业的研发情况进行了统计，结果显示美国仍占据研发投入公司数量榜首位置，上榜822家（占比接近1/3），中国上榜企业为762家（其中中国台湾84家），与美国相比仍有差距。全球研发投入前50名的企业数分布详见

图 5-5。

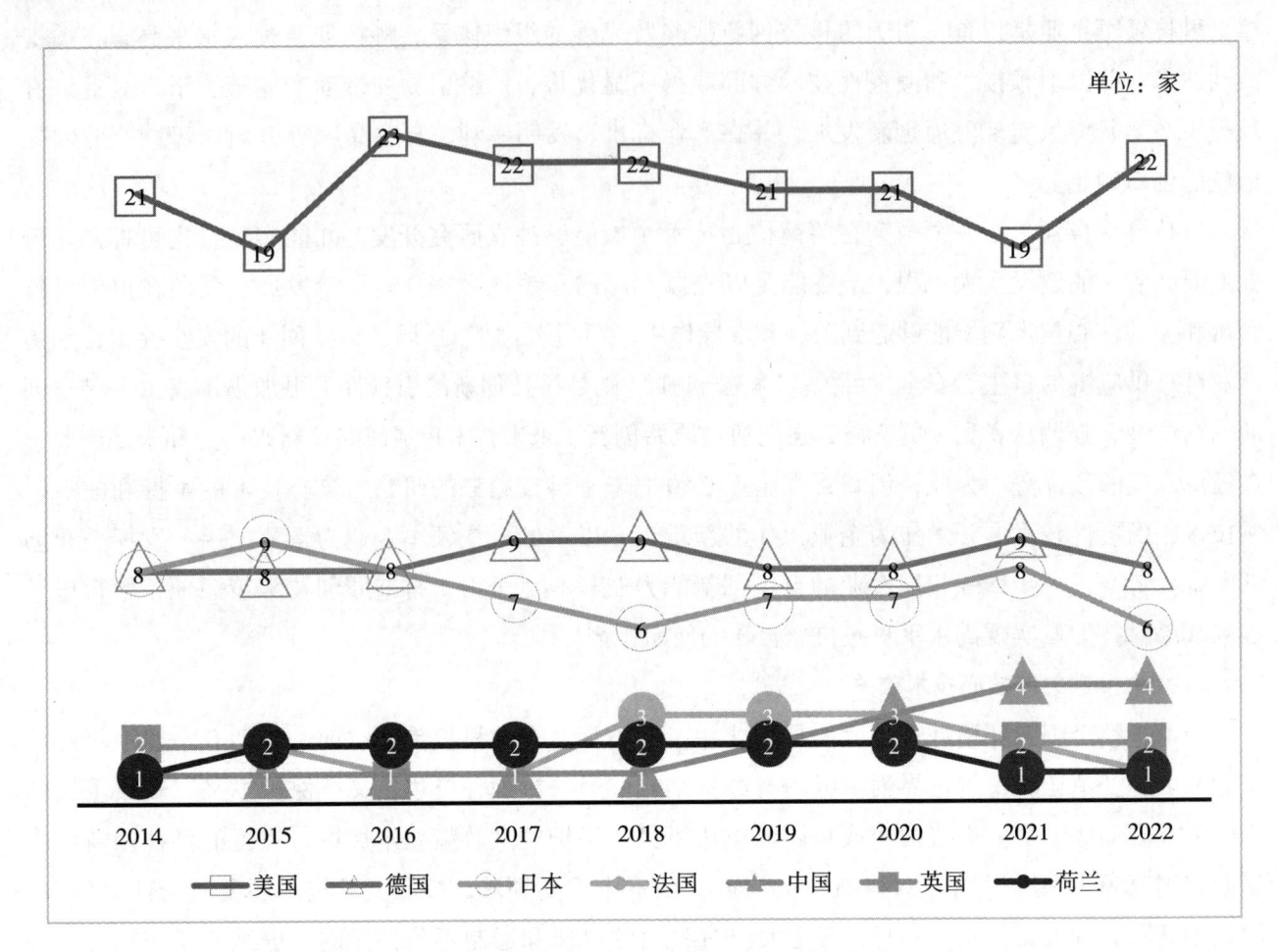

**图 5-5　全球研发投入前 50 名的企业数分布**

2022 年，进入全球研发投入前 5 名的中国企业仅华为投资控股有限公司（以下简称华为）一家，字母表、元（META）、微软、华为和苹果等世界一流企业的研发费用、研发投入增长率的对比情况详见图 5-6。从绝对规模来看，华为 2022 年的研发投入比 2021 年上涨了 20.74 亿欧元，但 2022 年华为的研发投入由 2021 年的全球第二下降至全球第四，华为的研发投入仅占美国字母表公司研发投入量的 70%，表明中国公司的研发投入量与美国企业仍有较大差距。从研发投入增长率来看，华为 2022 年研发投入增长率仅为 0.66%，比 2021 年的研发投入增长率下滑了 6.04%，远低于元公司的 33.65%，需要进一步扩大研发投入规模，中国大企业的创新还有较长的路要走。

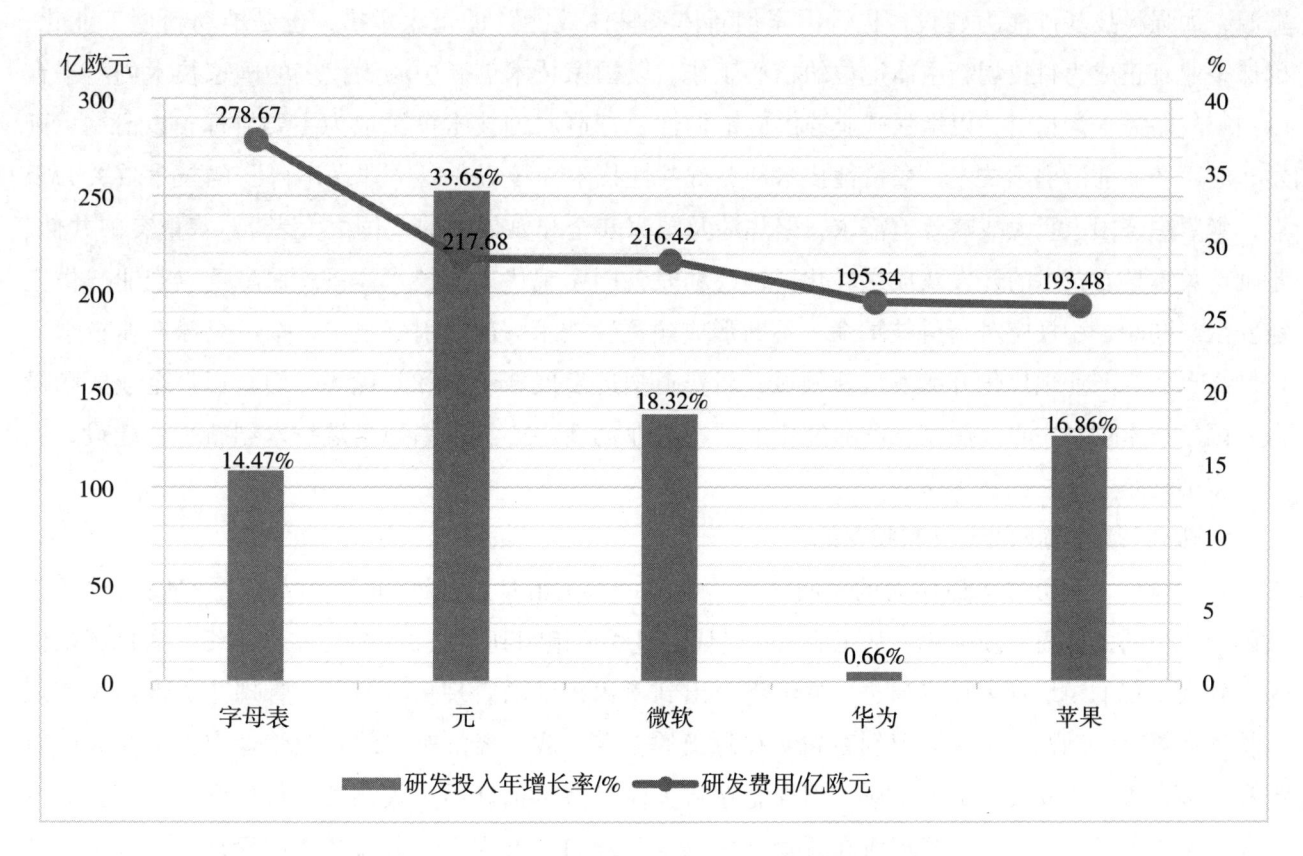

图 5-6 部分中国创新企业与世界一流创新企业对比

企业要持续提高对研发的重视，确保企业研发创新投入水平随企业发展不断提高，应进一步拓宽研发投入资金来源渠道。除了增加自身投资外，还要建立和完善多元化、多形式、多层次的技术创新投入机制，广泛吸收来自资本市场、银行和风险基金等多种渠道的科技研发扶持资金，为企业自主创新科研经费的筹集提供更为广阔的资金渠道。

提高研发投入产出效率是提升国家创新体系整体效能的重要环节。2023年2月23日举办的"深入学习贯彻党的二十大精神 全面推进中央企业高质量发展"发布会上明确指出，下一步中央企业要"在提高科技研发投入产出效率上不断实现新突破"。同时，正如管理学大师彼得·德鲁克所说的"只有能被量化的，才能被管理"，企业亦需要科学、精准的研发投入产出效率评估。要提高研发投入产出的效率，创新百强企业就要进一步加强科技成果向现实生产力的转化工作，按照"坚持原始创新、集成创新、开放创新一体设计，实现有效贯通"的要求，不断提升企业科技创新效能。

**4. 进一步加强技术创新平台建设**

党的二十大报告中将高质量发展作为全面建设社会主义现代化国家的首要任务，这是以中国式现代化全面推进中华民族伟大复兴的必然要求。2023年5月5日召开的新一届中央财经委员会第一次会议明确指出，"加快建设以实体经济为支撑的现代化产业体系，关系我们在未来发展和国际竞争中赢得战略主动"。这对科技创新工作提出了新要求。我国的国家战略科技力量的建设不仅要满足实现高水平科技自立自强的要求，也要在建设现代化产业体系方面有积极的作用。其中，建设好国家技术创新中心是"完善科技创新体系，健全新型举国体制，强化国家战略科技力量，优化配置创新

资源，加强科技基础能力建设，提升国家创新体系整体效能"的重大举措，也是推动新型工业化、确保企业真正成为科技创新主体地位的核心工作。以国家技术创新中心为代表的国家技术创新平台以国家战略需求为指引，以增强产业链供应链韧性、打造原创技术策源地为主要目标，以研制、开发、应用产业前沿引领技术、颠覆性技术和关键共性技术为核心，以"非做不可"的技术攻关为重点，紧紧围绕国家重大战略急迫需求，聚焦涉及国家安全和发展中的"国之大者"，着重突破共性、基础性关键核心技术的开发及成果转化，构建和完善国家现代产业技术体系，保障重点产业链供应链安全。同时，积极应对新科技革命，不断形成颠覆性技术、前沿引领技术，抢占全球产业技术创新制高点，为产业现代化开辟发展新领域，新赛道塑造发展新动能和新优势。创新百强企业要积极做好国家技术创新中心、国家工程研究中心、制造业创新中心等一系列高端技术创新平台建设，以进一步推动企业科技创新工作。

**5. 强化管理创新赋能企业科技创新**

管理作为人类历史上最伟大的发明之一，自出现人类群体的组织和活动以来，管理就产生了，并随着历史的发展而不断演化。从工业 1.0 时代的直线型组织到工业 5.0 的泛在型组织，实现了从机械观到人本观的组织管理模式演进，从经济产出到幸福福祉的管理重心演变。管理范式聚焦也实现了从理性规范、动机需求、知识创新到幸福意义的转变。数字经济时代的企业管理应更关注人的尊严和幸福，不断激发员工的意义感，倡导企业从关注经济价值转向更关注社会价值和人类福祉。特别需要指出的是，企业组织管理将在万物互联场景下走向生态观下的分布式协同管理。在数字经济发展的过程中，更多的企业组织发展将转向构筑围绕企业的生态系统，它不仅是产品生态圈，同时也是包含员工、客户、产品、供应、竞争对手、外部环境的大生态系统，并通过数字化指挥决策系统以支撑组织生态系统的指数级增加，各主体通过区块链等数字技术的发展成熟实现"活而有序"的分布式协同，为万物互联场景下的主体提供更长远、更大的价值增值。2022 年以来，生成式人工智能的不断成熟，对进一步提升员工创造力提出了新的需求。因此，强化管理创新，进一步关注合作协同的创新生态体系建设和不断优化内部创造创新创业机制，可以助力我国创新百强企业形成更完善的组织模式和运行体系，以更好地解决我国企业科技创新的发展动力问题，使我国企业加快迈向世界一流创新企业的步伐。

# 第六章
# 2023 中国战略性新兴产业领军企业 100 强分析报告

战略性新兴产业代表新一轮科技革命和产业变革的方向，也是国家培育发展新动能、赢得未来竞争新优势的关键领域。党的二十大报告围绕"建设现代化产业体系"提出"推动战略性新兴产业融合集群发展，构建新一代信息技术、人工智能、生物技术、新能源、新材料、高端装备、绿色环保等一批新的增长引擎"等具体要求。加强战略性新兴产业布局，是事关我国企业发展的方向性、全局性问题，将带来经济布局的体系性重构与战略性调整；是企业顺应时代之变，在建设中国式现代化新征程中增强竞争优势、实现高质量发展的必然选择。

2022 年我国战略性新兴产业增加值占 GDP 的比重为 13%，比 2014 年提高 5.4 个百分点，高技术制造业、装备制造业增加值占规模以上工业增加值比重分别从 2012 年的 9.4% 和 28%，提高到 2022 年的 15.5% 和 31.8%。根据国家统计局统计数据，2022 年规模以上工业中，高技术制造业增加值比上年增长 7.4%，占规模以上工业增加值的比重为 15.5%；装备制造业增加值同比增长 5.6%，占规模以上工业增加值的比重为 31.8%。2022 年规模以上服务业中，战略性新兴服务业企业营业收入比上年增长 4.8%。2022 年高技术产业投资比上年增长 18.9%。2022 年新能源汽车产量 700.3 万辆，比上年增长 90.5%；集成电路产量 3241.9 亿块，比上年下降 9.8%。在世界经济增长大幅放缓、国际经济贸易摩擦持续加剧的情况下，2022 年中国高新技术产品进出口总额达 22175 亿美元，较上年增加了 4006 亿美元，同比增长 22.05%。

2023 年是中国企业联合会连续第五年在中国企业 500 强、制造业企业 500 强和服务业企业 500 强基础上，推出"中国战略性新兴产业领军企业 100 强"（以下简称中国战新企业 100 强）。总体上看，2022 年，以中国 500 强为代表的国内大企业，发展战新产业业务继续取得积极成效，持续推进企业结构调整和新旧动能转换，在推动企业转型升级中发挥了应有的示范带头作用。现阶段，培育发展战略性新兴产业融合集群已经成为各地打造经济发展新引擎、促进产业结构升级、实现增长动力转换的重要途径。我国企业特别是大企业应从自身实际出发，积极发展战新业务，不断提升产业链供应链韧性，在参与和引领战新产业融合集群建设、加快推动产业技术标准化进程、着力推动战略性新兴产业融合集群发展中发挥主力军作用。

# 一、2023中国战略性新兴产业领军企业100强基本情况

## 1. 入围企业发展战新业务整体情况

战新业务收入增长较快。依据战略性新兴产业业务归口统计的营业收入，2023中国战新企业100强入围门槛为375.56亿元，比上年100强提高了68.07亿元；入围企业共实现战新业务收入11.17万亿元，较上年100强增长19.72%，增速下降2.78个百分点。与自身相比，相关企业战新业务营业收入较上年增长13.25%，其中77家实现战新业务收入正增长；战新产业资产总额达到15.97万亿元，较上年增长18.47%；从事战新业务员工总数达335.50万人，较上年增长2.00%。2023中国战新企业100强名单见表6-1。

表6-1 2023中国战新产业100强名单

| 名次 | 企业名称 | 所属战新业务领域 | 战新业务总收入/亿元 | 主业所属行业 |
| --- | --- | --- | --- | --- |
| 1 | 中国移动通信集团有限公司 | 新一代信息技术产业 | 8156.10 | 电信服务 |
| 2 | 华为投资控股有限公司 | 新一代信息技术产业 | 6423.38 | 通信设备制造 |
| 3 | 中国海洋石油集团有限公司 | 新能源产业 | 6209.02 | 石油、天然气开采及生产业 |
| 4 | 联想控股股份有限公司 | 新一代信息技术产业 | 4555.53 | 多元化投资 |
| 5 | 中国电信集团有限公司 | 新一代信息技术产业 | 3707.29 | 电信服务 |
| 6 | 中国联合网络通信集团有限公司 | 新一代信息技术产业 | 2999.44 | 电信服务 |
| 7 | 广州医药集团有限公司 | 生物产业 | 2380.13 | 药品制造 |
| 8 | 中国五矿集团有限公司 | 节能环保产业 | 2309.59 | 综合制造业 |
| 9 | 中国电力建设集团有限公司 | 新能源产业 | 2294.00 | 土木工程建筑 |
| 10 | 中国中车集团有限公司 | 高端装备制造产业 | 2292.75 | 轨道交通设备及零部件制造 |
| 11 | 天能控股集团有限公司 | 新能源产业 | 2019.21 | 动力和储能电池 |
| 12 | 浙江吉利控股集团有限公司 | 高端装备制造产业 | 2010.58 | 汽车及零配件制造 |
| 13 | 中国宝武钢铁集团有限公司 | 新材料产业 | 1877.73 | 黑色冶金 |
| 14 | 正威国际集团有限公司 | 新材料产业 | 1479.76 | 金属制品加工 |
| 15 | 协鑫集团有限公司 | 新能源产业 | 1479.46 | 风能、太阳能设备制造 |
| 16 | 中国广核集团有限公司 | 新能源产业 | 1329.25 | 电力生产 |
| 17 | 海信集团控股股份有限公司 | 数字创意产业 | 1316.28 | 家用电器制造 |
| 18 | 中国石油天然气集团有限公司 | 新能源产业 | 1310.54 | 石油、天然气开采及生产业 |
| 19 | 隆基绿能科技股份有限公司 | 新能源产业 | 1289.98 | 风能、太阳能设备制造 |
| 20 | 包头钢铁（集团）有限责任公司 | 新材料产业 | 1272.33 | 黑色冶金 |

| 名次 | 企业名称 | 所属战新业务领域 | 战新业务总收入/亿元 | 主业所属行业 |
|---|---|---|---|---|
| 21 | 卓尔控股有限公司 | 新一代信息技术产业 | 1145.22 | 多元化投资 |
| 22 | 河北新华联合冶金控股集团有限公司 | 新材料产业 | 1136.62 | 黑色冶金 |
| 23 | 超威电源集团有限公司 | 新能源产业 | 1134.28 | 动力和储能电池 |
| 24 | 广东省广晟控股集团有限公司 | 高端装备制造产业 | 1099.66 | 多元化投资 |
| 25 | 国家电网有限公司 | 高端装备制造产业 | 1098.01 | 电网 |
| 26 | 中国中信集团有限公司 | 相关服务业 | 1088.79 | 多元化金融 |
| 27 | 中国铝业集团有限公司 | 新材料产业 | 1066.09 | 一般有色 |
| 28 | 广东省广新控股集团有限公司 | 新材料产业 | 1059.95 | 多元化投资 |
| 29 | 歌尔股份有限公司 | 新一代信息技术产业 | 1048.94 | 计算机及办公设备 |
| 30 | 万向集团公司 | 新能源汽车产业 | 1020.21 | 汽车及零配件制造 |
| 31 | 浪潮集团有限公司 | 新一代信息技术产业 | 1011.97 | 计算机及办公设备 |
| 32 | 成都兴城投资集团有限公司 | 新材料产业 | 989.57 | 房屋建筑 |
| 33 | 中国能源建设集团有限公司 | 新能源产业 | 976.48 | 电力生产 |
| 34 | 云账户技术（天津）有限公司 | 新一代信息技术产业 | 974.30 | 软件和信息技术（IT） |
| 35 | 荣耀终端有限公司 | 新一代信息技术产业 | 929.60 | 通信设备制造 |
| 36 | 陕西有色金属控股集团有限责任公司 | 新材料产业 | 918.07 | 一般有色 |
| 37 | 华勤技术股份有限公司 | 新一代信息技术产业 | 896.10 | 通信设备制造 |
| 38 | 中国建材集团有限公司 | 新材料产业 | 892.76 | 水泥及玻璃制造 |
| 39 | 中国交通建设集团有限公司 | 高端装备制造产业 | 872.19 | 土木工程建筑 |
| 40 | 鞍钢集团有限公司 | 新材料产业 | 869.93 | 黑色冶金 |
| 41 | 新凤鸣控股集团有限公司 | 新材料产业 | 867.38 | 化学纤维制造 |
| 42 | 天合光能股份有限公司 | 新能源产业 | 850.52 | 风能、太阳能设备制造 |
| 43 | TCL实业控股股份有限公司 | 新一代信息技术产业 | 832.73 | 家用电器制造 |
| 44 | 万华化学集团股份有限公司 | 新材料产业 | 830.20 | 化学原料及化学品制造 |
| 45 | 晶科能源控股有限公司 | 新能源产业 | 826.76 | 风能、太阳能设备制造 |
| 46 | 三一集团有限公司 | 高端装备制造产业 | 808.22 | 工业机械及设备制造 |
| 47 | 桐昆控股集团有限公司 | 新材料产业 | 783.73 | 化学纤维制造 |
| 48 | 国家能源投资集团有限责任公司 | 新能源产业 | 783.17 | 煤炭采掘及采选业 |
| 49 | 上海钢联电子商务股份有限公司 | 新一代信息技术产业 | 765.67 | 互联网服务 |

续表

| 名次 | 企业名称 | 所属战新业务领域 | 战新业务总收入/亿元 | 主业所属行业 |
| --- | --- | --- | --- | --- |
| 50 | 徐工集团工程机械股份有限公司 | 高端装备制造产业 | 754.20 | 工程机械及零部件 |
| 51 | 亨通集团有限公司 | 新一代信息技术产业 | 733.19 | 通信设备制造 |
| 52 | 晶澳太阳能科技股份有限公司 | 新能源产业 | 729.89 | 风能、太阳能设备制造 |
| 53 | 山东能源集团有限公司 | 新能源产业 | 722.10 | 煤炭采掘及采选业 |
| 54 | 中天科技集团有限公司 | 新一代信息技术产业 | 710.36 | 电线电缆制造 |
| 55 | 浙江华友钴业股份有限公司 | 新材料产业 | 688.98 | 一般有色 |
| 56 | TCL科技集团股份有限公司 | 新一代信息技术产业 | 681.05 | 通信设备制造 |
| 57 | 浙江恒逸集团有限公司 | 新材料产业 | 679.97 | 化学纤维制造 |
| 58 | 中国机械工业集团有限公司 | 高端装备制造产业 | 650.26 | 工业机械及设备制造 |
| 59 | 海尔集团公司 | 新一代信息技术产业 | 647.91 | 家用电器制造 |
| 60 | 四川长虹电子控股集团有限公司 | 节能环保产业 | 642.63 | 家用电器制造 |
| 61 | 中国建筑股份有限公司 | 相关服务业 | 642.31 | 房屋建筑 |
| 62 | 辽宁方大集团实业有限公司 | 新材料产业 | 630.53 | 黑色冶金 |
| 63 | 福建百宏聚纤科技实业有限公司 | 新材料产业 | 623.62 | 化学纤维制造 |
| 64 | 中国通用技术(集团)控股有限责任公司 | 高端装备制造产业 | 606.11 | 机电商贸 |
| 65 | 潍柴动力股份有限公司 | 高端装备制造产业 | 603.10 | 锅炉及动力装备制造 |
| 66 | 闻泰科技股份有限公司 | 新一代信息技术产业 | 580.79 | 半导体、集成电路及面板制造 |
| 67 | 美团公司 | 相关服务业 | 577.44 | 互联网服务 |
| 68 | 广州工业投资控股集团有限公司 | 高端装备制造产业 | 572.95 | 工业机械及设备制造 |
| 69 | 汇通达网络股份有限公司 | 新一代信息技术产业 | 562.69 | 软件和信息技术（IT） |
| 70 | 中国华电集团有限公司 | 节能环保产业 | 554.69 | 电力生产 |
| 71 | 研祥高科技控股集团有限公司 | 新一代信息技术产业 | 538.65 | 计算机及办公设备 |
| 72 | 深圳海王集团股份有限公司 | 生物产业 | 531.82 | 药品制造 |
| 73 | 云南锡业集团（控股）有限责任公司 | 新材料产业 | 522.82 | 一般有色 |
| 74 | 广东省建筑工程集团控股有限公司 | 相关服务业 | 522.32 | 土木工程建筑 |
| 75 | 华峰集团有限公司 | 新材料产业 | 515.67 | 化学原料及化学品制造 |
| 76 | 正泰集团股份有限公司 | 新能源产业 | 513.68 | 电力电气设备制造 |
| 77 | 宏旺控股集团有限公司 | 新材料产业 | 510.07 | 金属制品加工 |
| 78 | 福建省电子信息（集团）有限责任公司 | 新一代信息技术产业 | 508.83 | 通信设备制造 |
| 79 | 海亮集团有限公司 | 新材料产业 | 497.97 | 一般有色 |

续表

| 名次 | 企业名称 | 所属战新业务领域 | 战新业务总收入/亿元 | 主业所属行业 |
| --- | --- | --- | --- | --- |
| 80 | 新疆金风科技股份有限公司 | 新能源产业 | 497.88 | 风能、太阳能设备制造 |
| 81 | 创维集团有限公司 | 新一代信息技术产业 | 494.48 | 家用电器制造 |
| 82 | 国家电力投资集团有限公司 | 新能源产业 | 494.16 | 电力生产 |
| 83 | 新华三信息技术有限公司 | 新一代信息技术产业 | 493.22 | 通信设备制造 |
| 84 | 广西北部湾国际港务集团有限公司 | 相关服务业 | 485.27 | 港口服务 |
| 85 | 广州汽车工业集团有限公司 | 新能源汽车产业 | 483.62 | 汽车及零配件制造 |
| 86 | 厦门钨业股份有限公司 | 新能源产业 | 480.43 | 一般有色 |
| 87 | 新疆特变电工集团有限公司 | 新能源产业 | 452.77 | 电力电气设备制造 |
| 88 | 深圳市信利康供应链管理有限公司 | 相关服务业 | 441.12 | 物流及供应链 |
| 89 | 中国第一汽车集团有限公司 | 新能源汽车产业 | 433.52 | 汽车及零配件制造 |
| 90 | 宁波金田投资控股有限公司 | 新材料产业 | 430.53 | 一般有色 |
| 91 | 湖南裕能新能源电池材料股份有限公司 | 新能源产业 | 426.67 | 动力和储能电池 |
| 92 | 中联重科股份有限公司 | 高端装备制造产业 | 416.31 | 工程机械及零部件 |
| 93 | 天津渤海化工集团有限责任公司 | 新材料产业 | 415.44 | 化学原料及化学品制造 |
| 94 | 江铃汽车集团有限公司 | 新能源汽车产业 | 406.81 | 汽车及零配件制造 |
| 95 | 招商银行股份有限公司 | 相关服务业 | 405.44 | 商业银行 |
| 96 | 阳光电源股份有限公司 | 新能源产业 | 395.34 | 风能、太阳能设备制造 |
| 97 | 盛虹控股集团有限公司 | 新材料产业 | 390.74 | 化学原料及化学品制造 |
| 98 | 重庆智飞生物制品股份有限公司 | 生物产业 | 382.64 | 药品制造 |
| 99 | 四川九洲投资控股集团有限公司 | 新一代信息技术产业 | 375.73 | 通信设备制造 |
| 100 | 广东德赛集团有限公司 | 新一代信息技术产业 | 375.56 | 汽车及零配件制造 |

2023中国战新企业100强中有31家企业战新业务总收入超过千亿元，较上年增加8家。该31家企业战新业务收入总计达到6.86万亿元，占100强企业战新业务总收入的61.42%，超过六成，头部效应明显。

战新业务经营效益有所下降。2023中国战新企业100强共实现战新业务利润6985.29亿元（指按战新业务归口统计的总利润，下同），较上年100强下降8.93%。与自身相比，相关企业战新业务利润较上年增长11.98%；96家具有连续两年数据的企业中，49家企业战新业务利润实现正增长，47家企业战新业务利润同比下降。

战新业务经营利润率有所下滑。2023中国战新企业100强战新业务平均利润率为6.25%（按战新业务归口统计96家具有完整统计数据的企业），较上年100强下降1.97个百分点，利润率指标有一定程度下滑。尽管如此，这100家企业战新业务的利润率仍明显高于全部业务6.01%的利润率水平。自2021年以来，中国战新企业100强的营业利润增长速度均低于营业收入增长速度，导致企业战新业务经营利润率有所下降，这从侧面反映出我国战新产业发展仍存在一定问题，应当引起应有的重视。需要看到的是，虽然传统产业发展战新业务客观上有一定限度，但这100家企业中不少企业战新业务在全部业务中的占比仍然较低，还有较大的发展空间。

国有、民营企业数量各占半壁江山。2023中国战新企业100强中入围的国有企业为49家，民营企业为51家，国有企业较上年减少1家，民营企业较上年增加1家。近年来战新企业100强基本维持国有、民营企业数量各占半壁江山的局面。49家国有企业共实现战新业务收入6.32万亿元，占全部100家企业战新业务总收入的56.60%，其中有19家企业战新业务收入超千亿元；51家民营企业共实现战新业务收入4.85万亿元，占全部100强企业战新业务总收入的43.40%，其中有12家企业战新业务收入超千亿元。详见表6-2。

国有、民营企业战新业务表现各有优势。从盈利能力来看，入围国有企业战新业务利润总额达到4580.40亿元，占全部企业战新利润总额的比重为65.57%；入围民营企业战新业务利润总额达到2404.90亿元，占全部企业战新利润总额的比重为34.43%。从企业经营效率来看，入围国有企业战新业务平均利润率为7.71%，人均实现战新业务收入275.85万元，人均实现战新业务利润21.27万元；入围民营企业战新业务平均利润率为6.15%，人均实现战新业务收入391.90万元，人均实现战新业务利润24.10万元。详见表6-3。

表6-2 2023中国战新企业100强国有、民营企业主要指标占比情况

|  | 战新业务收入占比/% | 战新利润总额占比/% | 战新资产总额占比/% | 员工数占比/% | 入围数量占比/% |
| --- | --- | --- | --- | --- | --- |
| 国有企业 | 56.60 | 65.57 | 67.30 | 64.48 | 49 |
| 民营企业 | 43.40 | 34.43 | 32.70 | 35.52 | 51 |

表6-3 2023中国战新企业100强国有、民营企业经营效率对比

| 企业性质 | 平均利润率/% | 人均战新收入/万元 | 人均战新利润/万元 |
| --- | --- | --- | --- |
| 国有企业 | 7.71 | 275.85 | 21.27 |
| 民营企业 | 6.15 | 391.90 | 24.10 |

**2. 入围企业领域特征分析**

以新一代信息技术产业、新材料产业为主要战新业务的企业是榜单主体。从战略性新兴产业分类来看，2023中国战新企业100强中以新一代信息技术产业作为主要战新业务的企业有25家入围，入围企业数量排名第一，其中有8家企业实现收入超千亿元；以新材料产业作为主要战新业务的企业有24家入围，入围企业数量排名第二，其中有6家企业实现收入超千亿元；以新能源产业作为主要战新业务的企业有21家入围，入围企业数量排名第三，其中有8家企业实现收入超千亿元；以高端装备制造产业作为主要战新业务的企业共有12家入围，入围企业数排名第四；以相关服务业作为主要战新业务的企业共有7家入围，入围企业数排名第五；新能源汽车产业、生物产业、节能环保产业、数字创意产业入围企业数量分别为4家、3家、3家、1家。详见图6-1。

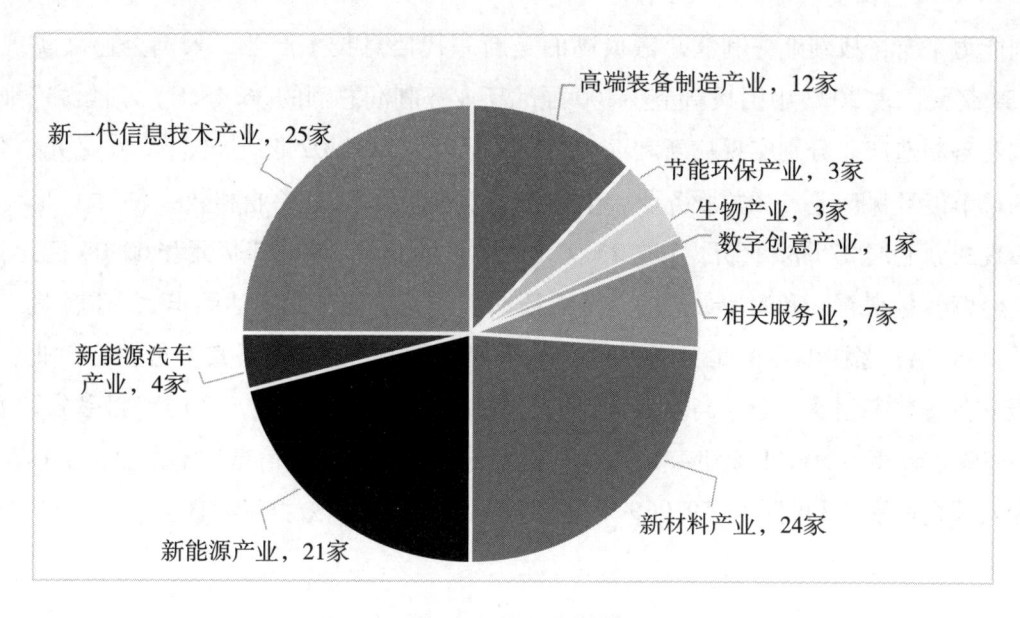

图 6-1　2023 中国战新企业 100 强各领域入围企业数量对比

新一代信息技术产业引领战新产业发展，新能源和新材料产业收入占比提高。战新业务收入方面，收入最高的是新一代信息技术产业，入围企业共实现战新业务收入 40148.72 亿元，占比超过入围企业战新业务总收入的三分之一，达到 35.94%；新能源产业、新材料产业和高端装备制造产业分别实现战新业务收入 25215.58 亿元、19950.45 亿元和 11784.34 亿元，占比达到 22.57%、17.86% 和 10.55%，战新业务收入排名分列第二、第三和第四；相关服务业、节能环保产业、生物产业、新能源汽车产业和数字创意产业战新业务收入相对较少，分别为 4162.70 亿元、3506.91 亿元、3294.60 亿元、2344.17 亿元、1316.28 亿元，分别占所有入围企业战新业务收入的 3.73%、3.14%、2.95%、2.10% 和 1.18%，相关产业尚待培育壮大。详见图 6-2。

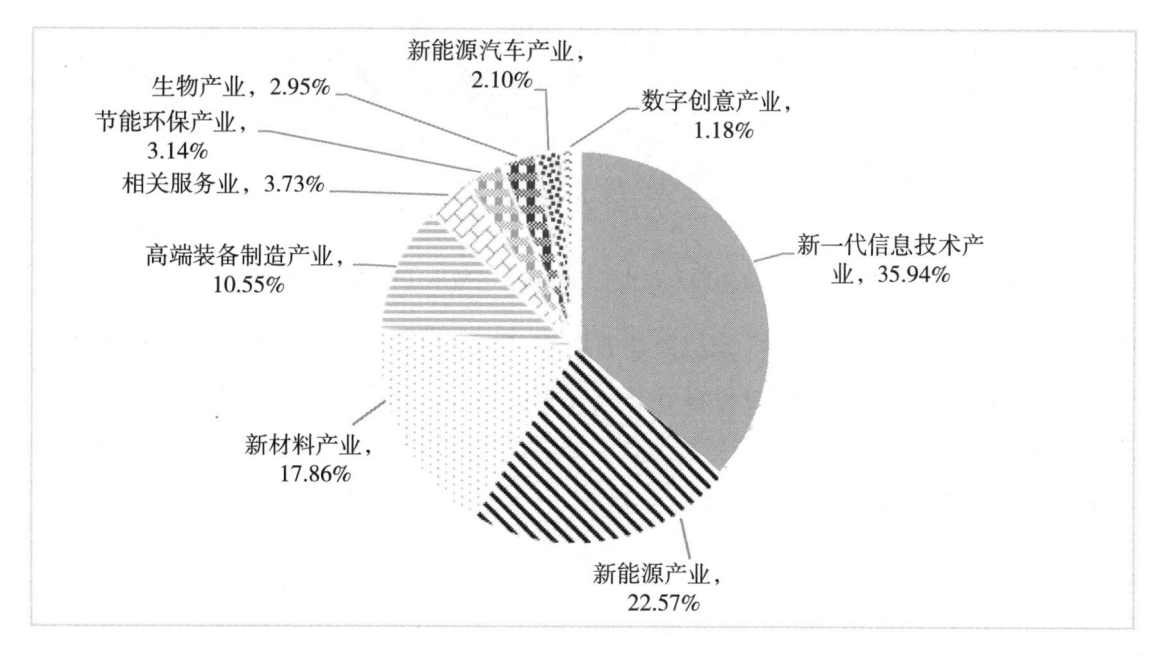

图 6-2　2023 中国战新产业 100 强企业入围企业分产业战新收入占比

从盈利能力来看，战新业务利润总额最高的是新一代信息技术产业，入围企业共实现战新业务利润 2548.34 亿元，占 2023 中国战新企业 100 强战新业务利润总额的 36.48%。新能源产业、新材料产业和高端装备制造产业分别实现战新利润 1914.97 亿元、1237.02 亿元和 511.26 亿元，分列第二、第三和第四；节能环保产业、相关服务业、生物产业、新能源汽车产业和数字创意产业利润规模较小，分别实现战新利润 275.85 亿元、186.23 亿元、148.34 亿元、94.25 亿元和 69.04 亿元。

从企业经营效益来看，利润率最高的是节能环保产业，平均利润率达到 10.17%，是入围企业平均利润率的 1.60 倍；紧随其后的是新能源产业，平均利润率达 9.28%；其次是生物产业、新材料产业、相关服务业、数字创意产业、高端装备制造产业和新能源汽车产业，平均利润率分别为 8.30%、7.29%、5.85%、5.25%、4.29% 和 4.14%；利润率最低的是新一代信息技术产业，平均利润率仅为 3.75%，为入围企业平均利润率的 59.06%，各领域入围企业经营效益尚有较大差距。详见图 6-3。

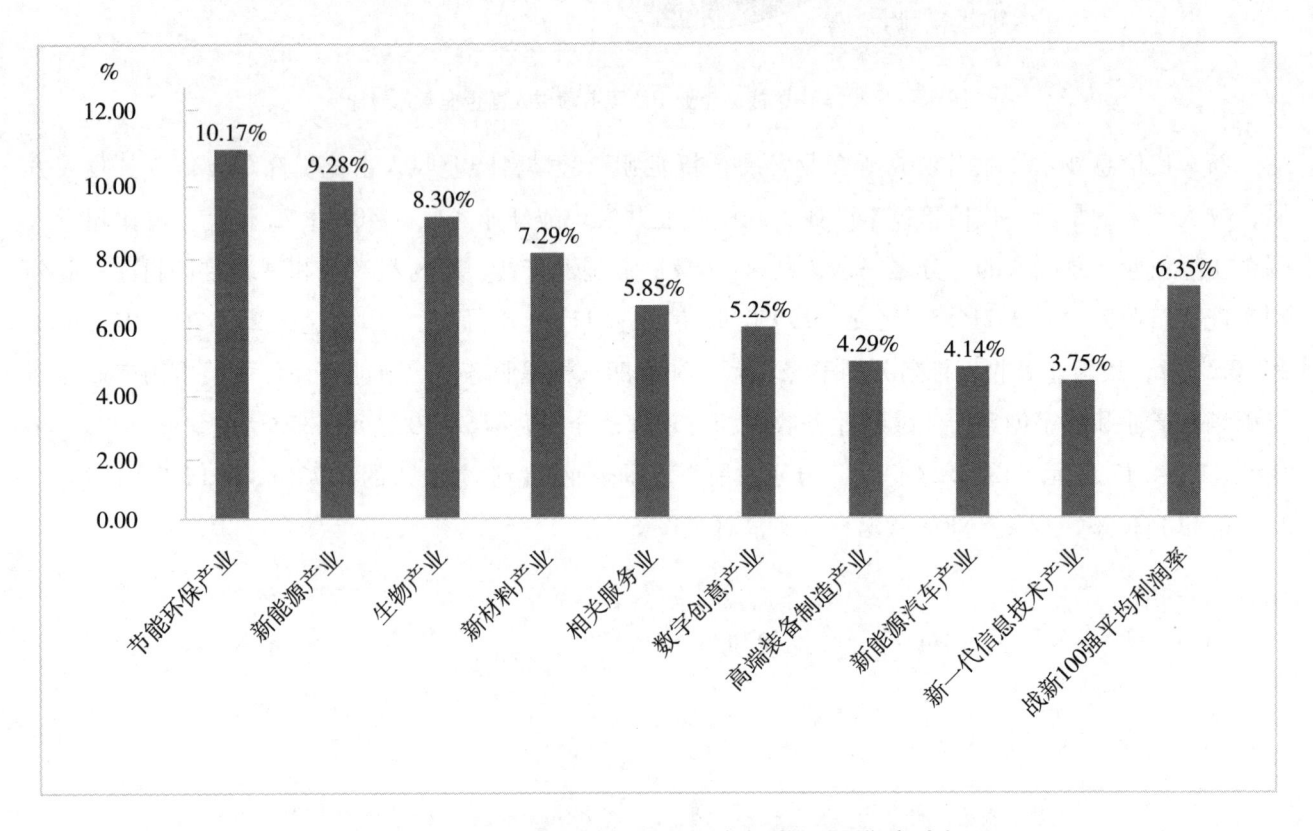

图 6-3 2023 中国战新企业 100 强各领域平均利润率对比

2023 中国战新企业 100 强中有 47 家战新业务出现利润下滑，利润下滑企业中占比最高的是新材料产业，有 18 家企业出现一定程度的利润下滑，占相关产业入围企业数量的 78.26%；其次是新一代信息技术产业、高端装备制造产业和新能源产业，各有 9 家、8 家和 5 家企业出现一定程度的利润下滑，占相关产业入围企业数量的比重分别为 39.13%、66.67% 和 25.00%。详见图 6-4。

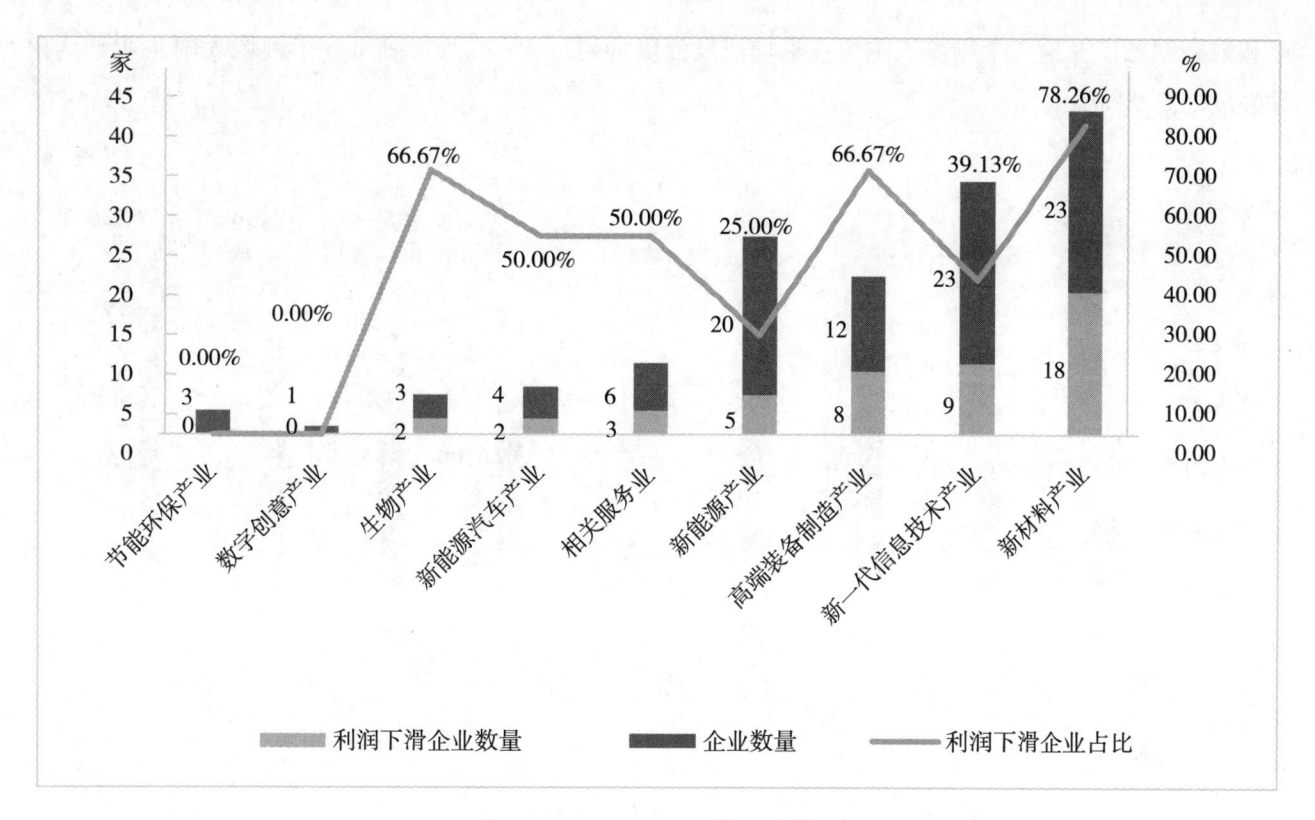

图 6-4 2023 中国战新企业 100 强各领域利润下滑企业占比情况

**3. 入围企业研发投入分析**

2023 中国战新企业 100 强研发强度较上年有所下降。对入围企业整体研发投入和拥有专利、标准制定情况进行分析，2023 中国战新企业 100 强研发费用总计 8348.25 亿元，同比增长 5.10%，平均每家企业研发费用投入达到 83.48 亿元，平均研发强度为 3.07%，较上一年下降 0.11 个百分点。97 家入围企业提供了拥有专利情况，共拥有 101.76 万项专利授权，其中，发明专利 43.03 万项，占专利授权总数的 42.29%，平均每家企业拥有 4436 项发明专利授权。89 家企业提供了标准参与情况，共参与制定标准 41433 项，平均每家企业参与制定 466 项标准。

2023 中国战新企业 100 强所涉及领域的研发投入差异明显。从产业分布来看，研发强度最高的是新一代信息技术产业，入围企业平均研发强度达到 4.94%，排名第一；高端装备制造产业入围企业平均研发强度达到 3.73%，排名第二；数字创意产业、相关服务业、新能源产业和节能环保产业入围企业平均研发强度分别为 3.25%、2.77%、2.68% 和 2.49%，分别排第三至第六；新能源汽车产业、新材料产业和生物产业入围企业平均研发强度偏低，分别为 2.33%、1.63% 和 1.12%。从增速来看，入围企业分属的 9 个领域，有 6 个领域平均研发强度较 2022 年有所提高，增速最快的是相关服务业，该产业 2023 年入围企业平均研发强度较上一年提高 1.07 个百分点；其次是生物产业、节能环保产业、新材料产业、数字创意产业和新能源产业，入围企业平均研发强度较上一年分别提高 0.67、0.19、0.08、0.08 和 0.08 个百分点；新一代信息技术产业、高端装备制造产业和新能源汽车产业入围企业平均研发强度分别较上一年下降 0.29、1.46 和 1.83 个百分点。从图 6-5 可以看出，2023 战新产业各领域之间研发强度分层较 2021 年有所缓和，新一代信息技术产业、高端装备制造产业和数字创意产业这 3 个领域入围企业平均研发强度均超过 3%，约为剩余 6 个领域入围企业平均研发强度的 0.92 倍。

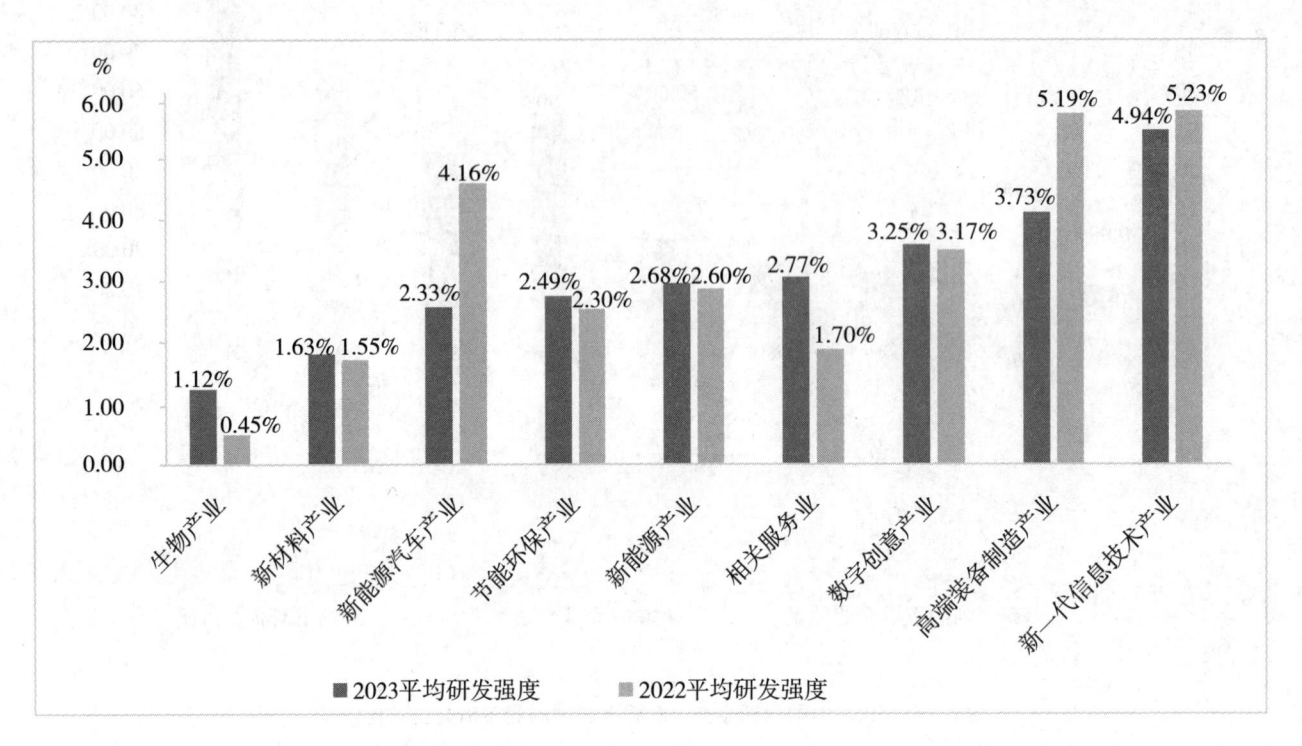

图 6-5  2022—2023 中国战新企业 100 强各领域入围企业平均研发强度对比

2023 中国战新企业 100 强各领域入围企业平均知识产权积累差距较大。从专利拥有情况来看，拥有发明专利授权最多的是新一代信息技术产业，平均每家入围企业获得 9280 项发明专利授权；排名第二的是数字创意产业，平均每家入围企业获得 9141 项发明专利授权；高端装备制造产业、节能环保产业和新能源产业，平均每家入围企业获得 7378 项、6115 项和 2351 项发明专利授权；新材料产业、相关服务业、新能源汽车产业和生物产业入围企业获得的发明专利平均授权较少，平均每家入围企业获得 1568 项、1302 项、1282 项和 303 项专利授权，与其他领域尚有较大差距。在专利授权中，发明专利占比最高的是生物产业，入围企业获得的发明专利占比达 84.97%；其次是新一代信息技术产业、新材料产业、数字创意产业、高端装备制造产业和新能源产业，入围企业获得的发明专利占比分别为 68.24%、44.33%、33.81%、33.28% 和 29.25%；节能环保产业、新能源汽车产业和相关服务业发明专利占比相对较低，平均入围企业发明专利占比分别为 25.37、23.72% 和 13.32%。详见图 6-6。

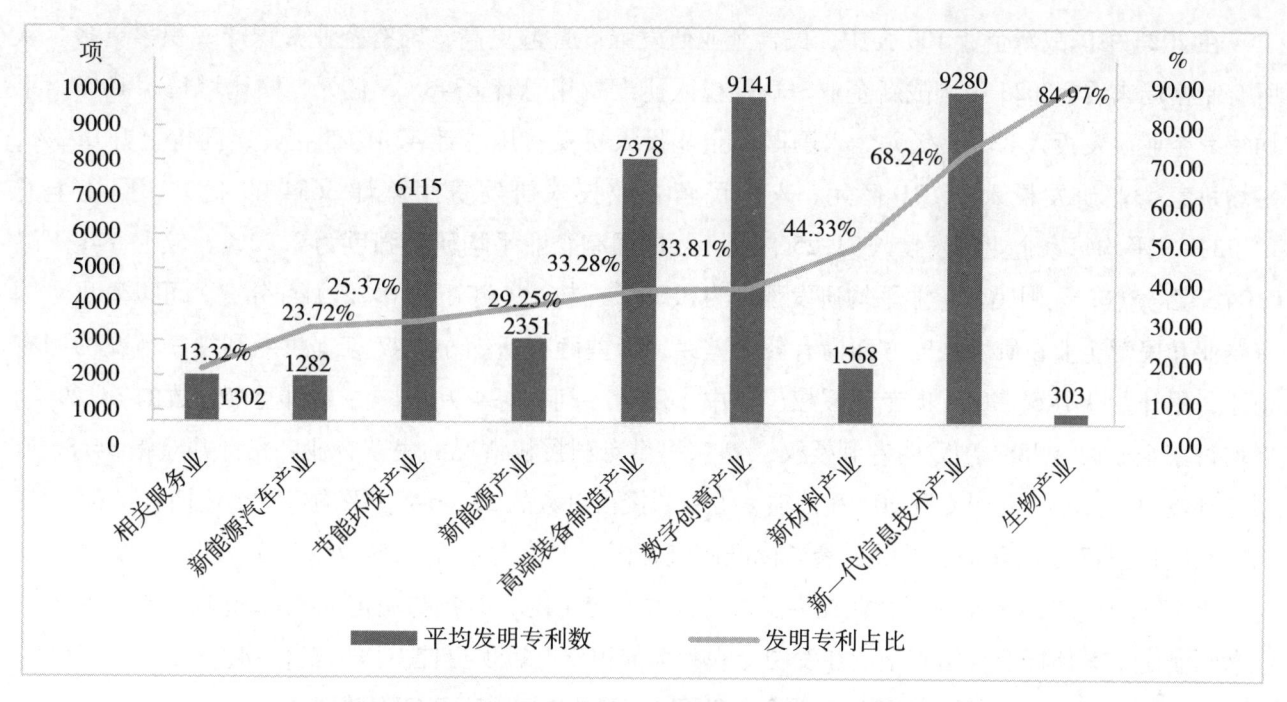

图 6-6　2023 中国战新产业 100 强各领域入围企业专利授权情况

从参与标准制定的情况看，2023 中国战新企业 100 强中平均参与制定标准数量最多的是高端装备制造产业，平均每家入围企业参与制定标准 1236 项；其次是节能环保产业和新能源产业，平均每家入围企业参与制定标准分别为 980 项和 593 项；数字创意产业、新一代信息技术产业、新材料产业和相关服务业平均每家入围企业参与制定标准分别为 423 项、253 项、212 项和 209 项；新能源汽车产业和生物产业入围企业参与标准制定情况相对较少，平均每家入围企业参与制定标准分别为 175 项和 11 项。从入围企业来看，各领域在标准化参与方面存在较大差距。详见图 6-7。

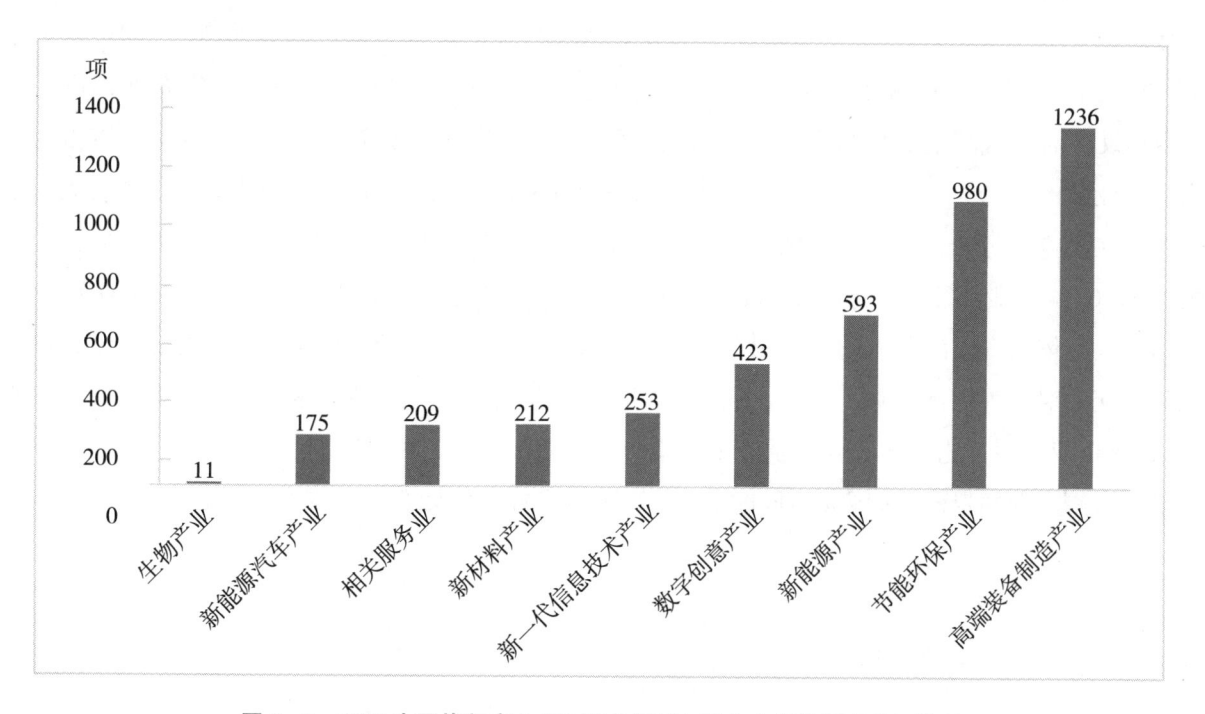

图 6-7　2023 中国战新产业 100 强各领域入围企业标准制定参与情况

在 2023 中国战新企业 100 强中，民营企业研发强度普遍更高，国有企业知识产权积累更多。从所有制格局来看，2023 中国战新企业 100 强投入研发费用总计 8348.25 亿元，同比增长 5.10%，平均每家企业研发投入 83.48 亿元。入围国有企业投入研发费用总计 4714.25 亿元，同比上升 0.2%，平均每家企业研发投入 96.21 亿元。入围民营企业投入研发费用总计 3634.00 亿元，同比上升 12.23%，平均每家企业研发投入 71.25 亿元。入围国有企业平均研发强度为 2.72%，较上一年下降 0.04 个百分点；入围民营企业平均研发强度为 3.39%，较上一年下降 0.22 个百分点。可以看出，国有企业和民营企业在研发强度方面尚有较大差距，但差距有所缩小。47 家提供专利授权情况的国有企业，累计共获得 66.90 万项专利授权，其中，发明专利 22.94 万项，占专利授权总数的 34.29%，平均每家企业拥有 4881 项发明专利授权；42 家提供专利授权情况的民营企业，累计共获得 34.86 万项专利授权，其中，发明专利 20.10 万项，占专利授权总数的 57.66%，平均每家企业拥有 4786 项发明专利授权。47 家国有企业提供了参与标准制定情况，共参与制定标准 36203 项，平均每家企业参与制定 770 项标准；42 家民营企业提供了参与标准制定情况，共参与制定标准 5230 项，平均每家企业参与制定 125 项标准。国有企业在发明专利和标准积累上表现更佳。详见表 6-4。

表 6-4 2023 入围企业按所有制分研发投入、知识产权获取情况

|  | 平均研发强度/% | 发明专利占比/% | 平均发明专利授权数/项 | 平均参与标准制定数/项 |
| --- | --- | --- | --- | --- |
| 国有企业 | 2.72 | 34.29 | 4881 | 770 |
| 民营企业 | 3.39 | 57.66 | 4786 | 125 |

4. 入围企业总部分布分析

在 2023 中国战新企业 100 强中南方入围企业分布更均衡，而北方入围企业分布更集中。在 2023 中国战新企业 100 强中，9 个北方省份（本小节中的省和省份包含自治区和直辖市）共有 40 家企业入围，13 个南方省份共有 60 家企业入围。在北方省份中，北京一枝独秀，有 21 家企业入围，入围企业数占北方各省入围企业数的 52.50%，排名第一；山东共有 7 家企业入围，入围企业数占北方各省入围企业数的 17.5%，排名第二；其余省份入围企业数均不超过 3 家，同时尚有 5 个省份无一家企业入围。在南方省份中，广东处于领先地位，共有 19 家入围企业，入围企业数量占南方各省入围企业数的 31.67%，排名第一；其次是浙江、江苏，分别有 13 家、7 家企业入围，入围企业数分列第二、第三；整体来看，南北方省份入围企业数量较为均衡，南方省份占比略多；南北方内部，南方各省之间发展相对较为均衡，除了广东、江苏、浙江三省均有超 7 家企业入围以外，上海、福建分别有 4 家、3 家企业入围；北方各省入围企业主要集中在北京和山东，两省合计入围企业数量达 28 家，占北方各省入围企业数量的 70.00%，同时有 35.71% 的北方省份无企业入围。详见表 6-5。

表6-5 南北方各省份（自治区、直辖市）入围2023中国战新企业100强数量对比

| 省份（自治区、直辖市） | 入围企业数量/家 | 省份（自治区、直辖市） | 入围企业数量/家 |
| --- | --- | --- | --- |
| 北方地区 | 40 | 南方地区 | 60 |
| 北京 | 21 | 广东 | 19 |
| 山东 | 7 | 浙江 | 13 |
| 河北 | 2 | 江苏 | 7 |
| 辽宁 | 2 | 上海 | 4 |
| 陕西 | 2 | 福建 | 3 |
| 天津 | 2 | 湖南 | 3 |
| 新疆维吾尔自治区 | 2 | 四川 | 3 |
| 吉林 | 1 | 湖北 | 2 |
| 内蒙古自治区 | 1 | 江西 | 2 |
|  |  | 安徽 | 1 |
|  |  | 重庆 | 1 |
|  |  | 广西壮族自治区 | 1 |
|  |  | 云南 | 1 |

在2023中国战新企业100强中北方省份入围企业以国有企业为主，南方省份入围企业以民营企业为主。详见图6-8。从所有制格局来看，在北方地区40家入围企业中，国有企业占30家，民营企业占10家，国有企业占比达到75.00%。在南方地区60家入围企业中，国有企业占19家，民营企业占41家，民营企业占比68.33%。

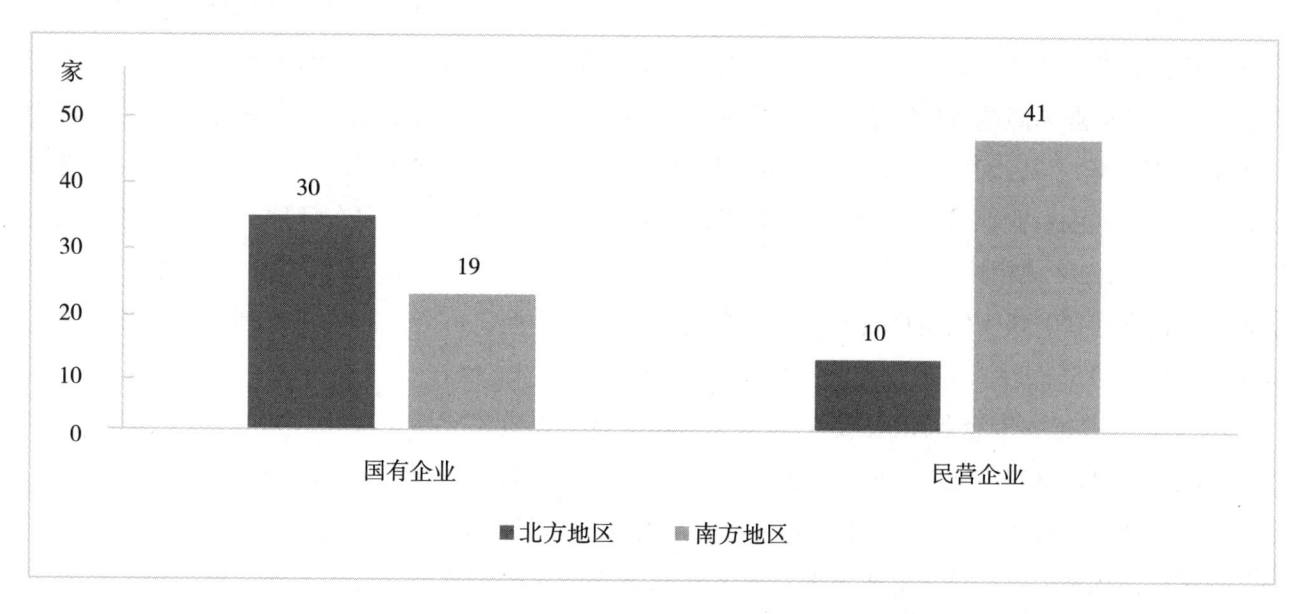

图6-8 南北方地区国有企业与民营企业入围数量对比

东部地区是我国培育战新产业100强企业的重要摇篮。从四大区域分布来看，东部地区入围企业数量达到78家，占比接近入围企业的八成，排名第一；其中北京战新产业发展最为突出，共有21家

企业入围，占东部地区的 26.92%。西部地区共有 10 家企业入围，排名第二；其中四川有 3 家企业入围，陕西和新疆各有 2 家企业入围，合计占西部地区入围企业数的 70.00%。中部地区共有 9 家企业入围，排名第三，湖南有 3 家企业入围，湖北和江西各有 2 家企业入围，合计占中部地区入围企业数的 77.78%。东北地区仅有 3 家企业入围，分别属于辽宁 2 家，吉林 1 家，战新产业发展较为薄弱。详见图 6-9。

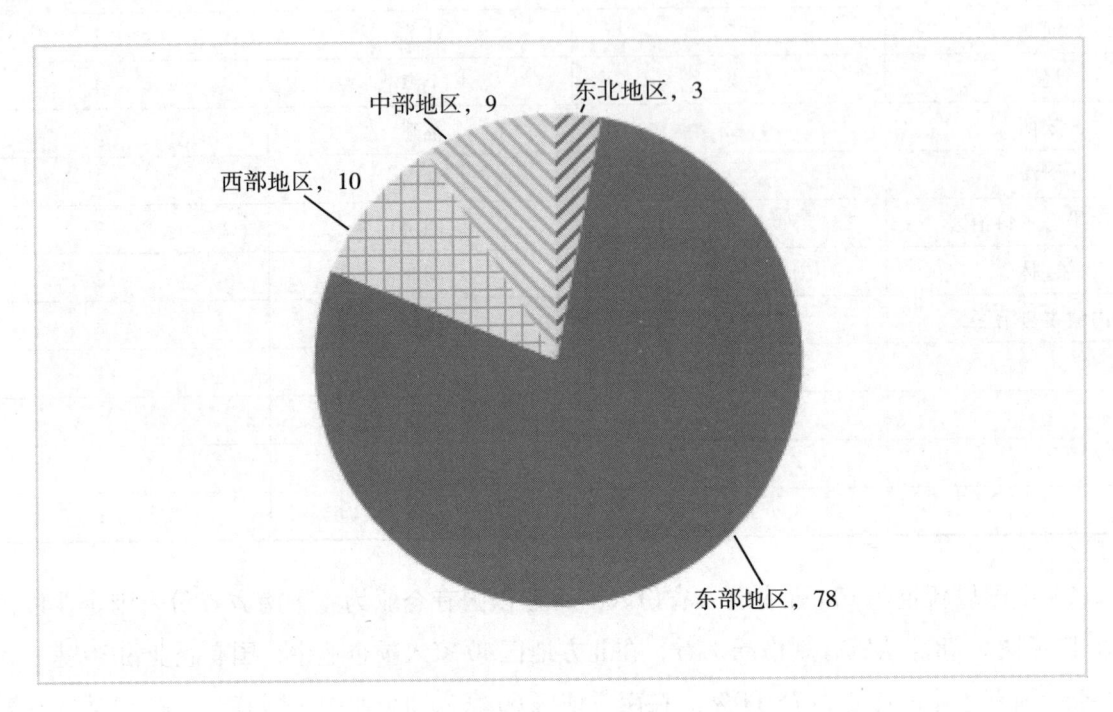

**图 6-9 我国四大区域入围企业数量对比**

东部地区 78 家入围企业涵盖战新产业 9 个领域，战新产业发展最为均衡。东部地区发展最好的是新一代信息技术产业，共有 22 家企业入围，占东部地区入围企业数量的 28.21%；其次是新材料产业、新能源产业和高端装备制造产业，分别有 18 家、15 家和 10 家企业入围，占东部地区入围企业数量的 23.08%、19.23% 和 12.82%；相关服务业、生物产业、新能源汽车产业、节能环保产业和数字创意产业入围企业数量分别为 6 家、2 家、2 家、2 家、1 家，合计占东部地区入围企业数量的 16.67%。和其他区域相比，东部地区战新产业各领域入围企业数量均处于领先地位，优势最为突出的是数字创意产业、新一代信息技术产业和高端装备制造产业，占全国同领域入围企业数量之比分别达到 100%、88% 和 83.33%，均超过 80%。

西部地区 10 家入围企业涵盖战新产业 6 个领域，战新产业发展水平仅次于东部地区，其中，发展相对较好的是新材料产业和新能源产业，各有 3 家企业入围，各占西部地区入围企业数量的 30%；节能环保产业、生物产业、新一代信息技术产业和相关服务业各有 1 家企业入围。和其他区域相比，西部地区尚无优势突出产业，节能环保产业发展和生物产业相对较好，占全国同领域入围企业数量之比为 33.33%。

中部地区 9 家入围企业涵盖战新产业 5 个领域，高端装备制造产业有 2 家企业入围，占中部地区入围企业数量的 22.22%。与其他区域相比，中部地区尚无优势突出产业，新能源汽车产业发展相对较好,占该产业全国入围企业数量的25.00%。

东北地区仅有3家企业入围,新材料产业2家和新能源汽车产业1家,战新产业发展与其他地区差距明显。

## 二、战略性新兴业务对企业经营发展贡献分析

### 1. 战新业务对企业营收贡献有所增长

2023中国战新企业100强共实现营业收入33.25万亿元,其中,战新业务收入11.17万亿元,战新业务收入占全部营业收入的比重为33.59%,较上年100强提高了1.81个百分点,显示出战新业务对企业经营总体贡献有所增长。100家企业共实现营业利润19985.35亿元,其中,战新业务利润为6985.29亿元,战新业务利润占营业利润的比重为34.95%,较上一年下降4.45个百分点。就自身同比来看,这100家企业战新利润占比呈现下降趋势。但总的来看,2023中国战新企业100强通过发展战新业务,以33.59%的收入带来了34.95%的利润,战新产业营业收入利润率(6.27%)略高于整体营业收入利润率(6.01%)的水平,说明无论是战新产业相关企业的发展还是传统企业积极发展战新业务,对企业经济效益的提升都有明显效果。中国战新企业100强的实践在推动企业产业转型升级方面起到了较好的示范作用。

### 2. 各行业战新业务发展情况分析

依据500强企业行业分类,2023中国战新企业100强共涵盖了36个行业,其中,通信设备制造行业入围企业数达到8家,排名第一;一般有色和风能、太阳能设备制造行业各有7家企业入围,并列第二位;汽车及零配件制造行业有6家企业入围,排名第四位;家用电器制造和黑色冶金行业并列第五位,各有5家企业入围;化学原料及化学品制造、化学纤维制造、多元化投资、电力生产各有4家企业入围,并列第七位;动力和储能电池、土木工程建筑、工业机械及设备制造、电信服务、药品制造、计算机及办公设备行业各有3家企业入围,并列第十一位。中国战新产业100强企业的行业分布比上年100强分布数量减少五个行业,分别为公路运输、医药及医疗器材零售、石化及炼焦,以及航空航天、航空运输五个行业。详见表6-6。

表6-6 2023中国战新企业100强主营业务行业分布情况

| 主业所属行业 | 入围企业数/家 | 战新业务总收入/亿元 | 战新业务利润总额/亿元 |
| --- | --- | --- | --- |
| 通信设备制造 | 8 | 11041.09 | 166.90 |
| 一般有色 | 7 | 4604.89 | 185.74 |
| 风能、太阳能设备制造 | 7 | 6069.84 | 570.61 |
| 汽车及零配件制造 | 6 | 4730.31 | 118.71 |
| 家用电器制造 | 5 | 3934.03 | 145.60 |
| 黑色冶金 | 5 | 5787.14 | 751.99 |
| 化学原料及化学品制造 | 4 | 2152.05 | 69.53 |
| 化学纤维制造 | 4 | 2954.70 | 4.18 |

续表

| 主业所属行业 | 入围企业数/家 | 战新业务总收入/亿元 | 战新业务利润总额/亿元 |
| --- | --- | --- | --- |
| 多元化投资 | 4 | 7860.36 | 240.99 |
| 电力生产 | 4 | 3354.57 | 425.11 |
| 动力和储能电池 | 3 | 3580.15 | 47.35 |
| 土木工程建筑 | 3 | 3688.51 | 141.34 |
| 工业机械及设备制造 | 3 | 2031.43 | 94.88 |
| 电信服务 | 3 | 14862.83 | 1971.96 |
| 药品制造 | 3 | 3294.60 | 148.34 |
| 计算机及办公设备 | 3 | 2599.56 | 71.28 |
| 互联网服务 | 2 | 1343.10 | 4.35 |
| 工程机械及零部件 | 2 | 1170.52 | 60.02 |
| 房屋建筑 | 2 | 1631.88 | 72.84 |
| 煤炭采掘及采选业 | 2 | 1505.27 | 188.46 |
| 电力电气设备制造 | 2 | 966.45 | 228.04 |
| 石油、天然气开采及生产业 | 2 | 7519.56 | 479.09 |
| 软件和信息技术（IT） | 2 | 1536.99 | 5.67 |
| 金属制品加工 | 2 | 1989.83 | 34.31 |
| 半导体、集成电路及面板制造 | 1 | 580.79 | 21.07 |
| 商业银行 | 1 | 405.44 | 81.46 |
| 多元化金融 | 1 | 1088.79 | 32.88 |
| 机电商贸 | 1 | 606.11 | 2.23 |
| 水泥及玻璃制造 | 1 | 892.76 | 162.96 |
| 港口服务 | 1 | 485.27 | 5.42 |
| 物流及供应链 | 1 | 441.12 | 1.20 |
| 电线电缆制造 | 1 | 710.36 | 34.10 |
| 电网 | 1 | 1098.01 | 109.51 |
| 综合制造业 | 1 | 2309.59 | 137.62 |
| 轨道交通设备及零部件制造 | 1 | 2292.75 | 157.63 |
| 锅炉及动力装备制造 | 1 | 603.10 | 11.92 |
| 合计 | 100 | 111723.74 | 6985.29 |

通信设备制造行业发展战新业务势头强劲。从 2023 中国战新企业 100 强主营业务所在行业看，虽然电信服务行业在百强名单中只有三家企业，却贡献了所有 100 强企业战新业务收入的 13.31%。此外，通信设备制造行业不仅有最多的入围企业，也是在战新业务收入上贡献较多的行业之一，其战新业务收入占所有 100 强企业战新业务收入的 9.88%。

从各个行业的企业平均战新业务收入占比来看，总共有 7 个行业，其企业平均战新业务收入占比超过了 50%。剔除入围企业数量过少的行业（入围企业小于等于 2 家，下同）的干扰后，入围企业战新业务收入占营业收入比重最高的是药品制造，战新业务收入占比达到 99.84%；动力和储能电池、计算机及办公设备和风能、太阳能设备制造行业的战新业务收入占比也超过了 90%，分别达到了 95.59%、92.77% 和 91.04%。

从研发强度看，剔除入围企业数量过少行业的干扰，通信设备制造行业明显领先，大部分行业研发投入低于平均水平。具体来看，研发强度最高的是通信设备制造行业，入围企业平均研发强度达到 8.69%，排名第一；计算机及办公设备行业企业平均研发强度为 5.33%，排列第二；风能、太阳能设备制造行业入围企业平均研发强度为 3.82%，排名第三。此外，共有 23 个行业入围企业平均研发强度低于 2023 战新企业 100 强平均研发强度 3.07% 的水平。

在入围企业战新业务盈利方面，黑色冶金，港口服务，风能、太阳能设备制造，半导体、集成电路及面板制造和多元化投资入围企业盈利更高，共有 17 个行业的企业战新业务利润占其营业利润的比重达到了 50%，相比 2022 年的数量下降 4 个行业。在剔除入围企业数量过少的行业后，黑色冶金，风能、太阳能设备制造，多元化投资和药品制造入围企业战新业务利润占营业利润的比重最高，均在 90% 以上；此外，电信服务和计算机及办公设备行业的战新利润占比都超过了 70%。

通过对 2023 中国战新企业 100 强的行业统计与分析，可以看出，通信设备制造业发展战新业务势头最为强劲，表现最为突出，在入围企业数量、战新业务收入贡献及战新业务效益方面均处在领先地位。此外，风能、太阳能设备制造和电信服务业等行业表现也十分突出，表现出了极大的潜力。

**3. 制造业、服务业 500 强中战新企业贡献分析**

在 2023 中国制造业企业 500 强中，共有 70 家企业入围 2023 中国战新企业 100 强榜单，相比上一年制造业 500 强入围企业增加了 4 家。入围的 70 家企业均提供了完整的收入利润数据，共实现营业收入 13.70 万亿元，占 2023 中国制造业 500 强总营收的比重为 26.83%，较上一年上升 0.03 个百分点；共实现营业利润 5578.43 亿元，占 2023 中国制造业 500 强总营业利润的比重为 26.31%，较上一年下降 3.72 个百分点。对 2023 中国制造业企业 500 强中入围战新 100 强的企业进行分析可以看出，通过发展战新业务，70 家企业以 14% 的数量占比实现了 26.83% 的营业收入占比和 26.31% 的利润占比，制造业大企业转型升级取得进展，展现出良好的发展潜力。

在 2023 中国服务业企业 500 强中，共有 17 家企业入围 2023 中国战新企业 100 强榜单，相比上一年服务业 500 强入围企业下降了 4 家。17 家企业均提供了完整的收入利润数据，共实现营业收入 8.41 万亿元，占 2023 中国服务业 500 强总营收的比重为 17.41%，较上一年下降了 0.66 个百分点；共实现营业利润 6178.40 亿元，占 2023 中国服务业 500 强总营业利润的比重为 22.18%，较上一年提升了 4.11 个百分点。对 2023 中国服务业 500 强企业中入围战新 100 强的企业进行分析可以看出，通过发展战新业务，17 家企业以 3.4% 的数量占比实现了 17.41% 的营业收入占比和 22.18% 的利润占比，较上年取得了明显的进步，服务业发展势头迅猛，具有良好的示范意义。

## 三、我国企业发展战新业务面临的挑战与机遇

过去 10 余年，我国战略性新兴产业发展取得举世瞩目的成就，发展规模实现质的飞跃，但是外部发展形势变化及战略性新兴产业自身发展阶段的转变，决定了未来推动战略性新兴产业实现高质量集群化发展将是首要任务。相比于传统的产业集群，战略性新兴产业集群的创新驱动力更为强劲，知识溢出效应更大，产业自我升级强化的能力更强。

但是，日益复杂的国际形势仍持续制约我国战略性新兴产业发展，且战新产业集群化发展对我国关键技术攻关、产业协同治理、区域协同发展等方面提出了更高的要求。与此同时，在数字经济蓬勃发展的大环境下，我国战新企业实现数字转型依然任重道远。迈上新征程，战新企业应充分把握我国经济高质量发展机遇期，积极拓展战新业务，着力推动战新产业融合集群发展。

### （一）我国企业发展战新业务面临的挑战

#### 1. 国际形势日益复杂制约产业发展

一是中美经贸关系持续制约我国战新产业发展。近几年，美国对中国的封锁愈演愈烈，特别是在半导体领域，多次出台限制芯片和半导体设备出口至中国的政策，遏制中国高端技术产业发展。2023 年 8 月，美国总统拜登签署了关于"对华投资限制"的行政命令，该命令授权美国财政部禁止或限制美国在半导体和微电子、量子信息技术和人工智能系统三个领域对中国实体的投资并要求美企就其他科技领域的在华投资情况向美国政府进行通报。

二是地缘冲突长期影响多边贸易格局。2023 年 2 月 23 日，世贸组织（WTO）在俄乌冲突一周年之际，发布了《俄乌冲突一年：对全球贸易和发展影响的评估》（以下简称报告），重新审视了俄乌冲突爆发一年以来对全球贸易和发展的影响，尤其是冲突双方和依赖冲突双方的重点国家（地区），并对地缘政治竞争对不同经济体造成的影响进行评估。报告预计，尽管 2022 年全球贸易表现好于预期，但考虑到 2022 年的货币政策紧缩的滞后效应，所以 2023 年全球贸易增长仍将放缓。根据 WTO 在 2023 年 4 月发布的数据，2023 年，全球商品贸易量预计将增长 1.7%，远低于自 2008 年金融危机后贸易下滑以来 2.6% 的年均增长率。报告最后强调，基于地缘政治考虑重新整合全球供应链，将使所有经济体在增长放缓和创新减少方面付出高昂的代价。对于许多发展中经济体，特别是最不发达经济体，增长前景下降的幅度可能非常大，因为这些国家依靠较发达经济体的投入和知识来消除贫困和摆脱增长陷阱，这将使由新冠疫情引发的本已脆弱的全球经济更加脆弱。

#### 2. 战新产业融合集群发展面临挑战

一是关键技术瓶颈制约战新产业集群向高端化发展。尽管中国在某些新兴产业领域已经取得了突出的技术成果，但在一些关键技术和核心领域，尤其是高端芯片、航空发动机等还存在技术瓶颈，部分核心技术和关键设备仍依赖于进口，这可能会制约现有产业集群向产业链中高端升级，难以形成具有国际竞争力的产业集群。

二是战新产业集群化发展对产业治理体系带来新的挑战。战新产业技术研发能够推动技术前沿发展，融合集群化发展将加速催生出更多的新模式新业态。但相关法规和监管体系难以及时调整，

因而对我国产业治理过程中的包容审慎监管提出了更高的要求。

三是战新产业集群化发展可能会加剧区域发展不均衡问题。目前，我国战新产业发展南强北弱的特征比较突出。2023年战新产业100强企业中，南方有60家企业入围。以新能源汽车产业为例，其关键设备、零配件、元器件等产业链关键环节，绝大部分都分布在中国的南部地区。另外，无论是在传统还是在新一代集成电路的产业体系中，长三角都已经全面超越了京津冀。这体现出我国各区域战新产业发展不均衡。在我国大力推动战新产业融合集群发展的过程中，需要提前谋划布局，避免战新产业集群发展加剧区域发展不均衡问题。

### 3. 战新企业数字转型依然任重道远

一是数字化基础较薄弱。数字化转型是一项长期的系统性工程，涉及软硬件购买、系统运维、设备升级、人才培养等多方面成本投入，需要一定的资金支持。大型企业往往可以基于自身已有的自动化和数字化技术基础，通过应用新一代信息技术及数字化设计软件和装备，开展流程再造工程，最终实现数字转型。多数中小企业数字基础比较薄弱，且自身资金有限，对于投资大、周期长、见效慢的数字化转型往往望而却步。

二是企业转型能力不足。目前大部分中小企业已经在业务经营中初步应用了数字化工具，但是在数字化工具的应用深度、产品设计数据跨部门共享、业务经营决策数智化驱动等方面仍存在较大不足。

三是转型缺少长期战略规划。数字化转型改造依托于资产数字化和数据资产化两个关键步骤，不仅需要预先投入，而且见效周期较长。大型企业的治理结构、战略管理和运营管理的体制机制更加成熟，因而其数字转型能够做到有的放矢和有序推进。但是，很多中小企业战略规划能力不足，难以判断数字化转型是否能够帮助其解决业务痛点问题，实现降本增效，因而对开展数字化转型犹豫不决。

## （二）我国战新产业发展面临的新机遇

### 1. 宏观政策持续支持战新产业发展

党的十九大以来，我国战新产业规模不断壮大，目前战新产业正加快向高质量发展转型。习近平总书记在党的二十大报告中，细数了十年来我国战略性新兴产业的重要成就，并指出要推动战略性新兴产业融合集群发展，构建新一代信息技术、人工智能、生物技术、新能源、新材料、高端装备、绿色环保等一批新的增长引擎。这体现出党中央将战略性新兴产业作为实体经济发展的重中之重，全面推动新型工业化，旨在将战略性新兴产业打造成为现代产业主方向、经济增长主引擎、国际竞争主力军。

为深入贯彻党的二十大精神，战新产业相关政策体系正积极向四个方面不断优化，推动战新产业高质量发展。一是将优化市场环境和产业生态摆在宏观政策体系中更重要的位置，进一步强调要夯实战略性新兴产业高质量发展的重要基础，包括营造公平透明、可预期的发展环境，加快要素市场化配置，加强产业生态要素构建等重要举措。二是更加注重创新体系建设，从产业链与创新链深度融合发展思路出发，加强产学协同的创新网络建设，并且健全新型举国体制以助力关键技术创新。

三是推进体制机制改革的进一步深化，对新业态、新模式、新产业等加深放管结合、优化服务，创新包容审慎监管，有序推进创新治理体系现代化。四是强调开放共赢，着眼集聚全球资源要素，深度推进产业国际合作，加强战略性新兴产业在"一带一路"倡议中的抓手作用。

### 2. 国有企业不断扩大战新产业投资

2020年年底发布的《关于新时代推进国有经济布局优化和结构调整的意见》提出，要加大战略性新兴产业的布局力度。三年来，央企主动加大投资力度，积极开展建设项目，稳妥推动混合所有制改革，战略性新兴产业年均投资增速超过20%。

过去几年来，特别是国企改革三年行动以来，国企牢牢把握重大政治任务，坚持突出科技创新，加大在新一代信息技术、人工智能、新能源、新材料、生物技术、绿色环保等领域的投入力度，强化航空航天、轨道交通、海洋工程、智能装备、芯片等高端制造业布局。着眼实现高水平科技自立自强、强化国家战略科技力量和企业创新主体地位、勇当原创技术"策源地"，三年来中央企业在战略性新兴产业领域年均投资增速超过20%。截至2022年年底，央企在战略性新兴产业领域投资规模达到1.5万亿元，占全部投资的比重为27%。

2023年5月，国务院国资委党委召开扩大会议强调，要指导推动央企加大在新一代信息技术、人工智能、集成电路、工业母机等战略性新兴产业的布局力度，推动传统产业数字化、智能化、绿色化转型升级，引领带动我国产业体系加快向产业链、价值链高端迈进。

### 3. 民营企业政策保障体系不断完善

党的二十大报告提出："坚持和完善社会主义基本经济制度，毫不动摇巩固和发展公有制经济，毫不动摇鼓励、支持、引导非公有制经济发展，充分发挥市场在资源配置中的决定性作用，更好发挥政府作用。"2023中国战新企业100强中有51家民营企业，较上年增加1家企业，体现出民营企业是推动我国战略性新兴产业发展的重要力量。大力支持民营企业发展战略性新兴产业，有利于促进社会主义市场经济的深化和发展；有利于加快实施创新驱动发展战略；有利于推动推进新型工业化。

2023年7月，中共中央、国务院发布《关于促进民营经济发展壮大的意见》（以下简称《意见》）。《意见》提出，民营经济是推进中国式现代化的生力军，是高质量发展的重要基础，是推动我国全面建成社会主义现代化强国、实现第二个百年奋斗目标的重要力量。《意见》围绕持续优化民营经济发展环境、加大对民营经济政策的支持力度、强化民营经济发展法治保障、着力推动民营经济实现高质量发展、促进民营经济人士健康成长、持续营造关心促进民营经济发展壮大社会氛围、加强组织实施等方面提出三十一条意见，为战新产业民营企业健康发展构筑了更加完善的政策保障体系。

## 四、促进我国战略性新兴产业相关企业发展的建议

党的二十大报告将战略性新兴产业融合集群发展放在建设现代化产业体系的重要位置。发展壮大战略性新兴产业对我国深入实施创新驱动发展战略，加快发展现代产业体系，构建新发展格局，健全区域协调发展体制机制，推动绿色发展战略，实现高水平对外开放具有重要的现实意义。我国

企业要不断增强对战略性新兴产业发展规律的认识，扎实推进战略性新兴业务发展，切实提高企业核心竞争力，在推进战略性新兴产业融合集群发展中发挥主力军作用。

### 1. 持续增强产业链供应链韧性

我国经过多年的自主发展，形成了最长、最大、相对最完整的产业链。按照联合国工业发展组织的数据，中国是全球唯一拥有全部制造业门类的国家，22个制造业大类行业的增加值均居世界前列；世界500种主要工业品种，目前有约230种产品产量位居全球第一。完整的现代工业体系，确保了我国经济体系的巨大韧性，甚至在外界不可控因素冲击下仍能有效维护产业链供应链的稳定。

我国企业要把握经济率先恢复的窗口期，积极推动与全球产业链更加紧密的合作，加快提升我国在未来区域和全球供应链网络体系中的协调、控制和主导能力。

一方面，加强与"一带一路"等周边区域和重要国家的产业链合作。增强与欧盟、日本、韩国的产业链供应链的联系，依托"一带一路"构建"中国+X"产业链，在全球价值链重构中掌握主动权。

另一方面，推动供应链国产化和多元化。实施供应链国产化替代行动计划，协同国内产业链上下游企业，在关键领域和环节构建自主可控、安全可靠的国内生产供应链体系。对于进口依赖程度高的高附加值商品，要加紧技术、产品升级步伐，促进替代过程的实现。对于不可替代的高依赖度产品，积极在国际市场寻求新的供应渠道，实施供应链多元化，为关键核心技术突破争取更多时间。

### 2. 鼓励龙头企业引领融合集群发展

目前，培育发展战略性新兴产业集群已经成为各地打造经济发展新引擎、促进产业结构升级、实现增长动力转换的重要途径。当产业的创新不确定性较低时，集群内部企业的收益与风险相对确定，创新的路径相对比较明确。这些明确的创新路径和盈利模式是具备了较强创新能力和生产能力的龙头企业通过多年的商业实践形成的。

龙头企业对集群内的其他中小企业有明显的辐射带动作用，对外技术学习、对内技术溢出，可利用自身在技术创新、资本集聚等方面的优势，快速消化吸收行业内最新的技术成果，并在集群内进行资源共享和知识的扩散与转移。这类企业处于产业链的核心位置，上下游企业和相关机构紧密围绕在核心企业周围，很容易形成有竞争力的产业集群。

在引领融合集群发展过程中，重点在于释放龙头企业创新策源作用。一是集群内龙头企业应持续加大科技创新投入，鼓励先进技术和设备自主研发，全面提升创新发展能力。二是牵头打造配套的创新服务平台。根据龙头企业创新发展需要，打造分工明确、结构合理、功能互补的高能级科技创新服务平台，提升创新效率。三是积极围绕龙头企业完善产业创新链条，引进培育一批专精特新企业，塑造具备强大韧性的产业链供应链，形成集群内大中小企业协同合作发展能力。四是发挥龙头企业创新"溢出效应"，鼓励龙头企业人员创新创业，"裂变"形成一批相关创新型企业，积极推动集群内产业创新发展。

### 3. 积极推动产业技术标准化进程

标准作为规范性指导，在技术、质量、安全等方面提供统一基准，有助于提高产品与服务质量，推动产业高质量发展。与此同时，标准化有助于拓展国际市场，降低贸易障碍，促进出口。积极参与国际标准化合作，增强企业在全球标准制定中的话语权，有助于在国际市场取得竞争优势。在全球化竞争日益激烈的背景下，标准化对产业链整合、培育竞争优势、实现技术引领发挥着关键作用。因而，企业应积极推动产业技术标准化进程，加快培育企业竞争新优势。

一是推动国内国际产业标准化协同发展。龙头企业应积极同政府和研究机构合作，建立产学研联动的国际标准化工作机制，加快建设具有自主特色、国内领先、与国际接轨的产业标准体系，建设一批具有国际影响力的产业标准综合体。研制一批领先的国际标准，形成以标准与技术为核心的产业发展新优势。推进我国产业在智能化、绿色化、服务化等多学科交叉融合领域综合标准化工作，推动国内标准与国际标准项目同步提出、同步研制。

二是促进产业标准化广泛交流合作。企业应积极参与国际标准化交流合作，加大采用国际标准力度，大力推进中外标准互认，参与构建与国际标准兼容的标准体系。积极参与 ISO、IEC、国际电信联盟（ITU）等国际标准化组织活动，继续强化重点领域国际标准化工作。

# 第七章
## 2023 中外 500 强企业对比分析报告

2022 年全球经济增长放缓，全球贸易紧张局势和政治不稳定影响着世界大企业发展，中国面临统筹新冠疫情防控和经济社会发展的严峻挑战。2023 世界 500 强营业收入持续增长。中国企业发展平稳，优势与劣势并存。展望未来，中国企业应以中国式现代化引领加快建设世界一流企业步伐。

## 一、2023 世界 500 强最新格局及中外上榜企业发展对比

**1. 2023 世界 500 强最新格局**

（1）营业收入创历史新高，服务业与制造业的差距加大。

随着全球经济逐渐恢复，世界 500 强企业出现新的增长。2023 世界 500 强的营业收入共计 409565.76 亿美元，与上年相比增长了 8.42%，增幅下降 10.77 个百分点，恢复到新冠疫情之前的增长态势，详见图 7-1。进入排行榜企业的门槛进一步提高，从上年的 286 亿美元跃升至 309 亿美元。

从上榜前列企业来看，沃尔玛连续第十年位居第一位，成为全球最大公司，也是自 1995 年以来第 18 次登上该榜单。沙特阿美首次上升至第二位，中国国家电网公司继续位列第三，亚马逊排名则落至第四位，中石油仍保持第五位。

从行业分布情况来看，服务业营业收入（211388.82 亿美元）与制造业营业收入（160856.26 亿美元）的差距进一步拉大。金融业营业收入（68067.80 亿美元）稳居各行业首位，化学品制造行业（55023.87 亿美元）、交通运输设备及零部件制造行业（30608.37 亿美元）、电信及互联网信息服务行业（29676.57 亿美元）紧随其后。

从各行业变化情况看，营业收入增长最大的三个行业分别是交通运输业（63.07%）、旅游餐饮及文化娱乐（56.85%）和公用事业服务（39.62%），同时三个行业上榜企业数量分别增长了 37.50%、50.00% 和 20.83%。这一增长深刻反映了先前受新冠疫情影响较大的行业，正在快速恢复，逐渐走出疫情低谷。营业收入下降最大的行业分别是建材生产（18.44%）、药品和医疗设备制造（16.90%），同时两个行业上榜企业数量分别下降了 20.00% 和 11.11%，这同样反映了疫情后的发展态势。

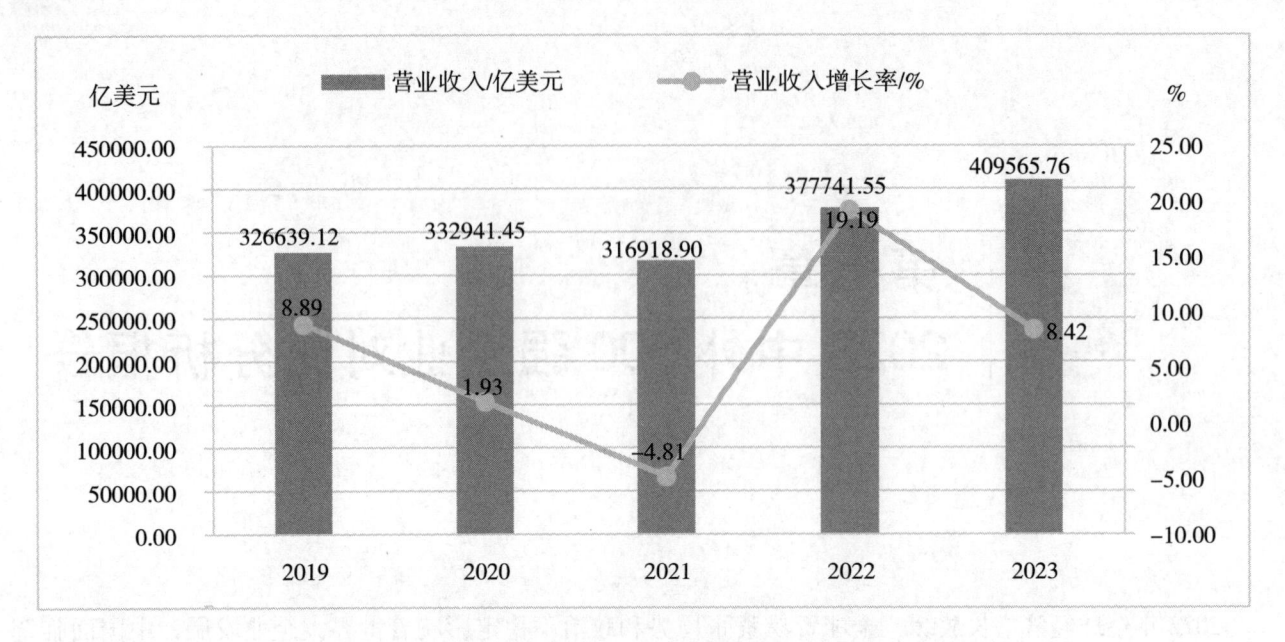

图 7-1 世界 500 强的营业收入总额及增长率（2019—2023）

（2）净利润整体上有所下滑，行业表现分化突出。

2023 世界 500 强的净利润 28976.16 亿美元，与上年相比下降了 6.49%，但仍为近五年来的高位，详见图 7-2。一些企业净利润出现明显增长，有三家上榜企业的净利润增长甚至超过 1000%，其中阿斯利康净利润增长达 2836%。

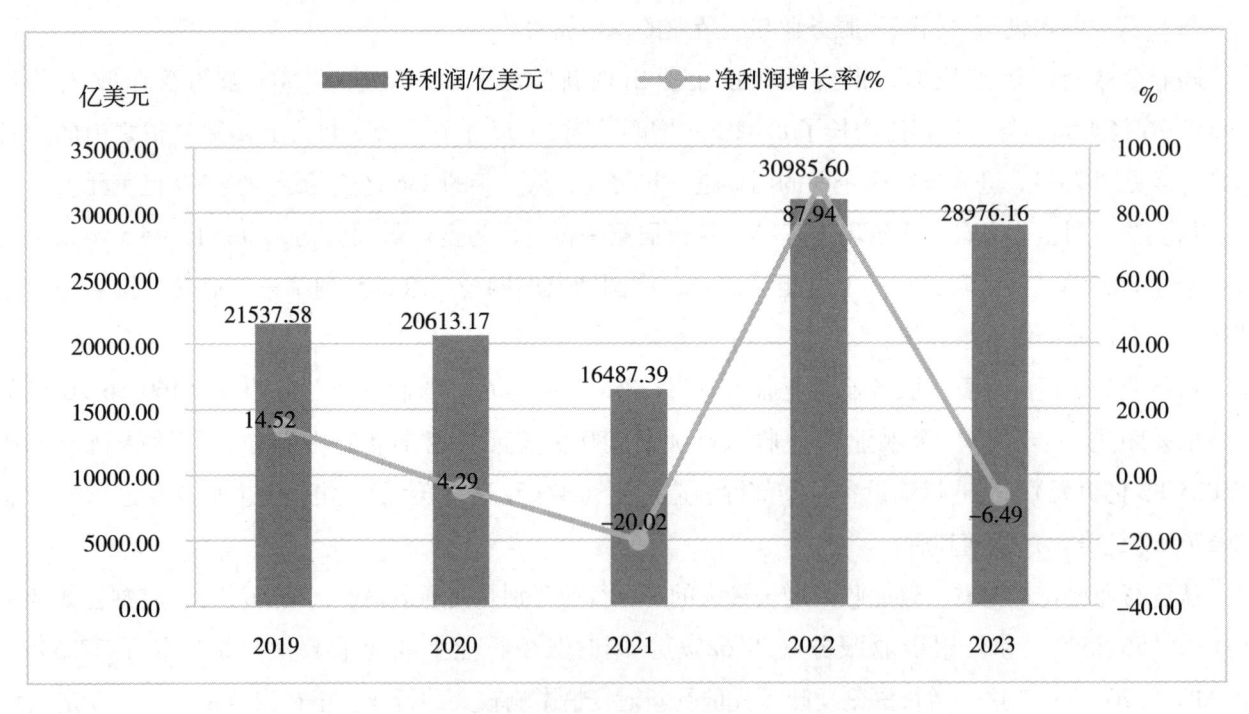

图 7-2 世界 500 强的净利润总额及增长率（2019—2023）

从净利润榜单来看，沙特阿美以约 1590 亿美元的净利润位居榜首，净利润增长了 51%；三家高科技公司紧随其后，苹果公司以超过 998 亿美元净利润位居第二位；微软公司净利润比上年增加了 114 亿美元，以 727 亿美元的净利润上升至第三位；谷歌母公司 Alphabet 则位居第四位；中国工商银行和中国建设银行两家中国公司进入净利润榜单前十位。

从行业分布情况来看，服务业净利润（12869.52 亿美元）略高于制造业净利润（12402.47 亿美元）。金融业明显领先，以 6610.88 亿美元的净利润位居第一，远超第二名的化学品制造业（3690.33 亿美元）；排名第三位的是采矿业（3328.53 亿美元）；排名第四、第五位的均为互联网相关行业，即电信及互联网信息服务行业（2777.61 亿美元）和计算机、通信设备及其他电子设备制造行业（1942.53 亿美元）。

从各行业变化情况看，净利润增长最大的三个行业分别是邮政和物流（134.05%）、采矿业（75.66%）和化学品制造（69.20%）。其中邮政和物流行业的上榜企业数量没有变化，采矿业和化学品制造上榜企业数量分别上升了 15.79% 和 4.65%。净利润下降最大的三个行业是商务服务（100.00%）、公用事业服务（73.57%）和旅游、餐饮及文化娱乐（61.70%），商务服务行业未见上榜企业，其他两个行业上榜企业数量分别下降了 73.57% 和 61.70%。由此可见，邮政和物流行业恢复迅速，而旅游、餐饮及文化娱乐行业仍未完全摆脱新冠疫情影响。

（3）亏损企业涉及行业面扩大，亏损状况较为严重。

世界 500 强亏损状况有所恶化，无论亏损企业数量还是亏损总额都有所增加。2023 世界 500 强亏损企业达到 32 家，比上年增加了 8 家；亏损总额为 1500.90 亿美元，约为上年亏损总额的两倍多，是近五年来亏损较为严重的一年，详见图 7-3。

从亏损企业个案来看，有的企业出现巨额亏损，榜单排名第 14 位的美国伯克希尔-哈撒韦公司亏损最为严重，其亏损额超过 228 亿美元；Uniper 公司（199.61 亿美元）、韩国电力公司（189.54 亿美元）和法国电力公司（188.69 亿美元）三家企业亏损额都接近 200 亿美元。

从亏损企业国家分布来看，亏损企业区位分布相对集中。美国亏损企业数量达到 13 家，中国亏损企业数量从上年 9 家下降到 7 家（包括中国台湾 1 家），德国和法国亏损企业数量分别为 5 家和 3 家，日本有 2 家，韩国和英国各 1 家。

从亏损企业行业分布来看，亏损企业行业涉及广泛。金融业有 6 家企业亏损，公用事业服务行业从上年的 4 家增加到 5 家亏损企业，与电信及互联网信息服务、化学品制造行业并列。随着能源成本的持续走高，不少能源和公共事业公司出现利润下滑甚至亏损。

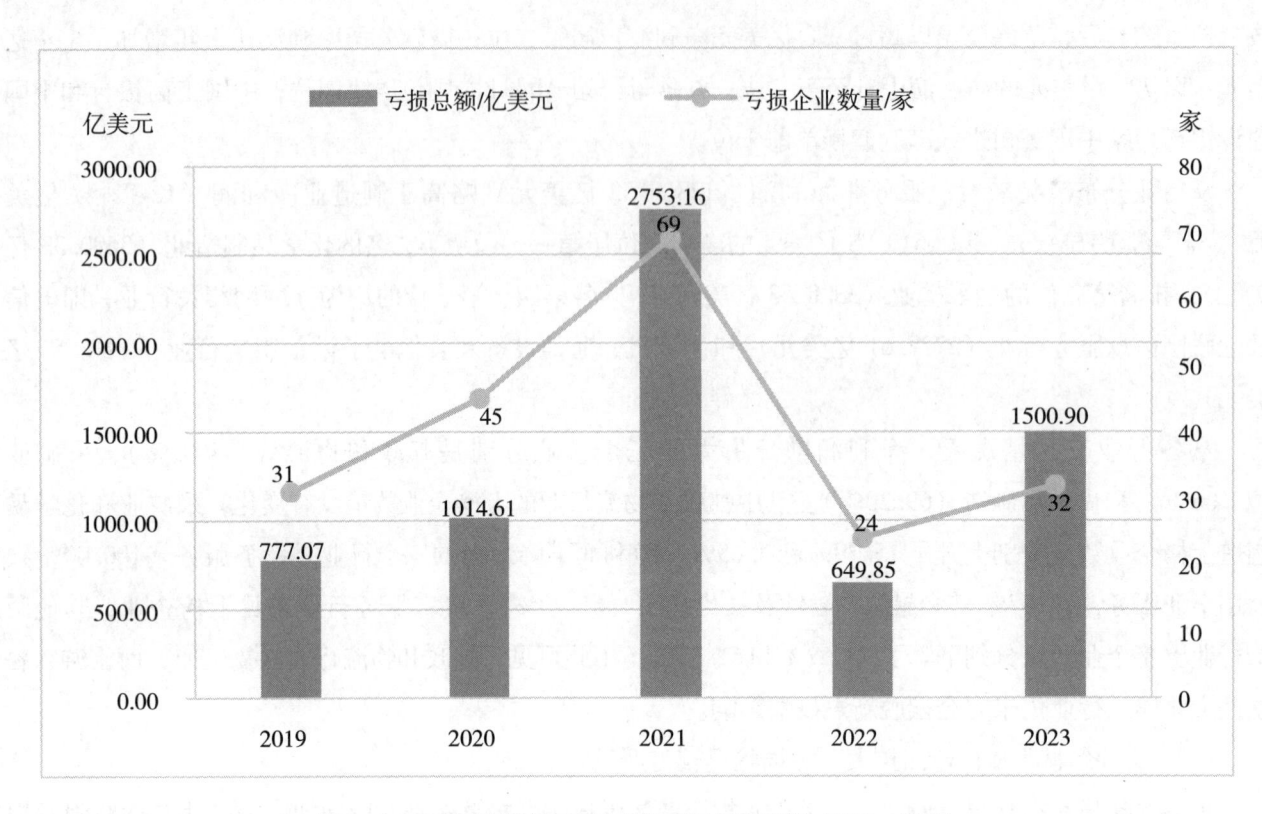

图 7-3 世界 500 强的亏损企业数量及亏损总额（2019—2023）

(4) 经营绩效整体有所回落，行业呈现趋势性变化。

2023 世界 500 强收入净利润率和资产净利润率分别为 7.07% 和 1.91%，与上年相比均有所回落，但仍为近五年的次高点，详见图 7-4。在收入净利润率企业排名中，美国邮政凭借高达 71% 的收入净利润率高居榜首；首次上榜的德国航运公司赫伯罗特受益于海运价格持续高位运行，以 49.3% 位居收入净利润率排名的第二位；台积公司则以 43.9% 的收入净利润率位居第三。中国上榜公司中收入净利润率前十的公司，除了台积公司和腾讯外，全部是商业银行。

从行业分布情况来看，医药医疗和互联网行业收入净利润率持续保持在高水平。药品和医疗设备制造行业收入净利润率（19.08%）最高，其次是计算机、通信设备及其他电子设备制造行业（16.67%），采矿业位列第三位（14.88%）。

从各行业变化情况看，收入净利润率上升幅度最大的三个行业分别是邮政和物流（124.49%）、采矿业（38.50%）和药品和医疗设备制造（34.02%），其中邮政和物流行业的企业数量没有变化，采矿业上榜企业数量增长了 15.79%，药品和医疗设备制造上榜企业数量下降了 11.11%；收入净利润率下降幅度最大的行业是公用事业服务（81.07%），旅游、餐饮及文化娱乐（75.58%）和房地产（42.30%）。其中，公用事业服务和旅游、餐饮及文化娱乐两个行业上榜企业数量分别增长了 20.83% 和 50.00%，由此可见，这两个行业市场在迅速恢复之中。

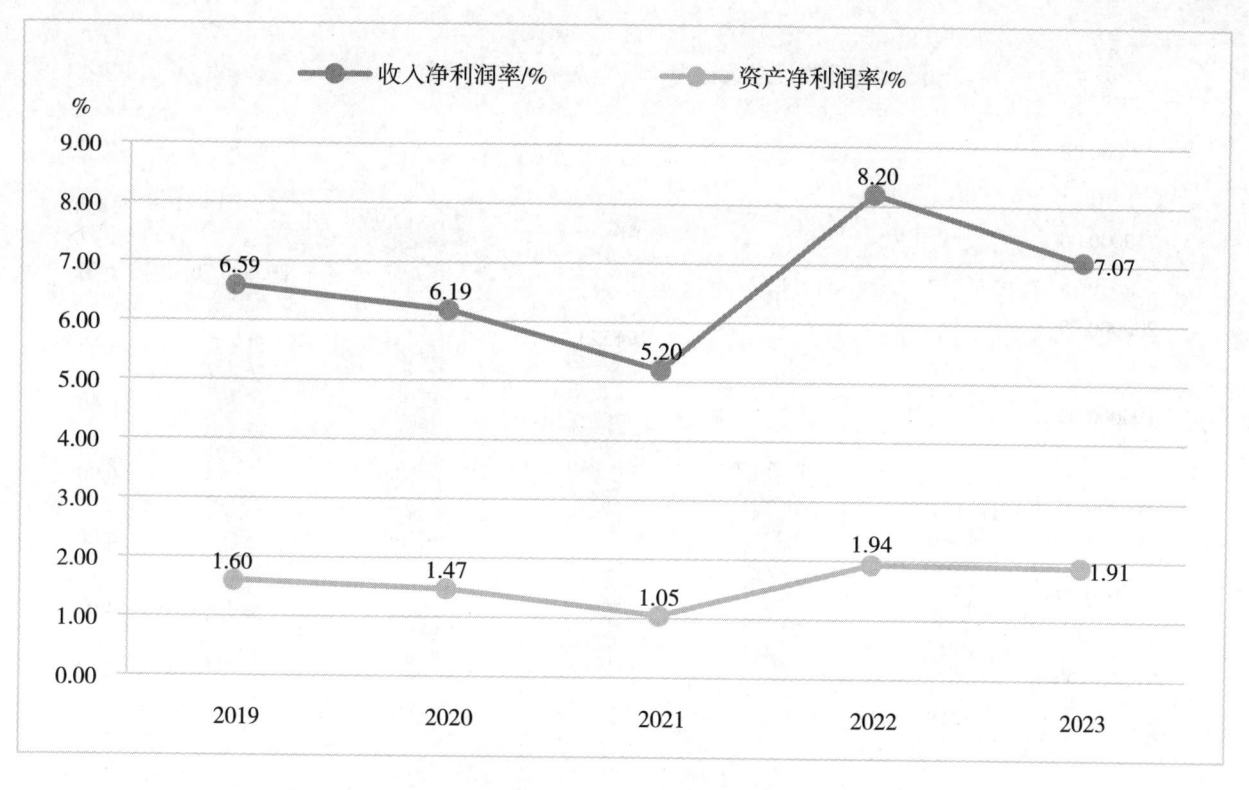

图 7-4　世界 500 强的收入净利润率和资产净利润率（2019—2023）

2023 世界 500 强共拥有归属母公司股东净资产（所有者权益）203933.70 亿美元，净资产收益率为 14.21%，与上年相比均有所回落，但仍处于近五年来较高的水平，详见图 7-5。家得宝公司以超过 1095% 的净资产收益率跃升至首位，苹果名列第二，葛兰素史克集团位列第三，两家公司净资产收益率都超过 140%。中国通威集团（42.9%）位列第 34 位、台积公司位列第 47 位，进入净资产收益率最高的 50 家公司榜单。

从各行业情况看，计算机、通信设备及其他电子设备制造行业的净资产收益率最高（42.67%），其次为采矿业（35.04%），再次为邮政和物流（34.66%）。净资产收益率上升幅度最大的三个行业是邮政和物流（85.20%）、化学品制造（49.67%）和采矿业（40.09%），化学品制造和采矿业的上榜企业数量分别上升了 4.65% 和 15.79%，邮政和物流没有变化；净资产收益率下降幅度最大的三个行业是旅游、餐饮及文化娱乐（74.68%），公用事业服务（72.24%）和房地产（45.66%），房地产仍位列下降幅度前列。

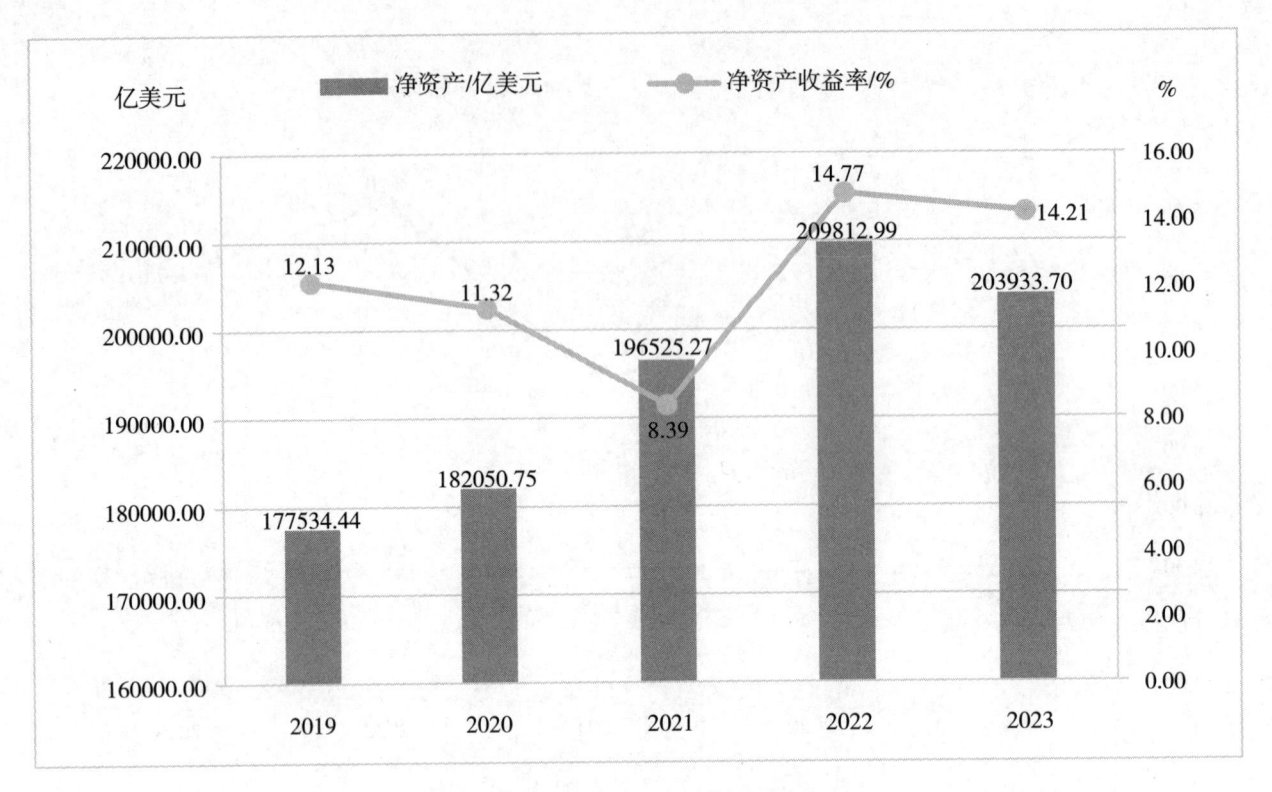

图 7-5 世界 500 强的净资产规模和净资产收益率（2019—2023）

（5）员工人数略有增长，人均营业收入又创新高。

2023 世界 500 强企业员工人数较上年增加了 46.95 万人，以 7006.56 万人成为近五年员工人数最多的一年，详见图 7-6。沃尔玛仍是最大的雇主，其全球员工数达 210 万人。中石油拥有 108 万名员工，是中国上榜企业中员工人数最多的企业。

从员工人数的行业分布来看，金融业、电信及互联网信息服务业、交通运输设备及零部件制造业位居员工人数前三位，三个行业员工人数占世界 500 强员工总数的 33.91%，而上榜企业数量占比 31.8%，可见这三个行业吸纳了大量就业人员。

从行业变化情况来看，员工人数增加最多的三个行业为旅游、餐饮及文化娱乐（101.42%），交通运输业（25.44%）和食品饮料生产（16.84%），同时三个行业上榜企业数量分别增长了 50.00%、37.50% 和 5.88%。商务服务、药品和医疗设备制造和计算机、通信设备及其他电子设备制造员工人数减少最为明显，分别减少了 100.00%、25.51% 和 16.93%，三个行业上榜企业数量分别减少了 100.00%、11.11% 和 6.25%。可见，受到新冠疫情影响较大的旅游、运输和食品行业开始扩大规模，而前期发展较快的医药和计算机行业规模有所减小。

2023 世界 500 强企业人均营业收入为 58.45 万美元，较上年增加了 4.17 万美元，创近五年的新高，详见图 7-6。人均营业收入较上年增长幅度最大的三个行业是公用事业服务（40.54%）、化学品制造（37.69%）和交通运输业（30.00%），三个行业上榜企业数量分别增长了 20.83%、4.65% 和 37.50%。化学品制造和交通运输业延续上年规模扩大及其效率提高，仍位列前三行业。旅游、餐饮及文化娱乐（22.13%），消费品生产（6.02%）和建材生产（5.46%）是人均营业收入下降幅度最大的三个行业，

考虑上年旅游、餐饮及文化娱乐行业员工人数的快速增加，可以预判人均营业收入随着市场恢复将会得到改善。

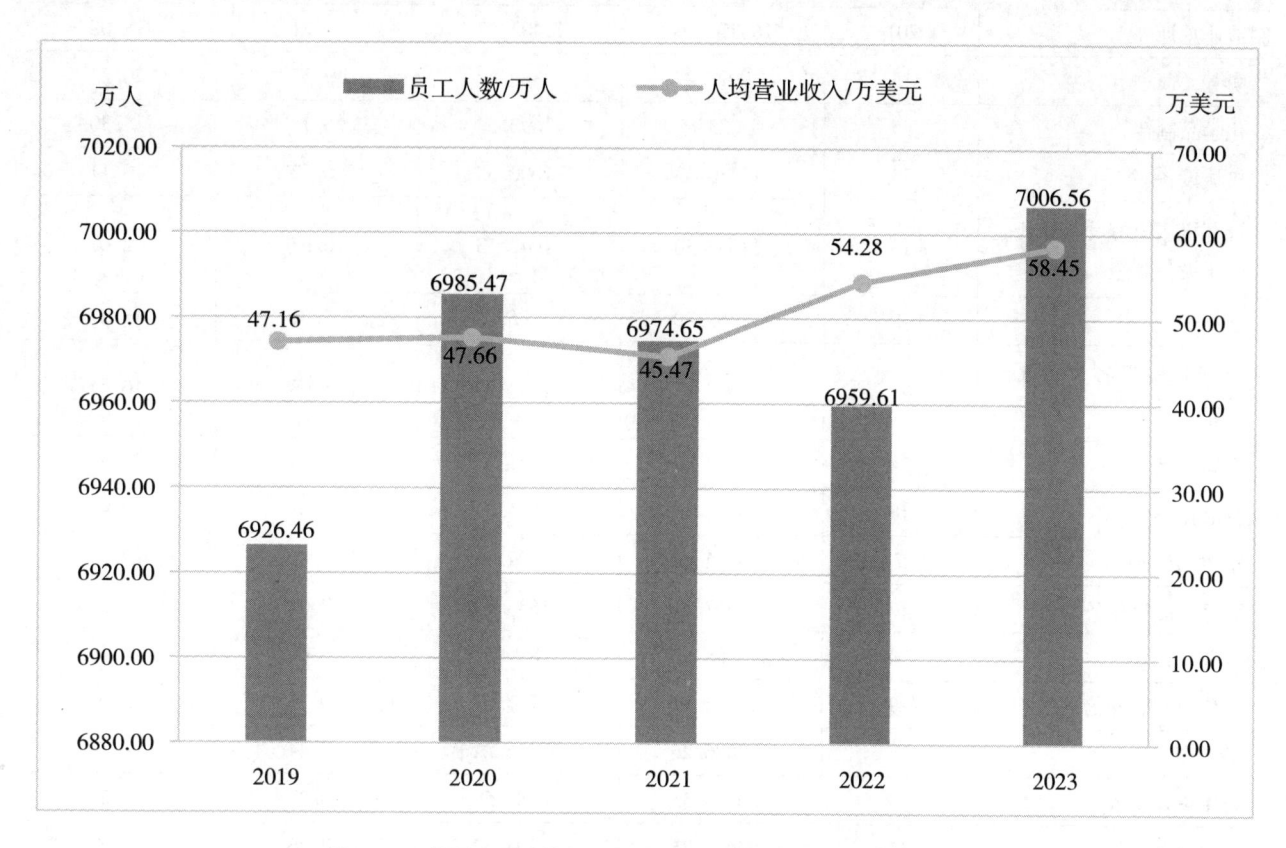

图 7-6 世界 500 强的员工总数及人均营业收入（2019—2023）

（6）服务业经营规模领先，制造业经营效益更优。

2023 世界 500 强企业分布在 23 个行业。其中，制造业 201 家、服务业 258 家和其他行业 41 家，与上年相比，制造业减少了 6 家，其他行业增加了 6 家，详见表 7-1。从经营规模来看，无论是上榜企业数量、营业收入还是净利润，服务业均高于制造业；但从经营效益来看，无论是收入净利润率还是净资产收益率，服务业均低于制造业。

在制造业中，化学品制造和交通运输设备及零部件制造上榜企业数量分别是 45 家和 34 家；营业收入分别超过 50000 亿美元和 30000 亿美元，比上年均有所增加，继续拉大与其他行业的距离。而计算机、通信设备及其他电子设备制造，以及药品和医疗设备制造继续保持上年的盈利地位，收入净利润率分别达到 16.67% 和 19.08%，并且，计算机、通信设备及其他电子设备制造的净资产收益率为 42.67%，遥遥领先其他制造业。

在服务业中，金融业始终占据领先地位，虽然较上年各项指标均有所减少，但是上榜企业数量仍高达 96 家，行业规模继续领先。从经营效益来看，邮政和物流最好，收入净利润率和净资产收益率分别为 12.58% 和 34.66%，其次电信及互联网信息服务和金融业表现突出。

表7-1 2023世界500强行业结构

| 行业 | 企业数量/家 | 营业收入/亿美元 | 净利润/亿美元 | 收入净利润率/% | 净资产收益率/% |
|---|---|---|---|---|---|
| 制造业总计 | 201 | 160856.26 | 12402.47 | 7.71 | 18.08 |
| 　防务 | 15 | 9013.27 | 839.62 | 9.32 | 20.23 |
| 　化学品制造 | 45 | 55023.87 | 3690.33 | 6.71 | 18.30 |
| 　机械设备 | 23 | 15230.63 | 1000.55 | 6.57 | 13.11 |
| 　计算机、通信设备及其他电子设备制造 | 15 | 11652.30 | 1942.53 | 16.67 | 42.67 |
| 　建材生产 | 4 | 1767.20 | 85.05 | 4.81 | 13.37 |
| 　交通运输设备及零部件制造 | 34 | 30608.37 | 1553.92 | 5.08 | 10.41 |
| 　金属产品 | 24 | 14170.22 | 431.33 | 3.04 | 11.49 |
| 　食品饮料生产 | 18 | 10037.80 | 804.01 | 8.01 | 19.45 |
| 　消费品生产 | 7 | 4794.69 | 422.12 | 8.80 | 27.59 |
| 　药品和医疗设备制造 | 16 | 8557.91 | 1633.03 | 19.08 | 22.91 |
| 服务业总计 | 258 | 211388.82 | 12869.52 | 6.09 | 10.50 |
| 　电信及互联网信息服务 | 29 | 29676.57 | 2777.61 | 9.36 | 13.53 |
| 　房地产 | 5 | 3086.26 | 75.22 | 2.44 | 6.51 |
| 　公用事业服务 | 29 | 26373.58 | 188.59 | 0.72 | 1.71 |
| 　交通运输业 | 11 | 5615.75 | 194.52 | 3.46 | 11.86 |
| 　教育和医疗卫生服务 | 9 | 13563.18 | 488.48 | 3.60 | 16.77 |
| 　金融业 | 96 | 68067.80 | 6610.88 | 9.71 | 9.12 |
| 　零售业 | 28 | 17622.31 | 710.46 | 4.03 | 20.43 |
| 　旅游、餐饮及文化娱乐 | 6 | 2443.00 | 60.72 | 2.49 | 3.30 |
| 　批发贸易 | 30 | 27586.68 | 568.32 | 2.06 | 15.79 |
| 　邮政和物流 | 12 | 7880.07 | 991.68 | 12.58 | 34.66 |
| 　综合服务业 | 3 | 9473.63 | 203.04 | 2.14 | 18.70 |
| 其他行业 | 41 | 37320.69 | 3704.17 | 9.93 | 29.02 |
| 　采矿业 | 22 | 22366.31 | 3328.53 | 14.88 | 35.04 |
| 　建筑业 | 19 | 14954.38 | 375.64 | 2.51 | 11.51 |

注：世界500强行业均以中国500强行业标准进行归类。

**2. 2023世界500强中外上榜企业对比**

（1）中国上榜企业数量趋于稳定，企业排名整体有所下滑。

2023世界500强的上榜企业来自34个国家或地区，中国大陆（不含中国香港、中国澳门、中国台湾，下文分析均针对中国大陆数据）上榜企业数量与上年持平（共计133家）。美国上榜企业（共计136家）比上年增加12家，重新超过中国大陆的上榜企业数量。两者上榜企业数量远远领先全球其他国家和地区。日本（41家）、英国（15家）、法国（24家）上榜企业数量均有不同程度的减少；德国上榜企业30家，略有增加。此外，韩国有18家上榜企业，加拿大有14家上榜企业，也在世界500强中占据一席之地。详见图7-7。

从近五年各国上榜企业数量变化趋势来看，在2019—2021世界500强中国企业数量快速增加，从2021世界500强开始趋于稳定；美国则从2021世界500强开始明显增加。总体上，中国在世界500强排行榜中的地位保持稳定。在《财富》世界500强排行榜的近二十年中，中国上榜企业数量迅速增加并进入前列，特别是加入世界贸易组织后，中国全面融入全球经济，中国企业数量实现了高速增长。

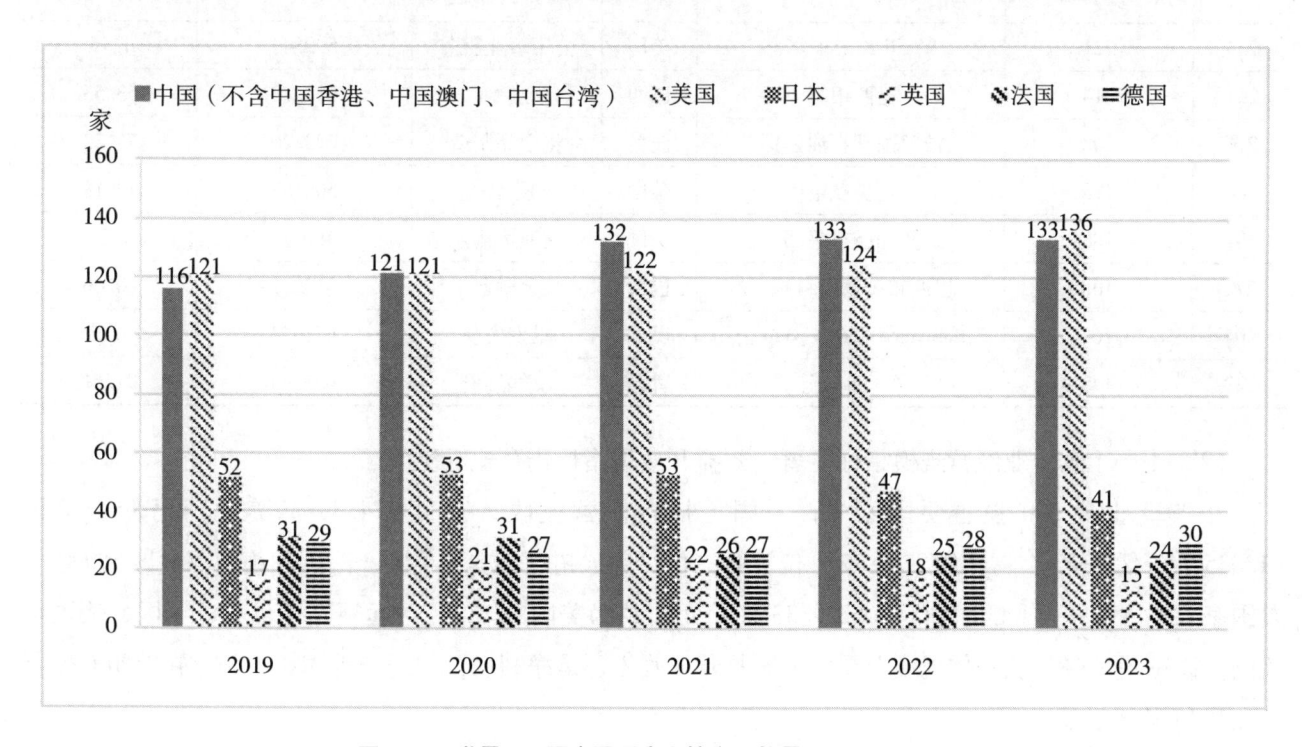

图7-7 世界500强主要国家上榜企业数量（2019—2023）

从新上榜企业情况来看，2023世界500强共有39家新上榜和重新上榜公司，其中，中国有7家公司，分别为宁德时代新能源科技股份有限公司、广州工业投资控股集团有限公司、广东省广新控股集团有限公司、陕西建工控股集团有限公司、美团、通威集团有限公司、立讯精密工业股份有限公司。引人关注的是39家公司中有15家能源公司，由于欧洲天然气价格飙升，德国能源公司Uniper重新上榜世界500强，并高居第16位。

从排行榜位次变化最快的企业看，在2023世界500强中排名上升最快的前10家企业中，中国仅有比亚迪股份有限公司一家异军突起，较上年上升了224位；而美国有5家企业排名呈现大幅上升，即TD Synnex公司（上升236位）、World Kinect公司（上升221位）、达美航空（上升198位）、美国航空集团（上升188位）和Performance Food Group公司（上升164位）。整体来看，2023世界500强中排名上升幅度最大的前10名企业主要来自服务业，包括批发贸易、公用事业服务、金融业、交通运输业。详见表7-2。

与2022世界500强榜单相比，中国133家上榜企业中有66.17%的企业（88家）位次有所下降，只有34家位次上升；7家新上榜企业和4家位次不变。其中，金融业（19家）、金属产品（12家）和建筑业（10家）的排名位次下降尤为突出。

表7-2 2023世界500强中排名上升幅度最大的前10名企业

| 排名 | 较上年上升位数 | 公司名称 | 国家 | 行业 | 营业收入/亿美元 | 净利润/亿美元 |
|---|---|---|---|---|---|---|
| 215 | 236 | TD Synnex 公司 | 美国 | 批发贸易 | 623.44 | 6.51 |
| 212 | 224 | 比亚迪股份有限公司 | 中国 | 交通运输设备及零部件制造 | 630.41 | 24.71 |
| 234 | 221 | World Kinect 公司 | 美国 | 公用事业服务 | 590.43 | 1.14 |
| 251 | 214 | 巴西银行 | 巴西 | 金融业 | 558.70 | 53.53 |
| 216 | 208 | 波兰国营石油公司 | 波兰 | 化学品制造 | 623.26 | 75.20 |
| 280 | 198 | 达美航空 | 美国 | 交通运输业 | 505.82 | 13.18 |
| 291 | 188 | 美国航空集团 | 美国 | 交通运输业 | 489.71 | 1.27 |
| 273 | 166 | 巴西布拉德斯科银行 | 巴西 | 金融业 | 515.87 | 40.66 |
| 304 | 164 | Performance Food Group 公司 | 美国 | 批发贸易 | 471.94 | 1.13 |
| 322 | 148 | GS 加德士 | 韩国 | 化学品制造 | 453.43 | 21.61 |

（2）中国上榜企业经营规模指标显著，效益和效率指标仍存追赶空间。

在2023世界500强主要国家中，中国上榜企业营业收入（111774.83亿美元）仍低于美国（130359.57亿美元），占比约27.29%，位居第二位，远远超过日本、英国、法国和德国等世界500强主要国家。中国上榜企业的净利润（5229.33亿美元）约为美国的1/2，远远领先于日本、英国、法国和德国。详见图7-8。从总体规模上看，无论是营业收入还是净利润，中国与美国相比仍存在差距，尤其是在盈利能力方面。

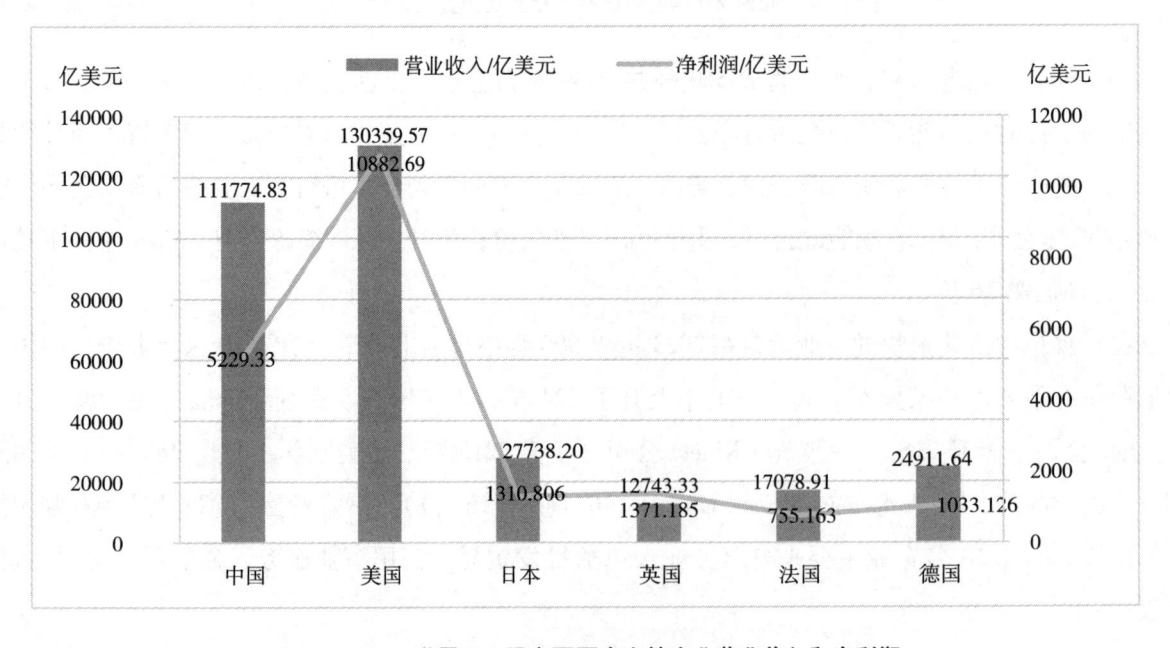

图7-8 2023世界500强主要国家上榜企业营业收入和净利润

在2023世界500强主要国家上榜企业的经营效益方面，中国与美国的差距在缩小。从收入净利润率来看，中国（4.68%）低于英国（10.76%）、美国（8.35%）、日本（4.73%），而高于法国（4.42%）和德国（4.15%）。从净资产收益率来看，中国（9.02%）低于美国（18.60%）、英国（15.15%）和德国（10.04%），高于日本（8.58%）和法国（7.70%）。但是，与上年相比，中国与美国上榜企业经济效益的差距有所缩小，从美国收入净利润率约为中国的2.21倍减小到1.78倍；从美国净资产收益率约为中国的2.38倍减小到2.06倍。

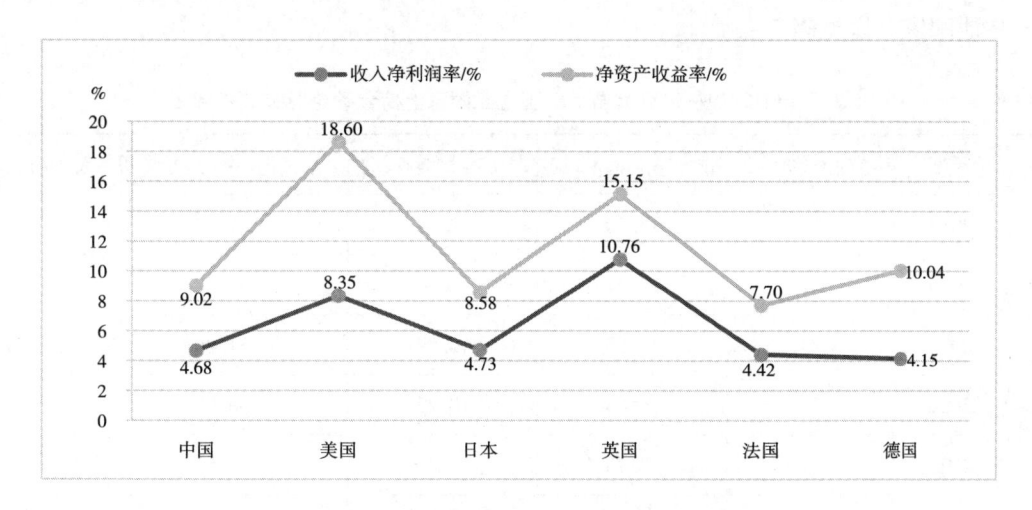

图7-9　2023世界500强主要国家上榜企业收入净利润率和净资产收益率

从企业经营人均水平来看，2023世界500强中国企业人均营业收入50.55万美元，低于美国（68.11万美元）、英国（64.88万美元）和日本（58.09万美元），略高于德国和法国，其中美国企业人均营业收入约为中国企业的1.35倍（上年约为1.19倍）。中国企业人均净利润为2.37万美元，在6个主要国家中略高于法国和德国，美国（5.69万美元）约为中国人均净利润的2.40倍（上年约为2.64倍）。详见图7-10。可见，随着各国经济逐渐恢复，在主要财务指标方面中国企业赶超美国等主要国家仍任重道远。

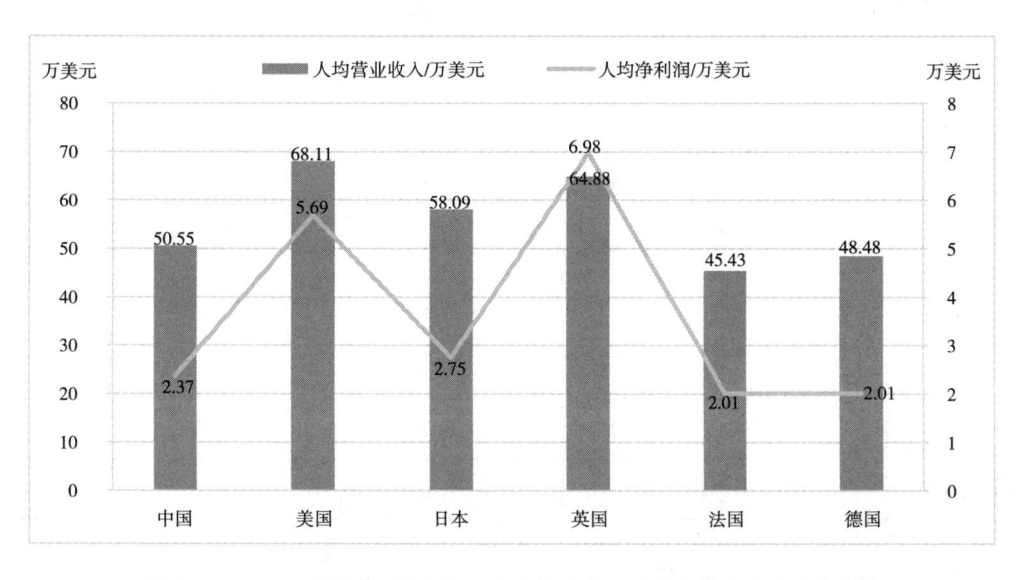

图7-10　2023世界500强主要国家上榜企业人均营业收入和人均净利润

(3) 中国金融业表现出色，非金融业水平绩效存在差距。

金融业在世界500强中始终占据重要地位，中国企业总体表现出色。2023世界500强主要国家金融业上榜企业数量除英国有明显下降（由6家变为2家），其他国家变动不大。从收入净利润率、净资产收益率和人均净利润3个指标来看，中国在6个国家中均排在第二位，而人均营业收入在6个国家中较低。相比于上年，6个国家的经营效益指标均有不同程度的下降，美国的收入净利润率和净资产收益率下降尤为明显，面对全球性通货膨胀，金融业2022年整体经营效益不及以往，而中国金融业的经营效益相对好于其他国家。详见表7-3。

表7-3 2019—2023世界500强主要国家上榜金融企业有关指标

| 国家 | 年度 | 企业数量/家 | 收入净利润率/% | 净资产收益率/% | 人均营业收入/万美元 | 人均净利润/万美元 |
| --- | --- | --- | --- | --- | --- | --- |
| 中国 | 2019 | 20 | 14.70 | 12.40 | 41.73 | 6.14 |
|  | 2020 | 21 | 14.42 | 12.00 | 41.83 | 6.03 |
|  | 2021 | 23 | 13.50 | 10.09 | 51.85 | 7.00 |
|  | 2022 | 21 | 14.04 | 10.22 | 58.07 | 8.15 |
|  | 2023 | 21 | 13.75 | 10.40 | 54.51 | 7.49 |
| 美国 | 2019 | 27 | 11.66 | 9.95 | 83.76 | 9.76 |
|  | 2020 | 27 | 15.80 | 12.96 | 86.89 | 13.73 |
|  | 2021 | 27 | 10.61 | 7.50 | 80.38 | 8.53 |
|  | 2022 | 26 | 19.79 | 14.34 | 87.54 | 17.32 |
|  | 2023 | 26 | 6.99 | 6.11 | 93.37 | 6.53 |
| 日本 | 2019 | 11 | 5.33 | 7.03 | 68.56 | 3.65 |
|  | 2020 | 11 | 4.76 | 6.02 | 67.05 | 3.19 |
|  | 2021 | 11 | 5.65 | 6.95 | 65.19 | 3.69 |
|  | 2022 | 11 | 7.33 | 9.37 | 64.42 | 4.72 |
|  | 2023 | 11 | 5.25 | 7.36 | 64.44 | 3.38 |
| 英国 | 2019 | 4 | 13.65 | 7.50 | 47.35 | 6.47 |
|  | 2020 | 8 | 4.19 | 5.80 | 123.16 | 5.16 |
|  | 2021 | 7 | 5.08 | 4.43 | 84.78 | 4.30 |
|  | 2022 | 6 | 10.82 | 8.77 | 83.44 | 9.03 |
|  | 2023 | 2 | 17.57 | 8.66 | 43.32 | 7.61 |

续表

| 国家 | 年度 | 企业数量/家 | 收入净利润率/% | 净资产收益率/% | 人均营业收入/万美元 | 人均净利润/万美元 |
| --- | --- | --- | --- | --- | --- | --- |
| 法国 | 2019 | 6 | 5.84 | 6.27 | 82.66 | 4.56 |
|  | 2020 | 6 | 5.52 | 6.23 | 115.90 | 6.40 |
|  | 2021 | 5 | 4.19 | 3.46 | 65.91 | 2.76 |
|  | 2022 | 5 | 8.58 | 8.36 | 76.62 | 6.57 |
|  | 2023 | 5 | 7.51 | 7.33 | 69.67 | 5.23 |
| 德国 | 2019 | 5 | 4.33 | 6.65 | 97.01 | 4.20 |
|  | 2020 | 5 | 2.68 | 4.02 | 101.31 | 2.72 |
|  | 2021 | 5 | 3.46 | 4.63 | 101.30 | 3.51 |
|  | 2022 | 5 | 4.90 | 7.55 | 109.58 | 5.37 |
|  | 2023 | 4 | 5.82 | 11.65 | 98.02 | 5.70 |

注：金融企业是指主营业务为财产与意外保险（股份）、财产与意外保险（互助）、多元化金融、人寿与健康保险（股份）、人寿与健康保险（互助）、银行：商业储蓄的企业，下同。

2023 世界 500 强中国非金融企业维持在 112 家，远超美国等其他国家。从各项财务指标来看，中国除了人均营业收入高于德国和法国，其他各项财务指标均低于主要国家，尤其收入净利润率为近 5 年来的新低。相比于上一年，除中国和德国，其他 4 个国家的非金融企业数量均有明显减少；除英国之外，其他 5 个国家的收入净利润率和净资产收益率均有不同程度的下降；除美国之外，其他 5 个国家的人均净利润均出现不同程度下降。详见表 7-4。可见，企业经营总体上面临着更为严峻的挑战。

表 7-4 2019—2023 世界 500 强主要国家上榜非金融企业有关指标

| 国家 | 年度 | 企业数量/家 | 收入净利润率/% | 净资产收益率/% | 人均营业收入/万美元 | 人均净利润/万美元 |
| --- | --- | --- | --- | --- | --- | --- |
| 中国 | 2019 | 96 | 2.76 | 7.80 | 37.09 | 1.02 |
|  | 2020 | 100 | 2.91 | 7.89 | 38.74 | 1.13 |
|  | 2021 | 109 | 3.24 | 7.74 | 39.24 | 1.27 |
|  | 2022 | 112 | 3.06 | 8.35 | 48.85 | 1.49 |
|  | 2023 | 112 | 2.71 | 7.87 | 49.77 | 1.35 |

续表

| 国家 | 年度 | 企业数量/家 | 收入净利润率/% | 净资产收益率/% | 人均营业收入/万美元 | 人均净利润/万美元 |
| --- | --- | --- | --- | --- | --- | --- |
| 美国 | 2019 | 94 | 6.88 | 18.93 | 51.92 | 3.57 |
|  | 2020 | 94 | 7.02 | 20.18 | 52.43 | 3.68 |
|  | 2021 | 95 | 5.59 | 15.17 | 49.21 | 2.75 |
|  | 2022 | 98 | 9.47 | 27.64 | 56.56 | 5.36 |
|  | 2023 | 77 | 8.59 | 26.55 | 64.95 | 5.58 |
| 日本 | 2019 | 41 | 5.15 | 11.02 | 52.30 | 2.69 |
|  | 2020 | 42 | 2.36 | 4.93 | 50.86 | 1.20 |
|  | 2021 | 42 | 5.08 | 10.56 | 48.45 | 2.81 |
|  | 2022 | 36 | 5.16 | 9.95 | 52.38 | 2.70 |
|  | 2023 | 28 | 4.59 | 9.02 | 56.64 | 2.60 |
| 英国 | 2019 | 13 | 6.34 | 12.91 | 44.08 | 2.79 |
|  | 2020 | 13 | 4.77 | 8.16 | 43.53 | 6.68 |
|  | 2021 | 15 | 4.25 | 6.78 | 38.28 | 1.67 |
|  | 2022 | 12 | 9.57 | 14.08 | 80.91 | 7.74 |
|  | 2023 | 10 | 9.97 | 17.90 | 68.87 | 6.86 |
| 法国 | 2019 | 25 | 4.46 | 9.48 | 32.48 | 1.45 |
|  | 2020 | 25 | 4.02 | 8.86 | 31.56 | 1.81 |
|  | 2021 | 21 | 1.81 | 3.41 | 30.01 | 0.54 |
|  | 2022 | 20 | 7.01 | 13.73 | 36.64 | 2.57 |
|  | 2023 | 15 | 3.49 | 7.97 | 41.11 | 1.43 |
| 德国 | 2019 | 24 | 4.35 | 11.28 | 34.89 | 1.52 |
|  | 2020 | 22 | 3.96 | 9.62 | 33.22 | 1.32 |
|  | 2021 | 22 | 2.14 | 4.70 | 32.25 | 0.69 |
|  | 2022 | 23 | 6.07 | 13.84 | 38.08 | 2.31 |
|  | 2023 | 23 | 3.92 | 9.76 | 45.30 | 1.77 |

注：非金融企业是指除去主营业务为财产与意外保险（股份）、财产与意外保险（互助）、多元化金融、人寿与健康保险（股份）、人寿与健康保险（互助）、银行、银行：商业储蓄的企业，下同。

(4) 中国上榜企业数量领先行业占半,行业盈利能力普遍弱于美国。

世界 500 强主要国家上榜企业的行业结构差异明显,详见表 7-5。中国、英国制造业与服务业上榜企业行业分布较均衡;美国、日本、英国和法国制造业与服务业上榜企业数量存在显著差异,美国尤为突出,服务业上榜企业数量为制造业的 1.75 倍。

在制造业中,中国金属产品行业上榜企业数量(18 家)最多,领先其他行业;美国位居前列的行业为化学品制造(9 家),计算机、通信设备及其他电子设备制造(8 家),食品饮料生产(8 家),药品和医疗设备制造(8 家);日本和德国的交通运输设备及零部件制造业上榜企业数量较多,均为 7 家;英国和法国的上榜企业相对零散地分布在几个领域。

在服务业中,中国、美国和日本的金融业上榜企业数量遥遥领先。中国批发贸易(9 家)和公用事业服务(8 家)相对较多,但在交通运输业、教育和医疗卫生服务、零售业,以及旅游、餐饮及文化娱乐行业均存在缺口,没有企业上榜;美国电信及互联网信息服务(12 家)和零售业(10 家)相对较多,仅在房地产业存在缺口。

在其他行业中,中国采矿业(9 家)和建筑业(13 家)上榜企业数量突出,其他主要国家相对数量有限。

总体上看,中国上榜企业多数集中于诸如能源、材料、工程建设、工业制造、汽车等行业,这些行业的上榜企业数量超过中国上榜企业总数的一半。而美国上榜企业行业分布更为广泛,在计算机、医疗等高科技相关领域比较突出。

表 7-5  2023 世界 500 强主要国家上榜企业行业分布

| 行业 | 中国 | 美国 | 日本 | 英国 | 法国 | 德国 |
| --- | --- | --- | --- | --- | --- | --- |
| 制造业总计 | 56 | 48 | 17 | 7 | 8 | 12 |
| 防务 | 7 | 5 | 0 | 0 | 0 | 1 |
| 化学品制造 | 7 | 9 | 3 | 3 | 2 | 1 |
| 机械设备 | 8 | 4 | 5 | 0 | 1 | 1 |
| 计算机、通信设备及其他电子设备制造 | 2 | 8 | 0 | 0 | 0 | 0 |
| 建材生产 | 2 | 0 | 0 | 0 | 1 | 0 |
| 交通运输设备及零部件制造 | 8 | 3 | 7 | 0 | 1 | 7 |
| 金属产品 | 18 | 1 | 2 | 0 | 0 | 1 |
| 食品饮料生产 | 1 | 8 | 0 | 1 | 0 | 0 |
| 消费品生产 | 2 | 2 | 0 | 1 | 2 | 0 |
| 药品和医疗设备制造 | 1 | 8 | 0 | 2 | 1 | 1 |
| 服务业总计 | 55 | 84 | 23 | 6 | 14 | 18 |
| 电信及互联网信息服务 | 7 | 12 | 3 | 1 | 1 | 2 |
| 房地产 | 5 | 0 | 0 | 0 | 0 | 0 |
| 公用事业服务 | 8 | 2 | 1 | 0 | 3 | 5 |
| 交通运输业 | 0 | 7 | 0 | 0 | 1 | 2 |

续表

| 行业 | 中国 | 美国 | 日本 | 英国 | 法国 | 德国 |
| --- | --- | --- | --- | --- | --- | --- |
| 教育和医疗卫生服务 | 0 | 8 | 0 | 0 | 0 | 1 |
| 金融业 | 21 | 26 | 11 | 2 | 5 | 4 |
| 零售业 | 0 | 10 | 2 | 2 | 3 | 0 |
| 旅游、餐饮及文化娱乐 | 0 | 5 | 0 | 1 | 0 | 0 |
| 批发贸易 | 9 | 8 | 6 | 0 | 0 | 3 |
| 邮政和物流 | 5 | 3 | 0 | 0 | 1 | 1 |
| 综合服务业 | 0 | 3 | 0 | 0 | 0 | 0 |
| 其他行业总计 | 22 | 4 | 1 | 2 | 2 | 0 |
| 采矿业 | 9 | 2 | 0 | 2 | 0 | 0 |
| 建筑业 | 13 | 2 | 1 | 0 | 2 | 0 |

中国、美国上榜企业各行业经营规模存在明显差异，两国营业收入领先行业各占约半数。从各行业营业收入来看，中国企业在防务、化学品制造、机械设备、交通运输设备及零部件制造、金属产品、消费品生产、公用事业服务、金融业、邮政和物流、采矿业、建筑业 11 个行业的营业收入超过美国；其中，中国企业在金属产品、公用事业服务和建筑业领域尤为领先，营业收入分别为美国上榜企业的 26 倍、18 倍和 10 倍。美国在计算机、通信设备及其他电子设备制造，食品饮料生产，药品和医疗设备制造，电信及互联网信息服务，批发贸易 5 个行业的营业收入超过中国；并且在交通运输业，教育和医疗卫生服务，零售业，旅游、餐饮及文化娱乐和综合服务业 5 个行业占据主导地位，中国没有企业上榜。详见图 7－11。

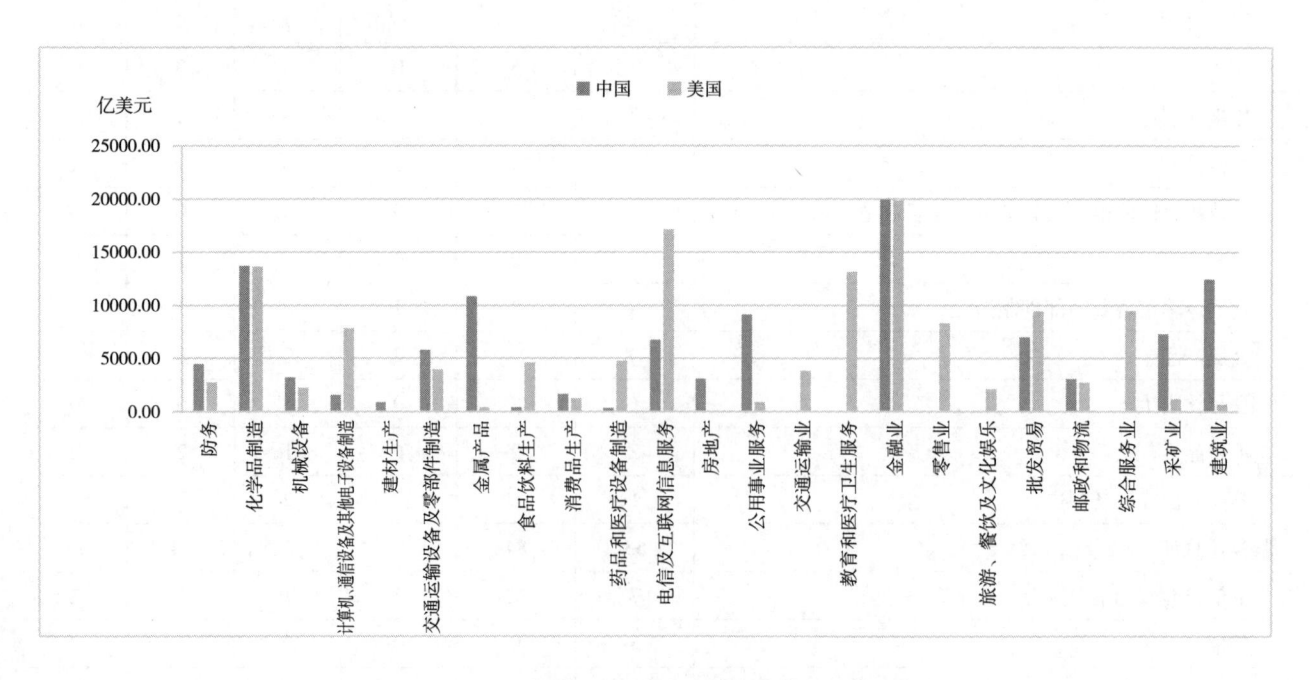

**图 7－11　2023 世界 500 强中美上榜企业各行业营业收入**

中国企业多数行业盈利规模不及美国,高新技术产业尤为明显。从各行业上榜企业的净利润来看,中国企业在防务、建材生产、金属产品、房地产、公用事业服务、金融业、建筑业7个行业的净利润高于美国(包括美国未有上榜企业行业),其他16个行业均低于美国。详见图7-12。在计算机、通信设备及其他电子设备制造,电信及互联网信息服务行业的净利润与美国差距尤为悬殊,仅为美国的4.57%和32.44%。

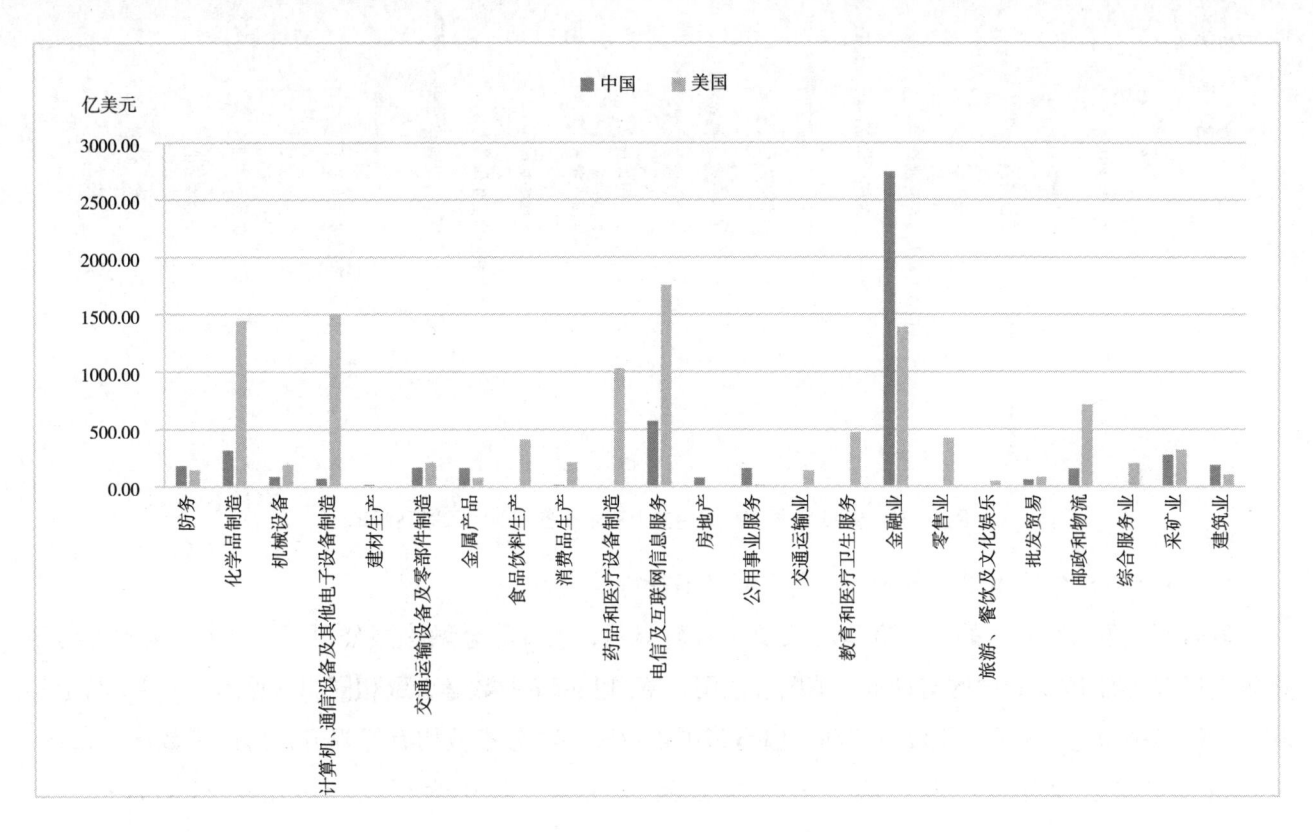

图7-12 2023世界500强中美上榜企业各行业净利润

中国企业盈利能力普遍低于美国,以收入净利润率衡量,中国仅公用事业服务和金融业两个行业高于美国,剔除建材生产和房地产两个行业美国无上榜企业,其他19个行业均低于美国,食品饮料生产、药品和医疗设备制造等行业指标差距更为明显。详见图7-13。

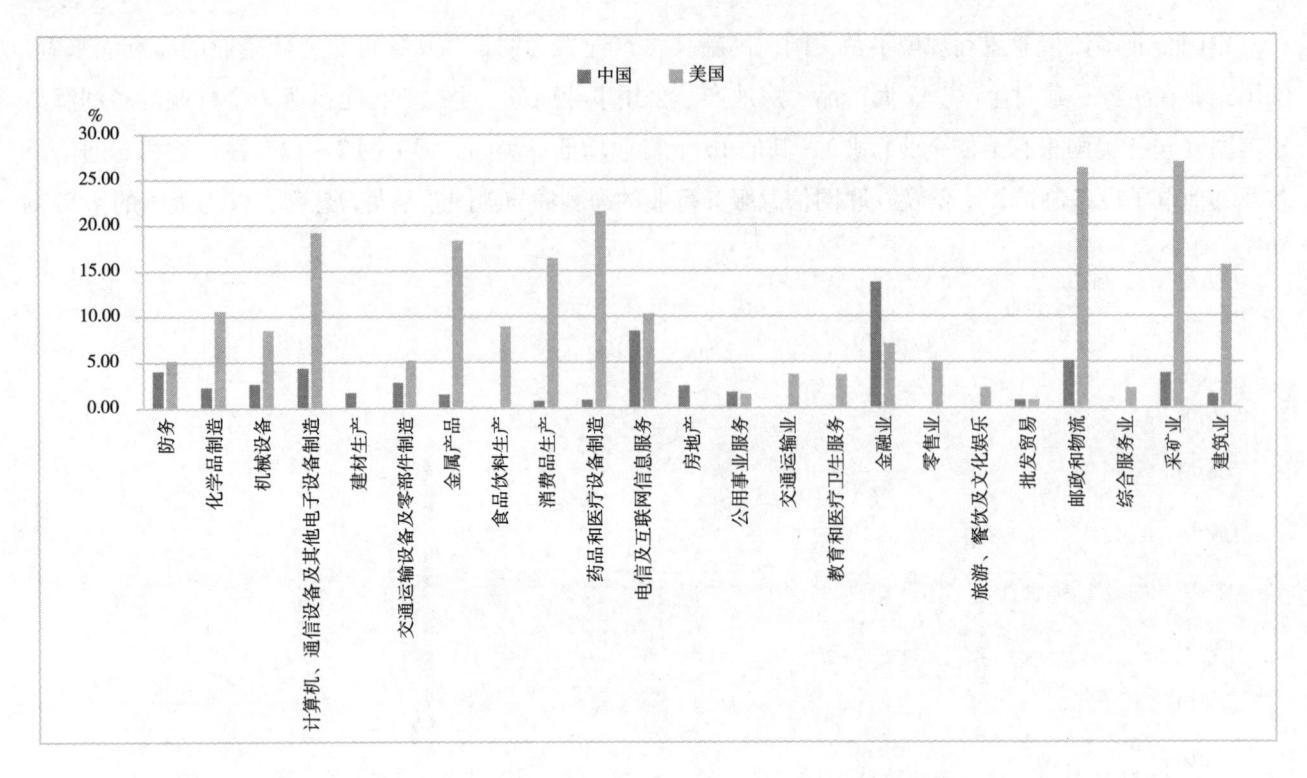

图 7-13　2023 世界 500 强中美上榜企业各行业收入净利润率

（5）中国企业国际化程度在提升，部分行业有待零的突破。

联合国贸发会议发布的《2023 世界投资报告》显示，世界非金融跨国公司 100 强中，美国上榜企业数量最多，有 19 家；中国与日本、英国、法国、德国上榜企业数量大致相同。详见图 7-14。与上年相比，虽然中国上榜企业数量没有变动，但是跨国指数和各项分指数均有所提升，跨国指数从 21.52% 提升到 25.87%；海外资产占比从 29.65% 提升到 30.99%；海外营业收入占比从 25.11% 提升到 29.14%；海外员工占比从 9.80% 提升到 17.47%。

中国企业国际化程度仍低于 500 强主要国家。2023 年美国上榜企业的跨国指数（37.16%）约为中国企业的 1.44 倍，日本、法国和德国约为中国的 2 倍多，英国约为中国的 3 倍多，中国企业跨国指数明显低于其他主要国家。从具体指标来看，与国际化程度最高的英国相比，英国企业的海外资产占比（88.42%）约为中国企业的 2.85 倍；海外营业收入占比（87.27%）约为中国企业的 2.99 倍；企业海外员工占比（75.58%）约为中国企业的 4.33 倍。可见，中国企业海外员工占比虽有大幅度提升，但仍是中国企业国际化程度的最大瓶颈。

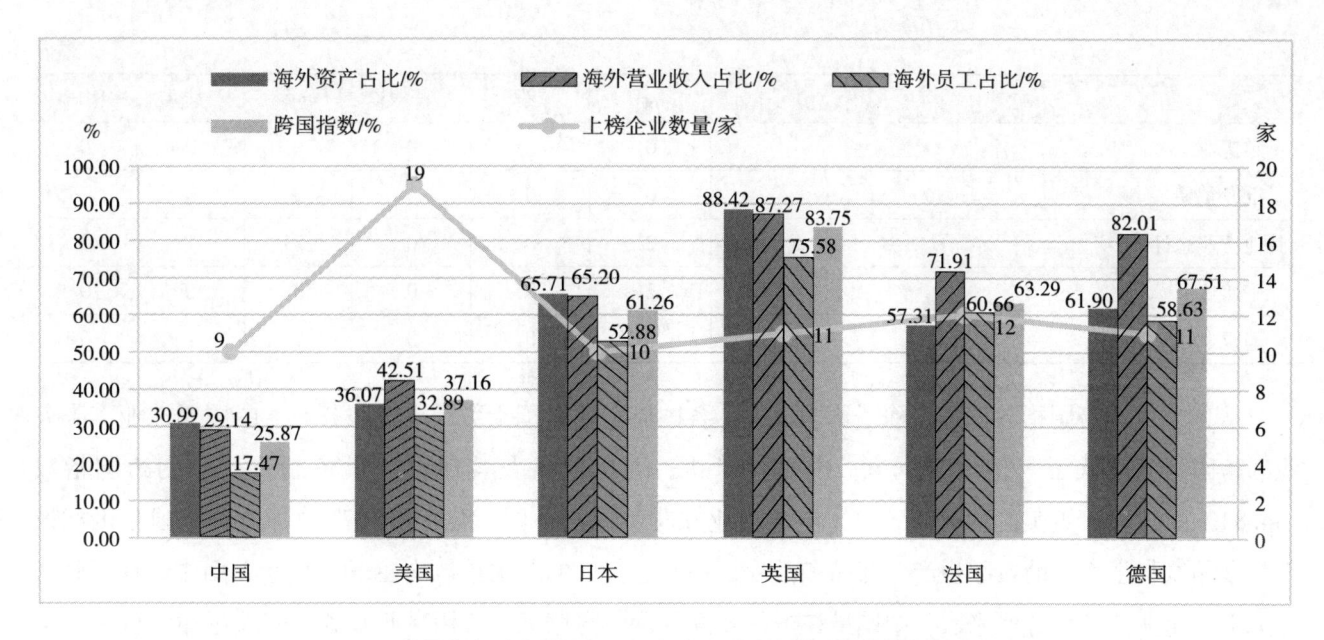

图 7-14　世界非金融跨国公司 100 强主要国家上榜企业数量和国际化水平

世界非金融跨国公司 100 强美国上榜企业分布在 9 个行业，法国和德国分别涉及 8 个和 7 个行业，中国和英国上榜企业均分布在 6 个行业，日本涉及 5 个行业。在计算机、通信设备及其他电子设备制造行业，中国与美国存在竞争；电信及互联网信息服务行业 6 个国家均有企业上榜，美国领先，行业竞争最为激烈；采矿业中国和英国存在竞争；交通运输业中国、日本和德国存在竞争；化学品制造和公用事业服务行业亦存在多个国家竞争。可见，中国现有上榜企业所处行业面临激烈竞争，诸多行业仍无跨国公司上榜。详见表 7-6。

表 7-6　世界非金融跨国公司 100 强主要国家各行业企业数量

单位：家

| 行业 | 中国 | 美国 | 日本 | 英国 | 法国 | 德国 |
| --- | --- | --- | --- | --- | --- | --- |
| 制造业总计 | 4 | 13 | 4 | 6 | 6 | 7 |
| 防务 | 0 | 0 | 0 | 0 | 1 | 0 |
| 化学品制造 | 2 | 2 | 0 | 2 | 2 | 1 |
| 机械设备 | 0 | 1 | 0 | 0 | 0 | 1 |
| 计算机、通信设备及其他电子设备制造 | 2 | 3 | 0 | 0 | 0 | 0 |
| 交通运输设备及零部件制造 | 0 | 2 | 3 | 0 | 1 | 4 |
| 食品饮料生产 | 0 | 2 | 0 | 2 | 0 | 0 |
| 消费品生产 | 0 | 1 | 0 | 0 | 1 | 0 |
| 药品和医疗设备制造 | 0 | 2 | 1 | 2 | 1 | 1 |
| 服务业总计 | 3 | 6 | 6 | 2 | 5 | 4 |
| 电信及互联网信息服务 | 1 | 5 | 1 | 1 | 1 | 2 |
| 公用事业服务 | 1 | 0 | 0 | 1 | 4 | 1 |
| 交通运输业 | 1 | 0 | 1 | 0 | 0 | 1 |

续表

| 行业 | 中国 | 美国 | 日本 | 英国 | 法国 | 德国 |
|---|---|---|---|---|---|---|
| 零售业 | 0 | 1 | 0 | 0 | 0 | 0 |
| 批发贸易 | 0 | 0 | 4 | 0 | 0 | 0 |
| 其他行业总计 | 2 | 0 | 0 | 3 | 1 | 0 |
| 采矿业 | 2 | 0 | 0 | 3 | 0 | 0 |
| 建筑业 | 0 | 0 | 0 | 0 | 1 | 0 |

从各个行业跨国指数来看，除了德国以外，各国制造业跨国指数均高于服务业。中国制造业、服务业的跨国指数均低于其他5个国家。中国计算机、通信设备及其他电子设备制造行业的跨国指数（44.84%）比较接近美国（46.66%），但该行业并非美国企业国际化程度最高的行业，美国在机械设备、食品饮料生产、消费品生产、药品和医疗设备制造行业的跨国指数均在50%以上，而中国在这些行业无上榜企业。从服务业来看，中国虽在电信及互联网信息服务、公用事业服务、交通运输业行业有企业上榜，但跨国指数均低于其他有企业上榜的国家。总体来说，中国各行业企业国际化程度低于其他主要国家。详见表7-7。

表7-7 世界非金融跨国公司100强主要国家各行业跨国指数

单位：%

| 行业 | 中国 | 美国 | 日本 | 英国 | 法国 | 德国 |
|---|---|---|---|---|---|---|
| 制造业总计 | 28.55 | 51.52 | 68.66 | 84.40 | 72.78 | 65.23 |
| 防务 | 0.00 | 0.00 | 0.00 | 0.00 | 56.26 | 0.00 |
| 化学品制造 | 22.83 | 53.87 | 0.00 | 76.75 | 82.37 | 68.77 |
| 机械设备 | 0.00 | 52.01 | 0.00 | 0.00 | 0.00 | 80.48 |
| 计算机、通信设备及其他电子设备制造 | 44.84 | 46.66 | 0.00 | 0.00 | 0.00 | 0.00 |
| 交通运输设备及零部件制造 | 0.00 | 35.99 | 66.80 | 0.00 | 57.48 | 62.55 |
| 食品饮料生产 | 0.00 | 75.30 | 0.00 | 85.52 | 0.00 | 0.00 |
| 消费品生产 | 0.00 | 59.34 | 0.00 | 0.00 | 78.47 | 0.00 |
| 药品和医疗设备制造 | 0.00 | 57.16 | 90.46 | 83.94 | 71.38 | 65.40 |
| 服务业总计 | 11.99 | 27.77 | 54.63 | 78.10 | 54.45 | 73.08 |
| 电信及互联网信息服务 | 25.72 | 31.05 | 36.24 | 88.04 | 56.75 | 74.21 |
| 公用事业服务 | 4.16 | 0.00 | 0.00 | 57.65 | 53.84 | 59.48 |
| 交通运输业 | 40.80 | 0.00 | 58.68 | 0.00 | 0.00 | 70.16 |
| 零售业 | 0.00 | 20.15 | 0.00 | 0.00 | 0.00 | 0.00 |
| 批发贸易 | 0.00 | 0.00 | 58.18 | 0.00 | 0.00 | 0.00 |
| 其他行业总计 | 27.54 | 0.00 | 0.00 | 88.99 | 54.37 | 0.00 |
| 采矿业 | 27.54 | 0.00 | 0.00 | 88.99 | 0.00 | 0.00 |
| 建筑业 | 0.00 | 0.00 | 0.00 | 0.00 | 54.37 | 0.00 |

## 二、2023世界、美国、中国500强总体发展态势比较

### 1. 2023美国500强最新态势

（1）营业收入保持增长，高营业收入行业基本稳定。

2023美国500强营业收入增长至181442.55亿美元，较上年增长了12.77%，增幅较上年的16.90%下降了4.13个百分点。详见图7-15。上榜门槛从上年的63.9亿美元上升为72亿美元，上榜企业总收入相当于美国当年GDP的71%，超过中国2022年的GDP。从上榜企业来看，沃尔玛凭借其营业收入连续第11年位列榜首，11年里共创造了5.7万亿美元的营业收入。亚马逊保持第二，埃克森美孚超越苹果公司，位居第三。榜单前十名的公司总营业收入达3.7万亿美元，这10家公司年收入均超过2400亿美元。自从1955年该榜单首次发布以来，包括埃克森美孚、通用汽车公司、雪佛龙和通用电气公司在内的49家公司一直保持登榜。

从行业分布来看，营业收入前三位的行业是金融业、电信及互联网信息服务业、化学品制造，与上年相比，化学品制造替代了教育和医疗卫生服务。位居榜单前三位的企业分别来自综合服务业、电信及互联网信息服务、化学品制造。可见，美国500强的高营业收入行业基本保持稳定。

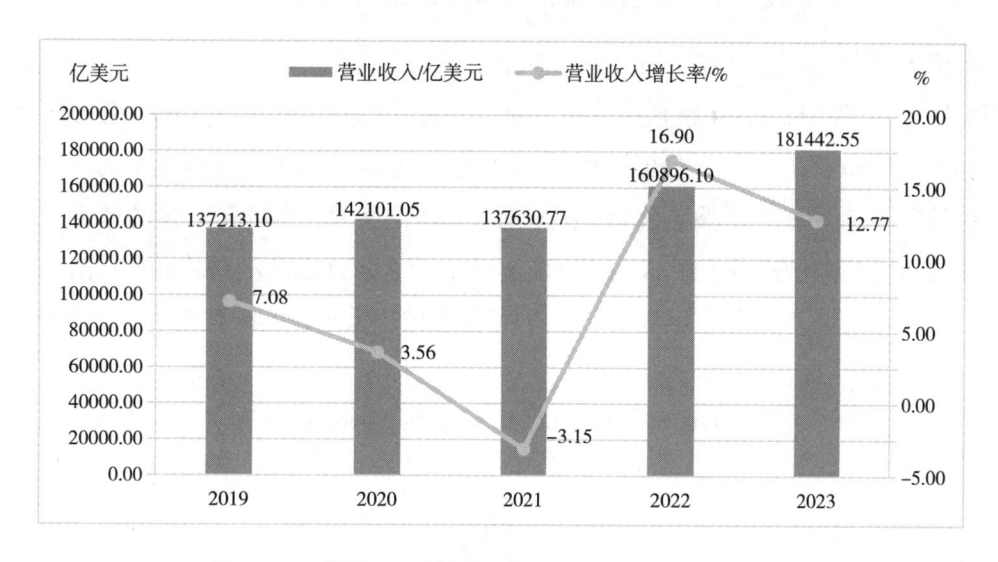

图7-15 美国500强的营业收入及增长率（2019—2023）

（2）净利润总额有所下降，金融业和高科技产业位居前列。

2023美国500强的净利润为15607.57亿美元，较上年下降了14.97%，仍保持在近五年来的次高位。详见图7-16。美国企业受到全球经济和美联储加息等多重因素的影响。从上榜企业来看，苹果公司盈利达到创纪录的998.03亿美元，较上年增长约5.4%，蝉联利润榜首；微软盈利727.38亿美元，较上年增长约18.7%，升至利润榜第二位。在最赚钱的前十家公司中，能源巨头的盈利能力表现引人注目：埃克森美孚盈利557.4亿美元，较上年增长141.9%，位居利润榜第四；雪佛龙盈利354.65亿美元，较上年增长127%，重回利润榜前十。

从具体行业来看，金融业，计算机、通信设备及其他电子设备制造，电信及互联网信息服务是净利润最高的三个行业。其中金融业是传统盈利行业，而电信及互联网信息服务，计算机、通信设备及其他

电子设备制造作为高科技新兴产业反映了前端科技领域美国企业的盈利能力。

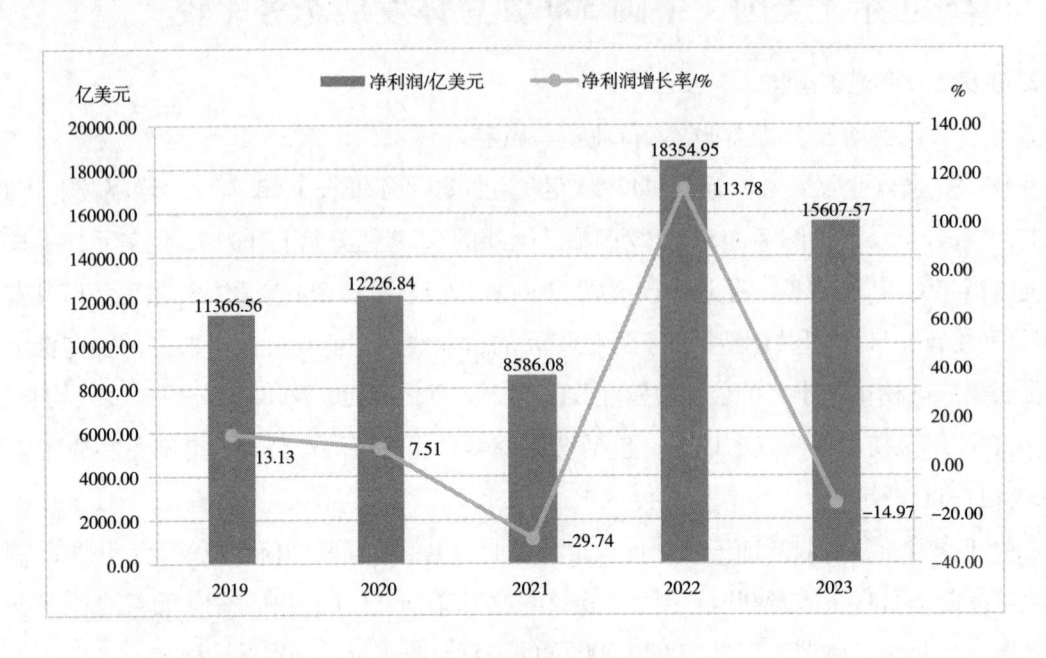

图 7-16 美国 500 强的净利润及增长率（2019—2023）

（3）上榜企业亏损面扩大，亏损严重企业归因多为自身问题。

2023 美国企业 500 强中，有 54 家企业亏损，相比于上年增加了 17 家，上榜企业亏损数量增加。54 家企业亏损额为 1226.60 亿美元，是近五年的第二高峰值，也是 1995 年以来第七大亏损值。详见图 7-17。其中，亏损榜首伯克希尔-哈撒韦公司亏损额超过 228 亿美元，亏损第二位的繁德公司亏损额超过 167 亿美元。形成强烈反差的是亏损额前 10 位的企业中，有 7 家来自净利润总额排在前三的大行业——金融业（3 家）和电信及互联网信息服务（4 家），可见亏损严重企业的问题更多源自企业自身竞争力。

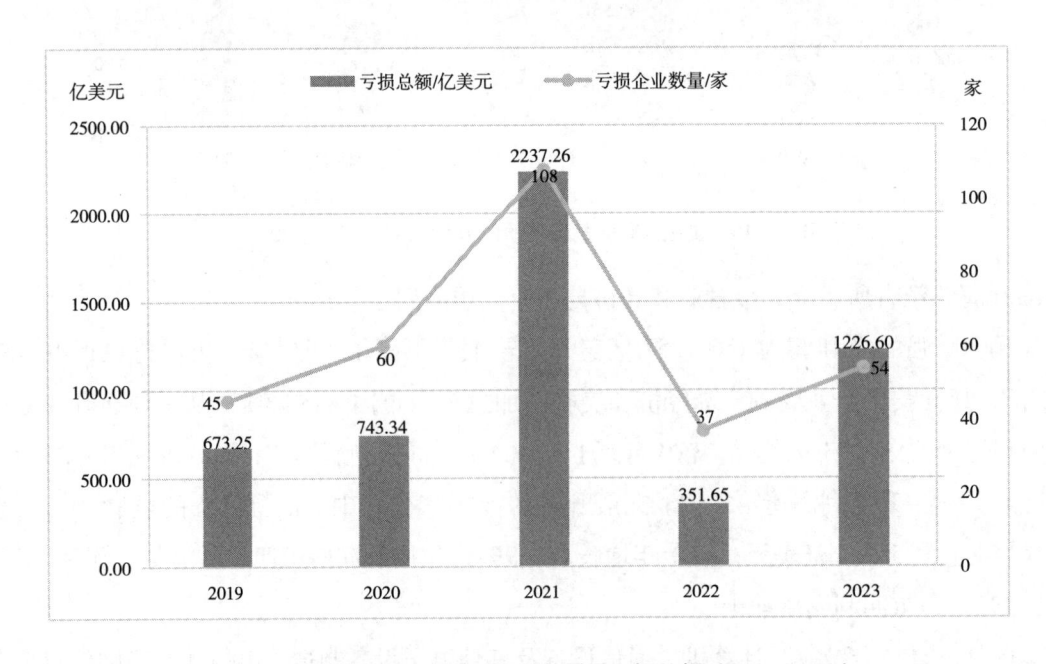

图 7-17 美国 500 强的亏损企业数量及亏损总额（2019—2023）

(4) 整体盈利水平出现波动，采矿业和高科技行业效益显著。

2023 美国 500 强的收入净利润率和资产净利润率分别是 8.60% 和 2.81%，基本上回落到 2020 年的水平。近五年来受到新冠疫情影响，美国 500 强的盈利水平出现波动。详见图 7-18。

根据 2023 美国 500 强企业行业统计可知，采矿业（27.60%）的收入净利润率最高，其次是药品和医疗设备制造（21.20%）和计算机、通信设备及其他电子设备制造（18.57%）。资产净利润率最高的前三个行业分别是采矿业（17.02%），金属产品（14.80%），计算机、通信设备及其他电子设备制造（13.96%）。可见，采矿业和计算机、通信设备及其他电子设备制造行业经济效益显著。

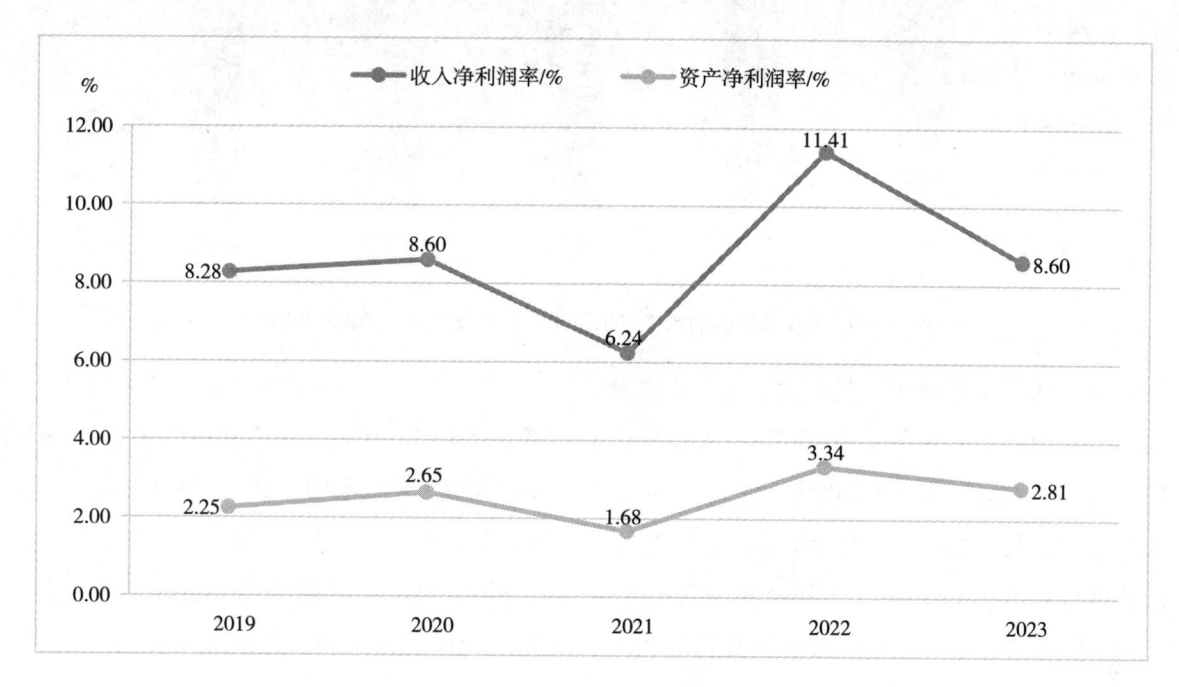

图 7-18　美国 500 强的收入净利润率和资产净利润率（2019—2023）

2023 美国 500 强上榜企业共拥有归属母公司的所有者权益（净资产）91153.03 亿美元，较上年下降了 0.70%。虽未继续保持增长态势，但仍超过了 9 万亿美元大关。2023 美国 500 强的净资产收益率为 17.12%，与上年相比有所下降，但在近五年中属于第二高的水平。详见图 7-19。从各行业净资产收益率来看，零售业（56.16%），计算机、通信设备及其他电子设备制造业（39.24%），采矿业（36.04%）排在前三位，与收入净利润率和资产净利润率排在前列的行业大体类似，展示出美国 500 强多维盈利性指标行业趋同倾向。

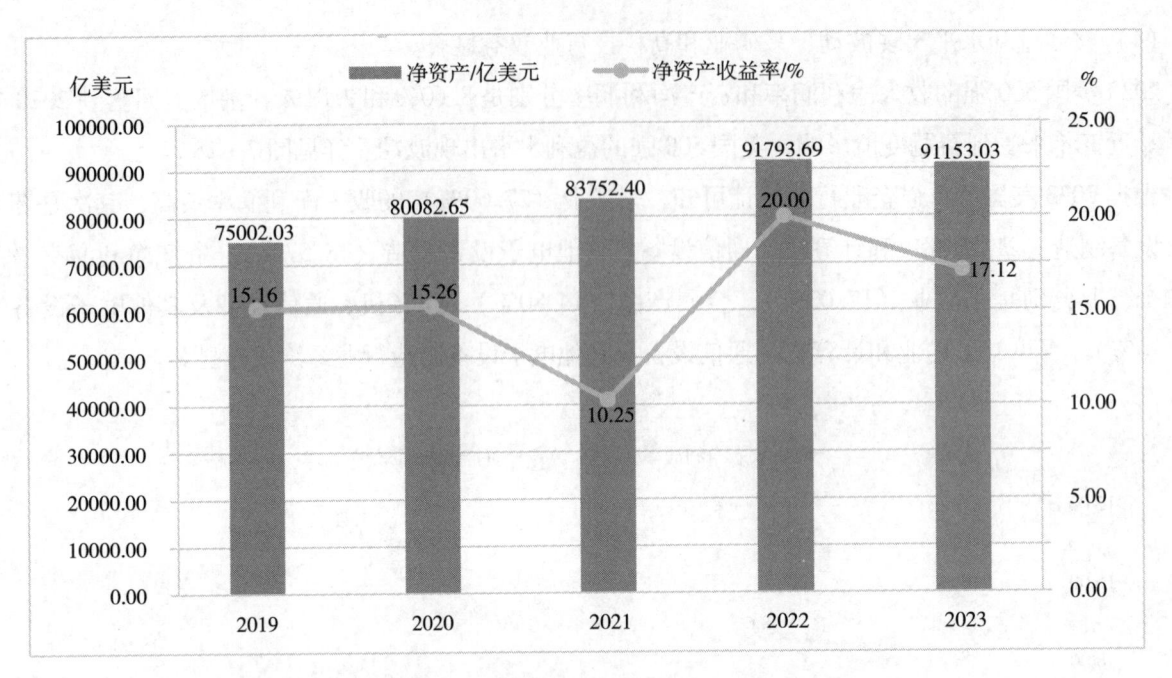

图 7-19　美国 500 强的净资产规模和净资产收益率（2019—2023）

(5) 员工人数继续增加，员工效率进一步提升。

2023 美国 500 强共有员工 3040.75 万人，相比上年增加了约 72 万人；人均营业收入为 59.67 万美元，员工人数和人均营业收入均继续增长，再创近五年来的新高。详见图 7-20。排在榜首的沃尔玛员工人数为 210 万人，相比上年有所下降；亚马逊员工人数为 154 万人，排在第二位；仅有这两家企业员工人数超过百万人；还有 90 家上榜企业的员工人数不足万人。员工人数前十位的企业均来自服务业，以零售业、综合服务业，以及邮政和物流行业为主。从人均营业收入来看，采矿业（3.95 百万美元）、化学品制造（2.61 百万美元）、批发贸易（1.83 百万美元）排在前列。

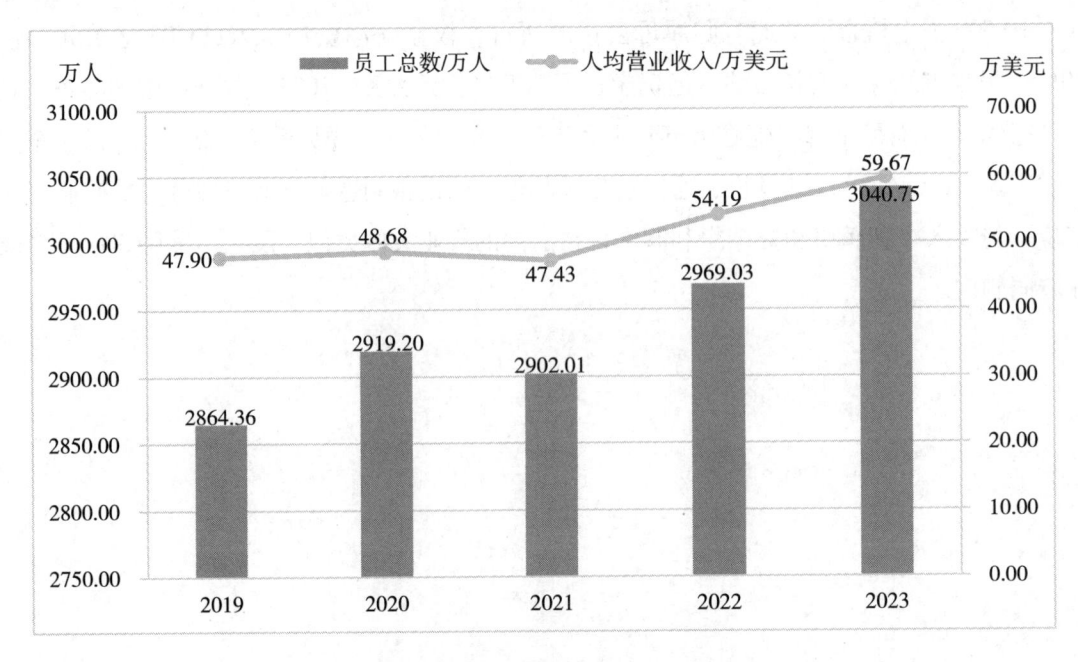

图 7-20　美国 500 强的员工总数及人均营业收入（2019—2023）

(6) 服务业规模为制造业规模的两倍，高科技行业表现突出。

2023 美国 500 强行业门类比较齐全，上榜企业分布于 24 个行业，其中，制造业 10 个，服务业 12 个，其他行业 2 个。

2023 美国 500 强上榜企业中，服务业规模远超制造业，但经营效益不如制造业。制造业上榜企业 166 家，营业收入和净利润分别为 58359.16 亿美元和 7211.09 亿美元；服务业上榜企业 305 家，营业收入为制造业的两倍，净利润略高于制造业；其他行业共计 29 家，分布在采矿业（16 家）和建筑业（13 家）。详见表 7-8。

2023 美国 500 强制造业企业主要集中在计算机、通信设备及其他电子设备制造（26 家），化学品制造（25 家），食品饮料生产（24 家），消费品生产（22 家），药品和医疗设备制造（20 家）等行业。其中，化学品制造（15780.14 亿美元）和计算机、通信设备及其他电子设备制造（11054.43 亿美元）的营业收入领先于其他行业。制造业中，计算机、通信设备及其他电子设备制造的净利润最高（2052.27 亿美元），其次是化学品制造（1717.83 亿美元），再次是药品和医疗设备制造（1391.90 亿美元）。从经营效益指标来看，药品和医疗设备制造的收入净利润率最高（21.20%），也是仅次于采矿业且超过 20% 的行业；计算机、通信设备及其他电子设备制造（18.57%），金属产品（11.65%），化学品制造（10.89%），建材生产（10.37%），消费品生产（10.37%）的收入净利润率均大于 10%。多数制造业的净资产收益率超过 20%，计算机、通信设备及其他电子设备制造更是高达 39.24%，无疑是美国 500 强制造业的龙头行业。

2023 美国 500 强服务业主要集中在金融业（82 家）、零售业（40 家）、电信及互联网信息服务（36 家）、公用事业服务（32 家）等行业。其中，金融业营业收入（27198.88 亿美元）最高，其次为电信及互联网信息服务（20418.31 亿美元），然后为教育和医疗卫生服务（14089.28 亿美元）。金融业和电信及互联网信息服务净利润分别达到 2328.45 亿美元和 1876.93 亿美元，明显高于服务业其他行业。商务服务和电信及互联网信息服务收入净利润率分别为 9.92% 和 9.19% 位居前列；零售业、邮政和物流净资产收益率分别达到 56.16% 和 32.06%，处于前列。可见，服务业各行业经营特点不同，财务指标表现不一，电信及互联网信息服务的经营效益占据服务业重要地位。

表 7-8 2023 美国 500 强行业结构

| 行业 | 企业数量/家 | 营业收入/亿美元 | 净利润/亿美元 | 收入净利润率/% | 净资产收益率/% |
| --- | --- | --- | --- | --- | --- |
| 制造业总计 | 166 | 58359.16 | 7211.09 | 12.36 | 26.77 |
| 防务 | 8 | 3162.82 | 167.82 | 5.31 | 13.01 |
| 化学品制造 | 25 | 15780.14 | 1717.83 | 10.89 | 28.04 |
| 机械设备 | 17 | 4171.05 | 370.37 | 8.88 | 22.88 |
| 计算机、通信设备及其他电子设备制造 | 26 | 11054.43 | 2052.27 | 18.57 | 39.24 |
| 建材生产 | 5 | 573.52 | 59.45 | 10.37 | 28.15 |

续表

| 行业 | 企业数量/家 | 营业收入/亿美元 | 净利润/亿美元 | 收入净利润率/% | 净资产收益率/% |
|---|---|---|---|---|---|
| 交通运输设备及零部件制造 | 11 | 5268.68 | 267.60 | 5.08 | 13.73 |
| 金属产品 | 8 | 1551.78 | 180.81 | 11.65 | 29.47 |
| 食品饮料生产 | 24 | 6345.38 | 600.01 | 9.46 | 20.68 |
| 消费品生产 | 22 | 3885.63 | 403.02 | 10.37 | 26.81 |
| 药品和医疗设备制造 | 20 | 6565.73 | 1391.90 | 21.20 | 25.35 |
| 服务业总计 | 305 | 117799.00 | 7308.33 | 6.20 | 12.01 |
| 电信及互联网信息服务 | 36 | 20418.31 | 1876.93 | 9.19 | 16.08 |
| 房地产 | 4 | 696.65 | 45.32 | 6.51 | 14.64 |
| 公用事业服务 | 32 | 5630.80 | 407.41 | 7.24 | 8.24 |
| 交通运输业 | 20 | 5843.96 | 374.36 | 6.41 | 20.63 |
| 教育和医疗卫生服务 | 15 | 14089.28 | 524.14 | 3.72 | 17.61 |
| 金融业 | 82 | 27198.88 | 2328.45 | 8.56 | 7.56 |
| 零售业 | 40 | 12698.12 | 673.02 | 5.30 | 56.16 |
| 旅游、餐饮及文化娱乐 | 18 | 3778.05 | 227.62 | 6.02 | 9.30 |
| 批发贸易 | 24 | 11634.33 | 153.79 | 1.32 | 26.34 |
| 商务服务 | 17 | 2614.29 | 259.36 | 9.92 | 11.51 |
| 邮政和物流 | 10 | 2940.22 | 215.74 | 7.34 | 32.06 |
| 综合服务业 | 7 | 10256.11 | 222.20 | 2.17 | 18.80 |
| 其他行业总计 | 29 | 5284.40 | 1088.16 | 20.59 | 32.27 |
| 采矿业 | 16 | 3222.26 | 889.22 | 27.60 | 36.04 |
| 建筑业 | 13 | 2062.14 | 198.94 | 9.65 | 21.99 |

## 2. 世界、美国和中国500强对比

（1）中国500强保持平稳增长态势，显示出更强的经营韧性。

世界经济有所恢复，中国企业保持着平稳增长态势。2023世界500强、美国500强和中国500强的营业收入与上年相比均有所增长，但增长均有所放缓。美国500强的营业收入增长率为12.77%，中国500强营业收入增长率为5.74%。从2019—2023年的营业收入增长率变化来看，2021年之前受新冠疫情的影响，世界500强、美国500强和中国500强的营业收入增长率持续下降，中国500强下降幅度较小，尤其是在2021年世界500强和美国500强都出现负增长的情况下，中国仍然保持了4.43%的增长率，显示出中国企业经营较强的抗冲击性。2021年后，世界500强和美国500强快速恢复增长，中国500强则保持了相对平稳的增长态势。详见图7-21。

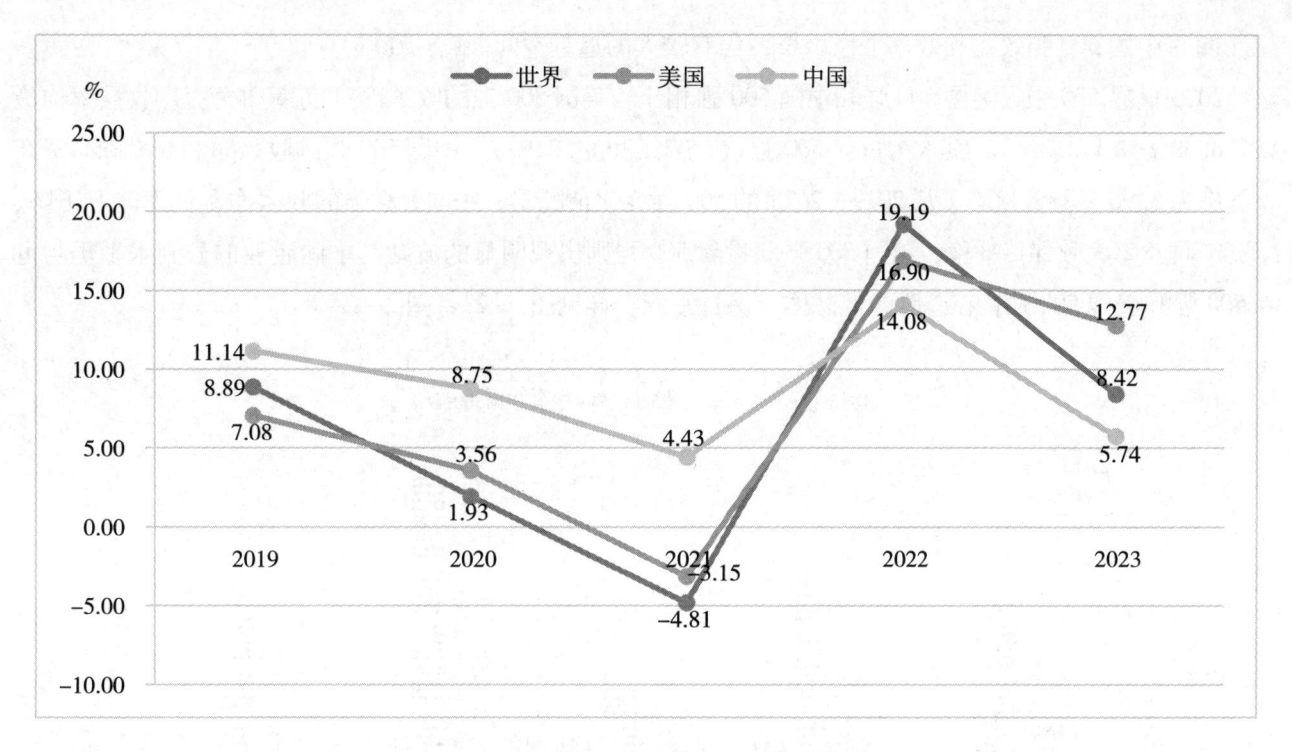

图 7-21　世界、美国和中国 500 强营业收入增长率（2019—2023）

2023 世界 500 强、美国 500 强和中国 500 强的净利润均有不同程度的下降，其中，美国 500 强净利润增长率为 -14.97%，下降幅度最大；中国 500 强净利润增长率为 -3.80%，下降幅度最小，中国企业经营表现出更强的抗风险能力。2019—2023 世界 500 强和美国 500 强的净利润增长率波动幅度较大，而中国 500 强波动幅度相对较小，显示出中国 500 强更强的经营韧性。详见图 7-22。

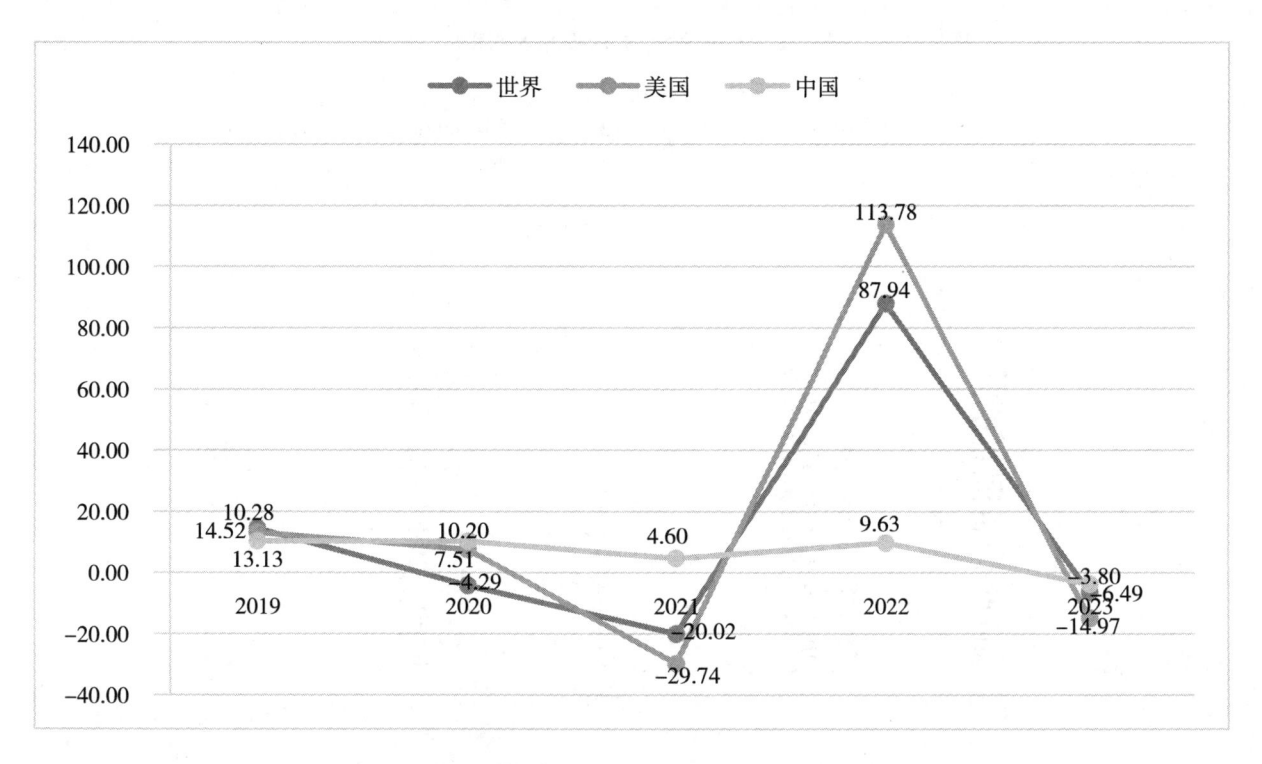

图 7-22　世界、美国和中国 500 强的净利润增长率（2019—2023）

(2) 中国500强效益和效率平稳增长，仍有较大的追赶空间。

2023世界500强、美国500强和中国500强相比，美国500强的收入净利润率和净资产收益率均最高（8.60%和17.12%），其次为世界500强（7.07%和14.21%），中国500强的收入净利润率和净资产收益率为3.96%和8.13%。从2019—2023的500强变化情况看，中国500强的收入净利润率略有下降，净资产收益率大致保持平稳；美国500强和世界500强则出现明显的波动。中国企业的盈利水平仍与世界500强和美国500强存在差距，但总体上保持平稳，详见图7-23、图7-24。

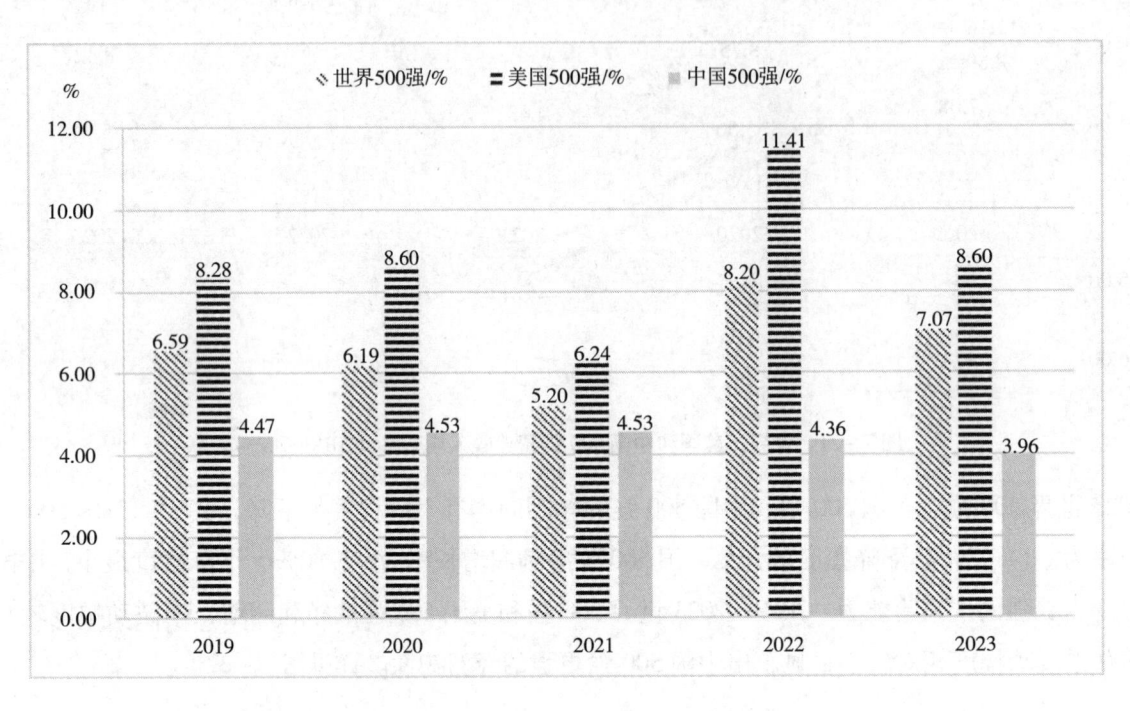

图7-23 世界、美国和中国500强的收入净利润率（2019—2023）

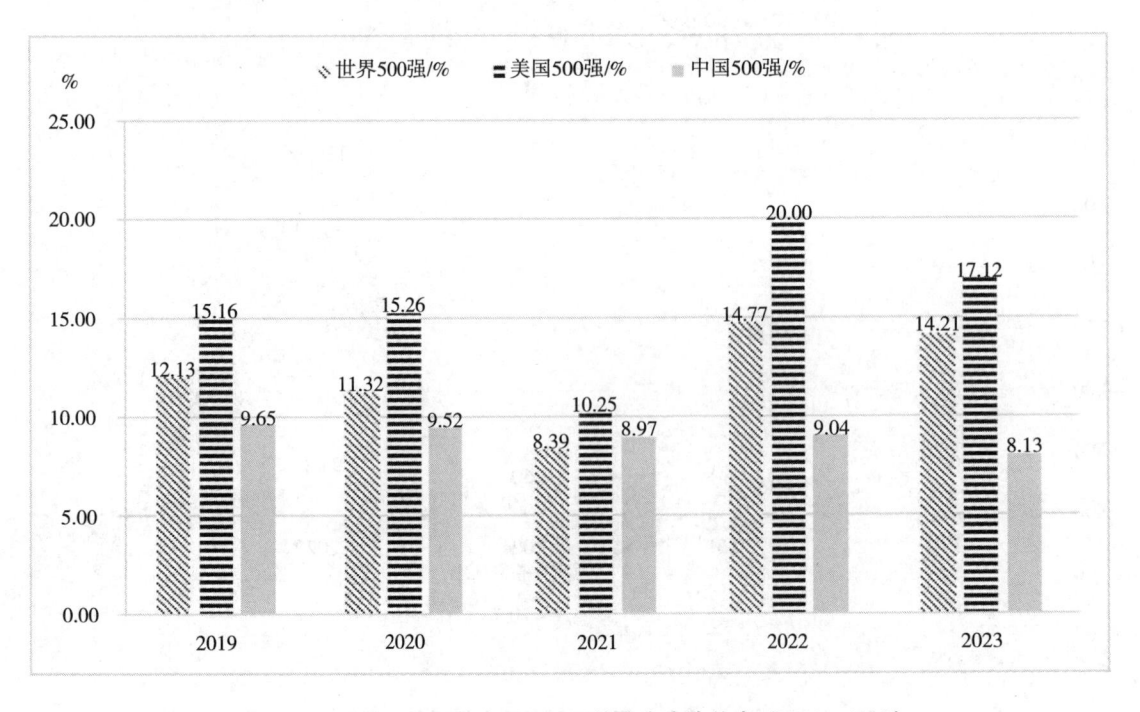

图7-24 世界、美国和中国500强的净资产收益率（2019—2023）

从人均营业收入和人均净利润来看，2023年美国500强和世界500强均位于优势位置，特别是人均净利润优势明显，中国500强的人均净利润与美国500强和世界500强仍有差距。从2019—2023年的变化来看，中国500强的人均营业收入和人均净利润整体上呈现平稳增长态势；世界500强和美国500强则出现一定的波动性。整体来看，中国500强的效益和效率仍有较大的追赶空间。详见图7-25、图7-26。

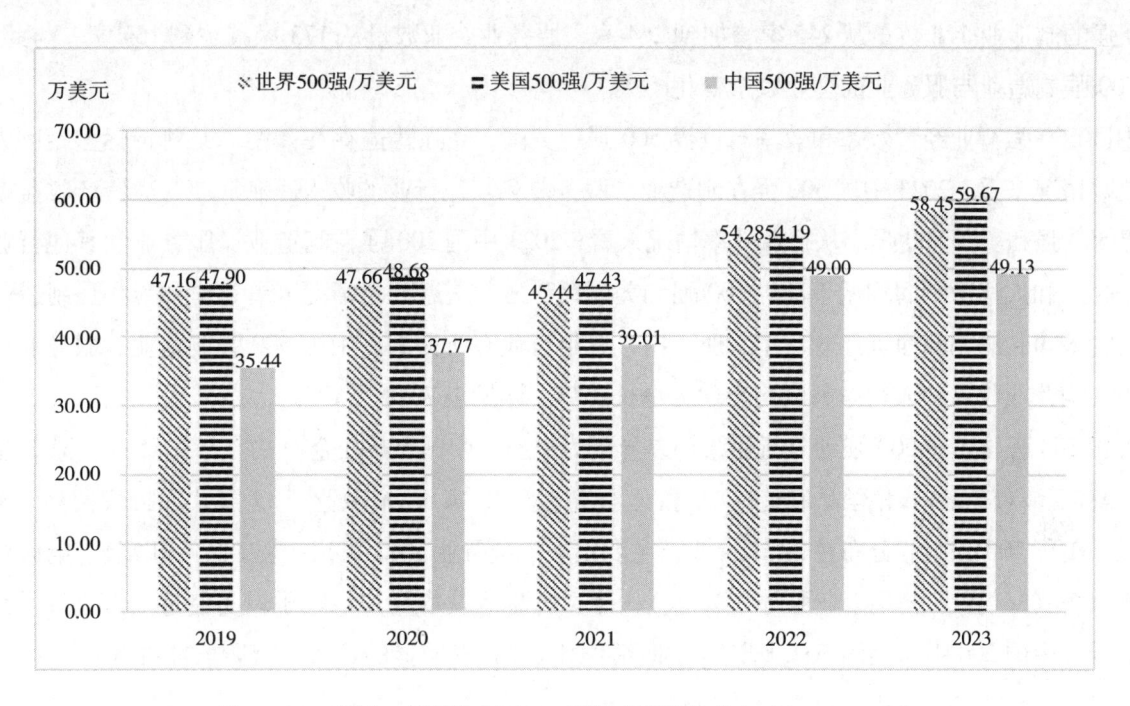

图7-25 世界、美国和中国500强的人均营业收入（2019—2023）

注：中国500强的营业收入、净利润按年平均汇率换算，资产、所有者权益按年底汇率换算，下同。

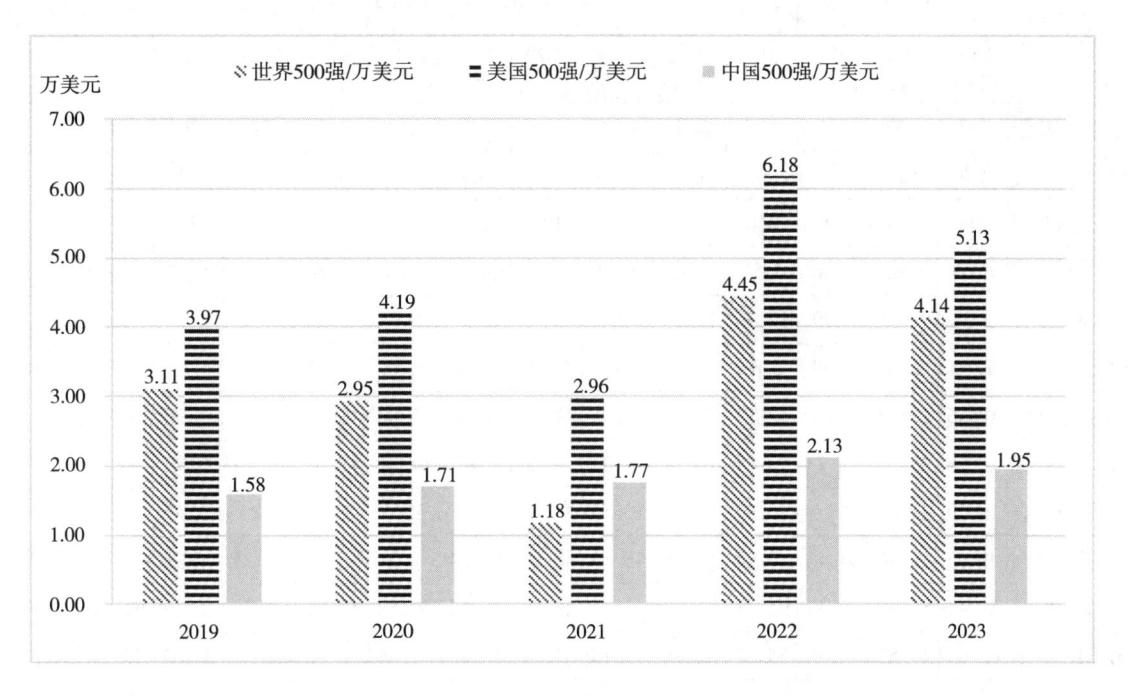

图7-26 世界、美国和中国500强的人均净利润（2019—2023）

（3）中国500强行业分布广泛，金融业等行业效益强于美国。

中国500强制造业企业数量超过世界500强和美国500强。2023中国500强以制造业为主（264家），而世界500强制造业企业201家，美国500强制造业企业166家。中美500强制造业与服务业行业结构形成反差，美国500强服务业企业305家，中国500强服务业企业164家。从近五年情况来看，中国500强的制造业企业数量从245家增加到264家，服务业企业数量从173家减少到164家；与此同时，美国500强制造业与服务业的企业数量变化不大。

中国500强行业经营效益和效率与世界500强、美国500强普遍存在差距，某些指标差距巨大。从行业效益情况来看，2023中国500强在制造业、服务业和其他行业的收入净利润率、净资产收益率均低于世界500强和美国500强。从行业效率情况来看，2023中国500强在制造业、服务业和其他行业的人均营业收入和人均净利润均低于世界500强和美国500强。从近五年情况来看，中国500强制造业和服务业的收入净利润率和净资产收益率有所下滑，其他行业有所提高；中国500强制造业、服务业、其他行业的人均营业收入和人均净利润均表现为增长态势。详见表7-9。

中国500强与美国500强细分行业结构差异更为突出。中国500强企业共分布在25个行业，主要集中在金属产品（85家）、化学品制造（52家）、建筑业（42家）、金融业（33家）和批发贸易（33家）等领域。美国500强企业分布在24个行业，主要集中于金融业（82家）、零售业（40家）、电信及互联网信息服务（36家）、公用事业服务（32家）、计算机通信设备及其他电子设备制造（26家）等领域。总体上看，中国500强与美国500强聚集行业各不相同，带有明显的经济发展阶段性特点。

表7-9 2019—2023世界、美国和中国500强制造业、服务业、其他行业有关指标

| 行业 | | 制造业 | | | | | 服务业 | | | | | 其他行业 | | | | |
|---|---|---|---|---|---|---|---|---|---|---|---|---|---|---|---|---|
| | | 2019 | 2020 | 2021 | 2022 | 2023 | 2019 | 2020 | 2021 | 2022 | 2023 | 2019 | 2020 | 2021 | 2022 | 2023 |
| 企业数量/家 | 世界500强 | 198 | 190 | 201 | 207 | 201 | 268 | 274 | 268 | 258 | 258 | 34 | 36 | 31 | 35 | 41 |
| | 美国500强 | 167 | 169 | 171 | 167 | 166 | 308 | 308 | 308 | 307 | 305 | 25 | 23 | 21 | 26 | 29 |
| | 中国500强 | 245 | 238 | 249 | 256 | 264 | 173 | 181 | 176 | 171 | 164 | 82 | 81 | 75 | 73 | 72 |
| 收入净利润率/% | 世界500强 | 6.01 | 5.08 | 3.76 | 7.88 | 7.71 | 6.94 | 7.09 | 6.35 | 8.61 | 6.09 | 7.45 | 5.37 | 3.60 | 7.17 | 9.93 |
| | 美国500强 | 9.21 | 8.89 | 6.79 | 12.75 | 12.36 | 7.76 | 8.59 | 6.29 | 10.75 | 6.20 | 9.75 | 4.96 | -4.65 | 12.11 | 20.59 |
| | 中国500强 | 2.59 | 2.50 | 2.69 | 2.89 | 2.19 | 7.47 | 7.55 | 7.32 | 6.88 | 6.50 | 1.70 | 1.87 | 1.94 | 1.99 | 2.66 |
| 净资产收益率/% | 世界500强 | 12.96 | 10.85 | 7.05 | 17.14 | 18.08 | 10.96 | 11.25 | 8.96 | 13.00 | 10.50 | 20.94 | 15.75 | 9.79 | 21.27 | 29.02 |
| | 美国500强 | 19.66 | 18.58 | 12.73 | 25.87 | 26.77 | 13.34 | 14.36 | 9.87 | 17.81 | 12.01 | 14.74 | 6.61 | -6.19 | 17.68 | 32.27 |
| | 中国500强 | 10.29 | 7.15 | 9.79 | 10.97 | 8.56 | 10.55 | 9.08 | 9.55 | 9.16 | 8.13 | 4.85 | 3.74 | 5.05 | 5.58 | 7.50 |
| 人均营业收入/万美元 | 世界500强 | 49.95 | 49.90 | 45.43 | 57.75 | 64.28 | 45.15 | 46.29 | 45.54 | 51.21 | 53.27 | 47.25 | 46.98 | 44.67 | 59.71 | 69.69 |
| | 美国500强 | 57.44 | 56.19 | 51.43 | 63.12 | 71.92 | 43.73 | 45.37 | 45.60 | 50.12 | 53.85 | 70.36 | 70.14 | 62.81 | 89.57 | 126.88 |
| | 中国500强 | 42.03 | 44.82 | 44.78 | 55.29 | 53.76 | 35.18 | 37.99 | 40.24 | 51.05 | 49.68 | 27.50 | 28.65 | 29.14 | 37.23 | 41.15 |

续表

| 行业 | | 制造业 | | | | | 服务业 | | | | | 其他行业 | | | | |
|---|---|---|---|---|---|---|---|---|---|---|---|---|---|---|---|---|
| | | 2019 | 2020 | 2021 | 2022 | 2023 | 2019 | 2020 | 2021 | 2022 | 2023 | 2019 | 2020 | 2021 | 2022 | 2023 |
| 人均净利润/万美元 | 世界500强 | 3.00 | 2.53 | 1.71 | 4.55 | 4.96 | 3.13 | 3.28 | 2.89 | 4.41 | 3.24 | 3.52 | 2.52 | 1.61 | 4.28 | 6.92 |
| | 美国500强 | 5.29 | 4.99 | 3.49 | 8.05 | 8.89 | 3.39 | 3.90 | 2.87 | 5.39 | 3.34 | 6.86 | 3.48 | -2.92 | 10.85 | 26.13 |
| | 中国500强 | 1.09 | 1.12 | 1.20 | 1.60 | 1.18 | 2.63 | 2.87 | 2.95 | 3.51 | 3.23 | 0.47 | 0.54 | 0.57 | 0.74 | 1.09 |

中国500强与美国500强经营效益相比优势行业非常有限，多数存在明显差距。从各行业收入净利润率和净资产收益率指标来看，中国500强仅在综合制造业、金融业、电力生产、农林牧渔业四个行业（包括美国500强没有企业上榜的行业）两个指标高于美国500强。中国500强在计算机、通信设备及其他电子设备制造，药品和医疗设备制造等高端制造业与美国500强相差数倍；甚至在房地产、采矿业、建筑业等上榜企业数量远超美国500强的行业，经营效益却没有体现出优势。详见表7-10。

表7-10  2023中国500强和美国500强行业企业数量和盈利能力比较

| 行业 | 企业数量/家 | | 收入净利润率/% | | 净资产收益率/% | |
|---|---|---|---|---|---|---|
| | 中国500强 | 美国500强 | 中国500强 | 美国500强 | 中国500强 | 美国500强 |
| 制造业总计 | 264 | 166 | 2.19 | 12.36 | 8.56 | 26.77 |
| 防务 | 7 | 8 | 3.78 | 5.31 | 7.16 | 13.01 |
| 化学品制造 | 52 | 25 | 1.47 | 10.89 | 8.28 | 28.04 |
| 机械设备 | 30 | 17 | 3.18 | 8.88 | 10.61 | 22.88 |
| 计算机、通信设备及其他电子设备制造 | 18 | 26 | 3.17 | 18.57 | 6.92 | 39.24 |
| 建材生产 | 4 | 5 | 1.74 | 10.37 | 6.67 | 28.15 |
| 交通运输设备及零部件制造 | 17 | 11 | 2.15 | 5.08 | 7.93 | 13.73 |
| 金属产品 | 86 | 8 | 1.48 | 11.65 | 7.28 | 29.47 |
| 食品饮料生产 | 19 | 24 | 4.43 | 9.46 | 14.06 | 20.68 |
| 消费品生产 | 21 | 22 | 3.78 | 10.37 | 14.58 | 26.81 |
| 药品和医疗设备制造 | 3 | 20 | 1.53 | 21.20 | 8.67 | 25.35 |
| 综合制造业 | 7 | 0 | 0.51 | 0.00 | 2.51 | 0.00 |
| 服务业总计 | 164 | 305 | 6.51 | 6.20 | 8.15 | 12.01 |
| 电信及互联网信息服务 | 15 | 36 | 7.09 | 9.19 | 8.67 | 16.08 |
| 房地产 | 13 | 4 | 2.86 | 6.51 | 6.08 | 14.64 |
| 公用事业服务 | 14 | 32 | 1.63 | 7.24 | 2.88 | 8.24 |
| 交通运输业 | 18 | 20 | -0.47 | 6.41 | -0.55 | 20.63 |
| 教育和医疗卫生服务 | 0 | 15 | 0 | 3.72 | 0 | 17.61 |
| 金融业 | 33 | 82 | 14.80 | 8.56 | 10.13 | 7.56 |

续表

| 行业 | 企业数量/家 中国500强 | 企业数量/家 美国500强 | 收入净利润率/% 中国500强 | 收入净利润率/% 美国500强 | 净资产收益率/% 中国500强 | 净资产收益率/% 美国500强 |
|---|---|---|---|---|---|---|
| 零售业 | 7 | 40 | 1.31 | 5.30 | 5.65 | 56.16 |
| 旅游、餐饮及文化娱乐 | 0 | 18 | 0 | 6.02 | 0 | 9.30 |
| 批发贸易 | 33 | 24 | 1.01 | 1.32 | 8.36 | 26.34 |
| 商务服务 | 18 | 17 | 1.57 | 9.92 | 3.95 | 11.51 |
| 邮政和物流 | 10 | 10 | 1.84 | 7.34 | 7.05 | 32.06 |
| 综合服务业 | 4 | 7 | 2.55 | 2.17 | 8.31 | 18.80 |
| 其他行业总计 | 72 | 29 | 2.66 | 20.59 | 7.50 | 32.27 |
| 采矿业 | 21 | 16 | 3.83 | 27.60 | 8.32 | 36.04 |
| 电力生产 | 8 | 0 | 1.99 | 0.00 | 4.46 | 0.00 |
| 建筑业 | 42 | 13 | 1.85 | 9.65 | 7.46 | 21.99 |
| 农林牧渔业 | 1 | 0 | 0.20 | 0.00 | 0.89 | 0.00 |

(4) 中国500强制造业规模超过美国，盈利水平差距扩大。

将中国与美国500强制造企业比较来看，2023中国500强制造业企业数量远超美国，而且在化学品制造（52家）、机械设备（30家）、交通运输设备及零部件制造（17家）、金属产品（85家）和综合制造业（7家）的企业数量也超过美国500强。美国500强制造业的行业分布相对较为均衡，在化学品制造（25家）、机械设备（17家）、计算机、通信设备及其他电子设备制造（26家）、食品饮料生产（24家）、消费品生产（22家）、药品和医疗设备制造（20家）等多个行业的上榜企业数量均在20家左右。

从近五年变化情况来看，中国500强的制造业企业数量有所增加，而美国500强则有所减少。从具体行业来说，中国500强制造业六个行业企业数量有所增加或保持不变，其中，中国计算机、通信设备及其他电子设备制造从8家增长至18家；金属产品从73家增长至85家。美国500强制造业七个行业企业数量有所增加或维持不变，增加幅度较小。中美企业数量均增加或不变的行业有化学品制造，计算机、通信设备及其他电子设备制造，金属产品。详见表7-11。

表7-11 2019—2023中国500强和美国500强制造业企业数量变化趋势

单位：家

| 行业 | 2019 中国500强 | 2019 美国500强 | 2020 中国500强 | 2020 美国500强 | 2021 中国500强 | 2021 美国500强 | 2022 中国500强 | 2022 美国500强 | 2023 中国500强 | 2023 美国500强 |
|---|---|---|---|---|---|---|---|---|---|---|
| 制造业总计 | 245 | 167 | 238 | 169 | 249 | 171 | 256 | 167 | 264 | 166 |
| 防务 | 7 | 13 | 6 | 11 | 7 | 8 | 6 | 8 | 7 | 8 |
| 化学品制造 | 43 | 20 | 39 | 21 | 38 | 22 | 46 | 23 | 52 | 25 |

续表

| 行业 | 2019 中国500强 | 2019 美国500强 | 2020 中国500强 | 2020 美国500强 | 2021 中国500强 | 2021 美国500强 | 2022 中国500强 | 2022 美国500强 | 2023 中国500强 | 2023 美国500强 |
|---|---|---|---|---|---|---|---|---|---|---|
| 机械设备 | 28 | 17 | 27 | 18 | 27 | 19 | 29 | 17 | 30 | 17 |
| 计算机、通信设备及其他电子设备制造 | 8 | 25 | 10 | 26 | 15 | 28 | 15 | 27 | 18 | 26 |
| 建材生产 | 7 | 2 | 6 | 2 | 6 | 2 | 5 | 3 | 4 | 5 |
| 交通运输设备及零部件制造 | 22 | 13 | 21 | 12 | 19 | 11 | 17 | 12 | 17 | 11 |
| 金属产品 | 73 | 6 | 74 | 7 | 83 | 7 | 86 | 8 | 86 | 8 |
| 食品饮料生产 | 17 | 25 | 17 | 26 | 18 | 26 | 18 | 24 | 19 | 24 |
| 消费品生产 | 24 | 27 | 20 | 28 | 23 | 27 | 21 | 24 | 21 | 22 |
| 药品和医疗设备制造 | 6 | 19 | 8 | 18 | 6 | 21 | 4 | 21 | 3 | 20 |
| 综合制造业 | 10 | 0 | 10 | 0 | 7 | 0 | 9 | 0 | 7 | 0 |

制造业各行业的营业收入比较表明，2023 中国 500 强在防务、机械设备、建材生产、交通运输设备及零部件制造、金属产品、消费品生产、综合制造业七个行业的营业收入超过美国，特别是金属产品领域，营业收入为美国 500 强的 12 倍；建材生产的营业收入约为美国 500 强的 2 倍。然而，在计算机、通信设备及其他电子设备制造，食品饮料生产，药品和医疗设备制造领域，中国 500 强的营业收入远不及美国 500 强，计算机、通信设备及其他电子设备制造的营业收入约为美国 500 强的 36%，药品和医疗设备制造的营业收入约为美国的 12%。

从 2019—2023 中外 500 强的变化趋势来看，除了建材生产，交通运输设备及零部件制造两个行业，中国 500 强制造业各行业营业收入均有所增长，特别是化学品制造，机械设备，计算机、通信设备及其他电子设备制造行业，2023 中国 500 强制造业营业收入较 2019 中国 500 强制造业增长了 60% 以上。美国 500 强制造业在化学品制造等八个行业的营业收入也均实现了增长，其中建材生产行业增长了约 287%，金属产品增长了 87% 左右。美国 500 强在五年间仅在金属产品、药品和医疗设备制造两个领域的增长率超过了中国 500 强。详见表 7–12。

表 7–12 2019—2023 中国 500 强和美国 500 强制造业营业收入变化趋势

单位：亿美元

| 行业 | 2019 中国500强 | 2019 美国500强 | 2020 中国500强 | 2020 美国500强 | 2021 中国500强 | 2021 美国500强 | 2022 中国500强 | 2022 美国500强 | 2023 中国500强 | 2023 美国500强 |
|---|---|---|---|---|---|---|---|---|---|---|
| 制造业总计 | 45588.93 | 45026.19 | 46881.82 | 44581.49 | 50399.49 | 40806.05 | 62734.45 | 50572.45 | 65874.42 | 58359.16 |
| 防务 | 2965.73 | 3838.08 | 2447.92 | 3732.24 | 3027.05 | 2940.73 | 3451.57 | 3075.74 | 3494.84 | 3162.82 |
| 化学品制造 | 8928.75 | 10375.67 | 9300.62 | 10003.65 | 8550.95 | 7168.84 | 11556.55 | 11146.04 | 14924.14 | 15780.14 |

续表

| 行业 | 2019 中国500强 | 2019 美国500强 | 2020 中国500强 | 2020 美国500强 | 2021 中国500强 | 2021 美国500强 | 2022 中国500强 | 2022 美国500强 | 2023 中国500强 | 2023 美国500强 |
|---|---|---|---|---|---|---|---|---|---|---|
| 机械设备 | 3255.75 | 4287.94 | 3372.17 | 4109.07 | 3053.69 | 3761.88 | 4923.71 | 3874.38 | 5855.13 | 4171.05 |
| 计算机、通信设备及其他电子设备制造 | 2371.26 | 8259.75 | 2791.17 | 8249.80 | 3743.82 | 8661.29 | 3391.50 | 10433.93 | 4017.08 | 11054.43 |
| 建材生产 | 1227.01 | 147.82 | 1291.71 | 144.40 | 1360.14 | 156.14 | 1474.52 | 370.28 | 1084.30 | 573.52 |
| 交通运输设备及零部件制造 | 7110.49 | 4331.91 | 6845.95 | 4183.15 | 7082.14 | 3659.05 | 7715.99 | 4480.49 | 7018.64 | 5268.68 |
| 金属产品 | 11722.09 | 828.23 | 12377.49 | 795.86 | 14657.86 | 687.32 | 19399.10 | 1360.91 | 18739.12 | 1551.78 |
| 食品饮料生产 | 2016.38 | 4786.28 | 2175.82 | 5108.25 | 2493.00 | 5090.96 | 2866.29 | 5684.83 | 3195.40 | 6345.38 |
| 消费品生产 | 3474.43 | 3635.79 | 3355.07 | 3741.36 | 3644.09 | 3627.15 | 4537.98 | 3829.70 | 4350.94 | 3885.63 |
| 药品和医疗设备制造 | 732.87 | 4534.73 | 934.39 | 4513.70 | 820.40 | 5052.70 | 820.44 | 6316.17 | 779.22 | 6565.73 |
| 综合制造业 | 1784.16 | 0.00 | 1989.52 | 0.00 | 1966.34 | 0.00 | 2596.80 | 0.00 | 2415.61 | 0.00 |

中美制造业各行业的收入净利润率比较表明，两国制造业盈利能力差距明显。除了美国500强没有上榜企业的综合制造业之外，2023中国500强制造业各行业的收入净利润率均远低于美国500强。2023美国500强药品和医疗设备制造行业的收入净利润率约为中国500强的14倍；金属产品约为中国的8倍；化学品制造是中国的7倍；计算机、通信设备及其他电子设备制造和建材生产均约为中国的6倍。虽然中国500强在多个制造业的营业收入超过美国500强，但盈利水平远低于美国。

从近五年发变化趋势来看，2023美国500强制造业有八个行业的收入净利润率高于其2019年的水平，而中国500强制造业仅有防务、机械设备两个行业有所增长，中国制造业盈利水平未能实现全面提升。详见表7-13

表7-13 2019—2023中国500强和美国500强制造业收入净利润率变化趋势

单位：%

| 行业 | 2019 中国500强 | 2019 美国500强 | 2020 中国500强 | 2020 美国500强 | 2021 中国500强 | 2021 美国500强 | 2022 中国500强 | 2022 美国500强 | 2023 中国500强 | 2023 美国500强 |
|---|---|---|---|---|---|---|---|---|---|---|
| 制造业总计 | 2.59 | 9.21 | 2.50 | 8.89 | 2.69 | 6.79 | 2.89 | 12.75 | 2.19 | 12.36 |
| 防务 | 2.62 | 9.47 | 3.27 | 6.40 | 3.45 | -0.03 | 3.24 | 6.30 | 3.78 | 5.31 |
| 化学品制造 | 1.70 | 6.11 | 1.75 | 3.81 | 1.88 | -4.82 | 2.54 | 7.75 | 1.47 | 10.89 |
| 机械设备 | 1.76 | 2.12 | 2.12 | 6.57 | 3.33 | 8.40 | 3.19 | 8.08 | 3.18 | 8.88 |
| 计算机、通信设备及其他电子设备制造 | 5.00 | 15.88 | 4.70 | 16.02 | 4.37 | 15.79 | 8.16 | 20.06 | 3.17 | 18.57 |
| 建材生产 | 2.82 | 5.08 | 2.61 | 4.34 | 2.69 | -0.45 | 2.73 | 8.79 | 1.74 | 10.37 |

续表

| 行业 | 2019 中国500强 | 2019 美国500强 | 2020 中国500强 | 2020 美国500强 | 2021 中国500强 | 2021 美国500强 | 2022 中国500强 | 2022 美国500强 | 2023 中国500强 | 2023 美国500强 |
|---|---|---|---|---|---|---|---|---|---|---|
| 交通运输设备及零部件制造 | 2.45 | 3.56 | 1.95 | 1.78 | 1.80 | 1.16 | 1.86 | 8.66 | 2.15 | 5.08 |
| 金属产品 | 2.17 | 6.98 | 1.80 | 1.38 | 2.06 | 0.69 | 2.35 | 14.01 | 1.48 | 11.65 |
| 食品饮料生产 | 5.54 | 9.49 | 6.37 | 8.40 | 6.22 | 9.26 | 2.96 | 10.20 | 4.43 | 9.46 |
| 消费品生产 | 4.19 | 6.35 | 4.01 | 6.01 | 4.25 | 7.67 | 4.26 | 10.96 | 3.78 | 10.37 |
| 药品和医疗设备制造 | 3.33 | 18.64 | 3.39 | 22.25 | 3.15 | 12.64 | 2.25 | 21.75 | 1.53 | 21.20 |
| 综合制造业 | 1.71 | 0.00 | 1.69 | 0.00 | 1.16 | 0.00 | 1.35 | 0.00 | 0.51 | 0.00 |

（5）中国500强医药企业尚处起步阶段，做大做强挑战巨大。

受新冠疫情的影响，近年来医药行业备受关注。500强企业中的医药企业主要涉及药品和医疗设备制造、医疗卫生服务、与医药相关的批发与零售。2023世界500强医药领域上榜企业共有31家。其中，美国占据19家，包括辉瑞、强生、默沙东、赛默飞世尔科技公司等世界著名药企。中国和德国各有3家，瑞士和英国分别有2家，爱尔兰和法国各有1家。中国上榜的3家医药企业分别是中国医药集团有限公司（113位）、广州医药集团有限公司（426位）、上海医药集团股份有限公司（438位）；美国上榜医药企业有8家在世界500强中的前100名内。可见，世界500强中国医药企业数量和排名均弱于美国。

从经营规模和效益指标来看，2023世界500强美国上榜医药企业明显领先中国和德国，并且差距悬殊。上榜企业数量相同的中国和德国相比，中国上榜医药企业的营业收入（1639.45亿美元）高于德国上榜企业（1343.64亿美元）；但净利润中国（22.47亿美元）不及德国（60.60亿美元），详见图7-27；人均营业收入和人均净利润两个指标，中国与德国比较差距不大。详见图7-28。

从收入净利润率和净资产收益率来看，美国上榜医药企业的收入净利润率约为中国的4倍，净资产收益率约为中国的3倍，差距明显。中国和德国相比，中国的收入净利润率和净资产收益率均不及德国。详见图7-29。整体来看，中国医药上榜企业的经营效益仍有较大提升空间。

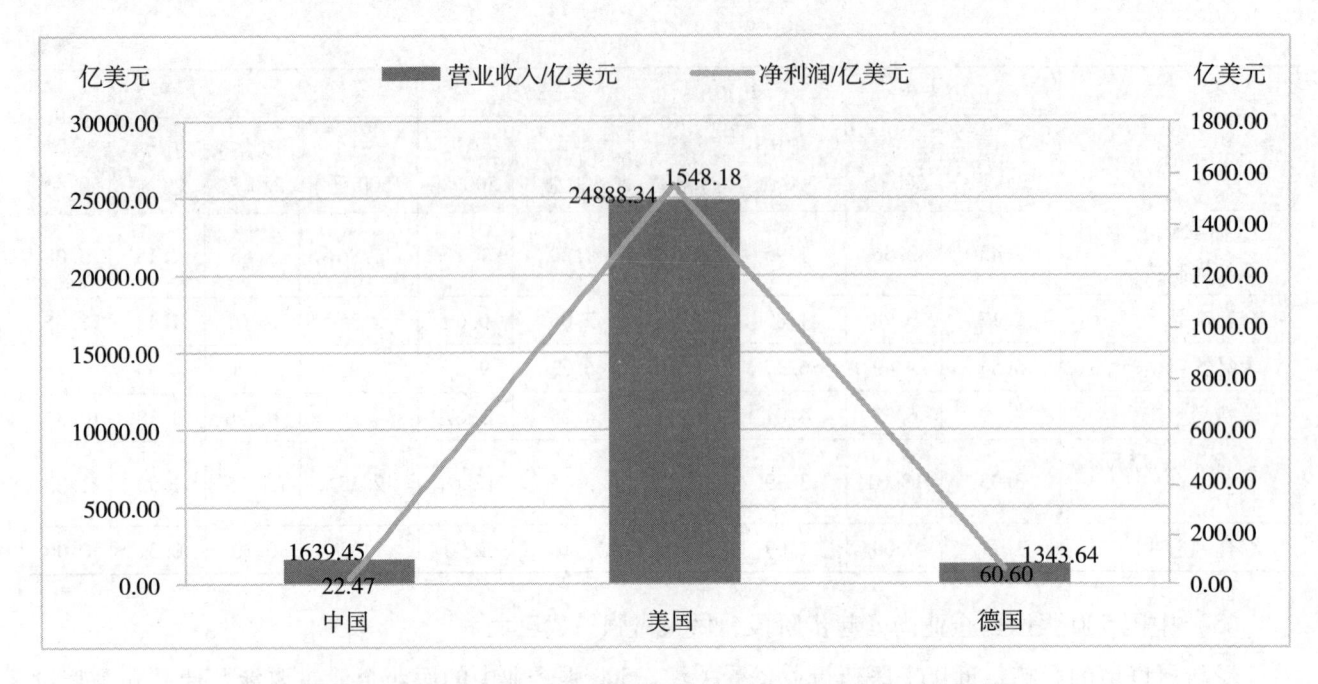

图 7-27　2023 中国、美国、德国 500 强医药企业营业收入和净利润

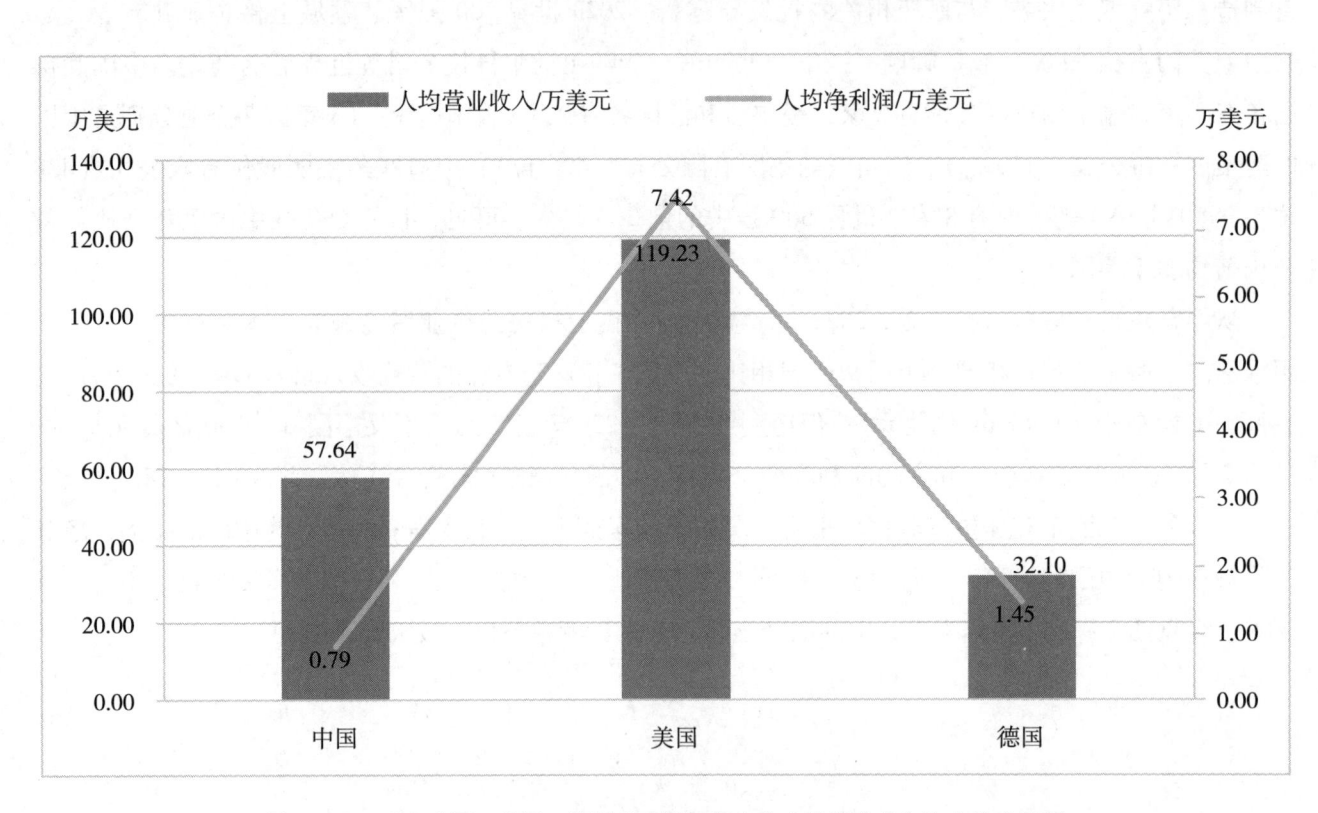

图 7-28　2023 中国、美国、德国 500 强医药企业人均营业收入和人均净利润

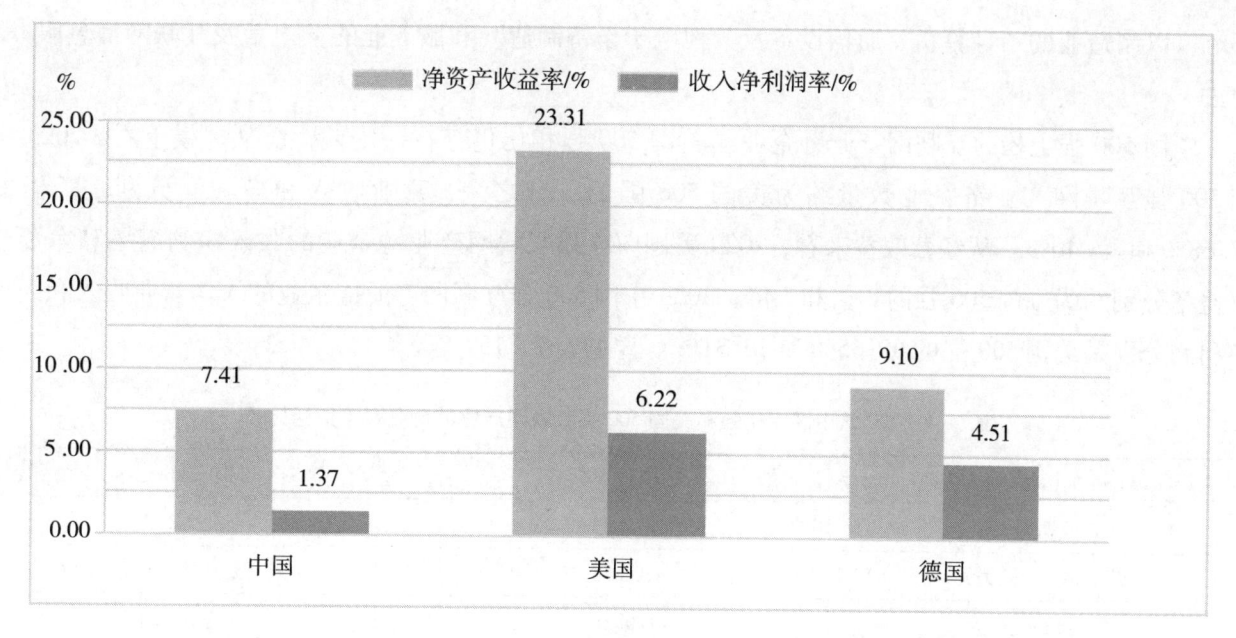

图 7-29  2023 中国、美国、德国 500 强医药企业收入净利润率和净资产收益率

2023 中国 500 强上榜的医药企业有 10 家，美国 500 强中有 40 家上榜。中国上榜医药企业主要集中在化工医药商贸（4 家）、药品制造（3 家）、医药及医疗器材零售（2 家）、医疗设备制造（1 家）领域，以医药贸易为主。2023 美国 500 强的医药企业主要分布在药品制造（14 家）、医疗设备制造（6 家）、医疗卫生服务（15 家）、批发贸易（5 家）领域，医疗卫生服务和药品制造是其重点。

从规模上讲，2023 美国 500 强上榜医药企业的营业收入和净利润分别约为中国 500 强的 12 倍和 51 倍，更加凸显中美两国医药企业整体性差距。从盈利能力来看，美国 500 强的收入净利润率为中国 500 强的 4 倍，净资产收益率为中国的 3 倍。人均营业收入和人均净利润分别约为中国 500 强的 2 倍和 8 倍。详见表 7-14。生物医药行业是关系人类未来发展的行业，企业没有足够的利润则难以加大创新投入，中国医药行业发展任重道远。

表 7-14  2023 中国 500 强和美国 500 强医药企业有关指标比较

|  | 中国 500 强 | 美国 500 强 |
| --- | --- | --- |
| 企业数量/家 | 10 | 40 |
| 营业收入/亿美元 | 2377.82 | 27720.21 |
| 净利润/亿美元 | 37.89 | 1940.44 |
| 收入净利润率/% | 1.59 | 7.00 |
| 净资产收益率/% | 7.12 | 22.89 |
| 人均营业收入/万美元 | 55.00 | 94.91 |
| 人均净利润/万美元 | 0.88 | 6.64 |

（6）中国 500 强互联网产业链出现新亮点，产业布局亟待填补缺口。

随着美国对中国技术限制措施的推出，中国互联网产业链发展愈发引人关注。互联网产业链既包括计算机软硬件开发制造企业，也包括高技术应用层面的零售、社交媒体、搜索引擎等领域诸多环节，以制造业的"计算机、通信设备及其他电子设备制造"和服务业的"电信及互联网信息服务"为主。

中国500强上榜的互联网产业链企业与美国500强相比仍存在一定差距。从规模上看，2023中国500强互联网产业链企业数量约为美国500强的二分之一，营业收入和净利润分别是美国的37.68%和17.40%。从经营效益来看，2023美国500强互联网产业链企业的收入净利润率和净资产收益率分别约为中国500强的2倍和3倍；2023中国500强互联网产业链企业的人均营业收入和人均净利润分别是美国500强的65.65%和30.31%。详见表7-15。

表7-15 2023中国500强和美国500强互联网产业链企业有关指标比较

| 指标 | 中国500强 | 美国500强 |
| --- | --- | --- |
| 企业数量/家 | 33 | 62 |
| 营业收入/亿美元 | 11858.40 | 31472.74 |
| 净利润/亿美元 | 683.57 | 3929.20 |
| 收入净利润率/% | 5.76 | 12.48 |
| 净资产收益率/% | 8.28 | 23.25 |
| 人均营业收入/万美元 | 35.40 | 53.92 |
| 人均净利润/万美元 | 2.04 | 6.73 |

中国500强上榜企业在互联网产业链存在两个领域缺口。美国500强企业覆盖半导体、集成电路及面板制造，计算机及办公设备，通信设备制造，科学、摄影和控制设备，软件和信息技术，互联网服务，电信服务，计算机软件8个领域；中国500强互联网产业链企业分布于其中的6个领域，与上年相比，在科学、摄影和控制设备，计算机软件两个领域无上榜企业。详见表7-16。

在计算机、通信设备及其他电子设备制造行业，中国500强在通信设备制造领域存在一定规模的优势，企业数量、营业收入、人均营业收入均高于美国500强；但从经营效益来看仍不如美国500强，净利润、收入净利润率、净资产收益率和人均净利润均低于美国500强。在半导体、集成电路及面板制造领域，中美差距悬殊，中国500强的规模指标明显小于美国500强；净利润为负值，效益指标与上年相比进一步恶化。在计算机及办公设备领域，中国500强虽与美国500强的上榜企业数量大致相当，但在营收规模和盈利方面，中国500强与美国500强存在明显差距。

在电信及互联网信息服务行业，与美国相比，中国500强在各个环节的企业数量和营业收入、净利润指标均不及美国500强，规模差距不容乐观。在软件和信息技术、互联网服务、电信服务三个产业链环节，中国500强的收入净利润率均高于美国500强；在软件和信息技术领域，中国500强的净资产收益率、人均营业收入、人均净利润也高于美国500强。与上年相比，软件和信息技术环节净利润大增，企业效益优势成为中国500强在互联网产业链环节中的新亮点。

表 7-16  2023 中国 500 强和美国 500 强互联网产业链比较

| 行业 | | 计算机、通信设备及其他电子设备制造 | | | | 电信及互联网信息服务 | | | |
|---|---|---|---|---|---|---|---|---|---|
| 财务指标 | 产业链 | 半导体、集成电路及面板制造 | 计算机及办公设备 | 通信设备制造 | 科学、摄影和控制设备 | 软件和信息技术 | 互联网服务 | 电信服务 | 计算机软件 |
| 企业数量/家 | 中国 500 强 | 2 | 5 | 11 | 0 | 5 | 7 | 3 | 0 |
| | 美国 500 强 | 14 | 6 | 4 | 2 | 9 | 13 | 7 | 7 |
| 营业收入/亿美元 | 中国 500 强 | 490.04 | 842.81 | 2684.23 | 0.00 | 658.05 | 4383.69 | 2799.58 | 0.00 |
| | 美国 500 强 | 3557.51 | 6147.45 | 825.20 | 524.27 | 1791.84 | 10628.29 | 4768.30 | 3229.89 |
| 净利润/亿美元 | 中国 500 强 | -2.84 | 28.38 | 102.00 | 0.00 | 34.52 | 343.81 | 177.71 | 0.00 |
| | 美国 500 强 | 759.24 | 1078.76 | 137.90 | 76.37 | 54.40 | 700.22 | 241.07 | 881.24 |
| 收入净利润率/% | 中国 500 强 | -0.58 | 3.37 | 3.80 | 0.00 | 5.25 | 7.84 | 6.35 | 0.00 |
| | 美国 500 强 | 21.34 | 17.55 | 16.71 | 14.57 | 3.04 | 6.59 | 5.06 | 27.28 |
| 净资产收益率/% | 中国 500 强 | -1.77 | 13.94 | 6.89 | 0.00 | 18.08 | 9.90 | 6.46 | 0.00 |
| | 美国 500 强 | 21.67 | 137.47 | 30.40 | 15.64 | 10.42 | 12.67 | 7.86 | 34.46 |
| 人均营业收入/万美元 | 中国 500 强 | 22.38 | 23.42 | 46.42 | 0.00 | 116.55 | 42.36 | 25.41 | 0.00 |
| | 美国 500 强 | 47.98 | 119.32 | 36.79 | 36.28 | 17.81 | 52.30 | 76.95 | 58.38 |
| 人均净利润/万美元 | 中国 500 强 | -0.13 | 0.79 | 1.76 | 0.00 | 6.11 | 3.32 | 1.61 | 0.00 |
| | 美国 500 强 | 10.24 | 20.94 | 6.15 | 5.28 | 0.54 | 3.45 | 3.89 | 15.93 |

## 三、以中国式现代化引领加快建设世界一流企业

习近平总书记在党的二十大报告中指出：从现在起，中国共产党的中心任务就是团结带领全国各族人民全面建成社会主义现代化强国、实现第二个百年奋斗目标，以中国式现代化全面推进中华民族伟大复兴。中国式现代化要求必须建设一批世界一流企业作为支撑。世界一流企业是国家经济实力、科技实力和国际竞争力的重要体现，是引领全球产业发展和技术创新的关键力量。现代化的国家离不开现代化的企业，加快建设世界一流企业响应了中国式现代化对高质量发展的本质要求。

在经济快速增长的过程中，中国企业的体量发生了重大变化。近年来，世界 500 强中国上榜企业数量飞速增长，2023 中国大陆上榜企业数量居世界第二。从排名位次变化情况看，此次发布的榜单中，比亚迪是排名上升幅度第二大的企业。此外还有多家企业排名上升超过 50 位。可见，中国企业连续领跑世界 500 强榜单，彰显了中国经济的实力与潜力。但在盈利能力等方面，世界 500 强的中国上榜企业与部分经济发达国家的企业相比，仍然存在不小的差距，特别是一些行业存在短板。继续提升中国企业发展的质量和效益，仍是加快建设世界一流企业的重要目标。

加快建设世界一流企业应坚持创新驱动，打造高水平科技产业。创新是引领发展的第一动力，科技产业是决定中国企业国际竞争力的重要领域。现阶段，中国企业仍缺乏原创技术的突破，严重制约了高质量发展。在推进高质量发展征程中，一方面，要全力打好关键核心技术攻坚战，提高创新链、产业链、供应链整体效能，增强韧性和安全性；另一方面，要提升企业技术创新能力和管理

创新能力，强化企业创新主体地位，促进各类创新要素向企业集聚，加强创新人才队伍培养，推进政产学研用深度融合。提升人才、技术创新、数字化应用的开发能力，强化新资源、新要素对企业经营的价值贡献。提升人力资源管理能力和水平，激发经营管理人才、技术研发人才和市场营销人才的活力和动力；提升企业技术创新能力，优化企业技术创新范式，注重原始创新、集成创新和引进消化吸收再创新的结合，提升技术创新的广度、深度、高度和行业领先性。推动大数据、人工智能和互联网技术在企业经营管理中的应用，提升企业的数字化水平，提升企业运营效率。

加快建设世界一流企业应坚持绿色可持续发展，探索推进新能源产业发展。推动经济社会发展绿色化、低碳化是实现中国式现代化的关键环节。一方面，要进一步优化企业的绿色设计、绿色制造等全生命周期运营流程，促进企业向绿色低碳化方向转型。企业需要基于产品生产过程，引导从产品设计到产品处置全过程的清洁化转型。开展产品绿色设计并提高资源综合利用水平。优化企业的绿色制造工艺和清洁生产流程，提高产品的环境效益。加强产品全生命周期中数字技术的融合利用，实现全过程精准协同减碳。另一方面，有力推进一大批风电光伏等新能源重大工程，积极发展我国新能源产业。新能源产业肩负着重大的时代责任与光荣的历史使命，前景广阔。面向新能源的迫切需要和长远需求，聚焦关键性、前瞻性、颠覆性技术，加大人财物资源投入，集中攻关一批关键核心技术，做好一批基础性前沿技术的储备，力争实现产业链供应链自主可控，为新能源产业高质量发展提供有力的基础支撑。

加快建设世界一流企业应着力提升产业链供应链韧性和安全水平。产业链供应链安全稳定是大国经济循环畅通的关键，也是构建新发展格局的重要基础。全球产业结构和布局正在加快调整，面对遏制打压、"脱钩断链"的行为，要充分发挥我国拥有世界上最完整的产业体系的优势，切实提升产业链供应链韧性和安全水平。要把握新一轮科技革命和产业变革新机遇，切实保障我国产业链供应链安全稳定，同时深化产业链供应链国际合作，形成具有自主可控、稳定畅通、安全可靠、抗击能力的产业链供应链。我国拥有世界上最完整的工业体系，220多种工业产品的产量居全球第一，制造业规模占全球比重约30%，是全球工业门类最齐全的国家之一，是全球产业链供应链的重要参与者与维护者。与此同时，也必须清晰地认识到，我国产业链供应链"大而不强""全而不精""韧中有脆"，产业链供应链局部梗阻和关键环节"卡脖子"问题突出。关键核心技术有待突破，产业链地区同质化竞争突出，高品质、高复杂性、高附加值产品供给能力不足等。因此，一方面要围绕制造业重点产业链，找准关键核心技术和零部件薄弱环节，聚焦产业链供应链的堵点卡点，实施关键核心技术攻关工程和产业基础再造工程，集中优质资源合力攻关，加快重要基础产品和关键核心技术的攻关突破，推动中小企业专精特新发展。保证产业体系自主可控和安全可靠，保障产业链供应链循环畅通，夯实"稳"的基础。另一方面要全面提升产业体系现代化水平，提升产业链供应链核心竞争力，增强"进"的动力。加强产业规划布局，锻长板、补短板、强基础，深入推进产业基础再造，巩固优势产业领先地位，狠抓传统产业改造升级，加快培育壮大新兴产业。提高重点产业链自主可控能力，增强国内大循环内生动力和可靠性，提升国际循环质量和水平。

加快建设世界一流企业必须打造一流的管理。建设世界一流企业应以精准对标为切入点，积极对标，认清短板。根据以上对世界500强企业的分析，对标世界一流企业，要坚持目标和问题导向，制定规划，优化布局、组织架构和管理运营体系，在部分细分领域和关键环节取得实质性突破，在整体上取得显著成效。精准对标，实现赶超。以开展世界一流创建示范、管理提升、价值创造和品牌引领等专项行动为抓手，通过"立标、对标、达标、创标"，精准识别企业管理短板，快速实现能力赶超。同时，要完善管理制度，提高制度体系的协同性、规范性和可操作性，提升一流企业的管理能力。

加快建设世界一流企业应聚焦提质增效，持续发力。对每个企业来说，要站在产业特征、商业环境、经营特点、人才培养、竞争力建设等具体条件下，深刻理解中国式现代化的要义，将企业发展远景目标和长远规划转化为具体行动方案。企业要高度重视并壮大知名品牌、提升全球影响力，制定品牌发展战略，加大品牌建设投入，做好品牌的国际推广。铸造中国产品优秀口碑，赢得全球用户信赖，增强全球用户黏性，走绿色低碳可持续发展道路。企业要重视培养"走出去"的跨国经营能力——业务和用户的全球覆盖率；全球产业链中的影响力；国际化运营软实力。企业要通过数字化转型提升国际竞争力，充分利用数字经济时代带来的新机遇，建立上下游、大中小、各类所有制企业融通发展、竞合共赢的数字平台生态。企业要着力提升企业流程管理能力，删减流程冗余，强化企业研发、生产、采购、营销及客户服务职能协同，提升价值链运营效率；推动生产要素的市场化配置，强调资源整合、集约利用和高效循环，重视绿色生产，重视资源节约和投入产出比，追求高水平的全要素生产率，提高组织价值转化能力。要突出效益效率，加快转变发展方式，聚焦全员劳动生产率、收入净利润率等指标，实现提质增效稳增长，切实提高资产回报水平。

# 第八章
# 2023 中国 500 强与世界 500 强行业领先企业主要经济指标对比

2023 中国 500 强与世界 500 强行业领先企业主要经济指标对比，见表 8–1 至表 8–28。

# 第八章 2023中国500强与世界500强行业领先企业主要经济指标对比

表8-1 2023中国500强与世界500强财产与意外保险（股份）业领先企业对比

| 对比指标 | 伯克希尔-哈撒韦公司(1)(美国) | 中国人民保险集团股份有限公司(2) | [(2)/(1)]/% |
| --- | --- | --- | --- |
| 营业收入/百万美元 | 302089 | 91535 | 30.30 |
| 净利润/百万美元 | -22819 | 3639 | — |
| 资产/百万美元 | 948452 | 218805 | 23.07 |
| 所有者权益/百万美元 | 472360 | 32154 | 6.81 |
| 员工人数/人 | 383000 | 177852 | 46.44 |
| 收入净利率/% | -7.55 | 3.98 | — |
| 资产净利率/% | -2.41 | 1.66 | — |
| 净资产收益率/% | -4.83 | 11.32 | — |
| 劳动生产率/（万美元/人） | 78.87 | 51.47 | 65.26 |
| 人均净利润/（万美元/人） | -5.96 | 2.05 | — |

表8-2 2023中国500强与世界500强采矿、原油生产业领先企业对比

| 对比指标 | 沙特阿美公司(1)(沙特阿拉伯) | 中国海洋石油集团有限公司(2) | [(2)/(1)]/% |
| --- | --- | --- | --- |
| 营业收入/百万美元 | 603651 | 164762 | 27.29 |
| 净利润/百万美元 | 159069 | 16988 | 10.68 |
| 资产/百万美元 | 663541 | 219416 | 33.07 |
| 所有者权益/百万美元 | 385658 | 108340 | 28.09 |
| 员工人数/人 | 70496 | 81775 | 116.00 |
| 收入净利率/% | 26.35 | 10.31 | 39.13 |
| 资产净利率/% | 23.97 | 7.74 | 32.29 |
| 净资产收益率/% | 41.25 | 15.68 | 38.01 |
| 劳动生产率/（万美元/人） | 856.29 | 201.48 | 23.53 |
| 人均净利润/（万美元/人） | 225.64 | 20.77 | 9.20 |

表8-3 2023中国500强与世界500强车辆与零部件业领先企业对比

| 对比指标 | 大众公司(1)（德国） | 上海汽车集团股份有限公司(2) | [(2)/(1)]/% |
| --- | --- | --- | --- |
| 营业收入/百万美元 | 293685 | 110612 | 37.66 |
| 净利润/百万美元 | 15223 | 2396 | 15.74 |
| 资产/百万美元 | 602612 | 143552 | 23.82 |
| 所有者权益/百万美元 | 176458 | 40485 | 22.94 |
| 员工人数/人 | 675805 | 154863 | 22.92 |
| 收入净利率/% | 5.18 | 2.17 | 41.89 |
| 资产净利率/% | 2.53 | 1.67 | 66.01 |
| 净资产收益率/% | 8.63 | 5.92 | 68.60 |
| 劳动生产率/（万美元/人） | 43.46 | 71.43 | 164.36 |
| 人均净利润/（万美元/人） | 2.25 | 1.55 | 68.89 |

表 8-4 2023 中国 500 强与世界 500 强船务业领先企业对比

| 对比指标 | 马士基集团（1）（丹麦） | 中国远洋海运集团有限公司（2） | [(2)/(1)]/% |
|---|---|---|---|
| 营业收入/百万美元 | 81529 | 93181 | 114.29 |
| 净利润/百万美元 | 29198 | 6233 | 21.35 |
| 资产/百万美元 | 93680 | 161552 | 172.45 |
| 所有者权益/百万美元 | 63991 | 39460 | 61.66 |
| 员工人数/人 | 104260 | 107793 | 103.39 |
| 收入净利率/% | 35.81 | 6.69 | 18.68 |
| 资产净利率/% | 31.17 | 3.86 | 12.38 |
| 净资产收益率/% | 45.63 | 15.79 | 34.60 |
| 劳动生产率/（万美元/人） | 78.20 | 86.44 | 110.54 |
| 人均净利润/（万美元/人） | 28.00 | 5.78 | 20.64 |

表 8-5 2023 中国 500 强与世界 500 强电信业领先企业对比

| 对比指标 | 威瑞森电信（1）（美国） | 中国移动通信集团有限公司（2） | [(2)/(1)]/% |
|---|---|---|---|
| 营业收入/百万美元 | 136835 | 139597 | 102.02 |
| 净利润/百万美元 | 21256 | 14718 | 69.24 |
| 资产/百万美元 | 379680 | 331724 | 87.37 |
| 所有者权益/百万美元 | 91144 | 182777 | 200.54 |
| 员工人数/人 | 117100 | 452202 | 386.17 |
| 收入净利率/% | 15.53 | 10.54 | 67.87 |
| 资产净利率/% | 5.60 | 4.44 | 79.29 |
| 净资产收益率/% | 23.32 | 8.05 | 34.52 |
| 劳动生产率/（万美元/人） | 116.85 | 30.87 | 26.42 |
| 人均净利润/（万美元/人） | 18.15 | 3.25 | 17.91 |

表 8-6 2023 中国 500 强与世界 500 强电子、电气设备业领先企业对比

| 对比指标 | 三星电子（1）（韩国） | 美的集团股份有限公司（2） | [(2)/(1)]/% |
|---|---|---|---|
| 营业收入/百万美元 | 234129 | 51393 | 21.95 |
| 净利润/百万美元 | 42398 | 4393 | 10.36 |
| 资产/百万美元 | 356470 | 61265 | 17.19 |
| 所有者权益/百万美元 | 274402 | 20724 | 7.55 |
| 员工人数/人 | 270372 | 166243 | 61.49 |
| 收入净利率/% | 18.11 | 8.55 | 47.21 |
| 资产净利率/% | 11.89 | 7.17 | 60.30 |
| 净资产收益率/% | 15.45 | 21.20 | 137.22 |
| 劳动生产率/（万美元/人） | 86.60 | 30.91 | 35.69 |
| 人均净利润/（万美元/人） | 15.68 | 2.64 | 16.84 |

表 8-7　2023 中国 500 强与世界 500 强多元化金融业领先企业对比

| 对比指标 | 房利美（1）（美国） | 中国华润有限公司（2） | [（2）/（1）]/% |
|---|---|---|---|
| 营业收入/百万美元 | 121596 | 121643 | 100.04 |
| 净利润/百万美元 | 12923 | 4662 | 36.07 |
| 资产/百万美元 | 4305288 | 331830 | 7.71 |
| 所有者权益/百万美元 | 60277 | 45826 | 76.02 |
| 员工人数/人 | 8000 | 379944 | 4749.30 |
| 收入净利率/% | 10.63 | 3.83 | 36.03 |
| 资产净利率/% | 0.30 | 1.40 | 466.67 |
| 净资产收益率/% | 21.44 | 10.17 | 47.43 |
| 劳动生产率/（万美元/人） | 1519.95 | 32.02 | 2.11 |
| 人均净利润/（万美元/人） | 161.54 | 1.23 | 0.76 |

表 8-8　2023 中国 500 强与世界 500 强工程与建筑业领先企业对比

| 对比指标 | 万喜集团（1）（法国） | 中国建筑集团有限公司（2） | [（2）/（1）]/% |
|---|---|---|---|
| 营业收入/百万美元 | 65750 | 305885 | 465.23 |
| 净利润/百万美元 | 4479 | 4234 | 94.52 |
| 资产/百万美元 | 119494 | 386249 | 323.24 |
| 所有者权益/百万美元 | 27677 | 31058 | 112.22 |
| 员工人数/人 | 271648 | 382492 | 140.80 |
| 收入净利率/% | 6.81 | 1.38 | 20.26 |
| 资产净利率/% | 3.75 | 1.10 | 29.33 |
| 净资产收益率/% | 16.18 | 13.63 | 84.24 |
| 劳动生产率/（万美元/人） | 24.20 | 79.97 | 330.45 |
| 人均净利润/（万美元/人） | 1.65 | 1.11 | 67.27 |

表 8-9　2023 中国 500 强与世界 500 强工业机械业领先企业对比

| 对比指标 | 西门子（1）（德国） | 中国机械工业集团有限公司（2） | [（2）/（1）]/% |
|---|---|---|---|
| 营业收入/百万美元 | 77860 | 51126 | 65.66 |
| 净利润/百万美元 | 4027 | -409 | — |
| 资产/百万美元 | 148184 | 51583 | 34.81 |
| 所有者权益/百万美元 | 47824 | 9081 | 18.99 |
| 员工人数/人 | 311000 | 125370 | 40.31 |
| 收入净利率/% | 5.17 | -0.80 | — |
| 资产净利率/% | 2.72 | -0.79 | — |
| 净资产收益率/% | 8.42 | -4.50 | — |
| 劳动生产率/（万美元/人） | 25.04 | 40.78 | 162.86 |
| 人均净利润/（万美元/人） | 1.29 | -0.33 | — |

表 8-10  2023 中国 500 强与世界 500 强公用设施业领先企业对比

| 对比指标 | 法国电力公司（1）（法国） | 国家电网有限公司（2） | [（2）/（1）]/% |
| --- | --- | --- | --- |
| 营业收入/百万美元 | 150902 | 530009 | 351.23 |
| 净利润/百万美元 | -18869 | 8192 | — |
| 资产/百万美元 | 414137 | 710763 | 171.63 |
| 所有者权益/百万美元 | 36641 | 304177 | 830.16 |
| 员工人数/人 | 165028 | 870287 | 527.36 |
| 收入净利率/% | -12.50 | 1.55 | — |
| 资产净利率/% | -4.56 | 1.15 | — |
| 净资产收益率/% | -51.50 | 2.69 | — |
| 劳动生产率/（万美元/人） | 91.44 | 60.90 | 66.60 |
| 人均净利润/（万美元/人） | -11.43 | 0.94 | — |

表 8-11  2023 中国 500 强与世界 500 强航天与防务业领先企业对比

| 对比指标 | 雷神技术公司（1）（美国） | 中国兵器工业集团有限公司（2） | [（2）/（1）]/% |
| --- | --- | --- | --- |
| 营业收入/百万美元 | 67074 | 82689 | 123.28 |
| 净利润/百万美元 | 5197 | 1788 | 34.41 |
| 资产/百万美元 | 158864 | 75355 | 47.43 |
| 所有者权益/百万美元 | 72632 | 21290 | 29.31 |
| 员工人数/人 | 182000 | 216339 | 118.87 |
| 收入净利率/% | 7.75 | 2.16 | 27.87 |
| 资产净利率/% | 3.27 | 2.37 | 72.48 |
| 净资产收益率/% | 7.16 | 8.40 | 117.32 |
| 劳动生产率/（万美元/人） | 36.85 | 38.22 | 103.72 |
| 人均净利润/（万美元/人） | 2.86 | 0.83 | 29.02 |

表 8-12  2023 中国 500 强与世界 500 强互联网服务和零售业领先企业对比

| 对比指标 | 亚马逊（1）（美国） | 京东集团股份有限公司（2） | [（2）/（1）]/% |
| --- | --- | --- | --- |
| 营业收入/百万美元 | 513983 | 155533 | 30.26 |
| 净利润/百万美元 | -2722 | 1543 | — |
| 资产/百万美元 | 462675 | 86303 | 18.65 |
| 所有者权益/百万美元 | 146043 | 30935 | 21.18 |
| 员工人数/人 | 1541000 | 450679 | 29.25 |
| 收入净利率/% | -0.53 | 0.99 | — |
| 资产净利率/% | -0.59 | 1.79 | — |
| 净资产收益率/% | -1.86 | 4.99 | — |
| 劳动生产率/（万美元/人） | 33.35 | 34.51 | 103.48 |
| 人均净利润/（万美元/人） | -0.18 | 0.34 | — |

### 第八章 2023中国500强与世界500强行业领先企业主要经济指标对比

表8-13 2023中国500强与世界500强化学品业领先企业对比

| 对比指标 | 巴斯夫公司（1）（德国） | 中国中化控股有限责任公司（2） | [（2）/（1）]/% |
| --- | --- | --- | --- |
| 营业收入/百万美元 | 91847 | 173834 | 189.26 |
| 净利润/百万美元 | -660 | -1 | — |
| 资产/百万美元 | 90132 | 229659 | 254.80 |
| 所有者权益/百万美元 | 42224 | -1044 | — |
| 员工人数/人 | 111481 | 223448 | 200.44 |
| 收入净利率/% | -0.72 | — | — |
| 资产净利率/% | -0.73 | — | — |
| 净资产收益率/% | -1.56 | 0.13 | — |
| 劳动生产率/（万美元/人） | 82.39 | 77.80 | 94.43 |
| 人均净利润/（万美元/人） | -0.59 | — | — |

表8-14 2023中国500强与世界500强计算机、办公设备业领先企业对比

| 对比指标 | 苹果公司（1）（美国） | 联想集团有限公司（2） | [（2）/（1）]/% |
| --- | --- | --- | --- |
| 营业收入/百万美元 | 394328 | 61947 | 15.71 |
| 净利润/百万美元 | 99803 | 1608 | 1.61 |
| 资产/百万美元 | 352755 | 38920 | 11.03 |
| 所有者权益/百万美元 | 50672 | 5588 | 11.03 |
| 员工人数/人 | 164000 | 77000 | 46.95 |
| 收入净利率/% | 25.31 | 2.60 | 10.27 |
| 资产净利率/% | 28.29 | 4.13 | 14.60 |
| 净资产收益率/% | 196.96 | 28.77 | 14.61 |
| 劳动生产率/（万美元/人） | 240.44 | 80.45 | 33.46 |
| 人均净利润/（万美元/人） | 60.86 | 2.09 | 3.43 |

表8-15 2023中国500强与世界500强建材、玻璃业领先企业对比

| 对比指标 | 圣戈班集团（1）（法国） | 中国建材集团有限公司（2） | [（2）/（1）]/% |
| --- | --- | --- | --- |
| 营业收入/百万美元 | 53847 | 56514 | 104.95 |
| 净利润/百万美元 | 3158 | 629 | 19.92 |
| 资产/百万美元 | 59087 | 101920 | 172.49 |
| 所有者权益/百万美元 | 24233 | 7073 | 29.19 |
| 员工人数/人 | 155685 | 208857 | 134.15 |
| 收入净利率/% | 5.87 | 1.11 | 18.91 |
| 资产净利率/% | 5.35 | 0.62 | 11.59 |
| 净资产收益率/% | 13.03 | 8.90 | 68.30 |
| 劳动生产率/（万美元/人） | 34.59 | 27.06 | 78.23 |
| 人均净利润/（万美元/人） | 2.03 | 0.30 | 14.78 |

表 8-16　2023 中国 500 强与世界 500 强金属产品业领先企业对比

| 对比指标 | 安赛乐米塔尔（1）（卢森堡） | 中国宝武钢铁集团有限公司（2） | [（2）/（1）]/% |
| --- | --- | --- | --- |
| 营业收入/百万美元 | 79844 | 161698 | 202.52 |
| 净利润/百万美元 | 9302 | 2493 | 26.80 |
| 资产/百万美元 | 94547 | 179760 | 190.13 |
| 所有者权益/百万美元 | 53152 | 46513 | 87.51 |
| 员工人数/人 | 154352 | 245675 | 159.17 |
| 收入净利率/% | 11.65 | 1.54 | 13.22 |
| 资产净利率/% | 9.84 | 1.39 | 14.13 |
| 净资产收益率/% | 17.50 | 5.36 | 30.63 |
| 劳动生产率/（万美元/人） | 51.73 | 65.82 | 127.24 |
| 人均净利润/（万美元/人） | 6.03 | 1.01 | 16.75 |

表 8-17　2023 中国 500 强与世界 500 强炼油业领先企业对比

| 对比指标 | 埃克森美孚（1）（美国） | 中国石油天然气集团有限公司（2） | [（2）/（1）]/% |
| --- | --- | --- | --- |
| 营业收入/百万美元 | 413680 | 483019 | 116.76 |
| 净利润/百万美元 | 55740 | 21080 | 37.82 |
| 资产/百万美元 | 369067 | 637223 | 172.66 |
| 所有者权益/百万美元 | 195049 | 307192 | 157.49 |
| 员工人数/人 | 62000 | 1087049 | 1753.30 |
| 收入净利率/% | 13.47 | 4.36 | 32.37 |
| 资产净利率/% | 15.10 | 3.31 | 21.92 |
| 净资产收益率/% | 28.58 | 6.86 | 24.00 |
| 劳动生产率/（万美元/人） | 667.23 | 44.43 | 6.66 |
| 人均净利润/（万美元/人） | 89.90 | 1.94 | 2.16 |

表 8-18　2023 中国 500 强与世界 500 强贸易业领先企业对比

| 对比指标 | 托克集团（1）（新加坡） | 厦门建发集团有限公司（2） | [（2）/（1）]/% |
| --- | --- | --- | --- |
| 营业收入/百万美元 | 318476 | 125971 | 39.55 |
| 净利润/百万美元 | 6994 | 454 | 6.50 |
| 资产/百万美元 | 98634 | 104907 | 106.36 |
| 所有者权益/百万美元 | 14909 | 8662 | 58.10 |
| 员工人数/人 | 12347 | 40959 | 331.73 |
| 收入净利率/% | 2.20 | 0.36 | 16.36 |
| 资产净利率/% | 7.09 | 0.43 | 6.06 |
| 净资产收益率/% | 46.91 | 5.25 | 11.19 |
| 劳动生产率/（万美元/人） | 2579.38 | 307.55 | 11.92 |
| 人均净利润/（万美元/人） | 56.65 | 1.11 | 1.96 |

### 第八章 2023中国500强与世界500强行业领先企业主要经济指标对比

表8-19 2023中国500强与世界500强能源业领先企业对比

| 对比指标 | Uniper公司（1）（德国） | 中国华能集团有限公司（2） | [（2）/（1）]/% |
|---|---|---|---|
| 营业收入/百万美元 | 288309 | 63284 | 21.95 |
| 净利润/百万美元 | -19961 | 1125 | — |
| 资产/百万美元 | 129616 | 205184 | 158.30 |
| 所有者权益/百万美元 | 4511 | 20272 | 449.37 |
| 员工人数/人 | 7008 | 124588 | 1777.80 |
| 收入净利率/% | -6.92 | 1.78 | — |
| 资产净利率/% | -15.40 | 0.55 | — |
| 净资产收益率/% | -442.47 | 5.55 | — |
| 劳动生产率/（万美元/人） | 4114.00 | 50.79 | 1.23 |
| 人均净利润/（万美元/人） | -284.84 | 0.90 | — |

表8-20 2023中国500强与世界500强保健品批发业领先企业对比

| 对比指标 | 麦克森公司（1）（美国） | 中国医药集团有限公司（2） | [（2）/（1）]/% |
|---|---|---|---|
| 营业收入/百万美元 | 276711 | 94075 | 34.00 |
| 净利润/百万美元 | 3560 | 1101 | 30.92 |
| 资产/百万美元 | 62320 | 81654 | 131.02 |
| 所有者权益/百万美元 | -1857 | 18588 | — |
| 员工人数/人 | 48000 | 201508 | 419.81 |
| 收入净利率/% | 1.29 | 1.17 | 90.70 |
| 资产净利率/% | 5.71 | 1.35 | 23.64 |
| 净资产收益率/% | -191.71 | 5.92 | — |
| 劳动生产率/（万美元/人） | 576.48 | 46.69 | 8.10 |
| 人均净利润/（万美元/人） | 7.42 | 0.55 | 7.41 |

表8-21 2023中国500强与世界500强人寿与健康保险（股份）业领先企业对比

| 对比指标 | 安联保险集团（1）（德国） | 中国平安保险(集团)股份有限公司(2) | [（2）/（1）]/% |
|---|---|---|---|
| 营业收入/百万美元 | 129059 | 181566 | 140.68 |
| 净利润/百万美元 | 7087 | 12454 | 175.73 |
| 资产/百万美元 | 1089944 | 1614738 | 148.15 |
| 所有者权益/百万美元 | 54923 | 124496 | 226.67 |
| 员工人数/人 | 159253 | 344223 | 216.15 |
| 收入净利率/% | 5.49 | 6.86 | 124.95 |
| 资产净利率/% | 0.65 | 0.77 | 118.46 |
| 净资产收益率/% | 12.90 | 10.00 | 77.52 |
| 劳动生产率/（万美元/人） | 81.04 | 52.75 | 65.09 |
| 人均净利润/（万美元/人） | 4.45 | 3.62 | 81.35 |

表 8-22  2023 中国 500 强与世界 500 强人寿与健康保险（互助）业领先企业对比

| 对比指标 | 日本生命保险公司（1）（日本） | 中国太平保险集团有限责任公司(2) | [(2)/(1)]/% |
| --- | --- | --- | --- |
| 营业收入/百万美元 | 71213 | 38706 | 54.35 |
| 净利润/百万美元 | 873 | 116 | 13.29 |
| 资产/百万美元 | 659896 | 182634 | 27.68 |
| 所有者权益/百万美元 | 15859 | 5064 | 31.93 |
| 员工人数/人 | 88528 | 68386 | 77.25 |
| 收入净利率/% | 1.23 | 0.30 | 24.39 |
| 资产净利率/% | 0.13 | 0.06 | 46.15 |
| 净资产收益率/% | 5.51 | 2.29 | 41.56 |
| 劳动生产率/（万美元/人） | 80.44 | 56.60 | 70.36 |
| 人均净利润/（万美元/人） | 0.99 | 0.17 | 17.17 |

表 8-23  2023 中国 500 强与世界 500 强食品生产业领先企业对比

| 对比指标 | ADM 公司（1）（美国） | 新希望控股集团有限公司（2） | [(2)/(1)]/% |
| --- | --- | --- | --- |
| 营业收入/百万美元 | 101556 | 41426 | 40.79 |
| 净利润/百万美元 | 4340 | 8 | 0.18 |
| 资产/百万美元 | 59774 | 49488 | 82.79 |
| 所有者权益/百万美元 | 24284 | 3882 | 15.98 |
| 员工人数/人 | 41181 | 123933 | 300.95 |
| 收入净利率/% | 4.27 | 0.02 | 0.47 |
| 资产净利率/% | 7.26 | 0.02 | 0.28 |
| 净资产收益率/% | 17.87 | 0.20 | 1.12 |
| 劳动生产率/（万美元/人） | 246.61 | 33.43 | 13.56 |
| 人均净利润/（万美元/人） | 10.54 | 0.01 | 0.09 |

表 8-24  2023 中国 500 强与世界 500 强网络、通信设备业领先企业对比

| 对比指标 | 思科公司（1）（美国） | 华为投资控股有限公司（2） | [(2)/(1)]/% |
| --- | --- | --- | --- |
| 营业收入/百万美元 | 51557 | 95490 | 185.21 |
| 净利润/百万美元 | 11812 | 5283 | 44.72 |
| 资产/百万美元 | 94002 | 154237 | 164.08 |
| 所有者权益/百万美元 | 39773 | 63355 | 159.29 |
| 员工人数/人 | 83300 | 207000 | 248.50 |
| 收入净利率/% | 22.91 | 5.53 | 24.14 |
| 资产净利率/% | 12.57 | 3.42 | 27.21 |
| 净资产收益率/% | 29.70 | 8.34 | 28.08 |
| 劳动生产率/（万美元/人） | 61.89 | 46.13 | 74.54 |
| 人均净利润/（万美元/人） | 14.18 | 2.55 | 17.98 |

表 8-25 2023 中国 500 强与世界 500 强商业银行储蓄业领先企业对比

| 对比指标 | 摩根大通公司（1）（美国） | 中国工商银行股份有限公司（2） | [（2）/（1）]/% |
|---|---|---|---|
| 营业收入/百万美元 | 154792 | 214766 | 138.75 |
| 净利润/百万美元 | 37676 | 53589 | 142.24 |
| 资产/百万美元 | 3665743 | 5742860 | 156.66 |
| 所有者权益/百万美元 | 292332 | 506752 | 173.35 |
| 员工人数/人 | 293723 | 427587 | 145.57 |
| 收入净利率/% | 24.34 | 24.95 | 102.51 |
| 资产净利率/% | 1.03 | 0.93 | 90.29 |
| 净资产收益率/% | 12.89 | 10.58 | 82.08 |
| 劳动生产率/（万美元/人） | 52.70 | 50.23 | 95.31 |
| 人均净利润/（万美元/人） | 12.83 | 12.53 | 97.66 |

表 8-26 2023 中国 500 强与世界 500 强邮件、包裹及货物包装运输业领先企业对比

| 对比指标 | 联合包裹速递服务公司(1)（美国） | 中国邮政集团有限公司(2) | [（2）/（1）]/% |
|---|---|---|---|
| 营业收入/百万美元 | 100338 | 110271 | 109.90 |
| 净利润/百万美元 | 11548 | 4897 | 42.40 |
| 资产/百万美元 | 71124 | 2131968 | 2997.54 |
| 所有者权益/百万美元 | 19786 | 71671 | 362.23 |
| 员工人数/人 | 404700 | 752547 | 185.95 |
| 收入净利率/% | 11.51 | 4.44 | 38.58 |
| 资产净利率/% | 16.24 | 0.23 | 1.42 |
| 净资产收益率/% | 58.36 | 6.83 | 11.70 |
| 劳动生产率/（万美元/人） | 24.79 | 14.65 | 59.10 |
| 人均净利润/（万美元/人） | 2.85 | 0.65 | 22.81 |

表 8-27 2023 中国 500 强与世界 500 强运输及物流业领先企业对比

| 对比指标 | 德讯集团（1）（瑞士） | 浙江省交通投资集团有限公司(2) | [（2）/（1）]/% |
|---|---|---|---|
| 营业收入/百万美元 | 41278 | 46617 | 112.93 |
| 净利润/百万美元 | 2770 | 859 | 31.01 |
| 资产/百万美元 | 15951 | 121861 | 763.98 |
| 所有者权益/百万美元 | 4477 | 20049 | 447.82 |
| 员工人数/人 | 75194 | 41757 | 55.53 |
| 收入净利率/% | 6.71 | 1.84 | 27.42 |
| 资产净利率/% | 17.37 | 0.70 | 4.03 |
| 净资产收益率/% | 61.88 | 4.28 | 6.92 |
| 劳动生产率/（万美元/人） | 54.90 | 111.64 | 203.35 |
| 人均净利润/（万美元/人） | 3.68 | 2.06 | 55.98 |

表 8-28　2023 中国 500 强与世界 500 强制药业领先企业对比

| 对比指标 | 辉瑞制药有限公司（1）（美国） | 广州医药集团有限公司（2） | [（2）/（1）]/% |
| --- | --- | --- | --- |
| 营业收入/百万美元 | 100330 | 35383 | 35.27 |
| 净利润/百万美元 | 31372 | 311 | 0.99 |
| 资产/百万美元 | 197205 | 11489 | 5.83 |
| 所有者权益/百万美元 | 95661 | 2024 | 2.12 |
| 员工人数/人 | 83000 | 35057 | 42.24 |
| 收入净利率/% | 31.27 | 0.88 | 2.81 |
| 资产净利率/% | 15.91 | 2.71 | 17.03 |
| 净资产收益率/% | 32.79 | 15.38 | 46.90 |
| 劳动生产率/（万美元/人） | 120.88 | 100.93 | 83.50 |
| 人均净利润/（万美元/人） | 37.80 | 0.89 | 2.35 |

注：本章数据和行业分类依据美国《财富》的 2023 世界 500 强排行榜。

# 第九章
# 2023 中国企业 500 强

2023 中国企业 500 强情况，见表 9-1 至表 9-19。

表 9-1 2023 中国企业 500 强

| 上年名次 | 名次 | 企业名称 | 地区 | 营业收入/万元 | 净利润/万元 | 资产/万元 | 所有者权益/万元 | 从业人数/人 |
| --- | --- | --- | --- | --- | --- | --- | --- | --- |
| 1 | 1 | 国家电网有限公司 | 北京 | 356524505 | 5510499 | 490227557 | 209797126 | 969301 |
| 2 | 2 | 中国石油天然气集团有限公司 | 北京 | 324915726 | 14179836 | 439505369 | 211876657 | 1087049 |
| 3 | 3 | 中国石油化工集团有限公司 | 北京 | 316934342 | 6496012 | 254334578 | 91187023 | 527487 |
| 4 | 4 | 中国建筑股份有限公司 | 北京 | 205505207 | 5095030 | 265290331 | 38432214 | 382492 |
| 5 | 5 | 中国工商银行股份有限公司 | 北京 | 144468994 | 36048300 | 3960965700 | 349517100 | 427587 |
| 6 | 6 | 中国建设银行股份有限公司 | 北京 | 136405400 | 32386100 | 3460191700 | 285673300 | 376682 |
| 8 | 7 | 中国农业银行股份有限公司 | 北京 | 125768500 | 25914000 | 3392753300 | 266841200 | 452258 |
| 7 | 8 | 中国平安保险（集团）股份有限公司 | 广东 | 121818400 | 8377400 | 1113716800 | 85867500 | 344223 |
| 9 | 9 | 中国中化控股有限责任公司 | 北京 | 116934655 | -942 | 158400681 | -720068 | 223448 |
| 10 | 10 | 中国铁路工程集团有限公司 | 北京 | 115477604 | 1368677 | 162053670 | 13125944 | 312906 |
| 20 | 11 | 中国海洋石油集团有限公司 | 北京 | 110831212 | 11427207 | 151335316 | 74724159 | 81775 |
| 11 | 12 | 中国铁道建筑集团有限公司 | 北京 | 109671201 | 1210540 | 152853790 | 11861730 | 342098 |
| 14 | 13 | 中国宝武钢铁集团有限公司 | 上海 | 108770720 | 1676852 | 123984105 | 32081228 | 219340 |
| 13 | 14 | 中国银行股份有限公司 | 北京 | 105445800 | 22743900 | 2891385700 | 242758900 | 306182 |
| 15 | 15 | 京东集团股份有限公司 | 北京 | 104623600 | 1038000 | 59525000 | 21336600 | 450679 |
| 12 | 16 | 中国人寿保险（集团）公司 | 北京 | 101901900 | 4613600 | 612682200 | 19291700 | 180619 |
| 16 | 17 | 中国移动通信集团有限公司 | 北京 | 93903722 | 9900630 | 228796985 | 126065120 | 452202 |
| 18 | 18 | 中国交通建设集团有限公司 | 北京 | 93011239 | 844141 | 237518365 | 17217641 | 221017 |
| 17 | 19 | 中国五矿集团有限公司 | 北京 | 89830142 | 589851 | 105634035 | 6525324 | 187962 |
| 19 | 20 | 阿里巴巴（中国）有限公司 | 浙江 | 86453900 | 3275200 | 177212400 | 97595400 | 239740 |
| 26 | 21 | 厦门建发集团有限公司 | 福建 | 84737423 | 305653 | 72356281 | 5974413 | 40959 |
| 23 | 22 | 山东能源集团有限公司 | 山东 | 83471545 | 21917 | 95112301 | 10069602 | 232841 |
| 22 | 23 | 中国华润有限公司 | 广东 | 81826544 | 3135765 | 228869995 | 31606764 | 379944 |
| 30 | 24 | 国家能源投资集团有限责任公司 | 北京 | 81786458 | 3833714 | 194216366 | 49416564 | 313123 |
| 31 | 25 | 中国南方电网有限责任公司 | 广东 | 76465826 | 1019412 | 114511539 | 41646438 | 282571 |
| 21 | 26 | 上海汽车集团股份有限公司 | 上海 | 74406288 | 1611755 | 99010738 | 27923353 | 153196 |
| 29 | 27 | 中国邮政集团有限公司 | 北京 | 74176479 | 3371864 | 1470460708 | 49510922 | 752547 |
| 32 | 28 | 中粮集团有限公司 | 北京 | 74143735 | 1187657 | 69557102 | 11635564 | 103537 |
| 36 | 29 | 厦门国贸控股集团有限公司 | 福建 | 69346046 | 194727 | 32220107 | 3639521 | 35647 |
| 35 | 30 | 中国中信集团有限公司 | 北京 | 67784747 | 2626084 | 1059769342 | 43824860 | 172761 |
| 34 | 31 | 中国电力建设集团有限公司 | 北京 | 66608157 | 417619 | 129507190 | 10330028 | 182424 |
| 33 | 32 | 华为投资控股有限公司 | 广东 | 64233800 | 3553400 | 106380400 | 43697500 | 205000 |
| 28 | 33 | 中国医药集团有限公司 | 北京 | 63282506 | 740486 | 56318190 | 12820377 | 201508 |
| 42 | 34 | 中国远洋海运集团有限公司 | 上海 | 62680959 | 4192612 | 111425823 | 27216379 | 110805 |
| 37 | 35 | 中国人民保险集团股份有限公司 | 北京 | 62085900 | 2440600 | 150870200 | 22151000 | 711050 |

续表

| 上年名次 | 名次 | 企业名称 | 地区 | 营业收入/万元 | 净利润/万元 | 资产/万元 | 所有者权益/万元 | 从业人数/人 |
|---|---|---|---|---|---|---|---|---|
| 24 | 36 | 恒力集团有限公司 | 江苏 | 61175675 | 239755 | 33543244 | 6029335 | 170125 |
| 25 | 37 | 正威国际集团有限公司 | 广东 | 60876037 | 1006955 | 21956890 | 13487312 | 23175 |
| 27 | 38 | 中国第一汽车集团有限公司 | 吉林 | 58979871 | 2587416 | 59636880 | 24963525 | 123615 |
| 43 | 39 | 中国电信集团有限公司 | 北京 | 58634784 | 1386231 | 104664204 | 39621437 | 392726 |
| 59 | 40 | 浙江荣盛控股集团有限公司 | 浙江 | 57961835 | 114279 | 39187015 | 2971399 | 23316 |
| 38 | 41 | 物产中大集团股份有限公司 | 浙江 | 57655134 | 391096 | 14505087 | 3374317 | 24247 |
| 52 | 42 | 厦门象屿集团有限公司 | 福建 | 56262153 | 201499 | 29283915 | 2735254 | 15364 |
| 44 | 43 | 中国兵器工业集团有限公司 | 北京 | 55622839 | 1203024 | 51973929 | 14683811 | 217161 |
| 39 | 44 | 腾讯控股有限公司 | 广东 | 55455200 | 18824300 | 157813100 | 72139100 | 108436 |
| 46 | 45 | 中国航空工业集团有限公司 | 北京 | 54938008 | 1027847 | 127961781 | 23202961 | 383000 |
| 48 | 46 | 太平洋建设集团有限公司 | 新疆维吾尔自治区 | 53463463 | 3490133 | 38040955 | 20685806 | 301565 |
| 50 | 47 | 交通银行股份有限公司 | 上海 | 52586300 | 9214900 | 1299241900 | 102340900 | 91823 |
| 54 | 48 | 晋能控股集团有限公司 | 山西 | 52308198 | 241267 | 110517021 | 7522650 | 470839 |
| 61 | 49 | 广州汽车工业集团有限公司 | 广东 | 52027981 | 419100 | 39490345 | 6332291 | 113864 |
| 47 | 50 | 中国铝业集团有限公司 | 北京 | 51759778 | 1141844 | 62501951 | 10936910 | 132740 |
| 67 | 51 | 陕西煤业化工集团有限责任公司 | 陕西 | 51036767 | 932553 | 72274582 | 9712448 | 151607 |
| 56 | 52 | 江西铜业集团有限公司 | 江西 | 50401784 | 312244 | 20964471 | 3712332 | 32695 |
| 64 | 53 | 山东魏桥创业集团有限公司 | 山东 | 50398814 | 626397 | 25732721 | 8829278 | 98100 |
| 57 | 54 | 万科企业股份有限公司 | 广东 | 50383837 | 2261778 | 175712444 | 24269134 | 131817 |
| 49 | 55 | 招商局集团有限公司 | 北京 | 49295592 | 5700322 | 263202724 | 47612321 | 276019 |
| 55 | 56 | 招商银行股份有限公司 | 广东 | 48902500 | 13801200 | 1013891200 | 94550300 | 112999 |
| 51 | 57 | 联想控股股份有限公司 | 北京 | 48366270 | 116706 | 68107417 | 6258543 | 101587 |
| 40 | 58 | 东风汽车集团有限公司 | 湖北 | 46021550 | 814742 | 50548219 | 12735527 | 134637 |
| 58 | 59 | 中国保利集团有限公司 | 北京 | 45537678 | 866210 | 182848841 | 11749656 | 118007 |
| 60 | 60 | 中国太平洋保险（集团）股份有限公司 | 上海 | 45537244 | 2460898 | 217629908 | 22844570 | 110862 |
| 53 | 61 | 北京汽车集团有限公司 | 北京 | 45258136 | 199179 | 47136670 | 6890975 | 95000 |
| 41 | 62 | 绿地控股集团股份有限公司 | 上海 | 43551965 | 101008 | 136532106 | 9065102 | 70177 |
| 45 | 63 | 碧桂园控股有限公司 | 广东 | 43037100 | -605200 | 174446700 | 20362300 | 69932 |
| 68 | 64 | 中国华能集团有限公司 | 北京 | 42454816 | 756986 | 141519461 | 13982189 | 124588 |
| 122 | 65 | 比亚迪股份有限公司 | 广东 | 42406064 | 1662245 | 49386065 | 11102930 | 570060 |
| 76 | 66 | 盛虹控股集团有限公司 | 江苏 | 41202270 | 287718 | 20617686 | 3857624 | 39059 |
| 66 | 67 | 兴业银行股份有限公司 | 福建 | 41026800 | 9137700 | 926667100 | 74618700 | 69840 |
| 72 | 68 | 浙江吉利控股集团有限公司 | 浙江 | 40626870 | 635648 | 56067708 | 8972283 | 131517 |
| 62 | 69 | 河钢集团有限公司 | 河北 | 40066825 | 33323 | 53956036 | 6325258 | 99807 |
| 82 | 70 | 浙江恒逸集团有限公司 | 浙江 | 38566157 | -103131 | 13486979 | 1250995 | 21261 |

续表

| 上年名次 | 名次 | 企业名称 | 地区 | 营业收入/万元 | 净利润/万元 | 资产/万元 | 所有者权益/万元 | 从业人数/人 |
|---|---|---|---|---|---|---|---|---|
| 63 | 71 | 中国建材集团有限公司 | 北京 | 38015811 | 423223 | 70296223 | 4878573 | 208857 |
| 73 | 72 | 中国电子科技集团有限公司 | 北京 | 37567355 | 1792961 | 59416897 | 22051605 | 235912 |
| 85 | 73 | 中国能源建设集团有限公司 | 北京 | 36922911 | 366260 | 67970691 | 4727395 | 116787 |
| 74 | 74 | 青山控股集团有限公司 | 浙江 | 36802845 | 980339 | 13890091 | 5256304 | 100982 |
| 71 | 75 | 上海浦东发展银行股份有限公司 | 上海 | 36354800 | 5117100 | 870465100 | 69787200 | 64731 |
| 80 | 76 | 国家电力投资集团有限公司 | 北京 | 36339130 | 500301 | 158179590 | 18655546 | 123401 |
| 81 | 77 | 中国联合网络通信集团有限公司 | 北京 | 35615693 | 656480 | 68348838 | 19234333 | 256973 |
| 78 | 78 | 陕西延长石油（集团）有限责任公司 | 陕西 | 35129934 | 585373 | 48898140 | 15325298 | 130475 |
| 79 | 79 | 海尔集团公司 | 山东 | 35062328 | 1105285 | 49719941 | 7449669 | 120501 |
| 75 | 80 | 中国船舶集团有限公司 | 北京 | 34844219 | 1823030 | 94467362 | 28458537 | 204497 |
| 77 | 81 | 美的集团股份有限公司 | 广东 | 34570871 | 2955351 | 42255527 | 14293524 | 166243 |
| 70 | 82 | 中国机械工业集团有限公司 | 北京 | 34391560 | −275048 | 35577885 | 6263183 | 125370 |
| 69 | 83 | 鞍钢集团有限公司 | 辽宁 | 33661615 | 408959 | 48100840 | 9438059 | 151411 |
| 100 | 84 | 金川集团股份有限公司 | 甘肃 | 33275083 | 748405 | 14388763 | 5191042 | 28930 |
| 196 | 85 | 宁德时代新能源科技股份有限公司 | 福建 | 32859398 | 3072916 | 60095235 | 16448125 | 118914 |
| 89 | 86 | 浙江省交通投资集团有限公司 | 浙江 | 31357811 | 577471 | 84049787 | 13828160 | 41331 |
| 88 | 87 | 苏商建设集团有限公司 | 上海 | 31035975 | 913096 | 22756553 | 10533266 | 151135 |
| 112 | 88 | 敬业集团有限公司 | 河北 | 30744612 | 221575 | 8681312 | 3573953 | 31000 |
| 95 | 89 | 中国华电集团有限公司 | 北京 | 30346738 | 687031 | 102717210 | 11151678 | 92857 |
| 84 | 90 | 中国民生银行股份有限公司 | 北京 | 30314600 | 3526900 | 725567300 | 59992800 | 62615 |
| 93 | 91 | 中国航天科技集团有限公司 | 北京 | 29911639 | 2178779 | 65086177 | 26618131 | 180521 |
| 91 | 92 | 中国兵器装备集团有限公司 | 北京 | 29213594 | 682488 | 41129803 | 9294490 | 156613 |
| 87 | 93 | 江苏沙钢集团有限公司 | 江苏 | 28779934 | 374994 | 34419262 | 7652134 | 45207 |
| 92 | 94 | 上海建工集团股份有限公司 | 上海 | 28603661 | 135568 | 36680362 | 4045525 | 56424 |
| 90 | 95 | 中国中煤能源集团有限公司 | 北京 | 28250310 | 1262843 | 48628108 | 9267580 | 147293 |
| 124 | 96 | 山西焦煤集团有限责任公司 | 山西 | 28025099 | 238973 | 51862362 | 6109978 | 213185 |
| 83 | 97 | 小米集团 | 北京 | 28004402 | 247403 | 27350721 | 14365846 | 35977 |
| 105 | 98 | 新希望控股集团有限公司 | 四川 | 27866414 | 5219 | 34132546 | 2677253 | 123933 |
| 94 | 99 | 中国电子信息产业集团有限公司 | 北京 | 27126532 | −337049 | 42162105 | 7206155 | 184940 |
| 114 | 100 | 紫金矿业集团股份有限公司 | 福建 | 27032900 | 2004205 | 30604414 | 8894278 | 48836 |
| 126 | 101 | 顺丰控股股份有限公司 | 广东 | 26749041 | 617376 | 21684271 | 8626374 | 162823 |
| 107 | 102 | 广州市建筑集团有限公司 | 广东 | 26407769 | 100578 | 19770130 | 1859197 | 44825 |
| 109 | 103 | 中国核工业集团有限公司 | 北京 | 26270430 | 861941 | 115042105 | 18583205 | 181700 |
| 97 | 104 | 中国太平保险集团有限责任公司 | 上海 | 26036483 | 78098 | 125966322 | 3492535 | 68386 |

续表

| 上年名次 | 名次 | 企业名称 | 地区 | 营业收入/万元 | 净利润/万元 | 资产/万元 | 所有者权益/万元 | 从业人数/人 |
| --- | --- | --- | --- | --- | --- | --- | --- | --- |
| 115 | 105 | 蜀道投资集团有限责任公司 | 四川 | 25574890 | 434417 | 118808408 | 27271736 | 48713 |
| 110 | 106 | 深圳市投资控股有限公司 | 广东 | 25486226 | 609773 | 105726821 | 18882202 | 103117 |
| 116 | 107 | 中国大唐集团有限公司 | 北京 | 25296745 | 122245 | 84944885 | 9198835 | 89210 |
| 101 | 108 | 中国航天科工集团有限公司 | 北京 | 25138778 | 1457557 | 51846070 | 18264460 | 141260 |
| 117 | 109 | 龙湖集团控股有限公司 | 重庆 | 25056511 | 2436205 | 78677442 | 14210036 | 31565 |
| 96 | 110 | 首钢集团有限公司 | 北京 | 24789937 | 127027 | 51884243 | 12032247 | 91165 |
| 99 | 111 | 杭州钢铁集团有限公司 | 浙江 | 24766765 | 165351 | 8234674 | 2710579 | 11411 |
| 125 | 112 | 新疆中泰（集团）有限责任公司 | 新疆维吾尔自治区 | 24728924 | 75585 | 14900597 | 717618 | 47007 |
| 147 | 113 | 广州工业投资控股集团有限公司 | 广东 | 24612246 | 157315 | 29175733 | 3756023 | 88022 |
| 134 | 114 | 广州医药集团有限公司 | 广东 | 23801344 | 209458 | 7924301 | 1396143 | 34954 |
| 278 | 115 | 广东省广新控股集团有限公司 | 广东 | 23791433 | 239179 | 12727552 | 1834063 | 40613 |
| 102 | 116 | 泰康保险集团股份有限公司 | 北京 | 23434005 | 1086282 | 136544606 | 10649732 | 59011 |
| 146 | 117 | 陕西建工控股集团有限公司 | 陕西 | 23365635 | 263019 | 38723928 | 1550885 | 41968 |
| 111 | 118 | 中国中车集团有限公司 | 北京 | 23339797 | 607004 | 51193476 | 8928912 | 170184 |
| 113 | 119 | 铜陵有色金属集团控股有限公司 | 安徽 | 23267823 | 3363 | 10101527 | 811633 | 21797 |
| 123 | 120 | 上海医药集团股份有限公司 | 上海 | 23198130 | 561715 | 19813490 | 6706301 | 47877 |
| 131 | 121 | 山东高速集团有限公司 | 山东 | 23176927 | 299202 | 132254620 | 18304087 | 54097 |
| 135 | 122 | 上海德龙钢铁集团有限公司 | 上海 | 22557196 | 170481 | 14485850 | 2406094 | 46403 |
| 104 | 123 | 安徽海螺集团有限责任公司 | 安徽 | 22192212 | 585540 | 30162811 | 7321327 | 61637 |
| 108 | 124 | 北京建龙重工集团有限公司 | 北京 | 22116493 | 154129 | 17475625 | 3658642 | 56300 |
| 120 | 125 | 湖南钢铁集团有限公司 | 湖南 | 22011764 | 790826 | 15706431 | 3844392 | 35492 |
| 150 | 126 | 美团公司 | 上海 | 21995495 | -668611 | 24448119 | 12876161 | 91932 |
| 121 | 127 | 潞安化工集团有限公司 | 山西 | 21926684 | 58932 | 34388796 | 3212410 | 113557 |
| 127 | 128 | 多弗国际控股集团有限公司 | 浙江 | 21668635 | 273363 | 14136253 | 7763885 | 21200 |
| 231 | 129 | 通威集团有限公司 | 四川 | 21488237 | 1101219 | 15988402 | 2633754 | 42381 |
| 119 | 130 | 新华人寿保险股份有限公司 | 北京 | 21431900 | 982200 | 125504400 | 10288400 | 32564 |
| 171 | 131 | 立讯精密工业股份有限公司 | 广东 | 21402839 | 916310 | 14838432 | 4534290 | 236932 |
| 118 | 132 | 中国航空油料集团有限公司 | 北京 | 21284052 | 276153 | 7222462 | 3124651 | 14229 |
| 133 | 133 | 成都兴城投资集团有限公司 | 四川 | 21057505 | 125137 | 108729889 | 7043261 | 39094 |
| 128 | 134 | 广西投资集团有限公司 | 广西壮族自治区 | 21029995 | 56518 | 74937609 | 3057791 | 32763 |
| 130 | 135 | 新疆广汇实业投资（集团）有限责任公司 | 新疆维吾尔自治区 | 20800708 | 107053 | 25748922 | 4060281 | 74069 |
| 132 | 136 | 海亮集团有限公司 | 浙江 | 20737008 | 33745 | 6753697 | 2162115 | 25423 |
| 149 | 137 | 天能控股集团有限公司 | 浙江 | 20192105 | 195435 | 7678504 | 1399641 | 26953 |
| 177 | 138 | 冀南钢铁集团有限公司 | 河北 | 19986509 | 1504374 | 18605698 | 6042967 | 35042 |
| 129 | 139 | 云南省投资控股集团有限公司 | 云南 | 19619241 | 30056 | 56866075 | 8096131 | 48487 |
| 156 | 140 | 北大荒农垦集团有限公司 | 黑龙江 | 19130694 | 38928 | 25460645 | 4348106 | 482083 |

续表

| 上年名次 | 名次 | 企业名称 | 地区 | 营业收入/万元 | 净利润/万元 | 资产/万元 | 所有者权益/万元 | 从业人数/人 |
|---|---|---|---|---|---|---|---|---|
| 138 | 141 | 河北新华联合冶金控股集团有限公司 | 河北 | 19087309 | 231590 | 13319313 | 1229568 | 20595 |
| 165 | 142 | 万向集团公司 | 浙江 | 19046558 | 487649 | 11474688 | 3500785 | 33711 |
| 140 | 143 | 珠海格力电器股份有限公司 | 广东 | 18898838 | 2450662 | 35502476 | 9675873 | 72380 |
| 151 | 144 | 万洲国际有限公司 | 河南 | 18891636 | 919873 | 13828213 | 6686016 | 104000 |
| 141 | 145 | 南京钢铁集团有限公司 | 江苏 | 18835177 | 204885 | 8460971 | 2037115 | 10075 |
| 157 | 146 | 海信集团控股股份有限公司 | 山东 | 18493639 | 362376 | 17864558 | 2120436 | 97838 |
| 162 | 147 | 甘肃省公路航空旅游投资集团有限公司 | 甘肃 | 18316272 | 16501 | 70237744 | 21228106 | 55401 |
| 154 | 148 | 中国通用技术（集团）控股有限责任公司 | 北京 | 18301681 | 202221 | 27752364 | 4957247 | 89484 |
| 197 | 149 | 协鑫集团有限公司 | 江苏 | 18190524 | 1139410 | 20133587 | 5269704 | 23985 |
| 145 | 150 | 北京首农食品集团有限公司 | 北京 | 18034960 | 233993 | 16133958 | 4198836 | 52879 |
| 142 | 151 | 河北津西钢铁集团股份有限公司 | 河北 | 18000137 | 62340 | 7064998 | 2601660 | 8382 |
| 148 | 152 | 杭州市实业投资集团有限公司 | 浙江 | 17712484 | 226374 | 7703907 | 1809233 | 4504 |
| 167 | 153 | 陕西有色金属控股集团有限责任公司 | 陕西 | 17621270 | 152551 | 14421596 | 3917007 | 40460 |
| 173 | 154 | 中国化学工程集团有限公司 | 北京 | 17617096 | 288470 | 23474396 | 3437654 | 53697 |
| 166 | 155 | 复星国际有限公司 | 上海 | 17539342 | 53872 | 82314606 | 12152088 | 108000 |
| 86 | 156 | 潍柴动力股份有限公司 | 山东 | 17515754 | 490501 | 29366609 | 7318425 | 87591 |
| 153 | 157 | 华夏银行股份有限公司 | 北京 | 17477000 | 2503500 | 390016700 | 32045700 | 40556 |
| 191 | 158 | 辽宁方大集团实业有限公司 | 辽宁 | 17357814 | -66393 | 40840917 | 3450490 | 125641 |
| 152 | 159 | 洛阳栾川钼业集团股份有限公司 | 河南 | 17299085 | 606694 | 16501921 | 5169856 | 12754 |
| 164 | 160 | 云南省建设投资控股集团有限公司 | 云南 | 17159269 | 348716 | 78437097 | 16324479 | 44393 |
| 182 | 161 | 雅戈尔集团股份有限公司 | 浙江 | 17150017 | 505821 | 9738060 | 3967313 | 21507 |
| 188 | 162 | 浙江省能源集团有限公司 | 浙江 | 16764709 | 558718 | 30088872 | 9159765 | 22973 |
| 106 | 163 | TCL科技集团股份有限公司 | 广东 | 16663215 | 26132 | 35999623 | 5067852 | 69828 |
| N. A. | 164 | 湖南建设投资集团有限责任公司 | 湖南 | 16643163 | 232345 | 22971636 | 4006457 | 42650 |
| 179 | 165 | 万华化学集团股份有限公司 | 山东 | 16556548 | 1623363 | 20084320 | 7684453 | 24387 |
| 178 | 166 | 无锡产业发展集团有限公司 | 江苏 | 16153680 | -69876 | 13107758 | 1525389 | 28700 |
| 155 | 167 | 中国平煤神马控股集团有限公司 | 河南 | 16004052 | 334195 | 22915557 | 3310483 | 120299 |
| 175 | 168 | 浙江省兴合集团有限责任公司 | 浙江 | 15986949 | 34026 | 8133734 | 601634 | 17415 |
| 183 | 169 | 珠海华发集团有限公司 | 广东 | 15763552 | 223564 | 65040443 | 5660767 | 47257 |
| 176 | 170 | 中国国际技术智力合作集团有限公司 | 北京 | 15719486 | 89888 | 2018816 | 802020 | 5548 |
| 195 | 171 | 亨通集团有限公司 | 江苏 | 15599808 | 16853 | 8947699 | 766499 | 18794 |
| 185 | 172 | 四川省宜宾五粮液集团有限公司 | 四川 | 15550392 | 756950 | 28280386 | 5190224 | 46678 |
| 220 | 173 | 新奥天然气股份有限公司 | 河北 | 15404417 | 584391 | 13619744 | 1757812 | 38967 |
| 163 | 174 | 上海电气控股集团有限公司 | 上海 | 15386673 | -1185565 | 39491030 | 1511417 | 73319 |
| 139 | 175 | 中天钢铁集团有限公司 | 江苏 | 15146300 | 61713 | 5417916 | 1775462 | 15528 |
| 237 | 176 | 奇瑞控股集团有限公司 | 安徽 | 15001803 | 214973 | 21454744 | 1924660 | 41624 |

续表

| 上年名次 | 名次 | 企业名称 | 地区 | 营业收入/万元 | 净利润/万元 | 资产/万元 | 所有者权益/万元 | 从业人数/人 |
|---|---|---|---|---|---|---|---|---|
| 184 | 177 | 北京城建集团有限责任公司 | 北京 | 14811432 | 232700 | 34974013 | 3277401 | 27791 |
| 172 | 178 | 四川长虹电子控股集团有限公司 | 四川 | 14733866 | 8937 | 10060982 | 224388 | 62443 |
| 202 | 179 | 卓尔控股有限公司 | 湖北 | 14660286 | 27238 | 10276102 | 4655062 | 15926 |
| 211 | 180 | 江苏永钢集团有限公司 | 江苏 | 14522537 | 300244 | 5670745 | 2969840 | 10724 |
| 181 | 181 | 传化集团有限公司 | 浙江 | 14500311 | 305513 | 7985645 | 1253307 | 13589 |
| 161 | 182 | 中国国际海运集装箱（集团）股份有限公司 | 广东 | 14153665 | 321923 | 14589995 | 4861343 | 51543 |
| 223 | 183 | 桐昆控股集团有限公司 | 浙江 | 14124486 | 60252 | 10344055 | 1128609 | 31963 |
| 207 | 184 | 九州通医药集团股份有限公司 | 湖北 | 14042419 | 208496 | 9227211 | 2463980 | 30141 |
| 180 | 185 | 中国有色矿业集团有限公司 | 北京 | 13949733 | 236745 | 11537294 | 1813198 | 42112 |
| 201 | 186 | 山东东明石化集团有限公司 | 山东 | 13856183 | 168246 | 6547185 | 2557143 | 9052 |
| 174 | 187 | 光明食品（集团）有限公司 | 上海 | 13759378 | 18829 | 28008684 | 6789573 | 96639 |
| 272 | 188 | 山东省港口集团有限公司 | 山东 | 13738591 | 271937 | 25204046 | 6417238 | 58358 |
| 189 | 189 | 长城汽车股份有限公司 | 河北 | 13733999 | 826604 | 18535730 | 6520126 | 87367 |
| 390 | 190 | 山东黄金集团有限公司 | 山东 | 13706363 | 25390 | 15346097 | 1013002 | 23530 |
| 209 | 191 | 中国广核集团有限公司 | 广东 | 13698039 | 973839 | 91265773 | 15559271 | 44499 |
| 227 | 192 | 中国贵州茅台酒厂（集团）有限责任公司 | 贵州 | 13646517 | 4018481 | 33549806 | 14634123 | 37469 |
| 215 | 193 | 山西建设投资集团有限公司 | 山西 | 13603913 | 271352 | 17006158 | 2886930 | 34820 |
| 205 | 194 | 江苏银行股份有限公司 | 江苏 | 13464272 | 2538599 | 298029469 | 20863273 | 17590 |
| 206 | 195 | 宁波金田投资控股有限公司 | 浙江 | 13456923 | 14064 | 2358393 | 245244 | 7798 |
| 213 | 196 | 阳光保险集团股份有限公司 | 广东 | 13187325 | 488185 | 48535738 | 6074098 | 57152 |
| 221 | 197 | 南山集团有限公司 | 山东 | 13062086 | 414219 | 15380693 | 7211914 | 45620 |
| 199 | 198 | 超威电源集团有限公司 | 浙江 | 12983261 | 177639 | 1817366 | 839237 | 16972 |
| 214 | 199 | 北京建工集团有限责任公司 | 北京 | 12961193 | 57737 | 21812491 | 2954258 | 36439 |
| 187 | 200 | 上海均和集团有限公司 | 上海 | 12946657 | 26125 | 4068373 | 1387924 | 5000 |
| 288 | 201 | 隆基绿能科技股份有限公司 | 陕西 | 12899811 | 1481157 | 13955559 | 6214679 | 60601 |
| 277 | 202 | 牧原实业集团有限公司 | 河南 | 12636796 | 190735 | 21258826 | 1310581 | 143186 |
| 170 | 203 | 三一集团有限公司 | 湖南 | 12622682 | 115376 | 27886019 | 4023683 | 48606 |
| 186 | 204 | 云南省能源投资集团有限公司 | 云南 | 12610682 | 317112 | 25106798 | 5970111 | 9932 |
| 192 | 205 | 东岭集团股份有限公司 | 陕西 | 12566472 | 21850 | 4500364 | 1080437 | 10112 |
| 235 | 206 | 正泰集团股份有限公司 | 浙江 | 12371893 | 125027 | 14040291 | 2196213 | 41632 |
| 204 | 207 | 百度网络技术有限公司 | 北京 | 12367500 | 755900 | 39097300 | 22347800 | 41300 |
| 232 | 208 | 利华益集团股份有限公司 | 山东 | 12319936 | 237895 | 5508838 | 2656680 | 6520 |
| 225 | 209 | 内蒙古伊利实业集团股份有限公司 | 内蒙古自治区 | 12317104 | 943107 | 13096530 | 5026788 | 67199 |
| 222 | 210 | 中兴通讯股份有限公司 | 广东 | 12295442 | 808030 | 18095357 | 5864119 | 74811 |
| 238 | 211 | 广东省广晟控股集团有限公司 | 广东 | 12063704 | 172292 | 16967682 | 1444833 | 56256 |
| 217 | 212 | 酒泉钢铁（集团）有限责任公司 | 甘肃 | 12042695 | 284080 | 11667534 | 2992218 | 34132 |

续表

| 上年名次 | 名次 | 企业名称 | 地区 | 营业收入/万元 | 净利润/万元 | 资产/万元 | 所有者权益/万元 | 从业人数/人 |
|---|---|---|---|---|---|---|---|---|
| 218 | 213 | 海澜集团有限公司 | 江苏 | 12032549 | 461578 | 11321653 | 8143724 | 16619 |
| 245 | 214 | 金地（集团）股份有限公司 | 广东 | 12020809 | 610729 | 41938322 | 6522954 | 43011 |
| 194 | 215 | 中天控股集团有限公司 | 浙江 | 12012221 | 285441 | 16508690 | 2830202 | 20523 |
| 244 | 216 | 河北普阳钢铁有限公司 | 河北 | 12000384 | 180245 | 5614474 | 3079239 | 8500 |
| 294 | 217 | 绿城房地产集团有限公司 | 浙江 | 11972859 | 358396 | 53434470 | 4037072 | 8087 |
| 228 | 218 | 北京控股集团有限公司 | 北京 | 11910115 | 136186 | 43005912 | 4400049 | 73017 |
| 198 | 219 | 中国黄金集团有限公司 | 北京 | 11714134 | 64389 | 11322494 | 1828520 | 37992 |
| 236 | 220 | 万达控股集团有限公司 | 山东 | 11698534 | 118842 | 5368502 | 1636042 | 12844 |
| 247 | 221 | 兰州新区商贸物流投资集团有限公司 | 甘肃 | 11693807 | −24113 | 1939912 | 648244 | 1707 |
| N. A. | 222 | 浙商银行股份有限公司 | 浙江 | 11673600 | 1361800 | 262193000 | 16293300 | 19907 |
| 226 | 223 | 中基宁波集团股份有限公司 | 浙江 | 11607710 | 36388 | 1762155 | 199989 | 2617 |
| 208 | 224 | 神州数码集团股份有限公司 | 北京 | 11588002 | 100441 | 4021604 | 760204 | 5279 |
| 203 | 225 | 包头钢铁（集团）有限责任公司 | 内蒙古自治区 | 11580001 | 150796 | 20761587 | 3284092 | 51712 |
| 143 | 226 | 华阳新材料科技集团有限公司 | 山西 | 11559118 | 25469 | 20542262 | 2924758 | 57677 |
| 234 | 227 | 江苏新长江实业集团有限公司 | 江苏 | 11427782 | 185965 | 5608646 | 1775787 | 6801 |
| 224 | 228 | 河南能源集团有限公司 | 河南 | 11293252 | −441328 | 25503394 | 213697 | 120981 |
| 329 | 229 | 晶科能源控股有限公司 | 江西 | 11106485 | 293620 | 10563943 | 2669006 | 46494 |
| 243 | 230 | 广西北部湾国际港务集团有限公司 | 广西壮族自治区 | 10808459 | −83892 | 14984883 | 2982686 | 31888 |
| 255 | 231 | 内蒙古电力（集团）有限责任公司 | 内蒙古自治区 | 10800299 | 68400 | 11569487 | 5071425 | 36273 |
| 229 | 232 | 上海银行股份有限公司 | 上海 | 10797629 | 2228022 | 287852476 | 22105406 | 14333 |
| 297 | 233 | 青岛海发国有资本投资运营集团有限公司 | 山东 | 10684349 | 38495 | 13161519 | 1871885 | 15331 |
| 106 | 234 | TCL实业控股股份有限公司 | 广东 | 10608648 | 148076 | 10372568 | 675103 | 39014 |
| 262 | 235 | 广州越秀集团股份有限公司 | 广东 | 10602853 | 372379 | 90347699 | 5613469 | 38027 |
| 249 | 236 | 开滦（集团）有限责任公司 | 河北 | 10568266 | 58150 | 9272566 | 1497482 | 47479 |
| 306 | 237 | 歌尔股份有限公司 | 山东 | 10489432 | 174918 | 7717635 | 2949188 | 85358 |
| 266 | 238 | 广东海大集团股份有限公司 | 广东 | 10471541 | 295414 | 4423778 | 1782490 | 36018 |
| N. A. | 239 | 浪潮集团有限公司 | 山东 | 10375920 | 144959 | 10746465 | 961354 | 29184 |
| 256 | 240 | 天津荣程祥泰投资控股集团有限公司 | 天津 | 10353354 | 2217 | 3724191 | 930800 | 9918 |
| 295 | 241 | 浙江富冶集团有限公司 | 浙江 | 10322860 | 98085 | 1886310 | 522626 | 3500 |
| 216 | 242 | 唯品会控股有限公司 | 广东 | 10315249 | 629882 | 6547551 | 3275204 | 13809 |
| 242 | 243 | 福建大东海实业集团有限公司 | 福建 | 10309529 | 189548 | 6527726 | 5250592 | 21060 |
| 264 | 244 | 山西鹏飞集团有限公司 | 山西 | 10296933 | 607411 | 13731342 | 7127872 | 24753 |
| 246 | 245 | 晨鸣控股有限公司 | 山东 | 10261671 | −10132 | 8634709 | 237521 | 10855 |
| 190 | 246 | 南通三建控股有限公司 | 江苏 | 10246320 | −2726 | 3359903 | 1836129 | 72336 |

续表

| 上年名次 | 名次 | 企业名称 | 地区 | 营业收入/万元 | 净利润/万元 | 资产/万元 | 所有者权益/万元 | 从业人数/人 |
|---|---|---|---|---|---|---|---|---|
| 313 | 247 | 新疆特变电工集团有限公司 | 新疆维吾尔自治区 | 10208457 | 287678 | 18444763 | 1393207 | 26241 |
| 230 | 248 | 新余钢铁集团有限公司 | 江西 | 10200306 | 22285 | 6716238 | 1650526 | 19018 |
| 239 | 249 | 江铃汽车集团有限公司 | 江西 | 10113182 | -9026 | 7306827 | 1132577 | 34846 |
| 240 | 250 | 广东鼎龙实业集团有限公司 | 广东 | 10087069 | -15479 | 2584605 | 833473 | 3837 |
| 354 | 251 | 湖北联投集团有限公司 | 湖北 | 10077768 | -14208 | 29716530 | 2248226 | 20924 |
| 282 | 252 | 四川华西集团有限公司 | 四川 | 10055680 | 151607 | 12335683 | 1535608 | 23276 |
| 259 | 253 | 北京能源集团有限责任公司 | 北京 | 10052951 | 201450 | 42113323 | 9738837 | 34020 |
| 285 | 254 | 旭阳控股有限公司 | 北京 | 10013971 | 213400 | 8101800 | 2450900 | 16253 |
| 193 | 255 | 广西柳州钢铁集团有限公司 | 广西壮族自治区 | 9975923 | -577081 | 12060400 | 3011432 | 31829 |
| 252 | 256 | 浙江省建设投资集团股份有限公司 | 浙江 | 9853513 | 96908 | 11111984 | 829094 | 21351 |
| 411 | 257 | 云账户技术（天津）有限公司 | 天津 | 9742960 | 3881 | 275759 | 17852 | 984 |
| 269 | 258 | 浙江省国际贸易集团有限公司 | 浙江 | 9728913 | 173558 | 15900196 | 1860985 | 22524 |
| 280 | 259 | 云天化集团有限责任公司 | 云南 | 9653286 | 143435 | 9835379 | 1052519 | 22603 |
| 260 | 260 | 网易股份有限公司 | 浙江 | 9649581 | 2033760 | 17276099 | 10473132 | 31119 |
| 254 | 261 | 江苏悦达集团有限公司 | 江苏 | 9640450 | 102169 | 7937341 | 1414438 | 43034 |
| 296 | 262 | 荣耀终端有限公司 | 广东 | 9387219 | 812351 | 8757947 | 4693125 | 13518 |
| 219 | 263 | 徐工集团工程机械股份有限公司 | 江苏 | 9381712 | 430710 | 17508560 | 5325397 | 27457 |
| 273 | 264 | 华勤技术股份有限公司 | 上海 | 9264570 | 256368 | 4382104 | 1238302 | 32324 |
| N.A. | 265 | 内蒙古蒙牛乳业（集团）股份有限公司 | 内蒙古自治区 | 9259332 | 530297 | 11781320 | 4009854 | 47329 |
| 263 | 266 | 中国铁塔股份有限公司 | 北京 | 9216975 | 878662 | 30556084 | 19359241 | 23401 |
| 314 | 267 | 新凤鸣控股集团有限公司 | 浙江 | 9148820 | -3596 | 4167455 | 257177 | 15864 |
| 253 | 268 | 深圳市爱施德股份有限公司 | 广东 | 9142901 | 73027 | 1444143 | 592492 | 3096 |
| N.A. | 269 | 河南交通投资集团有限公司 | 河南 | 9114006 | -127302 | 64045569 | 19360352 | 23140 |
| 300 | 270 | 泸州老窖集团有限责任公司 | 四川 | 9061983 | 386827 | 35456618 | 1845422 | 14653 |
| 284 | 271 | 中天科技集团有限公司 | 江苏 | 9024546 | 317327 | 5405887 | 1216352 | 16013 |
| 276 | 272 | 广东省建筑工程集团控股有限公司 | 广东 | 9012966 | 160990 | 14898581 | 2031720 | 22577 |
| 257 | 273 | 永辉超市股份有限公司 | 福建 | 9009081 | -276316 | 6214321 | 746557 | 108758 |
| 317 | 274 | 四川省能源投资集团有限责任公司 | 四川 | 9004424 | 64424 | 24139655 | 4423655 | 25562 |
| 251 | 275 | 东方国际（集团）有限公司 | 上海 | 8988909 | 47202 | 6270182 | 1757533 | 65034 |
| N.A. | 276 | 河北鑫达钢铁集团有限公司 | 河北 | 8854376 | 163822 | 8893041 | 2781769 | 24288 |
| 279 | 277 | 重庆化医控股（集团）公司 | 重庆 | 8848804 | 16226 | 10130840 | 469771 | 27708 |
| 241 | 278 | 中国南方航空集团有限公司 | 广东 | 8822391 | -2018053 | 33631901 | 4786110 | 108768 |
| 323 | 279 | 白银有色集团股份有限公司 | 甘肃 | 8783535 | 3331 | 4666331 | 1520028 | 19450 |
| 291 | 280 | 甘肃省建设投资（控股）集团有限公司 | 甘肃 | 8733478 | 66015 | 14259524 | 2428323 | 57815 |
| 303 | 281 | 南京银行股份有限公司 | 江苏 | 8709220 | 1840804 | 205948374 | 15625619 | 15769 |
| 292 | 282 | 武安市裕华钢铁有限公司 | 河北 | 8688646 | 704023 | 4207851 | 2948871 | 11542 |

续表

| 上年名次 | 名次 | 企业名称 | 地区 | 营业收入/万元 | 净利润/万元 | 资产/万元 | 所有者权益/万元 | 从业人数/人 |
|---|---|---|---|---|---|---|---|---|
| 275 | 283 | 厦门路桥工程物资有限公司 | 福建 | 8615879 | 44145 | 2374515 | 249539 | 542 |
| 299 | 284 | 日照钢铁控股集团有限公司 | 山东 | 8555053 | 175403 | 14032344 | 4897722 | 14228 |
| 311 | 285 | 安徽建工集团控股有限公司 | 安徽 | 8505306 | 69763 | 15951028 | 491622 | 20421 |
| N.A. | 286 | 天合光能股份有限公司 | 江苏 | 8505179 | 368002 | 8997606 | 2633897 | 23077 |
| 265 | 287 | 双胞胎（集团）股份有限公司 | 江西 | 8463673 | 412748 | 3574437 | 1763771 | 20000 |
| 271 | 288 | 陕西投资集团有限公司 | 陕西 | 8448427 | 340438 | 25909023 | 4845616 | 24695 |
| 352 | 289 | 温氏食品集团股份有限公司 | 广东 | 8372511 | 528900 | 9808449 | 3970331 | 49331 |
| 283 | 290 | 重庆华宇集团有限公司 | 重庆 | 8362636 | 692877 | 11701799 | 6358934 | 4887 |
| 293 | 291 | 四川公路桥梁建设集团有限公司 | 四川 | 8280836 | 894434 | 15669963 | 2740430 | 6474 |
| 302 | 292 | 金鼎钢铁集团有限公司 | 河北 | 8266450 | 153784 | 3100683 | 1325237 | 4269 |
| 328 | 293 | 三房巷集团有限公司 | 江苏 | 8237045 | 72143 | 2901420 | 1157930 | 6180 |
| 289 | 294 | 杭州锦江集团有限公司 | 浙江 | 8227646 | 162550 | 6273920 | 1404052 | 12529 |
| 267 | 295 | 天津泰达投资控股有限公司 | 天津 | 8227420 | 20805 | 45963275 | 10857332 | 20954 |
| 322 | 296 | 四川省川威集团有限公司 | 四川 | 8156572 | 36410 | 4376257 | 684060 | 13861 |
| 305 | 297 | 上海城建（集团）有限公司 | 上海 | 8130812 | 92626 | 18941375 | 1691624 | 22280 |
| 325 | 298 | 奥克斯集团有限公司 | 浙江 | 8101020 | 166504 | 6250572 | 1416793 | 23677 |
| 319 | 299 | 蓝润集团有限公司 | 四川 | 8082156 | 66826 | 9587581 | 3965168 | 20089 |
| 315 | 300 | 广西盛隆冶金有限公司 | 广西壮族自治区 | 8036767 | -123414 | 6677282 | 2380521 | 13953 |
| 347 | 301 | 汇通达网络股份有限公司 | 江苏 | 8035478 | 37908 | 2802397 | 795482 | 4505 |
| 274 | 302 | 云南省交通投资建设集团有限公司 | 云南 | 8012396 | 126115 | 78845371 | 16834020 | 19733 |
| 290 | 303 | 恒信汽车集团股份有限公司 | 湖北 | 7980726 | 129137 | 2533332 | 1449388 | 22033 |
| 320 | 304 | 广西北部湾投资集团有限公司 | 广西壮族自治区 | 7881105 | 267941 | 35893264 | 10482292 | 21076 |
| 324 | 305 | 淮北矿业（集团）有限责任公司 | 安徽 | 7839027 | 163095 | 10315707 | 1892551 | 50637 |
| 381 | 306 | 富海集团新能源控股有限公司 | 山东 | 7833404 | 173433 | 2783525 | 1235694 | 5814 |
| 258 | 307 | 弘阳集团有限公司 | 江苏 | 7832005 | 82995 | 12528376 | 2704092 | 5875 |
| 309 | 308 | 红豆集团有限公司 | 江苏 | 7738008 | 20444 | 5059182 | 1018103 | 18653 |
| 310 | 309 | 华泰集团有限公司 | 山东 | 7704348 | 124068 | 3817914 | 1353550 | 8114 |
| 346 | 310 | 上海钢联电子商务股份有限公司 | 上海 | 7656664 | 20313 | 1384818 | 174840 | 4189 |
| 326 | 311 | 山东京博控股集团有限公司 | 山东 | 7630881 | 137371 | 5276005 | 806315 | 12179 |
| 301 | 312 | 远大物产集团有限公司 | 浙江 | 7611520 | 13036 | 557629 | 202093 | 416 |
| 318 | 313 | 唐山港陆钢铁有限公司 | 河北 | 7510289 | 56832 | 2427267 | 1257471 | 8588 |
| 287 | 314 | 江苏南通二建集团有限公司 | 江苏 | 7491564 | 325231 | 4185792 | 2435681 | 95227 |
| 308 | 315 | 水发集团有限公司 | 山东 | 7453171 | -79168 | 15784529 | 1473017 | 20154 |
| 343 | 316 | 广东省能源集团有限公司 | 广东 | 7381198 | 79187 | 22751338 | 5574588 | 15451 |
| 355 | 317 | 深圳市立业集团有限公司 | 广东 | 7339108 | 250843 | 7874915 | 5087284 | 11450 |

续表

| 上年名次 | 名次 | 企业名称 | 地区 | 营业收入/万元 | 净利润/万元 | 资产/万元 | 所有者权益/万元 | 从业人数/人 |
|---|---|---|---|---|---|---|---|---|
| 406 | 318 | 浙江卫星控股股份有限公司 | 浙江 | 7337437 | 120198 | 6228154 | 886103 | 4735 |
| 365 | 319 | 山东金诚石化集团有限公司 | 山东 | 7314791 | 25041 | 1936943 | 833811 | 2789 |
| N. A. | 320 | 晶澳太阳能科技股份有限公司 | 河北 | 7298940 | 553287 | 7234863 | 2750471 | 32591 |
| 337 | 321 | 广东省广物控股集团有限公司 | 广东 | 7288453 | 77427 | 5333260 | 1577252 | 11022 |
| 353 | 322 | 福建省能源石化集团有限责任公司 | 福建 | 7282591 | 56209 | 15009907 | 2243340 | 18516 |
| 332 | 323 | 江苏国泰国际集团股份有限公司 | 江苏 | 7250062 | 172449 | 3940551 | 1406727 | 34126 |
| 345 | 324 | 恒申控股集团有限公司 | 福建 | 7234250 | 511919 | 5411235 | 2567948 | 8045 |
| 370 | 325 | 心里程控股集团有限公司 | 广东 | 7218535 | 295646 | 2542915 | 1715320 | 3150 |
| 327 | 326 | 山东海科控股有限公司 | 山东 | 7206892 | 164152 | 2551311 | 995609 | 4557 |
| 298 | 327 | 研祥高科技控股集团有限公司 | 广东 | 7156833 | 375794 | 5403945 | 3520126 | 5177 |
| 321 | 328 | 内蒙古鄂尔多斯投资控股集团有限公司 | 内蒙古自治区 | 7155990 | 407856 | 5413328 | 812299 | 24050 |
| 350 | 329 | 永荣控股集团有限公司 | 福建 | 7128010 | 36523 | 3426050 | 1187598 | 5526 |
| 344 | 330 | 河北省物流产业集团有限公司 | 河北 | 7073523 | 726 | 2638666 | 257307 | 2183 |
| 376 | 331 | 上海闽路润贸易有限公司 | 上海 | 7070895 | 22392 | 1411184 | 45672 | 231 |
| 368 | 332 | 山东太阳控股集团有限公司 | 山东 | 7058446 | 379378 | 5936171 | 2671558 | 19578 |
| 339 | 333 | 河北新武安钢铁集团文安钢铁有限公司 | 河北 | 7051283 | 106430 | 1550760 | 1415110 | 3150 |
| 395 | 334 | 申能（集团）有限公司 | 上海 | 7019122 | 370615 | 20666687 | 9338819 | 19472 |
| 375 | 335 | 山东创新金属科技有限公司 | 山东 | 6931930 | 109197 | 1570847 | 503050 | 9829 |
| 363 | 336 | 远景能源有限公司 | 江苏 | 6908477 | 377194 | 14848799 | 3580286 | 3390 |
| 340 | 337 | 德力西集团有限公司 | 浙江 | 6879915 | 123988 | 2420818 | 681161 | 19357 |
| 331 | 338 | 青建集团 | 山东 | 6877651 | 16081 | 5233248 | 1215566 | 15318 |
| 450 | 339 | 福州中景石化集团有限公司 | 福建 | 6754221 | 161931 | 4160871 | 2364017 | 3936 |
| 358 | 340 | 重庆医药（集团）股份有限公司 | 重庆 | 6754136 | 100192 | 5567245 | 944402 | 13705 |
| 401 | 341 | 郑州瑞茂通供应链有限公司 | 河南 | 6747420 | 16145 | 6078942 | 2418841 | 950 |
| 338 | 342 | 天津友发钢管集团股份有限公司 | 天津 | 6736035 | 29703 | 1678038 | 643504 | 13231 |
| 342 | 343 | 云南锡业集团（控股）有限责任公司 | 云南 | 6724721 | -33734 | 5551144 | 328046 | 17821 |
| 373 | 344 | 广西交通投资集团有限公司 | 广西壮族自治区 | 6706920 | 67563 | 62949354 | 16605506 | 16257 |
| 351 | 345 | 福建省港口集团有限责任公司 | 福建 | 6704940 | 38898 | 10054684 | 1708903 | 31380 |
| 372 | 346 | 淮河能源控股集团有限责任公司 | 安徽 | 6689793 | 329610 | 14119356 | 2066091 | 62220 |
| 414 | 347 | 三河汇福粮油集团有限公司 | 河北 | 6671888 | 51707 | 1539647 | 659895 | 1640 |
| 348 | 348 | 红狮控股集团有限公司 | 浙江 | 6652077 | 182953 | 7386639 | 3004947 | 16425 |
| N. A. | 349 | 弘润石化（潍坊）有限责任公司 | 山东 | 6650403 | 192486 | 5063740 | 1556357 | 2625 |
| 361 | 350 | 河南豫光金铅集团有限责任公司 | 河南 | 6640757 | 10112 | 2508512 | 130073 | 6195 |
| 330 | 351 | 渤海银行股份有限公司 | 天津 | 6637037 | 610748 | 165945990 | 10995103 | 12717 |
| 270 | 352 | 中国东方航空集团有限公司 | 上海 | 6597159 | -1721583 | 37294959 | 7451403 | 97935 |
| 425 | 353 | 山东齐润控股集团有限公司 | 山东 | 6581260 | 196030 | 2773376 | 1529804 | 3239 |

续表

| 上年名次 | 名次 | 企业名称 | 地区 | 营业收入/万元 | 净利润/万元 | 资产/万元 | 所有者权益/万元 | 从业人数/人 |
|---|---|---|---|---|---|---|---|---|
| 371 | 354 | 兴华财富集团有限公司 | 河北 | 6563262 | 301267 | 2529353 | 1935023 | 6752 |
| 495 | 355 | 安徽省交通控股集团有限公司 | 安徽 | 6538667 | 539294 | 34428524 | 10549034 | 25095 |
| 397 | 356 | 东方润安集团有限公司 | 江苏 | 6523389 | 90427 | 1388872 | 744947 | 4729 |
| N.A. | 357 | 齐成（山东）石化集团有限公司 | 山东 | 6513500 | 29995 | 2579879 | 109571 | 3200 |
| 392 | 358 | 杭州市城市建设投资集团有限公司 | 浙江 | 6418122 | 224596 | 25424637 | 7476494 | 40614 |
| 333 | 359 | 大汉控股集团有限公司 | 湖南 | 6367019 | 63937 | 2186292 | 946969 | 5468 |
| 412 | 360 | 湖北交通投资集团有限公司 | 湖北 | 6348987 | 380663 | 62922994 | 16892481 | 22477 |
| 304 | 361 | 南通四建集团有限公司 | 江苏 | 6345849 | 390004 | 3945972 | 2574552 | 123000 |
| 369 | 362 | 富通集团有限公司 | 浙江 | 6305010 | 178935 | 3565471 | 1388925 | 4930 |
| N.A. | 363 | 浙江华友钴业股份有限公司 | 浙江 | 6303378 | 390988 | 11059241 | 2589315 | 29757 |
| 377 | 364 | 老凤祥股份有限公司 | 上海 | 6301014 | 170034 | 2600484 | 1012806 | 3716 |
| 336 | 365 | 浙江前程投资股份有限公司 | 浙江 | 6276597 | 1443 | 681871 | 92018 | 386 |
| 261 | 366 | 玖龙纸业（控股）有限公司 | 广东 | 6265145 | -88816 | 11382827 | 4535219 | 19960 |
| 359 | 367 | 杉杉控股有限公司 | 上海 | 6254107 | 10496 | 8096997 | 2154643 | 8190 |
| 374 | 368 | 新疆天业（集团）有限公司 | 新疆维吾尔自治区 | 6236994 | 83581 | 5002828 | 821947 | 15456 |
| N.A. | 369 | 福建百宏聚纤科技实业有限公司 | 福建 | 6236200 | 117734 | 8385040 | 1945962 | 12140 |
| 488 | 370 | 山东寿光鲁清石化有限公司 | 山东 | 6219427 | 120076 | 3256626 | 1100155 | 2645 |
| N.A. | 371 | 内蒙古伊泰集团有限公司 | 内蒙古自治区 | 6216030 | 712583 | 11040614 | 3204301 | 6311 |
| 341 | 372 | 宁夏天元锰业集团有限公司 | 宁夏回族自治区 | 6197005 | -402226 | 13725762 | 1615741 | 20058 |
| 362 | 373 | 物美科技集团有限公司 | 北京 | 6187450 | 294904 | 11478805 | 2935316 | 100000 |
| 360 | 374 | 湖南博长控股集团有限公司 | 湖南 | 6123093 | -9723 | 1357837 | 380635 | 6602 |
| 400 | 375 | 南京新工投资集团有限责任公司 | 江苏 | 6081983 | 115393 | 8694248 | 2609871 | 35063 |
| N.A. | 376 | 贝壳控股有限公司 | 北京 | 6066878 | -138607 | 10934735 | 6892036 | 98540 |
| 431 | 377 | 山西晋南钢铁集团有限公司 | 山西 | 6065673 | -149388 | 2866363 | 780735 | 6585 |
| 388 | 378 | 中华联合保险集团股份有限公司 | 北京 | 6062292 | 65044 | 10060596 | 1820251 | 40134 |
| 379 | 379 | 稻花香集团 | 湖北 | 6052128 | 35966 | 1624136 | 395659 | 10008 |
| 383 | 380 | 天瑞集团股份有限公司 | 河南 | 6013282 | 79043 | 7425756 | 3841417 | 13961 |
| N.A. | 381 | 广西南丹南方金属有限公司 | 广西壮族自治区 | 6011490 | 146385 | 2534823 | 990152 | 5549 |
| N.A. | 382 | 贵州能源集团有限公司 | 贵州 | 6009690 | -13384 | 9144265 | 997919 | 60529 |
| 445 | 383 | 广州产业投资控股集团有限公司 | 广东 | 5986341 | 150209 | 15328489 | 3116718 | 22356 |
| 409 | 384 | 武汉金融控股（集团）有限公司 | 湖北 | 5985279 | 10827 | 17790528 | 1845579 | 17948 |
| 158 | 385 | 中国重汽（香港）有限公司 | 山东 | 5963769 | 175442 | 10547852 | 3590898 | 27080 |
| 382 | 386 | 上海华谊控股集团有限公司 | 上海 | 5943852 | 337670 | 10453040 | 2555511 | 19121 |
| 442 | 387 | 中国东方电气集团有限公司 | 四川 | 5933236 | 172547 | 13028723 | 2228124 | 19630 |
| 391 | 388 | 南昌市政公用集团有限公司 | 江西 | 5897204 | 53545 | 15925889 | 3724153 | 13793 |
| 386 | 389 | 鲁丽集团有限公司 | 山东 | 5849759 | 105244 | 1645776 | 618701 | 8266 |

续表

| 上年名次 | 名次 | 企业名称 | 地区 | 营业收入/万元 | 净利润/万元 | 资产/万元 | 所有者权益/万元 | 从业人数/人 |
| --- | --- | --- | --- | --- | --- | --- | --- | --- |
| N. A. | 390 | 漳州市九龙江集团有限公司 | 福建 | 5845553 | 133131 | 11835645 | 2882978 | 6171 |
| 496 | 391 | 山东金岭集团有限公司 | 山东 | 5834928 | 280328 | 2453955 | 2010142 | 5235 |
| N. A. | 392 | 浙江东南网架集团有限公司 | 浙江 | 5817225 | 46856 | 3654957 | 575196 | 10345 |
| 434 | 393 | 武汉城市建设集团有限公司 | 湖北 | 5808114 | 184128 | 36458769 | 9029041 | 7412 |
| 408 | 394 | 闻泰科技股份有限公司 | 湖北 | 5807869 | 145976 | 7668979 | 3589941 | 34048 |
| 453 | 395 | 深圳前海微众银行股份有限公司 | 广东 | 5798269 | 893705 | 47386163 | 3641370 | 3667 |
| 357 | 396 | 北京首都创业集团有限公司 | 北京 | 5782222 | 45489 | 42060022 | 2620012 | 34159 |
| 364 | 397 | 天元建设集团有限公司 | 山东 | 5781521 | 98179 | 9560490 | 1722477 | 16770 |
| N. A. | 398 | 济宁能源发展集团有限公司 | 山东 | 5762122 | 152297 | 3317215 | 576433 | 14610 |
| 494 | 399 | 宁波富邦控股集团有限公司 | 浙江 | 5752122 | 81918 | 5861929 | 1330045 | 11846 |
| 403 | 400 | 龙信建设集团有限公司 | 江苏 | 5721953 | 88599 | 1540761 | 785815 | 53733 |
| 385 | 401 | 明阳新能源投资控股集团有限公司 | 广东 | 5707347 | 370256 | 11765371 | 4271322 | 11475 |
| 484 | 402 | 昆明市交通投资有限责任公司 | 云南 | 5702908 | 104571 | 18290918 | 6257277 | 3293 |
| 426 | 403 | 人民控股集团有限公司 | 浙江 | 5695582 | 216916 | 1454655 | 1069610 | 23285 |
| N. A. | 404 | 优合产业有限公司 | 广东 | 5670051 | 33607 | 762349 | 126926 | 706 |
| 439 | 405 | 山东招金集团有限公司 | 山东 | 5643228 | 10453 | 7229334 | 417544 | 14305 |
| 307 | 406 | 北京首都开发控股(集团)有限公司 | 北京 | 5639793 | -145374 | 32385307 | 1784715 | 13978 |
| 492 | 407 | 河北鑫海控股集团有限公司 | 河北 | 5636331 | 138125 | 1781649 | 416615 | 2269 |
| N. A. | 408 | 山西晋城钢铁控股集团有限公司 | 山西 | 5617245 | 77356 | 3358703 | 1934767 | 10150 |
| 399 | 409 | 天津渤海化工集团有限责任公司 | 天津 | 5604710 | 65832 | 12694052 | 5458237 | 21623 |
| 475 | 410 | 宜昌兴发集团有限责任公司 | 湖北 | 5541802 | 68053 | 5104730 | 459642 | 15138 |
| 384 | 411 | 华峰集团有限公司 | 浙江 | 5537955 | 165169 | 7611153 | 2328333 | 16902 |
| N. A. | 412 | 深圳市中金岭南有色金属股份有限公司 | 广东 | 5533945 | 121229 | 3265219 | 1475651 | 9743 |
| 389 | 413 | 重庆农村商业银行股份有限公司 | 重庆 | 5525783 | 1027557 | 135186112 | 11328339 | 15167 |
| 394 | 414 | 福建省电子信息(集团)有限责任公司 | 福建 | 5517743 | -311206 | 10932038 | 269133 | 49092 |
| 416 | 415 | 西部矿业集团有限公司 | 青海 | 5515222 | 2175 | 6824073 | 454234 | 8828 |
| 477 | 416 | 双良集团有限公司 | 江苏 | 5509639 | 41649 | 4439423 | 1030489 | 9286 |
| N. A. | 417 | 陕西交通控股集团有限公司 | 陕西 | 5508216 | 112283 | 57344623 | 17450581 | 32566 |
| 418 | 418 | 山西建邦集团有限公司 | 山西 | 5502832 | 133523 | 2182139 | 1372210 | 3573 |
| N. A. | 419 | 福建省金纶高纤股份有限公司 | 福建 | 5395668 | 171563 | 2539986 | 652048 | 9596 |
| 420 | 420 | 石横特钢集团有限公司 | 山东 | 5388703 | 96736 | 3819543 | 2465290 | 9761 |
| 451 | 421 | 重庆千信集团有限公司 | 重庆 | 5387499 | 66388 | 1628498 | 531708 | 553 |
| 349 | 422 | 深圳海王集团股份有限公司 | 广东 | 5370270 | 29098 | 5944830 | 1130408 | 30000 |
| N. A. | 423 | 五得利面粉集团有限公司 | 河北 | 5368853 | 227609 | 2458977 | 1670441 | 5980 |

续表

| 上年名次 | 名次 | 企业名称 | 地区 | 营业收入/万元 | 净利润/万元 | 资产/万元 | 所有者权益/万元 | 从业人数/人 |
|---|---|---|---|---|---|---|---|---|
| N.A. | 424 | 圆通速递股份有限公司 | 上海 | 5353931 | 391967 | 3925732 | 2667269 | 17240 |
| 424 | 425 | 创维集团有限公司 | 广东 | 5349057 | 82674 | 6440956 | 1786689 | 34100 |
| 367 | 426 | 山东如意时尚投资控股有限公司 | 山东 | 5328397 | 210587 | 7093999 | 2077170 | 39742 |
| 440 | 427 | 恒丰银行股份有限公司 | 山东 | 5323089 | 674767 | 133159512 | 12677746 | 12158 |
| N.A. | 428 | 杭州东恒石油有限公司 | 浙江 | 5316806 | 109306 | 1263253 | 578401 | 550 |
| 487 | 429 | 山东汇丰石化集团有限公司 | 山东 | 5303661 | 46247 | 1483292 | 277774 | 2174 |
| 316 | 430 | 中国国际航空股份有限公司 | 北京 | 5289758 | -3861950 | 29501134 | 2360913 | 87190 |
| 396 | 431 | 中国信息通信科技集团有限公司 | 湖北 | 5286746 | 138783 | 11943301 | 3248726 | 35387 |
| 486 | 432 | 江苏华宏实业集团有限公司 | 江苏 | 5285691 | 16316 | 897014 | 64360 | 2650 |
| 419 | 433 | 深圳金雅福控股集团有限公司 | 广东 | 5279781 | 28721 | 343130 | 198518 | 1622 |
| N.A. | 434 | 山东垦利石化集团有限公司 | 山东 | 5279385 | 120836 | 1858785 | 1176399 | 2150 |
| 407 | 435 | 中铁集装箱运输有限责任公司 | 北京 | 5275345 | 162145 | 3153533 | 1844945 | 996 |
| 356 | 436 | 福建省三钢（集团）有限责任公司 | 福建 | 5254960 | -23955 | 5692371 | 1695393 | 17723 |
| 460 | 437 | 浙江中成控股集团有限公司 | 浙江 | 5252241 | 97531 | 1578581 | 993779 | 52060 |
| 462 | 438 | 徐州矿务集团有限公司 | 江苏 | 5250962 | 138682 | 5725985 | 1796337 | 23013 |
| N.A. | 439 | 陕西泰丰盛合控股集团有限公司 | 陕西 | 5250884 | 108205 | 1148602 | 168568 | 170 |
| N.A. | 440 | 山西交通控股集团有限公司 | 山西 | 5250167 | 51360 | 60895693 | 12926042 | 42832 |
| N.A. | 441 | 三花控股集团有限公司 | 浙江 | 5230979 | 174369 | 4005686 | 1304688 | 31252 |
| 482 | 442 | 振石控股集团有限公司 | 浙江 | 5220731 | 498819 | 4065443 | 2008138 | 10020 |
| 433 | 443 | 通州建总集团有限公司 | 江苏 | 5217638 | 164003 | 701394 | 366279 | 72000 |
| N.A. | 444 | 江苏扬子江船业集团 | 江苏 | 5212537 | 515278 | 14265720 | 3638091 | 29854 |
| 405 | 445 | 重庆中昂投资集团有限公司 | 重庆 | 5211930 | 675527 | 10532679 | 5030835 | 10935 |
| 490 | 446 | 通鼎集团有限公司 | 江苏 | 5210110 | 143909 | 2794663 | 787478 | 14574 |
| N.A. | 447 | 三宝集团股份有限公司 | 福建 | 5209886 | 80565 | 1610356 | 716333 | 4898 |
| 493 | 448 | 江苏阳光集团有限公司 | 江苏 | 5204919 | 259368 | 2245015 | 1246560 | 12011 |
| 465 | 449 | 北京江南投资集团有限公司 | 北京 | 5203495 | 874668 | 15332693 | 3813977 | 475 |
| 464 | 450 | 山东渤海实业集团有限公司 | 山东 | 5185407 | 51905 | 2350819 | 587289 | 2699 |
| 427 | 451 | 山东泰山钢铁集团有限公司 | 山东 | 5161957 | 27006 | 2256888 | 1113985 | 7621 |
| 423 | 452 | 威高集团有限公司 | 山东 | 5155687 | 446822 | 7807388 | 4737264 | 32560 |
| 481 | 453 | 江苏华西集团有限公司 | 江苏 | 5150704 | -118697 | 4175192 | 1240548 | 9844 |
| 410 | 454 | 厦门港务控股集团有限公司 | 福建 | 5134555 | 17326 | 4748594 | 943013 | 9663 |
| 473 | 455 | 伊电控股集团有限公司 | 河南 | 5120187 | -16457 | 7607234 | 1554355 | 6200 |
| 459 | 456 | 远东控股集团有限公司 | 江苏 | 5113433 | 15776 | 2692776 | 402492 | 8442 |
| 470 | 457 | 新疆生产建设兵团建设工程（集团）有限责任公司 | 新疆维吾尔自治区 | 5111774 | 47688 | 7675944 | 1231828 | 20850 |

续表

| 上年名次 | 名次 | 企业名称 | 地区 | 营业收入/万元 | 净利润/万元 | 资产/万元 | 所有者权益/万元 | 从业人数/人 |
|---|---|---|---|---|---|---|---|---|
| N. A. | 458 | 金浦投资控股集团有限公司 | 江苏 | 5104416 | 30253 | 2428805 | 506514 | 11100 |
| 435 | 459 | 宏旺控股集团有限公司 | 广东 | 5100699 | 41242 | 1347541 | 421624 | 2449 |
| 432 | 460 | 山东九羊集团有限公司 | 山东 | 5097948 | 50933 | 1937219 | 1452715 | 6646 |
| N. A. | 461 | 重庆小康控股有限公司 | 重庆 | 5091878 | -160282 | 5028900 | 310448 | 20984 |
| N. A. | 462 | 洛阳国宏投资控股集团有限公司 | 河南 | 5078724 | 118691 | 7813381 | 2286563 | 12000 |
| 281 | 463 | 陕西汽车控股集团有限公司 | 陕西 | 5071189 | -52747 | 7808954 | 655928 | 27600 |
| 485 | 464 | 安踏体育用品集团有限公司 | 福建 | 5070534 | 695254 | 3880674 | 1900808 | 59000 |
| 461 | 465 | 西王集团有限公司 | 山东 | 5063780 | -157640 | 5280858 | 536197 | 16000 |
| 393 | 466 | 江苏省苏中建设集团股份有限公司 | 江苏 | 5062294 | 69946 | 2574409 | 1134807 | 125237 |
| 476 | 467 | 华勤橡胶工业集团有限公司 | 山东 | 5032713 | 145471 | 2411388 | 1182162 | 8500 |
| 499 | 468 | 济钢集团有限公司 | 山东 | 5031455 | 37327 | 3267635 | 650593 | 7267 |
| 422 | 469 | 帝海投资控股集团有限公司 | 北京 | 5013687 | 5457 | 5197499 | 4237312 | 1100 |
| 472 | 470 | 江苏大明工业科技集团有限公司 | 江苏 | 5008850 | -3731 | 1315424 | 219206 | 6753 |
| 402 | 471 | 广东省交通集团有限公司 | 广东 | 5002587 | 259619 | 46941067 | 10456944 | 53829 |
| 378 | 472 | 重庆建工投资控股有限责任公司 | 重庆 | 5002203 | 7314 | 8523902 | 492988 | 15043 |
| N. A. | 473 | 中国雄安集团有限公司 | 河北 | 4989100 | 33642 | 13803196 | 3525020 | 1297 |
| 448 | 474 | 重庆新鸥鹏企业（集团）有限公司 | 重庆 | 4986213 | 282828 | 7589632 | 675681 | 8377 |
| 483 | 475 | 宁波均胜电子股份有限公司 | 浙江 | 4979335 | 39418 | 5411209 | 1225290 | 44391 |
| N. A. | 476 | 山东科达集团有限公司 | 山东 | 4977586 | 160108 | 1743228 | 1351624 | 8650 |
| N. A. | 477 | 江西省投资集团有限公司 | 江西 | 4970114 | 2591 | 15108830 | 2736456 | 25309 |
| N. A. | 478 | 山东东方华龙工贸集团有限公司 | 山东 | 4961058 | 15765 | 1377263 | 552702 | 1530 |
| N. A. | 479 | 新华三信息技术有限公司 | 浙江 | 4932198 | 427974 | 3546725 | 860026 | 20063 |
| 455 | 480 | 彬县煤炭有限责任公司 | 陕西 | 4913806 | 286031 | 2995595 | 1258098 | 4693 |
| 479 | 481 | 沂州集团有限公司 | 山东 | 4906191 | 36658 | 2015013 | 736862 | 3058 |
| 452 | 482 | 四川省商业投资集团有限责任公司 | 四川 | 4900056 | 18805 | 3005632 | 190097 | 4366 |
| 417 | 483 | 六安钢铁控股集团有限公司 | 安徽 | 4890266 | 9036 | 2239838 | 825640 | 5200 |
| N. A. | 484 | 万基控股集团有限公司 | 河南 | 4881869 | 37559 | 2420395 | 333978 | 11650 |
| N. A. | 485 | 青岛西海岸新区融合控股集团有限公司 | 山东 | 4874037 | 22269 | 21509453 | 5010656 | 3561 |
| 498 | 486 | 金龙精密铜管集团股份有限公司 | 重庆 | 4867523 | 16574 | 1400982 | 173712 | 5996 |
| 474 | 487 | 上海农村商业银行股份有限公司 | 上海 | 4861823 | 1097438 | 128139912 | 10183397 | 9833 |
| 366 | 488 | 贵州磷化（集团）有限责任公司 | 贵州 | 4855485 | 321311 | 9089364 | 1561623 | 17829 |
| 478 | 489 | 金澳科技（湖北）化工有限公司 | 湖北 | 4846326 | 52191 | 1095256 | 649457 | 4855 |
| N. A. | 490 | 湖北宜化集团有限责任公司 | 湖北 | 4844302 | 132604 | 5446327 | 26486 | 23189 |
| N. A. | 491 | 厦门钨业股份有限公司 | 福建 | 4822279 | 144619 | 3979877 | 999050 | 15912 |
| N. A. | 492 | 深圳理士电源发展有限公司 | 广东 | 4810885 | 43324 | 3882988 | 1186001 | 12787 |

续表

| 上年名次 | 名次 | 企业名称 | 地区 | 营业收入/万元 | 净利润/万元 | 资产/万元 | 所有者权益/万元 | 从业人数/人 |
|---|---|---|---|---|---|---|---|---|
| 469 | 493 | 广州农村商业银行股份有限公司 | 广东 | 4806447 | 349216 | 123345445 | 8107857 | 13975 |
| 467 | 494 | 四川德胜集团钒钛有限公司 | 四川 | 4805129 | 91946 | 2863040 | 1118680 | 9723 |
| 489 | 495 | 江苏汇鸿国际集团股份有限公司 | 江苏 | 4775933 | -49989 | 2500282 | 501122 | 3681 |
| 415 | 496 | 浙江升华控股集团有限公司 | 浙江 | 4761650 | 28395 | 996096 | 379776 | 3190 |
| 454 | 497 | 河北建工集团有限责任公司 | 河北 | 4706218 | 16156 | 2182282 | 162033 | 7855 |
| N. A. | 498 | 卧龙控股集团有限公司 | 浙江 | 4702521 | 87222 | 3613791 | 1191090 | 18050 |
| N. A. | 499 | 宁波开发投资集团有限公司 | 浙江 | 4700023 | 354940 | 11133120 | 3454688 | 4607 |
| 500 | 500 | 盛京银行股份有限公司 | 辽宁 | 4699822 | 97990 | 108241311 | 8077419 | 8553 |
|  |  | 合计 | — | 10836235040 | 429388951 | 39976764063 | 5274266299 | 32815343 |

# 说　明

1. 2023中国企业500强是中国企业联合会、中国企业家协会参照国际惯例，组织企业自愿申报，并经专家审定确认后产生的。申报企业包括在中国境内注册、2022年实现营业收入达到350亿元的企业（不包括在华外资、港澳台独资、控股企业，也不包括行政性公司、政企合一的单位及各类资产经营公司、烟草公司，但包括在境外注册、投资主体为中国自然人或法人、主要业务在境内的企业），都有资格申报参加排序。属于集团公司的控股子公司或相对控股子公司，由于其财务报表最后能被合并到集团母公司的财务会计报表中去，因此只允许其母公司申报。

2. 表中所列数据由企业自愿申报或属于上市公司公开数据，并经会计师事务所或审计师事务所等单位认可。

3. 营业收入是2022年不含增值税的收入，包括企业的所有收入，即主营业务和非主营业务、境内和境外的收入。商业银行的营业收入为2022年利息收入和非利息营业收入之和（不减掉对应的支出）。保险公司的营业收入是2022年保险费和年金收入扣除储蓄的资本收益或损失。净利润是2022年上交所得税的净利润扣除少数股东权益后的归属母公司所有者的净利润。资产是2022年度末的资产总额。所有者权益是2022年年末所有者权益总额扣除少数股东权益后的归属母公司所有者权益。研究开发费用是2022年企业投入研究开发的所有费用。从业人数是2022年度的平均人数（含所有被合并报表企业的人数）。

4. 行业分类参照了国家统计局的分类方法，依据其主营业务收入所在行业来划分；地区分类是按企业总部所在地划分。

表9-2 2023中国企业500强重新上榜和新上榜名单

| 名次 | 企业名称 | 地区 | 营业收入/万元 | 净利润/万元 | 资产/万元 | 所有者权益/万元 | 从业人数/人 |
|---|---|---|---|---|---|---|---|
| 164 | 湖南建设投资集团有限责任公司 | 湖南 | 16643163 | 232345 | 22971636 | 4006457 | 42650 |
| 222 | 浙商银行股份有限公司 | 浙江 | 11673600 | 1361800 | 262193000 | 16293300 | 19907 |
| 239 | 浪潮集团有限公司 | 山东 | 10375920 | 144959 | 10746465 | 961354 | 29184 |
| 265 | 内蒙古蒙牛乳业（集团）股份有限公司 | 内蒙古自治区 | 9259332 | 530297 | 11781320 | 4009854 | 47329 |
| 269 | 河南交通投资集团有限公司 | 河南 | 9114006 | -127302 | 64045569 | 19360352 | 23140 |
| 276 | 河北鑫达钢铁集团有限公司 | 河北 | 8854376 | 163822 | 8893041 | 2781769 | 24288 |
| 286 | 天合光能股份有限公司 | 江苏 | 8505179 | 368002 | 8997606 | 2633897 | 23077 |
| 320 | 晶澳太阳能科技股份有限公司 | 河北 | 7298940 | 553287 | 7234863 | 2750471 | 32591 |
| 349 | 弘润石化（潍坊）有限责任公司 | 山东 | 6650403 | 192486 | 5063740 | 1556357 | 2625 |
| 357 | 齐成（山东）石化集团有限公司 | 山东 | 6513500 | 29995 | 2579879 | 109571 | 3200 |
| 363 | 浙江华友钴业股份有限公司 | 浙江 | 6303378 | 390988 | 11059241 | 2589315 | 29757 |
| 369 | 福建百宏聚纤科技实业有限公司 | 福建 | 6236200 | 117734 | 8385040 | 1945962 | 12140 |
| 371 | 内蒙古伊泰集团有限公司 | 内蒙古自治区 | 6216030 | 712583 | 11040614 | 3204301 | 6311 |
| 376 | 贝壳控股有限公司 | 北京 | 6066878 | -138607 | 10934735 | 6892036 | 98540 |
| 381 | 广西南丹南方金属有限公司 | 广西壮族自治区 | 6011490 | 146385 | 2534823 | 990152 | 5549 |
| 382 | 贵州能源集团有限公司 | 贵州 | 6009690 | -13384 | 9144265 | 997919 | 60529 |
| 390 | 漳州市九龙江集团有限公司 | 福建 | 5845553 | 133131 | 11835645 | 2882978 | 6171 |
| 392 | 浙江东南网架集团有限公司 | 浙江 | 5817225 | 46856 | 3654957 | 575196 | 10345 |
| 398 | 济宁能源发展集团有限公司 | 山东 | 5762122 | 152297 | 3317215 | 576433 | 14610 |
| 404 | 优合产业有限公司 | 广东 | 5670051 | 33607 | 762349 | 126926 | 706 |
| 408 | 山西晋城钢铁控股集团有限公司 | 山西 | 5617245 | 77356 | 3358703 | 1934767 | 10150 |
| 412 | 深圳市中金岭南有色金属股份有限公司 | 广东 | 5533945 | 121229 | 3265219 | 1475651 | 9743 |
| 417 | 陕西交通控股集团有限公司 | 陕西 | 5508216 | 112283 | 57344623 | 17450581 | 32566 |
| 419 | 福建省金纶高纤股份有限公司 | 福建 | 5395668 | 171563 | 2539986 | 652048 | 9596 |
| 423 | 五得利面粉集团有限公司 | 河北 | 5368853 | 227609 | 2458977 | 1670441 | 5980 |
| 424 | 圆通速递股份有限公司 | 上海 | 5353931 | 391967 | 3925732 | 2667269 | 17240 |
| 428 | 杭州东恒石油有限公司 | 浙江 | 5316806 | 109306 | 1263253 | 578401 | 550 |
| 434 | 山东垦利石化集团有限公司 | 山东 | 5279385 | 120836 | 1858785 | 1176399 | 2150 |
| 439 | 陕西泰丰盛合控股集团有限公司 | 陕西 | 5250884 | 108205 | 1148602 | 168568 | 170 |
| 440 | 山西交通控股集团有限公司 | 山西 | 5250167 | 51360 | 60895693 | 12926042 | 42832 |
| 441 | 三花控股集团有限公司 | 浙江 | 5230979 | 174369 | 4005686 | 1304688 | 31252 |
| 444 | 江苏扬子江船业集团 | 江苏 | 5212537 | 515278 | 14265720 | 3638091 | 29854 |
| 447 | 三宝集团股份有限公司 | 福建 | 5209886 | 80565 | 1610356 | 716333 | 4898 |
| 458 | 金浦投资控股集团有限公司 | 江苏 | 5104416 | 30253 | 2428805 | 506514 | 11100 |
| 461 | 重庆小康控股有限公司 | 重庆 | 5091878 | -160282 | 5028900 | 310448 | 20984 |
| 462 | 洛阳国宏投资控股集团有限公司 | 河南 | 5078724 | 118691 | 7813381 | 2286563 | 12000 |

续表

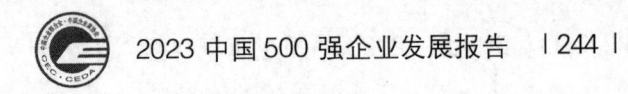

| 名次 | 企业名称 | 地区 | 营业收入/万元 | 净利润/万元 | 资产/万元 | 所有者权益/万元 | 从业人数/人 |
|---|---|---|---|---|---|---|---|
| 473 | 中国雄安集团有限公司 | 河北 | 4989100 | 33642 | 13803196 | 3525020 | 1297 |
| 476 | 山东科达集团有限公司 | 山东 | 4977586 | 160108 | 1743228 | 1351624 | 8650 |
| 477 | 江西省投资集团有限公司 | 江西 | 4970114 | 2591 | 15108830 | 2736456 | 25309 |
| 478 | 山东东方华龙工贸集团有限公司 | 山东 | 4961058 | 15765 | 1377263 | 552702 | 1530 |
| 479 | 新华三信息技术有限公司 | 浙江 | 4932198 | 427974 | 3546725 | 860026 | 20063 |
| 484 | 万基控股集团有限公司 | 河南 | 4881869 | 37559 | 2420395 | 333978 | 11650 |
| 485 | 青岛西海岸新区融合控股集团有限公司 | 山东 | 4874037 | 22269 | 21509453 | 5010656 | 3561 |
| 490 | 湖北宜化集团有限责任公司 | 湖北 | 4844302 | 132604 | 5446327 | 26486 | 23189 |
| 491 | 厦门钨业股份有限公司 | 福建 | 4822279 | 144619 | 3979877 | 999050 | 15912 |
| 492 | 深圳理士电源发展有限公司 | 广东 | 4810885 | 43324 | 3882988 | 1186001 | 12787 |
| 498 | 卧龙控股集团有限公司 | 浙江 | 4702521 | 87222 | 3613791 | 1191090 | 18050 |
| 499 | 宁波开发投资集团有限公司 | 浙江 | 4700023 | 354940 | 11133120 | 3454688 | 4607 |

表 9-3 2023 中国企业 500 强各行业企业分布

| 排名 | 企业名称 | 总排名 | 营业收入/万元 | 排名 | 企业名称 | 总排名 | 营业收入/万元 |
|---|---|---|---|---|---|---|---|
| 农林牧渔业 | | | | 7 | 中国广核集团有限公司 | 191 | 13698039 |
| 1 | 北大荒农垦集团有限公司 | 140 | 19130694 | 8 | 广东省能源集团有限公司 | 316 | 7381198 |
| | 合计 | | 19130694 | | 合计 | | 218710007 |
| 煤炭采掘及采选业 | | | | 农副食品 | | | |
| 1 | 山东能源集团有限公司 | 22 | 83471545 | 1 | 新希望控股集团有限公司 | 98 | 27866414 |
| 2 | 国家能源投资集团有限责任公司 | 24 | 81786458 | 2 | 牧原实业集团有限公司 | 202 | 12636796 |
| 3 | 晋能控股集团有限公司 | 48 | 52308198 | 3 | 广东海大集团股份有限公司 | 238 | 10471541 |
| 4 | 陕西煤业化工集团有限责任公司 | 51 | 51036767 | 4 | 双胞胎（集团）股份有限公司 | 287 | 8463673 |
| 5 | 中国中煤能源集团有限公司 | 95 | 28250310 | 5 | 温氏食品集团股份有限公司 | 289 | 8372511 |
| 6 | 山西焦煤集团有限责任公司 | 96 | 28025099 | 6 | 蓝润集团有限公司 | 299 | 8082156 |
| 7 | 中国平煤神马控股集团有限公司 | 167 | 16004052 | 7 | 三河汇福粮油集团有限公司 | 347 | 6671888 |
| 8 | 山东黄金集团有限公司 | 190 | 13706363 | 8 | 五得利面粉集团有限公司 | 423 | 5368853 |
| 9 | 华阳新材料科技集团有限公司 | 226 | 11559118 | 9 | 西王集团有限公司 | 465 | 5063780 |
| 10 | 河南能源集团有限公司 | 228 | 11293252 | | 合计 | | 92997612 |
| 11 | 开滦（集团）有限责任公司 | 236 | 10568266 | | | | |
| 12 | 淮北矿业（集团）有限责任公司 | 305 | 7839027 | 食品 | | | |
| 13 | 淮河能源控股集团有限公司 | 346 | 6689793 | 1 | 万洲国际有限公司 | 144 | 18891636 |
| 14 | 内蒙古伊泰集团有限公司 | 371 | 6216030 | 2 | 北京首农食品集团有限公司 | 150 | 18034960 |
| 15 | 贵州能源集团有限公司 | 382 | 6009690 | 3 | 光明食品（集团）有限公司 | 187 | 13759378 |
| 16 | 济宁能源发展集团有限公司 | 398 | 5762122 | 4 | 山东渤海实业集团有限公司 | 450 | 5185407 |
| 17 | 徐州矿务集团有限公司 | 438 | 5250962 | | 合计 | | 55871381 |
| 18 | 彬县煤炭有限责任公司 | 480 | 4913806 | | | | |
| | 合计 | | 430690858 | 饮料 | | | |
| 石油、天然气开采及生产业 | | | | 1 | 内蒙古伊利实业集团股份有限公司 | 209 | 12317104 |
| 1 | 中国石油天然气集团有限公司 | 2 | 324915726 | 2 | 内蒙古蒙牛乳业（集团）股份有限公司 | 265 | 9259332 |
| 2 | 中国海洋石油集团有限公司 | 11 | 110831212 | | 合计 | | 21576436 |
| 3 | 陕西延长石油（集团）有限责任公司 | 78 | 35129934 | | | | |
| | 合计 | | 470876872 | 酒类 | | | |
| | | | | 1 | 四川省宜宾五粮液集团有限公司 | 172 | 15550392 |
| 电力生产 | | | | 2 | 中国贵州茅台酒厂（集团）有限责任公司 | 192 | 13646517 |
| 1 | 中国华能集团有限公司 | 64 | 42454816 | 3 | 泸州老窖集团有限责任公司 | 270 | 9061983 |
| 2 | 中国能源建设集团有限公司 | 73 | 36922911 | 4 | 稻花香集团 | 379 | 6052128 |
| 3 | 国家电力投资集团有限公司 | 76 | 36339130 | | 合计 | | 44311020 |
| 4 | 中国华电集团有限公司 | 89 | 30346738 | | | | |
| 5 | 中国核工业集团有限公司 | 103 | 26270430 | 纺织印染 | | | |
| | | | | 1 | 山东魏桥创业集团有限公司 | 53 | 50398814 |
| 6 | 中国大唐集团有限公司 | 107 | 25296745 | 2 | 山东如意时尚投资控股有限公司 | 426 | 5328397 |

续表

| 排名 | 企业名称 | 总排名 | 营业收入/万元 | 排名 | 企业名称 | 总排名 | 营业收入/万元 |
|---|---|---|---|---|---|---|---|
|  | 合计 |  | 55727211 | 8 | 富海集团新能源控股有限公司 | 306 | 7833404 |
|  |  |  |  | 9 | 山东京博控股集团有限公司 | 311 | 7630881 |
| **服装及其他纺织品** |  |  |  | 10 | 山东金诚石化集团有限公司 | 319 | 7314791 |
| 1 | 雅戈尔集团股份有限公司 | 161 | 17150017 | 11 | 福建省能源石化集团有限责任公司 | 322 | 7282591 |
| 2 | 海澜集团有限公司 | 213 | 12032549 | 12 | 山东海科控股有限公司 | 326 | 7206892 |
| 3 | 红豆集团有限公司 | 308 | 7738008 | 13 | 福州中景石化集团有限公司 | 339 | 6754221 |
| 4 | 内蒙古鄂尔多斯投资控股集团有限公司 | 328 | 7155990 | 14 | 弘润石化（潍坊）有限责任公司 | 349 | 6650403 |
| 5 | 江苏阳光集团有限公司 | 448 | 5204919 | 15 | 山东齐润控股集团有限公司 | 353 | 6581260 |
| 6 | 安踏体育用品集团有限公司 | 464 | 5070534 | 16 | 齐成（山东）石化集团有限公司 | 357 | 6513500 |
|  | 合计 |  | 54352017 | 17 | 山东寿光鲁清石化有限公司 | 370 | 6219427 |
|  |  |  |  | 18 | 河北鑫海控股集团有限公司 | 407 | 5636331 |
| **家用电器制造** |  |  |  | 19 | 山东汇丰石化集团有限公司 | 429 | 5303661 |
| 1 | 海尔集团公司 | 79 | 35062328 | 20 | 山东垦利石化集团有限公司 | 434 | 5279385 |
| 2 | 美的集团股份有限公司 | 81 | 34570871 | 21 | 山东东方华龙工贸集团有限公司 | 478 | 4961058 |
| 3 | 珠海格力电器股份有限公司 | 143 | 18898838 | 22 | 沂州集团有限公司 | 481 | 4906191 |
| 4 | 海信集团控股股份有限公司 | 146 | 18493639 | 23 | 金澳科技（湖北）化工有限公司 | 489 | 4846326 |
| 5 | 四川长虹电子控股集团有限公司 | 178 | 14733866 |  | 合计 |  | 537215896 |
| 6 | TCL实业控股股份有限公司 | 234 | 10608648 |  |  |  |  |
| 7 | 奥克斯集团有限公司 | 298 | 8101020 | **轮胎及橡胶制品** |  |  |  |
| 8 | 创维集团有限公司 | 425 | 5349057 | 1 | 华勤橡胶工业集团有限公司 | 467 | 5032713 |
| 9 | 三花控股集团有限公司 | 441 | 5230979 |  | 合计 |  | 5032713 |
|  | 合计 |  | 151049246 |  |  |  |  |
|  |  |  |  | **化学原料及化学品制造** |  |  |  |
| **造纸及包装** |  |  |  | 1 | 中国中化控股有限责任公司 | 9 | 116934655 |
| 1 | 晨鸣控股有限公司 | 245 | 10261671 | 2 | 浙江荣盛控股集团有限公司 | 40 | 57961835 |
| 2 | 华泰集团有限公司 | 309 | 7704348 | 3 | 盛虹控股集团有限公司 | 66 | 41202270 |
| 3 | 山东太阳控股集团有限公司 | 332 | 7058446 | 4 | 新疆中泰（集团）有限责任公司 | 112 | 24728924 |
| 4 | 玖龙纸业（控股）有限公司 | 366 | 6265145 | 5 | 潞安化工集团有限公司 | 127 | 21926684 |
|  | 合计 |  | 31289610 | 6 | 万华化学集团股份有限公司 | 165 | 16556548 |
|  |  |  |  | 7 | 云天化集团有限责任公司 | 259 | 9653286 |
| **石化及炼焦** |  |  |  | 8 | 重庆化医控股（集团）公司 | 277 | 8848804 |
| 1 | 中国石油化工集团有限公司 | 3 | 316934342 | 9 | 浙江卫星控股股份有限公司 | 318 | 7337437 |
| 2 | 恒力集团有限公司 | 36 | 61175675 | 10 | 新疆天业（集团）有限公司 | 368 | 6236994 |
| 3 | 山东东明石化集团有限公司 | 186 | 13856183 | 11 | 上海华谊控股集团有限公司 | 386 | 5943852 |
| 4 | 利华益集团股份有限公司 | 208 | 12319936 | 12 | 山东金岭集团有限公司 | 391 | 5834928 |
| 5 | 万达控股集团有限公司 | 220 | 11698534 | 13 | 天津渤海化工集团有限责任公司 | 409 | 5604710 |
| 6 | 山西鹏飞集团有限公司 | 244 | 10296933 | 14 | 宜昌兴发集团有限责任公司 | 410 | 5541802 |
| 7 | 旭阳控股有限公司 | 254 | 10013971 | 15 | 华峰集团有限公司 | 411 | 5537955 |

续表

| 排名 | 企业名称 | 总排名 | 营业收入/万元 | 排名 | 企业名称 | 总排名 | 营业收入/万元 |
|---|---|---|---|---|---|---|---|
| 16 | 金浦投资控股集团有限公司 | 458 | 5104416 | 3 | 青山控股集团有限公司 | 74 | 36802845 |
| 17 | 贵州磷化（集团）有限责任公司 | 488 | 4855485 | 4 | 鞍钢集团有限公司 | 83 | 33661615 |
| 18 | 湖北宜化集团有限责任公司 | 490 | 4844302 | 5 | 敬业集团有限公司 | 88 | 30744612 |
| 19 | 浙江升华控股集团有限公司 | 496 | 4761650 | 6 | 江苏沙钢集团有限公司 | 93 | 28779934 |
|  | 合计 |  | 359416537 | 7 | 首钢集团有限公司 | 110 | 24789937 |
|  |  |  |  | 8 | 杭州钢铁集团有限公司 | 111 | 24766765 |
| 化学纤维制造 |  |  |  | 9 | 上海德龙钢铁集团有限公司 | 122 | 22557196 |
| 1 | 浙江恒逸集团有限公司 | 70 | 38566157 | 10 | 北京建龙重工集团有限公司 | 124 | 22116493 |
| 2 | 桐昆控股集团有限公司 | 183 | 14124486 | 11 | 湖南钢铁集团有限公司 | 125 | 22011764 |
| 3 | 新凤鸣控股集团有限公司 | 267 | 9148820 | 12 | 冀南钢铁集团有限公司 | 138 | 19986509 |
| 4 | 三房巷集团有限公司 | 293 | 8237045 | 13 | 河北新华联合冶金控股集团有限公司 | 141 | 19087309 |
| 5 | 恒申控股集团有限公司 | 324 | 7234250 | 14 | 南京钢铁集团有限公司 | 145 | 18835177 |
| 6 | 永荣控股集团有限公司 | 329 | 7128010 | 15 | 河北津西钢铁集团股份有限公司 | 151 | 18000137 |
| 7 | 福建百宏聚纤科技实业有限公司 | 369 | 6236200 | 16 | 辽宁方大集团实业有限公司 | 158 | 17357814 |
| 8 | 福建省金纶高纤股份有限公司 | 419 | 5395668 | 17 | 中天钢铁集团有限公司 | 175 | 15146300 |
| 9 | 江苏华宏实业集团有限公司 | 432 | 5285691 | 18 | 江苏永钢集团有限公司 | 180 | 14522537 |
|  | 合计 |  | 101356327 | 19 | 酒泉钢铁（集团）有限责任公司 | 212 | 12042695 |
|  |  |  |  | 20 | 河北普阳钢铁有限公司 | 216 | 12000384 |
| 药品制造 |  |  |  | 21 | 包头钢铁（集团）有限责任公司 | 225 | 11580001 |
| 1 | 广州医药集团有限公司 | 114 | 23801344 | 22 | 江苏新长江实业集团有限公司 | 227 | 11427782 |
| 2 | 上海医药集团股份有限公司 | 120 | 23198130 | 23 | 天津荣程祥泰投资控股集团有限公司 | 240 | 10353354 |
| 3 | 深圳海王集团股份有限公司 | 422 | 5370270 | 24 | 福建大东海实业集团有限公司 | 243 | 10309529 |
|  | 合计 |  | 52369744 | 25 | 新余钢铁集团有限公司 | 248 | 10200306 |
|  |  |  |  | 26 | 广西柳州钢铁集团有限公司 | 255 | 9975923 |
| 医疗设备制造 |  |  |  | 27 | 河北鑫达钢铁集团有限公司 | 276 | 8854376 |
| 1 | 威高集团有限公司 | 452 | 5155687 | 28 | 武安市裕华钢铁有限公司 | 282 | 8688646 |
|  | 合计 |  | 5155687 | 29 | 日照钢铁控股集团有限公司 | 284 | 8555053 |
|  |  |  |  | 30 | 金鼎钢铁集团有限公司 | 292 | 8266450 |
| 水泥及玻璃制造 |  |  |  | 31 | 四川省川威集团有限公司 | 296 | 8156572 |
| 1 | 中国建材集团有限公司 | 71 | 38015811 | 32 | 广西盛隆冶金有限公司 | 300 | 8036767 |
| 2 | 安徽海螺集团有限责任公司 | 123 | 22192212 | 33 | 唐山港陆钢铁有限公司 | 313 | 7510289 |
| 3 | 红狮控股集团有限公司 | 348 | 6652077 | 34 | 河北新武安钢铁集团文安钢铁有限公司 | 333 | 7051283 |
| 4 | 天瑞集团股份有限公司 | 380 | 6013282 | 35 | 兴华财富集团有限公司 | 354 | 6563262 |
|  | 合计 |  | 72873382 | 36 | 山西晋南钢铁集团有限公司 | 377 | 6065673 |
|  |  |  |  | 37 | 鲁丽集团有限公司 | 389 | 5849759 |
| 黑色冶金 |  |  |  | 38 | 山西晋城钢铁控股集团有限公司 | 408 | 5617245 |
| 1 | 中国宝武钢铁集团有限公司 | 13 | 108770720 | 39 | 石横特钢集团有限公司 | 420 | 5388703 |
| 2 | 河钢集团有限公司 | 69 | 40066825 | 40 | 福建省三钢（集团）有限责任公司 | 436 | 5254960 |

续表

| 排名 | 企业名称 | 总排名 | 营业收入/万元 | 排名 | 企业名称 | 总排名 | 营业收入/万元 |
|---|---|---|---|---|---|---|---|
| 41 | 振石控股集团有限公司 | 442 | 5220731 | 2 | 中国黄金集团有限公司 | 219 | 11714134 |
| 42 | 三宝集团股份有限公司 | 447 | 5209886 | 3 | 老凤祥股份有限公司 | 364 | 6301014 |
| 43 | 山东泰山钢铁集团有限公司 | 451 | 5161957 | 4 | 山东招金集团有限公司 | 405 | 5643228 |
| 44 | 山东九羊集团有限公司 | 460 | 5097948 | | 合计 | | 50691276 |
| 45 | 济钢集团有限公司 | 468 | 5031455 | | | | |
| 46 | 六安钢铁控股集团有限公司 | 483 | 4890266 | | **金属制品加工** | | |
| 47 | 四川德胜集团钒钛有限公司 | 494 | 4805129 | 1 | 正威国际集团有限公司 | 37 | 60876037 |
| | 合计 | | 741170873 | 2 | 中国国际海运集装箱（集团）股份有限公司 | 182 | 14153665 |
| | | | | 3 | 山东创新金属科技有限公司 | 335 | 6931930 |
| | **一般有色** | | | 4 | 天津友发钢管集团股份有限公司 | 342 | 6736035 |
| 1 | 中国铝业集团有限公司 | 50 | 51759778 | 5 | 东方润安集团有限公司 | 356 | 6523389 |
| 2 | 江西铜业集团有限公司 | 52 | 50401784 | 6 | 湖南博长控股集团有限公司 | 374 | 6123093 |
| 3 | 金川集团股份有限公司 | 84 | 33275083 | 7 | 浙江东南网架集团有限公司 | 392 | 5817225 |
| 4 | 铜陵有色金属集团控股有限公司 | 119 | 23267823 | 8 | 山西建邦集团有限公司 | 418 | 5502832 |
| 5 | 海亮集团有限公司 | 136 | 20737008 | 9 | 宏旺控股集团有限公司 | 459 | 5100699 |
| 6 | 陕西有色金属控股集团有限责任公司 | 153 | 17621270 | 10 | 江苏大明工业科技集团有限公司 | 470 | 5008850 |
| 7 | 洛阳栾川钼业集团股份有限公司 | 159 | 17299085 | | 合计 | | 122773755 |
| 8 | 中国有色矿业集团有限公司 | 185 | 13949733 | | | | |
| 9 | 宁波金田投资控股有限公司 | 195 | 13456923 | | **锅炉及动力装备制造** | | |
| 10 | 南山集团有限公司 | 197 | 13062086 | 1 | 潍柴动力股份有限公司 | 156 | 17515754 |
| 11 | 浙江富冶集团有限公司 | 241 | 10322860 | | 合计 | | 17515754 |
| 12 | 白银有色集团股份有限公司 | 279 | 8783535 | | | | |
| 13 | 杭州锦江集团有限公司 | 294 | 8227646 | | **工程机械及零部件** | | |
| 14 | 云南锡业集团（控股）有限责任公司 | 343 | 6724721 | 1 | 徐工集团工程机械股份有限公司 | 263 | 9381712 |
| 15 | 河南豫光金铅集团有限责任公司 | 350 | 6640757 | | 合计 | | 9381712 |
| 16 | 浙江华友钴业股份有限公司 | 363 | 6303378 | | | | |
| 17 | 宁夏天元锰业集团有限公司 | 372 | 6197005 | | **工业机械及设备制造** | | |
| 18 | 广西南丹南方金属有限公司 | 381 | 6011490 | 1 | 中国机械工业集团有限公司 | 82 | 34391560 |
| 19 | 深圳市中金岭南有色金属股份有限公司 | 412 | 5533945 | 2 | 广州工业投资控股集团有限公司 | 113 | 24612246 |
| 20 | 西部矿业集团有限公司 | 415 | 5515222 | 3 | 三一集团有限公司 | 203 | 12622682 |
| 21 | 伊电控股集团有限公司 | 455 | 5120187 | 4 | 双良集团有限公司 | 416 | 5509639 |
| 22 | 万基控股集团有限公司 | 484 | 4881869 | | 合计 | | 77136127 |
| 23 | 金龙精密铜管集团股份有限公司 | 486 | 4867523 | | | | |
| 24 | 厦门钨业股份有限公司 | 491 | 4822279 | | **电力电气设备制造** | | |
| | 合计 | | 344782990 | 1 | 中国电子科技集团有限公司 | 72 | 37567355 |
| | | | | 2 | 上海电气控股集团有限公司 | 174 | 15386673 |
| | **贵金属** | | | 3 | 正泰集团股份有限公司 | 206 | 12371893 |
| 1 | 紫金矿业集团股份有限公司 | 100 | 27032900 | 4 | 新疆特变电工集团有限公司 | 247 | 10208457 |

续表

| 排名 | 企业名称 | 总排名 | 营业收入/万元 | 排名 | 企业名称 | 总排名 | 营业收入/万元 |
|---|---|---|---|---|---|---|---|
| 5 | 深圳市立业集团有限公司 | 317 | 7339108 | | | | |
| 6 | 德力西集团有限公司 | 337 | 6879915 | | **通信设备制造** | | |
| 7 | 中国东方电气集团有限公司 | 387 | 5933236 | 1 | 华为投资控股有限公司 | 32 | 64233800 |
| 8 | 人民控股集团有限公司 | 403 | 5695582 | 2 | 小米集团 | 97 | 28004402 |
| 9 | 深圳理士电源发展有限公司 | 492 | 4810885 | 3 | TCL科技集团股份有限公司 | 163 | 16663215 |
| 10 | 卧龙控股集团有限公司 | 498 | 4702521 | 4 | 亨通集团有限公司 | 171 | 15599808 |
| | 合计 | | 110895625 | 5 | 中兴通讯股份有限公司 | 210 | 12295442 |
| | | | | 6 | 荣耀终端有限公司 | 262 | 9387219 |
| | **电线电缆制造** | | | 7 | 华勤技术股份有限公司 | 264 | 9264570 |
| 1 | 中天科技集团有限公司 | 271 | 9024546 | 8 | 中国铁塔股份有限公司 | 266 | 9216975 |
| 2 | 富通集团有限公司 | 362 | 6305010 | 9 | 福建省电子信息（集团）有限责任公司 | 414 | 5517743 |
| 3 | 远东控股集团有限公司 | 456 | 5113433 | 10 | 中国信息通信科技集团有限公司 | 431 | 5286746 |
| | 合计 | | 20442989 | 11 | 新华三信息技术有限公司 | 479 | 4932198 |
| | | | | | 合计 | | 180402118 |
| | **风能、太阳能设备制造** | | | | | | |
| 1 | 通威集团有限公司 | 129 | 21488237 | | **半导体、集成电路及面板制造** | | |
| 2 | 协鑫集团有限公司 | 149 | 18190524 | 1 | 中国电子信息产业集团有限公司 | 99 | 27126532 |
| 3 | 隆基绿能科技股份有限公司 | 201 | 12899811 | 2 | 闻泰科技股份有限公司 | 394 | 5807869 |
| 4 | 晶科能源控股有限公司 | 229 | 11106485 | | 合计 | | 32934401 |
| 5 | 天合光能股份有限公司 | 286 | 8505179 | | | | |
| 6 | 晶澳太阳能科技股份有限公司 | 320 | 7298940 | | **汽车及零配件制造** | | |
| 7 | 远景能源有限公司 | 336 | 6908477 | 1 | 上海汽车集团股份有限公司 | 26 | 74406288 |
| 8 | 明阳新能源投资控股集团有限公司 | 401 | 5707347 | 2 | 中国第一汽车集团有限公司 | 38 | 58979871 |
| | 合计 | | 92105000 | 3 | 广州汽车工业集团有限公司 | 49 | 52027981 |
| | | | | 4 | 东风汽车集团有限公司 | 58 | 46021550 |
| | **动力和储能电池** | | | 5 | 北京汽车集团有限公司 | 61 | 45258136 |
| 1 | 宁德时代新能源科技股份有限公司 | 85 | 32859398 | 6 | 比亚迪股份有限公司 | 65 | 42406064 |
| 2 | 天能控股集团有限公司 | 137 | 20192105 | 7 | 浙江吉利控股集团有限公司 | 68 | 40626870 |
| 3 | 超威电源集团有限公司 | 198 | 12983261 | 8 | 万向集团公司 | 142 | 19046558 |
| | 合计 | | 66034764 | 9 | 奇瑞控股集团有限公司 | 176 | 15001803 |
| | | | | 10 | 长城汽车股份有限公司 | 189 | 13733999 |
| | **计算机及办公设备** | | | 11 | 江铃汽车集团有限公司 | 249 | 10113182 |
| 1 | 立讯精密工业股份有限公司 | 131 | 21402839 | 12 | 江苏悦达集团有限公司 | 261 | 9640450 |
| 2 | 歌尔股份有限公司 | 237 | 10489432 | 13 | 中国重汽（香港）有限公司 | 385 | 5963769 |
| 3 | 浪潮集团有限公司 | 239 | 10375920 | 14 | 重庆小康控股有限公司 | 461 | 5091878 |
| 4 | 心里程控股集团有限公司 | 325 | 7218535 | 15 | 陕西汽车控股集团有限公司 | 463 | 5071189 |
| 5 | 研祥高科技控股集团有限公司 | 327 | 7156833 | 16 | 宁波均胜电子股份有限公司 | 475 | 4979335 |
| | 合计 | | 56643559 | | 合计 | | 448368923 |

续表

| 排名 | 企业名称 | 总排名 | 营业收入/万元 | 排名 | 企业名称 | 总排名 | 营业收入/万元 |
|---|---|---|---|---|---|---|---|
| **轨道交通设备及零部件制造** | | | | 7 | 陕西建工控股集团有限公司 | 117 | 23365635 |
| 1 | 中国中车集团有限公司 | 118 | 23339797 | 8 | 成都兴城投资集团有限公司 | 133 | 21057505 |
| | 合计 | | 23339797 | 9 | 云南省建设投资控股集团有限公司 | 160 | 17159269 |
| | | | | 10 | 湖南建设投资集团有限责任公司 | 164 | 16643163 |
| | | | | 11 | 北京城建集团有限责任公司 | 177 | 14811432 |
| **航空航天** | | | | 12 | 北京建工集团有限责任公司 | 199 | 12961193 |
| 1 | 中国航空工业集团有限公司 | 45 | 54938008 | 13 | 中天控股集团有限公司 | 215 | 12012221 |
| 2 | 中国航天科技集团有限公司 | 91 | 29911639 | 14 | 南通三建控股有限公司 | 246 | 10246320 |
| 3 | 中国航天科工集团有限公司 | 108 | 25138778 | 15 | 浙江省建设投资集团股份有限公司 | 256 | 9853513 |
| | 合计 | | 109988425 | 16 | 甘肃省建设投资（控股）集团有限公司 | 280 | 8733478 |
| | | | | 17 | 安徽建工集团控股有限公司 | 285 | 8505306 |
| **兵器制造** | | | | 18 | 江苏南通二建集团有限公司 | 314 | 7491564 |
| 1 | 中国兵器工业集团有限公司 | 43 | 55622839 | 19 | 青建集团 | 338 | 6877651 |
| 2 | 中国兵器装备集团有限公司 | 92 | 29213594 | 20 | 南通四建集团有限公司 | 361 | 6345849 |
| | 合计 | | 84836433 | 21 | 龙信建设集团有限公司 | 400 | 5721953 |
| | | | | 22 | 浙江中成控股集团有限公司 | 437 | 5252241 |
| **船舶制造** | | | | 23 | 通州建总集团有限公司 | 443 | 5217638 |
| 1 | 中国船舶集团有限公司 | 80 | 34844219 | 24 | 江苏省苏中建设集团股份有限公司 | 466 | 5062294 |
| 2 | 江苏扬子江船业集团 | 444 | 5212537 | 25 | 重庆建工投资控股有限责任公司 | 472 | 5002203 |
| | 合计 | | 40056756 | 26 | 河北建工集团有限责任公司 | 497 | 4706218 |
| | | | | | 合计 | | 577617611 |
| **综合制造业** | | | | | | | |
| 1 | 中国五矿集团有限公司 | 19 | 89830142 | **土木工程建筑** | | | |
| 2 | 多弗国际控股集团有限公司 | 128 | 21668635 | 1 | 中国铁路工程集团有限公司 | 10 | 115477604 |
| 3 | 复星国际有限公司 | 155 | 17539342 | 2 | 中国铁道建筑集团有限公司 | 12 | 109671201 |
| 4 | 无锡产业发展集团有限公司 | 166 | 16153680 | 3 | 中国交通建设集团有限公司 | 18 | 93011239 |
| 5 | 杉杉控股有限公司 | 367 | 6254107 | 4 | 中国电力建设集团有限公司 | 31 | 66608157 |
| 6 | 宁波富邦控股集团有限公司 | 399 | 5752122 | 5 | 中国化学工程集团有限公司 | 154 | 17617096 |
| 7 | 江苏华西集团有限公司 | 453 | 5150704 | 6 | 山西建设投资集团有限公司 | 193 | 13603913 |
| | 合计 | | 162348732 | 7 | 四川华西集团有限公司 | 252 | 10055680 |
| | | | | 8 | 广东省建筑工程集团控股有限公司 | 272 | 9012966 |
| **房屋建筑** | | | | 9 | 四川公路桥梁建设集团有限公司 | 291 | 8280836 |
| 1 | 中国建筑股份有限公司 | 4 | 205505207 | 10 | 上海城建（集团）有限公司 | 297 | 8130812 |
| 2 | 太平洋建设集团有限公司 | 46 | 53463463 | 11 | 云南省交通投资建设集团有限公司 | 302 | 8012396 |
| 3 | 苏商建设集团有限公司 | 87 | 31035975 | 12 | 广西北部湾投资集团有限公司 | 304 | 7881105 |
| 4 | 上海建工集团股份有限公司 | 94 | 28603661 | 13 | 武汉城市建设集团有限公司 | 393 | 5808114 |
| 5 | 广州市建筑集团有限公司 | 102 | 26407769 | 14 | 天元建设集团有限公司 | 397 | 5781521 |
| 6 | 蜀道投资集团有限责任公司 | 105 | 25574890 | 15 | 新疆生产建设兵团建设工程(集团)有限责任公司 | 457 | 5111774 |

续表

| 排名 | 企业名称 | 总排名 | 营业收入/万元 | 排名 | 企业名称 | 总排名 | 营业收入/万元 |
|---|---|---|---|---|---|---|---|
| 16 | 山东科达集团有限公司 | 476 | 4977586 | 8 | 陕西交通控股集团有限公司 | 417 | 5508216 |
|  | 合计 |  | 489042000 | 9 | 山西交通控股集团有限公司 | 440 | 5250167 |
|  |  |  |  | 10 | 广东省交通集团有限公司 | 471 | 5002587 |
|  |  |  |  |  | 合计 |  | 116674481 |

| 电网 |
|---|

| 排名 | 企业名称 | 总排名 | 营业收入/万元 |
|---|---|---|---|
| 1 | 国家电网有限公司 | 1 | 356524505 |
| 2 | 中国南方电网有限责任公司 | 25 | 76465826 |
| 3 | 内蒙古电力（集团）有限责任公司 | 231 | 10800299 |
|  | 合计 |  | 443790630 |

| 水上运输 |
|---|

| 排名 | 企业名称 | 总排名 | 营业收入/万元 |
|---|---|---|---|
| 1 | 中国远洋海运集团有限公司 | 34 | 62680959 |
|  | 合计 |  | 62680959 |

| 水务 |
|---|

| 排名 | 企业名称 | 总排名 | 营业收入/万元 |
|---|---|---|---|
| 1 | 水发集团有限公司 | 315 | 7453171 |
| 2 | 北京首都创业集团有限公司 | 396 | 5782222 |
|  | 合计 |  | 13235393 |

| 港口服务 |
|---|

| 排名 | 企业名称 | 总排名 | 营业收入/万元 |
|---|---|---|---|
| 1 | 山东省港口集团有限公司 | 188 | 13738591 |
| 2 | 广西北部湾国际港务集团有限公司 | 230 | 10808459 |
| 3 | 福建省港口集团有限责任公司 | 345 | 6704940 |
|  | 合计 |  | 31251990 |

| 综合能源供应 |
|---|

| 排名 | 企业名称 | 总排名 | 营业收入/万元 |
|---|---|---|---|
| 1 | 浙江省能源集团有限公司 | 162 | 16764709 |
| 2 | 新奥天然气股份有限公司 | 173 | 15404417 |
| 3 | 云南省能源投资集团有限公司 | 204 | 12610682 |
| 4 | 北京控股集团有限公司 | 218 | 11910115 |
| 5 | 北京能源集团有限责任公司 | 253 | 10052951 |
| 6 | 四川省能源投资集团有限责任公司 | 274 | 9004424 |
| 7 | 申能（集团）有限公司 | 334 | 7019122 |
| 8 | 广州产业投资控股集团有限公司 | 383 | 5986341 |
| 9 | 南昌市政公用集团有限公司 | 388 | 5897204 |
|  | 合计 |  | 94649965 |

| 航空运输 |
|---|

| 排名 | 企业名称 | 总排名 | 营业收入/万元 |
|---|---|---|---|
| 1 | 中国南方航空集团有限公司 | 278 | 8822391 |
| 2 | 中国东方航空集团有限公司 | 352 | 6597159 |
| 3 | 中国国际航空股份有限公司 | 430 | 5289758 |
|  | 合计 |  | 20709308 |

| 邮政 |
|---|

| 排名 | 企业名称 | 总排名 | 营业收入/万元 |
|---|---|---|---|
| 1 | 中国邮政集团有限公司 | 27 | 74176479 |
|  | 合计 |  | 74176479 |

| 铁路运输 |
|---|

| 排名 | 企业名称 | 总排名 | 营业收入/万元 |
|---|---|---|---|
| 1 | 中铁集装箱运输有限责任公司 | 435 | 5275345 |
|  | 合计 |  | 5275345 |

| 物流及供应链 |
|---|

| 排名 | 企业名称 | 总排名 | 营业收入/万元 |
|---|---|---|---|
| 1 | 厦门建发集团有限公司 | 21 | 84737423 |
| 2 | 厦门象屿集团有限公司 | 42 | 56262153 |
| 3 | 顺丰控股股份有限公司 | 101 | 26749041 |
| 4 | 传化集团有限公司 | 181 | 14500311 |
| 5 | 河北省物流产业集团有限公司 | 330 | 7073523 |
| 6 | 郑州瑞茂通供应链有限公司 | 341 | 6747420 |
| 7 | 圆通速递股份有限公司 | 424 | 5353931 |
| 8 | 深圳金雅福控股集团有限公司 | 433 | 5279781 |
| 9 | 厦门港务控股集团有限公司 | 454 | 5134555 |
|  | 合计 |  | 211838138 |

| 公路运输 |
|---|

| 排名 | 企业名称 | 总排名 | 营业收入/万元 |
|---|---|---|---|
| 1 | 浙江省交通投资集团有限公司 | 86 | 31357811 |
| 2 | 山东高速集团有限公司 | 121 | 23176927 |
| 3 | 甘肃省公路航空旅游投资集团有限公司 | 147 | 18316272 |
| 4 | 河南交通投资集团有限公司 | 269 | 9114006 |
| 5 | 广西交通投资集团有限公司 | 344 | 6706920 |
| 6 | 安徽省交通控股集团有限公司 | 355 | 6538667 |
| 7 | 昆明市交通投资有限责任公司 | 402 | 5702908 |

| 电信服务 |
|---|

续表

| 排名 | 企业名称 | 总排名 | 营业收入/万元 | 排名 | 企业名称 | 总排名 | 营业收入/万元 |
|---|---|---|---|---|---|---|---|
| 1 | 中国移动通信集团有限公司 | 17 | 93903722 | 1 | 中国通用技术（集团）控股有限责任公司 | 148 | 18301681 |
| 2 | 中国电信集团有限公司 | 39 | 58634784 |  | 合计 |  | 18301681 |
| 3 | 中国联合网络通信集团有限公司 | 77 | 35615693 |  |  |  |  |
|  | 合计 |  | 188154199 | \multicolumn{4}{l|}{生活消费品商贸} |
| \multicolumn{4}{l|}{软件和信息技术（IT）} | 1 | 唯品会控股有限公司 | 242 | 10315249 |
|  |  |  |  |  | 合计 |  | 10315249 |
| 1 | 神州数码集团股份有限公司 | 224 | 11588002 |  |  |  |  |
| 2 | 云账户技术（天津）有限公司 | 257 | 9742960 | \multicolumn{4}{l|}{农产品及食品批发} |
| 3 | 网易股份有限公司 | 260 | 9649581 | 1 | 中粮集团有限公司 | 28 | 74143735 |
| 4 | 汇通达网络股份有限公司 | 301 | 8035478 | 2 | 优合产业有限公司 | 404 | 5670051 |
| 5 | 通鼎集团有限公司 | 446 | 5210110 |  | 合计 |  | 79813786 |
|  | 合计 |  | 44226131 |  |  |  |  |
| \multicolumn{4}{l|}{互联网服务} | \multicolumn{4}{l|}{生产资料商贸} |
|  |  |  |  | 1 | 物产中大集团股份有限公司 | 41 | 57655134 |
| 1 | 京东集团股份有限公司 | 15 | 104623600 |  | 合计 |  | 57655134 |
| 2 | 阿里巴巴（中国）有限公司 | 20 | 86453900 |  |  |  |  |
| 3 | 腾讯控股有限公司 | 44 | 55455200 | \multicolumn{4}{l|}{金属品商贸} |
| 4 | 美团公司 | 126 | 21995495 | 1 | 上海均和集团有限公司 | 200 | 12946657 |
| 5 | 百度网络技术有限公司 | 207 | 12367500 | 2 | 东岭集团股份有限公司 | 205 | 12566472 |
| 6 | 上海钢联电子商务股份有限公司 | 310 | 7656664 | 3 | 厦门路桥工程物资有限公司 | 283 | 8615879 |
| 7 | 贝壳控股有限公司 | 376 | 6066878 | 4 | 上海闽路润贸易有限公司 | 331 | 7070895 |
|  | 合计 |  | 294619237 | 5 | 大汉控股集团有限公司 | 359 | 6367019 |
|  |  |  |  | 6 | 宁波开发投资集团有限公司 | 499 | 4700023 |
| \multicolumn{4}{l|}{能源矿产商贸} |  | 合计 |  | 52266945 |
| 1 | 中国航空油料集团有限公司 | 132 | 21284052 |  |  |  |  |
| 2 | 重庆千信集团有限公司 | 421 | 5387499 | \multicolumn{4}{l|}{综合商贸} |
| 3 | 杭州东恒石油有限公司 | 428 | 5316806 | 1 | 厦门国贸控股集团有限公司 | 29 | 69346046 |
| 4 | 陕西泰丰盛合控股集团有限公司 | 439 | 5250884 | 2 | 浙江省兴合集团有限责任公司 | 168 | 15986949 |
|  | 合计 |  | 37239241 | 3 | 兰州新区商贸物流投资集团有限公司 | 221 | 11693807 |
|  |  |  |  | 4 | 中基宁波集团股份有限公司 | 223 | 11607710 |
| \multicolumn{4}{l|}{化工医药商贸} | 5 | 广东鼎龙实业集团有限公司 | 250 | 10087069 |
| 1 | 重庆医药（集团）股份有限公司 | 340 | 6754136 | 6 | 浙江省国际贸易集团有限公司 | 258 | 9728913 |
| 2 | 浙江前程投资股份有限公司 | 365 | 6276597 | 7 | 深圳市爱施德股份有限公司 | 268 | 9142901 |
| 3 | 南京新工投资集团有限责任公司 | 375 | 6081983 | 8 | 东方国际（集团）有限公司 | 275 | 8988909 |
| 4 | 漳州市九龙江集团有限公司 | 390 | 5845553 | 9 | 远大物产集团有限公司 | 312 | 7611520 |
|  | 合计 |  | 24958269 | 10 | 广东省广物控股集团有限公司 | 321 | 7288453 |
|  |  |  |  | 11 | 江苏国泰国际集团股份有限公司 | 323 | 7250062 |
| \multicolumn{4}{l|}{机电商贸} | 12 | 四川省商业投资集团有限责任公司 | 482 | 4900056 |

续表

| 排名 | 企业名称 | 总排名 | 营业收入/万元 | 排名 | 企业名称 | 总排名 | 营业收入/万元 |
|---|---|---|---|---|---|---|---|
| 13 | 江苏汇鸿国际集团股份有限公司 | 495 | 4775933 | 20 | 广州农村商业银行股份有限公司 | 493 | 4806447 |
|  | 合计 |  | 178408328 | 21 | 盛京银行股份有限公司 | 500 | 4699822 |
|  |  |  |  |  | 合计 |  | 821047685 |

### 连锁超市及百货

| 排名 | 企业名称 | 总排名 | 营业收入/万元 |
|---|---|---|---|
| 1 | 永辉超市股份有限公司 | 273 | 9009081 |
| 2 | 物美科技集团有限公司 | 373 | 6187450 |
|  | 合计 |  | 15196531 |

### 保险业

| 排名 | 企业名称 | 总排名 | 营业收入/万元 |
|---|---|---|---|
| 1 | 中国人寿保险（集团）公司 | 16 | 101901900 |
| 2 | 中国人民保险集团股份有限公司 | 35 | 62085900 |
| 3 | 中国太平洋保险（集团）股份有限公司 | 60 | 45537244 |
| 4 | 中国太平保险集团有限责任公司 | 104 | 26036483 |
| 5 | 泰康保险集团股份有限公司 | 116 | 23434005 |
| 6 | 新华人寿保险股份有限公司 | 130 | 21431900 |
| 7 | 阳光保险集团股份有限公司 | 196 | 13187325 |
| 8 | 中华联合保险集团股份有限公司 | 378 | 6062292 |
|  | 合计 |  | 299677049 |

### 汽车摩托车零售

| 排名 | 企业名称 | 总排名 | 营业收入/万元 |
|---|---|---|---|
| 1 | 新疆广汇实业投资（集团）有限责任公司 | 135 | 20800708 |
| 2 | 恒信汽车集团股份有限公司 | 303 | 7980726 |
|  | 合计 |  | 28781434 |

### 医药及医疗器材零售

| 排名 | 企业名称 | 总排名 | 营业收入/万元 |
|---|---|---|---|
| 1 | 中国医药集团有限公司 | 33 | 63282506 |
| 2 | 九州通医药集团股份有限公司 | 184 | 14042419 |
|  | 合计 |  | 77324925 |

### 多元化金融

| 排名 | 企业名称 | 总排名 | 营业收入/万元 |
|---|---|---|---|
| 1 | 中国平安保险（集团）股份有限公司 | 8 | 121818400 |
| 2 | 中国中信集团有限公司 | 30 | 67784747 |
| 3 | 招商局集团有限公司 | 55 | 49295592 |
| 4 | 武汉金融控股（集团）有限公司 | 384 | 5985279 |
|  | 合计 |  | 244884018 |

### 商业银行

| 排名 | 企业名称 | 总排名 | 营业收入/万元 |
|---|---|---|---|
| 1 | 中国工商银行股份有限公司 | 5 | 144468994 |
| 2 | 中国建设银行股份有限公司 | 6 | 136405400 |
| 3 | 中国农业银行股份有限公司 | 7 | 125768500 |
| 4 | 中国银行股份有限公司 | 14 | 105445800 |
| 5 | 交通银行股份有限公司 | 47 | 52586300 |
| 6 | 招商银行股份有限公司 | 56 | 48902500 |
| 7 | 兴业银行股份有限公司 | 67 | 41026800 |
| 8 | 上海浦东发展银行股份有限公司 | 75 | 36354800 |
| 9 | 中国民生银行股份有限公司 | 90 | 30314600 |
| 10 | 华夏银行股份有限公司 | 157 | 17477000 |
| 11 | 江苏银行股份有限公司 | 194 | 13464272 |
| 12 | 浙商银行股份有限公司 | 222 | 11673600 |
| 13 | 上海银行股份有限公司 | 232 | 10797629 |
| 14 | 南京银行股份有限公司 | 281 | 8709220 |
| 15 | 渤海银行股份有限公司 | 351 | 6637037 |
| 16 | 深圳前海微众银行股份有限公司 | 395 | 5798269 |
| 17 | 重庆农村商业银行股份有限公司 | 413 | 5525783 |
| 18 | 恒丰银行股份有限公司 | 427 | 5323089 |
| 19 | 上海农村商业银行股份有限公司 | 487 | 4861823 |

### 住宅地产

| 排名 | 企业名称 | 总排名 | 营业收入/万元 |
|---|---|---|---|
| 1 | 万科企业股份有限公司 | 54 | 50383837 |
| 2 | 绿地控股集团股份有限公司 | 62 | 43551965 |
| 3 | 碧桂园控股有限公司 | 63 | 43037100 |
| 4 | 龙湖集团控股有限公司 | 109 | 25056511 |
| 5 | 珠海华发集团有限公司 | 169 | 15763552 |
| 6 | 金地（集团）股份有限公司 | 214 | 12020809 |
| 7 | 绿城房地产集团有限公司 | 217 | 11972859 |
| 8 | 广州越秀集团股份有限公司 | 235 | 10602853 |
| 9 | 重庆华宇集团有限公司 | 290 | 8362636 |
| 10 | 天津泰达投资控股有限公司 | 295 | 8227420 |
| 11 | 弘阳集团有限公司 | 307 | 7832005 |
| 12 | 北京首都开发控股（集团）有限公司 | 406 | 5639793 |
| 13 | 重庆中昂投资集团有限公司 | 445 | 5211930 |
|  | 合计 |  | 247663270 |

续表

| 排名 | 企业名称 | 总排名 | 营业收入/万元 | 排名 | 企业名称 | 总排名 | 营业收入/万元 |
|---|---|---|---|---|---|---|---|
| 园区地产 | | | | 13 | 洛阳国宏投资控股集团有限公司 | 462 | 5078724 |
| 1 | 重庆新鸥鹏企业（集团）有限公司 | 474 | 4986213 | 14 | 帝海投资控股集团有限公司 | 469 | 5013687 |
| | 合计 | | 4986213 | 15 | 中国雄安集团有限公司 | 473 | 4989100 |
| | | | | 16 | 江西省投资集团有限公司 | 477 | 4970114 |
| 多元化投资 | | | | 17 | 青岛西海岸新区融合控股集团有限公司 | 485 | 4874037 |
| 1 | 联想控股股份有限公司 | 57 | 48366270 | | 合计 | | 223728686 |
| 2 | 深圳市投资控股有限公司 | 106 | 25486226 | | | | |
| 3 | 广东省广新控股集团有限公司 | 115 | 23791433 | 人力资源服务 | | | |
| 4 | 云南省投资控股集团有限公司 | 139 | 19619241 | 1 | 中国国际技术智力合作集团有限公司 | 170 | 15719486 |
| 5 | 杭州市实业投资集团有限公司 | 152 | 17712484 | | 合计 | | 15719486 |
| 6 | 卓尔控股有限公司 | 179 | 14660286 | | | | |
| 7 | 广东省广晟控股集团有限公司 | 211 | 12063704 | 综合服务业 | | | |
| 8 | 青岛海发国有资本投资运营集团有限公司 | 233 | 10684349 | 1 | 中国华润有限公司 | 23 | 81826544 |
| 9 | 陕西投资集团有限公司 | 288 | 8448427 | 2 | 中国保利集团有限公司 | 59 | 45537678 |
| 10 | 杭州市城市建设投资集团有限公司 | 358 | 6418122 | 3 | 广西投资集团有限公司 | 134 | 21029995 |
| 11 | 湖北交通投资集团有限公司 | 360 | 6348987 | 4 | 湖北联投集团有限公司 | 251 | 10077768 |
| 12 | 北京江南投资集团有限公司 | 449 | 5203495 | | 合计 | | 158471985 |

表9-4 2023中国企业500强各地区分布

| 排名 | 企业名称 | 总排名 | 营业收入/万元 | 排名 | 企业名称 | 总排名 | 营业收入/万元 |
|---|---|---|---|---|---|---|---|
| 北京 | | | | 35 | 中国电子科技集团有限公司 | 72 | 37567355 |
| 1 | 国家电网有限公司 | 1 | 356524505 | 36 | 中国能源建设集团有限公司 | 73 | 36922911 |
| 2 | 中国石油天然气集团有限公司 | 2 | 324915726 | 37 | 国家电力投资集团有限公司 | 76 | 36339130 |
| 3 | 中国石油化工集团有限公司 | 3 | 316934342 | 38 | 中国联合网络通信集团有限公司 | 77 | 35615693 |
| 4 | 中国建筑股份有限公司 | 4 | 205505207 | 39 | 中国船舶集团有限公司 | 80 | 34844219 |
| 5 | 中国工商银行股份有限公司 | 5 | 144468994 | 40 | 中国机械工业集团有限公司 | 82 | 34391560 |
| 6 | 中国建设银行股份有限公司 | 6 | 136405400 | 41 | 中国华电集团有限公司 | 89 | 30346738 |
| 7 | 中国农业银行股份有限公司 | 7 | 125768500 | 42 | 中国民生银行股份有限公司 | 90 | 30314600 |
| 8 | 中国中化控股有限责任公司 | 9 | 116934655 | 43 | 中国航天科技集团有限公司 | 91 | 29911639 |
| 9 | 中国铁路工程集团有限公司 | 10 | 115477604 | 44 | 中国兵器装备集团有限公司 | 92 | 29213594 |
| 10 | 中国海洋石油集团有限公司 | 11 | 110831212 | 45 | 中国中煤能源集团有限公司 | 95 | 28250310 |
| 11 | 中国铁道建筑集团有限公司 | 12 | 109671201 | 46 | 小米集团 | 97 | 28004402 |
| 12 | 中国银行股份有限公司 | 14 | 105445800 | 47 | 中国电子信息产业集团有限公司 | 99 | 27126532 |
| 13 | 京东集团股份有限公司 | 15 | 104623600 | 48 | 中国核工业集团有限公司 | 103 | 26270430 |
| 14 | 中国人寿保险（集团）公司 | 16 | 101901900 | 49 | 中国大唐集团有限公司 | 107 | 25296745 |
| 15 | 中国移动通信集团有限公司 | 17 | 93903722 | 50 | 中国航天科工集团有限公司 | 108 | 25138778 |
| 16 | 中国交通建设集团有限公司 | 18 | 93011239 | 51 | 首钢集团有限公司 | 110 | 24789937 |
| 17 | 中国五矿集团有限公司 | 19 | 89830142 | 52 | 泰康保险集团股份有限公司 | 116 | 23434005 |
| 18 | 国家能源投资集团有限责任公司 | 24 | 81786458 | 53 | 中国中车集团有限公司 | 118 | 23339797 |
| 19 | 中国邮政集团有限公司 | 27 | 74176479 | 54 | 北京建龙重工集团有限公司 | 124 | 22116493 |
| 20 | 中粮集团有限公司 | 28 | 74143735 | 55 | 新华人寿保险股份有限公司 | 130 | 21431900 |
| 21 | 中国中信集团有限公司 | 30 | 67784747 | 56 | 中国航空油料集团有限公司 | 132 | 21284052 |
| 22 | 中国电力建设集团有限公司 | 31 | 66608157 | 57 | 中国通用技术（集团）控股有限责任公司 | 148 | 18301681 |
| 23 | 中国医药集团有限公司 | 33 | 63282506 | 58 | 北京首农食品集团有限公司 | 150 | 18034960 |
| 24 | 中国人民保险集团股份有限公司 | 35 | 62085900 | 59 | 中国化学工程集团有限公司 | 154 | 17617096 |
| 25 | 中国电信集团有限公司 | 39 | 58634784 | 60 | 华夏银行股份有限公司 | 157 | 17477000 |
| 26 | 中国兵器工业集团有限公司 | 43 | 55622839 | 61 | 中国国际技术智力合作集团有限公司 | 170 | 15719486 |
| 27 | 中国航空工业集团有限公司 | 45 | 54938008 | 62 | 北京城建集团有限责任公司 | 177 | 14811432 |
| 28 | 中国铝业集团有限公司 | 50 | 51759778 | 63 | 中国有色矿业集团有限公司 | 185 | 13949733 |
| 29 | 招商局集团有限公司 | 55 | 49295592 | 64 | 北京建工集团有限责任公司 | 199 | 12961193 |
| 30 | 联想控股股份有限公司 | 57 | 48366270 | 65 | 百度网络技术有限公司 | 207 | 12367500 |
| 31 | 中国保利集团有限公司 | 59 | 45537678 | 66 | 北京控股集团有限公司 | 218 | 11910115 |
| 32 | 北京汽车集团有限公司 | 61 | 45258136 | 67 | 中国黄金集团有限公司 | 219 | 11714134 |
| 33 | 中国华能集团有限公司 | 64 | 42454816 | 68 | 神州数码集团股份有限公司 | 224 | 11588002 |
| 34 | 中国建材集团有限公司 | 71 | 38015811 | 69 | 北京能源集团有限责任公司 | 253 | 10052951 |

续表

| 排名 | 企业名称 | 总排名 | 营业收入/万元 | 排名 | 企业名称 | 总排名 | 营业收入/万元 |
|---|---|---|---|---|---|---|---|
| 70 | 旭阳控股有限公司 | 254 | 10013971 | 23 | 上海闽路润贸易有限公司 | 331 | 7070895 |
| 71 | 中国铁塔股份有限公司 | 266 | 9216975 | 24 | 申能（集团）有限公司 | 334 | 7019122 |
| 72 | 物美科技集团有限公司 | 373 | 6187450 | 25 | 中国东方航空集团有限公司 | 352 | 6597159 |
| 73 | 贝壳控股有限公司 | 376 | 6066878 | 26 | 老凤祥股份有限公司 | 364 | 6301014 |
| 74 | 中华联合保险集团股份有限公司 | 378 | 6062292 | 27 | 杉杉控股有限公司 | 367 | 6254107 |
| 75 | 北京首都创业集团有限公司 | 396 | 5782222 | 28 | 上海华谊控股集团有限公司 | 386 | 5943852 |
| 76 | 北京首都开发控股（集团）有限公司 | 406 | 5639793 | 29 | 圆通速递股份有限公司 | 424 | 5353931 |
| 77 | 中国国际航空股份有限公司 | 430 | 5289758 | 30 | 上海农村商业银行股份有限公司 | 487 | 4861823 |
| 78 | 中铁集装箱运输有限责任公司 | 435 | 5275345 |  | 合计 |  | 731187753 |
| 79 | 北京江南投资集团有限公司 | 449 | 5203495 |  |  |  |  |
| 80 | 帝海投资控股集团有限公司 | 469 | 5013687 | 天津 |  |  |  |
|  | 合计 |  | 4520113412 | 1 | 天津荣程祥泰投资控股集团有限公司 | 240 | 10353354 |
|  |  |  |  | 2 | 云账户技术（天津）有限公司 | 257 | 9742960 |
| 上海 |  |  |  | 3 | 天津泰达投资控股有限公司 | 295 | 8227420 |
| 1 | 中国宝武钢铁集团有限公司 | 13 | 108770720 | 4 | 天津友发钢管集团股份有限公司 | 342 | 6736035 |
| 2 | 上海汽车集团股份有限公司 | 26 | 74406288 | 5 | 渤海银行股份有限公司 | 351 | 6637037 |
| 3 | 中国远洋海运集团有限公司 | 34 | 62680959 | 6 | 天津渤海化工集团有限责任公司 | 409 | 5604710 |
| 4 | 交通银行股份有限公司 | 47 | 52586300 |  | 合计 |  | 47301516 |
| 5 | 中国太平洋保险（集团）股份有限公司 | 60 | 45537244 |  |  |  |  |
| 6 | 绿地控股集团股份有限公司 | 62 | 43551965 | 重庆 |  |  |  |
| 7 | 上海浦东发展银行股份有限公司 | 75 | 36354800 | 1 | 龙湖集团控股有限公司 | 109 | 25056511 |
| 8 | 苏商建设集团有限公司 | 87 | 31035975 | 2 | 重庆化医控股（集团）公司 | 277 | 8848804 |
| 9 | 上海建工集团股份有限公司 | 94 | 28603661 | 3 | 重庆华宇集团有限公司 | 290 | 8362636 |
| 10 | 中国太平保险集团有限责任公司 | 104 | 26036483 | 4 | 重庆医药（集团）股份有限公司 | 340 | 6754136 |
| 11 | 上海医药集团股份有限公司 | 120 | 23198130 | 5 | 重庆农村商业银行股份有限公司 | 413 | 5525783 |
| 12 | 上海德龙钢铁集团有限公司 | 122 | 22557196 | 6 | 重庆千信集团有限公司 | 421 | 5387499 |
| 13 | 美团公司 | 126 | 21995495 | 7 | 重庆中昂投资集团有限公司 | 445 | 5211930 |
| 14 | 复星国际有限公司 | 155 | 17539342 | 8 | 重庆小康控股有限公司 | 461 | 5091878 |
| 15 | 上海电气控股集团有限公司 | 174 | 15386673 | 9 | 重庆建工投资控股有限责任公司 | 472 | 5002203 |
| 16 | 光明食品（集团）有限公司 | 187 | 13759378 | 10 | 重庆新鸥鹏企业（集团）有限公司 | 474 | 4986213 |
| 17 | 上海均和集团有限公司 | 200 | 12946657 | 11 | 金龙精密铜管集团股份有限公司 | 486 | 4867523 |
| 18 | 上海银行股份有限公司 | 232 | 10797629 |  | 合计 |  | 85095116 |
| 19 | 华勤技术股份有限公司 | 264 | 9264570 |  |  |  |  |
| 20 | 东方国际（集团）有限公司 | 275 | 8988909 | 黑龙江 |  |  |  |
| 21 | 上海城建（集团）有限公司 | 297 | 8130812 | 1 | 北大荒农垦集团有限公司 | 140 | 19130694 |
| 22 | 上海钢联电子商务股份有限公司 | 310 | 7656664 |  | 合计 |  | 19130694 |

续表

| 排名 | 企业名称 | 总排名 | 营业收入/万元 | 排名 | 企业名称 | 总排名 | 营业收入/万元 |
|---|---|---|---|---|---|---|---|
| 吉林 | | | | 河南 | | | |
| 1 | 中国第一汽车集团有限公司 | 38 | 58979871 | 1 | 万洲国际有限公司 | 144 | 18891636 |
| | 合计 | | 58979871 | 2 | 洛阳栾川钼业集团股份有限公司 | 159 | 17299085 |
| | | | | 3 | 中国平煤神马控股集团有限公司 | 167 | 16004052 |
| | | | | 4 | 牧原实业集团有限公司 | 202 | 12636796 |
| 辽宁 | | | | 5 | 河南能源集团有限公司 | 228 | 11293252 |
| 1 | 鞍钢集团有限公司 | 83 | 33661615 | 6 | 河南交通投资集团有限公司 | 269 | 9114006 |
| 2 | 辽宁方大集团实业有限公司 | 158 | 17357814 | 7 | 郑州瑞茂通供应链有限公司 | 341 | 6747420 |
| 3 | 盛京银行股份有限公司 | 500 | 4699822 | 8 | 河南豫光金铅集团有限责任公司 | 350 | 6640757 |
| | 合计 | | 55719251 | 9 | 天瑞集团股份有限公司 | 380 | 6013282 |
| | | | | 10 | 伊电控股集团有限公司 | 455 | 5120187 |
| | | | | 11 | 洛阳国宏投资控股集团有限公司 | 462 | 5078724 |
| 河北 | | | | 12 | 万基控股集团有限公司 | 484 | 4881869 |
| 1 | 河钢集团有限公司 | 69 | 40066825 | | 合计 | | 119721066 |
| 2 | 敬业集团有限公司 | 88 | 30744612 | | | | |
| 3 | 冀南钢铁集团有限公司 | 138 | 19986509 | 山东 | | | |
| 4 | 河北新华联合冶金控股集团有限公司 | 141 | 19087309 | 1 | 山东能源集团有限公司 | 22 | 83471545 |
| 5 | 河北津西钢铁集团股份有限公司 | 151 | 18000137 | 2 | 山东魏桥创业集团有限公司 | 53 | 50398814 |
| 6 | 新奥天然气股份有限公司 | 173 | 15404417 | 3 | 海尔集团公司 | 79 | 35062328 |
| 7 | 长城汽车股份有限公司 | 189 | 13733999 | 4 | 山东高速集团有限公司 | 121 | 23176927 |
| 8 | 河北普阳钢铁有限公司 | 216 | 12000384 | 5 | 海信集团控股股份有限公司 | 146 | 18493639 |
| 9 | 开滦（集团）有限责任公司 | 236 | 10568266 | 6 | 潍柴动力股份有限公司 | 156 | 17515754 |
| 10 | 河北鑫达钢铁集团有限公司 | 276 | 8854376 | 7 | 万华化学集团股份有限公司 | 165 | 16556548 |
| 11 | 武安市裕华钢铁有限公司 | 282 | 8688646 | 8 | 山东东明石化集团有限公司 | 186 | 13856183 |
| 12 | 金鼎钢铁集团有限公司 | 292 | 8266450 | 9 | 山东省港口集团有限公司 | 188 | 13738591 |
| 13 | 唐山港陆钢铁有限公司 | 313 | 7510289 | 10 | 山东黄金集团有限公司 | 190 | 13706363 |
| 14 | 晶澳太阳能科技股份有限公司 | 320 | 7298940 | 11 | 南山集团有限公司 | 197 | 13062086 |
| 15 | 河北省物流产业集团有限公司 | 330 | 7073523 | 12 | 利华益集团股份有限公司 | 208 | 12319936 |
| 16 | 河北新武安钢铁集团文安钢铁有限公司 | 333 | 7051283 | 13 | 万达控股集团有限公司 | 220 | 11698534 |
| 17 | 三河汇福粮油集团有限公司 | 347 | 6671888 | 14 | 青岛海发国有资本投资运营集团有限公司 | 233 | 10684349 |
| 18 | 兴华财富集团有限公司 | 354 | 6563262 | 15 | 歌尔股份有限公司 | 237 | 10489432 |
| 19 | 河北鑫海控股集团有限公司 | 407 | 5636331 | 16 | 浪潮集团有限公司 | 239 | 10375920 |
| 20 | 五得利面粉集团有限公司 | 423 | 5368853 | 17 | 晨鸣控股有限公司 | 245 | 10261671 |
| 21 | 中国雄安集团有限公司 | 473 | 4989100 | 18 | 日照钢铁控股集团有限公司 | 284 | 8555053 |
| 22 | 河北建工集团有限责任公司 | 497 | 4706218 | 19 | 富海集团新能源控股有限公司 | 306 | 7833404 |
| | 合计 | | 268271617 | 20 | 华泰集团有限公司 | 309 | 7704348 |

续表

| 排名 | 企业名称 | 总排名 | 营业收入/万元 | 排名 | 企业名称 | 总排名 | 营业收入/万元 |
|---|---|---|---|---|---|---|---|
| 21 | 山东京博控股集团有限公司 | 311 | 7630881 | 1 | 晋能控股集团有限公司 | 48 | 52308198 |
| 22 | 水发集团有限公司 | 315 | 7453171 | 2 | 山西焦煤集团有限责任公司 | 96 | 28025099 |
| 23 | 山东金诚石化集团有限公司 | 319 | 7314791 | 3 | 潞安化工集团有限公司 | 127 | 21926684 |
| 24 | 山东海科控股有限公司 | 326 | 7206892 | 4 | 山西建设投资集团有限公司 | 193 | 13603913 |
| 25 | 山东太阳控股集团有限公司 | 332 | 7058446 | 5 | 华阳新材料科技集团有限公司 | 226 | 11559118 |
| 26 | 山东创新金属科技有限公司 | 335 | 6931930 | 6 | 山西鹏飞集团有限公司 | 244 | 10296933 |
| 27 | 青建集团 | 338 | 6877651 | 7 | 山西晋南钢铁集团有限公司 | 377 | 6065673 |
| 28 | 弘润石化（潍坊）有限责任公司 | 349 | 6650403 | 8 | 山西晋城钢铁控股集团有限公司 | 408 | 5617245 |
| 29 | 山东齐润控股集团有限公司 | 353 | 6581260 | 9 | 山西建邦集团有限公司 | 418 | 5502832 |
| 30 | 齐成（山东）石化集团有限公司 | 357 | 6513500 | 10 | 山西交通控股集团有限公司 | 440 | 5250167 |
| 31 | 山东寿光鲁清石化有限公司 | 370 | 6219427 | | 合计 | | 160155862 |
| 32 | 中国重汽（香港）有限公司 | 385 | 5963769 | | | | |
| 33 | 鲁丽集团有限公司 | 389 | 5849759 | 陕西 | | | |
| 34 | 山东金岭集团有限公司 | 391 | 5834928 | 1 | 陕西煤业化工集团有限责任公司 | 51 | 51036767 |
| 35 | 天元建设集团有限公司 | 397 | 5781521 | 2 | 陕西延长石油（集团）有限责任公司 | 78 | 35129934 |
| 36 | 济宁能源发展集团有限公司 | 398 | 5762122 | 3 | 陕西建工控股集团有限公司 | 117 | 23365635 |
| 37 | 山东招金集团有限公司 | 405 | 5643228 | 4 | 陕西有色金属控股集团有限责任公司 | 153 | 17621270 |
| 38 | 石横特钢集团有限公司 | 420 | 5388703 | 5 | 隆基绿能科技股份有限公司 | 201 | 12899811 |
| 39 | 山东如意时尚投资控股有限公司 | 426 | 5328397 | 6 | 东岭集团股份有限公司 | 205 | 12566472 |
| 40 | 恒丰银行股份有限公司 | 427 | 5323089 | 7 | 陕西投资集团有限公司 | 288 | 8448427 |
| 41 | 山东汇丰石化集团有限公司 | 429 | 5303661 | 8 | 陕西交通控股集团有限公司 | 417 | 5508216 |
| 42 | 山东垦利石化集团有限公司 | 434 | 5279385 | 9 | 陕西泰丰盛合控股集团有限公司 | 439 | 5250884 |
| 43 | 山东渤海实业集团有限公司 | 450 | 5185407 | 10 | 陕西汽车控股集团有限公司 | 463 | 5071189 |
| 44 | 山东泰山钢铁集团有限公司 | 451 | 5161957 | 11 | 彬县煤炭有限责任公司 | 480 | 4913806 |
| 45 | 威高集团有限公司 | 452 | 5155687 | | 合计 | | 181812411 |
| 46 | 山东九羊集团有限公司 | 460 | 5097948 | | | | |
| 47 | 西王集团有限公司 | 465 | 5063780 | 安徽 | | | |
| 48 | 华勤橡胶工业集团有限公司 | 467 | 5032713 | 1 | 铜陵有色金属集团控股有限公司 | 119 | 23267823 |
| 49 | 济钢集团有限公司 | 468 | 5031455 | 2 | 安徽海螺集团有限责任公司 | 123 | 22192212 |
| 50 | 山东科达集团有限公司 | 476 | 4977586 | 3 | 奇瑞控股集团有限公司 | 176 | 15001803 |
| 51 | 山东东方华龙工贸集团有限公司 | 478 | 4961058 | 4 | 安徽建工集团控股有限公司 | 285 | 8505306 |
| 52 | 沂州集团有限公司 | 481 | 4906191 | 5 | 淮北矿业（集团）有限责任公司 | 305 | 7839027 |
| 53 | 青岛西海岸新区融合控股集团有限公司 | 485 | 4874037 | 6 | 淮河能源控股集团有限责任公司 | 346 | 6689793 |
| | 合计 | | 582306158 | 7 | 安徽省交通控股集团有限公司 | 355 | 6538667 |
| | | | | 8 | 六安钢铁控股集团有限公司 | 483 | 4890266 |
| 山西 | | | | | 合计 | | 94924897 |

续表

| 排名 | 企业名称 | 总排名 | 营业收入/万元 | 排名 | 企业名称 | 总排名 | 营业收入/万元 |
|---|---|---|---|---|---|---|---|
| | 江苏 | | | 35 | 通鼎集团有限公司 | 446 | 5210110 |
| | | | | 36 | 江苏阳光集团有限公司 | 448 | 5204919 |
| 1 | 恒力集团有限公司 | 36 | 61175675 | 37 | 江苏华西集团有限公司 | 453 | 5150704 |
| 2 | 盛虹控股集团有限公司 | 66 | 41202270 | 38 | 远东控股集团有限公司 | 456 | 5113433 |
| 3 | 江苏沙钢集团有限公司 | 93 | 28779934 | 39 | 金浦投资控股集团有限公司 | 458 | 5104416 |
| 4 | 南京钢铁集团有限公司 | 145 | 18835177 | 40 | 江苏省苏中建设集团股份有限公司 | 466 | 5062294 |
| 5 | 协鑫集团有限公司 | 149 | 18190524 | 41 | 江苏大明工业科技集团有限公司 | 470 | 5008850 |
| 6 | 无锡产业发展集团有限公司 | 166 | 16153680 | 42 | 江苏汇鸿国际集团股份有限公司 | 495 | 4775933 |
| 7 | 亨通集团有限公司 | 171 | 15599808 | | 合计 | | 467310874 |
| 8 | 中天钢铁集团有限公司 | 175 | 15146300 | | | | |
| 9 | 江苏永钢集团有限公司 | 180 | 14522537 | | 湖南 | | |
| 10 | 江苏银行股份有限公司 | 194 | 13464272 | 1 | 湖南钢铁集团有限公司 | 125 | 22011764 |
| 11 | 海澜集团有限公司 | 213 | 12032549 | 2 | 湖南建设投资集团有限责任公司 | 164 | 16643163 |
| 12 | 江苏新长江实业集团有限公司 | 227 | 11427782 | 3 | 三一集团有限公司 | 203 | 12622682 |
| 13 | 南通三建控股有限公司 | 246 | 10246320 | 4 | 大汉控股集团有限公司 | 359 | 6367019 |
| 14 | 江苏悦达集团有限公司 | 261 | 9640450 | 5 | 湖南博长控股集团有限公司 | 374 | 6123093 |
| 15 | 徐工集团工程机械股份有限公司 | 263 | 9381712 | | 合计 | | 63767721 |
| 16 | 中天科技集团有限公司 | 271 | 9024546 | | | | |
| 17 | 南京银行股份有限公司 | 281 | 8709220 | | 湖北 | | |
| 18 | 天合光能股份有限公司 | 286 | 8505179 | 1 | 东风汽车集团有限公司 | 58 | 46021550 |
| 19 | 三房巷集团有限公司 | 293 | 8237045 | 2 | 卓尔控股有限公司 | 179 | 14660286 |
| 20 | 汇通达网络股份有限公司 | 301 | 8035478 | 3 | 九州通医药集团股份有限公司 | 184 | 14042419 |
| 21 | 弘阳集团有限公司 | 307 | 7832005 | 4 | 湖北联投集团有限公司 | 251 | 10077768 |
| 22 | 红豆集团有限公司 | 308 | 7738008 | 5 | 恒信汽车集团股份有限公司 | 303 | 7980726 |
| 23 | 江苏南通二建集团有限公司 | 314 | 7491564 | 6 | 湖北交通投资集团有限公司 | 360 | 6348987 |
| 24 | 江苏国泰国际集团股份有限公司 | 323 | 7250062 | 7 | 稻花香集团 | 379 | 6052128 |
| 25 | 远景能源有限公司 | 336 | 6908477 | 8 | 武汉金融控股（集团）有限公司 | 384 | 5985279 |
| 26 | 东方润安集团有限公司 | 356 | 6523389 | 9 | 武汉城市建设集团有限公司 | 393 | 5808114 |
| 27 | 南通四建集团有限公司 | 361 | 6345849 | 10 | 闻泰科技股份有限公司 | 394 | 5807869 |
| 28 | 南京新工投资集团有限责任公司 | 375 | 6081983 | 11 | 宜昌兴发集团有限公司 | 410 | 5541802 |
| 29 | 龙信建设集团有限公司 | 400 | 5721953 | 12 | 中国信息通信科技集团有限公司 | 431 | 5286746 |
| 30 | 双良集团有限公司 | 416 | 5509639 | 13 | 金澳科技（湖北）化工有限公司 | 489 | 4846326 |
| 31 | 江苏华宏实业集团有限公司 | 432 | 5285691 | 14 | 湖北宜化集团有限责任公司 | 490 | 4844302 |
| 32 | 徐州矿务集团有限公司 | 438 | 5250962 | | 合计 | | 143304302 |
| 33 | 通州建总集团有限公司 | 443 | 5217638 | | | | |
| 34 | 江苏扬子江船业集团 | 444 | 5212537 | | 江西 | | |

续表

| 排名 | 企业名称 | 总排名 | 营业收入/万元 | 排名 | 企业名称 | 总排名 | 营业收入/万元 |
|---|---|---|---|---|---|---|---|
| 1 | 江西铜业集团有限公司 | 52 | 50401784 | 27 | 浙江省建设投资集团股份有限公司 | 256 | 9853513 |
| 2 | 晶科能源控股有限公司 | 229 | 11106485 | 28 | 浙江省国际贸易集团有限公司 | 258 | 9728913 |
| 3 | 新余钢铁集团有限公司 | 248 | 10200306 | 29 | 网易股份有限公司 | 260 | 9649581 |
| 4 | 江铃汽车集团有限公司 | 249 | 10113182 | 30 | 新凤鸣控股集团有限公司 | 267 | 9148820 |
| 5 | 双胞胎(集团)股份有限公司 | 287 | 8463673 | 31 | 杭州锦江集团有限公司 | 294 | 8227646 |
| 6 | 南昌市政公用集团有限公司 | 388 | 5897204 | 32 | 奥克斯集团有限公司 | 298 | 8101020 |
| 7 | 江西省投资集团有限公司 | 477 | 4970114 | 33 | 远大物产集团有限公司 | 312 | 7611520 |
|   | 合计 |   | 101152748 | 34 | 浙江卫星控股股份有限公司 | 318 | 7337437 |
|   |   |   |   | 35 | 德力西集团有限公司 | 337 | 6879915 |
| 浙江 |   |   |   | 36 | 红狮控股集团有限公司 | 348 | 6652077 |
| 1 | 阿里巴巴(中国)有限公司 | 20 | 86453900 | 37 | 杭州市城市建设投资集团有限公司 | 358 | 6418122 |
| 2 | 浙江荣盛控股集团有限公司 | 40 | 57961835 | 38 | 富通集团有限公司 | 362 | 6305010 |
| 3 | 物产中大集团股份有限公司 | 41 | 57655134 | 39 | 浙江华友钴业股份有限公司 | 363 | 6303378 |
| 4 | 浙江吉利控股集团有限公司 | 68 | 40626870 | 40 | 浙江前程投资股份有限公司 | 365 | 6276597 |
| 5 | 浙江恒逸集团有限公司 | 70 | 38566157 | 41 | 浙江东南网架集团有限公司 | 392 | 5817225 |
| 6 | 青山控股集团有限公司 | 74 | 36802845 | 42 | 宁波富邦控股集团有限公司 | 399 | 5752122 |
| 7 | 浙江省交通投资集团有限公司 | 86 | 31357811 | 43 | 人民控股集团有限公司 | 403 | 5695582 |
| 8 | 杭州钢铁集团有限公司 | 111 | 24766765 | 44 | 华峰集团有限公司 | 411 | 5537955 |
| 9 | 多弗国际控股集团有限公司 | 128 | 21668635 | 45 | 杭州东恒石油有限公司 | 428 | 5316806 |
| 10 | 海亮集团有限公司 | 136 | 20737008 | 46 | 浙江中成控股集团有限公司 | 437 | 5252241 |
| 11 | 天能控股集团有限公司 | 137 | 20192105 | 47 | 三花控股集团有限公司 | 441 | 5230979 |
| 12 | 万向集团公司 | 142 | 19046558 | 48 | 振石控股集团有限公司 | 442 | 5220731 |
| 13 | 杭州市实业投资集团有限公司 | 152 | 17712484 | 49 | 宁波均胜电子股份有限公司 | 475 | 4979335 |
| 14 | 雅戈尔集团股份有限公司 | 161 | 17150017 | 50 | 新华三信息技术有限公司 | 479 | 4932198 |
| 15 | 浙江省能源集团有限公司 | 162 | 16764709 | 51 | 浙江升华控股集团有限公司 | 496 | 4761650 |
| 16 | 浙江省兴合集团有限责任公司 | 168 | 15986949 | 52 | 卧龙控股集团有限公司 | 498 | 4702521 |
| 17 | 传化集团有限公司 | 181 | 14500311 | 53 | 宁波开发投资集团有限公司 | 499 | 4700023 |
| 18 | 桐昆控股集团有限公司 | 183 | 14124486 |   | 合计 |   | 824868823 |
| 19 | 宁波金田投资控股有限公司 | 195 | 13456923 |   |   |   |   |
| 20 | 超威电源集团有限公司 | 198 | 12983261 | 广东 |   |   |   |
| 21 | 正泰集团股份有限公司 | 206 | 12371893 | 1 | 中国平安保险(集团)股份有限公司 | 8 | 121818400 |
| 22 | 中天控股集团有限公司 | 215 | 12012221 | 2 | 中国华润有限公司 | 23 | 81826544 |
| 23 | 绿城房地产集团有限公司 | 217 | 11972859 | 3 | 中国南方电网有限责任公司 | 25 | 76465826 |
| 24 | 浙商银行股份有限公司 | 222 | 11673600 | 4 | 华为投资控股有限公司 | 32 | 64233800 |
| 25 | 中基宁波集团股份有限公司 | 223 | 11607710 | 5 | 正威国际集团有限公司 | 37 | 60876037 |
| 26 | 浙江富冶集团有限公司 | 241 | 10322860 | 6 | 腾讯控股有限公司 | 44 | 55455200 |

续表

| 排名 | 企业名称 | 总排名 | 营业收入/万元 | 排名 | 企业名称 | 总排名 | 营业收入/万元 |
|---|---|---|---|---|---|---|---|
| 7 | 广州汽车工业集团有限公司 | 49 | 52027981 | 43 | 研祥高科技控股集团有限公司 | 327 | 7156833 |
| 8 | 万科企业股份有限公司 | 54 | 50383837 | 44 | 玖龙纸业（控股）有限公司 | 366 | 6265145 |
| 9 | 招商银行股份有限公司 | 56 | 48902500 | 45 | 广州产业投资控股集团有限公司 | 383 | 5986341 |
| 10 | 碧桂园控股有限公司 | 63 | 43037100 | 46 | 深圳前海微众银行股份有限公司 | 395 | 5798269 |
| 11 | 比亚迪股份有限公司 | 65 | 42406064 | 47 | 明阳新能源投资控股集团有限公司 | 401 | 5707347 |
| 12 | 美的集团股份有限公司 | 81 | 34570871 | 48 | 优合产业有限公司 | 404 | 5670051 |
| 13 | 顺丰控股股份有限公司 | 101 | 26749041 | 49 | 深圳市中金岭南有色金属股份有限公司 | 412 | 5533945 |
| 14 | 广州市建筑集团有限公司 | 102 | 26407769 | 50 | 深圳海王集团股份有限公司 | 422 | 5370270 |
| 15 | 深圳市投资控股有限公司 | 106 | 25486226 | 51 | 创维集团有限公司 | 425 | 5349057 |
| 16 | 广州工业投资控股集团有限公司 | 113 | 24612246 | 52 | 深圳金雅福控股集团有限公司 | 433 | 5279781 |
| 17 | 广州医药集团有限公司 | 114 | 23801344 | 53 | 宏旺控股集团有限公司 | 459 | 5100699 |
| 18 | 广东省广新控股集团有限公司 | 115 | 23791433 | 54 | 广东省交通集团有限公司 | 471 | 5002587 |
| 19 | 立讯精密工业股份有限公司 | 131 | 21402839 | 55 | 深圳理士电源发展有限公司 | 492 | 4810885 |
| 20 | 珠海格力电器股份有限公司 | 143 | 18898838 | 56 | 广州农村商业银行股份有限公司 | 493 | 4806447 |
| 21 | TCL科技集团股份有限公司 | 163 | 16663215 |  | 合计 |  | 1236887946 |
| 22 | 珠海华发集团有限公司 | 169 | 15763552 |  |  |  |  |
| 23 | 中国国际海运集装箱（集团）股份有限公司 | 182 | 14153665 |  | 四川 |  |  |
| 24 | 中国广核集团有限公司 | 191 | 13698039 | 1 | 新希望控股集团有限公司 | 98 | 27866414 |
| 25 | 阳光保险集团股份有限公司 | 196 | 13187325 | 2 | 蜀道投资集团有限责任公司 | 105 | 25574890 |
| 26 | 中兴通讯股份有限公司 | 210 | 12295442 | 3 | 通威集团有限公司 | 129 | 21488237 |
| 27 | 广东省广晟控股集团有限公司 | 211 | 12063704 | 4 | 成都兴城投资集团有限公司 | 133 | 21057505 |
| 28 | 金地（集团）股份有限公司 | 214 | 12020809 | 5 | 四川省宜宾五粮液集团有限公司 | 172 | 15550392 |
| 29 | TCL实业控股股份有限公司 | 234 | 10608648 | 6 | 四川长虹电子控股集团有限公司 | 178 | 14733866 |
| 30 | 广州越秀集团股份有限公司 | 235 | 10602853 | 7 | 四川华西集团有限公司 | 252 | 10055680 |
| 31 | 广东海大集团股份有限公司 | 238 | 10471541 | 8 | 泸州老窖集团有限责任公司 | 270 | 9061983 |
| 32 | 唯品会控股有限公司 | 242 | 10315249 | 9 | 四川省能源投资集团有限责任公司 | 274 | 9004424 |
| 33 | 广东鼎龙实业集团有限公司 | 250 | 10087069 | 10 | 四川公路桥梁建设集团有限公司 | 291 | 8280836 |
| 34 | 荣耀终端有限公司 | 262 | 9387219 | 11 | 四川省川威集团有限公司 | 296 | 8156572 |
| 35 | 深圳市爱施德股份有限公司 | 268 | 9142901 | 12 | 蓝润集团有限公司 | 299 | 8082156 |
| 36 | 广东省建筑工程集团控股有限公司 | 272 | 9012966 | 13 | 中国东方电气集团有限公司 | 387 | 5933236 |
| 37 | 中国南方航空集团有限公司 | 278 | 8822391 | 14 | 四川省商业投资集团有限责任公司 | 482 | 4900056 |
| 38 | 温氏食品集团股份有限公司 | 289 | 8372511 | 15 | 四川德胜集团钒钛有限公司 | 494 | 4805129 |
| 39 | 广东省能源集团有限公司 | 316 | 7381198 |  | 合计 |  | 194551376 |
| 40 | 深圳市立业集团有限公司 | 317 | 7339108 |  |  |  |  |
| 41 | 广东省广物控股集团有限公司 | 321 | 7288453 |  | 福建 |  |  |
| 42 | 心里程控股集团有限公司 | 325 | 7218535 | 1 | 厦门建发集团有限公司 | 21 | 84737423 |

续表

| 排名 | 企业名称 | 总排名 | 营业收入/万元 | 排名 | 企业名称 | 总排名 | 营业收入/万元 |
|---|---|---|---|---|---|---|---|
| 2 | 厦门国贸控股集团有限公司 | 29 | 69346046 | 2 | 贵州能源集团有限公司 | 382 | 6009690 |
| 3 | 厦门象屿集团有限公司 | 42 | 56262153 | 3 | 贵州磷化（集团）有限责任公司 | 488 | 4855485 |
| 4 | 兴业银行股份有限公司 | 67 | 41026800 | | 合计 | | 24511692 |
| 5 | 宁德时代新能源科技股份有限公司 | 85 | 32859398 | | | | |
| 6 | 紫金矿业集团股份有限公司 | 100 | 27032900 | 云南 | | | |
| 7 | 福建大东海实业集团有限公司 | 243 | 10309529 | 1 | 云南省投资控股集团有限公司 | 139 | 19619241 |
| 8 | 永辉超市股份有限公司 | 273 | 9009081 | 2 | 云南省建设投资控股集团有限公司 | 160 | 17159269 |
| 9 | 厦门路桥工程物资有限公司 | 283 | 8615879 | 3 | 云南省能源投资集团有限公司 | 204 | 12610682 |
| 10 | 福建省能源石化集团有限责任公司 | 322 | 7282591 | 4 | 云天化集团有限责任公司 | 259 | 9653286 |
| 11 | 恒申控股集团有限公司 | 324 | 7234250 | 5 | 云南省交通投资建设集团有限公司 | 302 | 8012396 |
| 12 | 永荣控股集团有限公司 | 329 | 7128010 | 6 | 云南锡业集团（控股）有限责任公司 | 343 | 6724721 |
| 13 | 福州中景石化集团有限公司 | 339 | 6754221 | 7 | 昆明市交通投资有限责任公司 | 402 | 5702908 |
| 14 | 福建省港口集团有限责任公司 | 345 | 6704940 | | 合计 | | 79482503 |
| 15 | 福建百宏聚纤科技实业有限公司 | 369 | 6236200 | | | | |
| 16 | 漳州市九龙江集团有限公司 | 390 | 5845553 | 甘肃 | | | |
| 17 | 福建省电子信息（集团）有限责任公司 | 414 | 5517743 | 1 | 金川集团股份有限公司 | 84 | 33275083 |
| 18 | 福建省金纶高纤股份有限公司 | 419 | 5395668 | 2 | 甘肃省公路航空旅游投资集团有限公司 | 147 | 18316272 |
| 19 | 福建省三钢（集团）有限责任公司 | 436 | 5254960 | 3 | 酒泉钢铁（集团）有限责任公司 | 212 | 12042695 |
| 20 | 三宝集团股份有限公司 | 447 | 5209886 | 4 | 兰州新区商贸物流投资集团有限公司 | 221 | 11693807 |
| 21 | 厦门港务控股集团有限公司 | 454 | 5134555 | 5 | 白银有色集团股份有限公司 | 279 | 8783535 |
| 22 | 安踏体育用品集团有限公司 | 464 | 5070534 | 6 | 甘肃省建设投资（控股）集团有限公司 | 280 | 8733478 |
| 23 | 厦门钨业股份有限公司 | 491 | 4822279 | | 合计 | | 92844870 |
| | 合计 | | 422790599 | | | | |
| | | | | 青海 | | | |
| 广西壮族自治区 | | | | 1 | 西部矿业集团有限公司 | 415 | 5515222 |
| 1 | 广西投资集团有限公司 | 134 | 21029995 | | 合计 | | 5515222 |
| 2 | 广西北部湾国际港务集团有限公司 | 230 | 10808459 | | | | |
| 3 | 广西柳州钢铁集团有限公司 | 255 | 9975923 | 宁夏回族自治区 | | | |
| 4 | 广西盛隆冶金有限公司 | 300 | 8036767 | 1 | 宁夏天元锰业集团有限公司 | 372 | 6197005 |
| 5 | 广西北部湾投资集团有限公司 | 304 | 7881105 | | 合计 | | 6197005 |
| 6 | 广西交通投资集团有限公司 | 344 | 6706920 | | | | |
| 7 | 广西南丹南方金属有限公司 | 381 | 6011490 | 新疆维吾尔自治区 | | | |
| | 合计 | | 70450659 | 1 | 太平洋建设集团有限公司 | 46 | 53463463 |
| | | | | 2 | 新疆中泰（集团）有限责任公司 | 112 | 24728924 |
| 贵州 | | | | 3 | 新疆广汇实业投资（集团）有限责任公司 | 135 | 20800708 |
| 1 | 中国贵州茅台酒厂（集团）有限责任公司 | 192 | 13646517 | 4 | 新疆特变电工集团有限公司 | 247 | 10208457 |

续表

| 排名 | 企业名称 | 总排名 | 营业收入/万元 | 排名 | 企业名称 | 总排名 | 营业收入/万元 |
|---|---|---|---|---|---|---|---|
| 5 | 新疆天业（集团）有限公司 | 368 | 6236994 | 2 | 包头钢铁（集团）有限责任公司 | 225 | 11580001 |
| 6 | 新疆生产建设兵团建设工程(集团)有限责任公司 | 457 | 5111774 | 3 | 内蒙古电力（集团）有限责任公司 | 231 | 10800299 |
|  | 合计 |  | 120550320 | 4 | 内蒙古蒙牛乳业（集团）股份有限公司 | 265 | 9259332 |
|  |  |  |  | 5 | 内蒙古鄂尔多斯投资控股集团有限公司 | 328 | 7155990 |
| **内蒙古自治区** |  |  |  | 6 | 内蒙古伊泰集团有限公司 | 371 | 6216030 |
| 1 | 内蒙古伊利实业集团股份有限公司 | 209 | 12317104 |  | 合计 |  | 57328756 |

表 9–5 2023 中国企业 500 强净利润排序前 100 名企业

| 排名 | 企业名称 | 净利润/万元 | 排名 | 企业名称 | 净利润/万元 |
|---|---|---|---|---|---|
| 1 | 中国工商银行股份有限公司 | 36048300 | 51 | 隆基绿能科技股份有限公司 | 1481157 |
| 2 | 中国建设银行股份有限公司 | 32386100 | 52 | 中国航天科工集团有限公司 | 1457557 |
| 3 | 中国农业银行股份有限公司 | 25914000 | 53 | 中国电信集团有限公司 | 1386231 |
| 4 | 中国银行股份有限公司 | 22743900 | 54 | 中国铁路工程集团有限公司 | 1368677 |
| 5 | 腾讯控股有限公司 | 18824300 | 55 | 浙商银行股份有限公司 | 1361800 |
| 6 | 中国石油天然气集团有限公司 | 14179836 | 56 | 中国中煤能源集团有限公司 | 1262843 |
| 7 | 招商银行股份有限公司 | 13801200 | 57 | 中国铁道建筑集团有限公司 | 1210540 |
| 8 | 中国海洋石油集团有限公司 | 11427207 | 58 | 中国兵器工业集团有限公司 | 1203024 |
| 9 | 中国移动通信集团有限公司 | 9900630 | 59 | 中粮集团有限公司 | 1187657 |
| 10 | 交通银行股份有限公司 | 9214900 | 60 | 中国铝业集团有限公司 | 1141844 |
| 11 | 兴业银行股份有限公司 | 9137700 | 61 | 协鑫集团有限公司 | 1139410 |
| 12 | 中国平安保险（集团）股份有限公司 | 8377400 | 62 | 海尔集团公司 | 1105285 |
| 13 | 中国石油化工集团有限公司 | 6496012 | 63 | 通威集团有限公司 | 1101219 |
| 14 | 招商局集团有限公司 | 5700322 | 64 | 上海农村商业银行股份有限公司 | 1097438 |
| 15 | 国家电网有限公司 | 5510499 | 65 | 泰康保险集团股份有限公司 | 1086282 |
| 16 | 上海浦东发展银行股份有限公司 | 5117100 | 66 | 京东集团股份有限公司 | 1038000 |
| 17 | 中国建筑股份有限公司 | 5095030 | 67 | 中国航空工业集团有限公司 | 1027847 |
| 18 | 中国人寿保险（集团）公司 | 4613600 | 68 | 重庆农村商业银行股份有限公司 | 1027557 |
| 19 | 中国远洋海运集团有限公司 | 4192612 | 69 | 中国南方电网有限责任公司 | 1019412 |
| 20 | 中国贵州茅台酒厂（集团）有限责任公司 | 4018481 | 70 | 正威国际集团有限公司 | 1006955 |
| 21 | 国家能源投资集团有限责任公司 | 3833714 | 71 | 新华人寿保险股份有限公司 | 982200 |
| 22 | 华为投资控股有限公司 | 3553400 | 72 | 青山控股集团有限公司 | 980339 |
| 23 | 中国民生银行股份有限公司 | 3526900 | 73 | 中国广核集团有限公司 | 973839 |
| 24 | 太平洋建设集团有限公司 | 3490133 | 74 | 内蒙古伊利实业集团股份有限公司 | 943107 |
| 25 | 中国邮政集团有限公司 | 3371864 | 75 | 陕西煤业化工集团有限责任公司 | 932553 |
| 26 | 阿里巴巴（中国）有限公司 | 3275200 | 76 | 万洲国际有限公司 | 919873 |
| 27 | 中国华润有限公司 | 3135765 | 77 | 立讯精密工业股份有限公司 | 916310 |
| 28 | 宁德时代新能源科技股份有限公司 | 3072916 | 78 | 苏商建设集团有限公司 | 913096 |
| 29 | 美的集团股份有限公司 | 2955351 | 79 | 四川公路桥梁建设集团有限公司 | 894434 |
| 30 | 中国中信集团有限公司 | 2626084 | 80 | 深圳前海微众银行股份有限公司 | 893705 |
| 31 | 中国第一汽车集团有限公司 | 2587416 | 81 | 中国铁塔股份有限公司 | 878662 |
| 32 | 江苏银行股份有限公司 | 2538599 | 82 | 北京江南投资集团有限公司 | 874668 |
| 33 | 华夏银行股份有限公司 | 2503500 | 83 | 中国保利集团有限公司 | 866210 |
| 34 | 中国太平洋保险（集团）股份有限公司 | 2460898 | 84 | 中国核工业集团有限公司 | 861941 |
| 35 | 珠海格力电器股份有限公司 | 2450662 | 85 | 中国交通建设集团有限公司 | 844141 |
| 36 | 中国人民保险集团股份有限公司 | 2440600 | 86 | 长城汽车股份有限公司 | 826604 |
| 37 | 龙湖集团控股有限公司 | 2436205 | 87 | 东风汽车集团有限公司 | 814742 |
| 38 | 万科企业股份有限公司 | 2261778 | 88 | 荣耀终端有限公司 | 812351 |
| 39 | 上海银行股份有限公司 | 2228022 | 89 | 中兴通讯股份有限公司 | 808030 |
| 40 | 中国航天科技集团有限公司 | 2178779 | 90 | 湖南钢铁集团有限公司 | 790826 |
| 41 | 网易股份有限公司 | 2033760 | 91 | 中国华能集团有限公司 | 756986 |
| 42 | 紫金矿业集团股份有限公司 | 2004205 | 92 | 四川省宜宾五粮液集团有限公司 | 756950 |
| 43 | 南京银行股份有限公司 | 1840804 | 93 | 百度网络技术有限公司 | 755900 |
| 44 | 中国船舶集团有限公司 | 1823030 | 94 | 金川集团股份有限公司 | 748405 |
| 45 | 中国电子科技集团有限公司 | 1792961 | 95 | 中国医药集团有限公司 | 740486 |
| 46 | 中国宝武钢铁集团有限公司 | 1676852 | 96 | 内蒙古伊泰集团有限公司 | 712583 |
| 47 | 比亚迪股份有限公司 | 1662245 | 97 | 武安市裕华钢铁有限公司 | 704023 |
| 48 | 万华化学集团股份有限公司 | 1623363 | 98 | 安踏体育用品集团有限公司 | 695254 |
| 49 | 上海汽车集团股份有限公司 | 1611755 | 99 | 重庆华宇集团有限公司 | 692877 |
| 50 | 冀南钢铁集团有限公司 | 1504374 | 100 | 中国华电集团有限公司 | 687031 |
|  |  |  |  | 中国企业 500 强平均数 | 858778 |

表 9-6 2023 中国企业 500 强资产排序前 100 名企业

| 排名 | 企业名称 | 资产/万元 | 排名 | 企业名称 | 资产/万元 |
| --- | --- | --- | --- | --- | --- |
| 1 | 中国工商银行股份有限公司 | 3960965700 | 51 | 新华人寿保险股份有限公司 | 125504400 |
| 2 | 中国建设银行股份有限公司 | 3460191700 | 52 | 中国宝武钢铁集团有限公司 | 123984105 |
| 3 | 中国农业银行股份有限公司 | 3392753300 | 53 | 广州农村商业银行股份有限公司 | 123345445 |
| 4 | 中国银行股份有限公司 | 2891385700 | 54 | 蜀道投资集团有限责任公司 | 118808408 |
| 5 | 中国邮政集团有限公司 | 1470460708 | 55 | 中国核工业集团有限公司 | 115042105 |
| 6 | 交通银行股份有限公司 | 1299241900 | 56 | 中国南方电网有限责任公司 | 114511539 |
| 7 | 中国平安保险（集团）股份有限公司 | 1113716800 | 57 | 中国远洋海运集团有限公司 | 111425823 |
| 8 | 中国中信集团有限公司 | 1059769342 | 58 | 晋能控股集团有限公司 | 110517021 |
| 9 | 招商银行股份有限公司 | 1013891200 | 59 | 成都兴城投资集团有限公司 | 108729889 |
| 10 | 兴业银行股份有限公司 | 926667100 | 60 | 盛京银行股份有限公司 | 108241311 |
| 11 | 上海浦东发展银行股份有限公司 | 870465100 | 61 | 华为投资控股有限公司 | 106380400 |
| 12 | 中国民生银行股份有限公司 | 725567300 | 62 | 深圳市投资控股有限公司 | 105726821 |
| 13 | 中国人寿保险（集团）公司 | 612682200 | 63 | 中国五矿集团有限公司 | 105634035 |
| 14 | 国家电网有限公司 | 490227557 | 64 | 中国电信集团有限公司 | 104664204 |
| 15 | 中国石油天然气集团有限公司 | 439505369 | 65 | 中国华电集团有限公司 | 102717210 |
| 16 | 华夏银行股份有限公司 | 390016700 | 66 | 上海汽车集团股份有限公司 | 99010738 |
| 17 | 江苏银行股份有限公司 | 298029469 | 67 | 山东能源集团有限公司 | 95112301 |
| 18 | 上海银行股份有限公司 | 287852476 | 68 | 中国船舶集团有限公司 | 94467362 |
| 19 | 中国建筑股份有限公司 | 265290331 | 69 | 中国广核集团有限公司 | 91265773 |
| 20 | 招商局集团有限公司 | 263202724 | 70 | 广州越秀集团股份有限公司 | 90347699 |
| 21 | 浙商银行股份有限公司 | 262193000 | 71 | 中国大唐集团有限公司 | 84944885 |
| 22 | 中国石油化工集团有限公司 | 254334578 | 72 | 浙江省交通投资集团有限公司 | 84049787 |
| 23 | 中国交通建设集团有限公司 | 237518365 | 73 | 复星国际有限公司 | 82314606 |
| 24 | 中国华润有限公司 | 228869995 | 74 | 云南省交通投资建设集团有限公司 | 78845371 |
| 25 | 中国移动通信集团有限公司 | 228796985 | 75 | 龙湖集团控股有限公司 | 78677442 |
| 26 | 中国太平洋保险（集团）股份有限公司 | 217629908 | 76 | 云南省建设投资控股集团有限公司 | 78437097 |
| 27 | 南京银行股份有限公司 | 205948374 | 77 | 广西投资集团有限公司 | 74937609 |
| 28 | 国家能源投资集团有限责任公司 | 194216366 | 78 | 厦门建发集团有限公司 | 72356281 |
| 29 | 中国保利集团有限公司 | 182848841 | 79 | 陕西煤业化工集团有限责任公司 | 72274582 |
| 30 | 阿里巴巴（中国）有限公司 | 177212400 | 80 | 中国建材集团有限公司 | 70296223 |
| 31 | 万科企业股份有限公司 | 175712444 | 81 | 甘肃省公路航空旅游投资集团有限公司 | 70237744 |
| 32 | 碧桂园控股有限公司 | 174446700 | 82 | 中粮集团有限公司 | 69557102 |
| 33 | 渤海银行股份有限公司 | 165945990 | 83 | 中国联合网络通信集团有限公司 | 68348838 |
| 34 | 中国铁路工程集团有限公司 | 162053670 | 84 | 联想控股股份有限公司 | 68107417 |
| 35 | 中国中化控股有限责任公司 | 158400681 | 85 | 中国能源建设集团有限公司 | 67970691 |
| 36 | 国家电力投资集团有限公司 | 158179590 | 86 | 中国航天科技集团有限公司 | 65086177 |
| 37 | 腾讯控股有限公司 | 157813100 | 87 | 珠海华发集团有限公司 | 65040443 |
| 38 | 中国铁道建筑集团有限公司 | 152853790 | 88 | 河南交通投资集团有限公司 | 64045569 |
| 39 | 中国海洋石油集团有限公司 | 151335316 | 89 | 广西交通投资集团有限公司 | 62949354 |
| 40 | 中国人民保险集团股份有限公司 | 150870200 | 90 | 湖北交通投资集团有限公司 | 62922994 |
| 41 | 中国华能集团有限公司 | 141519461 | 91 | 中国铝业集团有限公司 | 62501951 |
| 42 | 泰康保险集团有限公司 | 136544606 | 92 | 山西交通控股集团有限公司 | 60895693 |
| 43 | 绿地控股集团股份有限公司 | 136532106 | 93 | 宁德时代新能源科技股份有限公司 | 60095235 |
| 44 | 重庆农村商业银行股份有限公司 | 135186112 | 94 | 中国第一汽车集团有限公司 | 59636880 |
| 45 | 恒丰银行股份有限公司 | 133159512 | 95 | 京东集团股份有限公司 | 59525000 |
| 46 | 山东高速集团有限公司 | 132254620 | 96 | 中国电子科技集团有限公司 | 59416897 |
| 47 | 中国电力建设集团有限公司 | 129507190 | 97 | 陕西交通控股集团有限公司 | 57344623 |
| 48 | 上海农村商业银行股份有限公司 | 128139912 | 98 | 云南省投资控股集团有限公司 | 56866075 |
| 49 | 中国航空工业集团有限公司 | 127961781 | 99 | 中国医药集团有限公司 | 56318190 |
| 50 | 中国太平保险集团有限责任公司 | 125966322 | 100 | 浙江吉利控股集团有限公司 | 56067708 |
|  |  |  |  | 中国企业 500 强平均数 | 79953528 |

表 9-7 2023 中国企业 500 强从业人数排序前 100 名企业

| 排名 | 企业名称 | 从业人数/人 | 排名 | 企业名称 | 从业人数/人 |
| --- | --- | --- | --- | --- | --- |
| 1 | 中国石油天然气集团有限公司 | 1087049 | 51 | 中国兵器装备集团有限公司 | 156613 |
| 2 | 国家电网有限公司 | 969301 | 52 | 上海汽车集团股份有限公司 | 153196 |
| 3 | 中国邮政集团有限公司 | 752547 | 53 | 陕西煤业化工集团有限责任公司 | 151607 |
| 4 | 中国人民保险集团股份有限公司 | 711050 | 54 | 鞍钢集团有限公司 | 151411 |
| 5 | 比亚迪股份有限公司 | 570060 | 55 | 苏商建设集团有限公司 | 151135 |
| 6 | 中国石油化工集团有限公司 | 527487 | 56 | 中国中煤能源集团有限公司 | 147293 |
| 7 | 北大荒农垦集团有限公司 | 482083 | 57 | 牧原实业集团有限公司 | 143186 |
| 8 | 晋能控股集团有限公司 | 470839 | 58 | 中国航天科工集团有限公司 | 141260 |
| 9 | 中国农业银行股份有限公司 | 452258 | 59 | 东风汽车集团有限公司 | 134637 |
| 10 | 中国移动通信集团有限公司 | 452202 | 60 | 中国铝业集团有限公司 | 132740 |
| 11 | 京东集团股份有限公司 | 450679 | 61 | 万科企业股份有限公司 | 131817 |
| 12 | 中国工商银行股份有限公司 | 427587 | 62 | 浙江吉利控股集团有限公司 | 131517 |
| 13 | 中国电信集团有限公司 | 392726 | 63 | 陕西延长石油（集团）有限责任公司 | 130475 |
| 14 | 中国航空工业集团有限公司 | 383000 | 64 | 辽宁方大集团实业有限公司 | 125641 |
| 15 | 中国建筑股份有限公司 | 382492 | 65 | 中国机械工业集团有限公司 | 125370 |
| 16 | 中国华润有限公司 | 379944 | 66 | 江苏省苏中建设集团股份有限公司 | 125237 |
| 17 | 中国建设银行股份有限公司 | 376682 | 67 | 中国华能集团有限公司 | 124588 |
| 18 | 中国平安保险（集团）股份有限公司 | 344223 | 68 | 新希望控股集团有限公司 | 123933 |
| 19 | 中国铁道建筑集团有限公司 | 342098 | 69 | 中国第一汽车集团有限公司 | 123615 |
| 20 | 国家能源投资集团有限责任公司 | 313123 | 70 | 国家电力投资集团有限公司 | 123401 |
| 21 | 中国铁路工程集团有限公司 | 312906 | 71 | 南通四建集团有限公司 | 123000 |
| 22 | 中国银行股份有限公司 | 306182 | 72 | 河南能源集团有限公司 | 120981 |
| 23 | 太平洋建设集团有限公司 | 301565 | 73 | 海尔集团公司 | 120501 |
| 24 | 中国南方电网有限责任公司 | 282571 | 74 | 中国平煤神马控股集团有限公司 | 120299 |
| 25 | 招商局集团有限公司 | 276019 | 75 | 宁德时代新能源科技股份有限公司 | 118914 |
| 26 | 中国联合网络通信集团有限公司 | 256973 | 76 | 中国保利集团有限公司 | 118007 |
| 27 | 阿里巴巴（中国）有限公司 | 239740 | 77 | 中国能源建设集团有限公司 | 116787 |
| 28 | 立讯精密工业股份有限公司 | 236932 | 78 | 广州汽车工业集团有限公司 | 113864 |
| 29 | 中国电子科技集团有限公司 | 235912 | 79 | 潞安化工集团有限公司 | 113557 |
| 30 | 山东能源集团有限公司 | 232841 | 80 | 招商银行股份有限公司 | 112999 |
| 31 | 中国中化控股有限责任公司 | 223448 | 81 | 中国太平洋保险（集团）股份有限公司 | 110862 |
| 32 | 中国交通建设集团有限公司 | 221017 | 82 | 中国远洋海运集团有限公司 | 110805 |
| 33 | 中国宝武钢铁集团有限公司 | 219340 | 83 | 中国南方航空集团有限公司 | 108768 |
| 34 | 中国兵器工业集团有限公司 | 217161 | 84 | 永辉超市股份有限公司 | 108758 |
| 35 | 山西焦煤集团有限责任公司 | 213185 | 85 | 腾讯控股有限公司 | 108436 |
| 36 | 中国建材集团有限公司 | 208857 | 86 | 复星国际有限公司 | 108000 |
| 37 | 华为投资控股有限公司 | 205000 | 87 | 万洲国际有限公司 | 104000 |
| 38 | 中国船舶集团有限公司 | 204497 | 88 | 中粮集团有限公司 | 103537 |
| 39 | 中国医药集团有限公司 | 201508 | 89 | 深圳市投资控股有限公司 | 103117 |
| 40 | 中国五矿集团有限公司 | 187962 | 90 | 联想控股股份有限公司 | 101587 |
| 41 | 中国电子信息产业集团有限公司 | 184940 | 91 | 青山控股集团有限公司 | 100982 |
| 42 | 中国电力建设集团有限公司 | 182424 | 92 | 物美科技集团有限公司 | 100000 |
| 43 | 中国核工业集团有限公司 | 181700 | 93 | 河钢集团有限公司 | 99807 |
| 44 | 中国人寿保险（集团）公司 | 180619 | 94 | 贝壳控股有限公司 | 98540 |
| 45 | 中国航天科技集团有限公司 | 180521 | 95 | 山东魏桥创业集团有限公司 | 98100 |
| 46 | 中国中信集团有限公司 | 172761 | 96 | 中国东方航空集团有限公司 | 97935 |
| 47 | 中国中车集团有限公司 | 170184 | 97 | 海信集团控股股份有限公司 | 97838 |
| 48 | 恒力集团有限公司 | 170125 | 98 | 光明食品（集团）有限公司 | 96639 |
| 49 | 美的集团股份有限公司 | 166243 | 99 | 江苏南通二建集团有限公司 | 95227 |
| 50 | 顺丰控股股份有限公司 | 162823 | 100 | 北京汽车集团有限公司 | 95000 |
|  |  |  |  | 中国企业 500 强平均数 | 65631 |

表 9-8  2023 中国企业 500 强研发费用排序前 100 名企业

| 排序 | 企业名称 | 研发费用/万元 | 排序 | 企业名称 | 研发费用/万元 |
|---|---|---|---|---|---|
| 1 | 华为投资控股有限公司 | 16149400 | 51 | 中国铝业集团有限公司 | 772063 |
| 2 | 阿里巴巴（中国）有限公司 | 5380800 | 52 | 北京汽车集团有限公司 | 750654 |
| 3 | 中国建筑股份有限公司 | 4975324 | 53 | 山东能源集团有限公司 | 729639 |
| 4 | 中国石油天然气集团有限公司 | 4085317 | 54 | 隆基绿能科技股份有限公司 | 714062 |
| 5 | 中国移动通信集团有限公司 | 3392144 | 55 | 湖南钢铁集团有限公司 | 712896 |
| 6 | 中国航天科工集团有限公司 | 3212392 | 56 | 中国联合网络通信集团有限公司 | 685937 |
| 7 | 中国铁路工程集团有限公司 | 2774224 | 57 | 中国中信集团有限公司 | 671438 |
| 8 | 中国交通建设集团有限公司 | 2558726 | 58 | 浪潮集团有限公司 | 641470 |
| 9 | 中国铁道建筑集团有限公司 | 2500394 | 59 | 上海电气控股集团有限公司 | 631772 |
| 10 | 中国五矿集团有限公司 | 2306866 | 60 | 北京建龙重工集团有限公司 | 631635 |
| 11 | 中国兵器工业集团有限公司 | 2263501 | 61 | 中国机械工业集团有限公司 | 629047 |
| 12 | 中国电力建设集团有限公司 | 2243686 | 62 | 珠海格力电器股份有限公司 | 628139 |
| 13 | 浙江吉利控股集团有限公司 | 2242207 | 63 | 山西建设投资集团有限公司 | 626428 |
| 14 | 中兴通讯股份有限公司 | 2160230 | 64 | 中国化学工程集团有限公司 | 603102 |
| 15 | 美团公司 | 2073987 | 65 | 陕西煤业化工集团有限责任公司 | 602700 |
| 16 | 中国电信集团有限公司 | 2002092 | 66 | 海信集团控股股份有限公司 | 600470 |
| 17 | 山东魏桥创业集团有限公司 | 1879876 | 67 | 晶科能源控股有限公司 | 561461 |
| 18 | 比亚迪股份有限公司 | 1865445 | 68 | 奇瑞控股集团有限公司 | 551164 |
| 19 | 中国石油化工集团有限公司 | 1806793 | 69 | 歌尔股份有限公司 | 522652 |
| 20 | 上海汽车集团股份有限公司 | 1803092 | 70 | 陕西建工控股集团有限公司 | 513734 |
| 21 | 国家电网有限公司 | 1678576 | 71 | 湖南建设投资集团有限责任公司 | 511557 |
| 22 | 小米集团 | 1602813 | 72 | 华勤技术股份有限公司 | 504709 |
| 23 | 宁德时代新能源科技股份有限公司 | 1551045 | 73 | 晋能控股集团有限公司 | 498851 |
| 24 | 联想控股股份有限公司 | 1528997 | 74 | 万向集团公司 | 488934 |
| 25 | 网易股份有限公司 | 1503901 | 75 | 新疆特变电工集团有限公司 | 484419 |
| 26 | 中国第一汽车集团有限公司 | 1481438 | 76 | 亨通集团有限公司 | 482405 |
| 27 | 招商银行股份有限公司 | 1416800 | 77 | 河北新华联合冶金控股集团有限公司 | 463860 |
| 28 | 中国中车集团有限公司 | 1353550 | 78 | 天合光能股份有限公司 | 462074 |
| 29 | 国家电力投资集团有限公司 | 1348692 | 79 | 包头钢铁（集团）有限责任公司 | 455105 |
| 30 | 中国华能集团有限公司 | 1300252 | 80 | 山东高速集团有限公司 | 454741 |
| 31 | 美的集团股份有限公司 | 1261851 | 81 | 新华三信息技术有限公司 | 449960 |
| 32 | 中国宝武钢铁集团有限公司 | 1251136 | 82 | 通威集团有限公司 | 440058 |
| 33 | 鞍钢集团有限公司 | 1117715 | 83 | 广州工业投资控股集团有限公司 | 439356 |
| 34 | 海尔集团公司 | 1060961 | 84 | 浙江荣盛控股集团有限公司 | 438966 |
| 35 | 中国能源建设集团有限公司 | 1051350 | 85 | 北京城建集团有限责任公司 | 426534 |
| 36 | 中国海洋石油集团有限公司 | 1033361 | 86 | 徐工集团工程机械股份有限公司 | 408225 |
| 37 | 上海建工集团股份有限公司 | 1018486 | 87 | 北京建工集团有限公司 | 403737 |
| 38 | 荣耀终端有限公司 | 989699 | 88 | 广东省广新控股集团有限公司 | 400805 |
| 39 | 中国建材集团有限公司 | 966444 | 89 | TCL 实业控股股份有限公司 | 400535 |
| 40 | 三一集团有限公司 | 933798 | 90 | 中国中煤能源集团有限公司 | 397323 |
| 41 | 广州汽车工业集团有限公司 | 911714 | 91 | 安徽海螺集团有限公司 | 396038 |
| 42 | 中国华电集团有限公司 | 910908 | 92 | 福建省电子信息（集团）有限责任公司 | 391675 |
| 43 | 东风汽车集团有限公司 | 901149 | 93 | 广州市建筑集团有限公司 | 381790 |
| 44 | 国家能源投资集团有限责任公司 | 864787 | 94 | 山西焦煤集团有限公司 | 378118 |
| 45 | TCL 科技集团股份有限公司 | 863364 | 95 | 铜陵有色金属集团控股有限公司 | 361580 |
| 46 | 江苏沙钢集团有限公司 | 794877 | 96 | 中国远洋海运集团有限公司 | 360829 |
| 47 | 河钢集团有限公司 | 789530 | 97 | 利华益集团股份有限公司 | 354754 |
| 48 | 首钢集团有限公司 | 785826 | 98 | 研祥高科技控股集团有限公司 | 345259 |
| 49 | 中国信息通信科技集团有限公司 | 776851 | 99 | 中国南方电网有限责任公司 | 344442 |
| 50 | 潍柴动力股份有限公司 | 773118 | 100 | 万华化学集团股份有限公司 | 342009 |
|  |  |  |  | 中国企业 500 强平均数 | 357979 |

表9-9 2023中国企业500强研发强度排序前100名企业

| 排名 | 企业名称 | 研发强度/% | 排名 | 企业名称 | 研发强度/% |
|---|---|---|---|---|---|
| 1 | 华为投资控股有限公司 | 25.14 | 51 | 上海建工集团股份有限公司 | 3.56 |
| 2 | 中兴通讯股份有限公司 | 17.57 | 52 | 中国化学工程集团有限公司 | 3.42 |
| 3 | 网易股份有限公司 | 15.59 | 53 | 上海城建（集团）有限公司 | 3.42 |
| 4 | 中国信息通信科技集团有限公司 | 14.69 | 54 | 中国电信集团有限公司 | 3.41 |
| 5 | 中国航天科工集团有限公司 | 12.78 | 55 | 中国电力建设集团有限公司 | 3.37 |
| 6 | 荣耀终端有限公司 | 10.54 | 56 | 人民控股集团有限公司 | 3.36 |
| 7 | 美团公司 | 9.43 | 57 | 珠海格力电器股份有限公司 | 3.32 |
| 8 | 新华三信息技术有限公司 | 9.12 | 58 | 鞍钢集团有限公司 | 3.32 |
| 9 | 三一集团有限公司 | 7.40 | 59 | 华泰集团有限公司 | 3.30 |
| 10 | 福建省电子信息（集团）有限责任公司 | 7.10 | 60 | 弘润石化（潍坊）有限责任公司 | 3.25 |
| 11 | 阿里巴巴（中国）有限公司 | 6.22 | 61 | 海信集团控股股份有限公司 | 3.25 |
| 12 | 浪潮集团有限公司 | 6.18 | 62 | 湖南钢铁集团有限公司 | 3.24 |
| 13 | 重庆小康控股有限公司 | 6.15 | 63 | 广西北部湾投资集团有限公司 | 3.20 |
| 14 | 宁波均胜电子股份有限公司 | 6.09 | 64 | 首钢集团有限公司 | 3.17 |
| 15 | 闻泰科技股份有限公司 | 5.84 | 65 | 联想控股股份有限公司 | 3.16 |
| 16 | 中国中车集团有限公司 | 5.80 | 66 | 山西晋南钢铁集团有限公司 | 3.15 |
| 17 | 小米集团 | 5.72 | 67 | 山东寿光鲁清石化有限公司 | 3.15 |
| 18 | 隆基绿能科技股份有限公司 | 5.54 | 68 | 广东省建筑工程集团控股有限公司 | 3.15 |
| 19 | 浙江吉利控股集团有限公司 | 5.52 | 69 | 福建百宏聚纤科技实业有限公司 | 3.12 |
| 20 | 华勤技术股份有限公司 | 5.45 | 70 | 北京建工集团有限责任公司 | 3.11 |
| 21 | 天合光能股份有限公司 | 5.43 | 71 | 亨通集团有限公司 | 3.09 |
| 22 | TCL科技集团股份有限公司 | 5.18 | 72 | 湖南建设投资集团有限责任公司 | 3.07 |
| 23 | 深圳前海微众银行股份有限公司 | 5.08 | 73 | 四川公路桥梁建设集团有限公司 | 3.06 |
| 24 | 晶科能源控股有限公司 | 5.06 | 74 | 中国华能集团有限公司 | 3.06 |
| 25 | 歌尔股份有限公司 | 4.98 | 75 | 心里程控股集团有限公司 | 3.04 |
| 26 | 研祥高科技控股集团有限公司 | 4.82 | 76 | 金鼎钢铁集团有限公司 | 3.03 |
| 27 | 新疆特变电工集团有限公司 | 4.75 | 77 | 海尔集团公司 | 3.03 |
| 28 | 宁德时代新能源科技股份有限公司 | 4.72 | 78 | 中国华电集团有限公司 | 3.00 |
| 29 | 山西建设投资集团有限公司 | 4.60 | 79 | 山东金岭集团有限公司 | 3.00 |
| 30 | 潍柴动力股份有限公司 | 4.41 | 80 | 山东如意时尚投资控股有限公司 | 3.00 |
| 31 | 比亚迪股份有限公司 | 4.40 | 81 | 上海华谊控股集团有限公司 | 2.98 |
| 32 | 徐工集团工程机械股份有限公司 | 4.35 | 82 | 福建省三钢（集团）有限公司 | 2.94 |
| 33 | 中国重汽（香港）有限公司 | 4.23 | 83 | 招商银行股份有限公司 | 2.90 |
| 34 | 贝壳控股有限公司 | 4.20 | 84 | 北京城建集团有限责任公司 | 2.88 |
| 35 | 中国东方电气集团有限公司 | 4.13 | 85 | 利华益集团股份有限公司 | 2.88 |
| 36 | 上海电气控股集团有限公司 | 4.11 | 86 | 北京建龙重工集团有限公司 | 2.86 |
| 37 | 中国兵器工业集团有限公司 | 4.07 | 87 | 中国能源建设集团有限公司 | 2.85 |
| 38 | 创维集团有限公司 | 3.95 | 88 | 北京能源集团有限责任公司 | 2.82 |
| 39 | 包头钢铁（集团）有限责任公司 | 3.93 | 89 | 玖龙纸业（控股）有限公司 | 2.80 |
| 40 | 山西建邦集团有限公司 | 3.90 | 90 | 江苏沙钢集团有限公司 | 2.76 |
| 41 | 山东泰山钢铁集团有限公司 | 3.87 | 91 | 中国交通建设集团有限公司 | 2.75 |
| 42 | 华峰集团有限公司 | 3.78 | 92 | 湖北宜化集团有限公司 | 2.73 |
| 43 | TCL实业控股股份有限公司 | 3.78 | 93 | 淮河能源控股集团有限责任公司 | 2.72 |
| 44 | 山东魏桥创业集团有限公司 | 3.73 | 94 | 浙江华友钴业股份有限公司 | 2.71 |
| 45 | 国家电力投资集团有限公司 | 3.71 | 95 | 三花控股集团有限公司 | 2.58 |
| 46 | 奇瑞控股集团有限公司 | 3.67 | 96 | 中国五矿集团有限公司 | 2.57 |
| 47 | 山西交通控股集团有限公司 | 3.66 | 97 | 万向集团公司 | 2.57 |
| 48 | 美的集团股份有限公司 | 3.65 | 98 | 中天科技集团有限公司 | 2.56 |
| 49 | 中国移动通信集团有限公司 | 3.61 | 99 | 福建大东海实业集团有限公司 | 2.55 |
| 50 | 厦门钨业股份有限公司 | 3.59 | 100 | 陕西汽车控股集团有限公司 | 2.54 |
| | | | | 中国企业500强平均数 | 1.85 |

表 9-10  2023 中国企业 500 强净资产利润率排序前 100 名企业

| 排名 | 企业名称 | 净资产利润率/% | 排名 | 企业名称 | 净资产利润率/% |
| --- | --- | --- | --- | --- | --- |
| 1 | 湖北宜化集团有限责任公司 | 500.66 | 51 | 网易股份有限公司 | 19.42 |
| 2 | 陕西泰丰盛合控股集团有限公司 | 64.19 | 52 | 唯品会控股有限公司 | 19.23 |
| 3 | 内蒙古鄂尔多斯投资控股集团有限公司 | 50.21 | 53 | 杭州东恒石油有限公司 | 18.90 |
| 4 | 新华三信息技术有限公司 | 49.76 | 54 | 河北新华联合冶金控股集团有限公司 | 18.84 |
| 5 | 上海闽路润贸易有限公司 | 49.03 | 55 | 浙江富冶集团有限公司 | 18.77 |
| 6 | 通州建总集团有限公司 | 44.78 | 56 | 内蒙古伊利实业集团股份有限公司 | 18.76 |
| 7 | 重庆新鸥鹏企业（集团）有限公司 | 41.86 | 57 | 宁德时代新能源科技股份有限公司 | 18.68 |
| 8 | 通威集团有限公司 | 41.81 | 58 | 青山控股集团有限公司 | 18.65 |
| 9 | 安踏体育用品集团有限公司 | 36.58 | 59 | 通鼎集团有限公司 | 18.27 |
| 10 | 新奥天然气股份有限公司 | 33.25 | 60 | 中基宁波集团股份有限公司 | 18.20 |
| 11 | 河北鑫海控股集团有限公司 | 33.15 | 61 | 德力西集团有限公司 | 18.20 |
| 12 | 四川公路桥梁建设集团有限公司 | 32.64 | 62 | 厦门路桥工程物资有限公司 | 17.69 |
| 13 | 中国贵州茅台酒厂（集团）有限责任公司 | 27.46 | 63 | 荣耀终端有限公司 | 17.31 |
| 14 | 齐成（山东）石化集团有限公司 | 27.37 | 64 | 心里程控股集团有限公司 | 17.24 |
| 15 | 优合产业有限公司 | 26.48 | 65 | 龙湖集团控股有限公司 | 17.14 |
| 16 | 济宁能源发展集团有限公司 | 26.42 | 66 | 海信集团控股股份有限公司 | 17.09 |
| 17 | 福建省金纶高纤股份有限公司 | 26.31 | 67 | 山东京博控股集团有限公司 | 17.04 |
| 18 | 腾讯控股有限公司 | 26.09 | 68 | 鲁丽集团有限公司 | 17.01 |
| 19 | 中天科技集团有限公司 | 26.09 | 69 | 陕西建工控股集团有限公司 | 16.96 |
| 20 | 江苏华宏实业集团有限公司 | 25.35 | 70 | 太平洋建设集团有限公司 | 16.87 |
| 21 | 珠海格力电器股份有限公司 | 25.33 | 71 | 老凤祥股份有限公司 | 16.79 |
| 22 | 冀南钢铁集团有限公司 | 24.89 | 72 | 山东汇丰石化集团有限公司 | 16.65 |
| 23 | 振石控股集团有限公司 | 24.84 | 73 | 广东海大集团股份有限公司 | 16.57 |
| 24 | 深圳前海微众银行股份有限公司 | 24.54 | 74 | 山东海科控股有限公司 | 16.49 |
| 25 | 传化集团有限公司 | 24.38 | 75 | 淮河能源控股集团有限责任公司 | 15.95 |
| 26 | 中国人寿保险（集团）公司 | 23.91 | 76 | 兴华财富集团有限公司 | 15.57 |
| 27 | 武安市裕华钢铁有限公司 | 23.87 | 77 | 中国远洋海运集团有限公司 | 15.40 |
| 28 | 隆基绿能科技股份有限公司 | 23.83 | 78 | 中国海洋石油集团有限公司 | 15.29 |
| 29 | 双胞胎（集团）股份有限公司 | 23.40 | 79 | 南通四建集团有限公司 | 15.15 |
| 30 | 北京江南投资集团有限公司 | 22.93 | 80 | 浙江华友钴业股份有限公司 | 15.10 |
| 31 | 彬县煤炭有限责任公司 | 22.74 | 81 | 浪潮集团有限公司 | 15.08 |
| 32 | 紫金矿业集团股份有限公司 | 22.53 | 82 | 广州医药集团有限公司 | 15.00 |
| 33 | 内蒙古伊泰集团有限公司 | 22.24 | 83 | 比亚迪股份有限公司 | 14.97 |
| 34 | TCL 实业控股股份有限公司 | 21.93 | 84 | 海尔集团公司 | 14.84 |
| 35 | 云账户技术（天津）有限公司 | 21.74 | 85 | 宜昌兴发集团有限责任公司 | 14.81 |
| 36 | 山东创新金属科技有限公司 | 21.71 | 86 | 广西南丹南方金属有限公司 | 14.78 |
| 37 | 协鑫集团有限公司 | 21.62 | 87 | 圆通速递股份有限公司 | 14.70 |
| 38 | 超威电源集团有限公司 | 21.17 | 88 | 招商银行股份有限公司 | 14.60 |
| 39 | 万华化学集团股份有限公司 | 21.13 | 89 | 四川省宜宾五粮液集团有限公司 | 14.58 |
| 40 | 泸州老窖集团有限责任公司 | 20.96 | 90 | 牧原实业集团有限公司 | 14.55 |
| 41 | 江苏阳光集团有限公司 | 20.81 | 91 | 厦门钨业股份有限公司 | 14.48 |
| 42 | 华勤技术股份有限公司 | 20.70 | 92 | 深圳金雅福控股集团有限公司 | 14.47 |
| 43 | 美的集团股份有限公司 | 20.68 | 93 | 金川集团股份有限公司 | 14.42 |
| 44 | 新疆特变电工集团有限公司 | 20.65 | 94 | 山东太阳控股集团有限公司 | 14.20 |
| 45 | 贵州磷化（集团）有限责任公司 | 20.58 | 95 | 安徽建工集团控股有限公司 | 14.19 |
| 46 | 湖南钢铁集团有限公司 | 20.57 | 96 | 江苏扬子江船业集团 | 14.16 |
| 47 | 人民控股集团有限公司 | 20.28 | 97 | 富海集团新能源控股有限公司 | 14.04 |
| 48 | 立讯精密工业股份有限公司 | 20.21 | 98 | 天合光能股份有限公司 | 13.97 |
| 49 | 晶澳太阳能科技股份有限公司 | 20.12 | 99 | 天能控股集团有限公司 | 13.96 |
| 50 | 恒申控股集团有限公司 | 19.93 | 100 | 山东金岭集团有限公司 | 13.95 |
|  |  |  |  | 中国企业 500 强平均数 | 8.14 |

表 9-11 2023 中国企业 500 强资产利润率排序前 100 名企业

| 排名 | 企业名称 | 资产利润率/% | 排名 | 企业名称 | 资产利润率/% |
| --- | --- | --- | --- | --- | --- |
| 1 | 通州建总集团有限公司 | 23.38 | 51 | 山东垦利石化集团有限公司 | 6.50 |
| 2 | 安踏体育用品集团有限公司 | 17.92 | 52 | 内蒙古伊泰集团有限公司 | 6.45 |
| 3 | 武安市裕华钢铁有限公司 | 16.73 | 53 | 山东海科控股有限公司 | 6.43 |
| 4 | 人民控股集团有限公司 | 14.91 | 54 | 重庆中昂投资集团有限公司 | 6.41 |
| 5 | 振石控股集团有限公司 | 12.27 | 55 | 山东太阳控股集团有限公司 | 6.39 |
| 6 | 新华三信息技术有限公司 | 12.07 | 56 | 鲁丽集团有限公司 | 6.39 |
| 7 | 中国贵州茅台酒厂（集团）有限责任公司 | 11.98 | 57 | 富海集团新能源控股有限公司 | 6.23 |
| 8 | 腾讯控股有限公司 | 11.93 | 58 | 立讯精密工业股份有限公司 | 6.18 |
| 9 | 兴华财富集团有限公司 | 11.91 | 59 | 浙江中成控股集团有限公司 | 6.18 |
| 10 | 网易股份有限公司 | 11.77 | 60 | 山西建邦集团有限公司 | 6.12 |
| 11 | 心里程控股集团有限公司 | 11.63 | 61 | 华勤橡胶工业集团有限公司 | 6.03 |
| 12 | 双胞胎（集团）股份有限公司 | 11.55 | 62 | 重庆华宇集团有限公司 | 5.92 |
| 13 | 江苏阳光集团有限公司 | 11.55 | 63 | 中天科技集团有限公司 | 5.87 |
| 14 | 山东金岭集团有限公司 | 11.42 | 64 | 华勤技术股份有限公司 | 5.85 |
| 15 | 隆基绿能科技股份有限公司 | 10.61 | 65 | 广西南丹南方金属有限公司 | 5.77 |
| 16 | 圆通速递股份有限公司 | 9.98 | 66 | 龙信建设集团有限公司 | 5.75 |
| 17 | 南通四建集团有限公司 | 9.88 | 67 | 威高集团有限公司 | 5.72 |
| 18 | 超威电源集团有限公司 | 9.77 | 68 | 四川公路桥梁建设集团有限公司 | 5.71 |
| 19 | 唯品会控股有限公司 | 9.62 | 69 | 北京江南投资集团有限公司 | 5.70 |
| 20 | 彬县煤炭有限责任公司 | 9.55 | 70 | 协鑫集团有限公司 | 5.66 |
| 21 | 恒申控股集团有限公司 | 9.46 | 71 | 温氏食品集团股份有限公司 | 5.39 |
| 22 | 陕西泰丰盛合控股集团有限公司 | 9.42 | 72 | 江苏永钢集团有限公司 | 5.29 |
| 23 | 荣耀终端有限公司 | 9.28 | 73 | 金川集团股份有限公司 | 5.20 |
| 24 | 五得利面粉集团有限公司 | 9.26 | 74 | 浙江富冶集团有限公司 | 5.20 |
| 25 | 山东科达集团有限公司 | 9.18 | 75 | 雅戈尔集团股份有限公司 | 5.19 |
| 26 | 太平洋建设集团有限公司 | 9.17 | 76 | 通鼎集团有限公司 | 5.15 |
| 27 | 杭州东恒石油有限公司 | 8.65 | 77 | 中铁集装箱运输有限责任公司 | 5.14 |
| 28 | 深圳金雅福控股集团有限公司 | 8.37 | 78 | 德力西集团有限公司 | 5.12 |
| 29 | 冀南钢铁集团有限公司 | 8.09 | 79 | 宁德时代新能源科技股份有限公司 | 5.11 |
| 30 | 万华化学集团股份有限公司 | 8.08 | 80 | 恒信汽车集团有限公司 | 5.10 |
| 31 | 江苏南通二建集团有限公司 | 7.77 | 81 | 深圳市爱施德股份有限公司 | 5.06 |
| 32 | 河北鑫海控股集团有限公司 | 7.75 | 82 | 湖南钢铁集团有限公司 | 5.04 |
| 33 | 晶澳太阳能科技股份有限公司 | 7.65 | 83 | 富通集团有限公司 | 5.02 |
| 34 | 中国海洋石油集团有限公司 | 7.55 | 84 | 三宝集团股份有限公司 | 5.00 |
| 35 | 内蒙古鄂尔多斯投资控股集团有限公司 | 7.53 | 85 | 金鼎钢铁集团有限公司 | 4.96 |
| 36 | 内蒙古伊利实业集团股份有限公司 | 7.20 | 86 | 金澳科技（湖北）化工有限公司 | 4.77 |
| 37 | 山东齐润控股集团有限公司 | 7.07 | 87 | 正威国际集团有限公司 | 4.59 |
| 38 | 青山控股集团有限公司 | 7.06 | 88 | 济宁能源发展集团有限公司 | 4.59 |
| 39 | 美的集团股份有限公司 | 6.99 | 89 | 内蒙古蒙牛乳业（集团）股份有限公司 | 4.50 |
| 40 | 研祥高科技控股集团有限公司 | 6.95 | 90 | 中兴通讯股份有限公司 | 4.47 |
| 41 | 山东创新金属科技有限公司 | 6.95 | 91 | 长城汽车股份有限公司 | 4.46 |
| 42 | 珠海格力电器股份有限公司 | 6.90 | 92 | 中国国际技术智力合作集团有限公司 | 4.45 |
| 43 | 通威集团有限公司 | 6.89 | 93 | 山西鹏飞集团有限公司 | 4.42 |
| 44 | 河北新武安钢铁集团文安钢铁有限公司 | 6.86 | 94 | 优合产业有限公司 | 4.41 |
| 45 | 福建省金纶高纤股份有限公司 | 6.75 | 95 | 江苏国泰国际集团股份有限公司 | 4.38 |
| 46 | 广东海大集团股份有限公司 | 6.68 | 96 | 三花控股集团有限公司 | 4.35 |
| 47 | 万洲国际有限公司 | 6.65 | 97 | 中国第一汽车集团有限公司 | 4.34 |
| 48 | 紫金矿业集团股份有限公司 | 6.55 | 98 | 中国移动通信集团有限公司 | 4.33 |
| 49 | 老凤祥股份有限公司 | 6.54 | 99 | 利华益集团股份有限公司 | 4.32 |
| 50 | 东方润安集团有限公司 | 6.51 | 100 | 新奥天然气股份有限公司 | 4.29 |
|  |  |  |  | 中国企业 500 强平均数 | 1.07 |

表 9-12　2023 中国企业 500 强收入利润率排序前 100 名企业

| 排名 | 企业名称 | 收入利润率/% | 排名 | 企业名称 | 收入利润率/% |
| --- | --- | --- | --- | --- | --- |
| 1 | 腾讯控股有限公司 | 33.95 | 51 | 圆通速递股份有限公司 | 7.32 |
| 2 | 中国贵州茅台酒厂（集团）有限责任公司 | 29.45 | 52 | 中国航天科技集团有限公司 | 7.28 |
| 3 | 招商银行股份有限公司 | 28.22 | 53 | 广州农村商业银行股份有限公司 | 7.27 |
| 4 | 中国工商银行股份有限公司 | 24.95 | 54 | 中国广核集团有限公司 | 7.11 |
| 5 | 中国建设银行股份有限公司 | 23.74 | 55 | 恒申控股集团有限公司 | 7.08 |
| 6 | 上海农村商业银行股份有限公司 | 22.57 | 56 | 中国平安保险（集团）股份有限公司 | 6.88 |
| 7 | 兴业银行股份有限公司 | 22.27 | 57 | 中国远洋海运集团有限公司 | 6.69 |
| 8 | 中国银行股份有限公司 | 21.57 | 58 | 贵州磷化（集团）有限责任公司 | 6.62 |
| 9 | 南京银行股份有限公司 | 21.14 | 59 | 中兴通讯股份有限公司 | 6.57 |
| 10 | 网易股份有限公司 | 21.08 | 60 | 太平洋建设集团有限公司 | 6.53 |
| 11 | 上海银行股份有限公司 | 20.63 | 61 | 明阳新能源投资控股集团有限公司 | 6.49 |
| 12 | 中国农业银行股份有限公司 | 20.60 | 62 | 温氏食品集团股份有限公司 | 6.32 |
| 13 | 江苏银行股份有限公司 | 18.85 | 63 | 协鑫集团有限公司 | 6.26 |
| 14 | 重庆农村商业银行股份有限公司 | 18.60 | 64 | 浙江华友钴业股份有限公司 | 6.20 |
| 15 | 交通银行股份有限公司 | 17.52 | 65 | 南通四建集团有限公司 | 6.15 |
| 16 | 北京江南投资集团有限公司 | 16.81 | 66 | 百度网络技术有限公司 | 6.11 |
| 17 | 深圳前海微众银行股份有限公司 | 15.41 | 67 | 唯品会控股有限公司 | 6.11 |
| 18 | 华夏银行股份有限公司 | 14.32 | 68 | 长城汽车股份有限公司 | 6.02 |
| 19 | 上海浦东发展银行股份有限公司 | 14.08 | 69 | 湖北交通投资集团有限公司 | 6.00 |
| 20 | 安踏体育用品集团有限公司 | 13.71 | 70 | 山西鹏飞集团有限公司 | 5.90 |
| 21 | 珠海格力电器股份有限公司 | 12.97 | 71 | 彬县煤炭有限责任公司 | 5.82 |
| 22 | 重庆中昂投资集团有限公司 | 12.96 | 72 | 中国航天科工集团有限公司 | 5.80 |
| 23 | 恒丰银行股份有限公司 | 12.68 | 73 | 内蒙古蒙牛乳业（集团）股份有限公司 | 5.73 |
| 24 | 浙商银行股份有限公司 | 11.67 | 74 | 内蒙古鄂尔多斯投资控股集团有限公司 | 5.70 |
| 25 | 中国民生银行股份有限公司 | 11.63 | 75 | 上海华谊控股集团有限公司 | 5.68 |
| 26 | 招商局集团有限公司 | 11.56 | 76 | 重庆新鸥鹏企业（集团）有限公司 | 5.67 |
| 27 | 隆基绿能科技股份有限公司 | 11.48 | 77 | 华为投资控股有限公司 | 5.53 |
| 28 | 内蒙古伊泰集团有限公司 | 11.46 | 78 | 远景能源有限公司 | 5.46 |
| 29 | 四川公路桥梁建设集团有限公司 | 10.80 | 79 | 中国太平洋保险（集团）股份有限公司 | 5.40 |
| 30 | 中国移动通信集团有限公司 | 10.54 | 80 | 山东太阳控股集团有限公司 | 5.37 |
| 31 | 中国海洋石油集团有限公司 | 10.31 | 81 | 申能（集团）有限公司 | 5.28 |
| 32 | 江苏扬子江船业集团 | 9.89 | 82 | 研祥高科技控股集团有限公司 | 5.25 |
| 33 | 万华化学集团股份有限公司 | 9.80 | 83 | 中国船舶集团有限公司 | 5.23 |
| 34 | 龙湖集团控股有限公司 | 9.72 | 84 | 广东省交通集团有限公司 | 5.19 |
| 35 | 振石控股集团有限公司 | 9.55 | 85 | 通威集团有限公司 | 5.12 |
| 36 | 中国铁塔股份有限公司 | 9.53 | 86 | 金地（集团）股份有限公司 | 5.08 |
| 37 | 宁德时代新能源科技股份有限公司 | 9.35 | 87 | 江苏阳光集团有限公司 | 4.98 |
| 38 | 渤海银行股份有限公司 | 9.20 | 88 | 淮河能源控股集团有限责任公司 | 4.93 |
| 39 | 新华三信息技术有限公司 | 8.68 | 89 | 双胞胎（集团）股份有限公司 | 4.88 |
| 40 | 威高集团有限公司 | 8.67 | 90 | 万洲国际有限公司 | 4.87 |
| 41 | 荣耀终端有限公司 | 8.65 | 91 | 四川省宜宾五粮液集团有限公司 | 4.87 |
| 42 | 美的集团股份有限公司 | 8.55 | 92 | 山东金岭集团有限公司 | 4.80 |
| 43 | 重庆华宇集团有限公司 | 8.29 | 93 | 中国电子科技集团有限公司 | 4.77 |
| 44 | 安徽省交通控股集团有限公司 | 8.25 | 94 | 物美科技集团有限公司 | 4.77 |
| 45 | 武安市裕华钢铁有限公司 | 8.10 | 95 | 国家能源投资集团有限责任公司 | 4.69 |
| 46 | 内蒙古伊利实业集团股份有限公司 | 7.66 | 96 | 泰康保险集团股份有限公司 | 4.64 |
| 47 | 晶澳太阳能科技股份有限公司 | 7.58 | 97 | 徐工集团工程机械股份有限公司 | 4.59 |
| 48 | 宁波开发投资集团有限公司 | 7.55 | 98 | 兴华财富集团有限公司 | 4.59 |
| 49 | 冀南钢铁集团有限公司 | 7.53 | 99 | 新华人寿保险股份有限公司 | 4.58 |
| 50 | 紫金矿业集团股份有限公司 | 7.41 | 100 | 中国邮政集团有限公司 | 4.55 |
|  |  |  |  | 中国企业 500 强平均数 | 3.96 |

表 9-13 2023 中国企业 500 强人均营业收入排序前 100 名企业

| 排名 | 企业名称 | 人均营业收入/万元 | 排名 | 企业名称 | 人均营业收入/万元 |
| --- | --- | --- | --- | --- | --- |
| 1 | 陕西泰丰盛合控股集团有限公司 | 30887.55 | 51 | 利华益集团股份有限公司 | 1889.56 |
| 2 | 上海闽路润贸易有限公司 | 30609.94 | 52 | 南京钢铁集团有限公司 | 1869.50 |
| 3 | 远大物产集团有限公司 | 18296.92 | 53 | 上海钢联电子商务股份有限公司 | 1827.80 |
| 4 | 浙江前程投资股份有限公司 | 16260.61 | 54 | 浙江恒逸集团有限公司 | 1813.94 |
| 5 | 厦门路桥工程物资有限公司 | 15896.46 | 55 | 汇通达网络股份有限公司 | 1783.68 |
| 6 | 北京江南投资集团有限公司 | 10954.73 | 56 | 昆明市交通投资有限责任公司 | 1731.83 |
| 7 | 云账户技术（天津）有限公司 | 9901.38 | 57 | 宁波金田投资控股有限公司 | 1725.69 |
| 8 | 重庆千信集团有限公司 | 9742.31 | 58 | 福州中景石化集团有限公司 | 1716.01 |
| 9 | 杭州东恒石油有限公司 | 9666.92 | 59 | 重庆华宇集团有限公司 | 1711.20 |
| 10 | 优合产业有限公司 | 8031.23 | 60 | 老凤祥股份有限公司 | 1695.64 |
| 11 | 郑州瑞茂通供应链有限公司 | 7102.55 | 61 | 江苏新长江实业集团有限公司 | 1680.31 |
| 12 | 兰州新区商贸物流投资集团有限公司 | 6850.50 | 62 | 沂州集团有限公司 | 1604.38 |
| 13 | 中铁集装箱运输有限责任公司 | 5296.53 | 63 | 山东海科控股有限公司 | 1581.50 |
| 14 | 帝海投资控股集团有限公司 | 4557.90 | 64 | 深圳前海微众银行股份有限公司 | 1581.20 |
| 15 | 中基宁波集团股份有限公司 | 4435.50 | 65 | 浙江卫星控股股份有限公司 | 1549.62 |
| 16 | 三河汇福粮油集团有限公司 | 4068.22 | 66 | 江西铜业集团有限公司 | 1541.57 |
| 17 | 杭州市实业投资集团有限公司 | 3932.61 | 67 | 山西建邦集团有限公司 | 1540.12 |
| 18 | 中国雄安集团有限公司 | 3846.65 | 68 | 山东东明石化集团有限公司 | 1530.73 |
| 19 | 厦门象屿集团有限公司 | 3661.95 | 69 | 中国航空油料集团有限公司 | 1495.82 |
| 20 | 深圳金雅福控股集团有限公司 | 3255.11 | 70 | 浙江升华控股集团有限公司 | 1492.68 |
| 21 | 山东东方华龙工贸集团有限公司 | 3242.52 | 71 | 绿城房地产集团有限公司 | 1480.51 |
| 22 | 河北省物流产业集团有限公司 | 3240.28 | 72 | 河北普阳钢铁有限公司 | 1411.81 |
| 23 | 深圳市爱施德股份有限公司 | 2953.13 | 73 | 研祥高科技控股集团有限公司 | 1382.43 |
| 24 | 浙江富冶集团有限公司 | 2949.39 | 74 | 东方润安集团有限公司 | 1379.44 |
| 25 | 中国国际技术智力合作集团有限公司 | 2833.36 | 75 | 青岛西海岸新区融合控股集团有限公司 | 1368.73 |
| 26 | 广东鼎龙实业集团有限公司 | 2628.89 | 76 | 洛阳栾川钼业集团股份有限公司 | 1356.37 |
| 27 | 正威国际集团有限公司 | 2626.80 | 77 | 中国海洋石油集团有限公司 | 1355.32 |
| 28 | 山东金诚石化集团有限公司 | 2622.73 | 78 | 江苏永钢集团有限公司 | 1354.21 |
| 29 | 上海均和集团有限公司 | 2589.33 | 79 | 富海集团新能源控股有限公司 | 1347.33 |
| 30 | 弘润石化（潍坊）有限责任公司 | 2533.49 | 80 | 弘阳集团有限公司 | 1333.11 |
| 31 | 浙江荣盛控股集团有限公司 | 2485.93 | 81 | 三房巷集团有限公司 | 1332.86 |
| 32 | 河北鑫海控股集团有限公司 | 2484.06 | 82 | 江苏汇鸿国际集团股份有限公司 | 1297.46 |
| 33 | 山东垦利石化集团有限公司 | 2455.53 | 83 | 永荣控股集团有限公司 | 1289.90 |
| 34 | 山东汇丰石化集团有限公司 | 2439.59 | 84 | 四川公路桥梁建设集团有限公司 | 1279.09 |
| 35 | 物产中大集团股份有限公司 | 2377.83 | 85 | 富通集团有限公司 | 1278.91 |
| 36 | 山东寿光鲁清石化有限公司 | 2351.39 | 86 | 云南省能源投资集团有限公司 | 1269.70 |
| 37 | 心里程控股集团有限公司 | 2291.60 | 87 | 东岭集团股份有限公司 | 1242.73 |
| 38 | 河北新武安钢铁集团文安钢铁有限公司 | 2238.50 | 88 | 大汉控股集团有限公司 | 1164.41 |
| 39 | 神州数码集团股份有限公司 | 2195.11 | 89 | 金川集团有限公司 | 1150.19 |
| 40 | 杭州钢铁集团有限公司 | 2170.43 | 90 | 四川省商业投资集团有限责任公司 | 1122.32 |
| 41 | 河北津西钢铁集团股份有限公司 | 2147.48 | 91 | 山东金岭集团有限公司 | 1114.60 |
| 42 | 宏旺控股集团有限公司 | 2082.77 | 92 | 广西南丹南方金属有限公司 | 1083.35 |
| 43 | 厦门建发集团有限公司 | 2068.84 | 93 | 河南豫光金铅集团有限责任公司 | 1071.95 |
| 44 | 远景能源有限公司 | 2037.90 | 94 | 铜陵有色金属集团控股有限公司 | 1067.48 |
| 45 | 齐成（山东）石化集团有限公司 | 2035.47 | 95 | 传化集团有限公司 | 1067.06 |
| 46 | 山东齐润控股集团有限公司 | 2031.88 | 96 | 三宝集团股份有限公司 | 1063.68 |
| 47 | 江苏华宏实业集团有限公司 | 1994.60 | 97 | 盛虹控股集团有限公司 | 1054.87 |
| 48 | 厦门国贸控股集团有限公司 | 1945.35 | 98 | 彬县煤炭有限责任公司 | 1047.05 |
| 49 | 金鼎钢铁集团有限公司 | 1936.39 | 99 | 天津荣程祥泰投资控股有限公司 | 1043.90 |
| 50 | 山东渤海实业集团有限公司 | 1921.23 | 100 | 多弗国际控股集团有限公司 | 1022.11 |
|  |  |  |  | 中国企业 500 强平均数 | 330.22 |

表 9-14　2023 中国企业 500 强人均净利润排序前 100 名企业

| 排名 | 企业名称 | 人均净利润/万元 | 排名 | 企业名称 | 人均净利润/万元 |
|---|---|---|---|---|---|
| 1 | 北京江南投资集团有限公司 | 1841.41 | 51 | 渤海银行股份有限公司 | 48.03 |
| 2 | 陕西泰丰盛合控股集团有限公司 | 636.50 | 52 | 优合产业有限公司 | 47.60 |
| 3 | 深圳前海微众银行股份有限公司 | 243.72 | 53 | 洛阳栾川钼业集团股份有限公司 | 47.57 |
| 4 | 杭州东恒石油有限公司 | 198.74 | 54 | 协鑫集团有限公司 | 47.51 |
| 5 | 腾讯控股有限公司 | 173.60 | 55 | 老凤祥股份有限公司 | 45.76 |
| 6 | 中铁集装箱运输有限责任公司 | 162.80 | 56 | 唯品会控股有限公司 | 45.61 |
| 7 | 上海银行股份有限公司 | 155.45 | 57 | 山东寿光鲁清石化有限公司 | 45.40 |
| 8 | 江苏银行股份有限公司 | 144.32 | 58 | 兴华财富集团有限公司 | 44.62 |
| 9 | 重庆华宇集团有限公司 | 141.78 | 59 | 绿城房地产集团有限公司 | 44.32 |
| 10 | 中国海洋石油集团有限公司 | 139.74 | 60 | 正威国际集团有限公司 | 43.45 |
| 11 | 四川公路桥梁建设集团有限公司 | 138.16 | 61 | 冀南钢铁集团有限公司 | 42.93 |
| 12 | 兴业银行股份有限公司 | 130.84 | 62 | 福州中景石化集团有限公司 | 41.14 |
| 13 | 招商银行股份有限公司 | 122.14 | 63 | 紫金矿业集团股份有限公司 | 41.04 |
| 14 | 重庆千信集团有限公司 | 120.05 | 64 | 五得利面粉集团有限公司 | 38.06 |
| 15 | 南京银行股份有限公司 | 116.74 | 65 | 中国远洋海运集团有限公司 | 37.84 |
| 16 | 内蒙古伊泰集团有限公司 | 112.91 | 66 | 中国铁塔股份有限公司 | 37.55 |
| 17 | 上海农村商业银行股份有限公司 | 111.61 | 67 | 山西建邦集团有限公司 | 37.37 |
| 18 | 远景能源有限公司 | 111.27 | 68 | 利华益集团股份有限公司 | 36.49 |
| 19 | 中国贵州茅台酒厂（集团）有限责任公司 | 107.25 | 69 | 富通集团有限公司 | 36.30 |
| 20 | 交通银行股份有限公司 | 100.36 | 70 | 金鼎钢铁集团有限公司 | 36.02 |
| 21 | 上海闽路润贸易有限公司 | 96.94 | 71 | 山东海科控股有限公司 | 36.02 |
| 22 | 心里程控股集团有限公司 | 93.86 | 72 | 珠海格力电器股份有限公司 | 33.86 |
| 23 | 中国建设银行股份有限公司 | 85.98 | 73 | 河北新武安钢铁集团文安钢铁有限公司 | 33.79 |
| 24 | 中国工商银行股份有限公司 | 84.31 | 74 | 重庆新鸥鹏企业（集团）有限公司 | 33.76 |
| 25 | 厦门路桥工程物资有限公司 | 81.45 | 75 | 明阳新能源投资控股集团有限公司 | 32.27 |
| 26 | 上海浦东发展银行股份有限公司 | 79.05 | 76 | 云南省能源投资集团有限公司 | 31.93 |
| 27 | 龙湖集团控股有限公司 | 77.18 | 77 | 昆明市交通投资有限责任公司 | 31.76 |
| 28 | 宁波开发投资集团有限公司 | 77.04 | 78 | 三河汇福粮油集团有限公司 | 31.53 |
| 29 | 中国银行股份有限公司 | 74.28 | 79 | 远大物产集团有限公司 | 31.34 |
| 30 | 弘润石化（潍坊）有限责任公司 | 73.33 | 80 | 新华人寿保险股份有限公司 | 30.16 |
| 31 | 研祥高科技控股集团有限公司 | 72.59 | 81 | 富海集团新能源控股有限公司 | 29.83 |
| 32 | 浙商银行股份有限公司 | 68.41 | 82 | 浙江富冶集团有限公司 | 28.02 |
| 33 | 重庆农村商业银行股份有限公司 | 67.75 | 83 | 江苏永钢集团有限公司 | 28.00 |
| 34 | 万华化学集团股份有限公司 | 66.57 | 84 | 海澜集团有限公司 | 27.77 |
| 35 | 网易股份有限公司 | 65.35 | 85 | 江苏新长江实业集团有限公司 | 27.34 |
| 36 | 恒申控股集团有限公司 | 63.63 | 86 | 泸州老窖集团有限责任公司 | 26.40 |
| 37 | 重庆中昂投资集团有限公司 | 61.78 | 87 | 广西南丹南方金属有限公司 | 26.38 |
| 38 | 华夏银行股份有限公司 | 61.73 | 88 | 通威集团有限公司 | 25.98 |
| 39 | 武安市裕华钢铁有限公司 | 61.00 | 89 | 中国雄安集团有限公司 | 25.94 |
| 40 | 彬县煤炭有限责任公司 | 60.95 | 90 | 金川集团股份有限公司 | 25.87 |
| 41 | 河北鑫海控股集团有限公司 | 60.87 | 91 | 宁德时代新能源科技股份有限公司 | 25.84 |
| 42 | 山东齐润控股集团有限公司 | 60.52 | 92 | 中国人寿保险（集团）公司 | 25.54 |
| 43 | 荣耀终端有限公司 | 60.09 | 93 | 浙江卫星控股股份有限公司 | 25.39 |
| 44 | 中国农业银行股份有限公司 | 57.30 | 94 | 广州农村商业银行股份有限公司 | 24.99 |
| 45 | 中国民生银行股份有限公司 | 56.33 | 95 | 武汉城市建设集团有限公司 | 24.84 |
| 46 | 山东垦利石化集团有限公司 | 56.20 | 96 | 山西鹏飞集团有限公司 | 24.54 |
| 47 | 恒丰银行股份有限公司 | 55.50 | 97 | 隆基绿能科技股份有限公司 | 24.44 |
| 48 | 山东金岭集团有限公司 | 53.55 | 98 | 中国平安保险（集团）股份有限公司 | 24.34 |
| 49 | 杭州市实业投资集团有限公司 | 50.26 | 99 | 浙江省能源集团有限公司 | 24.32 |
| 50 | 振石控股集团有限公司 | 49.78 | 100 | 深圳市爱施德股份有限公司 | 23.59 |
|  |  |  |  | 中国企业 500 强平均数 | 13.09 |

表 9-15　2023 中国企业 500 强人均资产排序前 100 名企业

| 排名 | 企业名称 | 人均资产/万元 | 排名 | 企业名称 | 人均资产/万元 |
| --- | --- | --- | --- | --- | --- |
| 1 | 北京江南投资集团有限公司 | 32279.35 | 51 | 泸州老窖集团有限责任公司 | 2419.75 |
| 2 | 上海银行股份有限公司 | 20083.20 | 52 | 宁波开发投资集团有限公司 | 2416.57 |
| 3 | 江苏银行股份有限公司 | 16943.12 | 53 | 重庆华宇集团有限公司 | 2394.47 |
| 4 | 交通银行股份有限公司 | 14149.42 | 54 | 广州越秀集团股份有限公司 | 2375.88 |
| 5 | 上海浦东发展银行股份有限公司 | 13447.42 | 55 | 北京首都开发控股（集团）有限公司 | 2316.88 |
| 6 | 兴业银行股份有限公司 | 13268.43 | 56 | 泰康保险集团股份有限公司 | 2313.88 |
| 7 | 浙商银行股份有限公司 | 13170.89 | 57 | 杭州东恒石油有限公司 | 2296.82 |
| 8 | 南京银行股份有限公司 | 13060.33 | 58 | 广西投资集团有限公司 | 2287.26 |
| 9 | 渤海银行股份有限公司 | 13049.15 | 59 | 天津泰达投资控股有限公司 | 2193.53 |
| 10 | 上海农村商业银行股份有限公司 | 13031.62 | 60 | 弘阳集团有限公司 | 2132.49 |
| 11 | 深圳前海微众银行股份有限公司 | 12922.32 | 61 | 中国广核集团有限公司 | 2050.96 |
| 12 | 盛京银行股份有限公司 | 12655.36 | 62 | 浙江省交通投资集团有限公司 | 2033.58 |
| 13 | 中国民生银行股份有限公司 | 11587.76 | 63 | 中国太平洋保险（集团）股份有限公司 | 1963.07 |
| 14 | 恒丰银行股份有限公司 | 10952.42 | 64 | 中国邮政集团有限公司 | 1953.98 |
| 15 | 中国雄安集团有限公司 | 10642.40 | 65 | 绿地控股集团股份有限公司 | 1945.54 |
| 16 | 华夏银行股份有限公司 | 9616.74 | 66 | 弘润石化（潍坊）有限责任公司 | 1929.04 |
| 17 | 中国银行股份有限公司 | 9443.36 | 67 | 漳州市九龙江集团有限公司 | 1917.95 |
| 18 | 中国工商银行股份有限公司 | 9263.53 | 68 | 厦门象屿集团有限公司 | 1906.01 |
| 19 | 中国建设银行股份有限公司 | 9185.98 | 69 | 中国海洋石油集团有限公司 | 1850.63 |
| 20 | 招商银行股份有限公司 | 8972.57 | 70 | 中国太平保险集团有限责任公司 | 1841.99 |
| 21 | 重庆农村商业银行股份有限公司 | 8913.17 | 71 | 云南省建设投资控股集团有限公司 | 1766.88 |
| 22 | 广州农村商业银行股份有限公司 | 8826.15 | 72 | 厦门建发集团有限公司 | 1766.55 |
| 23 | 中国农业银行股份有限公司 | 7501.81 | 73 | 浙江前程投资股份有限公司 | 1766.51 |
| 24 | 陕西泰丰盛合控股集团有限公司 | 6756.48 | 74 | 陕西交通控股集团有限公司 | 1760.87 |
| 25 | 绿城房地产集团有限公司 | 6607.45 | 75 | 内蒙古伊泰集团有限公司 | 1749.42 |
| 26 | 郑州瑞茂通供应链有限公司 | 6398.89 | 76 | 杭州市实业投资集团有限公司 | 1710.46 |
| 27 | 中国中信集团有限公司 | 6134.31 | 77 | 广西北部湾投资集团有限公司 | 1703.04 |
| 28 | 上海闽路润贸易有限公司 | 6109.02 | 78 | 浙江荣盛控股集团有限公司 | 1680.69 |
| 29 | 青岛西海岸新区融合控股集团有限公司 | 6040.28 | 79 | 中国保利集团有限公司 | 1549.47 |
| 30 | 昆明市交通投资有限责任公司 | 5554.48 | 80 | 广东省能源集团有限公司 | 1472.48 |
| 31 | 武汉城市建设集团有限公司 | 4918.88 | 81 | 腾讯控股有限公司 | 1455.36 |
| 32 | 帝海投资控股集团有限公司 | 4725.00 | 82 | 山西交通控股集团有限公司 | 1421.73 |
| 33 | 厦门路桥工程物资有限公司 | 4381.02 | 83 | 湖北联投集团有限公司 | 1420.21 |
| 34 | 远景能源有限公司 | 4380.18 | 84 | 珠海华发集团有限公司 | 1376.31 |
| 35 | 云南省交通投资建设集团有限公司 | 3995.61 | 85 | 安徽省交通控股集团有限公司 | 1371.93 |
| 36 | 广西交通投资集团有限公司 | 3872.14 | 86 | 远大物产集团有限公司 | 1340.45 |
| 37 | 新华人寿保险股份有限公司 | 3854.08 | 87 | 万科企业股份有限公司 | 1333.00 |
| 38 | 中国人寿保险（集团）公司 | 3392.12 | 88 | 浙江卫星控股股份有限公司 | 1315.34 |
| 39 | 中国平安保险（集团）股份有限公司 | 3235.45 | 89 | 浙江省能源集团有限公司 | 1309.75 |
| 40 | 中铁集装箱运输有限责任公司 | 3166.20 | 90 | 中国铁塔股份有限公司 | 1305.76 |
| 41 | 重庆千信集团有限公司 | 2944.84 | 91 | 洛阳栾川钼业集团股份有限公司 | 1293.86 |
| 42 | 湖北交通投资集团有限公司 | 2799.44 | 92 | 国家电力投资集团有限公司 | 1281.83 |
| 43 | 成都兴城投资集团有限公司 | 2781.24 | 93 | 甘肃省公路航空旅游投资集团有限公司 | 1267.81 |
| 44 | 河南交通投资集团有限公司 | 2767.74 | 94 | 北京城建集团有限责任公司 | 1258.47 |
| 45 | 云南省能源投资集团有限公司 | 2527.87 | 95 | 北京能源集团有限公司 | 1237.90 |
| 46 | 碧桂园控股有限公司 | 2494.52 | 96 | 北京首都创业集团有限公司 | 1231.30 |
| 47 | 龙湖集团控股有限公司 | 2492.55 | 97 | 山东寿光鲁清石化有限公司 | 1231.24 |
| 48 | 山东高速集团有限公司 | 2444.77 | 98 | 伊电控股集团有限公司 | 1226.97 |
| 49 | 蜀道投资集团有限责任公司 | 2438.95 | 99 | 河北省物流产业集团有限公司 | 1208.73 |
| 50 | 四川公路桥梁建设集团有限公司 | 2420.45 | 100 | 云南省投资控股集团有限公司 | 1172.81 |
|  |  |  |  | 中国企业 500 强平均数 | 1218.23 |

表 9-16  2023 中国企业 500 强收入增长率排序前 100 名企业

| 排名 | 企业名称 | 收入增长率/% | 排名 | 企业名称 | 收入增长率/% |
| --- | --- | --- | --- | --- | --- |
| 1 | 河南交通投资集团有限公司 | 217.84 | 51 | 山西焦煤集团有限责任公司 | 30.16 |
| 2 | 宁德时代新能源科技股份有限公司 | 152.07 | 52 | 浙江富冶集团有限公司 | 30.06 |
| 3 | 山东黄金集团有限公司 | 143.28 | 53 | 辽宁方大集团实业有限公司 | 29.82 |
| 4 | 陕西泰丰盛合控股集团有限公司 | 105.31 | 54 | 三宝集团股份有限公司 | 29.47 |
| 5 | 通威集团有限公司 | 98.47 | 55 | 山东金岭集团有限公司 | 29.31 |
| 6 | 济宁能源发展集团有限公司 | 98.06 | 56 | 浙江荣盛控股集团有限公司 | 29.29 |
| 7 | 比亚迪股份有限公司 | 96.20 | 57 | 敬业集团有限公司 | 29.23 |
| 8 | 天合光能股份有限公司 | 91.21 | 58 | 五得利面粉集团有限公司 | 29.14 |
| 9 | 云账户技术（天津）有限公司 | 85.48 | 59 | 顺丰控股股份有限公司 | 29.11 |
| 10 | 浙江华友钴业股份有限公司 | 78.48 | 60 | 陕西煤业化工集团有限责任公司 | 29.08 |
| 11 | 晶澳太阳能科技股份有限公司 | 76.72 | 61 | 温氏食品集团股份有限公司 | 28.88 |
| 12 | 洛阳国宏投资控股集团有限公司 | 71.64 | 62 | 齐成（山东）石化集团有限公司 | 28.67 |
| 13 | 漳州市九龙江集团有限公司 | 69.57 | 63 | 三河汇福粮油集团有限公司 | 28.08 |
| 14 | 山东省港口集团有限公司 | 63.93 | 64 | 陕西建工控股集团有限公司 | 27.76 |
| 15 | 晶科能源控股有限公司 | 61.87 | 65 | 宁波富邦控股集团有限公司 | 27.46 |
| 16 | 中国雄安集团有限公司 | 59.55 | 66 | 深圳理士电源发展有限公司 | 27.44 |
| 17 | 隆基绿能科技股份有限公司 | 59.39 | 67 | 重庆小康控股有限公司 | 27.40 |
| 18 | 福建百宏聚纤科技实业有限公司 | 55.95 | 68 | 桐昆控股集团有限公司 | 27.36 |
| 19 | 湖北联投集团有限公司 | 55.75 | 69 | 山东齐润控股集团有限公司 | 26.36 |
| 20 | 牧原实业集团有限公司 | 51.75 | 70 | 金川集团股份有限公司 | 25.95 |
| 21 | 厦门钨业股份有限公司 | 51.40 | 71 | 申能（集团）有限公司 | 25.59 |
| 22 | 绿城房地产集团有限公司 | 50.64 | 72 | 浪潮集团有限公司 | 25.47 |
| 23 | 山东东方华龙工贸集团有限公司 | 49.90 | 73 | 郑州瑞茂通供应链有限公司 | 25.02 |
| 24 | 广西南丹南方金属有限公司 | 47.07 | 74 | 昆明市交通投资有限责任公司 | 25.02 |
| 25 | 安徽省交通控股集团有限公司 | 44.93 | 75 | 河北鑫海控股集团有限公司 | 24.68 |
| 26 | 奇瑞控股集团有限公司 | 41.38 | 76 | 深圳市中金岭南有色金属股份有限公司 | 24.50 |
| 27 | 协鑫集团有限公司 | 39.92 | 77 | 旭阳控股有限公司 | 23.61 |
| 28 | 福州中景石化集团有限公司 | 39.78 | 78 | 美团公司 | 22.79 |
| 29 | 立讯精密工业股份有限公司 | 39.03 | 79 | 四川华西集团有限公司 | 22.77 |
| 30 | 宁波开发投资集团有限公司 | 38.47 | 80 | 山东魏桥创业集团有限公司 | 22.58 |
| 31 | 浙江卫星控股股份有限公司 | 38.25 | 81 | 浙江省能源集团有限公司 | 22.49 |
| 32 | 山东寿光鲁清石化有限公司 | 37.25 | 82 | 中国石油化工集团有限公司 | 22.43 |
| 33 | 冀南钢铁集团有限公司 | 36.86 | 83 | 中国石油天然气集团有限公司 | 22.35 |
| 34 | 湖北宜化集团有限责任公司 | 35.41 | 84 | 汇通达网络股份有限公司 | 22.19 |
| 35 | 山东垦利石化集团有限公司 | 35.39 | 85 | 新凤鸣控股集团有限公司 | 22.00 |
| 36 | 中国海洋石油集团有限公司 | 35.37 | 86 | 广州越秀集团股份有限公司 | 21.65 |
| 37 | 广州工业投资控股集团有限公司 | 35.16 | 87 | 广东海大集团股份有限公司 | 21.63 |
| 38 | 富海集团新能源控股有限公司 | 35.00 | 88 | 湖北交通投资集团有限公司 | 21.57 |
| 39 | 青岛海发国有资本投资运营集团有限公司 | 34.90 | 89 | 白银有色集团股份有限公司 | 21.52 |
| 40 | 新疆特变电工集团有限公司 | 34.86 | 90 | 广州产业投资控股集团有限公司 | 21.29 |
| 41 | 优合产业有限公司 | 34.69 | 91 | 金地（集团）股份有限公司 | 21.14 |
| 42 | 歌尔股份有限公司 | 34.10 | 92 | 广州医药集团有限公司 | 21.12 |
| 43 | 浙江东南网架集团有限公司 | 33.86 | 93 | 深圳前海微众银行股份有限公司 | 20.92 |
| 44 | 山西晋城钢铁控股集团有限公司 | 33.58 | 94 | 山西晋南钢铁集团有限公司 | 20.85 |
| 45 | 青岛西海岸新区融合控股集团有限公司 | 33.15 | 95 | 四川省能源投资集团有限责任公司 | 20.64 |
| 46 | 新奥天然气股份有限公司 | 32.89 | 96 | 宜昌兴发集团有限责任公司 | 20.57 |
| 47 | 广东省广新控股集团有限公司 | 32.70 | 97 | 广州汽车工业集团有限公司 | 20.47 |
| 48 | 杭州东恒石油有限公司 | 32.24 | 98 | 江苏永钢集团有限公司 | 20.46 |
| 49 | 陕西交通控股集团有限公司 | 30.24 | 99 | 中国东方电气集团有限公司 | 20.44 |
| 50 | 三花控股集团有限公司 | 30.20 | 100 | 上海闽路润贸易有限公司 | 20.39 |
|  |  |  |  | 中国企业 500 强平均数 | 8.11 |

表 9-17 2023 中国企业 500 强净利润增长率排序前 100 名企业

| 排名 | 企业名称 | 净利润增长率/% | 排名 | 企业名称 | 净利润增长率/% |
|---|---|---|---|---|---|
| 1 | 双胞胎（集团）股份有限公司 | 1221.22 | 51 | 山东寿光鲁清石化有限公司 | 60.33 |
| 2 | 彬县煤炭有限责任公司 | 667.21 | 52 | 山东东方华龙工贸集团有限公司 | 59.44 |
| 3 | 比亚迪股份有限公司 | 445.86 | 53 | 江苏悦达集团有限公司 | 56.15 |
| 4 | 牧原实业集团有限公司 | 432.38 | 54 | 蜀道投资集团有限责任公司 | 55.97 |
| 5 | 远东控股集团有限公司 | 392.08 | 55 | 华勤橡胶工业集团有限公司 | 55.94 |
| 6 | 中天科技集团有限公司 | 369.65 | 56 | 广西南丹南方金属有限公司 | 55.93 |
| 7 | 协鑫集团有限公司 | 351.77 | 57 | 江苏新长江实业集团有限公司 | 53.01 |
| 8 | 神州数码集团股份有限公司 | 303.12 | 58 | 山西建设投资集团有限公司 | 51.18 |
| 9 | 陕西泰丰盛合控股集团有限公司 | 284.74 | 59 | 浙江省能源集团有限公司 | 49.43 |
| 10 | 开滦（集团）有限责任公司 | 227.48 | 60 | 淮河能源控股集团有限责任公司 | 49.15 |
| 11 | 通威集团有限公司 | 215.57 | 61 | 山东省港口集团有限公司 | 49.03 |
| 12 | 中国信息通信科技集团有限公司 | 214.62 | 62 | 中国有色矿业集团有限公司 | 48.37 |
| 13 | 中国中煤能源集团有限公司 | 183.20 | 63 | 中国五矿集团有限公司 | 48.25 |
| 14 | 晶澳太阳能科技股份有限公司 | 171.40 | 64 | 中华联合保险集团股份有限公司 | 46.92 |
| 15 | 厦门港务控股集团有限公司 | 167.50 | 65 | 杭州市城市建设投资集团有限公司 | 45.24 |
| 16 | 万向集团公司 | 167.41 | 66 | 天能控股集团有限公司 | 44.69 |
| 17 | 奇瑞控股集团有限公司 | 163.91 | 67 | 顺丰控股股份有限公司 | 44.62 |
| 18 | 贵州磷化（集团）有限责任公司 | 158.82 | 68 | 优合产业有限公司 | 44.52 |
| 19 | 晶科能源控股有限公司 | 157.24 | 69 | 中国兵器装备集团有限公司 | 44.05 |
| 20 | 新疆广汇实业投资（集团）有限责任公司 | 153.55 | 70 | 新奥天然气股份有限公司 | 42.48 |
| 21 | 杭州东恒石油有限公司 | 153.47 | 71 | 江苏国泰国际集团股份有限公司 | 39.50 |
| 22 | 盛京银行股份有限公司 | 143.78 | 72 | 天津渤海化工集团有限责任公司 | 39.42 |
| 23 | 新疆中泰（集团）有限责任公司 | 143.34 | 73 | 上海闽路润贸易有限公司 | 38.59 |
| 24 | 奥克斯集团有限公司 | 134.34 | 74 | 华勤技术股份有限公司 | 35.44 |
| 25 | 中国人寿保险（集团）公司 | 132.92 | 75 | 唯品会控股有限公司 | 34.56 |
| 26 | 河北鑫海控股集团有限公司 | 130.22 | 76 | 广西交通投资集团有限公司 | 34.54 |
| 27 | 中国石油天然气集团有限公司 | 128.10 | 77 | 浙江东南网架集团有限公司 | 34.47 |
| 28 | 内蒙古鄂尔多斯投资控股集团有限公司 | 126.41 | 78 | 四川华西集团有限公司 | 33.95 |
| 29 | 超威电源集团有限公司 | 123.53 | 79 | 山西鹏飞集团有限公司 | 33.94 |
| 30 | 中国华电集团有限公司 | 109.68 | 80 | 万洲国际有限公司 | 33.59 |
| 31 | 中国联合网络通信集团有限公司 | 105.93 | 81 | 安踏体育用品集团有限公司 | 30.58 |
| 32 | 天合光能股份有限公司 | 103.97 | 82 | 北京江南投资集团有限公司 | 30.19 |
| 33 | 宁德时代新能源科技股份有限公司 | 92.89 | 83 | 中国电子科技集团有限公司 | 30.12 |
| 34 | 中国海洋石油集团有限公司 | 92.87 | 84 | 深圳前海微众银行股份有限公司 | 29.83 |
| 35 | 圆通速递股份有限公司 | 86.35 | 85 | 立讯精密工业股份有限公司 | 29.60 |
| 36 | 中国航空工业集团有限公司 | 86.34 | 86 | 帝海投资控股集团有限公司 | 28.92 |
| 37 | 内蒙古电力（集团）有限公司 | 85.99 | 87 | 江苏银行股份有限公司 | 28.90 |
| 38 | 福建省港口集团有限责任公司 | 85.39 | 88 | 紫金矿业集团股份有限公司 | 27.88 |
| 39 | 广东海大集团股份有限公司 | 80.55 | 89 | 永荣控股集团有限公司 | 26.57 |
| 40 | 淮北矿业（集团）有限责任公司 | 77.39 | 90 | 中国铝业集团有限公司 | 26.54 |
| 41 | 四川省商业投资集团有限责任公司 | 75.22 | 91 | 山东创新金属科技有限公司 | 25.70 |
| 42 | 中国华能集团有限公司 | 72.20 | 92 | 陕西投资集团有限公司 | 24.65 |
| 43 | 济宁能源发展集团有限公司 | 70.68 | 93 | 深圳理士电源发展有限公司 | 23.04 |
| 44 | 上海华谊控股集团有限公司 | 68.98 | 94 | 三花控股集团有限公司 | 23.00 |
| 45 | 江苏扬子江船业集团 | 66.29 | 95 | 中粮集团有限公司 | 22.95 |
| 46 | 陕西延长石油（集团）有限责任公司 | 66.28 | 96 | 长城汽车股份有限公司 | 22.90 |
| 47 | 齐成（山东）石化集团有限公司 | 66.07 | 97 | 厦门钨业股份有限公司 | 22.50 |
| 48 | 徐州矿务集团有限公司 | 65.98 | 98 | 心里程控股集团有限公司 | 22.48 |
| 49 | 隆基绿能科技股份有限公司 | 63.02 | 99 | 浪潮集团有限公司 | 22.31 |
| 50 | 四川公路桥梁建设集团有限公司 | 60.60 | 100 | 河北新华联合冶金控股集团有限公司 | 22.03 |
|  |  |  |  | 中国企业 500 强平均数 | -3.19 |

表 9-18　2023 中国企业 500 强资产增长率排序前 100 名企业

| 排名 | 企业名称 | 资产增长率/% | 排名 | 企业名称 | 资产增长率/% |
|---|---|---|---|---|---|
| 1 | 冀南钢铁集团有限公司 | 303.62 | 51 | 云南省交通投资建设集团有限公司 | 23.60 |
| 2 | 河南交通投资集团有限公司 | 197.98 | 52 | 河北鑫海控股集团有限公司 | 23.15 |
| 3 | 辽宁方大集团实业有限公司 | 157.12 | 53 | 立讯精密工业股份有限公司 | 23.07 |
| 4 | 金鼎钢铁集团有限公司 | 152.44 | 54 | 广西北部湾投资集团有限公司 | 22.99 |
| 5 | 洛阳国宏投资控股集团有限公司 | 127.22 | 55 | 中国东方电气集团有限公司 | 22.96 |
| 6 | 宁德时代新能源科技股份有限公司 | 95.33 | 56 | 弘润石化（潍坊）有限责任公司 | 22.78 |
| 7 | 浙江华友钴业股份有限公司 | 90.71 | 57 | 厦门钨业股份有限公司 | 22.76 |
| 8 | 陕西泰丰盛合控股集团有限公司 | 85.64 | 58 | 南京钢铁集团有限公司 | 22.66 |
| 9 | 广州工业投资控股集团有限公司 | 76.75 | 59 | 协鑫集团有限公司 | 22.43 |
| 10 | 比亚迪股份有限公司 | 66.97 | 60 | 兴华财富集团有限公司 | 22.39 |
| 11 | 通威集团有限公司 | 56.56 | 61 | 上海医药集团股份有限公司 | 21.23 |
| 12 | 杭州市城市建设投资集团有限公司 | 51.99 | 62 | 浙江卫星控股股份有限公司 | 21.12 |
| 13 | 江西省投资集团有限公司 | 51.76 | 63 | 四川省能源投资集团有限责任公司 | 21.12 |
| 14 | 深圳金雅福控股集团有限公司 | 49.21 | 64 | 四川公路桥梁建设集团有限公司 | 21.01 |
| 15 | 远景能源有限公司 | 49.08 | 65 | 富海集团新能源控股有限公司 | 20.98 |
| 16 | 紫金矿业集团股份有限公司 | 46.72 | 66 | 青山控股集团有限公司 | 20.62 |
| 17 | 优合产业有限公司 | 46.47 | 67 | 山东金岭集团有限公司 | 20.49 |
| 18 | 旭阳控股有限公司 | 44.55 | 68 | 中国中信集团有限公司 | 20.30 |
| 19 | 山西鹏飞集团有限公司 | 44.50 | 69 | 安踏体育用品集团有限公司 | 20.18 |
| 20 | 双良集团有限公司 | 43.45 | 70 | 内蒙古蒙牛乳业（集团）股份有限公司 | 20.09 |
| 21 | 隆基绿能科技股份有限公司 | 42.79 | 71 | 洛阳栾川钼业集团股份有限公司 | 20.06 |
| 22 | 山东金诚石化集团有限公司 | 41.76 | 72 | 中天控股集团有限公司 | 19.96 |
| 23 | 天合光能股份有限公司 | 41.61 | 73 | 山东东方华龙工贸集团有限公司 | 19.96 |
| 24 | 厦门象屿集团有限公司 | 39.55 | 74 | 京东集团股份有限公司 | 19.89 |
| 25 | 重庆小康控股有限公司 | 39.40 | 75 | 盛虹控股集团有限公司 | 19.23 |
| 26 | 上海闽路润贸易有限公司 | 37.66 | 76 | 华峰集团有限公司 | 19.21 |
| 27 | 云账户技术（天津）有限公司 | 37.64 | 77 | 金川集团股份有限公司 | 19.16 |
| 28 | 浪潮集团有限公司 | 37.23 | 78 | 五得利面粉集团有限公司 | 19.04 |
| 29 | 晶科能源控股有限公司 | 35.93 | 79 | 三宝集团股份有限公司 | 18.73 |
| 30 | 福建百宏聚纤科技实业有限公司 | 32.90 | 80 | 中国信息通信科技集团有限公司 | 18.70 |
| 31 | 杭州东恒石油有限公司 | 31.89 | 81 | 新疆中泰（集团）有限责任公司 | 18.65 |
| 32 | 厦门国贸控股集团有限公司 | 31.03 | 82 | 中基宁波集团股份有限公司 | 18.59 |
| 33 | 正泰集团股份有限公司 | 30.58 | 83 | 宏旺控股集团有限公司 | 18.59 |
| 34 | 陕西建工控股集团有限公司 | 30.16 | 84 | 蜀道投资集团有限责任公司 | 18.44 |
| 35 | 桐昆控股集团有限公司 | 29.92 | 85 | 深圳市中金岭南有色金属股份有限公司 | 18.29 |
| 36 | 深圳理士电源发展有限公司 | 29.02 | 86 | 中国铁路工程集团有限公司 | 18.16 |
| 37 | 四川华西集团有限公司 | 28.89 | 87 | 玖龙纸业（控股）有限公司 | 18.09 |
| 38 | 内蒙古伊利实业集团股份有限公司 | 28.44 | 88 | 南京银行股份有限公司 | 17.76 |
| 39 | 广东省建筑工程集团控股有限公司 | 27.50 | 89 | 振石控股集团有限公司 | 17.68 |
| 40 | 山东东明石化集团有限公司 | 27.30 | 90 | 广西交通投资集团有限公司 | 17.59 |
| 41 | 晶澳太阳能科技股份有限公司 | 27.00 | 91 | 漳州市九龙江集团有限公司 | 17.45 |
| 42 | 山东能源集团有限公司 | 26.58 | 92 | 上海均和集团有限公司 | 17.26 |
| 43 | 歌尔股份有限公司 | 26.35 | 93 | 广西南丹南方金属有限公司 | 17.14 |
| 44 | 中国能源建设集团有限公司 | 25.26 | 94 | 厦门路桥工程物资有限公司 | 17.05 |
| 45 | 青岛西海岸新区融合控股集团有限公司 | 24.96 | 95 | 新疆特变电工集团有限公司 | 17.02 |
| 46 | 三花控股集团有限公司 | 24.89 | 96 | 上海德龙钢铁集团有限公司 | 16.86 |
| 47 | 济宁能源发展集团有限公司 | 24.68 | 97 | 老凤祥股份有限公司 | 16.75 |
| 48 | 浙江富冶集团有限公司 | 24.07 | 98 | 中国农业银行股份有限公司 | 16.71 |
| 49 | 山东寿光鲁清石化有限公司 | 24.05 | 99 | 潞安化工集团有限公司 | 16.60 |
| 50 | 广东海大集团股份有限公司 | 23.93 | 100 | TCL科技集团股份有限公司 | 16.60 |
|  |  |  |  | 中国企业500强平均数 | 10.32 |

表 9-19 2023 中国企业 500 强研发费用增长率排序前 100 名企业

| 排名 | 企业名称 | 研发费用增长率/% | 排名 | 企业名称 | 研发费用增长率/% |
|---|---|---|---|---|---|
| 1 | 青岛西海岸新区融合控股集团有限公司 | 1817.29 | 51 | 江苏新长江实业集团有限公司 | 62.13 |
| 2 | 四川省能源投资集团有限责任公司 | 897.90 | 52 | 重庆小康控股有限公司 | 59.83 |
| 3 | 福建大东海实业集团有限公司 | 541.22 | 53 | 紫金矿业集团股份有限公司 | 59.80 |
| 4 | 洛阳国宏投资控股集团有限公司 | 376.01 | 54 | 山东省港口集团有限公司 | 57.56 |
| 5 | 山东渤海实业集团有限公司 | 340.65 | 55 | 齐成（山东）石化集团有限公司 | 57.40 |
| 6 | 三河汇福粮油集团有限公司 | 328.57 | 56 | 浙江省建设投资集团股份有限公司 | 56.71 |
| 7 | 杭州市城市建设投资集团有限公司 | 302.39 | 57 | 奇瑞控股集团有限公司 | 56.59 |
| 8 | 宁夏天元锰业集团有限公司 | 258.28 | 58 | 福建百宏聚纤科技实业有限公司 | 55.95 |
| 9 | 山西晋城钢铁控股集团有限公司 | 230.97 | 59 | 国家电力投资集团有限公司 | 55.55 |
| 10 | 伊电控股集团有限公司 | 215.32 | 60 | 圆通速递股份有限公司 | 53.35 |
| 11 | 开滦（集团）有限责任公司 | 205.82 | 61 | 四川省商业投资集团有限责任公司 | 51.65 |
| 12 | 贵州磷化（集团）有限责任公司 | 203.09 | 62 | 武汉金融控股（集团）有限公司 | 51.57 |
| 13 | 新疆中泰（集团）有限责任公司 | 200.93 | 63 | 弘润石化（潍坊）有限责任公司 | 51.12 |
| 14 | 五得利面粉集团有限公司 | 196.27 | 64 | 潞安化工集团有限公司 | 51.03 |
| 15 | 河南豫光金铅集团有限责任公司 | 173.83 | 65 | 白银有色集团股份有限公司 | 50.29 |
| 16 | 厦门建发集团有限公司 | 168.95 | 66 | 云账户技术（天津）有限公司 | 49.41 |
| 17 | 北京首都开发控股（集团）有限公司 | 164.30 | 67 | 陕西投资集团有限公司 | 49.38 |
| 18 | 河北建工集团有限责任公司 | 148.63 | 68 | 南昌市政公用集团有限公司 | 49.10 |
| 19 | 济宁能源发展集团有限公司 | 142.33 | 69 | 青山控股集团有限公司 | 48.73 |
| 20 | 比亚迪股份有限公司 | 133.44 | 70 | 云南省投资控股集团有限公司 | 47.93 |
| 21 | 湖北联投集团有限公司 | 127.53 | 71 | 新奥天然气股份有限公司 | 47.06 |
| 22 | 陕西交通控股集团有限公司 | 123.40 | 72 | 金浦投资控股集团有限公司 | 46.69 |
| 23 | 晶科能源股份有限公司 | 112.91 | 73 | 晋能控股集团有限公司 | 46.39 |
| 24 | 浙江华友钴业股份有限公司 | 109.32 | 74 | 山东能源集团有限公司 | 45.79 |
| 25 | 广西投资集团有限公司 | 105.05 | 75 | 新疆特变电工集团有限公司 | 45.62 |
| 26 | 彬县煤炭有限责任公司 | 104.14 | 76 | 上海农村商业银行股份有限公司 | 45.44 |
| 27 | 宁德时代新能源科技股份有限公司 | 101.66 | 77 | 深圳理士电源发展有限公司 | 44.62 |
| 28 | 广东省能源集团有限公司 | 95.36 | 78 | 汇通达网络股份有限公司 | 44.15 |
| 29 | 协鑫集团有限公司 | 94.62 | 79 | 中国铝业集团有限公司 | 44.14 |
| 30 | 湖北交通投资集团有限公司 | 94.34 | 80 | 中国联合网络通信集团有限公司 | 43.55 |
| 31 | 厦门象屿集团有限公司 | 91.37 | 81 | 北京首都创业集团有限公司 | 43.36 |
| 32 | 明阳新能源投资控股集团有限公司 | 80.87 | 82 | 华勤橡胶工业集团有限公司 | 43.34 |
| 33 | 天合光能股份有限公司 | 80.85 | 83 | 牧原实业集团有限公司 | 42.98 |
| 34 | 辽宁方大集团实业有限公司 | 80.72 | 84 | 宜昌兴发集团有限责任公司 | 42.92 |
| 35 | 天瑞集团股份有限公司 | 79.63 | 85 | 洛阳栾川钼业集团股份有限公司 | 42.67 |
| 36 | 四川华西集团有限公司 | 76.57 | 86 | 山东创新金属科技有限公司 | 42.35 |
| 37 | 晶澳太阳能科技股份有限公司 | 75.28 | 87 | 三花控股集团有限公司 | 42.02 |
| 38 | 兴华财富集团有限公司 | 75.02 | 88 | 深圳市投资控股有限公司 | 42.01 |
| 39 | 蓝润集团有限公司 | 74.75 | 89 | 山东齐润控股有限公司 | 41.30 |
| 40 | 通威集团有限公司 | 74.49 | 90 | 山东寿光鲁清石化有限公司 | 39.70 |
| 41 | 优合产业有限公司 | 74.37 | 91 | 深圳市爱施德股份有限公司 | 39.57 |
| 42 | 云南省能源投资集团有限公司 | 71.44 | 92 | 华勤技术股份有限公司 | 39.55 |
| 43 | 广东省广新控股集团有限公司 | 69.85 | 93 | 安徽省交通控股集团有限公司 | 39.50 |
| 44 | 万基控股集团有限公司 | 68.36 | 94 | 广州工业投资控股集团有限公司 | 39.37 |
| 45 | 宁波富邦控股集团有限公司 | 68.24 | 95 | 宁波金田投资控股有限公司 | 39.22 |
| 46 | 山东金诚石化集团有限公司 | 66.77 | 96 | 成都兴城投资集团有限公司 | 38.76 |
| 47 | 贵州能源集团有限公司 | 66.13 | 97 | 国家能源投资集团有限责任公司 | 38.75 |
| 48 | 河南交通投资集团有限公司 | 65.12 | 98 | 山东东明石化集团有限公司 | 38.04 |
| 49 | 福建省金纶高纤股份有限公司 | 63.20 | 99 | 南京新工投资集团有限责任公司 | 37.25 |
| 50 | 隆基绿能科技股份有限公司 | 62.51 | 100 | 中国远洋海运集团有限公司 | 36.85 |
|  |  |  |  | 中国企业 500 强平均数 | 11.91 |

# 第十章
# 2023 中国制造业企业 500 强

2023 中国制造业企业 500 强情况，见表 10-1 至表 10-29。

表 10-1 2023 中国制造业企业 500 强

| 名次 | 企业名称 | 地区 | 营业收入/万元 | 净利润/万元 | 资产/万元 | 所有者权益/万元 | 从业人数/人 |
|---|---|---|---|---|---|---|---|
| 1 | 中国石油化工集团有限公司 | 北京 | 316934342 | 6496012 | 254334578 | 91187023 | 527487 |
| 2 | 中国中化控股有限责任公司 | 北京 | 116934655 | -942 | 158400681 | -720068 | 223448 |
| 3 | 中国宝武钢铁集团有限公司 | 上海 | 108770720 | 1676852 | 123984105 | 32081228 | 219340 |
| 4 | 中国五矿集团有限公司 | 北京 | 89830142 | 589851 | 105634035 | 6525324 | 187962 |
| 5 | 上海汽车集团股份有限公司 | 上海 | 74406288 | 1611755 | 99010738 | 27923353 | 153196 |
| 6 | 华为投资控股有限公司 | 广东 | 64233800 | 3553400 | 106380400 | 43697500 | 205000 |
| 7 | 恒力集团有限公司 | 江苏 | 61175675 | 239755 | 33543244 | 6029335 | 170125 |
| 8 | 正威国际集团有限公司 | 广东 | 60876037 | 1006955 | 21956890 | 13487312 | 23175 |
| 9 | 中国第一汽车集团有限公司 | 吉林 | 58979871 | 2587416 | 59636880 | 24963525 | 123615 |
| 10 | 浙江荣盛控股集团有限公司 | 浙江 | 57961835 | 114279 | 39187015 | 2971399 | 23316 |
| 11 | 中国兵器工业集团有限公司 | 北京 | 55622839 | 1203024 | 51973929 | 14683811 | 217161 |
| 12 | 中国航空工业集团有限公司 | 北京 | 54938008 | 1027847 | 127961781 | 23202961 | 383000 |
| 13 | 广州汽车工业集团有限公司 | 广东 | 52027981 | 419100 | 39490345 | 6332291 | 113864 |
| 14 | 中国铝业集团有限公司 | 北京 | 51759778 | 1141844 | 62501951 | 10936910 | 132740 |
| 15 | 江西铜业集团有限公司 | 江西 | 50401784 | 312244 | 20964471 | 3712332 | 32695 |
| 16 | 山东魏桥创业集团有限公司 | 山东 | 50398814 | 626397 | 25732721 | 8829278 | 98100 |
| 17 | 东风汽车集团有限公司 | 湖北 | 46021550 | 814742 | 50548219 | 12735527 | 134637 |
| 18 | 北京汽车集团有限公司 | 北京 | 45258136 | 199179 | 47136670 | 6890975 | 95000 |
| 19 | 比亚迪股份有限公司 | 广东 | 42406064 | 1662245 | 49386065 | 11102930 | 570060 |
| 20 | 盛虹控股集团有限公司 | 江苏 | 41202270 | 287718 | 20617686 | 3857624 | 39059 |
| 21 | 浙江吉利控股集团有限公司 | 浙江 | 40626870 | 635648 | 56067708 | 8972283 | 131517 |
| 22 | 河钢集团有限公司 | 河北 | 40066825 | 33323 | 53956036 | 6325258 | 99807 |
| 23 | 浙江恒逸集团有限公司 | 浙江 | 38566157 | -103131 | 13486979 | 1250995 | 21261 |
| 24 | 中国建材集团有限公司 | 北京 | 38015811 | 423223 | 70296223 | 4878573 | 208857 |
| 25 | 中国电子科技集团有限公司 | 北京 | 37567355 | 1792961 | 59416897 | 22051605 | 235912 |
| 26 | 青山控股集团有限公司 | 浙江 | 36802845 | 980339 | 13890091 | 5256304 | 100982 |
| 27 | 海尔集团公司 | 山东 | 35062328 | 1105285 | 49719941 | 7449669 | 120501 |
| 28 | 中国船舶集团有限公司 | 北京 | 34844219 | 1823030 | 94467362 | 28458537 | 204497 |
| 29 | 美的集团股份有限公司 | 广东 | 34570871 | 2955351 | 42255527 | 14293524 | 166243 |
| 30 | 中国机械工业集团有限公司 | 北京 | 34391560 | -275048 | 35577885 | 6263183 | 125370 |
| 31 | 鞍钢集团有限公司 | 辽宁 | 33661615 | 408959 | 48100840 | 9438059 | 151411 |
| 32 | 金川集团股份有限公司 | 甘肃 | 33275083 | 748405 | 14388763 | 5191042 | 28930 |
| 33 | 宁德时代新能源科技股份有限公司 | 福建 | 32859398 | 3072916 | 60095235 | 16448125 | 118914 |
| 34 | 敬业集团有限公司 | 河北 | 30744612 | 221575 | 8681312 | 3573953 | 31000 |

续表

| 名次 | 企业名称 | 地区 | 营业收入/万元 | 净利润/万元 | 资产/万元 | 所有者权益/万元 | 从业人数/人 |
|---|---|---|---|---|---|---|---|
| 35 | 中国航天科技集团有限公司 | 北京 | 29911639 | 2178779 | 65086177 | 26618131 | 180521 |
| 36 | 中国兵器装备集团有限公司 | 北京 | 29213594 | 682488 | 41129803 | 9294490 | 156613 |
| 37 | 江苏沙钢集团有限公司 | 江苏 | 28779934 | 374994 | 34419262 | 7652134 | 45207 |
| 38 | 小米集团 | 北京 | 28004402 | 247403 | 27350721 | 14365846 | 35977 |
| 39 | 新希望控股集团有限公司 | 四川 | 27866414 | 5219 | 34132546 | 2677253 | 123933 |
| 40 | 中国电子信息产业集团有限公司 | 北京 | 27126532 | -337049 | 42162105 | 7206155 | 184940 |
| 41 | 紫金矿业集团股份有限公司 | 福建 | 27032900 | 2004205 | 30604414 | 8894278 | 48836 |
| 42 | 中国航天科工集团有限公司 | 北京 | 25138778 | 1457557 | 51846070 | 18264460 | 141260 |
| 43 | 首钢集团有限公司 | 北京 | 24789937 | 127027 | 51884243 | 12032247 | 91165 |
| 44 | 杭州钢铁集团有限公司 | 浙江 | 24766765 | 165351 | 8234674 | 2710579 | 11411 |
| 45 | 新疆中泰（集团）有限责任公司 | 新疆维吾尔自治区 | 24728924 | 75585 | 14900597 | 717618 | 47007 |
| 46 | 广州工业投资控股集团有限公司 | 广东 | 24612246 | 157315 | 29175733 | 3756023 | 88022 |
| 47 | 广州医药集团有限公司 | 广东 | 23801344 | 209458 | 7924301 | 1396143 | 34954 |
| 48 | 中国中车集团有限公司 | 北京 | 23339797 | 607004 | 51193476 | 8928912 | 170184 |
| 49 | 铜陵有色金属集团控股有限公司 | 安徽 | 23267823 | 3363 | 10101527 | 811633 | 21797 |
| 50 | 上海医药集团股份有限公司 | 上海 | 23198130 | 561715 | 19813490 | 6706301 | 47877 |
| 51 | 上海德龙钢铁集团有限公司 | 上海 | 22557196 | 170481 | 14485850 | 2406094 | 46403 |
| 52 | 安徽海螺集团有限责任公司 | 安徽 | 22192212 | 585540 | 30162811 | 7321327 | 61637 |
| 53 | 北京建龙重工集团有限公司 | 北京 | 22116493 | 154129 | 17475625 | 3658642 | 56300 |
| 54 | 湖南钢铁集团有限公司 | 湖南 | 22011764 | 790826 | 15706431 | 3844392 | 35492 |
| 55 | 潞安化工集团有限公司 | 山西 | 21926684 | 58932 | 34388796 | 3212410 | 113557 |
| 56 | 多弗国际控股集团有限公司 | 浙江 | 21668635 | 273363 | 14136253 | 7763885 | 21200 |
| 57 | 通威集团有限公司 | 四川 | 21488237 | 1101219 | 15988402 | 2633754 | 42381 |
| 58 | 立讯精密工业股份有限公司 | 广东 | 21402839 | 916310 | 14838432 | 4534290 | 236932 |
| 59 | 海亮集团有限公司 | 浙江 | 20737008 | 33745 | 6753697 | 2162115 | 25423 |
| 60 | 天能控股集团有限公司 | 浙江 | 20192105 | 195435 | 7678504 | 1399641 | 26953 |
| 61 | 冀南钢铁集团有限公司 | 河北 | 19986509 | 1504374 | 18605698 | 6042967 | 35042 |
| 62 | 河北新华联合冶金控股集团有限公司 | 河北 | 19087309 | 231590 | 13319313 | 1229568 | 20595 |
| 63 | 万向集团公司 | 浙江 | 19046558 | 487649 | 11474688 | 3500785 | 33711 |
| 64 | 珠海格力电器股份有限公司 | 广东 | 18898838 | 2450662 | 35502476 | 9675873 | 72380 |
| 65 | 万洲国际有限公司 | 河南 | 18891636 | 919873 | 13828213 | 6686016 | 104000 |
| 66 | 南京钢铁集团有限公司 | 江苏 | 18835177 | 204885 | 8460971 | 2037115 | 10075 |
| 67 | 海信集团控股股份有限公司 | 山东 | 18493639 | 362376 | 17864558 | 2120436 | 97838 |
| 68 | 协鑫集团有限公司 | 江苏 | 18190524 | 1139410 | 20133587 | 5269704 | 23985 |

续表

| 名次 | 企业名称 | 地区 | 营业收入/万元 | 净利润/万元 | 资产/万元 | 所有者权益/万元 | 从业人数/人 |
|---|---|---|---|---|---|---|---|
| 69 | 北京首农食品集团有限公司 | 北京 | 18034960 | 233993 | 16133958 | 4198836 | 52879 |
| 70 | 河北津西钢铁集团股份有限公司 | 河北 | 18000137 | 62340 | 7064998 | 2601660 | 8382 |
| 71 | 陕西有色金属控股集团有限责任公司 | 陕西 | 17621270 | 152551 | 14421596 | 3917007 | 40460 |
| 72 | 复星国际有限公司 | 上海 | 17539342 | 53872 | 82314606 | 12152088 | 108000 |
| 73 | 潍柴动力股份有限公司 | 山东 | 17515754 | 490501 | 29366609 | 7318425 | 87591 |
| 74 | 辽宁方大集团实业有限公司 | 辽宁 | 17357814 | −66393 | 40840917 | 3450490 | 125641 |
| 75 | 洛阳栾川钼业集团股份有限公司 | 河南 | 17299085 | 606694 | 16501921 | 5169856 | 12754 |
| 76 | 雅戈尔集团股份有限公司 | 浙江 | 17150017 | 505821 | 9738060 | 3967313 | 21507 |
| 77 | TCL科技集团股份有限公司 | 广东 | 16663215 | 26132 | 35999623 | 5067852 | 69828 |
| 78 | 万华化学集团股份有限公司 | 山东 | 16556548 | 1623363 | 20084320 | 7684453 | 24387 |
| 79 | 无锡产业发展集团有限公司 | 江苏 | 16153680 | −69876 | 13107758 | 1525389 | 28700 |
| 80 | 亨通集团有限公司 | 江苏 | 15599808 | 16853 | 8947699 | 766499 | 18794 |
| 81 | 四川省宜宾五粮液集团有限公司 | 四川 | 15550392 | 756950 | 28280386 | 5190224 | 46678 |
| 82 | 上海电气控股集团有限公司 | 上海 | 15386673 | −1185565 | 39491030 | 1511417 | 73319 |
| 83 | 中天钢铁集团有限公司 | 江苏 | 15146300 | 61713 | 5417916 | 1775462 | 15528 |
| 84 | 奇瑞控股集团有限公司 | 安徽 | 15001803 | 214973 | 21454744 | 1924660 | 41624 |
| 85 | 四川长虹电子控股集团有限公司 | 四川 | 14733866 | 8937 | 10060982 | 224388 | 62443 |
| 86 | 江苏永钢集团有限公司 | 江苏 | 14522537 | 300244 | 5670745 | 2969840 | 10724 |
| 87 | 中国国际海运集装箱（集团）股份有限公司 | 广东 | 14153665 | 321923 | 14589995 | 4861343 | 51543 |
| 88 | 桐昆控股集团有限公司 | 浙江 | 14124486 | 60252 | 10344055 | 1128609 | 31963 |
| 89 | 中国有色矿业集团有限公司 | 北京 | 13949733 | 236745 | 11537294 | 1813198 | 42112 |
| 90 | 山东东明石化集团有限公司 | 山东 | 13856183 | 168246 | 6547185 | 2557143 | 9052 |
| 91 | 光明食品（集团）有限公司 | 上海 | 13759378 | 18829 | 28008684 | 6789573 | 96639 |
| 92 | 长城汽车股份有限公司 | 河北 | 13733999 | 826604 | 18535730 | 6520126 | 87367 |
| 93 | 中国贵州茅台酒厂（集团）有限责任公司 | 贵州 | 13646517 | 4018481 | 33549806 | 14634123 | 37469 |
| 94 | 宁波金田投资控股有限公司 | 浙江 | 13456923 | 14064 | 2358393 | 245244 | 7798 |
| 95 | 南山集团有限公司 | 山东 | 13062086 | 414219 | 15380693 | 7211914 | 45620 |
| 96 | 超威电源集团有限公司 | 浙江 | 12983261 | 177639 | 1817366 | 839237 | 16972 |
| 97 | 隆基绿能科技股份有限公司 | 陕西 | 12899811 | 1481157 | 13955559 | 6214679 | 60601 |
| 98 | 牧原实业集团有限公司 | 河南 | 12636796 | 190735 | 21258826 | 1310581 | 143186 |
| 99 | 三一集团有限公司 | 湖南 | 12622682 | 115376 | 27886019 | 4023683 | 48606 |
| 100 | 正泰集团股份有限公司 | 浙江 | 12371893 | 125027 | 14040291 | 2196213 | 41632 |
| 101 | 利华益集团股份有限公司 | 山东 | 12319936 | 237895 | 5508838 | 2656680 | 6520 |
| 102 | 内蒙古伊利实业集团股份有限公司 | 内蒙古自治区 | 12317104 | 943107 | 13096530 | 5026788 | 67199 |

续表

| 名次 | 企业名称 | 地区 | 营业收入/万元 | 净利润/万元 | 资产/万元 | 所有者权益/万元 | 从业人数/人 |
|---|---|---|---|---|---|---|---|
| 103 | 中兴通讯股份有限公司 | 广东 | 12295442 | 808030 | 18095357 | 5864119 | 74811 |
| 104 | 酒泉钢铁（集团）有限责任公司 | 甘肃 | 12042695 | 284080 | 11667534 | 2992218 | 34132 |
| 105 | 海澜集团有限公司 | 江苏 | 12032549 | 461578 | 11321653 | 8143724 | 16619 |
| 106 | 河北普阳钢铁有限公司 | 河北 | 12000384 | 180245 | 5614474 | 3079239 | 8500 |
| 107 | 中国黄金集团有限公司 | 北京 | 11714134 | 64389 | 11322494 | 1828520 | 37992 |
| 108 | 万达控股集团有限公司 | 山东 | 11698534 | 118842 | 5368502 | 1636042 | 12844 |
| 109 | 包头钢铁（集团）有限责任公司 | 内蒙古自治区 | 11580001 | 150796 | 20761587 | 3284092 | 51712 |
| 110 | 江苏新长江实业集团有限公司 | 江苏 | 11427782 | 185965 | 5608646 | 1775787 | 6801 |
| 111 | 晶科能源控股有限公司 | 江西 | 11106485 | 293620 | 10563943 | 2669006 | 46494 |
| 112 | TCL实业控股股份有限公司 | 广东 | 10608648 | 148076 | 10372568 | 675103 | 39014 |
| 113 | 歌尔股份有限公司 | 山东 | 10489432 | 174918 | 7717635 | 2949188 | 85358 |
| 114 | 广东海大集团股份有限公司 | 广东 | 10471541 | 295414 | 4423778 | 1782490 | 36018 |
| 115 | 浪潮集团有限公司 | 山东 | 10375920 | 144959 | 10746465 | 961354 | 29184 |
| 116 | 天津荣程祥泰投资控股集团有限公司 | 天津 | 10353354 | 2217 | 3724191 | 930800 | 9918 |
| 117 | 浙江富冶集团有限公司 | 浙江 | 10322860 | 98085 | 1886310 | 522626 | 3500 |
| 118 | 福建大东海实业集团有限公司 | 福建 | 10309529 | 189548 | 6527726 | 5250592 | 21060 |
| 119 | 山西鹏飞集团有限公司 | 山西 | 10296933 | 607411 | 13731342 | 7127872 | 24753 |
| 120 | 晨鸣控股有限公司 | 山东 | 10261671 | -10132 | 8634709 | 237521 | 10855 |
| 121 | 新疆特变电工集团有限公司 | 新疆维吾尔自治区 | 10208457 | 287678 | 18444763 | 1393207 | 26241 |
| 122 | 新余钢铁集团有限公司 | 江西 | 10200306 | 22285 | 6716238 | 1650526 | 19018 |
| 123 | 江铃汽车集团有限公司 | 江西 | 10113182 | -9026 | 7306827 | 1132577 | 34846 |
| 124 | 旭阳控股有限公司 | 北京 | 10013971 | 213400 | 8101800 | 2450900 | 16253 |
| 125 | 广西柳州钢铁集团有限公司 | 广西壮族自治区 | 9975923 | -577081 | 12060400 | 3011432 | 31829 |
| 126 | 云天化集团有限责任公司 | 云南 | 9653286 | 143435 | 9835379 | 1052519 | 22603 |
| 127 | 江苏悦达集团有限公司 | 江苏 | 9640450 | 102169 | 7937341 | 1414438 | 43034 |
| 128 | 荣耀终端有限公司 | 广东 | 9387219 | 812351 | 8757947 | 4693125 | 13518 |
| 129 | 徐工集团工程机械股份有限公司 | 江苏 | 9381712 | 430710 | 17508560 | 5325397 | 27457 |
| 130 | 华勤技术股份有限公司 | 上海 | 9264570 | 256368 | 4382104 | 1238302 | 32324 |
| 131 | 内蒙古蒙牛乳业（集团）股份有限公司 | 内蒙古自治区 | 9259332 | 530297 | 11781320 | 4009854 | 47329 |
| 132 | 中国铁塔股份有限公司 | 北京 | 9216975 | 878662 | 30556084 | 19359241 | 23401 |
| 133 | 新凤鸣控股集团有限公司 | 浙江 | 9148820 | -3596 | 4167455 | 257177 | 15864 |
| 134 | 泸州老窖集团有限责任公司 | 四川 | 9061983 | 386827 | 35456618 | 1845422 | 14653 |
| 135 | 中天科技集团有限公司 | 江苏 | 9024546 | 317327 | 5405887 | 1216352 | 16013 |
| 136 | 河北鑫达钢铁集团有限公司 | 河北 | 8854376 | 163822 | 8893041 | 2781769 | 24288 |

续表

| 名次 | 企业名称 | 地区 | 营业收入/万元 | 净利润/万元 | 资产/万元 | 所有者权益/万元 | 从业人数/人 |
|---|---|---|---|---|---|---|---|
| 137 | 重庆化医控股（集团）公司 | 重庆 | 8848804 | 16226 | 10130840 | 469771 | 27708 |
| 138 | 白银有色集团股份有限公司 | 甘肃 | 8783535 | 3331 | 4666331 | 1520028 | 19450 |
| 139 | 武安市裕华钢铁有限公司 | 河北 | 8688646 | 704023 | 4207851 | 2948871 | 11542 |
| 140 | 日照钢铁控股集团有限公司 | 山东 | 8555053 | 175403 | 14032344 | 4897722 | 14228 |
| 141 | 天合光能股份有限公司 | 江苏 | 8505179 | 368002 | 8997606 | 2633897 | 23077 |
| 142 | 双胞胎（集团）股份有限公司 | 江西 | 8463673 | 412748 | 3574437 | 1763771 | 20000 |
| 143 | 温氏食品集团股份有限公司 | 广东 | 8372511 | 528900 | 9808449 | 3970331 | 49331 |
| 144 | 金鼎钢铁集团有限公司 | 河北 | 8266450 | 153784 | 3100683 | 1325237 | 4269 |
| 145 | 三房巷集团有限公司 | 江苏 | 8237045 | 72143 | 2901420 | 1157930 | 6180 |
| 146 | 杭州锦江集团有限公司 | 浙江 | 8227646 | 162550 | 6273920 | 1404052 | 12529 |
| 147 | 四川省川威集团有限公司 | 四川 | 8156572 | 36410 | 4376257 | 684060 | 13861 |
| 148 | 奥克斯集团有限公司 | 浙江 | 8101020 | 166504 | 6250572 | 1416793 | 23677 |
| 149 | 蓝润集团有限公司 | 四川 | 8082156 | 66826 | 9587581 | 3965168 | 20089 |
| 150 | 广西盛隆冶金有限公司 | 广西壮族自治区 | 8036767 | -123414 | 6677282 | 2380521 | 13953 |
| 151 | 富海集团新能源控股有限公司 | 山东 | 7833404 | 173433 | 2783525 | 1235694 | 5814 |
| 152 | 红豆集团有限公司 | 江苏 | 7738008 | 20444 | 5059182 | 1018103 | 18653 |
| 153 | 华泰集团有限公司 | 山东 | 7704348 | 124068 | 3817914 | 1353550 | 8114 |
| 154 | 山东京博控股集团有限公司 | 山东 | 7630881 | 137371 | 5276005 | 806315 | 12179 |
| 155 | 唐山港陆钢铁有限公司 | 河北 | 7510289 | 56832 | 2427267 | 1257471 | 8588 |
| 156 | 深圳市立业集团有限公司 | 广东 | 7339108 | 250843 | 7874915 | 5087284 | 11450 |
| 157 | 浙江卫星控股股份有限公司 | 浙江 | 7337437 | 120198 | 6228154 | 886103 | 4735 |
| 158 | 山东金诚石化集团有限公司 | 山东 | 7314791 | 25041 | 1936943 | 833811 | 2789 |
| 159 | 晶澳太阳能科技股份有限公司 | 河北 | 7298940 | 553287 | 7234863 | 2750471 | 32591 |
| 160 | 福建省能源石化集团有限责任公司 | 福建 | 7282591 | 56209 | 15009907 | 2243340 | 18516 |
| 161 | 恒申控股集团有限公司 | 福建 | 7234250 | 511919 | 5411235 | 2567948 | 8045 |
| 162 | 心里程控股集团有限公司 | 广东 | 7218535 | 295646 | 2542915 | 1715320 | 3150 |
| 163 | 山东海科控股有限公司 | 山东 | 7206892 | 164152 | 2551311 | 995609 | 4557 |
| 164 | 研祥高科技控股集团有限公司 | 广东 | 7156833 | 375794 | 5403945 | 3520126 | 5177 |
| 165 | 内蒙古鄂尔多斯投资控股集团有限公司 | 内蒙古自治区 | 7155990 | 407856 | 5413328 | 812299 | 24050 |
| 166 | 永荣控股集团有限公司 | 福建 | 7128010 | 36523 | 3426050 | 1187598 | 5526 |
| 167 | 山东太阳控股集团有限公司 | 山东 | 7058446 | 379378 | 5936171 | 2671558 | 19578 |
| 168 | 河北新武安钢铁集团文安钢铁有限公司 | 河北 | 7051283 | 106430 | 1550760 | 1415110 | 3150 |
| 169 | 山东创新金属科技有限公司 | 山东 | 6931930 | 109197 | 1570847 | 503050 | 9829 |
| 170 | 远景能源有限公司 | 江苏 | 6908477 | 377194 | 14848799 | 3580286 | 3390 |

续表

| 名次 | 企业名称 | 地区 | 营业收入/万元 | 净利润/万元 | 资产/万元 | 所有者权益/万元 | 从业人数/人 |
|---|---|---|---|---|---|---|---|
| 171 | 德力西集团有限公司 | 浙江 | 6879915 | 123988 | 2420818 | 681161 | 19357 |
| 172 | 福州中景石化集团有限公司 | 福建 | 6754221 | 161931 | 4160871 | 2364017 | 3936 |
| 173 | 天津友发钢管集团股份有限公司 | 天津 | 6736035 | 29703 | 1678038 | 643504 | 13231 |
| 174 | 云南锡业集团（控股）有限责任公司 | 云南 | 6724721 | -33734 | 5551144 | 328046 | 17821 |
| 175 | 三河汇福粮油集团有限公司 | 河北 | 6671888 | 51707 | 1539647 | 659895 | 1640 |
| 176 | 红狮控股集团有限公司 | 浙江 | 6652077 | 182953 | 7386639 | 3004947 | 16425 |
| 177 | 弘润石化（潍坊）有限责任公司 | 山东 | 6650403 | 192486 | 5063740 | 1556357 | 2625 |
| 178 | 河南豫光金铅集团有限责任公司 | 河南 | 6640757 | 10112 | 2508512 | 130073 | 6195 |
| 179 | 山东齐润控股集团有限公司 | 山东 | 6581260 | 196030 | 2773376 | 1529804 | 3239 |
| 180 | 兴华财富集团有限公司 | 河北 | 6563262 | 301267 | 2529353 | 1935023 | 6752 |
| 181 | 东方润安集团有限公司 | 江苏 | 6523389 | 90427 | 1388872 | 744947 | 4729 |
| 182 | 齐成（山东）石化集团有限公司 | 山东 | 6513500 | 29995 | 2579879 | 109571 | 3200 |
| 183 | 富通集团有限公司 | 浙江 | 6305010 | 178935 | 3565471 | 1388925 | 4930 |
| 184 | 浙江华友钴业股份有限公司 | 浙江 | 6303378 | 390988 | 11059241 | 2589315 | 29757 |
| 185 | 老凤祥股份有限公司 | 上海 | 6301014 | 170034 | 2600484 | 1012806 | 3716 |
| 186 | 玖龙纸业（控股）有限公司 | 广东 | 6265145 | -88816 | 11382827 | 4535219 | 19960 |
| 187 | 杉杉控股有限公司 | 上海 | 6254107 | 10496 | 8096997 | 2154643 | 8190 |
| 188 | 新疆天业（集团）有限公司 | 新疆维吾尔自治区 | 6236994 | 83581 | 5002828 | 821947 | 15456 |
| 189 | 福建百宏聚纤科技实业有限公司 | 福建 | 6236200 | 117734 | 8385040 | 1945962 | 12140 |
| 190 | 山东寿光鲁清石化有限公司 | 山东 | 6219427 | 120076 | 3256626 | 1100155 | 2645 |
| 191 | 宁夏天元锰业集团有限公司 | 宁夏回族自治区 | 6197005 | -402226 | 13725762 | 1615741 | 20058 |
| 192 | 湖南博长控股集团有限公司 | 湖南 | 6123093 | -9723 | 1357837 | 380635 | 6602 |
| 193 | 山西晋南钢铁集团有限公司 | 山西 | 6065673 | -149388 | 2866363 | 780735 | 6585 |
| 194 | 稻花香集团 | 湖北 | 6052128 | 35966 | 1624136 | 395659 | 10008 |
| 195 | 天瑞集团股份有限公司 | 河南 | 6013282 | 79043 | 7425756 | 3841417 | 13961 |
| 196 | 广西南丹南方金属有限公司 | 广西壮族自治区 | 6011490 | 146385 | 2534823 | 990152 | 5549 |
| 197 | 中国重汽（香港）有限公司 | 山东 | 5963769 | 175442 | 10547852 | 3590898 | 27080 |
| 198 | 上海华谊控股集团有限公司 | 上海 | 5943852 | 337670 | 10453040 | 2555511 | 19121 |
| 199 | 中国东方电气集团有限公司 | 四川 | 5933236 | 172547 | 13028723 | 2228124 | 19630 |
| 200 | 鲁丽集团有限公司 | 山东 | 5849759 | 105244 | 1645776 | 618701 | 8266 |
| 201 | 山东金岭集团有限公司 | 山东 | 5834928 | 280328 | 2453955 | 2010142 | 5235 |
| 202 | 浙江东南网架集团有限公司 | 浙江 | 5817225 | 46856 | 3654957 | 575196 | 10345 |
| 203 | 闻泰科技股份有限公司 | 湖北 | 5807869 | 145976 | 7668979 | 3589941 | 34048 |
| 204 | 宁波富邦控股集团有限公司 | 浙江 | 5752122 | 81918 | 5861929 | 1330045 | 11846 |

续表

| 名次 | 企业名称 | 地区 | 营业收入/万元 | 净利润/万元 | 资产/万元 | 所有者权益/万元 | 从业人数/人 |
|---|---|---|---|---|---|---|---|
| 205 | 明阳新能源投资控股集团有限公司 | 广东 | 5707347 | 370256 | 11765371 | 4271322 | 11475 |
| 206 | 人民控股集团有限公司 | 浙江 | 5695582 | 216916 | 1454655 | 1069610 | 23285 |
| 207 | 山东招金集团有限公司 | 山东 | 5643228 | 10453 | 7229334 | 417544 | 14305 |
| 208 | 河北鑫海控股集团有限公司 | 河北 | 5636331 | 138125 | 1781649 | 416615 | 2269 |
| 209 | 山西晋城钢铁控股集团有限公司 | 山西 | 5617245 | 77356 | 3358703 | 1934767 | 10150 |
| 210 | 天津渤海化工集团有限责任公司 | 天津 | 5604710 | 65832 | 12694052 | 5458237 | 21623 |
| 211 | 宜昌兴发集团有限责任公司 | 湖北 | 5541802 | 68053 | 5104730 | 459642 | 15138 |
| 212 | 华峰集团有限公司 | 浙江 | 5537955 | 165169 | 7611153 | 2328333 | 16902 |
| 213 | 深圳市中金岭南有色金属股份有限公司 | 广东 | 5533945 | 121229 | 3265219 | 1475651 | 9743 |
| 214 | 福建省电子信息（集团）有限责任公司 | 福建 | 5517743 | -311206 | 10932038 | 269133 | 49092 |
| 215 | 西部矿业集团有限公司 | 青海 | 5515222 | 2175 | 6824073 | 454234 | 8828 |
| 216 | 双良集团有限公司 | 江苏 | 5509639 | 41649 | 4439423 | 1030489 | 9286 |
| 217 | 山西建邦集团有限公司 | 山西 | 5502832 | 133523 | 2182139 | 1372210 | 3573 |
| 218 | 福建省金纶高纤股份有限公司 | 福建 | 5395668 | 171563 | 2539986 | 652048 | 9596 |
| 219 | 石横特钢集团有限公司 | 山东 | 5388703 | 96736 | 3819543 | 2465290 | 9761 |
| 220 | 深圳海王集团股份有限公司 | 广东 | 5370270 | 29098 | 5944830 | 1130408 | 30000 |
| 221 | 五得利面粉集团有限公司 | 河北 | 5368853 | 227609 | 2458977 | 1670441 | 5980 |
| 222 | 创维集团有限公司 | 广东 | 5349057 | 82674 | 6440956 | 1786689 | 34100 |
| 223 | 山东如意时尚投资控股有限公司 | 山东 | 5328397 | 210587 | 7093999 | 2077170 | 39742 |
| 224 | 山东汇丰石化集团有限公司 | 山东 | 5303661 | 46247 | 1483292 | 277774 | 2174 |
| 225 | 中国信息通信科技集团有限公司 | 湖北 | 5286746 | 138783 | 11943301 | 3248726 | 35387 |
| 226 | 江苏华宏实业集团有限公司 | 江苏 | 5285691 | 16316 | 897014 | 64360 | 2650 |
| 227 | 山东垦利石化集团有限公司 | 山东 | 5279385 | 120836 | 1858785 | 1176399 | 2150 |
| 228 | 福建省三钢（集团）有限责任公司 | 福建 | 5254960 | -23955 | 5692371 | 1695393 | 17723 |
| 229 | 三花控股集团有限公司 | 浙江 | 5230979 | 174369 | 4005686 | 1304688 | 31252 |
| 230 | 振石控股集团有限公司 | 浙江 | 5220731 | 498819 | 4065443 | 2008138 | 10020 |
| 231 | 江苏扬子江船业集团 | 江苏 | 5212537 | 515278 | 14265720 | 3638091 | 29854 |
| 232 | 三宝集团股份有限公司 | 福建 | 5209886 | 80565 | 1610356 | 716333 | 4898 |
| 233 | 江苏阳光集团有限公司 | 江苏 | 5204919 | 259368 | 2245015 | 1246560 | 12011 |
| 234 | 山东渤海实业集团有限公司 | 山东 | 5185407 | 51905 | 2350819 | 587289 | 2699 |
| 235 | 山东泰山钢铁集团有限公司 | 山东 | 5161957 | 27006 | 2256888 | 1113985 | 7621 |
| 236 | 威高集团有限公司 | 山东 | 5155687 | 446822 | 7807388 | 4737264 | 32560 |
| 237 | 江苏华西集团有限公司 | 江苏 | 5150704 | -118697 | 4175192 | 1240548 | 9844 |
| 238 | 伊电控股集团有限公司 | 河南 | 5120187 | -16457 | 7607234 | 1554355 | 6200 |

续表

| 名次 | 企业名称 | 地区 | 营业收入/万元 | 净利润/万元 | 资产/万元 | 所有者权益/万元 | 从业人数/人 |
|---|---|---|---|---|---|---|---|
| 239 | 远东控股集团有限公司 | 江苏 | 5113433 | 15776 | 2692776 | 402492 | 8442 |
| 240 | 金浦投资控股集团有限公司 | 江苏 | 5104416 | 30253 | 2428805 | 506514 | 11100 |
| 241 | 宏旺控股集团有限公司 | 广东 | 5100699 | 41242 | 1347541 | 421624 | 2449 |
| 242 | 山东九羊集团有限公司 | 山东 | 5097948 | 50933 | 1937219 | 1452715 | 6646 |
| 243 | 重庆小康控股有限公司 | 重庆 | 5091878 | -160282 | 5028900 | 310448 | 20984 |
| 244 | 陕西汽车控股集团有限公司 | 陕西 | 5071189 | -52747 | 7808954 | 655928 | 27600 |
| 245 | 安踏体育用品集团有限公司 | 福建 | 5070534 | 695254 | 3880674 | 1900808 | 59000 |
| 246 | 西王集团有限公司 | 山东 | 5063780 | -157640 | 5280858 | 536197 | 16000 |
| 247 | 华勤橡胶工业集团有限公司 | 山东 | 5032713 | 145471 | 2411388 | 1182162 | 8500 |
| 248 | 济钢集团有限公司 | 山东 | 5031455 | 37327 | 3267635 | 650593 | 7267 |
| 249 | 江苏大明工业科技集团有限公司 | 江苏 | 5008850 | -3731 | 1315424 | 219206 | 6753 |
| 250 | 宁波均胜电子股份有限公司 | 浙江 | 4979335 | 39418 | 5411209 | 1225290 | 44391 |
| 251 | 山东东方华龙工贸集团有限公司 | 山东 | 4961058 | 15765 | 1377263 | 552702 | 1530 |
| 252 | 新华三信息技术有限公司 | 浙江 | 4932198 | 427974 | 3546725 | 860026 | 20063 |
| 253 | 沂州集团有限公司 | 山东 | 4906191 | 36658 | 2015013 | 736862 | 3058 |
| 254 | 六安钢铁控股集团有限公司 | 安徽 | 4890266 | 9036 | 2239838 | 825640 | 5200 |
| 255 | 万基控股集团有限公司 | 河南 | 4881869 | 37559 | 2420395 | 333978 | 11650 |
| 256 | 金龙精密铜管集团股份有限公司 | 重庆 | 4867523 | 16574 | 1400982 | 173712 | 5996 |
| 257 | 贵州磷化（集团）有限责任公司 | 贵州 | 4855485 | 321311 | 9089364 | 1561623 | 17829 |
| 258 | 金澳科技（湖北）化工有限公司 | 湖北 | 4846326 | 52191 | 1095256 | 649457 | 4855 |
| 259 | 湖北宜化集团有限责任公司 | 湖北 | 4844302 | 132604 | 5446327 | 26486 | 23189 |
| 260 | 厦门钨业股份有限公司 | 福建 | 4822279 | 144619 | 3979877 | 999050 | 15912 |
| 261 | 深圳理士电源发展有限公司 | 广东 | 4810885 | 43324 | 3882988 | 1186001 | 12787 |
| 262 | 四川德胜集团钒钛有限公司 | 四川 | 4805129 | 91946 | 2863040 | 1118680 | 9723 |
| 263 | 浙江升华控股集团有限公司 | 浙江 | 4761650 | 28395 | 996096 | 379776 | 3190 |
| 264 | 卧龙控股集团有限公司 | 浙江 | 4702521 | 87222 | 3613791 | 1191090 | 18050 |
| 265 | 重庆市博赛矿业（集团）有限公司 | 重庆 | 4689067 | 128069 | 2032136 | 875018 | 6800 |
| 266 | 山东鲁花集团有限公司 | 山东 | 4684638 | 384460 | 4369726 | 1747984 | 21568 |
| 267 | 深圳传音控股股份有限公司 | 广东 | 4659590 | 248380 | 3084649 | 1581857 | 16232 |
| 268 | 新疆金风科技股份有限公司 | 新疆维吾尔自治区 | 4643685 | 238343 | 13682238 | 3809508 | 11200 |
| 269 | 天津华北集团有限公司 | 天津 | 4612758 | 14114 | 1520164 | 649558 | 1150 |
| 270 | 法尔胜泓昇集团有限公司 | 江苏 | 4611222 | 17109 | 1517515 | 408443 | 8353 |
| 271 | 河南豫联能源集团有限责任公司 | 河南 | 4575607 | 386178 | 2450764 | 351057 | 6913 |
| 272 | 华鲁控股集团有限公司 | 山东 | 4563783 | 227688 | 6007283 | 1342292 | 18955 |

续表

| 名次 | 企业名称 | 地区 | 营业收入/万元 | 净利润/万元 | 资产/万元 | 所有者权益/万元 | 从业人数/人 |
|---|---|---|---|---|---|---|---|
| 273 | 辽宁嘉晨控股集团有限公司 | 辽宁 | 4562141 | 65463 | 5213586 | 4208702 | 10000 |
| 274 | 四川科伦实业集团有限公司 | 四川 | 4525939 | 138058 | 4035068 | 1569001 | 15285 |
| 275 | 四川九洲投资控股集团有限公司 | 四川 | 4511619 | 27651 | 4230191 | 758480 | 21044 |
| 276 | 河南神火集团有限公司 | 河南 | 4492453 | 191128 | 6493760 | 276633 | 25550 |
| 277 | 大全集团有限公司 | 江苏 | 4482279 | 35778 | 6545489 | 618201 | 12437 |
| 278 | 中国一重集团有限公司 | 黑龙江 | 4464600 | 11698 | 5676596 | 1244090 | 15644 |
| 279 | 江苏三木集团有限公司 | 江苏 | 4455909 | 165409 | 1899599 | 1343524 | 7042 |
| 280 | 重庆机电控股（集团）公司 | 重庆 | 4310810 | 87387 | 6709556 | 1515938 | 27608 |
| 281 | 湖南裕能新能源电池材料股份有限公司 | 湖南 | 4279036 | 300721 | 2643443 | 571398 | 5634 |
| 282 | 宁波申洲针织有限公司 | 浙江 | 4203933 | 166722 | 3333492 | 2621977 | 94340 |
| 283 | 湖南五江控股集团有限公司 | 湖南 | 4184645 | 323447 | 6893168 | 4626606 | 32592 |
| 284 | 中联重科股份有限公司 | 湖南 | 4163149 | 230604 | 12355302 | 5474110 | 25283 |
| 285 | 太平鸟集团有限公司 | 浙江 | 4160993 | 14631 | 1853336 | 300980 | 12980 |
| 286 | 山东恒源石油化工股份有限公司 | 山东 | 4153152 | 18905 | 1512843 | 492420 | 1410 |
| 287 | 广西玉柴机器集团有限公司 | 广西壮族自治区 | 4151570 | 54091 | 4177459 | 1269714 | 13709 |
| 288 | 安阳钢铁集团有限责任公司 | 河南 | 4124067 | -148840 | 5605497 | 637199 | 18910 |
| 289 | 道恩集团有限公司 | 山东 | 4066264 | 98533 | 1626065 | 343472 | 4103 |
| 290 | 安徽楚江科技新材料股份有限公司 | 安徽 | 4059588 | 13367 | 1462751 | 618372 | 7293 |
| 291 | 金发科技股份有限公司 | 广东 | 4041233 | 199189 | 5542866 | 1652927 | 10353 |
| 292 | 桂林力源粮油食品集团有限公司 | 广西壮族自治区 | 4027454 | 152285 | 1417977 | 529160 | 14000 |
| 293 | 阳光电源股份有限公司 | 安徽 | 4025724 | 359341 | 6162621 | 1866631 | 9239 |
| 294 | 常熟市龙腾特种钢有限公司 | 江苏 | 4005552 | 83758 | 3929934 | 970072 | 5303 |
| 295 | 花园集团有限公司 | 浙江 | 3978780 | 54420 | 2995191 | 1316408 | 14238 |
| 296 | 山东华通控股集团有限公司 | 山东 | 3964137 | 71888 | 1397667 | 937858 | 3270 |
| 297 | 浙江甬金金属科技股份有限公司 | 浙江 | 3955514 | 48662 | 1055175 | 401459 | 3036 |
| 298 | 得力集团有限公司 | 浙江 | 3952178 | 251946 | 4065889 | 1476731 | 19491 |
| 299 | 巨化集团有限公司 | 浙江 | 3942725 | 220354 | 5153059 | 1632807 | 10766 |
| 300 | 森马集团有限公司 | 浙江 | 3928612 | 23251 | 3309085 | 1122328 | 3442 |
| 301 | 江苏江润铜业有限公司 | 江苏 | 3914514 | 8468 | 370109 | 188678 | 736 |
| 302 | 重庆轻纺控股（集团）公司 | 重庆 | 3849479 | 8880 | 2818899 | 644037 | 23863 |
| 303 | 河北新武安钢铁集团烘熔钢铁有限公司 | 河北 | 3832087 | 23762 | 737650 | 611260 | 2794 |
| 304 | 重庆智飞生物制品股份有限公司 | 重庆 | 3826401 | 753900 | 3800373 | 2423621 | 5735 |
| 305 | 永道控股集团股份有限公司 | 广东 | 3810670 | 995610 | 2083339 | 1395870 | 3880 |
| 306 | 万通海欣控股集团股份有限公司 | 山东 | 3802548 | 130421 | 3694539 | 1922319 | 3500 |

续表

| 名次 | 企业名称 | 地区 | 营业收入/万元 | 净利润/万元 | 资产/万元 | 所有者权益/万元 | 从业人数/人 |
|---|---|---|---|---|---|---|---|
| 307 | 河南金利金铅集团有限公司 | 河南 | 3797008 | 61791 | 996900 | 326789 | 5213 |
| 308 | 福建福海创石油化工有限公司 | 福建 | 3796929 | -267716 | 3923027 | 1148921 | 1571 |
| 309 | 永鼎集团有限公司 | 江苏 | 3790926 | 22607 | 1577275 | 514470 | 5120 |
| 310 | 广东德赛集团有限公司 | 广东 | 3758295 | 52809 | 2748177 | 344148 | 20266 |
| 311 | 利时集团股份有限公司 | 浙江 | 3659013 | 91563 | 1905602 | 1103398 | 5951 |
| 312 | 安徽江淮汽车集团控股有限公司 | 安徽 | 3657839 | -44456 | 4759317 | 433722 | 22891 |
| 313 | 山东恒信集团有限公司 | 山东 | 3644262 | 65889 | 1666084 | 592131 | 5034 |
| 314 | 河北兴华钢铁有限公司 | 河北 | 3635385 | 150653 | 993370 | 834083 | 5642 |
| 315 | 山东神驰控股有限公司 | 山东 | 3632136 | 58082 | 1118163 | 592216 | 1353 |
| 316 | 波司登股份有限公司 | 江苏 | 3631634 | 583057 | 4506880 | 2724111 | 24035 |
| 317 | 中国庆华能源集团有限公司 | 北京 | 3628869 | -9540 | 7080732 | 325802 | 11257 |
| 318 | 河北安丰钢铁集团有限公司 | 河北 | 3627582 | 111466 | 3447022 | 2636648 | 7658 |
| 319 | 鹏鼎控股（深圳）股份有限公司 | 广东 | 3621097 | 501154 | 3880302 | 2793679 | 35344 |
| 320 | 浙江省机电集团有限公司 | 浙江 | 3572903 | 37035 | 3720531 | 446759 | 6165 |
| 321 | 浙江元立金属制品集团有限公司 | 浙江 | 3567491 | 71383 | 3570416 | 897880 | 10980 |
| 322 | 青岛啤酒集团有限公司 | 山东 | 3555851 | 129715 | 5929335 | 988252 | 33723 |
| 323 | 江苏省镔鑫钢铁集团有限公司 | 江苏 | 3525972 | 77368 | 1389690 | 451767 | 5635 |
| 324 | 万丰奥特控股集团有限公司 | 浙江 | 3518219 | 214985 | 2933630 | 515650 | 13039 |
| 325 | 上海爱旭新能源股份有限公司 | 上海 | 3507496 | 232820 | 2468973 | 905894 | 9137 |
| 326 | 香驰控股有限公司 | 山东 | 3504528 | 114833 | 1832891 | 982328 | 2261 |
| 327 | 山鹰国际控股股份公司 | 安徽 | 3401411 | -225644 | 5251729 | 1358653 | 14980 |
| 328 | 兴惠化纤集团有限公司 | 浙江 | 3395434 | 15166 | 814030 | 510965 | 2608 |
| 329 | 天洁集团有限公司 | 浙江 | 3385892 | 184338 | 1791351 | 1241693 | 1377 |
| 330 | 大亚科技集团有限公司 | 江苏 | 3384735 | 114014 | 1943844 | 535932 | 9995 |
| 331 | 江苏长电科技股份有限公司 | 江苏 | 3376203 | 323099 | 3940773 | 2464273 | 20135 |
| 332 | 东岳氟硅科技集团有限公司 | 山东 | 3349491 | 391683 | 2481785 | 1641963 | 7065 |
| 333 | 农夫山泉股份有限公司 | 浙江 | 3323919 | 849525 | 3925484 | 2408408 | 22490 |
| 334 | 红太阳集团有限公司 | 江苏 | 3320852 | 96911 | 3262595 | 754737 | 4892 |
| 335 | 舜宇集团有限公司 | 浙江 | 3319694 | 240780 | 4300129 | 2183839 | 26610 |
| 336 | 邯郸正大制管集团股份有限公司 | 河北 | 3319467 | 13750 | 492793 | 93125 | 5919 |
| 337 | 山东中海化工集团有限公司 | 山东 | 3303961 | 170684 | 1475780 | 1054093 | 2267 |
| 338 | 禾丰食品股份有限公司 | 辽宁 | 3281176 | 51353 | 1539331 | 723657 | 8363 |
| 339 | 浙江富春江通信集团有限公司 | 浙江 | 3280805 | 40894 | 2402388 | 550063 | 4134 |
| 340 | 西子联合控股有限公司 | 浙江 | 3258618 | 173510 | 5529062 | 1565180 | 18428 |

续表

| 名次 | 企业名称 | 地区 | 营业收入/万元 | 净利润/万元 | 资产/万元 | 所有者权益/万元 | 从业人数/人 |
|---|---|---|---|---|---|---|---|
| 341 | 中建信控股集团有限公司 | 上海 | 3226218 | 33081 | 4271214 | 358503 | 12148 |
| 342 | 郑州煤矿机械集团股份有限公司 | 河南 | 3204331 | 253823 | 4430118 | 1780727 | 15518 |
| 343 | 美锦能源集团有限公司 | 天津 | 3203035 | 125366 | 7354675 | 1620397 | 16500 |
| 344 | 精工控股集团有限公司 | 浙江 | 3197810 | 51092 | 3842442 | 441524 | 12116 |
| 345 | 中策橡胶集团股份有限公司 | 浙江 | 3188885 | 122386 | 3754488 | 1179408 | 23195 |
| 346 | 济源市万洋冶炼（集团）有限公司 | 河南 | 3187726 | 42236 | 872569 | 295699 | 3884 |
| 347 | 胜达集团有限公司 | 浙江 | 3181353 | 94268 | 1493216 | 973674 | 3236 |
| 348 | 上海华虹（集团）有限公司 | 上海 | 3160836 | 50651 | 12228643 | 3396658 | 11895 |
| 349 | 华立集团股份有限公司 | 浙江 | 3156749 | 86553 | 2152910 | 412721 | 13000 |
| 350 | 雅迪科技集团有限公司 | 江苏 | 3125091 | 230418 | 2411080 | 584280 | 11825 |
| 351 | 兴达投资集团有限公司 | 江苏 | 3120851 | 31430 | 874838 | 702770 | 922 |
| 352 | 纳爱斯集团有限公司 | 浙江 | 3112666 | 119276 | 2519644 | 2288652 | 11114 |
| 353 | 华芳集团有限公司 | 江苏 | 3086496 | 22898 | 639346 | 429152 | 5941 |
| 354 | 天津天士力大健康产业投资集团有限公司 | 天津 | 3083799 | 116399 | 8342308 | 3881728 | 20330 |
| 355 | 久立集团股份有限公司 | 浙江 | 3079655 | 58523 | 1358155 | 361533 | 4420 |
| 356 | 中国联塑集团控股有限公司 | 广东 | 3076721 | 251732 | 5895260 | 2179425 | 17557 |
| 357 | 青海盐湖工业股份有限公司 | 青海 | 3074786 | 1556459 | 4198284 | 2518811 | 6315 |
| 358 | 浙江大华技术股份有限公司 | 浙江 | 3056537 | 232436 | 4625289 | 2583680 | 23587 |
| 359 | 奥盛集团有限公司 | 上海 | 3053686 | 96064 | 1353777 | 1146948 | 1616 |
| 360 | 江苏上上电缆集团有限公司 | 江苏 | 3047338 | 61325 | 1083629 | 819127 | 5358 |
| 361 | 华新水泥股份有限公司 | 湖北 | 3047038 | 269887 | 6424168 | 2744631 | 19278 |
| 362 | 中伟新材料股份有限公司 | 贵州 | 3034374 | 154353 | 5387468 | 1652195 | 10140 |
| 363 | 浙江协和集团有限公司 | 浙江 | 3016317 | 17336 | 884895 | 230494 | 1500 |
| 364 | 潍坊特钢集团有限公司 | 山东 | 3016076 | 72873 | 858392 | 470493 | 5789 |
| 365 | 深圳市东阳光实业发展有限公司 | 广东 | 3010864 | 135283 | 7841962 | 1357683 | 22162 |
| 366 | 江苏洋河酒厂股份有限公司 | 江苏 | 3010490 | 937783 | 6796425 | 4747495 | 19616 |
| 367 | 陕西鼓风机（集团）有限公司 | 陕西 | 3004324 | 39010 | 4156660 | 835122 | 6825 |
| 368 | 淄博齐翔腾达化工股份有限公司 | 山东 | 2981049 | 63380 | 2899855 | 1348833 | 3283 |
| 369 | 淄博鑫泰石化有限公司 | 山东 | 2969658 | -59041 | 3033498 | 208901 | 1636 |
| 370 | 江苏中超投资集团有限公司 | 江苏 | 2956733 | 6931 | 1398885 | 261157 | 5284 |
| 371 | 格林美股份有限公司 | 广东 | 2939177 | 129589 | 4412961 | 1848386 | 10372 |
| 372 | 东方日升新能源股份有限公司 | 浙江 | 2938472 | 94468 | 3826160 | 937164 | 11714 |
| 373 | 上海龙旗科技股份有限公司 | 上海 | 2934315 | 56050 | 1450934 | 315536 | 11001 |
| 374 | 金东纸业（江苏）股份有限公司 | 江苏 | 2919488 | 289677 | 7117179 | 2369306 | 5881 |

续表

| 名次 | 企业名称 | 地区 | 营业收入/万元 | 净利润/万元 | 资产/万元 | 所有者权益/万元 | 从业人数/人 |
|---|---|---|---|---|---|---|---|
| 375 | 建华建材（中国）有限公司 | 江苏 | 2912042 | 102038 | 2391948 | 902156 | 28830 |
| 376 | 苏州创元投资发展（集团）有限公司 | 江苏 | 2856416 | 51046 | 4886630 | 989469 | 13545 |
| 377 | 广西贵港钢铁集团有限公司 | 广西壮族自治区 | 2851675 | 14873 | 1250686 | 304277 | 2907 |
| 378 | 广州立白凯晟控股有限公司 | 广东 | 2841941 | 81758 | 3086986 | 1386816 | 8672 |
| 379 | 广西农垦集团有限责任公司 | 广西壮族自治区 | 2825234 | 70582 | 8958836 | 4986537 | 26309 |
| 380 | 郑州宇通企业集团 | 河南 | 2811029 | 36432 | 5551574 | 1606879 | 24885 |
| 381 | 河南明泰铝业股份有限公司 | 河南 | 2778113 | 159859 | 1895452 | 1220193 | 6007 |
| 382 | 胜星集团有限责任公司 | 山东 | 2757849 | -62100 | 3397173 | -273625 | 1650 |
| 383 | 回音必集团有限公司 | 浙江 | 2734220 | 71850 | 851567 | 556302 | 2128 |
| 384 | 北京顺鑫控股集团有限公司 | 北京 | 2732268 | -52623 | 3835713 | 278569 | 7390 |
| 385 | 上海源耀农业股份有限公司 | 上海 | 2717427 | 18419 | 181799 | 70056 | 827 |
| 386 | 宁波博洋控股集团有限公司 | 浙江 | 2717062 | 46080 | 880329 | 228999 | 7508 |
| 387 | 惠科股份有限公司 | 广东 | 2713381 | -137316 | 9020656 | 1023616 | 15644 |
| 388 | 宗申产业集团有限公司 | 重庆 | 2702354 | 16911 | 2585492 | 488993 | 16843 |
| 389 | 广东小鹏汽车科技有限公司 | 广东 | 2685512 | -913897 | 7149101 | 3691067 | 17336 |
| 390 | 广西柳工集团有限公司 | 广西壮族自治区 | 2682039 | 19170 | 4410497 | 488062 | 17717 |
| 391 | 无棣鑫岳化工集团有限公司 | 山东 | 2664053 | 106624 | 1576536 | 1083012 | 3861 |
| 392 | 唐人神集团股份有限公司 | 湖南 | 2653858 | 13506 | 1843204 | 679792 | 12068 |
| 393 | 滨化集团 | 山东 | 2650828 | 187144 | 2816585 | 1488145 | 5093 |
| 394 | 无锡新三洲特钢有限公司 | 江苏 | 2647459 | -21399 | 329646 | 104642 | 2438 |
| 395 | 天津九安医疗电子股份有限公司 | 天津 | 2631536 | 1603017 | 2173064 | 1955422 | 1655 |
| 396 | 诸城外贸有限责任公司 | 山东 | 2629079 | 80810 | 2391986 | 1193116 | 7354 |
| 397 | 永兴特种材料科技股份有限公司 | 浙江 | 2613255 | 702097 | 2674290 | 1630548 | 2249 |
| 398 | 河南济源钢铁（集团）有限公司 | 河南 | 2581876 | 66237 | 2231601 | 942087 | 7643 |
| 399 | 天津源泰德润钢管制造集团有限公司 | 天津 | 2575071 | 20088 | 421547 | 301200 | 880 |
| 400 | 佛山市海天调味食品股份有限公司 | 广东 | 2560965 | 619772 | 3405918 | 2639768 | 7313 |
| 401 | 盛屯矿业集团股份有限公司 | 福建 | 2535655 | -9554 | 3195303 | 1400971 | 7488 |
| 402 | 浙江正凯集团有限公司 | 浙江 | 2515829 | 29910 | 1764001 | 261526 | 3518 |
| 403 | 山东永鑫能源集团有限公司 | 山东 | 2504217 | -116824 | 1243600 | -372282 | 1462 |
| 404 | 天津市宝来工贸有限公司 | 天津 | 2450316 | 49462 | 320603 | 285367 | 2350 |
| 405 | 重庆万达薄板有限公司 | 重庆 | 2446613 | 2715 | 1411513 | 382153 | 1566 |
| 406 | 重庆京东方光电科技有限公司 | 重庆 | 2433233 | 450636 | 5149420 | 4308180 | 5547 |
| 407 | 龙佰集团股份有限公司 | 河南 | 2411296 | 341934 | 5918598 | 2081841 | 15907 |
| 408 | 唐山三友集团有限公司 | 河北 | 2381464 | 56672 | 2828946 | 710019 | 18207 |

续表

| 名次 | 企业名称 | 地区 | 营业收入/万元 | 净利润/万元 | 资产/万元 | 所有者权益/万元 | 从业人数/人 |
|---|---|---|---|---|---|---|---|
| 409 | 河南心连心化学工业集团股份有限公司 | 河南 | 2373614 | 179666 | 2657512 | 861824 | 8601 |
| 410 | 正大天晴药业集团股份有限公司 | 江苏 | 2346686 | 449204 | 2832351 | 1497873 | 13796 |
| 411 | 山东电工电气集团有限公司 | 山东 | 2326983 | 46513 | 2847848 | 669262 | 9104 |
| 412 | 重庆攀华板材有限公司 | 重庆 | 2325103 | 5987 | 317845 | 50985 | 320 |
| 413 | 中哲控股集团有限公司 | 浙江 | 2312008 | 30833 | 593795 | 143509 | 5726 |
| 414 | 深圳市汇川技术股份有限公司 | 广东 | 2300831 | 203061 | 3921161 | 1418380 | 20256 |
| 415 | 顾家集团有限公司 | 浙江 | 2273396 | -62351 | 2519013 | 619586 | 19576 |
| 416 | 深圳市德方纳米科技股份有限公司 | 广东 | 2255708 | 238020 | 2909424 | 881306 | 7828 |
| 417 | 山东博汇集团有限公司 | 山东 | 2254563 | -72369 | 2758112 | -69184 | 7263 |
| 418 | 欧派家居集团股份有限公司 | 广东 | 2247950 | 268842 | 2861100 | 1651379 | 24527 |
| 419 | 双星集团有限责任公司 | 山东 | 2246137 | -29166 | 3827563 | 7658 | 16385 |
| 420 | 人福医药集团股份公司 | 湖北 | 2233772 | 248411 | 3602302 | 1503699 | 16070 |
| 421 | 广州天赐高新材料股份有限公司 | 广东 | 2231694 | 571444 | 2553093 | 1254597 | 6002 |
| 422 | 人本集团有限公司 | 浙江 | 2223321 | 63341 | 1683358 | 412845 | 23807 |
| 423 | 湖南有色产业投资集团有限责任公司 | 湖南 | 2210717 | 6081 | 1371314 | 195660 | 6990 |
| 424 | 弘元绿色能源股份有限公司 | 江苏 | 2190943 | 303316 | 2103408 | 1253558 | 7245 |
| 425 | 赛轮集团股份有限公司 | 山东 | 2190221 | 133180 | 2963221 | 1221912 | 17469 |
| 426 | 福建长源纺织有限公司 | 福建 | 2183582 | 126854 | 962596 | 591613 | 1918 |
| 427 | 浙江新安化工集团股份有限公司 | 浙江 | 2180274 | 295458 | 1924528 | 1154526 | 6347 |
| 428 | 福建傲农生物科技集团股份有限公司 | 福建 | 2161304 | -103903 | 1866057 | 250383 | 13851 |
| 429 | 山东山水水泥集团有限公司 | 山东 | 2147869 | 70462 | 3850662 | 1595421 | 17264 |
| 430 | 通富微电子股份有限公司 | 江苏 | 2142858 | 50200 | 3562943 | 1383358 | 19168 |
| 431 | 攀枝花钢城集团有限公司 | 四川 | 2141036 | 3540 | 1024642 | -8640 | 13155 |
| 432 | 四川特驱投资集团有限公司 | 四川 | 2138596 | 29305 | 2970969 | 449471 | 11692 |
| 433 | 鹰潭胜华金属有限责任公司 | 江西 | 2130863 | 3515 | 94178 | 32452 | 217 |
| 434 | 江苏恒瑞医药股份有限公司 | 江苏 | 2127527 | 390630 | 4235501 | 3782381 | 20636 |
| 435 | 铜陵化学工业集团有限公司 | 安徽 | 2121671 | 44531 | 1945610 | 319175 | 6709 |
| 436 | 黑龙江飞鹤乳业有限公司 | 黑龙江 | 2110363 | 391115 | 2511062 | 1227952 | 6859 |
| 437 | 青岛澳柯玛控股集团有限公司 | 山东 | 2103293 | 33675 | 1970554 | 489932 | 8396 |
| 438 | 凌源钢铁集团有限责任公司 | 辽宁 | 2102984 | -19392 | 2652520 | 362011 | 9929 |
| 439 | 江阴江东集团公司 | 江苏 | 2102666 | 108386 | 720082 | 596515 | 6538 |
| 440 | 广州视源电子科技股份有限公司 | 广东 | 2099027 | 207242 | 2014849 | 1194145 | 6193 |
| 441 | 杭州鼎胜实业集团有限公司 | 浙江 | 2086515 | 24210 | 2387832 | 564483 | 2261 |
| 442 | 浙江天圣控股集团有限公司 | 浙江 | 2084637 | 224555 | 1449089 | 723130 | 2216 |

续表

| 名次 | 企业名称 | 地区 | 营业收入/万元 | 净利润/万元 | 资产/万元 | 所有者权益/万元 | 从业人数/人 |
|---|---|---|---|---|---|---|---|
| 443 | 爱玛科技集团股份有限公司 | 天津 | 2080221 | 187343 | 1847135 | 672117 | 8126 |
| 444 | 辛集市澳森特钢集团有限公司 | 河北 | 2073178 | 96465 | 1386119 | 1279480 | 5294 |
| 445 | 山东联盟化工集团有限公司 | 山东 | 2070564 | 113725 | 1396027 | 816861 | 6202 |
| 446 | 上海起帆电缆股份有限公司 | 上海 | 2064420 | 36630 | 1221748 | 415148 | 4404 |
| 447 | 瑞声科技控股有限公司 | 广东 | 2062509 | 82131 | 4034326 | 2165625 | 27798 |
| 448 | 深圳中宝集团有限公司 | 广东 | 2046846 | 11242 | 68085 | 25781 | 141 |
| 449 | 泰开集团有限公司 | 山东 | 2045160 | 116037 | 1840650 | 465611 | 13365 |
| 450 | 中创新航科技集团股份有限公司 | 江苏 | 2039994 | 73012 | 9018039 | 3448305 | 30091 |
| 451 | 天津纺织集团（控股）有限公司 | 天津 | 2034533 | 12988 | 2068871 | 475246 | 3244 |
| 452 | 万向三农集团有限公司 | 浙江 | 2034121 | 68439 | 2854253 | 949247 | 4450 |
| 453 | 宜宾天原集团股份有限公司 | 四川 | 2033944 | 55055 | 1543440 | 607669 | 4315 |
| 454 | 淮海控股集团有限公司 | 江苏 | 2028469 | 105919 | 1310604 | 1040210 | 8219 |
| 455 | 利欧集团股份有限公司 | 浙江 | 2026834 | -44313 | 1943733 | 1161685 | 5719 |
| 456 | 洛阳炼化宏达实业有限责任公司 | 河南 | 2021998 | 3753 | 434867 | 46353 | 1473 |
| 457 | 上海韦尔半导体股份有限公司 | 上海 | 2007818 | 99006 | 3519016 | 1801836 | 4980 |
| 458 | 上海胜华电缆科技集团有限公司 | 上海 | 2006281 | 12354 | 751079 | 272201 | 2470 |
| 459 | 长春一汽富维汽车零部件股份有限公司 | 吉林 | 1997164 | 54398 | 2017190 | 783741 | 11031 |
| 460 | 达利食品集团有限公司 | 福建 | 1995720 | 299009 | 2700338 | 1869401 | 39518 |
| 461 | 安徽天康（集团）股份有限公司 | 安徽 | 1989520 | 44586 | 602144 | 470691 | 4508 |
| 462 | 上海仪电（集团）有限公司 | 上海 | 1987967 | 26178 | 8653431 | 1582986 | 11213 |
| 463 | 河南利源集团燃气有限公司 | 河南 | 1967822 | 69082 | 834941 | 285232 | 1870 |
| 464 | 宁波华翔电子股份有限公司 | 浙江 | 1962612 | 100714 | 2294004 | 1108801 | 18845 |
| 465 | 江南集团有限公司 | 江苏 | 1915132 | 13763 | 1430619 | 603593 | 3511 |
| 466 | 山西高义钢铁有限公司 | 山西 | 1892951 | 21266 | 1349571 | 495869 | 3814 |
| 467 | 金猴集团有限公司 | 山东 | 1883455 | 38967 | 595700 | 404989 | 2920 |
| 468 | 迪尚集团有限公司 | 山东 | 1851287 | 220889 | 1193918 | 730382 | 25602 |
| 469 | 卫华集团有限公司 | 河南 | 1850793 | 59673 | 1174638 | 495710 | 5778 |
| 470 | 宁波力勤资源科技股份有限公司 | 浙江 | 1831947 | 172830 | 2084040 | 847639 | 2907 |
| 471 | 厦门金龙汽车集团股份有限公司 | 福建 | 1824041 | -38689 | 2775583 | 356865 | 11272 |
| 472 | 许继集团有限公司 | 河南 | 1816654 | 30242 | 2642684 | 366231 | 6968 |
| 473 | 广州无线电集团有限公司 | 广东 | 1811496 | 48629 | 5737582 | 1136262 | 56611 |
| 474 | 云南祥丰实业集团有限公司 | 云南 | 1805667 | 205690 | 1053584 | 618426 | 2546 |
| 475 | 广东生益科技股份有限公司 | 广东 | 1801444 | 153079 | 2519563 | 1349810 | 11633 |
| 476 | 宁波继峰汽车零部件股份有限公司 | 浙江 | 1796680 | -141738 | 1545354 | 345550 | 18717 |

续表

| 名次 | 企业名称 | 地区 | 营业收入/万元 | 净利润/万元 | 资产/万元 | 所有者权益/万元 | 从业人数/人 |
|---|---|---|---|---|---|---|---|
| 477 | 山西亚鑫能源集团有限公司 | 山西 | 1789955 | 164971 | 1309192 | 481092 | 3000 |
| 478 | 广博控股集团有限公司 | 浙江 | 1780568 | 21690 | 1783280 | 409852 | 3500 |
| 479 | 贵州习酒投资控股集团有限责任公司 | 贵州 | 1776458 | 362224 | 2537923 | 787036 | 8604 |
| 480 | 广东兴发铝业有限公司 | 广东 | 1775572 | 53640 | 1208930 | 471756 | 9500 |
| 481 | 安徽古井集团有限责任公司 | 安徽 | 1760468 | 126412 | 3569488 | 1108802 | 12310 |
| 482 | 青岛海湾集团有限公司 | 山东 | 1759532 | 122735 | 2978297 | 1363041 | 3991 |
| 483 | 高景太阳能股份有限公司 | 广东 | 1757039 | 182060 | 1628048 | 699323 | 6436 |
| 484 | 铜陵精达特种电磁线股份有限公司 | 安徽 | 1754240 | 38107 | 1085572 | 506296 | 3343 |
| 485 | 景德镇黑猫集团有限责任公司 | 江西 | 1744998 | −3790 | 3022522 | 492064 | 9386 |
| 486 | 浙江中财管道科技股份有限公司 | 浙江 | 1744882 | 200238 | 1303080 | 1058861 | 8139 |
| 487 | 闽源钢铁集团有限公司 | 河南 | 1740618 | 23159 | 660886 | 567898 | 4988 |
| 488 | 得利斯集团有限公司 | 山东 | 1740368 | 50402 | 1073138 | 823919 | 6514 |
| 489 | 安徽中鼎控股（集团）股份有限公司 | 安徽 | 1737163 | 24608 | 3103548 | 736901 | 26512 |
| 490 | 天津市医药集团有限公司 | 天津 | 1736571 | 64438 | 3721224 | 833858 | 9025 |
| 491 | 泰豪集团有限公司 | 江西 | 1703504 | 46532 | 2562012 | 864998 | 7610 |
| 492 | 广西汽车集团有限公司 | 广西壮族自治区 | 1702704 | −2009 | 2052502 | 614004 | 12558 |
| 493 | 山东玲珑轮胎股份有限公司 | 山东 | 1700588 | 29161 | 3738220 | 1924217 | 18534 |
| 494 | 林州凤宝管业有限公司 | 河南 | 1699315 | 38594 | 1240807 | 461842 | 4529 |
| 495 | 广西百色工业投资发展集团有限公司 | 广西壮族自治区 | 1693638 | 2967 | 1770913 | 458573 | 3430 |
| 496 | 福建圣农发展股份有限公司 | 福建 | 1681709 | 41090 | 1892333 | 993225 | 25063 |
| 497 | 金能科技股份有限公司 | 山东 | 1680068 | 24917 | 1632581 | 870744 | 2890 |
| 498 | 河南丰利石化有限公司 | 河南 | 1664364 | −253807 | 1234533 | −113343 | 659 |
| 499 | 青岛康大控股集团有限公司 | 山东 | 1656394 | 56351 | 790548 | 205538 | 7741 |
| 500 | 福建福日电子股份有限公司 | 福建 | 1655046 | −31293 | 896858 | 234910 | 4805 |
|  | 合计 |  | 5106441851 | 126770290 | 5301907001 | 1393862361 | 14835562 |

## 说 明

1. 2023中国制造业企业500强是中国企业联合会、中国企业家协会参照国际惯例，组织企业自愿申报，并经专家审定确认后产生的。申报企业包括在中国境内注册、2022年实现营业收入达到100亿元的企业（不包括在华外资、港澳台独资、控股企业，也不包括行政性公司、政企合一的单位，以及各类资产经营公司、烟草公司，但包括在境外注册、投资主体为中国自然人或法人、主要业务在境内的企业），都有资格申报参加排序。属于集团公司的控股子公司或相对控股子公司，由于其财务报表最后能被合并到集团母公司的财务会计报表中去，因此只允许其母公司申报。

2. 表中所列数据由企业自愿申报或属于上市公司公开数据，并经会计师事务所或审计师事务所等单位认可。

3. 营业收入是 2022 年不含增值税的收入，包括企业的所有收入，即主营业务和非主营业务、境内和境外的收入。净利润是 2022 年上交所得税的净利润扣除少数股东权益后的归属母公司所有者的净利润。资产是 2022 年度末的资产总额。所有者权益是 2022 年年末所有者权益总额扣除少数股东权益后的归属于母公司所有者权益。研究开发费用是 2022 年企业投入研究开发的所有费用。从业人数是 2022 年度的平均人数（含所有被合并报表企业的人数）。

4. 行业分类参照了国家统计局的分类方法，依据其主营业务收入所在行业来划分；地区分类是按企业总部所在地划分。

表 10-2  2023 中国制造业企业 500 强各行业企业分布

| 排名 | 企业名称 | 营业收入/万元 | 排名 | 企业名称 | 营业收入/万元 |
|---|---|---|---|---|---|
| 农副食品 | | | 11 | 青岛康大控股集团有限公司 | 1656394 |
| 1 | 新希望控股集团有限公司 | 27866414 | | 合计 | 75639183 |
| 2 | 牧原实业集团有限公司 | 12636796 | | | |
| 3 | 广东海大集团股份有限公司 | 10471541 | 饮料 | | |
| 4 | 双胞胎（集团）股份有限公司 | 8463673 | 1 | 内蒙古伊利实业集团股份有限公司 | 12317104 |
| 5 | 温氏食品集团股份有限公司 | 8372511 | 2 | 内蒙古蒙牛乳业（集团）股份有限公司 | 9259332 |
| 6 | 蓝润集团有限公司 | 8082156 | 3 | 农夫山泉股份有限公司 | 3323919 |
| 7 | 三河汇福粮油集团有限公司 | 6671888 | | 合计 | 24900355 |
| 8 | 五得利面粉集团有限公司 | 5368853 | | | |
| 9 | 西王集团有限公司 | 5063780 | 酒类 | | |
| 10 | 香驰控股有限公司 | 3504528 | 1 | 四川省宜宾五粮液集团有限公司 | 15550392 |
| 11 | 禾丰食品股份有限公司 | 3281176 | 2 | 中国贵州茅台酒厂（集团）有限责任公司 | 13646517 |
| 12 | 广西农垦集团有限责任公司 | 2825234 | 3 | 泸州老窖集团有限责任公司 | 9061983 |
| 13 | 上海源耀农业股份有限公司 | 2717427 | 4 | 稻花香集团 | 6052128 |
| 14 | 唐人神集团股份有限公司 | 2653858 | 5 | 青岛啤酒集团有限公司 | 3555851 |
| 15 | 诸城外贸有限责任公司 | 2629079 | 6 | 江苏洋河酒厂股份有限公司 | 3010490 |
| 16 | 福建傲农生物科技集团股份有限公司 | 2161304 | 7 | 贵州习酒投资控股集团有限责任公司 | 1776458 |
| 17 | 四川特驱投资集团有限公司 | 2138596 | 8 | 安徽古井集团有限责任公司 | 1760468 |
| 18 | 万向三农集团有限公司 | 2034121 | | 合计 | 54414287 |
| 19 | 得利斯集团有限公司 | 1740368 | | | |
| 20 | 福建圣农发展股份有限公司 | 1681709 | 轻工百货生产 | | |
| | 合计 | 120365012 | 1 | 重庆轻纺控股（集团）公司 | 3849479 |
| | | | 2 | 大亚科技集团有限公司 | 3384735 |
| 食品 | | | 3 | 顾家集团有限公司 | 2273396 |
| 1 | 万洲国际有限公司 | 18891636 | 4 | 欧派家居集团股份有限公司 | 2247950 |
| 2 | 北京首农食品集团有限公司 | 18034960 | 5 | 广博控股集团有限公司 | 1780568 |
| 3 | 光明食品（集团）有限公司 | 13759378 | | 合计 | 13536128 |
| 4 | 山东渤海实业集团有限公司 | 5185407 | | | |
| 5 | 山东鲁花集团有限公司 | 4684638 | 纺织印染 | | |
| 6 | 桂林力源粮油食品集团有限公司 | 4027454 | 1 | 山东魏桥创业集团有限公司 | 50398814 |
| 7 | 北京顺鑫控股集团有限公司 | 2732268 | 2 | 山东如意时尚投资控股有限公司 | 5328397 |
| 8 | 佛山市海天调味食品股份有限公司 | 2560965 | 3 | 华芳集团有限公司 | 3086496 |
| 9 | 黑龙江飞鹤乳业有限公司 | 2110363 | 4 | 福建长源纺织有限公司 | 2183582 |
| 10 | 达利食品集团有限公司 | 1995720 | | 合计 | 60997289 |

续表

| 排名 | 企业名称 | 营业收入/万元 | 排名 | 企业名称 | 营业收入/万元 |
|---|---|---|---|---|---|
| | | | 2 | 华泰集团有限公司 | 7704348 |
| **服装及其他纺织品** | | | 3 | 山东太阳控股集团有限公司 | 7058446 |
| 1 | 雅戈尔集团股份有限公司 | 17150017 | 4 | 玖龙纸业（控股）有限公司 | 6265145 |
| 2 | 海澜集团有限公司 | 12032549 | 5 | 山鹰国际控股股份公司 | 3401411 |
| 3 | 红豆集团有限公司 | 7738008 | 6 | 胜达集团有限公司 | 3181353 |
| 4 | 内蒙古鄂尔多斯投资控股集团有限公司 | 7155990 | 7 | 金东纸业（江苏）股份有限公司 | 2919488 |
| 5 | 江苏阳光集团有限公司 | 5204919 | 8 | 山东博汇集团有限公司 | 2254563 |
| 6 | 安踏体育用品集团有限公司 | 5070534 | | 合计 | 43046425 |
| 7 | 宁波申洲针织有限公司 | 4203933 | | | |
| 8 | 太平鸟集团有限公司 | 4160993 | **石化及炼焦** | | |
| 9 | 森马集团有限公司 | 3928612 | 1 | 中国石油化工集团有限公司 | 316934342 |
| 10 | 波司登股份有限公司 | 3631634 | 2 | 恒力集团有限公司 | 61175675 |
| 11 | 宁波博洋控股集团有限公司 | 2717062 | 3 | 山东东明石化集团有限公司 | 13856183 |
| 12 | 中哲控股集团有限公司 | 2312008 | 4 | 利华益集团股份有限公司 | 12319936 |
| 13 | 天津纺织集团（控股）有限公司 | 2034533 | 5 | 万达控股集团有限公司 | 11698534 |
| 14 | 金猴集团有限公司 | 1883455 | 6 | 山西鹏飞集团有限公司 | 10296933 |
| 15 | 迪尚集团有限公司 | 1851287 | 7 | 旭阳控股有限公司 | 10013971 |
| | 合计 | 81075534 | 8 | 富海集团新能源控股有限公司 | 7833404 |
| | | | 9 | 山东京博控股集团有限公司 | 7630881 |
| **家用电器制造** | | | 10 | 山东金诚石化集团有限公司 | 7314791 |
| 1 | 海尔集团公司 | 35062328 | 11 | 福建省能源石化集团有限责任公司 | 7282591 |
| 2 | 美的集团股份有限公司 | 34570871 | 12 | 山东海科控股有限公司 | 7206892 |
| 3 | 珠海格力电器股份有限公司 | 18898838 | 13 | 福州中景石化集团有限公司 | 6754221 |
| 4 | 海信集团控股股份有限公司 | 18493639 | 14 | 弘润石化（潍坊）有限责任公司 | 6650403 |
| 5 | 四川长虹电子控股集团有限公司 | 14733866 | 15 | 山东齐润控股集团有限公司 | 6581260 |
| 6 | TCL实业控股股份有限公司 | 10608648 | 16 | 齐成（山东）石化集团有限公司 | 6513500 |
| 7 | 奥克斯集团有限公司 | 8101020 | 17 | 山东寿光鲁清石化有限公司 | 6219427 |
| 8 | 创维集团有限公司 | 5349057 | 18 | 河北鑫海控股集团有限公司 | 5636331 |
| 9 | 三花控股集团有限公司 | 5230979 | 19 | 山东汇丰石化集团有限公司 | 5303661 |
| 10 | 青岛澳柯玛控股集团有限公司 | 2103293 | 20 | 山东垦利石化集团有限公司 | 5279385 |
| | 合计 | 153152539 | 21 | 山东东方华龙工贸集团有限公司 | 4961058 |
| | | | 22 | 沂州集团有限公司 | 4906191 |
| **造纸及包装** | | | 23 | 金澳科技（湖北）化工有限公司 | 4846326 |
| 1 | 晨鸣控股有限公司 | 10261671 | 24 | 辽宁嘉晨控股集团有限公司 | 4562141 |

续表

| 排名 | 企业名称 | 营业收入/万元 | 排名 | 企业名称 | 营业收入/万元 |
|---|---|---|---|---|---|
| 25 | 山东恒源石油化工股份有限公司 | 4153152 | 9 | 浙江卫星控股股份有限公司 | 7337437 |
| 26 | 万通海欣控股集团股份有限公司 | 3802548 | 10 | 新疆天业（集团）有限公司 | 6236994 |
| 27 | 福建福海创石油化工有限公司 | 3796929 | 11 | 上海华谊控股集团有限公司 | 5943852 |
| 28 | 山东恒信集团有限公司 | 3644262 | 12 | 山东金岭集团有限公司 | 5834928 |
| 29 | 山东神驰控股有限公司 | 3632136 | 13 | 天津渤海化工集团有限责任公司 | 5604710 |
| 30 | 中国庆华能源集团有限公司 | 3628869 | 14 | 宜昌兴发集团有限责任公司 | 5541802 |
| 31 | 山东中海化工集团有限公司 | 3303961 | 15 | 华峰集团有限公司 | 5537955 |
| 32 | 美锦能源集团有限公司 | 3203035 | 16 | 金浦投资控股集团有限公司 | 5104416 |
| 33 | 淄博鑫泰石化有限公司 | 2969658 | 17 | 贵州磷化（集团）有限责任公司 | 4855485 |
| 34 | 山东永鑫能源集团有限公司 | 2504217 | 18 | 湖北宜化集团有限责任公司 | 4844302 |
| 35 | 洛阳炼化宏达实业有限责任公司 | 2021998 | 19 | 浙江升华控股集团有限公司 | 4761650 |
| 36 | 河南利源集团燃气有限公司 | 1967822 | 20 | 华鲁控股集团有限公司 | 4563783 |
| 37 | 山西亚鑫能源集团有限公司 | 1789955 | 21 | 江苏三木集团有限公司 | 4455909 |
| 38 | 金能科技股份有限公司 | 1680068 | 22 | 道恩集团有限公司 | 4066264 |
| 39 | 河南丰利石化有限公司 | 1664364 | 23 | 金发科技股份有限公司 | 4041233 |
|  | 合计 | 585541011 | 24 | 巨化集团有限公司 | 3942725 |
|  |  |  | 25 | 东岳氟硅科技集团有限公司 | 3349491 |
| 轮胎及橡胶制品 |  |  | 26 | 红太阳集团有限公司 | 3320852 |
| 1 | 华勤橡胶工业集团有限公司 | 5032713 | 27 | 兴达投资集团有限公司 | 3120851 |
| 2 | 利时集团股份有限公司 | 3659013 | 28 | 纳爱斯集团有限公司 | 3112666 |
| 3 | 中策橡胶集团股份有限公司 | 3188885 | 29 | 青海盐湖工业股份有限公司 | 3074786 |
| 4 | 双星集团有限责任公司 | 2246137 | 30 | 淄博齐翔腾达化工股份有限公司 | 2981049 |
| 5 | 山东玲珑轮胎股份有限公司 | 1700588 | 31 | 广州立白凯晟控股有限公司 | 2841941 |
|  | 合计 | 15827336 | 32 | 胜星集团有限责任公司 | 2757849 |
|  |  |  | 33 | 无棣鑫岳化工集团有限公司 | 2664053 |
| 化学原料及化学品制造 |  |  | 34 | 滨化集团 | 2650828 |
| 1 | 中国中化控股有限责任公司 | 116934655 | 35 | 浙江正凯集团有限公司 | 2515829 |
| 2 | 浙江荣盛控股集团有限公司 | 57961835 | 36 | 龙佰集团股份有限公司 | 2411296 |
| 3 | 盛虹控股集团有限公司 | 41202270 | 37 | 河南心连心化学工业集团股份有限公司 | 2373614 |
| 4 | 新疆中泰（集团）有限责任公司 | 24728924 | 38 | 深圳市德方纳米科技股份有限公司 | 2255708 |
| 5 | 潞安化工集团有限公司 | 21926684 | 39 | 广州天赐高新材料股份有限公司 | 2231694 |
| 6 | 万华化学集团股份有限公司 | 16556548 | 40 | 浙江新安化工集团股份有限公司 | 2180274 |
| 7 | 云天化集团有限责任公司 | 9653286 | 41 | 铜陵化学工业集团有限公司 | 2121671 |
| 8 | 重庆化医控股（集团）公司 | 8848804 | 42 | 山东联盟化工集团有限公司 | 2070564 |

续表

| 排名 | 企业名称 | 营业收入/万元 | 排名 | 企业名称 | 营业收入/万元 |
|---|---|---|---|---|---|
| 43 | 宜宾天原集团股份有限公司 | 2033944 | | | |
| 44 | 云南祥丰实业集团有限公司 | 1805667 | | 医疗设备制造 | |
| 45 | 青岛海湾集团有限公司 | 1759532 | 1 | 威高集团有限公司 | 5155687 |
| 46 | 景德镇黑猫集团有限责任公司 | 1744998 | 2 | 天津九安医疗电子股份有限公司 | 2631536 |
| | 合计 | 435865608 | | 合计 | 7787223 |
| | 化学纤维制造 | | | 水泥及玻璃制造 | |
| 1 | 浙江恒逸集团有限公司 | 38566157 | 1 | 中国建材集团有限公司 | 38015811 |
| 2 | 桐昆控股集团有限公司 | 14124486 | 2 | 安徽海螺集团有限责任公司 | 22192212 |
| 3 | 新凤鸣控股集团有限公司 | 9148820 | 3 | 红狮控股集团有限公司 | 6652077 |
| 4 | 三房巷集团有限公司 | 8237045 | 4 | 天瑞集团股份有限公司 | 6013282 |
| 5 | 恒申控股集团有限公司 | 7234250 | 5 | 奥盛集团有限公司 | 3053686 |
| 6 | 永荣控股集团有限公司 | 7128010 | 6 | 华新水泥股份有限公司 | 3047038 |
| 7 | 福建百宏聚纤科技实业有限公司 | 6236200 | 7 | 山东山水水泥集团有限公司 | 2147869 |
| 8 | 福建省金纶高纤股份有限公司 | 5395668 | | 合计 | 81121975 |
| 9 | 江苏华宏实业集团有限公司 | 5285691 | | | |
| 10 | 兴惠化纤集团有限公司 | 3395434 | | 其他建材制造 | |
| 11 | 唐山三友集团有限公司 | 2381464 | 1 | 中国联塑集团控股有限公司 | 3076721 |
| 12 | 浙江天圣控股集团有限公司 | 2084637 | 2 | 建华建材（中国）有限公司 | 2912042 |
| | 合计 | 109217862 | 3 | 浙江中财管道科技股份有限公司 | 1744882 |
| | | | | 合计 | 7733645 |
| | 药品制造 | | | | |
| 1 | 广州医药集团有限公司 | 23801344 | | 黑色冶金 | |
| 2 | 上海医药集团股份有限公司 | 23198130 | 1 | 中国宝武钢铁集团有限公司 | 108770720 |
| 3 | 深圳海王集团股份有限公司 | 5370270 | 2 | 河钢集团有限公司 | 40066825 |
| 4 | 四川科伦实业集团有限公司 | 4525939 | 3 | 青山控股集团有限公司 | 36802845 |
| 5 | 重庆智飞生物制品股份有限公司 | 3826401 | 4 | 鞍钢集团有限公司 | 33661615 |
| 6 | 天津天士力大健康产业投资集团有限公司 | 3083799 | 5 | 敬业集团有限公司 | 30744612 |
| 7 | 回音必集团有限公司 | 2734220 | 6 | 江苏沙钢集团有限公司 | 28779934 |
| 8 | 正大天晴药业集团股份有限公司 | 2346686 | 7 | 首钢集团有限公司 | 24789937 |
| 9 | 人福医药集团股份有限公司 | 2233772 | 8 | 杭州钢铁集团有限公司 | 24766765 |
| 10 | 江苏恒瑞医药股份有限公司 | 2127527 | 9 | 上海德龙钢铁集团有限公司 | 22557196 |
| 11 | 天津市医药集团有限公司 | 1736571 | 10 | 北京建龙重工集团有限公司 | 22116493 |
| | 合计 | 74984659 | 11 | 湖南钢铁集团有限公司 | 22011764 |

续表

| 排名 | 企业名称 | 营业收入/万元 | 排名 | 企业名称 | 营业收入/万元 |
|---|---|---|---|---|---|
| 12 | 冀南钢铁集团有限公司 | 19986509 | 46 | 六安钢铁控股集团有限公司 | 4890266 |
| 13 | 河北新华联合冶金控股集团有限公司 | 19087309 | 47 | 四川德胜集团钒钛有限公司 | 4805129 |
| 14 | 南京钢铁集团有限公司 | 18835177 | 48 | 安阳钢铁集团有限责任公司 | 4124067 |
| 15 | 河北津西钢铁集团股份有限公司 | 18000137 | 49 | 常熟市龙腾特种钢有限公司 | 4005552 |
| 16 | 辽宁方大集团实业有限公司 | 17357814 | 50 | 山东华通控股集团有限公司 | 3964137 |
| 17 | 中天钢铁集团有限公司 | 15146300 | 51 | 河北新武安钢铁集团烘熔钢铁有限公司 | 3832087 |
| 18 | 江苏永钢集团有限公司 | 14522537 | 52 | 河北兴华钢铁有限公司 | 3635385 |
| 19 | 酒泉钢铁（集团）有限责任公司 | 12042695 | 53 | 河北安丰钢铁集团有限公司 | 3627582 |
| 20 | 河北普阳钢铁有限公司 | 12000384 | 54 | 江苏省镔鑫钢铁集团有限公司 | 3525972 |
| 21 | 包头钢铁（集团）有限责任公司 | 11580001 | 55 | 中建信控股集团有限公司 | 3226218 |
| 22 | 江苏新长江实业集团有限公司 | 11427782 | 56 | 潍坊特钢集团有限公司 | 3016076 |
| 23 | 天津荣程祥泰投资控股集团有限公司 | 10353354 | 57 | 广西贵港钢铁集团有限公司 | 2851675 |
| 24 | 福建大东海实业集团有限公司 | 10309529 | 58 | 无锡新三洲特钢有限公司 | 2647459 |
| 25 | 新余钢铁集团有限公司 | 10200306 | 59 | 永兴特种材料科技股份有限公司 | 2613255 |
| 26 | 广西柳州钢铁集团有限公司 | 9975923 | 60 | 河南济源钢铁（集团）有限公司 | 2581876 |
| 27 | 河北鑫达钢铁集团有限公司 | 8854376 | 61 | 重庆万达薄板有限公司 | 2446613 |
| 28 | 武安市裕华钢铁有限公司 | 8688646 | 62 | 重庆攀华板材有限公司 | 2325103 |
| 29 | 日照钢铁控股集团有限公司 | 8555053 | 63 | 凌源钢铁集团有限责任公司 | 2102984 |
| 30 | 金鼎钢铁集团有限公司 | 8266450 | 64 | 辛集市澳森特钢集团有限公司 | 2073178 |
| 31 | 四川省川威集团有限公司 | 8156572 | 65 | 山西高义钢铁有限公司 | 1892951 |
| 32 | 广西盛隆冶金有限公司 | 8036767 | 66 | 闽源钢铁集团有限公司 | 1740618 |
| 33 | 唐山港陆钢铁有限公司 | 7510289 |  | 合计 | 797403661 |
| 34 | 河北新武安钢铁集团文安钢铁有限公司 | 7051283 |  |  |  |
| 35 | 兴华财富集团有限公司 | 6563262 |  | 一般有色 |  |
| 36 | 山西晋南钢铁集团有限公司 | 6065673 | 1 | 中国铝业集团有限公司 | 51759778 |
| 37 | 鲁丽集团有限公司 | 5849759 | 2 | 江西铜业集团有限公司 | 50401784 |
| 38 | 山西晋城钢铁控股集团有限公司 | 5617245 | 3 | 金川集团股份有限公司 | 33275083 |
| 39 | 石横特钢集团有限公司 | 5388703 | 4 | 铜陵有色金属集团控股有限公司 | 23267823 |
| 40 | 福建省三钢（集团）有限责任公司 | 5254960 | 5 | 海亮集团有限公司 | 20737008 |
| 41 | 振石控股集团有限公司 | 5220731 | 6 | 陕西有色金属控股集团有限责任公司 | 17621270 |
| 42 | 三宝集团股份有限公司 | 5209886 | 7 | 洛阳栾川钼业集团股份有限公司 | 17299085 |
| 43 | 山东泰山钢铁集团有限公司 | 5161957 | 8 | 中国有色矿业集团有限公司 | 13949733 |
| 44 | 山东九羊集团有限公司 | 5097948 | 9 | 宁波金田投资控股有限公司 | 13456923 |
| 45 | 济钢集团有限公司 | 5031455 | 10 | 南山集团有限公司 | 13062086 |

续表

| 排名 | 企业名称 | 营业收入/万元 | 排名 | 企业名称 | 营业收入/万元 |
|---|---|---|---|---|---|
| 11 | 浙江富冶集团有限公司 | 10322860 | 6 | 湖南有色产业投资集团有限责任公司 | 2210717 |
| 12 | 白银有色集团股份有限公司 | 8783535 | 7 | 深圳中宝集团有限公司 | 2046846 |
| 13 | 杭州锦江集团有限公司 | 8227646 |  | 合计 | 59133484 |
| 14 | 云南锡业集团（控股）有限责任公司 | 6724721 |  |  |  |
| 15 | 河南豫光金铅集团有限责任公司 | 6640757 | 金属制品加工 |  |  |
| 16 | 浙江华友钴业股份有限公司 | 6303378 | 1 | 正威国际集团有限公司 | 60876037 |
| 17 | 宁夏天元锰业集团有限公司 | 6197005 | 2 | 中国国际海运集装箱（集团）股份有限公司 | 14153665 |
| 18 | 广西南丹南方金属有限公司 | 6011490 | 3 | 山东创新金属科技有限公司 | 6931930 |
| 19 | 深圳市中金岭南有色金属股份有限公司 | 5533945 | 4 | 天津友发钢管集团股份有限公司 | 6736035 |
| 20 | 西部矿业集团有限公司 | 5515222 | 5 | 东方润安集团有限公司 | 6523389 |
| 21 | 伊电控股集团有限公司 | 5120187 | 6 | 湖南博长控股集团有限公司 | 6123093 |
| 22 | 万基控股集团有限公司 | 4881869 | 7 | 浙江东南网架集团有限公司 | 5817225 |
| 23 | 金龙精密铜管集团股份有限公司 | 4867523 | 8 | 山西建邦集团有限公司 | 5502832 |
| 24 | 厦门钨业股份有限公司 | 4822279 | 9 | 宏旺控股集团有限公司 | 5100699 |
| 25 | 重庆市博赛矿业（集团）有限公司 | 4689067 | 10 | 江苏大明工业科技集团有限公司 | 5008850 |
| 26 | 河南豫联能源集团有限责任公司 | 4575607 | 11 | 法尔胜泓昇集团有限公司 | 4611222 |
| 27 | 河南神火集团有限公司 | 4492453 | 12 | 安徽楚江科技新材料股份有限公司 | 4059588 |
| 28 | 河南金利金铅集团有限公司 | 3797008 | 13 | 浙江甬金金属科技股份有限公司 | 3955514 |
| 29 | 济源市万洋冶炼（集团）有限公司 | 3187726 | 14 | 江苏江润铜业有限公司 | 3914514 |
| 30 | 格林美股份有限公司 | 2939177 | 15 | 浙江元立金属制品集团有限公司 | 3567491 |
| 31 | 河南明泰铝业股份有限公司 | 2778113 | 16 | 邯郸正大制管集团有限公司 | 3319467 |
| 32 | 盛屯矿业集团股份有限公司 | 2535655 | 17 | 久立集团股份有限公司 | 3079655 |
| 33 | 攀枝花钢城集团有限公司 | 2141036 | 18 | 浙江协和集团有限公司 | 3016317 |
| 34 | 杭州鼎胜实业集团有限公司 | 2086515 | 19 | 深圳市东阳光实业发展有限公司 | 3010864 |
| 35 | 宁波力勤资源科技股份有限公司 | 1831947 | 20 | 天津源泰德润钢管制造集团有限公司 | 2575071 |
| 36 | 广东兴发铝业有限公司 | 1775572 | 21 | 天津市宝来工贸有限公司 | 2450316 |
|  | 合计 | 381612866 | 22 | 鹰潭胜华金属有限责任公司 | 2130863 |
|  |  |  | 23 | 林州凤宝管业有限公司 | 1699315 |
| 贵金属 |  |  |  | 合计 | 164163952 |
| 1 | 紫金矿业集团股份有限公司 | 27032900 |  |  |  |
| 2 | 中国黄金集团有限公司 | 11714134 | 锅炉及动力装备制造 |  |  |
| 3 | 老凤祥股份有限公司 | 6301014 | 1 | 潍柴动力股份有限公司 | 17515754 |
| 4 | 山东招金集团有限公司 | 5643228 | 2 | 广西玉柴机器集团有限公司 | 4151570 |
| 5 | 湖南五江控股集团有限公司 | 4184645 |  | 合计 | 21667324 |

| 排名 | 企业名称 | 营业收入/万元 | 排名 | 企业名称 | 营业收入/万元 |
|---|---|---|---|---|---|
| | | | 7 | 中国东方电气集团有限公司 | 5933236 |
| **物料搬运设备制造** | | | 8 | 人民控股集团有限公司 | 5695582 |
| 1 | 卫华集团有限公司 | 1850793 | 9 | 深圳理士电源发展有限公司 | 4810885 |
| | 合计 | 1850793 | 10 | 卧龙控股集团有限公司 | 4702521 |
| | | | 11 | 大全集团有限公司 | 4482279 |
| **工程机械及零部件** | | | 12 | 上海爱旭新能源股份有限公司 | 3507496 |
| 1 | 徐工集团工程机械股份有限公司 | 9381712 | 13 | 东方日升新能源股份有限公司 | 2938472 |
| 2 | 中联重科股份有限公司 | 4163149 | 14 | 山东电工电气集团有限公司 | 2326983 |
| 3 | 广西柳工集团有限公司 | 2682039 | 15 | 泰开集团有限公司 | 2045160 |
| | 合计 | 16226900 | 16 | 上海仪电（集团）有限公司 | 1987967 |
| | | | 17 | 许继集团有限公司 | 1816654 |
| **工业机械及设备制造** | | | 18 | 泰豪集团有限公司 | 1703504 |
| 1 | 中国机械工业集团有限公司 | 34391560 | | 合计 | 131704140 |
| 2 | 广州工业投资控股集团有限公司 | 24612246 | | | |
| 3 | 三一集团有限公司 | 12622682 | **电线电缆制造** | | |
| 4 | 双良集团有限公司 | 5509639 | 1 | 中天科技集团有限公司 | 9024546 |
| 5 | 中国一重集团有限公司 | 4464600 | 2 | 富通集团有限公司 | 6305010 |
| 6 | 天洁集团有限公司 | 3385892 | 3 | 远东控股集团有限公司 | 5113433 |
| 7 | 西子联合控股有限公司 | 3258618 | 4 | 天津华北集团有限公司 | 4612758 |
| 8 | 郑州煤矿机械集团股份有限公司 | 3204331 | 5 | 浙江富春江通信集团有限公司 | 3280805 |
| 9 | 陕西鼓风机（集团）有限公司 | 3004324 | 6 | 江苏上上电缆集团有限公司 | 3047338 |
| 10 | 深圳市汇川技术股份有限公司 | 2300831 | 7 | 江苏中超投资集团有限公司 | 2956733 |
| 11 | 人本集团有限公司 | 2223321 | 8 | 上海起帆电缆股份有限公司 | 2064420 |
| 12 | 江阴江东集团公司 | 2102666 | 9 | 上海胜华电缆科技集团有限公司 | 2006281 |
| 13 | 利欧集团股份有限公司 | 2026834 | 10 | 安徽天康（集团）股份有限公司 | 1989520 |
| | 合计 | 103107544 | 11 | 江南集团有限公司 | 1915132 |
| | | | 12 | 铜陵精达特种电磁线股份有限公司 | 1754240 |
| **电力电气设备制造** | | | | 合计 | 44070216 |
| 1 | 中国电子科技集团有限公司 | 37567355 | | | |
| 2 | 上海电气控股集团有限公司 | 15386673 | **风能、太阳能设备制造** | | |
| 3 | 正泰集团股份有限公司 | 12371893 | 1 | 通威集团有限公司 | 21488237 |
| 4 | 新疆特变电工集团有限公司 | 10208457 | 2 | 协鑫集团有限公司 | 18190524 |
| 5 | 深圳市立业集团有限公司 | 7339108 | 3 | 隆基绿能科技股份有限公司 | 12899811 |
| 6 | 德力西集团有限公司 | 6879915 | 4 | 晶科能源控股有限公司 | 11106485 |

续表

| 排名 | 企业名称 | 营业收入/万元 | 排名 | 企业名称 | 营业收入/万元 |
|---|---|---|---|---|---|
| 5 | 天合光能股份有限公司 | 8505179 | 5 | 中兴通讯股份有限公司 | 12295442 |
| 6 | 晶澳太阳能科技股份有限公司 | 7298940 | 6 | 荣耀终端有限公司 | 9387219 |
| 7 | 远景能源有限公司 | 6908477 | 7 | 华勤技术股份有限公司 | 9264570 |
| 8 | 明阳新能源投资控股集团有限公司 | 5707347 | 8 | 中国铁塔股份有限公司 | 9216975 |
| 9 | 新疆金风科技股份有限公司 | 4643685 | 9 | 福建省电子信息（集团）有限责任公司 | 5517743 |
| 10 | 阳光电源股份有限公司 | 4025724 | 10 | 中国信息通信科技集团有限公司 | 5286746 |
| 11 | 浙江省机电集团有限公司 | 3572903 | 11 | 新华三信息技术有限公司 | 4932198 |
| 12 | 弘元绿色能源股份有限公司 | 2190943 | 12 | 深圳传音控股股份有限公司 | 4659590 |
|  | 合计 | 106538255 | 13 | 四川九洲投资控股集团有限公司 | 4511619 |
|  |  |  | 14 | 永鼎集团有限公司 | 3790926 |
| 动力和储能电池 |  |  | 15 | 鹏鼎控股（深圳）股份有限公司 | 3621097 |
| 1 | 宁德时代新能源科技股份有限公司 | 32859398 | 16 | 舜宇集团有限公司 | 3319694 |
| 2 | 天能控股集团有限公司 | 20192105 | 17 | 上海龙旗科技股份有限公司 | 2934315 |
| 3 | 超威电源集团有限公司 | 12983261 | 18 | 瑞声科技控股有限公司 | 2062509 |
| 4 | 湖南裕能新能源电池材料股份有限公司 | 4279036 | 19 | 广州无线电集团有限公司 | 1811496 |
| 5 | 中创新航科技集团股份有限公司 | 2039994 | 20 | 福建福日电子股份有限公司 | 1655046 |
|  | 合计 | 72353794 |  | 合计 | 208768410 |
| 计算机及办公设备 |  |  | 半导体、集成电路及面板制造 |  |  |
| 1 | 立讯精密工业股份有限公司 | 21402839 | 1 | 中国电子信息产业集团有限公司 | 27126532 |
| 2 | 歌尔股份有限公司 | 10489432 | 2 | 闻泰科技股份有限公司 | 5807869 |
| 3 | 浪潮集团有限公司 | 10375920 | 3 | 江苏长电科技股份有限公司 | 3376203 |
| 4 | 心里程控股集团有限公司 | 7218535 | 4 | 上海华虹（集团）有限公司 | 3160836 |
| 5 | 研祥高科技控股集团有限公司 | 7156833 | 5 | 惠科股份有限公司 | 2713381 |
| 6 | 得力集团有限公司 | 3952178 | 6 | 重庆京东方光电科技有限公司 | 2433233 |
| 7 | 浙江大华技术股份有限公司 | 3056537 | 7 | 通富微电子股份有限公司 | 2142858 |
| 8 | 广州视源电子科技股份有限公司 | 2099027 | 8 | 上海韦尔半导体股份有限公司 | 2007818 |
|  | 合计 | 65751301 | 9 | 广东生益科技股份有限公司 | 1801444 |
|  |  |  | 10 | 高景太阳能股份有限公司 | 1757039 |
| 通信设备制造 |  |  |  | 合计 | 52327213 |
| 1 | 华为投资控股有限公司 | 64233800 |  |  |  |
| 2 | 小米集团 | 28004402 | 汽车及零配件制造 |  |  |
| 3 | TCL科技集团股份有限公司 | 16663215 | 1 | 上海汽车集团股份有限公司 | 74406288 |
| 4 | 亨通集团有限公司 | 15599808 | 2 | 中国第一汽车集团有限公司 | 58979871 |

续表

| 排名 | 企业名称 | 营业收入/万元 | 排名 | 企业名称 | 营业收入/万元 |
|---|---|---|---|---|---|
| 3 | 广州汽车工业集团有限公司 | 52027981 | | 合计 | 9936135 |
| 4 | 东风汽车集团有限公司 | 46021550 | | | |
| 5 | 北京汽车集团有限公司 | 45258136 | \multicolumn{3}{l|}{轨道交通设备及零部件制造} |
| 6 | 比亚迪股份有限公司 | 42406064 | 1 | 中国中车集团有限公司 | 23339797 |
| 7 | 浙江吉利控股集团有限公司 | 40626870 | | 合计 | 23339797 |
| 8 | 万向集团公司 | 19046558 | | | |
| 9 | 奇瑞控股集团有限公司 | 15001803 | \multicolumn{3}{l|}{航空航天} |
| 10 | 长城汽车股份有限公司 | 13733999 | 1 | 中国航空工业集团有限公司 | 54938008 |
| 11 | 江铃汽车集团有限公司 | 10113182 | 2 | 中国航天科技集团有限公司 | 29911639 |
| 12 | 江苏悦达集团有限公司 | 9640450 | 3 | 中国航天科工集团有限公司 | 25138778 |
| 13 | 中国重汽（香港）有限公司 | 5963769 | | 合计 | 109988425 |
| 14 | 重庆小康控股有限公司 | 5091878 | | | |
| 15 | 陕西汽车控股集团有限公司 | 5071189 | \multicolumn{3}{l|}{兵器制造} |
| 16 | 宁波均胜电子股份有限公司 | 4979335 | 1 | 中国兵器工业集团有限公司 | 55622839 |
| 17 | 广东德赛集团有限公司 | 3758295 | 2 | 中国兵器装备集团有限公司 | 29213594 |
| 18 | 安徽江淮汽车集团控股有限公司 | 3657839 | | 合计 | 84836433 |
| 19 | 万丰奥特控股集团有限公司 | 3518219 | | | |
| 20 | 苏州创元投资发展（集团）有限公司 | 2856416 | \multicolumn{3}{l|}{船舶制造} |
| 21 | 郑州宇通企业集团 | 2811029 | 1 | 中国船舶集团有限公司 | 34844219 |
| 22 | 广东小鹏汽车科技有限公司 | 2685512 | 2 | 江苏扬子江船业集团 | 5212537 |
| 23 | 赛轮集团股份有限公司 | 2190221 | | 合计 | 40056756 |
| 24 | 长春一汽富维汽车零部件股份有限公司 | 1997164 | | | |
| 25 | 宁波华翔电子股份有限公司 | 1962612 | \multicolumn{3}{l|}{综合制造业} |
| 26 | 厦门金龙汽车集团股份有限公司 | 1824041 | 1 | 中国五矿集团有限公司 | 89830142 |
| 27 | 宁波继峰汽车零部件股份有限公司 | 1796680 | 2 | 多弗国际控股集团有限公司 | 21668635 |
| 28 | 安徽中鼎控股（集团）股份有限公司 | 1737163 | 3 | 复星国际有限公司 | 17539342 |
| 29 | 广西汽车集团有限公司 | 1702704 | 4 | 无锡产业发展集团有限公司 | 16153680 |
| | 合计 | 480866818 | 5 | 杉杉控股有限公司 | 6254107 |
| | | | 6 | 宁波富邦控股集团有限公司 | 5752122 |
| \multicolumn{3}{l|}{摩托车及零配件制造} | 7 | 江苏华西集团有限公司 | 5150704 |
| 1 | 雅迪科技集团有限公司 | 3125091 | 8 | 重庆机电控股（集团）公司 | 4310810 |
| 2 | 宗申产业集团有限公司 | 2702354 | 9 | 花园集团有限公司 | 3978780 |
| 3 | 爱玛科技集团股份有限公司 | 2080221 | 10 | 永道控股集团股份有限公司 | 3810670 |
| 4 | 淮海控股集团有限公司 | 2028469 | 11 | 精工控股集团有限公司 | 3197810 |

续表

| 排名 | 企业名称 | 营业收入/万元 | 排名 | 企业名称 | 营业收入/万元 |
|---|---|---|---|---|---|
| 12 | 华立集团股份有限公司 | 3156749 | 14 | 广西百色工业投资发展集团有限公司 | 1693638 |
| 13 | 中伟新材料股份有限公司 | 3034374 | | 合计 | 185531563 |

表10-3  2023中国制造业企业500强各地区分布

| 排名 | 企业名称 | 营业收入/万元 | 排名 | 企业名称 | 营业收入/万元 |
| --- | --- | --- | --- | --- | --- |
| 北京 | | | 5 | 复星国际有限公司 | 17539342 |
| 1 | 中国石油化工集团有限公司 | 316934342 | 6 | 上海电气控股集团有限公司 | 15386673 |
| 2 | 中国中化控股有限责任公司 | 116934655 | 7 | 光明食品（集团）有限公司 | 13759378 |
| 3 | 中国五矿集团有限公司 | 89830142 | 8 | 华勤技术股份有限公司 | 9264570 |
| 4 | 中国兵器工业集团有限公司 | 55622839 | 9 | 老凤祥股份有限公司 | 6301014 |
| 5 | 中国航空工业集团有限公司 | 54938008 | 10 | 杉杉控股有限公司 | 6254107 |
| 6 | 中国铝业集团有限公司 | 51759778 | 11 | 上海华谊控股集团有限公司 | 5943852 |
| 7 | 北京汽车集团有限公司 | 45258136 | 12 | 上海爱旭新能源股份有限公司 | 3507496 |
| 8 | 中国建材集团有限公司 | 38015811 | 13 | 中建信控股集团有限公司 | 3226218 |
| 9 | 中国电子科技集团有限公司 | 37567355 | 14 | 上海华虹（集团）有限公司 | 3160836 |
| 10 | 中国船舶集团有限公司 | 34844219 | 15 | 奥盛集团有限公司 | 3053686 |
| 11 | 中国机械工业集团有限公司 | 34391560 | 16 | 上海龙旗科技股份有限公司 | 2934315 |
| 12 | 中国航天科技集团有限公司 | 29911639 | 17 | 上海源耀农业股份有限公司 | 2717427 |
| 13 | 中国兵器装备集团有限公司 | 29213594 | 18 | 上海起帆电缆股份有限公司 | 2064420 |
| 14 | 小米集团 | 28004402 | 19 | 上海韦尔半导体股份有限公司 | 2007818 |
| 15 | 中国电子信息产业集团有限公司 | 27126532 | 20 | 上海胜华电缆科技集团有限公司 | 2006281 |
| 16 | 中国航天科工集团有限公司 | 25138778 | 21 | 上海仪电（集团）有限公司 | 1987967 |
| 17 | 首钢集团有限公司 | 24789937 | | 合计 | 330047734 |
| 18 | 中国中车集团有限公司 | 23339797 | | | |
| 19 | 北京建龙重工集团有限公司 | 22116493 | 天津 | | |
| 20 | 北京首农食品集团有限公司 | 18034960 | 1 | 天津荣程祥泰投资控股集团有限公司 | 10353354 |
| 21 | 中国有色矿业集团有限公司 | 13949733 | 2 | 天津友发钢管集团股份有限公司 | 6736035 |
| 22 | 中国黄金集团有限公司 | 11714134 | 3 | 天津渤海化工集团有限责任公司 | 5604710 |
| 23 | 旭阳控股有限公司 | 10013971 | 4 | 天津华北集团有限公司 | 4612758 |
| 24 | 中国铁塔股份有限公司 | 9216975 | 5 | 美锦能源集团有限公司 | 3203035 |
| 25 | 中国庆华能源集团有限公司 | 3628869 | 6 | 天津天士力大健康产业投资集团有限公司 | 3083799 |
| 26 | 北京顺鑫控股集团有限公司 | 2732268 | 7 | 天津九安医疗电子股份有限公司 | 2631536 |
| | 合计 | 1155028927 | 8 | 天津源泰德润钢管制造集团有限公司 | 2575071 |
| | | | 9 | 天津市宝来工贸有限公司 | 2450316 |
| 上海 | | | 10 | 爱玛科技集团股份有限公司 | 2080221 |
| 1 | 中国宝武钢铁集团有限公司 | 108770720 | 11 | 天津纺织集团（控股）有限公司 | 2034533 |
| 2 | 上海汽车集团股份有限公司 | 74406288 | 12 | 天津市医药集团有限公司 | 1736571 |
| 3 | 上海医药集团股份有限公司 | 23198130 | | 合计 | 47101939 |
| 4 | 上海德龙钢铁集团有限公司 | 22557196 | | | |

续表

| 排名 | 企业名称 | 营业收入/万元 | 排名 | 企业名称 | 营业收入/万元 |
|---|---|---|---|---|---|
| 重庆 | | | 2 | 敬业集团有限公司 | 30744612 |
| 1 | 重庆化医控股（集团）公司 | 8848804 | 3 | 冀南钢铁集团有限公司 | 19986509 |
| 2 | 重庆小康控股有限公司 | 5091878 | 4 | 河北新华联合冶金控股集团有限公司 | 19087309 |
| 3 | 金龙精密铜管集团股份有限公司 | 4867523 | 5 | 河北津西钢铁集团股份有限公司 | 18000137 |
| 4 | 重庆市博赛矿业（集团）有限公司 | 4689067 | 6 | 长城汽车股份有限公司 | 13733999 |
| 5 | 重庆机电控股（集团）公司 | 4310810 | 7 | 河北普阳钢铁有限公司 | 12000384 |
| 6 | 重庆轻纺控股（集团）公司 | 3849479 | 8 | 河北鑫达钢铁集团有限公司 | 8854376 |
| 7 | 重庆智飞生物制品股份有限公司 | 3826401 | 9 | 武安市裕华钢铁有限公司 | 8688646 |
| 8 | 宗申产业集团有限公司 | 2702354 | 10 | 金鼎钢铁集团有限公司 | 8266450 |
| 9 | 重庆万达薄板有限公司 | 2446613 | 11 | 唐山港陆钢铁有限公司 | 7510289 |
| 10 | 重庆京东方光电科技有限公司 | 2433233 | 12 | 晶澳太阳能科技股份有限公司 | 7298940 |
| 11 | 重庆攀华板材有限公司 | 2325103 | 13 | 河北新武安钢铁集团文安钢铁有限公司 | 7051283 |
| | 合计 | 45391265 | 14 | 三河汇福粮油集团有限公司 | 6671888 |
| | | | 15 | 兴华财富集团有限公司 | 6563262 |
| 黑龙江 | | | 16 | 河北鑫海控股集团有限公司 | 5636331 |
| 1 | 中国一重集团有限公司 | 4464600 | 17 | 五得利面粉集团有限公司 | 5368853 |
| 2 | 黑龙江飞鹤乳业有限公司 | 2110363 | 18 | 河北新武安钢铁集团烘熔钢铁有限公司 | 3832087 |
| | 合计 | 6574963 | 19 | 河北兴华钢铁有限公司 | 3635385 |
| | | | 20 | 河北安丰钢铁集团有限公司 | 3627582 |
| 吉林 | | | 21 | 邯郸正大制管集团有限公司 | 3319467 |
| 1 | 中国第一汽车集团有限公司 | 58979871 | 22 | 唐山三友集团有限公司 | 2381464 |
| 2 | 长春一汽富维汽车零部件股份有限公司 | 1997164 | 23 | 辛集市澳森特钢集团有限公司 | 2073178 |
| | 合计 | 60977035 | | 合计 | 244399256 |
| 辽宁 | | | 河南 | | |
| 1 | 鞍钢集团有限公司 | 33661615 | 1 | 万洲国际有限公司 | 18891636 |
| 2 | 辽宁方大集团实业有限公司 | 17357814 | 2 | 洛阳栾川钼业集团股份有限公司 | 17299085 |
| 3 | 辽宁嘉晨控股集团有限公司 | 4562141 | 3 | 牧原实业集团有限公司 | 12636796 |
| 4 | 禾丰食品股份有限公司 | 3281176 | 4 | 河南豫光金铅集团有限责任公司 | 6640757 |
| 5 | 凌源钢铁集团有限责任公司 | 2102984 | 5 | 天瑞集团股份有限公司 | 6013282 |
| | 合计 | 60965730 | 6 | 伊电控股集团有限公司 | 5120187 |
| | | | 7 | 万基控股集团有限公司 | 4881869 |
| 河北 | | | 8 | 河南豫联能源集团有限责任公司 | 4575607 |
| 1 | 河钢集团有限公司 | 40066825 | 9 | 河南神火集团有限公司 | 4492453 |

续表

| 排名 | 企业名称 | 营业收入/万元 | 排名 | 企业名称 | 营业收入/万元 |
| --- | --- | --- | --- | --- | --- |
| 10 | 安阳钢铁集团有限责任公司 | 4124067 | 16 | 山东京博控股集团有限公司 | 7630881 |
| 11 | 河南金利金铅集团有限公司 | 3797008 | 17 | 山东金诚石化集团有限公司 | 7314791 |
| 12 | 郑州煤矿机械集团股份有限公司 | 3204331 | 18 | 山东海科控股有限公司 | 7206892 |
| 13 | 济源市万洋冶炼（集团）有限公司 | 3187726 | 19 | 山东太阳控股集团有限公司 | 7058446 |
| 14 | 郑州宇通企业集团 | 2811029 | 20 | 山东创新金属科技有限公司 | 6931930 |
| 15 | 河南明泰铝业股份有限公司 | 2778113 | 21 | 弘润石化（潍坊）有限责任公司 | 6650403 |
| 16 | 河南济源钢铁（集团）有限公司 | 2581876 | 22 | 山东齐润控股集团有限公司 | 6581260 |
| 17 | 龙佰集团股份有限公司 | 2411296 | 23 | 齐成（山东）石化集团有限公司 | 6513500 |
| 18 | 河南心连心化学工业集团股份有限公司 | 2373614 | 24 | 山东寿光鲁清石化有限公司 | 6219427 |
| 19 | 洛阳炼化宏达实业有限责任公司 | 2021998 | 25 | 中国重汽（香港）有限公司 | 5963769 |
| 20 | 河南利源集团燃气有限公司 | 1967822 | 26 | 鲁丽集团有限公司 | 5849759 |
| 21 | 卫华集团有限公司 | 1850793 | 27 | 山东金岭集团有限公司 | 5834928 |
| 22 | 许继集团有限公司 | 1816654 | 28 | 山东招金集团有限公司 | 5643228 |
| 23 | 闽源钢铁集团有限公司 | 1740618 | 29 | 石横特钢集团有限公司 | 5388703 |
| 24 | 林州凤宝管业有限公司 | 1699315 | 30 | 山东如意时尚投资控股有限公司 | 5328397 |
| 25 | 河南丰利石化有限公司 | 1664364 | 31 | 山东汇丰石化集团有限公司 | 5303661 |
|  | 合计 | 120582296 | 32 | 山东垦利石化集团有限公司 | 5279385 |
|  |  |  | 33 | 山东渤海实业集团有限公司 | 5185407 |
|  | 山东 |  | 34 | 山东泰山钢铁集团有限公司 | 5161957 |
| 1 | 山东魏桥创业集团有限公司 | 50398814 | 35 | 威高集团有限公司 | 5155687 |
| 2 | 海尔集团公司 | 35062328 | 36 | 山东九羊集团有限公司 | 5097948 |
| 3 | 海信集团控股股份有限公司 | 18493639 | 37 | 西王集团有限公司 | 5063780 |
| 4 | 潍柴动力股份有限公司 | 17515754 | 38 | 华勤橡胶工业集团有限公司 | 5032713 |
| 5 | 万华化学集团股份有限公司 | 16556548 | 39 | 济钢集团有限公司 | 5031455 |
| 6 | 山东东明石化集团有限公司 | 13856183 | 40 | 山东东方华龙工贸集团有限公司 | 4961058 |
| 7 | 南山集团有限公司 | 13062086 | 41 | 沂州集团有限公司 | 4906191 |
| 8 | 利华益集团股份有限公司 | 12319936 | 42 | 山东鲁花集团有限公司 | 4684638 |
| 9 | 万达控股集团有限公司 | 11698534 | 43 | 华鲁控股集团有限公司 | 4563783 |
| 10 | 歌尔股份有限公司 | 10489432 | 44 | 山东恒源石油化工股份有限公司 | 4153152 |
| 11 | 浪潮集团有限公司 | 10375920 | 45 | 道恩集团有限公司 | 4066264 |
| 12 | 晨鸣控股有限公司 | 10261671 | 46 | 山东华通控股集团有限公司 | 3964137 |
| 13 | 日照钢铁控股集团有限公司 | 8555053 | 47 | 万通海欣控股集团股份有限公司 | 3802548 |
| 14 | 富海集团新能源控股有限公司 | 7833404 | 48 | 山东恒信集团有限公司 | 3644262 |
| 15 | 华泰集团有限公司 | 7704348 | 49 | 山东神驰控股有限公司 | 3632136 |

续表

| 排名 | 企业名称 | 营业收入/万元 | 排名 | 企业名称 | 营业收入/万元 |
|---|---|---|---|---|---|
| 50 | 青岛啤酒集团有限公司 | 3555851 | 5 | 山西建邦集团有限公司 | 5502832 |
| 51 | 香驰控股有限公司 | 3504528 | 6 | 山西高义钢铁有限公司 | 1892951 |
| 52 | 东岳氟硅科技集团有限公司 | 3349491 | 7 | 山西亚鑫能源集团有限公司 | 1789955 |
| 53 | 山东中海化工集团有限公司 | 3303961 | | 合计 | 53092273 |
| 54 | 潍坊特钢集团有限公司 | 3016076 | | | |
| 55 | 淄博齐翔腾达化工股份有限公司 | 2981049 | 陕西 | | |
| 56 | 淄博鑫泰石化有限公司 | 2969658 | 1 | 陕西有色金属控股集团有限责任公司 | 17621270 |
| 57 | 胜星集团有限责任公司 | 2757849 | 2 | 隆基绿能科技股份有限公司 | 12899811 |
| 58 | 无棣鑫岳化工集团有限公司 | 2664053 | 3 | 陕西汽车控股集团有限公司 | 5071189 |
| 59 | 滨化集团 | 2650828 | 4 | 陕西鼓风机（集团）有限公司 | 3004324 |
| 60 | 诸城外贸有限责任公司 | 2629079 | | 合计 | 38596594 |
| 61 | 山东永鑫能源集团有限公司 | 2504217 | | | |
| 62 | 山东电工电气集团有限公司 | 2326983 | 安徽 | | |
| 63 | 山东博汇集团有限公司 | 2254563 | 1 | 铜陵有色金属集团控股有限公司 | 23267823 |
| 64 | 双星集团有限责任公司 | 2246137 | 2 | 安徽海螺集团有限责任公司 | 22192212 |
| 65 | 赛轮集团股份有限公司 | 2190221 | 3 | 奇瑞控股集团有限公司 | 15001803 |
| 66 | 山东山水水泥集团有限公司 | 2147869 | 4 | 六安钢铁控股集团有限公司 | 4890266 |
| 67 | 青岛澳柯玛控股集团有限公司 | 2103293 | 5 | 安徽楚江科技新材料股份有限公司 | 4059588 |
| 68 | 山东联盟化工集团有限公司 | 2070564 | 6 | 阳光电源股份有限公司 | 4025724 |
| 69 | 泰开集团有限公司 | 2045160 | 7 | 安徽江淮汽车集团控股有限公司 | 3657839 |
| 70 | 金猴集团有限公司 | 1883455 | 8 | 山鹰国际控股股份公司 | 3401411 |
| 71 | 迪尚集团有限公司 | 1851287 | 9 | 铜陵化学工业集团有限公司 | 2121671 |
| 72 | 青岛海湾集团有限公司 | 1759532 | 10 | 安徽天康（集团）股份有限公司 | 1989520 |
| 73 | 得利斯集团有限公司 | 1740368 | 11 | 安徽古井集团有限责任公司 | 1760468 |
| 74 | 山东玲珑轮胎股份有限公司 | 1700588 | 12 | 铜陵精达特种电磁线股份有限公司 | 1754240 |
| 75 | 金能科技股份有限公司 | 1680068 | 13 | 安徽中鼎控股（集团）股份有限公司 | 1737163 |
| 76 | 青岛康大控股集团有限公司 | 1656394 | | 合计 | 89859728 |
| | 合计 | 494533248 | | | |
| | | | 江苏 | | |
| 山西 | | | 1 | 恒力集团有限公司 | 61175675 |
| 1 | 潞安化工集团有限公司 | 21926684 | 2 | 盛虹控股集团有限公司 | 41202270 |
| 2 | 山西鹏飞集团有限公司 | 10296933 | 3 | 江苏沙钢集团有限公司 | 28779934 |
| 3 | 山西晋南钢铁集团有限公司 | 6065673 | 4 | 南京钢铁集团有限公司 | 18835177 |
| 4 | 山西晋城钢铁控股集团有限公司 | 5617245 | 5 | 协鑫集团有限公司 | 18190524 |

续表

| 排名 | 企业名称 | 营业收入/万元 | 排名 | 企业名称 | 营业收入/万元 |
|---|---|---|---|---|---|
| 6 | 无锡产业发展集团有限公司 | 16153680 | 40 | 兴达投资集团有限公司 | 3120851 |
| 7 | 亨通集团有限公司 | 15599808 | 41 | 华芳集团有限公司 | 3086496 |
| 8 | 中天钢铁集团有限公司 | 15146300 | 42 | 江苏上上电缆集团有限公司 | 3047338 |
| 9 | 江苏永钢集团有限公司 | 14522537 | 43 | 江苏洋河酒厂股份有限公司 | 3010490 |
| 10 | 海澜集团有限公司 | 12032549 | 44 | 江苏中超投资集团有限公司 | 2956733 |
| 11 | 江苏新长江实业集团有限公司 | 11427782 | 45 | 金东纸业（江苏）股份有限公司 | 2919488 |
| 12 | 江苏悦达集团有限公司 | 9640450 | 46 | 建华建材（中国）有限公司 | 2912042 |
| 13 | 徐工集团工程机械股份有限公司 | 9381712 | 47 | 苏州创元投资发展（集团）有限公司 | 2856416 |
| 14 | 中天科技集团有限公司 | 9024546 | 48 | 无锡新三洲特钢有限公司 | 2647459 |
| 15 | 天合光能股份有限公司 | 8505179 | 49 | 正大天晴药业集团股份有限公司 | 2346686 |
| 16 | 三房巷集团有限公司 | 8237045 | 50 | 弘元绿色能源股份有限公司 | 2190943 |
| 17 | 红豆集团有限公司 | 7738008 | 51 | 通富微电子股份有限公司 | 2142858 |
| 18 | 远景能源有限公司 | 6908477 | 52 | 江苏恒瑞医药股份有限公司 | 2127527 |
| 19 | 东方润安集团有限公司 | 6523389 | 53 | 江阴江东集团公司 | 2102666 |
| 20 | 双良集团有限公司 | 5509639 | 54 | 中创新航科技集团股份有限公司 | 2039994 |
| 21 | 江苏华宏实业集团有限公司 | 5285691 | 55 | 淮海控股集团有限公司 | 2028469 |
| 22 | 江苏扬子江船业集团 | 5212537 | 56 | 江南集团有限公司 | 1915132 |
| 23 | 江苏阳光集团有限公司 | 5204919 |  | 合计 | 449691708 |
| 24 | 江苏华西集团有限公司 | 5150704 |  |  |  |
| 25 | 远东控股集团有限公司 | 5113433 | **湖南** |  |  |
| 26 | 金浦投资控股集团有限公司 | 5104416 | 1 | 湖南钢铁集团有限公司 | 22011764 |
| 27 | 江苏大明工业科技集团有限公司 | 5008850 | 2 | 三一集团有限公司 | 12622682 |
| 28 | 法尔胜泓昇集团有限公司 | 4611222 | 3 | 湖南博长控股集团有限公司 | 6123093 |
| 29 | 大全集团有限公司 | 4482279 | 4 | 湖南裕能新能源电池材料股份有限公司 | 4279036 |
| 30 | 江苏三木集团有限公司 | 4455909 | 5 | 湖南五江控股集团有限公司 | 4184645 |
| 31 | 常熟市龙腾特种钢有限公司 | 4005552 | 6 | 中联重科股份有限公司 | 4163149 |
| 32 | 江苏江润铜业有限公司 | 3914514 | 7 | 唐人神集团股份有限公司 | 2653858 |
| 33 | 永鼎集团有限公司 | 3790926 | 8 | 湖南有色产业投资集团有限责任公司 | 2210717 |
| 34 | 波司登股份有限公司 | 3631634 |  | 合计 | 58248944 |
| 35 | 江苏省镔鑫钢铁集团有限公司 | 3525972 |  |  |  |
| 36 | 大亚科技集团有限公司 | 3384735 | **湖北** |  |  |
| 37 | 江苏长电科技股份有限公司 | 3376203 | 1 | 东风汽车集团有限公司 | 46021550 |
| 38 | 红太阳集团有限公司 | 3320852 | 2 | 稻花香集团 | 6052128 |
| 39 | 雅迪科技集团有限公司 | 3125091 | 3 | 闻泰科技股份有限公司 | 5807869 |

续表

| 排名 | 企业名称 | 营业收入/万元 | 排名 | 企业名称 | 营业收入/万元 |
|---|---|---|---|---|---|
| 4 | 宜昌兴发集团有限责任公司 | 5541802 | 15 | 浙江富冶集团有限公司 | 10322860 |
| 5 | 中国信息通信科技集团有限公司 | 5286746 | 16 | 新凤鸣控股集团有限公司 | 9148820 |
| 6 | 金澳科技（湖北）化工有限公司 | 4846326 | 17 | 杭州锦江集团有限公司 | 8227646 |
| 7 | 湖北宜化集团有限责任公司 | 4844302 | 18 | 奥克斯集团有限公司 | 8101020 |
| 8 | 华新水泥股份有限公司 | 3047038 | 19 | 浙江卫星控股股份有限公司 | 7337437 |
| 9 | 人福医药集团股份公司 | 2233772 | 20 | 德力西集团有限公司 | 6879915 |
|  | 合计 | 83681533 | 21 | 红狮控股集团有限公司 | 6652077 |
|  |  |  | 22 | 富通集团有限公司 | 6305010 |
| 江西 |  |  | 23 | 浙江华友钴业股份有限公司 | 6303378 |
| 1 | 江西铜业集团有限公司 | 50401784 | 24 | 浙江东南网架集团有限公司 | 5817225 |
| 2 | 晶科能源控股有限公司 | 11106485 | 25 | 宁波富邦控股集团有限公司 | 5752122 |
| 3 | 新余钢铁集团有限公司 | 10200306 | 26 | 人民控股集团有限公司 | 5695582 |
| 4 | 江铃汽车集团有限公司 | 10113182 | 27 | 华峰集团有限公司 | 5537955 |
| 5 | 双胞胎（集团）股份有限公司 | 8463673 | 28 | 三花控股集团有限公司 | 5230979 |
| 6 | 鹰潭胜华金属有限责任公司 | 2130863 | 29 | 振石控股集团有限公司 | 5220731 |
| 7 | 景德镇黑猫集团有限责任公司 | 1744998 | 30 | 宁波均胜电子股份有限公司 | 4979335 |
| 8 | 泰豪集团有限公司 | 1703504 | 31 | 新华三信息技术有限公司 | 4932198 |
|  | 合计 | 95864795 | 32 | 浙江升华控股集团有限公司 | 4761650 |
|  |  |  | 33 | 卧龙控股集团有限公司 | 4702521 |
| 浙江 |  |  | 34 | 宁波申洲针织有限公司 | 4203933 |
| 1 | 浙江荣盛控股集团有限公司 | 57961835 | 35 | 太平鸟集团有限公司 | 4160993 |
| 2 | 浙江吉利控股集团有限公司 | 40626870 | 36 | 花园集团有限公司 | 3978780 |
| 3 | 浙江恒逸集团有限公司 | 38566157 | 37 | 浙江甬金金属科技股份有限公司 | 3955514 |
| 4 | 青山控股集团有限公司 | 36802845 | 38 | 得力集团有限公司 | 3952178 |
| 5 | 杭州钢铁集团有限公司 | 24766765 | 39 | 巨化集团有限公司 | 3942725 |
| 6 | 多弗国际控股集团有限公司 | 21668635 | 40 | 森马集团有限公司 | 3928612 |
| 7 | 海亮集团有限公司 | 20737008 | 41 | 利时集团股份有限公司 | 3659013 |
| 8 | 天能控股集团有限公司 | 20192105 | 42 | 浙江省机电集团有限公司 | 3572903 |
| 9 | 万向集团公司 | 19046558 | 43 | 浙江元立金属制品集团有限公司 | 3567491 |
| 10 | 雅戈尔集团股份有限公司 | 17150017 | 44 | 万丰奥特控股集团有限公司 | 3518219 |
| 11 | 桐昆控股集团有限公司 | 14124486 | 45 | 兴惠化纤集团有限公司 | 3395434 |
| 12 | 宁波金田投资控股有限公司 | 13456923 | 46 | 天洁集团有限公司 | 3385892 |
| 13 | 超威电源集团有限公司 | 12983261 | 47 | 农夫山泉股份有限公司 | 3323919 |
| 14 | 正泰集团股份有限公司 | 12371893 | 48 | 舜宇集团有限公司 | 3319694 |

续表

| 排名 | 企业名称 | 营业收入/万元 | 排名 | 企业名称 | 营业收入/万元 |
|---|---|---|---|---|---|
| 49 | 浙江富春江通信集团有限公司 | 3280805 | 4 | 比亚迪股份有限公司 | 42406064 |
| 50 | 西子联合控股有限公司 | 3258618 | 5 | 美的集团股份有限公司 | 34570871 |
| 51 | 精工控股集团有限公司 | 3197810 | 6 | 广州工业投资控股集团有限公司 | 24612246 |
| 52 | 中策橡胶集团股份有限公司 | 3188885 | 7 | 广州医药集团有限公司 | 23801344 |
| 53 | 胜达集团有限公司 | 3181353 | 8 | 立讯精密工业股份有限公司 | 21402839 |
| 54 | 华立集团股份有限公司 | 3156749 | 9 | 珠海格力电器股份有限公司 | 18898838 |
| 55 | 纳爱斯集团有限公司 | 3112666 | 10 | TCL科技集团股份有限公司 | 16663215 |
| 56 | 久立集团股份有限公司 | 3079655 | 11 | 中国国际海运集装箱（集团）股份有限公司 | 14153665 |
| 57 | 浙江大华技术股份有限公司 | 3056537 | 12 | 中兴通讯股份有限公司 | 12295442 |
| 58 | 浙江协和集团有限公司 | 3016317 | 13 | TCL实业控股股份有限公司 | 10608648 |
| 59 | 东方日升新能源股份有限公司 | 2938472 | 14 | 广东海大集团股份有限公司 | 10471541 |
| 60 | 回音必集团有限公司 | 2734220 | 15 | 荣耀终端有限公司 | 9387219 |
| 61 | 宁波博洋控股集团有限公司 | 2717062 | 16 | 温氏食品集团股份有限公司 | 8372511 |
| 62 | 永兴特种材料科技股份有限公司 | 2613255 | 17 | 深圳市立业集团有限公司 | 7339108 |
| 63 | 浙江正凯集团有限公司 | 2515829 | 18 | 心里程控股集团有限公司 | 7218535 |
| 64 | 中哲控股集团有限公司 | 2312008 | 19 | 研祥高科技控股集团有限公司 | 7156833 |
| 65 | 顾家集团有限公司 | 2273396 | 20 | 玖龙纸业（控股）有限公司 | 6265145 |
| 66 | 人本集团有限公司 | 2223321 | 21 | 明阳新能源投资控股集团有限公司 | 5707347 |
| 67 | 浙江新安化工集团股份有限公司 | 2180274 | 22 | 深圳市中金岭南有色金属股份有限公司 | 5533945 |
| 68 | 杭州鼎胜实业集团有限公司 | 2086515 | 23 | 深圳海王集团股份有限公司 | 5370270 |
| 69 | 浙江天圣控股集团有限公司 | 2084637 | 24 | 创维集团有限公司 | 5349057 |
| 70 | 万向三农集团有限公司 | 2034121 | 25 | 宏旺控股集团有限公司 | 5100699 |
| 71 | 利欧集团股份有限公司 | 2026834 | 26 | 深圳理士电源发展有限公司 | 4810885 |
| 72 | 宁波华翔电子股份有限公司 | 1962612 | 27 | 深圳传音控股股份有限公司 | 4659590 |
| 73 | 宁波力勤资源科技股份有限公司 | 1831947 | 28 | 金发科技股份有限公司 | 4041233 |
| 74 | 宁波继峰汽车零部件股份有限公司 | 1796680 | 29 | 永道控股集团有限公司 | 3810670 |
| 75 | 广博控股集团有限公司 | 1780568 | 30 | 广东德赛集团有限公司 | 3758295 |
| 76 | 浙江中财管道科技股份有限公司 | 1744882 | 31 | 鹏鼎控股（深圳）股份有限公司 | 3621097 |
|  | 合计 | 599615147 | 32 | 中国联塑集团控股有限公司 | 3076721 |
|  |  |  | 33 | 深圳市东阳光实业发展有限公司 | 3010864 |
| 广东 |  |  | 34 | 格林美股份有限公司 | 2939177 |
| 1 | 华为投资控股有限公司 | 64233800 | 35 | 广州立白凯晟控股有限公司 | 2841941 |
| 2 | 正威国际集团有限公司 | 60876037 | 36 | 惠科股份有限公司 | 2713381 |
| 3 | 广州汽车工业集团有限公司 | 52027981 | 37 | 广东小鹏汽车科技有限公司 | 2685512 |

续表

| 排名 | 企业名称 | 营业收入/万元 | 排名 | 企业名称 | 营业收入/万元 |
| --- | --- | --- | --- | --- | --- |
| 38 | 佛山市海天调味食品股份有限公司 | 2560965 | 3 | 福建大东海实业集团有限公司 | 10309529 |
| 39 | 深圳市汇川技术股份有限公司 | 2300831 | 4 | 福建省能源石化集团有限责任公司 | 7282591 |
| 40 | 深圳市德方纳米科技股份有限公司 | 2255708 | 5 | 恒申控股集团有限公司 | 7234250 |
| 41 | 欧派家居集团股份有限公司 | 2247950 | 6 | 永荣控股集团有限公司 | 7128010 |
| 42 | 广州天赐高新材料股份有限公司 | 2231694 | 7 | 福州中景石化集团有限公司 | 6754221 |
| 43 | 广州视源电子科技股份有限公司 | 2099027 | 8 | 福建百宏聚纤科技实业有限公司 | 6236200 |
| 44 | 瑞声科技控股有限公司 | 2062509 | 9 | 福建省电子信息（集团）有限责任公司 | 5517743 |
| 45 | 深圳中宝集团有限公司 | 2046846 | 10 | 福建省金纶高纤股份有限公司 | 5395668 |
| 46 | 广州无线电集团有限公司 | 1811496 | 11 | 福建省三钢（集团）有限责任公司 | 5254960 |
| 47 | 广东生益科技股份有限公司 | 1801444 | 12 | 三宝集团股份有限公司 | 5209886 |
| 48 | 广东兴发铝业有限公司 | 1775572 | 13 | 安踏体育用品集团有限公司 | 5070534 |
| 49 | 高景太阳能股份有限公司 | 1757039 | 14 | 厦门钨业股份有限公司 | 4822279 |
|  | 合计 | 546743647 | 15 | 福建福海创石油化工有限公司 | 3796929 |
|  |  |  | 16 | 盛屯矿业集团股份有限公司 | 2535655 |
| 四川 |  |  | 17 | 福建长源纺织有限公司 | 2183582 |
| 1 | 新希望控股集团有限公司 | 27866414 | 18 | 福建傲农生物科技集团有限公司 | 2161304 |
| 2 | 通威集团有限公司 | 21488237 | 19 | 达利食品集团有限公司 | 1995720 |
| 3 | 四川省宜宾五粮液集团有限公司 | 15550392 | 20 | 厦门金龙汽车集团股份有限公司 | 1824041 |
| 4 | 四川长虹电子控股集团有限公司 | 14733866 | 21 | 福建圣农发展股份有限公司 | 1681709 |
| 5 | 泸州老窖集团有限责任公司 | 9061983 | 22 | 福建福日电子股份有限公司 | 1655046 |
| 6 | 四川省川威集团有限公司 | 8156572 |  | 合计 | 153942155 |
| 7 | 蓝润集团有限公司 | 8082156 |  |  |  |
| 8 | 中国东方电气集团有限公司 | 5933236 | 广西壮族自治区 |  |  |
| 9 | 四川德胜集团钒钛有限公司 | 4805129 | 1 | 广西柳州钢铁集团有限公司 | 9975923 |
| 10 | 四川科伦实业集团有限公司 | 4525939 | 2 | 广西盛隆冶金有限公司 | 8036767 |
| 11 | 四川九洲投资控股集团有限公司 | 4511619 | 3 | 广西南丹南方金属有限公司 | 6011490 |
| 12 | 攀枝花钢城集团有限公司 | 2141036 | 4 | 广西玉柴机器集团有限公司 | 4151570 |
| 13 | 四川特驱投资集团有限公司 | 2138596 | 5 | 桂林力源粮油食品集团有限公司 | 4027454 |
| 14 | 宜宾天原集团股份有限公司 | 2033944 | 6 | 广西贵港钢铁集团有限公司 | 2851675 |
|  | 合计 | 131029119 | 7 | 广西农垦集团有限责任公司 | 2825234 |
|  |  |  | 8 | 广西柳工集团有限公司 | 2682039 |
| 福建 |  |  | 9 | 广西汽车集团有限公司 | 1702704 |
| 1 | 宁德时代新能源科技股份有限公司 | 32859398 | 10 | 广西百色工业投资发展集团有限公司 | 1693638 |
| 2 | 紫金矿业集团股份有限公司 | 27032900 |  | 合计 | 43958494 |

续表

| 排名 | 企业名称 | 营业收入/万元 | 排名 | 企业名称 | 营业收入/万元 |
|---|---|---|---|---|---|
|  |  |  | 1 | 西部矿业集团有限公司 | 5515222 |
| 贵州 |  |  | 2 | 青海盐湖工业股份有限公司 | 3074786 |
| 1 | 中国贵州茅台酒厂（集团）有限责任公司 | 13646517 |  | 合计 | 8590008 |
| 2 | 贵州磷化（集团）有限责任公司 | 4855485 |  |  |  |
| 3 | 中伟新材料股份有限公司 | 3034374 | 宁夏回族自治区 |  |  |
| 4 | 贵州习酒投资控股集团有限责任公司 | 1776458 | 1 | 宁夏天元锰业集团有限公司 | 6197005 |
|  | 合计 | 23312834 |  | 合计 | 6197005 |
|  |  |  |  |  |  |
| 云南 |  |  | 新疆维吾尔自治区 |  |  |
| 1 | 云天化集团有限责任公司 | 9653286 | 1 | 新疆中泰（集团）有限责任公司 | 24728924 |
| 2 | 云南锡业集团（控股）有限责任公司 | 6724721 | 2 | 新疆特变电工集团有限公司 | 10208457 |
| 3 | 云南祥丰实业集团有限公司 | 1805667 | 3 | 新疆天业（集团）有限公司 | 6236994 |
|  | 合计 | 18183674 | 4 | 新疆金风科技股份有限公司 | 4643685 |
|  |  |  |  | 合计 | 45818060 |
| 甘肃 |  |  |  |  |  |
| 1 | 金川集团股份有限公司 | 33275083 | 内蒙古自治区 |  |  |
| 2 | 酒泉钢铁（集团）有限责任公司 | 12042695 | 1 | 内蒙古伊利实业集团股份有限公司 | 12317104 |
| 3 | 白银有色集团股份有限公司 | 8783535 | 2 | 包头钢铁（集团）有限责任公司 | 11580001 |
|  | 合计 | 54101313 | 3 | 内蒙古蒙牛乳业（集团）股份有限公司 | 9259332 |
|  |  |  | 4 | 内蒙古鄂尔多斯投资控股集团有限公司 | 7155990 |
| 青海 |  |  |  | 合计 | 40312427 |

表 10-4  2023 中国制造业企业 500 强净利润排序前 100 名企业

| 排名 | 公司名称 | 净利润/万元 | 排名 | 公司名称 | 净利润/万元 |
|---|---|---|---|---|---|
| 1 | 中国石油化工集团有限公司 | 6496012 | 51 | 山西鹏飞集团有限公司 | 607411 |
| 2 | 中国贵州茅台酒厂（集团）有限责任公司 | 4018481 | 52 | 中国中车集团有限公司 | 607004 |
| 3 | 华为投资控股有限公司 | 3553400 | 53 | 洛阳栾川钼业集团股份有限公司 | 606694 |
| 4 | 宁德时代新能源科技股份有限公司 | 3072916 | 54 | 中国五矿集团有限公司 | 589851 |
| 5 | 美的集团股份有限公司 | 2955351 | 55 | 安徽海螺集团有限责任公司 | 585540 |
| 6 | 中国第一汽车集团有限公司 | 2587416 | 56 | 波司登股份有限公司 | 583057 |
| 7 | 珠海格力电器股份有限公司 | 2450662 | 57 | 广州天赐高新材料股份有限公司 | 571444 |
| 8 | 中国航天科技集团有限公司 | 2178779 | 58 | 上海医药集团股份有限公司 | 561715 |
| 9 | 紫金矿业集团股份有限公司 | 2004205 | 59 | 晶澳太阳能科技股份有限公司 | 553287 |
| 10 | 中国船舶集团有限公司 | 1823030 | 60 | 内蒙古蒙牛乳业（集团）股份有限公司 | 530297 |
| 11 | 中国电子科技集团有限公司 | 1792961 | 61 | 温氏食品集团股份有限公司 | 528900 |
| 12 | 中国宝武钢铁集团有限公司 | 1676852 | 62 | 江苏扬子江船业集团 | 515278 |
| 13 | 比亚迪股份有限公司 | 1662245 | 63 | 恒申控股集团有限公司 | 511919 |
| 14 | 万华化学集团股份有限公司 | 1623363 | 64 | 雅戈尔集团股份有限公司 | 505821 |
| 15 | 上海汽车集团股份有限公司 | 1611755 | 65 | 鹏鼎控股（深圳）股份有限公司 | 501154 |
| 16 | 天津九安医疗电子股份有限公司 | 1603017 | 66 | 振石控股集团有限公司 | 498819 |
| 17 | 青海盐湖工业股份有限公司 | 1556459 | 67 | 潍柴动力股份有限公司 | 490501 |
| 18 | 冀南钢铁集团有限公司 | 1504374 | 68 | 万向集团公司 | 487649 |
| 19 | 隆基绿能科技股份有限公司 | 1481157 | 69 | 海澜集团有限公司 | 461578 |
| 20 | 中国航天科工集团有限公司 | 1457557 | 70 | 重庆京东方光电科技有限公司 | 450636 |
| 21 | 中国兵器工业集团有限公司 | 1203024 | 71 | 正大天晴药业集团股份有限公司 | 449204 |
| 22 | 中国铝业集团有限公司 | 1141844 | 72 | 威高集团有限公司 | 446822 |
| 23 | 协鑫集团有限公司 | 1139410 | 73 | 徐工集团工程机械股份有限公司 | 430710 |
| 24 | 海尔集团公司 | 1105285 | 74 | 新华三信息技术有限公司 | 427974 |
| 25 | 通威集团有限公司 | 1101219 | 75 | 中国建材集团有限公司 | 423223 |
| 26 | 中国航空工业集团有限公司 | 1027847 | 76 | 广州汽车工业集团有限公司 | 419100 |
| 27 | 正威国际集团有限公司 | 1006955 | 77 | 南山集团有限公司 | 414219 |
| 28 | 永道控股集团有限公司 | 995610 | 78 | 双胞胎（集团）股份有限公司 | 412748 |
| 29 | 青山控股集团有限公司 | 980339 | 79 | 鞍钢集团有限公司 | 408959 |
| 30 | 内蒙古伊利实业集团股份有限公司 | 943107 | 80 | 内蒙古鄂尔多斯投资控股集团有限公司 | 407856 |
| 31 | 江苏洋河酒厂股份有限公司 | 937783 | 81 | 东岳氟硅科技集团有限公司 | 391683 |
| 32 | 万洲国际有限公司 | 919873 | 82 | 黑龙江飞鹤乳业有限公司 | 391115 |
| 33 | 立讯精密工业股份有限公司 | 916310 | 83 | 浙江华友钴业股份有限公司 | 390988 |
| 34 | 中国铁塔股份有限公司 | 878662 | 84 | 江苏恒瑞医药股份有限公司 | 390630 |
| 35 | 农夫山泉股份有限公司 | 849525 | 85 | 泸州老窖集团有限责任公司 | 386827 |
| 36 | 长城汽车股份有限公司 | 826604 | 86 | 河南豫联能源集团有限责任公司 | 386178 |
| 37 | 东风汽车集团有限公司 | 814742 | 87 | 山东鲁花集团有限公司 | 384460 |
| 38 | 荣耀终端有限公司 | 812351 | 88 | 山东太阳控股集团有限公司 | 379378 |
| 39 | 中兴通讯股份有限公司 | 808030 | 89 | 远景能源有限公司 | 377194 |
| 40 | 湖南钢铁集团有限公司 | 790826 | 90 | 研祥高科技控股集团有限公司 | 375794 |
| 41 | 四川省宜宾五粮液集团有限公司 | 756950 | 91 | 江苏沙钢集团有限公司 | 374994 |
| 42 | 重庆智飞生物制品股份有限公司 | 753900 | 92 | 明阳新能源投资控股集团有限公司 | 370256 |
| 43 | 金川集团股份有限公司 | 748405 | 93 | 天合光能股份有限公司 | 368002 |
| 44 | 武安市裕华钢铁有限公司 | 704023 | 94 | 海信集团控股股份有限公司 | 362376 |
| 45 | 永兴特种材料科技股份有限公司 | 702097 | 95 | 贵州习酒投资控股集团有限责任公司 | 362224 |
| 46 | 安踏体育用品集团有限公司 | 695254 | 96 | 阳光电源股份有限公司 | 359341 |
| 47 | 中国兵器装备集团有限公司 | 682488 | 97 | 龙佰集团股份有限公司 | 341934 |
| 48 | 浙江吉利控股集团有限公司 | 635648 | 98 | 上海华谊控股集团有限公司 | 337670 |
| 49 | 山东魏桥创业集团有限公司 | 626397 | 99 | 湖南五江控股集团有限公司 | 323447 |
| 50 | 佛山市海天调味食品股份有限公司 | 619772 | 100 | 江苏长电科技股份有限公司 | 323099 |
|  |  |  |  | 中国制造业企业 500 强平均数 | 253541 |

表 10-5　2023 中国制造业企业 500 强资产排序前 100 名企业

| 排名 | 公司名称 | 资产/万元 | 排名 | 公司名称 | 资产/万元 |
| --- | --- | --- | --- | --- | --- |
| 1 | 中国石油化工集团有限公司 | 254334578 | 51 | 小米集团 | 27350721 |
| 2 | 中国中化控股有限责任公司 | 158400681 | 52 | 山东魏桥创业集团有限公司 | 25732721 |
| 3 | 中国航空工业集团有限公司 | 127961781 | 53 | 正威国际集团有限公司 | 21956890 |
| 4 | 中国宝武钢铁集团有限公司 | 123984105 | 54 | 奇瑞控股集团有限公司 | 21454744 |
| 5 | 华为投资控股有限公司 | 106380400 | 55 | 牧原实业集团有限公司 | 21258826 |
| 6 | 中国五矿集团有限公司 | 105634035 | 56 | 江西铜业集团有限公司 | 20964471 |
| 7 | 上海汽车集团股份有限公司 | 99010738 | 57 | 包头钢铁（集团）有限责任公司 | 20761587 |
| 8 | 中国船舶集团有限公司 | 94467362 | 58 | 盛虹控股集团有限公司 | 20617686 |
| 9 | 复星国际有限公司 | 82314606 | 59 | 协鑫集团有限公司 | 20133587 |
| 10 | 中国建材集团有限公司 | 70296223 | 60 | 万华化学集团股份有限公司 | 20084320 |
| 11 | 中国航天科技集团有限公司 | 65086177 | 61 | 上海医药集团股份有限公司 | 19813490 |
| 12 | 中国铝业集团有限公司 | 62501951 | 62 | 冀南钢铁集团有限公司 | 18605698 |
| 13 | 宁德时代新能源科技股份有限公司 | 60095235 | 63 | 长城汽车股份有限公司 | 18535730 |
| 14 | 中国第一汽车集团有限公司 | 59636880 | 64 | 新疆特变电工集团有限公司 | 18444763 |
| 15 | 中国电子科技集团有限公司 | 59416897 | 65 | 中兴通讯股份有限公司 | 18095357 |
| 16 | 浙江吉利控股集团有限公司 | 56067708 | 66 | 海信集团控股股份有限公司 | 17864558 |
| 17 | 河钢集团有限公司 | 53956036 | 67 | 徐工集团工程机械股份有限公司 | 17508560 |
| 18 | 中国兵器工业集团有限公司 | 51973929 | 68 | 北京建龙重工集团有限公司 | 17475625 |
| 19 | 首钢集团有限公司 | 51884243 | 69 | 洛阳栾川钼业集团股份有限公司 | 16501921 |
| 20 | 中国航天科工集团有限公司 | 51846070 | 70 | 北京首农食品集团有限公司 | 16133958 |
| 21 | 中国中车集团有限公司 | 51193476 | 71 | 通威集团有限公司 | 15988402 |
| 22 | 东风汽车集团有限公司 | 50548219 | 72 | 湖南钢铁集团有限公司 | 15706431 |
| 23 | 海尔集团公司 | 49719941 | 73 | 南山集团有限公司 | 15380693 |
| 24 | 比亚迪股份有限公司 | 49386065 | 74 | 福建省能源石化集团有限责任公司 | 15009907 |
| 25 | 鞍钢集团有限公司 | 48100840 | 75 | 新疆中泰（集团）有限责任公司 | 14900597 |
| 26 | 北京汽车集团有限公司 | 47136670 | 76 | 远景能源有限公司 | 14848799 |
| 27 | 美的集团股份有限公司 | 42255527 | 77 | 立讯精密工业股份有限公司 | 14838432 |
| 28 | 中国电子信息产业集团有限公司 | 42162105 | 78 | 中国国际海运集装箱（集团）股份有限公司 | 14589995 |
| 29 | 中国兵器装备集团有限公司 | 41129803 | 79 | 上海德龙钢铁集团有限公司 | 14485850 |
| 30 | 辽宁方大集团实业有限公司 | 40840917 | 80 | 陕西有色金属控股集团有限公司 | 14421596 |
| 31 | 上海电气控股集团有限公司 | 39491030 | 81 | 金川集团股份有限公司 | 14388763 |
| 32 | 广州汽车工业集团有限公司 | 39490345 | 82 | 江苏扬子江船业集团 | 14265720 |
| 33 | 浙江荣盛控股集团有限公司 | 39187015 | 83 | 多弗国际控股集团有限公司 | 14136253 |
| 34 | TCL 科技集团股份有限公司 | 35999623 | 84 | 正泰集团股份有限公司 | 14040291 |
| 35 | 中国机械工业集团有限公司 | 35577885 | 85 | 日照钢铁控股集团有限公司 | 14032344 |
| 36 | 珠海格力电器股份有限公司 | 35502476 | 86 | 隆基绿能科技股份有限公司 | 13955559 |
| 37 | 泸州老窖集团有限责任公司 | 35456618 | 87 | 青山控股集团有限公司 | 13890091 |
| 38 | 江苏沙钢集团有限公司 | 34419262 | 88 | 万洲国际有限公司 | 13828213 |
| 39 | 潞安化工集团有限公司 | 34388796 | 89 | 山西鹏飞集团有限公司 | 13731342 |
| 40 | 新希望控股集团有限公司 | 34132546 | 90 | 宁夏天元锰业集团有限公司 | 13725762 |
| 41 | 中国贵州茅台酒厂（集团）有限责任公司 | 33549806 | 91 | 新疆金风科技股份有限公司 | 13682238 |
| 42 | 恒力集团有限公司 | 33543244 | 92 | 浙江恒逸集团有限公司 | 13486979 |
| 43 | 紫金矿业集团股份有限公司 | 30604414 | 93 | 河北新华联合冶金控股集团有限公司 | 13319313 |
| 44 | 中国铁塔股份有限公司 | 30556084 | 94 | 无锡产业发展集团有限公司 | 13107758 |
| 45 | 安徽海螺集团有限责任公司 | 30162811 | 95 | 内蒙古伊利实业集团股份有限公司 | 13096530 |
| 46 | 潍柴动力股份有限公司 | 29366609 | 96 | 中国东方电气集团有限公司 | 13028723 |
| 47 | 广州工业投资控股集团有限公司 | 29175733 | 97 | 天津渤海化工集团有限责任公司 | 12694052 |
| 48 | 四川省宜宾五粮液集团有限公司 | 28280386 | 98 | 中联重科股份有限公司 | 12355302 |
| 49 | 光明食品（集团）有限公司 | 28008684 | 99 | 上海华虹（集团）有限公司 | 12228643 |
| 50 | 三一集团有限公司 | 27886019 | 100 | 广西柳州钢铁集团有限公司 | 12060400 |
|  |  |  |  | 中国制造业企业 500 强平均数 | 10603814 |

表 10-6  2023 中国制造业企业 500 强从业人数排序前 100 名企业

| 排名 | 公司名称 | 从业人数/人 | 排名 | 公司名称 | 从业人数/人 |
|---|---|---|---|---|---|
| 1 | 比亚迪股份有限公司 | 570060 | 51 | TCL 科技集团股份有限公司 | 69828 |
| 2 | 中国石油化工集团有限公司 | 527487 | 52 | 内蒙古伊利实业集团股份有限公司 | 67199 |
| 3 | 中国航空工业集团有限公司 | 383000 | 53 | 四川长虹电子控股集团有限公司 | 62443 |
| 4 | 立讯精密工业股份有限公司 | 236932 | 54 | 安徽海螺集团有限责任公司 | 61637 |
| 5 | 中国电子科技集团有限公司 | 235912 | 55 | 隆基绿能科技股份有限公司 | 60601 |
| 6 | 中国中化控股有限责任公司 | 223448 | 56 | 安踏体育用品集团有限公司 | 59000 |
| 7 | 中国宝武钢铁集团有限公司 | 219340 | 57 | 广州无线电集团有限公司 | 56611 |
| 8 | 中国兵器工业集团有限公司 | 217161 | 58 | 北京建龙重工集团有限公司 | 56300 |
| 9 | 中国建材集团有限公司 | 208857 | 59 | 北京首农食品集团有限公司 | 52879 |
| 10 | 华为投资控股有限公司 | 205000 | 60 | 包头钢铁（集团）有限责任公司 | 51712 |
| 11 | 中国船舶集团有限公司 | 204497 | 61 | 中国国际海运集装箱（集团）股份有限公司 | 51543 |
| 12 | 中国五矿集团有限公司 | 187962 | 62 | 温氏食品集团股份有限公司 | 49331 |
| 13 | 中国电子信息产业集团有限公司 | 184940 | 63 | 福建省电子信息（集团）有限责任公司 | 49092 |
| 14 | 中国航天科技集团有限公司 | 180521 | 64 | 紫金矿业集团股份有限公司 | 48836 |
| 15 | 中国中车集团有限公司 | 170184 | 65 | 三一集团有限公司 | 48606 |
| 16 | 恒力集团有限公司 | 170125 | 66 | 上海医药集团股份有限公司 | 47877 |
| 17 | 美的集团股份有限公司 | 166243 | 67 | 内蒙古蒙牛乳业（集团）股份有限公司 | 47329 |
| 18 | 中国兵器装备集团有限公司 | 156613 | 68 | 新疆中泰（集团）有限责任公司 | 47007 |
| 19 | 上海汽车集团股份有限公司 | 153196 | 69 | 四川省宜宾五粮液集团有限公司 | 46678 |
| 20 | 鞍钢集团有限公司 | 151411 | 70 | 晶科能源控股有限公司 | 46494 |
| 21 | 牧原实业集团有限公司 | 143186 | 71 | 上海德龙钢铁集团有限公司 | 46403 |
| 22 | 中国航天科工集团有限公司 | 141260 | 72 | 南山集团有限公司 | 45620 |
| 23 | 东风汽车集团有限公司 | 134637 | 73 | 江苏沙钢集团有限公司 | 45207 |
| 24 | 中国铝业集团有限公司 | 132740 | 74 | 宁波均胜电子股份有限公司 | 44391 |
| 25 | 浙江吉利控股集团有限公司 | 131517 | 75 | 江苏悦达集团有限公司 | 43034 |
| 26 | 辽宁方大集团实业有限公司 | 125641 | 76 | 通威集团有限公司 | 42381 |
| 27 | 中国机械工业集团有限公司 | 125370 | 77 | 中国有色矿业集团有限公司 | 42112 |
| 28 | 新希望控股集团有限公司 | 123933 | 78 | 正泰集团股份有限公司 | 41632 |
| 29 | 中国第一汽车集团有限公司 | 123615 | 79 | 奇瑞控股集团有限公司 | 41624 |
| 30 | 海尔集团公司 | 120501 | 80 | 陕西有色金属控股集团有限责任公司 | 40460 |
| 31 | 宁德时代新能源科技股份有限公司 | 118914 | 81 | 山东如意时尚投资控股有限公司 | 39742 |
| 32 | 广州汽车工业集团有限公司 | 113864 | 82 | 达利食品集团有限公司 | 39518 |
| 33 | 潞安化工集团有限公司 | 113557 | 83 | 盛虹控股集团有限公司 | 39059 |
| 34 | 复星国际有限公司 | 108000 | 84 | TCL 实业控股股份有限公司 | 39014 |
| 35 | 万洲国际有限公司 | 104000 | 85 | 中国黄金集团有限公司 | 37992 |
| 36 | 青山控股集团有限公司 | 100982 | 86 | 中国贵州茅台酒厂（集团）有限责任公司 | 37469 |
| 37 | 河钢集团有限公司 | 99807 | 87 | 广东海大集团股份有限公司 | 36018 |
| 38 | 山东魏桥创业集团有限公司 | 98100 | 88 | 小米集团 | 35977 |
| 39 | 海信集团控股股份有限公司 | 97838 | 89 | 湖南钢铁集团有限公司 | 35492 |
| 40 | 光明食品（集团）有限公司 | 96639 | 90 | 中国信息通信科技集团有限公司 | 35387 |
| 41 | 北京汽车集团有限公司 | 95000 | 91 | 鹏鼎控股（深圳）股份有限公司 | 35344 |
| 42 | 宁波申洲针织有限公司 | 94340 | 92 | 冀南钢铁集团有限公司 | 35042 |
| 43 | 首钢集团有限公司 | 91165 | 93 | 广州医药集团有限公司 | 34954 |
| 44 | 广州工业投资控股集团有限公司 | 88022 | 94 | 江铃汽车集团有限公司 | 34846 |
| 45 | 潍柴动力股份有限公司 | 87591 | 95 | 酒泉钢铁（集团）有限责任公司 | 34132 |
| 46 | 长城汽车股份有限公司 | 87367 | 96 | 创维集团有限公司 | 34100 |
| 47 | 歌尔股份有限公司 | 85358 | 97 | 闻泰科技股份有限公司 | 34048 |
| 48 | 中兴通讯股份有限公司 | 74811 | 98 | 青岛啤酒集团有限公司 | 33723 |
| 49 | 上海电气控股集团有限公司 | 73319 | 99 | 万向集团公司 | 33711 |
| 50 | 珠海格力电器股份有限公司 | 72380 | 100 | 江西铜业集团有限公司 | 32695 |
|  |  |  |  | 中国制造业企业 500 强平均数 | 29671 |

表 10 – 7  2023 中国制造业企业 500 强研发费用排序前 100 名企业

| 排名 | 公司名称 | 研发费用/万元 | 排名 | 公司名称 | 研发费用/万元 |
| --- | --- | --- | --- | --- | --- |
| 1 | 华为投资控股有限公司 | 16149400 | 51 | 天合光能股份有限公司 | 462074 |
| 2 | 中国航天科工集团有限公司 | 3212392 | 52 | 包头钢铁（集团）有限责任公司 | 455105 |
| 3 | 中国五矿集团有限公司 | 2306866 | 53 | 新华三信息技术有限公司 | 449960 |
| 4 | 中国兵器工业集团有限公司 | 2263501 | 54 | 通威集团有限公司 | 440058 |
| 5 | 浙江吉利控股集团有限公司 | 2242207 | 55 | 广州工业投资控股集团有限公司 | 439356 |
| 6 | 中兴通讯股份有限公司 | 2160230 | 56 | 浙江荣盛控股集团有限公司 | 438966 |
| 7 | 山东魏桥创业集团有限公司 | 1879876 | 57 | 徐工集团工程机械股份有限公司 | 408225 |
| 8 | 比亚迪股份有限公司 | 1865445 | 58 | 正大天晴药业集团股份有限公司 | 404718 |
| 9 | 中国石油化工集团有限公司 | 1806793 | 59 | TCL 实业控股股份有限公司 | 400535 |
| 10 | 上海汽车集团股份有限公司 | 1803092 | 60 | 安徽海螺集团有限责任公司 | 396038 |
| 11 | 小米集团 | 1602813 | 61 | 福建省电子信息（集团）有限责任公司 | 391675 |
| 12 | 宁德时代新能源科技股份有限公司 | 1551045 | 62 | 浙江大华技术股份有限公司 | 388301 |
| 13 | 中国第一汽车集团有限公司 | 1481438 | 63 | 铜陵有色金属集团控股有限公司 | 361580 |
| 14 | 中国中车集团有限公司 | 1353550 | 64 | 利华益集团股份有限公司 | 354754 |
| 15 | 美的集团股份有限公司 | 1261851 | 65 | 研祥高科技控股集团有限公司 | 345259 |
| 16 | 中国宝武钢铁集团有限公司 | 1251136 | 66 | 中联重科股份有限公司 | 344370 |
| 17 | 鞍钢集团有限公司 | 1117715 | 67 | 万华化学集团股份有限公司 | 342009 |
| 18 | 海尔集团公司 | 1060961 | 68 | 闻泰科技股份有限公司 | 339445 |
| 19 | 荣耀终端有限公司 | 989699 | 69 | 上海德龙钢铁集团有限公司 | 337358 |
| 20 | 中国建材集团有限公司 | 966444 | 70 | 江苏永钢集团有限公司 | 330127 |
| 21 | 三一集团有限公司 | 933798 | 71 | 敬业集团有限公司 | 324817 |
| 22 | 广州汽车工业集团有限公司 | 911714 | 72 | 重庆小康控股有限公司 | 313230 |
| 23 | 东风汽车集团有限公司 | 901149 | 73 | 协鑫集团有限公司 | 312294 |
| 24 | TCL 科技集团股份有限公司 | 863364 | 74 | 潞安化工集团有限公司 | 305841 |
| 25 | 江苏沙钢集团有限公司 | 794877 | 75 | 宁波均胜电子股份有限公司 | 303387 |
| 26 | 河钢集团有限公司 | 789530 | 76 | 正泰集团股份有限公司 | 303355 |
| 27 | 首钢集团有限公司 | 785826 | 77 | 舜宇集团有限公司 | 280340 |
| 28 | 中国信息通信科技集团有限公司 | 776851 | 78 | 四川长虹电子控股集团有限公司 | 280172 |
| 29 | 潍柴动力股份有限公司 | 773118 | 79 | 青山控股集团有限公司 | 263760 |
| 30 | 中国铝业集团有限公司 | 772063 | 80 | 福建大东海实业集团有限公司 | 263111 |
| 31 | 北京汽车集团有限公司 | 750654 | 81 | 华泰集团有限公司 | 253889 |
| 32 | 隆基绿能科技股份有限公司 | 714062 | 82 | 江铃汽车集团有限公司 | 252819 |
| 33 | 湖南钢铁集团有限公司 | 712896 | 83 | 中国重汽（香港）有限公司 | 252183 |
| 34 | 浪潮集团有限公司 | 641470 | 84 | 金鼎钢铁集团有限公司 | 250863 |
| 35 | 上海电气控股集团有限公司 | 631772 | 85 | 上海韦尔半导体股份有限公司 | 249559 |
| 36 | 北京建龙重工集团有限公司 | 631635 | 86 | 中国国际海运集装箱（集团）股份有限公司 | 246323 |
| 37 | 中国机械工业集团有限公司 | 629047 | 87 | 中国东方电气集团有限公司 | 244896 |
| 38 | 珠海格力电器股份有限公司 | 628139 | 88 | 新希望控股集团有限公司 | 241058 |
| 39 | 上海华虹（集团）有限公司 | 627911 | 89 | 南京钢铁集团有限公司 | 240304 |
| 40 | 海信集团控股股份有限公司 | 600470 | 90 | 河北普阳钢铁有限公司 | 235216 |
| 41 | 晶科能源控股有限公司 | 561461 | 91 | 中天科技集团有限公司 | 231401 |
| 42 | 奇瑞控股集团有限公司 | 551164 | 92 | 深圳市汇川技术股份有限公司 | 222927 |
| 43 | 歌尔股份有限公司 | 522652 | 93 | 广东德赛集团有限公司 | 222804 |
| 44 | 广东小鹏汽车科技有限公司 | 521484 | 94 | 郑州宇通企业集团 | 221405 |
| 45 | 华勤技术股份有限公司 | 504709 | 95 | 心里程控股集团有限公司 | 219405 |
| 46 | 万向集团公司 | 488934 | 96 | 中天钢铁集团有限公司 | 219356 |
| 47 | 江苏恒瑞医药股份有限公司 | 488655 | 97 | 江苏悦达集团有限公司 | 218395 |
| 48 | 新疆特变电工集团有限公司 | 484419 | 98 | 弘润石化（潍坊）有限责任公司 | 216192 |
| 49 | 亨通集团有限公司 | 482405 | 99 | 山西建邦集团有限公司 | 214610 |
| 50 | 河北新华联合冶金控股集团有限公司 | 463860 | 100 | 创维集团有限公司 | 211555 |
|  |  |  |  | 中国制造业企业 500 强平均数 | 226024 |

表 10-8  2023 中国制造业企业 500 强研发强度排序前 100 名企业

| 排名 | 公司名称 | 研发强度/% | 排名 | 公司名称 | 研发强度/% |
|---|---|---|---|---|---|
| 1 | 华为投资控股有限公司 | 25.14 | 51 | 卫华集团有限公司 | 4.50 |
| 2 | 江苏恒瑞医药股份有限公司 | 22.97 | 52 | 深圳传音控股股份有限公司 | 4.46 |
| 3 | 上海华虹（集团）有限公司 | 19.87 | 53 | 广东兴发铝业有限公司 | 4.46 |
| 4 | 广东小鹏汽车科技有限公司 | 19.42 | 54 | 弘元绿色能源股份有限公司 | 4.45 |
| 5 | 中兴通讯股份有限公司 | 17.57 | 55 | 潍柴动力股份有限公司 | 4.41 |
| 6 | 正大天晴药业集团股份有限公司 | 17.25 | 56 | 比亚迪股份有限公司 | 4.40 |
| 7 | 中国信息通信科技集团有限公司 | 14.69 | 57 | 山东玲珑轮胎股份有限公司 | 4.40 |
| 8 | 中国航天科工集团有限公司 | 12.78 | 58 | 徐工集团工程机械股份有限公司 | 4.35 |
| 9 | 浙江大华技术股份有限公司 | 12.70 | 59 | 人福医药集团股份公司 | 4.33 |
| 10 | 上海韦尔半导体股份有限公司 | 12.43 | 60 | 郑州煤矿机械集团股份有限公司 | 4.30 |
| 11 | 广州无线电集团有限公司 | 11.22 | 61 | 上海仪电（集团）有限公司 | 4.23 |
| 12 | 荣耀终端有限公司 | 10.54 | 62 | 中国重汽（香港）有限公司 | 4.23 |
| 13 | 深圳市汇川技术股份有限公司 | 9.69 | 63 | 泰豪集团有限公司 | 4.20 |
| 14 | 新华三信息技术有限公司 | 9.12 | 64 | 龙佰集团股份有限公司 | 4.20 |
| 15 | 舜宇集团有限公司 | 8.44 | 65 | 阳光电源股份有限公司 | 4.20 |
| 16 | 中联重科股份有限公司 | 8.27 | 66 | 中国东方电气集团有限公司 | 4.13 |
| 17 | 郑州宇通企业集团 | 7.88 | 67 | 万丰奥特控股集团有限公司 | 4.13 |
| 18 | 瑞声科技控股有限公司 | 7.50 | 68 | 上海电气控股集团有限公司 | 4.11 |
| 19 | 中创新航科技集团股份有限公司 | 7.48 | 69 | 金能科技股份有限公司 | 4.09 |
| 20 | 三一集团有限公司 | 7.40 | 70 | 中国兵器工业集团有限公司 | 4.07 |
| 21 | 福建省电子信息（集团）有限责任公司 | 7.10 | 71 | 四川科伦实业集团有限公司 | 4.01 |
| 22 | 浪潮集团有限公司 | 6.18 | 72 | 广州天赐高新材料股份有限公司 | 4.01 |
| 23 | 通富微电子股份有限公司 | 6.17 | 73 | 华鲁控股集团有限公司 | 3.97 |
| 24 | 重庆小康控股有限公司 | 6.15 | 74 | 安徽中鼎控股（集团）股份有限公司 | 3.96 |
| 25 | 广州视源电子科技股份有限公司 | 6.10 | 75 | 中国联塑集团控股有限公司 | 3.96 |
| 26 | 宁波均胜电子股份有限公司 | 6.09 | 76 | 创维集团有限公司 | 3.95 |
| 27 | 惠科股份有限公司 | 5.97 | 77 | 中策橡胶集团股份有限公司 | 3.94 |
| 28 | 广东德赛集团有限公司 | 5.93 | 78 | 包头钢铁（集团）有限责任公司 | 3.93 |
| 29 | 闻泰科技股份有限公司 | 5.84 | 79 | 上海爱旭新能源股份有限公司 | 3.93 |
| 30 | 中国中车集团有限公司 | 5.80 | 80 | 四川九洲投资控股集团有限公司 | 3.92 |
| 31 | 深圳市东阳光实业发展有限公司 | 5.75 | 81 | 东岳氟硅科技集团有限公司 | 3.91 |
| 32 | 小米集团 | 5.72 | 82 | 山西建邦集团有限公司 | 3.90 |
| 33 | 隆基绿能科技股份有限公司 | 5.54 | 83 | 江苏长电科技股份有限公司 | 3.89 |
| 34 | 浙江吉利控股集团有限公司 | 5.52 | 84 | 山东泰山钢铁集团有限公司 | 3.87 |
| 35 | 华勤技术股份有限公司 | 5.45 | 85 | 格林美股份有限公司 | 3.87 |
| 36 | 天合光能股份有限公司 | 5.43 | 86 | 辛集市澳森特钢集团有限公司 | 3.86 |
| 37 | 广东生益科技股份有限公司 | 5.24 | 87 | 天津天士力大健康产业投资集团有限公司 | 3.83 |
| 38 | TCL科技集团股份有限公司 | 5.18 | 88 | 华峰集团有限公司 | 3.78 |
| 39 | 上海龙旗科技股份有限公司 | 5.14 | 89 | TCL实业控股股份有限公司 | 3.78 |
| 40 | 晶科能源控股有限公司 | 5.06 | 90 | 山东魏桥创业集团有限公司 | 3.73 |
| 41 | 安徽江淮汽车集团控股有限公司 | 5.01 | 91 | 厦门金龙汽车集团股份有限公司 | 3.71 |
| 42 | 许继集团有限公司 | 5.01 | 92 | 奇瑞控股集团有限公司 | 3.67 |
| 43 | 欧派家居集团股份有限公司 | 5.00 | 93 | 林州凤宝管业有限公司 | 3.67 |
| 44 | 歌尔股份有限公司 | 4.98 | 94 | 美的集团股份有限公司 | 3.65 |
| 45 | 研祥高科技控股集团有限公司 | 4.82 | 95 | 金东纸业（江苏）股份有限公司 | 3.65 |
| 46 | 新疆特变电工集团有限公司 | 4.75 | 96 | 河南心连心化学工业集团股份有限公司 | 3.64 |
| 47 | 宁德时代新能源科技股份有限公司 | 4.72 | 97 | 西子联合控股有限公司 | 3.63 |
| 48 | 鹏鼎控股（深圳）股份有限公司 | 4.62 | 98 | 金发科技股份有限公司 | 3.60 |
| 49 | 浙江中财管道科技股份有限公司 | 4.53 | 99 | 浙江新安化工集团股份有限公司 | 3.59 |
| 50 | 泰开集团有限公司 | 4.52 | 100 | 厦门钨业股份有限公司 | 3.59 |
|  |  |  |  | 中国制造业企业500强平均数 | 2.33 |

表 10-9  2023 中国制造业企业 500 强净资产利润率排序前 100 名企业

| 排名 | 公司名称 | 净资产利润率/% | 排名 | 公司名称 | 净资产利润率/% |
| --- | --- | --- | --- | --- | --- |
| 1 | 湖北宜化集团有限责任公司 | 500.66 | 51 | 双胞胎（集团）股份有限公司 | 23.40 |
| 2 | 河南豫联能源集团有限责任公司 | 110.00 | 52 | 紫金矿业集团股份有限公司 | 22.53 |
| 3 | 天津九安医疗电子股份有限公司 | 81.98 | 53 | 山东鲁花集团有限公司 | 21.99 |
| 4 | 永道控股集团有限公司 | 71.33 | 54 | TCL 实业控股股份有限公司 | 21.93 |
| 5 | 河南神火集团有限公司 | 69.09 | 55 | 山东创新金属科技有限公司 | 21.71 |
| 6 | 青海盐湖工业股份有限公司 | 61.79 | 56 | 协鑫集团有限公司 | 21.62 |
| 7 | 湖南裕能新能源电池材料股份有限公司 | 52.63 | 57 | 中哲控股集团有限公司 | 21.49 |
| 8 | 内蒙古鄂尔多斯投资控股集团有限公司 | 50.21 | 58 | 福建长源纺织有限公司 | 21.44 |
| 9 | 新华三信息技术有限公司 | 49.76 | 59 | 波司登股份有限公司 | 21.40 |
| 10 | 贵州习酒投资控股集团有限责任公司 | 46.02 | 60 | 大亚科技集团有限公司 | 21.27 |
| 11 | 广州天赐高新材料股份有限公司 | 45.55 | 61 | 超威电源集团有限公司 | 21.17 |
| 12 | 深圳中宝集团有限公司 | 43.61 | 62 | 万华化学集团股份有限公司 | 21.13 |
| 13 | 永兴特种材料科技股份有限公司 | 43.06 | 63 | 华立集团股份有限公司 | 20.97 |
| 14 | 通威集团有限公司 | 41.81 | 64 | 泸州老窖集团有限责任公司 | 20.96 |
| 15 | 万丰奥特控股集团有限公司 | 41.69 | 65 | 河南心连心化学工业集团股份有限公司 | 20.85 |
| 16 | 雅迪科技集团有限公司 | 39.44 | 66 | 江苏阳光集团有限公司 | 20.81 |
| 17 | 安踏体育用品集团有限公司 | 36.58 | 67 | 华勤技术股份有限公司 | 20.70 |
| 18 | 农夫山泉股份有限公司 | 35.27 | 68 | 美的集团股份有限公司 | 20.68 |
| 19 | 山西亚鑫能源集团有限公司 | 34.29 | 69 | 新疆特变电工集团有限公司 | 20.65 |
| 20 | 云南祥丰实业集团有限公司 | 33.26 | 70 | 贵州磷化（集团）有限责任公司 | 20.58 |
| 21 | 河北鑫海控股集团有限公司 | 33.15 | 71 | 湖南钢铁集团有限公司 | 20.57 |
| 22 | 黑龙江飞鹤乳业有限公司 | 31.85 | 72 | 宁波力勤资源科技股份有限公司 | 20.39 |
| 23 | 重庆智飞生物制品股份有限公司 | 31.11 | 73 | 人民控股集团有限公司 | 20.28 |
| 24 | 浙江天圣控股集团有限公司 | 31.05 | 74 | 立讯精密工业股份有限公司 | 20.21 |
| 25 | 迪尚集团有限公司 | 30.24 | 75 | 宁波博洋控股集团有限公司 | 20.12 |
| 26 | 正大天晴药业集团股份有限公司 | 29.99 | 76 | 晶澳太阳能科技股份有限公司 | 20.12 |
| 27 | 桂林力源粮油食品集团有限公司 | 28.78 | 77 | 恒申控股集团有限公司 | 19.93 |
| 28 | 道恩集团有限公司 | 28.69 | 78 | 江苏洋河酒厂股份有限公司 | 19.75 |
| 29 | 爱玛科技集团股份有限公司 | 27.87 | 79 | 阳光电源股份有限公司 | 19.25 |
| 30 | 中国贵州茅台酒厂（集团）有限责任公司 | 27.46 | 80 | 浙江中财管道科技股份有限公司 | 18.91 |
| 31 | 青岛康大控股集团有限公司 | 27.42 | 81 | 河南金利金铅集团有限公司 | 18.91 |
| 32 | 齐成（山东）石化集团有限公司 | 27.37 | 82 | 河北新华联合冶金控股集团有限公司 | 18.84 |
| 33 | 深圳市德方纳米科技股份有限公司 | 27.01 | 83 | 浙江富冶集团有限公司 | 18.77 |
| 34 | 福建省金纶高纤股份有限公司 | 26.31 | 84 | 内蒙古伊利实业集团股份有限公司 | 18.76 |
| 35 | 上海源耀农业股份有限公司 | 26.29 | 85 | 宁德时代新能源科技股份有限公司 | 18.68 |
| 36 | 中天科技集团有限公司 | 26.09 | 86 | 青山控股集团有限公司 | 18.65 |
| 37 | 高景太阳能股份有限公司 | 26.03 | 87 | 德力西集团有限公司 | 18.20 |
| 38 | 上海爱旭新能源股份有限公司 | 25.70 | 88 | 江阴江东集团公司 | 18.17 |
| 39 | 浙江新安化工集团股份有限公司 | 25.59 | 89 | 河北兴华钢铁有限公司 | 18.06 |
| 40 | 江苏华宏实业集团有限公司 | 25.35 | 90 | 鹏鼎控股（深圳）股份有限公司 | 17.94 |
| 41 | 珠海格力电器股份有限公司 | 25.33 | 91 | 上海龙旗科技股份有限公司 | 17.76 |
| 42 | 泰开集团有限公司 | 24.92 | 92 | 广州视源电子科技股份有限公司 | 17.35 |
| 43 | 冀南钢铁集团有限公司 | 24.89 | 93 | 天津市宝来工贸有限公司 | 17.33 |
| 44 | 振石控股集团有限公司 | 24.84 | 94 | 荣耀终端有限公司 | 17.31 |
| 45 | 河南利源集团燃气有限公司 | 24.22 | 95 | 心里程控股集团有限公司 | 17.24 |
| 46 | 弘元绿色能源股份有限公司 | 24.20 | 96 | 江苏省镔鑫钢铁集团有限公司 | 17.13 |
| 47 | 武安市裕华钢铁有限公司 | 23.87 | 97 | 海信集团控股股份有限公司 | 17.09 |
| 48 | 东岳氟硅科技集团有限公司 | 23.85 | 98 | 得力集团有限公司 | 17.06 |
| 49 | 隆基绿能科技股份有限公司 | 23.83 | 99 | 山东京博控股集团有限公司 | 17.04 |
| 50 | 佛山市海天调味食品股份有限公司 | 23.48 | 100 | 鲁丽集团有限公司 | 17.01 |
|  |  |  |  | 中国制造业企业 500 强平均数 | 9.12 |

表 10-10 2023 中国制造业企业 500 强资产利润率排序前 100 名企业

| 排名 | 公司名称 | 资产利润率/% | 排名 | 公司名称 | 资产利润率/% |
|---|---|---|---|---|---|
| 1 | 天津九安医疗电子股份有限公司 | 73.77 | 51 | 雅迪科技集团有限公司 | 9.56 |
| 2 | 永道控股集团股份有限公司 | 47.79 | 52 | 恒申控股集团有限公司 | 9.46 |
| 3 | 青海盐湖工业股份有限公司 | 37.07 | 53 | 上海爱旭新能源股份有限公司 | 9.43 |
| 4 | 永兴特种材料科技股份有限公司 | 26.25 | 54 | 欧派家居集团股份有限公司 | 9.40 |
| 5 | 广州天赐高新材料股份有限公司 | 22.38 | 55 | 荣耀终端有限公司 | 9.28 |
| 6 | 农夫山泉股份有限公司 | 21.64 | 56 | 五得利面粉集团有限公司 | 9.26 |
| 7 | 重庆智飞生物制品股份有限公司 | 19.84 | 57 | 江苏恒瑞医药股份有限公司 | 9.22 |
| 8 | 云南祥丰实业集团有限公司 | 19.52 | 58 | 山东鲁花集团有限公司 | 8.80 |
| 9 | 迪尚集团有限公司 | 18.50 | 59 | 重庆京东方光电科技有限公司 | 8.75 |
| 10 | 佛山市海天调味食品股份有限公司 | 18.20 | 60 | 江苏三木集团有限公司 | 8.71 |
| 11 | 安踏体育用品集团有限公司 | 17.92 | 61 | 潍坊特钢集团有限公司 | 8.49 |
| 12 | 武安市裕华钢铁有限公司 | 16.73 | 62 | 回音必集团有限公司 | 8.44 |
| 13 | 深圳中宝集团有限公司 | 16.51 | 63 | 河南明泰铝业股份有限公司 | 8.43 |
| 14 | 正大天晴药业集团股份有限公司 | 15.86 | 64 | 宁波力勤资源科技股份有限公司 | 8.29 |
| 15 | 东岳氟硅科技集团有限公司 | 15.78 | 65 | 河南利源集团燃气有限公司 | 8.27 |
| 16 | 河南豫联能源集团有限责任公司 | 15.76 | 66 | 江苏长电科技股份有限公司 | 8.20 |
| 17 | 黑龙江飞鹤乳业有限公司 | 15.58 | 67 | 深圳市德方纳米科技股份有限公司 | 8.18 |
| 18 | 浙江天圣控股集团有限公司 | 15.50 | 68 | 山东联盟化工集团有限公司 | 8.15 |
| 19 | 天津市宝来工贸有限公司 | 15.43 | 69 | 冀南钢铁集团有限公司 | 8.09 |
| 20 | 浙江中财管道科技股份有限公司 | 15.37 | 70 | 万华化学集团股份有限公司 | 8.08 |
| 21 | 浙江新安化工集团股份有限公司 | 15.35 | 71 | 淮海控股集团有限公司 | 8.08 |
| 22 | 河北兴华钢铁有限公司 | 15.17 | 72 | 深圳传音控股股份有限公司 | 8.05 |
| 23 | 江阴江东集团公司 | 15.05 | 73 | 河北鑫海控股集团有限公司 | 7.75 |
| 24 | 人民控股集团有限公司 | 14.91 | 74 | 晶澳太阳能科技股份有限公司 | 7.65 |
| 25 | 弘元绿色能源股份有限公司 | 14.42 | 75 | 内蒙古鄂尔多斯投资控股集团有限公司 | 7.53 |
| 26 | 贵州习酒投资控股集团有限责任公司 | 14.27 | 76 | 安徽天康（集团）股份有限公司 | 7.40 |
| 27 | 江苏洋河酒厂股份有限公司 | 13.80 | 77 | 万丰奥特控股集团有限公司 | 7.33 |
| 28 | 福建长源纺织有限公司 | 13.18 | 78 | 内蒙古伊利实业集团股份有限公司 | 7.20 |
| 29 | 波司登股份有限公司 | 12.94 | 79 | 青岛康大控股集团有限公司 | 7.13 |
| 30 | 鹏鼎控股（深圳）股份有限公司 | 12.92 | 80 | 奥盛集团有限公司 | 7.10 |
| 31 | 山西亚鑫能源集团有限公司 | 12.60 | 81 | 山东齐润控股集团有限公司 | 7.07 |
| 32 | 振石控股集团有限公司 | 12.27 | 82 | 青山控股集团有限公司 | 7.06 |
| 33 | 新华三信息技术有限公司 | 12.07 | 83 | 美的集团股份有限公司 | 6.99 |
| 34 | 中国贵州茅台酒厂（集团）有限责任公司 | 11.98 | 84 | 辛集市澳森特钢集团有限公司 | 6.96 |
| 35 | 兴华财富集团有限公司 | 11.91 | 85 | 研祥高科技控股集团有限公司 | 6.95 |
| 36 | 心里程控股集团有限公司 | 11.63 | 86 | 山东创新金属科技有限公司 | 6.95 |
| 37 | 山东中海化工集团有限公司 | 11.57 | 87 | 珠海格力电器股份有限公司 | 6.90 |
| 38 | 江苏阳光集团有限公司 | 11.55 | 88 | 人福医药集团股份有限公司 | 6.90 |
| 39 | 双胞胎（集团）股份有限公司 | 11.55 | 89 | 通威集团有限公司 | 6.89 |
| 40 | 山东金岭集团有限公司 | 11.42 | 90 | 河北新武安钢铁集团文安钢铁有限公司 | 6.86 |
| 41 | 湖南裕能新能源电池材料股份有限公司 | 11.38 | 91 | 无棣鑫岳化工集团有限公司 | 6.76 |
| 42 | 高景太阳能股份有限公司 | 11.18 | 92 | 河南心连心化学工业集团股份有限公司 | 6.76 |
| 43 | 达利食品集团有限公司 | 11.07 | 93 | 福建省金纶高纤股份有限公司 | 6.75 |
| 44 | 桂林力源粮油食品集团有限公司 | 10.74 | 94 | 广东海大集团股份有限公司 | 6.68 |
| 45 | 隆基绿能科技股份有限公司 | 10.61 | 95 | 万洲国际有限公司 | 6.65 |
| 46 | 天洁集团有限公司 | 10.29 | 96 | 滨化集团 | 6.64 |
| 47 | 广州视源电子科技股份有限公司 | 10.29 | 97 | 紫金矿业集团股份有限公司 | 6.55 |
| 48 | 爱玛科技集团股份有限公司 | 10.14 | 98 | 金猴集团有限公司 | 6.54 |
| 49 | 上海源耀农业股份有限公司 | 10.13 | 99 | 老凤祥股份有限公司 | 6.54 |
| 50 | 超威电源集团有限公司 | 9.77 | 100 | 东方润安集团有限公司 | 6.51 |
|  |  |  |  | 中国制造业企业 500 强平均数 | 2.39 |

表 10-11 2023 中国制造业企业 500 强收入利润率排序前 100 名企业

| 排名 | 公司名称 | 收入利润率/% | 排名 | 公司名称 | 收入利润率/% |
| --- | --- | --- | --- | --- | --- |
| 1 | 天津九安医疗电子股份有限公司 | 60.92 | 51 | 美的集团股份有限公司 | 8.55 |
| 2 | 青海盐湖工业股份有限公司 | 50.62 | 52 | 广东生益科技股份有限公司 | 8.50 |
| 3 | 江苏洋河酒厂股份有限公司 | 31.15 | 53 | 河南豫联能源集团有限责任公司 | 8.44 |
| 4 | 中国贵州茅台酒厂（集团）有限责任公司 | 29.45 | 54 | 山东鲁花集团有限公司 | 8.21 |
| 5 | 永兴特种材料科技股份有限公司 | 26.87 | 55 | 中国联塑集团控股有限公司 | 8.18 |
| 6 | 永道控股集团股份有限公司 | 26.13 | 56 | 武安市裕华钢铁有限公司 | 8.10 |
| 7 | 广州天赐高新材料股份有限公司 | 25.61 | 57 | 郑州煤矿机械集团股份有限公司 | 7.92 |
| 8 | 农夫山泉股份有限公司 | 25.56 | 58 | 湖南五江控股集团有限公司 | 7.73 |
| 9 | 佛山市海天调味食品股份有限公司 | 24.20 | 59 | 内蒙古伊利实业集团股份有限公司 | 7.66 |
| 10 | 贵州习酒投资控股集团有限责任公司 | 20.39 | 60 | 浙江大华技术股份有限公司 | 7.60 |
| 11 | 重庆智飞生物制品股份有限公司 | 19.70 | 61 | 晶澳太阳能科技股份有限公司 | 7.58 |
| 12 | 正大天晴药业集团股份有限公司 | 19.14 | 62 | 河南心连心化学工业集团股份有限公司 | 7.57 |
| 13 | 黑龙江飞鹤乳业有限公司 | 18.53 | 63 | 冀南钢铁集团有限公司 | 7.53 |
| 14 | 重庆京东方光电科技有限公司 | 18.52 | 64 | 紫金矿业集团股份有限公司 | 7.41 |
| 15 | 江苏恒瑞医药股份有限公司 | 18.36 | 65 | 雅迪科技集团有限公司 | 7.37 |
| 16 | 波司登股份有限公司 | 16.05 | 66 | 中国航天科技集团有限公司 | 7.28 |
| 17 | 达利食品集团有限公司 | 14.98 | 67 | 舜宇集团有限公司 | 7.25 |
| 18 | 龙佰集团股份有限公司 | 14.18 | 68 | 安徽古井集团有限责任公司 | 7.18 |
| 19 | 弘元绿色能源股份有限公司 | 13.84 | 69 | 恒申控股集团有限公司 | 7.08 |
| 20 | 鹏鼎控股（深圳）股份有限公司 | 13.84 | 70 | 滨化集团 | 7.06 |
| 21 | 安踏体育用品集团有限公司 | 13.71 | 71 | 湖南裕能新能源电池材料股份有限公司 | 7.03 |
| 22 | 浙江新安化工集团股份有限公司 | 13.55 | 72 | 青岛海湾集团有限公司 | 6.98 |
| 23 | 珠海格力电器股份有限公司 | 12.97 | 73 | 上海爱旭新能源股份有限公司 | 6.64 |
| 24 | 欧派家居集团股份有限公司 | 11.96 | 74 | 贵州磷化（集团）有限责任公司 | 6.62 |
| 25 | 迪尚集团有限公司 | 11.93 | 75 | 中兴通讯股份有限公司 | 6.57 |
| 26 | 东岳氟硅科技集团有限公司 | 11.69 | 76 | 明阳新能源投资控股集团有限公司 | 6.49 |
| 27 | 隆基绿能科技股份有限公司 | 11.48 | 77 | 得力集团有限公司 | 6.37 |
| 28 | 浙江中财管道科技股份有限公司 | 11.48 | 78 | 温氏食品集团股份有限公司 | 6.32 |
| 29 | 云南祥丰实业集团有限公司 | 11.39 | 79 | 协鑫集团有限公司 | 6.26 |
| 30 | 人福医药集团股份公司 | 11.12 | 80 | 浙江华友钴业股份有限公司 | 6.20 |
| 31 | 浙江天圣控股集团有限公司 | 10.77 | 81 | 万丰奥特控股集团有限公司 | 6.11 |
| 32 | 深圳市德方纳米科技股份有限公司 | 10.55 | 82 | 赛轮集团股份有限公司 | 6.08 |
| 33 | 高景太阳能股份有限公司 | 10.36 | 83 | 长城汽车股份有限公司 | 6.02 |
| 34 | 金东纸业（江苏）股份有限公司 | 9.92 | 84 | 山西鹏飞集团有限公司 | 5.90 |
| 35 | 江苏扬子江船业集团 | 9.89 | 85 | 福建长源纺织有限公司 | 5.81 |
| 36 | 广州视源电子科技股份有限公司 | 9.87 | 86 | 中国航天科工集团有限公司 | 5.80 |
| 37 | 万华化学集团股份有限公司 | 9.80 | 87 | 河南明泰铝业股份有限公司 | 5.75 |
| 38 | 江苏长电科技股份有限公司 | 9.57 | 88 | 内蒙古蒙牛乳业（集团）股份有限公司 | 5.73 |
| 39 | 振石控股集团有限公司 | 9.55 | 89 | 内蒙古鄂尔多斯投资控股集团有限公司 | 5.70 |
| 40 | 中国铁塔股份有限公司 | 9.53 | 90 | 上海华谊控股集团有限公司 | 5.68 |
| 41 | 宁波力勤资源科技股份有限公司 | 9.43 | 91 | 泰开集团有限公司 | 5.67 |
| 42 | 宁德时代新能源科技股份有限公司 | 9.35 | 92 | 巨化集团有限公司 | 5.59 |
| 43 | 山西亚鑫能源集团有限公司 | 9.22 | 93 | 中联重科股份有限公司 | 5.54 |
| 44 | 爱玛科技集团股份有限公司 | 9.01 | 94 | 华为投资控股有限公司 | 5.53 |
| 45 | 阳光电源股份有限公司 | 8.93 | 95 | 山东联盟化工集团有限公司 | 5.49 |
| 46 | 华新水泥股份有限公司 | 8.86 | 96 | 远景能源有限公司 | 5.46 |
| 47 | 深圳市汇川技术股份有限公司 | 8.83 | 97 | 天洁集团有限公司 | 5.44 |
| 48 | 新华三信息技术有限公司 | 8.68 | 98 | 山东太阳控股集团有限公司 | 5.37 |
| 49 | 威高集团有限公司 | 8.67 | 99 | 深圳传音控股股份有限公司 | 5.33 |
| 50 | 荣耀终端有限公司 | 8.65 | 100 | 西子联合控股有限公司 | 5.32 |
| | | | | 中国制造业企业 500 强平均数 | 2.48 |

表 10-12　2023 中国制造业企业 500 强人均营业收入排序前 100 名企业

| 排名 | 公司名称 | 人均营业收入/万元 | 排名 | 公司名称 | 人均营业收入/万元 |
|---|---|---|---|---|---|
| 1 | 深圳中宝集团有限公司 | 14516.64 | 51 | 重庆万达薄板有限公司 | 1562.33 |
| 2 | 鹰潭胜华金属有限责任公司 | 9819.65 | 52 | 香驰控股有限公司 | 1549.99 |
| 3 | 重庆攀华板材有限公司 | 7265.95 | 53 | 浙江卫星控股股份有限公司 | 1549.62 |
| 4 | 江苏江润铜业有限公司 | 5318.63 | 54 | 江西铜业集团有限公司 | 1541.57 |
| 5 | 三河汇福粮油集团有限公司 | 4068.22 | 55 | 山西建邦集团有限公司 | 1540.12 |
| 6 | 天津华北集团有限公司 | 4011.09 | 56 | 山东东明石化集团有限公司 | 1530.73 |
| 7 | 兴达投资集团有限公司 | 3384.87 | 57 | 浙江升华控股集团有限公司 | 1492.68 |
| 8 | 上海源耀农业股份有限公司 | 3285.89 | 58 | 山东中海化工集团有限公司 | 1457.42 |
| 9 | 山东东方华龙工贸集团有限公司 | 3242.52 | 59 | 河北普阳钢铁有限公司 | 1411.81 |
| 10 | 浙江富冶集团有限公司 | 2949.39 | 60 | 研祥高科技控股集团有限公司 | 1382.43 |
| 11 | 山东恒源石油化工股份有限公司 | 2945.50 | 61 | 东方润安集团有限公司 | 1379.44 |
| 12 | 天津源泰德润钢管制造集团有限公司 | 2926.22 | 62 | 洛阳炼化宏达实业有限责任公司 | 1372.71 |
| 13 | 山东神驰控股有限公司 | 2684.51 | 63 | 河北新武安钢铁集团烘熔钢铁有限公司 | 1371.54 |
| 14 | 正威国际集团有限公司 | 2626.80 | 64 | 洛阳栾川钼业集团股份有限公司 | 1356.37 |
| 15 | 山东金诚石化集团有限公司 | 2622.73 | 65 | 江苏永钢集团有限公司 | 1354.21 |
| 16 | 弘润石化（潍坊）有限责任公司 | 2533.49 | 66 | 富海集团新能源控股有限公司 | 1347.33 |
| 17 | 河南丰利石化有限公司 | 2525.59 | 67 | 三房巷集团有限公司 | 1332.86 |
| 18 | 浙江荣盛控股集团有限公司 | 2485.93 | 68 | 浙江甬金金属科技股份有限公司 | 1302.87 |
| 19 | 河北鑫海控股集团有限公司 | 2484.06 | 69 | 兴惠化纤集团有限公司 | 1301.93 |
| 20 | 天洁集团有限公司 | 2458.89 | 70 | 永荣控股集团有限公司 | 1289.90 |
| 21 | 山东垦利石化集团有限公司 | 2455.53 | 71 | 回音必集团有限公司 | 1284.88 |
| 22 | 山东汇丰石化集团有限公司 | 2439.59 | 72 | 富通集团有限公司 | 1278.91 |
| 23 | 福建福海创石油化工有限公司 | 2416.89 | 73 | 山东华通控股集团有限公司 | 1212.27 |
| 24 | 山东寿光鲁清石化有限公司 | 2351.39 | 74 | 永兴特种材料科技股份有限公司 | 1161.96 |
| 25 | 心里程控股集团有限公司 | 2291.60 | 75 | 金川集团股份有限公司 | 1150.19 |
| 26 | 河北新武安钢铁集团文安钢铁有限公司 | 2238.50 | 76 | 森马集团有限公司 | 1141.37 |
| 27 | 杭州钢铁集团有限公司 | 2170.43 | 77 | 福建长源纺织有限公司 | 1138.47 |
| 28 | 河北津西钢铁集团股份有限公司 | 2147.48 | 78 | 山东金岭集团有限公司 | 1114.60 |
| 29 | 宏旺控股集团有限公司 | 2082.77 | 79 | 万通海欣控股集团股份有限公司 | 1086.44 |
| 30 | 远景能源有限公司 | 2037.90 | 80 | 无锡新三洲特钢有限公司 | 1085.91 |
| 31 | 齐成（山东）石化集团有限公司 | 2035.47 | 81 | 广西南丹南方金属有限公司 | 1083.35 |
| 32 | 山东齐润控股集团有限公司 | 2031.88 | 82 | 河南豫光金铅集团有限责任公司 | 1071.95 |
| 33 | 浙江协和集团有限公司 | 2010.88 | 83 | 铜陵有色金属集团控股有限公司 | 1067.48 |
| 34 | 江苏华宏实业集团有限公司 | 1994.60 | 84 | 三宝集团股份有限公司 | 1063.68 |
| 35 | 金鼎钢铁集团有限公司 | 1936.39 | 85 | 盛虹控股集团有限公司 | 1054.87 |
| 36 | 山东渤海实业集团有限公司 | 1921.23 | 86 | 河南利源集团燃气有限公司 | 1052.31 |
| 37 | 奥盛集团有限公司 | 1889.66 | 87 | 天津荣程祥泰投资控股集团有限公司 | 1043.90 |
| 38 | 利华益集团股份有限公司 | 1889.56 | 88 | 天津市宝来工贸有限公司 | 1042.69 |
| 39 | 南京钢铁集团有限公司 | 1869.50 | 89 | 多弗国际控股集团有限公司 | 1022.11 |
| 40 | 淄博鑫泰石化有限公司 | 1815.19 | 90 | 金澳科技（湖北）化工有限公司 | 998.21 |
| 41 | 浙江恒逸集团有限公司 | 1813.94 | 91 | 敬业集团有限公司 | 991.76 |
| 42 | 宁波金田投资控股有限公司 | 1725.69 | 92 | 道恩集团有限公司 | 991.05 |
| 43 | 福州中景石化集团有限公司 | 1716.01 | 93 | 胜达集团有限公司 | 983.11 |
| 44 | 山东永鑫能源集团有限公司 | 1712.87 | 94 | 永道控股集团股份有限公司 | 982.13 |
| 45 | 老凤祥股份有限公司 | 1695.64 | 95 | 广西贵港钢铁集团有限公司 | 980.97 |
| 46 | 江苏新长江实业集团有限公司 | 1680.31 | 96 | 中天钢铁集团有限公司 | 975.42 |
| 47 | 胜星集团有限责任公司 | 1671.42 | 97 | 兴华财富集团有限公司 | 972.05 |
| 48 | 沂州集团有限公司 | 1604.38 | 98 | 华泰集团有限公司 | 949.51 |
| 49 | 天津九安医疗电子股份有限公司 | 1590.05 | 99 | 晨鸣控股有限公司 | 945.34 |
| 50 | 山东海科控股有限公司 | 1581.50 | 100 | 浙江天圣控股集团有限公司 | 940.72 |
|  |  |  |  | 中国制造业企业 500 强平均数 | 344.20 |

表 10-13  2023 中国制造业企业 500 强人均净利润排序前 100 名企业

| 排名 | 公司名称 | 人均净利润/万元 | 排名 | 公司名称 | 人均净利润/万元 |
|---|---|---|---|---|---|
| 1 | 天津九安医疗电子股份有限公司 | 968.59 | 51 | 紫金矿业集团股份有限公司 | 41.04 |
| 2 | 永兴特种材料科技股份有限公司 | 312.18 | 52 | 阳光电源股份有限公司 | 38.89 |
| 3 | 永道控股集团股份有限公司 | 256.60 | 53 | 五得利面粉集团有限公司 | 38.06 |
| 4 | 青海盐湖工业股份有限公司 | 246.47 | 54 | 农夫山泉股份有限公司 | 37.77 |
| 5 | 天洁集团有限公司 | 133.87 | 55 | 中国铁塔股份有限公司 | 37.55 |
| 6 | 重庆智飞生物制品股份有限公司 | 131.46 | 56 | 山西建邦集团有限公司 | 37.37 |
| 7 | 远景能源有限公司 | 111.27 | 57 | 万通海欣控股集团股份有限公司 | 37.26 |
| 8 | 中国贵州茅台酒厂（集团）有限责任公司 | 107.25 | 58 | 河南利源集团燃气有限公司 | 36.94 |
| 9 | 浙江天圣控股集团有限公司 | 101.33 | 59 | 滨化集团 | 36.75 |
| 10 | 广州天赐高新材料股份有限公司 | 95.21 | 60 | 利华益集团股份有限公司 | 36.49 |
| 11 | 心里程控股集团有限公司 | 93.86 | 61 | 富通集团有限公司 | 36.30 |
| 12 | 佛山市海天调味食品股份有限公司 | 84.75 | 62 | 金鼎钢铁集团有限公司 | 36.02 |
| 13 | 重庆京东方光电科技有限公司 | 81.24 | 63 | 山东海科控股有限公司 | 36.02 |
| 14 | 云南祥丰实业集团有限公司 | 80.79 | 64 | 兴达投资集团有限公司 | 34.09 |
| 15 | 深圳中宝集团有限公司 | 79.73 | 65 | 珠海格力电器股份有限公司 | 33.86 |
| 16 | 山东中海化工集团有限公司 | 75.29 | 66 | 河北新武安钢铁集团文安钢铁有限公司 | 33.79 |
| 17 | 弘润石化（潍坊）有限责任公司 | 73.33 | 67 | 回音必集团有限公司 | 33.76 |
| 18 | 研祥高科技控股集团有限公司 | 72.59 | 68 | 广州视源电子科技股份有限公司 | 33.46 |
| 19 | 万华化学集团股份有限公司 | 66.57 | 69 | 正大天晴药业集团股份有限公司 | 32.56 |
| 20 | 福建长源纺织有限公司 | 66.14 | 70 | 明阳新能源投资控股集团有限公司 | 32.27 |
| 21 | 恒申控股集团有限公司 | 63.63 | 71 | 三河汇福粮油集团有限公司 | 31.53 |
| 22 | 武安市裕华钢铁有限公司 | 61.00 | 72 | 青岛海湾集团有限公司 | 30.75 |
| 23 | 河北鑫海控股集团有限公司 | 60.87 | 73 | 深圳市德方纳米科技股份有限公司 | 30.41 |
| 24 | 山东齐润控股集团有限公司 | 60.52 | 74 | 富海集团新能源控股有限公司 | 29.83 |
| 25 | 荣耀终端有限公司 | 60.09 | 75 | 胜达集团有限公司 | 29.13 |
| 26 | 宁波力勤资源科技股份有限公司 | 59.45 | 76 | 高景太阳能股份有限公司 | 28.29 |
| 27 | 奥盛集团有限公司 | 59.45 | 77 | 浙江富冶集团有限公司 | 28.02 |
| 28 | 黑龙江飞鹤乳业有限公司 | 57.02 | 78 | 江苏永钢集团有限公司 | 28.00 |
| 29 | 山东垦利石化集团有限公司 | 56.20 | 79 | 海澜集团有限公司 | 27.77 |
| 30 | 河南豫联源集团有限责任公司 | 55.86 | 80 | 无棣鑫岳化工集团有限公司 | 27.62 |
| 31 | 东岳氟硅科技集团有限公司 | 55.44 | 81 | 江苏新长江实业集团有限公司 | 27.34 |
| 32 | 山西亚鑫能源集团有限公司 | 54.99 | 82 | 河北兴华钢铁有限公司 | 26.70 |
| 33 | 山东金岭集团有限公司 | 53.55 | 83 | 河南明泰铝业股份有限公司 | 26.61 |
| 34 | 湖南裕能新能源电池材料股份有限公司 | 53.38 | 84 | 泸州老窖集团有限责任公司 | 26.40 |
| 35 | 香驰控股有限公司 | 50.79 | 85 | 广西南丹南方金属有限公司 | 26.38 |
| 36 | 振石控股集团有限公司 | 49.78 | 86 | 通威集团有限公司 | 25.98 |
| 37 | 金东纸业（江苏）股份有限公司 | 49.26 | 87 | 金川集团股份有限公司 | 25.87 |
| 38 | 江苏洋河酒厂股份有限公司 | 47.81 | 88 | 宁德时代新能源科技股份有限公司 | 25.84 |
| 39 | 洛阳栾川钼业集团股份有限公司 | 47.57 | 89 | 上海爱旭新能源股份有限公司 | 25.48 |
| 40 | 协鑫集团有限公司 | 47.51 | 90 | 浙江卫星控股股份有限公司 | 25.39 |
| 41 | 浙江新安化工集团股份有限公司 | 46.55 | 91 | 浙江中财管道科技股份有限公司 | 24.60 |
| 42 | 老凤祥股份有限公司 | 45.76 | 92 | 山西鹏飞集团有限公司 | 24.54 |
| 43 | 山东寿光鲁清石化有限公司 | 45.40 | 93 | 隆基绿能科技股份有限公司 | 24.44 |
| 44 | 兴华财富集团有限公司 | 44.62 | 94 | 波司登股份有限公司 | 24.26 |
| 45 | 正威国际集团有限公司 | 43.45 | 95 | 道恩集团有限公司 | 24.01 |
| 46 | 冀南钢铁集团有限公司 | 42.93 | 96 | 雅戈尔集团股份有限公司 | 23.52 |
| 47 | 山东神驰控股有限公司 | 42.93 | 97 | 江苏三木集团有限公司 | 23.49 |
| 48 | 贵州习酒投资控股集团有限责任公司 | 42.10 | 98 | 爱玛科技集团股份有限公司 | 23.05 |
| 49 | 弘元绿色能源股份有限公司 | 41.87 | 99 | 天津源泰德润钢管制造集团有限公司 | 22.83 |
| 50 | 福州中景石化集团有限公司 | 41.14 | 100 | 湖南钢铁集团有限公司 | 22.28 |
|  |  |  |  | 中国制造业企业 500 强平均数 | 8.55 |

表 10-14　2023 中国制造业企业 500 强人均资产排序前 100 名企业

| 排名 | 公司名称 | 人均资产/万元 | 排名 | 公司名称 | 人均资产/万元 |
| --- | --- | --- | --- | --- | --- |
| 1 | 远景能源有限公司 | 4380.18 | 51 | 香驰控股有限公司 | 810.66 |
| 2 | 福建福海创石油化工有限公司 | 2497.15 | 52 | 福建省能源石化集团有限责任公司 | 810.65 |
| 3 | 泸州老窖集团有限责任公司 | 2419.75 | 53 | 心里程控股集团有限公司 | 807.27 |
| 4 | 胜星集团有限责任公司 | 2058.89 | 54 | 齐成（山东）石化集团有限公司 | 806.21 |
| 5 | 弘润石化（潍坊）有限责任公司 | 1929.04 | 55 | 晨鸣控股有限公司 | 795.46 |
| 6 | 河南丰利石化有限公司 | 1873.34 | 56 | 河北鑫海控股集团有限公司 | 785.21 |
| 7 | 淄博鑫泰石化有限公司 | 1854.22 | 57 | 西部矿业集团有限公司 | 773.00 |
| 8 | 浙江荣盛控股集团有限公司 | 1680.69 | 58 | 上海仪电（集团）有限公司 | 771.73 |
| 9 | 天津华北集团有限公司 | 1321.88 | 59 | 复星国际有限公司 | 762.17 |
| 10 | 浙江卫星控股股份有限公司 | 1315.34 | 60 | 江苏沙钢集团有限公司 | 761.37 |
| 11 | 天津九安医疗电子股份有限公司 | 1313.03 | 61 | 小米集团 | 760.23 |
| 12 | 中国铁塔股份有限公司 | 1305.76 | 62 | 青岛海湾集团有限公司 | 746.25 |
| 13 | 天洁集团有限公司 | 1300.91 | 63 | 常熟市龙腾特种钢有限公司 | 741.08 |
| 14 | 洛阳栾川钼业集团股份有限公司 | 1293.86 | 64 | 金鼎钢铁集团有限公司 | 726.33 |
| 15 | 山东寿光鲁清石化有限公司 | 1231.24 | 65 | 山东东明石化集团有限公司 | 723.29 |
| 16 | 伊电控股集团有限公司 | 1226.97 | 66 | 富通集团有限公司 | 723.22 |
| 17 | 新疆金风科技股份有限公司 | 1221.63 | 67 | 杭州钢铁集团有限公司 | 721.64 |
| 18 | 金东纸业（江苏）股份有限公司 | 1210.20 | 68 | 宁波力勤资源科技股份有限公司 | 716.90 |
| 19 | 永兴特种材料科技股份有限公司 | 1189.10 | 69 | 中国中化控股有限责任公司 | 708.89 |
| 20 | 山东恒源石油化工股份有限公司 | 1072.94 | 70 | 上海韦尔半导体股份有限公司 | 706.63 |
| 21 | 福州中景石化集团有限公司 | 1057.13 | 71 | 新疆特变电工集团有限公司 | 702.90 |
| 22 | 杭州鼎胜实业集团有限公司 | 1056.10 | 72 | 老凤祥股份有限公司 | 699.81 |
| 23 | 万通海欣控股集团有限公司 | 1055.58 | 73 | 山东金诚石化集团有限公司 | 694.49 |
| 24 | 研祥高科技控股集团有限公司 | 1043.84 | 74 | 福建百宏聚纤科技实业有限公司 | 690.70 |
| 25 | 上海华虹（集团）有限公司 | 1028.05 | 75 | 深圳市立业集团有限公司 | 687.77 |
| 26 | 明阳新能源投资控股集团有限公司 | 1025.30 | 76 | 宁夏天元锰业集团有限公司 | 684.30 |
| 27 | 重庆攀华板材有限公司 | 993.27 | 77 | 山东汇丰石化集团有限公司 | 682.29 |
| 28 | 杉杉控股有限公司 | 988.64 | 78 | 海澜集团有限公司 | 681.25 |
| 29 | 日照钢铁控股集团有限公司 | 986.25 | 79 | 恒申控股集团有限公司 | 672.62 |
| 30 | 森马集团有限公司 | 961.38 | 80 | 阳光电源股份有限公司 | 667.02 |
| 31 | 兴达投资集团有限公司 | 948.85 | 81 | 红太阳集团有限公司 | 666.92 |
| 32 | 正威国际集团有限公司 | 947.44 | 82 | 多弗国际控股集团有限公司 | 666.80 |
| 33 | 三河汇福粮油集团有限公司 | 938.81 | 83 | 青海盐湖工业股份有限公司 | 664.81 |
| 34 | 重庆京东方光电科技有限公司 | 928.33 | 84 | 中国东方电气集团有限公司 | 663.71 |
| 35 | 重庆万达薄板有限公司 | 901.35 | 85 | 重庆智飞生物制品股份有限公司 | 662.66 |
| 36 | 山东东方华龙工贸集团有限公司 | 900.17 | 86 | 河北普阳钢铁有限公司 | 660.53 |
| 37 | 中国贵州茅台酒厂（集团）有限责任公司 | 895.40 | 87 | 沂州集团有限公司 | 658.93 |
| 38 | 淄博齐翔腾达化工股份有限公司 | 883.29 | 88 | 浙江天圣控股集团有限公司 | 653.92 |
| 39 | 山东渤海实业集团有限公司 | 871.00 | 89 | 山东中海化工集团有限公司 | 650.98 |
| 40 | 山东垦利石化集团有限公司 | 864.55 | 90 | 荣耀终端有限公司 | 647.87 |
| 41 | 山东齐润控股集团有限公司 | 856.24 | 91 | 河北新华联合冶金控股集团有限公司 | 646.73 |
| 42 | 山东永鑫能源集团有限公司 | 850.62 | 92 | 上海汽车集团股份有限公司 | 646.30 |
| 43 | 利华益集团股份有限公司 | 844.91 | 93 | 万向三农集团有限公司 | 641.41 |
| 44 | 河北津西钢铁集团股份有限公司 | 842.88 | 94 | 江西铜业集团有限公司 | 641.21 |
| 45 | 南京钢铁集团有限公司 | 839.80 | 95 | 天津纺织集团（控股）有限公司 | 637.75 |
| 46 | 协鑫集团有限公司 | 839.42 | 96 | 徐工集团工程机械股份有限公司 | 637.67 |
| 47 | 奥盛集团有限公司 | 837.73 | 97 | 浙江恒逸集团有限公司 | 634.35 |
| 48 | 山东神驰控股有限公司 | 826.43 | 98 | 中国庆华能源集团有限公司 | 629.01 |
| 49 | 江苏新长江实业集团有限公司 | 824.68 | 99 | 紫金矿业集团股份有限公司 | 626.68 |
| 50 | 万华化学集团股份有限公司 | 823.57 | 100 | 永荣控股集团有限公司 | 619.99 |
|  |  |  |  | 中国制造业企业 500 强平均数 | 357.38 |

表 10-15 2023 中国制造业企业 500 强收入增长率排序前 100 名企业

| 排名 | 公司名称 | 收入增长率/% | 排名 | 公司名称 | 收入增长率/% |
| --- | --- | --- | --- | --- | --- |
| 1 | 天津九安医疗电子股份有限公司 | 997.80 | 51 | 湖北宜化集团有限责任公司 | 35.41 |
| 2 | 高景太阳能股份有限公司 | 605.47 | 52 | 山东垦利石化集团有限公司 | 35.39 |
| 3 | 湖南裕能新能源电池材料股份有限公司 | 505.44 | 53 | 潍坊特钢集团有限公司 | 35.27 |
| 4 | 深圳市德方纳米科技股份有限公司 | 355.30 | 54 | 广州工业投资控股集团有限公司 | 35.16 |
| 5 | 中创新航科技集团股份有限公司 | 206.02 | 55 | 爱玛科技集团股份有限公司 | 35.09 |
| 6 | 宁德时代新能源科技股份有限公司 | 152.07 | 56 | 富海集团新能源控股有限公司 | 35.00 |
| 7 | 永道控股集团股份有限公司 | 128.07 | 57 | 新疆特变电工集团有限公司 | 34.86 |
| 8 | 上海爱旭新能源股份有限公司 | 126.72 | 58 | 歌尔股份有限公司 | 34.10 |
| 9 | 河南丰利石化有限公司 | 120.44 | 59 | 浙江东南网架集团有限公司 | 33.86 |
| 10 | 山东华通控股集团有限公司 | 116.50 | 60 | 永兴特种材料科技股份有限公司 | 33.65 |
| 11 | 青海盐湖工业股份有限公司 | 108.06 | 61 | 山西晋城钢铁控股集团有限公司 | 33.58 |
| 12 | 广州天赐高新材料股份有限公司 | 101.22 | 62 | 上海源耀农业股份有限公司 | 32.69 |
| 13 | 弘元绿色能源股份有限公司 | 100.72 | 63 | 山东电工电气集团有限公司 | 32.16 |
| 14 | 通威集团有限公司 | 98.47 | 64 | 云南祥丰实业集团有限公司 | 30.57 |
| 15 | 比亚迪股份有限公司 | 96.20 | 65 | 三花控股集团有限公司 | 30.20 |
| 16 | 天合光能股份有限公司 | 91.21 | 66 | 浙江富冶集团有限公司 | 30.06 |
| 17 | 浙江正凯集团有限公司 | 90.34 | 67 | 辽宁方大集团实业有限公司 | 29.82 |
| 18 | 大全集团有限公司 | 87.69 | 68 | 三宝集团股份有限公司 | 29.47 |
| 19 | 河南利源集团燃气有限公司 | 81.18 | 69 | 山东神驰控股有限公司 | 29.32 |
| 20 | 浙江华友钴业股份有限公司 | 78.48 | 70 | 山东金岭集团有限公司 | 29.31 |
| 21 | 晶澳太阳能科技股份有限公司 | 76.72 | 71 | 浙江荣盛控股集团有限公司 | 29.29 |
| 22 | 洛阳炼化宏达实业有限责任公司 | 75.09 | 72 | 敬业集团有限公司 | 29.23 |
| 23 | 阳光电源股份有限公司 | 66.79 | 73 | 五得利面粉集团有限公司 | 29.14 |
| 24 | 晶科能源控股有限公司 | 61.87 | 74 | 温氏食品集团股份有限公司 | 28.88 |
| 25 | 隆基绿能科技股份有限公司 | 59.39 | 75 | 桂林力源粮油食品集团有限公司 | 28.86 |
| 26 | 东方日升新能源股份有限公司 | 56.05 | 76 | 齐成（山东）石化集团有限公司 | 28.67 |
| 27 | 福建百宏聚纤科技实业有限公司 | 55.95 | 77 | 深圳市汇川技术股份有限公司 | 28.23 |
| 28 | 格林美股份有限公司 | 52.28 | 78 | 三河汇福粮油集团有限公司 | 28.08 |
| 29 | 牧原实业集团有限公司 | 51.75 | 79 | 广东小鹏汽车科技有限公司 | 27.95 |
| 30 | 厦门钨业股份有限公司 | 51.40 | 80 | 宁波富邦控股集团有限公司 | 27.46 |
| 31 | 中伟新材料股份有限公司 | 51.17 | 81 | 深圳理士电源发展有限公司 | 27.44 |
| 32 | 深圳中宝集团有限公司 | 51.08 | 82 | 重庆小康控股有限公司 | 27.40 |
| 33 | 山东东方华龙工贸集团有限公司 | 49.90 | 83 | 桐昆控股集团有限公司 | 27.36 |
| 34 | 上海华虹（集团）有限公司 | 47.34 | 84 | 山东齐润控股集团有限公司 | 26.36 |
| 35 | 宁波力勤资源科技股份有限公司 | 47.12 | 85 | 浙江甬金金属科技股份有限公司 | 26.11 |
| 36 | 广西南丹南方金属有限公司 | 47.07 | 86 | 河南神火集团有限公司 | 26.09 |
| 37 | 河南心连心化学工业集团股份有限公司 | 43.97 | 87 | 红太阳集团有限公司 | 25.98 |
| 38 | 山西亚鑫能源集团有限公司 | 42.86 | 88 | 金川集团股份有限公司 | 25.95 |
| 39 | 奇瑞控股集团有限公司 | 41.38 | 89 | 铜陵化学工业集团有限公司 | 25.95 |
| 40 | 协鑫集团有限公司 | 39.92 | 90 | 广东德赛集团有限公司 | 25.94 |
| 41 | 金能科技股份有限公司 | 39.85 | 91 | 浪潮集团有限公司 | 25.47 |
| 42 | 福州中景石化集团有限公司 | 39.78 | 92 | 天津华北集团有限公司 | 25.15 |
| 43 | 立讯精密工业股份有限公司 | 39.03 | 93 | 河南豫联能源集团有限责任公司 | 24.90 |
| 44 | 山东恒信集团有限公司 | 38.76 | 94 | 重庆智飞生物制品股份有限公司 | 24.83 |
| 45 | 浙江卫星控股股份有限公司 | 38.25 | 95 | 河北鑫海控股集团有限公司 | 24.68 |
| 46 | 江阴江东集团公司 | 38.00 | 96 | 安徽古井集团有限责任公司 | 24.64 |
| 47 | 山东寿光鲁清石化有限公司 | 37.25 | 97 | 安徽中鼎控股（集团）股份有限公司 | 24.50 |
| 48 | 冀南钢铁集团有限公司 | 36.86 | 98 | 深圳市中金岭南有色金属股份有限公司 | 24.50 |
| 49 | 广西农垦集团有限责任公司 | 36.43 | 99 | 许继集团有限公司 | 24.30 |
| 50 | 通富微电子股份有限公司 | 35.52 | 100 | 东岳氟硅科技集团有限公司 | 24.25 |
|  |  |  |  | 中国制造业企业 500 强平均数 | 7.69 |

表 10-16　2023 中国制造业企业 500 强净利润增长率排序前 100 名企业

| 排名 | 公司名称 | 净利润增长率/% | 排名 | 公司名称 | 净利润增长率/% |
|---|---|---|---|---|---|
| 1 | 天津九安医疗电子股份有限公司 | 1664.19 | 51 | 广西农垦集团有限责任公司 | 69.35 |
| 2 | 高景太阳能股份有限公司 | 1584.65 | 52 | 上海华谊控股集团有限公司 | 68.98 |
| 3 | 双胞胎（集团）股份有限公司 | 1221.22 | 53 | 江苏扬子江船业集团 | 66.29 |
| 4 | 山东电工电气集团有限公司 | 470.08 | 54 | 齐成（山东）石化集团有限公司 | 66.07 |
| 5 | 比亚迪股份有限公司 | 445.86 | 55 | 中伟新材料股份有限公司 | 64.39 |
| 6 | 牧原实业集团有限公司 | 432.38 | 56 | 隆基绿能科技股份有限公司 | 63.02 |
| 7 | 远东控股集团有限公司 | 392.08 | 57 | 东岳氟硅科技集团有限公司 | 62.13 |
| 8 | 永兴特种材料科技股份有限公司 | 377.18 | 58 | 许继集团有限公司 | 60.37 |
| 9 | 中天科技集团有限公司 | 369.65 | 59 | 山东寿光鲁清石化有限公司 | 60.33 |
| 10 | 协鑫集团有限公司 | 351.77 | 60 | 山东东方华龙工贸集团有限公司 | 59.44 |
| 11 | 中创新航科技集团股份有限公司 | 341.53 | 61 | 雅迪科技集团有限公司 | 58.61 |
| 12 | 禾丰食品股份有限公司 | 333.25 | 62 | 宁波力勤资源科技股份有限公司 | 57.85 |
| 13 | 河南豫联能源集团有限责任公司 | 307.51 | 63 | 江苏悦达集团有限公司 | 56.15 |
| 14 | 青海盐湖工业股份有限公司 | 247.55 | 64 | 华勤橡胶工业集团有限公司 | 55.94 |
| 15 | 永道控股集团股份有限公司 | 237.77 | 65 | 广西南丹南方金属有限公司 | 55.93 |
| 16 | 红太阳集团有限公司 | 224.08 | 66 | 江苏新长江实业集团有限公司 | 53.01 |
| 17 | 通威集团有限公司 | 215.57 | 67 | 鹏鼎控股（深圳）股份有限公司 | 51.07 |
| 18 | 中国信息通信科技集团有限公司 | 214.62 | 68 | 中国有色矿业集团有限公司 | 48.37 |
| 19 | 深圳市德方纳米科技股份有限公司 | 188.36 | 69 | 中国五矿集团有限公司 | 48.25 |
| 20 | 爱玛科技集团股份有限公司 | 182.15 | 70 | 宁波申洲针织有限公司 | 47.97 |
| 21 | 晶澳太阳能科技股份有限公司 | 171.40 | 71 | 山东中海化工集团有限公司 | 45.51 |
| 22 | 潍坊特钢集团有限公司 | 169.18 | 72 | 天能控股集团有限公司 | 44.69 |
| 23 | 万向集团公司 | 167.41 | 73 | 泰开集团有限公司 | 44.25 |
| 24 | 邯郸正大制管集团股份有限公司 | 164.02 | 74 | 中国兵器装备集团有限公司 | 44.05 |
| 25 | 奇瑞控股集团有限公司 | 163.91 | 75 | 云南祥丰实业集团有限公司 | 44.05 |
| 26 | 贵州磷化（集团）有限责任公司 | 158.82 | 76 | 上海源耀农业股份有限公司 | 43.52 |
| 27 | 广州天赐高新材料股份有限公司 | 158.77 | 77 | 纳爱斯集团有限公司 | 40.81 |
| 28 | 上海仪电（集团）有限公司 | 157.43 | 78 | 格林美股份有限公司 | 40.36 |
| 29 | 晶科能源控股有限公司 | 157.24 | 79 | 天津渤海化工集团有限责任公司 | 39.42 |
| 30 | 湖南裕能新能源电池材料股份有限公司 | 153.96 | 80 | 陕西鼓风机（集团）有限公司 | 38.89 |
| 31 | 桂林力源粮油食品集团有限公司 | 150.01 | 81 | 滨化集团 | 36.80 |
| 32 | 新疆中泰（集团）有限责任公司 | 143.34 | 82 | 山东鲁花集团有限公司 | 35.83 |
| 33 | 深圳中宝集团有限公司 | 140.32 | 83 | 华勤技术股份有限公司 | 35.44 |
| 34 | 奥克斯集团有限公司 | 134.34 | 84 | 浙江省机电集团有限公司 | 34.80 |
| 35 | 河北鑫海控股集团有限公司 | 130.22 | 85 | 浙江东南网架集团有限公司 | 34.47 |
| 36 | 阳光电源股份有限公司 | 127.04 | 86 | 山西鹏飞集团有限公司 | 33.94 |
| 37 | 内蒙古鄂尔多斯投资控股集团有限公司 | 126.41 | 87 | 万洲国际有限公司 | 33.59 |
| 38 | 超威电源集团有限公司 | 123.53 | 88 | 林州凤宝管业有限公司 | 33.37 |
| 39 | 天合光能股份有限公司 | 103.97 | 89 | 安踏体育用品集团有限公司 | 30.58 |
| 40 | 金东纸业（江苏）股份有限公司 | 103.57 | 90 | 香驰控股有限公司 | 30.46 |
| 41 | 宁德时代新能源科技股份有限公司 | 92.89 | 91 | 郑州煤矿机械集团股份有限公司 | 30.31 |
| 42 | 华立集团股份有限公司 | 91.61 | 92 | 中国电子科技集团有限公司 | 30.12 |
| 43 | 迪尚集团有限公司 | 90.56 | 93 | 卫华集团有限公司 | 29.66 |
| 44 | 人福医药集团股份有限公司 | 88.60 | 94 | 立讯精密工业股份有限公司 | 29.60 |
| 45 | 永鼎集团有限公司 | 87.36 | 95 | 淮海控股集团有限公司 | 29.42 |
| 46 | 中国航空工业集团有限公司 | 86.34 | 96 | 天津市医药集团有限公司 | 28.78 |
| 47 | 河南神火集团有限公司 | 83.05 | 97 | 紫金矿业集团股份有限公司 | 27.88 |
| 48 | 广东海大集团股份有限公司 | 80.55 | 98 | 久立集团股份有限公司 | 27.80 |
| 49 | 弘元绿色能源股份有限公司 | 77.23 | 99 | 广东德赛集团有限公司 | 26.78 |
| 50 | 精工控股集团有限公司 | 73.09 | 100 | 永荣控股集团有限公司 | 26.57 |
| | | | | 中国制造业企业 500 强平均数 | -14.95 |

表 10 – 17　2023 中国制造业企业 500 强资产增长率排序前 100 名企业

| 排名 | 公司名称 | 资产增长率/% | 排名 | 公司名称 | 资产增长率/% |
| --- | --- | --- | --- | --- | --- |
| 1 | 天津九安医疗电子股份有限公司 | 452.90 | 51 | 正泰集团股份有限公司 | 30.58 |
| 2 | 冀南钢铁集团有限公司 | 303.62 | 52 | 龙佰集团股份有限公司 | 30.56 |
| 3 | 深圳市德方纳米科技股份有限公司 | 224.20 | 53 | 广州视源电子科技股份有限公司 | 29.93 |
| 4 | 湖南裕能新能源电池材料股份有限公司 | 202.94 | 54 | 桐昆控股集团有限公司 | 29.92 |
| 5 | 辽宁方大集团实业有限公司 | 157.12 | 55 | 东方日升新能源股份有限公司 | 29.43 |
| 6 | 金鼎钢铁集团有限公司 | 152.44 | 56 | 深圳理士电源发展有限公司 | 29.02 |
| 7 | 中创新航科技集团股份有限公司 | 133.51 | 57 | 桂林力源粮油食品集团有限公司 | 28.84 |
| 8 | 河南利源集团燃气有限公司 | 128.11 | 58 | 内蒙古伊利实业集团股份有限公司 | 28.44 |
| 9 | 高景太阳能股份有限公司 | 121.67 | 59 | 格林美股份有限公司 | 28.35 |
| 10 | 宁德时代新能源科技股份有限公司 | 95.33 | 60 | 杭州鼎胜实业集团有限公司 | 27.66 |
| 11 | 永道控股集团股份有限公司 | 91.97 | 61 | 山东东明石化集团有限公司 | 27.30 |
| 12 | 中伟新材料股份有限公司 | 91.05 | 62 | 重庆市博赛矿业（集团）有限公司 | 27.01 |
| 13 | 浙江华友钴业股份有限公司 | 90.71 | 63 | 晶澳太阳能科技股份有限公司 | 27.00 |
| 14 | 永兴特种材料科技股份有限公司 | 86.77 | 64 | 唐人神集团股份有限公司 | 26.73 |
| 15 | 大全集团有限公司 | 84.93 | 65 | 重庆智飞生物制品股份有限公司 | 26.48 |
| 16 | 广州天赐高新材料股份有限公司 | 83.69 | 66 | 歌尔股份有限公司 | 26.35 |
| 17 | 广州工业投资控股集团有限公司 | 76.75 | 67 | 上海源耀农业股份有限公司 | 26.32 |
| 18 | 宁波力勤资源科技股份有限公司 | 69.69 | 68 | 青岛海湾集团有限公司 | 25.45 |
| 19 | 比亚迪股份有限公司 | 66.97 | 69 | 三花控股集团有限公司 | 24.89 |
| 20 | 青海盐湖工业股份有限公司 | 66.15 | 70 | 金能科技股份有限公司 | 24.49 |
| 21 | 浙江正凯集团有限公司 | 65.41 | 71 | 雅迪科技集团有限公司 | 24.48 |
| 22 | 通威集团有限公司 | 56.56 | 72 | 河南金利金铅集团有限公司 | 24.18 |
| 23 | 广西百色工业投资发展集团有限公司 | 50.64 | 73 | 浙江富冶集团有限公司 | 24.07 |
| 24 | 远景能源有限公司 | 49.08 | 74 | 山东寿光鲁清石化有限公司 | 24.05 |
| 25 | 紫金矿业集团股份有限公司 | 46.72 | 75 | 广东海大集团股份有限公司 | 23.93 |
| 26 | 弘元绿色能源股份有限公司 | 45.15 | 76 | 广东德赛集团有限公司 | 23.85 |
| 27 | 旭阳控股有限公司 | 44.55 | 77 | 河北鑫海控股集团有限公司 | 23.15 |
| 28 | 山西鹏飞集团有限公司 | 44.50 | 78 | 立讯精密工业股份有限公司 | 23.07 |
| 29 | 阳光电源股份有限公司 | 43.85 | 79 | 中国东方电气集团有限公司 | 22.96 |
| 30 | 深圳市汇川技术股份有限公司 | 43.62 | 80 | 弘润石化（潍坊）有限责任公司 | 22.78 |
| 31 | 安徽中鼎控股（集团）股份有限公司 | 43.58 | 81 | 厦门钨业股份有限公司 | 22.76 |
| 32 | 双良集团有限公司 | 43.45 | 82 | 南京钢铁集团有限公司 | 22.66 |
| 33 | 隆基绿能科技股份有限公司 | 42.79 | 83 | 协鑫集团有限公司 | 22.43 |
| 34 | 云南祥丰实业集团有限公司 | 42.37 | 84 | 兴华财富集团有限公司 | 22.39 |
| 35 | 山东金诚石化集团有限公司 | 41.76 | 85 | 欧派家居集团股份有限公司 | 22.31 |
| 36 | 天合光能股份有限公司 | 41.61 | 86 | 华新水泥股份有限公司 | 22.25 |
| 37 | 洛阳炼化宏达实业有限责任公司 | 41.03 | 87 | 常熟市龙腾特种钢有限公司 | 22.22 |
| 38 | 重庆小康控股有限公司 | 39.40 | 88 | 正大天晴药业集团股份有限公司 | 21.25 |
| 39 | 精工控股集团有限公司 | 38.73 | 89 | 上海医药集团股份有限公司 | 21.23 |
| 40 | 上海爱旭新能源股份有限公司 | 37.93 | 90 | 浙江卫星控股股份有限公司 | 21.12 |
| 41 | 爱玛科技集团股份有限公司 | 37.88 | 91 | 富海集团新能源控股有限公司 | 20.98 |
| 42 | 淄博鑫泰石化有限公司 | 37.81 | 92 | 郑州煤矿机械集团股份有限公司 | 20.88 |
| 43 | 浪潮集团有限公司 | 37.23 | 93 | 青山控股集团有限公司 | 20.62 |
| 44 | 中建信控股集团有限公司 | 36.96 | 94 | 四川特驱投资集团有限公司 | 20.61 |
| 45 | 晶科能源控股有限公司 | 35.93 | 95 | 山东金岭集团有限公司 | 20.49 |
| 46 | 河北安丰钢铁集团有限公司 | 34.66 | 96 | 安踏体育用品集团有限公司 | 20.18 |
| 47 | 福建百宏聚纤科技实业有限公司 | 32.90 | 97 | 景德镇黑猫集团有限责任公司 | 20.18 |
| 48 | 上海起帆电缆股份有限公司 | 32.07 | 98 | 内蒙古蒙牛乳业（集团）股份有限公司 | 20.09 |
| 49 | 通富微电子股份有限公司 | 31.47 | 99 | 洛阳栾川钼业集团股份有限公司 | 20.06 |
| 50 | 铜陵化学工业集团有限公司 | 31.35 | 100 | 山东东方华龙工贸集团有限公司 | 19.96 |
|  |  |  |  | 中国制造业企业 500 强平均数 | 9.41 |

表 10-18　2023 中国制造业企业 500 强研发费用增长率排序前 100 名企业

| 排名 | 公司名称 | 研发费用增长率/% | 排名 | 公司名称 | 研发费用增长率/% |
|---|---|---|---|---|---|
| 1 | 永道控股集团股份有限公司 | 576.64 | 51 | 宁波富邦控股集团有限公司 | 68.24 |
| 2 | 福建大东海实业集团有限公司 | 541.22 | 52 | 浙江元立金属制品集团有限公司 | 67.81 |
| 3 | 湖南裕能新能源电池材料股份有限公司 | 467.47 | 53 | 山东金诚石化集团有限公司 | 66.77 |
| 4 | 万通海欣控股集团股份有限公司 | 427.80 | 54 | 天津天士力大健康产业投资集团有限公司 | 65.39 |
| 5 | 山东渤海实业集团有限公司 | 340.65 | 55 | 福建省金纶高纤股份有限公司 | 63.20 |
| 6 | 三河汇福粮油集团有限公司 | 328.57 | 56 | 隆基绿能科技股份有限公司 | 62.51 |
| 7 | 天津九安医疗电子股份有限公司 | 296.96 | 57 | 江苏新长江实业集团有限公司 | 62.13 |
| 8 | 闽源钢铁集团有限公司 | 281.75 | 58 | 广西百色工业投资发展集团有限公司 | 61.68 |
| 9 | 淮海控股集团有限公司 | 263.71 | 59 | 深圳中宝集团有限公司 | 60.66 |
| 10 | 贵州习酒投资控股集团有限责任公司 | 259.73 | 60 | 重庆小康控股有限公司 | 59.83 |
| 11 | 宁夏天元锰业集团有限公司 | 258.28 | 61 | 紫金矿业集团股份有限公司 | 59.80 |
| 12 | 中创新航科技集团股份有限公司 | 256.05 | 62 | 山东华通控股集团有限公司 | 57.46 |
| 13 | 高景太阳能股份有限公司 | 236.88 | 63 | 齐成（山东）石化集团有限公司 | 57.40 |
| 14 | 山西晋城钢铁控股集团有限公司 | 230.97 | 64 | 淄博鑫泰石化有限公司 | 56.80 |
| 15 | 洛阳炼化宏达实业有限责任公司 | 217.42 | 65 | 奇瑞控股集团有限公司 | 56.59 |
| 16 | 伊电控股集团有限公司 | 215.32 | 66 | 金能科技股份有限公司 | 56.33 |
| 17 | 河南金利金铅集团有限公司 | 208.33 | 67 | 东岳氟硅科技集团有限公司 | 56.18 |
| 18 | 贵州磷化（集团）有限责任公司 | 203.09 | 68 | 福建百宏聚纤科技实业有限公司 | 55.95 |
| 19 | 新疆中泰（集团）有限责任公司 | 200.93 | 69 | 广东德赛集团有限公司 | 53.93 |
| 20 | 五得利面粉集团有限公司 | 196.27 | 70 | 宜宾天原集团股份有限公司 | 53.48 |
| 21 | 青海盐湖工业股份有限公司 | 180.45 | 71 | 弘润石化（潍坊）有限责任公司 | 51.12 |
| 22 | 浙江天圣控股集团有限公司 | 178.33 | 72 | 潞安化工集团有限公司 | 51.03 |
| 23 | 河南豫光金铅集团有限责任公司 | 173.83 | 73 | 河南心连心化学工业集团股份有限公司 | 50.47 |
| 24 | 深圳市德方纳米科技股份有限公司 | 163.96 | 74 | 白银有色集团股份有限公司 | 50.29 |
| 25 | 弘元绿色能源股份有限公司 | 151.97 | 75 | 唐山三友集团有限公司 | 49.28 |
| 26 | 滨化集团 | 149.08 | 76 | 青山控股集团有限公司 | 48.73 |
| 27 | 广州天赐高新材料股份有限公司 | 136.38 | 77 | 金浦投资控股集团有限公司 | 46.69 |
| 28 | 比亚迪股份有限公司 | 133.44 | 78 | 大全集团有限公司 | 46.08 |
| 29 | 永兴特种材料科技股份有限公司 | 130.84 | 79 | 红太阳集团有限公司 | 45.84 |
| 30 | 济源市万洋冶炼（集团）有限公司 | 124.26 | 80 | 阳光电源股份有限公司 | 45.70 |
| 31 | 农夫山泉股份有限公司 | 121.90 | 81 | 新疆特变电工集团有限公司 | 45.62 |
| 32 | 广西农垦集团有限责任公司 | 119.73 | 82 | 深圳理士电源发展有限公司 | 44.62 |
| 33 | 晶科能源控股有限公司 | 112.91 | 83 | 中国铝业集团有限公司 | 44.14 |
| 34 | 上海爱旭新能源股份有限公司 | 112.18 | 84 | 华勤橡胶工业集团有限公司 | 43.34 |
| 35 | 山东鲁花集团有限公司 | 110.84 | 85 | 牧原实业集团有限公司 | 42.98 |
| 36 | 浙江华友钴业股份有限公司 | 109.32 | 86 | 宜昌兴发集团有限责任公司 | 42.92 |
| 37 | 青岛啤酒集团有限公司 | 103.79 | 87 | 洛阳栾川钼业集团股份有限公司 | 42.67 |
| 38 | 宁德时代新能源科技股份有限公司 | 101.66 | 88 | 山东创新金属科技有限公司 | 42.35 |
| 39 | 协鑫集团有限公司 | 94.62 | 89 | 三花控股集团有限公司 | 42.02 |
| 40 | 明阳新能源投资控股集团有限公司 | 80.87 | 90 | 福建傲农生物科技集团股份有限公司 | 41.97 |
| 41 | 天合光能股份有限公司 | 80.85 | 91 | 山东齐润控股集团有限公司 | 41.30 |
| 42 | 辽宁方大集团实业有限公司 | 80.72 | 92 | 格林美股份有限公司 | 41.30 |
| 43 | 天瑞集团股份有限公司 | 79.63 | 93 | 上海龙旗科技股份有限公司 | 40.96 |
| 44 | 晶澳太阳能科技股份有限公司 | 75.28 | 94 | 铜陵化学工业集团有限公司 | 40.17 |
| 45 | 兴华财富集团有限公司 | 75.02 | 95 | 山东寿光鲁清石化有限公司 | 39.70 |
| 46 | 福建圣农发展股份有限公司 | 74.91 | 96 | 华勤技术股份有限公司 | 39.55 |
| 47 | 蓝润集团有限公司 | 74.75 | 97 | 广州工业投资控股集团有限公司 | 39.37 |
| 48 | 通威集团有限公司 | 74.49 | 98 | 宁波金田投资控股有限公司 | 39.22 |
| 49 | 上海起帆电缆股份有限公司 | 72.62 | 99 | 山东东明石化集团有限公司 | 38.04 |
| 50 | 万基控股集团有限公司 | 68.36 | 100 | 深圳传音控股股份有限公司 | 37.54 |
|  |  |  |  | 中国制造业企业 500 强平均数 | 10.67 |

表 10-19  2023 中国制造业企业 500 强行业平均净利润

| 名次 | 行业名称 | 平均净利润/亿元 | 名次 | 行业名称 | 平均净利润/亿元 |
| --- | --- | --- | --- | --- | --- |
| 1 | 航空航天 | 155.47 | 20 | 水泥及玻璃制造 | 24.39 |
| 2 | 船舶制造 | 116.92 | 21 | 服装及其他纺织品 | 23.25 |
| 3 | 医疗设备制造 | 102.49 | 22 | 工程机械及零部件 | 22.68 |
| 4 | 兵器制造 | 94.28 | 23 | 化学原料及化学品制造 | 20.94 |
| 5 | 酒类 | 84.43 | 24 | 其他建材制造 | 18.47 |
| 6 | 饮料 | 77.43 | 25 | 黑色冶金 | 17.70 |
| 7 | 动力和储能电池 | 76.39 | 26 | 综合制造业 | 16.10 |
| 8 | 家用电器制造 | 74.88 | 27 | 一般有色 | 15.80 |
| 9 | 轨道交通设备及零部件制造 | 60.70 | 28 | 电力电气设备制造 | 14.13 |
| 10 | 风能、太阳能设备制造 | 55.18 | 29 | 摩托车及零配件制造 | 13.51 |
| 11 | 通信设备制造 | 40.25 | 30 | 农副食品 | 10.28 |
| 12 | 贵金属 | 37.00 | 31 | 金属制品加工 | 9.83 |
| 13 | 计算机及办公设备 | 32.49 | 32 | 半导体、集成电路及面板制造 | 9.80 |
| 14 | 汽车及零配件制造 | 31.32 | 33 | 化学纤维制造 | 9.80 |
| 15 | 食品 | 27.95 | 34 | 工业机械及设备制造 | 7.94 |
| 16 | 药品制造 | 27.57 | 35 | 轮胎及橡胶制品 | 7.19 |
| 17 | 锅炉及动力装备制造 | 27.23 | 36 | 轻工百货生产 | 7.02 |
| 18 | 石化及炼焦 | 25.48 | 37 | 电线电缆制造 | 6.51 |
| 19 | 纺织印染 | 24.67 | 38 | 造纸及包装 | 6.13 |

表 10-20　2023 中国制造业企业 500 强行业平均营业收入

| 名次 | 行业名称 | 平均营业收入/亿元 | 名次 | 行业名称 | 平均营业收入/亿元 |
| --- | --- | --- | --- | --- | --- |
| 1 | 兵器制造 | 4241.82 | 20 | 饮料 | 830.01 |
| 2 | 航空航天 | 3666.28 | 21 | 计算机及办公设备 | 821.89 |
| 3 | 轨道交通设备及零部件制造 | 2333.98 | 22 | 工业机械及设备制造 | 793.13 |
| 4 | 船舶制造 | 2002.84 | 23 | 电力电气设备制造 | 731.69 |
| 5 | 汽车及零配件制造 | 1658.16 | 24 | 金属制品加工 | 713.76 |
| 6 | 家用电器制造 | 1531.53 | 25 | 食品 | 687.63 |
| 7 | 纺织印染 | 1524.93 | 26 | 药品制造 | 681.68 |
| 8 | 石化及炼焦 | 1501.39 | 27 | 酒类 | 680.18 |
| 9 | 动力和储能电池 | 1447.08 | 28 | 农副食品 | 601.83 |
| 10 | 综合制造业 | 1325.23 | 29 | 工程机械及零部件 | 540.90 |
| 11 | 黑色冶金 | 1208.19 | 30 | 服装及其他纺织品 | 540.50 |
| 12 | 水泥及玻璃制造 | 1158.89 | 31 | 造纸及包装 | 538.08 |
| 13 | 锅炉及动力装备制造 | 1083.37 | 32 | 半导体、集成电路及面板制造 | 523.27 |
| 14 | 一般有色 | 1060.04 | 33 | 医疗设备制造 | 389.36 |
| 15 | 通信设备制造 | 1043.84 | 34 | 电线电缆制造 | 367.25 |
| 16 | 化学原料及化学品制造 | 947.53 | 35 | 轮胎及橡胶制品 | 316.55 |
| 17 | 化学纤维制造 | 910.15 | 36 | 轻工百货生产 | 270.72 |
| 18 | 风能、太阳能设备制造 | 887.82 | 37 | 其他建材制造 | 257.79 |
| 19 | 贵金属 | 844.76 | 38 | 摩托车及零配件制造 | 248.40 |

表 10-21  2023 中国制造业企业 500 强行业平均资产

| 名次 | 行业名称 | 平均资产/亿元 | 名次 | 行业名称 | 平均资产/亿元 |
| --- | --- | --- | --- | --- | --- |
| 1 | 航空航天 | 8163.13 | 20 | 饮料 | 960.11 |
| 2 | 船舶制造 | 5436.65 | 21 | 半导体、集成电路及面板制造 | 914.00 |
| 3 | 轨道交通设备及零部件制造 | 5119.35 | 22 | 纺织印染 | 860.72 |
| 4 | 兵器制造 | 4655.19 | 23 | 贵金属 | 858.42 |
| 5 | 汽车及零配件制造 | 1867.46 | 24 | 一般有色 | 771.30 |
| 6 | 综合制造业 | 1844.78 | 25 | 食品 | 721.39 |
| 7 | 家用电器制造 | 1844.44 | 26 | 计算机及办公设备 | 649.44 |
| 8 | 水泥及玻璃制造 | 1812.86 | 27 | 农副食品 | 597.35 |
| 9 | 锅炉及动力装备制造 | 1677.20 | 28 | 药品制造 | 591.85 |
| 10 | 动力和储能电池 | 1625.05 | 29 | 造纸及包装 | 579.90 |
| 11 | 通信设备制造 | 1480.42 | 30 | 医疗设备制造 | 499.02 |
| 12 | 酒类 | 1471.80 | 31 | 化学纤维制造 | 472.09 |
| 13 | 工程机械及零部件 | 1142.48 | 32 | 服装及其他纺织品 | 373.29 |
| 14 | 石化及炼焦 | 1089.49 | 33 | 其他建材制造 | 319.68 |
| 15 | 电力电气设备制造 | 1083.65 | 34 | 轮胎及橡胶制品 | 312.75 |
| 16 | 风能、太阳能设备制造 | 1076.31 | 35 | 金属制品加工 | 311.62 |
| 17 | 黑色冶金 | 1035.14 | 36 | 轻工百货生产 | 238.52 |
| 18 | 化学原料及化学品制造 | 982.75 | 37 | 摩托车及零配件制造 | 203.86 |
| 19 | 工业机械及设备制造 | 976.39 | 38 | 电线电缆制造 | 193.00 |

表 10-22　2023 中国制造业企业 500 强行业平均纳税总额

| 名次 | 行业名称 | 平均纳税总额/亿元 | 名次 | 行业名称 | 平均纳税总额/亿元 |
| --- | --- | --- | --- | --- | --- |
| 1 | 造纸及包装 | 230.69 | 20 | 电力电气设备制造 | 24.53 |
| 2 | 酒类 | 172.27 | 21 | 工程机械及零部件 | 23.91 |
| 3 | 兵器制造 | 137.97 | 22 | 贵金属 | 23.36 |
| 4 | 石化及炼焦 | 131.09 | 23 | 工业机械及设备制造 | 23.07 |
| 5 | 轨道交通设备及零部件制造 | 127.03 | 24 | 通信设备制造 | 20.98 |
| 6 | 汽车及零配件制造 | 125.65 | 25 | 船舶制造 | 20.23 |
| 7 | 水泥及玻璃制造 | 81.45 | 26 | 医疗设备制造 | 20.12 |
| 8 | 家用电器制造 | 71.77 | 27 | 服装及其他纺织品 | 17.69 |
| 9 | 航空航天 | 55.73 | 28 | 计算机及办公设备 | 14.11 |
| 10 | 饮料 | 47.26 | 29 | 化学纤维制造 | 11.79 |
| 11 | 纺织印染 | 46.17 | 30 | 锅炉及动力装备制造 | 10.76 |
| 12 | 风能、太阳能设备制造 | 35.06 | 31 | 其他建材制造 | 10.50 |
| 13 | 动力和储能电池 | 34.53 | 32 | 轻工百货生产 | 9.98 |
| 14 | 化学原料及化学品制造 | 33.16 | 33 | 农副食品 | 7.74 |
| 15 | 黑色冶金 | 30.14 | 34 | 金属制品加工 | 7.56 |
| 16 | 综合制造业 | 30.11 | 35 | 半导体、集成电路及面板制造 | 7.38 |
| 17 | 药品制造 | 29.93 | 36 | 摩托车及零配件制造 | 6.80 |
| 18 | 食品 | 28.64 | 37 | 轮胎及橡胶制品 | 5.92 |
| 19 | 一般有色 | 28.29 | 38 | 电线电缆制造 | 5.88 |

表 10-23　2023 中国制造业企业 500 强行业平均研发费用

| 名次 | 行业名称 | 平均研发费用/亿元 | 名次 | 行业名称 | 平均研发费用/亿元 |
| --- | --- | --- | --- | --- | --- |
| 1 | 航空航天 | 321.24 | 20 | 造纸及包装 | 12.64 |
| 2 | 兵器制造 | 226.35 | 21 | 石化及炼焦 | 10.52 |
| 3 | 通信设备制造 | 135.70 | 22 | 化学原料及化学品制造 | 9.58 |
| 4 | 轨道交通设备及零部件制造 | 135.36 | 23 | 一般有色 | 9.37 |
| 5 | 纺织印染 | 51.55 | 24 | 物料搬运设备制造 | 8.33 |
| 6 | 汽车及零配件制造 | 50.78 | 25 | 其他建材制造 | 7.43 |
| 7 | 家用电器制造 | 46.74 | 26 | 轮胎及橡胶制品 | 7.39 |
| 8 | 锅炉及动力装备制造 | 44.70 | 27 | 摩托车及零配件制造 | 7.27 |
| 9 | 动力和储能电池 | 39.70 | 28 | 医疗设备制造 | 6.89 |
| 10 | 计算机及办公设备 | 32.50 | 29 | 化学纤维制造 | 6.81 |
| 11 | 风能、太阳能设备制造 | 27.94 | 30 | 船舶制造 | 6.80 |
| 12 | 工程机械及零部件 | 27.58 | 31 | 金属制品加工 | 6.79 |
| 13 | 水泥及玻璃制造 | 24.26 | 32 | 轻工百货生产 | 6.30 |
| 14 | 综合制造业 | 24.14 | 33 | 电线电缆制造 | 6.24 |
| 15 | 工业机械及设备制造 | 21.29 | 34 | 饮料 | 5.03 |
| 16 | 半导体、集成电路及面板制造 | 19.99 | 35 | 贵金属 | 4.65 |
| 17 | 黑色冶金 | 19.80 | 36 | 农副食品 | 4.29 |
| 18 | 电力电气设备制造 | 16.33 | 37 | 食品 | 4.14 |
| 19 | 药品制造 | 15.75 | 38 | 服装及其他纺织品 | 4.03 |

表 10-24　2023 中国制造业企业 500 强行业人均净利润

| 名次 | 行业名称 | 人均净利润/万元 | 名次 | 行业名称 | 人均净利润/万元 |
| --- | --- | --- | --- | --- | --- |
| 1 | 医疗设备制造 | 59.91 | 20 | 化学纤维制造 | 8.63 |
| 2 | 酒类 | 36.90 | 21 | 一般有色 | 8.57 |
| 3 | 风能、太阳能设备制造 | 23.83 | 22 | 食品 | 8.53 |
| 4 | 动力和储能电池 | 19.24 | 23 | 黑色冶金 | 7.26 |
| 5 | 贵金属 | 17.91 | 24 | 纺织印染 | 6.77 |
| 6 | 饮料 | 16.95 | 25 | 航空航天 | 6.62 |
| 7 | 药品制造 | 14.05 | 26 | 计算机及办公设备 | 6.35 |
| 8 | 电线电缆制造 | 12.29 | 27 | 造纸及包装 | 5.46 |
| 9 | 摩托车及零配件制造 | 12.01 | 28 | 锅炉及动力装备制造 | 5.38 |
| 10 | 家用电器制造 | 11.42 | 29 | 兵器制造 | 5.04 |
| 11 | 化学原料及化学品制造 | 11.20 | 30 | 水泥及玻璃制造 | 5.04 |
| 12 | 金属制品加工 | 11.06 | 31 | 轮胎及橡胶制品 | 4.95 |
| 13 | 石化及炼焦 | 10.94 | 32 | 综合制造业 | 4.90 |
| 14 | 服装及其他纺织品 | 10.52 | 33 | 汽车及零配件制造 | 4.75 |
| 15 | 物料搬运设备制造 | 10.33 | 34 | 电力电气设备制造 | 4.52 |
| 16 | 通信设备制造 | 10.29 | 35 | 轻工百货生产 | 4.31 |
| 17 | 其他建材制造 | 10.16 | 36 | 农副食品 | 3.84 |
| 18 | 船舶制造 | 9.98 | 37 | 轨道交通设备及零部件制造 | 3.57 |
| 19 | 工程机械及零部件 | 9.66 | 38 | 半导体、集成电路及面板制造 | 3.12 |

表 10-25　2023 中国制造业企业 500 强行业人均营业收入

| 名次 | 行业名称 | 人均营业收入/万元 | 名次 | 行业名称 | 人均营业收入/万元 |
| --- | --- | --- | --- | --- | --- |
| 1 | 金属制品加工 | 802.35 | 20 | 服装及其他纺织品 | 244.47 |
| 2 | 化学纤维制造 | 801.56 | 21 | 水泥及玻璃制造 | 239.27 |
| 3 | 电线电缆制造 | 693.51 | 22 | 电力电气设备制造 | 233.85 |
| 4 | 石化及炼焦 | 644.55 | 23 | 家用电器制造 | 233.52 |
| 5 | 一般有色 | 575.09 | 24 | 工程机械及零部件 | 230.31 |
| 6 | 化学原料及化学品制造 | 506.80 | 25 | 医疗设备制造 | 227.60 |
| 7 | 黑色冶金 | 495.20 | 26 | 兵器制造 | 226.97 |
| 8 | 造纸及包装 | 479.00 | 27 | 农副食品 | 225.01 |
| 9 | 纺织印染 | 418.65 | 28 | 摩托车及零配件制造 | 220.74 |
| 10 | 贵金属 | 409.02 | 29 | 轮胎及橡胶制品 | 218.11 |
| 11 | 综合制造业 | 403.19 | 30 | 锅炉及动力装备制造 | 213.89 |
| 12 | 风能、太阳能设备制造 | 383.45 | 31 | 食品 | 209.76 |
| 13 | 动力和储能电池 | 364.39 | 32 | 饮料 | 181.73 |
| 14 | 药品制造 | 347.41 | 33 | 船舶制造 | 170.93 |
| 15 | 物料搬运设备制造 | 320.32 | 34 | 半导体、集成电路及面板制造 | 166.42 |
| 16 | 酒类 | 297.25 | 35 | 轻工百货生产 | 166.17 |
| 17 | 工业机械及设备制造 | 267.54 | 36 | 计算机及办公设备 | 160.73 |
| 18 | 通信设备制造 | 266.71 | 37 | 航空航天 | 156.06 |
| 19 | 汽车及零配件制造 | 251.65 | 38 | 其他建材制造 | 141.83 |

表 10-26  2023 中国制造业企业 500 强行业人均资产

| 名次 | 行业名称 | 人均资产/万元 | 名次 | 行业名称 | 人均资产/万元 |
|---|---|---|---|---|---|
| 1 | 酒类 | 643.20 | 20 | 锅炉及动力装备制造 | 331.14 |
| 2 | 综合制造业 | 561.27 | 21 | 工业机械及设备制造 | 329.35 |
| 3 | 化学原料及化学品制造 | 525.63 | 22 | 药品制造 | 301.63 |
| 4 | 造纸及包装 | 516.23 | 23 | 轨道交通设备及零部件制造 | 300.81 |
| 5 | 工程机械及零部件 | 486.46 | 24 | 医疗设备制造 | 291.70 |
| 6 | 石化及炼焦 | 467.72 | 25 | 半导体、集成电路及面板制造 | 290.69 |
| 7 | 风能、太阳能设备制造 | 464.86 | 26 | 汽车及零配件制造 | 283.41 |
| 8 | 船舶制造 | 463.98 | 27 | 家用电器制造 | 281.23 |
| 9 | 黑色冶金 | 424.27 | 28 | 兵器制造 | 249.09 |
| 10 | 一般有色 | 418.45 | 29 | 纺织印染 | 236.30 |
| 11 | 化学纤维制造 | 415.77 | 30 | 农副食品 | 223.34 |
| 12 | 贵金属 | 415.64 | 31 | 食品 | 220.05 |
| 13 | 动力和储能电池 | 409.20 | 32 | 轮胎及橡胶制品 | 215.49 |
| 14 | 通信设备制造 | 378.26 | 33 | 饮料 | 210.22 |
| 15 | 水泥及玻璃制造 | 374.29 | 34 | 物料搬运设备制造 | 203.29 |
| 16 | 电线电缆制造 | 364.46 | 35 | 摩托车及零配件制造 | 181.15 |
| 17 | 金属制品加工 | 350.30 | 36 | 其他建材制造 | 175.88 |
| 18 | 航空航天 | 347.48 | 37 | 服装及其他纺织品 | 168.84 |
| 19 | 电力电气设备制造 | 346.33 | 38 | 轻工百货生产 | 146.40 |

表 10-27  2023 中国制造业企业 500 强行业人均纳税额

| 名次 | 行业名称 | 人均纳税额/万元 | 名次 | 行业名称 | 人均纳税额/万元 |
|---|---|---|---|---|---|
| 1 | 造纸及包装 | 205.36 | 20 | 工程机械及零部件 | 10.18 |
| 2 | 酒类 | 75.29 | 21 | 金属制品加工 | 9.16 |
| 3 | 石化及炼焦 | 56.28 | 22 | 动力和储能电池 | 8.69 |
| 4 | 化学原料及化学品制造 | 23.44 | 23 | 物料搬运设备制造 | 8.66 |
| 5 | 汽车及零配件制造 | 19.29 | 24 | 食品 | 8.10 |
| 6 | 水泥及玻璃制造 | 16.82 | 25 | 服装及其他纺织品 | 8.00 |
| 7 | 一般有色 | 16.02 | 26 | 工业机械及设备制造 | 7.78 |
| 8 | 药品制造 | 15.25 | 27 | 轨道交通设备及零部件制造 | 7.46 |
| 9 | 风能、太阳能设备制造 | 15.14 | 28 | 通信设备制造 | 6.88 |
| 10 | 电力电气设备制造 | 12.74 | 29 | 船舶制造 | 6.78 |
| 11 | 纺织印染 | 12.68 | 30 | 兵器制造 | 6.35 |
| 12 | 黑色冶金 | 12.36 | 31 | 轻工百货生产 | 6.13 |
| 13 | 医疗设备制造 | 11.76 | 32 | 摩托车及零配件制造 | 6.04 |
| 14 | 贵金属 | 11.31 | 33 | 其他建材制造 | 5.78 |
| 15 | 综合制造业 | 11.12 | 34 | 计算机及办公设备 | 5.74 |
| 16 | 电线电缆制造 | 11.11 | 35 | 半导体、集成电路及面板制造 | 5.13 |
| 17 | 家用电器制造 | 10.94 | 36 | 轮胎及橡胶制品 | 4.08 |
| 18 | 化学纤维制造 | 10.38 | 37 | 航空航天 | 3.94 |
| 19 | 饮料 | 10.35 | 38 | 农副食品 | 2.89 |

表 10-28  2023 中国制造业企业 500 强行业人均研发费用

| 名次 | 行业名称 | 人均研发费用/万元 | 名次 | 行业名称 | 人均研发费用/万元 |
|---|---|---|---|---|---|
| 1 | 通信设备制造 | 33.95 | 20 | 金属制品加工 | 7.33 |
| 2 | 航空航天 | 22.74 | 21 | 工业机械及设备制造 | 7.18 |
| 3 | 物料搬运设备制造 | 14.41 | 22 | 家用电器制造 | 7.13 |
| 4 | 纺织印染 | 14.15 | 23 | 化学原料及化学品制造 | 6.77 |
| 5 | 半导体、集成电路及面板制造 | 13.89 | 24 | 摩托车及零配件制造 | 6.46 |
| 6 | 计算机及办公设备 | 13.21 | 25 | 化学纤维制造 | 5.99 |
| 7 | 风能、太阳能设备制造 | 12.07 | 26 | 轮胎及橡胶制品 | 5.09 |
| 8 | 电线电缆制造 | 11.78 | 27 | 一般有色 | 5.09 |
| 9 | 工程机械及零部件 | 11.74 | 28 | 水泥及玻璃制造 | 5.01 |
| 10 | 造纸及包装 | 11.25 | 29 | 石化及炼焦 | 4.41 |
| 11 | 兵器制造 | 10.42 | 30 | 其他建材制造 | 4.09 |
| 12 | 动力和储能电池 | 10.00 | 31 | 医疗设备制造 | 4.03 |
| 13 | 综合制造业 | 8.91 | 32 | 轻工百货生产 | 3.86 |
| 14 | 锅炉及动力装备制造 | 8.83 | 33 | 船舶制造 | 2.28 |
| 15 | 电力电气设备制造 | 8.48 | 34 | 贵金属 | 2.25 |
| 16 | 黑色冶金 | 8.12 | 35 | 服装及其他纺织品 | 1.79 |
| 17 | 药品制造 | 8.03 | 36 | 农副食品 | 1.60 |
| 18 | 轨道交通设备及零部件制造 | 7.95 | 37 | 食品 | 1.17 |
| 19 | 汽车及零配件制造 | 7.80 | 38 | 饮料 | 1.10 |

表 10-29  2023 中国制造业企业 500 强行业平均资产利润率

| 名次 | 行业名称 | 平均资产利润率/% | 名次 | 行业名称 | 平均资产利润率/% |
| --- | --- | --- | --- | --- | --- |
| 1 | 医疗设备制造 | 39.75 | 20 | 通信设备制造 | 3.46 |
| 2 | 饮料 | 11.11 | 21 | 工业机械及设备制造 | 3.32 |
| 3 | 其他建材制造 | 7.97 | 22 | 农副食品 | 3.21 |
| 4 | 食品 | 7.32 | 23 | 黑色冶金 | 3.10 |
| 5 | 摩托车及零配件制造 | 7.11 | 24 | 电线电缆制造 | 3.06 |
| 6 | 服装及其他纺织品 | 6.81 | 25 | 电力电气设备制造 | 3.01 |
| 7 | 药品制造 | 6.62 | 26 | 家用电器制造 | 2.97 |
| 8 | 酒类 | 6.47 | 27 | 一般有色 | 2.90 |
| 9 | 计算机及办公设备 | 6.23 | 28 | 轻工百货生产 | 2.86 |
| 10 | 动力和储能电池 | 5.92 | 29 | 轮胎及橡胶制品 | 2.82 |
| 11 | 纺织印染 | 5.54 | 30 | 船舶制造 | 2.77 |
| 12 | 风能、太阳能设备制造 | 5.53 | 31 | 水泥及玻璃制造 | 2.74 |
| 13 | 化学原料及化学品制造 | 5.41 | 32 | 石化及炼焦 | 2.41 |
| 14 | 物料搬运设备制造 | 5.08 | 33 | 航空航天 | 2.32 |
| 15 | 贵金属 | 5.06 | 34 | 兵器制造 | 1.99 |
| 16 | 综合制造业 | 4.29 | 35 | 工程机械及零部件 | 1.59 |
| 17 | 半导体、集成电路及面板制造 | 3.84 | 36 | 造纸及包装 | 1.53 |
| 18 | 化学纤维制造 | 3.51 | 37 | 锅炉及动力装备制造 | 1.48 |
| 19 | 金属制品加工 | 3.49 | 38 | 轨道交通设备及零部件制造 | 1.19 |

# 第十一章
## 2023 中国服务业企业 500 强

2023 中国服务业企业 500 强数据情况，见表 11-1 至表 11-29。

表 11-1  2023 中国服务业企业 500 强

| 名次 | 企业名称 | 地区 | 营业收入/万元 | 净利润/万元 | 资产/万元 | 所有者权益/万元 | 从业人数/人 |
|---|---|---|---|---|---|---|---|
| 1 | 国家电网有限公司 | 北京 | 356524505 | 5510499 | 490227557 | 209797126 | 969301 |
| 2 | 中国工商银行股份有限公司 | 北京 | 144468994 | 36048300 | 3960965700 | 349517100 | 427587 |
| 3 | 中国建设银行股份有限公司 | 北京 | 136405400 | 32386100 | 3460191700 | 285673300 | 376682 |
| 4 | 中国农业银行股份有限公司 | 北京 | 125768500 | 25914000 | 3392753300 | 266841200 | 452258 |
| 5 | 中国平安保险（集团）股份有限公司 | 广东 | 121818400 | 8377400 | 1113716800 | 85867500 | 344223 |
| 6 | 中国银行股份有限公司 | 北京 | 105445800 | 22743900 | 2891385700 | 242758900 | 306182 |
| 7 | 京东集团股份有限公司 | 北京 | 104623600 | 1038000 | 59525000 | 21336600 | 450679 |
| 8 | 中国人寿保险（集团）公司 | 北京 | 101901900 | 4613600 | 612682200 | 19291700 | 180619 |
| 9 | 中国移动通信集团有限公司 | 北京 | 93903722 | 9900630 | 228796985 | 126065120 | 452202 |
| 10 | 阿里巴巴（中国）有限公司 | 浙江 | 86453900 | 3275200 | 177212400 | 97595400 | 239740 |
| 11 | 厦门建发集团有限公司 | 福建 | 84737423 | 305653 | 72356281 | 5974413 | 40959 |
| 12 | 中国华润有限公司 | 广东 | 81826544 | 3135765 | 228869995 | 31606764 | 379944 |
| 13 | 中国南方电网有限责任公司 | 广东 | 76465826 | 1019412 | 114511539 | 41646438 | 282571 |
| 14 | 中国邮政集团有限公司 | 北京 | 74176479 | 3371864 | 1470460708 | 49510922 | 752547 |
| 15 | 中粮集团有限公司 | 北京 | 74143735 | 1187657 | 69557102 | 11635564 | 103537 |
| 16 | 厦门国贸控股集团有限公司 | 福建 | 69346046 | 194727 | 32220107 | 3639521 | 35647 |
| 17 | 中国中信集团有限公司 | 北京 | 67784747 | 2626084 | 1059769342 | 43824860 | 172761 |
| 18 | 中国医药集团有限公司 | 北京 | 63282506 | 740486 | 56318190 | 12820377 | 201508 |
| 19 | 中国远洋海运集团有限公司 | 上海 | 62680959 | 4192612 | 111425823 | 27216379 | 110805 |
| 20 | 中国人民保险集团股份有限公司 | 北京 | 62085900 | 2440600 | 150870200 | 22151000 | 711050 |
| 21 | 中国电信集团有限公司 | 北京 | 58634784 | 1386231 | 104664204 | 39621437 | 392726 |
| 22 | 物产中大集团股份有限公司 | 浙江 | 57655134 | 391096 | 14505087 | 3374317 | 24247 |
| 23 | 厦门象屿集团有限公司 | 福建 | 56262153 | 201499 | 29283915 | 2735254 | 15364 |
| 24 | 腾讯控股有限公司 | 广东 | 55455200 | 18824300 | 157813100 | 72139100 | 108436 |
| 25 | 交通银行股份有限公司 | 上海 | 52586300 | 9214900 | 1299241900 | 102340900 | 91823 |
| 26 | 万科企业股份有限公司 | 广东 | 50383837 | 2261778 | 175712444 | 24269134 | 131817 |
| 27 | 招商局集团有限公司 | 北京 | 49295592 | 5700322 | 263202724 | 47612321 | 276019 |
| 28 | 招商银行股份有限公司 | 广东 | 48902500 | 13801200 | 1013891200 | 94550300 | 112999 |
| 29 | 联想控股股份有限公司 | 北京 | 48366270 | 116706 | 68107417 | 6258543 | 101587 |
| 30 | 中国保利集团有限公司 | 北京 | 45537678 | 866210 | 182848841 | 11749656 | 118007 |
| 31 | 中国太平洋保险（集团）股份有限公司 | 上海 | 45537244 | 2460898 | 217629908 | 22844570 | 110862 |
| 32 | 绿地控股集团股份有限公司 | 上海 | 43551965 | 101008 | 136532106 | 9065102 | 70177 |
| 33 | 碧桂园控股有限公司 | 广东 | 43037100 | -605200 | 174446700 | 20362300 | 69932 |
| 34 | 兴业银行股份有限公司 | 福建 | 41026800 | 9137700 | 926667100 | 74618700 | 69840 |

续表

| 名次 | 企业名称 | 地区 | 营业收入/万元 | 净利润/万元 | 资产/万元 | 所有者权益/万元 | 从业人数/人 |
|---|---|---|---|---|---|---|---|
| 35 | 上海浦东发展银行股份有限公司 | 上海 | 36354800 | 5117100 | 870465100 | 69787200 | 64731 |
| 36 | 中国联合网络通信集团有限公司 | 北京 | 35615693 | 656480 | 68348838 | 19234333 | 256973 |
| 37 | 浙江省交通投资集团有限公司 | 浙江 | 31357811 | 577471 | 84049787 | 13828160 | 41331 |
| 38 | 中国民生银行股份有限公司 | 北京 | 30314600 | 3526900 | 725567300 | 59992800 | 62615 |
| 39 | 顺丰控股股份有限公司 | 广东 | 26749041 | 617376 | 21684271 | 8626374 | 162823 |
| 40 | 中国太平保险集团有限责任公司 | 上海 | 26036483 | 78098 | 125966322 | 3492535 | 68386 |
| 41 | 深圳市投资控股有限公司 | 广东 | 25486226 | 609773 | 105726821 | 18882202 | 103117 |
| 42 | 龙湖集团控股有限公司 | 重庆 | 25056511 | 2436205 | 78677442 | 14210036 | 31565 |
| 43 | 广东省广新控股集团有限公司 | 广东 | 23791433 | 239179 | 12727552 | 1834063 | 40613 |
| 44 | 泰康保险集团股份有限公司 | 北京 | 23434005 | 1086282 | 136544606 | 10649732 | 59011 |
| 45 | 山东高速集团有限公司 | 山东 | 23176927 | 299202 | 132254620 | 18304087 | 54097 |
| 46 | 美团公司 | 上海 | 21995495 | -668611 | 24448119 | 12876161 | 91932 |
| 47 | 新华人寿保险股份有限公司 | 北京 | 21431900 | 982200 | 125504400 | 10288400 | 32564 |
| 48 | 中国航空油料集团有限公司 | 北京 | 21284052 | 276153 | 7222462 | 3124651 | 14229 |
| 49 | 广西投资集团有限公司 | 广西壮族自治区 | 21029995 | 56518 | 74937609 | 3057791 | 32763 |
| 50 | 新疆广汇实业投资（集团）有限责任公司 | 新疆维吾尔自治区 | 20800708 | 107053 | 25748922 | 4060281 | 74069 |
| 51 | 云南省投资控股集团有限公司 | 云南 | 19619241 | 30056 | 56866075 | 8096131 | 48487 |
| 52 | 甘肃省公路航空旅游投资集团有限公司 | 甘肃 | 18316272 | 16501 | 70237744 | 21228106 | 55401 |
| 53 | 中国通用技术（集团）控股有限责任公司 | 北京 | 18301681 | 202221 | 27752364 | 4957247 | 89484 |
| 54 | 杭州市实业投资集团有限公司 | 浙江 | 17712484 | 226374 | 7703907 | 1809233 | 4504 |
| 55 | 华夏银行股份有限公司 | 北京 | 17477000 | 2503500 | 390016700 | 32045700 | 40556 |
| 56 | 浙江省能源集团有限公司 | 浙江 | 16764709 | 558718 | 30088872 | 9159765 | 22973 |
| 57 | 浙江省兴合集团有限责任公司 | 浙江 | 15986949 | 34026 | 8133734 | 601634 | 17415 |
| 58 | 珠海华发集团有限公司 | 广东 | 15763552 | 223564 | 65040443 | 5660767 | 47257 |
| 59 | 中国国际技术智力合作集团有限公司 | 北京 | 15719486 | 89888 | 2018816 | 802020 | 5548 |
| 60 | 新奥天然气股份有限公司 | 河北 | 15404417 | 584391 | 13619744 | 1757812 | 38967 |
| 61 | 卓尔控股有限公司 | 湖北 | 14660286 | 27238 | 10276102 | 4655062 | 15926 |
| 62 | 传化集团有限公司 | 浙江 | 14500311 | 305513 | 7985645 | 1253307 | 13589 |
| 63 | 九州通医药集团股份有限公司 | 湖北 | 14042419 | 208496 | 9227211 | 2463980 | 30141 |
| 64 | 山东省港口集团有限公司 | 山东 | 13738591 | 271937 | 25204046 | 6417238 | 58358 |
| 65 | 江苏银行股份有限公司 | 江苏 | 13464272 | 2538599 | 298029469 | 20863273 | 17590 |
| 66 | 阳光保险集团股份有限公司 | 广东 | 13187325 | 488185 | 48535738 | 6074098 | 57152 |
| 67 | 上海均和集团有限公司 | 上海 | 12946657 | 26125 | 4068373 | 1387924 | 5000 |
| 68 | 云南省能源投资集团有限公司 | 云南 | 12610682 | 317112 | 25106798 | 5970111 | 9932 |

续表

| 名次 | 企业名称 | 地区 | 营业收入/万元 | 净利润/万元 | 资产/万元 | 所有者权益/万元 | 从业人数/人 |
|---|---|---|---|---|---|---|---|
| 69 | 东岭集团股份有限公司 | 陕西 | 12566472 | 21850 | 4500364 | 1080437 | 10112 |
| 70 | 百度网络技术有限公司 | 北京 | 12367500 | 755900 | 39097300 | 22347800 | 41300 |
| 71 | 广东省广晟控股集团有限公司 | 广东 | 12063704 | 172292 | 16967682 | 1444833 | 56256 |
| 72 | 金地（集团）股份有限公司 | 广东 | 12020809 | 610729 | 41938322 | 6522954 | 43011 |
| 73 | 绿城房地产集团有限公司 | 浙江 | 11972859 | 358396 | 53434470 | 4037072 | 8087 |
| 74 | 北京控股集团有限公司 | 北京 | 11910115 | 136186 | 43005912 | 4400049 | 73017 |
| 75 | 兰州新区商贸物流投资集团有限公司 | 甘肃 | 11693807 | -24113 | 1939912 | 648244 | 1707 |
| 76 | 浙商银行股份有限公司 | 浙江 | 11673600 | 1361800 | 262193000 | 16293300 | 19907 |
| 77 | 中基宁波集团股份有限公司 | 浙江 | 11607710 | 36388 | 1762155 | 199989 | 2617 |
| 78 | 神州数码集团股份有限公司 | 北京 | 11588002 | 100441 | 4021604 | 760204 | 5279 |
| 79 | 广西北部湾国际港务集团有限公司 | 广西壮族自治区 | 10808459 | -83892 | 14984883 | 2982686 | 31888 |
| 80 | 内蒙古电力（集团）有限责任公司 | 内蒙古自治区 | 10800299 | 68400 | 11569487 | 5071425 | 36273 |
| 81 | 上海银行股份有限公司 | 上海 | 10797629 | 2228022 | 287852476 | 22105406 | 14333 |
| 82 | 青岛海发国有资本投资运营集团有限公司 | 山东 | 10684349 | 38495 | 13161519 | 1871885 | 15331 |
| 83 | 广州越秀集团股份有限公司 | 广东 | 10602853 | 372379 | 90347699 | 5613469 | 38027 |
| 84 | 唯品会控股有限公司 | 广东 | 10315249 | 629882 | 6547551 | 3275204 | 13809 |
| 85 | 广东鼎龙实业集团有限公司 | 广东 | 10087069 | -15479 | 2584605 | 833473 | 3837 |
| 86 | 湖北联投集团有限公司 | 湖北 | 10077768 | -14208 | 29716530 | 2248226 | 20924 |
| 87 | 北京能源集团有限责任公司 | 北京 | 10052951 | 201450 | 42113323 | 9738837 | 34020 |
| 88 | 云账户技术（天津）有限公司 | 天津 | 9742960 | 3881 | 275759 | 17852 | 984 |
| 89 | 浙江省国际贸易集团有限公司 | 浙江 | 9728913 | 173558 | 15900196 | 1860985 | 22524 |
| 90 | 网易股份有限公司 | 浙江 | 9649581 | 2033760 | 17276099 | 10473132 | 31119 |
| 91 | 深圳市爱施德股份有限公司 | 广东 | 9142901 | 73027 | 1444143 | 592492 | 3096 |
| 92 | 河南交通投资集团有限公司 | 河南 | 9114006 | -127302 | 64045569 | 19360352 | 23140 |
| 93 | 永辉超市股份有限公司 | 福建 | 9009081 | -276316 | 6214321 | 746557 | 108758 |
| 94 | 四川省能源投资集团有限责任公司 | 四川 | 9004424 | 64424 | 24139655 | 4423655 | 25562 |
| 95 | 东方国际（集团）有限公司 | 上海 | 8988909 | 47202 | 6270182 | 1757533 | 65034 |
| 96 | 中国南方航空集团有限公司 | 广东 | 8822391 | -2018053 | 33631901 | 4786110 | 108768 |
| 97 | 南京银行股份有限公司 | 江苏 | 8709220 | 1840804 | 205948374 | 15625619 | 15769 |
| 98 | 厦门路桥工程物资有限公司 | 福建 | 8615879 | 44145 | 2374515 | 249539 | 542 |
| 99 | 陕西投资集团有限公司 | 陕西 | 8448427 | 340438 | 25909023 | 4845616 | 24695 |
| 100 | 重庆华宇集团有限公司 | 重庆 | 8362636 | 692877 | 11701799 | 6358934 | 4887 |
| 101 | 天津泰达投资控股有限公司 | 天津 | 8227420 | 20805 | 45963275 | 10857332 | 20954 |
| 102 | 汇通达网络股份有限公司 | 江苏 | 8035478 | 37908 | 2802397 | 795482 | 4505 |
| 103 | 恒信汽车集团股份有限公司 | 湖北 | 7980726 | 129137 | 2533332 | 1449388 | 22033 |
| 104 | 弘阳集团有限公司 | 江苏 | 7832005 | 82995 | 12528376 | 2704092 | 5875 |

续表

| 名次 | 企业名称 | 地区 | 营业收入/万元 | 净利润/万元 | 资产/万元 | 所有者权益/万元 | 从业人数/人 |
|---|---|---|---|---|---|---|---|
| 105 | 上海钢联电子商务股份有限公司 | 上海 | 7656664 | 20313 | 1384818 | 174840 | 4189 |
| 106 | 远大物产集团有限公司 | 浙江 | 7611520 | 13036 | 557629 | 202093 | 416 |
| 107 | 水发集团有限公司 | 山东 | 7453171 | -79168 | 15784529 | 1473017 | 20154 |
| 108 | 广东省广物控股集团有限公司 | 广东 | 7288453 | 77427 | 5333260 | 1577252 | 11022 |
| 109 | 江苏国泰国际集团股份有限公司 | 江苏 | 7250062 | 172449 | 3940551 | 1406727 | 34126 |
| 110 | 河北省物流产业集团有限公司 | 河北 | 7073523 | 726 | 2638666 | 257307 | 2183 |
| 111 | 上海闽路润贸易有限公司 | 上海 | 7070895 | 22392 | 1411184 | 45672 | 231 |
| 112 | 申能（集团）有限公司 | 上海 | 7019122 | 370615 | 20666687 | 9338819 | 19472 |
| 113 | 重庆医药（集团）股份有限公司 | 重庆 | 6754136 | 100192 | 5567245 | 944402 | 13705 |
| 114 | 郑州瑞茂通供应链有限公司 | 河南 | 6747420 | 16145 | 6078942 | 2418841 | 950 |
| 115 | 广西交通投资集团有限公司 | 广西壮族自治区 | 6706920 | 67563 | 62949354 | 16605506 | 16257 |
| 116 | 福建省港口集团有限责任公司 | 福建 | 6704940 | 38898 | 10054684 | 1708903 | 31380 |
| 117 | 渤海银行股份有限公司 | 天津 | 6637037 | 610748 | 165945990 | 10995103 | 12717 |
| 118 | 中国东方航空集团有限公司 | 上海 | 6597159 | -1721583 | 37294959 | 7451403 | 97935 |
| 119 | 安徽省交通控股集团有限公司 | 安徽 | 6538667 | 539294 | 34428524 | 10549034 | 25095 |
| 120 | 杭州市城市建设投资集团有限公司 | 浙江 | 6418122 | 224596 | 25424637 | 7476494 | 40614 |
| 121 | 大汉控股集团有限公司 | 湖南 | 6367019 | 63937 | 2186292 | 946969 | 5468 |
| 122 | 湖北交通投资集团有限公司 | 湖北 | 6348987 | 380663 | 62922994 | 16892481 | 22477 |
| 123 | 浙江前程投资股份有限公司 | 浙江 | 6276597 | 1443 | 681871 | 92018 | 386 |
| 124 | 物美科技集团有限公司 | 北京 | 6187450 | 294904 | 11478805 | 2935316 | 100000 |
| 125 | 南京新工投资集团有限责任公司 | 江苏 | 6081983 | 115393 | 8694248 | 2609871 | 35063 |
| 126 | 贝壳控股有限公司 | 北京 | 6066878 | -138607 | 10934735 | 6892036 | 98540 |
| 127 | 中华联合保险集团股份有限公司 | 北京 | 6062292 | 65044 | 10060596 | 1820251 | 40134 |
| 128 | 广州产业投资控股集团有限公司 | 广东 | 5986341 | 150209 | 15328489 | 3116718 | 22356 |
| 129 | 武汉金融控股（集团）有限公司 | 湖北 | 5985279 | 10827 | 17790528 | 1845579 | 17948 |
| 130 | 南昌市政公用集团有限公司 | 江西 | 5897204 | 53545 | 15925889 | 3724153 | 13793 |
| 131 | 漳州市九龙江集团有限公司 | 福建 | 5845553 | 133131 | 11835645 | 2882978 | 6171 |
| 132 | 深圳前海微众银行股份有限公司 | 广东 | 5798269 | 893705 | 47386163 | 3641370 | 3667 |
| 133 | 北京首都创业集团有限公司 | 北京 | 5782222 | 45489 | 42060022 | 2620012 | 34159 |
| 134 | 昆明市交通投资有限责任公司 | 云南 | 5702908 | 104571 | 18290918 | 6257277 | 3293 |
| 135 | 优合产业有限公司 | 广东 | 5670051 | 33607 | 762349 | 126926 | 706 |
| 136 | 北京首都开发控股（集团）有限公司 | 北京 | 5639793 | -145374 | 32385307 | 1784715 | 13978 |
| 137 | 重庆农村商业银行股份有限公司 | 重庆 | 5525783 | 1027557 | 135186112 | 11328339 | 15167 |
| 138 | 陕西交通控股集团有限公司 | 陕西 | 5508216 | 112283 | 57344623 | 17450581 | 32566 |

续表

| 名次 | 企业名称 | 地区 | 营业收入/万元 | 净利润/万元 | 资产/万元 | 所有者权益/万元 | 从业人数/人 |
|---|---|---|---|---|---|---|---|
| 139 | 重庆千信集团有限公司 | 重庆 | 5387499 | 66388 | 1628498 | 531708 | 553 |
| 140 | 圆通速递股份有限公司 | 上海 | 5353931 | 391967 | 3925732 | 2667269 | 17240 |
| 141 | 恒丰银行股份有限公司 | 山东 | 5323089 | 674767 | 133159512 | 12677746 | 12158 |
| 142 | 杭州东恒石油有限公司 | 浙江 | 5316806 | 109306 | 1263253 | 578401 | 550 |
| 143 | 中国国际航空股份有限公司 | 北京 | 5289758 | −3861950 | 29501134 | 2360913 | 87190 |
| 144 | 深圳金雅福控股集团有限公司 | 广东 | 5279781 | 28721 | 343130 | 198518 | 1622 |
| 145 | 中铁集装箱运输有限责任公司 | 北京 | 5275345 | 162145 | 3153533 | 1844945 | 996 |
| 146 | 陕西泰丰盛合控股集团有限公司 | 陕西 | 5250884 | 108205 | 1148602 | 168568 | 170 |
| 147 | 山西交通控股集团有限公司 | 山西 | 5250167 | 51360 | 60895693 | 12926042 | 42832 |
| 148 | 重庆中昂投资集团有限公司 | 重庆 | 5211930 | 675527 | 10532679 | 5030835 | 10935 |
| 149 | 通鼎集团有限公司 | 江苏 | 5210110 | 143909 | 2794663 | 787478 | 14574 |
| 150 | 北京江南投资集团有限公司 | 北京 | 5203495 | 874668 | 15332693 | 3813977 | 475 |
| 151 | 厦门港务控股集团有限公司 | 福建 | 5134555 | 17326 | 4748594 | 943013 | 9663 |
| 152 | 洛阳国宏投资控股集团有限公司 | 河南 | 5078724 | 118691 | 7813381 | 2286563 | 12000 |
| 153 | 帝海投资控股集团有限公司 | 北京 | 5013687 | 5457 | 5197499 | 4237312 | 1100 |
| 154 | 广东省交通集团有限公司 | 广东 | 5002587 | 259619 | 46941067 | 10456944 | 53829 |
| 155 | 中国雄安集团有限公司 | 河北 | 4989100 | 33642 | 13803196 | 3525020 | 1297 |
| 156 | 重庆新鸥鹏企业（集团）有限公司 | 重庆 | 4986213 | 282828 | 7589632 | 675681 | 8377 |
| 157 | 江西省投资集团有限公司 | 江西 | 4970114 | 2591 | 15108830 | 2736456 | 25309 |
| 158 | 四川省商业投资集团有限责任公司 | 四川 | 4900056 | 18805 | 3005632 | 190097 | 4366 |
| 159 | 青岛西海岸新区融合控股集团有限公司 | 山东 | 4874037 | 22269 | 21509453 | 5010656 | 3561 |
| 160 | 上海农村商业银行股份有限公司 | 上海 | 4861823 | 1097438 | 128139912 | 10183397 | 9833 |
| 161 | 广州农村商业银行股份有限公司 | 广东 | 4806447 | 349216 | 123345445 | 8107857 | 13975 |
| 162 | 江苏汇鸿国际集团股份有限公司 | 江苏 | 4775933 | −49989 | 2500282 | 501122 | 3681 |
| 163 | 宁波开发投资集团有限公司 | 浙江 | 4700023 | 354940 | 11133120 | 3454688 | 4607 |
| 164 | 盛京银行股份有限公司 | 辽宁 | 4699822 | 97990 | 108241311 | 8077419 | 8553 |
| 165 | 百联集团有限公司 | 上海 | 4685305 | 75336 | 17014942 | 2673008 | 35352 |
| 166 | 青岛西海岸新区海洋控股集团有限公司 | 山东 | 4651076 | −8346 | 15981972 | 3314236 | 13477 |
| 167 | 武汉产业投资控股集团有限公司 | 湖北 | 4641828 | −31358 | 12459639 | 1908446 | 42604 |
| 168 | 福州城市建设投资集团有限公司 | 福建 | 4582857 | 142727 | 22132419 | 9154148 | 5194 |
| 169 | 青岛世纪瑞丰集团有限公司 | 山东 | 4533704 | 2252 | 1316853 | 40766 | 145 |
| 170 | 新华锦集团有限公司 | 山东 | 4489201 | 17711 | 1547106 | 328939 | 8843 |
| 171 | 湖南省高速公路集团有限公司 | 湖南 | 4468820 | 142039 | 66041767 | 20870776 | 15232 |
| 172 | 深圳市信利康供应链管理有限公司 | 广东 | 4464840 | 11237 | 1741825 | 161288 | 590 |

续表

| 名次 | 企业名称 | 地区 | 营业收入/万元 | 净利润/万元 | 资产/万元 | 所有者权益/万元 | 从业人数/人 |
|---|---|---|---|---|---|---|---|
| 173 | 广东粤海控股集团有限公司 | 广东 | 4377269 | 409113 | 23728891 | 4903868 | 21501 |
| 174 | 深圳市中农网有限公司 | 广东 | 4303784 | 266 | 1496648 | 87000 | 644 |
| 175 | 万洋集团有限公司 | 浙江 | 4225370 | 466700 | 4106842 | 2260293 | 6323 |
| 176 | 大华（集团）有限公司 | 上海 | 4218236 | 241461 | 20391744 | 3521703 | 4476 |
| 177 | 长沙银行股份有限公司 | 湖南 | 4134804 | 681126 | 90473349 | 6024314 | 8893 |
| 178 | 河北省国和投资集团有限公司 | 河北 | 4126285 | 3784 | 656469 | 169179 | 1890 |
| 179 | 东浩兰生（集团）有限公司 | 上海 | 4108860 | 42426 | 4299319 | 1351931 | 5177 |
| 180 | 源山投资控股有限公司 | 上海 | 4063387 | 4083 | 789821 | 319737 | 185 |
| 181 | 厦门海沧投资集团有限公司 | 福建 | 3996325 | 18328 | 3957016 | 797888 | 6054 |
| 182 | 上海中梁企业发展有限公司 | 上海 | 3940771 | -13875 | 23954641 | 1535066 | 4419 |
| 183 | 杭州市国有资本投资运营有限公司 | 浙江 | 3940208 | 156524 | 7986434 | 2454405 | 10501 |
| 184 | 北京中能昊龙投资控股集团有限公司 | 北京 | 3902782 | 407930 | 3066376 | 2366484 | 8600 |
| 185 | 华南物资集团有限公司 | 重庆 | 3820789 | -752 | 656887 | 83347 | 642 |
| 186 | 奥德集团有限公司 | 山东 | 3798039 | 380525 | 5783016 | 3429047 | 14766 |
| 187 | 华东医药股份有限公司 | 浙江 | 3771459 | 249921 | 3119220 | 1857792 | 14061 |
| 188 | 浙江省海港投资运营集团有限公司 | 浙江 | 3728922 | 330340 | 17196881 | 7098229 | 19207 |
| 189 | 上海国际港务（集团）股份有限公司 | 上海 | 3727981 | 1722392 | 18180171 | 11232741 | 15030 |
| 190 | 山东颐养健康产业发展集团有限公司 | 山东 | 3719591 | 110 | 8336516 | 2235823 | 23554 |
| 191 | 深圳市天行云供应链有限公司 | 广东 | 3641958 | 29502 | 497600 | 70561 | 1117 |
| 192 | 张家港市沃丰贸易有限公司 | 江苏 | 3561072 | -104724 | 1814763 | -103219 | 20 |
| 193 | 中通快递股份有限公司 | 上海 | 3537700 | 680906 | 7852359 | 5402855 | 24888 |
| 194 | 天津银行股份有限公司 | 天津 | 3522619 | 356497 | 76108285 | 5978498 | 6659 |
| 195 | 江阴长三角钢铁集团有限公司 | 江苏 | 3505522 | -7048 | 37193 | 5509 | 282 |
| 196 | 福建漳龙集团有限公司 | 福建 | 3503294 | -604 | 8106831 | 2116207 | 3199 |
| 197 | 西安高科集团有限公司 | 陕西 | 3451898 | 15319 | 21380301 | 1623181 | 15554 |
| 198 | 荣盛控股股份有限公司 | 河北 | 3404243 | -593563 | 26876982 | 909232 | 18599 |
| 199 | 合肥维天运通信息科技股份有限公司 | 安徽 | 3403267 | 222 | 252210 | 54771 | 1200 |
| 200 | 申通快递股份有限公司 | 浙江 | 3365173 | 29474 | 2084703 | 633129 | 9415 |
| 201 | 广西现代物流集团有限公司 | 广西壮族自治区 | 3361891 | 113 | 2798671 | 575130 | 4579 |
| 202 | 福星集团控股有限公司 | 湖北 | 3337949 | 22014 | 3980225 | 346702 | 6276 |
| 203 | 山东省商业集团有限公司 | 山东 | 3337460 | -24133 | 13311065 | 1159581 | 36304 |
| 204 | 浙江建华集团有限公司 | 浙江 | 3323481 | 18519 | 295087 | 106342 | 3091 |
| 205 | 月星集团有限公司 | 上海 | 3302851 | 386957 | 5966435 | 2715185 | 10772 |
| 206 | 浙江永安资本管理有限公司 | 浙江 | 3297403 | 27381 | 1207718 | 342696 | 185 |

续表

| 名次 | 企业名称 | 地区 | 营业收入/万元 | 净利润/万元 | 资产/万元 | 所有者权益/万元 | 从业人数/人 |
|---|---|---|---|---|---|---|---|
| 207 | 淄博市城市资产运营集团有限公司 | 山东 | 3285394 | 143886 | 20011000 | 6977988 | 7305 |
| 208 | 佛山市投资控股集团有限公司 | 广东 | 3234743 | -63 | 6188286 | 922687 | 8291 |
| 209 | 建业控股有限公司 | 河南 | 3233649 | -706911 | 15793482 | 776899 | 24165 |
| 210 | 一柏集团有限公司 | 福建 | 3225260 | 885 | 22383 | 20983 | 51 |
| 211 | 深圳华强集团有限公司 | 广东 | 3215078 | 38809 | 7487643 | 1671737 | 24607 |
| 212 | 江苏无锡朝阳集团股份有限公司 | 江苏 | 3198710 | 19808 | 232591 | 146757 | 1484 |
| 213 | 联发集团有限公司 | 福建 | 3146611 | 34520 | 12749098 | 1346472 | 5188 |
| 214 | 河北港口集团有限公司 | 河北 | 3138961 | 107294 | 14535996 | 4553868 | 19348 |
| 215 | 宝龙地产控股有限公司 | 上海 | 3137786 | 40775 | 23375068 | 4110557 | 10046 |
| 216 | 武汉联杰能源有限公司 | 湖北 | 3130001 | 2889 | 336871 | 190758 | 31 |
| 217 | 南京新华海科技产业集团有限公司 | 江苏 | 3077898 | 57626 | 1329891 | 657058 | 1921 |
| 218 | 山西云时代技术有限公司 | 山西 | 3060384 | 24781 | 1957510 | 556973 | 12369 |
| 219 | 金鹏控股集团有限公司 | 安徽 | 3056588 | 72501 | 2993289 | 729931 | 5600 |
| 220 | 广州市城市建设投资集团有限公司 | 广东 | 3055702 | -61331 | 35845535 | 14763629 | 34454 |
| 221 | 天津满运软件科技有限公司 | 天津 | 3002867 | -2562 | 163073 | -6397 | 105 |
| 222 | 浙江宝利德股份有限公司 | 浙江 | 3002664 | 17875 | 809614 | 264380 | 2545 |
| 223 | 苏州金螳螂企业（集团）有限公司 | 江苏 | 2962085 | 40848 | 4875648 | 396650 | 13512 |
| 224 | 江苏华地国际控股集团有限公司 | 江苏 | 2956688 | 69338 | 1360055 | 451574 | 5655 |
| 225 | 广州珠江实业集团有限公司 | 广东 | 2925693 | 71328 | 13616370 | 1884635 | 25657 |
| 226 | 东华能源股份有限公司 | 江苏 | 2919900 | 4251 | 4136063 | 1033993 | 1923 |
| 227 | 利群集团股份有限公司 | 山东 | 2866776 | 2177 | 2774161 | 669027 | 9350 |
| 228 | 武汉市城市建设投资开发集团有限公司 | 湖北 | 2832379 | -10074 | 37805832 | 10987099 | 14472 |
| 229 | 厦门中骏集团有限公司 | 福建 | 2820230 | 5486 | 19697085 | 2186660 | 7719 |
| 230 | 郑州银行股份有限公司 | 河南 | 2805148 | 242230 | 59151362 | 5077257 | 5888 |
| 231 | 青岛经济技术开发区投资控股集团有限公司 | 山东 | 2774481 | 50176 | 9462484 | 2492278 | 2366 |
| 232 | 文一投资控股有限公司 | 安徽 | 2750566 | 44331 | 5215215 | 2906617 | 16000 |
| 233 | 贵州现代物流产业（集团）有限责任公司 | 贵州 | 2707634 | 2746 | 1803286 | 393099 | 4123 |
| 234 | 厦门禹洲集团股份有限公司 | 福建 | 2673724 | -1201486 | 14345377 | 1197361 | 1985 |
| 235 | 湖南财信金融控股集团有限公司 | 湖南 | 2660962 | 225308 | 59957468 | 3253849 | 9538 |
| 236 | 唐山国控集团有限公司 | 河北 | 2658144 | 201072 | 18798389 | 8913553 | 4547 |
| 237 | 湖北文化旅游集团有限公司 | 湖北 | 2616711 | 1022 | 7981072 | 1390060 | 7505 |
| 238 | 无锡市不锈钢电子交易中心有限公司 | 江苏 | 2615985 | 3194 | 17719 | 16107 | 110 |
| 239 | 庞大汽贸集团股份有限公司 | 河北 | 2602100 | -144106 | 2221720 | 1028935 | 10060 |

续表

| 名次 | 企业名称 | 地区 | 营业收入/万元 | 净利润/万元 | 资产/万元 | 所有者权益/万元 | 从业人数/人 |
|---|---|---|---|---|---|---|---|
| 240 | 海通证券股份有限公司 | 上海 | 2594819 | 654535 | 75360758 | 16459196 | 11887 |
| 241 | 无锡市交通产业集团有限公司 | 江苏 | 2587987 | 11717 | 7015642 | 2008411 | 13101 |
| 242 | 东莞农村商业银行股份有限公司 | 广东 | 2543237 | 593168 | 65768997 | 5112772 | 7917 |
| 243 | 广发证券股份有限公司 | 广东 | 2513201 | 792929 | 61725628 | 12014563 | 14802 |
| 244 | 江阴市金桥化工有限公司 | 江苏 | 2501841 | 1912 | 177235 | 30431 | 93 |
| 245 | 湖南博深实业集团有限公司 | 湖南 | 2490808 | 104868 | 1538201 | 786085 | 1137 |
| 246 | 重庆高速公路集团有限公司 | 重庆 | 2489154 | 37612 | 21791508 | 6381590 | 11981 |
| 247 | 无锡市国联发展（集团）有限公司 | 江苏 | 2478719 | 158001 | 18124465 | 2901711 | 13084 |
| 248 | 厦门夏商集团有限公司 | 福建 | 2443171 | 34535 | 1882416 | 487246 | 6212 |
| 249 | 日出实业集团有限公司 | 浙江 | 2436457 | 11448 | 378325 | 49694 | 675 |
| 250 | 江西银行股份有限公司 | 江西 | 2424928 | 154955 | 51557265 | 4604795 | 5690 |
| 251 | 河北高速公路集团有限公司 | 河北 | 2400363 | 15934 | 33196410 | 12510501 | 21133 |
| 252 | 湖南农业发展投资集团有限责任公司 | 湖南 | 2361660 | 10027 | 6229143 | 2094273 | 8849 |
| 253 | 青岛银行股份有限公司 | 山东 | 2353201 | 308278 | 52961399 | 3581631 | 4707 |
| 254 | 上海均瑶（集团）有限公司 | 上海 | 2349263 | −272628 | 10101108 | 902895 | 21291 |
| 255 | 江苏省粮食集团有限责任公司 | 江苏 | 2327140 | 10253 | 1323948 | 256571 | 1386 |
| 256 | 重庆市能源投资集团有限公司 | 重庆 | 2326071 | −245657 | 4008473 | −1367508 | 16014 |
| 257 | 桂林银行股份有限公司 | 广西壮族自治区 | 2309022 | 162371 | 49710759 | 3639762 | 9336 |
| 258 | 广州金融控股集团有限公司 | 广东 | 2295329 | 285020 | 87704965 | 3012037 | 8770 |
| 259 | 福建漳州城投集团有限公司 | 福建 | 2281108 | 26466 | 5821394 | 1630027 | 23764 |
| 260 | 河北交通投资集团有限公司 | 河北 | 2266953 | −42183 | 33198400 | 6511701 | 13000 |
| 261 | 安徽灵通集团控股有限公司 | 安徽 | 2250924 | 6686 | 163605 | 44516 | 185 |
| 262 | 九江银行股份有限公司 | 江西 | 2235743 | 161512 | 47970354 | 3562766 | 4967 |
| 263 | 宁波君安控股有限公司 | 浙江 | 2234675 | 8808 | 362536 | 89801 | 80 |
| 264 | 上海塑来信息技术有限公司 | 上海 | 2201028 | 1516 | 90130 | 18872 | 200 |
| 265 | 中国万向控股有限公司 | 上海 | 2169135 | 97247 | 16234777 | 914434 | 13523 |
| 266 | 广东华鑫茂集团有限公司 | 广东 | 2151952 | 1870 | 804307 | 4179 | 65 |
| 267 | 常州市化工轻工材料总公司 | 江苏 | 2150913 | 3163 | 514752 | 22306 | 156 |
| 268 | 天津城市基础设施建设投资集团有限公司 | 天津 | 2132471 | 182502 | 89458544 | 26311428 | 13624 |
| 269 | 大参林医药集团股份有限公司 | 广东 | 2124809 | 103572 | 2084124 | 621188 | 39499 |
| 270 | 东莞银行股份有限公司 | 广东 | 2123744 | 383444 | 53841900 | 3475519 | 5336 |
| 271 | 广州轻工工贸集团有限公司 | 广东 | 2109150 | 68148 | 2293680 | 1257682 | 6120 |
| 272 | 福州朴朴电子商务有限公司 | 福建 | 2096618 | −152144 | 557911 | −735605 | 50000 |

续表

| 名次 | 企业名称 | 地区 | 营业收入/万元 | 净利润/万元 | 资产/万元 | 所有者权益/万元 | 从业人数/人 |
|---|---|---|---|---|---|---|---|
| 273 | 浙江火山口网络科技有限公司 | 浙江 | 2083843 | 15975 | 206825 | 85349 | 262 |
| 274 | 佛山市建设发展集团有限公司 | 广东 | 2061911 | 10148 | 3768380 | 665216 | 3250 |
| 275 | 珠海九洲控股集团有限公司 | 广东 | 2058466 | 16335 | 4304526 | 624963 | 5840 |
| 276 | 山东远通汽车贸易集团有限公司 | 山东 | 2044064 | 15032 | 648378 | 400946 | 5185 |
| 277 | 淄博商厦股份有限公司 | 山东 | 2041219 | 15960 | 574619 | 300103 | 10000 |
| 278 | 西安城市基础设施建设投资集团有限公司 | 陕西 | 2032804 | 91923 | 19953413 | 7517771 | 30130 |
| 279 | 黑龙江倍丰农业生产资料集团有限公司 | 黑龙江 | 2022900 | 5907 | 2380158 | 203915 | 1239 |
| 280 | 老百姓大药房连锁股份有限公司 | 湖南 | 2017552 | 78496 | 2139733 | 652995 | 35608 |
| 281 | 泉州市金融控股集团有限公司 | 福建 | 2016926 | 32484 | 4563089 | 1366099 | 26358 |
| 282 | 河北银行股份有限公司 | 河北 | 2015237 | 242373 | 48921204 | 4378595 | 5126 |
| 283 | 携程集团有限公司 | 上海 | 2005500 | 140300 | 19169100 | 11228300 | 32202 |
| 284 | 江苏省苏豪控股集团有限公司 | 江苏 | 2000117 | 85517 | 3722045 | 963971 | 7608 |
| 285 | 江苏省煤炭运销有限公司 | 江苏 | 1994316 | 6208 | 249045 | 38901 | 49 |
| 286 | 益丰大药房连锁股份有限公司 | 湖南 | 1988639 | 126560 | 2103888 | 855607 | 35915 |
| 287 | 鹭燕医药股份有限公司 | 福建 | 1946250 | 34515 | 1178379 | 272081 | 5286 |
| 288 | 中国江苏国际经济技术合作集团有限公司 | 江苏 | 1932854 | 28086 | 2988499 | 561149 | 8576 |
| 289 | 厦门翔业集团有限公司 | 福建 | 1915801 | 28222 | 4951426 | 1742500 | 11916 |
| 290 | 广东宇成投资集团有限公司 | 广东 | 1914579 | 663 | 679719 | 4501 | 33 |
| 291 | 江苏大经供应链股份有限公司 | 江苏 | 1911532 | 1749 | 217110 | 26690 | 500 |
| 292 | 徐州东方物流集团有限公司 | 江苏 | 1911307 | 23926 | 887801 | 207188 | 1186 |
| 293 | 软通动力信息技术（集团）股份有限公司 | 北京 | 1910369 | 97332 | 1506271 | 1005837 | 90000 |
| 294 | 广西柳药集团股份有限公司 | 广西壮族自治区 | 1905283 | 70152 | 1860699 | 596896 | 5162 |
| 295 | 佛燃能源集团股份有限公司 | 广东 | 1892310 | 65526 | 1479174 | 543302 | 2404 |
| 296 | 中原出版传媒投资控股集团有限公司 | 河南 | 1888546 | 72783 | 2032548 | 1066707 | 14483 |
| 297 | 青岛农村商业银行股份有限公司 | 山东 | 1885266 | 231714 | 43479132 | 3557407 | 5185 |
| 298 | 奥园集团有限公司 | 广东 | 1884495 | -1127758 | 24124054 | -2205737 | 14375 |
| 299 | 深圳市朗华供应链服务有限公司 | 广东 | 1871026 | 30619 | 1291333 | 96679 | 1185 |
| 300 | 信誉楼百货集团有限公司 | 河北 | 1848778 | 63023 | 895722 | 395612 | 31500 |
| 301 | 安徽辉隆投资集团有限公司 | 安徽 | 1840793 | 10819 | 1254839 | 124126 | 3910 |
| 302 | 安徽新华发行（集团）控股有限公司 | 安徽 | 1830939 | 24020 | 3239780 | 961127 | 6173 |
| 303 | 天津港（集团）有限公司 | 天津 | 1827887 | -57509 | 15664669 | 2649516 | 15937 |
| 304 | 西安曲江文化产业投资（集团）有限公司 | 陕西 | 1804365 | 4601 | 10683112 | 1227415 | 13402 |
| 305 | 欧龙汽车贸易集团有限公司 | 浙江 | 1803185 | 50201 | 686231 | 332290 | 3542 |
| 306 | 砂之船商业管理集团有限公司 | 重庆 | 1800473 | 32136 | 1638397 | 841824 | 33487 |

续表

| 名次 | 企业名称 | 地区 | 营业收入/万元 | 净利润/万元 | 资产/万元 | 所有者权益/万元 | 从业人数/人 |
|---|---|---|---|---|---|---|---|
| 307 | 广东宏川集团有限公司 | 广东 | 1783559 | 30143 | 1336098 | 274843 | 2131 |
| 308 | 福建纵腾网络有限公司 | 福建 | 1760478 | -36808 | 741499 | 355262 | 6939 |
| 309 | 华邦控股集团有限公司 | 广东 | 1751562 | 38786 | 4175998 | 1585184 | 5271 |
| 310 | 佛山市兴美资源科技有限公司 | 广东 | 1742902 | 14 | 55657 | 323 | 13 |
| 311 | 河北省国有资产控股运营有限公司 | 河北 | 1724291 | 134 | 2284697 | 729028 | 2404 |
| 312 | 天津农村商业银行股份有限公司 | 天津 | 1720988 | 259989 | 40717700 | 3264815 | 5884 |
| 313 | 陕西粮农集团有限责任公司 | 陕西 | 1715708 | 14413 | 1272548 | 427209 | 2467 |
| 314 | 杭州市商贸旅游集团有限公司 | 浙江 | 1704580 | 97967 | 9432494 | 3054194 | 18641 |
| 315 | 润华集团股份有限公司 | 山东 | 1702357 | 40806 | 1559093 | 793262 | 5381 |
| 316 | 重庆交通运输控股（集团）有限公司 | 重庆 | 1697243 | 7977 | 2540992 | 960477 | 37036 |
| 317 | 武汉农村商业银行股份有限公司 | 湖北 | 1678926 | 132792 | 41297215 | 2380864 | 7586 |
| 318 | 广西泛糖科技有限公司 | 广西壮族自治区 | 1658311 | 1408 | 596503 | 7675 | 108 |
| 319 | 三七互娱网络科技集团股份有限公司 | 安徽 | 1640603 | 295437 | 1709461 | 1218335 | 3552 |
| 320 | 安徽华源医药集团股份有限公司 | 安徽 | 1638457 | 16324 | 1364523 | 228821 | 9100 |
| 321 | 厦门市嘉晟对外贸易有限公司 | 福建 | 1636641 | 3765 | 595178 | 72871 | 210 |
| 322 | 利泰汽车集团有限公司 | 广东 | 1621041 | 7804 | 336327 | 126515 | 8227 |
| 323 | 四川华油集团有限责任公司 | 四川 | 1614980 | 46064 | 1052393 | 324785 | 3364 |
| 324 | 深圳市博科供应链管理有限公司 | 广东 | 1613860 | 4466 | 29557 | 29557 | 151 |
| 325 | 四川航空股份有限公司 | 四川 | 1612669 | -1012264 | 6413046 | -1136564 | 19258 |
| 326 | 嘉德瑞贸易有限公司 | 山东 | 1595115 | 2052 | 40729 | 7555 | 18 |
| 327 | 万友汽车投资有限公司 | 重庆 | 1589895 | 6221 | 776683 | 117127 | 6857 |
| 328 | 中国（福建）对外贸易中心集团有限责任公司 | 福建 | 1589139 | 3749 | 1053356 | 385754 | 679 |
| 329 | 浙江省农村发展集团有限公司 | 浙江 | 1586820 | 22793 | 1830396 | 235404 | 1995 |
| 330 | 湖北港口集团有限公司 | 湖北 | 1564516 | 8891 | 5761144 | 1585432 | 7090 |
| 331 | 福建省旅游发展集团有限公司 | 福建 | 1550966 | -871 | 1106252 | 326152 | 3266 |
| 332 | 安徽省徽商集团有限公司 | 安徽 | 1525093 | 11107 | 1778376 | 243466 | 3114 |
| 333 | 天晖（河北）供应链管理集团有限公司 | 河北 | 1515260 | 109 | 188348 | 5035 | 286 |
| 334 | 湖南永通集团有限公司 | 湖南 | 1513402 | 12005 | 708845 | 325616 | 4805 |
| 335 | 四川德康农牧食品集团股份有限公司 | 四川 | 1511736 | 72217 | 1961109 | 590819 | 9739 |
| 336 | 绿城物业服务集团有限公司 | 浙江 | 1485634 | 54750 | 1685369 | 712098 | 44495 |
| 337 | 广东乐居商贸集团有限公司 | 广东 | 1477994 | 1615 | 506920 | 22375 | 222 |
| 338 | 中原大易科技有限公司 | 河南 | 1475015 | 5280 | 150787 | 46044 | 338 |
| 339 | 东营市东凯高端装备制造产业园有限公司 | 山东 | 1471119 | 664 | 104635 | 22561 | 57 |

续表

| 名次 | 企业名称 | 地区 | 营业收入/万元 | 净利润/万元 | 资产/万元 | 所有者权益/万元 | 从业人数/人 |
|---|---|---|---|---|---|---|---|
| 340 | 河北省新合作控股集团有限公司 | 河北 | 1470746 | -2880 | 1486214 | 187496 | 1183 |
| 341 | 四川众欣旅游资源开发有限公司 | 四川 | 1458702 | 6654 | 959259 | 111494 | 1979 |
| 342 | 汇金钢铁（天津）集团有限公司 | 天津 | 1452847 | -10002 | 109358 | 12533 | 270 |
| 343 | 广东天禾农资股份有限公司 | 广东 | 1450384 | 10606 | 664346 | 116370 | 2568 |
| 344 | 黑龙江省农业投资集团有限公司 | 黑龙江 | 1441519 | 5408 | 1692266 | 136590 | 2260 |
| 345 | 广州港集团有限公司 | 广东 | 1436950 | 102754 | 5824202 | 1913361 | 11894 |
| 346 | 天津天保控股有限公司 | 天津 | 1432364 | 139194 | 15648020 | 4778023 | 1156 |
| 347 | 张家口银行股份有限公司 | 河北 | 1426081 | 79844 | 31866246 | 2438306 | 4188 |
| 348 | 安克创新科技股份有限公司 | 湖南 | 1425052 | 114300 | 1013198 | 684276 | 3615 |
| 349 | 洛阳国晟投资控股集团有限公司 | 河南 | 1410158 | 16988 | 19127111 | 5880234 | 7192 |
| 350 | 广西自贸区钦州港片区开发投资集团有限责任公司 | 广西壮族自治区 | 1404547 | 7057 | 1422991 | 541735 | 589 |
| 351 | 厦门火炬集团有限公司 | 福建 | 1398783 | 30654 | 4551608 | 1896080 | 1329 |
| 352 | 浙江出版联合集团有限公司 | 浙江 | 1396995 | 137353 | 3199118 | 1943535 | 7237 |
| 353 | 福建三木集团股份有限公司 | 福建 | 1395407 | 1486 | 976480 | 143357 | 563 |
| 354 | 郑州公用事业投资发展集团有限公司 | 河南 | 1388008 | 79482 | 8042196 | 1748970 | 7387 |
| 355 | 仕邦控股有限公司 | 广东 | 1380893 | -602 | 69076 | 2661 | 471 |
| 356 | 安徽天星医药集团有限公司 | 安徽 | 1378442 | 20455 | 918199 | 93242 | 1225 |
| 357 | 成都建国汽车贸易有限公司 | 四川 | 1378064 | 23642 | 837010 | 328196 | 7754 |
| 358 | 厦门恒兴集团有限公司 | 福建 | 1372986 | 6009 | 1738115 | 688353 | 2510 |
| 359 | 鑫荣懋果业科技集团股份有限公司 | 广东 | 1372695 | 23040 | 685707 | 269203 | 3900 |
| 360 | 芒果超媒股份有限公司 | 湖南 | 1370434 | 182493 | 2904967 | 1885071 | 4125 |
| 361 | 上海祥源原信息咨询有限公司 | 上海 | 1365950 | 35221 | 6441760 | 1588127 | 5711 |
| 362 | 华茂集团股份有限公司 | 浙江 | 1364947 | 29336 | 1761295 | 869793 | 3010 |
| 363 | 马上消费金融股份有限公司 | 重庆 | 1352997 | 178773 | 6650980 | 979196 | 2492 |
| 364 | 金帝联合控股集团有限公司 | 浙江 | 1347518 | 97321 | 2259318 | 545246 | 804 |
| 365 | 重庆银行股份有限公司 | 重庆 | 1346540 | 486786 | 68471256 | 4933651 | 4992 |
| 366 | 天津现代集团有限公司 | 天津 | 1340169 | 11459 | 2775850 | 1391077 | 399 |
| 367 | 宁波港东南物流集团有限公司 | 浙江 | 1334743 | 14576 | 161469 | 21897 | 1200 |
| 368 | 广东鸿粤汽车销售集团有限公司 | 广东 | 1325580 | 15776 | 557640 | 88662 | 2964 |
| 369 | 杭州联华华商集团有限公司 | 浙江 | 1324540 | 25309 | 1541107 | 80388 | 13030 |
| 370 | 北京路通企业管理集团有限公司 | 北京 | 1319279 | 110953 | 328661 | 12918 | 1126 |
| 371 | 无锡市市政公用产业集团有限公司 | 江苏 | 1309483 | 26581 | 4274083 | 1354375 | 10833 |
| 372 | 嘉悦物产集团有限公司 | 浙江 | 1305406 | 4602 | 186392 | 41735 | 95 |
| 373 | 安徽出版集团有限责任公司 | 安徽 | 1281674 | -499223 | 1785034 | 254264 | 4002 |
| 374 | 厦门鑫东森控股有限公司 | 福建 | 1265185 | 4307 | 385112 | 81151 | 3292 |
| 375 | 东方财富信息股份有限公司 | 上海 | 1248558 | 850946 | 21188073 | 6516466 | 5951 |

续表

| 名次 | 企业名称 | 地区 | 营业收入/万元 | 净利润/万元 | 资产/万元 | 所有者权益/万元 | 从业人数/人 |
|---|---|---|---|---|---|---|---|
| 376 | 中南出版传媒集团股份有限公司 | 湖南 | 1246461 | 139923 | 2481875 | 1464287 | 13107 |
| 377 | 廊坊银行股份有限公司 | 河北 | 1245207 | 80969 | 28172520 | 2571012 | 2574 |
| 378 | 盐城市国有资产投资集团有限公司 | 江苏 | 1242653 | 24988 | 7039354 | 1807420 | 3781 |
| 379 | 维科控股集团股份有限公司 | 浙江 | 1239471 | 24421 | 2193992 | 456327 | 4743 |
| 380 | 湖南兰天集团有限公司 | 湖南 | 1234861 | 1044 | 291773 | 78719 | 2996 |
| 381 | 广州酷狗计算机科技有限公司 | 广东 | 1231749 | 1719 | 1172857 | 728197 | 1286 |
| 382 | 瑞康医药集团股份有限公司 | 山东 | 1231127 | -183165 | 1833107 | 540778 | 5194 |
| 383 | 广州地铁集团有限公司 | 广东 | 1228527 | 83849 | 58095372 | 24953602 | 32080 |
| 384 | 海程邦达供应链管理股份有限公司 | 山东 | 1227866 | 27991 | 397805 | 175227 | 2799 |
| 385 | 福建晟育投资发展集团有限公司 | 福建 | 1226981 | 981 | 65486 | 11093 | 62 |
| 386 | 无锡城建发展集团有限公司 | 江苏 | 1224515 | 105577 | 27301665 | 6776600 | 1230 |
| 387 | 广东翔海铝业有限公司 | 广东 | 1222853 | -3184 | 512749 | 3535 | 12 |
| 388 | 河北省天然气有限责任公司 | 河北 | 1220153 | 80768 | 1201462 | 385242 | 1044 |
| 389 | 广州元亨能源有限公司 | 广东 | 1217827 | 3077 | 838093 | 213578 | 27 |
| 390 | 内蒙古公路交通投资发展有限公司 | 内蒙古自治区 | 1213733 | 107866 | 23183712 | 7975987 | 10418 |
| 391 | 深圳市分期乐网络科技有限公司 | 广东 | 1211335 | 47992 | 1131473 | 322007 | 516 |
| 392 | 厦门市明穗粮油贸易有限公司 | 福建 | 1199067 | 12779 | 302337 | 65815 | 62 |
| 393 | 宁波滕头集团有限公司 | 浙江 | 1178775 | 32897 | 534882 | 356595 | 8219 |
| 394 | 绿滋肴控股集团有限公司 | 江西 | 1170334 | 69116 | 612074 | 396950 | 10536 |
| 395 | 上海识装信息科技有限公司 | 上海 | 1169233 | 58649 | 695837 | 102465 | 8813 |
| 396 | 广东南海农村商业银行股份有限公司 | 广东 | 1167713 | 272753 | 27653804 | 2390963 | 3587 |
| 397 | 浙江华瑞集团有限公司 | 浙江 | 1165721 | 9137 | 701540 | 299937 | 603 |
| 398 | 青岛开发区投资建设集团有限公司 | 山东 | 1164922 | 25390 | 3603794 | 1376759 | 628 |
| 399 | 赣州银行股份有限公司 | 江西 | 1158601 | 84648 | 26682195 | 1652553 | 3341 |
| 400 | 华数数字电视传媒集团有限公司 | 浙江 | 1155476 | 26141 | 3790451 | 549590 | 17179 |
| 401 | 江西省金融控股集团有限公司 | 江西 | 1153263 | 31848 | 6049278 | 1402157 | 2326 |
| 402 | 浙江世纪华通集团股份有限公司 | 浙江 | 1147513 | -709209 | 3331173 | 2412523 | 5915 |
| 403 | 捷通达汽车集团股份有限公司 | 天津 | 1145918 | 4086 | 440213 | 108838 | 4573 |
| 404 | 江苏易汇聚软件科技有限公司 | 江苏 | 1139859 | 1053 | 157715 | 2584 | 71 |
| 405 | 河南中钢网科技集团股份有限公司 | 河南 | 1127059 | 4420 | 99988 | 21301 | 440 |
| 406 | 吉旗物联科技（天津）有限公司 | 天津 | 1127011 | 6547 | 164630 | 3626 | 56 |
| 407 | 四川新华出版发行集团有限公司 | 四川 | 1122223 | 70969 | 2470325 | 966746 | 8789 |
| 408 | 赣州发展投资控股集团有限责任公司 | 江西 | 1120349 | 86344 | 28391611 | 8939966 | 2950 |
| 409 | 福建省人力资源服务有限公司 | 福建 | 1116129 | 2587 | 83424 | 26366 | 309 |

续表

| 名次 | 企业名称 | 地区 | 营业收入/万元 | 净利润/万元 | 资产/万元 | 所有者权益/万元 | 从业人数/人 |
|---|---|---|---|---|---|---|---|
| 410 | 信也科技集团 | 上海 | 1113420 | 226638 | 2138291 | 1237170 | 4144 |
| 411 | 上海临港经济发展（集团）有限公司 | 上海 | 1108134 | 67300 | 17914733 | 2897505 | 3415 |
| 412 | 重庆三峡银行股份有限公司 | 重庆 | 1102739 | 119305 | 26291380 | 2118425 | 2193 |
| 413 | 广州交通投资集团有限公司 | 广东 | 1097350 | -29880 | 17895952 | 4466355 | 6896 |
| 414 | 上海棉联电子商务有限公司 | 上海 | 1096188 | 626 | 242183 | 10738 | 58 |
| 415 | 湖南湘江新区发展集团有限公司 | 湖南 | 1095476 | 63720 | 10590748 | 3583518 | 2605 |
| 416 | 上海晨光科力普办公用品有限公司 | 上海 | 1092965 | 37157 | 465814 | 119176 | 1906 |
| 417 | 玖隆钢铁物流有限公司 | 江苏 | 1091194 | 7191 | 487828 | 157880 | 272 |
| 418 | 广州纺织工贸企业集团有限公司 | 广东 | 1089343 | 27440 | 689056 | 364126 | 1474 |
| 419 | 河南蓝天集团股份有限公司 | 河南 | 1079973 | 19849 | 1336070 | 257178 | 1933 |
| 420 | 厦门轨道建设发展集团有限公司 | 福建 | 1079135 | 34366 | 18095528 | 6838487 | 11044 |
| 421 | 广州岭南商旅投资集团有限公司 | 广东 | 1078794 | 22283 | 3186350 | 1468655 | 14859 |
| 422 | 南京恒成供应链有限公司 | 江苏 | 1078585 | -17 | 146946 | 3672 | 12 |
| 423 | 深圳市英捷迅实业发展有限公司 | 广东 | 1074385 | 2956 | 96902 | 29552 | 139 |
| 424 | 上海环世物流（集团）有限公司 | 上海 | 1074001 | 9898 | 316114 | 104879 | 1900 |
| 425 | 唐山银行股份有限公司 | 河北 | 1070287 | 215812 | 25309318 | 2254797 | 1706 |
| 426 | 宁波海田控股集团有限公司 | 浙江 | 1069435 | 4156 | 451229 | 15298 | 240 |
| 427 | 厦门安居控股集团有限公司 | 福建 | 1069062 | 6564 | 6249006 | 2120542 | 6118 |
| 428 | 深圳市九立供应链股份有限公司 | 广东 | 1067600 | 3785 | 564706 | 31633 | 218 |
| 429 | 国任财产保险股份有限公司 | 广东 | 1066902 | 10148 | 2209887 | 370932 | 5103 |
| 430 | 兴业证券股份有限公司 | 福建 | 1065964 | 263708 | 24585930 | 5226473 | 10154 |
| 431 | 天津水务集团有限公司 | 天津 | 1065009 | -9845 | 5637092 | 1141672 | 6220 |
| 432 | 邦芒服务外包有限公司 | 浙江 | 1061340 | 1071 | 105723 | 7455 | 641 |
| 433 | 石家庄国控城市发展投资集团有限责任公司 | 河北 | 1055073 | 74878 | 23999008 | 7633146 | 3710 |
| 434 | 广州市水务投资集团有限公司 | 广东 | 1054125 | 6982 | 6690423 | 2802627 | 13245 |
| 435 | 佳都集团有限公司 | 广东 | 1053743 | 7108 | 1836446 | 272684 | 3189 |
| 436 | 武汉伟鹏控股集团有限公司 | 湖北 | 1053512 | 83261 | 6305198 | 5630414 | 580 |
| 437 | 上海润达医疗科技股份有限公司 | 上海 | 1049442 | 41775 | 1451886 | 388841 | 3499 |
| 438 | 湖北银丰实业集团有限责任公司 | 湖北 | 1044429 | 13659 | 906601 | 216072 | 987 |
| 439 | 湖州市交通投资集团有限公司 | 浙江 | 1043020 | 9249 | 8340007 | 2777198 | 2736 |
| 440 | 四川邦泰投资集团有限责任公司 | 四川 | 1027585 | -9529 | 3048246 | 271047 | 4387 |
| 441 | 天津滨海农村商业银行股份有限公司 | 天津 | 1023989 | 52445 | 22984000 | 1292043 | 2496 |
| 442 | 上海煜驰进出口有限公司 | 上海 | 1023777 | 0 | 194713 | 12467 | 48 |
| 443 | 浙江省旅游投资集团有限公司 | 浙江 | 1022691 | 2468 | 1676513 | 514721 | 9634 |

续表

| 名次 | 企业名称 | 地区 | 营业收入/万元 | 净利润/万元 | 资产/万元 | 所有者权益/万元 | 从业人数/人 |
|---|---|---|---|---|---|---|---|
| 444 | 渤海人寿保险股份有限公司 | 天津 | 1018908 | -120167 | 4992944 | 572244 | 374 |
| 445 | 高平市国有资本投资运营集团有限公司 | 山西 | 1018503 | 163563 | 3007476 | 741429 | 21258 |
| 446 | 安徽省众城集团 | 安徽 | 1015674 | 22746 | 852309 | 95717 | 825 |
| 447 | 浙江凯喜雅国际股份有限公司 | 浙江 | 1014103 | 5191 | 635616 | 110822 | 4700 |
| 448 | 广西农村投资集团有限公司 | 广西壮族自治区 | 1003124 | -52214 | 3568809 | 462379 | 12693 |
| 449 | 无锡安井食品营销有限公司 | 江苏 | 1000269 | 27297 | 407394 | 96939 | 4164 |
| 450 | 宁波瓜瓜农业科技有限公司 | 浙江 | 1000121 | 31890 | 725358 | 223344 | 775 |
| 451 | 上海龙宇数据股份有限公司 | 上海 | 998416 | 3241 | 444664 | 360855 | 162 |
| 452 | 深圳市华富洋供应链有限公司 | 广东 | 991890 | 7226 | 1370016 | 105831 | 241 |
| 453 | 苏州裕景泰控股有限公司 | 江苏 | 970107 | 12230 | 209512 | 43889 | 251 |
| 454 | 柳州银行股份有限公司 | 广西壮族自治区 | 950678 | 86041 | 20296853 | 1532276 | 3496 |
| 455 | 江苏采木工业互联网科技有限公司 | 江苏 | 949913 | 2560 | 28501 | 5954 | 257 |
| 456 | 厦门闽嘉华石化有限公司 | 福建 | 945254 | 10323 | 190978 | 91898 | 82 |
| 457 | 良品铺子股份有限公司 | 湖北 | 943961 | 33548 | 503586 | 239880 | 11632 |
| 458 | 福建省华荣建设集团有限公司 | 福建 | 941370 | 13488 | 112885 | 87875 | 1628 |
| 459 | 江苏嘉奕和铜业科技发展有限公司 | 江苏 | 937763 | -640 | 327362 | -3172 | 13 |
| 460 | 广州开发区控股集团有限公司 | 广东 | 934456 | -135324 | 13065346 | 2332063 | 5509 |
| 461 | 江苏东津联国际贸易有限公司 | 江苏 | 923395 | 15 | 215175 | 1056 | 11 |
| 462 | 蓝池集团有限公司 | 河北 | 909890 | 7763 | 543782 | 283633 | 3401 |
| 463 | 联洲技术有限公司 | 广东 | 899451 | 12716 | 236284 | 66792 | 47 |
| 464 | 广西百色农林投资发展集团有限公司 | 广西壮族自治区 | 899275 | 9582 | 2609177 | 918249 | 680 |
| 465 | 卓正控股集团有限公司 | 河北 | 897986 | 42652 | 819255 | 515005 | 1598 |
| 466 | 无锡农村商业银行股份有限公司 | 江苏 | 896259 | 200113 | 21160340 | 1938246 | 1684 |
| 467 | 长江设计集团有限公司 | 湖北 | 895632 | 18987 | 896960 | 248825 | 3075 |
| 468 | 深圳市酷动数码有限公司 | 广东 | 893419 | 10981 | 79501 | 41828 | 1069 |
| 469 | 江苏张家港农村商业银行股份有限公司 | 江苏 | 891889 | 168202 | 18753276 | 1556104 | 2357 |
| 470 | 湖南佳惠百货有限责任公司 | 湖南 | 890073 | 15490 | 268855 | 138091 | 12750 |
| 471 | 上海天地汇供应链科技有限公司 | 上海 | 872784 | 4977 | 93271 | 89061 | 343 |
| 472 | 南宁威宁投资集团有限责任公司 | 广西壮族自治区 | 871324 | 12678 | 4829965 | 1697762 | 4448 |
| 473 | 上海春秋国际旅行社（集团）有限公司 | 上海 | 870481 | -185630 | 4477479 | 599340 | 10885 |
| 474 | 中崛新材料科技有限公司 | 上海 | 866450 | 14547 | 28030 | 16476 | 212 |
| 475 | 绍兴银行股份有限公司 | 浙江 | 865822 | 140099 | 21576408 | 1281755 | 2717 |
| 476 | 上海迅赞供应链科技有限公司 | 上海 | 865645 | -9801 | 279046 | -27723 | 9630 |
| 477 | 深圳齐心集团股份有限公司 | 广东 | 862913 | 12668 | 777349 | 306545 | 2463 |

续表

| 名次 | 企业名称 | 地区 | 营业收入/万元 | 净利润/万元 | 资产/万元 | 所有者权益/万元 | 从业人数/人 |
|---|---|---|---|---|---|---|---|
| 478 | 江阴市川江化工有限公司 | 江苏 | 862188 | 211 | 36698 | 1232 | 21 |
| 479 | 浙北大厦集团有限公司 | 浙江 | 856873 | 6233 | 610336 | 187167 | 8929 |
| 480 | 石家庄北国人百集团有限责任公司 | 河北 | 855528 | 36349 | 1255126 | 310589 | 14454 |
| 481 | 江苏零浩网络科技有限公司 | 江苏 | 855198 | 2422 | 40472 | 3304 | 410 |
| 482 | 福建路港（集团）有限公司 | 福建 | 855058 | 30343 | 341820 | 254726 | 735 |
| 483 | 宝尊电商有限公司 | 上海 | 840063 | -65329 | 1012247 | 408416 | 7588 |
| 484 | 山西大昌汽车集团有限公司 | 山西 | 834413 | 8306 | 311029 | 224967 | 1993 |
| 485 | 深圳市深粮控股股份有限公司 | 广东 | 831272 | 42059 | 744133 | 476297 | 1236 |
| 486 | 齐商银行股份有限公司 | 山东 | 828507 | 64006 | 21628083 | 1651721 | 3140 |
| 487 | 新大陆科技集团有限公司 | 福建 | 824887 | -12169 | 1333226 | 202045 | 7564 |
| 488 | 欧菲斯集团股份有限公司 | 重庆 | 824099 | 15865 | 424103 | 90086 | 2324 |
| 489 | 天津拓径贸易有限公司 | 天津 | 823147 | 264 | 118728 | 2654 | 6 |
| 490 | 宁波宁兴控股股份有限公司 | 浙江 | 818516 | 1629 | 424333 | 38234 | 2226 |
| 491 | 润建股份有限公司 | 广西壮族自治区 | 815934 | 42413 | 1272895 | 433915 | 5422 |
| 492 | 无锡市宝金石油化工有限公司 | 江苏 | 811608 | 886 | 150443 | 16329 | 67 |
| 493 | 山西美特好连锁超市股份有限公司 | 山西 | 809257 | 82 | 449334 | 59996 | 4640 |
| 494 | 新疆农资（集团）有限责任公司 | 新疆维吾尔自治区 | 807289 | 521 | 835029 | 118047 | 869 |
| 495 | 华东建筑集团股份有限公司 | 上海 | 803967 | 38528 | 1552353 | 452055 | 10884 |
| 496 | 东莞市水务集团有限公司 | 广东 | 798336 | 11176 | 6451651 | 1782426 | 7519 |
| 497 | 新疆生产建设兵团能源集团有限责任公司 | 新疆维吾尔自治区 | 795197 | 4395 | 209512 | 54041 | 2047 |
| 498 | 广州南方投资集团有限公司 | 广东 | 792787 | 14532 | 1095916 | 106804 | 6628 |
| 499 | 福建网龙计算机网络信息技术有限公司 | 福建 | 786600 | 83400 | 1103100 | 689900 | 5135 |
| 500 | 漱玉平民大药房连锁股份有限公司 | 山东 | 782293 | 22943 | 786317 | 223128 | 13270 |
| | 合计 | | 4831317925 | 288770410 | 34374111527 | 3926891978 | 14975043 |

## 说 明

1. 2023 中国服务业企业 500 强是中国企业联合会、中国企业家协会参照国际惯例，组织企业自愿申报，并经专家审定确认后产生的。申报企业包括在中国境内注册、2022 年实现营业收入达到 50 亿元的企业（不包括在华外资、港澳台独资、控股企业，也不包括行政性公司、政企合一的单位，以及各类资产经营公司，但包括在境外注册、投资主体为中国自然人或法人、主要业务在境内的企业），都有资格申报参加排序。属于集团公司的控股子公司或相对控股子公司，由于其财务报表最后能被合并到集团母公司的财务会计报表中去，因此只允许其母公司申报。

2. 表中所列数据由企业自愿申报或属于上市公司公开数据，并经会计师事务所或审计师事务所等单位认可。

3. 营业收入是2022年不含增值税的收入，包括企业的所有收入，即主营业务和非主营业务、境内和境外的收入。商业银行的营业收入为2022年利息收入和非利息营业收入与之和（不减掉对应的支出）。保险公司的营业收入是2022年保险费和年金收入扣除储蓄的资本收益或损失。净利润是2022年上交所得税的净利润扣除少数股东权益后的归属母公司所有者的净利润。资产是2022年度末的资产总额。所有者权益是2022年年末所有者权益总额扣除少数股东权益后的归属于母公司所有者权益。研究开发费用是2022年企业投入研究开发的所有费用。从业人数是2022年度的平均人数（含所有被合并报表企业的人数）。

4. 行业分类参照了国家统计局的分类方法，依据其主营业务收入所在行业来划分；地区分类是按企业总部所在地划分。

表 11-2  2023 中国服务业企业 500 强各行业企业分布

| 排名 | 企业名称 | 营业收入/万元 | 排名 | 企业名称 | 营业收入/万元 |
|---|---|---|---|---|---|
| **电网** | | | | 合计 | 110278037 |
| 1 | 国家电网有限公司 | 356524505 | | | |
| 2 | 中国南方电网有限责任公司 | 76465826 | **铁路运输** | | |
| 3 | 内蒙古电力（集团）有限责任公司 | 10800299 | 1 | 中铁集装箱运输有限责任公司 | 5275345 |
| | 合计 | 443790630 | 2 | 广州地铁集团有限公司 | 1228527 |
| | | | 3 | 厦门轨道建设发展集团有限公司 | 1079135 |
| **水务** | | | | 合计 | 7583007 |
| 1 | 水发集团有限公司 | 7453171 | | | |
| 2 | 北京首都创业集团有限公司 | 5782222 | **公路运输** | | |
| 3 | 广东粤海控股集团有限公司 | 4377269 | 1 | 浙江省交通投资集团有限公司 | 31357811 |
| 4 | 无锡市市政公用产业集团有限公司 | 1309483 | 2 | 山东高速集团有限公司 | 23176927 |
| 5 | 天津水务集团有限公司 | 1065009 | 3 | 甘肃省公路航空旅游投资集团有限公司 | 18316272 |
| 6 | 广州市水务投资集团有限公司 | 1054125 | 4 | 河南交通投资集团有限公司 | 9114006 |
| 7 | 东莞市水务集团有限公司 | 798336 | 5 | 广西交通投资集团有限公司 | 6706920 |
| | 合计 | 21839615 | 6 | 安徽省交通控股集团有限公司 | 6538667 |
| | | | 7 | 昆明市交通投资有限责任公司 | 5702908 |
| **综合能源供应** | | | 8 | 陕西交通控股集团有限公司 | 5508216 |
| 1 | 浙江省能源集团有限公司 | 16764709 | 9 | 山西交通控股集团有限公司 | 5250167 |
| 2 | 新奥天然气股份有限公司 | 15404417 | 10 | 广东省交通集团有限公司 | 5002587 |
| 3 | 云南省能源投资集团有限公司 | 12610682 | 11 | 湖南省高速公路集团有限公司 | 4468820 |
| 4 | 北京控股集团有限公司 | 11910115 | 12 | 无锡市交通产业集团有限公司 | 2587987 |
| 5 | 北京能源集团有限责任公司 | 10052951 | 13 | 重庆高速公路集团有限公司 | 2489154 |
| 6 | 四川省能源投资集团有限责任公司 | 9004424 | 14 | 河北高速公路集团有限公司 | 2400363 |
| 7 | 申能（集团）有限公司 | 7019122 | 15 | 河北交通投资集团有限公司 | 2266953 |
| 8 | 广州产业投资控股集团有限公司 | 5986341 | 16 | 天津城市基础设施建设投资集团有限公司 | 2132471 |
| 9 | 南昌市政公用集团有限公司 | 5897204 | 17 | 重庆交通运输控股（集团）有限公司 | 1697243 |
| 10 | 奥德集团有限公司 | 3798039 | 18 | 内蒙古公路交通投资发展有限公司 | 1213733 |
| 11 | 无锡市国联发展（集团）有限公司 | 2478719 | | 合计 | 135931205 |
| 12 | 重庆市能源投资集团有限公司 | 2326071 | | | |
| 13 | 佛燃能源集团股份有限公司 | 1892310 | **水上运输** | | |
| 14 | 四川华油集团有限责任公司 | 1614980 | 1 | 中国远洋海运集团有限公司 | 62680959 |
| 15 | 河北省天然气有限责任公司 | 1220153 | | 合计 | 62680959 |
| 16 | 广州元亨能源有限公司 | 1217827 | | | |
| 17 | 河南蓝天集团股份有限公司 | 1079973 | **港口服务** | | |

续表

| 排名 | 企业名称 | 营业收入/万元 | 排名 | 企业名称 | 营业收入/万元 |
|---|---|---|---|---|---|
| 1 | 山东省港口集团有限公司 | 13738591 | 6 | 郑州瑞茂通供应链有限公司 | 6747420 |
| 2 | 广西北部湾国际港务集团有限公司 | 10808459 | 7 | 圆通速递股份有限公司 | 5353931 |
| 3 | 福建省港口集团有限责任公司 | 6704940 | 8 | 深圳金雅福控股集团有限公司 | 5279781 |
| 4 | 浙江省海港投资运营集团有限公司 | 3728922 | 9 | 厦门港务控股集团有限公司 | 5134555 |
| 5 | 上海国际港务（集团）股份有限公司 | 3727981 | 10 | 深圳市信利康供应链管理有限公司 | 4464840 |
| 6 | 河北港口集团有限公司 | 3138961 | 11 | 河北省国和投资集团有限公司 | 4126285 |
| 7 | 东华能源股份有限公司 | 2919900 | 12 | 中通快递股份有限公司 | 3537700 |
| 8 | 天津港（集团）有限公司 | 1827887 | 13 | 合肥维天运通信息科技股份有限公司 | 3403267 |
| 9 | 湖北港口集团有限公司 | 1564516 | 14 | 申通快递股份有限公司 | 3365173 |
| 10 | 广州港集团有限公司 | 1436950 | 15 | 广西现代物流集团有限公司 | 3361891 |
|  | 合计 | 49597107 | 16 | 贵州现代物流产业（集团）有限责任公司 | 2707634 |
|  |  |  | 17 | 安徽灵通集团控股有限公司 | 2250924 |
| 航空运输 |  |  | 18 | 江苏省煤炭运销有限公司 | 1994316 |
| 1 | 中国南方航空集团有限公司 | 8822391 | 19 | 江苏大经供应链股份有限公司 | 1911532 |
| 2 | 中国东方航空集团有限公司 | 6597159 | 20 | 徐州东方物流集团有限公司 | 1911307 |
| 3 | 中国国际航空股份有限公司 | 5289758 | 21 | 深圳市朗华供应链服务有限公司 | 1871026 |
| 4 | 四川航空股份有限公司 | 1612669 | 22 | 广东宏川集团有限公司 | 1783559 |
| 5 | 上海春秋国际旅行社（集团）有限公司 | 870481 | 23 | 福建纵腾网络有限公司 | 1760478 |
|  | 合计 | 23192458 | 24 | 深圳市博科供应链管理有限公司 | 1613860 |
|  |  |  | 25 | 中原大易科技有限公司 | 1475015 |
| 航空港及相关服务业 |  |  | 26 | 广西自贸区钦州港片区开发投资集团有限责任公司 | 1404547 |
| 1 | 厦门翔业集团有限公司 | 1915801 | 27 | 鑫荣懋果业科技集团股份有限公司 | 1372695 |
|  | 合计 | 1915801 | 28 | 宁波港东南物流集团有限公司 | 1334743 |
|  |  |  | 29 | 海程邦达供应链管理股份有限公司 | 1227866 |
| 邮政 |  |  | 30 | 吉旗物联科技（天津）有限公司 | 1127011 |
| 1 | 中国邮政集团有限公司 | 74176479 | 31 | 玖隆钢铁物流有限公司 | 1091194 |
|  | 合计 | 74176479 | 32 | 南京恒成供应链有限公司 | 1078585 |
|  |  |  | 33 | 深圳市英捷迅实业发展有限公司 | 1074385 |
| 物流及供应链 |  |  | 34 | 上海环世物流（集团）有限公司 | 1074001 |
| 1 | 厦门建发集团有限公司 | 84737423 | 35 | 深圳市九立供应链股份有限公司 | 1067600 |
| 2 | 厦门象屿集团有限公司 | 56262153 | 36 | 深圳市华富洋供应链有限公司 | 991890 |
| 3 | 顺丰控股股份有限公司 | 26749041 | 37 | 上海天地汇供应链科技有限公司 | 872784 |
| 4 | 传化集团有限公司 | 14500311 | 38 | 上海迅赞供应链科技有限公司 | 865645 |
| 5 | 河北省物流产业集团有限公司 | 7073523 |  | 合计 | 267959891 |

| 排名 | 企业名称 | 营业收入/万元 | 排名 | 企业名称 | 营业收入/万元 |
|---|---|---|---|---|---|
|  |  |  |  | 合计 | 70658412 |
| **电信服务** |  |  |  |  |  |
| 1 | 中国移动通信集团有限公司 | 93903722 | **互联网服务** |  |  |
| 2 | 中国电信集团有限公司 | 58634784 | 1 | 京东集团股份有限公司 | 104623600 |
| 3 | 中国联合网络通信集团有限公司 | 35615693 | 2 | 阿里巴巴（中国）有限公司 | 86453900 |
|  | 合计 | 188154199 | 3 | 腾讯控股有限公司 | 55455200 |
|  |  |  | 4 | 美团公司 | 21995495 |
| **广播电视服务** |  |  | 5 | 百度网络技术有限公司 | 12367500 |
| 1 | 华数数字电视传媒集团有限公司 | 1155476 | 6 | 上海钢联电子商务股份有限公司 | 7656664 |
|  | 合计 | 1155476 | 7 | 贝壳控股有限公司 | 6066878 |
|  |  |  | 8 | 深圳市天行云供应链有限公司 | 3641958 |
| **软件和信息技术（IT）** |  |  | 9 | 无锡市不锈钢电子交易中心有限公司 | 2615985 |
| 1 | 神州数码集团股份有限公司 | 11588002 | 10 | 上海塑来信息技术有限公司 | 2201028 |
| 2 | 云账户技术（天津）有限公司 | 9742960 | 11 | 福州朴朴电子商务有限公司 | 2096618 |
| 3 | 网易股份有限公司 | 9649581 | 12 | 携程集团有限公司 | 2005500 |
| 4 | 汇通达网络股份有限公司 | 8035478 | 13 | 上海祥源原信息咨询有限公司 | 1365950 |
| 5 | 通鼎集团有限公司 | 5210110 | 14 | 东方财富信息股份有限公司 | 1248558 |
| 6 | 深圳华强集团有限公司 | 3215078 | 15 | 广州酷狗计算机科技有限公司 | 1231749 |
| 7 | 山西云时代技术有限公司 | 3060384 | 16 | 深圳市分期乐网络科技有限公司 | 1211335 |
| 8 | 天津满运软件科技有限公司 | 3002867 | 17 | 上海识装信息科技有限公司 | 1169233 |
| 9 | 浙江火山口网络科技有限公司 | 2083843 | 18 | 河南中钢网科技集团股份有限公司 | 1127059 |
| 10 | 软通动力信息技术（集团）股份有限公司 | 1910369 | 19 | 上海棉联电子商务有限公司 | 1096188 |
| 11 | 广西泛糖科技有限公司 | 1658311 | 20 | 江苏采木工业互联网科技有限公司 | 949913 |
| 12 | 三七互娱网络科技集团股份有限公司 | 1640603 | 21 | 欧菲斯集团股份有限公司 | 824099 |
| 13 | 安克创新科技股份有限公司 | 1425052 |  | 合计 | 317404410 |
| 14 | 浙江世纪华通集团股份有限公司 | 1147513 |  |  |  |
| 15 | 信也科技集团 | 1113420 | **能源矿产商贸** |  |  |
| 16 | 佳都集团有限公司 | 1053743 | 1 | 中国航空油料集团有限公司 | 21284052 |
| 17 | 上海龙宇数据股份有限公司 | 998416 | 2 | 重庆千信集团有限公司 | 5387499 |
| 18 | 江苏零浩网络科技有限公司 | 855198 | 3 | 杭州东恒石油有限公司 | 5316806 |
| 19 | 宝尊电商有限公司 | 840063 | 4 | 陕西泰丰盛合控股集团有限公司 | 5250884 |
| 20 | 新大陆科技集团有限公司 | 824887 | 5 | 青岛世纪瑞丰集团有限公司 | 4533704 |
| 21 | 润建股份有限公司 | 815934 | 6 | 武汉联杰能源有限公司 | 3130001 |
| 22 | 福建网龙计算机网络信息技术有限公司 | 786600 | 7 | 东营市东凯高端装备制造产业园有限公司 | 1471119 |

续表

| 排名 | 企业名称 | 营业收入/万元 | 排名 | 企业名称 | 营业收入/万元 |
|---|---|---|---|---|---|
| 8 | 新疆生产建设兵团能源集团有限责任公司 | 795197 | | 合计 | 18090096 |
| | 合计 | 47169262 | | | |
| | | | 农产品及食品批发 | | |
| 化工医药商贸 | | | 1 | 中粮集团有限公司 | 74143735 |
| 1 | 重庆医药（集团）股份有限公司 | 6754136 | 2 | 优合产业有限公司 | 5670051 |
| 2 | 浙江前程投资股份有限公司 | 6276597 | 3 | 深圳市中农网有限公司 | 4303784 |
| 3 | 南京新工投资集团有限责任公司 | 6081983 | 4 | 北京中能昊龙投资控股集团有限公司 | 3902782 |
| 4 | 漳州市九龙江集团有限公司 | 5845553 | 5 | 江苏无锡朝阳集团股份有限公司 | 3198710 |
| 5 | 江阴市金桥化工有限公司 | 2501841 | 6 | 湖南农业发展投资集团有限责任公司 | 2361660 |
| 6 | 日出实业集团有限公司 | 2436457 | 7 | 江苏省粮食集团有限责任公司 | 2327140 |
| 7 | 常州市化工轻工材料总公司 | 2150913 | 8 | 陕西粮农集团有限责任公司 | 1715708 |
| 8 | 安徽华源医药集团股份有限公司 | 1638457 | 9 | 浙江省农村发展集团有限公司 | 1586820 |
| 9 | 嘉德瑞贸易有限公司 | 1595115 | 10 | 四川德康农牧食品集团股份有限公司 | 1511736 |
| 10 | 嘉悦物产集团有限公司 | 1305406 | 11 | 河北省新合作控股集团有限公司 | 1470746 |
| 11 | 瑞康医药集团股份有限公司 | 1231127 | 12 | 黑龙江省农业投资集团有限公司 | 1441519 |
| 12 | 上海润达医疗科技股份有限公司 | 1049442 | 13 | 厦门市明穗粮油贸易有限公司 | 1199067 |
| 13 | 上海煜驰进出口有限公司 | 1023777 | 14 | 江苏易汇聚软件科技有限公司 | 1139859 |
| 14 | 厦门闽嘉华石化有限公司 | 945254 | 15 | 无锡安井食品营销有限公司 | 1000269 |
| 15 | 江苏东津联国际贸易有限公司 | 923395 | 16 | 良品铺子股份有限公司 | 943961 |
| 16 | 中崛新材料科技有限公司 | 866450 | 17 | 深圳市深粮控股股份有限公司 | 831272 |
| 17 | 江阴市川江化工有限公司 | 862188 | | 合计 | 108748819 |
| | 合计 | 43488091 | | | |
| | | | 生产资料商贸 | | |
| 机电商贸 | | | 1 | 物产中大集团股份有限公司 | 57655134 |
| 1 | 中国通用技术（集团）控股有限责任公司 | 18301681 | 2 | 黑龙江倍丰农业生产资料集团有限公司 | 2022900 |
| 2 | 联洲技术有限公司 | 899451 | 3 | 安徽辉隆投资集团有限公司 | 1840793 |
| | 合计 | 19201132 | 4 | 广东天禾农资股份有限公司 | 1450384 |
| | | | 5 | 江苏嘉奕和铜业科技发展有限公司 | 937763 |
| 生活消费品商贸 | | | 6 | 新疆农资（集团）有限责任公司 | 807289 |
| 1 | 唯品会控股有限公司 | 10315249 | | 合计 | 64714263 |
| 2 | 浙江建华集团有限公司 | 3323481 | | | |
| 3 | 杭州市商贸旅游集团有限公司 | 1704580 | 金属品商贸 | | |
| 4 | 润华集团股份有限公司 | 1702357 | 1 | 上海均和集团有限公司 | 12946657 |
| 5 | 湖北银丰实业集团有限责任公司 | 1044429 | 2 | 东岭集团股份有限公司 | 12566472 |

续表

| 排名 | 企业名称 | 营业收入/万元 | 排名 | 企业名称 | 营业收入/万元 |
|---|---|---|---|---|---|
| 3 | 厦门路桥工程物资有限公司 | 8615879 | 15 | 福建漳龙集团有限公司 | 3503294 |
| 4 | 上海闽路润贸易有限公司 | 7070895 | 16 | 淄博市城市资产运营集团有限公司 | 3285394 |
| 5 | 大汉控股集团有限公司 | 6367019 | 17 | 一柏集团有限公司 | 3225260 |
| 6 | 宁波开发投资集团有限公司 | 4700023 | 18 | 湖南博深实业集团有限公司 | 2490808 |
| 7 | 源山投资控股有限公司 | 4063387 | 19 | 厦门夏商集团有限公司 | 2443171 |
| 8 | 华南物资集团有限公司 | 3820789 | 20 | 宁波君安控股有限公司 | 2234675 |
| 9 | 张家港市沃丰贸易有限公司 | 3561072 | 21 | 广州轻工工贸集团有限公司 | 2109150 |
| 10 | 江阴长三角钢铁集团有限公司 | 3505522 | 22 | 江苏省苏豪控股集团有限公司 | 2000117 |
| 11 | 广东华鑫茂集团有限公司 | 2151952 | 23 | 砂之船商业管理集团有限公司 | 1800473 |
| 12 | 广东宇成投资集团有限公司 | 1914579 | 24 | 厦门市嘉晟对外贸易有限公司 | 1636641 |
| 13 | 佛山市兴美资源科技有限公司 | 1742902 | 25 | 中国(福建)对外贸易中心集团有限责任公司 | 1589139 |
| 14 | 广东乐居商贸集团有限公司 | 1477994 | 26 | 天晖（河北）供应链管理集团有限公司 | 1515260 |
| 15 | 汇金钢铁（天津）集团有限公司 | 1452847 | 27 | 厦门鑫东森控股有限公司 | 1265185 |
| 16 | 福建晟育投资发展集团有限公司 | 1226981 | 28 | 盐城市国有资产投资集团有限公司 | 1242653 |
| 17 | 广东翔海铝业有限公司 | 1222853 | 29 | 维科控股集团股份有限公司 | 1239471 |
| 18 | 苏州裕景泰控股有限公司 | 970107 | 30 | 浙江华瑞集团有限公司 | 1165721 |
| 19 | 天津拓径贸易有限公司 | 823147 | 31 | 上海晨光科力普办公用品有限公司 | 1092965 |
|  | 合计 | 80201077 | 32 | 广州纺织工贸企业集团有限公司 | 1089343 |
|  |  |  | 33 | 宁波海田控股集团有限公司 | 1069435 |
| **综合商贸** |  |  | 34 | 浙江凯喜雅国际股份有限公司 | 1014103 |
| 1 | 厦门国贸控股集团有限公司 | 69346046 | 35 | 宁波瓜瓜农业科技有限公司 | 1000121 |
| 2 | 浙江省兴合集团有限责任公司 | 15986949 | 36 | 广西百色农林投资发展集团有限公司 | 899275 |
| 3 | 兰州新区商贸物流投资集团有限公司 | 11693807 | 37 | 浙北大厦集团有限公司 | 856873 |
| 4 | 中基宁波集团股份有限公司 | 11607710 | 38 | 宁波宁兴控股股份有限公司 | 818516 |
| 5 | 广东鼎龙实业集团有限公司 | 10087069 | 39 | 无锡市宝金石油化工有限公司 | 811608 |
| 6 | 浙江省国际贸易集团有限公司 | 9728913 |  | 合计 | 224296180 |
| 7 | 深圳市爱施德股份有限公司 | 9142901 |  |  |  |
| 8 | 东方国际（集团）有限公司 | 8988909 | **连锁超市及百货** |  |  |
| 9 | 远大物产集团有限公司 | 7611520 | 1 | 永辉超市股份有限公司 | 9009081 |
| 10 | 广东省广物控股集团有限公司 | 7288453 | 2 | 物美科技集团有限公司 | 6187450 |
| 11 | 江苏国泰国际集团股份有限公司 | 7250062 | 3 | 百联集团有限公司 | 4685305 |
| 12 | 四川省商业投资集团有限责任公司 | 4900056 | 4 | 山东省商业集团有限公司 | 3337460 |
| 13 | 江苏汇鸿国际集团股份有限公司 | 4775933 | 5 | 月星集团有限公司 | 3302851 |
| 14 | 新华锦集团有限公司 | 4489201 | 6 | 江苏华地国际控股集团有限公司 | 2956688 |

续表

| 排名 | 企业名称 | 营业收入/万元 | 排名 | 企业名称 | 营业收入/万元 |
|---|---|---|---|---|---|
| 7 | 利群集团股份有限公司 | 2866776 | 医药及医疗器材零售 | | |
| 8 | 淄博商厦股份有限公司 | 2041219 | 1 | 中国医药集团有限公司 | 63282506 |
| 9 | 信誉楼百货集团有限公司 | 1848778 | 2 | 九州通医药集团股份有限公司 | 14042419 |
| 10 | 杭州联华华商集团有限公司 | 1324540 | 3 | 华东医药股份有限公司 | 3771459 |
| 11 | 绿滋肴控股集团有限公司 | 1170334 | 4 | 大参林医药集团股份有限公司 | 2124809 |
| 12 | 广州岭南商旅投资集团有限公司 | 1078794 | 5 | 老百姓大药房连锁股份有限公司 | 2017552 |
| 13 | 湖南佳惠百货有限责任公司 | 890073 | 6 | 益丰大药房连锁股份有限公司 | 1988639 |
| 14 | 石家庄北国人百集团有限责任公司 | 855528 | 7 | 鹭燕医药股份有限公司 | 1946250 |
| 15 | 山西美特好连锁超市股份有限公司 | 809257 | 8 | 广西柳药集团股份有限公司 | 1905283 |
|  | 合计 | 42364134 | 9 | 安徽天星医药集团有限公司 | 1378442 |
|  |  |  | 10 | 漱玉平民大药房连锁股份有限公司 | 782293 |
|  |  |  |  | 合计 | 93239652 |
| 汽车摩托车零售 | | | | | |
| 1 | 新疆广汇实业投资（集团）有限责任公司 | 20800708 | | | |
| 2 | 恒信汽车集团股份有限公司 | 7980726 | 商业银行 | | |
| 3 | 浙江宝利德股份有限公司 | 3002664 | 1 | 中国工商银行股份有限公司 | 144468994 |
| 4 | 庞大汽贸集团股份有限公司 | 2602100 | 2 | 中国建设银行股份有限公司 | 136405400 |
| 5 | 山东远通汽车贸易集团有限公司 | 2044064 | 3 | 中国农业银行股份有限公司 | 125768500 |
| 6 | 欧龙汽车贸易集团有限公司 | 1803185 | 4 | 中国银行股份有限公司 | 105445800 |
| 7 | 利泰汽车集团有限公司 | 1621041 | 5 | 交通银行股份有限公司 | 52586300 |
| 8 | 万友汽车投资有限公司 | 1589895 | 6 | 招商银行股份有限公司 | 48902500 |
| 9 | 湖南永通集团有限公司 | 1513402 | 7 | 兴业银行股份有限公司 | 41026800 |
| 10 | 成都建国汽车贸易有限公司 | 1378064 | 8 | 上海浦东发展银行股份有限公司 | 36354800 |
| 11 | 广东鸿粤汽车销售集团有限公司 | 1325580 | 9 | 中国民生银行股份有限公司 | 30314600 |
| 12 | 湖南兰天集团有限公司 | 1234861 | 10 | 华夏银行股份有限公司 | 17477000 |
| 13 | 捷通达汽车集团股份有限公司 | 1145918 | 11 | 江苏银行股份有限公司 | 13464272 |
| 14 | 蓝池集团有限公司 | 909890 | 12 | 浙商银行股份有限公司 | 11673600 |
| 15 | 山西大昌汽车集团有限公司 | 834413 | 13 | 上海银行股份有限公司 | 10797629 |
|  | 合计 | 49786511 | 14 | 南京银行股份有限公司 | 8709220 |
|  |  |  | 15 | 渤海银行股份有限公司 | 6637037 |
| 家电及电子产品零售 | | | 16 | 深圳前海微众银行股份有限公司 | 5798269 |
| 1 | 南京新华海科技产业集团有限公司 | 3077898 | 17 | 重庆农村商业银行股份有限公司 | 5525783 |
| 2 | 深圳市酷动数码有限公司 | 893419 | 18 | 恒丰银行股份有限公司 | 5323089 |
|  | 合计 | 3971317 | 19 | 上海农村商业银行股份有限公司 | 4861823 |
|  |  |  | 20 | 广州农村商业银行股份有限公司 | 4806447 |

续表

| 排名 | 企业名称 | 营业收入/万元 | 排名 | 企业名称 | 营业收入/万元 |
|---|---|---|---|---|---|
| 21 | 盛京银行股份有限公司 | 4699822 | 5 | 泰康保险集团股份有限公司 | 23434005 |
| 22 | 长沙银行股份有限公司 | 4134804 | 6 | 新华人寿保险股份有限公司 | 21431900 |
| 23 | 天津银行股份有限公司 | 3522619 | 7 | 阳光保险集团股份有限公司 | 13187325 |
| 24 | 郑州银行股份有限公司 | 2805148 | 8 | 中华联合保险集团股份有限公司 | 6062292 |
| 25 | 东莞农村商业银行股份有限公司 | 2543237 | 9 | 中国万向控股有限公司 | 2169135 |
| 26 | 江西银行股份有限公司 | 2424928 | 10 | 国任财产保险股份有限公司 | 1066902 |
| 27 | 青岛银行股份有限公司 | 2353201 | 11 | 渤海人寿保险股份有限公司 | 1018908 |
| 28 | 桂林银行股份有限公司 | 2309022 | | 合计 | 303931994 |
| 29 | 九江银行股份有限公司 | 2235743 | | | |
| 30 | 东莞银行股份有限公司 | 2123744 | | 证券业 | |
| 31 | 河北银行股份有限公司 | 2015237 | 1 | 海通证券股份有限公司 | 2594819 |
| 32 | 青岛农村商业银行股份有限公司 | 1885266 | 2 | 广发证券股份有限公司 | 2513201 |
| 33 | 天津农村商业银行股份有限公司 | 1720988 | 3 | 兴业证券股份有限公司 | 1065964 |
| 34 | 武汉农村商业银行股份有限公司 | 1678926 | | 合计 | 6173984 |
| 35 | 张家口银行股份有限公司 | 1426081 | | | |
| 36 | 重庆银行股份有限公司 | 1346540 | | 基金、信托及其他金融服务 | |
| 37 | 廊坊银行股份有限公司 | 1245207 | 1 | 武汉产业投资控股集团有限公司 | 4641828 |
| 38 | 广东南海农村商业银行股份有限公司 | 1167713 | 2 | 浙江永安资本管理有限公司 | 3297403 |
| 39 | 赣州银行股份有限公司 | 1158601 | 3 | 马上消费金融股份有限公司 | 1352997 |
| 40 | 重庆三峡银行股份有限公司 | 1102739 | | 合计 | 9292228 |
| 41 | 唐山银行股份有限公司 | 1070287 | | | |
| 42 | 天津滨海农村商业银行股份有限公司 | 1023989 | | 多元化金融 | |
| 43 | 柳州银行股份有限公司 | 950678 | 1 | 中国平安保险（集团）股份有限公司 | 121818400 |
| 44 | 无锡农村商业银行股份有限公司 | 896259 | 2 | 中国中信集团有限公司 | 67784747 |
| 45 | 江苏张家港农村商业银行股份有限公司 | 891889 | 3 | 招商局集团有限公司 | 49295592 |
| 46 | 绍兴银行股份有限公司 | 865822 | 4 | 武汉金融控股（集团）有限公司 | 5985279 |
| 47 | 齐商银行股份有限公司 | 828507 | 5 | 青岛经济技术开发区投资控股集团有限公司 | 2774481 |
| | 合计 | 866774860 | 6 | 湖南财信金融控股集团有限公司 | 2660962 |
| | | | 7 | 广州金融控股集团有限公司 | 2295329 |
| | 保险业 | | 8 | 江西省金融控股集团有限公司 | 1153263 |
| 1 | 中国人寿保险（集团）公司 | 101901900 | | 合计 | 253768053 |
| 2 | 中国人民保险集团股份有限公司 | 62085900 | | | |
| 3 | 中国太平洋保险（集团）股份有限公司 | 45537244 | | 住宅地产 | |
| 4 | 中国太平保险集团有限责任公司 | 26036483 | 1 | 万科企业股份有限公司 | 50383837 |

续表

| 排名 | 企业名称 | 营业收入/万元 | 排名 | 企业名称 | 营业收入/万元 |
|---|---|---|---|---|---|
| 2 | 绿地控股集团股份有限公司 | 43551965 | 商业地产 | | |
| 3 | 碧桂园控股有限公司 | 43037100 | 1 | 荣盛控股股份有限公司 | 3404243 |
| 4 | 龙湖集团控股有限公司 | 25056511 | 2 | 福星集团控股有限公司 | 3337949 |
| 5 | 珠海华发集团有限公司 | 15763552 | 3 | 宝龙地产控股有限公司 | 3137786 |
| 6 | 金地（集团）股份有限公司 | 12020809 | 4 | 天津天保控股有限公司 | 1432364 |
| 7 | 绿城房地产集团有限公司 | 11972859 | 5 | 金帝联合控股集团有限公司 | 1347518 |
| 8 | 广州越秀集团股份有限公司 | 10602853 | 6 | 天津现代集团有限公司 | 1340169 |
| 9 | 重庆华宇集团有限公司 | 8362636 | 7 | 武汉伟鹏控股集团有限公司 | 1053512 |
| 10 | 天津泰达投资控股有限公司 | 8227420 | 8 | 华东建筑集团股份有限公司 | 803967 |
| 11 | 弘阳集团有限公司 | 7832005 | | 合计 | 15857508 |
| 12 | 北京首都开发控股（集团）有限公司 | 5639793 | | | |
| 13 | 重庆中昂投资集团有限公司 | 5211930 | 园区地产 | | |
| 14 | 福州城市建设投资集团有限公司 | 4582857 | 1 | 重庆新鸥鹏企业（集团）有限公司 | 4986213 |
| 15 | 大华（集团）有限公司 | 4218236 | 2 | 万洋集团有限公司 | 4225370 |
| 16 | 厦门海沧投资集团有限公司 | 3996325 | 3 | 佛山市建设发展集团有限公司 | 2061911 |
| 17 | 建业控股有限公司 | 3233649 | 4 | 上海临港经济发展（集团）有限公司 | 1108134 |
| 18 | 联发集团有限公司 | 3146611 | | 合计 | 12381628 |
| 19 | 苏州金螳螂企业（集团）有限公司 | 2962085 | | | |
| 20 | 广州珠江实业集团有限公司 | 2925693 | 多元化投资 | | |
| 21 | 厦门中骏集团有限公司 | 2820230 | 1 | 联想控股股份有限公司 | 48366270 |
| 22 | 文一投资控股有限公司 | 2750566 | 2 | 深圳市投资控股有限公司 | 25486226 |
| 23 | 厦门禹洲集团股份有限公司 | 2673724 | 3 | 广东省广新控股集团有限公司 | 23791433 |
| 24 | 奥园集团有限公司 | 1884495 | 4 | 云南省投资控股集团有限公司 | 19619241 |
| 25 | 绿城物业服务集团有限公司 | 1485634 | 5 | 杭州市实业投资集团有限公司 | 17712484 |
| 26 | 福建三木集团股份有限公司 | 1395407 | 6 | 卓尔控股有限公司 | 14660286 |
| 27 | 无锡城建发展集团有限公司 | 1224515 | 7 | 广东省广晟控股集团有限公司 | 12063704 |
| 28 | 厦门安居控股集团有限公司 | 1069062 | 8 | 青岛海发国有资本投资运营集团有限公司 | 10684349 |
| 29 | 四川邦泰投资集团有限责任公司 | 1027585 | 9 | 陕西投资集团有限公司 | 8448427 |
| 30 | 安徽省众城集团 | 1015674 | 10 | 杭州市城市建设投资集团有限公司 | 6418122 |
| 31 | 福建省华荣建设集团有限公司 | 941370 | 11 | 湖北交通投资集团有限公司 | 6348987 |
| 32 | 卓正控股集团有限公司 | 897986 | 12 | 北京江南投资集团有限公司 | 5203495 |
| 33 | 福建路港（集团）有限公司 | 855058 | 13 | 洛阳国宏投资控股集团有限公司 | 5078724 |
| | 合计 | 292770032 | 14 | 帝海投资控股集团有限公司 | 5013687 |
| | | | 15 | 中国雄安集团有限公司 | 4989100 |

| 排名 | 企业名称 | 营业收入/万元 | 排名 | 企业名称 | 营业收入/万元 |
|---|---|---|---|---|---|
| 16 | 江西省投资集团有限公司 | 4970114 | 4 | 邦芒服务外包有限公司 | 1061340 |
| 17 | 青岛西海岸新区融合控股集团有限公司 | 4874037 | | 合计 | 19277848 |
| 18 | 青岛西海岸新区海洋控股集团有限公司 | 4651076 | | | |
| 19 | 杭州市国有资本投资运营有限公司 | 3940208 | \multicolumn{3}{l|}{科技研发、规划设计} |
| 20 | 佛山市投资控股集团有限公司 | 3234743 | 1 | 长江设计集团有限公司 | 895632 |
| 21 | 广州市城市建设投资集团有限公司 | 3055702 | | 合计 | 895632 |
| 22 | 武汉市城市建设投资开发集团有限公司 | 2832379 | | | |
| 23 | 福建漳州城投集团有限公司 | 2281108 | \multicolumn{3}{l|}{国际经济合作（工程承包）} |
| 24 | 西安城市基础设施建设投资集团有限公司 | 2032804 | 1 | 中国江苏国际经济技术合作集团有限公司 | 1932854 |
| 25 | 河北省国有资产控股运营有限公司 | 1724291 | | 合计 | 1932854 |
| 26 | 洛阳国晟投资控股集团有限公司 | 1410158 | | | |
| 27 | 厦门火炬集团有限公司 | 1398783 | \multicolumn{3}{l|}{旅游和餐饮} |
| 28 | 郑州公用事业投资发展集团有限公司 | 1388008 | 1 | 湖北文化旅游集团有限公司 | 2616711 |
| 29 | 厦门恒兴集团有限公司 | 1372986 | 2 | 福建省旅游发展集团有限公司 | 1550966 |
| 30 | 青岛开发区投资建设集团有限公司 | 1164922 | 3 | 四川众欣旅游资源开发有限公司 | 1458702 |
| 31 | 赣州发展投资控股集团有限责任公司 | 1120349 | 4 | 浙江省旅游投资集团有限公司 | 1022691 |
| 32 | 广州交通投资集团有限公司 | 1097350 | | 合计 | 6649070 |
| 33 | 石家庄国控城市发展投资集团有限责任公司 | 1055073 | | | |
| 34 | 湖州市交通投资集团有限公司 | 1043020 | \multicolumn{3}{l|}{文化娱乐} |
| 35 | 高平市国有资本投资运营集团有限公司 | 1018503 | 1 | 中原出版传媒投资控股集团有限公司 | 1888546 |
| 36 | 广西农村投资集团有限公司 | 1003124 | 2 | 安徽新华发行（集团）控股有限公司 | 1830939 |
| 37 | 广州开发区控股集团有限公司 | 934456 | 3 | 西安曲江文化产业投资(集团)有限公司 | 1804365 |
| 38 | 南宁威宁投资集团有限责任公司 | 871324 | 4 | 浙江出版联合集团有限公司 | 1396995 |
| 39 | 广州南方投资集团有限公司 | 792787 | 5 | 芒果超媒股份有限公司 | 1370434 |
| | 合计 | 263151840 | 6 | 安徽出版集团有限责任公司 | 1281674 |
| | | | 7 | 中南出版传媒集团股份有限公司 | 1246461 |
| \multicolumn{3}{l|}{商务中介服务} | 8 | 四川新华出版发行集团有限公司 | 1122223 |
| 1 | 上海中梁企业发展有限公司 | 3940771 | | 合计 | 11941637 |
| | 合计 | 3940771 | | | |
| | | | \multicolumn{3}{l|}{医疗卫生健康服务} |
| \multicolumn{3}{l|}{人力资源服务} | 1 | 山东颐养健康产业发展集团有限公司 | 3719591 |
| 1 | 中国国际技术智力合作集团有限公司 | 15719486 | | 合计 | 3719591 |
| 2 | 仕邦控股有限公司 | 1380893 | | | |
| 3 | 福建省人力资源服务有限公司 | 1116129 | \multicolumn{3}{l|}{综合服务业} |

续表

| 排名 | 企业名称 | 营业收入/万元 | 排名 | 企业名称 | 营业收入/万元 |
|---|---|---|---|---|---|
| 1 | 中国华润有限公司 | 81826544 | 11 | 泉州市金融控股集团有限公司 | 2016926 |
| 2 | 中国保利集团有限公司 | 45537678 | 12 | 华邦控股集团有限公司 | 1751562 |
| 3 | 广西投资集团有限公司 | 21029995 | 13 | 安徽省徽商集团有限公司 | 1525093 |
| 4 | 湖北联投集团有限公司 | 10077768 | 14 | 华茂集团股份有限公司 | 1364947 |
| 5 | 东浩兰生（集团）有限公司 | 4108860 | 15 | 北京路通企业管理集团有限公司 | 1319279 |
| 6 | 西安高科集团有限公司 | 3451898 | 16 | 宁波滕头集团有限公司 | 1178775 |
| 7 | 金鹏控股集团有限公司 | 3056588 | 17 | 湖南湘江新区发展集团有限公司 | 1095476 |
| 8 | 唐山国控集团有限公司 | 2658144 | 18 | 深圳齐心集团股份有限公司 | 862913 |
| 9 | 上海均瑶（集团）有限公司 | 2349263 |  | 合计 | 187270175 |
| 10 | 珠海九洲控股集团有限公司 | 2058466 |  |  |  |

表 11-3  2023 中国服务业企业 500 强各地区分布

| 排名 | 企业名称 | 营业收入/万元 | 排名 | 企业名称 | 营业收入/万元 |
|---|---|---|---|---|---|
| 北京 |  |  | 34 | 北京首都开发控股（集团）有限公司 | 5639793 |
| 1 | 国家电网有限公司 | 356524505 | 35 | 中国国际航空股份有限公司 | 5289758 |
| 2 | 中国工商银行股份有限公司 | 144468994 | 36 | 中铁集装箱运输有限责任公司 | 5275345 |
| 3 | 中国建设银行股份有限公司 | 136405400 | 37 | 北京江南投资集团有限公司 | 5203495 |
| 4 | 中国农业银行股份有限公司 | 125768500 | 38 | 帝海投资控股集团有限公司 | 5013687 |
| 5 | 中国银行股份有限公司 | 105445800 | 39 | 北京中能昊龙投资控股集团有限公司 | 3902782 |
| 6 | 京东集团股份有限公司 | 104623600 | 40 | 软通动力信息技术（集团）股份有限公司 | 1910369 |
| 7 | 中国人寿保险（集团）公司 | 101901900 | 41 | 北京路通企业管理集团有限公司 | 1319279 |
| 8 | 中国移动通信集团有限公司 | 93903722 |  | 合计 | 1999500447 |
| 9 | 中国邮政集团有限公司 | 74176479 |  |  |  |
| 10 | 中粮集团有限公司 | 74143735 | 上海 |  |  |
| 11 | 中国中信集团有限公司 | 67784747 | 1 | 中国远洋海运集团有限公司 | 62680959 |
| 12 | 中国医药集团有限公司 | 63282506 | 2 | 交通银行股份有限公司 | 52586300 |
| 13 | 中国人民保险集团股份有限公司 | 62085900 | 3 | 中国太平洋保险（集团）股份有限公司 | 45537244 |
| 14 | 中国电信集团有限公司 | 58634784 | 4 | 绿地控股集团股份有限公司 | 43551965 |
| 15 | 招商局集团有限公司 | 49295592 | 5 | 上海浦东发展银行股份有限公司 | 36354800 |
| 16 | 联想控股股份有限公司 | 48366270 | 6 | 中国太平保险集团有限责任公司 | 26036483 |
| 17 | 中国保利集团有限公司 | 45537678 | 7 | 美团公司 | 21995495 |
| 18 | 中国联合网络通信集团有限公司 | 35615693 | 8 | 上海均和集团有限公司 | 12946657 |
| 19 | 中国民生银行股份有限公司 | 30314600 | 9 | 上海银行股份有限公司 | 10797629 |
| 20 | 泰康保险集团股份有限公司 | 23434005 | 10 | 东方国际（集团）有限公司 | 8988909 |
| 21 | 新华人寿保险股份有限公司 | 21431900 | 11 | 上海钢联电子商务股份有限公司 | 7656664 |
| 22 | 中国航空油料集团有限公司 | 21284052 | 12 | 上海闽路润贸易有限公司 | 7070895 |
| 23 | 中国通用技术（集团）控股有限责任公司 | 18301681 | 13 | 申能（集团）有限公司 | 7019122 |
| 24 | 华夏银行股份有限公司 | 17477000 | 14 | 中国东方航空集团有限公司 | 6597159 |
| 25 | 中国国际技术智力合作集团有限公司 | 15719486 | 15 | 圆通速递股份有限公司 | 5353931 |
| 26 | 百度网络技术有限公司 | 12367500 | 16 | 上海农村商业银行股份有限公司 | 4861823 |
| 27 | 北京控股集团有限公司 | 11910115 | 17 | 百联集团有限公司 | 4685305 |
| 28 | 神州数码集团股份有限公司 | 11588002 | 18 | 大华（集团）有限公司 | 4218236 |
| 29 | 北京能源集团有限责任公司 | 10052951 | 19 | 东浩兰生（集团）有限公司 | 4108860 |
| 30 | 物美科技集团有限公司 | 6187450 | 20 | 源山投资控股有限公司 | 4063387 |
| 31 | 贝壳控股有限公司 | 6066878 | 21 | 上海中梁企业发展有限公司 | 3940771 |
| 32 | 中华联合保险集团股份有限公司 | 6062292 | 22 | 上海国际港务（集团）股份有限公司 | 3727981 |
| 33 | 北京首都创业集团有限公司 | 5782222 | 23 | 中通快递股份有限公司 | 3537700 |

续表

| 排名 | 企业名称 | 营业收入/万元 | 排名 | 企业名称 | 营业收入/万元 |
|---|---|---|---|---|---|
| 24 | 月星集团有限公司 | 3302851 | 8 | 天津农村商业银行股份有限公司 | 1720988 |
| 25 | 宝龙地产控股有限公司 | 3137786 | 9 | 汇金钢铁（天津）集团有限公司 | 1452847 |
| 26 | 海通证券股份有限公司 | 2594819 | 10 | 天津天保控股有限公司 | 1432364 |
| 27 | 上海均瑶（集团）有限公司 | 2349263 | 11 | 天津现代集团有限公司 | 1340169 |
| 28 | 上海塑来信息技术有限公司 | 2201028 | 12 | 捷通达汽车集团股份有限公司 | 1145918 |
| 29 | 中国万向控股有限公司 | 2169135 | 13 | 吉旗物联科技（天津）有限公司 | 1127011 |
| 30 | 携程集团有限公司 | 2005500 | 14 | 天津水务集团有限公司 | 1065009 |
| 31 | 上海祥源原信息咨询有限公司 | 1365950 | 15 | 天津滨海农村商业银行股份有限公司 | 1023989 |
| 32 | 东方财富信息股份有限公司 | 1248558 | 16 | 渤海人寿保险股份有限公司 | 1018908 |
| 33 | 上海识装信息科技有限公司 | 1169233 | 17 | 天津拓径贸易有限公司 | 823147 |
| 34 | 信也科技集团 | 1113420 |  | 合计 | 47243611 |
| 35 | 上海临港经济发展（集团）有限公司 | 1108134 |  |  |  |
| 36 | 上海棉联电子商务有限公司 | 1096188 | 重庆 |  |  |
| 37 | 上海晨光科力普办公用品有限公司 | 1092965 | 1 | 龙湖集团控股有限公司 | 25056511 |
| 38 | 上海环世物流（集团）有限公司 | 1074001 | 2 | 重庆华宇集团有限公司 | 8362636 |
| 39 | 上海润达医疗科技股份有限公司 | 1049442 | 3 | 重庆医药（集团）股份有限公司 | 6754136 |
| 40 | 上海煜驰进出口有限公司 | 1023777 | 4 | 重庆农村商业银行股份有限公司 | 5525783 |
| 41 | 上海龙宇数据股份有限公司 | 998416 | 5 | 重庆千信集团有限公司 | 5387499 |
| 42 | 上海天地汇供应链科技有限公司 | 872784 | 6 | 重庆中昂投资集团有限公司 | 5211930 |
| 43 | 上海春秋国际旅行社（集团）有限公司 | 870481 | 7 | 重庆新鸥鹏企业（集团）有限公司 | 4986213 |
| 44 | 中崛新材料科技有限公司 | 866450 | 8 | 华南物资集团有限公司 | 3820789 |
| 45 | 上海迅赞供应链科技有限公司 | 865645 | 9 | 重庆高速公路集团有限公司 | 2489154 |
| 46 | 宝尊电商有限公司 | 840063 | 10 | 重庆市能源投资集团有限公司 | 2326071 |
| 47 | 华东建筑集团股份有限公司 | 803967 | 11 | 砂之船商业管理集团有限公司 | 1800473 |
|  | 合计 | 423538131 | 12 | 重庆交通运输控股（集团）有限公司 | 1697243 |
|  |  |  | 13 | 万友汽车投资有限公司 | 1589895 |
| 天津 |  |  | 14 | 马上消费金融股份有限公司 | 1352997 |
| 1 | 云账户技术（天津）有限公司 | 9742960 | 15 | 重庆银行股份有限公司 | 1346540 |
| 2 | 天津泰达投资控股有限公司 | 8227420 | 16 | 重庆三峡银行股份有限公司 | 1102739 |
| 3 | 渤海银行股份有限公司 | 6637037 | 17 | 欧菲斯集团股份有限公司 | 824099 |
| 4 | 天津银行股份有限公司 | 3522619 |  | 合计 | 79634708 |
| 5 | 天津满运软件科技有限公司 | 3002867 |  |  |  |
| 6 | 天津城市基础设施建设投资集团有限公司 | 2132471 | 黑龙江 |  |  |
| 7 | 天津港（集团）有限公司 | 1827887 | 1 | 黑龙江倍丰农业生产资料集团有限公司 | 2022900 |

续表

| 排名 | 企业名称 | 营业收入/万元 | 排名 | 企业名称 | 营业收入/万元 |
|---|---|---|---|---|---|
| 2 | 黑龙江省农业投资集团有限公司 | 1441519 | 1 | 河南交通投资集团有限公司 | 9114006 |
|  | 合计 | 3464419 | 2 | 郑州瑞茂通供应链有限公司 | 6747420 |
|  |  |  | 3 | 洛阳国宏投资控股集团有限公司 | 5078724 |
| 辽宁 |  |  | 4 | 建业控股有限公司 | 3233649 |
| 1 | 盛京银行股份有限公司 | 4699822 | 5 | 郑州银行股份有限公司 | 2805148 |
|  | 合计 | 4699822 | 6 | 中原出版传媒投资控股集团有限公司 | 1888546 |
|  |  |  | 7 | 中原大易科技有限公司 | 1475015 |
| 河北 |  |  | 8 | 洛阳国晟投资控股集团有限公司 | 1410158 |
| 1 | 新奥天然气股份有限公司 | 15404417 | 9 | 郑州公用事业投资发展集团有限公司 | 1388008 |
| 2 | 河北省物流产业集团有限公司 | 7073523 | 10 | 河南中钢网科技集团股份有限公司 | 1127059 |
| 3 | 中国雄安集团有限公司 | 4989100 | 11 | 河南蓝天集团股份有限公司 | 1079973 |
| 4 | 河北省国和投资集团有限公司 | 4126285 |  | 合计 | 35347706 |
| 5 | 荣盛控股股份有限公司 | 3404243 |  |  |  |
| 6 | 河北港口集团有限公司 | 3138961 | 山东 |  |  |
| 7 | 唐山国控集团有限公司 | 2658144 | 1 | 山东高速集团有限公司 | 23176927 |
| 8 | 庞大汽贸集团股份有限公司 | 2602100 | 2 | 山东省港口集团有限公司 | 13738591 |
| 9 | 河北高速公路集团有限公司 | 2400363 | 3 | 青岛海发国有资本投资运营集团有限公司 | 10684349 |
| 10 | 河北交通投资集团有限公司 | 2266953 | 4 | 水发集团有限公司 | 7453171 |
| 11 | 河北银行股份有限公司 | 2015237 | 5 | 恒丰银行股份有限公司 | 5323089 |
| 12 | 信誉楼百货集团有限公司 | 1848778 | 6 | 青岛西海岸新区融合控股集团有限公司 | 4874037 |
| 13 | 河北省国有资产控股运营有限公司 | 1724291 | 7 | 青岛西海岸新区海洋控股集团有限公司 | 4651076 |
| 14 | 天晖（河北）供应链管理集团有限公司 | 1515260 | 8 | 青岛世纪瑞丰集团有限公司 | 4533704 |
| 15 | 河北省新合作控股集团有限公司 | 1470746 | 9 | 新华锦集团有限公司 | 4489201 |
| 16 | 张家口银行股份有限公司 | 1426081 | 10 | 奥德集团有限公司 | 3798039 |
| 17 | 廊坊银行股份有限公司 | 1245207 | 11 | 山东颐养健康产业发展集团有限公司 | 3719591 |
| 18 | 河北省天然气有限责任公司 | 1220153 | 12 | 山东省商业集团有限公司 | 3337460 |
| 19 | 唐山银行股份有限公司 | 1070287 | 13 | 淄博市城市资产运营集团有限公司 | 3285394 |
| 20 | 石家庄国控城市发展投资集团有限责任公司 | 1055073 | 14 | 利群集团股份有限公司 | 2866776 |
| 21 | 蓝池集团有限公司 | 909890 | 15 | 青岛经济技术开发区投资控股集团有限公司 | 2774481 |
| 22 | 卓正控股集团有限公司 | 897986 | 16 | 青岛银行股份有限公司 | 2353201 |
| 23 | 石家庄北国人百集团有限责任公司 | 855528 | 17 | 山东远通汽车贸易集团有限公司 | 2044064 |
|  | 合计 | 65318606 | 18 | 淄博商厦股份有限公司 | 2041219 |
|  |  |  | 19 | 青岛农村商业银行股份有限公司 | 1885266 |
| 河南 |  |  | 20 | 润华集团股份有限公司 | 1702357 |

续表

| 排名 | 企业名称 | 营业收入/万元 | 排名 | 企业名称 | 营业收入/万元 |
|---|---|---|---|---|---|
| 21 | 嘉德瑞贸易有限公司 | 1595115 | 6 | 安徽辉隆投资集团有限公司 | 1840793 |
| 22 | 东营市东凯高端装备制造产业园有限公司 | 1471119 | 7 | 安徽新华发行（集团）控股有限公司 | 1830939 |
| 23 | 瑞康医药集团股份有限公司 | 1231127 | 8 | 三七互娱网络科技集团股份有限公司 | 1640603 |
| 24 | 海程邦达供应链管理股份有限公司 | 1227866 | 9 | 安徽华源医药集团股份有限公司 | 1638457 |
| 25 | 青岛开发区投资建设集团有限公司 | 1164922 | 10 | 安徽省徽商集团有限公司 | 1525093 |
| 26 | 齐商银行股份有限公司 | 828507 | 11 | 安徽天星医药集团有限公司 | 1378442 |
| 27 | 漱玉平民大药房连锁股份有限公司 | 782293 | 12 | 安徽出版集团有限责任公司 | 1281674 |
|  | 合计 | 117032942 | 13 | 安徽省众城集团 | 1015674 |
|  |  |  |  | 合计 | 30151687 |

| 排名 | 企业名称 | 营业收入/万元 |
|---|---|---|
| 山西 | | |
| 1 | 山西交通控股集团有限公司 | 5250167 |
| 2 | 山西云时代技术有限公司 | 3060384 |
| 3 | 高平市国有资本投资运营集团有限公司 | 1018503 |
| 4 | 山西大昌汽车集团有限公司 | 834413 |
| 5 | 山西美特好连锁超市股份有限公司 | 809257 |
|  | 合计 | 10972724 |

| 排名 | 企业名称 | 营业收入/万元 |
|---|---|---|
| 江苏 | | |
| 1 | 江苏银行股份有限公司 | 13464272 |
| 2 | 南京银行股份有限公司 | 8709220 |
| 3 | 汇通达网络股份有限公司 | 8035478 |
| 4 | 弘阳集团有限公司 | 7832005 |
| 5 | 江苏国泰国际集团股份有限公司 | 7250062 |
| 6 | 南京新工投资集团有限责任公司 | 6081983 |
| 7 | 通鼎集团有限公司 | 5210110 |
| 8 | 江苏汇鸿国际集团股份有限公司 | 4775933 |
| 9 | 张家港市沃丰贸易有限公司 | 3561072 |
| 10 | 江阴长三角钢铁集团有限公司 | 3505522 |
| 11 | 江苏无锡朝阳集团股份有限公司 | 3198710 |
| 12 | 南京新华海科技产业集团有限公司 | 3077898 |
| 13 | 苏州金螳螂企业（集团）有限公司 | 2962085 |
| 14 | 江苏华地国际控股集团有限公司 | 2956688 |
| 15 | 东华能源股份有限公司 | 2919900 |
| 16 | 无锡市不锈钢电子交易中心有限公司 | 2615985 |
| 17 | 无锡市交通产业集团有限公司 | 2587987 |
| 18 | 江阴市金桥化工有限公司 | 2501841 |
| 19 | 无锡市国联发展（集团）有限公司 | 2478719 |
| 20 | 江苏省粮食集团有限责任公司 | 2327140 |
| 21 | 常州市化工轻工材料总公司 | 2150913 |
| 22 | 江苏省苏豪控股集团有限公司 | 2000117 |
| 23 | 江苏省煤炭运销有限公司 | 1994316 |

| 排名 | 企业名称 | 营业收入/万元 |
|---|---|---|
| 陕西 | | |
| 1 | 东岭集团股份有限公司 | 12566472 |
| 2 | 陕西投资集团有限公司 | 8448427 |
| 3 | 陕西交通控股集团有限公司 | 5508216 |
| 4 | 陕西泰丰盛合控股集团有限公司 | 5250884 |
| 5 | 西安高科集团有限公司 | 3451898 |
| 6 | 西安城市基础设施建设投资集团有限公司 | 2032804 |
| 7 | 西安曲江文化产业投资（集团）有限公司 | 1804365 |
| 8 | 陕西粮农集团有限责任公司 | 1715708 |
|  | 合计 | 40778774 |

| 排名 | 企业名称 | 营业收入/万元 |
|---|---|---|
| 安徽 | | |
| 1 | 安徽省交通控股集团有限公司 | 6538667 |
| 2 | 合肥维天运通信息科技股份有限公司 | 3403267 |
| 3 | 金鹏控股集团有限公司 | 3056588 |
| 4 | 文一投资控股有限公司 | 2750566 |
| 5 | 安徽灵通集团控股有限公司 | 2250924 |

| 排名 | 企业名称 | 营业收入/万元 | 排名 | 企业名称 | 营业收入/万元 |
|---|---|---|---|---|---|
| 24 | 中国江苏国际经济技术合作集团有限公司 | 1932854 | 13 | 湖南兰天集团有限公司 | 1234861 |
| 25 | 江苏大经供应链股份有限公司 | 1911532 | 14 | 湖南湘江新区发展集团有限公司 | 1095476 |
| 26 | 徐州东方物流集团有限公司 | 1911307 | 15 | 湖南佳惠百货有限责任公司 | 890073 |
| 27 | 无锡市市政公用产业集团有限公司 | 1309483 |  | 合计 | 35266023 |
| 28 | 盐城市国有资产投资集团有限公司 | 1242653 |  |  |  |
| 29 | 无锡城建发展集团有限公司 | 1224515 | 湖北 |  |  |
| 30 | 江苏易汇聚软件科技有限公司 | 1139859 | 1 | 卓尔控股有限公司 | 14660286 |
| 31 | 玖隆钢铁物流有限公司 | 1091194 | 2 | 九州通医药集团股份有限公司 | 14042419 |
| 32 | 南京恒成供应链有限公司 | 1078585 | 3 | 湖北联投集团有限公司 | 10077768 |
| 33 | 无锡安井食品营销有限公司 | 1000269 | 4 | 恒信汽车集团股份有限公司 | 7980726 |
| 34 | 苏州裕景泰控股有限公司 | 970107 | 5 | 湖北交通投资集团有限公司 | 6348987 |
| 35 | 江苏采木工业互联网科技有限公司 | 949913 | 6 | 武汉金融控股（集团）有限公司 | 5985279 |
| 36 | 江苏嘉奕和铜业科技发展有限公司 | 937763 | 7 | 武汉产业投资控股集团有限公司 | 4641828 |
| 37 | 江苏东津联国际贸易有限公司 | 923395 | 8 | 福星集团控股有限公司 | 3337949 |
| 38 | 无锡农村商业银行股份有限公司 | 896259 | 9 | 武汉联杰能源有限公司 | 3130001 |
| 39 | 江苏张家港农村商业银行股份有限公司 | 891889 | 10 | 武汉市城市建设投资开发集团有限公司 | 2832379 |
| 40 | 江阴市川江化工有限公司 | 862188 | 11 | 湖北文化旅游集团有限公司 | 2616711 |
| 41 | 江苏零浩网络科技有限公司 | 855198 | 12 | 武汉农村商业银行股份有限公司 | 1678926 |
| 42 | 无锡市宝金石油化工有限公司 | 811608 | 13 | 湖北港口集团有限公司 | 1564516 |
|  | 合计 | 124138527 | 14 | 武汉伟鹏控股集团有限公司 | 1053512 |
|  |  |  | 15 | 湖北银丰实业集团有限责任公司 | 1044429 |
| 湖南 |  |  | 16 | 良品铺子股份有限公司 | 943961 |
| 1 | 大汉控股集团有限公司 | 6367019 | 17 | 长江设计集团有限公司 | 895632 |
| 2 | 湖南省高速公路集团有限公司 | 4468820 |  | 合计 | 82835309 |
| 3 | 长沙银行股份有限公司 | 4134804 |  |  |  |
| 4 | 湖南财信金融控股集团有限公司 | 2660962 | 江西 |  |  |
| 5 | 湖南博深实业集团有限公司 | 2490808 | 1 | 南昌市政公用集团有限公司 | 5897204 |
| 6 | 湖南农业发展投资集团有限责任公司 | 2361660 | 2 | 江西省投资集团有限公司 | 4970114 |
| 7 | 老百姓大药房连锁股份有限公司 | 2017552 | 3 | 江西银行股份有限公司 | 2424928 |
| 8 | 益丰大药房连锁股份有限公司 | 1988639 | 4 | 九江银行股份有限公司 | 2235743 |
| 9 | 湖南永通集团有限公司 | 1513402 | 5 | 绿滋肴控股集团有限公司 | 1170334 |
| 10 | 安克创新科技股份有限公司 | 1425052 | 6 | 赣州银行股份有限公司 | 1158601 |
| 11 | 芒果超媒股份有限公司 | 1370434 | 7 | 江西省金融控股集团有限公司 | 1153263 |
| 12 | 中南出版传媒集团股份有限公司 | 1246461 | 8 | 赣州发展投资控股集团有限责任公司 | 1120349 |

续表

| 排名 | 企业名称 | 营业收入/万元 | 排名 | 企业名称 | 营业收入/万元 |
|---|---|---|---|---|---|
|  | 合计 | 20130536 | 32 | 绿城物业服务集团有限公司 | 1485634 |
|  |  |  | 33 | 浙江出版联合集团有限公司 | 1396995 |
| **浙江** |  |  | 34 | 华茂集团股份有限公司 | 1364947 |
| 1 | 阿里巴巴（中国）有限公司 | 86453900 | 35 | 金帝联合控股集团有限公司 | 1347518 |
| 2 | 物产中大集团股份有限公司 | 57655134 | 36 | 宁波港东南物流集团有限公司 | 1334743 |
| 3 | 浙江省交通投资集团有限公司 | 31357811 | 37 | 杭州联华华商集团有限公司 | 1324540 |
| 4 | 杭州市实业投资集团有限公司 | 17712484 | 38 | 嘉悦物产集团有限公司 | 1305406 |
| 5 | 浙江省能源集团有限公司 | 16764709 | 39 | 维科控股集团股份有限公司 | 1239471 |
| 6 | 浙江省兴合集团有限责任公司 | 15986949 | 40 | 宁波滕头集团有限公司 | 1178775 |
| 7 | 传化集团有限公司 | 14500311 | 41 | 浙江华瑞集团有限公司 | 1165721 |
| 8 | 绿城房地产集团有限公司 | 11972859 | 42 | 华数数字电视传媒集团有限公司 | 1155476 |
| 9 | 浙商银行股份有限公司 | 11673600 | 43 | 浙江世纪华通集团股份有限公司 | 1147513 |
| 10 | 中基宁波集团股份有限公司 | 11607710 | 44 | 宁波海田控股集团有限公司 | 1069435 |
| 11 | 浙江省国际贸易集团有限公司 | 9728913 | 45 | 邦芒服务外包有限公司 | 1061340 |
| 12 | 网易股份有限公司 | 9649581 | 46 | 湖州市交通投资集团有限公司 | 1043020 |
| 13 | 远大物产集团有限公司 | 7611520 | 47 | 浙江省旅游投资集团有限公司 | 1022691 |
| 14 | 杭州市城市建设投资集团有限公司 | 6418122 | 48 | 浙江凯喜雅国际股份有限公司 | 1014103 |
| 15 | 浙江前程投资股份有限公司 | 6276597 | 49 | 宁波瓜瓜农业科技有限公司 | 1000121 |
| 16 | 杭州东恒石油有限公司 | 5316806 | 50 | 绍兴银行股份有限公司 | 865822 |
| 17 | 宁波开发投资集团有限公司 | 4700023 | 51 | 浙北大厦集团有限公司 | 856873 |
| 18 | 万洋集团有限公司 | 4225370 | 52 | 宁波宁兴控股股份有限公司 | 818516 |
| 19 | 杭州市国有资本投资运营有限公司 | 3940208 |  | 合计 | 390089929 |
| 20 | 华东医药股份有限公司 | 3771459 |  |  |  |
| 21 | 浙江省海港投资运营集团有限公司 | 3728922 | **广东** |  |  |
| 22 | 申通快递股份有限公司 | 3365173 | 1 | 中国平安保险（集团）股份有限公司 | 121818400 |
| 23 | 浙江建华集团有限公司 | 3323481 | 2 | 中国华润有限公司 | 81826544 |
| 24 | 浙江永安资本管理有限公司 | 3297403 | 3 | 中国南方电网有限责任公司 | 76465826 |
| 25 | 浙江宝利德股份有限公司 | 3002664 | 4 | 腾讯控股有限公司 | 55455200 |
| 26 | 日出实业集团有限公司 | 2436457 | 5 | 万科企业股份有限公司 | 50383837 |
| 27 | 宁波君安控股有限公司 | 2234675 | 6 | 招商银行股份有限公司 | 48902500 |
| 28 | 浙江火山口网络科技有限公司 | 2083843 | 7 | 碧桂园控股有限公司 | 43037100 |
| 29 | 欧龙汽车贸易集团有限公司 | 1803185 | 8 | 顺丰控股股份有限公司 | 26749041 |
| 30 | 杭州市商贸旅游集团有限公司 | 1704580 | 9 | 深圳市投资控股有限公司 | 25486226 |
| 31 | 浙江省农村发展集团有限公司 | 1586820 | 10 | 广东省广新控股集团有限公司 | 23791433 |

续表

| 排名 | 企业名称 | 营业收入/万元 | 排名 | 企业名称 | 营业收入/万元 |
| --- | --- | --- | --- | --- | --- |
| 11 | 珠海华发集团有限公司 | 15763552 | 45 | 佛燃能源集团股份有限公司 | 1892310 |
| 12 | 阳光保险集团股份有限公司 | 13187325 | 46 | 奥园集团有限公司 | 1884495 |
| 13 | 广东省广晟控股集团有限公司 | 12063704 | 47 | 深圳市朗华供应链服务有限公司 | 1871026 |
| 14 | 金地（集团）股份有限公司 | 12020809 | 48 | 广东宏川集团有限公司 | 1783559 |
| 15 | 广州越秀集团股份有限公司 | 10602853 | 49 | 华邦控股集团有限公司 | 1751562 |
| 16 | 唯品会控股有限公司 | 10315249 | 50 | 佛山市兴美资源科技有限公司 | 1742902 |
| 17 | 广东鼎龙实业集团有限公司 | 10087069 | 51 | 利泰汽车集团有限公司 | 1621041 |
| 18 | 深圳市爱施德股份有限公司 | 9142901 | 52 | 深圳市博科供应链管理有限公司 | 1613860 |
| 19 | 中国南方航空集团有限公司 | 8822391 | 53 | 广东乐居商贸集团有限公司 | 1477994 |
| 20 | 广东省广物控股集团有限公司 | 7288453 | 54 | 广东天禾农资股份有限公司 | 1450384 |
| 21 | 广州产业投资控股集团有限公司 | 5986341 | 55 | 广州港集团有限公司 | 1436950 |
| 22 | 深圳前海微众银行股份有限公司 | 5798269 | 56 | 仕邦控股有限公司 | 1380893 |
| 23 | 优合产业有限公司 | 5670051 | 57 | 鑫荣懋果业科技集团股份有限公司 | 1372695 |
| 24 | 深圳金雅福控股集团有限公司 | 5279781 | 58 | 广东鸿粤汽车销售集团有限公司 | 1325580 |
| 25 | 广东省交通集团有限公司 | 5002587 | 59 | 广州酷狗计算机科技有限公司 | 1231749 |
| 26 | 广州农村商业银行股份有限公司 | 4806447 | 60 | 广州地铁集团有限公司 | 1228527 |
| 27 | 深圳市信利康供应链管理有限公司 | 4464840 | 61 | 广东翔海铝业有限公司 | 1222853 |
| 28 | 广东粤海控股集团有限公司 | 4377269 | 62 | 广州元亨能源有限公司 | 1217827 |
| 29 | 深圳市中农网有限公司 | 4303784 | 63 | 深圳市分期乐网络科技有限公司 | 1211335 |
| 30 | 深圳市天行云供应链有限公司 | 3641958 | 64 | 广东南海农村商业银行股份有限公司 | 1167713 |
| 31 | 佛山市投资控股集团有限公司 | 3234743 | 65 | 广州交通投资集团有限公司 | 1097350 |
| 32 | 深圳华强集团有限公司 | 3215078 | 66 | 广州纺织工贸企业集团有限公司 | 1089343 |
| 33 | 广州市城市建设投资集团有限公司 | 3055702 | 67 | 广州岭南商旅投资集团有限公司 | 1078794 |
| 34 | 广州珠江实业集团有限公司 | 2925693 | 68 | 深圳市英捷迅实业发展有限公司 | 1074385 |
| 35 | 东莞农村商业银行股份有限公司 | 2543237 | 69 | 深圳市九立供应链股份有限公司 | 1067600 |
| 36 | 广发证券股份有限公司 | 2513201 | 70 | 国任财产保险股份有限公司 | 1066902 |
| 37 | 广州金融控股集团有限公司 | 2295329 | 71 | 广州市水务投资集团有限公司 | 1054125 |
| 38 | 广东华鑫茂集团有限公司 | 2151952 | 72 | 佳都集团有限公司 | 1053743 |
| 39 | 大参林医药集团股份有限公司 | 2124809 | 73 | 深圳市华富洋供应链有限公司 | 991890 |
| 40 | 东莞银行股份有限公司 | 2123744 | 74 | 广州开发区控股集团有限公司 | 934456 |
| 41 | 广州轻工工贸集团有限公司 | 2109150 | 75 | 联洲技术有限公司 | 899451 |
| 42 | 佛山市建设发展集团有限公司 | 2061911 | 76 | 深圳市酷动数码有限公司 | 893419 |
| 43 | 珠海九洲控股集团有限公司 | 2058466 | 77 | 深圳齐心集团股份有限公司 | 862913 |
| 44 | 广东宇成投资集团有限公司 | 1914579 | 78 | 深圳市深粮控股股份有限公司 | 831272 |

续表

| 排名 | 企业名称 | 营业收入/万元 | 排名 | 企业名称 | 营业收入/万元 |
|---|---|---|---|---|---|
| 79 | 东莞市水务集团有限公司 | 798336 | 18 | 福建漳州城投集团有限公司 | 2281108 |
| 80 | 广州南方投资集团有限公司 | 792787 | 19 | 福州朴朴电子商务有限公司 | 2096618 |
|  | 合计 | 792341355 | 20 | 泉州市金融控股集团有限公司 | 2016926 |
|  |  |  | 21 | 鹭燕医药股份有限公司 | 1946250 |
| 四川 |  |  | 22 | 厦门翔业集团有限公司 | 1915801 |
| 1 | 四川省能源投资集团有限责任公司 | 9004424 | 23 | 福建纵腾网络有限公司 | 1760478 |
| 2 | 四川省商业投资集团有限责任公司 | 4900056 | 24 | 厦门市嘉晟对外贸易有限公司 | 1636641 |
| 3 | 四川华油集团有限责任公司 | 1614980 | 25 | 中国(福建)对外贸易中心集团有限责任公司 | 1589139 |
| 4 | 四川航空股份有限公司 | 1612669 | 26 | 福建省旅游发展集团有限公司 | 1550966 |
| 5 | 四川德康农牧食品集团股份有限公司 | 1511736 | 27 | 厦门火炬集团有限公司 | 1398783 |
| 6 | 四川众欣旅游资源开发有限公司 | 1458702 | 28 | 福建三木集团股份有限公司 | 1395407 |
| 7 | 成都建国汽车贸易有限公司 | 1378064 | 29 | 厦门恒兴集团有限公司 | 1372986 |
| 8 | 四川新华出版发行集团有限公司 | 1122223 | 30 | 厦门鑫东森控股有限公司 | 1265185 |
| 9 | 四川邦泰投资集团有限责任公司 | 1027585 | 31 | 福建晟育投资发展集团有限公司 | 1226981 |
|  | 合计 | 23630439 | 32 | 厦门市明穗粮油贸易有限公司 | 1199067 |
|  |  |  | 33 | 福建省人力资源服务有限公司 | 1116129 |
| 福建 |  |  | 34 | 厦门轨道建设发展集团有限公司 | 1079135 |
| 1 | 厦门建发集团有限公司 | 84737423 | 35 | 厦门安居控股集团有限公司 | 1069062 |
| 2 | 厦门国贸控股集团有限公司 | 69346046 | 36 | 兴业证券股份有限公司 | 1065964 |
| 3 | 厦门象屿集团有限公司 | 56262153 | 37 | 厦门闽嘉华石化有限公司 | 945254 |
| 4 | 兴业银行股份有限公司 | 41026800 | 38 | 福建省华荣建设集团有限公司 | 941370 |
| 5 | 永辉超市股份有限公司 | 9009081 | 39 | 福建路港(集团)有限公司 | 855058 |
| 6 | 厦门路桥工程物资有限公司 | 8615879 | 40 | 新大陆科技集团有限公司 | 824887 |
| 7 | 福建省港口集团有限责任公司 | 6704940 | 41 | 福建网龙计算机网络信息技术有限公司 | 786600 |
| 8 | 漳州市九龙江集团有限公司 | 5845553 |  | 合计 | 346409697 |
| 9 | 厦门港务控股集团有限公司 | 5134555 |  |  |  |
| 10 | 福州城市建设投资集团有限公司 | 4582857 | 广西壮族自治区 |  |  |
| 11 | 厦门海沧投资集团有限公司 | 3996325 | 1 | 广西投资集团有限公司 | 21029995 |
| 12 | 福建漳龙集团有限公司 | 3503294 | 2 | 广西北部湾国际港务集团有限公司 | 10808459 |
| 13 | 一柏集团有限公司 | 3225260 | 3 | 广西交通投资集团有限公司 | 6706920 |
| 14 | 联发集团有限公司 | 3146611 | 4 | 广西现代物流集团有限公司 | 3361891 |
| 15 | 厦门中骏集团有限公司 | 2820230 | 5 | 桂林银行股份有限公司 | 2309022 |
| 16 | 厦门禹洲集团股份有限公司 | 2673724 | 6 | 广西柳药集团股份有限公司 | 1905283 |
| 17 | 厦门夏商集团有限公司 | 2443171 | 7 | 广西泛糖科技有限公司 | 1658311 |

续表

| 排名 | 企业名称 | 营业收入/万元 | 排名 | 企业名称 | 营业收入/万元 |
|---|---|---|---|---|---|
| 8 | 广西自贸区钦州港片区开发投资集团有限责任公司 | 1404547 | | | |
| 9 | 广西农村投资集团有限公司 | 1003124 | | 甘肃 | |
| 10 | 柳州银行股份有限公司 | 950678 | 1 | 甘肃省公路航空旅游投资集团有限公司 | 18316272 |
| 11 | 广西百色农林投资发展集团有限公司 | 899275 | 2 | 兰州新区商贸物流投资集团有限公司 | 11693807 |
| 12 | 南宁威宁投资集团有限责任公司 | 871324 | | 合计 | 30010079 |
| 13 | 润建股份有限公司 | 815934 | | | |
| | 合计 | 53724763 | | 新疆维吾尔自治区 | |
| | | | 1 | 新疆广汇实业投资(集团)有限责任公司 | 20800708 |
| | 贵州 | | 2 | 新疆农资（集团）有限责任公司 | 807289 |
| 1 | 贵州现代物流产业（集团）有限责任公司 | 2707634 | 3 | 新疆生产建设兵团能源集团有限责任公司 | 795197 |
| | 合计 | 2707634 | | 合计 | 22403194 |
| | 云南 | | | 内蒙古自治区 | |
| 1 | 云南省投资控股集团有限公司 | 19619241 | 1 | 内蒙古电力（集团）有限责任公司 | 10800299 |
| 2 | 云南省能源投资集团有限公司 | 12610682 | 2 | 内蒙古公路交通投资发展有限公司 | 1213733 |
| 3 | 昆明市交通投资有限责任公司 | 5702908 | | 合计 | 12014032 |
| | 合计 | 37932831 | | | |

续表

表 11-4 2023 中国服务业企业 500 强净利润排序前 100 名企业

| 排名 | 企业名称 | 净利润/万元 | 排名 | 企业名称 | 净利润/万元 |
|---|---|---|---|---|---|
| 1 | 中国工商银行股份有限公司 | 36048300 | 51 | 恒丰银行股份有限公司 | 674767 |
| 2 | 中国建设银行股份有限公司 | 32386100 | 52 | 中国联合网络通信集团有限公司 | 656480 |
| 3 | 中国农业银行股份有限公司 | 25914000 | 53 | 海通证券股份有限公司 | 654535 |
| 4 | 中国银行股份有限公司 | 22743900 | 54 | 唯品会控股有限公司 | 629882 |
| 5 | 腾讯控股有限公司 | 18824300 | 55 | 顺丰控股股份有限公司 | 617376 |
| 6 | 招商银行股份有限公司 | 13801200 | 56 | 渤海银行股份有限公司 | 610748 |
| 7 | 中国移动通信集团有限公司 | 9900630 | 57 | 金地（集团）股份有限公司 | 610729 |
| 8 | 交通银行股份有限公司 | 9214900 | 58 | 深圳市投资控股有限公司 | 609773 |
| 9 | 兴业银行股份有限公司 | 9137700 | 59 | 东莞农村商业银行股份有限公司 | 593168 |
| 10 | 中国平安保险（集团）股份有限公司 | 8377400 | 60 | 新奥天然气股份有限公司 | 584391 |
| 11 | 招商局集团有限公司 | 5700322 | 61 | 浙江省交通投资集团有限公司 | 577471 |
| 12 | 国家电网有限公司 | 5510499 | 62 | 浙江省能源集团有限公司 | 558718 |
| 13 | 上海浦东发展银行股份有限公司 | 5117100 | 63 | 安徽省交通控股集团有限公司 | 539294 |
| 14 | 中国人寿保险（集团）公司 | 4613600 | 64 | 阳光保险集团股份有限公司 | 488185 |
| 15 | 中国远洋海运集团有限公司 | 4192612 | 65 | 重庆银行股份有限公司 | 486786 |
| 16 | 中国民生银行股份有限公司 | 3526900 | 66 | 万洋集团有限公司 | 466700 |
| 17 | 中国邮政集团有限公司 | 3371864 | 67 | 广东粤海控股集团有限公司 | 409113 |
| 18 | 阿里巴巴（中国）有限公司 | 3275200 | 68 | 北京中能昊龙投资控股集团有限公司 | 407930 |
| 19 | 中国华润有限公司 | 3135765 | 69 | 圆通速递股份有限公司 | 391967 |
| 20 | 中国中信集团有限公司 | 2626084 | 70 | 物产中大集团股份有限公司 | 391096 |
| 21 | 江苏银行股份有限公司 | 2538599 | 71 | 月星集团有限公司 | 386957 |
| 22 | 华夏银行股份有限公司 | 2503500 | 72 | 东莞银行股份有限公司 | 383444 |
| 23 | 中国太平洋保险（集团）股份有限公司 | 2460898 | 73 | 湖北交通投资集团有限公司 | 380663 |
| 24 | 中国人民保险集团股份有限公司 | 2440600 | 74 | 奥德集团有限公司 | 380525 |
| 25 | 龙湖集团控股有限公司 | 2436205 | 75 | 广州越秀集团股份有限公司 | 372379 |
| 26 | 万科企业股份有限公司 | 2261778 | 76 | 申能（集团）有限公司 | 370615 |
| 27 | 上海银行股份有限公司 | 2228022 | 77 | 绿城房地产集团有限公司 | 358396 |
| 28 | 网易股份有限公司 | 2033760 | 78 | 天津银行股份有限公司 | 356497 |
| 29 | 南京银行股份有限公司 | 1840804 | 79 | 宁波开发投资集团有限公司 | 354940 |
| 30 | 上海国际港务（集团）股份有限公司 | 1722392 | 80 | 广州农村商业银行股份有限公司 | 349216 |
| 31 | 中国电信集团有限公司 | 1386231 | 81 | 陕西投资集团有限公司 | 340438 |
| 32 | 浙商银行股份有限公司 | 1361800 | 82 | 浙江省海港投资运营集团有限公司 | 330340 |
| 33 | 中粮集团有限公司 | 1187657 | 83 | 云南省能源投资集团有限公司 | 317112 |
| 34 | 上海农村商业银行股份有限公司 | 1097438 | 84 | 青岛银行股份有限公司 | 308278 |
| 35 | 泰康保险集团股份有限公司 | 1086282 | 85 | 厦门建发集团有限公司 | 305653 |
| 36 | 京东集团股份有限公司 | 1038000 | 86 | 传化集团有限公司 | 305513 |
| 37 | 重庆农村商业银行股份有限公司 | 1027557 | 87 | 山东高速集团有限公司 | 299202 |
| 38 | 中国南方电网有限责任公司 | 1019412 | 88 | 三七互娱网络科技集团股份有限公司 | 295437 |
| 39 | 新华人寿保险股份有限公司 | 982200 | 89 | 物美科技集团有限公司 | 294904 |
| 40 | 深圳前海微众银行股份有限公司 | 893705 | 90 | 广州金融控股集团有限公司 | 285020 |
| 41 | 北京江南投资集团有限公司 | 874668 | 91 | 重庆新鸥鹏企业（集团）有限公司 | 282828 |
| 42 | 中国保利集团有限公司 | 866210 | 92 | 中国航空油料集团有限公司 | 276153 |
| 43 | 东方财富信息股份有限公司 | 850946 | 93 | 广东南海农村商业银行股份有限公司 | 272753 |
| 44 | 广发证券股份有限公司 | 792929 | 94 | 山东省港口集团有限公司 | 271937 |
| 45 | 百度网络技术有限公司 | 755900 | 95 | 兴业证券股份有限公司 | 263708 |
| 46 | 中国医药集团有限公司 | 740486 | 96 | 天津农村商业银行股份有限公司 | 259989 |
| 47 | 重庆华宇集团有限公司 | 692877 | 97 | 广东省交通集团有限公司 | 259619 |
| 48 | 长沙银行股份有限公司 | 681126 | 98 | 华东医药股份有限公司 | 249921 |
| 49 | 中通快递股份有限公司 | 680906 | 99 | 河北银行股份有限公司 | 242373 |
| 50 | 重庆中昂投资集团有限公司 | 675527 | 100 | 郑州银行股份有限公司 | 242230 |
|  |  |  |  | 中国服务业企业 500 强平均数 | 578698 |

表 11-5  2023 中国服务业企业 500 强资产排序前 100 名企业

| 排名 | 企业名称 | 资产/万元 | 排名 | 企业名称 | 资产/万元 |
| --- | --- | --- | --- | --- | --- |
| 1 | 中国工商银行股份有限公司 | 3960965700 | 51 | 天津银行股份有限公司 | 76108285 |
| 2 | 中国建设银行股份有限公司 | 3460191700 | 52 | 海通证券股份有限公司 | 75360758 |
| 3 | 中国农业银行股份有限公司 | 3392753300 | 53 | 广西投资集团有限公司 | 74937609 |
| 4 | 中国银行股份有限公司 | 2891385700 | 54 | 厦门建发集团有限公司 | 72356281 |
| 5 | 中国邮政集团有限公司 | 1470460708 | 55 | 甘肃省公路航空旅游投资集团有限公司 | 70237744 |
| 6 | 交通银行股份有限公司 | 1299241900 | 56 | 中粮集团有限公司 | 69557102 |
| 7 | 中国平安保险（集团）股份有限公司 | 1113716800 | 57 | 重庆银行股份有限公司 | 68471256 |
| 8 | 中国中信集团有限公司 | 1059769342 | 58 | 中国联合网络通信集团有限公司 | 68348838 |
| 9 | 招商银行股份有限公司 | 1013891200 | 59 | 联想控股股份有限公司 | 68107417 |
| 10 | 兴业银行股份有限公司 | 926667100 | 60 | 湖南省高速公路集团有限公司 | 66041767 |
| 11 | 上海浦东发展银行股份有限公司 | 870465100 | 61 | 东莞农村商业银行股份有限公司 | 65768997 |
| 12 | 中国民生银行股份有限公司 | 725567300 | 62 | 珠海华发集团有限公司 | 65040443 |
| 13 | 中国人寿保险（集团）公司 | 612682200 | 63 | 河南交通投资集团有限公司 | 64045569 |
| 14 | 国家电网有限公司 | 490227557 | 64 | 广西交通投资集团有限公司 | 62949354 |
| 15 | 华夏银行股份有限公司 | 390016700 | 65 | 湖北交通投资集团有限公司 | 62922994 |
| 16 | 江苏银行股份有限公司 | 298029469 | 66 | 广发证券股份有限公司 | 61725628 |
| 17 | 上海银行股份有限公司 | 287852476 | 67 | 山西交通控股集团有限公司 | 60895693 |
| 18 | 招商局集团有限公司 | 263202724 | 68 | 湖南财信金融控股集团有限公司 | 59957468 |
| 19 | 浙商银行股份有限公司 | 262193000 | 69 | 京东集团有限公司 | 59525000 |
| 20 | 中国华润有限公司 | 228869995 | 70 | 郑州银行股份有限公司 | 59151362 |
| 21 | 中国移动通信集团有限公司 | 228796985 | 71 | 广州地铁集团有限公司 | 58095372 |
| 22 | 中国太平洋保险（集团）股份有限公司 | 217629908 | 72 | 陕西交通控股集团有限公司 | 57344623 |
| 23 | 南京银行股份有限公司 | 205948374 | 73 | 云南省投资控股集团有限公司 | 56866075 |
| 24 | 中国保利集团有限公司 | 182848841 | 74 | 中国医药集团有限公司 | 56318190 |
| 25 | 阿里巴巴（中国）有限公司 | 177212400 | 75 | 东莞银行股份有限公司 | 53841900 |
| 26 | 万科企业股份有限公司 | 175712444 | 76 | 绿城房地产集团有限公司 | 53434470 |
| 27 | 碧桂园控股有限公司 | 174446700 | 77 | 青岛银行股份有限公司 | 52961399 |
| 28 | 渤海银行股份有限公司 | 165945990 | 78 | 江西银行股份有限公司 | 51557265 |
| 29 | 腾讯控股有限公司 | 157813100 | 79 | 桂林银行股份有限公司 | 49710759 |
| 30 | 中国人民保险集团股份有限公司 | 150870200 | 80 | 河北银行股份有限公司 | 48921204 |
| 31 | 泰康保险集团股份有限公司 | 136544606 | 81 | 阳光保险集团股份有限公司 | 48535738 |
| 32 | 绿地控股集团有限公司 | 136532106 | 82 | 九江银行股份有限公司 | 47970354 |
| 33 | 重庆农村商业银行股份有限公司 | 135186112 | 83 | 深圳前海微众银行股份有限公司 | 47386163 |
| 34 | 恒丰银行股份有限公司 | 133159512 | 84 | 广东省交通集团有限公司 | 46941067 |
| 35 | 山东高速集团有限公司 | 132254620 | 85 | 天津泰达投资控股有限公司 | 45963275 |
| 36 | 上海农村商业银行股份有限公司 | 128139912 | 86 | 青岛农村商业银行股份有限公司 | 43479132 |
| 37 | 中国太平保险集团有限责任公司 | 125966322 | 87 | 北京控股集团有限公司 | 43005912 |
| 38 | 新华人寿保险股份有限公司 | 125504400 | 88 | 北京能源集团有限责任公司 | 42113323 |
| 39 | 广州农村商业银行股份有限公司 | 123345445 | 89 | 北京首都创业集团有限公司 | 42060022 |
| 40 | 中国南方电网有限责任公司 | 114511539 | 90 | 金地（集团）股份有限公司 | 41938322 |
| 41 | 中国远洋海运集团有限公司 | 111425823 | 91 | 武汉农村商业银行股份有限公司 | 41297215 |
| 42 | 盛京银行股份有限公司 | 108241311 | 92 | 天津农村商业银行股份有限公司 | 40717700 |
| 43 | 深圳市投资控股有限公司 | 105726821 | 93 | 百度网络技术有限公司 | 39097300 |
| 44 | 中国电信集团有限公司 | 104664204 | 94 | 武汉市城市建设投资开发集团有限公司 | 37805832 |
| 45 | 长沙银行股份有限公司 | 90473349 | 95 | 中国东方航空集团有限公司 | 37294959 |
| 46 | 广州越秀集团股份有限公司 | 90347699 | 96 | 广州市城市建设投资集团有限公司 | 35845535 |
| 47 | 天津城市基础设施建设投资集团有限公司 | 89458544 | 97 | 安徽省交通控股集团有限公司 | 34428524 |
| 48 | 广州金融控股集团有限公司 | 87704965 | 98 | 中国南方航空集团有限公司 | 33631901 |
| 49 | 浙江省交通投资集团有限公司 | 84049787 | 99 | 河北交通投资集团有限公司 | 33198400 |
| 50 | 龙湖集团控股有限公司 | 78677442 | 100 | 河北高速公路集团有限公司 | 33196410 |
|  |  |  |  | 中国服务业企业 500 强平均数 | 68748223 |

表 11-6  2023 中国服务业企业 500 强从业人数排序前 100 名企业

| 排名 | 企业名称 | 从业人数/人 | 排名 | 企业名称 | 从业人数/人 |
|---|---|---|---|---|---|
| 1 | 国家电网有限公司 | 969301 | 51 | 阳光保险集团股份有限公司 | 57152 |
| 2 | 中国邮政集团有限公司 | 752547 | 52 | 广东省广晟控股集团有限公司 | 56256 |
| 3 | 中国人民保险集团股份有限公司 | 711050 | 53 | 甘肃省公路航空旅游投资集团有限公司 | 55401 |
| 4 | 中国农业银行股份有限公司 | 452258 | 54 | 山东高速集团有限公司 | 54097 |
| 5 | 中国移动通信集团有限公司 | 452202 | 55 | 广东省交通集团有限公司 | 53829 |
| 6 | 京东集团股份有限公司 | 450679 | 56 | 福州朴朴电子商务有限公司 | 50000 |
| 7 | 中国工商银行股份有限公司 | 427587 | 57 | 云南省投资控股集团有限公司 | 48487 |
| 8 | 中国电信集团有限公司 | 392726 | 58 | 珠海华发集团有限公司 | 47257 |
| 9 | 中国华润有限公司 | 379944 | 59 | 绿城物业服务集团有限公司 | 44495 |
| 10 | 中国建设银行股份有限公司 | 376682 | 60 | 金地（集团）股份有限公司 | 43011 |
| 11 | 中国平安保险（集团）股份有限公司 | 344223 | 61 | 山西交通控股集团有限公司 | 42832 |
| 12 | 中国银行股份有限公司 | 306182 | 62 | 武汉产业投资控股集团有限公司 | 42604 |
| 13 | 中国南方电网有限责任公司 | 282571 | 63 | 浙江省交通投资集团有限公司 | 41331 |
| 14 | 招商局集团有限公司 | 276019 | 64 | 百度网络技术有限公司 | 41300 |
| 15 | 中国联合网络通信集团有限公司 | 256973 | 65 | 厦门建发集团有限公司 | 40959 |
| 16 | 阿里巴巴（中国）有限公司 | 239740 | 66 | 杭州市城市建设投资集团有限公司 | 40614 |
| 17 | 中国医药集团有限公司 | 201508 | 67 | 广东省广新控股集团有限公司 | 40613 |
| 18 | 中国人寿保险（集团）公司 | 180619 | 68 | 华夏银行股份有限公司 | 40556 |
| 19 | 中国中信集团有限公司 | 172761 | 69 | 中华联合保险集团股份有限公司 | 40134 |
| 20 | 顺丰控股股份有限公司 | 162823 | 70 | 大参林医药集团股份有限公司 | 39499 |
| 21 | 万科企业股份有限公司 | 131817 | 71 | 新奥天然气股份有限公司 | 38967 |
| 22 | 中国保利集团有限公司 | 118007 | 72 | 广州越秀集团股份有限公司 | 38027 |
| 23 | 招商银行股份有限公司 | 112999 | 73 | 重庆交通运输控股（集团）有限公司 | 37036 |
| 24 | 中国太平洋保险（集团）股份有限公司 | 110862 | 74 | 山东省商业集团有限公司 | 36304 |
| 25 | 中国远洋海运集团有限公司 | 110805 | 75 | 内蒙古电力（集团）有限责任公司 | 36273 |
| 26 | 中国南方航空集团有限公司 | 108768 | 76 | 益丰大药房连锁股份有限公司 | 35915 |
| 27 | 永辉超市股份有限公司 | 108758 | 77 | 厦门国贸控股集团有限公司 | 35647 |
| 28 | 腾讯控股有限公司 | 108436 | 78 | 老百姓大药房连锁股份有限公司 | 35608 |
| 29 | 中粮集团有限公司 | 103537 | 79 | 百联集团有限公司 | 35352 |
| 30 | 深圳市投资控股有限公司 | 103117 | 80 | 南京新工投资集团有限责任公司 | 35063 |
| 31 | 联想控股股份有限公司 | 101587 | 81 | 广州市城市建设投资集团有限公司 | 34454 |
| 32 | 物美科技集团有限公司 | 100000 | 82 | 北京首都创业集团有限公司 | 34159 |
| 33 | 贝壳控股有限公司 | 98540 | 83 | 江苏国泰国际集团股份有限公司 | 34126 |
| 34 | 中国东方航空集团有限公司 | 97935 | 84 | 北京能源集团有限责任公司 | 34020 |
| 35 | 美团公司 | 91932 | 85 | 砂之船商业管理集团有限公司 | 33487 |
| 36 | 交通银行股份有限公司 | 91823 | 86 | 广西投资集团有限公司 | 32763 |
| 37 | 软通动力信息技术（集团）股份有限公司 | 90000 | 87 | 陕西交通控股集团有限公司 | 32566 |
| 38 | 中国通用技术（集团）控股有限责任公司 | 89484 | 88 | 新华人寿保险股份有限公司 | 32564 |
| 39 | 中国国际航空股份有限公司 | 87190 | 89 | 携程集团有限公司 | 32202 |
| 40 | 新疆广汇实业投资（集团）有限公司 | 74069 | 90 | 广州地铁集团有限公司 | 32080 |
| 41 | 北京控股集团有限公司 | 73017 | 91 | 广西北部湾国际港务集团有限公司 | 31888 |
| 42 | 绿地控股集团股份有限公司 | 70177 | 92 | 龙湖集团控股有限公司 | 31565 |
| 43 | 碧桂园控股有限公司 | 69932 | 93 | 信誉楼百货集团有限公司 | 31500 |
| 44 | 兴业银行股份有限公司 | 69840 | 94 | 福建省港口集团有限责任公司 | 31380 |
| 45 | 中国太平保险集团有限责任公司 | 68386 | 95 | 网易股份有限公司 | 31119 |
| 46 | 东方国际（集团）有限公司 | 65034 | 96 | 九州通医药集团股份有限公司 | 30141 |
| 47 | 上海浦东发展银行股份有限公司 | 64731 | 97 | 西安城市基础设施建设投资集团有限公司 | 30130 |
| 48 | 中国民生银行股份有限公司 | 62615 | 98 | 泉州市金融控股集团有限公司 | 26358 |
| 49 | 泰康保险集团股份有限公司 | 59011 | 99 | 广州珠江实业集团有限公司 | 25657 |
| 50 | 山东省港口集团有限公司 | 58358 | 100 | 四川省能源投资集团有限责任公司 | 25562 |
|  |  |  |  | 中国服务业企业 500 强平均数 | 29950 |

表 11-7  2023 中国服务业企业 500 强研发费用排序前 100 名企业

| 排名 | 企业名称 | 研发费用/万元 | 排名 | 企业名称 | 研发费用/万元 |
| --- | --- | --- | --- | --- | --- |
| 1 | 阿里巴巴（中国）有限公司 | 5380800 | 51 | 三七互娱网络科技集团股份有限公司 | 90469 |
| 2 | 中国移动通信集团有限公司 | 3392144 | 52 | 青岛西海岸新区海洋控股集团有限公司 | 87258 |
| 3 | 美团公司 | 2073987 | 53 | 苏州金螳螂企业（集团）有限公司 | 79835 |
| 4 | 中国电信集团有限公司 | 2002092 | 54 | 泰康保险集团股份有限公司 | 78053 |
| 5 | 国家电网有限公司 | 1678576 | 55 | 水发集团有限公司 | 77779 |
| 6 | 联想控股股份有限公司 | 1528997 | 56 | 马上消费金融股份有限公司 | 77435 |
| 7 | 网易股份有限公司 | 1503901 | 57 | 奥德集团有限公司 | 76340 |
| 8 | 招商银行股份有限公司 | 1416800 | 58 | 新大陆科技集团有限公司 | 75017 |
| 9 | 携程集团有限公司 | 834100 | 59 | 四川省能源投资集团有限责任公司 | 74763 |
| 10 | 中国联合网络通信集团有限公司 | 685937 | 60 | 新华人寿保险股份有限公司 | 72794 |
| 11 | 中国中信集团有限公司 | 671438 | 61 | 武汉产业投资控股集团有限公司 | 71314 |
| 12 | 山东高速集团有限公司 | 454741 | 62 | 陕西投资集团有限公司 | 70326 |
| 13 | 广东省广新控股集团有限公司 | 400805 | 63 | 中通快递股份有限公司 | 70187 |
| 14 | 中国远洋海运集团有限公司 | 360829 | 64 | 广东省交通集团有限公司 | 66000 |
| 15 | 中国南方电网有限责任公司 | 344442 | 65 | 华数数字电视传媒集团有限公司 | 64745 |
| 16 | 深圳前海微众银行股份有限公司 | 294270 | 66 | 广州地铁集团有限公司 | 63109 |
| 17 | 北京能源集团有限责任公司 | 283028 | 67 | 湖北联投集团有限公司 | 62201 |
| 18 | 北京控股集团有限公司 | 257893 | 68 | 云南省能源投资集团有限公司 | 61894 |
| 19 | 贝壳控股有限公司 | 254555 | 69 | 江西省投资集团有限公司 | 60812 |
| 20 | 顺丰控股股份有限公司 | 222287 | 70 | 广州市城市建设投资集团有限公司 | 58623 |
| 21 | 海通证券股份有限公司 | 221921 | 71 | 湖北交通投资集团有限公司 | 57989 |
| 22 | 广西投资集团有限公司 | 194561 | 72 | 广西北部湾国际港务集团有限公司 | 54436 |
| 23 | 山西交通控股集团有限公司 | 192382 | 73 | 中原大易科技有限公司 | 54242 |
| 24 | 浙江世纪华通集团股份有限公司 | 187464 | 74 | 广州珠江实业集团有限公司 | 54100 |
| 25 | 浙商银行股份有限公司 | 185598 | 75 | 桂林银行股份有限公司 | 52898 |
| 26 | 新奥天然气股份有限公司 | 170947 | 76 | 天津泰达投资控股有限公司 | 51794 |
| 27 | 交通银行股份有限公司 | 167695 | 77 | 杭州市城市建设投资集团有限公司 | 49425 |
| 28 | 中国通用技术（集团）控股有限责任公司 | 167438 | 78 | 信也科技集团 | 49148 |
| 29 | 绿地控股集团股份有限公司 | 159569 | 79 | 永辉超市股份有限公司 | 48189 |
| 30 | 深圳华强集团有限公司 | 159265 | 80 | 甘肃省公路航空旅游投资集团有限公司 | 47783 |
| 31 | 浙江省交通投资集团有限公司 | 151404 | 81 | 天津银行股份有限公司 | 45939 |
| 32 | 广东省广晟控股集团有限公司 | 148166 | 82 | 唯品会控股有限公司 | 45817 |
| 33 | 龙湖集团控股有限公司 | 133092 | 83 | 山东颐养健康产业发展集团有限公司 | 45115 |
| 34 | 中国万向控股有限公司 | 131269 | 84 | 长沙银行股份有限公司 | 44699 |
| 35 | 恒丰银行股份有限公司 | 131000 | 85 | 佛山市投资控股集团有限公司 | 44327 |
| 36 | 深圳市投资控股有限公司 | 130645 | 86 | 洛阳国宏投资控股集团有限公司 | 44183 |
| 37 | 福建网龙计算机网络信息技术有限公司 | 122400 | 87 | 卓尔控股有限公司 | 43566 |
| 38 | 传化集团有限公司 | 117899 | 88 | 中国邮政集团有限公司 | 42107 |
| 39 | 珠海华发集团有限公司 | 114249 | 89 | 广东粤海控股集团有限公司 | 40298 |
| 40 | 广州产业投资控股集团有限公司 | 111899 | 90 | 新疆广汇实业投资（集团）有限责任公司 | 39722 |
| 41 | 安克创新科技股份有限公司 | 108046 | 91 | 无锡市国联发展（集团）有限公司 | 39545 |
| 42 | 软通动力信息技术（集团）股份有限公司 | 105867 | 92 | 中国南方航空集团有限公司 | 38857 |
| 43 | 云南省投资控股集团有限公司 | 104892 | 93 | 长江设计集团有限公司 | 38592 |
| 44 | 通鼎集团有限公司 | 104202 | 94 | 福州城市建设投资集团有限公司 | 38141 |
| 45 | 杭州市国有资本投资运营有限公司 | 103206 | 95 | 漳州市九龙江集团有限公司 | 36074 |
| 46 | 华东医药股份有限公司 | 101597 | 96 | 山东省港口集团有限公司 | 36008 |
| 47 | 浙江省能源集团有限公司 | 96220 | 97 | 中国东方航空集团有限公司 | 35623 |
| 48 | 东方财富信息股份有限公司 | 93574 | 98 | 山东省商业集团有限公司 | 35409 |
| 49 | 上海识装信息科技有限公司 | 92222 | 99 | 华东建筑集团股份有限公司 | 35125 |
| 50 | 江苏银行股份有限公司 | 91939 | 100 | 宝尊电商有限公司 | 34722 |
|  |  |  |  | 中国服务业企业 500 强平均数 | 93324 |

表 11-8  2023 中国服务业企业 500 强研发强度排序前 100 名企业

| 排名 | 企业名称 | 研发强度/% | 排名 | 企业名称 | 研发强度/% |
|---|---|---|---|---|---|
| 1 | 携程集团有限公司 | 41.59 | 51 | 中国联合网络通信集团有限公司 | 1.93 |
| 2 | 浙江世纪华通集团股份有限公司 | 16.34 | 52 | 广州市城市建设投资集团有限公司 | 1.92 |
| 3 | 网易股份有限公司 | 15.59 | 53 | 青岛西海岸新区海洋控股集团有限公司 | 1.88 |
| 4 | 福建网龙计算机网络信息技术有限公司 | 15.56 | 54 | 广州产业投资控股集团有限公司 | 1.87 |
| 5 | 美团公司 | 9.43 | 55 | 广州珠江实业集团有限公司 | 1.85 |
| 6 | 新大陆科技集团有限公司 | 9.09 | 56 | 西安曲江文化产业投资（集团）有限公司 | 1.80 |
| 7 | 海通证券股份有限公司 | 8.55 | 57 | 芒果超媒股份有限公司 | 1.71 |
| 8 | 上海识装信息科技有限公司 | 7.89 | 58 | 广东省广新控股集团有限公司 | 1.68 |
| 9 | 安克创新科技股份有限公司 | 7.58 | 59 | 珠海九洲控股集团有限公司 | 1.60 |
| 10 | 东方财富信息股份有限公司 | 7.49 | 60 | 无锡市国联发展（集团）有限公司 | 1.60 |
| 11 | 阿里巴巴（中国）有限公司 | 6.22 | 61 | 浙商银行股份有限公司 | 1.59 |
| 12 | 中国万向控股有限公司 | 6.05 | 62 | 河北银行股份有限公司 | 1.59 |
| 13 | 马上消费金融股份有限公司 | 5.72 | 63 | 武汉产业投资控股集团有限公司 | 1.54 |
| 14 | 华数字电视传媒集团有限公司 | 5.60 | 64 | 柳州银行股份有限公司 | 1.52 |
| 15 | 软通动力信息技术（集团）股份有限公司 | 5.54 | 65 | 佛燃能源集团股份有限公司 | 1.51 |
| 16 | 三七互娱网络科技集团股份有限公司 | 5.51 | 66 | 天津港（集团）有限公司 | 1.49 |
| 17 | 广州地铁集团有限公司 | 5.14 | 67 | 天津滨海农村商业银行股份有限公司 | 1.44 |
| 18 | 深圳前海微众银行股份有限公司 | 5.08 | 68 | 上海春秋国际旅行社（集团）有限公司 | 1.41 |
| 19 | 深圳华强集团有限公司 | 4.95 | 69 | 上海润达医疗科技股份有限公司 | 1.39 |
| 20 | 信也科技集团 | 4.41 | 70 | 佛山市投资控股集团有限公司 | 1.37 |
| 21 | 华东建筑集团股份有限公司 | 4.37 | 71 | 九江银行股份有限公司 | 1.34 |
| 22 | 长江设计集团有限公司 | 4.31 | 72 | 广东省交通集团有限公司 | 1.32 |
| 23 | 贝壳控股有限公司 | 4.20 | 73 | 福建纵腾网络有限公司 | 1.31 |
| 24 | 宝尊电商有限公司 | 4.13 | 74 | 天津银行股份有限公司 | 1.30 |
| 25 | 中原大易科技有限公司 | 3.68 | 75 | 兴业证券股份有限公司 | 1.28 |
| 26 | 山西交通控股集团有限公司 | 3.66 | 76 | 重庆高速公路集团有限公司 | 1.25 |
| 27 | 中国移动通信集团有限公司 | 3.61 | 77 | 重庆三峡银行股份有限公司 | 1.23 |
| 28 | 润建股份有限公司 | 3.47 | 78 | 广东省广晟控股集团有限公司 | 1.23 |
| 29 | 中国电信集团有限公司 | 3.41 | 79 | 江西省投资集团有限公司 | 1.22 |
| 30 | 联想控股股份有限公司 | 3.16 | 80 | 山东颐养健康产业发展集团有限公司 | 1.21 |
| 31 | 广州开发区控股集团有限公司 | 3.09 | 81 | 福州朴朴电子商务有限公司 | 1.18 |
| 32 | 招商银行股份有限公司 | 2.90 | 82 | 中南出版传媒集团股份有限公司 | 1.16 |
| 33 | 北京能源集团有限责任公司 | 2.82 | 83 | 广州南方投资集团有限公司 | 1.12 |
| 34 | 苏州金螳螂企业（集团）有限公司 | 2.70 | 84 | 新奥天然气股份有限公司 | 1.11 |
| 35 | 华东医药股份有限公司 | 2.69 | 85 | 长沙银行股份有限公司 | 1.08 |
| 36 | 杭州市国有资本投资运营有限公司 | 2.62 | 86 | 山东省商业集团有限公司 | 1.06 |
| 37 | 无锡市市政公用产业集团有限公司 | 2.59 | 87 | 水发集团有限公司 | 1.04 |
| 38 | 广州市水务投资集团有限公司 | 2.50 | 88 | 广州轻工工贸集团有限公司 | 1.01 |
| 39 | 恒丰银行股份有限公司 | 2.46 | 89 | 中国中信集团有限公司 | 0.99 |
| 40 | 唐山银行股份有限公司 | 2.46 | 90 | 北京路通企业管理集团有限公司 | 0.97 |
| 41 | 佳都集团有限公司 | 2.42 | 91 | 武汉市城市建设投资开发集团有限公司 | 0.94 |
| 42 | 桂林银行股份有限公司 | 2.29 | 92 | 河北省天然气有限责任公司 | 0.93 |
| 43 | 廊坊银行股份有限公司 | 2.17 | 93 | 广西投资集团有限公司 | 0.93 |
| 44 | 北京控股集团有限公司 | 2.17 | 94 | 广东粤海控股集团有限公司 | 0.92 |
| 45 | 天津水务集团有限公司 | 2.14 | 95 | 郑州公用事业投资发展集团有限公司 | 0.92 |
| 46 | 奥德集团有限公司 | 2.01 | 96 | 上海均瑶（集团）有限公司 | 0.92 |
| 47 | 通鼎集团有限公司 | 2.00 | 97 | 中国通用技术（集团）控股有限责任公司 | 0.91 |
| 48 | 中通快递股份有限公司 | 1.98 | 98 | 湖北交通投资集团有限公司 | 0.91 |
| 49 | 山东高速集团有限公司 | 1.96 | 99 | 洛阳国宏投资控股集团有限公司 | 0.87 |
| 50 | 广州交通投资集团有限公司 | 1.96 | 100 | 深圳齐心集团股份有限公司 | 0.86 |
|  |  |  |  | 中国服务业企业 500 强平均数 | 1.15 |

表 11-9  2023 中国服务业企业 500 强净资产利润率排序前 100 名企业

| 排名 | 企业名称 | 净资产利润率/% | 排名 | 企业名称 | 净资产利润率/% |
|---|---|---|---|---|---|
| 1 | 北京路通企业管理集团有限公司 | 858.90 | 51 | 广东鸿粤汽车销售集团有限公司 | 17.79 |
| 2 | 吉旗物联科技（天津）有限公司 | 180.56 | 52 | 厦门路桥工程物资有限公司 | 17.69 |
| 3 | 中崛新材料科技有限公司 | 88.29 | 53 | 欧菲斯集团股份有限公司 | 17.61 |
| 4 | 江苏零浩网络科技有限公司 | 73.31 | 54 | 浙江建华集团有限公司 | 17.41 |
| 5 | 宁波港东南物流集团有限公司 | 66.57 | 55 | 绿滋肴控股集团有限公司 | 17.41 |
| 6 | 陕西泰丰盛合控股集团有限公司 | 64.19 | 56 | 北京中能昊龙投资控股集团有限公司 | 17.24 |
| 7 | 上海识装信息科技有限公司 | 57.24 | 57 | 龙湖集团控股有限公司 | 17.14 |
| 8 | 上海闽路润贸易有限公司 | 49.03 | 58 | 江阴市川江化工有限公司 | 17.13 |
| 9 | 广东华鑫茂集团有限公司 | 44.75 | 59 | 安克创新科技股份有限公司 | 16.70 |
| 10 | 江苏采木工业互联网科技有限公司 | 43.00 | 60 | 大参林医药集团股份有限公司 | 16.67 |
| 11 | 重庆新鸥鹏企业（集团）有限公司 | 41.86 | 61 | 海程邦达供应链管理股份有限公司 | 15.97 |
| 12 | 深圳市天行云供应链有限公司 | 41.81 | 62 | 江苏省煤炭运销有限公司 | 15.96 |
| 13 | 江苏易汇聚软件科技有限公司 | 40.75 | 63 | 信誉楼百货集团有限公司 | 15.93 |
| 14 | 新奥天然气股份有限公司 | 33.25 | 64 | 中国远洋海运集团有限公司 | 15.40 |
| 15 | 深圳市朗华供应链服务有限公司 | 31.67 | 65 | 江苏华地国际控股集团有限公司 | 15.35 |
| 16 | 杭州联华华商集团有限公司 | 31.48 | 66 | 福建省华荣建设集团有限公司 | 15.35 |
| 17 | 上海晨光科力普办公用品有限公司 | 31.18 | 67 | 上海国际港务（集团）股份有限公司 | 15.33 |
| 18 | 无锡安井食品营销有限公司 | 28.16 | 68 | 深圳市博科供应链管理有限公司 | 15.11 |
| 19 | 苏州裕景泰控股有限公司 | 27.87 | 69 | 欧龙汽车贸易集团有限公司 | 15.11 |
| 20 | 宁波海田控股集团有限公司 | 27.17 | 70 | 安徽灵通集团控股有限公司 | 15.02 |
| 21 | 嘉德瑞贸易有限公司 | 27.16 | 71 | 深圳市分期乐网络科技有限公司 | 14.90 |
| 22 | 优合产业有限公司 | 26.48 | 72 | 益丰大药房连锁股份有限公司 | 14.79 |
| 23 | 深圳市酷动数码有限公司 | 26.25 | 73 | 广东宇成投资集团有限公司 | 14.73 |
| 24 | 腾讯控股有限公司 | 26.09 | 74 | 圆通速递股份有限公司 | 14.70 |
| 25 | 深圳前海微众银行股份有限公司 | 24.54 | 75 | 招商银行股份有限公司 | 14.60 |
| 26 | 传化集团有限公司 | 24.38 | 76 | 深圳金雅福控股集团有限公司 | 14.47 |
| 27 | 三七互娱网络科技集团股份有限公司 | 24.25 | 77 | 邦芒服务外包有限公司 | 14.37 |
| 28 | 中国人寿保险（集团）公司 | 23.91 | 78 | 宁波瓜瓜农业科技有限公司 | 14.28 |
| 29 | 安徽省众城集团 | 23.76 | 79 | 月星集团有限公司 | 14.25 |
| 30 | 日出实业集团有限公司 | 23.04 | 80 | 四川华油集团有限责任公司 | 14.18 |
| 31 | 北京江南投资集团有限公司 | 22.93 | 81 | 常州市化工轻工材料总公司 | 14.18 |
| 32 | 高平市国有资本投资运营集团有限公司 | 22.06 | 82 | 良品铺子股份有限公司 | 13.99 |
| 33 | 安徽天星医药集团有限公司 | 21.94 | 83 | 广州南方投资集团有限公司 | 13.61 |
| 34 | 云账户技术（天津）有限公司 | 21.74 | 84 | 江苏无锡朝阳集团股份有限公司 | 13.50 |
| 35 | 河北省天然气有限责任公司 | 20.97 | 85 | 华东医药股份有限公司 | 13.45 |
| 36 | 河南中钢网科技集团股份有限公司 | 20.75 | 86 | 重庆中昂投资集团有限公司 | 13.43 |
| 37 | 万洋集团有限公司 | 20.65 | 87 | 湖南博深实业集团有限公司 | 13.34 |
| 38 | 无锡市不锈钢电子交易中心有限公司 | 19.83 | 88 | 神州数码集团股份有限公司 | 13.21 |
| 39 | 网易股份有限公司 | 19.42 | 89 | 东方财富信息股份有限公司 | 13.06 |
| 40 | 厦门市明穗粮油贸易有限公司 | 19.42 | 90 | 广东省广新控股集团有限公司 | 13.04 |
| 41 | 唯品会控股有限公司 | 19.23 | 91 | 鹭燕医药股份有限公司 | 12.69 |
| 42 | 联洲技术有限公司 | 19.04 | 92 | 中通快递股份有限公司 | 12.60 |
| 43 | 杭州东恒石油有限公司 | 18.90 | 93 | 杭州市实业投资集团有限公司 | 12.51 |
| 44 | 浙江火山口网络科技有限公司 | 18.72 | 94 | 重庆千信集团有限公司 | 12.49 |
| 45 | 广西泛糖科技有限公司 | 18.35 | 95 | 深圳市爱施德股份有限公司 | 12.33 |
| 46 | 信也科技集团 | 18.32 | 96 | 江苏国泰国际集团股份有限公司 | 12.26 |
| 47 | 通鼎集团有限公司 | 18.27 | 97 | 兴业银行股份有限公司 | 12.25 |
| 48 | 马上消费金融股份有限公司 | 18.26 | 98 | 四川德康农牧食品集团有限公司 | 12.22 |
| 49 | 中基宁波集团股份有限公司 | 18.20 | 99 | 江苏银行股份有限公司 | 12.17 |
| 50 | 金帝联合控股集团有限公司 | 17.85 | 100 | 福建网龙计算机网络信息技术有限公司 | 12.09 |
| | | | | 中国服务业企业 500 强平均数 | 7.41 |

表 11-10  2023 中国服务业企业 500 强资产利润率排序前 100 名企业

| 排名 | 企业名称 | 资产利润率/% | 排名 | 企业名称 | 资产利润率/% |
|---|---|---|---|---|---|
| 1 | 中崛新材料科技有限公司 | 51.90 | 51 | 北京江南投资集团有限公司 | 5.70 |
| 2 | 北京路通企业管理集团有限公司 | 33.76 | 52 | 深圳市深粮控股股份有限公司 | 5.65 |
| 3 | 无锡市不锈钢电子交易中心有限公司 | 18.03 | 53 | 中南出版传媒集团股份有限公司 | 5.64 |
| 4 | 三七互娱网络科技集团股份有限公司 | 17.28 | 54 | 高平市国有资本投资运营集团有限公司 | 5.44 |
| 5 | 深圳市博科供应链管理有限公司 | 15.11 | 55 | 厦门闽嘉华石化有限公司 | 5.41 |
| 6 | 深圳市酷动数码有限公司 | 13.81 | 56 | 联洲技术有限公司 | 5.38 |
| 7 | 北京中能昊龙投资控股集团有限公司 | 13.30 | 57 | 上海天地汇供应链科技有限公司 | 5.34 |
| 8 | 福建省华荣建设集团有限公司 | 11.95 | 58 | 卓正控股集团有限公司 | 5.21 |
| 9 | 腾讯控股有限公司 | 11.93 | 59 | 通鼎集团有限公司 | 5.15 |
| 10 | 网易股份有限公司 | 11.77 | 60 | 中铁集装箱运输有限责任公司 | 5.14 |
| 11 | 万洋集团有限公司 | 11.36 | 61 | 江苏华地国际控股集团有限公司 | 5.10 |
| 12 | 绿滋肴控股集团有限公司 | 11.29 | 62 | 恒信汽车集团股份有限公司 | 5.10 |
| 13 | 安克创新科技股份有限公司 | 11.28 | 63 | 深圳市爱施德股份有限公司 | 5.06 |
| 14 | 信也科技集团 | 10.60 | 64 | 嘉德瑞贸易有限公司 | 5.04 |
| 15 | 圆通速递股份有限公司 | 9.98 | 65 | 大参林医药集团股份有限公司 | 4.97 |
| 16 | 唯品会控股有限公司 | 9.62 | 66 | 中国国际技术智力合作集团有限公司 | 4.45 |
| 17 | 上海国际港务（集团）股份有限公司 | 9.47 | 67 | 佛燃能源集团股份有限公司 | 4.43 |
| 18 | 陕西泰丰盛合控股集团有限公司 | 9.42 | 68 | 河南中钢网科技集团股份有限公司 | 4.42 |
| 19 | 宁波港东南物流集团有限公司 | 9.03 | 69 | 优合产业有限公司 | 4.41 |
| 20 | 江苏采木工业互联网科技有限公司 | 8.98 | 70 | 宁波瓜瓜农业科技有限公司 | 4.40 |
| 21 | 福建路港（集团）有限公司 | 8.88 | 71 | 四川华油集团有限责任公司 | 4.38 |
| 22 | 中通快递股份有限公司 | 8.67 | 72 | 江苏国泰国际集团股份有限公司 | 4.38 |
| 23 | 杭州东恒石油有限公司 | 8.65 | 73 | 南京新华海科技产业集团有限公司 | 4.33 |
| 24 | 江苏无锡朝阳集团股份有限公司 | 8.52 | 74 | 中国移动通信集团有限公司 | 4.33 |
| 25 | 上海识装信息科技有限公司 | 8.43 | 75 | 金帝联合控股集团有限公司 | 4.31 |
| 26 | 深圳金雅福控股集团有限公司 | 8.37 | 76 | 浙江出版联合集团有限公司 | 4.29 |
| 27 | 华东医药股份有限公司 | 8.01 | 77 | 新奥天然气股份有限公司 | 4.29 |
| 28 | 上海晨光科力普办公用品有限公司 | 7.98 | 78 | 深圳市分期乐网络科技有限公司 | 4.24 |
| 29 | 浙江火山口网络科技有限公司 | 7.72 | 79 | 厦门市明穗粮油贸易有限公司 | 4.23 |
| 30 | 福建网龙计算机网络信息技术有限公司 | 7.56 | 80 | 安徽灵通集团控股有限公司 | 4.09 |
| 31 | 欧龙汽车贸易集团有限公司 | 7.32 | 81 | 重庆千信集团有限公司 | 4.08 |
| 32 | 海程邦达供应链管理股份有限公司 | 7.04 | 82 | 东方财富信息股份有限公司 | 4.02 |
| 33 | 信誉楼百货集团有限公司 | 7.04 | 83 | 广州纺织工贸企业集团有限公司 | 3.98 |
| 34 | 湖南博深实业集团有限公司 | 6.82 | 84 | 吉旗物联科技（天津）有限公司 | 3.98 |
| 35 | 河北省天然气有限责任公司 | 6.72 | 85 | 一柏集团有限公司 | 3.95 |
| 36 | 无锡安井食品营销有限公司 | 6.70 | 86 | 传化集团有限公司 | 3.83 |
| 37 | 良品铺子股份有限公司 | 6.66 | 87 | 中国航空油料集团有限公司 | 3.82 |
| 38 | 奥德集团有限公司 | 6.58 | 88 | 广西柳药集团股份有限公司 | 3.77 |
| 39 | 月星集团有限公司 | 6.49 | 89 | 中国远洋海运集团有限公司 | 3.76 |
| 40 | 软通动力信息技术（集团）股份有限公司 | 6.46 | 90 | 欧菲斯集团股份有限公司 | 3.74 |
| 41 | 重庆中昂投资集团有限公司 | 6.41 | 91 | 重庆新鸥鹏企业（集团）有限公司 | 3.73 |
| 42 | 芒果超媒股份有限公司 | 6.28 | 92 | 四川德康农牧食品集团有限公司 | 3.68 |
| 43 | 浙江建华集团有限公司 | 6.28 | 93 | 老百姓大药房连锁股份有限公司 | 3.67 |
| 44 | 宁波滕头集团有限公司 | 6.15 | 94 | 中原出版传媒投资控股集团有限公司 | 3.58 |
| 45 | 益丰大药房连锁股份有限公司 | 6.02 | 95 | 中原大易科技有限公司 | 3.50 |
| 46 | 江苏零浩网络科技有限公司 | 5.98 | 96 | 鑫荣懋果业科技集团股份有限公司 | 3.36 |
| 47 | 深圳市天行云供应链有限公司 | 5.93 | 97 | 润建股份有限公司 | 3.33 |
| 48 | 重庆华宇集团有限公司 | 5.92 | 98 | 绿城物业服务集团有限公司 | 3.25 |
| 49 | 苏州裕景泰控股有限公司 | 5.84 | 99 | 宁波开发投资集团有限公司 | 3.19 |
| 50 | 湖南佳惠百货有限责任公司 | 5.76 | 100 | 上海环世物流（集团）有限公司 | 3.13 |
| | | | | 中国服务业企业 500 强平均数 | 0.84 |

表 11-11  2023 中国服务业企业 500 强收入利润率排序前 100 名企业

| 排名 | 企业名称 | 收入利润率/% | 排名 | 企业名称 | 收入利润率/% |
|---|---|---|---|---|---|
| 1 | 东方财富信息股份有限公司 | 68.15 | 51 | 万洋集团有限公司 | 11.05 |
| 2 | 上海国际港务（集团）股份有限公司 | 46.20 | 52 | 重庆三峡银行股份有限公司 | 10.82 |
| 3 | 重庆银行股份有限公司 | 36.15 | 53 | 福建网龙计算机网络信息技术有限公司 | 10.60 |
| 4 | 腾讯控股有限公司 | 33.95 | 54 | 中国移动通信集团有限公司 | 10.54 |
| 5 | 广发证券股份有限公司 | 31.55 | 55 | 北京中能昊龙投资控股集团有限公司 | 10.45 |
| 6 | 招商银行股份有限公司 | 28.22 | 56 | 天津银行股份有限公司 | 10.12 |
| 7 | 海通证券股份有限公司 | 25.22 | 57 | 奥德集团有限公司 | 10.02 |
| 8 | 中国工商银行股份有限公司 | 24.95 | 58 | 浙江出版联合集团有限公司 | 9.83 |
| 9 | 兴业证券股份有限公司 | 24.74 | 59 | 龙湖集团控股有限公司 | 9.72 |
| 10 | 中国建设银行股份有限公司 | 23.74 | 60 | 天津天保控股有限公司 | 9.72 |
| 11 | 广东南海农村商业银行股份有限公司 | 23.36 | 61 | 广东粤海控股集团有限公司 | 9.35 |
| 12 | 东莞农村商业银行股份有限公司 | 23.32 | 62 | 渤海银行股份有限公司 | 9.20 |
| 13 | 上海农村商业银行股份有限公司 | 22.57 | 63 | 柳州银行股份有限公司 | 9.05 |
| 14 | 无锡农村商业银行股份有限公司 | 22.33 | 64 | 内蒙古公路交通投资发展有限公司 | 8.89 |
| 15 | 兴业银行股份有限公司 | 22.27 | 65 | 浙江省海港投资运营集团有限公司 | 8.86 |
| 16 | 中国银行股份有限公司 | 21.57 | 66 | 郑州银行股份有限公司 | 8.64 |
| 17 | 南京银行股份有限公司 | 21.14 | 67 | 无锡城建发展集团有限公司 | 8.62 |
| 18 | 网易股份有限公司 | 21.08 | 68 | 天津城市基础设施建设投资集团有限公司 | 8.56 |
| 19 | 上海银行股份有限公司 | 20.63 | 69 | 湖南财信金融控股集团有限公司 | 8.47 |
| 20 | 中国农业银行股份有限公司 | 20.60 | 70 | 北京路通企业管理集团有限公司 | 8.41 |
| 21 | 信也科技集团 | 20.36 | 71 | 重庆华宇集团有限公司 | 8.29 |
| 22 | 唐山银行股份有限公司 | 20.16 | 72 | 安徽省交通控股集团有限公司 | 8.25 |
| 23 | 中通快递股份有限公司 | 19.25 | 73 | 安克创新科技股份有限公司 | 8.02 |
| 24 | 江苏张家港农村商业银行股份有限公司 | 18.86 | 74 | 武汉农村商业银行股份有限公司 | 7.91 |
| 25 | 江苏银行股份有限公司 | 18.85 | 75 | 武汉伟鹏控股集团有限公司 | 7.90 |
| 26 | 重庆农村商业银行股份有限公司 | 18.60 | 76 | 齐商银行股份有限公司 | 7.73 |
| 27 | 东莞银行股份有限公司 | 18.06 | 77 | 赣州发展投资控股集团有限责任公司 | 7.71 |
| 28 | 三七互娱网络科技集团股份有限公司 | 18.01 | 78 | 唐山国控集团有限公司 | 7.56 |
| 29 | 交通银行股份有限公司 | 17.52 | 79 | 宁波开发投资集团有限公司 | 7.55 |
| 30 | 北京江南投资集团有限公司 | 16.81 | 80 | 圆通速递股份有限公司 | 7.32 |
| 31 | 长沙银行股份有限公司 | 16.47 | 81 | 赣州银行股份有限公司 | 7.31 |
| 32 | 绍兴银行股份有限公司 | 16.18 | 82 | 广州农村商业银行股份有限公司 | 7.27 |
| 33 | 高平市国有资本投资运营集团有限公司 | 16.06 | 83 | 九江银行股份有限公司 | 7.22 |
| 34 | 深圳前海微众银行有限公司 | 15.41 | 84 | 金帝联合控股集团有限公司 | 7.22 |
| 35 | 天津农村商业银行股份有限公司 | 15.11 | 85 | 广州港集团有限公司 | 7.15 |
| 36 | 华夏银行股份有限公司 | 14.32 | 86 | 石家庄国控城市发展投资集团有限责任公司 | 7.10 |
| 37 | 上海浦东发展银行股份有限公司 | 14.08 | 87 | 桂林银行股份有限公司 | 7.03 |
| 38 | 芒果超媒股份有限公司 | 13.32 | 88 | 携程集团有限公司 | 7.00 |
| 39 | 马上消费金融股份有限公司 | 13.21 | 89 | 中国平安保险（集团）股份有限公司 | 6.88 |
| 40 | 青岛银行股份有限公司 | 13.10 | 90 | 广州地铁集团有限公司 | 6.83 |
| 41 | 重庆中昂投资集团有限公司 | 12.96 | 91 | 中国远洋海运集团有限公司 | 6.69 |
| 42 | 恒丰银行股份有限公司 | 12.68 | 92 | 华东医药股份有限公司 | 6.63 |
| 43 | 广州金融控股集团有限公司 | 12.42 | 93 | 河北省天然气有限责任公司 | 6.62 |
| 44 | 青岛农村商业银行股份有限公司 | 12.29 | 94 | 廊坊银行股份有限公司 | 6.50 |
| 45 | 河北银行股份有限公司 | 12.03 | 95 | 江西银行股份有限公司 | 6.39 |
| 46 | 月星集团有限公司 | 11.72 | 96 | 无锡市国联发展（集团）有限公司 | 6.37 |
| 47 | 浙商银行股份有限公司 | 11.67 | 97 | 益丰大药房连锁股份有限公司 | 6.36 |
| 48 | 中国民生银行股份有限公司 | 11.63 | 98 | 四川新华出版发行集团有限公司 | 6.32 |
| 49 | 招商局集团有限公司 | 11.56 | 99 | 百度网络技术有限公司 | 6.11 |
| 50 | 中南出版传媒集团股份有限公司 | 11.23 | 100 | 唯品会控股有限公司 | 6.11 |
| | | | | 中国服务业企业 500 强平均数 | 5.98 |

表 11-12  2023 中国服务业企业 500 强人均营业收入排序前 100 名企业

| 排名 | 企业名称 | 人均营业收入/万元 | 排名 | 企业名称 | 人均营业收入/万元 |
|---|---|---|---|---|---|
| 1 | 张家港市沃丰贸易有限公司 | 178053.60 | 51 | 厦门市嘉晟对外贸易有限公司 | 7793.53 |
| 2 | 天津拓径贸易有限公司 | 137191.17 | 52 | 深圳市英捷迅实业发展有限公司 | 7729.39 |
| 3 | 佛山市兴美资源科技有限公司 | 134069.38 | 53 | 深圳市信利康供应链管理有限公司 | 7567.53 |
| 4 | 广东翔海铝业有限公司 | 101904.42 | 54 | 郑州瑞茂通供应链有限公司 | 7102.55 |
| 5 | 武汉联杰能源有限公司 | 100967.77 | 55 | 兰州新区商贸物流投资集团有限公司 | 6850.50 |
| 6 | 南京恒成供应链有限公司 | 89882.08 | 56 | 深圳市中农网有限公司 | 6682.89 |
| 7 | 嘉德瑞贸易有限公司 | 88617.50 | 57 | 广东乐居商贸集团有限公司 | 6657.63 |
| 8 | 江苏东津联国际贸易有限公司 | 83945.00 | 58 | 上海龙宇数据股份有限公司 | 6163.06 |
| 9 | 江苏嘉奕和铜业科技发展有限公司 | 72135.62 | 59 | 华南物资集团有限公司 | 5951.38 |
| 10 | 一柏集团有限公司 | 63240.39 | 60 | 汇金钢铁（天津）集团有限公司 | 5380.91 |
| 11 | 广东宇成投资集团有限公司 | 58017.55 | 61 | 天晖（河北）供应链管理集团有限公司 | 5298.11 |
| 12 | 广州元亨能源有限公司 | 45104.70 | 62 | 中铁集装箱运输有限责任公司 | 5296.53 |
| 13 | 江阴市川江化工有限公司 | 41056.57 | 63 | 深圳市九立供应链股份有限公司 | 4897.25 |
| 14 | 江苏省煤炭运销有限公司 | 40700.33 | 64 | 帝海投资控股集团有限公司 | 4557.90 |
| 15 | 广东华鑫茂集团有限公司 | 33106.95 | 65 | 宁波海田控股集团有限公司 | 4455.98 |
| 16 | 青岛世纪瑞丰集团有限公司 | 31266.92 | 66 | 中基宁波集团股份有限公司 | 4435.50 |
| 17 | 陕西泰丰盛合控股集团有限公司 | 30887.55 | 67 | 中原大易科技有限公司 | 4363.95 |
| 18 | 上海闽路润贸易有限公司 | 30609.94 | 68 | 深圳市华富洋供应链有限公司 | 4115.73 |
| 19 | 天津满运软件科技有限公司 | 28598.73 | 69 | 中崛新材料科技有限公司 | 4087.03 |
| 20 | 宁波君安控股有限公司 | 27933.44 | 70 | 玖隆钢铁物流有限公司 | 4011.74 |
| 21 | 江阴市金桥化工有限公司 | 26901.52 | 71 | 杭州市实业投资集团有限公司 | 3932.61 |
| 22 | 东营市东凯高端装备制造产业园有限公司 | 25809.11 | 72 | 苏州裕景泰股份有限公司 | 3864.97 |
| 23 | 无锡市不锈钢电子交易中心有限公司 | 23781.68 | 73 | 中国雄安集团有限公司 | 3846.65 |
| 24 | 源山投资控股有限公司 | 21964.25 | 74 | 江苏大经供应链股份有限公司 | 3823.06 |
| 25 | 上海煜驰进出口有限公司 | 21328.69 | 75 | 江苏采木工业互联网科技有限公司 | 3696.16 |
| 26 | 吉旗物联科技（天津）有限公司 | 20125.20 | 76 | 厦门象屿集团有限公司 | 3661.95 |
| 27 | 福建晟育投资发展集团有限公司 | 19790.02 | 77 | 福建省人力资源服务有限公司 | 3612.07 |
| 28 | 厦门市明穗粮油贸易有限公司 | 19339.79 | 78 | 日出实业集团有限公司 | 3609.57 |
| 29 | 联洲技术有限公司 | 19137.26 | 79 | 天津现代集团有限公司 | 3358.82 |
| 30 | 上海棉联电子商务有限公司 | 18899.79 | 80 | 深圳市天行云供应链有限公司 | 3260.48 |
| 31 | 远大物产集团有限公司 | 18296.92 | 81 | 深圳金雅福控股集团有限公司 | 3255.11 |
| 32 | 浙江永安资本管理有限公司 | 17823.80 | 82 | 河北省物流产业集团有限公司 | 3240.28 |
| 33 | 浙江前程投资股份有限公司 | 16260.61 | 83 | 深圳市爱施德股份有限公司 | 2953.13 |
| 34 | 江苏易汇聚软件科技有限公司 | 16054.35 | 84 | 仕邦控股有限公司 | 2931.83 |
| 35 | 厦门路桥工程物资有限公司 | 15896.46 | 85 | 合肥维天运通信息科技股份有限公司 | 2836.06 |
| 36 | 广西泛糖科技有限公司 | 15354.73 | 86 | 中国国际技术智力合作集团有限公司 | 2833.36 |
| 37 | 常州市化工轻工材料总公司 | 13787.90 | 87 | 渤海人寿保险股份有限公司 | 2724.35 |
| 38 | 嘉悦物产集团有限公司 | 13741.12 | 88 | 广东鼎龙实业集团有限公司 | 2628.89 |
| 39 | 江阴长三角钢铁集团有限公司 | 12430.93 | 89 | 上海均和集团有限公司 | 2589.33 |
| 40 | 安徽灵通集团控股有限公司 | 12167.16 | 90 | 河南中钢网科技集团股份有限公司 | 2561.50 |
| 41 | 无锡市宝金石油化工有限公司 | 12113.55 | 91 | 上海天地汇供应链科技有限公司 | 2544.56 |
| 42 | 厦门闽嘉华石化有限公司 | 11527.49 | 92 | 福建三木集团股份有限公司 | 2478.52 |
| 43 | 上海塑来信息技术有限公司 | 11005.14 | 93 | 广西自贸区钦州港片区开发投资集团有限责任公司 | 2384.63 |
| 44 | 北京江南投资集团有限公司 | 10954.73 | 94 | 物产中大集团股份有限公司 | 2377.83 |
| 45 | 深圳市博科供应链管理有限公司 | 10687.81 | 95 | 深圳市分期乐网络科技有限公司 | 2347.55 |
| 46 | 云账户技术（天津）有限公司 | 9901.38 | 96 | 中国（福建）对外贸易中心集团有限责任公司 | 2340.41 |
| 47 | 重庆千信集团有限公司 | 9742.31 | 97 | 神州数码集团股份有限公司 | 2195.11 |
| 48 | 杭州东恒石油有限公司 | 9666.92 | 98 | 湖南博深实业集团有限公司 | 2190.68 |
| 49 | 优合产业有限公司 | 8031.23 | 99 | 河北省国和投资集团有限公司 | 2183.22 |
| 50 | 浙江火山口网络科技有限公司 | 7953.60 | 100 | 江苏无锡朝阳集团股份有限公司 | 2155.46 |
|  |  |  |  | 中国服务业企业 500 强平均数 | 322.62 |

表 11-13　2023 中国服务业企业 500 强人均净利润排序前 100 名企业

| 排名 | 企业名称 | 人均净利润/万元 | 排名 | 企业名称 | 人均净利润/万元 |
| --- | --- | --- | --- | --- | --- |
| 1 | 北京江南投资集团有限公司 | 1841.41 | 51 | 万洋集团有限公司 | 73.81 |
| 2 | 陕西泰丰盛合控股集团有限公司 | 636.50 | 52 | 东莞银行股份有限公司 | 71.86 |
| 3 | 联洲技术有限公司 | 270.55 | 53 | 马上消费金融股份有限公司 | 71.74 |
| 4 | 深圳前海微众银行股份有限公司 | 243.72 | 54 | 江苏张家港农村商业银行股份有限公司 | 71.36 |
| 5 | 厦门市明穗粮油贸易有限公司 | 206.11 | 55 | 中崛新材料科技有限公司 | 68.62 |
| 6 | 杭州东恒石油有限公司 | 198.74 | 56 | 浙商银行股份有限公司 | 68.41 |
| 7 | 腾讯控股有限公司 | 173.60 | 57 | 重庆农村商业银行股份有限公司 | 67.75 |
| 8 | 中铁集装箱运输有限责任公司 | 162.80 | 58 | 青岛银行股份有限公司 | 65.49 |
| 9 | 上海银行股份有限公司 | 155.45 | 59 | 网易股份有限公司 | 65.35 |
| 10 | 浙江永安资本管理有限公司 | 148.01 | 60 | 重庆中昂投资集团有限公司 | 61.78 |
| 11 | 江苏银行股份有限公司 | 144.32 | 61 | 华夏银行股份有限公司 | 61.73 |
| 12 | 武汉伟鹏控股集团有限公司 | 143.55 | 62 | 浙江火山口网络科技有限公司 | 60.97 |
| 13 | 东方财富信息股份有限公司 | 142.99 | 63 | 中国农业银行股份有限公司 | 57.30 |
| 14 | 重庆华宇集团有限公司 | 141.78 | 64 | 中国民生银行股份有限公司 | 56.33 |
| 15 | 兴业银行股份有限公司 | 130.84 | 65 | 恒丰银行股份有限公司 | 55.50 |
| 16 | 江苏省煤炭运销有限公司 | 126.69 | 66 | 海通证券股份有限公司 | 55.06 |
| 17 | 唐山银行股份有限公司 | 126.50 | 67 | 信也科技集团 | 54.69 |
| 18 | 厦门闽嘉华石化有限公司 | 125.89 | 68 | 重庆三峡银行股份有限公司 | 54.40 |
| 19 | 招商银行股份有限公司 | 122.14 | 69 | 大华（集团）有限公司 | 53.95 |
| 20 | 金帝联合控股集团有限公司 | 121.05 | 70 | 广发证券股份有限公司 | 53.57 |
| 21 | 天津天保控股有限公司 | 120.41 | 71 | 天津银行股份有限公司 | 53.54 |
| 22 | 重庆千信集团有限公司 | 120.05 | 72 | 绍兴银行股份有限公司 | 51.56 |
| 23 | 无锡农村商业银行股份有限公司 | 118.83 | 73 | 杭州市实业投资集团有限公司 | 50.26 |
| 24 | 吉旗物联科技（天津）有限公司 | 116.91 | 74 | 苏州裕景泰控股有限公司 | 48.73 |
| 25 | 南京银行股份有限公司 | 116.74 | 75 | 嘉悦物产集团有限公司 | 48.44 |
| 26 | 上海国际港务（集团）股份有限公司 | 114.60 | 76 | 渤海银行股份有限公司 | 48.03 |
| 27 | 嘉德瑞贸易有限公司 | 114.00 | 77 | 优合产业有限公司 | 47.60 |
| 28 | 广州元亨能源有限公司 | 113.96 | 78 | 北京中能昊龙投资控股集团有限公司 | 47.43 |
| 29 | 上海农村商业银行股份有限公司 | 111.61 | 79 | 河北银行股份有限公司 | 47.28 |
| 30 | 宁波君安控股有限公司 | 110.10 | 80 | 唯品会控股有限公司 | 45.61 |
| 31 | 交通银行股份有限公司 | 100.36 | 81 | 青岛农村商业银行股份有限公司 | 44.69 |
| 32 | 北京路通企业管理集团有限公司 | 98.54 | 82 | 绿城房地产集团有限公司 | 44.32 |
| 33 | 重庆银行股份有限公司 | 97.51 | 83 | 芒果超媒股份有限公司 | 44.24 |
| 34 | 上海闽路润贸易有限公司 | 96.94 | 84 | 唐山国控集团有限公司 | 44.22 |
| 35 | 武汉联杰能源有限公司 | 93.19 | 85 | 天津农村商业银行股份有限公司 | 44.19 |
| 36 | 深圳市分期乐网络科技有限公司 | 93.01 | 86 | 天津拓径贸易有限公司 | 44.00 |
| 37 | 湖南博深实业集团有限公司 | 92.23 | 87 | 福建路港（集团）有限公司 | 41.28 |
| 38 | 中国建设银行股份有限公司 | 85.98 | 88 | 宁波瓜瓜农业科技有限公司 | 41.15 |
| 39 | 无锡城建发展集团有限公司 | 85.83 | 89 | 郑州银行股份有限公司 | 41.14 |
| 40 | 中国工商银行股份有限公司 | 84.31 | 90 | 青岛开发区投资建设集团有限公司 | 40.43 |
| 41 | 三七互娱网络科技集团股份有限公司 | 83.17 | 91 | 中国远洋海运集团有限公司 | 37.84 |
| 42 | 厦门路桥工程物资有限公司 | 81.45 | 92 | 安徽灵通集团控股有限公司 | 36.14 |
| 43 | 上海浦东发展银行股份有限公司 | 79.05 | 93 | 月星集团有限公司 | 35.92 |
| 44 | 河北省天然气有限责任公司 | 77.36 | 94 | 深圳市深粮控股股份有限公司 | 34.03 |
| 45 | 龙湖集团控股有限公司 | 77.18 | 95 | 重庆新鸥鹏企业（集团）有限公司 | 33.76 |
| 46 | 宁波开发投资集团有限公司 | 77.04 | 96 | 九江银行股份有限公司 | 32.52 |
| 47 | 长沙银行股份有限公司 | 76.59 | 97 | 广州金融控股集团有限公司 | 32.50 |
| 48 | 广东南海农村商业银行股份有限公司 | 76.04 | 98 | 云南省能源投资集团有限公司 | 31.93 |
| 49 | 东莞农村商业银行股份有限公司 | 74.92 | 99 | 昆明市交通投资有限责任公司 | 31.76 |
| 50 | 中国银行股份有限公司 | 74.28 | 100 | 安克创新科技股份有限公司 | 31.62 |
|  |  |  |  | 中国服务业企业 500 强平均数 | 19.28 |

表 11-14　2023 中国服务业企业 500 强人均资产排序前 100 名企业

| 排名 | 企业名称 | 人均资产/万元 | 排名 | 企业名称 | 人均资产/万元 |
|---|---|---|---|---|---|
| 1 | 张家港市沃丰贸易有限公司 | 90738.15 | 51 | 招商银行股份有限公司 | 8972.57 |
| 2 | 广东翔海铝业有限公司 | 42729.08 | 52 | 重庆农村商业银行股份有限公司 | 8913.17 |
| 3 | 北京江南投资集团有限公司 | 32279.35 | 53 | 广州农村商业银行股份有限公司 | 8826.15 |
| 4 | 广州元亨能源有限公司 | 31040.48 | 54 | 青岛农村商业银行股份有限公司 | 8385.56 |
| 5 | 江苏嘉奕和铜业科技发展有限公司 | 25181.69 | 55 | 东莞农村商业银行股份有限公司 | 8307.31 |
| 6 | 无锡城建发展集团有限公司 | 22196.48 | 56 | 赣州银行股份有限公司 | 7986.29 |
| 7 | 广东宇成投资集团有限公司 | 20597.55 | 57 | 江苏张家港农村商业银行股份有限公司 | 7956.42 |
| 8 | 上海银行股份有限公司 | 20083.20 | 58 | 绍兴银行股份有限公司 | 7941.26 |
| 9 | 天津拓径贸易有限公司 | 19788.00 | 59 | 广东南海农村商业银行股份有限公司 | 7709.45 |
| 10 | 江苏东津联国际贸易有限公司 | 19561.36 | 60 | 张家口银行股份有限公司 | 7608.94 |
| 11 | 江苏银行股份有限公司 | 16943.12 | 61 | 中国农业银行股份有限公司 | 7501.81 |
| 12 | 唐山银行股份有限公司 | 14835.47 | 62 | 厦门禹洲集团股份有限公司 | 7226.89 |
| 13 | 交通银行股份有限公司 | 14149.42 | 63 | 天津现代集团有限公司 | 6957.02 |
| 14 | 重庆银行股份有限公司 | 13716.20 | 64 | 天津农村商业银行股份有限公司 | 6920.07 |
| 15 | 天津天保控股有限公司 | 13536.35 | 65 | 齐商银行股份有限公司 | 6887.92 |
| 16 | 上海浦东发展银行股份有限公司 | 13447.42 | 66 | 陕西泰丰盛合控股集团有限公司 | 6756.48 |
| 17 | 渤海人寿保险股份有限公司 | 13350.12 | 67 | 绿城房地产集团有限公司 | 6607.45 |
| 18 | 兴业银行股份有限公司 | 13268.43 | 68 | 天津城市基础设施建设投资集团有限公司 | 6566.25 |
| 19 | 浙商银行股份有限公司 | 13170.89 | 69 | 浙江永安资本管理有限公司 | 6528.21 |
| 20 | 南京银行股份有限公司 | 13060.33 | 70 | 石家庄国控城市发展投资集团有限责任公司 | 6468.74 |
| 21 | 渤海银行股份有限公司 | 13049.15 | 71 | 郑州瑞茂通供应链有限公司 | 6398.89 |
| 22 | 上海农村商业银行股份有限公司 | 13031.62 | 72 | 海通证券股份有限公司 | 6339.76 |
| 23 | 深圳前海微众银行股份有限公司 | 12922.32 | 73 | 湖南财信金融控股集团有限公司 | 6286.17 |
| 24 | 盛京银行股份有限公司 | 12655.36 | 74 | 中国中信集团有限公司 | 6134.31 |
| 25 | 无锡农村商业银行股份有限公司 | 12565.52 | 75 | 上海闽路润贸易有限公司 | 6109.02 |
| 26 | 广东华鑫茂集团有限公司 | 12373.95 | 76 | 青岛西海岸新区融合控股集团有限公司 | 6040.28 |
| 27 | 南京恒成供应链有限公司 | 12245.50 | 77 | 柳州银行股份有限公司 | 5805.74 |
| 28 | 重庆三峡银行股份有限公司 | 11988.77 | 78 | 青岛开发区投资建设集团有限公司 | 5738.53 |
| 29 | 中国民生银行股份有限公司 | 11587.76 | 79 | 深圳市华富洋供应链有限公司 | 5684.71 |
| 30 | 天津银行股份有限公司 | 11429.39 | 80 | 昆明市交通投资有限责任公司 | 5554.48 |
| 31 | 青岛银行股份有限公司 | 11251.63 | 81 | 广西泛糖科技有限公司 | 5523.18 |
| 32 | 恒丰银行股份有限公司 | 10952.42 | 82 | 武汉农村商业银行股份有限公司 | 5443.87 |
| 33 | 廊坊银行股份有限公司 | 10945.03 | 83 | 上海中梁企业发展有限公司 | 5420.83 |
| 34 | 武汉伟鹏控股集团有限公司 | 10871.03 | 84 | 桂林银行股份有限公司 | 5324.63 |
| 35 | 武汉联杰能源有限公司 | 10866.81 | 85 | 上海临港经济发展（集团）有限公司 | 5245.90 |
| 36 | 中国雄安集团有限公司 | 10642.40 | 86 | 江苏省煤炭运销有限公司 | 5082.55 |
| 37 | 长沙银行股份有限公司 | 10173.55 | 87 | 联洲技术有限公司 | 5027.32 |
| 38 | 东莞银行股份有限公司 | 10090.31 | 88 | 厦门市明穗粮油贸易有限公司 | 4876.40 |
| 39 | 郑州银行股份有限公司 | 10046.09 | 89 | 帝海投资控股集团有限公司 | 4725.00 |
| 40 | 广州金融控股集团有限公司 | 10000.57 | 90 | 大华（集团）有限公司 | 4555.80 |
| 41 | 九江银行股份有限公司 | 9657.81 | 91 | 宁波君安控股有限公司 | 4531.70 |
| 42 | 赣州发展投资控股集团有限责任公司 | 9624.27 | 92 | 厦门路桥工程物资有限公司 | 4381.02 |
| 43 | 华夏银行股份有限公司 | 9616.74 | 93 | 湖南省高速公路集团有限公司 | 4335.73 |
| 44 | 河北银行股份有限公司 | 9543.74 | 94 | 佛山市兴美资源科技有限公司 | 4281.31 |
| 45 | 中国银行股份有限公司 | 9443.36 | 95 | 源山投资控股有限公司 | 4269.30 |
| 46 | 中国工商银行股份有限公司 | 9263.53 | 96 | 福州城市建设投资集团有限公司 | 4261.15 |
| 47 | 天津滨海农村商业银行股份有限公司 | 9208.33 | 97 | 上海棉联电子商务有限公司 | 4175.57 |
| 48 | 中国建设银行股份有限公司 | 9185.98 | 98 | 广发证券股份有限公司 | 4170.09 |
| 49 | 青岛世纪瑞丰集团有限公司 | 9081.74 | 99 | 唐山国控集团有限公司 | 4134.24 |
| 50 | 江西银行股份有限公司 | 9061.03 | 100 | 湖南湘江新区发展集团有限公司 | 4065.55 |
|  |  |  |  | 中国服务业企业 500 强平均数 | 2295.43 |

表 11-15 2023 中国服务业企业 500 强收入增长率排序前 100 名企业

| 排名 | 企业名称 | 收入增长率/% | 排名 | 企业名称 | 收入增长率/% |
| --- | --- | --- | --- | --- | --- |
| 1 | 中崛新材料科技有限公司 | 24676.95 | 51 | 黑龙江倍丰农业生产资料集团有限公司 | 39.20 |
| 2 | 嘉德瑞贸易有限公司 | 1266.86 | 52 | 宁波开发投资集团有限公司 | 38.47 |
| 3 | 天津满运软件科技有限公司 | 371.85 | 53 | 山东颐养健康产业发展集团有限公司 | 37.37 |
| 4 | 河南交通投资集团有限公司 | 217.84 | 54 | 青岛经济技术开发区投资控股集团有限公司 | 37.33 |
| 5 | 东营市东凯高端装备制造产业园有限公司 | 179.90 | 55 | 广东华鑫茂集团有限公司 | 36.69 |
| 6 | 江西省金融控股集团有限公司 | 175.32 | 56 | 青岛开发区投资建设集团有限公司 | 35.38 |
| 7 | 湖北文化旅游集团有限公司 | 145.44 | 57 | 青岛海发国有资本投资运营集团有限公司 | 34.90 |
| 8 | 淄博市城市资产运营集团有限公司 | 106.05 | 58 | 安徽省徽商集团有限公司 | 34.76 |
| 9 | 陕西泰丰盛合控股集团有限公司 | 105.31 | 59 | 优合产业有限公司 | 34.69 |
| 10 | 一柏集团有限公司 | 102.20 | 60 | 浙江华瑞集团有限公司 | 34.29 |
| 11 | 福建漳州城投集团有限公司 | 100.78 | 61 | 申通快递股份有限公司 | 33.39 |
| 12 | 中原大易科技有限公司 | 97.57 | 62 | 青岛西海岸新区融合控股集团有限公司 | 33.15 |
| 13 | 天津拓径贸易有限公司 | 92.81 | 63 | 新奥天然气股份有限公司 | 32.89 |
| 14 | 云账户技术（天津）有限公司 | 85.48 | 64 | 广东省广新控股集团有限公司 | 32.70 |
| 15 | 深圳市朗华供应链服务有限公司 | 84.70 | 65 | 江阴市川江化工有限公司 | 32.65 |
| 16 | 福建晟育投资发展集团有限公司 | 83.95 | 66 | 江苏省煤炭运销有限公司 | 32.56 |
| 17 | 广西泛糖科技有限公司 | 77.44 | 67 | 杭州东恒石油有限公司 | 32.24 |
| 18 | 洛阳国宏投资控股集团有限公司 | 71.64 | 68 | 广西自贸区钦州港片区开发投资集团有限责任公司 | 31.15 |
| 19 | 上海棉联电子商务有限公司 | 70.09 | 69 | 陕西交通控股集团有限公司 | 30.24 |
| 20 | 漳州市九龙江集团有限公司 | 69.57 | 70 | 厦门市嘉晟对外贸易有限公司 | 30.20 |
| 21 | 浙江省旅游投资集团有限公司 | 68.28 | 71 | 福州城市建设投资集团有限公司 | 29.99 |
| 22 | 安徽灵通集团控股有限公司 | 65.13 | 72 | 厦门海沧投资集团有限公司 | 29.90 |
| 23 | 山东省港口集团有限公司 | 63.93 | 73 | 益丰大药房连锁股份有限公司 | 29.75 |
| 24 | 江苏东津联国际贸易有限公司 | 62.89 | 74 | 盐城市国有资产投资集团有限公司 | 29.16 |
| 25 | 福州朴朴电子商务有限公司 | 62.36 | 75 | 顺丰控股股份有限公司 | 29.11 |
| 26 | 福建三木集团股份有限公司 | 62.25 | 76 | 湖州市交通投资集团有限公司 | 28.80 |
| 27 | 大华（集团）有限公司 | 61.26 | 77 | 老百姓大药房连锁股份有限公司 | 28.54 |
| 28 | 中国雄安集团有限公司 | 59.55 | 78 | 厦门火炬集团有限公司 | 28.50 |
| 29 | 湖南财信金融控股集团有限公司 | 57.50 | 79 | 大参林医药集团股份有限公司 | 26.78 |
| 30 | 湖北联投集团有限公司 | 55.75 | 80 | 鑫荣懋果业科技集团股份有限公司 | 26.69 |
| 31 | 江苏零浩网络科技有限公司 | 53.40 | 81 | 申能（集团）有限公司 | 25.59 |
| 32 | 四川德康农牧食品集团股份有限公司 | 52.63 | 82 | 上海龙宇数据股份有限公司 | 25.18 |
| 33 | 广州珠江实业集团有限公司 | 52.20 | 83 | 郑州瑞茂通供应链有限公司 | 25.02 |
| 34 | 绿城房地产集团有限公司 | 50.64 | 84 | 昆明市交通投资有限责任公司 | 25.02 |
| 35 | 青岛世纪瑞丰集团有限公司 | 49.95 | 85 | 河北省天然气有限责任公司 | 24.70 |
| 36 | 厦门安居控股集团有限公司 | 49.64 | 86 | 上海迅赞供应链科技有限公司 | 23.76 |
| 37 | 日出实业集团有限公司 | 48.43 | 87 | 广东宇成投资集团有限公司 | 23.65 |
| 38 | 泉州市金融控股集团有限公司 | 47.85 | 88 | 上海塑来信息技术有限公司 | 23.63 |
| 39 | 湖南博深实业集团有限公司 | 47.19 | 89 | 润建股份有限公司 | 23.58 |
| 40 | 佛山市建设发展集团有限公司 | 47.14 | 90 | 美团公司 | 22.79 |
| 41 | 漱玉平民大药房连锁股份有限公司 | 47.00 | 91 | 浙江省能源集团有限公司 | 22.49 |
| 42 | 厦门夏商集团有限公司 | 44.96 | 92 | 汇通达网络股份有限公司 | 22.19 |
| 43 | 安徽省交通控股集团有限公司 | 44.93 | 93 | 徐州东方物流集团有限公司 | 21.82 |
| 44 | 浙江火山口网络科技有限公司 | 44.41 | 94 | 广州越秀集团股份有限公司 | 21.65 |
| 45 | 青岛西海岸新区海洋控股集团有限公司 | 43.12 | 95 | 湖北交通投资集团有限公司 | 21.57 |
| 46 | 天津天保控股有限公司 | 42.99 | 96 | 山西云时代技术有限公司 | 21.42 |
| 47 | 联洲技术有限公司 | 42.84 | 97 | 仕邦控股有限公司 | 21.33 |
| 48 | 上海晨光科力普办公用品有限公司 | 40.74 | 98 | 深圳市酷动数码有限公司 | 21.32 |
| 49 | 佛燃能源集团股份有限公司 | 39.85 | 99 | 广州产业投资控股集团有限公司 | 21.29 |
| 50 | 河北港口集团有限公司 | 39.24 | 100 | 江苏采木工业互联网科技有限公司 | 21.18 |
|  |  |  |  | 中国服务业企业 500 强平均数 | 6.85 |

表 11-16  2023 中国服务业企业 500 强净利润增长率排序前 100 名企业

| 排名 | 企业名称 | 净利润增长率/% | 排名 | 企业名称 | 净利润增长率/% |
| --- | --- | --- | --- | --- | --- |
| 1 | 中崛新材料科技有限公司 | 29587.76 | 51 | 无锡城建发展集团有限公司 | 48.95 |
| 2 | 江阴市川江化工有限公司 | 2914.29 | 52 | 浙江凯喜雅国际股份有限公司 | 48.44 |
| 3 | 联洲技术有限公司 | 2484.55 | 53 | 中华联合保险集团股份有限公司 | 46.92 |
| 4 | 广西自贸区钦州港片区开发投资集团有限责任公司 | 1009.59 | 54 | 浙江火山口网络科技有限公司 | 45.90 |
| 5 | 中原大易科技有限公司 | 947.62 | 55 | 杭州市城市建设投资集团有限公司 | 45.24 |
| 6 | 金帝联合控股集团有限公司 | 917.15 | 56 | 顺丰控股股份有限公司 | 44.62 |
| 7 | 无锡安井食品营销有限公司 | 433.77 | 57 | 优合产业有限公司 | 44.52 |
| 8 | 广州纺织工贸企业集团有限公司 | 407.87 | 58 | 宁波港东南物流集团有限公司 | 44.39 |
| 9 | 佛山市兴美资源科技有限公司 | 366.67 | 59 | 安徽华源医药集团股份有限公司 | 43.90 |
| 10 | 西安城市基础设施建设投资集团有限公司 | 344.80 | 60 | 中通快递股份有限公司 | 43.20 |
| 11 | 一柏集团有限公司 | 323.44 | 61 | 天津滨海农村商业银行股份有限公司 | 43.02 |
| 12 | 嘉德瑞贸易有限公司 | 307.95 | 62 | 益丰大药房连锁股份有限公司 | 42.54 |
| 13 | 神州数码集团股份有限公司 | 303.12 | 63 | 新奥天然气股份有限公司 | 42.48 |
| 14 | 广州地铁集团有限公司 | 285.97 | 64 | 广州市水务投资集团有限公司 | 41.85 |
| 15 | 陕西泰丰盛合控股集团有限公司 | 284.74 | 65 | 青岛经济技术开发区投资控股集团有限公司 | 41.13 |
| 16 | 上海识装信息科技有限公司 | 250.90 | 66 | 江苏国泰国际集团股份有限公司 | 39.50 |
| 17 | 四川德康农牧食品集团股份有限公司 | 232.11 | 67 | 唐山银行股份有限公司 | 39.32 |
| 18 | 湖北银丰实业集团有限责任公司 | 202.66 | 68 | 月星集团有限公司 | 39.25 |
| 19 | 深圳市天行云供应链有限公司 | 193.90 | 69 | 上海闽路润贸易有限公司 | 38.59 |
| 20 | 厦门港务控股集团有限公司 | 167.50 | 70 | 厦门市嘉晟对外贸易有限公司 | 37.36 |
| 21 | 新疆广汇实业投资（集团）有限责任公司 | 153.55 | 71 | 安徽灵通集团控股有限公司 | 37.32 |
| 22 | 杭州东恒石油有限公司 | 153.47 | 72 | 国任财产保险股份有限公司 | 35.58 |
| 23 | 盛京银行股份有限公司 | 143.78 | 73 | 南宁威宁投资集团有限责任公司 | 35.28 |
| 24 | 福建晟育投资发展集团有限公司 | 136.39 | 74 | 唯品会控股有限公司 | 34.56 |
| 25 | 上海塑来信息技术有限公司 | 135.77 | 75 | 广西交通投资集团有限公司 | 34.54 |
| 26 | 湖北港口集团有限公司 | 134.47 | 76 | 黑龙江省农业投资集团有限公司 | 33.93 |
| 27 | 中国人寿保险（集团）公司 | 132.92 | 77 | 柳州银行股份有限公司 | 33.12 |
| 28 | 中国万向控股有限公司 | 125.04 | 78 | 天津拓径贸易有限公司 | 31.34 |
| 29 | 湖州市交通投资集团有限公司 | 122.76 | 79 | 无锡市国联发展（集团）有限公司 | 31.07 |
| 30 | 万友汽车投资有限公司 | 122.42 | 80 | 大参林医药集团股份有限公司 | 30.90 |
| 31 | 安徽省徽商集团有限公司 | 110.56 | 81 | 山西云时代技术有限公司 | 30.71 |
| 32 | 中国联合网络通信集团有限公司 | 105.93 | 82 | 宁波宁兴控股股份有限公司 | 30.63 |
| 33 | 福星集团控股有限公司 | 104.65 | 83 | 无锡市交通产业集团有限公司 | 30.26 |
| 34 | 淄博市城市资产运营集团有限公司 | 102.02 | 84 | 日出实业集团有限公司 | 30.21 |
| 35 | 浙江建华集团有限公司 | 101.49 | 85 | 北京江南投资集团有限公司 | 30.19 |
| 36 | 漱玉平民大药房连锁股份有限公司 | 99.64 | 86 | 深圳前海微众银行股份有限公司 | 29.83 |
| 37 | 深圳市朗华供应链服务有限公司 | 90.68 | 87 | 马上消费金融股份有限公司 | 29.34 |
| 38 | 圆通速递股份有限公司 | 86.35 | 88 | 源山投资控股有限公司 | 29.33 |
| 39 | 内蒙古电力（集团）有限责任公司 | 85.99 | 89 | 江苏张家港农村商业银行股份有限公司 | 29.00 |
| 40 | 福建省港口集团有限责任公司 | 85.39 | 90 | 帝海投资控股集团有限公司 | 28.92 |
| 41 | 江苏零浩网络科技有限公司 | 84.18 | 91 | 江苏银行股份有限公司 | 28.90 |
| 42 | 江苏省煤炭运销有限公司 | 75.47 | 92 | 中国江苏国际经济技术合作集团有限公司 | 28.45 |
| 43 | 四川省商业投资集团有限责任公司 | 75.22 | 93 | 宁波海田控股有限公司 | 26.78 |
| 44 | 江苏省苏豪控股集团有限公司 | 72.27 | 94 | 无锡农村商业银行股份有限公司 | 26.65 |
| 45 | 湖南省高速公路集团有限公司 | 66.70 | 95 | 浙江省农村发展集团有限公司 | 25.71 |
| 46 | 广州珠江实业集团有限公司 | 54.44 | 96 | 江阴市金桥化工有限公司 | 25.46 |
| 47 | 上海晨光科力普办公用品有限公司 | 53.55 | 97 | 深圳华强集团有限公司 | 25.42 |
| 48 | 河北港口集团有限公司 | 52.77 | 98 | 江西省金融控股集团有限公司 | 25.30 |
| 49 | 浙江省能源集团有限公司 | 49.43 | 99 | 武汉农村商业银行股份有限公司 | 24.98 |
| 50 | 山东省港口集团有限公司 | 49.03 | 100 | 陕西投资集团有限公司 | 24.65 |
|  |  |  |  | 中国服务业企业 500 强平均数 | −5.78 |

表 11-17　2023 中国服务业企业 500 强资产增长率排序前 100 名企业

| 排名 | 企业名称 | 资产增长率/% | 排名 | 企业名称 | 资产增长率/% |
| --- | --- | --- | --- | --- | --- |
| 1 | 中崛新材料科技有限公司 | 1561.53 | 51 | 杭州东恒石油有限公司 | 31.89 |
| 2 | 南京恒成供应链有限公司 | 1124.86 | 52 | 河南中钢网科技集团股份有限公司 | 31.76 |
| 3 | 天津拓径贸易有限公司 | 929.73 | 53 | 欧菲斯集团股份有限公司 | 31.33 |
| 4 | 湖南财信金融控股集团有限公司 | 276.21 | 54 | 厦门国贸控股集团有限公司 | 31.03 |
| 5 | 上海棉联电子商务有限公司 | 236.26 | 55 | 广州交通投资集团有限公司 | 30.64 |
| 6 | 天津满运软件科技有限公司 | 202.35 | 56 | 浙江省旅游投资集团有限公司 | 30.34 |
| 7 | 河南交通投资集团有限公司 | 197.98 | 57 | 青岛经济技术开发区投资控股集团有限公司 | 30.06 |
| 8 | 广东宇成投资集团有限公司 | 171.90 | 58 | 上海识装信息科技有限公司 | 29.86 |
| 9 | 江苏东津联国际贸易有限公司 | 171.65 | 59 | 浙江永安资本管理有限公司 | 29.77 |
| 10 | 江苏易汇聚软件科技有限公司 | 158.13 | 60 | 广东宏川集团有限公司 | 26.86 |
| 11 | 广东翔海铝业有限公司 | 157.46 | 61 | 无锡城建发展集团有限公司 | 26.73 |
| 12 | 广西泛糖科技有限公司 | 147.13 | 62 | 老百姓大药房连锁股份有限公司 | 26.18 |
| 13 | 上海煜驰进出口有限公司 | 134.94 | 63 | 福建漳龙集团有限公司 | 25.89 |
| 14 | 徐州东方物流集团有限公司 | 128.04 | 64 | 石家庄国控城市发展投资集团有限责任公司 | 25.46 |
| 15 | 洛阳国宏投资控股集团有限公司 | 127.22 | 65 | 中通快递股份有限公司 | 25.09 |
| 16 | 深圳市天行云供应链有限公司 | 116.75 | 66 | 润建股份有限公司 | 25.09 |
| 17 | 福建晟育投资发展集团有限公司 | 110.11 | 67 | 泉州市金融控股集团有限公司 | 25.04 |
| 18 | 厦门火炬集团有限公司 | 90.54 | 68 | 青岛西海岸新区融合控股集团有限公司 | 24.96 |
| 19 | 陕西泰丰盛合控股集团有限公司 | 85.64 | 69 | 欧龙汽车贸易集团有限公司 | 24.06 |
| 20 | 江苏省煤炭运销有限公司 | 76.97 | 70 | 四川众欣旅游资源开发有限公司 | 23.93 |
| 21 | 广西自贸区钦州港片区开发投资集团有限责任公司 | 75.96 | 71 | 华南物资集团有限公司 | 23.40 |
| 22 | 江苏嘉奕和铜业科技发展有限公司 | 74.31 | 72 | 益丰大药房连锁股份有限公司 | 23.38 |
| 23 | 常州市化工轻工材料总公司 | 73.98 | 73 | 安徽华源医药集团股份有限公司 | 22.88 |
| 24 | 金帝联合控股集团有限公司 | 73.02 | 74 | 青岛开发区投资建设集团有限公司 | 22.42 |
| 25 | 张家港市沃丰贸易有限公司 | 65.73 | 75 | 湖北文化旅游集团有限公司 | 22.24 |
| 26 | 厦门安居控股集团有限公司 | 61.27 | 76 | 江阴市金桥化工有限公司 | 21.97 |
| 27 | 广东华鑫茂集团有限公司 | 60.08 | 77 | 广州纺织工贸企业集团有限公司 | 21.23 |
| 28 | 天晖（河北）供应链管理集团有限公司 | 58.89 | 78 | 青岛西海岸新区海洋控股集团有限公司 | 21.23 |
| 29 | 福建纵腾网络有限公司 | 57.52 | 79 | 四川省能源投资集团有限责任公司 | 21.12 |
| 30 | 漱玉平民大药房连锁股份有限公司 | 57.18 | 80 | 上海润达医疗科技股份有限公司 | 20.82 |
| 31 | 无锡安井食品营销有限公司 | 53.78 | 81 | 东莞市水务集团有限公司 | 20.62 |
| 32 | 联洲技术有限公司 | 53.12 | 82 | 中国中信集团有限公司 | 20.30 |
| 33 | 杭州市城市建设投资集团有限公司 | 51.99 | 83 | 大参林医药集团股份有限公司 | 20.22 |
| 34 | 佛山市建设发展集团有限公司 | 51.87 | 84 | 京东集团股份有限公司 | 19.89 |
| 35 | 江西省投资集团有限公司 | 51.76 | 85 | 四川德康农牧食品集团股份有限公司 | 19.75 |
| 36 | 上海晨光科力普办公用品有限公司 | 50.49 | 86 | 湖南博深实业集团有限公司 | 19.74 |
| 37 | 深圳金雅福控股集团有限公司 | 49.21 | 87 | 仕邦控股有限公司 | 19.67 |
| 38 | 优合产业有限公司 | 46.47 | 88 | 深圳市信利康供应链管理有限公司 | 19.57 |
| 39 | 江苏省粮食集团有限责任公司 | 44.94 | 89 | 安克创新科技股份有限公司 | 19.56 |
| 40 | 青岛世纪瑞丰集团有限公司 | 43.79 | 90 | 河南蓝天集团有限公司 | 19.17 |
| 41 | 软通动力信息技术（集团）股份有限公司 | 43.14 | 91 | 福建漳州城投集团有限公司 | 18.99 |
| 42 | 厦门象屿集团有限公司 | 39.55 | 92 | 中国（福建）对外贸易中心集团有限责任公司 | 18.98 |
| 43 | 日出实业集团有限公司 | 38.19 | 93 | 江苏大经供应链股份有限公司 | 18.92 |
| 44 | 上海闽路润贸易有限公司 | 37.66 | 94 | 福建路港（集团）有限公司 | 18.85 |
| 45 | 云账户技术（天津）有限公司 | 37.64 | 95 | 中基宁波集团股份有限公司 | 18.59 |
| 46 | 上海塑来信息技术有限公司 | 35.66 | 96 | 三七互娱网络科技集团股份有限公司 | 18.41 |
| 47 | 深圳市九立供应链股份有限公司 | 35.52 | 97 | 江西省金融控股集团有限公司 | 18.15 |
| 48 | 国任财产保险股份有限公司 | 35.00 | 98 | 蓝池集团有限公司 | 17.92 |
| 49 | 鑫荣懋果业科技集团有限公司 | 34.58 | 99 | 鹭燕医药股份有限公司 | 17.92 |
| 50 | 淄博市城市资产运营集团有限公司 | 31.92 | 100 | 信也科技集团 | 17.89 |
|  |  |  |  | 中国服务业企业 500 强平均数 | 10.42 |

表 11-18　2023 中国服务业企业 500 强研发费用增长率排序前 100 名企业

| 排名 | 企业名称 | 研发费用增长率/% | 排名 | 企业名称 | 研发费用增长率/% |
| --- | --- | --- | --- | --- | --- |
| 1 | 内蒙古公路交通投资发展有限公司 | 63114.29 | 51 | 东浩兰生（集团）有限公司 | 70.49 |
| 2 | 青岛西海岸新区融合控股集团有限公司 | 1817.29 | 52 | 武汉市城市建设投资开发集团有限公司 | 70.24 |
| 3 | 佛山市建设发展集团有限公司 | 961.47 | 53 | 广东省广新控股集团有限公司 | 69.85 |
| 4 | 四川省能源投资集团有限责任公司 | 897.90 | 54 | 广州岭南商旅投资集团有限公司 | 69.37 |
| 5 | 河北省天然气有限责任公司 | 559.25 | 55 | 天津水务集团有限公司 | 67.34 |
| 6 | 福州城市建设投资集团有限公司 | 557.49 | 56 | 大参林医药集团股份有限公司 | 66.73 |
| 7 | 柳州银行股份有限公司 | 515.26 | 57 | 河南交通投资集团有限公司 | 65.12 |
| 8 | 厦门夏商集团有限公司 | 478.13 | 58 | 河南中钢网科技集团股份有限公司 | 63.22 |
| 9 | 四川华油集团有限责任公司 | 402.86 | 59 | 益丰大药房连锁股份有限公司 | 61.76 |
| 10 | 上海祥源原信息咨询有限公司 | 377.78 | 60 | 安徽新华发行（集团）控股有限公司 | 60.92 |
| 11 | 洛阳国宏投资控股集团有限公司 | 376.01 | 61 | 宁波港东南物流集团有限公司 | 60.00 |
| 12 | 东莞农村商业银行股份有限公司 | 311.72 | 62 | 武汉产业投资控股集团有限公司 | 59.95 |
| 13 | 杭州市城市建设投资集团有限公司 | 302.39 | 63 | 青岛农村商业银行股份有限公司 | 59.57 |
| 14 | 湖北银丰实业集团有限责任公司 | 288.33 | 64 | 重庆三峡银行股份有限公司 | 58.67 |
| 15 | 浙江省农村发展集团有限公司 | 281.00 | 65 | 中国江苏国际经济技术合作集团有限公司 | 58.65 |
| 16 | 联发集团有限公司 | 221.54 | 66 | 山东省港口集团有限公司 | 57.56 |
| 17 | 中原大易科技有限公司 | 212.90 | 67 | 上海晨光科力普办公用品有限公司 | 55.46 |
| 18 | 广州开发区控股集团有限公司 | 182.14 | 68 | 浙北大厦集团有限公司 | 55.32 |
| 19 | 浙江省旅游投资集团有限公司 | 179.82 | 69 | 洛阳国晟投资控股集团有限公司 | 54.97 |
| 20 | 河北港口集团有限公司 | 172.13 | 70 | 桂林银行股份有限公司 | 53.65 |
| 21 | 厦门建发集团有限公司 | 168.95 | 71 | 圆通速递股份有限公司 | 53.35 |
| 22 | 湖北港口集团有限公司 | 167.66 | 72 | 广西现代物流集团有限公司 | 52.21 |
| 23 | 北京首都开发控股（集团）有限公司 | 164.30 | 73 | 四川省商业投资集团有限责任公司 | 51.65 |
| 24 | 四川新华出版发行集团有限公司 | 142.86 | 74 | 武汉金融控股（集团）有限公司 | 51.57 |
| 25 | 中南出版传媒集团股份有限公司 | 128.57 | 75 | 万洋集团有限公司 | 51.19 |
| 26 | 湖北联投集团有限公司 | 127.53 | 76 | 利群集团股份有限公司 | 51.07 |
| 27 | 福建漳龙集团有限公司 | 124.39 | 77 | 广州交通投资集团有限公司 | 50.80 |
| 28 | 陕西交通控股集团有限公司 | 123.40 | 78 | 上海识装信息科技有限公司 | 50.34 |
| 29 | 天津城市基础设施建设投资集团有限公司 | 121.07 | 79 | 云账户技术（天津）有限公司 | 49.41 |
| 30 | 河北省国有资产控股运营有限公司 | 119.17 | 80 | 陕西投资集团有限公司 | 49.38 |
| 31 | 上海塑来信息技术有限公司 | 119.05 | 81 | 南昌市政公用集团有限公司 | 49.10 |
| 32 | 广西投资集团有限公司 | 105.05 | 82 | 马上消费金融股份有限公司 | 48.40 |
| 33 | 青岛开发区投资建设集团有限公司 | 103.56 | 83 | 云南省投资控股集团有限公司 | 47.93 |
| 34 | 福州朴朴电子商务有限公司 | 100.36 | 84 | 新奥天然气股份有限公司 | 47.06 |
| 35 | 江苏省苏豪控股集团有限公司 | 97.08 | 85 | 国任财产保险股份有限公司 | 46.82 |
| 36 | 瑞康医药集团股份有限公司 | 96.11 | 86 | 盐城市国有资产投资集团有限公司 | 45.99 |
| 37 | 广东天禾农资股份有限公司 | 95.02 | 87 | 上海农村商业银行股份有限公司 | 45.44 |
| 38 | 湖北交通投资集团有限公司 | 94.34 | 88 | 青岛经济技术开发区投资控股集团有限公司 | 45.43 |
| 39 | 厦门象屿集团有限公司 | 91.37 | 89 | 汇通达网络股份有限公司 | 44.15 |
| 40 | 福建纵腾网络有限公司 | 87.23 | 90 | 中国联合网络通信集团有限公司 | 43.55 |
| 41 | 河北交通投资集团有限公司 | 87.07 | 91 | 北京首都创业集团有限公司 | 43.36 |
| 42 | 重庆高速公路集团有限公司 | 79.12 | 92 | 广州珠江实业集团有限公司 | 43.12 |
| 43 | 广州地铁集团有限公司 | 78.51 | 93 | 兴业证券股份有限公司 | 42.69 |
| 44 | 青岛西海岸新区海洋控股集团有限公司 | 78.16 | 94 | 广西农村投资集团有限公司 | 42.17 |
| 45 | 西安城市基础设施建设投资集团有限公司 | 75.29 | 95 | 深圳市投资控股有限公司 | 42.01 |
| 46 | 江苏采木工业互联网科技有限公司 | 75.03 | 96 | 上海国际港务（集团）股份有限公司 | 40.61 |
| 47 | 优合产业有限公司 | 74.37 | 97 | 山西云时代技术有限公司 | 40.58 |
| 48 | 厦门安居控股集团有限公司 | 73.90 | 98 | 鹭燕医药股份有限公司 | 39.73 |
| 49 | 重庆交通运输控股（集团）有限公司 | 72.45 | 99 | 深圳市爱施德股份有限公司 | 39.57 |
| 50 | 云南省能源投资集团有限公司 | 71.44 | 100 | 安徽省交通控股集团有限公司 | 39.50 |
|  |  |  |  | 中国服务业企业 500 强平均数 | 9.75 |

表 11-19 2023 中国服务业企业 500 强行业平均净利润

| 名次 | 行业名称 | 平均净利润/亿元 | 名次 | 行业名称 | 平均净利润/亿元 |
| --- | --- | --- | --- | --- | --- |
| 1 | 水上运输 | 419.26 | 23 | 物流及供应链 | 7.35 |
| 2 | 电信服务 | 398.11 | 24 | 能源矿产商贸 | 7.13 |
| 3 | 商业银行 | 381.01 | 25 | 生产资料商贸 | 6.97 |
| 4 | 邮政 | 337.19 | 26 | 水务 | 5.86 |
| 5 | 电网 | 219.94 | 27 | 基金、信托及其他金融服务 | 5.83 |
| 6 | 多元化金融 | 216.34 | 28 | 连锁超市及百货 | 5.17 |
| 7 | 互联网服务 | 114.99 | 29 | 综合商贸 | 3.70 |
| 8 | 保险业 | 110.93 | 30 | 家电及电子产品零售 | 3.43 |
| 9 | 证券业 | 57.04 | 31 | 航空港及相关服务业 | 2.82 |
| 10 | 综合服务业 | 24.73 | 32 | 国际经济合作（工程承包） | 2.81 |
| 11 | 港口服务 | 24.45 | 33 | 广播电视服务 | 2.61 |
| 12 | 园区地产 | 20.67 | 34 | 人力资源服务 | 2.32 |
| 13 | 综合能源供应 | 17.32 | 35 | 金属品商贸 | 2.26 |
| 14 | 医药及医疗器材零售 | 16.56 | 36 | 科技研发、规划设计 | 1.90 |
| 15 | 生活消费品商贸 | 16.02 | 37 | 汽车摩托车零售 | 1.75 |
| 16 | 住宅地产 | 14.90 | 38 | 化工医药商贸 | 1.71 |
| 17 | 公路运输 | 13.13 | 39 | 文化娱乐 | 1.66 |
| 18 | 软件和信息技术（IT） | 11.29 | 40 | 旅游和餐饮 | 0.23 |
| 19 | 农产品及食品批发 | 11.17 | 41 | 医疗卫生健康服务 | 0.01 |
| 20 | 机电商贸 | 10.75 | 42 | 商务中介服务 | -1.39 |
| 21 | 多元化投资 | 10.16 | 43 | 商业地产 | -2.01 |
| 22 | 铁路运输 | 9.35 | 44 | 航空运输 | -175.99 |

表 11-20  2023 中国服务业企业 500 强行业平均营业收入

| 名次 | 行业名称 | 平均营业收入/亿元 | 名次 | 行业名称 | 平均营业收入/亿元 |
| --- | --- | --- | --- | --- | --- |
| 1 | 电网 | 14793.02 | 23 | 航空运输 | 463.85 |
| 2 | 邮政 | 7417.65 | 24 | 金属品商贸 | 422.11 |
| 3 | 电信服务 | 6271.81 | 25 | 商务中介服务 | 394.08 |
| 4 | 水上运输 | 6268.10 | 26 | 医疗卫生健康服务 | 371.96 |
| 5 | 多元化金融 | 3172.10 | 27 | 生活消费品商贸 | 361.80 |
| 6 | 保险业 | 2763.02 | 28 | 汽车摩托车零售 | 331.91 |
| 7 | 商业银行 | 1844.20 | 29 | 软件和信息技术（IT） | 321.17 |
| 8 | 互联网服务 | 1511.45 | 30 | 水务 | 311.99 |
| 9 | 生产资料商贸 | 1078.57 | 31 | 基金、信托及其他金融服务 | 309.74 |
| 10 | 综合服务业 | 1040.39 | 32 | 园区地产 | 309.54 |
| 11 | 机电商贸 | 960.06 | 33 | 连锁超市及百货 | 282.43 |
| 12 | 医药及医疗器材零售 | 932.40 | 34 | 化工医药商贸 | 255.81 |
| 13 | 住宅地产 | 887.18 | 35 | 铁路运输 | 252.77 |
| 14 | 公路运输 | 755.17 | 36 | 证券业 | 205.80 |
| 15 | 物流及供应链 | 705.16 | 37 | 家电及电子产品零售 | 198.57 |
| 16 | 多元化投资 | 674.75 | 38 | 商业地产 | 198.22 |
| 17 | 综合能源供应 | 648.69 | 39 | 国际经济合作（工程承包） | 193.29 |
| 18 | 农产品及食品批发 | 639.70 | 40 | 航空港及相关服务业 | 191.58 |
| 19 | 能源矿产商贸 | 589.62 | 41 | 旅游和餐饮 | 166.23 |
| 20 | 综合商贸 | 575.12 | 42 | 文化娱乐 | 149.27 |
| 21 | 港口服务 | 495.97 | 43 | 广播电视服务 | 115.55 |
| 22 | 人力资源服务 | 481.95 | 44 | 科技研发、规划设计 | 89.56 |

表 11-21  2023 中国服务业企业 500 强行业平均资产

| 名次 | 行业名称 | 平均资产/亿元 | 名次 | 行业名称 | 平均资产/亿元 |
| --- | --- | --- | --- | --- | --- |
| 1 | 邮政 | 147046.07 | 23 | 医疗卫生健康服务 | 833.65 |
| 2 | 商业银行 | 46615.70 | 24 | 医药及医疗器材零售 | 797.36 |
| 3 | 多元化金融 | 32720.67 | 25 | 基金、信托及其他金融服务 | 677.28 |
| 4 | 电网 | 20543.62 | 26 | 农产品及食品批发 | 547.21 |
| 5 | 电信服务 | 13393.67 | 27 | 航空港及相关服务业 | 495.14 |
| 6 | 保险业 | 13193.01 | 28 | 物流及供应链 | 467.08 |
| 7 | 水上运输 | 11142.58 | 29 | 连锁超市及百货 | 446.02 |
| 8 | 证券业 | 5389.08 | 30 | 广播电视服务 | 379.05 |
| 9 | 公路运输 | 5043.69 | 31 | 生活消费品商贸 | 374.82 |
| 10 | 住宅地产 | 3416.74 | 32 | 综合商贸 | 373.42 |
| 11 | 综合服务业 | 3348.67 | 33 | 文化娱乐 | 359.96 |
| 12 | 铁路运输 | 2644.81 | 34 | 生产资料商贸 | 332.78 |
| 13 | 互联网服务 | 2486.54 | 35 | 国际经济合作（工程承包） | 298.85 |
| 14 | 商务中介服务 | 2395.46 | 36 | 旅游和餐饮 | 293.08 |
| 15 | 航空运输 | 2226.37 | 37 | 汽车摩托车零售 | 249.68 |
| 16 | 多元化投资 | 1942.78 | 38 | 软件和信息技术（IT） | 246.93 |
| 17 | 综合能源供应 | 1551.87 | 39 | 化工医药商贸 | 196.42 |
| 18 | 水务 | 1494.67 | 40 | 金属品商贸 | 168.60 |
| 19 | 机电商贸 | 1399.43 | 41 | 能源矿产商贸 | 165.38 |
| 20 | 港口服务 | 1315.43 | 42 | 科技研发、规划设计 | 89.70 |
| 21 | 商业地产 | 1034.66 | 43 | 家电及电子产品零售 | 70.47 |
| 22 | 园区地产 | 834.49 | 44 | 人力资源服务 | 56.93 |

表 11-22　2023 中国服务业企业 500 强行业平均纳税总额

| 名次 | 行业名称 | 平均纳税总额/亿元 | 名次 | 行业名称 | 平均纳税总额/亿元 |
| --- | --- | --- | --- | --- | --- |
| 1 | 电网 | 540.19 | 23 | 基金、信托及其他金融服务 | 13.67 |
| 2 | 水上运输 | 357.86 | 24 | 软件和信息技术（IT） | 12.51 |
| 3 | 邮政 | 316.43 | 25 | 医药及医疗器材零售 | 10.94 |
| 4 | 电信服务 | 239.49 | 26 | 商业地产 | 10.50 |
| 5 | 商业银行 | 172.28 | 27 | 连锁超市及百货 | 8.18 |
| 6 | 多元化金融 | 126.91 | 28 | 人力资源服务 | 8.11 |
| 7 | 保险业 | 59.17 | 29 | 汽车摩托车零售 | 8.00 |
| 8 | 住宅地产 | 47.36 | 30 | 综合商贸 | 7.30 |
| 9 | 证券业 | 42.86 | 31 | 国际经济合作（工程承包） | 5.88 |
| 10 | 航空运输 | 37.02 | 32 | 商务中介服务 | 5.81 |
| 11 | 机电商贸 | 36.44 | 33 | 能源矿产商贸 | 5.73 |
| 12 | 公路运输 | 32.71 | 34 | 航空港及相关服务业 | 5.69 |
| 13 | 综合能源供应 | 29.25 | 35 | 文化娱乐 | 5.59 |
| 14 | 港口服务 | 24.81 | 36 | 化工医药商贸 | 4.49 |
| 15 | 水务 | 23.17 | 37 | 互联网服务 | 4.47 |
| 16 | 物流及供应链 | 21.83 | 38 | 金属品商贸 | 2.72 |
| 17 | 铁路运输 | 21.17 | 39 | 旅游和餐饮 | 2.61 |
| 18 | 多元化投资 | 20.95 | 40 | 科技研发、规划设计 | 2.12 |
| 19 | 园区地产 | 20.20 | 41 | 广播电视服务 | 2.04 |
| 20 | 医疗卫生健康服务 | 18.21 | 42 | 家电及电子产品零售 | 1.94 |
| 21 | 综合服务业 | 14.89 | 43 | 农产品及食品批发 | 1.53 |
| 22 | 生活消费品商贸 | 13.80 | 44 | 生产资料商贸 | 1.14 |

表 11-23  2023 中国服务业企业 500 强行业平均研发费用

| 名次 | 行业名称 | 平均研发费用/亿元 | 名次 | 行业名称 | 平均研发费用/亿元 |
| --- | --- | --- | --- | --- | --- |
| 1 | 电信服务 | 202.67 | 22 | 综合服务业 | 2.57 |
| 2 | 电网 | 67.77 | 23 | 铁路运输 | 2.34 |
| 3 | 互联网服务 | 48.86 | 24 | 港口服务 | 1.91 |
| 4 | 水上运输 | 36.08 | 25 | 物流及供应链 | 1.89 |
| 5 | 机电商贸 | 16.74 | 26 | 医药及医疗器材零售 | 1.79 |
| 6 | 多元化金融 | 13.91 | 27 | 汽车摩托车零售 | 1.40 |
| 7 | 软件和信息技术（IT） | 12.80 | 28 | 生活消费品商贸 | 1.37 |
| 8 | 证券业 | 11.78 | 29 | 人力资源服务 | 1.36 |
| 9 | 商业银行 | 9.69 | 30 | 商业地产 | 1.34 |
| 10 | 多元化投资 | 9.50 | 31 | 连锁超市及百货 | 1.22 |
| 11 | 综合能源供应 | 8.53 | 32 | 文化娱乐 | 1.11 |
| 12 | 基金、信托及其他金融服务 | 7.44 | 33 | 园区地产 | 1.09 |
| 13 | 广播电视服务 | 6.47 | 34 | 能源矿产商贸 | 0.88 |
| 14 | 公路运输 | 6.37 | 35 | 化工医药商贸 | 0.85 |
| 15 | 保险业 | 6.07 | 36 | 综合商贸 | 0.72 |
| 16 | 医疗卫生健康服务 | 4.51 | 37 | 生产资料商贸 | 0.71 |
| 17 | 邮政 | 4.21 | 38 | 航空港及相关服务业 | 0.35 |
| 18 | 科技研发、规划设计 | 3.86 | 39 | 农产品及食品批发 | 0.31 |
| 19 | 住宅地产 | 3.23 | 40 | 金属品商贸 | 0.25 |
| 20 | 水务 | 3.23 | 41 | 国际经济合作（工程承包） | 0.23 |
| 21 | 航空运输 | 2.89 | 42 | 旅游和餐饮 | 0.11 |

表 11-24  2023 中国服务业企业 500 强行业人均净利润

| 名次 | 行业名称 | 人均净利润/万元 | 名次 | 行业名称 | 人均净利润/万元 |
|---|---|---|---|---|---|
| 1 | 商业银行 | 78.87 | 23 | 科技研发、规划设计 | 6.17 |
| 2 | 证券业 | 46.44 | 24 | 多元化投资 | 5.35 |
| 3 | 园区地产 | 38.71 | 25 | 电网 | 5.12 |
| 4 | 水上运输 | 37.84 | 26 | 公路运输 | 4.89 |
| 5 | 能源矿产商贸 | 32.07 | 27 | 综合商贸 | 4.59 |
| 6 | 家电及电子产品零售 | 22.95 | 28 | 邮政 | 4.48 |
| 7 | 互联网服务 | 21.11 | 29 | 医药及医疗器材零售 | 4.34 |
| 8 | 多元化金融 | 20.75 | 30 | 基金、信托及其他金融服务 | 3.86 |
| 9 | 生活消费品商贸 | 19.11 | 31 | 化工医药商贸 | 3.67 |
| 10 | 金属品商贸 | 15.32 | 32 | 水务 | 3.61 |
| 11 | 人力资源服务 | 13.34 | 33 | 国际经济合作（工程承包） | 3.27 |
| 12 | 生产资料商贸 | 12.74 | 34 | 机电商贸 | 2.40 |
| 13 | 农产品及食品批发 | 11.86 | 35 | 航空港及相关服务业 | 2.37 |
| 14 | 港口服务 | 11.53 | 36 | 文化娱乐 | 1.86 |
| 15 | 电信服务 | 10.84 | 37 | 连锁超市及百货 | 1.86 |
| 16 | 软件和信息技术（IT） | 10.77 | 38 | 汽车摩托车零售 | 1.63 |
| 17 | 保险业 | 9.54 | 39 | 广播电视服务 | 1.52 |
| 18 | 综合能源供应 | 9.42 | 40 | 旅游和餐饮 | 0.41 |
| 19 | 物流及供应链 | 8.09 | 41 | 医疗卫生健康服务 | 0.00 |
| 20 | 住宅地产 | 7.20 | 42 | 商务中介服务 | -3.14 |
| 21 | 综合服务业 | 6.73 | 43 | 商业地产 | -3.30 |
| 22 | 铁路运输 | 6.35 | 44 | 航空运输 | -27.16 |

表 11-25  2023 中国服务业企业 500 强行业人均营业收入

| 名次 | 行业名称 | 人均营业收入/万元 | 名次 | 行业名称 | 人均营业收入/万元 |
| --- | --- | --- | --- | --- | --- |
| 1 | 金属品商贸 | 2861.97 | 23 | 旅游和餐饮 | 297.05 |
| 2 | 人力资源服务 | 2766.23 | 24 | 科技研发、规划设计 | 291.26 |
| 3 | 能源矿产商贸 | 2652.64 | 25 | 综合服务业 | 282.97 |
| 4 | 生产资料商贸 | 1970.23 | 26 | 公路运输 | 281.22 |
| 5 | 家电及电子产品零售 | 1328.20 | 27 | 互联网服务 | 277.50 |
| 6 | 商务中介服务 | 891.78 | 28 | 医药及医疗器材零售 | 244.29 |
| 7 | 物流及供应链 | 776.60 | 29 | 保险业 | 237.67 |
| 8 | 综合商贸 | 714.04 | 30 | 港口服务 | 233.89 |
| 9 | 农产品及食品批发 | 679.62 | 31 | 国际经济合作（工程承包） | 225.38 |
| 10 | 化工医药商贸 | 583.51 | 32 | 机电商贸 | 214.46 |
| 11 | 园区地产 | 579.53 | 33 | 基金、信托及其他金融服务 | 205.21 |
| 12 | 水上运输 | 565.69 | 34 | 水务 | 192.20 |
| 13 | 生活消费品商贸 | 431.65 | 35 | 铁路运输 | 171.87 |
| 14 | 住宅地产 | 429.03 | 36 | 电信服务 | 170.75 |
| 15 | 商业银行 | 381.74 | 37 | 证券业 | 167.58 |
| 16 | 多元化投资 | 355.27 | 38 | 文化娱乐 | 167.44 |
| 17 | 综合能源供应 | 352.63 | 39 | 航空港及相关服务业 | 160.78 |
| 18 | 电网 | 344.52 | 40 | 医疗卫生健康服务 | 157.92 |
| 19 | 商业地产 | 325.32 | 41 | 连锁超市及百货 | 101.36 |
| 20 | 汽车摩托车零售 | 309.23 | 42 | 邮政 | 98.57 |
| 21 | 软件和信息技术（IT） | 306.40 | 43 | 航空运输 | 71.57 |
| 22 | 多元化金融 | 304.30 | 44 | 广播电视服务 | 67.26 |

表 11-26　2023 中国服务业企业 500 强行业人均资产

| 名次 | 行业名称 | 人均资产/万元 | 名次 | 行业名称 | 人均资产/万元 |
| --- | --- | --- | --- | --- | --- |
| 1 | 商业银行 | 9649.21 | 23 | 物流及供应链 | 514.40 |
| 2 | 商务中介服务 | 5420.83 | 24 | 电网 | 478.45 |
| 3 | 证券业 | 4388.14 | 25 | 家电及电子产品零售 | 471.37 |
| 4 | 多元化金融 | 3138.86 | 26 | 综合商贸 | 463.63 |
| 5 | 邮政 | 1953.98 | 27 | 互联网服务 | 456.52 |
| 6 | 公路运输 | 1878.21 | 28 | 基金、信托及其他金融服务 | 448.72 |
| 7 | 铁路运输 | 1798.38 | 29 | 化工医药商贸 | 448.03 |
| 8 | 商业地产 | 1698.12 | 30 | 生活消费品商贸 | 447.18 |
| 9 | 住宅地产 | 1652.28 | 31 | 航空港及相关服务业 | 415.53 |
| 10 | 园区地产 | 1562.35 | 32 | 文化娱乐 | 403.78 |
| 11 | 金属品商贸 | 1143.17 | 33 | 电信服务 | 364.65 |
| 12 | 保险业 | 1134.86 | 34 | 医疗卫生健康服务 | 353.93 |
| 13 | 多元化投资 | 1022.91 | 35 | 国际经济合作（工程承包） | 348.47 |
| 14 | 水上运输 | 1005.60 | 36 | 航空运输 | 343.54 |
| 15 | 水务 | 920.76 | 37 | 人力资源服务 | 326.74 |
| 16 | 综合服务业 | 910.77 | 38 | 机电商贸 | 312.61 |
| 17 | 综合能源供应 | 843.60 | 39 | 科技研发、规划设计 | 291.69 |
| 18 | 能源矿产商贸 | 744.05 | 40 | 软件和信息技术（IT） | 235.57 |
| 19 | 港口服务 | 620.32 | 41 | 汽车摩托车零售 | 232.61 |
| 20 | 生产资料商贸 | 607.89 | 42 | 广播电视服务 | 220.64 |
| 21 | 农产品及食品批发 | 581.36 | 43 | 医药及医疗器材零售 | 208.91 |
| 22 | 旅游和餐饮 | 523.73 | 44 | 连锁超市及百货 | 160.07 |

表 11-27 2023 中国服务业企业 500 强行业人均纳税额

| 名次 | 行业名称 | 人均纳税额/万元 | 名次 | 行业名称 | 人均纳税额/万元 |
| --- | --- | --- | --- | --- | --- |
| 1 | 商业银行 | 58.45 | 23 | 多元化投资 | 11.03 |
| 2 | 人力资源服务 | 46.57 | 24 | 化工医药商贸 | 10.24 |
| 3 | 园区地产 | 37.82 | 25 | 综合商贸 | 9.07 |
| 4 | 多元化金融 | 35.63 | 26 | 基金、信托及其他金融服务 | 9.06 |
| 5 | 证券业 | 34.90 | 27 | 机电商贸 | 8.14 |
| 6 | 水上运输 | 32.30 | 28 | 医疗卫生健康服务 | 7.73 |
| 7 | 住宅地产 | 30.54 | 29 | 汽车摩托车零售 | 7.46 |
| 8 | 能源矿产商贸 | 25.78 | 30 | 科技研发、规划设计 | 6.88 |
| 9 | 物流及供应链 | 24.05 | 31 | 国际经济合作（工程承包） | 6.86 |
| 10 | 金属品商贸 | 18.43 | 32 | 生产资料商贸 | 6.60 |
| 11 | 商业地产 | 17.24 | 33 | 电信服务 | 6.52 |
| 12 | 生活消费品商贸 | 16.46 | 34 | 文化娱乐 | 6.27 |
| 13 | 综合能源供应 | 15.08 | 35 | 航空运输 | 6.25 |
| 14 | 综合服务业 | 14.54 | 36 | 医药及医疗器材零售 | 5.47 |
| 15 | 铁路运输 | 14.39 | 37 | 保险业 | 4.89 |
| 16 | 水务 | 14.28 | 38 | 航空港及相关服务业 | 4.77 |
| 17 | 商务中介服务 | 13.15 | 39 | 旅游和餐饮 | 4.67 |
| 18 | 家电及电子产品零售 | 12.95 | 40 | 农产品及食品批发 | 4.32 |
| 19 | 电网 | 12.58 | 41 | 邮政 | 4.20 |
| 20 | 公路运输 | 11.76 | 42 | 连锁超市及百货 | 2.94 |
| 21 | 港口服务 | 11.70 | 43 | 互联网服务 | 2.50 |
| 22 | 软件和信息技术（IT） | 11.66 | 44 | 广播电视服务 | 1.19 |

表 11-28  2023 中国服务业企业 500 强行业人均研发费用

| 名次 | 行业名称 | 人均研发费用/万元 | 名次 | 行业名称 | 人均研发费用/万元 |
| --- | --- | --- | --- | --- | --- |
| 1 | 互联网服务 | 16.19 | 22 | 住宅地产 | 1.74 |
| 2 | 科技研发、规划设计 | 12.55 | 23 | 物流及供应链 | 1.71 |
| 3 | 软件和信息技术（IT） | 11.66 | 24 | 铁路运输 | 1.59 |
| 4 | 证券业 | 10.69 | 25 | 电网 | 1.58 |
| 5 | 商业银行 | 6.98 | 26 | 生活消费品商贸 | 1.50 |
| 6 | 电信服务 | 5.52 | 27 | 商业地产 | 1.45 |
| 7 | 人力资源服务 | 4.53 | 28 | 文化娱乐 | 1.24 |
| 8 | 多元化投资 | 4.43 | 29 | 能源矿产商贸 | 1.19 |
| 9 | 综合能源供应 | 4.12 | 30 | 化工医药商贸 | 1.04 |
| 10 | 广播电视服务 | 3.77 | 31 | 港口服务 | 0.90 |
| 11 | 多元化金融 | 3.39 | 32 | 农产品及食品批发 | 0.86 |
| 12 | 基金、信托及其他金融服务 | 3.30 | 33 | 医药及医疗器材零售 | 0.80 |
| 13 | 水上运输 | 3.26 | 34 | 综合商贸 | 0.74 |
| 14 | 综合服务业 | 2.80 | 35 | 金属品商贸 | 0.61 |
| 15 | 公路运输 | 2.26 | 36 | 汽车摩托车零售 | 0.52 |
| 16 | 生产资料商贸 | 2.18 | 37 | 航空运输 | 0.40 |
| 17 | 水务 | 1.99 | 38 | 连锁超市及百货 | 0.34 |
| 18 | 医疗卫生健康服务 | 1.92 | 39 | 航空港及相关服务业 | 0.29 |
| 19 | 机电商贸 | 1.87 | 40 | 国际经济合作（工程承包） | 0.27 |
| 20 | 园区地产 | 1.83 | 41 | 旅游和餐饮 | 0.16 |
| 21 | 保险业 | 1.81 | 42 | 邮政 | 0.06 |

表 11-29　2023 中国服务业企业 500 强行业平均资产利润率

| 名次 | 行业名称 | 平均资产利润率/% | 名次 | 行业名称 | 平均资产利润率/% |
| --- | --- | --- | --- | --- | --- |
| 1 | 家电及电子产品零售 | 9.07 | 23 | 港口服务 | 1.47 |
| 2 | 化工医药商贸 | 4.29 | 24 | 住宅地产 | 1.19 |
| 3 | 生活消费品商贸 | 4.21 | 25 | 证券业 | 1.08 |
| 4 | 园区地产 | 3.93 | 26 | 商业地产 | 0.99 |
| 5 | 医药及医疗器材零售 | 3.81 | 27 | 国际经济合作（工程承包） | 0.94 |
| 6 | 水上运输 | 3.76 | 28 | 生产资料商贸 | 0.88 |
| 7 | 能源矿产商贸 | 3.72 | 29 | 电网 | 0.87 |
| 8 | 农产品及食品批发 | 3.47 | 30 | 多元化投资 | 0.72 |
| 9 | 机电商贸 | 3.06 | 31 | 广播电视服务 | 0.69 |
| 10 | 软件和信息技术（IT） | 2.97 | 32 | 商业银行 | 0.64 |
| 11 | 连锁超市及百货 | 2.81 | 33 | 多元化金融 | 0.62 |
| 12 | 综合服务业 | 2.79 | 34 | 航空港及相关服务业 | 0.57 |
| 13 | 物流及供应链 | 2.66 | 35 | 保险业 | 0.50 |
| 14 | 互联网服务 | 2.32 | 36 | 水务 | 0.29 |
| 15 | 电信服务 | 2.20 | 37 | 公路运输 | 0.29 |
| 16 | 科技研发、规划设计 | 2.12 | 38 | 邮政 | 0.23 |
| 17 | 人力资源服务 | 1.92 | 39 | 旅游和餐饮 | 0.19 |
| 18 | 铁路运输 | 1.83 | 40 | 医疗卫生健康服务 | 0.00 |
| 19 | 综合能源供应 | 1.78 | 41 | 商务中介服务 | -0.06 |
| 20 | 汽车摩托车零售 | 1.78 | 42 | 文化娱乐 | -0.56 |
| 21 | 综合商贸 | 1.65 | 43 | 金属品商贸 | -0.80 |
| 22 | 基金、信托及其他金融服务 | 1.57 | 44 | 航空运输 | -8.73 |

# 第十二章
2023 中国企业 1000 家

为了扩大中国大企业的分析范围，更加全面地反映中国大企业的发展状况，中国企业联合会、中国企业家协会从 2018 年起，开展了中国企业 1000 家的申报排序工作，2023 年继续推出 2023 中国企业 1000 家。前 500 名请见表 9-1，后 500 名见表 12-1。

表 12-1　2023 中国企业 1000 家第 501 名至 1000 名名单

| 名次 | 企业名称 | 地区 | 营业收入/万元 | 净利润/万元 | 资产/万元 | 所有者权益/万元 | 从业人数/人 |
| --- | --- | --- | --- | --- | --- | --- | --- |
| 501 | 重庆市博赛矿业（集团）有限公司 | 重庆 | 4689067 | 128069 | 2032136 | 875018 | 6800 |
| 502 | 百联集团有限公司 | 上海 | 4685305 | 75336 | 17014942 | 2673008 | 35352 |
| 503 | 山东鲁花集团有限公司 | 山东 | 4684638 | 384460 | 4369726 | 1747984 | 21568 |
| 504 | 深圳传音控股股份有限公司 | 广东 | 4659590 | 248380 | 3084649 | 1581857 | 16232 |
| 505 | 江苏省华建建设股份有限公司 | 江苏 | 4657990 | 142840 | 2559378 | 398892 | 70043 |
| 506 | 青岛西海岸新区海洋控股集团有限公司 | 山东 | 4651076 | -8346 | 15981972 | 3314236 | 13477 |
| 507 | 新疆金风科技股份有限公司 | 新疆维吾尔自治区 | 4643685 | 238343 | 13682238 | 3809508 | 11200 |
| 508 | 武汉产业投资控股集团有限公司 | 湖北 | 4641828 | -31358 | 12459639 | 1908446 | 42604 |
| 509 | 天津华北集团有限公司 | 天津 | 4612758 | 14114 | 1520164 | 649558 | 1150 |
| 510 | 法尔胜泓昇集团有限公司 | 江苏 | 4611222 | 17109 | 1517515 | 408443 | 8353 |
| 511 | 福州城市建设投资集团有限公司 | 福建 | 4582857 | 142727 | 22132419 | 9154148 | 5194 |
| 512 | 河南豫联能源集团有限责任公司 | 河南 | 4575607 | 386178 | 2450764 | 351057 | 6913 |
| 513 | 华鲁控股集团有限公司 | 山东 | 4563783 | 227688 | 6007283 | 1342292 | 18955 |
| 514 | 辽宁嘉晨控股集团有限公司 | 辽宁 | 4562141 | 65463 | 5213586 | 4208702 | 10000 |
| 515 | 青岛世纪瑞丰集团有限公司 | 山东 | 4533704 | 2252 | 1316853 | 40766 | 145 |
| 516 | 四川科伦实业集团有限公司 | 四川 | 4525939 | 138058 | 4035068 | 1569001 | 15285 |
| 517 | 四川九洲投资控股集团有限公司 | 四川 | 4511619 | 27651 | 4230191 | 758480 | 21044 |
| 518 | 河南神火集团有限公司 | 河南 | 4492453 | 191128 | 6493760 | 276633 | 25550 |
| 519 | 新华锦集团有限公司 | 山东 | 4489201 | 17711 | 1547106 | 328939 | 8843 |
| 520 | 大全集团有限公司 | 江苏 | 4482279 | 35778 | 6545489 | 618201 | 12437 |
| 521 | 湖南省高速公路集团有限公司 | 湖南 | 4468820 | 142039 | 66041767 | 20870776 | 15232 |
| 522 | 深圳市信利康供应链管理有限公司 | 广东 | 4464840 | 11237 | 1741825 | 161288 | 590 |
| 523 | 中国一重集团有限公司 | 黑龙江 | 4464600 | 11698 | 5676596 | 1244090 | 15644 |
| 524 | 浙江宝业建设集团有限公司 | 浙江 | 4462916 | 46821 | 1217815 | 511624 | 4407 |
| 525 | 江苏三木集团有限公司 | 江苏 | 4455909 | 165409 | 1899599 | 1343524 | 7042 |
| 526 | 广东粤海控股集团有限公司 | 广东 | 4377269 | 409113 | 23728891 | 4903868 | 21501 |
| 527 | 江西省建工集团有限责任公司 | 江西 | 4313792 | 9686 | 7647300 | 571986 | 4346 |
| 528 | 重庆机电控股（集团）公司 | 重庆 | 4310810 | 87387 | 6709556 | 1515938 | 27608 |
| 529 | 深圳市中农网有限公司 | 广东 | 4303784 | 266 | 1496648 | 87000 | 644 |
| 530 | 湖南裕能新能源电池材料股份有限公司 | 湖南 | 4279036 | 300721 | 2643443 | 571398 | 5634 |
| 531 | 万洋集团有限公司 | 浙江 | 4225370 | 466700 | 4106842 | 2260293 | 6323 |

续表

| 名次 | 企业名称 | 地区 | 营业收入/万元 | 净利润/万元 | 资产/万元 | 所有者权益/万元 | 从业人数/人 |
|---|---|---|---|---|---|---|---|
| 532 | 大华（集团）有限公司 | 上海 | 4218236 | 241461 | 20391744 | 3521703 | 4476 |
| 533 | 宁波申洲针织有限公司 | 浙江 | 4203933 | 166722 | 3333492 | 2621977 | 94340 |
| 534 | 湖南五江控股集团有限公司 | 湖南 | 4184645 | 323447 | 6893168 | 4626606 | 32592 |
| 535 | 中联重科股份有限公司 | 湖南 | 4163149 | 230604 | 12355302 | 5474110 | 25283 |
| 536 | 太平鸟集团有限公司 | 浙江 | 4160993 | 14631 | 1853336 | 300980 | 12980 |
| 537 | 山东恒源石油化工股份有限公司 | 山东 | 4153152 | 18905 | 1512843 | 492420 | 1410 |
| 538 | 广西玉柴机器集团有限公司 | 广西壮族自治区 | 4151570 | 54091 | 4177459 | 1269714 | 13709 |
| 539 | 长沙银行股份有限公司 | 湖南 | 4134804 | 681126 | 90473349 | 6024314 | 8893 |
| 540 | 河北省国和投资集团有限公司 | 河北 | 4126285 | 3784 | 656469 | 169179 | 1890 |
| 541 | 安阳钢铁集团有限责任公司 | 河南 | 4124067 | -148840 | 5605497 | 637199 | 18910 |
| 542 | 东浩兰生（集团）有限公司 | 上海 | 4108860 | 42426 | 4299319 | 1351931 | 5177 |
| 543 | 道恩集团有限公司 | 山东 | 4066264 | 98533 | 1626065 | 343472 | 4103 |
| 544 | 源山投资控股有限公司 | 上海 | 4063387 | 4083 | 789821 | 319737 | 185 |
| 545 | 安徽楚江科技新材料股份有限公司 | 安徽 | 4059588 | 13367 | 1462751 | 618372 | 7293 |
| 546 | 金发科技股份有限公司 | 广东 | 4041233 | 199189 | 5542866 | 1652927 | 10353 |
| 547 | 桂林力源粮油食品集团有限公司 | 广西壮族自治区 | 4027454 | 152285 | 1417977 | 529160 | 14000 |
| 548 | 阳光电源股份有限公司 | 安徽 | 4025724 | 359341 | 6162621 | 1866631 | 9239 |
| 549 | 常熟市龙腾特种钢有限公司 | 江苏 | 4005552 | 83758 | 3929934 | 970072 | 5303 |
| 550 | 河北建设集团股份有限公司 | 河北 | 4000602 | 32673 | 6763185 | 599480 | 9104 |
| 551 | 厦门海沧投资集团有限公司 | 福建 | 3996325 | 18328 | 3957016 | 797888 | 6054 |
| 552 | 花园集团有限公司 | 浙江 | 3978780 | 54420 | 2995191 | 1316408 | 14238 |
| 553 | 山东华通控股集团有限公司 | 山东 | 3964137 | 71888 | 1397667 | 937858 | 3270 |
| 554 | 浙江甬金金属科技股份有限公司 | 浙江 | 3955514 | 48662 | 1055175 | 401459 | 3036 |
| 555 | 得力集团有限公司 | 浙江 | 3952178 | 251946 | 4065889 | 1476731 | 19491 |
| 556 | 巨化集团有限公司 | 浙江 | 3942725 | 220354 | 5153059 | 1632807 | 10766 |
| 557 | 上海中梁企业发展有限公司 | 上海 | 3940771 | -13875 | 23954641 | 1535066 | 4419 |
| 558 | 杭州市国有资本投资运营有限公司 | 浙江 | 3940208 | 156524 | 7986434 | 2454405 | 10501 |
| 559 | 森马集团有限公司 | 浙江 | 3928612 | 23251 | 3309085 | 1122328 | 3442 |
| 560 | 江苏江润铜业有限公司 | 江苏 | 3914514 | 8468 | 370109 | 188678 | 736 |
| 561 | 北京中能昊龙投资控股集团有限公司 | 北京 | 3902782 | 407930 | 3066376 | 2366484 | 8600 |
| 562 | 广厦控股集团有限公司 | 浙江 | 3889641 | 10313 | 4105349 | 932506 | 110000 |
| 563 | 重庆轻纺控股（集团）公司 | 重庆 | 3849479 | 8880 | 2818899 | 644037 | 23863 |
| 564 | 河北新武安钢铁集团烘熔钢铁有限公司 | 河北 | 3832087 | 23762 | 737650 | 611260 | 2794 |
| 565 | 重庆智飞生物制品股份有限公司 | 重庆 | 3826401 | 753900 | 3800373 | 2423621 | 5735 |
| 566 | 华南物资集团有限公司 | 重庆 | 3820789 | -752 | 656887 | 83347 | 642 |

续表

| 名次 | 企业名称 | 地区 | 营业收入/万元 | 净利润/万元 | 资产/万元 | 所有者权益/万元 | 从业人数/人 |
|---|---|---|---|---|---|---|---|
| 567 | 永道控股集团股份有限公司 | 广东 | 3810670 | 995610 | 2083339 | 1395870 | 3880 |
| 568 | 万通海欣控股集团股份有限公司 | 山东 | 3802548 | 130421 | 3694539 | 1922319 | 3500 |
| 569 | 奥德集团有限公司 | 山东 | 3798039 | 380525 | 5783016 | 3429047 | 14766 |
| 570 | 河南金利金铅集团有限公司 | 河南 | 3797008 | 61791 | 996900 | 326789 | 5213 |
| 571 | 福建福海创石油化工有限公司 | 福建 | 3796929 | -267716 | 3923027 | 1148921 | 1571 |
| 572 | 永鼎集团有限公司 | 江苏 | 3790926 | 22607 | 1577275 | 514470 | 5120 |
| 573 | 华东医药股份有限公司 | 浙江 | 3771459 | 249921 | 3119220 | 1857792 | 14061 |
| 574 | 广东德赛集团有限公司 | 广东 | 3758295 | 52809 | 2748177 | 344148 | 20266 |
| 575 | 浙江省海港投资运营集团有限公司 | 浙江 | 3728922 | 330340 | 17196881 | 7098229 | 19207 |
| 576 | 上海国际港务（集团）股份有限公司 | 上海 | 3727981 | 1722392 | 18180171 | 11232741 | 15030 |
| 577 | 山东颐养健康产业发展集团有限公司 | 山东 | 3719591 | 110 | 8336516 | 2235823 | 23554 |
| 578 | 利时集团股份有限公司 | 浙江 | 3659013 | 91563 | 1905602 | 1103398 | 5951 |
| 579 | 安徽江淮汽车集团控股有限公司 | 安徽 | 3657839 | -44456 | 4759317 | 433722 | 22891 |
| 580 | 山东恒信集团有限公司 | 山东 | 3644262 | 65889 | 1666084 | 592131 | 5034 |
| 581 | 深圳市天行云供应链有限公司 | 广东 | 3641958 | 29502 | 497600 | 70561 | 1117 |
| 582 | 河北兴华钢铁有限公司 | 河北 | 3635385 | 150653 | 993370 | 834083 | 5642 |
| 583 | 山东神驰控股集团有限公司 | 山东 | 3632136 | 58082 | 1118163 | 592216 | 1353 |
| 584 | 波司登股份有限公司 | 江苏 | 3631634 | 583057 | 4506880 | 2724111 | 24035 |
| 585 | 中国庆华能源集团有限公司 | 北京 | 3628869 | -9540 | 7080732 | 325802 | 11257 |
| 586 | 河北安丰钢铁集团有限公司 | 河北 | 3627582 | 111466 | 3447022 | 2636648 | 7658 |
| 587 | 鹏鼎控股（深圳）股份有限公司 | 广东 | 3621097 | 501154 | 3880302 | 2793679 | 35344 |
| 588 | 浙江省机电集团有限公司 | 浙江 | 3572903 | 37035 | 3720531 | 446759 | 6165 |
| 589 | 浙江元立金属制品集团有限公司 | 浙江 | 3567491 | 71383 | 3570416 | 897880 | 10980 |
| 590 | 张家港市沃丰贸易有限公司 | 江苏 | 3561072 | -104724 | 1814763 | -103219 | 20 |
| 591 | 青岛啤酒集团有限公司 | 山东 | 3555851 | 129715 | 5929335 | 988252 | 33723 |
| 592 | 中通快递股份有限公司 | 上海 | 3537700 | 680906 | 7852359 | 5402855 | 24888 |
| 593 | 江苏省镔鑫钢铁集团有限公司 | 江苏 | 3525972 | 77368 | 1389690 | 451767 | 5635 |
| 594 | 天津银行股份有限公司 | 天津 | 3522619 | 356497 | 76108285 | 5978498 | 6659 |
| 595 | 万丰奥特控股集团有限公司 | 浙江 | 3518219 | 214985 | 2933630 | 515650 | 13039 |
| 596 | 深圳市特区建工集团有限公司 | 广东 | 3518209 | 31214 | 8255544 | 485666 | 20215 |
| 597 | 上海爱旭新能源股份有限公司 | 上海 | 3507496 | 232820 | 2468973 | 905894 | 9137 |
| 598 | 江阴长三角钢铁集团有限公司 | 江苏 | 3505522 | -7048 | 37193 | 5509 | 282 |
| 599 | 香驰控股有限公司 | 山东 | 3504528 | 114833 | 1832891 | 982328 | 2261 |
| 600 | 福建漳龙集团有限公司 | 福建 | 3503294 | -604 | 8106831 | 2116207 | 3199 |
| 601 | 西安高科集团有限公司 | 陕西 | 3451898 | 15319 | 21380301 | 1623181 | 15554 |

续表

| 名次 | 企业名称 | 地区 | 营业收入/万元 | 净利润/万元 | 资产/万元 | 所有者权益/万元 | 从业人数/人 |
|---|---|---|---|---|---|---|---|
| 602 | 荣盛控股股份有限公司 | 河北 | 3404243 | -593563 | 26876982 | 909232 | 18599 |
| 603 | 合肥维天运通信息科技股份有限公司 | 安徽 | 3403267 | 222 | 252210 | 54771 | 1200 |
| 604 | 山鹰国际控股股份公司 | 安徽 | 3401411 | -225644 | 5251729 | 1358653 | 14980 |
| 605 | 兴惠化纤集团有限公司 | 浙江 | 3395434 | 15166 | 814030 | 510965 | 2608 |
| 606 | 天洁集团有限公司 | 浙江 | 3385892 | 184338 | 1791351 | 1241693 | 1377 |
| 607 | 大亚科技集团有限公司 | 江苏 | 3384735 | 114014 | 1943844 | 535932 | 9995 |
| 608 | 江苏长电科技股份有限公司 | 江苏 | 3376203 | 323099 | 3940773 | 2464273 | 20135 |
| 609 | 申通快递股份有限公司 | 浙江 | 3365173 | 29474 | 2084703 | 633129 | 9415 |
| 610 | 广西现代物流集团有限公司 | 广西壮族自治区 | 3361891 | 113 | 2798671 | 575130 | 4579 |
| 611 | 东岳氟硅科技集团有限公司 | 山东 | 3349491 | 391683 | 2481785 | 1641963 | 7065 |
| 612 | 福星集团控股有限公司 | 湖北 | 3337949 | 22014 | 3980225 | 346702 | 6276 |
| 613 | 山东省商业集团有限公司 | 山东 | 3337460 | -24133 | 13311065 | 1159581 | 36304 |
| 614 | 农夫山泉股份有限公司 | 浙江 | 3323919 | 849525 | 3925484 | 2408408 | 22490 |
| 615 | 浙江建华集团有限公司 | 浙江 | 3323481 | 18519 | 295087 | 106342 | 3091 |
| 616 | 红太阳集团有限公司 | 江苏 | 3320852 | 96911 | 3262595 | 754737 | 4892 |
| 617 | 舜宇集团有限公司 | 浙江 | 3319694 | 240780 | 4300129 | 2183839 | 26610 |
| 618 | 邯郸正大制管集团股份有限公司 | 河北 | 3319467 | 13750 | 492793 | 93125 | 5919 |
| 619 | 山东中海化工集团有限公司 | 山东 | 3303961 | 170684 | 1475780 | 1054093 | 2267 |
| 620 | 月星集团有限公司 | 上海 | 3302851 | 386957 | 5966435 | 2715185 | 10772 |
| 621 | 浙江永安资本管理有限公司 | 浙江 | 3297403 | 27381 | 1207718 | 342696 | 185 |
| 622 | 淄博市城市资产运营集团有限公司 | 山东 | 3285394 | 143886 | 20011000 | 6977988 | 7305 |
| 623 | 禾丰食品股份有限公司 | 辽宁 | 3281176 | 51353 | 1539331 | 723657 | 8363 |
| 624 | 浙江富春江通信集团有限公司 | 浙江 | 3280805 | 40894 | 2402388 | 550063 | 4134 |
| 625 | 西子联合控股有限公司 | 浙江 | 3258618 | 173510 | 5529062 | 1565180 | 18428 |
| 626 | 佛山市投资控股集团有限公司 | 广东 | 3234743 | -63 | 6188286 | 922687 | 8291 |
| 627 | 建业控股有限公司 | 河南 | 3233649 | -706911 | 15793482 | 776899 | 24165 |
| 628 | 中建信控股集团有限公司 | 上海 | 3226218 | 33081 | 4271214 | 358503 | 12148 |
| 629 | 一柏集团有限公司 | 福建 | 3225260 | 885 | 22383 | 20983 | 51 |
| 630 | 深圳华强集团有限公司 | 广东 | 3215078 | 38809 | 7487643 | 1671737 | 24607 |
| 631 | 郑州煤矿机械集团股份有限公司 | 河南 | 3204331 | 253823 | 4430118 | 1780727 | 15518 |
| 632 | 美锦能源集团有限公司 | 天津 | 3203035 | 125366 | 7354675 | 1620397 | 16500 |
| 633 | 江苏无锡朝阳集团股份有限公司 | 江苏 | 3198710 | 19808 | 232591 | 146757 | 1484 |
| 634 | 精工控股集团有限公司 | 浙江 | 3197810 | 51092 | 3842442 | 441524 | 12116 |
| 635 | 中策橡胶集团股份有限公司 | 浙江 | 3188885 | 122386 | 3754488 | 1179408 | 23195 |
| 636 | 济源市万洋冶炼（集团）有限公司 | 河南 | 3187726 | 42236 | 872569 | 295699 | 3884 |

续表

| 名次 | 企业名称 | 地区 | 营业收入/万元 | 净利润/万元 | 资产/万元 | 所有者权益/万元 | 从业人数/人 |
| --- | --- | --- | --- | --- | --- | --- | --- |
| 637 | 胜达集团有限公司 | 浙江 | 3181353 | 94268 | 1493216 | 973674 | 3236 |
| 638 | 上海华虹（集团）有限公司 | 上海 | 3160836 | 50651 | 12228643 | 3396658 | 11895 |
| 639 | 华立集团股份有限公司 | 浙江 | 3156749 | 86553 | 2152910 | 412721 | 13000 |
| 640 | 江苏邗建集团有限公司 | 江苏 | 3151891 | 75267 | 2506993 | 970301 | 51889 |
| 641 | 联发集团有限公司 | 福建 | 3146611 | 34520 | 12749098 | 1346472 | 5188 |
| 642 | 河北港口集团有限公司 | 河北 | 3138961 | 107294 | 14535996 | 4553868 | 19348 |
| 643 | 宝龙地产控股有限公司 | 上海 | 3137786 | 40775 | 23375068 | 4110557 | 10046 |
| 644 | 武汉联杰能源有限公司 | 湖北 | 3130001 | 2889 | 336871 | 190758 | 31 |
| 645 | 雅迪科技集团有限公司 | 江苏 | 3125091 | 230418 | 2411080 | 584280 | 11825 |
| 646 | 兴达投资集团有限公司 | 江苏 | 3120851 | 31430 | 874838 | 702770 | 922 |
| 647 | 纳爱斯集团有限公司 | 浙江 | 3112666 | 119276 | 2519644 | 2288652 | 11114 |
| 648 | 华芳集团有限公司 | 江苏 | 3086496 | 22898 | 639346 | 429152 | 5941 |
| 649 | 天津天士力大健康产业投资集团有限公司 | 天津 | 3083799 | 116399 | 8342308 | 3881728 | 20330 |
| 650 | 久立集团股份有限公司 | 浙江 | 3079655 | 58523 | 1358155 | 361533 | 4420 |
| 651 | 南京新华海科技产业集团有限公司 | 江苏 | 3077898 | 57626 | 1329891 | 657058 | 1921 |
| 652 | 中国联塑集团控股有限公司 | 广东 | 3076721 | 251732 | 5895260 | 2179425 | 17557 |
| 653 | 青海盐湖工业股份有限公司 | 青海 | 3074786 | 1556459 | 4198284 | 2518811 | 6315 |
| 654 | 山西云时代技术有限公司 | 山西 | 3060384 | 24781 | 1957510 | 556973 | 12369 |
| 655 | 金鹏控股集团有限公司 | 安徽 | 3056588 | 72501 | 2993289 | 729931 | 5600 |
| 656 | 浙江大华技术股份有限公司 | 浙江 | 3056537 | 232436 | 4625289 | 2583680 | 23587 |
| 657 | 广州市城市建设投资集团有限公司 | 广东 | 3055702 | -61331 | 35845535 | 14763629 | 34454 |
| 658 | 奥盛集团有限公司 | 上海 | 3053686 | 96064 | 1353777 | 1146948 | 1616 |
| 659 | 江苏上上电缆集团有限公司 | 江苏 | 3047338 | 61325 | 1083629 | 819127 | 5358 |
| 660 | 华新水泥股份有限公司 | 湖北 | 3047038 | 269887 | 6424168 | 2744631 | 19278 |
| 661 | 中伟新材料股份有限公司 | 贵州 | 3034374 | 154353 | 5387468 | 1652195 | 10140 |
| 662 | 浙江协和集团有限公司 | 浙江 | 3016317 | 17336 | 884895 | 230494 | 1500 |
| 663 | 潍坊特钢集团有限公司 | 山东 | 3016076 | 72873 | 858392 | 470493 | 5789 |
| 664 | 深圳市东阳光实业发展有限公司 | 广东 | 3010864 | 135283 | 7841962 | 1357683 | 22162 |
| 665 | 江苏洋河酒厂股份有限公司 | 江苏 | 3010490 | 937783 | 6796425 | 4747495 | 19616 |
| 666 | 陕西鼓风机（集团）有限公司 | 陕西 | 3004324 | 39010 | 4156660 | 835122 | 6825 |
| 667 | 天津满运软件科技有限公司 | 天津 | 3002867 | -2562 | 163073 | -6397 | 105 |
| 668 | 浙江宝利德股份有限公司 | 浙江 | 3002664 | 17875 | 809614 | 264380 | 2545 |
| 669 | 淄博齐翔腾达化工股份有限公司 | 山东 | 2981049 | 63380 | 2899855 | 1348833 | 3283 |
| 670 | 淄博鑫泰石化有限公司 | 山东 | 2969658 | -59041 | 3033498 | 208901 | 1636 |
| 671 | 苏州金螳螂企业（集团）有限公司 | 江苏 | 2962085 | 40848 | 4875648 | 396650 | 13512 |

续表

| 名次 | 企业名称 | 地区 | 营业收入/万元 | 净利润/万元 | 资产/万元 | 所有者权益/万元 | 从业人数/人 |
|---|---|---|---|---|---|---|---|
| 672 | 江苏中超投资集团有限公司 | 江苏 | 2956733 | 6931 | 1398885 | 261157 | 5284 |
| 673 | 江苏华地国际控股集团有限公司 | 江苏 | 2956688 | 69338 | 1360055 | 451574 | 5655 |
| 674 | 格林美股份有限公司 | 广东 | 2939177 | 129589 | 4412961 | 1848386 | 10372 |
| 675 | 东方日升新能源股份有限公司 | 浙江 | 2938472 | 94468 | 3826160 | 937164 | 11714 |
| 676 | 上海龙旗科技股份有限公司 | 上海 | 2934315 | 56050 | 1450934 | 315536 | 11001 |
| 677 | 广州珠江实业集团有限公司 | 广东 | 2925693 | 71328 | 13616370 | 1884635 | 25657 |
| 678 | 东华能源股份有限公司 | 江苏 | 2919900 | 4251 | 4136063 | 1033993 | 1923 |
| 679 | 金东纸业（江苏）股份有限公司 | 江苏 | 2919488 | 289677 | 7117179 | 2369306 | 5881 |
| 680 | 建华建材（中国）有限公司 | 江苏 | 2912042 | 102038 | 2391948 | 902156 | 28830 |
| 681 | 利群集团股份有限公司 | 山东 | 2866776 | 2177 | 2774161 | 669027 | 9350 |
| 682 | 苏州创元投资发展（集团）有限公司 | 江苏 | 2856416 | 51046 | 4886630 | 989469 | 13545 |
| 683 | 广西贵港钢铁集团有限公司 | 广西壮族自治区 | 2851675 | 14873 | 1250686 | 304277 | 2907 |
| 684 | 广州立白凯晟控股有限公司 | 广东 | 2841941 | 81758 | 3086986 | 1386816 | 8672 |
| 685 | 武汉市城市建设投资开发集团有限公司 | 湖北 | 2832379 | -10074 | 37805832 | 10987099 | 14472 |
| 686 | 广西农垦集团有限责任公司 | 广西壮族自治区 | 2825234 | 70582 | 8958836 | 4986537 | 26309 |
| 687 | 厦门中骏集团有限公司 | 福建 | 2820230 | 5486 | 19697085 | 2186660 | 7719 |
| 688 | 郑州宇通企业集团 | 河南 | 2811029 | 36432 | 5551574 | 1606879 | 24885 |
| 689 | 郑州银行股份有限公司 | 河南 | 2805148 | 242230 | 59151362 | 5077257 | 5888 |
| 690 | 河南明泰铝业股份有限公司 | 河南 | 2778113 | 159859 | 1895452 | 1220193 | 6007 |
| 691 | 青岛经济技术开发区投资控股集团有限公司 | 山东 | 2774481 | 50176 | 9462484 | 2492278 | 2366 |
| 692 | 胜星集团有限责任公司 | 山东 | 2757849 | -62100 | 3397173 | -273625 | 1650 |
| 693 | 文一投资控股有限公司 | 安徽 | 2750566 | 44331 | 5215215 | 2906617 | 16000 |
| 694 | 回音必集团有限公司 | 浙江 | 2734220 | 71850 | 851567 | 556302 | 2128 |
| 695 | 北京顺鑫控股集团有限公司 | 北京 | 2732268 | -52623 | 3835713 | 278569 | 7390 |
| 696 | 上海源耀农业股份有限公司 | 上海 | 2717427 | 18419 | 181799 | 70056 | 827 |
| 697 | 宁波博洋控股集团有限公司 | 浙江 | 2717062 | 46080 | 880329 | 228999 | 7508 |
| 698 | 山河控股集团有限公司 | 湖北 | 2714562 | 40607 | 1357671 | 873661 | 31393 |
| 699 | 惠科股份有限公司 | 广东 | 2713381 | -137316 | 9020656 | 1023616 | 15644 |
| 700 | 贵州现代物流产业（集团）有限责任公司 | 贵州 | 2707634 | 2746 | 1803286 | 393099 | 4123 |
| 701 | 宗申产业集团有限公司 | 重庆 | 2702354 | 16911 | 2585492 | 488993 | 16843 |
| 702 | 广东小鹏汽车科技有限公司 | 广东 | 2685512 | -913897 | 7149101 | 3691067 | 17336 |
| 703 | 广西柳工集团有限公司 | 广西壮族自治区 | 2682039 | 19170 | 4410497 | 488062 | 17717 |
| 704 | 厦门禹洲集团股份有限公司 | 福建 | 2673724 | -1201486 | 14345377 | 1197361 | 1985 |
| 705 | 无棣鑫岳化工集团有限公司 | 山东 | 2664053 | 106624 | 1576536 | 1083012 | 3861 |
| 706 | 湖南财信金融控股集团有限公司 | 湖南 | 2660962 | 225308 | 59957468 | 3253849 | 9538 |

续表

| 名次 | 企业名称 | 地区 | 营业收入/万元 | 净利润/万元 | 资产/万元 | 所有者权益/万元 | 从业人数/人 |
|---|---|---|---|---|---|---|---|
| 707 | 唐山国控集团有限公司 | 河北 | 2658144 | 201072 | 18798389 | 8913553 | 4547 |
| 708 | 唐人神集团股份有限公司 | 湖南 | 2653858 | 13506 | 1843204 | 679792 | 12068 |
| 709 | 滨化集团 | 山东 | 2650828 | 187144 | 2816585 | 1488145 | 5093 |
| 710 | 无锡新三洲特钢有限公司 | 江苏 | 2647459 | −21399 | 329646 | 104642 | 2438 |
| 711 | 天津九安医疗电子股份有限公司 | 天津 | 2631536 | 1603017 | 2173064 | 1955422 | 1655 |
| 712 | 诸城外贸有限责任公司 | 山东 | 2629079 | 80810 | 2391986 | 1193116 | 7354 |
| 713 | 湖北文化旅游集团有限公司 | 湖北 | 2616711 | 1022 | 7981072 | 1390060 | 7505 |
| 714 | 无锡市不锈钢电子交易中心有限公司 | 江苏 | 2615985 | 3194 | 17719 | 16107 | 110 |
| 715 | 永兴特种材料科技股份有限公司 | 浙江 | 2613255 | 702097 | 2674290 | 1630548 | 2249 |
| 716 | 庞大汽贸集团股份有限公司 | 河北 | 2602100 | −144106 | 2221720 | 1028935 | 10060 |
| 717 | 海通证券股份有限公司 | 上海 | 2594819 | 654535 | 75360758 | 16459196 | 11887 |
| 718 | 无锡市交通产业集团有限公司 | 江苏 | 2587987 | 11717 | 7015642 | 2008411 | 13101 |
| 719 | 河南济源钢铁（集团）有限公司 | 河南 | 2581876 | 66237 | 2231601 | 942087 | 7643 |
| 720 | 天津源泰德润钢管制造集团有限公司 | 天津 | 2575071 | 20088 | 421547 | 301200 | 880 |
| 721 | 佛山市海天调味食品股份有限公司 | 广东 | 2560965 | 619772 | 3405918 | 2639768 | 7313 |
| 722 | 东莞农村商业银行股份有限公司 | 广东 | 2543237 | 593168 | 65768997 | 5112772 | 7917 |
| 723 | 盛屯矿业集团股份有限公司 | 福建 | 2535655 | −9554 | 3195303 | 1400971 | 7488 |
| 724 | 浙江正凯集团有限公司 | 浙江 | 2515829 | 29910 | 1764001 | 261526 | 3518 |
| 725 | 广发证券股份有限公司 | 广东 | 2513201 | 792929 | 61725628 | 12014563 | 14802 |
| 726 | 山东永鑫能源集团有限公司 | 山东 | 2504217 | −116824 | 1243600 | −372282 | 1462 |
| 727 | 江阴市金桥化工有限公司 | 江苏 | 2501841 | 1912 | 177235 | 30431 | 93 |
| 728 | 湖南博深实业集团有限公司 | 湖南 | 2490808 | 104868 | 1538201 | 786085 | 1137 |
| 729 | 重庆高速公路集团有限公司 | 重庆 | 2489154 | 37612 | 21791508 | 6381590 | 11981 |
| 730 | 无锡市国联发展（集团）有限公司 | 江苏 | 2478719 | 158001 | 18124465 | 2901711 | 13084 |
| 731 | 天津市宝来工贸有限公司 | 天津 | 2450316 | 49462 | 320603 | 285367 | 2350 |
| 732 | 重庆万达薄板有限公司 | 重庆 | 2446613 | 2715 | 1411513 | 382153 | 1566 |
| 733 | 厦门夏商集团有限公司 | 福建 | 2443171 | 34535 | 1882416 | 487246 | 6212 |
| 734 | 日出实业集团有限公司 | 浙江 | 2436457 | 11448 | 378325 | 49694 | 675 |
| 735 | 重庆京东方光电科技有限公司 | 重庆 | 2433233 | 450636 | 5149420 | 4308180 | 5547 |
| 736 | 江西银行股份有限公司 | 江西 | 2424928 | 154955 | 51557265 | 4604795 | 5690 |
| 737 | 龙佰集团股份有限公司 | 河南 | 2411296 | 341934 | 5918598 | 2081841 | 15907 |
| 738 | 河北高速公路集团有限公司 | 河北 | 2400363 | 15934 | 33196410 | 12510501 | 21133 |
| 739 | 唐山三友集团有限公司 | 河北 | 2381464 | 56672 | 2828946 | 710019 | 18207 |
| 740 | 河南心连心化学工业集团股份有限公司 | 河南 | 2373614 | 179666 | 2657512 | 861824 | 8601 |
| 741 | 湖南农业发展投资集团有限责任公司 | 湖南 | 2361660 | 10027 | 6229143 | 2094273 | 8849 |

续表

| 名次 | 企业名称 | 地区 | 营业收入/万元 | 净利润/万元 | 资产/万元 | 所有者权益/万元 | 从业人数/人 |
|---|---|---|---|---|---|---|---|
| 742 | 青岛银行股份有限公司 | 山东 | 2353201 | 308278 | 52961399 | 3581631 | 4707 |
| 743 | 上海均瑶（集团）有限公司 | 上海 | 2349263 | -272628 | 10101108 | 902895 | 21291 |
| 744 | 正大天晴药业集团股份有限公司 | 江苏 | 2346686 | 449204 | 2832351 | 1497873 | 13796 |
| 745 | 江苏省粮食集团有限责任公司 | 江苏 | 2327140 | 10253 | 1323948 | 256571 | 1386 |
| 746 | 山东电工电气集团有限公司 | 山东 | 2326983 | 46513 | 2847848 | 669262 | 9104 |
| 747 | 重庆市能源投资集团有限公司 | 重庆 | 2326071 | -245657 | 4008473 | -1367508 | 16014 |
| 748 | 重庆攀华板材有限公司 | 重庆 | 2325103 | 5987 | 317845 | 50985 | 320 |
| 749 | 中哲控股集团有限公司 | 浙江 | 2312008 | 30833 | 593795 | 143509 | 5726 |
| 750 | 桂林银行股份有限公司 | 广西壮族自治区 | 2309022 | 162371 | 49710759 | 3639762 | 9336 |
| 751 | 深圳市汇川技术股份有限公司 | 广东 | 2300831 | 203061 | 3921161 | 1418380 | 20256 |
| 752 | 广州金融控股集团有限公司 | 广东 | 2295329 | 285020 | 87704965 | 3012037 | 8770 |
| 753 | 福建漳州城投集团有限公司 | 福建 | 2281108 | 26466 | 5821394 | 1630027 | 23764 |
| 754 | 顾家集团有限公司 | 浙江 | 2273396 | -62351 | 2519013 | 619586 | 19576 |
| 755 | 河北交通投资集团有限公司 | 河北 | 2266953 | -42183 | 33198400 | 6511701 | 13000 |
| 756 | 深圳市德方纳米科技股份有限公司 | 广东 | 2255708 | 238020 | 2909424 | 881306 | 7828 |
| 757 | 山东博汇集团有限公司 | 山东 | 2254563 | -72369 | 2758112 | -69184 | 7263 |
| 758 | 安徽灵通集团控股有限公司 | 安徽 | 2250924 | 6686 | 163605 | 44516 | 185 |
| 759 | 欧派家居集团股份有限公司 | 广东 | 2247950 | 268842 | 2861100 | 1651379 | 24527 |
| 760 | 双星集团有限责任公司 | 山东 | 2246137 | -29166 | 3827563 | 7658 | 16385 |
| 761 | 九江银行股份有限公司 | 江西 | 2235743 | 161512 | 47970354 | 3562766 | 4967 |
| 762 | 宁波君安控股有限公司 | 浙江 | 2234675 | 8808 | 362536 | 89801 | 80 |
| 763 | 人福医药集团股份公司 | 湖北 | 2233772 | 248411 | 3602302 | 1503699 | 16070 |
| 764 | 广州天赐高新材料股份有限公司 | 广东 | 2231694 | 571444 | 2553093 | 1254597 | 6002 |
| 765 | 人本集团有限公司 | 浙江 | 2223321 | 63341 | 1683358 | 412845 | 23807 |
| 766 | 湖南有色产业投资集团有限责任公司 | 湖南 | 2210717 | 6081 | 1371314 | 195660 | 6990 |
| 767 | 上海塑来信息技术有限公司 | 上海 | 2201028 | 1516 | 90130 | 18872 | 200 |
| 768 | 弘元绿色能源股份有限公司 | 江苏 | 2190943 | 303316 | 2103408 | 1253558 | 7245 |
| 769 | 赛轮集团股份有限公司 | 山东 | 2190221 | 133180 | 2963221 | 1221912 | 17469 |
| 770 | 福建长源纺织有限公司 | 福建 | 2183582 | 126854 | 962596 | 591613 | 1918 |
| 771 | 浙江新安化工集团股份有限公司 | 浙江 | 2180274 | 295458 | 1924528 | 1154526 | 6347 |
| 772 | 中国万向控股有限公司 | 上海 | 2169135 | 97247 | 16234777 | 914434 | 13523 |
| 773 | 福建傲农生物科技集团股份有限公司 | 福建 | 2161304 | -103903 | 1866057 | 250383 | 13851 |
| 774 | 瑞源控股集团有限公司 | 山东 | 2156477 | 96164 | 1689486 | 425675 | 8600 |
| 775 | 广东华鑫茂集团有限公司 | 广东 | 2151952 | 1870 | 804307 | 4179 | 65 |
| 776 | 常州市化工轻工材料总公司 | 江苏 | 2150913 | 3163 | 514752 | 22306 | 156 |

续表

| 名次 | 企业名称 | 地区 | 营业收入/万元 | 净利润/万元 | 资产/万元 | 所有者权益/万元 | 从业人数/人 |
|---|---|---|---|---|---|---|---|
| 777 | 山东山水水泥集团有限公司 | 山东 | 2147869 | 70462 | 3850662 | 1595421 | 17264 |
| 778 | 通富微电子股份有限公司 | 江苏 | 2142858 | 50200 | 3562943 | 1383358 | 19168 |
| 779 | 攀枝花钢城集团有限公司 | 四川 | 2141036 | 3540 | 1024642 | −8640 | 13155 |
| 780 | 四川特驱投资集团有限公司 | 四川 | 2138596 | 29305 | 2970969 | 449471 | 11692 |
| 781 | 天津城市基础设施建设投资集团有限公司 | 天津 | 2132471 | 182502 | 89458544 | 26311428 | 13624 |
| 782 | 鹰潭胜华金属有限责任公司 | 江西 | 2130863 | 3515 | 94178 | 32452 | 217 |
| 783 | 江苏恒瑞医药股份有限公司 | 江苏 | 2127527 | 390630 | 4235501 | 3782381 | 20636 |
| 784 | 大参林医药集团股份有限公司 | 广东 | 2124809 | 103572 | 2084124 | 621188 | 39499 |
| 785 | 东莞银行股份有限公司 | 广东 | 2123744 | 383444 | 53841900 | 3475519 | 5336 |
| 786 | 铜陵化学工业集团有限公司 | 安徽 | 2121671 | 44531 | 1945610 | 319175 | 6709 |
| 787 | 黑龙江飞鹤乳业有限公司 | 黑龙江 | 2110363 | 391115 | 2511062 | 1227952 | 6859 |
| 788 | 广州轻工工贸集团有限公司 | 广东 | 2109150 | 68148 | 2293680 | 1257682 | 6120 |
| 789 | 青岛澳柯玛控股集团有限公司 | 山东 | 2103293 | 33675 | 1970554 | 489932 | 8396 |
| 790 | 凌源钢铁集团有限责任公司 | 辽宁 | 2102984 | −19392 | 2652520 | 362011 | 9929 |
| 791 | 江阴江东集团公司 | 江苏 | 2102666 | 108386 | 720082 | 596515 | 6538 |
| 792 | 广州视源电子科技股份有限公司 | 广东 | 2099027 | 207242 | 2014849 | 1194145 | 6193 |
| 793 | 福州朴朴电子商务有限公司 | 福建 | 2096618 | −152144 | 557911 | −735605 | 50000 |
| 794 | 杭州鼎胜实业集团有限公司 | 浙江 | 2086515 | 24210 | 2387832 | 564483 | 2261 |
| 795 | 浙江天圣控股集团有限公司 | 浙江 | 2084637 | 224555 | 1449089 | 723130 | 2216 |
| 796 | 浙江火山口网络科技有限公司 | 浙江 | 2083843 | 15975 | 206825 | 85349 | 262 |
| 797 | 爱玛科技集团股份有限公司 | 天津 | 2080221 | 187343 | 1847135 | 672117 | 8126 |
| 798 | 辛集市澳森特钢集团有限公司 | 河北 | 2073178 | 96465 | 1386119 | 1279480 | 5294 |
| 799 | 山东联盟化工集团有限公司 | 山东 | 2070564 | 113725 | 1396027 | 816861 | 6202 |
| 800 | 上海起帆电缆股份有限公司 | 上海 | 2064420 | 36630 | 1221748 | 415148 | 4404 |
| 801 | 瑞声科技控股有限公司 | 广东 | 2062509 | 82131 | 4034326 | 2165625 | 27798 |
| 802 | 佛山市建设发展集团有限公司 | 广东 | 2061911 | 10148 | 3768380 | 665216 | 3250 |
| 803 | 珠海九洲控股集团有限公司 | 广东 | 2058466 | 16335 | 4304526 | 624963 | 5840 |
| 804 | 深圳中宝集团有限公司 | 广东 | 2046846 | 11242 | 68085 | 25781 | 141 |
| 805 | 泰开集团有限公司 | 山东 | 2045160 | 116037 | 1840650 | 465611 | 13365 |
| 806 | 山东远通汽车贸易集团有限公司 | 山东 | 2044064 | 15032 | 648378 | 400946 | 5185 |
| 807 | 淄博商厦股份有限公司 | 山东 | 2041219 | 15960 | 574619 | 300103 | 10000 |
| 808 | 中创新航科技集团股份有限公司 | 江苏 | 2039994 | 73012 | 9018039 | 3448305 | 30091 |
| 809 | 天津纺织集团（控股）有限公司 | 天津 | 2034533 | 12988 | 2068871 | 475246 | 3244 |
| 810 | 万向三农集团有限公司 | 浙江 | 2034121 | 68439 | 2854253 | 949247 | 4450 |
| 811 | 宜宾天原集团股份有限公司 | 四川 | 2033944 | 55055 | 1543440 | 607669 | 4315 |

续表

| 名次 | 企业名称 | 地区 | 营业收入/万元 | 净利润/万元 | 资产/万元 | 所有者权益/万元 | 从业人数/人 |
|---|---|---|---|---|---|---|---|
| 812 | 西安城市基础设施建设投资集团有限公司 | 陕西 | 2032804 | 91923 | 19953413 | 7517771 | 30130 |
| 813 | 淮海控股集团有限公司 | 江苏 | 2028469 | 105919 | 1310604 | 1040210 | 8219 |
| 814 | 利欧集团股份有限公司 | 浙江 | 2026834 | -44313 | 1943733 | 1161685 | 5719 |
| 815 | 黑龙江倍丰农业生产资料集团有限公司 | 黑龙江 | 2022900 | 5907 | 2380158 | 203915 | 1239 |
| 816 | 洛阳炼化宏达实业有限责任公司 | 河南 | 2021998 | 3753 | 434867 | 46353 | 1473 |
| 817 | 老百姓大药房连锁股份有限公司 | 湖南 | 2017552 | 78496 | 2139733 | 652995 | 35608 |
| 818 | 泉州市金融控股集团有限公司 | 福建 | 2016926 | 32484 | 4563089 | 1366099 | 26358 |
| 819 | 河北银行股份有限公司 | 河北 | 2015237 | 242373 | 48921204 | 4378595 | 5126 |
| 820 | 上海韦尔半导体股份有限公司 | 上海 | 2007818 | 99006 | 3519016 | 1801836 | 4980 |
| 821 | 上海胜华电缆科技集团有限公司 | 上海 | 2006281 | 12354 | 751079 | 272201 | 2470 |
| 822 | 携程集团有限公司 | 上海 | 2005500 | 140300 | 19169100 | 11228300 | 32202 |
| 823 | 武汉市市政建设集团有限公司 | 湖北 | 2002620 | 51480 | 5696839 | 564373 | 2782 |
| 824 | 江苏省苏豪控股集团有限公司 | 江苏 | 2000117 | 85517 | 3722045 | 963971 | 7608 |
| 825 | 长春一汽富维汽车零部件股份有限公司 | 吉林 | 1997164 | 54398 | 2017190 | 783741 | 11031 |
| 826 | 达利食品集团有限公司 | 福建 | 1995720 | 299009 | 2700338 | 1869401 | 39518 |
| 827 | 江苏省煤炭运销有限公司 | 江苏 | 1994316 | 6208 | 249045 | 38901 | 49 |
| 828 | 安徽天康（集团）股份有限公司 | 安徽 | 1989520 | 44586 | 602144 | 470691 | 4508 |
| 829 | 益丰大药房连锁股份有限公司 | 湖南 | 1988639 | 126560 | 2103888 | 855607 | 35915 |
| 830 | 上海仪电（集团）有限公司 | 上海 | 1987967 | 26178 | 8653431 | 1582986 | 11213 |
| 831 | 河南利源集团燃气有限公司 | 河南 | 1967822 | 69082 | 834941 | 285232 | 1870 |
| 832 | 宁波华翔电子股份有限公司 | 浙江 | 1962612 | 100714 | 2294004 | 1108801 | 18845 |
| 833 | 鹭燕医药股份有限公司 | 福建 | 1946250 | 34515 | 1178379 | 272081 | 5286 |
| 834 | 中国江苏国际经济技术合作集团有限公司 | 江苏 | 1932854 | 28086 | 2988499 | 561149 | 8576 |
| 835 | 厦门翔业集团有限公司 | 福建 | 1915801 | 28222 | 4951426 | 1742500 | 11916 |
| 836 | 广东腾越建筑工程有限公司 | 广东 | 1915464 | 24133 | 7395809 | 1558893 | 6465 |
| 837 | 江南集团有限公司 | 江苏 | 1915132 | 13763 | 1430619 | 603593 | 3511 |
| 838 | 广东宇成投资集团有限公司 | 广东 | 1914579 | 663 | 679719 | 4501 | 33 |
| 839 | 江苏大经供应链股份有限公司 | 江苏 | 1911532 | 1749 | 217110 | 26690 | 500 |
| 840 | 徐州东方物流集团有限公司 | 江苏 | 1911307 | 23926 | 887801 | 207188 | 1186 |
| 841 | 软通动力信息技术（集团）股份有限公司 | 北京 | 1910369 | 97332 | 1506271 | 1005837 | 90000 |
| 842 | 广西柳药集团股份有限公司 | 广西壮族自治区 | 1905283 | 70152 | 1860699 | 596896 | 5162 |
| 843 | 山西高义钢铁有限公司 | 山西 | 1892951 | 21266 | 1349571 | 495869 | 3814 |
| 844 | 佛燃能源集团股份有限公司 | 广东 | 1892310 | 65526 | 1479174 | 543302 | 2404 |
| 845 | 中原出版传媒投资控股集团有限公司 | 河南 | 1888546 | 72783 | 2032548 | 1066707 | 14483 |
| 846 | 青岛农村商业银行股份有限公司 | 山东 | 1885266 | 231714 | 43479132 | 3557407 | 5185 |

续表

| 名次 | 企业名称 | 地区 | 营业收入/万元 | 净利润/万元 | 资产/万元 | 所有者权益/万元 | 从业人数/人 |
|---|---|---|---|---|---|---|---|
| 847 | 奥园集团有限公司 | 广东 | 1884495 | −1127758 | 24124054 | −2205737 | 14375 |
| 848 | 金猴集团有限公司 | 山东 | 1883455 | 38967 | 595700 | 404989 | 2920 |
| 849 | 深圳市朗华供应链服务有限公司 | 广东 | 1871026 | 30619 | 1291333 | 96679 | 1185 |
| 850 | 迪尚集团有限公司 | 山东 | 1851287 | 220889 | 1193918 | 730382 | 25602 |
| 851 | 卫华集团有限公司 | 河南 | 1850793 | 59673 | 1174638 | 495710 | 5778 |
| 852 | 信誉楼百货集团有限公司 | 河北 | 1848778 | 63023 | 895722 | 395612 | 31500 |
| 853 | 安徽辉隆投资集团有限公司 | 安徽 | 1840793 | 10819 | 1254839 | 124126 | 3910 |
| 854 | 宁波力勤资源科技股份有限公司 | 浙江 | 1831947 | 172830 | 2084040 | 847639 | 2907 |
| 855 | 安徽新华发行（集团）控股有限公司 | 安徽 | 1830939 | 24020 | 3239780 | 961127 | 6173 |
| 856 | 天津港（集团）有限公司 | 天津 | 1827887 | −57509 | 15664669 | 2649516 | 15937 |
| 857 | 厦门金龙汽车集团股份有限公司 | 福建 | 1824041 | −38689 | 2775583 | 356865 | 11272 |
| 858 | 许继集团有限公司 | 河南 | 1816654 | 30242 | 2642684 | 366231 | 6968 |
| 859 | 广州无线电集团有限公司 | 广东 | 1811496 | 48629 | 5737582 | 1136262 | 56611 |
| 860 | 云南祥丰实业集团有限公司 | 云南 | 1805667 | 205690 | 1053584 | 618426 | 2546 |
| 861 | 西安曲江文化产业投资（集团）有限公司 | 陕西 | 1804365 | 4601 | 10683112 | 1227415 | 13402 |
| 862 | 欧龙汽车贸易集团有限公司 | 浙江 | 1803185 | 50201 | 686231 | 332290 | 3542 |
| 863 | 广东生益科技股份有限公司 | 广东 | 1801444 | 153079 | 2519563 | 1349810 | 11633 |
| 864 | 砂之船商业管理集团有限公司 | 重庆 | 1800473 | 32136 | 1638397 | 841824 | 33487 |
| 865 | 宁波继峰汽车零部件股份有限公司 | 浙江 | 1796680 | −141738 | 1545354 | 345550 | 18717 |
| 866 | 山西亚鑫能源集团有限公司 | 山西 | 1789955 | 164971 | 1309192 | 481092 | 3000 |
| 867 | 广东宏川集团有限公司 | 广东 | 1783559 | 30143 | 1336098 | 274843 | 2131 |
| 868 | 广博控股集团有限公司 | 浙江 | 1780568 | 21690 | 1783280 | 409852 | 3500 |
| 869 | 贵州习酒投资控股集团有限责任公司 | 贵州 | 1776458 | 362224 | 2537923 | 787036 | 8604 |
| 870 | 广东兴发铝业有限公司 | 广东 | 1775572 | 53640 | 1208930 | 471756 | 9500 |
| 871 | 福建纵腾网络有限公司 | 福建 | 1760478 | −36808 | 741499 | 355262 | 6939 |
| 872 | 安徽古井集团有限责任公司 | 安徽 | 1760468 | 126412 | 3569488 | 1108802 | 12310 |
| 873 | 青岛海湾集团有限公司 | 山东 | 1759532 | 122735 | 2978297 | 1363041 | 3991 |
| 874 | 高景太阳能股份有限公司 | 广东 | 1757039 | 182060 | 1628048 | 699323 | 6436 |
| 875 | 铜陵精达特种电磁线股份有限公司 | 安徽 | 1754240 | 38107 | 1085572 | 506296 | 3343 |
| 876 | 华邦控股集团有限公司 | 广东 | 1751562 | 38786 | 4175998 | 1585184 | 5271 |
| 877 | 景德镇黑猫集团有限责任公司 | 江西 | 1744998 | −3790 | 3022522 | 492064 | 9386 |
| 878 | 浙江中财管道科技股份有限公司 | 浙江 | 1744882 | 200238 | 1303080 | 1058861 | 8139 |
| 879 | 佛山市兴美资源科技有限公司 | 广东 | 1742902 | 14 | 55657 | 323 | 13 |
| 880 | 闽源钢铁集团有限公司 | 河南 | 1740618 | 23159 | 660886 | 567898 | 4988 |
| 881 | 得利斯集团有限公司 | 山东 | 1740368 | 50402 | 1073138 | 823919 | 6514 |

续表

| 名次 | 企业名称 | 地区 | 营业收入/万元 | 净利润/万元 | 资产/万元 | 所有者权益/万元 | 从业人数/人 |
|---|---|---|---|---|---|---|---|
| 882 | 安徽中鼎控股（集团）股份有限公司 | 安徽 | 1737163 | 24608 | 3103548 | 736901 | 26512 |
| 883 | 天津市医药集团有限公司 | 天津 | 1736571 | 64438 | 3721224 | 833858 | 9025 |
| 884 | 湖南省煤业集团有限公司 | 湖南 | 1732254 | 55518 | 1466604 | 247753 | 22197 |
| 885 | 河北省国有资产控股运营有限公司 | 河北 | 1724291 | 134 | 2284697 | 729028 | 2404 |
| 886 | 天津农村商业银行股份有限公司 | 天津 | 1720988 | 259989 | 40717700 | 3264815 | 5884 |
| 887 | 陕西粮农集团有限责任公司 | 陕西 | 1715708 | 14413 | 1272548 | 427209 | 2467 |
| 888 | 杭州市商贸旅游集团有限公司 | 浙江 | 1704580 | 97967 | 9432494 | 3054194 | 18641 |
| 889 | 泰豪集团有限公司 | 江西 | 1703504 | 46532 | 2562012 | 864998 | 7610 |
| 890 | 广西汽车集团有限公司 | 广西壮族自治区 | 1702704 | -2009 | 2052502 | 614004 | 12558 |
| 891 | 润华集团股份有限公司 | 山东 | 1702357 | 40806 | 1559093 | 793262 | 5381 |
| 892 | 山东玲珑轮胎股份有限公司 | 山东 | 1700588 | 29161 | 3738220 | 1924217 | 18534 |
| 893 | 林州凤宝管业有限公司 | 河南 | 1699315 | 38594 | 1240807 | 461842 | 4529 |
| 894 | 重庆交通运输控股（集团）有限公司 | 重庆 | 1697243 | 7977 | 2540992 | 960477 | 37036 |
| 895 | 广西百色工业投资发展集团有限公司 | 广西壮族自治区 | 1693638 | 2967 | 1770913 | 458573 | 3430 |
| 896 | 福建圣农发展股份有限公司 | 福建 | 1681709 | 41090 | 1892333 | 993225 | 25063 |
| 897 | 金能科技股份有限公司 | 山东 | 1680068 | 24917 | 1632581 | 870744 | 2890 |
| 898 | 武汉农村商业银行股份有限公司 | 湖北 | 1678926 | 132792 | 41297215 | 2380864 | 7586 |
| 899 | 河南丰利石化有限公司 | 河南 | 1664364 | -253807 | 1234533 | -113343 | 659 |
| 900 | 广西泛糖科技有限公司 | 广西壮族自治区 | 1658311 | 1408 | 596503 | 7675 | 108 |
| 901 | 青岛康大控股集团有限公司 | 山东 | 1656394 | 56351 | 790548 | 205538 | 7741 |
| 902 | 福建福日电子股份有限公司 | 福建 | 1655046 | -31293 | 896858 | 234910 | 4805 |
| 903 | 太原重型机械集团有限公司 | 山西 | 1651706 | -16129 | 6807311 | 1376801 | 10819 |
| 904 | 深圳市宝德投资控股有限公司 | 广东 | 1651221 | 692 | 1739051 | 440282 | 3364 |
| 905 | 平高集团有限公司 | 河南 | 1645423 | 1712 | 3030115 | 299392 | 6350 |
| 906 | 三七互娱网络科技集团股份有限公司 | 安徽 | 1640603 | 295437 | 1709461 | 1218335 | 3552 |
| 907 | 广西桂鑫钢铁集团有限公司 | 广西壮族自治区 | 1639308 | 20938 | 719848 | 180181 | 1700 |
| 908 | 安徽华源医药集团有限公司 | 安徽 | 1638457 | 16324 | 1364523 | 228821 | 9100 |
| 909 | 今飞控股集团有限公司 | 浙江 | 1637999 | 19711 | 857263 | 147914 | 6423 |
| 910 | 厦门市嘉晟对外贸易有限公司 | 福建 | 1636641 | 3765 | 595178 | 72871 | 210 |
| 911 | 深圳市裕同包装科技股份有限公司 | 广东 | 1636209 | 14878741 | 210658867 | 102414726 | 21831 |
| 912 | 宁波方太厨具有限公司 | 浙江 | 1623851 | 172405 | 1866019 | 1191891 | 17519 |
| 913 | 利泰汽车集团有限公司 | 广东 | 1621041 | 7804 | 336327 | 126515 | 8227 |
| 914 | 四川华油集团有限责任公司 | 四川 | 1614980 | 46064 | 1052393 | 324785 | 3364 |
| 915 | 深圳市博科供应链管理有限公司 | 广东 | 1613860 | 4466 | 29557 | 29557 | 151 |
| 916 | 四川航空股份有限公司 | 四川 | 1612669 | -1012264 | 6413046 | -1136564 | 19258 |

续表

| 名次 | 企业名称 | 地区 | 营业收入/万元 | 净利润/万元 | 资产/万元 | 所有者权益/万元 | 从业人数/人 |
|---|---|---|---|---|---|---|---|
| 917 | 嘉德瑞贸易有限公司 | 山东 | 1595115 | 2052 | 40729 | 7555 | 18 |
| 918 | 万友汽车投资有限公司 | 重庆 | 1589895 | 6221 | 776683 | 117127 | 6857 |
| 919 | 中国(福建)对外贸易中心集团有限责任公司 | 福建 | 1589139 | 3749 | 1053356 | 385754 | 679 |
| 920 | 浙江省农村发展集团有限公司 | 浙江 | 1586820 | 22793 | 1830396 | 235404 | 1995 |
| 921 | 福建古雷石化有限公司 | 福建 | 1581174 | −278446 | 2881107 | 615749 | 1055 |
| 922 | 安徽叉车集团有限责任公司 | 安徽 | 1572395 | 70141 | 1803585 | 421985 | 11156 |
| 923 | 河南黄河实业集团股份有限公司 | 河南 | 1571012 | 65584 | 1886230 | 951833 | 9465 |
| 924 | 湖北港口集团有限公司 | 湖北 | 1564516 | 8891 | 5761144 | 1585432 | 7090 |
| 925 | 万邦德集团有限公司 | 浙江 | 1562391 | 42368 | 1193363 | 283998 | 3155 |
| 926 | 浙江永利实业集团有限公司 | 浙江 | 1560272 | 67770 | 2223230 | 1490257 | 2650 |
| 927 | 南京高速齿轮制造有限公司 | 江苏 | 1554763 | 115124 | 2984526 | 623453 | 6372 |
| 928 | 福建省旅游发展集团有限公司 | 福建 | 1550966 | −871 | 1106252 | 326152 | 3266 |
| 929 | 安徽昊源化工集团有限公司 | 安徽 | 1550285 | 131788 | 1098469 | 617528 | 2910 |
| 930 | 上海璞泰来新能源科技股份有限公司 | 上海 | 1546391 | 310443 | 3569731 | 1345693 | 11278 |
| 931 | 厦门合兴包装印刷股份有限公司 | 福建 | 1537527 | 13220 | 883155 | 334285 | 11420 |
| 932 | 博威集团有限公司 | 浙江 | 1537152 | 10697 | 1636299 | 214868 | 7172 |
| 933 | 安徽省徽商集团有限公司 | 安徽 | 1525093 | 11107 | 1778376 | 243466 | 3114 |
| 934 | 深圳市长盈精密技术股份有限公司 | 广东 | 1520294 | 4255 | 1758074 | 567133 | 27963 |
| 935 | 天晖(河北)供应链管理集团有限公司 | 河北 | 1515260 | 109 | 188348 | 5035 | 286 |
| 936 | 湖南永通集团有限公司 | 湖南 | 1513402 | 12005 | 708845 | 325616 | 4805 |
| 937 | 四川德康农牧食品集团股份有限公司 | 四川 | 1511736 | 72217 | 1961109 | 590819 | 9739 |
| 938 | 浙江航民实业集团有限公司 | 浙江 | 1505501 | 33074 | 1155052 | 305207 | 10100 |
| 939 | 三环集团有限公司 | 湖北 | 1504258 | −13140 | 2372724 | −21400 | 17000 |
| 940 | 深圳市兆驰股份有限公司 | 广东 | 1502837 | 114594 | 2560804 | 1361274 | 11470 |
| 941 | 大族激光科技产业集团股份有限公司 | 广东 | 1496119 | 120972 | 3191203 | 1410393 | 18335 |
| 942 | 山东步长制药股份有限公司 | 山东 | 1495125 | −165688 | 2195188 | 1236263 | 8491 |
| 943 | 绿城物业服务集团有限公司 | 浙江 | 1485634 | 54750 | 1685369 | 712098 | 44495 |
| 944 | 欧菲光集团股份有限公司 | 广东 | 1482719 | −518240 | 1823187 | 323700 | 12555 |
| 945 | 广东乐居商贸集团有限公司 | 广东 | 1477994 | 1615 | 506920 | 22375 | 222 |
| 946 | 中原大易科技有限公司 | 河南 | 1475015 | 5280 | 150787 | 46044 | 338 |
| 947 | 东营市东凯高端装备制造产业园有限公司 | 山东 | 1471119 | 664 | 104635 | 22561 | 57 |
| 948 | 河北省新合作控股集团有限公司 | 河北 | 1470746 | −2880 | 1486214 | 187496 | 1183 |
| 949 | 浙江万马股份有限公司 | 浙江 | 1467496 | 41072 | 1262982 | 486353 | 5599 |
| 950 | 安徽省贵航特钢有限公司 | 安徽 | 1461710 | — | 435998 | — | 3030 |
| 951 | 无锡药明生物技术股份有限公司 | 江苏 | 1459249 | 504308 | 3445341 | 2264973 | 9558 |

续表

| 名次 | 企业名称 | 地区 | 营业收入/万元 | 净利润/万元 | 资产/万元 | 所有者权益/万元 | 从业人数/人 |
|---|---|---|---|---|---|---|---|
| 952 | 四川众欣旅游资源开发有限公司 | 四川 | 1458702 | 6654 | 959259 | 111494 | 1979 |
| 953 | 汇金钢铁（天津）集团有限公司 | 天津 | 1452847 | -10002 | 109358 | 12533 | 270 |
| 954 | 广东天禾农资股份有限公司 | 广东 | 1450384 | 10606 | 664346 | 116370 | 2568 |
| 955 | 山东潍坊润丰化工股份有限公司 | 山东 | 1446018 | 141324 | 1159887 | 618427 | 3715 |
| 956 | 黑龙江省农业投资集团有限公司 | 黑龙江 | 1441519 | 5408 | 1692266 | 136590 | 2260 |
| 957 | 杭叉集团股份有限公司 | 浙江 | 1441242 | 98775 | 1169358 | 627935 | 5508 |
| 958 | 广州港集团有限公司 | 广东 | 1436950 | 102754 | 5824202 | 1913361 | 11894 |
| 959 | 天津天保控股有限公司 | 天津 | 1432364 | 139194 | 15648020 | 4778023 | 1156 |
| 960 | 江苏西城三联控股集团有限公司 | 江苏 | 1426098 | -96284 | 419550 | -337927 | 2517 |
| 961 | 张家口银行股份有限公司 | 河北 | 1426081 | 79844 | 31866246 | 2438306 | 4188 |
| 962 | 安克创新科技股份有限公司 | 湖南 | 1425052 | 114300 | 1013198 | 684276 | 3615 |
| 963 | 龙元建设集团股份有限公司 | 上海 | 1424590 | 35787 | 6665158 | 1228299 | 4862 |
| 964 | 洛阳国晟投资控股集团有限公司 | 河南 | 1410158 | 16988 | 19127111 | 5880234 | 7192 |
| 965 | 江阴模塑集团有限公司 | 江苏 | 1408287 | 20736 | 1371146 | 367011 | 9843 |
| 966 | 公牛集团股份有限公司 | 浙江 | 1408137 | 318862 | 1665050 | 1239887 | 12351 |
| 967 | 江苏龙蟠科技股份有限公司 | 江苏 | 1407164 | 75292 | 1469067 | 472264 | 3426 |
| 968 | 广西自贸区钦州港片区开发投资集团有限责任公司 | 广西壮族自治区 | 1404547 | 7057 | 1422991 | 541735 | 589 |
| 969 | 零跑汽车有限公司 | 浙江 | 1404059 | -72606 | 758339 | 73551 | 2146 |
| 970 | 厦门火炬集团有限公司 | 福建 | 1398783 | 30654 | 4551608 | 1896080 | 1329 |
| 971 | 浙江出版联合集团有限公司 | 浙江 | 1396995 | 137353 | 3199118 | 1943535 | 7237 |
| 972 | 福建三木集团股份有限公司 | 福建 | 1395407 | 1486 | 976480 | 143357 | 563 |
| 973 | 闻泰通讯股份有限公司 | 浙江 | 1394062 | -17322 | 825461 | 122947 | 3158 |
| 974 | 无锡先导智能装备股份有限公司 | 江苏 | 1393235 | 231758 | 3290654 | 1112337 | 18774 |
| 975 | 郑州公用事业投资发展集团有限公司 | 河南 | 1388008 | 79482 | 8042196 | 1748970 | 7387 |
| 976 | 山西东义煤电铝集团有限公司 | 山西 | 1385271 | 39622 | 1334643 | 124835 | 3100 |
| 977 | 长飞光纤光缆股份有限公司 | 湖北 | 1383032 | 116700 | 2820331 | 1014425 | 2473 |
| 978 | 仕邦控股有限公司 | 广东 | 1380893 | -602 | 69076 | 2661 | 471 |
| 979 | 安徽天星医药集团有限公司 | 安徽 | 1378442 | 20455 | 918199 | 93242 | 1225 |
| 980 | 成都建国汽车贸易有限公司 | 四川 | 1378064 | 23642 | 837010 | 328196 | 7754 |
| 981 | 厦门恒兴集团有限公司 | 福建 | 1372986 | 6009 | 1738115 | 688353 | 2510 |
| 982 | 鑫荣懋果业科技集团股份有限公司 | 广东 | 1372695 | 23040 | 685707 | 269203 | 3900 |
| 983 | 芒果超媒股份有限公司 | 湖南 | 1370434 | 182493 | 2904967 | 1885071 | 4125 |
| 984 | 上海祥源信息咨询有限公司 | 上海 | 1365950 | 35221 | 6441760 | 1588127 | 5711 |
| 985 | 华茂集团股份有限公司 | 浙江 | 1364947 | 29336 | 1761295 | 869793 | 3010 |
| 986 | 秦皇岛宏兴钢铁有限公司 | 河北 | 1358536 | -20084 | 1287764 | 1113355 | 4171 |
| 987 | 马上消费金融股份有限公司 | 重庆 | 1352997 | 178773 | 6650980 | 979196 | 2492 |

续表

| 名次 | 企业名称 | 地区 | 营业收入/万元 | 净利润/万元 | 资产/万元 | 所有者权益/万元 | 从业人数/人 |
|---|---|---|---|---|---|---|---|
| 988 | 浙江力博控股集团有限公司 | 浙江 | 1351745 | 17087 | 248549 | 127281 | 1403 |
| 989 | 科元控股集团有限公司 | 浙江 | 1349689 | 37230 | 1396054 | 224472 | 1651 |
| 990 | 金帝联合控股集团有限公司 | 浙江 | 1347518 | 97321 | 2259318 | 545246 | 804 |
| 991 | 重庆银行股份有限公司 | 重庆 | 1346540 | 486786 | 68471256 | 4933651 | 4992 |
| 992 | 天津市新宇彩板有限公司 | 天津 | 1340463 | 24174 | 719943 | 159937 | 1920 |
| 993 | 天津现代集团有限公司 | 天津 | 1340169 | 11459 | 2775850 | 1391077 | 399 |
| 994 | 宁波港东南物流集团有限公司 | 浙江 | 1334743 | 14576 | 161469 | 21897 | 1200 |
| 995 | 安徽环新集团股份有限公司 | 安徽 | 1334061 | 51958 | 1315296 | 328058 | 7151 |
| 996 | 株洲旗滨集团股份有限公司 | 湖南 | 1331268 | 131674 | 2443407 | 1259812 | 12069 |
| 997 | 广东鸿粤汽车销售集团有限公司 | 广东 | 1325580 | 15776 | 557640 | 88662 | 2964 |
| 998 | 杭州联华华商集团有限公司 | 浙江 | 1324540 | 25309 | 1541107 | 80388 | 13030 |
| 999 | 华邦生命健康股份有限公司 | 重庆 | 1323236 | 43328 | 3002440 | 1019196 | 12476 |
| 1000 | 金杯电工股份有限公司 | 湖南 | 1320274 | 37061 | 764263 | 361922 | 4210 |
| | 合计 | | 1280611098 | 58860284 | 3372774502 | 808403474 | 5142714 |

# 第十三章
## 2023 中国部分地区企业 100 强数据

2023 中国部分地区企业 100 强数据情况，见表 13-1 至表 13-8。

表 13-1 2023 天津市企业 100 强

| 排名 | 企业名称 | 营业收入/万元 | 排名 | 企业名称 | 营业收入/万元 |
|---|---|---|---|---|---|
| 1 | 中国石化销售股份有限公司华北分公司 | 32611673 | 51 | 丰益油脂科技有限公司 | 1813489 |
| 2 | 天津市新天钢钢铁集团有限公司 | 15725568 | 52 | 工银金融租赁有限公司 | 1798034 |
| 3 | 中海石油（中国）有限公司天津分公司 | 14322992 | 53 | 天津市医药集团有限公司 | 1736571 |
| 4 | 天津荣程祥泰投资控股集团有限公司 | 10353354 | 54 | 天津农村商业银行股份有限公司 | 1720988 |
| 5 | 云账户技术（天津）有限公司 | 9742960 | 55 | 中国烟草总公司天津市公司 | 1717275 |
| 6 | 天津泰达投资控股有限公司 | 8227420 | 56 | 天津津路钢铁实业有限公司 | 1641231 |
| 7 | 中国石油化工股份有限公司天津分公司 | 7666236 | 57 | 国网电商科技有限公司 | 1608470 |
| 8 | 中铁十八局集团有限公司 | 7130787 | 58 | 天津润达实业有限公司 | 1568395 |
| 9 | 天津友发钢管集团股份有限公司 | 6736035 | 59 | 中粮佳悦（天津）有限公司 | 1489986 |
| 10 | TCL中环新能源科技股份有限公司 | 6701016 | 60 | 天津三星视界移动有限公司 | 1487413 |
| 11 | 渤海银行股份有限公司 | 6637037 | 61 | 中国能源建设集团天津电力建设有限公司 | 1460230 |
| 12 | 一汽丰田汽车有限公司 | 6075612 | 62 | 汇金钢铁（天津）集团有限公司 | 1452846 |
| 13 | 国网天津市电力公司 | 5639979 | 63 | 天津天保控股有限公司 | 1432364 |
| 14 | 天津渤海化工集团有限责任公司 | 5604710 | 64 | 中国汽车工业工程有限公司 | 1389032 |
| 15 | 中国建筑第六工程局有限公司 | 5500647 | 65 | 天津忠旺铝业有限公司 | 1355660 |
| 16 | 中交第一航务工程局有限公司 | 5500233 | 66 | 天津市新宇彩板有限公司 | 1340463 |
| 17 | 中铝物资有限公司 | 5198087 | 67 | 天津现代集团有限公司 | 1340169 |
| 18 | 中国铁建大桥工程局集团有限公司 | 5082643 | 68 | 唯品会（天津）电子商务有限公司 | 1334723 |
| 19 | 国投物产有限公司 | 4613788 | 69 | 曙光信息产业股份有限公司 | 1300796 |
| 20 | 天津华北集团有限公司 | 4612758 | 70 | 嘉里粮油（天津）有限公司 | 1300533 |
| 21 | 中国铁路设计集团有限公司 | 4135340 | 71 | 国药控股天津有限公司 | 1253579 |
| 22 | 天津银行股份有限公司 | 3522619 | 72 | 天津新能再生资源有限公司 | 1228533 |
| 23 | 天津建龙钢铁实业有限公司 | 3425720 | 73 | 天津象屿进出口贸易有限公司 | 1201247 |
| 24 | 一汽-大众汽车有限公司天津分公司 | 3284530 | 74 | 三星（天津）电池有限公司 | 1193394 |
| 25 | 中国石油天然气股份有限公司大港石化分公司 | 3247547 | 75 | 贝特瑞（天津）纳米材料制造有限公司 | 1178146 |
| 26 | 美锦能源集团有限公司 | 3203035 | 76 | 捷通达汽车集团股份有限公司 | 1145918 |
| 27 | 天津天士力大健康产业投资集团有限公司 | 3083799 | 77 | 维斯塔斯风力技术（中国）有限公司 | 1135235 |
| 28 | 天津满运软件科技有限公司 | 3002867 | 78 | 天津爱旭太阳能科技有限公司 | 1131286 |
| 29 | 中集世联达物流科技（集团）股份有限公司 | 2934238 | 79 | 吉旗物联科技（天津）有限公司 | 1127011 |
| 30 | 中冶天工集团有限公司 | 2809662 | 80 | 天津三星电机有限公司 | 1073799 |
| 31 | 路易达孚（天津）国际贸易有限公司 | 2808155 | 81 | 天津水务集团有限公司 | 1065009 |
| 32 | 天津九安医疗电子股份有限公司 | 2631536 | 82 | 中国平安人寿保险股份有限公司天津分公司 | 1038171 |
| 33 | 天津源泰德润钢管制造集团有限公司 | 2575071 | 83 | 天津电装电子有限公司 | 1026369 |
| 34 | 富联精密电子（天津）有限公司 | 2527183 | 84 | 天津滨海农村商业银行股份有限公司 | 1023989 |
| 35 | 天津市宝来工贸有限公司 | 2450316 | 85 | 渤海人寿保险股份有限公司 | 1018908 |
| 36 | 天津启润投资有限公司 | 2437878 | 86 | 天津市金桥焊材集团股份有限公司 | 930642 |
| 37 | 中沙（天津）石化有限公司 | 2429374 | 87 | 华润天津医药有限公司 | 917524 |
| 38 | 天津巴莫科技有限责任公司 | 2338648 | 88 | 深大联合物产有限公司 | 897233 |
| 39 | 天津中煤能源华北有限公司 | 2262882 | 89 | 奥的斯电梯（中国）有限公司 | 885277 |
| 40 | 中国电建市政建设集团有限公司 | 2144548 | 90 | 中铁建工集团第三建设有限公司 | 881940 |
| 41 | 天津城市基础设施建设投资集团有限公司 | 2132471 | 91 | 天津立中车轮有限公司 | 859910 |
| 42 | 中国石油集团渤海钻探工程有限公司 | 2104541 | 92 | 天津力神电池股份有限公司 | 846158 |
| 43 | 爱玛科技集团股份有限公司 | 2080221 | 93 | 恒安标准人寿保险有限公司 | 831745 |
| 44 | 天津纺织集团（控股）有限公司 | 2034533 | 94 | 长城汽车股份有限公司天津哈弗分公司 | 828593 |
| 45 | 中交天津航道局有限公司 | 2005473 | 95 | 天津拓径贸易有限公司 | 823148 |
| 46 | 中国石化销售股份有限公司天津石油分公司 | 1956303 | 96 | 中国水电基础局有限公司 | 797047 |
| 47 | 中国石油天然气股份有限公司大港油田分公司 | 1931740 | 97 | 天津太钢天管不锈钢有限公司 | 795787 |
| 48 | 天津钢管制造有限公司 | 1859385 | 98 | 中国人寿保险股份有限公司天津市分公司 | 786303 |
| 49 | 中国天辰工程有限公司 | 1850087 | 99 | 西矿（天津）国际贸易有限公司 | 774069 |
| 50 | 天津港（集团）有限公司 | 1827887 | 100 | 天津中拓电子商务有限公司 | 748944 |

发布单位：天津市企业联合会、天津市企业家协会。

表 13-2　2023 上海市企业 100 强

| 排名 | 企业名称 | 营业收入/万元 | 排名 | 企业名称 | 营业收入/万元 |
|---|---|---|---|---|---|
| 1 | 中国宝武钢铁集团有限公司 | 108770720 | 51 | 上海国际港务（集团）股份有限公司 | 3727981 |
| 2 | 上海汽车集团股份有限公司 | 74406288 | 52 | 中铁二十四局集团有限公司 | 3719236 |
| 3 | 中国远洋海运集团有限公司 | 62680959 | 53 | 中通快递股份有限公司 | 3537700 |
| 4 | 交通银行股份有限公司 | 52586300 | 54 | 万丰锦源控股集团有限公司 | 3518219 |
| 5 | 上海万科企业有限公司 | 47044606 | 55 | 月星集团有限公司 | 3302851 |
| 6 | 中国太平洋保险（集团）股份有限公司 | 45537244 | 56 | 中建信控集团有限公司 | 3226218 |
| 7 | 绿地控股集团股份有限公司 | 43551965 | 57 | 上海华虹（集团）有限公司 | 3160836 |
| 8 | 中国建筑第八工程局有限公司 | 41881746 | 58 | 宝龙地产控股有限公司 | 3137786 |
| 9 | 上海浦东发展银行股份有限公司 | 36354800 | 59 | 奥盛集团有限公司 | 3053686 |
| 10 | 苏商建设集团有限公司 | 31035975 | 60 | 上海龙旗科技股份有限公司 | 2934315 |
| 11 | 上海建工集团股份有限公司 | 28603661 | 61 | 立邦投资有限公司 | 2911749 |
| 12 | 益海嘉里金龙鱼粮油食品股份有限公司 | 25748544 | 62 | 上海源耀农业股份有限公司 | 2717427 |
| 13 | 上海医药集团股份有限公司 | 23198130 | 63 | 江南造船（集团）有限责任公司 | 2673641 |
| 14 | 上海德龙钢铁集团有限公司 | 22557196 | 64 | 海通证券股份有限公司 | 2594819 |
| 15 | 美团公司 | 21995495 | 65 | 上海均瑶（集团）有限公司 | 2349263 |
| 16 | 太平人寿保险有限公司 | 19032713 | 66 | 上海卓钢链电子商务有限公司 | 2223178 |
| 17 | 复星国际有限公司 | 17539342 | 67 | 上海塑来信息技术有限公司 | 2201028 |
| 18 | 上海电气控股集团有限公司 | 15386673 | 68 | 中国万向控股有限公司 | 2169135 |
| 19 | 上海烟草集团有限责任公司 | 14109802 | 69 | 上海协通（集团）有限公司 | 2157999 |
| 20 | 光明食品（集团）有限公司 | 13759378 | 70 | 中兵（上海）有限责任公司 | 2121592 |
| 21 | 拼多多公司 | 13055759 | 71 | 上海起帆电缆股份有限公司 | 2064420 |
| 22 | 上海均和集团有限公司 | 12946657 | 72 | 上海韦尔半导体股份有限公司 | 2007818 |
| 23 | 上海银行股份有限公司 | 10750757 | 73 | 上海胜华电缆科技集团有限公司 | 2006281 |
| 24 | 华勤技术股份有限公司 | 9264570 | 74 | 携程集团有限公司 | 2005500 |
| 25 | 东方国际（集团）有限公司 | 8988909 | 75 | 上海仪电（集团）有限公司 | 1987967 |
| 26 | 上海城建（集团）有限公司 | 8130812 | 76 | 沪东中华造船（集团）有限公司 | 1955775 |
| 27 | 上海钢联电子商务股份有限公司 | 7656664 | 77 | 中智经济技术合作股份有限公司 | 1832082 |
| 28 | 上海圆迈贸易有限公司 | 7627230 | 78 | 滔搏企业发展（上海）有限公司 | 1731180 |
| 29 | 支付宝（中国）网络技术有限公司 | 7548812 | 79 | 上海赞华实业有限公司 | 1589446 |
| 30 | 上海闽路润贸易有限公司 | 7070895 | 80 | 五冶集团上海有限公司 | 1558895 |
| 31 | 申能（集团）有限公司 | 7019122 | 81 | 上海璞泰来新能源科技股份有限公司 | 1546391 |
| 32 | 环旭电子股份有限公司 | 6851608 | 82 | 中国建材国际工程集团有限公司 | 1522804 |
| 33 | 中国东方航空集团有限公司 | 6597159 | 83 | 龙元建设集团股份有限公司 | 1424590 |
| 34 | 上海鼎信投资（集团）有限公司 | 6546245 | 84 | 新西奥电梯集团有限公司 | 1417146 |
| 35 | 上海宝冶集团有限公司 | 6499708 | 85 | 上海祥源原信息咨询有限公司 | 1365950 |
| 36 | 老凤祥股份有限公司 | 6301014 | 86 | 致达控股集团有限公司 | 1278814 |
| 37 | 杉杉控股有限公司 | 6254107 | 87 | 上期资本管理有限公司 | 1259539 |
| 38 | 上海华谊控股集团有限公司 | 5943852 | 88 | 东方财富信息股份有限公司 | 1248558 |
| 39 | 圆通速递股份有限公司 | 5353931 | 89 | 上海金发科技发展有限公司 | 1211351 |
| 40 | 中铁上海工程局集团有限公司 | 5140476 | 90 | 国贸启润（上海）有限公司 | 1181712 |
| 41 | 中芯国际集成电路制造有限公司 | 4951608 | 91 | 上海识装信息科技有限公司 | 1169233 |
| 42 | 上海农村商业银行股份有限公司 | 4862553 | 92 | 信也科技集团公司 | 1113420 |
| 43 | 百联集团有限公司 | 4685305 | 93 | 上海临港经济发展（集团）有限公司 | 1108134 |
| 44 | 中国二十冶集团有限公司 | 4589741 | 94 | 上海恩捷新材料科技有限公司 | 1099555 |
| 45 | 大华（集团）有限公司 | 4218236 | 95 | 上海棉联电子商务有限公司 | 1096188 |
| 46 | 国家电投集团铝业国际贸易有限公司 | 4199737 | 96 | 上海晨光科力普办公用品有限公司 | 1092965 |
| 47 | 东浩兰生（集团）有限公司 | 4108860 | 97 | 上海环世物流（集团）有限公司 | 1074001 |
| 48 | 旭辉集团股份有限公司 | 4073383 | 98 | 思源电气股份有限公司 | 1053710 |
| 49 | 源山投资控股有限公司 | 4063387 | 99 | 上海润达医疗科技股份有限公司 | 1049442 |
| 50 | 上海中梁企业发展有限公司 | 3940771 | 100 | 福然德股份有限公司 | 1034244 |

发布单位：上海市企业联合会、上海市企业家协会。

表 13-3  2023 重庆市企业 100 强

| 排名 | 企业名称 | 营业收入/万元 | 排名 | 企业名称 | 营业收入/万元 |
|---|---|---|---|---|---|
| 1 | 龙湖集团控股有限公司 | 25056511 | 51 | 东方鑫源集团有限公司 | 963403 |
| 2 | 重庆长安汽车股份有限公司 | 21493750 | 52 | 中交二航局第二工程有限公司 | 960701 |
| 3 | 达丰（重庆）电脑有限公司 | 12653336 | 53 | 中国石化集团重庆川维化工有限公司 | 919608 |
| 4 | 重庆化医控股（集团）公司 | 8848804 | 54 | 永辉物流有限公司 | 860875 |
| 5 | 重庆华宇集团有限公司 | 8362635 | 55 | 重庆万凯新材料科技有限公司 | 860034 |
| 6 | 重庆医药（集团）股份有限公司 | 6754136 | 56 | 中元汇吉生物技术股份有限公司 | 836941 |
| 7 | 国网重庆市电力公司 | 6578224 | 57 | 欧菲斯集团股份有限公司 | 824099 |
| 8 | 英业达（重庆）有限公司 | 6093324 | 58 | 重庆桐君阁股份有限公司 | 816086 |
| 9 | 重庆农村商业银行股份有限公司 | 5525783 | 59 | 重庆国际复合材料股份有限公司 | 789423 |
| 10 | 重庆千信集团有限公司 | 5387499 | 60 | 重庆水务集团股份有限公司 | 777887 |
| 11 | 重庆中昂投资集团有限公司 | 5211930 | 61 | 中铁隧道集团一处有限公司 | 772940 |
| 12 | 重庆小康控股有限公司 | 5091878 | 62 | 重庆长安民生物流股份有限公司 | 772020 |
| 13 | 重庆建工投资控股有限责任公司 | 5002202 | 63 | 中国四联仪器仪表集团有限公司 | 754752 |
| 14 | 重庆新鸥鹏企业（集团）有限公司 | 4986218 | 64 | 中国电建集团重庆工程有限公司 | 747990 |
| 15 | 金龙精密铜管集团股份有限公司 | 4867523 | 65 | 中粮油脂（重庆）有限公司 | 741965 |
| 16 | 重庆市博赛矿业（集团）有限公司 | 4689067 | 66 | 重庆海成实业（集团）有限公司 | 726065 |
| 17 | 重庆机电股（集团）公司 | 4310810 | 67 | 中铁十一局集团第五工程有限公司 | 720798 |
| 18 | 重庆轻纺控股（集团）公司 | 3849479 | 68 | 重庆青山工业有限责任公司 | 720034 |
| 19 | 重庆智飞生物制品股份有限公司 | 3826401 | 69 | 九禾股份有限公司 | 708318 |
| 20 | 华南物资集团有限公司 | 3820789 | 70 | 渝新欧（重庆）物流有限公司 | 698659 |
| 21 | 重庆弗迪锂电池有限公司 | 3488112 | 71 | 国家电投集团重庆电力有限公司 | 696933 |
| 22 | 西南铝业（集团）有限责任公司 | 3147328 | 72 | 华峰重庆氨纶有限公司 | 678341 |
| 23 | 中冶建工集团有限公司 | 2853836 | 73 | 重庆百事达汽车有限公司 | 625613 |
| 24 | 宗申产业集团有限公司 | 2702354 | 74 | 重庆国瑞控股集团有限公司 | 609847 |
| 25 | 重庆高速公路集团有限公司 | 2489154 | 75 | 重庆三峰环境集团股份有限公司 | 602326 |
| 26 | 重庆万达薄板有限公司 | 2446613 | 76 | 庆铃汽车（集团）有限公司 | 595788 |
| 27 | 重庆京东方光电科技有限公司 | 2433233 | 77 | 重庆钢铁（集团）有限责任公司 | 579408 |
| 28 | 重庆市能源投资集团有限公司 | 2326071 | 78 | 重庆港务物流集团有限公司 | 578161 |
| 29 | 重庆攀华板材有限公司 | 2325103 | 79 | 长安汽车金融有限公司 | 577887 |
| 30 | 重庆小传实业有限公司 | 1923629 | 80 | 爱思开海力士半导体（重庆）有限公司 | 574697 |
| 31 | 中冶赛迪集团有限公司 | 1843861 | 81 | 重庆旗能电铝有限公司 | 562392 |
| 32 | 砂之船商业管理集团有限公司 | 1800473 | 82 | 华峰铝业有限公司 | 560143 |
| 33 | 重庆交通运输控股（集团）有限公司 | 1697243 | 83 | 重庆美心（集团）有限公司 | 553279 |
| 34 | 万友汽车投资有限公司 | 1589895 | 84 | 重庆国际信托股份有限公司 | 551376 |
| 35 | 重庆传音科技有限公司 | 1457213 | 85 | 重庆跨越（集团）股份有限公司 | 543606 |
| 36 | 重庆啤酒股份有限公司 | 1403904 | 86 | 重庆惠科金渝光电科技有限公司 | 524556 |
| 37 | 重庆永辉超市有限公司 | 1397703 | 87 | 中铁五局集团第六工程有限责任公司 | 521384 |
| 38 | 万科（重庆）企业有限公司 | 1379629 | 88 | 重庆市人才大市场集团有限公司 | 518147 |
| 39 | 中建桥梁有限公司 | 1366290 | 89 | 重庆长安跨越车辆有限公司 | 513752 |
| 40 | 马上消费金融股份有限公司 | 1352997 | 90 | 中建铁路投资建设集团发展公司 | 510963 |
| 41 | 重庆银行股份有限公司 | 1346540 | 91 | 重庆公路运输（集团）有限公司 | 510322 |
| 42 | 华邦生命健康股份有限公司 | 1323236 | 92 | 民生轮船股份有限公司 | 508658 |
| 43 | 隆鑫通用动力股份有限公司 | 1241017 | 93 | 重庆市农业投资集团有限公司 | 500855 |
| 44 | 重庆华峰化工有限公司 | 1151704 | 94 | 安诚财产保险股份有限公司 | 491984 |
| 45 | 重庆三峡水利电力（集团）股份有限公司 | 1109301 | 95 | 重庆城市交通开发投资（集团）有限公司 | 490949 |
| 46 | 重庆三峡银行股份有限公司 | 1102739 | 96 | 重庆润通控股（集团）有限公司 | 485628 |
| 47 | 中国建筑第二工程局有限公司西南分公司 | 1097118 | 97 | 上汽红岩汽车有限公司 | 474005 |
| 48 | 重庆巨能建设（集团）有限公司 | 1018268 | 98 | 重庆兴渝投资有限责任公司 | 459009 |
| 49 | 中石化重庆涪陵页岩气勘探开发有限公司 | 980013 | 99 | 重庆建设工业（集团）有限责任公司 | 455027 |
| 50 | 重庆建峰新材料有限公司 | 968681 | 100 | 重庆市南岸区城市建设发展（集团）有限公司 | 449040 |

发布单位：重庆市企业联合会（企业家协会）。

表 13-4 2023 山东省企业 100 强

| 排名 | 企业名称 | 营业收入/万元 | 排名 | 企业名称 | 营业收入/万元 |
|---|---|---|---|---|---|
| 1 | 山东能源集团有限公司 | 83471545 | 51 | 山东渤海实业集团有限公司 | 5185407 |
| 2 | 山东魏桥创业集团有限公司 | 50398814 | 52 | 山东泰山钢铁集团有限公司 | 5161957 |
| 3 | 海尔集团公司 | 35062328 | 53 | 威高集团有限公司 | 5155687 |
| 4 | 信发集团有限公司 | 26808763 | 54 | 山东九羊集团有限公司 | 5097948 |
| 5 | 山东高速集团有限公司 | 23176927 | 55 | 西王集团有限公司 | 5063780 |
| 6 | 海信集团控股股份有限公司 | 18493639 | 56 | 华勤橡胶工业集团有限公司 | 5032713 |
| 7 | 潍柴动力股份有限公司 | 17515754 | 57 | 济钢集团有限公司 | 5031455 |
| 8 | 万华化学集团股份有限公司 | 16556548 | 58 | 山东恒邦冶炼股份有限公司 | 5004678 |
| 9 | 山东东明石化集团有限公司 | 13856183 | 59 | 山东科达集团有限公司 | 4977586 |
| 10 | 山东省港口集团有限公司 | 13738591 | 60 | 山东东方华龙工贸集团有限公司 | 4961058 |
| 11 | 山东黄金集团有限公司 | 13706363 | 61 | 沂州集团有限公司 | 4906191 |
| 12 | 南山集团有限公司 | 13062086 | 62 | 青岛西海岸新区融合控股集团有限公司 | 4874037 |
| 13 | 利华益集团股份有限公司 | 12319936 | 63 | 鸿富锦精密电子（烟台）有限公司 | 4764645 |
| 14 | 万达控股集团有限公司 | 11698534 | 64 | 山东鲁花集团有限公司 | 4684638 |
| 15 | 青岛海发国有资本投资运营集团有限公司 | 10684349 | 65 | 中国移动通信集团山东有限公司 | 4670312 |
| 16 | 歌尔股份有限公司 | 10489432 | 66 | 青岛西海岸新区海洋控股集团有限公司 | 4651076 |
| 17 | 浪潮集团有限公司 | 10375920 | 67 | 华鲁控股集团有限公司 | 4563783 |
| 18 | 晨鸣控股有限公司 | 10261671 | 68 | 青岛世纪瑞丰集团有限公司 | 4533704 |
| 19 | 日照钢铁控股集团有限公司 | 8555053 | 69 | 新华锦集团有限公司 | 4489201 |
| 20 | 中铁十四局集团有限公司 | 8478293 | 70 | 山东恒源石油化工股份有限公司 | 4153152 |
| 21 | 中国石油化工股份有限公司齐鲁分公司 | 8075714 | 71 | 道恩集团有限公司 | 4066264 |
| 22 | 富海集团新能源控股有限公司 | 7833405 | 72 | 青岛城市建设投资（集团）有限责任公司 | 4028312 |
| 23 | 华泰集团有限公司 | 7704348 | 73 | 山东华通控股集团有限公司 | 3964137 |
| 24 | 山东京博控股集团有限公司 | 7630881 | 74 | 万通海欣控股集团股份有限公司 | 3802548 |
| 25 | 水发集团有限公司 | 7453171 | 75 | 奥德集团有限公司 | 3798039 |
| 26 | 山东金诚石化集团有限公司 | 7314791 | 76 | 山东颐养健康产业发展集团有限公司 | 3719591 |
| 27 | 山东海科控股有限公司 | 7206892 | 77 | 山东恒信集团有限公司 | 3644262 |
| 28 | 山东新希望六和集团有限公司 | 7098315 | 78 | 山东神驰控股有限公司 | 3632136 |
| 29 | 山东太阳控股集团有限公司 | 7058446 | 79 | 青岛啤酒集团有限公司 | 3555851 |
| 30 | 山东创新金属科技有限公司 | 6931930 | 80 | 香驰控股有限公司 | 3504528 |
| 31 | 青建集团 | 6877651 | 81 | 东岳氟硅科技集团有限公司 | 3349491 |
| 32 | 弘润石化（潍坊）有限责任公司 | 6650403 | 82 | 山东省商业集团有限公司 | 3337460 |
| 33 | 中国石化青岛炼油化工有限责任公司 | 6595648 | 83 | 山东中海化工集团有限公司 | 3303961 |
| 34 | 山东齐润控股集团有限公司 | 6581260 | 84 | 淄博市城市资产运营集团有限公司 | 3285394 |
| 35 | 齐成（山东）石化集团有限公司 | 6513500 | 85 | 中车青岛四方机车车辆股份有限公司 | 3102618 |
| 36 | 山东寿光鲁清石化有限公司 | 6219427 | 86 | 潍坊特钢集团有限公司 | 3016076 |
| 37 | 中铁十局集团有限公司 | 6152643 | 87 | 上汽通用东岳汽车有限公司 | 3014156 |
| 38 | 中建八局第一建设有限公司 | 6119255 | 88 | 淄博齐翔腾达化工股份有限公司 | 2981049 |
| 39 | 中国重汽（香港）有限公司 | 5963769 | 89 | 淄博鑫泰石化有限公司 | 2969658 |
| 40 | 鲁丽集团有限公司 | 5849759 | 90 | 利群集团股份有限公司 | 2866776 |
| 41 | 山东金岭集团有限公司 | 5834928 | 91 | 中国联合网络通信有限公司山东省分公司 | 2813930 |
| 42 | 天元建设集团有限公司 | 5781521 | 92 | 青岛经济技术开发区投资控股集团有限公司 | 2774481 |
| 43 | 济宁能源发展集团有限公司 | 5762122 | 93 | 胜星集团有限责任公司 | 2757849 |
| 44 | 山东招金集团有限公司 | 5643228 | 94 | 无棣鑫岳化工集团有限公司 | 2664053 |
| 45 | 中建八局第二建设有限公司 | 5507594 | 95 | 滨化集团 | 2650828 |
| 46 | 石横特钢集团有限公司 | 5388703 | 96 | 诸城外贸有限责任公司 | 2629080 |
| 47 | 山东如意时尚投资控股有限公司 | 5328397 | 97 | 临沂临工机械集团有限公司 | 2583461 |
| 48 | 恒丰银行股份有限公司 | 5323089 | 98 | 中国石化青岛石油化工有限责任公司 | 2519395 |
| 49 | 山东汇丰石化集团有限公司 | 5303661 | 99 | 山东永鑫能源集团有限公司 | 2504217 |
| 50 | 山东垦利石化集团有限公司 | 5279385 | 100 | 山东海王银河医药有限公司 | 2384042 |

发布单位：山东省工业和信息化厅、山东省企业联合会。

表 13-5  2023 浙江省企业 100 强

| 排名 | 企业名称 | 营业收入/万元 | 排名 | 企业名称 | 营业收入/万元 |
|---|---|---|---|---|---|
| 1 | 阿里巴巴（中国）有限公司 | 86453900 | 51 | 杭州东恒石油有限公司 | 5316806 |
| 2 | 浙江荣盛控股集团有限公司 | 57961835 | 52 | 浙江中成控股集团有限公司 | 5252241 |
| 3 | 浙江吉利控股集团有限公司 | 40626870 | 53 | 三花控股集团有限公司 | 5230979 |
| 4 | 浙江恒逸集团有限公司 | 38566157 | 54 | 振石控股集团有限公司 | 5220731 |
| 5 | 青山控股集团有限公司 | 36802845 | 55 | 杭州娃哈哈集团有限公司 | 5120216 |
| 6 | 浙江省交通投资集团有限公司 | 31357811 | 56 | 宁波均胜电子股份有限公司 | 4979335 |
| 7 | 杭州钢铁集团有限公司 | 24766765 | 57 | 新华三信息技术有限公司 | 4932198 |
| 8 | 多弗国际控股集团有限公司 | 21668635 | 58 | 浙江升华控股集团有限公司 | 4761650 |
| 9 | 海亮集团有限公司 | 20737008 | 59 | 卧龙控股集团有限公司 | 4702521 |
| 10 | 天能控股集团有限公司 | 20192105 | 60 | 宁波开发投资集团有限公司 | 4700023 |
| 11 | 万向集团公司 | 19046558 | 61 | 浙江宝业建设集团有限公司 | 4462916 |
| 12 | 杭州市实业投资集团有限公司 | 17712484 | 62 | 万洋集团有限公司 | 4225370 |
| 13 | 雅戈尔集团股份有限公司 | 17150017 | 63 | 宁波申洲针织有限公司 | 4203933 |
| 14 | 浙江省能源集团有限公司 | 16764709 | 64 | 太平鸟集团有限公司 | 4160993 |
| 15 | 浙江省兴合集团有限责任公司 | 15986949 | 65 | 花园集团有限公司 | 3978780 |
| 16 | 中国石油化工股份有限公司镇海炼化分公司 | 15689708 | 66 | 浙江甬金金属科技股份有限公司 | 3955514 |
| 17 | 物产中大金属集团有限公司 | 15279099 | 67 | 得力集团有限公司 | 3952178 |
| 18 | 物产中大国际贸易集团有限公司 | 14516337 | 68 | 巨化集团有限公司 | 3942725 |
| 19 | 传化集团有限公司 | 14500311 | 69 | 杭州市国有资本投资运营有限公司 | 3940208 |
| 20 | 中国石化销售股份有限公司浙江石油分公司 | 14446597 | 70 | 森马集团有限公司 | 3928612 |
| 21 | 桐昆控股集团有限公司 | 14124486 | 71 | 广厦控股集团有限公司 | 3889641 |
| 22 | 宁波金田投资控股有限公司 | 13456923 | 72 | 华东医药股份有限公司 | 3771459 |
| 23 | 超威电源集团有限公司 | 12983261 | 73 | 浙江省海港投资运营集团有限公司 | 3728922 |
| 24 | 正泰集团股份有限公司 | 12371893 | 74 | 利时集团有限公司 | 3659013 |
| 25 | 中天控股集团有限公司 | 12012221 | 75 | 浙江省机电集团有限公司 | 3572903 |
| 26 | 绿城房地产集团有限公司 | 11972859 | 76 | 浙江元立金属制品集团有限公司 | 3567491 |
| 27 | 浙商银行股份有限公司 | 11673600 | 77 | 万丰奥特控股集团有限公司 | 3518219 |
| 28 | 中基宁波集团股份有限公司 | 11607710 | 78 | 中航国际钢铁贸易有限公司 | 3481724 |
| 29 | 浙江富冶集团有限公司 | 10322860 | 79 | 万华化学（宁波）有限公司 | 3425574 |
| 30 | 浙江中烟工业有限责任公司 | 9885721 | 80 | 兴惠化纤集团有限公司 | 3395434 |
| 31 | 浙江省建设投资集团股份有限公司 | 9853513 | 81 | 天洁集团有限公司 | 3385892 |
| 32 | 浙江省国际贸易集团有限公司 | 9728913 | 82 | 申通快递股份有限公司 | 3365173 |
| 33 | 网易股份有限公司 | 9649581 | 83 | 农夫山泉股份有限公司 | 3323919 |
| 34 | 新凤鸣控股集团有限公司 | 9148820 | 84 | 浙江建华集团有限公司 | 3323481 |
| 35 | 物产中大化工集团有限公司 | 8990514 | 85 | 舜宇集团有限公司 | 3319694 |
| 36 | 杭州海康威视数字技术股份有限公司 | 8316632 | 86 | 方远控股集团有限公司 | 3308992 |
| 37 | 杭州锦江集团有限公司 | 8227646 | 87 | 浙江永安资本管理有限公司 | 3297403 |
| 38 | 奥克斯集团有限公司 | 8101020 | 88 | 浙江富春江通信集团有限公司 | 3280805 |
| 39 | 远大物产集团有限公司 | 7611520 | 89 | 西子联合控股有限公司 | 3258618 |
| 40 | 浙江卫星控股股份有限公司 | 7337437 | 90 | 杉杉物产集团有限公司 | 3203657 |
| 41 | 德力西集团有限公司 | 6879915 | 91 | 精工控股集团有限公司 | 3197810 |
| 42 | 红狮控股集团有限公司 | 6652077 | 92 | 中策橡胶集团股份有限公司 | 3188885 |
| 43 | 杭州市城市建设投资集团有限公司 | 6418122 | 93 | 胜达集团有限公司 | 3181353 |
| 44 | 富通集团有限公司 | 6305010 | 94 | 华立集团股份有限公司 | 3156749 |
| 45 | 浙江华友钴业股份有限公司 | 6303378 | 95 | 纳爱斯集团有限公司 | 3112666 |
| 46 | 浙江前程投资股份有限公司 | 6276597 | 96 | 久立集团有限公司 | 3079655 |
| 47 | 浙江东南网架集团有限公司 | 5817225 | 97 | 浙江英特集团股份有限公司 | 3061926 |
| 48 | 宁波富邦控股集团有限公司 | 5752122 | 98 | 浙江大华技术股份有限公司 | 3056537 |
| 49 | 人民控股集团有限公司 | 5695582 | 99 | 浙江协和集团有限公司 | 3016317 |
| 50 | 华峰集团有限公司 | 5537955 | 100 | 浙江宝利德股份有限公司 | 3002664 |

发布单位：浙江省企业联合会、浙江省企业家协会。

表 13-6　2023 湖南省企业 100 强

| 排名 | 企业名称 | 营业收入/万元 | 排名 | 企业名称 | 营业收入/万元 |
|---|---|---|---|---|---|
| 1 | 湖南钢铁集团有限公司 | 22011764 | 51 | 湖南兰天集团有限公司 | 1234861 |
| 2 | 中国建筑第五工程局有限公司 | 18655185 | 52 | 湖南中伟新能源科技有限公司 | 1144844 |
| 3 | 湖南建设投资集团有限责任公司 | 16643163 | 53 | 中国联合网络通信有限公司湖南省分公司 | 1137439 |
| 4 | 三一集团有限公司 | 12622682 | 54 | 五矿资本股份有限公司 | 1103656 |
| 5 | 国网湖南省电力有限公司 | 12212341 | 55 | 湖南湘江新区发展集团有限公司 | 1095476 |
| 6 | 湖南中烟工业有限责任公司 | 11116142 | 56 | 中国邮政集团有限公司湖南省分公司 | 1087723 |
| 7 | 中国烟草总公司湖南省公司 | 10100773 | 57 | 特变电工衡阳变压器有限公司 | 1065760 |
| 8 | 长沙市比亚迪汽车有限公司 | 8781835 | 58 | 长沙比亚迪电子有限公司 | 1053884 |
| 9 | 中国石化销售股份有限公司湖南石油分公司 | 6707782 | 59 | 长沙中兴智能技术有限公司 | 1030060 |
| 10 | 大汉控股集团有限公司 | 6367019 | 60 | 湖南省轻工盐业集团有限公司 | 1024768 |
| 11 | 湖南博长控股集团有限公司 | 6123093 | 61 | 湖南金龙科技集团有限公司 | 1018283 |
| 12 | 中国石油化工股份有限公司长岭分公司 | 5641346 | 62 | 中车株洲电机有限公司 | 1000279 |
| 13 | 湖南省高速公路集团有限公司 | 4468821 | 63 | 长沙中联重科环境产业有限公司 | 998953 |
| 14 | 湖南裕能新能源电池材料股份有限公司 | 4279036 | 64 | 岳阳林纸股份有限公司 | 978149 |
| 15 | 湖南五江控股集团有限公司 | 4184646 | 65 | 大唐华银电力股份有限公司 | 970244 |
| 16 | 中联重科股份有限公司 | 4163149 | 66 | 湖南口味王集团有限责任公司 | 963062 |
| 17 | 长沙银行股份有限公司 | 4134804 | 67 | 湖南省沙坪建设有限公司 | 929463 |
| 18 | 湖南有色金属控股集团有限公司 | 3478981 | 68 | 湖南佳惠百货有限责任公司 | 890073 |
| 19 | 湖南马上银科技有限公司 | 2932188 | 69 | 澳优乳业（中国）有限公司 | 779551 |
| 20 | 中国水利水电第八工程局有限公司 | 2759071 | 70 | 方正证券股份有限公司 | 777697 |
| 21 | 湖南财信金融控股集团有限公司 | 2660962 | 71 | 中国航发南方工业有限公司 | 766498 |
| 22 | 唐人神集团股份有限公司 | 2653858 | 72 | 湖南金弘再生资源集团有限公司 | 736680 |
| 23 | 中铁城建集团有限公司 | 2613305 | 73 | 山河智能装备股份有限公司 | 730228 |
| 24 | 中国移动通信集团湖南有限公司 | 2570513 | 74 | 湖南省茶业集团股份有限公司 | 721553 |
| 25 | 湖南博深实业集团有限公司 | 2490808 | 75 | 道道全粮油股份有限公司 | 702834 |
| 26 | 中车株洲电力机车有限公司 | 2386439 | 76 | 湖南望新建设集团有限公司 | 700550 |
| 27 | 湖南农业发展投资集团有限责任公司 | 2361659 | 77 | 中国能源建设集团湖南火电建设有限公司 | 698826 |
| 28 | 长沙弗迪电池有限公司 | 2328943 | 78 | 浩天建工集团有限公司 | 683847 |
| 29 | 湖南有色产业投资集团有限责任公司 | 2210717 | 79 | 株洲硬质合金集团有限公司 | 679059 |
| 30 | 长沙星朝汽车有限公司 | 2038722 | 80 | 湖南乔口建设有限公司 | 675659 |
| 31 | 老百姓大药房连锁股份有限公司 | 2017552 | 81 | 绝味食品股份有限公司 | 662284 |
| 32 | 中国石油天然气股份有限公司湖南销售分公司 | 2014967 | 82 | 圣湘生物科技股份有限公司 | 645036 |
| 33 | 益丰大药房连锁股份有限公司 | 1988640 | 83 | 楚天科技股份有限公司 | 644555 |
| 34 | 鹏都农牧股份有限公司 | 1942034 | 84 | 湖南高岭建设集团有限公司 | 631025 |
| 35 | 中石化巴陵石油化工有限公司 | 1930139 | 85 | 湖南宇新能源科技股份有限公司 | 626342 |
| 36 | 中国电信股份有限公司湖南分公司 | 1889609 | 86 | 长沙格力暖通制冷设备有限公司 | 625052 |
| 37 | 湖南邦普循环科技有限公司 | 1877189 | 87 | 湖南对外建设集团有限公司 | 619724 |
| 38 | 湖南长远锂科股份有限公司 | 1797540 | 88 | 株洲市城市建设发展集团有限公司 | 615330 |
| 39 | 湖南省煤业集团有限公司 | 1732254 | 89 | 望建（集团）有限公司 | 585326 |
| 40 | 爱尔眼科医院集团股份有限公司 | 1610995 | 90 | 中华联合财产保险股份有限公司湖南分公司 | 575593 |
| 41 | 湖南永通集团有限公司 | 1513402 | 91 | 长沙京东翰民贸易有限公司 | 567851 |
| 42 | 株洲时代新材料科技股份有限公司 | 1503488 | 92 | 长沙水业集团有限公司 | 553244 |
| 43 | 安克创新科技股份有限公司 | 1425052 | 93 | 佳沃食品股份有限公司 | 552763 |
| 44 | 芒果超媒股份有限公司 | 1370434 | 94 | 湖南金荣企业集团有限公司 | 551520 |
| 45 | 株洲旗滨集团股份有限公司 | 1331268 | 95 | 湖南新长海发展集团有限公司 | 550012 |
| 46 | 金杯电工股份有限公司 | 1320274 | 96 | 湖南盐津铺子控股集团有限公司 | 527925 |
| 47 | 中国电建集团中南勘测设计研究院有限公司 | 1315316 | 97 | 湖南中科电气股份有限公司 | 525675 |
| 48 | 中国铁建重工集团 | 1292347 | 98 | 湖南科伦制药有限公司 | 523709 |
| 49 | 国药控股湖南有限公司 | 1281929 | 99 | 湖南湘科控股集团有限公司 | 523255 |
| 50 | 中南出版传媒集团股份有限公司 | 1246461 | 100 | 湖南电广传媒股份有限公司 | 520691 |

发布单位：湖南省企业和工业经济联合会。

表 13-7  2023 广东省企业 100 强

| 排名 | 企业名称 | 营业收入/万元 | 排名 | 企业名称 | 营业收入/万元 |
|---|---|---|---|---|---|
| 1 | 中国平安保险（集团）股份有限公司 | 111056800 | 51 | 广东省广物控股集团有限公司 | 7288453 |
| 2 | 中国华润有限公司 | 81826544 | 52 | 心里程控股集团有限公司 | 7218535 |
| 3 | 中国南方电网有限责任公司 | 76465826 | 53 | 研祥高科技控股集团有限公司 | 7156833 |
| 4 | 华为投资控股有限公司 | 64233800 | 54 | 天音通信有限公司 | 6646677 |
| 5 | 正威国际集团有限公司 | 60876037 | 55 | 中信证券股份有限公司 | 6510851 |
| 6 | 腾讯控股有限公司 | 55455200 | 56 | 玖龙纸业（控股）有限公司 | 6265145 |
| 7 | 广州汽车工业集团有限公司 | 52027981 | 57 | 广州产业投资控股集团有限公司 | 5986341 |
| 8 | 万科企业股份有限公司 | 50383837 | 58 | 深圳前海微众银行股份有限公司 | 5798269 |
| 9 | 招商银行股份有限公司 | 48902500 | 59 | 明阳新能源投资控股集团有限公司 | 5707347 |
| 10 | 碧桂园控股有限公司 | 43037100 | 60 | 优合产业有限公司 | 5670051 |
| 11 | 比亚迪股份有限公司 | 42406064 | 61 | 深圳市中金岭南有色金属股份有限公司 | 5533945 |
| 12 | 美的集团股份有限公司 | 34570871 | 62 | 雅居乐集团控股有限公司 | 5403433 |
| 13 | 保利发展控股集团股份有限公司 | 28110824 | 63 | 深圳海王集团股份有限公司 | 5370270 |
| 14 | 顺丰控股股份有限公司 | 26749041 | 64 | 创维集团有限公司 | 5349057 |
| 15 | 广州市建筑集团有限公司 | 26407769 | 65 | 深圳金雅福控股集团有限公司 | 5279781 |
| 16 | 深圳市投资控股有限公司 | 25486226 | 66 | 欣旺达电子股份有限公司 | 5216227 |
| 17 | 广州工业投资控股集团有限公司 | 24612246 | 67 | 宏旺控股集团有限公司 | 5100699 |
| 18 | 广州医药集团有限公司 | 23801344 | 68 | 广东省交通集团有限公司 | 5002587 |
| 19 | 广东省广新控股集团有限公司 | 23791433 | 69 | 深圳理士电源发展有限公司 | 4810885 |
| 20 | 立讯精密工业股份有限公司 | 21402839 | 70 | 广州农村商业银行股份有限公司 | 4806447 |
| 21 | 珠海格力电器股份有限公司 | 19015067 | 71 | 广州发展集团股份有限公司 | 4790977 |
| 22 | 招商局蛇口工业区控股股份有限公司 | 18300266 | 72 | 广东邦普循环科技有限公司 | 4699864 |
| 23 | TCL科技集团股份有限公司 | 16663215 | 73 | 深圳传音控股股份有限公司 | 4659590 |
| 24 | 珠海华发集团有限公司 | 15763552 | 74 | 深圳市信利康供应链管理有限公司 | 4464840 |
| 25 | 中国国际海运集装箱（集团）股份有限公司 | 14153665 | 75 | 广东粤海控股集团有限公司 | 4377269 |
| 26 | 中国广核集团有限公司 | 13698039 | 76 | 深圳市中农网有限公司 | 4303784 |
| 27 | 阳光保险集团股份有限公司 | 13187325 | 77 | 龙光集团有限公司 | 4162265 |
| 28 | 中兴通讯股份有限公司 | 12295442 | 78 | 金发科技股份有限公司 | 4041233 |
| 29 | 广东省广晟控股集团有限公司 | 12063704 | 79 | 大悦城控股集团股份有限公司 | 3957869 |
| 30 | 金地（集团）股份有限公司 | 12020809 | 80 | 广东广青金属科技有限公司 | 3946415 |
| 31 | 神州数码集团股份有限公司 | 11588002 | 81 | 广东中南钢铁股份有限公司 | 3930374 |
| 32 | 江西铜业（深圳）国际投资控股有限公司 | 11354390 | 82 | 国药控股广州有限公司 | 3851871 |
| 33 | 中国建筑第四工程局有限公司 | 11275815 | 83 | 永道控股集团有限公司 | 3810670 |
| 34 | TCL实业控股股份有限公司 | 10608648 | 84 | 广东德赛集团有限公司 | 3758295 |
| 35 | 广州越秀集团股份有限公司 | 10602853 | 85 | 深圳能源集团股份有限公司 | 3752472 |
| 36 | 广东海大集团股份有限公司 | 10471541 | 86 | 深圳市天行云供应链有限公司 | 3641958 |
| 37 | 中国中电国际信息服务有限公司 | 10328842 | 87 | 惠州亿纬锂能股份有限公司 | 3630395 |
| 38 | 唯品会控股有限公司 | 10315249 | 88 | 鹏鼎控股（深圳）股份有限公司 | 3621097 |
| 39 | 广东鼎龙实业集团有限公司 | 10087069 | 89 | 深圳市特区建工集团有限公司 | 3518209 |
| 40 | 荣耀终端有限公司 | 9387219 | 90 | 广东领益智造股份有限公司 | 3448468 |
| 41 | 深圳市爱施德股份有限公司 | 9142901 | 91 | 佛山市投资控股集团有限公司 | 3234744 |
| 42 | 广东省建筑工程集团控股有限公司 | 9012966 | 92 | 深业集团有限公司 | 3230081 |
| 43 | 中国南方航空集团有限公司 | 8822391 | 93 | 深圳华强集团有限公司 | 3215078 |
| 44 | 深圳市怡亚通供应链股份有限公司 | 8539775 | 94 | 中国宝安集团股份有限公司 | 3203284 |
| 45 | 温氏食品集团股份有限公司 | 8372511 | 95 | 天马微电子股份有限公司 | 3144748 |
| 46 | 深圳华侨城股份有限公司 | 7676711 | 96 | 中国联塑集团控股有限公司 | 3076721 |
| 47 | 海信家电集团股份有限公司 | 7411515 | 97 | 广州市城市建设投资集团有限公司 | 3055702 |
| 48 | 广东省能源集团有限公司 | 7381198 | 98 | 深圳迈瑞生物医疗电子股份有限公司 | 3036564 |
| 49 | 国药集团一致药业股份有限公司 | 7344314 | 99 | 深圳市大疆创新科技有限公司 | 3014007 |
| 50 | 深圳市立业集团有限公司 | 7339108 | 100 | 深圳市东阳光实业发展有限公司 | 3010864 |

发布单位：广东省企业联合会。

表 13-8 2023 广西企业 100 强

| 排名 | 企业名称 | 营业收入/万元 | 排名 | 企业名称 | 营业收入/万元 |
|---|---|---|---|---|---|
| 1 | 广西投资集团有限公司 | 21029995 | 51 | 广西百色农林投资发展集团有限公司 | 899275 |
| 2 | 广西北部湾国际港务集团有限公司 | 10808459 | 52 | 南宁威宁投资集团有限责任公司 | 871324 |
| 3 | 广西电网有限责任公司 | 10507437 | 53 | 广西裕华建设集团有限公司 | 870103 |
| 4 | 广西建工集团有限责任公司 | 10213120 | 54 | 广西欣贸再生资源回收有限公司 | 858671 |
| 5 | 广西柳州钢铁集团有限公司 | 9975924 | 55 | 广西华磊新材料有限公司 | 832961 |
| 6 | 上汽通用五菱汽车股份有限公司 | 8113803 | 56 | 广西大业建设集团有限公司 | 821360 |
| 7 | 广西盛隆冶金有限公司 | 8036767 | 57 | 润建股份有限公司 | 815935 |
| 8 | 广西北部湾投资集团有限公司 | 7881105 | 58 | 国家能源集团广西电力有限公司 | 809775 |
| 9 | 广西交通投资集团有限公司 | 6706921 | 59 | 中国铝业股份有限公司广西分公司 | 808655 |
| 10 | 广西南丹南方金属有限公司 | 6011490 | 60 | 广西城建建设集团有限公司 | 807014 |
| 11 | 中国烟草总公司广西壮族自治区公司 | 4954428 | 61 | 桂林深科技有限公司 | 796048 |
| 12 | 广西壮族自治区农村信用社联合社 | 4848519 | 62 | 中国能源建设集团广西电力设计研究院有限公司 | 761350 |
| 13 | 中国石化北海炼化有限责任公司 | 4745317 | 63 | 广西中马园区金融投资有限公司 | 717142 |
| 14 | 广西玉柴机器集团有限公司 | 4151570 | 64 | 广西太阳纸业有限公司 | 687831 |
| 15 | 桂林力源粮油食品集团有限公司 | 4027454 | 65 | 广西华业投资集团有限公司 | 681767 |
| 16 | 沐甜科技股份有限公司 | 3492889 | 66 | 嘉里粮油（防城港）有限公司 | 664775 |
| 17 | 广西金川有色金属有限公司 | 3380129 | 67 | 桂林国际电线电缆集团有限公司 | 646119 |
| 18 | 广西现代物流集团有限公司 | 3361891 | 68 | 广西云星集团有限公司 | 623371 |
| 19 | 南宁富联富桂精密工业有限公司 | 3170316 | 69 | 广西防城港核电有限公司 | 610606 |
| 20 | 广西中烟工业有限责任公司 | 3028262 | 70 | 广西湘桂糖业集团有限公司 | 607469 |
| 21 | 广西农垦集团有限责任公司 | 2825234 | 71 | 广西华银铝业有限公司 | 584490 |
| 22 | 广西柳工集团有限公司 | 2682039 | 72 | 广西华昇新材料有限公司 | 554790 |
| 23 | 广西贵港钢铁集团有限公司 | 2551834 | 73 | 中稀广西稀土有限公司 | 554580 |
| 24 | 中国移动通信集团广西有限公司 | 2348209 | 74 | 广西林业集团有限公司 | 553976 |
| 25 | 桂林银行股份有限公司 | 2309022 | 75 | 广西方盛实业股份有限公司 | 542669 |
| 26 | 桂林投资控股集团有限公司 | 2287636 | 76 | 广西登高集团有限公司 | 539347 |
| 27 | 吉利百矿集团有限公司 | 1980370 | 77 | 广西泽威新材料科技有限公司 | 537287 |
| 28 | 广西北部湾银行股份有限公司 | 1948745 | 78 | 中国邮政集团有限公司广西壮族自治区分公司 | 534657 |
| 29 | 广西柳药集团股份有限公司 | 1905283 | 79 | 广西太阳纸业纸板有限公司 | 523607 |
| 30 | 东风柳州汽车有限公司 | 1756934 | 80 | 广西贵港建设集团有限公司 | 493284 |
| 31 | 广西汽车集团有限公司 | 1702704 | 81 | 北海惠科光电显示有限公司 | 490237 |
| 32 | 广西百色工业投资发展集团有限公司 | 1693638 | 82 | 华润电力（贺州）有限公司 | 454836 |
| 33 | 广西泛糖科技有限公司 | 1658311 | 83 | 防城港澳加粮油工业有限公司 | 451605 |
| 34 | 广西桂鑫钢铁集团有限公司 | 1639309 | 84 | 浙商中拓集团（广西）有限公司 | 443629 |
| 35 | 广西桂林市桂柳家禽有限责任公司 | 1609068 | 85 | 广西新华书店集团股份有限公司 | 430557 |
| 36 | 中国电信股份有限公司广西分公司 | 1584564 | 86 | 南宁建宁水务投资集团有限公司 | 425514 |
| 37 | 广西扬翔股份有限公司 | 1484159 | 87 | 天下秀数字科技（集团）股份有限公司 | 412891 |
| 38 | 广西渤海农业发展有限公司 | 1478654 | 88 | 防城港市兴港集团有限公司 | 411079 |
| 39 | 广西自贸区钦州港片区开发投资集团有限责任公司 | 1404548 | 89 | 南宁产业投资集团有限公司 | 409758 |
| 40 | 广西信发铝电有限公司 | 1338958 | 90 | 广西百色能源投资发展集团有限公司 | 396941 |
| 41 | 广西壮族自治区机电设备有限责任公司 | 1332495 | 91 | 柳州国轩电池有限公司 | 395512 |
| 42 | 南方锰业集团有限责任公司 | 1235365 | 92 | 中国联合网络通信有限公司广西壮族自治区分公司 | 383738 |
| 43 | 广西洋浦南华糖业集团股份有限公司 | 1196466 | 93 | 燕京啤酒（桂林漓泉）股份有限公司 | 382593 |
| 44 | 梧州金升铜业股份有限公司 | 1131935 | 94 | 广西旅游发展集团有限公司 | 380048 |
| 45 | 中粮油脂（钦州）有限公司 | 1113382 | 95 | 广西兴进实业集团有限责任公司 | 365234 |
| 46 | 广西桂冠电力股份有限公司 | 1062471 | 96 | 广西来宾东糖集团有限公司 | 363559 |
| 47 | 广西农村投资集团有限公司 | 1003124 | 97 | 中铁上海工程局集团第五工程有限公司 | 361523 |
| 48 | 大海粮油工业（防城港）有限公司 | 985886 | 98 | 广西田东锦盛化工有限公司 | 349559 |
| 49 | 柳州银行股份有限公司 | 950679 | 99 | 广西金源生物化工实业有限公司 | 343039 |
| 50 | 广西平铝集团有限公司 | 932244 | 100 | 福达控股集团有限公司 | 342382 |

发布单位：广西企业与企业家联合会。

# 第十四章
# 2023 世界企业 500 强

2023 世界企业 500 强数据情况，见表 14-1。

表 14-1 2023 世界企业 500 强

| 上年排名 | 排名 | 公司名称 | 国家/地区 | 营业收入/百万美元 | 净利润/百万美元 | 资产/百万美元 | 股东权益/百万美元 | 员工人数/人 |
| --- | --- | --- | --- | --- | --- | --- | --- | --- |
| 1 | 1 | 沃尔玛 | 美国 | 611289 | 11680 | 243197 | 76693 | 2100000 |
| 6 | 2 | 沙特阿美公司 | 沙特阿拉伯 | 603651 | 159069 | 663541 | 385658 | 70496 |
| 3 | 3 | 国家电网有限公司 | 中国 | 530009 | 8192 | 710763 | 304177 | 870287 |
| 2 | 4 | 亚马逊 | 美国 | 513983 | -2722 | 462675 | 146043 | 1541000 |
| 4 | 5 | 中国石油天然气集团有限公司 | 中国 | 483019 | 21080 | 637223 | 307192 | 1087049 |
| 5 | 6 | 中国石油化工集团有限公司 | 中国 | 471154 | 9657 | 368751 | 132209 | 527487 |
| 12 | 7 | 埃克森美孚 | 美国 | 413680 | 55740 | 369067 | 195049 | 62000 |
| 7 | 8 | 苹果公司 | 美国 | 394328 | 99803 | 352755 | 50672 | 164000 |
| 15 | 9 | 壳牌公司 | 英国 | 386201 | 42309 | 443024 | 190472 | 93000 |
| 11 | 10 | 联合健康集团 | 美国 | 324162 | 20120 | 245705 | 77772 | 400000 |
| 10 | 11 | CVS Health 公司 | 美国 | 322467 | 4149 | 228275 | 71015 | 259500 |
| 19 | 12 | 托克集团 | 新加坡 | 318476 | 6994 | 98634 | 14909 | 12347 |
| 9 | 13 | 中国建筑集团有限公司 | 中国 | 305885 | 4234 | 386249 | 31058 | 382492 |
| 14 | 14 | 伯克希尔-哈撒韦公司 | 美国 | 302089 | -22819 | 948452 | 472360 | 383000 |
| 8 | 15 | 大众公司 | 德国 | 293685 | 15223 | 602612 | 176458 | 675805 |
| N.A. | 16 | Uniper 公司 | 德国 | 288309 | -19961 | 129616 | 4511 | 7008 |
| 17 | 17 | Alphabet 公司 | 美国 | 282836 | 59972 | 365264 | 256144 | 190234 |
| 16 | 18 | 麦克森公司 | 美国 | 276711 | 3560 | 62320 | -1857 | 48000 |
| 13 | 19 | 丰田汽车公司 | 日本 | 274491 | 18110 | 559765 | 213490 | 375235 |
| 27 | 20 | 道达尔能源公司 | 法国 | 263310 | 20526 | 303864 | 111724 | 101279 |
| 23 | 21 | 嘉能可 | 瑞士 | 255984 | 17320 | 132583 | 49410 | 81706 |
| 35 | 22 | 英国石油公司 | 英国 | 248891 | -2487 | 288120 | 67553 | 67600 |
| 37 | 23 | 雪佛龙 | 美国 | 246252 | 35465 | 257709 | 159282 | 43846 |
| 21 | 24 | 美源伯根公司 | 美国 | 238587 | 1699 | 56561 | -212 | 41500 |
| 18 | 25 | 三星电子 | 韩国 | 234129 | 42398 | 356470 | 274402 | 270372 |
| 26 | 26 | 开市客 | 美国 | 226954 | 5844 | 64166 | 20642 | 304000 |
| 20 | 27 | 鸿海精密工业股份有限公司 | 中国台湾 | 222535 | 4751 | 134618 | 47235 | 767062 |
| 22 | 28 | 中国工商银行股份有限公司 | 中国 | 214766 | 53589 | 5742860 | 506752 | 427587 |
| 24 | 29 | 中国建设银行股份有限公司 | 中国 | 202753 | 48145 | 5016806 | 414187 | 376682 |
| 33 | 30 | 微软 | 美国 | 198270 | 72738 | 364840 | 166542 | 221000 |
| 29 | 31 | Stellantis 集团 | 荷兰 | 188888 | 17669 | 198629 | 76823 | 272367 |

续表

| 上年排名 | 排名 | 公司名称 | 国家/地区 | 营业收入/百万美元 | 净利润/百万美元 | 资产/百万美元 | 股东权益/百万美元 | 员工人数/人 |
|---|---|---|---|---|---|---|---|---|
| 28 | 32 | 中国农业银行股份有限公司 | 中国 | 187061 | 38524 | 4919030 | 386883 | 452258 |
| 25 | 33 | 中国平安保险（集团）股份有限公司 | 中国 | 181566 | 12454 | 1614738 | 124496 | 344223 |
| 36 | 34 | 嘉德诺健康集团 | 美国 | 181364 | -933 | 43878 | -709 | 46035 |
| 30 | 35 | 信诺集团 | 美国 | 180516 | 6668 | 143932 | 44872 | 70231 |
| 49 | 36 | 马拉松原油公司 | 美国 | 180012 | 14516 | 89904 | 27715 | 17800 |
| 74 | 37 | Phillips 66 公司 | 美国 | 175702 | 11024 | 76442 | 29494 | 13000 |
| 31 | 38 | 中国中化控股有限责任公司 | 中国 | 173834 | -1 | 229659 | -1044 | 223448 |
| 34 | 39 | 中国铁路工程集团有限公司 | 中国 | 171669 | 2035 | 234956 | 19031 | 314792 |
| 82 | 40 | 瓦莱罗能源公司 | 美国 | 171189 | 11528 | 60982 | 23561 | 9743 |
| 52 | 41 | 俄罗斯天然气工业股份公司 | 俄罗斯 | 167832 | 17641 | 352199 | 212294 | 468000 |
| 65 | 42 | 中国海洋石油集团有限公司 | 中国 | 164762 | 16988 | 219416 | 108340 | 81775 |
| 39 | 43 | 中国铁道建筑集团有限公司 | 中国 | 163037 | 1800 | 221617 | 17198 | 342098 |
| 44 | 44 | 中国宝武钢铁集团有限公司 | 中国 | 161698 | 2493 | 179760 | 46513 | 245675 |
| 41 | 45 | 三菱商事株式会社 | 日本 | 159371 | 8723 | 166889 | 60803 | 79706 |
| 53 | 46 | 福特汽车公司 | 美国 | 158057 | -1981 | 255884 | 43242 | 173000 |
| 38 | 47 | 梅赛德斯-奔驰集团 | 德国 | 157782 | 15252 | 277436 | 91138 | 168797 |
| 43 | 48 | 家得宝 | 美国 | 157403 | 17105 | 76445 | 1562 | 471600 |
| 42 | 49 | 中国银行股份有限公司 | 中国 | 156924 | 33811 | 4192115 | 351967 | 306182 |
| 64 | 50 | 通用汽车公司 | 美国 | 156735 | 9934 | 264037 | 67792 | 167000 |
| 50 | 51 | Elevance Health 公司 | 美国 | 156595 | 6025 | 102772 | 36307 | 102300 |
| 46 | 52 | 京东集团股份有限公司 | 中国 | 155533 | 1543 | 86303 | 30935 | 450679 |
| 63 | 53 | 摩根大通公司 | 美国 | 154792 | 37676 | 3665743 | 292332 | 293723 |
| 40 | 54 | 中国人寿保险（集团）公司 | 中国 | 151487 | 6859 | 888306 | 27970 | 180619 |
| 95 | 55 | 法国电力公司 | 法国 | 150902 | -18869 | 414137 | 36641 | 165028 |
| 114 | 56 | Equinor 公司 | 挪威 | 150806 | 28746 | 158021 | 53988 | 21936 |
| 59 | 57 | 宝马集团 | 德国 | 149991 | 18870 | 263470 | 92962 | 149475 |
| 51 | 58 | 克罗格 | 美国 | 148258 | 2244 | 49623 | 10042 | 430000 |
| 90 | 59 | 意大利国家电力公司 | 意大利 | 147790 | 1769 | 234332 | 30577 | 65124 |
| 66 | 60 | Centene 公司 | 美国 | 144547 | 1202 | 76870 | 24057 | 74300 |
| 111 | 61 | 埃尼石油公司 | 意大利 | 140607 | 14606 | 162323 | 58428 | 32188 |
| 57 | 62 | 中国移动通信集团有限公司 | 中国 | 139597 | 14718 | 331724 | 182777 | 452202 |

续表

| 上年排名 | 排名 | 公司名称 | 国家/地区 | 营业收入/百万美元 | 净利润/百万美元 | 资产/百万美元 | 股东权益/百万美元 | 员工人数/人 |
|---|---|---|---|---|---|---|---|---|
| 60 | 63 | 中国交通建设集团有限公司 | 中国 | 138270 | 1255 | 344369 | 24963 | 221017 |
| 54 | 64 | 威瑞森电信 | 美国 | 136835 | 21256 | 379680 | 91144 | 117100 |
| 58 | 65 | 中国五矿集团有限公司 | 中国 | 133541 | 877 | 153155 | 9461 | 183298 |
| 45 | 66 | 沃博联 | 美国 | 132703 | 4337 | 90124 | 25275 | 262500 |
| 47 | 67 | 安联保险集团 | 德国 | 129059 | 7087 | 1089944 | 54923 | 159253 |
| 55 | 68 | 阿里巴巴集团控股有限公司 | 中国 | 126813 | 10625 | 255263 | 144105 | 235216 |
| 77 | 69 | 厦门建发集团有限公司 | 中国 | 125971 | 454 | 104907 | 8662 | 40959 |
| 61 | 70 | 本田汽车 | 日本 | 124912 | 4813 | 185853 | 84257 | 197039 |
| 128 | 71 | 巴西国家石油公司 | 巴西 | 124474 | 36623 | 187191 | 69492 | 45149 |
| 69 | 72 | 山东能源集团有限公司 | 中国 | 124089 | 33 | 137900 | 14600 | 232841 |
| 112 | 73 | 意昂集团 | 德国 | 121646 | 1926 | 142988 | 16990 | 69378 |
| 70 | 74 | 中国华润有限公司 | 中国 | 121643 | 4662 | 331830 | 45826 | 379944 |
| 93 | 75 | 房利美 | 美国 | 121596 | 12923 | 4305288 | 60277 | 8000 |
| 85 | 76 | 国家能源投资集团有限责任公司 | 中国 | 121584 | 5699 | 281587 | 71647 | 310753 |
| 73 | 77 | 美国康卡斯特电信公司 | 美国 | 121427 | 5370 | 257275 | 80943 | 186000 |
| 32 | 78 | 美国电话电报公司 | 美国 | 120741 | -8524 | 402853 | 97500 | 160700 |
| 62 | 79 | 德国电信 | 德国 | 120108 | 8415 | 318596 | 51811 | 206759 |
| 166 | 80 | 墨西哥石油公司 | 墨西哥 | 118537 | 4994 | 115262 | -90777 | 120054 |
| 71 | 81 | Meta Platforms 公司 | 美国 | 116609 | 23200 | 185727 | 125713 | 86482 |
| 105 | 82 | 美国银行 | 美国 | 115053 | 27528 | 3051375 | 273197 | 216823 |
| 89 | 83 | 中国南方电网有限责任公司 | 中国 | 113674 | 1516 | 166026 | 60382 | 271202 |
| 68 | 84 | 上海汽车集团股份有限公司 | 中国 | 110612 | 2396 | 143552 | 40485 | 154863 |
| 92 | 85 | 现代汽车 | 韩国 | 110412 | 5705 | 203299 | 65463 | 72689 |
| 81 | 86 | 中国邮政集团有限公司 | 中国 | 110271 | 4897 | 2131968 | 71671 | 752547 |
| 91 | 87 | 中粮集团有限公司 | 中国 | 110222 | 1766 | 100848 | 16870 | 103537 |
| 104 | 88 | 信实工业公司 | 印度 | 109523 | 8307 | 208710 | 100019 | 376000 |
| 130 | 89 | Engie 集团 | 法国 | 109175 | 227 | 251268 | 36548 | 96454 |
| 87 | 90 | 塔吉特公司 | 美国 | 109120 | 2780 | 53335 | 11232 | 440000 |
| 48 | 91 | 安盛 | 法国 | 109067 | 7021 | 743376 | 48392 | 90443 |
| 117 | 92 | SK 集团 | 韩国 | 105959 | 851 | 154620 | 17167 | 124499 |
| 88 | 93 | 三井物产株式会社 | 日本 | 105694 | 8353 | 115873 | 47972 | 46811 |

续表

| 上年排名 | 排名 | 公司名称 | 国家/地区 | 营业收入/百万美元 | 净利润/百万美元 | 资产/百万美元 | 股东权益/百万美元 | 员工人数/人 |
| --- | --- | --- | --- | --- | --- | --- | --- | --- |
| 142 | 94 | 印度石油公司 | 印度 | 105349 | 1219 | 53808 | 17018 | 32791 |
| 106 | 95 | 厦门国贸控股集团有限公司 | 中国 | 103090 | 290 | 46715 | 5277 | 32856 |
| 78 | 96 | 日本伊藤忠商事株式会社 | 日本 | 103029 | 5914 | 98777 | 36308 | 133051 |
| 86 | 97 | 戴尔科技公司 | 美国 | 102301 | 2442 | 89611 | -3122 | 133000 |
| 124 | 98 | ADM 公司 | 美国 | 101556 | 4340 | 59774 | 24284 | 41181 |
| 141 | 99 | 花旗集团 | 美国 | 101078 | 14845 | 2416676 | 201189 | 238104 |
| 102 | 100 | 中国中信集团有限公司 | 中国 | 100769 | 3904 | 1536521 | 63540 | 172761 |
| 97 | 101 | 联合包裹速递服务公司 | 美国 | 100338 | 11548 | 71124 | 19786 | 404700 |
| 137 | 102 | 辉瑞制药有限公司 | 美国 | 100330 | 31372 | 197205 | 95661 | 83000 |
| 99 | 103 | 德国邮政敦豪集团 | 德国 | 99324 | 5636 | 72853 | 24793 | 554975 |
| 146 | 104 | 西班牙国家银行 | 西班牙 | 99231 | 10102 | 1850881 | 95074 | 204300 |
| 100 | 105 | 中国电力建设集团有限公司 | 中国 | 99020 | 621 | 187768 | 14977 | 182424 |
| 103 | 106 | 雀巢公司 | 瑞士 | 98931 | 9712 | 146174 | 45396 | 275000 |
| 98 | 107 | 印度人寿保险公司 | 印度 | 98535 | 4483 | 557673 | 5631 | 104036 |
| 101 | 108 | 美国劳氏公司 | 美国 | 97059 | 6437 | 43708 | -14254 | 244500 |
| 83 | 109 | 日本电报电话公司 | 日本 | 97049 | 8962 | 190665 | 64497 | 338651 |
| 177 | 110 | 泰国国家石油有限公司 | 泰国 | 96162 | 2604 | 98832 | 30457 | 30628 |
| 96 | 111 | 华为投资控股有限公司 | 中国 | 95490 | 5283 | 154237 | 63355 | 207000 |
| 107 | 112 | 强生 | 美国 | 94943 | 17941 | 187378 | 76804 | 152700 |
| 80 | 113 | 中国医药集团有限公司 | 中国 | 94075 | 1101 | 81654 | 18588 | 201508 |
| 129 | 114 | 联邦快递 | 美国 | 93512 | 3826 | 85994 | 24939 | 464400 |
| 127 | 115 | 中国远洋海运集团有限公司 | 中国 | 93181 | 6233 | 161552 | 39460 | 107793 |
| 132 | 116 | 哈门那公司 | 美国 | 92870 | 2806 | 43055 | 15311 | 67100 |
| 158 | 117 | 博枫公司 | 加拿大 | 92769 | 2056 | 441284 | 43753 | 202500 |
| 108 | 118 | 博世集团 | 德国 | 92766 | 1367 | 106964 | 47204 | 421338 |
| 109 | 119 | 巴斯夫公司 | 德国 | 91847 | -660 | 90132 | 42224 | 111481 |
| 110 | 120 | 中国人民保险集团股份有限公司 | 中国 | 91535 | 3639 | 218805 | 32154 | 177852 |
| 115 | 121 | 皇家阿霍德德尔海兹集团 | 荷兰 | 91486 | 2678 | 51808 | 16437 | 249000 |
| 140 | 122 | 引能仕控股株式会社 | 日本 | 91437 | 1062 | 74993 | 21545 | 44617 |
| 75 | 123 | 恒力集团有限公司 | 中国 | 90944 | 356 | 48633 | 8742 | 170125 |
| 76 | 124 | 正威国际集团有限公司 | 中国 | 90498 | 1497 | 31835 | 19555 | 23175 |

续表

| 上年排名 | 排名 | 公司名称 | 国家/地区 | 营业收入/百万美元 | 净利润/百万美元 | 资产/百万美元 | 股东权益/百万美元 | 员工人数/人 |
|---|---|---|---|---|---|---|---|---|
| 119 | 125 | 家乐福 | 法国 | 90062 | 1418 | 60340 | 11891 | 334640 |
| 184 | 126 | Energy Transfer 公司 | 美国 | 89876 | 4756 | 105643 | 33025 | 12565 |
| 123 | 127 | 法国巴黎银行 | 法国 | 89564 | 10724 | 2845023 | 129952 | 193122 |
| 135 | 128 | 州立农业保险公司 | 美国 | 89328 | -6654 | 318243 | 131395 | 60519 |
| 147 | 129 | Seven & I 控股公司 | 日本 | 88078 | 2095 | 77461 | 21889 | 125701 |
| 149 | 130 | 汇丰银行控股公司 | 英国 | 87807 | 16035 | 2966530 | 187484 | 219199 |
| 79 | 131 | 中国第一汽车集团有限公司 | 中国 | 87679 | 3846 | 86465 | 36194 | 119487 |
| 131 | 132 | 中国电信集团有限公司 | 中国 | 87166 | 2061 | 151749 | 57446 | 392726 |
| 191 | 133 | 房地美 | 美国 | 86717 | 9327 | 3208333 | 37018 | 7819 |
| 84 | 134 | 法国农业信贷银行 | 法国 | 86471 | 5718 | 2312852 | 68963 | 72758 |
| 143 | 135 | 百事公司 | 美国 | 86392 | 8910 | 92187 | 17149 | 315000 |
| 180 | 136 | 浙江荣盛控股集团有限公司 | 中国 | 86166 | 170 | 56816 | 4308 | 23316 |
| 72 | 137 | 意大利忠利保险公司 | 意大利 | 85750 | 3063 | 553827 | 17287 | 82061 |
| 120 | 138 | 物产中大集团股份有限公司 | 中国 | 85710 | 581 | 21030 | 4892 | 24247 |
| 216 | 139 | 马来西亚国家石油公司 | 马来西亚 | 85365 | 20999 | 161493 | 91275 | 49771 |
| 116 | 140 | 索尼 | 日本 | 85255 | 6923 | 241383 | 54465 | 112994 |
| 223 | 141 | 印尼国家石油公司 | 印度尼西亚 | 84888 | 3807 | 87811 | 34707 | 33596 |
| 160 | 142 | 厦门象屿集团有限公司 | 中国 | 83639 | 300 | 42458 | 3966 | 15364 |
| 156 | 143 | 迪奥公司 | 法国 | 83283 | 6097 | 140792 | 20314 | 180597 |
| 134 | 144 | 美国富国银行 | 美国 | 82859 | 13182 | 1881016 | 179889 | 238000 |
| 183 | 145 | 华特迪士尼公司 | 美国 | 82722 | 3145 | 203631 | 95008 | 195800 |
| 136 | 146 | 中国兵器工业集团有限公司 | 中国 | 82689 | 1788 | 75355 | 21290 | 216339 |
| 121 | 147 | 腾讯控股有限公司 | 中国 | 82440 | 27984 | 228808 | 104592 | 108436 |
| 94 | 148 | 日本邮政控股公司 | 日本 | 82291 | 3185 | 2230764 | 71851 | 227369 |
| 284 | 149 | 康菲石油公司 | 美国 | 82156 | 18680 | 93829 | 48003 | 9500 |
| 144 | 150 | 中国航空工业集团有限公司 | 中国 | 81671 | 1528 | 185527 | 33641 | 383000 |
| 206 | 151 | 马士基集团 | 丹麦 | 81529 | 29198 | 93680 | 63991 | 104260 |
| 242 | 152 | 特斯拉 | 美国 | 81462 | 12556 | 82338 | 44704 | 127855 |
| 113 | 153 | 日立 | 日本 | 80389 | 4796 | 94180 | 37237 | 322525 |
| 154 | 154 | 宝洁公司 | 美国 | 80187 | 14742 | 117208 | 46589 | 106000 |
| 153 | 155 | 安赛乐米塔尔 | 卢森堡 | 79844 | 9302 | 94547 | 53152 | 154352 |

续表

| 上年排名 | 排名 | 公司名称 | 国家/地区 | 营业收入/百万美元 | 净利润/百万美元 | 资产/百万美元 | 股东权益/百万美元 | 员工人数/人 |
|---|---|---|---|---|---|---|---|---|
| 126 | 156 | 乐购 | 英国 | 79687 | 903 | 55843 | 14818 | 222306 |
| 150 | 157 | 太平洋建设集团有限公司 | 中国 | 79478 | 5188 | 55154 | 29992 | 301565 |
| 190 | 158 | 印度石油天然气公司 | 印度 | 78746 | 4414 | 74851 | 34184 | 37047 |
| 151 | 159 | 美国邮政 | 美国 | 78620 | 56046 | 46115 | -16634 | 576065 |
| 161 | 160 | 日产汽车 | 日本 | 78287 | 1639 | 132579 | 40144 | 139418 |
| 155 | 161 | 交通银行股份有限公司 | 中国 | 78213 | 13699 | 1883724 | 148380 | 91823 |
| 159 | 162 | 西门子 | 德国 | 77860 | 4027 | 148184 | 47824 | 311000 |
| 163 | 163 | 晋能控股集团有限公司 | 中国 | 77761 | 359 | 160235 | 10907 | 470839 |
| 170 | 164 | 艾伯森公司 | 美国 | 77650 | 1514 | 26168 | 1656 | 198650 |
| 186 | 165 | 广州汽车工业集团有限公司 | 中国 | 77345 | 623 | 57256 | 9181 | 119425 |
| 139 | 166 | 中国铝业集团有限公司 | 中国 | 76946 | 1698 | 90619 | 15857 | 130416 |
| 165 | 167 | 通用电气公司 | 美国 | 76555 | 225 | 187788 | 36366 | 172000 |
| 225 | 168 | 台积公司 | 中国台湾 | 76022 | 33343 | 161661 | 94533 | 73090 |
| 209 | 169 | 陕西煤业化工集团有限责任公司 | 中国 | 75871 | 1386 | 104788 | 14082 | 138047 |
| 133 | 170 | 慕尼黑再保险集团 | 德国 | 75747 | 3610 | 318574 | 22474 | 41389 |
| 176 | 171 | 江西铜业集团有限公司 | 中国 | 74927 | 464 | 30396 | 5382 | 33248 |
| 199 | 172 | 山东魏桥创业集团有限公司 | 中国 | 74923 | 931 | 37309 | 12801 | 98100 |
| 178 | 173 | 万科企业股份有限公司 | 中国 | 74901 | 3362 | 254765 | 35187 | 131817 |
| 192 | 174 | 丰益国际 | 新加坡 | 73399 | 2403 | 60402 | 19986 | 100000 |
| 152 | 175 | 招商局集团有限公司 | 中国 | 73283 | 8474 | 381608 | 69031 | 276019 |
| 172 | 176 | 丰田通商公司 | 日本 | 72760 | 2099 | 48042 | 14422 | 66944 |
| 194 | 177 | 巴西JBS公司 | 巴西 | 72626 | 2995 | 39370 | 8767 | 260000 |
| 251 | 178 | 雷普索尔公司 | 西班牙 | 72536 | 4471 | 63982 | 26989 | 23426 |
| 174 | 179 | 招商银行股份有限公司 | 中国 | 72317 | 20517 | 1470004 | 137085 | 112999 |
| 213 | 180 | 必和必拓集团 | 澳大利亚 | 71502 | 30900 | 95166 | 44957 | 39210 |
| 164 | 181 | 日本生命保险公司 | 日本 | 71213 | 873 | 659896 | 15859 | 88528 |
| 167 | 182 | 第一生命控股有限公司 | 日本 | 70329 | 1421 | 463906 | 14845 | 60997 |
| 173 | 183 | 大都会人寿 | 美国 | 69898 | 2539 | 666611 | 27040 | 45000 |
| 169 | 184 | 瑞士罗氏公司 | 瑞士 | 69596 | 13014 | 95319 | 30268 | 103613 |
| 195 | 185 | 高盛集团 | 美国 | 68711 | 11261 | 1441799 | 117189 | 48500 |
| 261 | 186 | 西斯科公司 | 美国 | 68636 | 1359 | 22086 | 1382 | 70510 |

续表

| 上年排名 | 排名 | 公司名称 | 国家/地区 | 营业收入/百万美元 | 净利润/百万美元 | 资产/百万美元 | 股东权益/百万美元 | 员工人数/人 |
|---|---|---|---|---|---|---|---|---|
| 240 | 187 | 三菱日联金融集团 | 日本 | 68567 | 8249 | 2913963 | 111114 | 127122 |
| 122 | 188 | 东风汽车集团有限公司 | 中国 | 68416 | 1211 | 73288 | 18465 | 134637 |
| 148 | 189 | 日本永旺集团 | 日本 | 67985 | 159 | 90607 | 6670 | 369404 |
| 157 | 190 | 丸红株式会社 | 日本 | 67898 | 4012 | 59919 | 21680 | 49546 |
| 181 | 191 | 中国保利集团有限公司 | 中国 | 67696 | 1288 | 265106 | 17035 | 118007 |
| 182 | 192 | 中国太平洋保险（集团）股份有限公司 | 中国 | 67696 | 3658 | 315534 | 33122 | 104502 |
| 162 | 193 | 北京汽车集团有限公司 | 中国 | 67282 | 296 | 68342 | 9991 | 95000 |
| 219 | 194 | 邦吉公司 | 美国 | 67232 | 1610 | 24580 | 9224 | 23000 |
| 197 | 195 | 雷神技术公司 | 美国 | 67074 | 5197 | 158864 | 72632 | 182000 |
| 212 | 196 | 起亚公司 | 韩国 | 67055 | 4191 | 58596 | 31271 | 35847 |
| 204 | 197 | 波音 | 美国 | 66608 | -4935 | 137100 | -15883 | 156000 |
| 327 | 198 | StoneX 集团 | 美国 | 66036 | 207 | 19860 | 1070 | 3615 |
| 185 | 199 | 洛克希德-马丁 | 美国 | 65984 | 5732 | 52880 | 9266 | 116000 |
| 211 | 200 | 摩根士丹利 | 美国 | 65936 | 11029 | 1180231 | 100141 | 82427 |
| 188 | 201 | 浦项制铁控股公司 | 韩国 | 65850 | 2446 | 78716 | 41716 | 38175 |
| 218 | 202 | 万喜集团 | 法国 | 65750 | 4479 | 119494 | 27677 | 271648 |
| 330 | 203 | 奥地利石油天然气集团 | 奥地利 | 65523 | 3897 | 60210 | 20432 | 22308 |
| 187 | 204 | LG 电子 | 韩国 | 64953 | 927 | 43846 | 15098 | 74000 |
| 125 | 205 | 绿地控股集团股份有限公司 | 中国 | 64802 | 150 | 197953 | 13143 | 70177 |
| 138 | 206 | 碧桂园控股有限公司 | 中国 | 63979 | -900 | 252924 | 29523 | 69932 |
| 333 | 207 | 伊塔乌联合银行控股公司 | 巴西 | 63884 | 5755 | 439546 | 31773 | 101094 |
| 220 | 208 | 法国兴业银行 | 法国 | 63417 | 2122 | 1586435 | 70903 | 115466 |
| 215 | 209 | 中国华能集团有限公司 | 中国 | 63284 | 1125 | 205184 | 20272 | 124588 |
| 205 | 210 | 联合利华 | 英国 | 63182 | 8038 | 83035 | 20295 | 127056 |
| 145 | 211 | 英特尔公司 | 美国 | 63054 | 8014 | 182103 | 101423 | 131900 |
| 436 | 212 | 比亚迪股份有限公司 | 中国 | 63041 | 2471 | 71603 | 16098 | 570060 |
| 202 | 213 | 惠普公司 | 美国 | 62983 | 3203 | 38587 | -2918 | 58000 |
| 308 | 214 | Alimentation Couche-Tard 公司 | 加拿大 | 62810 | 2683 | 29592 | 12438 | 122000 |
| 451 | 215 | TD Synnex 公司 | 美国 | 62344 | 651 | 29734 | 8026 | 28500 |
| 424 | 216 | 波兰国营石油公司 | 波兰 | 62326 | 7520 | 62060 | 30981 | 64494 |

续表

| 上年排名 | 排名 | 公司名称 | 国家/地区 | 营业收入/百万美元 | 净利润/百万美元 | 资产/百万美元 | 股东权益/百万美元 | 员工人数/人 |
|---|---|---|---|---|---|---|---|---|
| 171 | 217 | 联想集团有限公司 | 中国 | 61947 | 1608 | 38920 | 5588 | 77000 |
| 193 | 218 | 松下控股公司 | 日本 | 61903 | 1962 | 60717 | 27259 | 233391 |
| 207 | 219 | 空中客车公司 | 荷兰 | 61805 | 4467 | 123712 | 13818 | 134267 |
| 268 | 220 | 埃森哲 | 爱尔兰 | 61594 | 6877 | 47263 | 22106 | 721000 |
| 250 | 221 | 日本出光兴产株式会社 | 日本 | 61424 | 1874 | 36653 | 10955 | 16795 |
| 241 | 222 | 盛虹控股集团有限公司 | 中国 | 61251 | 428 | 29893 | 5593 | 39059 |
| 208 | 223 | 兴业银行股份有限公司 | 中国 | 60962 | 13584 | 1343541 | 108187 | 69840 |
| 168 | 224 | 国际商业机器公司 | 美国 | 60530 | 1639 | 127243 | 21944 | 303100 |
| 229 | 225 | 浙江吉利控股集团有限公司 | 中国 | 60396 | 945 | 81291 | 13009 | 131517 |
| 221 | 226 | HCA 医疗保健公司 | 美国 | 60233 | 5643 | 52438 | -2767 | 250500 |
| 175 | 227 | 保德信金融集团 | 美国 | 60050 | -1438 | 689917 | 16250 | 39583 |
| 276 | 228 | 路易达孚集团 | 荷兰 | 59931 | 1006 | 21613 | 6096 | 16300 |
| 189 | 229 | 河钢集团有限公司 | 中国 | 59563 | 50 | 78229 | 9171 | 99807 |
| 265 | 230 | 卡特彼勒 | 美国 | 59427 | 6705 | 81943 | 15869 | 109100 |
| 262 | 231 | 默沙东 | 美国 | 59283 | 14519 | 109160 | 45991 | 68000 |
| 230 | 232 | 德国联邦铁路公司 | 德国 | 59210 | -262 | 81415 | 15516 | 324136 |
| 295 | 233 | 巴拉特石油公司 | 印度 | 59114 | 265 | 22912 | 6519 | 9193 |
| 455 | 234 | World Kinect 公司 | 美国 | 59043 | 114 | 8165 | 1985 | 5214 |
| 236 | 235 | 印度国家银行 | 印度 | 58951 | 6930 | 725264 | 43719 | 235858 |
| 214 | 236 | 日本制铁集团公司 | 日本 | 58923 | 5127 | 72074 | 31499 | 114029 |
| 368 | 237 | 巴登-符滕堡州能源公司 | 德国 | 58901 | 1828 | 74160 | 9564 | 25339 |
| 263 | 238 | 美国纽约人寿保险公司 | 美国 | 58445 | -1127 | 392126 | 23887 | 15050 |
| 343 | 239 | Enterprise Products Partners 公司 | 美国 | 58186 | 5490 | 68108 | 26672 | 7300 |
| 227 | 240 | 艾伯维 | 美国 | 58054 | 11836 | 138805 | 17254 | 50000 |
| 239 | 241 | 百威英博 | 比利时 | 57786 | 5969 | 212943 | 73398 | 166632 |
| 290 | 242 | 东京电力公司 | 日本 | 57616 | -913 | 102178 | 23319 | 38007 |
| 329 | 243 | Plains GP Holdings 公司 | 美国 | 57342 | 168 | 29207 | 1524 | 4100 |
| 264 | 244 | 浙江恒逸集团有限公司 | 中国 | 57332 | -153 | 19554 | 1814 | 21261 |
| 235 | 245 | 陶氏公司 | 美国 | 56902 | 4582 | 60603 | 20718 | 37800 |
| 304 | 246 | Iberdrola 公司 | 西班牙 | 56741 | 4564 | 165030 | 43874 | 40090 |
| 196 | 247 | 中国建材集团有限公司 | 中国 | 56514 | 629 | 101920 | 7073 | 208857 |

续表

| 上年排名 | 排名 | 公司名称 | 国家/地区 | 营业收入/百万美元 | 净利润/百万美元 | 资产/百万美元 | 股东权益/百万美元 | 员工人数/人 |
|---|---|---|---|---|---|---|---|---|
| 255 | 248 | 美国国际集团 | 美国 | 56437 | 10276 | 526634 | 40002 | 26200 |
| 244 | 249 | Talanx 公司 | 德国 | 56029 | 1233 | 206073 | 7965 | 23669 |
| 270 | 250 | 俄罗斯联邦储蓄银行 | 俄罗斯 | 55877 | 3959 | 564401 | 78378 | 210661 |
| 465 | 251 | 巴西银行 | 巴西 | 55870 | 5353 | 379820 | 30071 | 85953 |
| 233 | 252 | 中国电子科技集团有限公司 | 中国 | 55848 | 2665 | 86146 | 31972 | 235912 |
| 320 | 253 | 美国运通公司 | 美国 | 55625 | 7514 | 228354 | 24711 | 77300 |
| 201 | 254 | 力拓集团 | 英国 | 55554 | 12420 | 96744 | 50175 | 53726 |
| 283 | 255 | 大众超级市场公司 | 美国 | 54942 | 2918 | 31047 | 21815 | 242000 |
| 269 | 256 | 中国能源建设集团有限公司 | 中国 | 54890 | 545 | 98548 | 6854 | 116263 |
| 238 | 257 | 青山控股集团有限公司 | 中国 | 54711 | 1457 | 20139 | 7621 | 100982 |
| 249 | 258 | 韩国电力公司 | 韩国 | 54650 | -18954 | 186655 | 32231 | 49237 |
| 357 | 259 | KOC 集团 | 土耳其 | 54467 | 4216 | 84577 | 7982 | 114677 |
| 226 | 260 | 上海浦东发展银行股份有限公司 | 中国 | 54028 | 7607 | 1262056 | 101182 | 64731 |
| 259 | 261 | 特许通讯公司 | 美国 | 54022 | 5055 | 144523 | 9119 | 101700 |
| 260 | 262 | 国家电力投资集团有限公司 | 中国 | 54022 | 744 | 229339 | 27048 | 123401 |
| 252 | 263 | 圣戈班集团 | 法国 | 53847 | 3158 | 59087 | 24233 | 155685 |
| N. A. | 264 | 戴姆勒卡车控股股份公司 | 德国 | 53582 | 2803 | 68255 | 21396 | 102888 |
| 254 | 265 | 拜耳集团 | 德国 | 53365 | 4365 | 133244 | 41371 | 101369 |
| 292 | 266 | 泰森食品 | 美国 | 53282 | 3238 | 36821 | 19702 | 142000 |
| 267 | 267 | 中国联合网络通信股份有限公司 | 中国 | 52766 | 1085 | 93471 | 22382 | 244508 |
| 318 | 268 | 迪尔公司 | 美国 | 52577 | 7131 | 90030 | 20262 | 82239 |
| 257 | 269 | 陕西延长石油（集团）有限责任公司 | 中国 | 52224 | 870 | 70896 | 22220 | 129525 |
| 307 | 270 | 加拿大皇家银行 | 加拿大 | 52062 | 12265 | 1405792 | 79237 | 91427 |
| 248 | 271 | 诺华公司 | 瑞士 | 51828 | 6955 | 117453 | 59342 | 101703 |
| 243 | 272 | 中国船舶集团有限公司 | 中国 | 51799 | 2710 | 136965 | 41261 | 204497 |
| 439 | 273 | 巴西布拉德斯科银行 | 巴西 | 51587 | 4066 | 340449 | 29941 | 81222 |
| 274 | 274 | 思科公司 | 美国 | 51557 | 11812 | 94002 | 39773 | 83300 |
| 289 | 275 | 美国全国保险公司 | 美国 | 51450 | 988 | 264511 | 18914 | 24791 |
| 246 | 276 | 好事达 | 美国 | 51412 | -1311 | 97957 | 17475 | 54250 |
| 384 | 277 | Cenovus Energy 公司 | 加拿大 | 51406 | 4956 | 41241 | 20356 | 5998 |
| 245 | 278 | 美的集团股份有限公司 | 中国 | 51393 | 4393 | 61265 | 20724 | 166243 |

续表

| 上年排名 | 排名 | 公司名称 | 国家/地区 | 营业收入/百万美元 | 净利润/百万美元 | 资产/百万美元 | 股东权益/百万美元 | 员工人数/人 |
|---|---|---|---|---|---|---|---|---|
| 224 | 279 | 中国机械工业集团有限公司 | 中国 | 51126 | -409 | 51583 | 9081 | 125370 |
| 478 | 280 | 达美航空 | 美国 | 50582 | 1318 | 72288 | 6582 | 95000 |
| 305 | 281 | 利安德巴塞尔工业公司 | 荷兰 | 50451 | 3882 | 36365 | 12615 | 19300 |
| 279 | 282 | 住友商事 | 日本 | 50370 | 4176 | 76136 | 28473 | 78221 |
| 217 | 283 | 鞍钢集团有限公司 | 中国 | 50041 | 608 | 69740 | 13684 | 163992 |
| 285 | 284 | 美国利宝互助保险集团 | 美国 | 49956 | 414 | 160316 | 21992 | 50000 |
| 280 | 285 | TJX 公司 | 美国 | 49936 | 3498 | 28349 | 6364 | 329000 |
| 237 | 286 | 雷诺 | 法国 | 49924 | -356 | 126246 | 30728 | 105812 |
| 286 | 287 | 前进保险公司 | 美国 | 49611 | 722 | 75465 | 15891 | 55063 |
| 256 | 288 | 德国艾德卡公司 | 德国 | 49481 | 416 | 10396 | 2476 | 408900 |
| 339 | 289 | 金川集团股份有限公司 | 中国 | 49467 | 1113 | 20862 | 7526 | 28930 |
| 253 | 290 | 东京海上日动火灾保险公司 | 日本 | 49119 | 2781 | 208677 | 16303 | 43217 |
| 479 | 291 | 美国航空集团 | 美国 | 48971 | 127 | 64716 | -5799 | 129700 |
| N.A. | 292 | 宁德时代新能源科技股份有限公司 | 中国 | 48849 | 4568 | 87130 | 23848 | 118914 |
| N.A. | 293 | Energi Danmark 集团 | 丹麦 | 48717 | 1251 | 5044 | 1685 | 220 |
| 366 | 294 | 多伦多道明银行 | 加拿大 | 48700 | 13535 | 1406019 | 81671 | 94945 |
| 234 | 295 | 软银集团 | 日本 | 48542 | -7167 | 330996 | 68027 | 63339 |
| 306 | 296 | 韩华集团 | 韩国 | 48245 | 1017 | 167871 | 4156 | 54918 |
| 425 | 297 | 荷兰国际集团 | 荷兰 | 48062 | 12754 | 1042282 | 60286 | 58232 |
| 362 | 298 | CHS 公司 | 美国 | 47792 | 1679 | 18825 | 9456 | 10014 |
| 303 | 299 | 赛诺菲 | 法国 | 47738 | 8804 | 135212 | 79795 | 91573 |
| 282 | 300 | 法国 BPCE 银行集团 | 法国 | 47723 | 4156 | 1633720 | 87578 | 96936 |
| 398 | 301 | Raízen 公司 | 巴西 | 47721 | 474 | 22001 | 4389 | 44738 |
| 247 | 302 | 沃达丰集团 | 英国 | 47550 | 12316 | 169051 | 68915 | 98103 |
| 278 | 303 | 电装公司 | 日本 | 47292 | 2325 | 55813 | 32974 | 164572 |
| 468 | 304 | Performance Food Group 公司 | 美国 | 47194 | 113 | 12378 | 3300 | 34825 |
| N.A. | 305 | HD 现代公司 | 韩国 | 47138 | 1091 | 52125 | 5950 | 23316 |
| N.A. | 306 | PBF Energy 公司 | 美国 | 46830 | 2877 | 13549 | 4929 | 3616 |
| 323 | 307 | 沃尔沃集团 | 瑞典 | 46828 | 3236 | 60369 | 15615 | 94921 |
| 313 | 308 | 耐克公司 | 美国 | 46710 | 6046 | 40321 | 15281 | 79100 |
| 314 | 309 | 法国布伊格集团 | 法国 | 46696 | 1023 | 64655 | 13030 | 196154 |

续表

| 上年排名 | 排名 | 公司名称 | 国家/地区 | 营业收入/百万美元 | 净利润/百万美元 | 资产/百万美元 | 股东权益/百万美元 | 员工人数/人 |
|---|---|---|---|---|---|---|---|---|
| 302 | 310 | 浙江省交通投资集团有限公司 | 中国 | 46617 | 859 | 121861 | 20049 | 41757 |
| 258 | 311 | 百思买 | 美国 | 46298 | 1419 | 15803 | 2795 | 71100 |
| 301 | 312 | 百时美施贵宝公司 | 美国 | 46159 | 6327 | 96820 | 31061 | 34300 |
| 299 | 313 | 苏商建设集团有限公司 | 中国 | 46138 | 1357 | 32994 | 15272 | 151135 |
| 287 | 314 | 英格卡集团 | 荷兰 | 46135 | 315 | 58116 | 47931 | 177192 |
| 310 | 315 | 采埃孚 | 德国 | 46068 | 239 | 41553 | 8593 | 161901 |
| 296 | 316 | 瑞士再保险股份有限公司 | 瑞士 | 45998 | 472 | 170676 | 12699 | 14408 |
| 293 | 317 | EXOR 集团 | 荷兰 | 45977 | 4446 | 89307 | 22009 | 80932 |
| 352 | 318 | 西班牙对外银行 | 西班牙 | 45766 | 6752 | 760920 | 50139 | 115675 |
| 271 | 319 | Orange 公司 | 法国 | 45721 | 2257 | 116997 | 33914 | 130307 |
| 386 | 320 | 敬业集团有限公司 | 中国 | 45705 | 329 | 12587 | 5182 | 31000 |
| 388 | 321 | 日本三井住友金融集团 | 日本 | 45378 | 5954 | 2037280 | 77659 | 111381 |
| 470 | 322 | GS 加德士 | 韩国 | 45343 | 2161 | 20699 | 10748 | 3322 |
| 326 | 323 | 中国华电集团有限公司 | 中国 | 45113 | 1021 | 148926 | 16168 | 92857 |
| 427 | 324 | 法国威立雅环境集团 | 法国 | 45105 | 753 | 78216 | 13076 | 202210 |
| 374 | 325 | 巴克莱 | 英国 | 45023 | 7309 | 1820526 | 82135 | 87400 |
| N.A. | 326 | 联合航空控股公司 | 美国 | 44955 | 737 | 67358 | 6896 | 92795 |
| 457 | 327 | 森科能源公司 | 加拿大 | 44928 | 6975 | 62463 | 29060 | 16558 |
| 355 | 328 | 赛默飞世尔科技公司 | 美国 | 44915 | 6950 | 97154 | 43978 | 130000 |
| 273 | 329 | 中国民生银行股份有限公司 | 中国 | 44582 | 5243 | 1051974 | 86981 | 62615 |
| 344 | 330 | 蒂森克虏伯 | 德国 | 44502 | 1229 | 36671 | 13891 | 96494 |
| 381 | 331 | 阿斯利康 | 英国 | 44351 | 3288 | 96483 | 37037 | 83500 |
| 231 | 332 | 巴西淡水河谷公司 | 巴西 | 44287 | 18788 | 86894 | 35867 | 64516 |
| 311 | 333 | 和硕 | 中国台湾 | 44273 | 507 | 20718 | 5943 | 161836 |
| 429 | 334 | 高通 | 美国 | 44200 | 12936 | 49014 | 18013 | 51000 |
| 272 | 335 | 伍尔沃斯集团 | 澳大利亚 | 44126 | 5754 | 22975 | 4129 | 197773 |
| 319 | 336 | 乔治威斯顿公司 | 加拿大 | 43838 | 1396 | 36139 | 5050 | 221285 |
| 370 | 337 | 印度塔塔汽车公司 | 印度 | 43661 | 301 | 40936 | 5520 | 81811 |
| 325 | 338 | 雅培公司 | 美国 | 43653 | 6933 | 74438 | 36686 | 115000 |
| 382 | 339 | KB 金融集团 | 韩国 | 43622 | 3405 | 557387 | 38445 | 25876 |
| 335 | 340 | 法国国营铁路集团 | 法国 | 43594 | 2551 | 141949 | 29394 | 276271 |

续表

| 上年排名 | 排名 | 公司名称 | 国家/地区 | 营业收入/百万美元 | 净利润/百万美元 | 资产/百万美元 | 股东权益/百万美元 | 员工人数/人 |
|---|---|---|---|---|---|---|---|---|
| 315 | 341 | 中国兵器装备集团公司 | 中国 | 43429 | 1015 | 59633 | 13476 | 156613 |
| 338 | 342 | 安达保险公司 | 瑞士 | 43166 | 5313 | 199144 | 50540 | 34000 |
| 294 | 343 | 葛兰素史克集团 | 英国 | 43035 | 18439 | 72338 | 12746 | 69400 |
| 359 | 344 | 可口可乐公司 | 美国 | 43004 | 9542 | 92763 | 24105 | 82500 |
| 349 | 345 | 广达电脑公司 | 中国台湾 | 42997 | 972 | 26576 | 5508 | 67979 |
| 316 | 346 | 费森尤斯集团 | 德国 | 42954 | 1443 | 81535 | 21783 | 282024 |
| 345 | 347 | 瑞银集团 | 瑞士 | 42950 | 7630 | 1104364 | 56876 | 72597 |
| 291 | 348 | 江苏沙钢集团有限公司 | 中国 | 42784 | 558 | 49903 | 11095 | 45203 |
| 275 | 349 | 美洲电信 | 墨西哥 | 42724 | 3788 | 83055 | 19187 | 176014 |
| 404 | 350 | 日本瑞穗金融集团 | 日本 | 42693 | 4104 | 1915460 | 63818 | 51258 |
| 321 | 351 | 上海建工集团股份有限公司 | 中国 | 42522 | 202 | 53182 | 5866 | 51353 |
| 348 | 352 | 甲骨文公司 | 美国 | 42440 | 6717 | 109297 | −6220 | 143000 |
| 437 | 353 | Rajesh Exports 公司 | 印度 | 42306 | 178 | 2786 | 1793 | 135 |
| 350 | 354 | 德意志银行 | 德国 | 42285 | 5701 | 1434280 | 65911 | 84930 |
| 300 | 355 | 西班牙电话公司 | 西班牙 | 42063 | 2115 | 116988 | 26769 | 103651 |
| 297 | 356 | 中国中煤能源集团有限公司 | 中国 | 41997 | 1877 | 70504 | 13437 | 147293 |
| 281 | 357 | 日本 KDDI 电信公司 | 日本 | 41902 | 5005 | 89782 | 38590 | 49659 |
| 179 | 358 | 苏黎世保险集团 | 瑞士 | 41750 | 4603 | 377782 | 26634 | 59498 |
| 431 | 359 | 山西焦煤集团有限责任公司 | 中国 | 41662 | 355 | 75193 | 8859 | 214769 |
| 266 | 360 | 小米集团 | 中国 | 41631 | 368 | 39655 | 20829 | 32543 |
| 389 | 361 | 纽柯 | 美国 | 41513 | 7607 | 32479 | 18415 | 31400 |
| 312 | 362 | 德国大陆集团 | 德国 | 41449 | 70 | 40468 | 14148 | 199038 |
| 356 | 363 | 新希望控股集团有限公司 | 中国 | 41426 | 8 | 49488 | 3882 | 123933 |
| 396 | 364 | 德迅集团 | 瑞士 | 41278 | 2770 | 15951 | 4477 | 75194 |
| 375 | 365 | Enbridge 公司 | 加拿大 | 40964 | 2308 | 132581 | 44207 | 12050 |
| 347 | 366 | 美国教师退休基金会 | 美国 | 40911 | 494 | 634457 | 42722 | 16070 |
| 495 | 367 | 莱茵集团 | 德国 | 40352 | 2858 | 147831 | 29424 | 18278 |
| 324 | 368 | 中国电子信息产业集团有限公司 | 中国 | 40326 | −501 | 61129 | 10448 | 184940 |
| 395 | 369 | 万通互惠理财公司 | 美国 | 40281 | 1485 | 381336 | 27941 | 10662 |
| 367 | 370 | 欧莱雅 | 法国 | 40241 | 6002 | 49983 | 29000 | 87369 |
| 369 | 371 | LG 化学公司 | 韩国 | 40241 | 1430 | 54035 | 25001 | 40000 |

续表

| 上年排名 | 排名 | 公司名称 | 国家/地区 | 营业收入/百万美元 | 净利润/百万美元 | 资产/百万美元 | 股东权益/百万美元 | 员工人数/人 |
|---|---|---|---|---|---|---|---|---|
| 390 | 372 | 现代摩比斯公司 | 韩国 | 40210 | 1925 | 44045 | 30048 | 33125 |
| 407 | 373 | 紫金矿业集团股份有限公司 | 中国 | 40187 | 2979 | 44372 | 12896 | 48836 |
| N. A. | 374 | 韩国天然气公司 | 韩国 | 40069 | 1157 | 49624 | 8098 | 4254 |
| 377 | 375 | 日本明治安田生命保险公司 | 日本 | 40018 | 634 | 367499 | 9637 | 47385 |
| 406 | 376 | 新加坡奥兰集团 | 新加坡 | 39836 | 457 | 23828 | 5712 | 62467 |
| 441 | 377 | 顺丰控股股份有限公司 | 中国 | 39765 | 918 | 31439 | 12507 | 162823 |
| 475 | 378 | 台湾中油股份有限公司 | 中国台湾 | 39427 | -6299 | 31702 | 2393 | 16682 |
| 361 | 379 | 通用动力 | 美国 | 39407 | 3390 | 51585 | 18568 | 106500 |
| 360 | 380 | 广州市建筑集团有限公司 | 中国 | 39258 | 150 | 28664 | 2696 | 44825 |
| 364 | 381 | 中国核工业集团有限公司 | 中国 | 39054 | 1281 | 166795 | 26943 | 181700 |
| 358 | 382 | 日本钢铁工程控股公司 | 日本 | 38925 | 1201 | 41616 | 15974 | 64241 |
| 298 | 383 | 意大利联合圣保罗银行 | 意大利 | 38836 | 4579 | 1041054 | 66529 | 95574 |
| 309 | 384 | MS&AD 保险集团控股有限公司 | 日本 | 38796 | 1193 | 188341 | 13148 | 38584 |
| 334 | 385 | 中国太平保险集团有限责任公司 | 中国 | 38706 | 116 | 182634 | 5064 | 68386 |
| 443 | 386 | 第一资本金融公司 | 美国 | 38373 | 7360 | 455249 | 52582 | 55943 |
| N. A. | 387 | HF Sinclair 公司 | 美国 | 38205 | 2923 | 18126 | 9244 | 5223 |
| 394 | 388 | 菲尼克斯医药公司 | 德国 | 38045 | 252 | 14784 | 3446 | 35178 |
| 413 | 389 | 蜀道投资集团有限责任公司 | 中国 | 38019 | 646 | 172256 | 39540 | 48713 |
| 342 | 390 | 森宝利公司 | 英国 | 37910 | 249 | 32347 | 8969 | 107000 |
| 372 | 391 | 深圳市投资控股有限公司 | 中国 | 37888 | 907 | 153290 | 27377 | 103117 |
| N. A. | 392 | Nutrien 公司 | 加拿大 | 37884 | 7660 | 54586 | 25818 | 24700 |
| 419 | 393 | Dollar General 公司 | 美国 | 37845 | 2416 | 29083 | 5542 | 170000 |
| 392 | 394 | 麦格纳国际 | 加拿大 | 37840 | 592 | 27789 | 10935 | 158000 |
| 397 | 395 | 怡和集团 | 中国香港 | 37724 | 354 | 89148 | 28826 | 425000 |
| 411 | 396 | 中国大唐集团有限公司 | 中国 | 37606 | 182 | 123159 | 13337 | 89210 |
| N. A. | 397 | 哥伦比亚国家石油公司 | 哥伦比亚 | 37547 | 7435 | 62548 | 17797 | 18903 |
| 477 | 398 | X5 零售集团 | 荷兰 | 37494 | 651 | 18224 | 1795 | 353196 |
| 232 | 399 | 加拿大鲍尔集团 | 加拿大 | 37419 | 1510 | 541559 | 17732 | 37300 |
| 341 | 400 | 中国航天科工集团有限公司 | 中国 | 37371 | 2167 | 75170 | 26481 | 141260 |
| N. A. | 401 | 荷兰 GasTerra 能源公司 | 荷兰 | 37338 | 38 | 17109 | 231 | 101 |
| 412 | 402 | 龙湖集团控股有限公司 | 中国 | 37249 | 3622 | 114072 | 20603 | 31565 |

续表

| 上年排名 | 排名 | 公司名称 | 国家/地区 | 营业收入/百万美元 | 净利润/百万美元 | 资产/百万美元 | 股东权益/百万美元 | 员工人数/人 |
|---|---|---|---|---|---|---|---|---|
| 340 | 403 | 法国邮政 | 法国 | 37224 | 1265 | 824922 | 18722 | 238033 |
| 415 | 404 | 艾睿电子 | 美国 | 37124 | 1427 | 21763 | 5546 | 22300 |
| N. A. | 405 | 西方石油公司 | 美国 | 37095 | 13304 | 72609 | 30085 | 11973 |
| N. A. | 406 | 巴西联邦储蓄银行 | 巴西 | 37066 | 1894 | 300664 | 22770 | 86959 |
| 351 | 407 | 三菱电机股份有限公司 | 日本 | 36967 | 1580 | 42056 | 24401 | 149655 |
| 387 | 408 | 西北互助人寿保险公司 | 美国 | 36921 | 912 | 340390 | 29885 | 8323 |
| 410 | 409 | Travelers 公司 | 美国 | 36884 | 2842 | 115717 | 21560 | 32175 |
| 328 | 410 | 首钢集团有限公司 | 中国 | 36853 | 189 | 75225 | 17445 | 91165 |
| 336 | 411 | 杭州钢铁集团有限公司 | 中国 | 36818 | 246 | 11939 | 3930 | 11771 |
| 434 | 412 | 新疆中泰（集团）有限责任公司 | 中国 | 36762 | 112 | 21604 | 1040 | 42193 |
| 399 | 413 | 美国诺斯洛普格拉曼公司 | 美国 | 36602 | 4896 | 43755 | 15312 | 95000 |
| N. A. | 414 | 广州工业投资控股集团有限公司 | 中国 | 36589 | 234 | 42301 | 5446 | 88022 |
| 456 | 415 | 加拿大丰业银行 | 加拿大 | 36390 | 7701 | 989455 | 53692 | 90979 |
| N. A. | 416 | 赫伯罗特公司 | 德国 | 36331 | 17912 | 41279 | 29762 | 14248 |
| 379 | 417 | 联合服务汽车协会 | 美国 | 36297 | -1296 | 204005 | 27287 | 36820 |
| 354 | 418 | 大和房建 | 日本 | 36261 | 2278 | 46271 | 16241 | 49768 |
| 405 | 419 | 海尔智家股份有限公司 | 中国 | 36201 | 2187 | 34194 | 13545 | 109586 |
| 317 | 420 | 仁宝电脑 | 中国台湾 | 36040 | 245 | 14767 | 3787 | 73120 |
| 420 | 421 | 施耐德电气 | 法国 | 35945 | 3657 | 62279 | 27143 | 135000 |
| 380 | 422 | Finatis 公司 | 法国 | 35851 | -155 | 35065 | -1033 | 188864 |
| 371 | 423 | ELO 集团 | 法国 | 35799 | 35 | 22010 | 6541 | 166397 |
| N. A. | 424 | 西班牙能源集团 | 西班牙 | 35723 | 1734 | 43096 | 8082 | 7112 |
| 417 | 425 | 霍尼韦尔国际公司 | 美国 | 35466 | 4966 | 62275 | 16697 | 97000 |
| 467 | 426 | 广州医药集团有限公司 | 中国 | 35383 | 311 | 11489 | 2024 | 35057 |
| N. A. | 427 | 广东省广新控股集团有限公司 | 中国 | 35368 | 356 | 18453 | 2659 | 40613 |
| 365 | 428 | 西班牙 ACS 集团 | 西班牙 | 35355 | 703 | 40098 | 5919 | 116702 |
| N. A. | 429 | Vibra Energia 公司 | 巴西 | 35155 | 298 | 7777 | 2386 | 3364 |
| 331 | 430 | 英美资源集团 | 英国 | 35118 | 4514 | 67407 | 27361 | 105000 |
| 346 | 431 | 泰康保险集团股份有限公司 | 中国 | 34837 | 1615 | 197971 | 15441 | 59011 |
| N. A. | 432 | 陕西建工控股集团有限公司 | 中国 | 34735 | 391 | 56144 | 2249 | 36715 |
| N. A. | 433 | 蒙特利尔银行 | 加拿大 | 34730 | 10513 | 835312 | 52088 | 46722 |

续表

| 上年排名 | 排名 | 公司名称 | 国家/地区 | 营业收入/百万美元 | 净利润/百万美元 | 资产/百万美元 | 股东权益/百万美元 | 员工人数/人 |
|---|---|---|---|---|---|---|---|---|
| 385 | 434 | 中国中车集团有限公司 | 中国 | 34697 | 902 | 74224 | 12946 | 170184 |
| 428 | 435 | Coop 集团 | 瑞士 | 34684 | 589 | 23736 | 11637 | 82054 |
| 400 | 436 | 铜陵有色金属集团控股有限公司 | 中国 | 34590 | 5 | 14646 | 1177 | 21797 |
| 373 | 437 | SK 海力士公司 | 韩国 | 34567 | 1727 | 82571 | 50293 | 31944 |
| 430 | 438 | 上海医药集团股份有限公司 | 中国 | 34486 | 835 | 28727 | 9723 | 47877 |
| N. A. | 439 | 汉莎集团 | 德国 | 34466 | 832 | 46238 | 8968 | 93083 |
| 458 | 440 | 山东高速集团有限公司 | 中国 | 34455 | 445 | 191751 | 26538 | 54097 |
| 449 | 441 | 铃木汽车 | 日本 | 34292 | 1634 | 34486 | 15597 | 70012 |
| 401 | 442 | 三菱化学集团 | 日本 | 34239 | 710 | 43498 | 11785 | 68639 |
| 402 | 443 | 3M 公司 | 美国 | 34229 | 5777 | 46455 | 14722 | 92000 |
| 438 | 444 | Inditex 公司 | 西班牙 | 34119 | 4327 | 32556 | 18467 | 116323 |
| 403 | 445 | 英美烟草集团 | 英国 | 34096 | 8219 | 184670 | 90645 | 52077 |
| 485 | 446 | US Foods Holding 公司 | 美国 | 34057 | 265 | 12773 | 4495 | 29000 |
| 383 | 447 | 损保控股有限公司 | 日本 | 34037 | 673 | 108937 | 8953 | 49057 |
| N. A. | 448 | Magnit 公司 | 俄罗斯 | 33849 | 402 | 18817 | 2795 | 361000 |
| N. A. | 449 | 华纳兄弟探索公司 | 美国 | 33817 | -7371 | 134001 | 47095 | 37500 |
| N. A. | 450 | 莱纳公司 | 美国 | 33671 | 4614 | 37984 | 24101 | 12012 |
| 469 | 451 | 上海德龙钢铁集团有限公司 | 中国 | 33534 | 253 | 21003 | 3489 | 46403 |
| 378 | 452 | 意大利邮政集团 | 意大利 | 33528 | 1584 | 279155 | 9489 | 121033 |
| 393 | 453 | 长江和记实业有限公司 | 中国香港 | 33523 | 4684 | 147143 | 67659 | 300000 |
| N. A. | 454 | Fomento Económico Mexicano 公司 | 墨西哥 | 33482 | 1189 | 41002 | 13479 | 354309 |
| N. A. | 455 | D. R. Horton 公司 | 美国 | 33480 | 5858 | 30351 | 19396 | 13237 |
| 490 | 456 | 捷普公司 | 美国 | 33478 | 996 | 19717 | 2451 | 250000 |
| 474 | 457 | 三星 C&T 公司 | 韩国 | 33436 | 1584 | 46887 | 21210 | 17647 |
| N. A. | 458 | Cheniere Energy 公司 | 美国 | 33428 | 1428 | 41266 | -2969 | 1551 |
| 460 | 459 | CRH 公司 | 爱尔兰 | 33368 | 3847 | 45188 | 21691 | 75800 |
| 463 | 460 | 林德集团 | 英国 | 33364 | 4147 | 79658 | 40028 | 65010 |
| 496 | 461 | DSV 公司 | 丹麦 | 33321 | 2484 | 22827 | 10265 | 76283 |
| N. A. | 462 | 博通公司 | 美国 | 33203 | 11495 | 73249 | 22709 | 20000 |
| 462 | 463 | 纬创集团 | 中国台湾 | 33064 | 375 | 14097 | 3139 | 65000 |
| 353 | 464 | 安徽海螺集团有限责任公司 | 中国 | 32991 | 871 | 43732 | 10615 | 61637 |

续表

| 上年排名 | 排名 | 公司名称 | 国家/地区 | 营业收入/百万美元 | 净利润/百万美元 | 资产/百万美元 | 股东权益/百万美元 | 员工人数/人 |
|---|---|---|---|---|---|---|---|---|
| 363 | 465 | 北京建龙重工集团有限公司 | 中国 | 32878 | 229 | 25337 | 5305 | 56300 |
| 421 | 466 | 湖南钢铁集团有限公司 | 中国 | 32723 | 1176 | 22772 | 5574 | 35492 |
| N.A. | 467 | 美团 | 中国 | 32699 | -994 | 35446 | 18669 | 91932 |
| 422 | 468 | 潞安化工集团有限公司 | 中国 | 32596 | 88 | 49859 | 4658 | 109599 |
| N.A. | 469 | 康帕斯集团 | 英国 | 32564 | 1421 | 20870 | 6539 | 513707 |
| 409 | 470 | 爱信 | 日本 | 32528 | 278 | 31157 | 13194 | 116649 |
| N.A. | 471 | Canadian Natural Resources 公司 | 加拿大 | 32503 | 8404 | 56206 | 28180 | 10035 |
| 433 | 472 | SAP 公司 | 德国 | 32469 | 2402 | 76994 | 42879 | 111961 |
| 492 | 473 | 星巴克公司 | 美国 | 32250 | 3282 | 27978 | -8707 | 402000 |
| 482 | 474 | 麦德龙 | 德国 | 32186 | -361 | 12574 | 2293 | 86910 |
| N.A. | 475 | Molina Healthcare 公司 | 美国 | 31974 | 792 | 12314 | 2964 | 15000 |
| N.A. | 476 | 通威集团有限公司 | 中国 | 31944 | 1637 | 23181 | 3819 | 42381 |
| N.A. | 477 | Uber Technologies 公司 | 美国 | 31877 | -9141 | 32109 | 7340 | 32800 |
| 416 | 478 | 新华人寿保险股份有限公司 | 中国 | 31861 | 1460 | 181964 | 14917 | 32564 |
| N.A. | 479 | 立讯精密工业股份有限公司 | 中国 | 31817 | 1362 | 21514 | 6574 | 236932 |
| 454 | 480 | 菲利普-莫里斯国际公司 | 美国 | 31762 | 9048 | 61681 | -8957 | 79800 |
| 472 | 481 | CJ 集团 | 韩国 | 31703 | 157 | 38348 | 4120 | 67361 |
| 473 | 482 | 美敦力公司 | 爱尔兰 | 31686 | 5039 | 90981 | 52551 | 95000 |
| 414 | 483 | 中国航空油料集团有限公司 | 中国 | 31650 | 411 | 10472 | 4530 | 13796 |
| 481 | 484 | Netflix 公司 | 美国 | 31616 | 4492 | 48595 | 20777 | 12800 |
| 450 | 485 | Migros 集团 | 瑞士 | 31576 | 491 | 87312 | 23313 | 70880 |
| N.A. | 486 | NRG Energy 公司 | 美国 | 31543 | 1221 | 29146 | 3828 | 6603 |
| 498 | 487 | 亿滋国际 | 美国 | 31496 | 2717 | 71161 | 26883 | 91000 |
| N.A. | 488 | 法国液化空气集团 | 法国 | 31483 | 2902 | 52836 | 25327 | 67109 |
| 486 | 489 | 丹纳赫公司 | 美国 | 31471 | 7209 | 84350 | 50082 | 80000 |
| 423 | 490 | 西门子能源 | 德国 | 31367 | -437 | 50052 | 16813 | 92000 |
| N.A. | 491 | 赛富时 | 美国 | 31352 | 208 | 98849 | 58359 | 79390 |
| 483 | 492 | 派拉蒙环球公司 | 美国 | 31331 | 1104 | 58393 | 23036 | 27400 |
| 466 | 493 | 成都兴城投资集团有限公司 | 中国 | 31304 | 186 | 157644 | 10212 | 39094 |
| 484 | 494 | 普利司通 | 日本 | 31298 | 2287 | 37612 | 22482 | 129260 |
| 445 | 495 | 广西投资集团有限公司 | 中国 | 31263 | 84 | 108649 | 4433 | 33856 |

续表

| 上年排名 | 排名 | 公司名称 | 国家/地区 | 营业收入/百万美元 | 净利润/百万美元 | 资产/百万美元 | 股东权益/百万美元 | 员工人数/人 |
| --- | --- | --- | --- | --- | --- | --- | --- | --- |
| 464 | 496 | 三星人寿保险 | 韩国 | 31243 | 1227 | 251332 | 17713 | 5224 |
| 442 | 497 | 住友生命保险公司 | 日本 | 31218 | 1033 | 321398 | 5982 | 45336 |
| 432 | 498 | CarMax 公司 | 美国 | 31126 | 485 | 26183 | 5613 | 30621 |
| 418 | 499 | 日本三菱重工业股份有限公司 | 日本 | 31050 | 964 | 41245 | 13116 | 76859 |
| 453 | 500 | 新疆广汇实业投资（集团）有限责任公司 | 中国 | 30922 | 159 | 37332 | 5887 | 74069 |

注：本章依据美国《财富》网发布的 2023 世界 500 强排行榜。

# 第十五章
# 中国500强企业按照行业分类名单

中国500强企业按照行业分类名单情况,见表15-1。

# 第十五章 中国 500 强企业按照行业分类名单

表 15-1 中国 500 强企业按照行业分类 ①

| 名次 | 公司名称 | 通信地址 | 邮政编码 | 名次(1) | 名次(2) | 名次(3) |
|---|---|---|---|---|---|---|
| 农林牧渔业 | | | | | | |
| 1 | 北大荒农垦集团有限公司 | 黑龙江省哈尔滨市香坊区红旗大街175号 | 150036 | 140 | — | — |
| 煤炭采掘及采选业 | | | | | | |
| 1 | 山东能源集团有限公司 | 山东省济南市高新区舜华路28号山东能源大厦 | 250014 | 22 | — | — |
| 2 | 国家能源投资集团有限责任公司 | 北京市东城区安定门西滨河路22号 | 100011 | 24 | — | — |
| 3 | 晋能控股集团有限公司 | 山西省太原市万柏林区太原煤炭交易中心 | 037006 | 48 | — | — |
| 4 | 陕西煤业化工集团有限责任公司 | 陕西省西安市航天基地东长安街636号 | 710100 | 51 | — | — |
| 5 | 中国中煤能源集团有限公司 | 北京市朝阳区黄寺大街1号 | 100120 | 95 | — | — |
| 6 | 山西焦煤集团有限责任公司 | 山西省太原市新晋祠路一段1号 | 030024 | 96 | — | — |
| 7 | 中国平煤神马控股集团有限公司 | 河南省平顶山市矿工中路21号院 | 467000 | 167 | — | — |
| 8 | 山东黄金集团有限公司 | 山东省济南市历城区经十路2503号 | 250100 | 190 | — | — |
| 9 | 华阳新材料科技集团有限公司 | 山西省阳泉市北大西街5号 | 045000 | 226 | — | — |
| 10 | 河南能源集团有限公司 | 河南省郑州市郑东新区CBD商务外环路6号国龙大厦 | 450046 | 228 | — | — |
| 11 | 开滦(集团)有限责任公司 | 河北省唐山市新华东道70号 | 063018 | 236 | — | — |
| 12 | 淮北矿业(集团)有限责任公司 | 安徽省淮北市人民中路276号 | 235006 | 305 | — | — |
| 13 | 淮河能源控股集团有限责任公司 | 安徽省淮南市田家庵区洞山中路一号 | 232001 | 346 | — | — |
| 14 | 内蒙古伊泰集团有限公司 | 内蒙古自治区鄂尔多斯市东胜区天骄北路伊泰大厦 | 017000 | 371 | — | — |
| 15 | 贵州能源集团有限公司 | 贵州省贵阳市观山湖区林城西路95号 | 550081 | 382 | — | — |
| 16 | 济宁能源发展集团有限公司 | 山东省济宁市高新区崇文大道2299号 | 272001 | 398 | — | — |
| 17 | 徐州矿务集团有限公司 | 江苏省徐州市云龙区钱塘路7号 | 221000 | 438 | — | — |
| 18 | 彬县煤炭有限责任公司 | 陕西省咸阳市秦都区世纪大道中段华彬能源大厦 | 712000 | 480 | — | — |
| 石油、天然气开采及生产业 | | | | | | |
| 1 | 中国石油天然气集团有限公司 | 北京市东城区东直门北大街9号 | 100007 | 2 | — | — |
| 2 | 中国海洋石油集团有限公司 | 北京市东城区朝阳门北大街25号 | 100010 | 11 | — | — |
| 3 | 陕西延长石油(集团)有限责任公司 | 陕西省西安市雁塔区唐延路61号延长石油科研中心 | 710065 | 78 | — | — |
| 电力生产 | | | | | | |
| 1 | 中国华能集团有限公司 | 北京市西城区复兴门内大街6号 | 100031 | 64 | — | — |
| 2 | 中国能源建设集团有限公司 | 北京市朝阳区西大望路26号院1号楼 | 100022 | 73 | — | — |
| 3 | 国家电力投资集团有限公司 | 北京市西城区北三环中路29号院1号楼 | 100029 | 76 | — | — |
| 4 | 中国华电集团有限公司 | 北京市西城区宣武门内大街2号中国华电大厦 | 100031 | 89 | — | — |
| 5 | 中国核工业集团有限公司 | 北京市西城区三里河南三巷1号 | 100822 | 103 | — | — |
| 6 | 中国大唐集团有限公司 | 北京市西城区广宁伯街1号 | 100033 | 107 | — | — |

① 注:名次(1)为2023中国企业500强中的名次,名次(2)为2023中国制造业企业500强中的名次,名次(3)为2023中国服务业企业500强中的名次。

续表

| 名次 | 公司名称 | 通信地址 | 邮政编码 | 名次(1) | 名次(2) | 名次(3) |
|---|---|---|---|---|---|---|
| 7 | 中国广核集团有限公司 | 广东省深圳市福田区深南大道2002号中广核大厦 | 518028 | 191 | — | — |
| 8 | 广东省能源集团有限公司 | 广东省广州市天河东路8号粤电广场A座 | 510630 | 316 | — | — |
| **农副食品** | | | | | | |
| 1 | 新希望控股集团有限公司 | 四川省成都市锦江区金石路376号新希望中鼎国际 | 610021 | 98 | 39 | — |
| 2 | 牧原实业集团有限公司 | 河南省南阳市卧龙区龙升工业园牧原集团 | 473000 | 202 | 98 | |
| 3 | 广东海大集团股份有限公司 | 广东省广州市番禺区南村镇万博四路42号海大大厦2座7楼 | 511445 | 238 | 114 | |
| 4 | 双胞胎（集团）股份有限公司 | 江西省南昌市青山湖区昌东大道7003号 | 330096 | 287 | 142 | |
| 5 | 温氏食品集团股份有限公司 | 广东省云浮市新兴县新城镇东堤北路9号 | 527400 | 289 | 143 | |
| 6 | 蓝润集团有限公司 | 四川省成都市天府新区华府大道1号蓝润置地广场 | 610213 | 299 | 149 | |
| 7 | 三河汇福粮油集团有限公司 | 河北省三河市燕郊开发区汇福路8号 | 065201 | 347 | 175 | |
| 8 | 五得利面粉集团有限公司 | 河北省邯郸市大名县五得利街 | 056900 | 423 | 221 | |
| 9 | 西王集团有限公司 | 山东省滨州市邹平市山东省邹平市西王工业园 | 256209 | 465 | 246 | |
| 10 | 香驰控股有限公司 | 山东省滨州市博兴县博城五路151号 | 256500 | — | 326 | |
| 11 | 禾丰食品股份有限公司 | 辽宁省沈阳市沈北新区辉山大街169号 | 110164 | — | 338 | |
| 12 | 广西农垦集团有限责任公司 | 广西壮族自治区南宁市青秀区民族大道32号 | 530022 | — | 379 | |
| 13 | 上海源耀农业股份有限公司 | 上海市浦东新区航鹤路2268号 | 201317 | — | 385 | |
| 14 | 唐人神集团股份有限公司 | 湖南省株洲市天元区黄河北路1291号 | 412007 | — | 392 | |
| 15 | 诸城外贸有限责任公司 | 山东省诸城市密州路东首 | 262200 | — | 396 | |
| 16 | 福建傲农生物科技集团股份有限公司 | 福建省漳州市芗城区金峰经济开发区兴亭路与宝莲路交叉处 | 363000 | — | 428 | |
| 17 | 四川特驱投资集团有限公司 | 四川省成都市新津区五津街道希望西路22号 | 611430 | — | 432 | |
| 18 | 万向三农集团有限公司 | 浙江省杭州市萧山经济技术开发区宁围街道万向路一号 | 311215 | — | 452 | |
| 19 | 得利斯集团有限公司 | 山东省诸城市昌城镇得利斯工业园 | 262216 | — | 488 | |
| 20 | 福建圣农发展股份有限公司 | 福建省南平市光泽县十里铺圣农总部 | 354100 | — | 496 | |
| **食品** | | | | | | |
| 1 | 万洲国际有限公司 | 香港九龙柯士甸道西1号环球贸易广场76楼7602B | — | 144 | 65 | — |
| 2 | 北京首农食品集团有限公司 | 北京市朝阳区曙光西路28号 | 100028 | 150 | 69 | |
| 3 | 光明食品（集团）有限公司 | 上海市徐汇区宝庆路20号 | 200031 | 187 | 91 | |
| 4 | 山东渤海实业集团有限公司 | 山东省滨州市博兴县工业园 | 256500 | 450 | 234 | |
| 5 | 山东鲁花集团有限公司 | 山东省烟台市莱阳市龙门东路39号 | 265200 | — | 266 | |
| 6 | 桂林力源粮油食品集团有限公司 | 广西壮族自治区桂林市叠彩区中山北路122号 | 541001 | — | 292 | |
| 7 | 北京顺鑫控股集团有限公司 | 北京市顺义区站前街1号院1号楼顺鑫国际商务中心 | 101300 | — | 384 | |
| 8 | 佛山市海天调味食品股份有限公司 | 广东省佛山市文沙路16号 | 528000 | — | 400 | |

续表

| 名次 | 公司名称 | 通信地址 | 邮政编码 | 名次(1) | 名次(2) | 名次(3) |
|---|---|---|---|---|---|---|
| 9 | 黑龙江飞鹤乳业有限公司 | 黑龙江省哈尔滨市松北区创新三路600号科技大厦 | 150028 | — | 436 | — |
| 10 | 达利食品集团有限公司 | 福建省惠安县紫山镇林口 | 362100 | — | 460 | — |
| 11 | 青岛康大控股集团有限公司 | 山东省青岛市黄岛区长江西路157号康大凤凰广场16楼 | 266000 | — | 499 | — |
| 饮料 | | | | | | |
| 1 | 内蒙古伊利实业集团股份有限公司 | 内蒙古自治区呼和浩特市金山开发区金山大街1号 | 010110 | 209 | 102 | — |
| 2 | 内蒙古蒙牛乳业（集团）股份有限公司 | 内蒙古自治区呼和浩特市和林格尔县盛乐经济园区 | 011500 | 265 | 131 | — |
| 3 | 农夫山泉股份有限公司 | 浙江省杭州市西湖区葛衙庄181号 | 310024 | — | 333 | — |
| 酒类 | | | | | | |
| 1 | 四川省宜宾五粮液集团有限公司 | 四川省宜宾市翠屏区岷江西路150号 | 644007 | 172 | 81 | — |
| 2 | 中国贵州茅台酒厂（集团）有限责任公司 | 贵州省仁怀市茅台镇 | 564501 | 192 | 93 | — |
| 3 | 泸州老窖集团有限责任公司 | 四川省泸州市龙马潭区南光路71号泸州老窖营销大楼 | 646000 | 270 | 134 | — |
| 4 | 稻花香集团 | 湖北省宜昌市夷陵区龙泉镇龙沙街1号 | 443112 | 379 | 194 | — |
| 5 | 青岛啤酒集团有限公司 | 山东省青岛市东海西路35号青岛啤酒大厦 | 266071 | — | 322 | — |
| 6 | 江苏洋河酒厂股份有限公司 | 江苏省宿迁市洋河新区洋河股份研发大楼 | 223800 | — | 366 | — |
| 7 | 贵州习酒投资控股集团有限责任公司 | 贵州省遵义市习水县习酒镇 | 564622 | — | 479 | — |
| 8 | 安徽古井集团有限责任公司 | 安徽省亳州市谯城区古井镇 | 236800 | — | 481 | — |
| 轻工百货生产 | | | | | | |
| 1 | 重庆轻纺控股（集团）公司 | 重庆市渝北区人和街道黄山大道中段7号 | 401121 | — | 302 | — |
| 2 | 大亚科技集团有限公司 | 江苏省丹阳市经济开发区齐梁路99号 | 212300 | — | 330 | — |
| 3 | 顾家集团有限公司 | 浙江省杭州市上城区东宁路599号顾家大厦 | 310018 | — | 415 | — |
| 4 | 欧派家居集团股份有限公司 | 广东省广州市广花三路366号 | 510450 | — | 418 | — |
| 5 | 广博控股集团有限公司 | 浙江省宁波市海曙区石碶街道车何广博工业园 | 315153 | — | 478 | — |
| 纺织印染 | | | | | | |
| 1 | 山东魏桥创业集团有限公司 | 山东省滨州市邹平经济开发区魏纺路1号 | 256200 | 53 | 16 | — |
| 2 | 山东如意时尚投资控股有限公司 | 山东省济宁市高新区如意工业园 | 272000 | 426 | 223 | — |
| 3 | 华芳集团有限公司 | 江苏省苏州市张家港市城北路178号华芳国际大厦 | 215600 | — | 353 | — |
| 4 | 福建长源纺织有限公司 | 福建省福州市长乐区空港工业区（湖南片区） | 350212 | — | 426 | — |
| 服装及其他纺织品 | | | | | | |
| 1 | 雅戈尔集团股份有限公司 | 浙江省宁波市海曙区鄞县大道西段2号 | 315153 | 161 | 76 | — |
| 2 | 海澜集团有限公司 | 江苏省江阴市新桥镇海澜工业园 | 214426 | 213 | 105 | — |
| 3 | 红豆集团有限公司 | 江苏省无锡市锡山区东港镇港下兴港路红豆集团总部 | 214199 | 308 | 152 | — |
| 4 | 内蒙古鄂尔多斯投资控股集团有限公司 | 内蒙古自治区鄂尔多斯市东胜区达拉特南路102号 | 017000 | 328 | 165 | — |
| 5 | 江苏阳光集团有限公司 | 江苏省江阴市新桥镇陶新路18号 | 214426 | 448 | 233 | — |
| 6 | 安踏体育用品集团有限公司 | 福建省厦门市思明区观音山嘉义路99号安踏营运中心 | 361000 | 464 | 245 | — |

续表

| 名次 | 公司名称 | 通信地址 | 邮政编码 | 名次(1) | 名次(2) | 名次(3) |
|---|---|---|---|---|---|---|
| 7 | 宁波申洲针织有限公司 | 浙江省宁波市北仑区县（市）甬江路18号 | 315800 | — | 282 | — |
| 8 | 太平鸟集团有限公司 | 浙江省宁波市鄞州区新晖南路255号 | 315100 | — | 285 | — |
| 9 | 森马集团有限公司 | 浙江省温州市瓯海区娄桥工业园南汇路98号 | 325200 | — | 300 | — |
| 10 | 波司登股份有限公司 | 江苏省常熟市古里镇白茆波司登工业园 | 215532 | — | 316 | — |
| 11 | 宁波博洋控股集团有限公司 | 浙江省宁波市海曙区南门启文路157弄6号 | 315012 | — | 386 | — |
| 12 | 中哲控股集团有限公司 | 浙江省宁波市鄞州区泰星巷合和国际南楼9楼 | 315100 | — | 413 | — |
| 13 | 天津纺织集团（控股）有限公司 | 天津市空港经济区中心大道东九道6号天纺大厦 | 300308 | — | 451 | — |
| 14 | 金猴集团有限公司 | 山东省威海市环翠区和平路106号 | 264200 | — | 467 | — |
| 15 | 迪尚集团有限公司 | 山东省威海市高区文化西路186号 | 264200 | — | 468 | — |
| 家用电器制造 | | | | | | |
| 1 | 海尔集团公司 | 山东省青岛市崂山区海尔路1号 | 266101 | 79 | 27 | — |
| 2 | 美的集团股份有限公司 | 广东省佛山市顺德区北滘镇美的大道6号 | 528300 | 81 | 29 | — |
| 3 | 珠海格力电器股份有限公司 | 广东省珠海市香洲区前山金鸡西路格力电器企管部 | 519070 | 143 | 64 | — |
| 4 | 海信集团控股股份有限公司 | 山东省青岛市市南区东海西路17号海信大厦 | 266071 | 146 | 67 | — |
| 5 | 四川长虹电子控股集团有限公司 | 四川省绵阳市高新区绵兴东路35号 | 621000 | 178 | 85 | — |
| 6 | TCL实业控股股份有限公司 | 广东省惠州仲恺高新区惠风三路17号TCL科技大厦 | 516006 | 234 | 112 | — |
| 7 | 奥克斯集团有限公司 | 浙江省宁波市鄞州区首南街道日丽中路757号 | 315100 | 298 | 148 | — |
| 8 | 创维集团有限公司 | 广东省深圳市南山区科技园高新南四道创维半导体设计大厦东座22层 | 518057 | 425 | 222 | — |
| 9 | 三花控股集团有限公司 | 浙江省绍兴市新昌县七星街道下礼泉村 | 312500 | 441 | 229 | — |
| 10 | 青岛澳柯玛控股集团有限公司 | 山东省青岛市黄岛区太行山路2号 | 266510 | — | 437 | — |
| 造纸及包装 | | | | | | |
| 1 | 晨鸣控股有限公司 | 山东省潍坊市寿光市农圣东街2199号 | 262700 | 245 | 120 | — |
| 2 | 华泰集团有限公司 | 山东省东营市广饶县大王镇潍高路251号 | 257335 | 309 | 153 | — |
| 3 | 山东太阳控股集团有限公司 | 山东省济宁市兖州区友谊路1号 | 272100 | 332 | 167 | — |
| 4 | 玖龙纸业（控股）有限公司 | 广东省东莞市松山湖园区新城路12号 | 523808 | 366 | 186 | — |
| 5 | 山鹰国际控股股份公司 | 安徽省马鞍山市勤俭路3号 | 241000 | — | 327 | — |
| 6 | 胜达集团有限公司 | 浙江省杭州市萧山区市心北路2036号东方至尊国际中心 | 311215 | — | 347 | — |
| 7 | 金东纸业（江苏）股份有限公司 | 江苏省镇江市大港兴港东路8号 | 212132 | — | 374 | — |
| 8 | 山东博汇集团有限公司 | 山东省淄博市桓台县马桥镇工业路北首 | 256405 | — | 417 | — |
| 石化及炼焦 | | | | | | |
| 1 | 中国石油化工集团有限公司 | 北京市朝阳区朝阳门北大街22号 | 100728 | 3 | 1 | — |
| 2 | 恒力集团有限公司 | 江苏省苏州市吴江区盛泽镇恒力路1号 | 215226 | 36 | 7 | — |
| 3 | 山东东明石化集团有限公司 | 山东省东明县石化大道27号 | 274500 | 186 | 90 | — |
| 4 | 利华益集团股份有限公司 | 山东省东营市利津县凤凰大道86号 | 257400 | 208 | 101 | — |
| 5 | 万达控股集团有限公司 | 山东省东营市垦利区行政办公新区民丰路万达大厦 | 257500 | 220 | 108 | — |

续表

续表

| 名次 | 公司名称 | 通信地址 | 邮政编码 | 名次(1) | 名次(2) | 名次(3) |
|---|---|---|---|---|---|---|
| 6 | 山西鹏飞集团有限公司 | 山西省孝义市振兴街鹏飞总部 | 032300 | 244 | 119 | — |
| 7 | 旭阳控股有限公司 | 北京市丰台区四合庄路6号旭阳大厦1号楼 | 100070 | 254 | 124 | — |
| 8 | 富海集团新能源控股有限公司 | 山东省东营市河口区黄河路37号富海大厦1003室 | 257200 | 306 | 151 | — |
| 9 | 山东京博控股集团有限公司 | 山东省滨州市博兴县经济开发区京博工业园 | 256505 | 311 | 154 | — |
| 10 | 山东金诚石化集团有限公司 | 山东省淄博市桓台县马桥镇 | 256405 | 319 | 158 | — |
| 11 | 福建省能源石化集团有限责任公司 | 福建省福州市鼓楼区北二环西路118号11-16层 | 350003 | 322 | 160 | — |
| 12 | 山东海科控股有限公司 | 山东省东营市北一路726号海科大厦 | 257088 | 326 | 163 | — |
| 13 | 福州中景石化集团有限公司 | 福建省福州市鼓楼区六一北路468号琼都公寓4号楼6层 | 350007 | 339 | 172 | — |
| 14 | 弘润石化（潍坊）有限责任公司 | 山东省潍坊市高新区福寿东街4461号 | 261061 | 349 | 177 | — |
| 15 | 山东齐润控股集团有限公司 | 山东省东营市黄三角农高区丁庄街道 | 257300 | 353 | 179 | — |
| 16 | 齐成（山东）石化集团有限公司 | 山东省东营市广饶县广饶街道 | 257300 | 357 | 182 | — |
| 17 | 山东寿光鲁清石化有限公司 | 山东省潍坊寿光市羊口镇化工产业园 | 262714 | 370 | 190 | — |
| 18 | 河北鑫海控股集团有限公司 | 河北省沧州市 | 061113 | 407 | 208 | — |
| 19 | 山东汇丰石化集团有限公司 | 山东省淄博市桓台县果里镇石化南路 | 256410 | 429 | 224 | — |
| 20 | 山东垦利石化集团有限公司 | 山东省东营市垦利街道胜兴路1001号 | 257500 | 434 | 227 | — |
| 21 | 山东东方华龙工贸集团有限公司 | 山东省东营市广饶县经济开发区团结路673号 | 257300 | 478 | 251 | — |
| 22 | 沂州集团有限公司 | 山东省临沂市罗庄区傅庄街道办事处 | 276018 | 481 | 253 | — |
| 23 | 金澳科技（湖北）化工有限公司 | 湖北省潜江经济开发区章华北路66号 | 433132 | 489 | 258 | — |
| 24 | 辽宁嘉晨控股集团有限公司 | 辽宁省营口市老边区营大路66号 | 115000 | — | 273 | — |
| 25 | 山东恒源石油化工股份有限公司 | 山东省德州市临邑县恒源路111号 | 251500 | — | 286 | — |
| 26 | 万通海欣控股集团股份有限公司 | 山东省东营市东营区庐山路1036号 | 257000 | — | 306 | — |
| 27 | 福建福海创石油化工有限公司 | 福建省漳州市古雷经济开发区杜昌路9号 | 363216 | — | 308 | — |
| 28 | 山东恒信集团有限公司 | 山东省济宁市邹城市邹城经济开发区恒信大厦 | 273517 | — | 313 | — |
| 29 | 山东神驰控股有限公司 | 山东省东营市东营区史口镇郝纯路129号 | — | — | 315 | — |
| 30 | 中国庆华能源集团有限公司 | 北京市朝阳区建国门外大街中海广场中楼38层 | 100020 | — | 317 | — |
| 31 | 山东中海化工集团有限公司 | 山东省东营市河口区西湖路245号 | 257200 | — | 337 | — |
| 32 | 美锦能源集团有限公司 | 天津市和平区赤峰道136号国际金融中心67层 | 300022 | — | 343 | — |
| 33 | 淄博鑫泰石化有限公司 | 山东省淄博市临淄区凤凰镇刘地村 | 255420 | — | 369 | — |
| 34 | 山东永鑫能源集团有限公司 | 山东省滨州市博兴县湖滨镇工业园 | 256511 | — | 403 | — |
| 35 | 洛阳炼化宏达实业有限责任公司 | 河南省洛阳市孟津区吉利大庆路70号 | 471012 | — | 456 | — |
| 36 | 河南利源集团燃气有限公司 | 河南省安阳市殷都区铜冶镇李村河南利源集团燃气有限公司4楼发展部 | 455141 | — | 463 | — |
| 37 | 山西亚鑫能源集团有限公司 | 山西省太原市清徐县清源镇黄占路353号 | 030006 | — | 477 | — |
| 38 | 金能科技股份有限公司 | 山东省德州市齐河县工业园区西路1号 | 251199 | — | 497 | — |
| 39 | 河南丰利石化有限公司 | 河南省濮阳市范县濮州化工工业园区 | 457512 | — | 498 | — |

续表

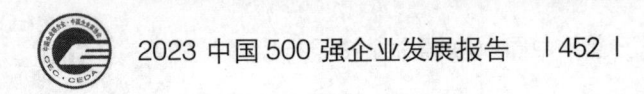

| 名次 | 公司名称 | 通信地址 | 邮政编码 | 名次(1) | 名次(2) | 名次(3) |
|---|---|---|---|---|---|---|
| **轮胎及橡胶制品** | | | | | | |
| 1 | 华勤橡胶工业集团有限公司 | 山东省济宁市兖州区华勤工业园 | 272100 | 467 | 247 | — |
| 2 | 利时集团股份有限公司 | 浙江省宁波市鄞州区投资创业中心诚信路518号 | 315105 | — | 311 | — |
| 3 | 中策橡胶集团股份有限公司 | 浙江省杭州市钱塘区1号大街1号 | 310018 | — | 345 | — |
| 4 | 双星集团有限责任公司 | 山东省青岛市崂山区文岭路5号白金广场A座 | 266000 | — | 419 | — |
| 5 | 山东玲珑轮胎股份有限公司 | 山东省招远市金龙路777号 | 265400 | — | 493 | — |
| **化学原料及化学品制造** | | | | | | |
| 1 | 中国中化控股有限责任公司 | 北京市西城区复兴门外大街 | 100032 | 9 | 2 | — |
| 2 | 浙江荣盛控股集团有限公司 | 浙江省杭州市萧山区益农镇荣盛控股大楼 | 311247 | 40 | 10 | — |
| 3 | 盛虹控股集团有限公司 | 江苏省苏州市吴江区盛泽镇纺织科技示范园 | 215228 | 66 | 20 | — |
| 4 | 新疆中泰（集团）有限责任公司 | 新疆维吾尔自治区乌鲁木齐市经济技术开发区阳澄湖路39号 | 830026 | 112 | 45 | — |
| 5 | 潞安化工集团有限公司 | 山西省襄垣县侯堡镇 | 046204 | 127 | 55 | — |
| 6 | 万华化学集团股份有限公司 | 山东省烟台市经济技术开发区三亚路3号 | 264002 | 165 | 78 | — |
| 7 | 云天化集团有限责任公司 | 云南省昆明市滇池路1417号 | 650228 | 259 | 126 | — |
| 8 | 重庆化医控股（集团）公司 | 重庆市北部新区星光大道70号天王星A1座 | 401121 | 277 | 137 | — |
| 9 | 浙江卫星控股股份有限公司 | 浙江省嘉兴市东栅街道富强路196号16楼 | 314000 | 318 | 157 | — |
| 10 | 新疆天业（集团）有限公司 | 新疆维吾尔自治区石河子经济技术开发区北三东路36号 | 832000 | 368 | 188 | — |
| 11 | 上海华谊控股集团有限公司 | 上海市静安区常德路809号 | 200040 | 386 | 198 | — |
| 12 | 山东金岭集团有限公司 | 山东省东营市广饶县大王镇青垦路161号 | 257300 | 391 | 201 | — |
| 13 | 天津渤海化工集团有限责任公司 | 天津市和平区湖北路10号 | 300040 | 409 | 210 | — |
| 14 | 宜昌兴发集团有限责任公司 | 湖北省宜昌市兴山县古夫镇高阳大道58号 | 443700 | 410 | 211 | — |
| 15 | 华峰集团有限公司 | 浙江省温州市瑞安市经济开发区.开发区大道1688号 | 325200 | 411 | 212 | — |
| 16 | 金浦投资控股集团有限公司 | 江苏省南京市鼓楼区马台街99号 | 210009 | 458 | 240 | — |
| 17 | 贵州磷化（集团）有限责任公司 | 贵州省贵阳市南明区市南路57号 | 550005 | 488 | 257 | — |
| 18 | 湖北宜化集团有限责任公司 | 湖北省宜昌市西陵区沿江大道52号 | 443000 | 490 | 259 | — |
| 19 | 浙江升华控股集团有限公司 | 浙江省湖州市德清县下渚湖街道下仁公路99号 | 313200 | 496 | 263 | — |
| 20 | 华鲁控股集团有限公司 | 山东省济南市历下区舜海路219号华创管理中心A座21、22楼 | 250102 | — | 272 | — |
| 21 | 江苏三木集团有限公司 | 江苏省宜兴市官林镇三木路85号 | 214258 | — | 279 | — |
| 22 | 道恩集团有限公司 | 山东省烟台市龙口市龙口经济开发区和平北路道恩经济园区 | 265700 | — | 289 | — |
| 23 | 金发科技股份有限公司 | 广东省广州市黄埔区科学城科丰路33号 | 510663 | — | 291 | — |
| 24 | 巨化集团有限公司 | 浙江省衢州市柯城区巨化集团有限公司办公室 | 324004 | — | 299 | — |
| 25 | 东岳氟硅科技集团有限公司 | 山东省淄博市桓台县唐山镇淄博东岳经济开发区 | 256401 | — | 332 | — |
| 26 | 红太阳集团有限公司 | 江苏省南京市高淳区经济开发区古檀大道18号 | 211316 | — | 334 | — |
| 27 | 兴达投资集团有限公司 | 江苏省无锡市锡山区东港镇锡港南路88号 | 214196 | — | 351 | — |
| 28 | 纳爱斯集团有限公司 | 浙江省丽水市括苍南路19号 | 323000 | — | 352 | — |

续表

| 名次 | 公司名称 | 通信地址 | 邮政编码 | 名次(1) | 名次(2) | 名次(3) |
|---|---|---|---|---|---|---|
| 29 | 青海盐湖工业股份有限公司 | 青海省格尔木市黄河路28号 | 816000 | — | 357 | — |
| 30 | 淄博齐翔腾达化工股份有限公司 | 山东省淄博市临淄区杨坡路206号 | 255400 | — | 368 | — |
| 31 | 广州立白凯晟控股有限公司 | 广东省广州市荔湾区陆居路2号 | 510370 | — | 378 | — |
| 32 | 胜星集团有限责任公司 | 山东省东营市广饶县大王镇经济开发区胜利路 | 257300 | — | 382 | — |
| 33 | 无棣鑫岳化工集团有限公司 | 山东省滨州市无棣县埕口镇东 | 251909 | — | 391 | — |
| 34 | 滨化集团 | 山东省滨州市滨城区黄河五路869号 | 256600 | — | 393 | — |
| 35 | 浙江正凯集团有限公司 | 浙江省杭州市萧山区钱江世纪城诺德财富中心37F | 311200 | — | 402 | — |
| 36 | 龙佰集团股份有限公司 | 河南省焦作市中站区焦克路1669号 | 454191 | — | 407 | — |
| 37 | 河南心连心化学工业集团股份有限公司 | 河南省新乡市经济开发区心连心大道 | 453700 | — | 409 | — |
| 38 | 深圳市德方纳米科技股份有限公司 | 广东省深圳市南山区留仙大道3370号南山智园崇文园区1号楼10楼 | 518000 | — | 416 | — |
| 39 | 广州天赐高新材料股份有限公司 | 广东省广州市黄埔区云埔工业区东诚片康达路8号 | 510760 | — | 421 | — |
| 40 | 浙江新安化工集团股份有限公司 | 浙江省杭州市建德市江滨中路新安大厦1号 | 311600 | — | 427 | — |
| 41 | 铜陵化学工业集团有限公司 | 安徽省铜陵市翠湖一路2758号 | 244000 | — | 435 | — |
| 42 | 山东联盟化工集团有限公司 | 山东省寿光市农圣东街999号 | 262704 | — | 445 | — |
| 43 | 宜宾天原集团股份有限公司 | 四川省宜宾市临港经济技术开发区港园路西段61号 | 644005 | — | 453 | — |
| 44 | 云南祥丰实业集团有限公司 | 云南省昆明市安宁市圆山北路2号祥丰大厦 | 650300 | — | 474 | — |
| 45 | 青岛海湾集团有限公司 | 山东省青岛市崂山区海口路62号 | 266061 | — | 482 | — |
| 46 | 景德镇黑猫集团有限责任公司 | 江西省景德镇市昌江区历尧 | 333000 | — | 485 | — |
| 化学纤维制造 | | | | | | |
| 1 | 浙江恒逸集团有限公司 | 浙江省杭州市萧山区市心北路260号恒逸南岸明珠3幢 | 311215 | 70 | 23 | — |
| 2 | 桐昆控股集团有限公司 | 浙江省嘉兴市桐乡市梧桐街道凤凰湖大道518号1幢906室 | 314500 | 183 | 88 | — |
| 3 | 新凤鸣控股集团有限公司 | 浙江省桐乡市洲泉镇工业区德胜路888号 | 314513 | 267 | 133 | — |
| 4 | 三房巷集团有限公司 | 江苏省江阴市周庄镇三房巷路1号 | 214423 | 293 | 145 | — |
| 5 | 恒申控股集团有限公司 | 福建省福州市长乐区文武砂镇福建省恒申合纤科技有限公司 | 350207 | 324 | 161 | — |
| 6 | 永荣控股集团有限公司 | 福建省福州市台江区世茂国际中心16层 | 350000 | 329 | 166 | — |
| 7 | 福建百宏聚纤科技实业有限公司 | 福建省晋江市龙湖镇枫林工业区 | 362241 | 369 | 189 | — |
| 8 | 福建省金纶高纤股份有限公司 | 福建省福州市长乐区江田镇滨海工业区 | 350200 | 419 | 218 | — |
| 9 | 江苏华宏实业集团有限公司 | 江苏省江阴市周庄镇澄杨路1128号 | 214423 | 432 | 226 | — |
| 10 | 兴惠化纤集团有限公司 | 浙江省杭州市萧山区衙前镇吟龙村 | 311209 | — | 328 | — |
| 11 | 唐山三友集团有限公司 | 河北省唐山市南堡开发区 | 063305 | — | 408 | — |
| 12 | 浙江天圣控股集团有限公司 | 浙江省绍兴市越城区灵芝街道本觉路58号天圣大厦 | 312000 | — | 442 | — |
| 药品制造 | | | | | | |
| 1 | 广州医药集团有限公司 | 广东省广州市荔湾区沙面北街45号 | 510130 | 114 | 47 | — |
| 2 | 上海医药集团股份有限公司 | 上海市太仓路200号上海医药大厦 | 200020 | 120 | 50 | — |

续表

| 名次 | 公司名称 | 通信地址 | 邮政编码 | 名次(1) | 名次(2) | 名次(3) |
|---|---|---|---|---|---|---|
| 3 | 深圳海王集团股份有限公司 | 广东省深圳市南山区科技园科技中三路1号海王银河科技大厦 | 518057 | 422 | 220 | — |
| 4 | 四川科伦实业集团有限公司 | 四川省成都市青羊区百花西路36号 | 610031 | — | 274 | |
| 5 | 重庆智飞生物制品股份有限公司 | 重庆市江北区庆云路1号国金中心T1栋50层 | 400020 | — | 304 | |
| 6 | 天津天士力大健康产业投资集团有限公司 | 天津市北辰区普济河东道2号天士力现代中药城 | 300410 | — | 354 | |
| 7 | 回音必集团有限公司 | 浙江省杭州市建国中路27号万安商社内 | 310000 | — | 383 | |
| 8 | 正大天晴药业集团股份有限公司 | 江苏省连云港市郁州南路369号 | 222000 | — | 410 | |
| 9 | 人福医药集团股份公司 | 湖北省武汉市东湖高新技术开发区高新大道666号 | 430075 | — | 420 | |
| 10 | 江苏恒瑞医药股份有限公司 | 江苏省连云港市经济技术开发区昆仑山路7号 | 222047 | — | 434 | |
| 11 | 天津市医药集团有限公司 | 天津市河东区八纬路109号 | 300171 | — | 490 | |
| 医疗设备制造 | | | | | | |
| 1 | 威高集团有限公司 | 山东省威海市环翠区火炬高技术产业开发区兴山路18号 | 264210 | 452 | 236 | — |
| 2 | 天津九安医疗电子股份有限公司 | 天津市南开区雅安道金平路3号 | 300190 | — | 395 | |
| 水泥及玻璃制造 | | | | | | |
| 1 | 中国建材集团有限公司 | 北京市海淀区复兴路17号国海广场2号楼 | 100036 | 71 | 24 | — |
| 2 | 安徽海螺集团有限责任公司 | 安徽省芜湖市文化路39号 | 241000 | 123 | 52 | — |
| 3 | 红狮控股集团有限公司 | 浙江省兰溪市东郊上郭 | 321100 | 348 | 176 | |
| 4 | 天瑞集团股份有限公司 | 河南省汝州市广成东路63号 | 467599 | 380 | 195 | |
| 5 | 奥盛集团有限公司 | 上海市浦东新区商城路518号17楼 | 200120 | — | 359 | |
| 6 | 华新水泥股份有限公司 | 湖北省武汉市东湖高新区高新大道426号华新大厦 | 430074 | — | 361 | |
| 7 | 山东山水水泥集团有限公司 | 山东省济南市崮云湖办事处山水工业园 | 250300 | — | 429 | |
| 其他建材制造 | | | | | | |
| 1 | 中国联塑集团控股有限公司 | 广东省佛山市顺德区龙江镇联塑C区总部大楼 | 528318 | — | 356 | |
| 2 | 建华建材（中国）有限公司 | 江苏省镇江市润州区冠城路8号工人大厦15楼 | 212000 | — | 375 | |
| 3 | 浙江中财管道科技股份有限公司 | 浙江省绍兴市新昌县新昌大道东路658号 | 312500 | — | 486 | |
| 黑色冶金 | | | | | | |
| 1 | 中国宝武钢铁集团有限公司 | 上海市浦东新区世博大道1859号宝武大厦1号楼 | 200126 | 13 | 3 | — |
| 2 | 河钢集团有限公司 | 河北省石家庄市体育南大街385号 | 050023 | 69 | 22 | |
| 3 | 青山控股集团有限公司 | 浙江省温州市龙湾区龙祥路2666号A幢1306室 | 325058 | 74 | 26 | |
| 4 | 鞍钢集团有限公司 | 辽宁省鞍山市铁东区五一路63号 | 114001 | 83 | 31 | |
| 5 | 敬业集团有限公司 | 河北省石家庄市平山县南甸镇 | 050400 | 88 | 34 | |
| 6 | 江苏沙钢集团有限公司 | 江苏省苏州市张家港市锦丰镇 | 215625 | 93 | 37 | |
| 7 | 首钢集团有限公司 | 北京市石景山区石景山路68号首钢厂东门 | 100041 | 110 | 43 | |
| 8 | 杭州钢铁集团有限公司 | 浙江省杭州市拱墅区半山路178号 | 310022 | 111 | 44 | |

续表

| 名次 | 公司名称 | 通信地址 | 邮政编码 | 名次(1) | 名次(2) | 名次(3) |
|---|---|---|---|---|---|---|
| 9 | 上海德龙钢铁集团有限公司 | 上海市虹口区东大名路588号五楼 | 200080 | 122 | 51 | — |
| 10 | 北京建龙重工集团有限公司 | 北京市丰台区南四环西路188号总部基地十二区50号楼 | 100070 | 124 | 53 | — |
| 11 | 湖南钢铁集团有限公司 | 湖南省长沙市天心区湘府西路222号 | 410004 | 125 | 54 | — |
| 12 | 冀南钢铁集团有限公司 | 河北省邯郸市武安市南环路南侧 | 056300 | 138 | 61 | — |
| 13 | 河北新华联合冶金控股集团有限公司 | 河北省沧州市渤海新区 | 061113 | 141 | 62 | — |
| 14 | 南京钢铁集团有限公司 | 江苏省南京市六合区卸甲甸 | 210035 | 145 | 66 | — |
| 15 | 河北津西钢铁集团股份有限公司 | 河北省迁西县三屯营镇 | 064302 | 151 | 70 | — |
| 16 | 辽宁方大集团实业有限公司 | 北京市朝阳区霄云路甲26号 | 100016 | 158 | 74 | — |
| 17 | 中天钢铁集团有限公司 | 江苏省常州市中吴大道1号 | 213011 | 175 | 83 | — |
| 18 | 江苏永钢集团有限公司 | 江苏省苏州市张家港市南丰镇永联工业园 | 215628 | 180 | 86 | — |
| 19 | 酒泉钢铁（集团）有限责任公司 | 甘肃省嘉峪关市雄关东路12号 | 735100 | 212 | 104 | — |
| 20 | 河北普阳钢铁有限公司 | 河北省武安市阳邑镇村东 | 056305 | 216 | 106 | — |
| 21 | 包头钢铁（集团）有限责任公司 | 内蒙古自治区包头市昆都仑区河西工业区信息大楼504室 | 014010 | 225 | 109 | — |
| 22 | 江苏新长江实业集团有限公司 | 江苏省江阴市夏港街道滨江西路328号长江村 | 214442 | 227 | 110 | — |
| 23 | 天津荣程祥泰投资控股集团有限公司 | 天津市经济技术开发区MSD－B1－F12 | 300457 | 240 | 116 | — |
| 24 | 福建大东海实业集团有限公司 | 福建省福州市仓山区朝阳路6号中庚红鼎天下1#楼20层 | 350007 | 243 | 118 | — |
| 25 | 新余钢铁集团有限公司 | 江西省新余市渝水区冶金路1号 | 338001 | 248 | 122 | — |
| 26 | 广西柳州钢铁集团有限公司 | 广西壮族自治区柳州市北雀路117号 | 545002 | 255 | 125 | — |
| 27 | 河北鑫达钢铁集团有限公司 | 河北省迁安市沙河驿镇上炉村东 | 064400 | 276 | 136 | — |
| 28 | 武安市裕华钢铁有限公司 | 河北省邯郸市武安市上团城乡崇义四街村北 | 056300 | 282 | 139 | — |
| 29 | 日照钢铁控股集团有限公司 | 山东省日照市岚山区沿海路600号 | 276806 | 284 | 140 | — |
| 30 | 金鼎钢铁集团有限公司 | 河北省邯郸市武安工业园区青龙山工业园 | 056300 | 292 | 144 | — |
| 31 | 四川省川威集团有限公司 | 四川省成都市龙泉驿区车城东6路5号 | 610100 | 296 | 147 | — |
| 32 | 广西盛隆冶金有限公司 | 广西壮族自治区防城港经济技术开发区 | 538004 | 300 | 150 | — |
| 33 | 唐山港陆钢铁有限公司 | 河北省遵化市崔家庄乡邦宽公里南侧杨家庄村 | 064200 | 313 | 155 | — |
| 34 | 河北新武安钢铁集团文安钢铁有限公司 | 河北省武安市南环路 | 056300 | 333 | 168 | — |
| 35 | 兴华财富集团有限公司 | 河北省邯郸市武安市财富大厦3－18层 | 056300 | 354 | 180 | — |
| 36 | 山西晋南钢铁集团有限公司 | 山西省临汾市曲沃县高显镇工业园区 | 043400 | 377 | 193 | — |
| 37 | 鲁丽集团有限公司 | 山东省潍坊市寿光市侯镇政府驻地 | 262724 | 389 | 200 | — |
| 38 | 山西晋城钢铁控股集团有限公司 | 山西省晋城市巴公装备制造工业园区 | 048002 | 408 | 209 | — |
| 39 | 石横特钢集团有限公司 | 山东省肥城市石横镇 | 271612 | 420 | 219 | — |
| 40 | 福建省三钢（集团）有限责任公司 | 福建省三明市工业中路群工三路 | 365000 | 436 | 228 | — |
| 41 | 振石控股集团有限公司 | 浙江省嘉兴市桐乡市凤凰湖大道288号 | 314500 | 442 | 230 | — |
| 42 | 三宝集团股份有限公司 | 福建省漳州市芗城区浦南镇店仔圩经济开发区 | 363004 | 447 | 232 | — |
| 43 | 山东泰山钢铁集团有限公司 | 山东省济南市莱芜区汶源西大街西首泰钢经贸楼 | 271100 | 451 | 235 | — |

续表

| 名次 | 公司名称 | 通信地址 | 邮政编码 | 名次(1) | 名次(2) | 名次(3) |
|---|---|---|---|---|---|---|
| 44 | 山东九羊集团有限公司 | 山东省济南市莱芜区羊里街道办事处政通路2号 | 271118 | 460 | 242 | — |
| 45 | 济钢集团有限公司 | 山东省济南市历城区工业北路21号济钢集团新2号办公楼 | 250101 | 468 | 248 | — |
| 46 | 六安钢铁控股集团有限公司 | 安徽省六安市霍邱县经济开发区 | 237400 | 483 | 254 | — |
| 47 | 四川德胜集团钒钛有限公司 | 四川省乐山市沙湾区铜河路南段8号 | 614900 | 494 | 262 | — |
| 48 | 安阳钢铁集团有限责任公司 | 河南省郑州市郑东新区崇德街29号豫盐大厦 | 450046 | — | 288 | — |
| 49 | 常熟市龙腾特种钢有限公司 | 江苏省苏州市常熟市梅李镇通港工业园华联路118号 | 215511 | — | 294 | — |
| 50 | 山东华通控股集团有限公司 | 山东省泰安市岱岳区龙泉商贸步行街A区1号楼 | 271000 | — | 296 | — |
| 51 | 河北新武安钢铁集团烘熔钢铁有限公司 | 河北省邯郸市武安市冶陶镇固镇元宝山东 | 056300 | — | 303 | — |
| 52 | 河北兴华钢铁有限公司 | 河北省邯郸市武安市上团城西 | 056300 | — | 314 | — |
| 53 | 河北安丰钢铁集团有限公司 | 河北省秦皇岛市昌黎县靖安镇安丰大厦五楼 | 066603 | — | 318 | — |
| 54 | 江苏省镔鑫钢铁集团有限公司 | 江苏省连云港市赣榆区柘汪镇临港产业园区 | 222113 | — | 323 | — |
| 55 | 中建信控股集团有限公司 | 上海市闵行区黎安路999号32楼 | 201199 | — | 341 | — |
| 56 | 潍坊特钢集团有限公司 | 山东省潍坊市钢厂工业园潍钢东路 | 261201 | — | 364 | — |
| 57 | 广西贵港钢铁集团有限公司 | 广西壮族自治区贵港市港北区南平中路6号院 | 537101 | — | 377 | — |
| 58 | 无锡新三洲特钢有限公司 | 江苏省无锡市惠山区前洲街道北幢村 | 214181 | — | 394 | — |
| 59 | 永兴特种材料科技股份有限公司 | 浙江省湖州市杨家埠工业区 | 313005 | — | 397 | — |
| 60 | 河南济源钢铁（集团）有限公司 | 河南省济源虎岭高新技术产业开发区 | 459000 | — | 398 | — |
| 61 | 重庆万达薄板有限公司 | 重庆市涪陵区盘龙路6号 | 408000 | — | 405 | — |
| 62 | 重庆攀华板材有限公司 | 重庆市涪陵区盘龙路6号 | 408000 | — | 412 | — |
| 63 | 凌源钢铁集团有限责任公司 | 辽宁省凌源市钢铁路3号 | 122500 | — | 438 | — |
| 64 | 辛集市澳森特钢集团有限公司 | 河北省辛集市南智邱镇赵马村村东 | 052360 | — | 444 | — |
| 65 | 山西高义钢铁有限公司 | 山西省运城市新绛县狄庄村 | 043100 | — | 466 | — |
| 66 | 闽源钢铁集团有限公司 | 河南省永城市经济技术开发区钢铁铸件专业园区（永城市陈集镇陈双楼村） | 476600 | — | 487 | — |
| 一般有色 | | | | | | |
| 1 | 中国铝业集团有限公司 | 北京市海淀区西直门北大街62号 | 100082 | 50 | 14 | — |
| 2 | 江西铜业集团有限公司 | 江西省南昌市高新区昌东大道7666号 | 330096 | 52 | 15 | — |
| 3 | 金川集团股份有限公司 | 甘肃省金昌市金川路98号 | 737103 | 84 | 32 | — |
| 4 | 铜陵有色金属集团控股有限公司 | 安徽省铜陵市长江西路有色大院 | 244001 | 119 | 49 | — |
| 5 | 海亮集团有限公司 | 浙江省杭州市滨江区滨盛路1508号海亮大厦 | 310051 | 136 | 59 | — |
| 6 | 陕西有色金属控股集团有限责任公司 | 陕西省西安市高新区高新路51号高新大厦 | 710075 | 153 | 71 | — |
| 7 | 洛阳栾川钼业集团股份有限公司 | 河南省洛阳市栾川县城东新区画眉山路伊河以北 | 471500 | 159 | 75 | — |
| 8 | 中国有色矿业集团有限公司 | 北京市朝阳区安定路10号中国有色大厦（北楼） | 100029 | 185 | 89 | — |

续表

| 名次 | 公司名称 | 通信地址 | 邮政编码 | 名次(1) | 名次(2) | 名次(3) |
|---|---|---|---|---|---|---|
| 9 | 宁波金田投资控股有限公司 | 浙江省宁波市江北区慈城镇胡坑基路88号050幢4-4 | 315034 | 195 | 94 | — |
| 10 | 南山集团有限公司 | 山东省龙口市南山工业园 | 265706 | 197 | 95 | — |
| 11 | 浙江富冶集团有限公司 | 浙江省杭州市富阳区鹿山街道谢家溪 | 311407 | 241 | 117 | — |
| 12 | 白银有色集团股份有限公司 | 甘肃省白银市白银区友好路18号 | 730900 | 279 | 138 | — |
| 13 | 杭州锦江集团有限公司 | 浙江省杭州市拱墅区湖墅南路111号锦江大厦20-22楼 | 310005 | 294 | 146 | — |
| 14 | 云南锡业集团（控股）有限责任公司 | 云南省昆明市官渡区民航路471号 | 650200 | 343 | 174 | — |
| 15 | 河南豫光金铅集团有限责任公司 | 河南省济源市荆梁南街1号 | 459000 | 350 | 178 | — |
| 16 | 浙江华友钴业股份有限公司 | 浙江省桐乡经济开发区二期梧振东路18号 | 314500 | 363 | 184 | — |
| 17 | 宁夏天元锰业集团有限公司 | 宁夏回族自治区中卫市中宁县新材料循环经济示范区 | 755103 | 372 | 191 | — |
| 18 | 广西南丹南方金属有限公司 | 广西壮族自治区河池市南丹县车河镇丰塘坳（河池·南丹工业园区） | 547204 | 381 | 196 | — |
| 19 | 深圳市中金岭南有色金属股份有限公司 | 广东省深圳市罗湖区清水河街道清水河社区清水河一路112号深业进元大厦塔楼2座303C | 518000 | 412 | 213 | — |
| 20 | 西部矿业集团有限公司 | 青海省西宁市城西区五四大街52号 | 810001 | 415 | 215 | — |
| 21 | 伊电控股集团有限公司 | 河南省洛阳市伊川县先进制造业开发区 | 471312 | 455 | 238 | — |
| 22 | 万基控股集团有限公司 | 河南省新安县万基工业园 | 471800 | 484 | 255 | — |
| 23 | 金龙精密铜管集团股份有限公司 | 重庆市万州区江南新区南滨大道1999号1号楼A区10楼 | 404000 | 486 | 256 | — |
| 24 | 厦门钨业股份有限公司 | 福建省厦门市思明区展鸿路81号特房波特曼财富中心A座21-22层 | 361009 | 491 | 260 | — |
| 25 | 重庆市博赛矿业（集团）有限公司 | 重庆市渝中区邹容路131号世界贸易中心47楼 | 400010 | — | 265 | — |
| 26 | 河南豫联能源集团有限责任公司 | 河南省郑州市巩义市新华路31号 | 451200 | — | 271 | — |
| 27 | 河南神火集团有限公司 | 河南省永城市新城区东外环路神火总部港1号楼资产运营部 | 476600 | — | 276 | — |
| 28 | 河南金利金铅集团有限公司 | 河南省济源市承留镇南勋村 | 459000 | — | 307 | — |
| 29 | 济源市万洋冶炼（集团）有限公司 | 河南省济源市思礼镇思礼村 | 454690 | — | 346 | — |
| 30 | 格林美股份有限公司 | 广东省深圳市荣超滨海大厦A栋20层 | 518101 | — | 371 | — |
| 31 | 河南明泰铝业股份有限公司 | 河南省巩义市回郭镇人和路北段 | 451283 | — | 381 | — |
| 32 | 盛屯矿业集团股份有限公司 | 福建省厦门市思明区展鸿路81号特房波特曼财富中心A座33层 | 361000 | — | 401 | — |
| 33 | 攀枝花钢城集团有限公司 | 四川省攀枝花市东区新宏路7号24幢 | 617000 | — | 431 | — |
| 34 | 杭州鼎胜实业集团有限公司 | 浙江省杭州市余杭区仓前街道鼎创财富中心2幢1705室 | 310000 | — | 441 | — |
| 35 | 宁波力勤资源科技股份有限公司 | 浙江省宁波市高新区光华路299弄宁波研发园C区10幢10-11楼 | 315000 | — | 470 | — |
| 36 | 广东兴发铝业有限公司 | 广东省佛山市三水区乐平镇工业园D区5号 | 528137 | — | 480 | — |
| **贵金属** | | | | | | |
| 1 | 紫金矿业集团股份有限公司 | 福建省龙岩市上杭县紫金大道1号 | 364200 | 100 | 41 | — |
| 2 | 中国黄金集团有限公司 | 北京市东城区安定门外大街9号 | 100011 | 219 | 107 | — |

续表

| 名次 | 公司名称 | 通信地址 | 邮政编码 | 名次(1) | 名次(2) | 名次(3) |
|---|---|---|---|---|---|---|
| 3 | 老凤祥股份有限公司 | 上海市徐汇区漕溪路270号 | 200235 | 364 | 185 | — |
| 4 | 山东招金集团有限公司 | 山东省招远市招金大厦温泉路118号 | 265400 | 405 | 207 | — |
| 5 | 湖南五江控股集团有限公司 | 湖南省长沙市天心区雀园路292号碧水春城18栋201 | 417000 | — | 283 | — |
| 6 | 湖南有色产业投资集团有限责任公司 | 湖南省长沙市长沙县人民东路211号韵动汇1号栋9楼 | 410129 | — | 423 | — |
| 7 | 深圳中宝集团有限公司 | 广东省深圳市宝安区新安街道兴东社区71区新政厂房A栋601 | 518133 | — | 448 | — |
| 金属制品加工 | | | | | | |
| 1 | 正威国际集团有限公司 | 广东省深圳市福田区深南大道7888号东海国际中心A座29楼 | 518040 | 37 | 8 | — |
| 2 | 中国国际海运集装箱（集团）股份有限公司 | 广东省深圳市南山区港湾大道2号中集集团研发中心 | 518067 | 182 | 87 | — |
| 3 | 山东创新金属科技有限公司 | 山东省滨州市邹平市北外环路东首创新工业园 | 256200 | 335 | 169 | — |
| 4 | 天津友发钢管集团股份有限公司 | 天津市静海区大邱庄镇环湖南路1号 | 301606 | 342 | 173 | — |
| 5 | 东方润安集团有限公司 | 江苏省常州市武进区湟里镇东方路5号 | 213155 | 356 | 181 | — |
| 6 | 湖南博长控股集团有限公司 | 湖南省娄底市冷水江市轧钢路5号 | 417500 | 374 | 192 | — |
| 7 | 浙江东南网架集团有限公司 | 浙江省杭州市萧山区衙前镇衙前路593号 | 311209 | 392 | 202 | — |
| 8 | 山西建邦集团有限公司 | 山西省侯马市侯北产业园 | 043000 | 418 | 217 | — |
| 9 | 宏旺控股集团有限公司 | 广东省佛山市顺德区信保广场南塔28楼 | 528300 | 459 | 241 | — |
| 10 | 江苏大明工业科技集团有限公司 | 江苏省无锡市通江大道1518号 | 214191 | 470 | 249 | — |
| 11 | 法尔胜泓昇集团有限公司 | 江苏省江阴市澄江中路165号 | 214434 | — | 270 | — |
| 12 | 安徽楚江科技新材料股份有限公司 | 安徽省芜湖市鸠江区龙腾路88号 | 241000 | — | 290 | — |
| 13 | 浙江甬金金属科技股份有限公司 | 浙江省兰溪市灵洞乡耕头畈999号 | 321100 | — | 297 | — |
| 14 | 江苏江润铜业有限公司 | 江苏省宜兴市官林镇金辉工业园A区 | 214251 | — | 301 | — |
| 15 | 浙江元立金属制品集团有限公司 | 浙江省丽水市遂昌县元立大道479号 | 323300 | — | 321 | — |
| 16 | 邯郸正大制管集团有限公司 | 河北省邯郸市成安县工业区聚良大道9号 | 056700 | — | 336 | — |
| 17 | 久立集团股份有限公司 | 浙江省湖州市吴兴区中兴大道1899号 | 313000 | — | 355 | — |
| 18 | 浙江协和集团有限公司 | 浙江省杭州市萧山区红山农场 | 311234 | — | 363 | — |
| 19 | 深圳市东阳光实业发展有限公司 | 广东省深圳市南山区华侨城东方花园E区E25栋 | 518053 | — | 365 | — |
| 20 | 天津源泰德润钢管制造集团有限公司 | 天津市静海区大邱庄工业区恒通路2号 | 301606 | — | 399 | — |
| 21 | 天津市宝来工贸有限公司 | 天津市静海区大邱庄镇海河道6号 | 301606 | — | 404 | — |
| 22 | 鹰潭胜华金属有限责任公司 | 江西省鹰潭市鹰潭高新技术产业开发区白露科技园206国道旁 | 335000 | — | 433 | — |
| 23 | 林州凤宝管业有限公司 | 河南省林州市陵阳镇凤宝大道东段凤宝特钢办公室 | 456561 | — | 494 | — |
| 锅炉及动力装备制造 | | | | | | |
| 1 | 潍柴动力股份有限公司 | 山东省潍坊市高新技术产业开发区福寿东街197号甲 | 261000 | 156 | 73 | — |
| 2 | 广西玉柴机器集团有限公司 | 广西壮族自治区玉林市玉州区玉柴路2号 | 537005 | — | 287 | — |

## 第十五章 中国500强企业按照行业分类名单

续表

| 名次 | 公司名称 | 通信地址 | 邮政编码 | 名次(1) | 名次(2) | 名次(3) |
|---|---|---|---|---|---|---|
| 物料搬运设备制造 | | | | | | |
| 1 | 卫华集团有限公司 | 河南省长垣市山海大道26号 | 453400 | — | 469 | — |
| 工程机械及零部件 | | | | | | |
| 1 | 徐工集团工程机械股份有限公司 | 江苏省徐州市经济技术开发区驮蓝山路26号 | 221004 | 263 | 129 | — |
| 2 | 中联重科股份有限公司 | 湖南省长沙市银盆南路361号 | 410013 | — | 284 | — |
| 3 | 广西柳工集团有限公司 | 广西壮族自治区柳州市柳太路1号 | 545007 | — | 390 | — |
| 工业机械及设备制造 | | | | | | |
| 1 | 中国机械工业集团有限公司 | 北京市海淀区丹棱街3号 | 100080 | 82 | 30 | — |
| 2 | 广州工业投资控股集团有限公司 | 广东省广州市荔湾区观海路9号 | 510000 | 113 | 46 | — |
| 3 | 三一集团有限公司 | 湖南省长沙市经济技术开发区三一路三一行政中心 | 410000 | 203 | 99 | — |
| 4 | 双良集团有限公司 | 江苏省江阴市利港街道西利路88号 | 214444 | 416 | 216 | — |
| 5 | 中国一重集团有限公司 | 黑龙江省齐齐哈尔市富拉尔基区厂前路9号 | 161042 | — | 278 | — |
| 6 | 天洁集团有限公司 | 浙江省诸暨市牌头镇天洁工业园区 | 311825 | — | 329 | — |
| 7 | 西子联合控股有限公司 | 浙江省杭州市江干区庆春东路1-1号 | 310016 | — | 340 | — |
| 8 | 郑州煤矿机械集团股份有限公司 | 河南省郑州市经济技术开发区第九大街167号 | 450016 | — | 342 | — |
| 9 | 陕西鼓风机（集团）有限公司 | 陕西省西安市高新区沣惠南路8号 | 710075 | — | 367 | — |
| 10 | 深圳市汇川技术股份有限公司 | 广东省深圳市龙华区观澜街道高新技术产业园汇川技术总部大厦 | 518110 | — | 414 | — |
| 11 | 人本集团有限公司 | 浙江省温州市经济技术开发区滨海五道515号 | 325025 | — | 422 | — |
| 12 | 江阴江东集团公司 | 江苏省江阴市周庄镇周庄村至公东路71号 | 214423 | — | 439 | — |
| 13 | 利欧集团股份有限公司 | 浙江省台州市温岭东部产业集聚区第三街1号 | 317500 | — | 455 | — |
| 电力电气设备制造 | | | | | | |
| 1 | 中国电子科技集团有限公司 | 北京市海淀区万寿路27号 | 100846 | 72 | 25 | — |
| 2 | 上海电气控股集团有限公司 | 上海市黄浦区四川中路110号 | 200002 | 174 | 82 | — |
| 3 | 正泰集团股份有限公司 | 浙江省温州市北白象正泰高科技工业园 | 325603 | 206 | 100 | — |
| 4 | 新疆特变电工集团有限公司 | 新疆维吾尔自治区昌吉回族自治州昌吉市北京南路189号 | 831100 | 247 | 121 | — |
| 5 | 深圳市立业集团有限公司 | 广东省深圳市南山区深南大道9668号华润置地大厦C座35层 | 518000 | 317 | 156 | — |
| 6 | 德力西集团有限公司 | 浙江省温州市乐清市柳市镇柳青路1号 | 325604 | 337 | 171 | — |
| 7 | 中国东方电气集团有限公司 | 四川省成都市高新西区西芯大道18号 | 611731 | 387 | 199 | — |
| 8 | 人民控股集团有限公司 | 浙江省乐清市柳市镇柳乐路555号 | 325604 | 403 | 206 | — |
| 9 | 深圳理士电源发展有限公司 | 广东省深圳市龙华区民治街道北站社区汇德大厦1号楼18楼 | 518000 | 492 | 261 | — |
| 10 | 卧龙控股集团有限公司 | 浙江省绍兴市上虞区人民西路1801号 | 312300 | 498 | 264 | — |
| 11 | 大全集团有限公司 | 江苏省扬中市新坝镇大全路66号 | 212200 | — | 277 | — |
| 12 | 上海爱旭新能源股份有限公司 | 浙江省义乌市好派路699号 | 322009 | — | 325 | — |
| 13 | 东方日升新能源股份有限公司 | 浙江省宁波市宁海县梅林街道塔山工业园区 | 315609 | — | 372 | — |
| 14 | 山东电工电气集团有限公司 | 山东省济南市中区英雄山路101号 | 250000 | — | 411 | — |

续表

| 名次 | 公司名称 | 通信地址 | 邮政编码 | 名次(1) | 名次(2) | 名次(3) |
|---|---|---|---|---|---|---|
| 15 | 泰开集团有限公司 | 山东省泰安市岱岳区泰安高新区中天门大街中段 | 271000 | — | 449 | — |
| 16 | 上海仪电（集团）有限公司 | 上海市徐汇区田林路168号 | 200233 | — | 462 | — |
| 17 | 许继集团有限公司 | 河南省许昌市许继大道1298号 | 461000 | — | 472 | — |
| 18 | 泰豪集团有限公司 | 江西省南昌市小蓝经济开发区汇仁大道1333号泰豪科技园 | 330096 | — | 491 | — |

电线电缆制造

| 名次 | 公司名称 | 通信地址 | 邮政编码 | 名次(1) | 名次(2) | 名次(3) |
|---|---|---|---|---|---|---|
| 1 | 中天科技集团有限公司 | 江苏省南通市崇川区齐心路88号中天科技南通科创中心 | 226010 | 271 | 135 | — |
| 2 | 富通集团有限公司 | 浙江省杭州市富阳区富春街道馆驿路18号 | 311400 | 362 | 183 | — |
| 3 | 远东控股集团有限公司 | 江苏省宜兴市高塍镇远东大道6号 | 214257 | 456 | 239 | — |
| 4 | 天津华北集团有限公司 | 天津市北辰区津围公路15号 | 300402 | — | 269 | — |
| 5 | 浙江富春江通信集团有限公司 | 浙江省杭州市富阳区江滨东大道138号 | 311401 | — | 339 | — |
| 6 | 江苏上上电缆集团有限公司 | 江苏省溧阳市上上路68号 | 213300 | — | 360 | — |
| 7 | 江苏中超投资集团有限公司 | 江苏省宜兴市西郊工业园区振丰东路999号 | 214200 | — | 370 | — |
| 8 | 上海起帆电缆股份有限公司 | 上海市金山区张堰镇振康路238号 | 201514 | — | 446 | — |
| 9 | 上海胜华电缆科技集团有限公司 | 上海市浦东新区新场镇湖南公馆7577号 | 201314 | — | 458 | — |
| 10 | 安徽天康（集团）股份有限公司 | 安徽省天长市仁和南路20号 | 239300 | — | 461 | — |
| 11 | 江南集团有限公司 | 江苏省宜兴市官林镇新官东路53号 | 214251 | — | 465 | — |
| 12 | 铜陵精达特种电磁线股份有限公司 | 安徽省铜陵市经济技术开发区黄山大道 | 244000 | — | 484 | — |

风能、太阳能设备制造

| 名次 | 公司名称 | 通信地址 | 邮政编码 | 名次(1) | 名次(2) | 名次(3) |
|---|---|---|---|---|---|---|
| 1 | 通威集团有限公司 | 四川省成都市高新区天府大道中段588号通威国际中心 | 610093 | 129 | 57 | — |
| 2 | 协鑫集团有限公司 | 江苏省苏州市工业园区新庆路28号协鑫能源中心 | 215000 | 149 | 68 | — |
| 3 | 隆基绿能科技股份有限公司 | 北京市东城区中海地产广场东塔12层 | 100010 | 201 | 97 | — |
| 4 | 晶科能源控股有限公司 | 上海市闵行区申长路1466弄1号晶科中心 | 201106 | 229 | 111 | — |
| 5 | 天合光能股份有限公司 | 江苏省常州市新北区天合光伏产业园天合路2号 | 213031 | 286 | 141 | — |
| 6 | 晶澳太阳能科技股份有限公司 | 河北省邢台市宁晋县新兴路123号 | 055550 | 320 | 159 | — |
| 7 | 远景能源有限公司 | 江苏省江阴市申港街道申庄路3号 | 214443 | 336 | 170 | — |
| 8 | 明阳新能源投资控股集团有限公司 | 广东省中山市火炬开发区火炬路22号 | 528400 | 401 | 205 | — |
| 9 | 新疆金风科技股份有限公司 | 新疆维吾尔自治区乌鲁木齐经济技术开发区上海路107号 | 830026 | — | 268 | — |
| 10 | 阳光电源股份有限公司 | 安徽省合肥市高新区习友路1699号 | 230088 | — | 293 | — |
| 11 | 浙江省机电集团有限公司 | 浙江省杭州市延安路95号 | 310002 | — | 320 | — |
| 12 | 弘元绿色能源股份有限公司 | 江苏省无锡市滨湖区雪浪街道南湖中路158号 | 214128 | — | 424 | — |

动力和储能电池

| 名次 | 公司名称 | 通信地址 | 邮政编码 | 名次(1) | 名次(2) | 名次(3) |
|---|---|---|---|---|---|---|
| 1 | 宁德时代新能源科技股份有限公司 | 福建省宁德市蕉城区漳湾镇新港路2号 | 351200 | 85 | 33 | — |
| 2 | 天能控股集团有限公司 | 浙江省湖州市长兴县画溪工业功能区包桥路18号 | 313100 | 137 | 60 | — |
| 3 | 超威电源集团有限公司 | 浙江省湖州市长兴县城南路18号 | 313100 | 198 | 96 | — |

续表

| 名次 | 公司名称 | 通信地址 | 邮政编码 | 名次(1) | 名次(2) | 名次(3) |
|---|---|---|---|---|---|---|
| 4 | 湖南裕能新能源电池材料股份有限公司 | 湖南省湘潭市雨湖区鹤岭镇日丽路18号 | 411100 | — | 281 | — |
| 5 | 中创新航科技集团股份有限公司 | 江苏省常州市金坛区江东大道1号 | 213200 | — | 450 | — |

**计算机及办公设备**

| 名次 | 公司名称 | 通信地址 | 邮政编码 | 名次(1) | 名次(2) | 名次(3) |
|---|---|---|---|---|---|---|
| 1 | 立讯精密工业股份有限公司 | 广东省东莞市清溪镇青皇村青皇工业区葵青路17号 | 523650 | 131 | 58 | — |
| 2 | 歌尔股份有限公司 | 山东省潍坊市高新区东方路268号 | 261031 | 237 | 113 | — |
| 3 | 浪潮集团有限公司 | 山东省济南市高新区浪潮路1036号 | 250101 | 239 | 115 | — |
| 4 | 心里程控股集团有限公司 | 广东省深圳市福田区深南大道1006号深圳国际创新中心A座26楼 | 518000 | 325 | 162 | — |
| 5 | 研祥高科技控股集团有限公司 | 广东省深圳市南山区高新中四道31号研祥科技大厦 | 518057 | 327 | 164 | — |
| 6 | 得力集团有限公司 | 浙江省宁波市宁海县得力工业园 | 315600 | — | 298 | — |
| 7 | 浙江大华技术股份有限公司 | 浙江省杭州市滨江区滨安路1199号 | 310053 | — | 358 | — |
| 8 | 广州视源电子科技股份有限公司 | 广东省广州市黄埔区云埔四路6号 | 510530 | — | 440 | — |

**通信设备制造**

| 名次 | 公司名称 | 通信地址 | 邮政编码 | 名次(1) | 名次(2) | 名次(3) |
|---|---|---|---|---|---|---|
| 1 | 华为投资控股有限公司 | 广东省深圳市龙岗区坂田华为基地 | 518129 | 32 | 6 | — |
| 2 | 小米集团 | 北京市海淀区毛纺路58号院3号楼小米总部 | 100085 | 97 | 38 | — |
| 3 | TCL科技集团股份有限公司 | 广东省惠州仲恺高新区惠风三路17号TCL科技大厦 | 516006 | 163 | 77 | — |
| 4 | 亨通集团有限公司 | 江苏省苏州市吴江区中山北路2288号 | 215200 | 171 | 80 | — |
| 5 | 中兴通讯股份有限公司 | 北京市朝阳区安定路5号院8号楼外运大厦A座8层 | 100029 | 210 | 103 | — |
| 6 | 荣耀终端有限公司 | 广东省深圳市福田区香蜜湖街道东海社区红荔西路8089号深业中城6号楼A单元3401 | 518000 | 262 | 128 | — |
| 7 | 华勤技术股份有限公司 | 上海市浦东新区科苑路399号1号楼 | 201203 | 264 | 130 | — |
| 8 | 中国铁塔股份有限公司 | 北京市海淀区东冉北街9号中国铁塔产业园 | 100089 | 266 | 132 | — |
| 9 | 福建省电子信息（集团）有限责任公司 | 福建省福州市鼓楼区五一北路153号正祥中心2号楼16层 | 350001 | 414 | 214 | — |
| 10 | 中国信息通信科技集团有限公司 | 湖北省武汉市江夏区光谷大道高新四路6号 | 430205 | 431 | 225 | — |
| 11 | 新华三信息技术有限公司 | 浙江省杭州市滨江区长河路466号 | 310052 | 479 | 252 | — |
| 12 | 深圳传音控股股份有限公司 | 广东省深圳市南山区粤海街道深南大道9789号德赛科技大厦标识层17层（自然层15层）1702-1703号 | 518000 | — | 267 | — |
| 13 | 四川九洲投资控股集团有限公司 | 四川省绵阳市科创园区九华路6号 | 621000 | — | 275 | — |
| 14 | 永鼎集团有限公司 | 江苏省苏州市吴江区黎里镇江苏路1号 | 215211 | — | 309 | — |
| 15 | 鹏鼎控股（深圳）股份有限公司 | 广东省深圳市宝安区燕罗街道燕川社区松罗路鹏鼎园区 | 518127 | — | 319 | — |
| 16 | 舜宇集团有限公司 | 浙江省余姚市丰乐路67-69号 | 315400 | — | 335 | — |
| 17 | 上海龙旗科技股份有限公司 | 上海市徐汇区漕宝路401号1号楼 | 200233 | — | 373 | — |
| 18 | 瑞声科技控股有限公司 | 广东省深圳市南山区粤兴三道6号南京大学深圳产学研基地 | 518057 | — | 447 | — |

续表

| 名次 | 公司名称 | 通信地址 | 邮政编码 | 名次(1) | 名次(2) | 名次(3) |
|---|---|---|---|---|---|---|
| 19 | 广州无线电集团有限公司 | 广东省广州市天河区黄埔大道西平云路163号 | 510656 | — | 473 | — |
| 20 | 福建福日电子股份有限公司 | 福建省福州市五一北路153号正祥商务中心2号楼12-13层 | 350005 | — | 500 | — |
| **半导体、集成电路及面板制造** | | | | | | |
| 1 | 中国电子信息产业集团有限公司 | 北京市海淀区 | 100036 | 99 | 40 | — |
| 2 | 闻泰科技股份有限公司 | 湖北省黄石市开发区·铁山区汪仁镇新城路东18号 | 435109 | 394 | 203 | — |
| 3 | 江苏长电科技股份有限公司 | 江苏省江阴市长山路78号 | 214400 | — | 331 | — |
| 4 | 上海华虹（集团）有限公司 | 上海市浦东新区碧波路177号A区四楼 | 201203 | — | 348 | — |
| 5 | 惠科股份有限公司 | 广东省深圳市宝安区石岩街道石龙社区惠科工业园1栋 | 518108 | — | 387 | — |
| 6 | 重庆京东方光电科技有限公司 | 重庆市北碚区水土高新技术产业园云汉大道7号 | 400700 | — | 406 | — |
| 7 | 通富微电子股份有限公司 | 江苏省南通市崇川路288号 | 226006 | — | 430 | — |
| 8 | 上海韦尔半导体股份有限公司 | 上海市浦东新区上科路88号豪威科技园7层 | 201210 | — | 457 | — |
| 9 | 广东生益科技股份有限公司 | 广东省东莞市松山湖高新技术产业开发区工业西路5号 | 523000 | — | 475 | — |
| 10 | 高景太阳能股份有限公司 | 广东省珠海市横琴新区荣澳道153号4幢二层B25单元 | 519000 | — | 483 | — |
| **汽车及零配件制造** | | | | | | |
| 1 | 上海汽车集团股份有限公司 | 上海市漕溪北路400号 | 200030 | 26 | 5 | — |
| 2 | 中国第一汽车集团有限公司 | 吉林省长春市新红旗大街1号中国一汽总部NBD | 130013 | 38 | 9 | — |
| 3 | 广州汽车工业集团有限公司 | 广东省广州市天河区珠江新城兴国路23号广汽中心 | 510623 | 49 | 13 | — |
| 4 | 东风汽车集团有限公司 | 湖北省武汉市经济技术开发区东风大道特1号 | 430056 | 58 | 17 | — |
| 5 | 北京汽车集团有限公司 | 北京市顺义区双河大街99号 | 101300 | 61 | 18 | — |
| 6 | 比亚迪股份有限公司 | 广东省深圳市大鹏新区葵涌街道延安路一号 | 518119 | 65 | 19 | — |
| 7 | 浙江吉利控股集团有限公司 | 浙江省杭州市滨江区江陵路1760号 | 310051 | 68 | 21 | — |
| 8 | 万向集团公司 | 浙江省杭州市萧山经济技术开发区建设二路855号 | 311201 | 142 | 63 | — |
| 9 | 奇瑞控股集团有限公司 | 安徽省芜湖市经济技术开发区鞍山路8号 | 241006 | 176 | 84 | — |
| 10 | 长城汽车股份有限公司 | 河北省保定市朝阳南大街2266号 | 071000 | 189 | 92 | — |
| 11 | 江铃汽车集团有限公司 | 江西省南昌市红谷滩区金融大街969号 | 330000 | 249 | 123 | — |
| 12 | 江苏悦达集团有限公司 | 江苏省盐城市亭湖区世纪大道东路2号 | 224007 | 261 | 127 | — |
| 13 | 中国重汽（香港）有限公司 | 山东省济南市高新区华奥路777号 | 250101 | 385 | 197 | — |
| 14 | 重庆小康控股有限公司 | 重庆市沙坪坝区 | 400033 | 461 | 243 | — |
| 15 | 陕西汽车控股集团有限公司 | 陕西省西安市经济技术开发区泾渭新城陕汽大道1号 | 710200 | 463 | 244 | — |
| 16 | 宁波均胜电子股份有限公司 | 浙江省宁波市高新区清逸路99号 | 315040 | 475 | 250 | — |

续表

续表

| 名次 | 公司名称 | 通信地址 | 邮政编码 | 名次(1) | 名次(2) | 名次(3) |
|---|---|---|---|---|---|---|
| 17 | 广东德赛集团有限公司 | 广东省惠州市惠城区江北云山西路12号德赛大厦22楼 | 516003 | — | 310 | |
| 18 | 安徽江淮汽车集团控股有限公司 | 安徽省合肥市包河区东流路176号 | 230022 | — | 312 | |
| 19 | 万丰奥特控股集团有限公司 | 浙江省绍兴市新昌县城关镇江滨西路518号万丰广场 | 312500 | — | 324 | |
| 20 | 苏州创元投资发展（集团）有限公司 | 江苏省苏州市工业园区苏桐路37号 | 215000 | — | 376 | |
| 21 | 郑州宇通企业集团 | 河南省郑州市管城区宇通路宇通工业园 | 450061 | — | 380 | |
| 22 | 广东小鹏汽车科技有限公司 | 广东省广州市天河区长兴街道岑村松岗大街8号小鹏汽车智能产业园区 | 510640 | — | 389 | |
| 23 | 赛轮集团股份有限公司 | 山东省青岛市市北区郑州路43号橡塑新材料大楼 | 266500 | — | 425 | |
| 24 | 长春一汽富维汽车零部件股份有限公司 | 吉林省长春市汽车产业开发区东风南街1399号 | 130011 | — | 459 | |
| 25 | 宁波华翔电子股份有限公司 | 上海市浦东新区世纪大道1168号A座6楼 | 200122 | — | 464 | |
| 26 | 厦门金龙汽车集团股份有限公司 | 福建省厦门市湖里区东港北路31号港务大厦7、11层 | 361013 | — | 471 | |
| 27 | 宁波继峰汽车零部件股份有限公司 | 浙江省宁波市北仑区大碶璎珞河路17号 | 315806 | — | 476 | |
| 28 | 安徽中鼎控股（集团）股份有限公司 | 安徽省宣城市宁国市宁国经济技术开发区 | 242300 | — | 489 | |
| 29 | 广西汽车集团有限公司 | 广西壮族自治区柳州市柳南区河西路18号五菱大厦 | 545007 | — | 492 | |
| 摩托车及零配件制造 | | | | | | |
| 1 | 雅迪科技集团有限公司 | 江苏省无锡市锡山区安镇大成工业园东盛路 | 214100 | — | 350 | |
| 2 | 宗申产业集团有限公司 | 重庆市巴南区炒油场宗申工业园 | 400054 | — | 388 | |
| 3 | 爱玛科技集团股份有限公司 | 天津市静海经济开发区南区爱玛路5号 | 301600 | — | 443 | |
| 4 | 淮海控股集团有限公司 | 江苏省徐州市经济开发区徐海路淮海宗申产业园 | 221000 | — | 454 | |
| 轨道交通设备及零部件制造 | | | | | | |
| 1 | 中国中车集团有限公司 | 北京市海淀区西四环中路16号院5号楼 | 100036 | 118 | 48 | — |
| 航空航天 | | | | | | |
| 1 | 中国航空工业集团有限公司 | 北京市朝阳区曙光西里甲5号院19号楼 | 100028 | 45 | 12 | — |
| 2 | 中国航天科技集团有限公司 | 北京市海淀区阜成路16号航天科技大厦 | 100037 | 91 | 35 | — |
| 3 | 中国航天科工集团有限公司 | 北京市海淀区阜成路甲8号中国航天科工大厦 | 100048 | 108 | 42 | — |
| 兵器制造 | | | | | | |
| 1 | 中国兵器工业集团有限公司 | 北京市西城区三里河路44号 | 100821 | 43 | 11 | — |
| 2 | 中国兵器装备集团有限公司 | 北京市海淀区车道沟十号 | 100089 | 92 | 36 | — |
| 船舶制造 | | | | | | |
| 1 | 中国船舶集团有限公司 | 北京市海淀区昆明湖南路72号 | 100097 | 80 | 28 | — |
| 2 | 江苏扬子江船业集团 | 江苏省无锡市江阴市江阴—靖江工业园区联谊路1号 | 214532 | 444 | 231 | |
| 综合制造业 | | | | | | |
| 1 | 中国五矿集团有限公司 | 北京市海淀区三里河路5号 | 100044 | 19 | 4 | — |
| 2 | 多弗国际控股集团有限公司 | 浙江省杭州市萧山区平澜路259号绿都国金中心B座30层 | 311200 | 128 | 56 | — |

续表

| 名次 | 公司名称 | 通信地址 | 邮政编码 | 名次(1) | 名次(2) | 名次(3) |
|---|---|---|---|---|---|---|
| 3 | 复星国际有限公司 | 上海市黄浦区复兴路2号复星商务大厦 | 200010 | 155 | 72 | — |
| 4 | 无锡产业发展集团有限公司 | 江苏省无锡市梁溪区县前西街168号 | 214031 | 166 | 79 | — |
| 5 | 杉杉控股有限公司 | 浙江省宁波市鄞州区日丽中路777号 | 315100 | 367 | 187 | — |
| 6 | 宁波富邦控股集团有限公司 | 浙江省宁波市海曙区长春路2号 | 315010 | 399 | 204 | — |
| 7 | 江苏华西集团有限公司 | 江苏省江阴市华士镇华西新市村民族路2号 | 214420 | 453 | 237 | — |
| 8 | 重庆机电控股（集团）公司 | 重庆市北部新区黄山大道中段60号 | 401123 | — | 280 | — |
| 9 | 花园集团有限公司 | 浙江省金华市东阳市南马镇花园村花园大厦 | 322121 | — | 295 | — |
| 10 | 永道控股集团股份有限公司 | 广东省深圳市福田华富街道莲花一村社区彩田路7018号新浩壹都A3901 | 518026 | — | 305 | — |
| 11 | 精工控股集团有限公司 | 浙江省绍兴市越城区斗门街道世纪西街1号 | 312000 | — | 344 | — |
| 12 | 华立集团股份有限公司 | 浙江省杭州市余杭区五常大道181号 | 310023 | — | 349 | — |
| 13 | 中伟新材料股份有限公司 | 湖南省长沙市雨花区长沙大道567号运达中央广场写字楼B座11楼 | 410007 | — | 362 | — |
| 14 | 广西百色工业投资发展集团有限公司 | 广西壮族自治区百色市右江区六塘百色市工业区铝产业园区 | 533000 | — | 495 | — |
| **房屋建筑** | | | | | | |
| 1 | 中国建筑股份有限公司 | 北京市朝阳区安定路5号院3号楼中建财富国际中心 | 100029 | 4 | — | — |
| 2 | 太平洋建设集团有限公司 | 新疆维吾尔自治区乌鲁木齐市高新区第四平路2288号 | 830001 | 46 | — | — |
| 3 | 苏商建设集团有限公司 | 江苏省南京市五台山1号 | 210029 | 87 | — | — |
| 4 | 上海建工集团股份有限公司 | 上海市虹口区东大名路666号 | 200084 | 94 | — | — |
| 5 | 广州市建筑集团有限公司 | 广东省广州市越秀区广卫路4号建工大厦 | 510030 | 102 | — | — |
| 6 | 蜀道投资集团有限责任公司 | 四川省成都市高新区交子大道499号蜀道集团大厦 | 610000 | 105 | — | — |
| 7 | 陕西建工控股集团有限公司 | 陕西省西安市莲湖区北大街199号 | 710003 | 117 | — | — |
| 8 | 成都兴城投资集团有限公司 | 四川省成都市高新区濯锦东路99号 | 610000 | 133 | — | — |
| 9 | 云南省建设投资控股集团有限公司 | 云南省昆明市经济技术开发区信息产业基地林溪路188号 | 650501 | 160 | — | — |
| 10 | 湖南建设投资集团有限责任公司 | 湖南省长沙市天心区芙蓉南路一段788号 | 410004 | 164 | — | — |
| 11 | 北京城建集团有限责任公司 | 北京市海淀区北太平庄路18号 | 100088 | 177 | — | — |
| 12 | 北京建工集团有限责任公司 | 北京市西城区广莲路1号建工大厦 | 100055 | 199 | — | — |
| 13 | 中天控股集团有限公司 | 浙江省杭州市城星路69号中天国开大厦19楼 | 310020 | 215 | — | — |
| 14 | 南通三建控股有限公司 | 江苏省南通市海门区香港路588号謇公湖科创园2号楼6层 | 226100 | 246 | — | — |
| 15 | 浙江省建设投资集团股份有限公司 | 浙江省杭州市文三西路52号浙江省建投大厦 | 310013 | 256 | — | — |
| 16 | 甘肃省建设投资（控股）集团有限公司 | 甘肃省兰州市七里河区西津东路575号 | 730050 | 280 | — | — |
| 17 | 安徽建工集团控股有限公司 | 安徽省合肥市黄山路459号安建国际大厦26-29楼 | 230031 | 285 | — | — |
| 18 | 江苏南通二建集团有限公司 | 江苏省启东市汇龙镇南苑西路1168号国动产业园6号楼 | 226200 | 314 | — | — |

续表

| 名次 | 公司名称 | 通信地址 | 邮政编码 | 名次(1) | 名次(2) | 名次(3) |
|---|---|---|---|---|---|---|
| 19 | 青建集团 | 山东省青岛市市南区南海支路5号 | 266071 | 338 | — | — |
| 20 | 南通四建集团有限公司 | 江苏省南通市通州区新世纪大道999号祥云楼 | 226300 | 361 | — | — |
| 21 | 龙信建设集团有限公司 | 江苏省南通市海门区北京东路1号 | 226100 | 400 | — | — |
| 22 | 浙江中成控股集团有限公司 | 浙江省绍兴市越城区凤林西路123号 | 312000 | 437 | — | — |
| 23 | 通州建总集团有限公司 | 江苏省南通市高新区新世纪大道998号建总大厦 | 226300 | 443 | — | — |
| 24 | 江苏省苏中建设集团股份有限公司 | 江苏省海安市中坝南路18号 | 226600 | 466 | — | — |
| 25 | 重庆建工投资控股有限责任公司 | 重庆市两江新区金开大道1596号 | 401122 | 472 | — | — |
| 26 | 河北建工集团有限责任公司 | 河北省石家庄市友谊北大街146号 | 050051 | 497 | — | — |
| 土木工程建筑 | | | | | | |
| 1 | 中国铁路工程集团有限公司 | 北京市海淀区复兴路69号9号楼中国中铁大厦 | 100039 | 10 | — | — |
| 2 | 中国铁道建筑集团有限公司 | 北京市海淀区复兴路40号 | 100855 | 12 | — | — |
| 3 | 中国交通建设集团有限公司 | 北京市西城区德胜门外大街85号 | 100088 | 18 | — | — |
| 4 | 中国电力建设集团有限公司 | 北京市海淀区车公庄西路22号海赋国际A座 | 100048 | 31 | — | — |
| 5 | 中国化学工程集团有限公司 | 北京市东城区东直门内大街2号 | 100007 | 154 | — | — |
| 6 | 山西建设投资集团有限公司 | 山西省太原市山西示范区新化路8号 | 030032 | 193 | — | — |
| 7 | 四川华西集团有限公司 | 四川省成都市解放路二段95号 | 610081 | 252 | — | — |
| 8 | 广东省建筑工程集团控股有限公司 | 广东省广州市荔湾区流花路85号 | 510013 | 272 | — | — |
| 9 | 四川公路桥梁建设集团有限公司 | 四川省成都市高新区九兴大道12号 | 610041 | 291 | — | — |
| 10 | 上海城建（集团）有限公司 | 上海市徐汇区宛平南路1099号 | 200032 | 297 | — | — |
| 11 | 云南省交通投资建设集团有限公司 | 云南省昆明市前兴路37号 | 650100 | 302 | — | — |
| 12 | 广西北部湾投资集团有限公司 | 广西壮族自治区南宁市中泰路11号北部湾大厦北楼1401室 | 530029 | 304 | — | — |
| 13 | 武汉城市建设集团有限公司 | 湖北省武汉市江汉区常青路9号 | 430022 | 393 | — | — |
| 14 | 天元建设集团有限公司 | 山东省临沂市兰山区银雀山路63号 | 276000 | 397 | — | — |
| 15 | 新疆生产建设兵团建设工程（集团）有限责任公司 | 新疆维吾尔自治区乌鲁木齐市天山区新民路113号 | 830000 | 457 | — | — |
| 16 | 山东科达集团有限公司 | 山东省东营市东营区府前大街65号 | 257000 | 476 | — | — |
| 电网 | | | | | | |
| 1 | 国家电网有限公司 | 北京市西城区西长安街86号 | 100031 | 1 | — | 1 |
| 2 | 中国南方电网有限责任公司 | 广东省广州市科学城科翔路11号 | 510530 | 25 | — | 13 |
| 3 | 内蒙古电力（集团）有限责任公司 | 内蒙古自治区呼和浩特市赛罕区前达门路9号 | 010010 | 231 | — | 80 |
| 水务 | | | | | | |
| 1 | 水发集团有限公司 | 山东省济南市历城区经十东路33399号 | 250001 | 315 | — | 107 |
| 2 | 北京首都创业集团有限公司 | 北京市东城区朝阳门北大街6号首创大厦15层 | 100027 | 396 | — | 133 |
| 3 | 广东粤海控股集团有限公司 | 广东省广州市天河区珠江西路21号粤海金融中心57楼 | 510507 | — | — | 173 |
| 4 | 无锡市市政公用产业集团有限公司 | 江苏省无锡市梁溪区解放东路800号 | 214002 | — | — | 371 |
| 5 | 天津水务集团有限公司 | 天津市河西区解放南路与绍兴道交口东北侧海汇名邸3号 | 300042 | — | — | 431 |

续表

| 名次 | 公司名称 | 通信地址 | 邮政编码 | 名次(1) | 名次(2) | 名次(3) |
|---|---|---|---|---|---|---|
| 6 | 广州市水务投资集团有限公司 | 广东省广州市天河区临江大道501号 | 510655 | — | — | 434 |
| 7 | 东莞市水务集团有限公司 | 广东省东莞市东城街道育华路1号 | 523000 | — | — | 496 |
| 综合能源供应 | | | | | | |
| 1 | 浙江省能源集团有限公司 | 浙江省杭州市天目山路152号 | 310007 | 162 | — | 56 |
| 2 | 新奥天然气股份有限公司 | 河北省廊坊经济技术开发区华祥路118号新奥科技园B座 | 065001 | 173 | — | 60 |
| 3 | 云南省能源投资集团有限公司 | 云南省昆明市西山区日新中路616号云南能投集团 | 650100 | 204 | — | 68 |
| 4 | 北京控股集团有限公司 | 北京市朝阳区化工路59号焦奥中心2号楼 | 100023 | 218 | — | 74 |
| 5 | 北京能源集团有限责任公司 | 北京市朝阳区永安东里16号CBD国际大厦A区 | 100022 | 253 | — | 87 |
| 6 | 四川省能源投资集团有限责任公司 | 四川省成都市高新区剑南大道中段716号2号楼 | 610095 | 274 | — | 94 |
| 7 | 申能（集团）有限公司 | 上海市闵行区虹井路159号申能能源中心 | 201103 | 334 | — | 112 |
| 8 | 广州产业投资控股集团有限公司 | 广东省广州市天河区临江大道3号发展中心9楼 | 510623 | 383 | — | 128 |
| 9 | 南昌市政公用集团有限公司 | 江西省南昌市青山湖区湖滨东路1399号 | 330039 | 388 | — | 130 |
| 10 | 奥德集团有限公司 | 山东省临沂市河东区北京东路6666号奥德商务中心 | 276000 | — | — | 186 |
| 11 | 无锡市国联发展（集团）有限公司 | 江苏省无锡市滨湖区金融一街8号 | 214131 | — | — | 247 |
| 12 | 重庆市能源投资集团有限公司 | 重庆市渝北区洪湖西路12号 | 401120 | — | — | 256 |
| 13 | 佛燃能源集团股份有限公司 | 广东省佛山市禅城区南海大道中18号 | 528000 | — | — | 295 |
| 14 | 四川华油集团有限责任公司 | 四川省成都市高新区天府一街695号中环岛广场A座1206 | 610041 | — | — | 323 |
| 15 | 河北省天然气有限责任公司 | 石家庄市桥西区裕华西路9号裕园广场A座16楼 | 050000 | — | — | 388 |
| 16 | 广州元亨能源有限公司 | 广州市越秀区东风东路850号锦城大厦18楼1801室 | 510600 | — | — | 389 |
| 17 | 河南蓝天集团股份有限公司 | 河南省驻马店市驿城区驿城大道1516号蓝天世贸中心A座23层 | 463000 | — | — | 419 |
| 铁路运输 | | | | | | |
| 1 | 中铁集装箱运输有限责任公司 | 北京市西城区鸭子桥路24号中铁商务大厦 | 100055 | 435 | — | 145 |
| 2 | 广州地铁集团有限公司 | 广东省广州市海珠区新港东路1238号万胜广场A塔 | 510330 | — | — | 383 |
| 3 | 厦门轨道建设发展集团有限公司 | 福建省厦门市思明区湖滨中路88号 | 361000 | — | — | 420 |
| 公路运输 | | | | | | |
| 1 | 浙江省交通投资集团有限公司 | 浙江省杭州市钱江新城五星路199号明珠国际商务中心 | 310020 | 86 | — | 37 |
| 2 | 山东高速集团有限公司 | 山东省济南市历下区龙奥北路8号 | 250098 | 121 | — | 45 |
| 3 | 甘肃省公路航空旅游投资集团有限公司 | 甘肃省兰州市城关区南昌路1716号 | 730030 | 147 | — | 52 |
| 4 | 河南交通投资集团有限公司 | 河南省郑州市金水东路26号 | 450016 | 269 | — | 92 |

续表

| 名次 | 公司名称 | 通信地址 | 邮政编码 | 名次(1) | 名次(2) | 名次(3) |
|---|---|---|---|---|---|---|
| 5 | 广西交通投资集团有限公司 | 广西壮族自治区南宁市青秀区民族大道146号三祺广场48楼 | 530022 | 344 | — | 115 |
| 6 | 安徽省交通控股集团有限公司 | 安徽省合肥市包河区西藏路1666号 | 230601 | 355 | — | 119 |
| 7 | 昆明市交通投资有限责任公司 | 云南省昆明市盘龙路25号院1栋2、4楼 | 650011 | 402 | — | 134 |
| 8 | 陕西交通控股集团有限公司 | 陕西省西安市雁塔区太白南路9号 | 710065 | 417 | — | 138 |
| 9 | 山西交通控股集团有限公司 | 山西省示范区太原市学府园区南中环街529号B座24层 | 030006 | 440 | — | 147 |
| 10 | 广东省交通集团有限公司 | 广东省广州市珠江新城珠江东路32号利通广场58-61层 | 510623 | 471 | — | 154 |
| 11 | 湖南省高速公路集团有限公司 | 湖南省长沙市开福区三一大道500号 | 410003 | — | — | 171 |
| 12 | 无锡市交通产业集团有限公司 | 江苏省无锡市运河东路100号 | 214031 | — | — | 241 |
| 13 | 重庆高速公路集团有限公司 | 重庆市渝北区银杉路66号 | 401121 | — | — | 246 |
| 14 | 河北高速公路集团有限公司 | 河北省石家庄市裕华东路509号 | 050031 | — | — | 251 |
| 15 | 河北交通投资集团有限公司 | 河北省石家庄市桥西区新石北路52号 | 050091 | — | — | 260 |
| 16 | 天津城市基础设施建设投资集团有限公司 | 天津市和平区大沽北路161号城投大厦 | 300040 | — | — | 268 |
| 17 | 重庆交通运输控股（集团）有限公司 | 重庆市北部新区高新园青松路33号 | 401121 | — | — | 316 |
| 18 | 内蒙古公路交通投资发展有限公司 | 内蒙古自治区呼和浩特市新城区海拉尔东街9号公路交通投资发展大厦 | 010050 | — | — | 390 |

水上运输

| 1 | 中国远洋海运集团有限公司 | 上海市浦东新区滨江大道5299号 | 200127 | 34 | — | 19 |
|---|---|---|---|---|---|---|

港口服务

| 1 | 山东省港口集团有限公司 | 山东省青岛市市北区港极路7号山东港口大厦 | 266000 | 188 | — | 64 |
|---|---|---|---|---|---|---|
| 2 | 广西北部湾国际港务集团有限公司 | 广西壮族自治区南宁市良庆区体强路12号北部湾航运中心 | 530200 | 230 | — | 79 |
| 3 | 福建省港口集团有限责任公司 | 福建省福州市台江区江滨中大道356号物流信息大厦 | 350014 | 345 | — | 116 |
| 4 | 浙江省海港投资运营集团有限公司 | 浙江省宁波市鄞州区宁东路269号宁波环球航运广场 | 315040 | — | — | 188 |
| 5 | 上海国际港务（集团）股份有限公司 | 上海市虹口区东大名路358号（国际港务大厦） | 200080 | — | — | 189 |
| 6 | 河北港口集团有限公司 | 河北省秦皇岛市海港区海滨路35号 | 066002 | — | — | 214 |
| 7 | 东华能源股份有限公司 | 江苏省苏州市张家港保税区出口加工区东华路668号 | 215634 | — | — | 226 |
| 8 | 天津港（集团）有限公司 | 天津市滨海新区（塘沽）津港路99号 | 300461 | — | — | 303 |
| 9 | 湖北港口集团有限公司 | 湖北省武汉市新洲区阳逻平江大道特9号，省港大厦（原港发大厦）14-19楼 | 430415 | — | — | 330 |
| 10 | 广州港集团有限公司 | 广东省广州市越秀区沿江东路406号港口中心 | 510100 | — | — | 345 |

航空运输

| 1 | 中国南方航空集团有限公司 | 广东省广州市白云区齐心路68号 | 510403 | 278 | — | 96 |
|---|---|---|---|---|---|---|
| 2 | 中国东方航空集团有限公司 | 上海市闵行区虹翔三路36号 | 201105 | 352 | — | 118 |
| 3 | 中国国际航空股份有限公司 | 北京市天竺空港经济开发区天柱路30号 | 101312 | 430 | — | 143 |
| 4 | 四川航空股份有限公司 | 四川省成都市双流国际机场四川航空大厦 | 610000 | — | — | 325 |

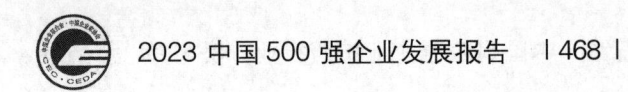

续表

| 名次 | 公司名称 | 通信地址 | 邮政编码 | 名次(1) | 名次(2) | 名次(3) |
|---|---|---|---|---|---|---|
| 5 | 上海春秋国际旅行社（集团）有限公司 | 上海市长宁区空港一路528号2号楼 | 200335 | — | — | 473 |
| 航空港及相关服务业 | | | | | | |
| 1 | 厦门翔业集团有限公司 | 福建省厦门市思明区仙岳路396号翔业大厦17楼 | 361000 | — | — | 289 |
| 邮政 | | | | | | |
| 1 | 中国邮政集团有限公司 | 北京市西城区金融大街甲3号 | 100808 | 27 | — | 14 |
| 物流及供应链 | | | | | | |
| 1 | 厦门建发集团有限公司 | 福建省厦门市思明区环岛东路1699号建发国际大厦43楼 | 361008 | 21 | — | 11 |
| 2 | 厦门象屿集团有限公司 | 福建省厦门市象屿路81号象屿集团大厦A栋10楼 | 361006 | 42 | — | 23 |
| 3 | 顺丰控股股份有限公司 | 广东省深圳市南山区科技南一路68号深投控创智天地大厦B座1楼 | 518000 | 101 | — | 39 |
| 4 | 传化集团有限公司 | 浙江省杭州市萧山区钱江世纪城民和路945号传化大厦 | 311215 | 181 | — | 62 |
| 5 | 河北省物流产业集团有限公司 | 河北省石家庄市新华区中华北大街3号 | 050000 | 330 | — | 110 |
| 6 | 郑州瑞茂通供应链有限公司 | 河南省郑州市郑东新区商务内环2号中油新澳大厦5层 | 450000 | 341 | — | 114 |
| 7 | 圆通速递股份有限公司 | 上海市青浦区华新镇新协路28号 | 201708 | 424 | — | 140 |
| 8 | 深圳金雅福控股集团有限公司 | 广东省深圳市罗湖区深南东路4003号世界金融中心A座29楼AB单元 | 518010 | 433 | — | 144 |
| 9 | 厦门港务控股集团有限公司 | 福建省厦门市湖里区东港北路31号港务大厦25楼 | 361013 | 454 | — | 151 |
| 10 | 深圳市信利康供应链管理有限公司 | 广东省深圳市南山区兴海大道3044号信利康大厦32-34楼 | 518000 | — | — | 172 |
| 11 | 河北省国和投资集团有限公司 | 河北省石家庄市长安区北二环东路68号 | 050033 | — | — | 178 |
| 12 | 中通快递股份有限公司 | 上海市青浦区华新镇华志路1685号 | 201708 | — | — | 193 |
| 13 | 合肥维天运通信息科技股份有限公司 | 安徽省合肥市创新大道2700号 | 230031 | — | — | 199 |
| 14 | 申通快递股份有限公司 | 上海市青浦区赵重公路1888号 | 201706 | — | — | 200 |
| 15 | 广西现代物流集团有限公司 | 广西壮族自治区南宁市邕宁区龙岗大道21号 | 530200 | — | — | 201 |
| 16 | 贵州现代物流产业（集团）有限责任公司 | 贵州省贵阳市云岩区崇义北路3号 | 550001 | — | — | 233 |
| 17 | 安徽灵通集团控股有限公司 | 安徽省铜陵市铜官区北斗星城C2座19层 | 244000 | — | — | 261 |
| 18 | 江苏省煤炭运销有限公司 | 江苏省南京市建邺区河西大街66号 | 210019 | — | — | 285 |
| 19 | 江苏大经供应链股份有限公司 | 江苏省江阴市澄杨路268号 | 214400 | — | — | 291 |
| 20 | 徐州东方物流集团有限公司 | 江苏省徐州市沛县大屯街道 | 221600 | — | — | 292 |
| 21 | 深圳市朗华供应链服务有限公司 | 广东省深圳市福田区深南大道6021号喜年中心B座朗华大厦11楼 | 518000 | — | — | 299 |
| 22 | 广东宏川集团有限公司 | 广东省东莞市松山湖科技产业园区松科苑一栋一楼 | 523808 | — | — | 307 |
| 23 | 福建纵腾网络有限公司 | 福建省福州市仓山区建新镇杨周路23号宏利兴电商产业园3号楼4层401室 | 350000 | — | — | 308 |

| 名次 | 公司名称 | 通信地址 | 邮政编码 | 名次(1) | 名次(2) | 名次(3) |
|---|---|---|---|---|---|---|
| 24 | 深圳市博科供应链管理有限公司 | 广东省深圳市福田区梅林中康路136号新一代产业园6栋8楼 | 518000 | — | — | 324 |
| 25 | 中原大易科技有限公司 | 河南省郑州市金水区祥盛街众旺路楷林中心7座19楼 | 450003 | — | — | 338 |
| 26 | 广西自贸区钦州港片区开发投资集团有限责任公司 | 广西壮族自治区钦州保税港区友谊大道1号自贸中心21-24层 | 535000 | — | — | 350 |
| 27 | 鑫荣懋果业科技集团股份有限公司 | 广东省深圳市龙岗区平湖华南城发展中心10楼 | 518100 | — | — | 359 |
| 28 | 宁波港东南物流集团有限公司 | 浙江省宁波市鄞州区昌乐路258号东南大厦3-5F | 315000 | — | — | 367 |
| 29 | 海程邦达供应链管理股份有限公司 | 山东省青岛市市南区山东路6号华润大厦B座10层1008室 | 266071 | — | — | 384 |
| 30 | 吉旗物联科技（天津）有限公司 | 天津市空港经济区空港商务园东区E6-102 | 300000 | — | — | 406 |
| 31 | 玖隆钢铁物流有限公司 | 江苏省张家港市锦丰镇兴业路2号玖隆大厦 | 215625 | — | — | 417 |
| 32 | 南京恒成供应链有限公司 | 江苏省南京市高淳区经济开发区花山路29号 | 211316 | — | — | 422 |
| 33 | 深圳市英捷迅实业发展有限公司 | 广东省深圳市福田区深南大道与泰然九路交界东南本元大厦4A | 518042 | — | — | 423 |
| 34 | 上海环世物流（集团）有限公司 | 上海市杨浦区宁国路228号郡江国际大厦B座14-16F | 200090 | — | — | 424 |
| 35 | 深圳市九立供应链股份有限公司 | 广东省深圳市罗湖区沿河北路1002号瑞思国际大厦A座17楼 | 518003 | — | — | 428 |
| 36 | 深圳市华富洋供应链有限公司 | 广东省深圳市南山区侨香路4080号侨城坊T8栋5、6、7、12A层 | 518000 | — | — | 452 |
| 37 | 上海天地汇供应链科技有限公司 | 上海市闵行区紫秀路100号2号楼3楼B座 | 201103 | — | — | 471 |
| 38 | 上海迅赞供应链科技有限公司 | 上海市嘉定工业区叶城路1118号19层 | 201821 | — | — | 476 |
| **电信服务** | | | | | | |
| 1 | 中国移动通信集团有限公司 | 北京市西城区金融大街29号 | 100033 | 17 | — | 9 |
| 2 | 中国电信集团有限公司 | 北京市西城区金融街31号 | 100033 | 39 | — | 21 |
| 3 | 中国联合网络通信集团有限公司 | 北京市西城区金融大街21号 中国联通大厦 | 100033 | 77 | — | 36 |
| **广播电视服务** | | | | | | |
| 1 | 华数数字电视传媒集团有限公司 | 浙江省杭州市滨江区长河街道长江路179号 | 310051 | — | — | 400 |
| **软件和信息技术（IT）** | | | | | | |
| 1 | 神州数码集团股份有限公司 | 北京市海淀区上地九街9号数码科技广场 | 100085 | 224 | — | 78 |
| 2 | 云账户技术（天津）有限公司 | 天津市滨海高新区天百中心1号楼6层、15层、21-24层 | 300384 | 257 | — | 88 |
| 3 | 网易股份有限公司 | 浙江省杭州市滨江区网商路399号 | 310052 | 260 | — | 90 |
| 4 | 汇通达网络股份有限公司 | 江苏省南京市玄武区钟灵街50号汇通达大厦 | 210014 | 301 | — | 102 |
| 5 | 通鼎集团有限公司 | 江苏省苏州市吴江区震泽镇八都经济开发区小平大道8号 | 215233 | 446 | — | 149 |
| 6 | 深圳华强集团有限公司 | 广东省深圳市深南中路华强路口华强集团1号楼 | 518031 | — | — | 211 |
| 7 | 山西云时代技术有限公司 | 山西省太原市山西示范区太原学府园区长治路345号 | 030600 | — | — | 218 |
| 8 | 天津满运软件科技有限公司 | 天津市天津自贸试验区（东疆保税港区）鄂尔多斯路599号东疆商务中心A3楼802室 | 300463 | — | — | 221 |

续表

| 名次 | 公司名称 | 通信地址 | 邮政编码 | 名次(1) | 名次(2) | 名次(3) |
|---|---|---|---|---|---|---|
| 9 | 浙江火山口网络科技有限公司 | 浙江省杭州市萧山区湘湖金融小镇二期南区11号楼 | 311258 | — | — | 273 |
| 10 | 软通动力信息技术（集团）股份有限公司 | 北京市海淀区西北旺东路10号院东区16号楼 | 100193 | — | — | 293 |
| 11 | 广西泛糖科技有限公司 | 广西壮族自治区南宁市良庆区秋月路18号9层 | 530219 | — | — | 318 |
| 12 | 三七互娱网络科技集团股份有限公司 | 安徽省芜湖市瑞祥路88号皖江财富广场B1座7层7001号 | 241000 | — | — | 319 |
| 13 | 安克创新科技股份有限公司 | 湖南省长沙高新区中电软件园一期7栋 | 410205 | — | — | 348 |
| 14 | 浙江世纪华通集团股份有限公司 | 浙江省绍兴市上虞区曹娥街道越爱路66号 | 312300 | — | — | 402 |
| 15 | 信也科技集团 | 上海市浦东新区丹桂路999弄G1栋 | 201203 | — | — | 410 |
| 16 | 佳都集团有限公司 | 广东省广州市天河区新岑四路2号（科研办公楼）802B | 510653 | — | — | 435 |
| 17 | 上海龙宇数据股份有限公司 | 上海市浦东新区东方路710号25楼 | 200122 | — | — | 451 |
| 18 | 江苏零浩网络科技有限公司 | 江苏省南京市建邺区白龙江东街22号艺树家工场6层、7层02单元 | 210019 | — | — | 481 |
| 19 | 宝尊电商有限公司 | 上海市静安区江场西路510弄 | 200040 | — | — | 483 |
| 20 | 新大陆科技集团有限公司 | 福建省福州市马尾区儒江西路1号新大陆科技园 | 350015 | — | — | 487 |
| 21 | 润建股份有限公司 | 广西壮族自治区南宁市西乡塘区高新区总部路1号中国东盟科技企业孵化基地一期D7栋501室 | 530006 | — | — | 491 |
| 22 | 福建网龙计算机网络信息技术有限公司 | 福建省福州市鼓楼区温泉支路58号 | 350001 | — | — | 499 |
| 互联网服务 | | | | | | |
| 1 | 京东集团股份有限公司 | 北京市大兴区亦庄科创11街18号A座20层 | 102600 | 15 | — | 7 |
| 2 | 阿里巴巴（中国）有限公司 | 浙江省杭州市余杭区文一西路969号阿里巴巴西溪园区 | 310000 | 20 | — | 10 |
| 3 | 腾讯控股有限公司 | 广东省深圳市南山区海天二路33号腾讯滨海大厦 | 518054 | 44 | — | 24 |
| 4 | 美团公司 | 上海市杨浦区互联宝地D2-4楼 | 200090 | 126 | — | 46 |
| 5 | 百度网络技术有限公司 | 北京市海淀区上地十街10号百度大厦 | 100085 | 207 | — | 70 |
| 6 | 上海钢联电子商务股份有限公司 | 上海市宝山区园丰路68号 | 200444 | 310 | — | 105 |
| 7 | 贝壳控股有限公司 | 北京市海淀区创业路2号东方电子科技大厦 | 100080 | 376 | — | 126 |
| 8 | 深圳市天行云供应链有限公司 | 广东省深圳市南山区南头街道马家龙社区南山大道3186号莲花广场A栋801 | 518054 | — | — | 191 |
| 9 | 无锡市不锈钢电子交易中心有限公司 | 江苏省无锡市新吴区硕放薛典北路82号硕放不锈钢物流园B栋三楼 | 214000 | — | — | 238 |
| 10 | 上海塑来信息技术有限公司 | 上海市嘉定区银翔路609号16楼 | 200812 | — | — | 264 |
| 11 | 福州朴朴电子商务有限公司 | 福建省福州市台江区江滨西大道233号半岛国际4号楼7层 | 350000 | — | — | 272 |
| 12 | 携程集团有限公司 | 上海市金钟路968号凌空SOHO16号楼 | 200335 | — | — | 283 |
| 13 | 上海祥源原信息咨询有限公司 | 上海市闵行区红松东路11100号3栋1401室 | — | — | — | 361 |
| 14 | 东方财富信息股份有限公司 | 上海市徐汇区宛平南路88号东方财富大厦 | 200235 | — | — | 375 |
| 15 | 广州酷狗计算机科技有限公司 | 广东省广州市天河区黄埔大道中315号自编1-17 | 510000 | — | — | 381 |

续表

| 名次 | 公司名称 | 通信地址 | 邮政编码 | 名次(1) | 名次(2) | 名次(3) |
|---|---|---|---|---|---|---|
| 16 | 深圳市分期乐网络科技有限公司 | 广东省深圳市南山区粤海街道科苑南路3099号中国储能大厦第23－27层 | 518057 | — | — | 391 |
| 17 | 上海识装信息科技有限公司 | 上海市杨浦区黄兴路221号互联宝地B2栋一层 | 200090 | — | — | 395 |
| 18 | 河南中钢网科技集团股份有限公司 | 河南省郑州市河南自贸区郑州片区（郑东）商都路166号A、B塔楼23层 | 450000 | — | — | 405 |
| 19 | 上海棉联电子商务有限公司 | 上海市浦东南路855号世界广场22F | 200120 | — | — | 414 |
| 20 | 江苏采木工业互联网科技有限公司 | 江苏省无锡市滨湖区建筑西路583号2101、2102 | 214000 | — | — | 455 |
| 21 | 欧菲斯集团股份有限公司 | 重庆市渝北区金开大道西段106号1幢 | 401121 | — | — | 488 |
| 能源矿产商贸 | | | | | | |
| 1 | 中国航空油料集团有限公司 | 北京市海淀区马甸路2号航油大厦 | 100088 | 132 | — | 48 |
| 2 | 重庆千信集团有限公司 | 重庆市渝北区黄山大道中段67号信达国际B栋12－14楼 | 401121 | 421 | — | 139 |
| 3 | 杭州东恒石油有限公司 | 浙江省杭州市上城区东宁路617号东恒大厦1505 | 310000 | 428 | — | 142 |
| 4 | 陕西泰丰盛合控股集团有限公司 | 陕西省西安市西咸新区沣西新城西部云谷一期A3号楼9层 | 712000 | 439 | — | 146 |
| 5 | 青岛世纪瑞丰集团有限公司 | 山东省青岛市市南区中山路44－60号百盛国际商务中心37楼 | 266000 | — | — | 169 |
| 6 | 武汉联杰能源有限公司 | 湖北省武汉市江岸区中山大道1628号平安金融中心1102－1104室 | 430000 | — | — | 216 |
| 7 | 东营市东凯高端装备制造产业园有限公司 | 山东省东营市东营区东城街道南一路与徐州路东南高端装备制造产业园 | 257092 | — | — | 339 |
| 8 | 新疆生产建设兵团能源集团有限责任公司 | 新疆维吾尔自治区图木舒克市前海西街27号双创中心C栋210室 | 843999 | — | — | 497 |
| 化工医药商贸 | | | | | | |
| 1 | 重庆医药（集团）股份有限公司 | 重庆市渝北区金石大道303号 | 401120 | 340 | — | 113 |
| 2 | 浙江前程投资股份有限公司 | 浙江省宁波市鄞州区高新区研发园B区1幢9楼 | 315100 | 365 | — | 123 |
| 3 | 南京新工投资集团有限责任公司 | 江苏省南京市玄武区唱经楼西街65号 | 210008 | 375 | — | 125 |
| 4 | 漳州市九龙江集团有限公司 | 福建省漳州市龙文区湖滨路1号九龙江集团大厦 | 363000 | 390 | — | 131 |
| 5 | 江阴市金桥化工有限公司 | 江苏省江阴市澄江中路118号国贸大厦10楼 | 214431 | — | — | 244 |
| 6 | 日出实业集团有限公司 | 浙江省宁波市鄞州区县天童南路588号A座42楼 | 315100 | — | — | 249 |
| 7 | 常州市化工轻工材料总公司 | 江苏省常州市天宁区桃园路19号 | 213003 | — | — | 267 |
| 8 | 安徽华源医药集团股份有限公司 | 安徽省阜阳市太和县沙河东路168号 | 236600 | — | — | 320 |
| 9 | 嘉德瑞贸易有限公司 | 山东省青岛市城阳区春阳路88号7号楼505 | 266109 | — | — | 326 |
| 10 | 嘉悦物产集团有限公司 | 浙江省杭州市上城区民心路万银国际大厦3005 | 310000 | — | — | 372 |
| 11 | 瑞康医药集团股份有限公司 | 山东省烟台市芝罘区凤鸣路103号13楼 | 264000 | — | — | 382 |
| 12 | 上海润达医疗科技股份有限公司 | 上海市虹口区乍浦路89号星荟中心1座8楼 | 200085 | — | — | 437 |
| 13 | 上海煜驰进出口有限公司 | 上海市闵行区宜山路2000号利丰广场2号楼16楼 | 201103 | — | — | 442 |

续表

| 名次 | 公司名称 | 通信地址 | 邮政编码 | 名次(1) | 名次(2) | 名次(3) |
|---|---|---|---|---|---|---|
| 14 | 厦门闽嘉华石化有限公司 | 福建省厦门市海沧区海沧大道899号泰地海西中心写字楼A座裙楼2层156-05号 | 361026 | — | — | 456 |
| 15 | 江苏东津联国际贸易有限公司 | 江苏省江阴市青年广场23号2203室 | 214000 | — | — | 461 |
| 16 | 中崛新材料科技有限公司 | 上海市杨浦区荆州路198号万顷大厦2003 | 200082 | — | — | 474 |
| 17 | 江阴市川江化工有限公司 | 江苏省江阴市璜土镇澄路3808-5号 | 214431 | — | — | 478 |
| 机电商贸 | | | | | | |
| 1 | 中国通用技术（集团）控股有限责任公司 | 北京市丰台区西营街1号院同通用时代中心 | 100073 | 148 | — | 53 |
| 2 | 联洲技术有限公司 | 广东省深圳市南山区深南路科技园工业厂房24栋南段6层东 | 518000 | — | — | 463 |
| 生活消费品商贸 | | | | | | |
| 1 | 唯品会控股有限公司 | 广东省广州市海珠区鼎新路128号唯品会总部大厦 | 510220 | 242 | — | 84 |
| 2 | 浙江建华集团有限公司 | 浙江省杭州市拱墅区沈半路2号 | 310015 | — | — | 204 |
| 3 | 杭州市商贸旅游集团有限公司 | 浙江省杭州市庆春路149-3号杭州商业大厦 | 310003 | — | — | 314 |
| 4 | 润华集团股份有限公司 | 山东省济南市槐荫区经十西路3999号 | 250117 | — | — | 315 |
| 5 | 湖北银丰实业集团有限责任公司 | 湖北省武汉市江岸区青岛路7号银丰大厦12楼 | 430014 | — | — | 438 |
| 农产品及食品批发 | | | | | | |
| 1 | 中粮集团有限公司 | 北京市朝阳区朝阳门南大街8号中粮福临门大厦 | 100020 | 28 | — | 15 |
| 2 | 优合产业有限公司 | 广东省深圳市罗湖区桂湖街道红村社区深南东路5002号信兴广场主楼1013 | 518001 | 404 | — | 135 |
| 3 | 深圳市中农网有限公司 | 广东省深圳市福田区福强路深圳文化创意园二期A301 | 518017 | — | — | 174 |
| 4 | 北京中能昊龙投资控股集团有限公司 | 北京市丰台区海鹰路6号院7号楼 | 100071 | — | — | 184 |
| 5 | 江苏无锡朝阳集团股份有限公司 | 江苏省无锡市梁溪区槐古路2号 | 214002 | — | — | 212 |
| 6 | 湖南农业发展投资集团有限责任公司 | 湖南省长沙市天心区湘府中路369号星城荣域园 | 410000 | — | — | 252 |
| 7 | 江苏省粮食集团有限责任公司 | 江苏省南京市玄武区中山路338号24-26楼 | 210018 | — | — | 255 |
| 8 | 陕西粮农集团有限责任公司 | 陕西省西安市未央区凤城七路89号 | 710018 | — | — | 313 |
| 9 | 浙江省农村发展集团有限公司 | 浙江省杭州市拱墅区武林路437号农发大厦 | 310006 | — | — | 329 |
| 10 | 四川德康农牧食品集团股份有限公司 | 四川省成都市双流区西航港街道临港路一段32号成都东航中心2号楼9楼901-909单元 | 610200 | — | — | 335 |
| 11 | 河北省新合作控股集团有限公司 | 河北省石家庄市东岗路8号 | 050021 | — | — | 340 |
| 12 | 黑龙江省农业投资集团有限公司 | 黑龙江省哈尔滨市道里区爱建路66号 | 150010 | — | — | 344 |
| 13 | 厦门市明穗粮油贸易有限公司 | 福建省厦门市现代物流园区象屿路88号保税市场大厦三楼303 | 361006 | — | — | 392 |
| 14 | 江苏易汇聚软件科技有限公司 | 江苏省苏州市张家港保税区福建路3号 | 215633 | — | — | 404 |
| 15 | 无锡安井食品营销有限公司 | 江苏省无锡市惠山区钱桥街道晓陆路68号 | 214151 | — | — | 449 |
| 16 | 良品铺子股份有限公司 | 湖北省武汉市东西湖区金银湖街道良品大厦 | 430000 | — | — | 457 |
| 17 | 深圳市深粮控股股份有限公司 | 广东省深圳市福田区福虹路9号世贸广场A座13楼 | 518033 | — | — | 485 |

续表

| 名次 | 公司名称 | 通信地址 | 邮政编码 | 名次(1) | 名次(2) | 名次(3) |
|---|---|---|---|---|---|---|
| **生产资料商贸** | | | | | | |
| 1 | 物产中大集团股份有限公司 | 浙江省杭州市 | 310000 | 41 | — | 22 |
| 2 | 黑龙江倍丰农业生产资料集团有限公司 | 黑龙江省哈尔滨市松北区新湾路88号 | 150028 | — | — | 279 |
| 3 | 安徽辉隆投资集团有限公司 | 安徽省合肥市包河区延安路1779号 | 230051 | — | — | 301 |
| 4 | 广东天禾农资股份有限公司 | 广东省广州市越秀区东风东路709号 | 510080 | — | — | 343 |
| 5 | 江苏嘉奕和铜业科技发展有限公司 | 江苏省江阴市徐霞客镇璜塘工业园环北路211号 | 214400 | — | — | 459 |
| 6 | 新疆农资（集团）有限责任公司 | 新疆维吾尔自治区乌鲁木齐市中山路2号 | 830002 | — | — | 494 |
| **金属品商贸** | | | | | | |
| 1 | 上海均和集团有限公司 | 上海市浦东新区陆家嘴环路166号未来资产大厦35层 | 200120 | 200 | — | 67 |
| 2 | 东岭集团股份有限公司 | 陕西省宝鸡市金台区金台大道69号 | 721004 | 205 | — | 69 |
| 3 | 厦门路桥工程物资有限公司 | 福建省厦门市湖里区金山街道槟城道289号，厦门国际游艇汇A1栋16层 | 361018 | 283 | — | 98 |
| 4 | 上海闽路润贸易有限公司 | 上海市杨浦区国宾路36号万达广场B座11楼 | 200433 | 331 | — | 111 |
| 5 | 大汉控股集团有限公司 | 湖南省长沙市湘江新区金桥国际未来城2区4栋5楼 | 410000 | 359 | — | 121 |
| 6 | 宁波开发投资集团有限公司 | 浙江省宁波市鄞州区昌乐路187号发展大厦B楼16-22层 | 315040 | 499 | — | 163 |
| 7 | 源山投资控股有限公司 | 上海市虹口区曲阳路910号15楼 | 200437 | — | — | 180 |
| 8 | 华南物资集团有限公司 | 重庆市江北区红黄路1号1幢15-1 | 400025 | — | — | 185 |
| 9 | 张家港市沃丰贸易有限公司 | 江苏省苏州市张家港市锦丰镇永新路1号 | 215600 | — | — | 192 |
| 10 | 江阴长三角钢铁集团有限公司 | 江苏省江阴市澄山路2号 | 214400 | — | — | 195 |
| 11 | 广东华鑫茂集团有限公司 | 广东省佛山市南海区桂城街道季华东路31号天安门中心7座2409 | 528200 | — | — | 266 |
| 12 | 广东宇成投资集团有限公司 | 广东省佛山市南海区大沥镇毅贤路龙汇大厦24楼 | 528248 | — | — | 290 |
| 13 | 佛山市兴美资源科技有限公司 | 广东省佛山市南海区大沥镇毅贤路8号龙汇大厦23楼 | 528200 | — | — | 310 |
| 14 | 广东乐居商贸集团有限公司 | 广东省佛山市南海区里水镇大步村 | 528244 | — | — | 337 |
| 15 | 汇金钢铁（天津）集团有限公司 | 天津市自贸试验区西四道168号融合广场1-3-301 | 300000 | — | — | 342 |
| 16 | 福建晟育投资发展集团有限公司 | 福建省漳州市龙文区湖滨路1号城投碧湖城市广场1幢B801室 | 363005 | — | — | 385 |
| 17 | 广东翔海铝业有限公司 | 广东省佛山市南海区大沥镇桂和路水头段1号翔海商业楼二层209 | 528231 | — | — | 387 |
| 18 | 苏州裕景泰控股有限公司 | 江苏省苏州市张家港市锦丰镇兴业路2号（江苏扬子江国际冶金工业园玖隆物流园1209A室） | 215600 | — | — | 453 |
| 19 | 天津拓径贸易有限公司 | 天津市自贸试验区（天津港保税区）海滨二路86号B-201室 | 300450 | — | — | 489 |
| **综合商贸** | | | | | | |
| 1 | 厦门国贸控股集团有限公司 | 福建省厦门市湖里区仙岳路4688号国贸中心A栋2901单元 | 361004 | 29 | — | 16 |

续表

| 名次 | 公司名称 | 通信地址 | 邮政编码 | 名次(1) | 名次(2) | 名次(3) |
|---|---|---|---|---|---|---|
| 2 | 浙江省兴合集团有限责任公司 | 浙江省杭州市拱墅区延安路312号浙江供销大楼917室 | 310006 | 168 | — | 57 |
| 3 | 兰州新区商贸物流投资集团有限公司 | 甘肃省兰州市兰州新区综合保税区综合服务楼C区 | 730314 | 221 | — | 75 |
| 4 | 中基宁波集团股份有限公司 | 浙江省宁波市鄞州区天童南路666号中基大厦 | 315153 | 223 | — | 77 |
| 5 | 广东鼎龙实业集团有限公司 | 广东省广州市天河区鼎龙希尔顿花园酒店19楼品牌中心 | 510515 | 250 | — | 85 |
| 6 | 浙江省国际贸易集团有限公司 | 浙江省杭州市江干区香樟街39号 | 310016 | 258 | — | 89 |
| 7 | 深圳市爱施德股份有限公司 | 广东省深圳市南山区科发路11号南山金融大厦18楼 | 518000 | 268 | — | 91 |
| 8 | 东方国际（集团）有限公司 | 上海市虹桥路1488号 | 200336 | 275 | — | 95 |
| 9 | 远大物产集团有限公司 | 浙江省宁波市高新区聚贤街道扬帆路515号远大中心1710室 | 315040 | 312 | — | 106 |
| 10 | 广东省广物控股集团有限公司 | 广东省广州市天河区珠江新城兴国路21号广物中心 | 510623 | 321 | — | 108 |
| 11 | 江苏国泰国际集团股份有限公司 | 江苏省张家港市杨舍镇人民中路国泰大厦31楼 | 215600 | 323 | — | 109 |
| 12 | 四川省商业投资集团有限责任公司 | 四川省成都市高新区天府大道北段966号天府国际金融中心11号楼南塔43楼 | 610095 | 482 | — | 158 |
| 13 | 江苏汇鸿国际集团股份有限公司 | 江苏省南京市秦淮区白下路91号汇鸿大厦 | 210001 | 495 | — | 162 |
| 14 | 新华锦集团有限公司 | 山东省青岛市崂山区松岭路131号新华锦发展大厦 | 266101 | — | — | 170 |
| 15 | 福建漳龙集团有限公司 | 福建省漳州市芗城区胜利东路3号漳州发展广场16、17层 | 363000 | — | — | 196 |
| 16 | 淄博市城市资产运营集团有限公司 | 山东省淄博市张店区华光路366号科创大厦A座 | 255000 | — | — | 207 |
| 17 | 一柏集团有限公司 | 福建省福州市晋安区横屿路9号泰禾商务中心2号楼25层 | 350000 | — | — | 210 |
| 18 | 湖南博深实业集团有限公司 | 湖南省长沙市岳麓区岳麓大道233号湖南科技大厦16层 | 410013 | — | — | 245 |
| 19 | 厦门夏商集团有限公司 | 福建省厦门市思明区湖滨中路123号第36、37、38层 | 361004 | — | — | 248 |
| 20 | 宁波君安控股有限公司 | 浙江省宁波市高新区菁华路58号君安大厦A座 | 315040 | — | — | 263 |
| 21 | 广州轻工工贸集团有限公司 | 广东省广州市越秀区沿江东路407号 | 510199 | — | — | 271 |
| 22 | 江苏省苏豪控股集团有限公司 | 江苏省南京市软件大道48号 | 210012 | — | — | 284 |
| 23 | 砂之船商业管理集团有限公司 | 重庆市璧山区璧泉街道白羊路9号砂之船奥特莱斯办公室 | 402760 | — | — | 306 |
| 24 | 厦门市嘉晟对外贸易有限公司 | 福建省厦门市思明区塔埔东路165号1803单元 | 361008 | — | — | 321 |
| 25 | 中国（福建）对外贸易中心集团有限责任公司 | 福建省福州市鼓楼区五四路75号外贸中心 | 350001 | — | — | 328 |
| 26 | 天晖（河北）供应链管理集团有限公司 | 河北省秦皇岛市海港区燕塞大道40号 | 066000 | — | — | 333 |
| 27 | 厦门鑫东森控股有限公司 | 福建省厦门市思明区观音山南投路11号22楼 | 361000 | — | — | 374 |
| 28 | 盐城市国有资产投资集团有限公司 | 江苏省盐城市世纪大道669号 | 224005 | — | — | 378 |
| 29 | 维科控股集团股份有限公司 | 浙江省宁波市海曙区柳汀街225号月湖金汇大厦22楼 | 315000 | — | — | 379 |

续表

| 名次 | 公司名称 | 通信地址 | 邮政编码 | 名次(1) | 名次(2) | 名次(3) |
|---|---|---|---|---|---|---|
| 30 | 浙江华瑞集团有限公司 | 浙江省杭州市萧山区建设一路1027号华瑞中心1号楼28楼 | 311215 | — | — | 397 |
| 31 | 上海晨光科力普办公用品有限公司 | 上海市徐汇区古美路1528号2幢11层 | 200233 | — | — | 416 |
| 32 | 广州纺织工贸企业集团有限公司 | 广东省广州市越秀区东风中路438号广德大厦 | 510030 | — | — | 418 |
| 33 | 宁波海田控股集团有限公司 | 浙江省宁波市江北区文教路72弄16号海田大厦1212室 | 315000 | — | — | 426 |
| 34 | 浙江凯喜雅国际股份有限公司 | 浙江省杭州市体育场路105号 | 310004 | — | — | 447 |
| 35 | 宁波瓜瓜农业科技有限公司 | 浙江省宁波市江北区长兴路677号、685号、687号3幢11-2-16室 | 315033 | — | — | 450 |
| 36 | 广西百色农林投资发展集团有限公司 | 广西壮族自治区百色市右江区环岛一路LJ02-10-01地块第一幢 | 533700 | — | — | 464 |
| 37 | 浙北大厦集团有限公司 | 浙江省湖州市吴兴区公园路188号 | 313000 | — | — | 479 |
| 38 | 宁波宁兴控股股份有限公司 | 浙江省宁波市中山西路138号天宁大厦27楼 | 315010 | — | — | 490 |
| 39 | 无锡市宝金石油化工有限公司 | 江苏省无锡市惠山区洛社镇振石路108号 | 214185 | — | — | 492 |
| **连锁超市及百货** | | | | | | |
| 1 | 永辉超市股份有限公司 | 福建省福州市鼓楼区湖头街120号 | 350000 | 273 | — | 93 |
| 2 | 物美科技集团有限公司 | 北京市海淀区西四环北路158号 | 100142 | 373 | — | 124 |
| 3 | 百联集团有限公司 | 上海市黄浦区中山南路315号百联大厦13楼 | 200010 | — | — | 165 |
| 4 | 山东省商业集团有限公司 | 山东省济南市经十路9777号鲁商国奥城 | 250014 | — | — | 203 |
| 5 | 月星集团有限公司 | 上海市中山北路3300号环球港写字楼A座42楼 | 200063 | — | — | 205 |
| 6 | 江苏华地国际控股集团有限公司 | 江苏省无锡市锡山区东亭街道锡沪路东亭西段1号写字楼8楼 | 214000 | — | — | 224 |
| 7 | 利群集团股份有限公司 | 山东省青岛市崂山区海尔路83号金鼎大厦 | 266100 | — | — | 227 |
| 8 | 淄博商厦股份有限公司 | 山东省淄博市张店区中心路125号 | 255000 | — | — | 277 |
| 9 | 信誉楼百货集团有限公司 | 河北省沧州市黄骅市文化路信誉楼培训中心 | 061100 | — | — | 300 |
| 10 | 杭州联华华商集团有限公司 | 浙江省杭州市拱墅区庆春路86号 | 310003 | — | — | 369 |
| 11 | 绿滋肴控股集团有限公司 | 江西省南昌市小蓝经济开发区小蓝中大道518号 | 330200 | — | — | 394 |
| 12 | 广州岭南商旅投资集团有限公司 | 广东省广州市越秀区流花路122号中国大酒店商业大厦C座9楼 | 510015 | — | — | 421 |
| 13 | 湖南佳惠百货有限责任公司 | 湖南省怀化市佳惠农产品批发大市场（佳惠总部） | 418000 | — | — | 470 |
| 14 | 石家庄北国人百集团有限责任公司 | 河北省石家庄市中山东路188号 | 050000 | — | — | 480 |
| 15 | 山西美特好连锁超市股份有限公司 | 山西省太原市尖草坪区和平北路214号 | 030027 | — | — | 493 |
| **汽车摩托车零售** | | | | | | |
| 1 | 新疆广汇实业投资（集团）有限责任公司 | 新疆维吾尔自治区乌鲁木齐市新华北路165号广汇中天广场32层 | 830002 | 135 | — | 50 |
| 2 | 恒信汽车集团股份有限公司 | 湖北省武汉市汉阳区龙阳三路1号 | 430000 | 303 | — | 103 |
| 3 | 浙江宝利德股份有限公司 | 浙江省杭州市西湖区求是路8号公元大厦南楼503 | 310013 | — | — | 222 |

| 名次 | 公司名称 | 通信地址 | 邮政编码 | 名次(1) | 名次(2) | 名次(3) |
|---|---|---|---|---|---|---|
| 4 | 庞大汽贸集团股份有限公司 | 河北省唐山市滦县火车站东一千米处 | 063700 | — | — | 239 |
| 5 | 山东远通汽车贸易集团有限公司 | 山东省临沂市兰山区通达路319号 | 276000 | — | — | 276 |
| 6 | 欧龙汽车贸易集团有限公司 | 浙江省温州市龙湾区温州大道268号 | 325000 | — | — | 305 |
| 7 | 利泰汽车集团有限公司 | 广东省佛山市南海区港口路12号3座利泰科创中心8-10层 | 528000 | — | — | 322 |
| 8 | 万友汽车投资有限公司 | 重庆市渝中区华盛路7号企业天地7号楼20层 | 400043 | — | — | 327 |
| 9 | 湖南永通集团有限公司 | 湖南省长沙市开福区三一大道303号永通商邸A座 | 410003 | — | — | 334 |
| 10 | 成都建国汽车贸易有限公司 | 四川省成都市天府新区万安街道万福寺路1233号 | 614000 | — | — | 357 |
| 11 | 广东鸿粤汽车销售集团有限公司 | 广东省广州市白云区永平街均禾大道永嘉路501号鸿粤大楼15楼 | 510000 | — | — | 368 |
| 12 | 湖南兰天集团有限公司 | 湖南省长沙市岳麓大道3599号河西汽车城红馆二楼 | 410000 | — | — | 380 |
| 13 | 捷通达汽车集团股份有限公司 | 天津市西青经济技术开发区大寺高新技术产业园储源道018号 | 300380 | — | — | 403 |
| 14 | 蓝池集团有限公司 | 河北省邢台市信都区邢州大道2332号 | 054000 | — | — | 462 |
| 15 | 山西大昌汽车集团有限公司 | 山西省太原市小店区平阳南路88号 | 030032 | — | — | 484 |
| 家电及电子产品零售 | | | | | | |
| 1 | 南京新华海科技产业集团有限公司 | 江苏省南京市玄武区珠江路435号华海大厦A层 | 210018 | — | — | 217 |
| 2 | 深圳市酷动数码有限公司 | 广东省深圳市南山区科发路83号南山金融大厦6楼 | 518055 | — | — | 468 |
| 医药及医疗器材零售 | | | | | | |
| 1 | 中国医药集团有限公司 | 北京市海淀区知春路20号中国医药大厦 | 100195 | 33 | — | 18 |
| 2 | 九州通医药集团股份有限公司 | 湖北省武汉市汉阳区龙阳大道特8号 | 430051 | 184 | — | 63 |
| 3 | 华东医药股份有限公司 | 浙江省杭州市莫干山路866号 | 310006 | — | — | 187 |
| 4 | 大参林医药集团股份有限公司 | 广东省广州市荔湾区龙溪大道410号、410-1号 | 510000 | — | — | 269 |
| 5 | 老百姓大药房连锁股份有限公司 | 湖南省长沙市开福区青竹湖路808号 | 410100 | — | — | 280 |
| 6 | 益丰大药房连锁股份有限公司 | 湖南省长沙市岳麓区金洲大道68号 | 410006 | — | — | 286 |
| 7 | 鹭燕医药股份有限公司 | 福建省厦门市湖里区安岭路1004号 | 361006 | — | — | 287 |
| 8 | 广西柳药集团股份有限公司 | 广西壮族自治区柳州市鱼峰区官塘大道68号 | 545000 | — | — | 294 |
| 9 | 安徽天星医药集团有限公司 | 安徽省合肥市经济技术开发区慈光路118号 | 230061 | — | — | 356 |
| 10 | 漱玉平民大药房连锁股份有限公司 | 山东省济南市山大北路56号 | 250100 | — | — | 500 |
| 商业银行 | | | | | | |
| 1 | 中国工商银行股份有限公司 | 北京市西城区复兴门内大街55号 | 100140 | 5 | — | 2 |
| 2 | 中国建设银行股份有限公司 | 北京市西城区金融大街25号 | 100033 | 6 | — | 3 |
| 3 | 中国农业银行股份有限公司 | 北京市东城区建国门内大街69号 | 100005 | 7 | — | 4 |
| 4 | 中国银行股份有限公司 | 北京市复兴门内大街1号 | 100818 | 14 | — | 6 |
| 5 | 交通银行股份有限公司 | 上海市浦东新区银城中路188号 | 200120 | 47 | — | 25 |
| 6 | 招商银行股份有限公司 | 广东省深圳市福田区深南大道7088号 | 518040 | 56 | — | 28 |

续表

| 名次 | 公司名称 | 通信地址 | 邮政编码 | 名次(1) | 名次(2) | 名次(3) |
|---|---|---|---|---|---|---|
| 7 | 兴业银行股份有限公司 | 福建省福州市台江区江滨中大道398号兴业银行大厦 | 350014 | 67 | — | 34 |
| 8 | 上海浦东发展银行股份有限公司 | 上海市中山东一路12号 | 200002 | 75 | — | 35 |
| 9 | 中国民生银行股份有限公司 | 北京市西城区复兴门内大街2号 | 100031 | 90 | — | 38 |
| 10 | 华夏银行股份有限公司 | 北京市东城区 | 100005 | 157 | — | 55 |
| 11 | 江苏银行股份有限公司 | 江苏省南京市中华路26号 | 210001 | 194 | — | 65 |
| 12 | 浙商银行股份有限公司 | 浙江省杭州市庆春路288号 | 310006 | 222 | — | 76 |
| 13 | 上海银行股份有限公司 | 上海市浦东新区银城中路168号 | 200120 | 232 | — | 81 |
| 14 | 南京银行股份有限公司 | 江苏省南京市建邺区江山大街88号 | 210000 | 281 | — | 97 |
| 15 | 渤海银行股份有限公司 | 天津市河东区海河东路218号 | 300012 | 351 | — | 117 |
| 16 | 深圳前海微众银行股份有限公司 | 广东省深圳市南山区沙河西路深圳湾科技生态园7栋A座 | 518057 | 395 | — | 132 |
| 17 | 重庆农村商业银行股份有限公司 | 重庆市江北区金沙门路36号 | 400023 | 413 | — | 137 |
| 18 | 恒丰银行股份有限公司 | 山东省济南市泺源大街8号 | 250012 | 427 | — | 141 |
| 19 | 上海农村商业银行股份有限公司 | 上海市黄浦区中山东二路70号上海农商银行总行 | 200002 | 487 | — | 160 |
| 20 | 广州农村商业银行股份有限公司 | 广东省广州市天河区华夏路1号信合大厦 | 510623 | 493 | — | 161 |
| 21 | 盛京银行股份有限公司 | 辽宁省沈阳市沈河区北站路109号 | 110013 | 500 | — | 164 |
| 22 | 长沙银行股份有限公司 | 湖南省长沙市岳麓区滨江路53号楷林商务中心B座 | 410205 | — | — | 177 |
| 23 | 天津银行股份有限公司 | 天津市河西区友谊路10号 | 300201 | — | — | 194 |
| 24 | 郑州银行股份有限公司 | 河南省郑州市郑东新区商务外环路22号 | 450046 | — | — | 230 |
| 25 | 东莞农村商业银行股份有限公司 | 广东省东莞市东城街道鸿福东路2号 | 523123 | — | — | 242 |
| 26 | 江西银行股份有限公司 | 江西省南昌市红谷滩新区金融大街699号 | 330038 | — | — | 250 |
| 27 | 青岛银行股份有限公司 | 山东省青岛市崂山区秦岭路6号青岛银行大厦 | 266000 | — | — | 253 |
| 28 | 桂林银行股份有限公司 | 广西壮族自治区桂林市临桂区公园北路8号 | 541100 | — | — | 257 |
| 29 | 九江银行股份有限公司 | 江西省九江市濂溪区长虹大道619号 | 332000 | — | — | 262 |
| 30 | 东莞银行股份有限公司 | 广东省东莞市莞城区体育路21号 | 523000 | — | — | 270 |
| 31 | 河北银行股份有限公司 | 河北省石家庄市长安区建设南大街21号中商大厦 | 050011 | — | — | 282 |
| 32 | 青岛农村商业银行股份有限公司 | 山东省青岛市崂山区秦岭路6号1号楼 | 266061 | — | — | 297 |
| 33 | 天津农村商业银行股份有限公司 | 天津市河西区友谊路32号 | 300061 | — | — | 312 |
| 34 | 武汉农村商业银行股份有限公司 | 湖北省武汉市江岸区建设大道618号 | 430015 | — | — | 317 |
| 35 | 张家口银行股份有限公司 | 河北省张家口市桥东区胜利北路51号 | 075000 | — | — | 347 |
| 36 | 重庆银行股份有限公司 | 重庆市江北区永平门街6号 | 400010 | — | — | 365 |
| 37 | 廊坊银行股份有限公司 | 河北省廊坊市广阳区爱民东道83号新世界中心办公楼大厦C区17号楼5-14层,22层 | 065000 | — | — | 377 |
| 38 | 广东南海农村商业银行股份有限公司 | 广东省佛山市南海区桂城街道南海大道北26号 | 528200 | — | — | 396 |
| 39 | 赣州银行股份有限公司 | 江西省赣州市章贡区赣江源大道26号 | 341000 | — | — | 399 |
| 40 | 重庆三峡银行股份有限公司 | 重庆市江北区江北城汇川门路99号东方国际广场 | 400000 | — | — | 412 |

续表

| 名次 | 公司名称 | 通信地址 | 邮政编码 | 名次(1) | 名次(2) | 名次(3) |
|---|---|---|---|---|---|---|
| 41 | 唐山银行股份有限公司 | 河北省唐山市路南区建设南路19号唐山新世界中心 | 063000 | — | — | 425 |
| 42 | 天津滨海农村商业银行股份有限公司 | 天津市自贸试验区（空港经济区）西三道158号金融中心一号楼 | 300308 | — | — | 441 |
| 43 | 柳州银行股份有限公司 | 广西壮族自治区柳州市东堤路12号 | 545001 | — | — | 454 |
| 44 | 无锡农村商业银行股份有限公司 | 江苏省无锡市金融二街9号 | 214125 | — | — | 466 |
| 45 | 江苏张家港农村商业银行股份有限公司 | 江苏省张家港市杨舍镇人民中路66号 | 215600 | — | — | 469 |
| 46 | 绍兴银行股份有限公司 | 浙江省绍兴市越城区中兴南路1号 | 312000 | — | — | 475 |
| 47 | 齐商银行股份有限公司 | 山东省淄博市张店区中心路105号齐商银行 | 255025 | — | — | 486 |
| **保险业** | | | | | | |
| 1 | 中国人寿保险（集团）公司 | 北京市西城区金融大街17号中国人寿中心 | 100033 | 16 | — | 8 |
| 2 | 中国人民保险集团股份有限公司 | 北京市西城区西长安街88号中国人保大厦 | 100031 | 35 | — | 20 |
| 3 | 中国太平洋保险（集团）股份有限公司 | 上海市黄浦区中山南路1号 | 200011 | 60 | — | 31 |
| 4 | 中国太平保险集团有限责任公司 | 香港铜锣湾新宁道8号中国太平大厦第一期22层 | — | 104 | — | 40 |
| 5 | 泰康保险集团股份有限公司 | 北京市朝阳区景辉街16号院1号楼泰康集团大厦42层 | 100026 | 116 | — | 44 |
| 6 | 新华人寿保险股份有限公司 | 北京市朝阳区建国门外大街甲12号新华保险大厦 | 100022 | 130 | — | 47 |
| 7 | 阳光保险集团股份有限公司 | 北京市朝阳区景辉街33号院1号楼阳光金融中心 | 100020 | 196 | — | 66 |
| 8 | 中华联合保险集团股份有限公司 | 北京市丰台区丽泽商务区南区凤凰嘴街3号中华保险大厦 | 100071 | 378 | — | 127 |
| 9 | 中国万向控股有限公司 | 上海市浦东新区陆家嘴西路99号万向大厦 | 200120 | — | — | 265 |
| 10 | 国任财产保险股份有限公司 | 广东省深圳市罗湖区笋岗街道招商中环B座国任保险大厦29层 | 518000 | — | — | 429 |
| 11 | 渤海人寿保险股份有限公司 | 天津市和平区南京路219号天津中心A座30层 | 300051 | — | — | 444 |
| **证券业** | | | | | | |
| 1 | 海通证券股份有限公司 | 上海市黄浦区中山南路888号海通外滩金融广场 | 200011 | — | — | 240 |
| 2 | 广发证券股份有限公司 | 广东省广州市天河区马场路26号广发证券大厦 | 510627 | — | — | 243 |
| 3 | 兴业证券股份有限公司 | 福建省福州市湖东路268号兴业证券大厦 | 350001 | — | — | 430 |
| **基金、信托及其他金融服务** | | | | | | |
| 1 | 武汉产业投资控股集团有限公司 | 湖北省武汉市江汉区唐家墩路32号国创大厦B座 | 430015 | — | — | 167 |
| 2 | 浙江永安资本管理有限公司 | 浙江省杭州市钱江新城新业路200号华峰国际 | 310016 | — | — | 206 |
| 3 | 马上消费金融股份有限公司 | 重庆市渝北区黄山大道中段渝兴广场B2栋7楼 | 401121 | — | — | 363 |
| **多元化金融** | | | | | | |
| 1 | 中国平安保险（集团）股份有限公司 | 广东省深圳市福田区益田路5033号平安金融中心 | 519033 | 8 | — | 5 |
| 2 | 中国中信集团有限公司 | 北京市朝阳区光华路10号中信大厦 | 100020 | 30 | — | 17 |

续表

| 名次 | 公司名称 | 通信地址 | 邮政编码 | 名次(1) | 名次(2) | 名次(3) |
|---|---|---|---|---|---|---|
| 3 | 招商局集团有限公司 | 香港干诺道中168-200号信德中心招商局大厦40楼 | — | 55 | — | 27 |
| 4 | 武汉金融控股（集团）有限公司 | 湖北省武汉市长江日报路77号投资大厦 | 430015 | 384 | — | 129 |
| 5 | 青岛经济技术开发区投资控股集团有限公司 | 山东省青岛市西海岸新区庐山路57号经控大厦 | 266555 | — | — | 231 |
| 6 | 湖南财信金融控股集团有限公司 | 湖南省长沙市天心区城南西路3号 | 410000 | — | — | 235 |
| 7 | 广州金融控股集团有限公司 | 广东省广州市天河区体育西路191号中石化大厦B塔26楼 | 510620 | — | — | 258 |
| 8 | 江西省金融控股集团有限公司 | 江西省南昌市南昌经济技术开发区南昌北郊新祺周大道99号 | 330038 | — | — | 401 |
| 住宅地产 | | | | | | |
| 1 | 万科企业股份有限公司 | 广东省深圳市盐田区大梅沙环路33号万科中心 | 518083 | 54 | — | 26 |
| 2 | 绿地控股集团股份有限公司 | 上海市黄浦区打浦路700号绿地总部大厦 | 200023 | 62 | — | 32 |
| 3 | 碧桂园控股有限公司 | 广东省佛山市顺德区北滘镇碧桂园大道1号碧桂园中心 | 528312 | 63 | — | 33 |
| 4 | 龙湖集团控股有限公司 | 重庆市渝北区礼贤路12号 | 401120 | 109 | — | 42 |
| 5 | 珠海华发集团有限公司 | 广东省珠海市香洲区昌盛路155号 | 519020 | 169 | — | 58 |
| 6 | 金地（集团）股份有限公司 | 广东省深圳市福田区福田街道深南大道2007号金地中心32层 | 518048 | 214 | — | 72 |
| 7 | 绿城房地产集团有限公司 | 浙江省杭州市杭大路1号黄龙世纪广场A12 | 310000 | 217 | — | 73 |
| 8 | 广州越秀集团股份有限公司 | 广东省广州市天河区珠江新城珠江西路5号广州国际金融中心64楼 | 510623 | 235 | — | 83 |
| 9 | 重庆华宇集团有限公司 | 重庆市渝北区泰山大道东段118号 | 401121 | 290 | — | 100 |
| 10 | 天津泰达投资控股有限公司 | 天津市经济技术开发区盛达街9号 | 300457 | 295 | — | 101 |
| 11 | 弘阳集团有限公司 | 江苏省南京市大桥北路9号弘阳大厦 | 210031 | 307 | — | 104 |
| 12 | 北京首开开发控股（集团）有限公司 | 北京市朝阳区小营路25号 | 100101 | 406 | — | 136 |
| 13 | 重庆中昂投资集团有限公司 | 重庆市渝中区上清寺路1号4-21# | 400015 | 445 | — | 148 |
| 14 | 福州城市建设投资集团有限公司 | 福建省福州市台江区鳌峰街道鸡笼洲榕发商务中心 | 350009 | — | — | 168 |
| 15 | 大华（集团）有限公司 | 上海市大渡河路388弄1号 | 200062 | — | — | 176 |
| 16 | 厦门海沧投资集团有限公司 | 福建省厦门市海沧区钟林路8号海投大厦 | 361026 | — | — | 181 |
| 17 | 建业控股有限公司 | 河南省郑州市郑东新区建业总部港E座 | 450046 | — | — | 209 |
| 18 | 联发集团有限公司 | 福建省厦门市湖里区湖里大道31号 | 361006 | — | — | 213 |
| 19 | 苏州金螳螂企业（集团）有限公司 | 江苏省苏州市姑苏区西环路888号 | 215004 | — | — | 223 |
| 20 | 广州珠江实业集团有限公司 | 广东省广州市越秀区环市东路371-375号世贸中心大厦南塔28-30楼 | 510095 | — | — | 225 |
| 21 | 厦门中骏集团有限公司 | 福建省厦门市高崎南五路208号中骏集团大厦 | 361006 | — | — | 229 |
| 22 | 文一投资控股有限公司 | 安徽省合肥市包河区西藏路与南宁路交口向东100米宏图路文一集团 | 230000 | — | — | 232 |
| 23 | 厦门禹洲集团股份有限公司 | 广东省深圳市南山区科苑北398号禹洲广场 | 518000 | — | — | 234 |
| 24 | 奥园集团有限公司 | 广东省广州市天河区黄埔大道西108号奥园大厦19层 | 511442 | — | — | 298 |

续表

| 名次 | 公司名称 | 通信地址 | 邮政编码 | 名次(1) | 名次(2) | 名次(3) |
|---|---|---|---|---|---|---|
| 25 | 绿城物业服务集团有限公司 | 浙江省杭州市西湖区文一西路767号西溪国际B座 | 310012 | — | — | 336 |
| 26 | 福建三木集团股份有限公司 | 福建省福州市台江区群众东路93号三木大厦17楼 | 350003 | — | — | 353 |
| 27 | 无锡城建发展集团有限公司 | 江苏省无锡市滨湖区隐秀路328号 | 214072 | — | — | 386 |
| 28 | 厦门安居控股集团有限公司 | 福建省厦门市湖里区华泰路3号6楼 | 361006 | — | — | 427 |
| 29 | 四川邦泰投资集团有限责任公司 | 四川省成都市高新区益州大道北段333号东方希望中心22楼 | 610000 | — | — | 440 |
| 30 | 安徽省众城集团 | 安徽省合肥市庐阳区濉溪路99号 | 230001 | — | — | 446 |
| 31 | 福建省华荣建设集团有限公司 | 福建省福州市永泰县梧桐镇民主村富民路34号 | 350000 | — | — | 458 |
| 32 | 卓正控股集团有限公司 | 河北省保定市七一东路2358号卓正大厦 | 071000 | — | — | 465 |
| 33 | 福建路港（集团）有限公司 | 福建省泉州市城东浔美工业区福建路港集团大厦6楼 | 362000 | — | — | 482 |
| 商业地产 | | | | | | |
| 1 | 荣盛控股股份有限公司 | 河北省廊坊开发区春明道北侧 | 065001 | — | — | 198 |
| 2 | 福星集团控股有限公司 | 湖北省汉川市沉湖镇福星街1号 | 431608 | — | — | 202 |
| 3 | 宝龙地产控股有限公司 | 上海市闵行区新镇路1399号宝龙大厦 | 201101 | — | — | 215 |
| 4 | 天津天保控股有限公司 | 天津市空港经济区西三道166号投资服务中心C区 | 300308 | — | — | 346 |
| 5 | 金帝联合控股集团有限公司 | 浙江省杭州市萧山区山阴路586号 | 311200 | — | — | 364 |
| 6 | 天津现代集团有限公司 | 天津市和平区赤峰道136号 | 300022 | — | — | 366 |
| 7 | 武汉伟鹏控股集团有限公司 | 湖北省武汉市武昌区紫阳东路77号伟鹏大厦19楼 | 430061 | — | — | 436 |
| 8 | 华东建筑集团股份有限公司 | 上海市石门二路258号 | 200041 | — | — | 495 |
| 园区地产 | | | | | | |
| 1 | 重庆新鸥鹏企业（集团）有限公司 | 北京市东城区广渠门内大街47号雍贵中心B座7层 | 100024 | 474 | — | 156 |
| 2 | 万洋集团有限公司 | 浙江省温州市龙湾区灵江路58号万洋集团 | 325000 | — | — | 175 |
| 3 | 佛山市建设发展集团有限公司 | 广东省佛山市禅城区石湾镇街道影荫路6号汇通大厦三楼 | 528000 | — | — | 274 |
| 4 | 上海临港经济发展（集团）有限公司 | 上海市浦东新区海港大道1515号创晶科技中心T2座19层 | 201306 | — | — | 411 |
| 多元化投资 | | | | | | |
| 1 | 联想控股股份有限公司 | 北京市海淀区科学院南路2号融科资讯中心B座17层 | 100190 | 57 | — | 29 |
| 2 | 深圳市投资控股有限公司 | 广东省深圳市深南中路4009号投资大厦1806室 | 518000 | 106 | — | 41 |
| 3 | 广东省广新控股集团有限公司 | 广东省广州市海珠区新港东路1000号保利世贸中心C座东塔 | 510308 | 115 | — | 43 |
| 4 | 云南省投资控股集团有限公司 | 云南省昆明市西山区人民西路285号云投商务大厦 | 650100 | 139 | — | 51 |
| 5 | 杭州市实业投资集团有限公司 | 浙江省杭州市西湖区保俶路宝石山下四弄19号 | 310007 | 152 | — | 54 |

续表

| 名次 | 公司名称 | 通信地址 | 邮政编码 | 名次(1) | 名次(2) | 名次(3) |
|---|---|---|---|---|---|---|
| 6 | 卓尔控股有限公司 | 湖北省武汉市江汉区建设大道588号卓尔国际中心47层 | 430021 | 179 | — | 61 |
| 7 | 广东省广晟控股集团有限公司 | 广东省广州市天河区珠江西路17号广晟国际大厦50-58楼 | 510623 | 211 | — | 71 |
| 8 | 青岛海发国有资本投资运营集团有限公司 | 山东省青岛市黄岛区滨海大道2267号 | 266000 | 233 | — | 82 |
| 9 | 陕西投资集团有限公司 | 陕西省西安市碑林区朱雀路中段1号 金信国际大厦 | 710061 | 288 | — | 99 |
| 10 | 杭州市城市建设投资集团有限公司 | 浙江省杭州市西湖区益乐路25号嘉文商务大楼 | 310012 | 358 | — | 120 |
| 11 | 湖北交通投资集团有限公司 | 湖北省武汉市汉阳区四新大道26号湖北国展中心东塔湖北交投 | 430050 | 360 | — | 122 |
| 12 | 北京江南投资集团有限公司 | 北京市朝阳区红坊路8号 | 100176 | 449 | — | 150 |
| 13 | 洛阳国宏投资控股集团有限公司 | 河南省洛阳市洛龙区开元大道218号洛阳日报社报业集团5层、6层、7层、8层 | 471000 | 462 | — | 152 |
| 14 | 帝海投资控股集团有限公司 | 北京市海淀区复兴路17号国海广场C座20层 | 100036 | 469 | — | 153 |
| 15 | 中国雄安集团有限公司 | 河北雄安新区容城县雄安市民服务中心雄安集团 | 071700 | 473 | — | 155 |
| 16 | 江西省投资集团有限公司 | 江西省南昌市高新区火炬大街539号 | 330096 | 477 | — | 157 |
| 17 | 青岛西海岸新区融合控股集团有限公司 | 山东省青岛市黄岛区国汇金融中心A座12楼 | 266500 | 485 | — | 159 |
| 18 | 青岛西海岸新区海洋控股集团有限公司 | 山东省青岛市西海岸新区车轮山路388号 | 266400 | — | — | 166 |
| 19 | 杭州市国有资本投资运营有限公司 | 浙江省杭州市庆春东路68号国有资本投资大厦A座10-11楼 | 310000 | — | — | 183 |
| 20 | 佛山市投资控股集团有限公司 | 广东省佛山市禅城区季华五路22号季华大厦 | 528000 | — | — | 208 |
| 21 | 广州市城市建设投资集团有限公司 | 广东省广州市越秀区中山四路228号城投大厦 | 510030 | — | — | 220 |
| 22 | 武汉市城市建设投资开发集团有限公司 | 湖北省武汉市洪山区团结大道1020号 | 430061 | — | — | 228 |
| 23 | 福建漳州城投集团有限公司 | 福建省漳州市龙文区江滨路碧湖城市广场1号楼2405室 | 363005 | — | — | 259 |
| 24 | 西安城市基础设施建设投资集团有限公司 | 陕西省西安市未央区文景北路8号 | 710016 | — | — | 278 |
| 25 | 河北省国有资产控股运营有限公司 | 河北省石家庄市桥西区站前街10号 | 050001 | — | — | 311 |
| 26 | 洛阳国晟投资控股集团有限公司 | 河南省洛阳市洛龙区开元大道237号市民之家西塔楼7楼 | 471000 | — | — | 349 |
| 27 | 厦门火炬集团有限公司 | 福建省厦门市火炬高新区火炬广场南五楼 | 361006 | — | — | 351 |
| 28 | 郑州公用事业投资发展集团有限公司 | 河南省郑州市管城回族区中兴南路商鼎路交叉口新发展科创大厦8-12楼 | 450000 | — | — | 354 |
| 29 | 厦门恒兴集团有限公司 | 福建省厦门市思明区鹭江道100号财富中心42F | 361001 | — | — | 358 |
| 30 | 青岛开发区投资建设集团有限公司 | 山东省青岛市西海岸新区庐山路57号 | 266500 | — | — | 398 |
| 31 | 赣州发展投资控股集团有限责任公司 | 江西省赣州市章贡区兴国路65号总部经济区西座17-21楼 | 341000 | — | — | 408 |
| 32 | 广州交通投资集团有限公司 | 广东省广州市海珠区新港东路1138号智通广场A塔 | 510335 | — | — | 413 |
| 33 | 石家庄国控城市发展投资集团有限责任公司 | 河北省石家庄市长安区光华路323号 | 050011 | — | — | 433 |
| 34 | 湖州市交通投资集团有限公司 | 浙江省湖州市吴兴区二环西路2008号 | 313000 | — | — | 439 |

续表

| 名次 | 公司名称 | 通信地址 | 邮政编码 | 名次(1) | 名次(2) | 名次(3) |
|---|---|---|---|---|---|---|
| 35 | 高平市国有资本投资运营集团有限公司 | 山西省高平市神农北路143号 | 048400 | — | — | 445 |
| 36 | 广西农村投资集团有限公司 | 广西壮族自治区南宁市青秀区厢竹大道30号 | 530023 | — | — | 448 |
| 37 | 广州开发区控股集团有限公司 | 广州经济技术开发区科学大道60号开发区控股中心33、34层 | 510700 | — | — | 460 |
| 38 | 南宁威宁投资集团有限责任公司 | 广西壮族自治区南宁市良庆区凯旋路1号威宁总部大厦 | 530201 | — | — | 472 |
| 39 | 广州南方投资集团有限公司 | 广东省广州市海珠区琶洲大道188号南方投资大厦23楼 | 510320 | — | — | 498 |
| 商务中介服务 | | | | | | |
| 1 | 上海中梁企业发展有限公司 | 上海市普陀区云岭东路235号1103室 | 200062 | — | — | 182 |
| 人力资源服务 | | | | | | |
| 1 | 中国国际技术智力合作集团有限公司 | 北京市朝阳区光华路7号汉威大厦西区23层 | 100004 | 170 | — | 59 |
| 2 | 仕邦控股有限公司 | 广东省广州市天河区天河北路大都会广场21楼 | 515900 | — | — | 355 |
| 3 | 福建省人力资源服务有限公司 | 福建省福州市台江区江滨中大道386号国资大厦13F | 350004 | — | — | 409 |
| 4 | 邦芒服务外包有限公司 | 浙江省嘉兴市新气象路922-924号邦芒大数据中心 | 314000 | — | — | 432 |
| 科技研发、规划设计 | | | | | | |
| 1 | 长江设计集团有限公司 | 湖北省武汉市汉口解放大道1863号 | 430010 | — | — | 467 |
| 国际经济合作（工程承包） | | | | | | |
| 1 | 中国江苏国际经济技术合作集团有限公司 | 江苏省南京市北京西路5号 | 210008 | — | — | 288 |
| 旅游和餐饮 | | | | | | |
| 1 | 湖北文化旅游集团有限公司 | 湖北省武汉市中北路86号汉街总部国际E座 | 430071 | — | — | 237 |
| 2 | 福建省旅游发展集团有限公司 | 福建省福州市鼓楼区五四路260号福建工展中心10层 | 350000 | — | — | 331 |
| 3 | 四川众欣旅游资源开发有限公司 | 四川省成都市高新区天府二街269号 | 610041 | — | — | 341 |
| 4 | 浙江省旅游投资集团有限公司 | 浙江省杭州市五星路206号明珠商务中心5号楼14楼 | 310016 | — | — | 443 |
| 文化娱乐 | | | | | | |
| 1 | 中原出版传媒投资控股集团有限公司 | 河南省郑州市金水东路39号 | 450016 | — | — | 296 |
| 2 | 安徽新华发行（集团）控股有限公司 | 安徽省合肥市北京路8号 | 230001 | — | — | 302 |
| 3 | 西安曲江文化产业投资（集团）有限公司 | 陕西省西安市曲江新区雁翔路3168号雁翔广场1号楼18/19/20层 | 710061 | — | — | 304 |
| 4 | 浙江出版联合集团有限公司 | 浙江省杭州市西湖区天目山路40号 | 310013 | — | — | 352 |
| 5 | 芒果超媒股份有限公司 | 湖南省长沙市开福区金鹰影视文化城湖南国际会展中心西附楼一楼 | 410003 | — | — | 360 |
| 6 | 安徽出版集团有限责任公司 | 安徽省合肥市政务文化新区翡翠路1118号 | 230071 | — | — | 373 |
| 7 | 中南出版传媒集团股份有限公司 | 湖南省长沙市营盘东路38号 | 410005 | — | — | 376 |
| 8 | 四川新华出版发行集团有限公司 | 四川省成都市人民南路一段86号10楼 | 610017 | — | — | 407 |
| 医疗卫生健康服务 | | | | | | |
| 1 | 山东颐养健康产业发展集团有限公司 | 山东省济南市高新区经十路7000号汉峪金融商务中心一区2号楼 | 250102 | — | — | 190 |

续表

| 名次 | 公司名称 | 通信地址 | 邮政编码 | 名次(1) | 名次(2) | 名次(3) |
|---|---|---|---|---|---|---|
| 综合服务业 | | | | | | |
| 1 | 中国华润有限公司 | 香港湾仔区港湾道 26 号华润大厦 49 层 | — | 23 | — | 12 |
| 2 | 中国保利集团有限公司 | 北京市东城区朝阳门北大街 1 号新保利大厦 28 楼 | 100010 | 59 | — | 30 |
| 3 | 广西投资集团有限公司 | 广西壮族自治区南宁市青秀区民族大道 109 号 | 530028 | 134 | — | 49 |
| 4 | 湖北联投集团有限公司 | 湖北省武汉市武昌区中南路 99 号保利大厦 A 座 17 层 | 430061 | 251 | — | 86 |
| 5 | 东浩兰生（集团）有限公司 | 上海市延安中路 837 号 | 200040 | — | — | 179 |
| 6 | 西安高科集团有限公司 | 陕西省西安市高新区锦业路 59 号高科智慧园 | 710076 | — | — | 197 |
| 7 | 金鹏控股集团有限公司 | 安徽省滁州市中都大道 1588 号金鹏控股集团 | 239000 | — | — | 219 |
| 8 | 唐山国控集团有限公司 | 河北省唐山市路南区南湖生态城南湖紫天鹅大酒店东区 102 房间 | 063000 | — | — | 236 |
| 9 | 上海均瑶（集团）有限公司 | 上海市徐汇区肇嘉浜路 789 号均瑶国际广场 37 楼 | 200032 | — | — | 254 |
| 10 | 珠海九洲控股集团有限公司 | 广东省珠海市香洲区石花东路 9 号 | 519000 | — | — | 275 |
| 11 | 泉州市金融控股集团有限公司 | 福建省泉州市鲤城区丰泽街 361 号金控大厦 15 楼 | 362000 | — | — | 281 |
| 12 | 华邦控股集团有限公司 | 广东省广州市越秀区沿江东路 408 号港口中心裙楼 5 楼 | 510030 | — | — | 309 |
| 13 | 安徽省徽商集团有限公司 | 安徽省合肥市芜湖路 258 号 | 230061 | — | — | 332 |
| 14 | 华茂集团股份有限公司 | 浙江省宁波市海曙区高桥镇望春工业区龙嘘路 125 号 | 315175 | — | — | 362 |
| 15 | 北京路通企业管理集团有限公司 | 北京市西城区姚家井二巷路通集团 | 100032 | — | — | 370 |
| 16 | 宁波滕头集团有限公司 | 浙江省宁波市奉化区萧王庙街道滕头村 | 315500 | — | — | 393 |
| 17 | 湖南湘江新区发展集团有限公司 | 湖南省长沙市岳麓区天顶街道环湖路 1177 号方茂苑第 13 栋 34－36 层 | 410205 | — | — | 415 |
| 18 | 深圳齐心集团股份有限公司 | 广东省深圳市坪山区锦绣中路 18 号齐心科技园 | 518118 | — | — | 477 |

# 后 记

一、《中国 500 强企业发展报告》是由中国企业联合会、中国企业家协会组织编写的全面记载和反映中国 500 强企业创新发展的综合性大型年度报告。

二、为贯彻习近平新时代中国特色社会主义思想和党的二十大精神，引导我国企业特别是大企业深入分析国内外形势变化，积极应对风险挑战，主动践行高质量发展，加快建设世界一流企业，在奋进中国式现代化中展现更大担当，并为国内外各界提供中国大企业发展的相关数据与研究信息，我会连续第 22 年参照国际惯例推出了中国企业 500 强及其与世界企业 500 强的对比分析报告，连续第 19 年推出了中国制造业企业 500 强、中国服务业企业 500 强及其分析报告，在此基础上连续第 13 年推出了中国跨国公司 100 大及其分析报告，连续第 5 年推出了中国战略性新兴产业领军企业 100 强及其分析报告，连续第 3 年推出中国大企业创新 100 强分析报告。国务院领导多次做出批示，希望中国企业联合会继续把这方面的工作做好。2023 中国企业 500 强、中国制造业企业 500 强、中国服务业企业 500 强、中国跨国公司 100 大、中国战略性新兴产业领军企业 100 强、中国大企业创新 100 强的产生得到了各有关企联（企协）、企业家协会和相关企业的大力支持，在此深表感谢！

三、本报告为中国企业联合会、中国企业家协会的研究成果。各章作者为，第一章：刘兴国；第二章：丁春燕；第三章：高蕊；第四章：李建明；第五章：陈劲、杨硕；第六章：苗仲桢、周源；第七章：崔新健、欧阳慧敏、任静；第八章至第十五章：张德华、吴晓、聂安捷、张佳瑞、陈一家。全书由郝玉峰统稿，参加编辑工作的有：郝玉峰、刘兴国、高蕊、张德华、吴晓、丁春燕、聂安捷、张玄同、王晓君、滑婷、张佳瑞、陈一家等。

四、凡引用本报告研究数据、研究成果的，应注明引自"中国企业联合会《2023 中国 500 强企业发展报告》"，未经授权不得转载 2023 中国企业 500 强、2023 中国制造业企业 500 强、2023 中国服务业企业 500 强、2023 中国跨国公司 100 大、2023 中国战略性新兴产业领军企业 100 强、2023 中国大企业创新 100 强名单。

五、2024年我会将继续对中国企业500强、中国制造业企业500强、中国服务业企业500强进行分析研究，出版《中国500强企业发展报告》，申报2024中国企业500强、2024中国制造业企业500强、2024中国服务业企业500强的企业，请与我会研究部联系，电话：010-88512628、68701280、68431613、88413605；传真：010-68411739。

六、本报告得到了中国企业管理科学基金会、埃森哲（中国）有限公司、中国国际海运集装箱（集团）股份有限公司、通鼎集团有限公司、金蝶软件（中国）有限公司、浪潮集团有限公司、麦斯特人力资源有限公司、北京众垒公关咨询有限公司、上海君智企业管理有限公司、中国广告主协会数字经济专业委员会、中国可持续发展工商理事会、中国广告主协会的大力支持，在此特别致谢！

由于时间仓促，本报告难免出现疏漏和不尽人意之处，恳请经济界、企业界及其他各界人士提出宝贵意见和建议。

在本书即将出版之际，我们还要向一直负责本书出版的企业管理出版社表示感谢！

编　者

二〇二三年九月

2023中国企业500强
2023中国制造业企业500强
2023中国服务业企业500强

# 部分企业介绍

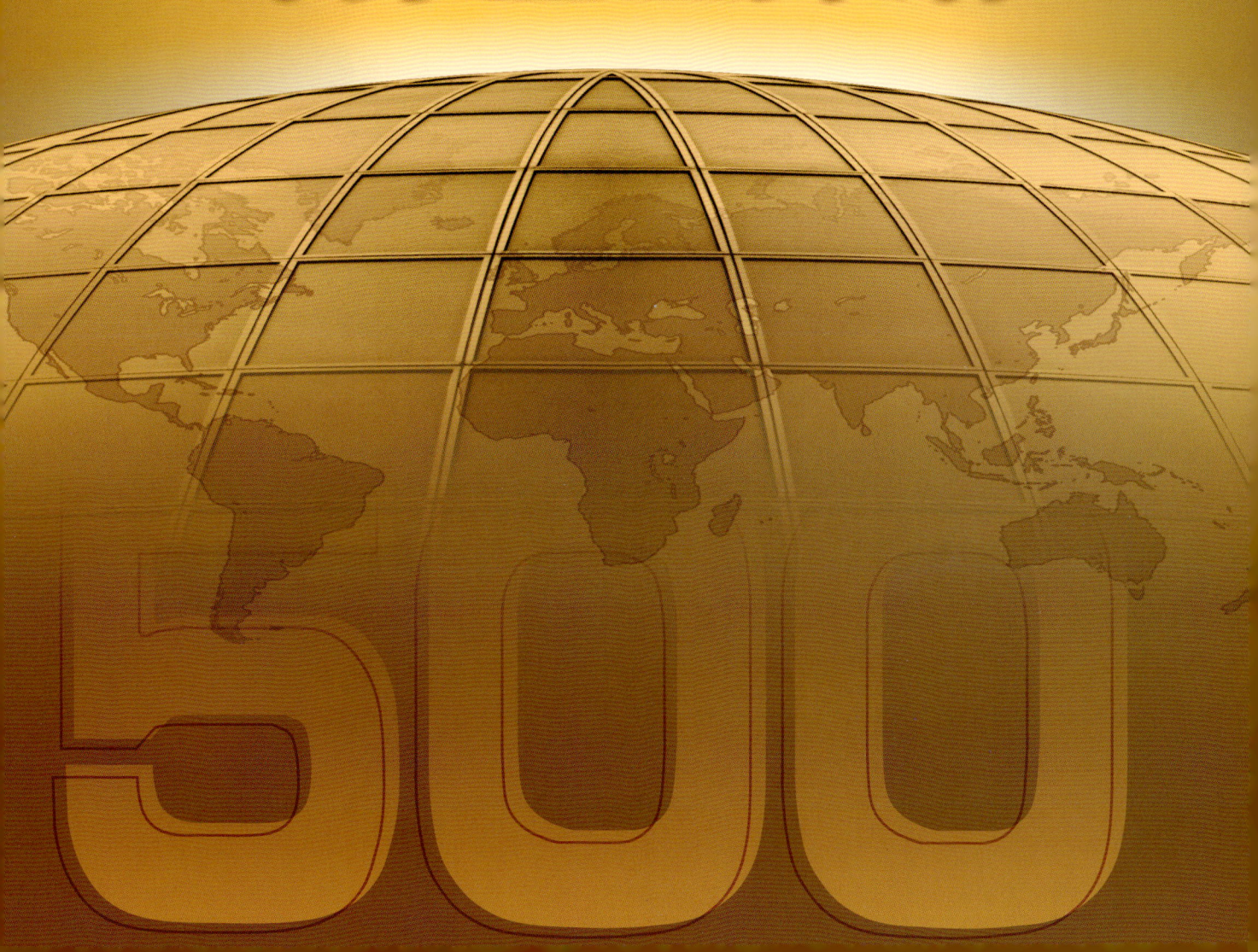

# 重塑增长

全球面临"挤压式"多重挑战，中国企业要想增强韧性、持续增长，成为世界一流企业，需要启动企业全面重塑战略。

埃森哲中国企业数字化转型指数连续6年追踪评估企业转型进程，2023年研究揭示，只有2%的中国企业开启了全面重塑战略，成为"重塑者"。

---

## 关于埃森哲

埃森哲公司注册于爱尔兰，是一家全球领先的专业服务公司，帮助企业、政府和各界组织构建数字化核心能力、优化运营、加速营收增长、提升社会服务水平，更快且更规模化地创造切实价值。埃森哲是《财富》世界500强企业之一，坚持卓越人才和创新引领，目前拥有约73.2万名员工，服务于120多个国家的客户。我们是技术引领变革的全球领军者之一，拥有强大的生态协作网络。凭借深厚的技术专长和行业经验、独特的专业技能，以及翘楚全球的卓越技术中心和智能运营中心，我们独树一帜地为客户提供战略&咨询、技术服务、智能运营、工业X和AccentureSong 等全方位服务和解决方案，为客户创造切实价值。埃森哲致力于通过卓越的服务能力、共享成功的文化，以及为客户创造360°价值的使命，帮助客户获得成功并建立长久信任。埃森哲同样以360°价值衡量自身，为我们的客户、员工、股东、合作伙伴与整个社会创造美好未来。

埃森哲在中国市场开展业务36年，员工队伍分布于北京、上海、大连、成都、广州、深圳、杭州、香港和台北等多个城市。作为可信赖的数字化转型卓越伙伴，我们正在更创新地参与商业和技术生态圈的建设，帮助中国企业和政府把握数字化力量，通过制定战略、优化流程、集成系统、部署云计算等实现转型，提升全球竞争力，从而立足中国、赢在全球。

© 2023 埃森哲版权所有。

# 重塑增长
## 开创竞争新前沿

即刻了解埃森哲《2023 中国企业数字化转型指数》

通鼎集团有限公司董事局主席
## 沈小平

　　通鼎集团有限公司（以下简称通鼎集团）是为国家信息通信建设提供线缆及配套产品的排头兵企业。目前，企业立足国家"三张网"（通信网、交通网、能源网）的发展，在5G、大数据、人工智能、工业互联网等新技术、新业态方面创新研究，在国家新基建涉及的多领域谋篇布局，产品涵盖光纤光棒、光电线缆、网络设备、芯片模块、仪器仪表的全产业链优势，在5G宽带无线接入产品和技术、自组网技术，以及信息安全、网络安全、公共安全、大数据运营等领域为运营商、各类专网用户提供优质、持续可靠的支撑服务，产业范围涵盖国内外通信、电力、运输、智慧城市等诸多行业，产品从有线到无线，从无源到有源，从一根缆到一张网，从进入"千家万户"到步入"千行百业"。

　　通鼎集团将慈善捐赠、回馈社会作为自己的"乐享之责"，"将慈善作为企业的第二份事业"，常态化开展各类慈善公益活动，推动社会文明进步。通鼎集团董事局主席沈小平先后7次荣获"中华慈善奖"、3次获评"全国十大慈善家"、2次获评"全国模范退役军人（全国优秀复员退伍军人）"，被授予"全国脱贫攻坚奖""全国优秀企业家""中国经济年度人物"。2021年2月25日，获评"全国脱贫攻坚先进个人"。

通鼎集团，国内外信息通信领域、信息安全领域优秀产品制造商、系统集成商，产业链新价值携手伙伴！

金蝶云

500强

为企业成长而生

# 新选择

🔍 金蝶云 EBC  搜索   📞 4008-830-830

# 广药集团培育高质量发展新动能
## 三登世界500强 排名跃升41位

**热烈祝贺**
**广药集团**
连续三年荣登世界500强

**位居第 426 位**

比上年上升41位

FORTUNE GLOBAL 500 2023
世界500强

广药集团是全球首家以中医药为主业进入世界500强的企业，2023年在《财富》世界500强榜单中位居第426位，连续三年上榜，排名年年上升，今年比去年排名跃升41位，同时也是唯一入选制药分行业榜单的中国企业，位居第12位。同时，广药集团在国际权威品牌评估机构BF公司发布的2023年全球最具价值医药品牌榜单中，名列第16位；连续12年荣登全国制药工业百强榜第1名，是全国最大的制药企业集团，先后荣获"全国文明单位""全国五一劳动奖状""全国爱国拥军模范单位""全国脱贫攻坚先进集体"等荣誉、入选国企改革"双百企业"名单。

广药集团总部

## 一、强化科技创新，筑强人才队伍

扎实的科研平台体系，是广药集团科研创新实践的支撑。广药集团现已建成8家国家级科研平台，包括全国唯一的"国家犬类实验动物资源库"以及全国领先、广东唯一的中药领域国家工程研究中心。旗下白云山汉方入选国务院国资委"科改示范企业"名单，拜迪生物被评为国家级专精特新"小巨人"企业。目前广药集团在研项目超200项，包括生物药、化学药、中药、高端原辅料、特医食品等，其中在研一类新药达18个。

人才是科研创新的"活水"，广药集团提出了打造"人才强企"的战略，2023年新增俄罗斯工程院外籍院士1人，目前已建立起由诺贝尔奖得主3人、国内院士及国医大师21人、博士及博士后100多人组成的高层次人才队伍。此外，广药集团正在设立广州国企首家新型事业单位——广药集团数字经济研究院，通过机制体制创新，提升引才聚才的"强磁场"效应。

*广药集团厚植科研人才基础*

## 二、推动业态创新，提升发展质效

广药集团现有大南药、大健康、大商业、大医疗四大业务板块，正全力打造独具产业特色、文化鲜明的世界一流医药健康综合性大集团。

大南药板块方面，围绕核心品种，通过积极参与国家和省级集采、深耕OTC（非处方药）市场及第三终端、紧抓市场机遇加强产品宣传等多种方式，推动大品种快速增长，2023年上半年22个超亿元产品系列合计销售超百亿元，同比增长近10%。大健康板块方面，首创"时尚中药"理念，发挥中医药"治未病"的优势开发大健康产品，开发了王老吉、刺柠吉、荔小吉"吉祥三宝"。此外还开发了灵芝孢子油、特医食品、凌爽草本低嘌呤啤酒等别具特色的大健康产品群，近日正式宣布进军牙膏行业，形成了"一核多元"的大健康产业发展格局。大商业板块方面，加快培育健康电商新业态，广药健民电商2022年"双十一"实现3.2亿元的电商销售新纪录，同比增长17.2%；由广药白云山官方旗舰店等组成的线上店群，2022年"双十一"销售同比增长66%，其中广药白云山官方旗舰店在天猫处方药类目销售额中排名第一。大医疗板块方面，白云山医院晋升为三级综合医院，并被纳入市120网络管理；白云山中医医院2023年揭牌开业，将打造集临床医疗、康复、护养为一体的中医药特色鲜明的中医医院。

*广药集团拥有众多名优产品*

## 三、开拓全球市场，布局国际化战略

广药集团立足澳门打造国际化桥头堡，持续推进澳门国际总部项目，于2021年建设了广药国际澳门制药厂，并于2022年取得了澳门中药法实施以来首个中药制造准照、首个药品批文和首个中药制造GMP证书。

产品是"走出去"最好的名片。广药集团积极推动广药名品走向世界，王老吉针对全球不同市场开展品牌运营，在全球100多个国家进行商标注册和产品销售，同时坚持"文化先行"战略，在纽约、东京等地建设了凉茶博物馆。此外，白云山华佗再造丸出口已覆盖全球六大洲29个国家和地区。2023年以来，白云山辛夷鼻炎丸在澳大利亚注册登记，白云山三七化痔丸、复方南板蓝根颗粒也获得俄罗斯联邦的产品注册证书，白云山化学制药厂的头孢丙烯原料药获欧洲药典适用性证书，国际市场竞争力进一步提高。

为加速融通国内外合作渠道，2023年以来广药集团先后到泰国、新加坡等国家开展合作交流，与泰国环球集团达成合作携手开拓东南亚市场，与沃博联全资子公司联合美华合作设立10亿元产业基金，与俄罗斯、印度尼西亚等国家的中药材供应企业建立战略合作关系，未来5年将从两国进口中药材累计近3万吨。

*白云山华佗再造丸出口覆盖全球六大洲29个国家和地区*

# 南京钢铁集团有限公司

南钢党委书记、董事长 黄一新

## 因钢铁报国而立，由钢铁强国而兴。

南京钢铁集团有限公司（以下简称南钢），成立于1958年，是国家第二个"五年计划"战略布局的骨干钢铁企业，江苏钢铁工业摇篮，国家高新技术企业、智能制造示范企业，连续6年保持钢铁行业竞争力极强"A+级"头部企业行列，先后荣获"全国五一劳动奖状"、"中国工业大奖"、国家企业技术中心、国家制造业单项冠军、国家首批"数字领航"企业、国家工业旅游示范基地、国家级绿色工厂、国家级能效领跑者等重要荣誉。

南钢积极贯彻新发展理念，以高质量党建引领企业高质量发展，聚焦高端研发，锚定世界前沿科技，研发投入保持3%以上，建立了国际级、国家级等高端研发平台37个，与全球12个国家、82个科研院所开展产学研项目500余项，承担国家重大项目等40余项，主持或参与制定国家、行业标准75项，142个产品达到国际领先或先进水平。

聚焦新产业布局，坚持"强链""补链""延链"战略，先后投入160亿元，搭建了新材料、新能环、新智造、新互联等五大高端产业板块，省级以上"专精特新"企业10家，新兴产业集群效应快速显现。

聚焦智慧发展，以"产业智慧化、智慧产业化"为目标，全面推进智改数转工作。打造数据治理+工业互联网平台双轮驱动的领先架构，利用数字技术重新定义钢铁生产与运营。围绕"一切业务数字化，一切数字业务化"转型方针，以数据为要素加速数实融合，不断驱动着业务效率的提升和模式的创新。

聚焦绿色发展，围绕"产业绿色化，绿色产业化"，近年来累计投入120多亿元提升环保、保护生态，全面完成超低排放，按照源头减碳、过程降碳和末端固碳的总体思路，规划了节能降碳项目共23项，争做低碳发展领跑者。绿电太阳能装机容量已达55MW，目前正在建设装机容量为41MW/123MWh国内最高标准、最高安全等级、最高系统效率的客户侧最大单体容量储能项目。

**地铁变速箱齿轮**　　**高铁刹车盘**

南钢轨道交通用钢获2022年"冶金科学技术奖"二等奖

由南钢独家供应桥梁用不锈钢复合板的引江济淮工程涡河总干渠渡槽桥荣获国际桥梁大会"亚瑟·海顿奖"

南钢获"中国工业大奖"

行业首个集群式一体化智慧运营中心
实时、准确、高效的全流程数字工厂

不忘初心　打造大国重器　砥砺前行　铸就钢铁脊梁

# 甘肃省公路航空旅游投资集团有限公司

**甘肃省公路航空旅游投资集团有限公司**（以下简称甘肃公航旅集团），是甘肃省委省政府在"公路促民航、交通带旅游"这一创新型集群发展战略思想主导下，于2011年1月组建成立。

甘肃公航旅集团汉唐天马城景区

甘肃公航旅集团金汇通用航空公司直升飞机

甘肃公航旅集团是省级集公路、航空、旅游、金融为一体的国有独资投资公司，注册资本1000亿元，负责全省高等级公路、通用航空、文化旅游等事业的投融资建设、管理运营和培育开发。现成功布局公路、航空、旅游、金融、保险、贸易、新能源、地产、文化传媒、信息科技等多个业务板块，拥有50余家子（分）公司，年营业收入超千亿元，是我国西北地区资产体量最大的国有企业。截至2023年6月末，公司总资产7322亿元，净资产2310亿元，与成立之初相比，总资产增长了近11倍、净资产增长了10倍。国内主体信用评级为正面展望AAA，境外主体信用评级为BBB+。荣获"甘肃省先进企业"称号，先后十一次获得甘肃省"省长金融奖"；位列2022年全国地方政府投融资平台转型发展排行榜第3位；位列中国交通500强第30位，西北地区排名第一；位列2022年中国企业500强第162位、中国服务业企业500强第62位。

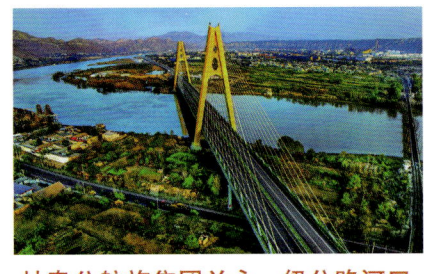

甘肃公航旅集团兰永一级公路河口黄河特大桥

甘肃公航旅集团平凉崆峒山秋色

甘肃公航旅集团双达一级公路

甘肃公航旅集团文县天池景区 　　　　　　　　甘肃公航旅集团张掖七彩丹霞景区

　　成立12年来，累计融资6380亿元，累计投资建成高速公路4000千米，占全省已建成高速公路一半以上，在建高速公路1100多千米，拟投资建设高速公路2500多千米；建成全省首个低碳产业园，自主开发设立了具备全国性的电子交易中心，搭建了招标采购数字化、规范化平台。建成张掖、夏河、兰州中川机场二期等民用机场，建成甘肃首个通航机场并成功举办首届丝绸之路（张掖）国际通航大会；组建通用航空公司，在航空应急救援、空中医疗救护业务领域走在了全国前列。先后投资开发运营张掖七彩丹霞、文县天池、贵清山、遮阳山、平凉崆峒山、汉唐天马城等多个知名景区，2023年上半年接待人数达到304.38万人。新能源板块以光伏发电为主要领域，目前已在武威、定西、金昌、白银、平凉成功取得39.5万千瓦风电及光伏项目指标，与中国南水北调集团新能源投资公司、中国三峡新能源公司建立合作关系，业务发展取得突破性进展。

甘肃公航旅集团作为主发起人设立的甘肃首家地方法人财产保险公司——黄河财产保险股份有限公司

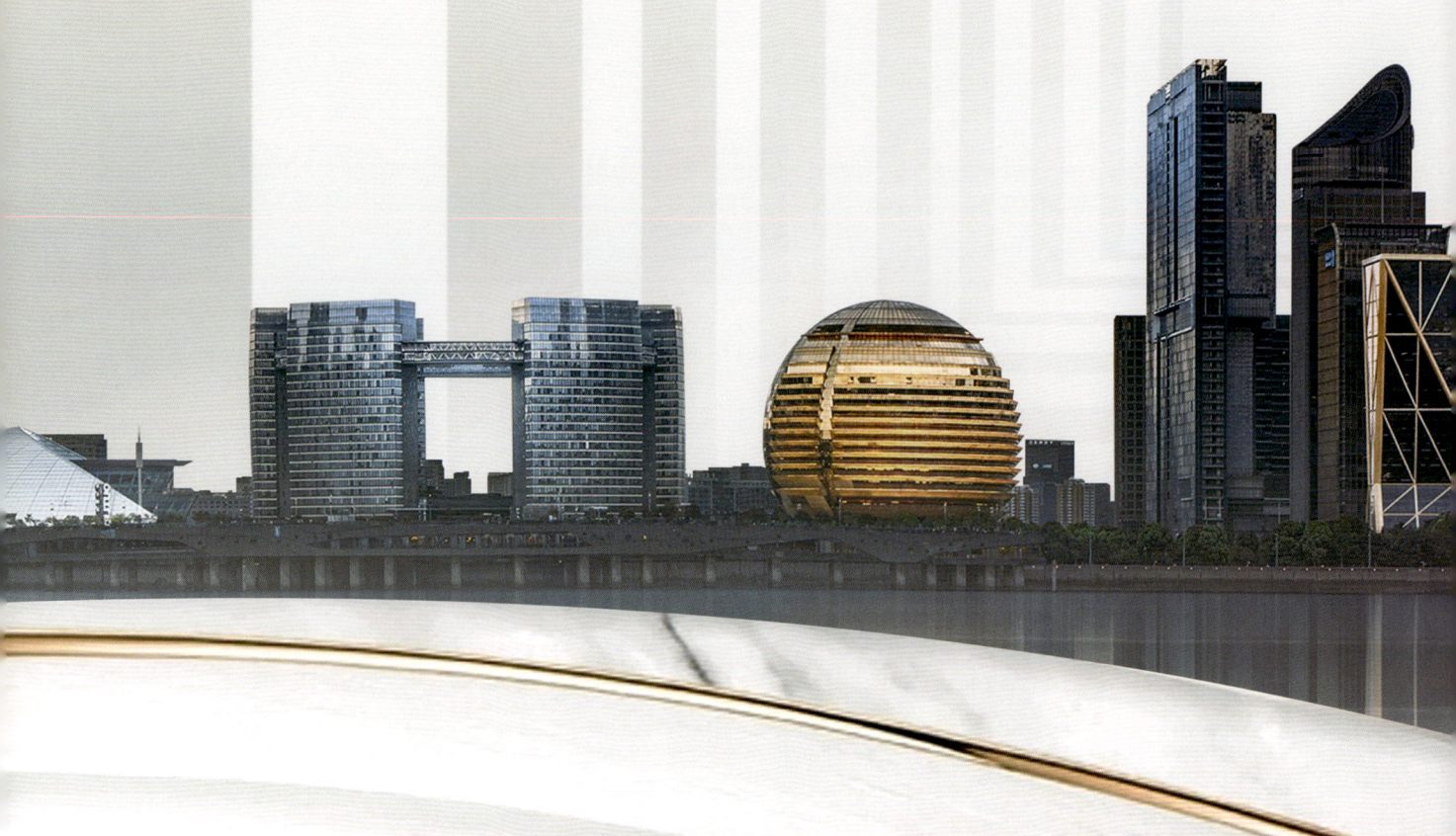

# 杭州市实业投资集团有限公司

HANGZHOU INDUSTRIAL INVESTMENT GROUP CO.,LTD.

　　杭州市实业投资集团有限公司(以下简称杭实集团)成立于2001年6月，注册资本60亿元，是杭州市政府直属的国有大型投资集团。历经20余载改革发展，杭实集团目前拥有直接参控股企业30余家，所投热联集团、中策橡胶、杭叉集团、西子洁能、杭华股份等均处于国内或行业领先地位。2022年，杭实集团实现合并营业收入1771亿元，主体信用等级和债项评级稳定保持AAA级。

　　杭实集团锚定"产商融结合的国际化投资平台"战略定位，围绕核心主业，聚焦杭州五大产业生态圈，投资布局了一批细分领域头部企业，着力构建以产业投资为核心、产业服务为特色的产业投资生态体系。

　　面向新征程，杭实集团将持续深化"串联场景、共享共赢"战略举措，迭代升级"产业投资+产业服务"双轮驱动发展模式，切实发挥集团在建设现代化产业体系、构建新发展格局中的产业控制力、创新发展力、资源整合力，致力成为具有资本管理、产业赋能和创业创新综合能力的新时代一流国有资本投资公司。

# 新奥天然气股份有限公司

## 公司简介

作为中国规模最大的民营能源企业之一，新奥天然气股份有限公司（以下简称新奥股份；股票代码：600803.SH）在全国运营250多个城市燃气项目，LNG（液化天然气）年配送能力超100亿方，运营中国首个大型民营LNG接收站——新奥舟山LNG接收站，业务覆盖分销、贸易、储运、生产、工程在内的天然气产业全场景。

依托产业最佳实践，新奥股份打造天然气产业智能平台，加速聚合天然气产业需求、资源、交付、储备生态，创新发展智能服务，致力成为天然气产业智能生态运营商，推动天然气产业智能升级。

## 数说 2022

- 天然气总销售量：362亿立方米，约占中国天然气总消费量的10%
- 营业总收入：1541亿元
- 气候减排：助力社会及客户减排5288万吨
- 各项慈善公益支出：2464.62万元

舟山接收站正式并入新奥股份，全场景运营价值进一步释放

发布绿色行动计划，明确中长期绿色行动目标

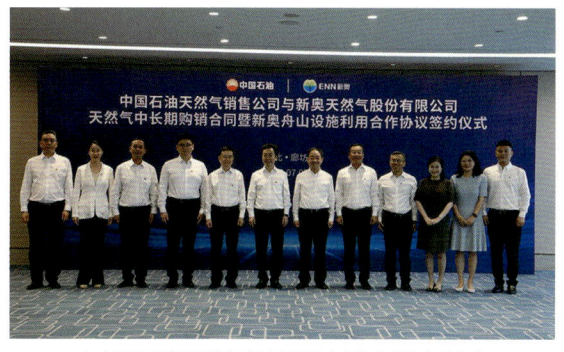

与中国石油签署天然气购销合同及舟山设施利用合作协议

持续提升国际运力能力

# 金地集团
### Gemdale 科学筑家

金地集团董事长 凌 克

深圳金地中心

金地集团1988年初创于中国深圳，2001年在上交所上市（600383.SH），历经数十年的探索和实践，现已发展成为一家以房地产开发为主营业务、相关多元业务全面发展的综合型上市公司。业务涵盖房地产开发、商用地产及产业园镇开发运营、房地产金融、物业服务等相关产业，在中国300余座大中城市、美国东西海岸的8个不同城市和地区实现了业务布局。截至2022年年末，金地集团总资产约4194亿元，归属于股东净资产约652亿元。

金地集团从1993年开始经营房地产业务，是中国较早上市并实现全国化布局的房地产企业。2022年，实现房地产销售金额约2218亿元。

金地集团旗下成员金地商置集团是香港上市企业（00535.HK），集地产综合开发和资产管理平台于一体，通过商业中心综合体、产业园镇、精品住宅、长租公寓、星级酒店等多元物业的开发销售、投资管理和服务运营，为企业和个人提供集成式空间与服务。

金地集团拥有专注于国内外房地产市场投资的私募基金管理公司——稳盛投资。公司早在2006年开始就对房地产金融领域进行了探索，2008年与国际知名的瑞银环球资产管理集团（UBS）合作设立美元基金（UG基金），并于2010年开始拓展人民币基金业务。稳盛投资致力于为全球投资者打造稳健、专业的投资平台，为投资者创造最大化的收益。

成立于1993年的金地物业（现金地智慧服务）是金地集团旗下的社区服务与资产管理运营平台。截至2022年年末，合同管理面积达3.85亿平方米，是行业领先的社区服务与资产管理整合运营商。

凭借多年的稳健经营，金地集团连续多年入选福布斯全球企业2000强、《财富》中国500强、中国房地产开发企业500强等榜单。展望未来，金地集团将以价值创造为目的，以效益与规模的平衡均好发展为导向，向"做中国最有价值的国际化企业"的宏伟愿景持续迈进。

金地集团峯汇系列作品——
上海金地虹桥峯汇

金地集团褐石系列作品——
北京西山艺境

深圳金地威新软件科技园

深圳金地威新中心

商投集团办公大楼

# 兰州新区商贸物流投资集团有限公司
## Lanzhou New Area Commerce Trade and Logistic Investment Group Co.,Ltd.

兰州新区商贸物流投资集团有限公司（以下简称商投集团）是兰州新区管委会直属的大型国有独资企业，组建于2017年4月，注册资本金11.99亿元，总资产180亿元，是甘肃省参与"一带一路"建设、打造国家向西开放重要战略平台、发展外向型经济的排头兵。

在习近平新时代中国特色社会主义思想的引领下，商投集团坚持"厚德允诚、弘毅致远"的企业精神和"诚信至上、共享全球"的企业宗旨，依托兰州新区综合保税区、兰州新区铁路口岸、兰州新区有色金属期货交割库、进口商品批发中心等平台，主要业务涵盖国际国内贸易、班列发运及仓储物流、城市资产经营、有色金属交割及贸易、铝材及新材料精深加工、物业安保服务等诸多领域，经过6年发展，现已呈现出高速增长、高质量发展的良好态势。

2022年集团实现营业收入1169.38亿元，连续3年入围"中国企业500强"，连续4年入围"中国服务业企业500强"；获评甘肃省"感动甘肃·陇人骄子"集体提名奖；荣获"国家AAAA级物流企业""全国物流行业先进集体""2020年全国物流行业抗疫先进企业""西部物流百强企业"等20多项国家和省部级荣誉称号，成为甘肃省向西开放的新标杆。

千帆竞发勇者胜，百舸争流奋楫先。商投集团将继续抢抓"一带一路"建设、国家新时代西部大开发、东中部产业转移等重大战略机遇，持续深化改革、创新发展，不断提升企业核心竞争力，推动国有资本做强做大做优，谱写向西开放高质量发展的新华章！

兰州新区综合保税区 　　　　地方铁路及物流园 　　　　兰州新区进口商品批发中心

有色金属期货交割库 　　　　加油加气站 　　　　出租车发车仪式

# 四川能投
## SICHUAN ENERGY INVESTMENT

四川能投大楼

**四川省能源投资集团有限责任公司**（以下简称四川能投）是四川省人民政府批准成立的大型国有资本投资公司，成立于2011年2月，注册资本金175.06亿元，是四川省能源化工产业领军企业，资产规模超2600亿元，信用评级为AAA，控股川能动力、四川能投发展、华环电子、华海清科4家上市公司，拥有国家级博士后科研工作站，是"国家认定企业技术中心"，荣获党中央、国务院表彰的"全国脱贫攻坚先进集体"，连续数年蝉联"中国企业500强""中国服务业企业500强""中国能源（集团）500强"。

### "一三五"发展战略

四川能投秉承"绿色低碳、科技赋能"企业宗旨，聚焦能源化工核心主业，突出清洁能源、绿色材料、先进制造三大方向，大力发展电力链、气体链、化工链、锂电链、氢能链五大链条，加快打造国内领先的新型能源化工集团。

### 电力链

现有电力装机1200万千瓦，均为水风光、分布式、生物质等清洁能源。主导建设地方电网，是四川省第二大电网公司、省电力交易中心第二大股东，全川电网覆盖31个县，供电人口超1800万人，年售电量超过100亿千瓦时。

金沙水电站

### 气体链

形成上游勘探开发、中游管输存储、下游终端销售的气体全产业链，实现省属企业主导油气勘探开发"零突破"，建成西南地区最大的储气调峰基地，服务全省50余万居民和工商业燃气用户，年输气能力80亿方。

遂宁储气调峰基地项目

### 化工链

积极推进碳中和化工新材料、绿色精细化学品等新型能源化工产业规划布局，有序发展绿色清洁型炔烃、烯烃、芳烃三大主产业链，构建可降解材料、纺织材料、特种工程塑料及专用化学品、精细化学品五大产品体系。

南充PTA（对苯二甲酸）项目

### 锂电链

布局锂矿开发、锂盐生产、正负极材料加工、动力电池制造等锂电全产业链，是四川省唯一具备规模级锂电产业的省属企业，控股亚洲最大单体锂辉石矿——李家沟锂矿，建成甘眉工业园年产1.5万吨碳酸锂、氢氧化锂生产线。

甘眉工业园碳酸锂、氢氧化锂生产线

### 氢能链

紧扣"制、储、运、加、用"全链条关键环节，开展可再生能源电解水制氢试点，拓展氢能在工业、物流、储能等领域的应用，建成运营中国西部首个加氢站，获得氢燃料电池汽车排水系统等发明专利授权3项。

中国西部首座加氢站——四川能投加氢站

### 高水平承接清华控股

坚决响应党中央关于"高校与下属企业逐步剥离"号召，高水平承接清华控股及其旗下企业，与清华大学签署无偿划转清华控股协议，清华控股正式更名为天府清源控股有限公司，成为四川能投全资子公司。目前正积极打造清华控股成都总部基地，推动清华大学高质量科技成果在四川落地转化，助推四川深入推进新型工业化、构建以实体经济为支撑的现代化产业体系。

与清华大学签署协议

清控科技园成都总部基地设计效果图

# 甘肃省建设投资(控股)集团有限公司
## GANSU CONSTRUCTION INVESTMENT (HOLDINGS) GROUP LIMITED

甘肃省建设投资（控股）集团有限公司（以下简称甘肃建投），是甘肃省建筑业领域的链主企业和甘肃省重点打造的首批国有资本投资公司，具有3A级信用等级，连续12年荣列中国企业500强。

2020年6月18日，甘肃建投正式改制更名，成为全省首批国有资本投资公司试点单位之一。2021年，甘肃建投第一次党代会召开，确立了"再造一个甘肃建投"的战略目标和以"投"为引领、以"建"为依托、以"产"为支撑的战略布局，全面向资本投资商华丽转身，真正成为全省基础设施领域最大的投资商、建筑行业的引领者、海外业务的开拓者、新业态的探索者，在高质量发展的道路上不断前行。

近年来，甘肃建投紧盯国家发展战略，服务甘肃所需，打造了投融资、建安、房地产、装备制造、海外业务、现代服务业、科技研发等经济板块，构建了新能源、生态环保、交通、水利水电、装配式建筑、大宗材料、物流贸易等专业板块，形成了多层次的产业结构，

2020年度鲁班奖项目——北京第二实验小学兰州分校

2021年度鲁班奖

培育打造了专用车辆制造、生态环保、新能源风光电、绿色建材、装配式建筑等新兴产业，已在区域市场、专业领域展现出了"单项冠军"的潜能。国内紧盯京津冀、粤港澳、长三角、成渝、关中天水等城市圈建设，积极走出去，建安、地产业务已经拓展到了上海、深圳、天津、杭州、成都、重庆、西安、无锡等一、二线城市。"百郦"系列房地产开发项目，已形成良好的品牌效应。

自1978年援建"多哥人民联盟之家"工程开始，甘肃建投先后在亚洲、欧洲、非洲、大洋洲和美洲的40余个国家和地区深耕经营。近年来抢抓"一带一路"建设及国家扶持甘肃发展的各种政策叠加机遇开辟了东非、东欧、南亚、东南亚、南美等新兴市场，成立了近20个驻外机构，是2023年度美国《工程新闻纪录（ENR）》全球最大250家国际承包商。

甘肃建投投资建设的临夏市环城北路

甘肃建投投资建设5G智慧矿山——永靖绿色建材生态产业园项目

甘肃建投100天建设的甘南文旅会展中心

甘肃建投建设的甘肃科技馆项目

变电站新建工程

2022年度鲁班奖项目——张掖市第二人民医院

# 双胞胎集团

双胞胎集团董事长 鲍洪星

　　双胞胎集团成立于1998年，是一家专业从事生猪养殖、养猪服务、饲料销售、粮食种植与贸易、生猪屠宰与深加工为一体的全国性大型企业集团，集团下设分公司400余家，员工人数2万余人。2022年集团饲料产销量超1180万吨，生猪上市近1000万头，实现产值超840亿元，是中国企业500强，农业产业化国家重点龙头企业。

　　双胞胎集团掌握核心科技，拥有大量的遗传育种、动物营养与饲喂、疾病防控与生物制药、健康养殖、屠宰及肉食品加工等核心技术。近年来，双胞胎集团积极响应国家"乡村振兴战略"，发挥龙头企业和专业合作经济组织带动作用，通过"公司+农户"和自建现代化规模猪场等模式，过程中统一生产、统一销售、技术共享，大力发展生猪养殖，成为生猪稳产保供主力军，带动合作农户共同富裕；通过高性价比的饲料产品和优质的养猪服务，切实提升养户自我发展能力，实现当地农业产业发展和农民增收。

　　双胞胎坚持以客户为中心，为客户创造价值，致力让家人吃上放心肉。通过从原料、饲料、养猪、屠宰、肉食品深加工闭环管理，让养猪更简单，让猪肉更安全，立志将安全、健康、美味的猪肉带给每个家庭、每张餐桌。

# 武汉金融控股集团
## Wuhan Financial Holdings(Group)

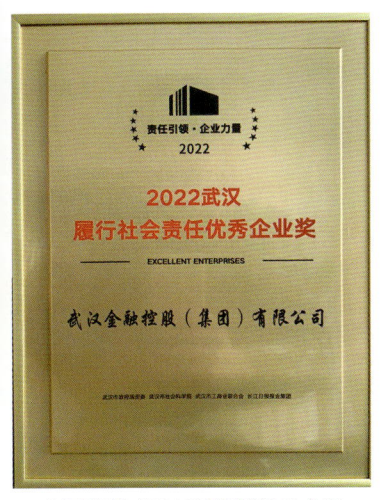

集团荣获"2022武汉履行社会责任优秀企业奖"

集团证券项目收购签约仪式

**武汉金融控股（集团）有限公司**（以下简称武汉金融控股集团）2005年8月成立，注册资本100亿元，为武汉市属国有独资企业，是武汉市属唯一的一级金融国资平台，旗下拥有银行、证券、金融租赁、信托、期货、基金、资产管理、金融资产交易、融资租赁等金融业态20余项，实业板块主要集中在国际贸易、集成电路、北斗导航、现代物流等领域。集团旗下全资、控股企业137家，控股3家全国性持牌金融机构，控股主板上市公司2家，集团系统职工近2万人。

近年来，武汉金融控股集团深入学习贯彻有关国企改革的重要指示精神，坚持"金融+实业"融合发展，切实履行金融国资保值增值责任，推动主要指标保持快速增长，打造新时期"汉派国资"高质量发展样本。集团主体信用稳居AAA等级，主要指标综合排名位居全国副省级国有金控集团前列，成为武汉区域金融中心建设重要推动力量，被列为武汉市建设世界一流企业的3家市属国企之一。

集团召开庆祝建党102周年暨表彰大会

集团携手第36届大众电影百花奖光耀江城

武汉金融控股集团

雅康高速泸定大渡河大桥——主跨1100米的钢桁梁悬索桥，是一座建在高海拔、高烈度地震带、复杂风场环境下的大跨径桥梁，被誉为"川藏第一桥"，于2018年12月建成通车。入选"中国超级工程"，2019年荣获"第36届国际桥梁古斯塔夫·林德撒尔奖"。

# 四川路桥
## SRBG

　　四川公路桥梁建设集团有限公司始建于中华人民共和国成立初期，基础队伍源自18军筑路工程队及西南公路局桥工处，曾建成了举世瞩目的川藏公路，是"两路精神"的重要发源。在大三线建设、改革开放初期为我国交通建设做出了突出贡献。1998年组建集团公司，成为四川省国有重要骨干企业，2003年发起设立四川交通系统首家上市公司，2012年实现整体上市。

　　公司注册资金60亿元，拥有公路工程施工总承包特级资质和公路行业甲级设计资质，主要从事公路、铁路、港航、水利水电、房建、市政、矿山及新能源建设、交安机电等"大土木"领域工程勘察设计、施工建设、运维管养一体化业务，所属分公司26家，全资（控股）子公司55家，参股公司50余家，员工1万余人。2022年资产规模达1500亿元，营业收入超800亿元。

　　公司累计修建各类公路两万余千米，其中高等级公路上万千米，大型桥梁三千余座，特长隧道两百余座，遍及国内27个省、自治区、直辖市。承建了四川省近一半高速公路，长江上游三分之二大型桥梁。公司在深水大跨径桥梁、复杂地质特长隧道、高速公路路面施工等领域具有全球竞争力，代表工程有世界山区峡谷第一高塔、世界第二跨径的悬索桥——赤水河红军大桥；世界第三、国内第二长的公路隧道——米仓山隧道；世界最大跨径悬索桥——土耳其恰纳卡莱大桥等。多次获得"国家科技进步奖""鲁班奖""詹天佑奖""古斯塔夫·林德撒尔奖""菲迪克奖"等国内外行业顶级奖项。公司是中国重要的对外工程承包商，海外工程遍布非洲、欧洲、亚洲、大洋洲的13个国家，海外市场份额累计达20亿美元。位列2022年国际承包商第212位、全球承包商第55位。

雅西高速荣获"第十七届中国土木工程詹天佑奖"，被誉为"云端上的高速""中国最美高速"。

浙江舟山西堠门跨海大桥——全长2588米，主跨1650米的钢箱梁悬索桥，跨径居中国第一、世界第二，被誉为"神州第一桥"，2009年12月建成通车。

米仓山隧道是巴陕高速控制性项目，全长13.8千米，是四川省最长、国内第二长、世界第三长的公路隧道，2018年8月9日建成通车。

大渡河大桥林德撒尔奖

国家科学进步奖

国家优质工程奖

詹天佑土木工程大奖

公司场景图

鲁班奖

菲迪克

古斯塔夫·林德萨尔

土耳其1915恰纳卡莱大桥位于土耳其恰纳卡莱省，大桥跨越土耳其马尔马拉海西端的达达尼尔海峡，连接欧亚两洲，为双塔三跨悬索桥，桥梁主跨长度2023米，全桥钢箱梁总长3563米，是世界上主跨最长的桥梁，于2022年3月建成通车。

# 立业集团

*正直做人 诚信立业*

## 集团简介

深圳市立业集团有限公司（以下简称立业集团），创建于1995年，注册资本100亿元，总部位于深圳，是一家持续稳健发展的综合产业控股集团。

长期以来，立业集团始终以远见洞察时代变革，奉行"正直、忠诚、专业"的理念，脚踏实地，以开阔的胸襟和恢弘的气度为员工创造事业舞台，激发企业发展活力；以市场为导向、价值为目标、实业增值经营为手段，不断超越自己。

二十余年发展过程中，立业集团坚持"产业+金融"的发展模式，致力于打造多个具有领先地位的发展平台，主要涉及的领域有电力设备制造、新能源、化工、生物医药、金融服务、供应链等。目前集团控、参股子公司已超百家，旗下拥有华林证券、立业电力变压器、立业电子、精进能源、西藏能源等一系列国内优秀企业；同时，立业集团参股了微众银行（第2大发起股东）、深创投（第5大股东）、中国平安等知名企业，形成"覆盖全国，辐射海外"网络布局。

**1995年** 成立　　**100亿元** 注册资本

- 500强中国企业
- 500强中国品牌
- 总部优秀企业
- 十佳投资机构

## 创始人简介

林立先生始终秉承"正直、忠诚、专业"的经营理念，带领立业集团稳健发展，旗下已拥有电力设备制造、新能源、化工、生物医药等众多实体产业及华林证券等金融企业；此外林立先生还担任深圳市第五届人大代表，深圳市第三届、第四届政协委员，深圳市深商总会副会长，深商公益基金会主席，广东省客家商会常务副会长，同心俱乐部副主席等。

在带领企业发展壮大的同时，林立先生坚持弘扬"服务国家、回馈社会"的企业家精神，热心公益慈善事业，践行企业社会责任。多年来，林立先生以个人和公司名义累计捐款捐物数亿元，获得了"2017年杰出企业社会责任奖""2018年度扶贫突出贡献奖""2019年脱贫攻坚荣誉证书""2020年度扶贫成果奖""广东省抗击新冠肺炎疫情重要贡献民营企业"等荣誉。

**■ 林立**
深圳市立业集团有限公司　创始人/董事长
华林证券股份有限公司　　董事长
金融学博士

# 产业布局

## 精进锂能板块

精进锂能依托锂能领域的技术和资源积淀，联合行业知名合作伙伴，在锂电池全产业链进行深度布局，将在储能+动力领域重点发力，为市场提供优质的锂能解决方案。

旗下公司：精进能源、强能锂电、立业锂矿

## 立业阳光板块

立业阳光通过整合集团旗下资源，从变压器、逆变器到光伏电站进行完整的产业链布局，并联合行业知名合作伙伴，在西藏、新疆、青海等地开展综合光伏工程业务，在服务"双碳"目标落地，推动能源清洁低碳转型中担当作为。

旗下公司：立业电力、立业电子、西藏能源

## 立业健康板块

立业健康旗下产业包括立业制药、立业生物、祥牛牧业、厚德医院等，在创新中积聚前行力量，旨在打造综合性、全方位的健康产业，共同推动行业创新发展。

旗下公司：立业制药、立业生物、祥牛牧业、厚德医院

## 智慧集采板块

智慧集采作为集团旗下科技型集中采购业务单元，正在构建中国300个城市的服务网络，业务覆盖建材、芯片、有色金属、煤炭、农副产品、IT、通信、快消品等领域的综合供应链管理。

旗下公司：立业供应链科技、立业有色金属

## 综合金融板块

立业集团深度布局金融领域，按照银行、保险、证券、投资等业务线，专注金融科技相融，助力实业可持续发展，打造综合型金融控股平台。

旗下公司：华林证券、参股微众银行、深创投、中国平安

---

立业集团将秉承新时代"立德、立功、立言"精神

树商业文明之德，建服务实体之功，立企业公民之言

携手产业伙伴，深耕实业，共享成长

打造行业领先的多元产业发展平台，成就一流综合产业控股集团的战略目标

# 淮河能源控股集团

　　淮河能源控股集团由煤起家，最早发端于1897年建矿的淮南煤矿，中华人民共和国成立后曾是全国五大煤矿之一，素有"华东煤都""动力之乡"的美誉。企业前身为成立于1950年的淮南矿务局，1998年改制为淮南矿业集团，2018年安徽省委、省政府批准成立淮河能源控股集团。

　　"沧桑百年、只争朝夕"。历经百年，淮河能源控股集团逐步发展成为以煤炭、煤电、清洁能源为主，技术研发、金融、物流等多产业协调发展的企业集团，是全国14个亿吨级煤炭基地和6个大型煤电基地之一，是安徽省煤炭产能规模、电力权益规模最大的企业，是华东和长三角区域重要的能源保障基地，是区域煤炭安全供应"主力军"，占安徽省煤炭保供任务的60%。

**顾桥矿：**
　　国家首批智能化示范矿井、全国循环经济示范矿井、全国煤炭工业特级安全高效矿井，实现了煤炭、伴生资源和工业三废综合开发与利用的内部循环，形成经济发展与环境保护协调统一的顾桥循环经济工业园

**潘集电厂：**
　　坑口煤电一体化电厂典范，国家《长三角区域能源一体化高质量发展规划》及安徽省"十四五"规划、安徽省重点调度项目

"始于需求，成于实干，终于满意"。集团现有现代化大型矿井11对，产能7790万吨/年，平均单井产能708万吨/年，井工开采单井规模全国第一；建成国家级、省级智能化示范煤矿5对、智能化采掘工作面40余个；瓦斯地面治理技术取得突破，煤层气单井日产气量最高超过6000方。拥有控股、参均股电厂30座，电力装机规模4365万千瓦，权益规模2145万千瓦，行业首创"大比例交叉持股"煤电联营模式，获得国家发展改革委高度认可并推向全国，成功促成"皖电东送"国家能源战略实施，机组占"皖电东送"机组规模的72%。主动落实国家"气化长江"战略，建成国内首座长江内河LNG（液化天然气）接收站，参股江苏滨海LNG接收站及配套苏皖管线全面投运。

"强国之梦，淮河之能"。面向未来，企业将以习近平新时代中国特色社会主义思想为指引，立足新发展阶段、贯彻新发展理念、融入新发展格局、推动高质量发展，加快建设"绿色、清洁、和谐、美丽、安全、高效、智慧、低碳"新时代现代新型能源集团。到"十四五"末，建成长三角地区首个亿吨级煤炭企业；电力权益规模达到3000万千瓦时；清洁能源发电规模达到700万千瓦时；LNG贸易量达到40万吨，年管输量达15亿方。

**唐家会矿：**
全国煤炭工业特级安全高效矿井，全国第一批一级安全生产标准化矿井，内蒙古首批智能化示范矿井

**丁集矿水面光伏：**
"水面光伏+采煤沉陷区综合治理"项目，工程装机容量200兆瓦，项目全寿命周期内相当于节省标准煤约164.93万吨

**芜湖LNG：**
落实国家"气化长江"战略布局首座内河LNG接收站，是长三角地区重要的能源基础设施，安徽省主要调峰储存设施、重点气源工程

**矿井岩巷用盾构机：**
合作研发矿用直径2.5米、3.5米、4.5米、5.5米全断面系列盾构机，4.5米盾构机实现月度掘进进尺626米，屡次打破全国纪录

# 稻花香：品质铸就民族匠心品牌

稻花香集团董事长，稻花香酒业公司董事长、总经理  蔡开云

稻花香集团（以下简称稻花香）坐落于举世瞩目的长江三峡大坝东侧，水电之都宜昌市东大门——夷陵区龙泉镇，三面环山，一面靠水，气候温和，是天然的酿酒之地。作为全国农业产业化重点龙头企业，稻花香始终秉持"为美好生活酿美酒"的使命，坚守质量根基，专注品质提升，为消费者提供美好的品质体验。

## ▶ 树立大质量观，夯实精细管理"主阵地"

"市场是海、质量是船、品牌是帆，我们应该像爱护眼睛一样，坚决守护好产品质量。"稻花香集团董事长，稻花香酒业公司董事长、总经理蔡开云表示。

近年来，稻花香将"追求卓越"作为高质量发展目标，牢固树立"大质量观"理念，践行"质量为基石、管理铸精品、科研创能力、匠心酿美酒"的质量战略；狠抓过程质量控制，严控粮食检验关、量质摘酒关、分级入库关、酒体品评关、产品包装关、出厂检测关"六大关口"，由此造就了稻花香的独特品质。

## ▶ 创新特色实践，引领质量管控"实验室"

在提升品质、严控质量、保障消费者舌尖上的安全上，稻花香探索并形成了两项质量管理特色实践："1+1+N"

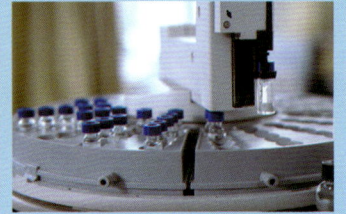

标准化管理模式、"四全"食品安全管控模式，覆盖了从一粒粮到一瓶酒再到消费者的全生命周期质量管控。

"1+1+N"标准化管理模式，实现覆盖白酒产前、产中、产后的标准化管理。该模式入选2020年湖北省工业化质量标杆榜单，全省仅有10项典型经验入围。"四全"食品安全管控模式，即全组织责任机制、全过程体系管控、全覆盖风险管控、全方位管控关口，进一步落实主体责任，细化管控措施，严守安全底线。

## ▶ 响应市场需求，抢占消费升级"制高点"

2018年，蔡开云提出，要"以消费者为中心"，树立"为消费者服务"的理念。

从消费升级角度出发，稻花香确立"131"战略目标，构筑清样、活力家族、珍品一号等中高端产品矩阵，实现产品升级、市场升级，让全国广大消费者品味荆楚美酒。

着眼消费差异化需求，稻花香全国首创蠢香型白酒生产工艺，取得2项发明专利、9项实用新型专利。由此推出的蠢香原浆、山水风系列产品，兼具清香酒的清爽淡雅、酱香酒的丰满细腻、浓香酒的绵甜净爽，一品三香，自成一格，成为中国蠢香型白酒定义者。

## ▶ 聚焦数字经济，用活智能制造"倍增器"

近年来，稻花香加快转型升级步伐，探索在白酒传统产业链中应用数字化、标准化、智能化技术，加快企业高质量发展步伐。

稻花香上线制曲自动控制、原粮粉碎自动控制、酿酒生产自动控制、白酒勾调自动控制、全域在线监控五大控制系统，开展数字化制曲综合控制系统、白酒酿造车间无线温度监测系统开发，持续增强数字化能力建设，力推传统酿造向智慧酿造迈进。

未来，稻花香将以"高质量发展"为战略方针，牢固树立"以消费者为中心"的经营理念，坚定"竞争拼抢"的奋斗意志，深入实施"两大战略"，扎实推进项目建设，着力打造智慧工厂，加快传统产业数字化转型步伐，助力中国白酒行业振兴。

集团地址：湖北省宜昌市夷陵区龙泉镇　　服务热线：400-895-9999

# 九龙江集团

九龙江集团是漳州市国资委确定的国有资本投资公司。注册资本金40亿元，资产总额超1200亿元，年融资能力超600亿元，是福建省同时取得境内主体评级AAA、境外评级BBB+的国企，中国500强企业。

集团定位以资本投资为核心，资本运作与产业投资双轮驱动，重点服务漳州市古雷开发区、高新区及市委、市政府战略或重大专项计划。主要业务为产业投资、资本运作、供应链运营及片区开发四大板块，产业布局涉及石油化工、生物制药、智能制造、文旅康养、数字信息、类金融等领域。旗下拥有8家二级集团，其中有片仔癀（600436）、龙溪股份（600592）两家上市公司，参与福建古雷炼化一体二期、福建中沙乙烯、福海创等石化产业链实体投资；持有兴业银行、兴业证券、华福证券等多家银行、券商股权；与三十几家金融机构、券商建立战略合作伙伴关系，致力于提升国有资本控制力、影响力和抗风险能力，做强做优做大国有资本，打造国内一流的国有资本投资集团。

九龙江集团片区开发配套设施——漳州古雷港经济开发区重件码头泊位

九龙江集团控股上市子公司——福建龙溪轴承（集团）股份有限公司关节轴承应用遍及航空航天、高铁动车、载重汽车、工程机械、风电光伏、水电工程、冶金装备、轮船舰艇等战略性新兴产业与高端传统产业

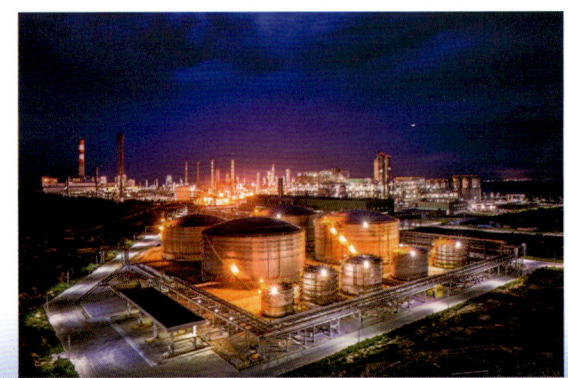

九龙江集团产业投资——福建福海创石油化工有限公司项目

# 武汉城建集团
## WUHAN URBAN CONSTRUCTION GROUP

集团总部大楼照片

武汉图书馆新馆效果图

中央云城项目效果图

右岸大道开启桥效果图

近年来，武汉城建集团坚持市场化方向，狠抓体制改革，强化机制创新，不断提高生产经营能力，主要经济指标同比稳步增长，高质量发展取得新突破。2022年，武汉城建集团营收达到581亿元，利税总额近亿元。

作为市场化的大型企业，武汉城建集团立足武汉主阵地，积极拓展长三角和珠三角重点城市，各产业板块竞相发展，综合开发进入广州等区域市场，建筑施工、园林生态、设计咨询等布局20多个省、市，高品质的产品和服务得到市场高度认可，连续3年夺得房地产销售武汉市场武汉第一，连续19年入选全国房地产综合实力百强，荣获2022年中国房地产城市更新优秀企业，排名2023全国房地产百强第26位。

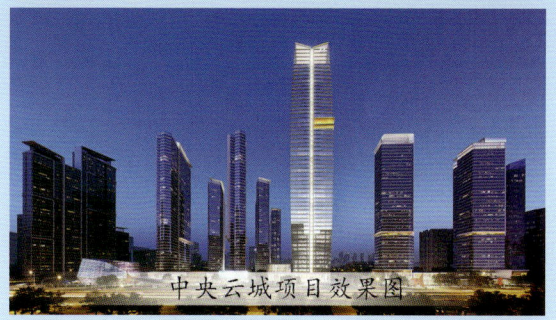

武汉广电全媒体中心效果图

武汉市首个城市更新项目绍兴片项目效果图

武汉市首个集中新建的保租房项目 武汉城建·都市丨泊寓开业满租

作为武汉市功能性平台，武汉城建集团始终秉承"工匠精神"，高标准、高品质服务城市建设，创新城市更新新型投资模式，推动城市更新重点项目取得突破，组建安居集团高标准打造保租房项目，为新市民、青年人和"留汉人才"提供住房保障和服务，先后组织建设琴台美术馆、武汉中心书城、国家网安基地、新市委党校、武汉图书馆新馆、和平大道等重大项目，打造了一批城市地标和城市名片，多个项目荣获"鲁班奖""国优奖"等国家级奖项，在武汉街头每5分钟就能看到武汉城建集团的作品。

立足新起点，扬帆新征程。武汉城建集团正大力开展"对标一流、推进高质量发展"行动，坚持市场化发展方向，深化体制机制创新，不断提高生产经营能力，持续提升产品和服务品质，加快向城市综合运营服务商转型，力争"十四五"末营收过千亿元、中国企业500强大幅进位，为武汉在湖北建设全国构建新发展格局先行区中当先锋、打头阵、担当主力军贡献城建力量。

武汉园博园

山东金岭集团有限公司董事长　赵曰岭

山东金岭集团有限公司总裁　赵栋

# 金岭集团
## JINLING GROUP

### 一、企业基本情况

山东金岭集团有限公司（以下简称金岭集团）是一家以化工新材料、热电能源、地产开发、餐饮服务为主导产业的大型企业，是中国企业500强、中国制造业企业500强、中国化工企业500强、山东省企业100强、山东省海洋产业民营企业10强，荣获"国家级高新技术企业""国家火炬计划盐化工特色产业基地""中国优秀企业""中国AAA级信用企业""山东省质量竞争力百强企业""首届东营市功勋企业"等多项荣誉称号。

### 二、企业转型升级、高质量发展情况

多年以来，金岭集团立足渤海湾丰富的原盐资源优势，不断推动科技创新，优化产品结构，拉长产业链条，发展循环经济，促进转型升级，实现了企业的持续、快速、健康发展。现已形成年产烧碱140万吨、甲烷氯化物80万吨、苯胺40万吨、环氧丙烷30万吨、双氧水30万吨、有机硅及配套产品20万吨的生产规模、热电装机容量达45万千瓦，成为全国最大的烧碱、苯胺、甲烷氯化物生产基地之一。

为加快推进转型升级，提高发展质量，金岭集团成立山东省氯甲烷材料工程技术研究中心，研发转化了一批高科技项目；并引进消化国内外最先进的高新技术，抢占行业技术制高点；积极实施技术创新，不断淘汰落后产能和工艺技术，获得200多项专利；投巨资与用友网络合作开发NC-ERP项目，全面实施财务业务一体化、客户和供应商协同化、生产与管理对接数字化的现代化信息管理，建立电子采购平台、优化业务流程，实现了整个集团公司人财物的统一管理。

在今后的发展中，金岭集团将抢抓经济发展新常态带来的机遇，立足海洋产业领域，集中产业优势，促进产业结构调整和优化升级，坚持科学发展、创新发展、绿色发展，树立新理念，构建新格局，创造新作为，推动企业持续快速高质量发展。

热电生产装置

山东省氯甲烷材料工程技术研究中心

新材料公司鸟瞰

富强新材料生产区

DCS控制中心

金岭化工生产装置区

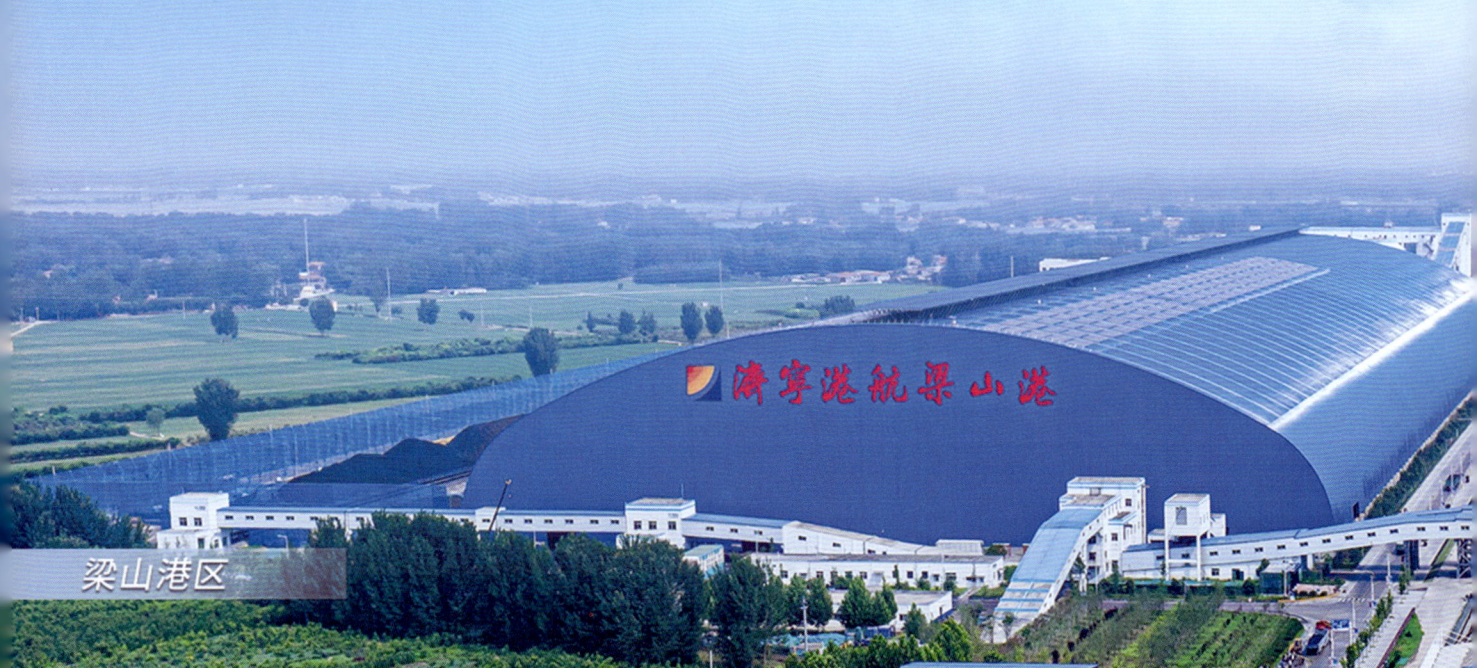

# 济宁能源发展集团有限公司
## JINING ENERGY DEVELOPMENT GROUP CO.,LTD.

济宁能源发展集团有限公司（以下简称济宁能源）是济宁市属国有独资企业，资产突破400亿元，职工1.5万人。目前主营**现代港航**、**物流贸易**、**能源产业**和**高端制造**四大产业板块，拥有全资、控股、参股公司100余家，从业人员1.5万人。2022年销售收入突破**576亿元**，年末资产总额突破**332亿元**。位列中国煤炭企业50强**第32位**，中国物流企业50强**第22位**，中国能源（集团）500强**第137位**，主体信用等级AA+。

2023年上半年，实现港口集疏量**1780万吨**，集装箱运营**7.6万标箱**，是上年同期的**3.7倍**，助力济宁港吞吐量跃升至**全省港口第4位**、稳居**内河港口首位**；14个项目入列《山东省加快内河航运高质量发展三年行动方案》；5个项目入选山东省重大项目。全国范围内率先将海港理念全面引入内河，打造全国第一家常态化运行无人智能水平运输内河港口龙拱港，入选交通强国山东示范区试点工程；梁山港区入选全省试点工程；多项数据指标位居全国内河港口前列。

济宁能源紧跟市委市政府决策部署，重新定位、高点谋划，确立了"12326"战略布局，即围绕"**打造国内一流的综合能源集团和大宗商品供应链集成服务商**"这一目标，**延伸煤电和港航2大产业链条，做强能源、港航运营和物流贸易3大产业，做优高端制造和金融服务2大增值产业，重点打造6大百亿级园区**。近两年，集团公司的营收和利润指标连续逆势翻番增长。

| **576** | **332** | **32** | **22** |
|---|---|---|---|
| 2022年销售收入突破（亿元） | 2022年年末资产总额突破（亿元） | 中国煤炭企业50强第32位 | 中国物流企业50强第22位 |

梁山港区

## JINING ENERGY DEVELOPMENT GROUP

### 面向未来

济宁能源建设亿吨大港，发展亿吨物流，培育千亿产业，
努力拓展区域化产业发展的承接平台，
布局**晋陕蒙、长三角、珠三角、闽三角、香港**
及**新加坡**等国内外贸易交易中转基地，
使济宁能源的产品和贸易**走出国门、奔向世界**，
打造**立足济宁、领航运河、辐射全国、联通世界**的千亿级集团。

- 济宁能源总部
- 龙拱港区
- 江北现代粮食物流园
- 阳城煤电
- 海纳科技
- 美豪酒店

现代港航 | 物流贸易 | 能源产业 | 高端制造

# 优合产业

智慧冷链综合体概念图

　　优合产业有限公司（以下简称优合产业）在广东深圳成立，现已发展成为集进口清关、冷链仓储物流、大数据服务、食品安全监管、资金配置、供应链服务、行业SaaS（软件运营服务）为一体以数字科技驱动的综合型服务企业。为客户提供"商流、信息流、物流、资金流"四流合一的高品质服务，以"打造全球农业产业互联网平台"为目标，以"构建全球食品保障体系"为理念布局全球，形成从海外工厂到零售终端的农产品供应链生态闭环。

　　优合产业深耕进口温控食品行业，持续扩张业务规模，通过全球化治理体系高效整合了海内外农产品等产业生态资源，大大提高了国内企业在国际农产品领域的发声权，进一步提高"统一大市场"的输入输出节奏，加快国内外农产品领域"买全球、卖全球"效应，做到供需两侧的贸易平衡。

　　现全球已经进入产业链多元化和高质量发展的新时代，因此企业进行数智化转型是时代趋势，也是企业能进一步发展的必要条件。"以创新引领，科技驱动"是优合产业的信念，对此优合产业基于人工智能、大数据、云计算、区块链、物联网等在内新兴数字技术打造了全球数智化供应链体系，解决了传统供应链中成本高、信息不对称、环节不透明、流程不标准、管理不高效等痛点问题，实现了供应链的全环节追踪和可见、可控、可信。

深圳办公区照片

优合产业积极延伸产业上下游服务能力并充分发挥自身信息科技优势，在国内外主要区域（农产品产地、流通消费所在地、生产加工所在地）布局投资建设"智慧冷链综合体"项目，旨在通过"智慧冷链综合体"做到供应链扁平化、产业现代化、运营统一化、监管透明化、管理智慧化、服务场景化等功能。

作为进口温控食品供应链服务行业的领头企业，优合产业始终秉持"以客户为中心，以奋斗为根"的宗旨。优合产业立足大湾区，服务全国，致力于提升产业链供应效率，降低企业运作成本，帮助众多上下游中小企业实现可持续发展。展望未来，优合产业将继续致力于供应链现代化建设，与各方携手推动行业转型升级，为人民群众提供优质高效的服务。

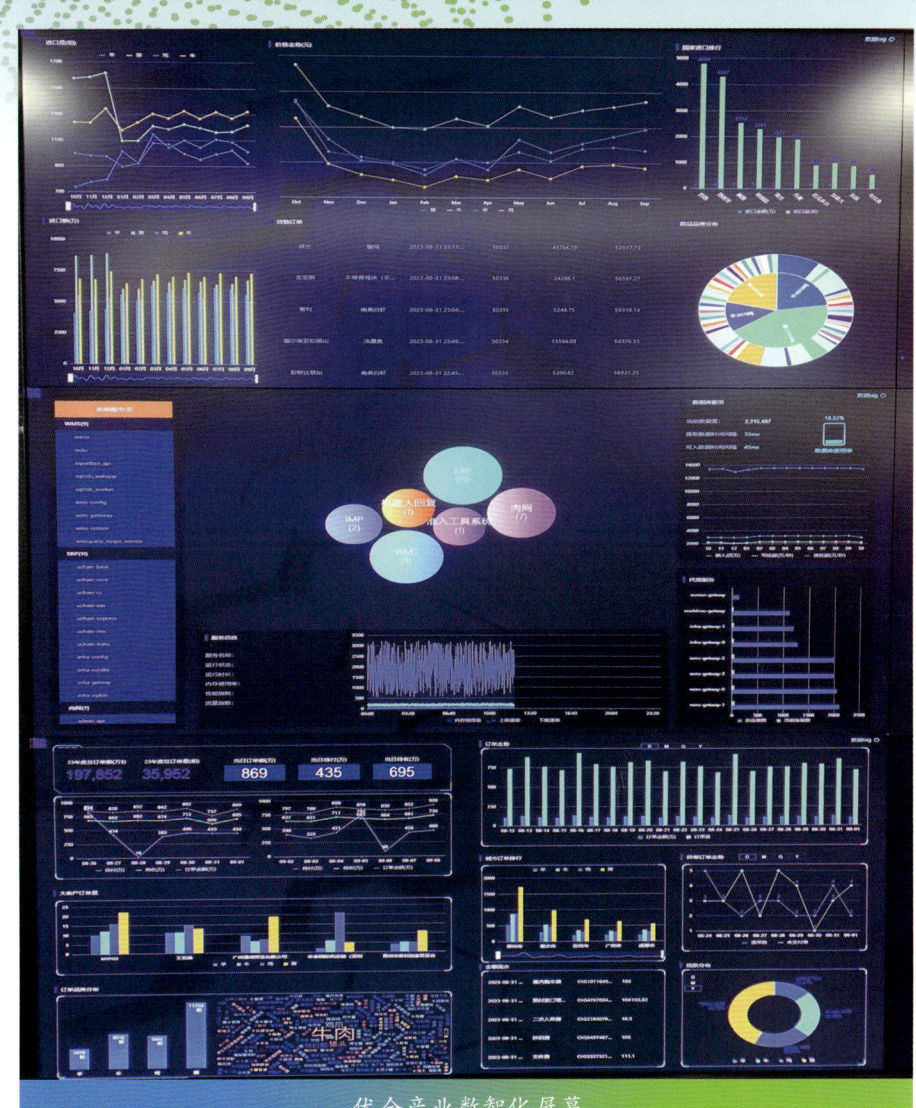

优合产业数智化屏幕

冷库照片

库内照片

# 陕西交通控股集团有限公司

华夏龙脉雕塑群　　　　高速风光

## 公司简介

陕西交通控股集团有限公司（以下简称陕西交控集团）成立于2021年1月30日，是省政府出资设立的大型国有独资企业。公司注册资本500亿元，经营范围涵盖交通基础设施勘察设计、投资、建设、运营，交通运输、航空货运、商贸物流，交通科技、咨询、监理、检测，交通金融，交通关联产业综合开发等。

陕西交控集团现有员工2.75万人，高级职称1747人，正高级职称161人。总资产5737亿元，养管公路里程6535千米，其中高速公路5736千米，占全省的近90%。主体信用评级为AAA级，银行授信额度6474亿元。总部内设12个部门，下辖公路运营、交通建设、产业发展、交通投资、交通服务、市政路桥、交通科技、航空货运8个二级板块，93个三级单位。重组后，连续两年荣获省属企业目标责任综合考核A级和经营业绩优秀企业，并获得省国资系统"提质增效奖""深化改革奖"，入围中国服务业企业500强。

陕西交控集团拥有施工总承包特级资质1项，公路、市政、建筑等施工总承包及专业承包一级资质76项，工程勘察综合甲级2项及设计、监理甲级资质20项。建成"新一代人工智能技术应用研发中心""卫星技术交通运输行业研发中心"等省部级科研平台11个，主编、参编国家级和省部级标准157项，拥有专利570项。获得"国家科学技术奖"11项，其中秦岭终南山隧道关键技术荣获"国家科技进步"一等奖。获得"国家优质工程奖"8项、"詹天佑奖"3项、"李春奖"3项、"长安杯"6项和"省部级科学技术奖"180项。先后荣获全国文明单位7个、省级文明单位37个、全国"'五一'劳动奖状"2个、全国"工人先锋号"5个等国家和省部级荣誉共280余项。

改革开新局，陕西交控集团将实施"以路为本、创新驱动、产融结合、综合开发"的发展战略，遵循"讲团结、顾大局，善合作、树正气，出业绩、惠职工"的工作方针，到"十四五"末实现"7783"战略目标，总资产突破7000亿元，运营公路突破7000千米，营业收入突破800亿元，利润总额突破30亿元，挺进中国企业500强，实现科技板块整体上市，打造"西部领先、全国一流"具有竞争力的交通投资建设运营综合服务商。

院士工作站揭牌　　　　子午服务区

陕西交控集团挂牌成立

陕西交控集团全力以赴为中国——中亚峰会提供安全优质交通服务保障

太白至凤县高速公路建成通车

汉中二门村石料矿

京昆改扩建渭河特大桥

# 金雅福集团 KINGHOOD GROUP | 中国企业500强

- 中国企业 **500强**
- 中国民营企业 **500强**
- 2022年营业额突破 **528** 亿元

金雅福集团创立于2006年，总部位于深圳，是以黄金珠宝全产业链、智慧供应链服务、产业投资、数字科技和文化创意等业务为主的大型综合产业服务商。2022年营业额突破528亿元，已连续四届荣获中国企业500强，连续五届荣获中国民营企业500强，2022年位列中国民营企业500强第194位，并获评"全国供应链创新与应用试点企业""国家高新技术企业"等。

金雅福集团坚持"文化+科技"赋能产业发展战略，深耕黄金珠宝全产业链，持续推动行业创新和参编行业标准，探索传统行业高质量发展和转型升级路径。目前已成熟建设黄金珠宝行业四大智造中心和两大文创展馆、两大黄金研究院，已成为100多家银行准入供应商及优秀合作伙伴，并同步开拓黄金回收、黄金定制等行业新零售创新增量市场。

金雅福集团坚持粤港澳大湾区发展战略，重点聚焦"9+2"城市数字智造、时尚文创、工业互联网等产业集群，目前运营、建设五大产业园区，覆盖深圳、佛山、中山、东莞等城市，助力湾区产业高质量发展。

未来，金雅福集团将以"引领产业生态，共创智慧生活"为使命，持续推进各大业务板块协同发展，打造科技化、数字化、国际化、高质量发展的大型综合产业集团。

- 黄金珠宝全产业链
- 智慧供应链
- 产业投资
- 数字科技
- 文化创意

# HWHG
宏旺控股集团 HONGWANG HOLDING GROUP

实现共同梦想
**DREAMS FOR ALL**

# 宏旺控股集团介绍
# ABOUT HONGWANG

宏旺控股集团（以下简称宏旺）是专业生产冷轧不锈钢、硅钢卷板和配套精加工产品的企业集团，公司获评"中国不锈钢行业先进企业"称号，相关子公司为国家高新技术企业，产品品牌荣获"中国驰名商标"称号，产品被评为"中国不锈钢行业名牌产品"，产品质量荣获"质量诚信放心单位"。

以创新发展新思维推动产业的变革与升级。宏旺从2005年国内第一家宽幅冷轧卷材民营企业，2012年打造国内第一条不锈钢五连轧及配套连续退火酸洗机组，到2019年建成国内冷轧不锈钢行业开创性"智能化"机组，其智慧工厂的成功建设实现了全工厂集中控制，产线"无人化"运行。

基于多年冷轧不锈钢的产业积累与技术创新，宏旺首次向行业推出了整卷镜面、整卷PVD真空镀膜、纳米无指纹、整卷抗菌、耐磨、耐候等功能型不锈钢核心产品，始终不断探索彩钢领域的巅峰，实现了彩钢行业的又一次革新，完成了全球彩色不锈钢制造，从技术跟随者到技术引领者的华丽转身！

在"双碳经济"的背景下，宏旺紧抓产业发展的新风口，在不断稳固不锈钢产业的人才、技术、区域布局与规模化优势的基础上，大力发展硅钢冷轧及配套铁芯、电机制造，在硅钢领域稳扎稳打、持续发力，逐步实现高品质、高效率、低成本的规模化制造能力。

敢于担当行业发展先锋。宏旺正在打造研发实验室，建设产学研博士工作站和高标准的行业材料检测中心、不锈钢应用展示中心，责无旁贷地推动建立不锈钢表面加工标准，助力产品成为行业装饰镀膜领域的典范标杆。同时，借助数字化转型的东风，宏旺将充分利用数字化平台优势，在各个领域优化管理机制、提高流程效率、提升管理效能、加强人才培养，进一步增强核心竞争力。

未来，宏旺将以"实现共同梦想"的公司愿景，持续为客户创造价值，为员工成长提供平台，积极为产业提升、为经济和社会发展，贡献"宏旺力量"！

**HONGWANG HOLDING GROUP**

**泰丰盛合**

**陕西泰丰盛合控股集团有限公司**成立于2016年，注册资本金5亿元人民币，是集商品贸易、物流运输、实业投资、工程建设与管理、金融服务为一体的大型企业集团，拥有控股公司11家、参股公司3家。公司自成立以来累计实现营业收入1665亿元，上缴税费14.3亿元，为区域经济社会高质量发展做出了积极贡献。

公司始终坚持以习近平新时代中国特色社会主义思想为指导，深入贯彻新发展理念，构建了"贸易+实业+金融"的新发展格局，打造了煤炭、化工、有色金属、机电设备、建筑材料、物流运输六大贸易支柱和海南进出口贸易、宁波进出口贸易、江阴能源化工贸易三大贸易中心，企业高质量发展不断迈上新台阶。公司实业板块在建的重点项目有：投资100亿元在宁夏建设己二腈及下游高端新材料项目；投资40亿元在国家级新区陕西西咸新区建设泰丰盛合

科创产业园项目；投资15亿元在陕西长武县建设乙二胺、甘氨酸生产项目。公司先后荣获"全国信用评价AAA级信用企业""中国煤炭运销卓越品牌""中国甲醇行业优秀贸易商""中国化工物流行业责任关怀优秀企业""陕西省知名品牌企业""陕西省重质量守信誉先进单位"等荣誉，公司党支部荣获四星级党支部、先进基层党组织荣誉。

在"十四五"承上启下的关键阶段，陕西泰丰盛合控股集团有限公司将立足高质量发展战略部署，坚持稳中求进工作总基调，紧紧锚定"三步走"战略规划，以创业创新为动力，以产业结构调整为重点，以提升经济发展质量和效益为目标，加快推进机制革新、管理创新、产业增效、人才兴企、文化聚力等各项工作，全力推动高质量发展，以更加优异的业绩为推进中国式现代化伟大事业贡献民企力量！

晋城太行一号国家风景道

# 山西交通控股集团有限公司
## SHANXI TRANSPORTATION HOLDINGS GROUP CO.,LTD.

"重载水泥混凝土铺面关键技术与工程应用"获"国家科技进步"二等奖

武艺董事长受邀参加山西省国有企业社会责任论坛做主题发言

山西交通控股集团有限公司（以下简称山西交控集团）是山西省委省政府立足深化国资国企改革、优化国有资本布局、培育新的强劲市场主体成立的省属国有企业，2017年11月挂牌，注册资本500亿元，资产总额6135亿元，员工4万余人，现有33个二级子公司、1个上市公司，经营管理收费公路5900余千米，是一个集交通基础设施投资建设、勘察设计、经营管理、养护监理和交通科研于一体的交通全产业链集团。

5年来，山西交控集团始终践行"为兴晋通大道，为富民架桥梁"的崇高使命，全力打造收费公路经营、基础设施建设、路域经济发展"三足鼎立"产业格局。基础设施建设方面：积极创新投资理念，推进品质工程建设，努力当好现代综合交通运输体系建设主力军，累计完成投资2000余亿元，阳蟒高速等5个项目荣获公路交通最高质量奖"李春奖"。收费公路经营方面：聚焦精细管理程度最高、道路管控机制最优、交通管制时间最短、清障救援速度最快、智慧交通信息最强、服务质量评价最好"六最"目标，努力打造"集约畅通、舒适智能、绿色安全"的高速公路服务升级版。路域经济发展方面：紧紧围绕公路产业补链、强链、延链，狠抓存量资产资源盘活利用，积极打造高速公路与新能源、物流仓储、数字经济等12个产业融合发展新

丹河特大石拱桥主跨146米，为世界之最

"中国醋都、葡萄之乡"清徐服务区

路堑边坡治理及光伏发电一体化科研试验段黄寨边坡试点

格局，最大限度激活公路交通全产业链优势。科技创新方面：现拥有省部级科技创新平台28个、高新技术企业20户、专精特新企业16户；高标准建设智慧交通山西省实验室，累计研发投入66亿元，获得国家和省部级科学技术奖81项，"重载水泥混凝土铺面关键技术与工程应用"获"国家科技进步"二等奖。

山西交控集团立足新时代新征程交通企业使命任务，不断提升党建引领力、改革推动力、创新驱动力，奋力推进质量效益型、责任担当型、数字效能型、路产融合型、活力高效型、科技引领型等"六型一体"高质量发展。

浮山至临汾高速盖家坡大桥施工现场

公路不锈钢护栏生产线

# 国宏投控集团

## 公司简介

洛阳国宏投资控股集团有限公司（以下简称国宏投控集团）成立于2013年6月19日，是洛阳市面向工业领域的综合类国有资本投资（运营）公司。十年间，国宏投控集团从创立之初仅有2家所属企业，蝶变为拥有19家二级公司、150家三级公司的大型企业集团；注册资本金从成立之初的1亿元增至100亿元；从几十名员工，发展为上万人的专业团队。

一直以来，国宏投控集团秉承"服务区域发展、提升自身价值"的使命，发挥推动全市传统产业转型升级、培育引导新兴产业和以市场化手段统筹解决国企改革遗留问题"三大作用"。以打造"科技产业、科技服务产业、科技园区产业"为主业，构筑了"产业投资+资本运作+载体建设+项目运营"的立体发展格局。营业收入年均增长55.86%，资产总额年均增长31.42%，净资产年均增长20.46%，上缴国有资本收益年均增长24.07%。荣登国务院国资委"双百企业"榜单，荣列中国企业联合会2023中国企业500强、服务业企业500强，位列"2023年《财富》中国500强"第296位，荣获"中国企业改革发展优秀成果一等奖""河南省先进基层党组织""河南社会责任企业"等荣誉。

作为洛阳市属工业领域投融资平台，国宏投控集团以"挺起洛阳制造业脊梁"为己任，始终把发展的着力点放在推动洛阳市制造业高质量发展上。巩固传统产业基本盘、开辟新兴产业新赛道、抢占未来产业制高点。2022年，国宏投控集团锐意进取，开拓创新，在稳增长、抓产业、求创新、优管理、促改革、强党建方面取得了极为不易的发展成效，资产总额达到781.34亿元，营业收入达到507.87亿元，提前三年完成"双五百亿"目标。

回首过往，国宏人用实干诠释初心，创造了不平凡的业绩。站在新的历史起点上，国宏投控集团将奋力书写转型发展新篇章，为建设现代化洛阳贡献更大国宏力量！

国宏投控集团年中工作会议

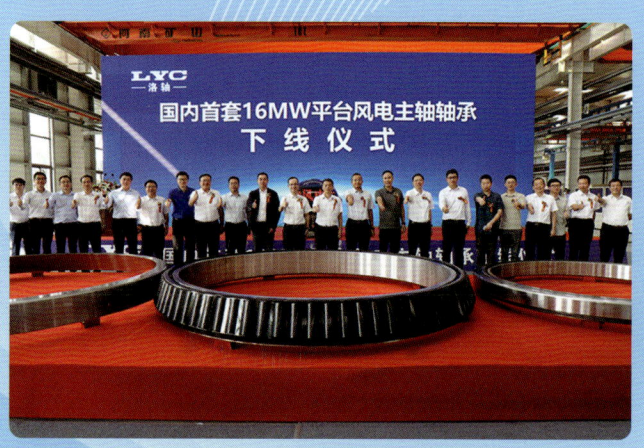

国内首套16MW平台风电主轴轴承下线

洛化宏达工业三苯高端石化项目夜景

洛阳科慧广场

中原表面处理循环经济产业园

国宏智能装备产业园

中原绿色智造产业园

中州时代新能源生产基地

# 彬县煤炭有限责任公司
## BIN COUNTY COAL CO.,LTD.

彬县煤炭有限责任公司（以下简称彬煤公司）肇始于1956年，前身是公私合营与社会主义改造时成立的彬县百子沟煤矿，1998年改制为股份合作制企业，2015年改制为有限责任公司组织形式，公司现有资产总额312亿元，员工5000余人，位居中国企业500强第480位、中国能源集团500强第85位、中国煤炭企业50强第18位、陕西百强企业第13位、陕西民营企业50强第5位、咸阳市第1位。

产权制度改革以来，在各级党委、政府的大力支持下，彬煤公司通过积极实施体制创新、管理创新、文化创新战略，已快速发展成为集煤炭、煤化工、盐化工、商贸物流、电力、建材、金融投资、酒店服务于一体的大型能源化工企业集团，拥有陕西华彬煤业股份有限公司、陕西华彬雅店煤业有限公司、陕西润中清洁能源有限公司等30家控股参股公司。

2022年实现工业总产值437亿元，销售收入491亿元，利税总额75亿元，上缴国家税费16.6亿元。自1998年产权制度改革以来，彬煤公司累计实现工业总产值2141亿元，销售收入2416亿元，利税总额425亿元，上缴国家税费125亿元。向社会公益事业捐款超过1.6亿元，解决社会就业两万余人，带动15万人实现脱贫。公司先后荣获"联合国清洁煤示范和推广企业""全国煤炭工业优秀企业""全国安康杯竞赛优胜企业""中国模范职工之家""全国煤炭行业企业信用评价AAA级信用企业"，中国煤炭工业科学技术一等奖、二等奖，"中国公益明星企业""中国慈善企业""中国最具社会责任感企业""陕西省先进集体""陕西省文明单位""陕西强势品牌企业"等多项荣誉称号。

站在新的历史起点上，彬煤公司将以习近平新时代中国特色社会主义思想为指导，全面学习贯彻党的二十大精神，积极实施产业转型升级战略，加快构建以煤炭产业为基础，以高端精细化工、盐化工为两翼，以新能源、新材料产业为两大增长极，以电力、建材、商贸、物流、金融投资、酒店服务业为六大支撑的"一基两翼两极六支撑"产业发展新格局，促进公司从传统能化生产主导型企业向高端能化创新驱动型企业转型跨越，推动公司全面实现高质量发展。力争到"十四五"末，高质量建成全国一流企业，为区域经济社会高质量发展做出新的、更大的贡献。

领航舵手 何万盈

团结奋进的领导班子

集团大楼

下沟煤矿

## 产业规模

| 煤炭 | 洗精煤 1400万吨/年 |
| 煤化工 | 甲醇 70万吨/年 | 乙二胺及甘氨酸 10万吨/年 | 己二腈 20万吨/年 |
| 电力 | 装机容量 400兆瓦 |
| 盐化工 | 硫酸钾 100万吨/年 | 碳酸锂 1万吨/年 |
| 商贸 | 贸易额 500亿元/年 |
| 建材 | 商混 60万立方米/年 | 水泥 60万吨/年 |

蒋家河煤矿

陕西华彬雅店煤业有限公司

陕西润中清洁能源有限公司

彬县华彬精煤有限公司

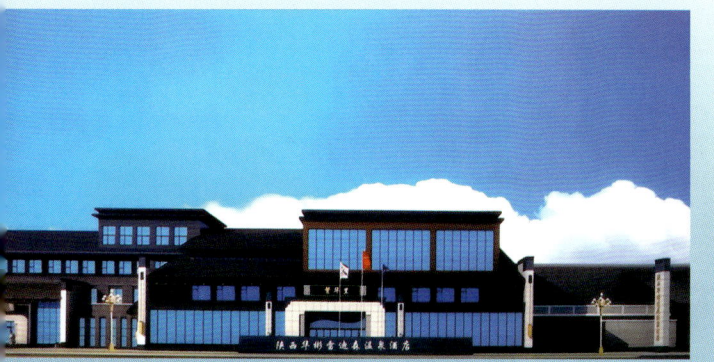

陕西华彬雷迪森温泉酒店

咸阳天喜建材有限公司

# 洋河股份
## YANGHE

江苏洋河酒厂股份有限公司，位于中国白酒之都——江苏省宿迁市，总占地面积10平方千米，下辖洋河、双沟、泗阳、贵酒、梨花村五大酿酒生产基地和苏酒集团贸易股份有限公司，是中国白酒行业拥有洋河、双沟两个"中国名酒"和两个"中华老字号"、六枚中国驰名商标、两个国家4A级景区、两处国家工业遗产和一个全国重点文物保护单位的企业。公司坐拥"三河两湖一湿地"，所在地宿迁与法国干邑白兰地产区、英国苏格兰威士忌产区并称"世界三大湿地名酒产区"。

公司拥有深厚的历史文化底蕴。洋河酿酒始于汉代，兴于隋唐，隆盛于明清，曾入选清朝皇室贡酒，素有"福泉酒海清香美，味占江南第一家"的美誉。双沟因"下草湾人""醉猿化石"的发现，被誉为是中国最具天然酿酒环境与自然酒起源的地方。泗阳酿酒源于秦汉时期的泗水古国，曾为大汉贡酒。贵酒是贵州省属酱香型白酒酿造企业，传承400年手工酱酒工艺，具有悠久的酱香白酒生产历史。

从开创"绵柔"品类到引领行业变革，从产值数亿元到数百亿元，从大工厂到大花园再到大景区的厂区建设，公司将"基业长青"的企业梦与"伟大复兴"的中国梦紧密相连。特别是近年来，公司紧紧围绕"高质量发展"这"一大主线"，以"深化改革"和"梦想文化"为"两大引擎"，以"渠道向下扎根、品牌向上攀登、组织向阳而生"为"三大驱动"，以品质主义、长期主义、利他主义、价值主义"四大主义"锚定高质量发展方向，聚焦绿色发展、智改数转、品质创新、业态融合、公益担当"五大领域"持续发力，坚定推进"双名酒、多品牌、多品类"发展战略，全面深度融汇员工成长梦、企业发展梦、伙伴同行梦、酒都腾飞梦和家国情怀梦，构建起新格局新蓝图。

公司党委书记、董事长张联东

洋河酒厂陶坛库

洋河、双沟、贵酒产品图

洋河"技术梦之队"品酒师品酒环节

梦之蓝中央酒区101车间手工班酿造生产

梦之蓝中央酒区101车间手工班酿酒环节

洋河酒厂

## 公司简介

回音必集团成立于2000年8月，其前身是1993年创立于诸暨市的浙江亚东制药，总部位于杭州市，下辖安庆回音必制药股份、齐齐制药、安徽制药、江西东亚制药、抚州制药、东抚制药、亚东制药、华冲科技、浙江天冉中药饮片、浙江医药、芜湖医药、杭州天冉医药、芜湖医药零售连锁、安庆回音必药物研究院、杭州回音必电子商务、诸暨回音必包装等企业。2022年，回音必集团的营业收入为273.4亿元。

公司成立以来，以高标准布局医药生产，不断完善提升产业结构。1999年1月，公司在浙江首家、全国第三家整厂动态通过药品生产国际标准的GMP（良好生产规范）认证。现拥有大容量注射剂、小容量注射剂、化学药制剂、化学原料药、中成药、中药饮片、医药包装七大生产基地，共有药品生产线26条，生产的剂型药品13个，拥有生产品种164个，231个批准文号，17个独家品规和剂型，国家中药保护品种3个，国家医保目录品种77个，国家基药目录品种40个。

2020年年初，在抗击新冠疫情的斗争中，集团生产的5%碳酸氢钠注射液、1%葡萄糖酸钙氯化钠注射液成为卫健委新冠肺炎治疗方案中维持人体水电解质平衡的重要药物，被列为《新型冠状病毒肺炎防控首批药品储备清单》，集团立即召回员工，做出了春节不放假的决定，加班加点生产抗疫药物确保全国临床一线的急救用药需要。企业先后受到《人民日报》、新华社、中央电视台和江西、安徽、浙江电视台等国家媒体的关注报道，央视《新闻联播》五次

回音必集团大厦

回音必制药股份

回音必东亚制药

回音必安徽制药

回音必齐齐制药

报道了回音必集团加班生产抗疫药品的新闻，被工信部确定为国家第一批新冠疫情防控重点保障企业。2021年，回音必集团被评为中国制造业企业500强、浙江省制造业百强和浙江民营企业200强。2022年，回音必集团被评为中国制造业企业500强、浙江省民营企业100强和企业信用评价AAA级信用企业。

董事长王大冲同志曾被人民日报社、民政部授予"全国优秀转业退伍军人"称号，2014年荣获中华全国总工会、国家安全生产监督管理总局授予的"安康企业家"称号，2017年被评为"浙江省优秀企业家"，2021—2022年度被评为"全国优秀企业家"。回音必集团将继续秉承"但愿无病人，不可无爱心"的企业宗旨，为人民的健康事业做出自己不懈的努力。

回音必东抚制药

回音必亚东制药

回音必浙江医药

智能化包装生产全自动物流线

博汇集团全景俯瞰图

# 博汇集团
## BOHUI GROUP

金光集团APP（中国）旗下企业

**山东博汇集团有限公司**（以下简称博汇集团）始建于1991年，经过30多年的发展，现拥有山东、江苏两大生产基地，旗下拥有十余家子公司，是集造纸、化工、热电生产、销售、研发于一体的现代化大型企业集团。

博汇集团作为金光集团APP规划未来三十年跨越发展的重要载体，在集团林浆纸和化工一体化的战略牵引下，以碳中和、碳达峰目标为引领，深入实施绿色制造，率先开启数字化战略转型，推动实施精益化管理项目，在"以人为本、四轮驱动"的融合创新中，步履不停，不断完善造纸产业链，实现上下游协同发展，全力推进造纸、化工等项目建设，使博汇集团迈上了新的发展台阶。

着眼未来，博汇集团将在"四轮驱动"的战略牵引下，聚焦"绿色转型，数智转型"目标，以"生态优先，绿色发展"为导向，践行"绿色生态、低碳环保、可持续发展"的理念，用坚持不懈的奋斗与创新精神，继续坚定不移走绿色低碳高质量发展之路，谱写新时代高质量可持续发展新篇章。

| 化工厂区 | 立体智能仓 | 年产45万吨高档信息纸车间 | 生产现场 |

双星集团党委书记、董事长 柴永森

世界领先、美如花园的双星轮胎"工业4.0"智能化工厂

# 双星
## DOUBLESTAR

双星集团是一家具有百年历史的国有企业，拥[有]韩国锦湖与青岛双星两个上市公司,青岛双星是[唯一]有主板上市公司。2014年开启了"二次创业"[的]新征程，建成了全球轮胎行业第一个全流程"工[业]4.0"智能化工厂，搭建"研发4.0"+"工业[4.]0"+"服务4.0"产业互联网生态圈，成为近年[来]唯一一家被工业和信息化部授予"品牌培育""技[术]创新""质量标杆""智能制造""服务转型"等[全]产业链试点示范的企业，被称为"中国轮胎智能[制]造的引领者"。2018年双星集团控股曾名列全[球]前十的韩国锦湖轮胎公司。双星轮胎、锦湖轮胎[品牌]双入选"亚洲品牌500强"，锦湖轮胎名列轮胎品[牌]前三，双星轮胎位居中国轮胎行业第一名。

2020年，双星开启"三次创业、创世界一流[企]业"新征程，成为青岛市首家实施集团层面混改[的]国有企业。目前，正围绕橡胶轮胎、人工智能及[高]端装备、绿色生态循环利用三大主业和模式创新，[实]施生态化、高新化、当地化、数智化的"新四化"[战]略，尽快打造成为数智化、高新化和可持续发展[的]世界一流企业！

双星海琅智能产业——数字化装备及方案提供商

伊克斯达循环利用产业
——全球废旧轮胎循环利用领域的领头雁

双星打造的全球轮胎行业第一个全流程
"工业4.0"智能化工厂（内景）

# CALB 中创新航

董事长、总裁　刘静瑜

中创新航是全球领先的新能源科技企业，致力于成为能源价值创造者，构建全方位能源运营体系，为以动力及储能为代表的新能源全场景应用市场提供完善的产品解决方案和全生命周期管理。

公司拥有持续领先的技术创新能力，依托国家认定企业技术中心、博士后科研工作站等科研平台，打造具有全球影响力的新能源科技创新平台。

目前，公司已建立江苏、福建、四川、湖北、安徽、广东等多个产业基地，完成全方位国内产业布局，并已设立欧洲产业基地，大力拓展海外产业布局，打造拥有规模化智能制造实力的国际化领先企业！

近年来，中创新航的技术实力、市场地位、产能规模、品牌影响力不断迈上新台阶，连续四年动力电池装机量倍数级增长，成为全球动力电池企业中发展最快的企业之一，也是全球极少数同时具备三元和铁锂技术配合品牌主机厂商首发能力的动力电池企业。

中创新航以"超越商业，造福人类"为使命，以"共创共赢，成就伟大"为愿景，致力于新能源领域的开拓创新与技术引领，持续塑造新能源产业健康生态，为"双碳目标"和新能源汽车战略的实现尽最大担当，为人类能源安全及可持续发展切实履行责任！

港交所主板上市 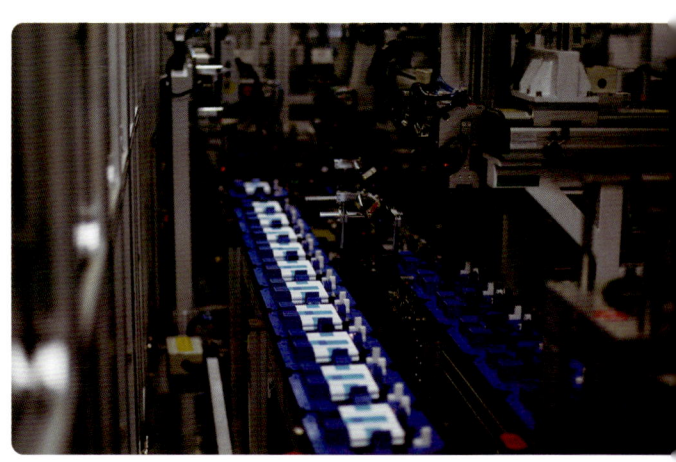　　　　　　　　　　　智能化产线

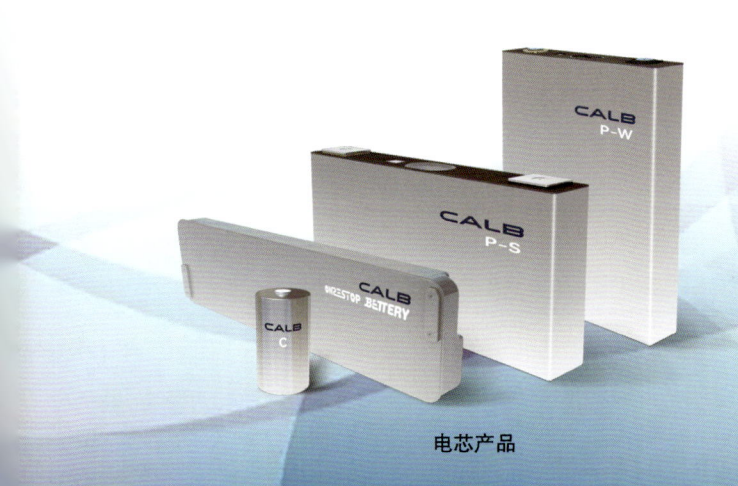

电芯产品 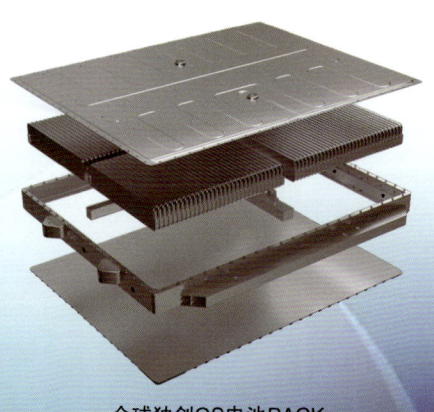　　　　　　　　　　　全球独创OS电池PACK

# 天康集团

## 公司简介

安徽天康集团创建于1974年，是一家跨行业、多元化的集团公司，主要产品涉及仪器仪表、光电缆、医疗医药、智能电气、高分子桥架等，被广泛应用于石化、电力、运输、新能源等领域，并拥有自主进出口经营权。集团连续多年入榜中国制造业企业500强、中国民营企业制造业500强、中国电子信息百强企业、中国机械工业百强企业，先后获得"国家级高新技术企业""国家级守合同重信用企业""全国'五一'劳动奖状单位""全国普法先进单位""全国和谐劳动关系创建示范企业""国家企业技术中心""安徽省民营企业税收贡献50强"等荣誉称号。

集团所生产的温度、压力、物位、流量、DCS（分布式控制系统）五大系列仪表产品，在质量和规模上都处于国内领先地位，其中温度仪表属全国规模最大、产能最高企业之一。集团所生产的光电缆产品在国内市场具有较高份额，其中IE级K3类电缆进入核电市场后，为我国的核电事业做出了一定的贡献。集团所建设的天康医院是集医疗、预防、保健、康复、科研、教学为一体的二级甲等综合性医院。集团全额投资的天康医疗科技股份有限公司，主要从事医疗器械及防护用品生产研发。其自主研发的疫苗自毁式注射器是唯一一家连续11年入围联合国儿童基金会的中国注射器供应商产品。

安徽天康集团将始终秉持"有跨越才有卓越"的天康精神，持续加快建设生产流程智能化、产品性能数字化、企业发展国际化的"三化"企业集团，在创建和谐企业的基础上，不断把握市场发展脉搏，积极寻求经济战略联盟，为振兴民族工业而继续努力。

安徽天康集团科技大楼

天康医院大楼

光电缆生产线

仪器仪表生产线

安徽天康集团工业园区

# 兴发铝业
## XINGFA ALUMINIUM

兴发铝业总部办公楼全貌

数字化工厂1.0（兴发精密）

## 公司简介

广东兴发铝业有限公司（以下简称兴发铝业）始建于1984年，在经历了创业、改制、上市、转型后，目前走向多元化产业链发展阶段，成为现今中国著名的专业生产建筑铝型材、工业铝型材的大型企业，也是最早一批原建设部铝合金型材定点生产基地。

兴发铝业在国内目前拥有7大生产基地，统一制定产品质量标准和服务标准，实现了生产在本土、用户在本土、服务在本土的零距离战略，形成行业内布局最完善的企业。兴发铝业连续实现营业收入及净利润稳步双增长的良好态势，39年的坚守传承，经营业绩保持国内铝加工行业靠前，截至2022年，公司资产总额121亿元，营业收入178亿元，利润总额5.80亿元，净利润5.37亿元，净资产收益率11%，其中销售收入由2011年度的30亿元提升至2022年度的178亿元，复合增长率18%；净利润由2011年的1481万元提升到2022年的5.37亿元，复合增长率39%。

截至2022年，兴发铝业申请专利2167件，其中发明专利205件。共获得省部级以上荣誉和奖励超170项，蝉联三次"中国建筑铝型材二十强"第一名。2022年3月，"广东省科学技术奖"获奖名单正式公布，由兴发铝业作为主要参与者的"铝型材生产关键技术工艺装白及智能优化技术与应用"荣获"广东省科技进步二等奖"，该项目研发出铝型材生产关键工艺装备及智能优化技术，并实现工程化应用，推动铝型材从传统制造向智能制造迈出关键一步。2022年9月，旗下广东兴发精密制造有限公司获评"佛山市数字化智能化示范工厂"。

未来，兴发铝业将以自动化、数字化、智能化理念转型升级为契机，打造成为集生产、研发、销售建筑铝型材及轻量化交通、智能电子产品配件等工业新型铝合金及深加工于一体的综合性先进智能制造企业。

兴发铝业标志性建筑工程案例群图

# 杭州资本
## HANGZHOU CAPITAL

杭州市国有资本投资运营有限公司（以下简称杭州资本）组建于2018年11月，注册资本100亿元。2023年市委市政府赋予杭州资本"从事从早期科创投资到中后期产业投资全生命周期的国有资本投资运营公司"全新功能定位。2022年年底，公司合并资产总额798.64亿元，合并净资产389.87亿元，合并营收394.02亿元，合并利润总额30.81亿元。

锚定做强资本、做大产业、做优生态目标，杭州资本逐步构建起"科创+产投+人才+实业"四大业务板块"四轮驱动"、"杭州科创基金+杭州创新基金"两大千亿基金"双翼齐飞"的发展架构，打造一流产业资本创投生态平台，推动四链融合发展，助力杭州打造"产业投融盛的新天堂"。

公司控股杭氧股份、杭汽轮B、数源科技三家上市公司，旗下拥有杭州科创、杭州产投、杭资运营、国裕国贸、国宇物产、江南人才、数字杭州等重点企业。参股华东医药股份、长龙航空、胡庆余堂集团、青春宝集团等知名企业。拥有3家"鲲鹏"企业、5家国家级及7家省级专精特新"小巨人"企业。截至2023年7月底，两大千亿基金组建规模超1330亿元，参股233支基金，合作机构超180家，全体系累计赋能培育上市公司96家。

杭州资本总部大楼全景图

2023中国（杭州）产投融生态峰会"三大千亿基金"签约仪式

杭氧股份位于舟山绿色石化基地的特大型整装冷箱空分集群

杭汽轮临平制造基地

# 福州城市建设投资集团有限公司
## FUZHOU URBAN CONSTRUCTION INVESTMENT

福州城市建设投资集团有限公司（以下简称："福州城投集团"）成立于2013年6月，是福州首家3A信用评级的市属大型国企，市国资委所属一级国企，注册资本20.685亿元，资产总额超2200亿元。

近年来，福州城投集团积极投身城市建设，持续夯实供应链、新基建、城市运营等业务板块，加速打通产业全链条，位列2022中国服务业企业500强第196名、2022福建企业100强第32名，申报的"5G+智慧城市项目"获得2021年世界智慧城市——"基础设施和建筑大奖"。

截至2022年年底，福州城投集团总职工数5496人，专业人才数2536人，旗下拥有福州市城乡建总集团有限公司、福州市建设发展集团有限公司、福建省二建建设集团有限公司、福州市建筑设

· 省委党校

· 榕发乌山郡

# 福州城投

· 三江口大桥及其接线工程

· 福州市妇幼保健院一期

· 新店片区水系综合治理PPP项目

计院有限责任公司等子企业90余家，取得施工总承包特级资质及建筑工程、工程设计、工程监理等多项甲级资质。集团共建成301个房建项目、195个公建项目和2344个市政项目，从三江口大桥、鹤林高架桥改造、鼓山大桥及连接线、新店外环路等市政项目，到牛岗山公园、鹤林生态公园、最美晋安河、三江口生态公园等民生工程，到福州妇幼保健院新院、福州学校、福州三中滨海校区等代建项目，到榕发·悦乐郡、榕发·观湖郡、建总·领筑等精品商

西南地区规模最大、现代化程度最高的冷链物流园——广西北部湾国际生鲜冷链物流园项目。2023年6月，以园区为承载项目的防城港国家骨干冷链物流基地成功入选新一批国家骨干冷链物流基地建设名单

# 广西现代物流集团
## GUANGXI MODERN LOGISTICS GROUP

广西现代物流集团有限公司成立于2021年2月，前身是广西物资集团，是广西壮族自治区直属的大型国有企业。根据自治区党委、政府赋予的职能定位，集团聚焦物流、环保、机电三大主业，以打造广西供应链产业链安全稳定的维护者、生态环境保护的先锋队、现代汽车服务潮流的领航员、再生资源循环利用的主力军、广西物流职业教育的排头兵为发展定位，立足"五年三步走"发展目标，实施"一核两极八体系"发展战略，努力打造成为具有较强竞争力和影响力的全国一流的综合性物流企业，为构建广西现代流通体系、服务实体经济发展做出应有贡献。

集团拥有全资、控股及参股二级子公司30家，现有员工4200人。近年来，集团推动资产、资金、资质、人才等要素整合，经营业绩在全国、全区同行中不断攀升，稳居中国服务业企业500强、中国物流企业50强、广西企业100强、广西服务业企业50强，实现了企业规模、效益、品牌和区域战略布局的转型升级。集团先后获得"全国物流先进企业""全国物流行业先进集体""中国物流创新奖""中国流通领域社会责任贡献奖""自治区文明单位""广西企业文化示范基地"等荣誉。

相知无远近，万里尚为邻。广西现代物流集团真诚期待与各界朋友坦诚合作，共赢发展。

## 行业地位

| | | |
|---|---|---|
| 中国物流与采购联合会副会长单位 | 中国物资储运协会副会长单位 | 中国AAAAA级物流企业 |
| 中国物流企业50强（49位） | 中国服务企业500强（224位） | 中国交通500强（156位） |
| 广西企业100强（18位） | 广西服务业企业50强（8位） | 广西物流与采购联合会会长单位 |
| 广西冷链协会会长单位 | 广西汽车旅游协会会长单位 | 广西环保产业协会副会长单位 |
| 广西循环经济协会会长单位 | 广西固体废物利用处置联合会会长单位 | 广西壮族自治区文明单位 |

根据自治区党委政府决策部署，集团以下属广西供应链服务集团为主体开展全区大宗商品进口业务，打造广西大宗商品供应链管理服务平台

总投资26.3亿元的自治区层面统筹推进的重大项目——南宁市武鸣区流域水环境综合整治PPP项目

西南地区最大、广西汽车产业配套最齐全的汽车生活综合体——南宁五象汽车生活广场

广西唯一培养物流类专业人才的公办全日制高等职业院校——广西物流职业技术学院，3年实现"千亩万人"目标

集团在建的总部大厦——海丝金融中心，建成后将成为高端金融、综合商贸、休闲服务等多业态汇聚的海丝名城新地标

# 泉州市金融控股集团有限公司

泉州市金融控股集团有限公司是成立于2017年4月的国有全资企业，注册资本100亿元。现直接管理一级子公司19家，实控企业178家，参股企业99家，主体信用评级AA+，入选2021年、2022年福建省综合百强企业。截至目前，集团总资产523.19亿元，年营收201.69亿元，总利润4.74亿元。

集团战略定位于"金融服务实体经济，助推产业转型升级"，业务领域涵盖产业投资、金融服务和实业运营三大板块：聚焦泉州新兴产业规划布局，以"资本+科技+招商"投资驱动模式，系统构建全产业链、全企业生命周期的投资生态；积极发展融资租赁、政策担保、小额贷款、供应链、典当、置业担保、资产管理、商业保理等业务，助力金融服务实体经济；做好工程建设、安保、物业、停车、酒店、公寓、餐饮、殡葬等民生服务，全面提升城市综合服务水平。

"十四五"期间，集团将实施"做强综合金融服务、做强全周期产业资本和做优国有资本运营"三轮驱动模式，致力于成为一流的综合金融与产业资本投资控股集团。

夜幕下的泉州湾畔，由集团建设并参与运营的泉州市公共文化中心，宛若金花绽放，熠熠生辉

集团全力打造中欧班列运营平台，完成中欧班列（泉州—莫斯科）首发任务，为出口企业提供优质、高效的全链条服务

由集团建设运营的泉州城市产业会客厅聚合"产业、文化、艺术、体验、社交"等要素，为区域内的特色产业与优品打造"一站式"赋能平台。现已汇聚了200多家本地知名企业和1500余种产品

地标：广州塔-海心桥-海心沙

广州城投
GUANGZHOU CITY CONSTRUCTION INVESTMENT GROUP

| 城与共心相投

花城广场

海心桥

广州市城市建设投资集团有限公司（以下简称广州城投）成立于2008年，是专业从事城市基础设施投融资、建设、运营管理的大型国有企业，具有片区开发一体化建设和品质化运营的全产业链综合能力，注册资本175.24亿元，银行信用评级AAA级。2023年，广州城投资产总额约3600亿元，控股2家上市公司，是南方航空、广发银行等多家央企的重要战略股东。集团连续三年上榜中国服务业500强，2022年位居全国城投公司总资产百强榜第7名，成为全国城投改革转型标杆。

广州城投发挥投融资主体、重大项目建设管理主体和品质化运营主体作用，在重大基础设施、特定区域综合开发、地下空间和综合管廊、文化旅游、住房保障等方面，累计建设融投资达3000亿元，出色完成1400多个城市基础设施建设项目，为拉开城市架构、强化城市功能、改善城市环境、提升城市形象做出重要贡献。

迈进"十四五"新时期，广州城投秉承"成为最值得信赖的未来城市发展先行者"的愿景，以"国内一流的未来城市综合运营商"为战略定位，实施"1248"发展战略，围绕国有资本投资运营公司的企业定位，发挥重大基础设施融投资建设和服务重要产业发展两大平台功能，形成城市建设服务、文化旅游、金融投资、新型基建四大主营业务，落实党建引领、完善组织管控、加快数字转型、突出创新驱动、深化人事改革、完善财务管理、提升风险防控、加强品牌建设八项保障措施，助力广州高质量实现老城市新活力、"四个出新出彩"，建设社会主义现代化国际大都市，在广东实现总定位、总目标中勇当排头兵。

地标夜景　　　　　　　　　　珠江游

## 湖北文化旅游集团有限公司
### Hubei Culture&Tourism Group Ltd., Co.

**建设美丽湖北　服务美好生活**

湖北文化旅游集团有限公司（以下简称湖北文旅集团）前身为湖北省鄂西生态文化旅游圈投资有限公司，于2009年5月在武汉挂牌成立。2022年，按照省属企业改革实施方案，作为湖北省首批改革企业之一，整合并入原湖北省体育产业集团有限公司等优质企业及省直脱钩经营性资产，快速组建新"湖北文旅集团"。目前，集团注册资本36.73亿元，总资产超800亿元，综合实力跻身全国旅游企业第一方阵。集团连续5年获评全国旅游集团20强，三次蝉联"全国最佳省级文旅集团"，是世界旅游联盟首批成员单位和全国第四家主体信用评级AAA级旅游企业，荣获"全国脱贫攻坚先进集体""国家体育产业示范单位"等荣誉。

——**发挥龙头引领，夯实发展底盘**。突出重大项目引领，持之以恒打造大品牌、培育大龙头，形成了以神农架、恩施大峡谷、清江画廊、古隆中、荆州古城荆街、大洪山、沔阳小镇、问梅村等一批引领湖北文化旅游的精品景区、旅游度假区及消费集聚区。其中，拥有6家5A级景区、16家4A级景区，高等级景区数量位居全国文旅集团之首。

——**创新科技赋能，打造智慧产业**。专门成立数字文旅集团，以"一部手机游湖北"平台为抓手，加强数字综合服务，上线全省景区和文博场所770余家，酒店1.2万家，旅游线路2200条，旅游特产1100个，服务游客过1100万人次，累计交易额过5亿元。完善打造文旅"一网统管"平台，建设中小学研学、中端普惠养老服

2023年3月31日，恩施大峡谷接到千人旅游团，游客在一炷香前合影拍照

2023年4月2日，体育集团承办的2023守望长江超级马拉松（湖北·青山）武汉电信杯第二届青山绿水红钢城半程马拉松开跑

2023年大年初一，襄阳古隆中景区举办《诸葛亮大婚》活动，获得广大游客朋友的称赞与喜爱

清江画廊

神农架国际滑雪场

黄梅东山问梅村

楚天通航

沔阳小镇夜景

务、跨境电商交易、煤炭调度监测、"一部手机游湖北"五大数字化应用服务平台，让数字经济赋能产业升级。

**——深拓业务发展，服务美好生活**。坚持以"建设美丽湖北，服务美好生活"为使命，锚定国内头部文旅企业和美好生活服务商定位，聚焦文化旅游、体育康养、商业贸易三大产业板块，推进文旅融合、体旅融合、商旅融合、康旅融合，创新景区、酒店、出行服务、数字文旅、贸易、体育、大健康、商管、地产九大赛道，不断满足新型消费需求。

恩施大峡谷云舞绝壁

# 西安城投集团
## XI'AN INFRASTRUCTURE INVESTMENT GROUP

西安城市基础设施建设投资集团有限公司（以下简称西安城投集团）于2000年7月成立，是经西安市人民政府批准设立的国有独资企业集团，主要负责经营管理授权范围内的国有资产，城市基础设施投资、建设等。目前，集团注册资本金90亿元，总资产2300亿元，拥有二、三级子公司99家，其中二级全资子公司20家、控股公司6家、参股公司9家（不含PPP项目公司），全系统从业人员约4.3万人。

西安城投集团自成立以来，始终践行为城为民初心使命，充分发挥民生保障服务和基础设施投融资、建设主力军作用，业务领域从传统的以城市公共服务保障为主拓展到城市开发建设、综合交通服务、清洁能源、环境保护、产业金融、智慧城市六大板块。集团所属公交客运量、供气量、集中供热面积、巡游出租车辆数在西安市场占有率分别达到95%、55%、40%、31%；具备国内AAA、国际BBB+良好资信，累计为西安城市基础设施建设融资超过1600亿元，城建项目投资超过700亿元，为城棚改争取贷款授信1231亿元。

西安城投集团总部

西安城投集团承担的十四运体育中心外围提升改善道路PPP项目一标段北辰大道与凤城五路立交

2016年以来，西安城投集团先后成立城投新能源、融资租赁、大数据等公司，牵头组建西安航投公司，参与出资设立西安市创新投资基金，股权投资西安银行、秦农银行、陕金资、西飞民机、西安外环高速南段、机场三期扩建工程等，实现业务组合多元化。

集团多次被市委、市政府评为企业改革、国有资产管理、投资融资、社会综治、信访维稳、安全生产、创文创卫等先进单位。"十四五"以来，集团先后荣获"全国脱贫攻坚先进集体""十四运会和残特奥会优秀集体"等国家级荣誉，连续被陕西省企业家协会评为"陕西百强企业"，2021、2022年连续两年入选中国服务业企业500强，稳居副省级城投企业前五名。

西安城投公交集团纯电动公交车及智能候车亭

西安城投公交集团开通社区巴士，进一步加强公交与地铁的协同衔接，为社区居民提供快速高效的公共交通出行服务

西安城投秦华燃气集团储气设施

西安城投热力集团幸福林带多能互补供热站

西安城投园林生态集团泾渭分明观景台项目

西安城投置业公司红光养老公寓效果图

# 鸿粤集团
## HONGYUE GROUP

## 企业愿景
### CORPORATE VISION

服务没有极限，
努力见证梦想，
为客户创造高价值服务，
成为中国汽车行业服务标杆集团。

广东鸿粤汽车销售集团有限公司（简称广东鸿粤集团）成立于1997年，总部位于广州市，是一家专业从事汽车销售及服务的集团公司。业务范围含盖整车销售、维修服务、零配件供应、美容加装、融资租赁、汽车租赁、保险理赔、上牌服务、二手车交易和汽车俱乐部业务等。2021年全年营业收入是163亿元。

广东鸿粤集团在广州高端汽车市场的占有率达11%。广州每销售10台豪华车就有1台来自广东鸿粤集团，并拥有高端客户资源超过30多万个。集团旗下有宾利、法拉利、玛莎拉蒂、阿尔法罗密欧、捷豹、路虎、林肯、奔驰、雷克萨斯、进口大众、广菲克、一汽红旗、一汽丰田、广汽丰田、广汽本田、东风本田等近40个世界知名汽车品牌4S店。

历经20多年的发展，广东鸿粤集团已成为广东省最具规模的汽车经销商集团公司之一，也是全国少有的拥有老爷车收藏馆的汽车经销商集团公司。

广东鸿粤集团一直秉承"卓越服务创造和谐世界"的经营理念，以现代化的先进管理手段，为客户提供高质量的服务，通过优质的服务维护高端、豪华品牌的品牌形象和声誉，通过引进高端、豪华品牌的严格服务标准及业务流程提升集团各品牌店的服务标准及水平。

在市场营销方面，广东鸿粤集团首先引进以客户为中心的市场营销策略，通过对本地市场进行深入的调研，对目标客户群、投放渠道进行精准的定位，完成精准的宣传投放，与销售、售后部门共同协作，提升经营业绩。在销售、售后管理方面，集团旗下各品牌店严格遵循厂家的服务标准，为客户提供优质、便捷的销售及售后服务体验。同时，集团引入先进的KPI（关键绩效指标）绩效管理系统，实现目标量化管理，让集团管理体系更为完善、更为公平。

广东鸿粤集团十分重视企业的人才培养，本着"以事业留人、以待遇留住人、以事业激励人、以情感稳定人"的战略思想构建自身的人力资源管理体系。经过20多年的经验积累和不断改进，集团已建立一套完善的培训流程及人力资源管理体系，为集团业务的蓬勃发展构建了强大的人才梯队。

伴随着经济的发展，广东鸿粤集团与合作伙伴风雨同舟，作为拥有多品牌优势的汽车经销商集团，将为客户和厂家建立更好的桥梁，真正体现4S品牌店的服务理念，真正为顾客创造高品质的汽车生活，也更好地为厂商提供一个更便捷、更完善的销售和售后平台，也将使4S品牌的发展空间得到进一步拓展。

## 集团荣誉
### GROU PHONORS

鸿粤集团在广州豪华汽车销售市场占有率超过11%，广州每销售10台豪华车就有1台来自广东鸿粤集团。2022年公司营业额达151亿元，保持稳健增长。

### 连续十二年稳居全国汽车经销商集团百强排行榜

- 2021年中国汽车经销商集团百强第33名
- 2021年中国服务业企业500强第339位
- 2021年广东企业500强第150位
- 2021年广东民营企业100强86强
- 2021年广东流通企业100强第24位
- 2022年中国民营汽车流通企业100强第20位
- 2022年广东民营企业100强89强
- 2022年广州汽车服务行业标杆企业"品牌影响力奖"
- 2022年中消协"优化消费体验，共促消费公平"先进典型
- 2022年广东省汽车流通企业百强排行榜汽车经销商集团十强
- 2022年广东省汽车流通企业百强排行榜"最具行业影响力10强"
- 2022年中国汽车经销商集团百强第35名
- 2023年中国汽车经销商集团百强第37名
- 2023年中国民营汽车流通企业100强第19位
- 2023年中国民营汽车流通行业社会责任50强第17位

# 嘉悦物产集团有限公司
## JIAYUE GROUP CO.,LTD.

## Mission

### 为共行者创造价值

嘉悦物产集团有限公司成立于2017年，是一家聚焦**能源化工、黑色金属、农产品**等大宗商品产业的现代流通企业。集团通过积极的服务理念、完善的管理体系、先进的研投框架、扎实的产业渠道、丰富的金融手段，以贸易为根基，以研投为核心，以服务为手段，最终实现为上下游客户创造价值。

集团全资控股6家境内外一级子公司，总部位于**杭州**，并在**上海、广州、三亚、舟山、香港**等地以及**新加坡**设立分公司；2022年集团实现实物量销售逾**266万吨**，营收约**150亿元人民币**，规模持续高速增长。未来，集团将继续致力于实现全球化布局，始终坚持以产业为中心，凭借强大的战略定力和成熟的战略远见，依托科学严谨的管理体系和灵活高效的组织架构，实现稳定健康可持续发展。

### 主营业务板块
MAIN BUSINESS SEGMENT

| 化工板块 |  黑色板块 |  能源板块 |  农产品板块 |

# 同梦同兴
# 共筑中国式现代化宏伟蓝图

| 兴证全球基金 | 兴证国际 | 兴证资管 | 兴证期货 | 兴证资本 | 兴证投资 |
| 兴证风险管理 | 兴证新加坡 | 兴证全球资本 | 兴证慈善 | 海峡股交 |

**兴业证券**
INDUSTRIAL SECURITIES

兴业证券股份有限公司（以下简称兴业证券）是中国证监会核准的全国性、综合类、创新型、集团化、国际化证券公司，成立于1991年10月29日。2010年10月，在上海证券交易所首次公开发行股票并上市（601377.SH）。公司注册地为福建省福州市，主要股东有福建省财政厅、福建省投资开发集团有限责任公司、上海申新（集团）有限公司、中国证券金融股份有限公司等。

截至2022年年末，兴业证券集团资产总额2458.59亿元，较上年年末增长13.06%；净资产568.37亿元，较上年年末增长25.32%；归属母公司净资产522.65亿元，较上年年末增长26.89%；集团境内外员工超过1万人，在全国31个省、区、市共设有276个分支机构，其中分公司111家、证券营业部165家，控股并经营兴证基金、兴证国际、兴证资管、兴证期货、兴证资本、兴证投资、海峡股交7家子公司，业务覆盖基金、期货、资产管理、国际业务、直接投资、另类投资、产业金融、区域股权交易等专业领域，综合实力和核心业务位居行业前列。

2022年，兴业证券加强统筹谋划，顺利完成百亿级配股融资，资本实力显著提升，为后续发展注入强劲资本动能；在"双轮驱动"业务体系建设成果基础上进阶升级，全力推动双轮联动和数智化转型，加快推进自有资金投资交易业务"三增三降"综合化转型，三大业务高质量发展水平进一步提升。

2022年是兴业证券"十四五"规划的发力之年，公司积极把握资本市场深化改革的历史机遇，聚焦战略目标与重点工作，取得了发展质量稳步提升、业务创新成果丰硕、外部评价再创新高、能力建设卓有成效等一系列成绩，为持续深入推进公司高质量发展打下了坚实基础。

*兴业证券党委书记、董事长 杨华辉*

2022年6月28日，兴证创新资本与莆田市金控签订产业母基金合作协议

2022年8月24日，兴业证券完成百亿再融资

2022年8月25日，兴业证券在福州承办福建企业上市工作推进会

2022年10月25日，兴业证券召开党委（扩大）会议，传达学习贯彻党的二十大精神

2023年6月18日，兴业证券福建国企首单"蓝色债券"项目获评福建省2022年度十大金融创新项目

旅游小镇开发运营——云溪九里全景图

**ZTG 浙旅投集团**
ZHEJIANG TOURISM INVESTMENT GROUP

## 浙江省旅游投资集团深入践行"八八战略"奋力推动高质量发展

一个高瞻远瞩的战略，成就一方发展大格局。多年来，浙江省旅游投资集团党委牢牢把握高质量发展这个首要任务，坚持以"八八战略"为统领，始终沿着习近平总书记指引的方向笃定前行，加快落实文旅深度融合工程，全力用新供给激发文旅消费新活力，强力推进创新深化改革攻坚开放提升和三个"一号工程"，奋力为"两个先行"贡献力量。

### "万"象更新，聚势蝶变

按照浙江省委省政府赋予的打造浙江万亿旅游产业发展投融资主平台的定位，2020年8月27日，整体合并原浙江省旅游集团（成立于1999年）与浙江浙勤集团（成立于2015年），并划转省属国有企业、省级机关事业单位所属酒店及相关旅游产业资产组建浙江省旅游投资集团，截至2023年6月底，集团总资产近约200亿元，旗下拥有11家二级企业，员工1万余人，连续多年位列"中国旅游集团20强"。

浙江省旅游投资集团坚持全面优化国有资本布局和产业结构，推动旅游产业投融资引导和结构调整，深入推进区域旅游资源综合开发，发挥产业带动社会服务提升和民生保障等功能，重点培育酒店、旅游目的地开发与运营、商务与后勤服务、产业金融、医疗健康、人力资源服务六大核心业务，积极成为主动服务浙江省重大战略的"先行者"，整合区域旅游资源的"主力军"和引领文旅产业高质量发展的"排头兵"。

### "百"舸争流，搏击潮头

2023年年底，浙江省旅游投资集团营收将有望突破100亿元，实现"双百亿"目标。作为浙江省唯一一家以旅游和健康为主业的省属国企，多年来，浙江省旅游投资集团忠实践行"八八战略"，牢记初心使命，一张蓝图绘到底，坚守"美好生活创造者"使命，围绕服务全省发展战略等中心大局，紧扣高水平打造文旅深度融合发展"浙江样板"的目标，通过市场化方式有效统筹资源，创新商业模式，推动产业转型升级，实施文旅深度融合工程，促进文旅产品提档升级，文旅业态丰富多元，进一步提升酒店品牌竞争力和影响力、旅游目的地开发运营能力、旅游交通和旅游线路盈利能力等传统大旅游业务，助力文化和旅游产业强省建设。

浙江省旅游投资集团积极布局培育战略产业，组建浙江省人才发展集团，服务省级综合人力资源服务平台建设和人才强省首位战略；依托浙江浙勤集团探索全方位、生态化、智慧化的"大物业"管理新模式，在业内创新打造"五色物业"服务标准化体系，打造全省"大后勤、大服务、大保障"发展主平台；依托浙医健集团谋划成立浙江省康养集团，承接集团布局大健康产业链，推进康旅融合的发展任务，大力发展以健康养老、健康商贸、健康科技为主要内容的健康产业。

大道至简，实干为要。浙江省旅游投资集团将坚定不移深入实施"八八战略"，强力推进创新深化改革攻坚开放提升，守好红色根脉，构建文旅融合、康旅融合、商旅融合的产业发展新格局。

酒店板块——雅谷泉山庄酒店

旅游交通
——浙江外事旅游公司游轮

泛旅游交通
——浙江外事国宾车队

酒店板块——璟园蝶来望境酒店

后勤服务板块
——雷迪森物业服务团队

旅行服务板块
——浙江省中旅集团

医疗健康板块——浙医健衢州医院

人力资源板块——浙江省人才集团揭牌仪式

景区投资运营——温州泽雅景区

临港集团总部——创晶科技中心

# 临港集团

临港集团是以园区开发、企业服务和产业投资为主业的大型国有企业，以科技创新和产业发展的推动者，区域转型和城市更新的建设者为使命，坚持服从服务临港新片区、上海科创中心、长三角一体化建设等国家战略，经过近40年开发实践，培育临港、漕河泾、新业坊、临港产业联动集聚区四大品牌，旗下园区汇聚中外优秀企业16000余家，是上市公司、世界500强企业的摇篮和集聚地。

临港集团东方芯港、生命蓝湾、大飞机园等特色园区对全国高端产业链形成了良好辐射带动作用，集团所培育的国家级高新技术企业和专精特新"小巨人"数量位居全国前列，并成功导入由诺贝尔奖得主等领衔的世界顶尖科学家论坛等科创资源，先后落地标准厂房产业园公募REITs（不动产投资信托基金）等一系列"全国首单"金融创新实践，并参与制定重要标准近300项，服务全国企业2.3万余家，发挥了标准引领作用。同时，集团园区服务平台聚焦产城融合体系建设，每天汇聚不少于50万人次的流量场景。目前，集团园区企业工业产值、营业收入等指标均连年保持两位数增长。

临港集团秉持家国文化，履行社会责任，走特色化、可持续、高质量发展道路，已经形成深耕临港、立足上海、融入长三角、服务全国、走向海外的园区发展格局，正向着世界一流企业目标昂首迈进。

临港集团园区掠影　　　　　　　　　　　　临港集团园区产业掠影

临港新片区——滴水湖金融

# 采木网

董事长　伍国林

江苏采木工业互联网科技有限公司（以下简称采木网）坐落于美丽的山水之滨——江苏无锡，是一家木材行业产业链O2O模式综合智能服务平台。

采木网通过线上采木网和线下多个中木智慧产业园区双平台深度融合来构建平台经济、共享经济、数字经济，致力于打造木材商品全产业链一体化的综合智能服务平台，实现线上数字与线下产业园区实体的充分融合，以"产业数据"的布局向两端的制造业延伸，构建数字经济+智能的新生态。

线上采木网包含多年研发的采木商城、采木资讯、采木云、采木供应链、采木云、采木服务六大科技互联网产品。采木商城、采木资讯产品：有超过18万家在线木材商户注册，40万以上的SKU木材大宗商品数据，进出口原木、胶合板、纸浆、家居、建筑、包装、文化用品、户外等行业各木材品类的每日价格商品指数，利用AI智能速匹均上千供需双方的供求数据。采木物流、采木供应链产品服务项目为新基建、家居、造纸、包装等，并为上百家央企、国企及上市公司配套服务，协助其向木材中小微及农户终端反向集采就近匹配采购木材物资，大大降低物流成本。采木云、采木服务产品：服务于多个中木智慧园区，帮助园区入驻企业联机联网生产经营管理，构建智慧工厂及智慧园区，真正去帮助木材制造业的企业从商机发、供应链金融、物流智运、管理增效、生产降本等进行数字化经营。

线下中木智慧产业园区秉承前港后园、多式联运、工贸一体的集约化生产经营理念和模式，成功布局江苏、山东、广西等多个港口，蒸汽废尾再利用、装载烘干装置共享等各项新型园区管理创新机制获得了数百家木材进出口工厂的入驻好评及地方政府各类政策支持，协助地方政府规范管理行业，协助地方木材行业的转型发展。

截至2022年，采木网拥有自主研发实用新型专利、软件著作权、域名、商标等百余项。在跨境电商木材类B2B进口排行业内第一，注册会员超过18万家企业，荣获"2020年中国B2B供应链金融创新大奖""2021年中国产业供应链百强企业"，2022年销售额将近百亿元，同比增长65%。入选2021年、2022年中国服务业企业500强，2022年江苏服务业100强，2022年福建省战略新兴产业100强，2022年江苏省工业电子商务10强，以及2023年江苏省民营科技企业、江苏省工业电子商务重点培育平台等。集团旗下子公司福建采木公司在2021年、2022年获得福建省"瞪羚企业"称号，"江阴港木材国际交易中心"园区获得"全国商品市场转型升级示范市场"荣誉称号。

未来，采木网将数字经济与实体经济进一步融合共通，线上木材产业大数据+智慧供应链+智慧物流+数字商城，线下木材园区服务及招商，以此深度贯彻实施数字经济+实体经济的国家战略。

办公室环境照

采木网产品展示

公司外部

荣誉照片

江阴港板材图片

江阴港板材图片

公司大楼

# 广州开发区控股集团有限公司
## Guangzhou Development District Holding Group Limited

广州开发区控股集团有限公司（以下简称广开控股）成立于1998年，总部位于广州科学城核心区，现有控股企业1家，参股企业超150家，员工超4000人；是粤开证券（830899.NQ）、穗恒运（000531.SZ）、泰胜风能（300129.SZ）、德曼（300289.SZ）、凯云发展（873596.NQ）等上市企业的控股股东，旗下物业及管理园区面积超1600万平方米。获评AAA信用评级等级，是国内第一家获评穆迪Baa1的区属企业；创建的"红色金科园"党建品牌成功入选全国企业党建优秀品牌，荣获"2023年度全国企业党建创新优秀案例"。2023年6月，产业园REITs（不动产投资信托）项目成功获批。

公司坚持以国家战略需求为导向，聚焦光电显示、生物医药、新能源汽车、"双碳智造"赛道，缔造超7000亿元的产业生态圈，战略投资小鹏汽车、奥动新能源、百济神州、诺诚健华等产业龙头；与LG Display合作共同投资超800亿元打造广州"全球显示之都"。公司是以科技金融为主业，涵盖金融、科技、园区三大板块的国有大型综合性企业集团，力争到"十四五"规划末期，管理资产规模达3000亿元，控股上市公司市值达1000亿元，控股5家上市公司，进入中国服务业300强。

广开控股职工庆祝集团成立24周年

广开控股旗下广州凯得"泰胜风能"项目荣膺"金牛最佳并购案例"奖项

广开控股旗下科技企业加速器"中小企业能办大事"纪念石

广开控股参投项目LG Display工厂

泰胜风能（300129.SZ）海上风电设备